전쟁론

ᗐᗑᗐ V 카이로스총서 41

전쟁론 Vom Kriege

지은이	카알 폰 클라우제비츠
옮긴이	김만수
펴낸이	조정환
책임운영	신은주
편집	김정연
표지디자인	조문영
홍보	김하은
프리뷰	표광소

펴낸곳 도서출판 갈무리 등록일 1994. 3. 3. 등록번호 제17-0161호
초판 1쇄 2016년 10월 9일
초판 5쇄 2023년 8월 14일

종이 타라유통 인쇄 예원프린팅 라미네이팅 금성산업 제본 바다제책

주소 서울 마포구 동교로18길 9-13 [서교동 464-56] 2층
전화 02-325-1485 팩스 070-4275-0674
website http://galmuri.co.kr e-mail galmuri94@gmail.com

ISBN 978-89-6195-142-5 93340
도서분류 1. 정치학 2. 경제학 3. 군사학 4. 외교학

값 55,000원

이 도서의 국립중앙도서관 출판예정도서목록(CIP)은 서지정보유통지원시스템 홈페이지(http://seoji.nl.go.kr)와 국가자료공동목록시스템(http://www.nl.go.kr/kolisnet)에서 이용하실 수 있습니다.(CIP제어번호:CIP2016022387)

전쟁론

카알 폰 클라우제비츠 지음 │ 김만수 옮김

갈무리

[그림 1] 『전쟁론』 독일어 초판 세 권

초판 제1권, 제2권, 제3권 Carl von Clausewitz, *Vom Kriege*, Berlin：Fredinand Dümmler
도서 소장 대전대학교 지산도서관
출처 직접 촬영

[그림 2] 『전쟁론』 독일어 초판 세 권의 속표지

초판 제1권 Carl von Clausewitz, *Vom Kriege*, Berlin : Fredinand Dümmler, 1832

초판 제2권 Carl von Clausewitz, *Vom Kriege*, Berlin : Fredinand Dümmler, 1833

초판 제3권 Carl von Clausewitz, *Vom Kriege*, Berlin : Fredinand Dümmler, 1834

도서 소장 대전대학교 지산도서관
출처 직접 촬영

전면 개정판을 내며

이 책은 『전쟁론』 번역 초판의 전면 개정판입니다. 이 전면 개정판에서는 초판 번역을 말 그대로 전면적으로 개정하였고 해설을 전부 삭제하였고 찾아보기를 크게 개선하였습니다. 또한 자료를 많이 실었습니다. 그리고 번역 초판의 전 3권을 한 권으로 통합하여 출간하였습니다.

이렇게 하는 데는 『전쟁론』의 독일어 제19판에서 영감을 받았습니다. 『전쟁론』의 독일어판, 즉 문고판, 보급판, 학생판, 축약본, 발췌본 등을 제외하고 전문을 실은 학술적인 수준의 독일어판은 1832~1834년에 초판이 출간된 이래 약 150년 동안 총 19판이 출간되었습니다. 제19판은 1980년에 1쇄가, 1991년에 2쇄가 출간되었습니다.

이 전면 개정판은 『전쟁론』 독일어 초판을 텍스트로 삼고 제19판 2쇄를 참고하여 번역했습니다. 그래서 1853년의 제2판도 이번 전면 개정판에서는 고려하지 않았고, 번역 초판에서 [2판:]으로 표시한 부분도 모두 삭제하였습니다.

제19판의 정식 이름은 Carl von Clausewitz, *Vom Kriege. Hinterlassenes Werk*, Neunzehnte Auflage, Jubiläumsausgabe mit erneut erweiterter historisch-kritischer Würdigung von Professor Dr. Werner Hahlweg 입니다. 제19판은 클라우제비츠 탄생 200주년 기념판으로 출간되었습니다. 1952년의 제16판부터 하알벡 교수의 치밀하고 철저한 고증과 편집을 통해 학

문적으로 수준 높은 판이 출간되었고, 그 후로 현재에는 『전쟁론』의 독일어 텍스트로서 제19판이 표준판으로서 인정받고 있습니다. (하알벡 교수의 사망 이후 『전쟁론』의 새로운 판은 아직 출간되지 않고 있습니다.)

이번에 전면 개정판을 내면서 제19판 외에 우리말은 물론 독어, 영어, 중국어, 일본어로 된 텍스트와 번역본을 참고했는데, 번역 초판에서 언급하지 않은 책만 들면 (저자와 책의 제목 생략) 아래와 같습니다.

Als Handbuch bearbeitet und mit einem Essay 'Zum Verständnis des Werkes', hg. von W. Pickert/W. R. Schramm, Rowohlt, 2002

Edited with an Introduction by A. Rapoport, Penguin Books, 1982

허문순 옮김, 동서문화사, 2009

中國人民解放軍 軍事科学院 번역, 전 3권, 解放軍出版社, 2004

馬込健之助 번역, 전 2권, 岩波書店, 1933

淡德三郎 번역, 전 3권, 德間書店, 1965

이 전면 개정판에서는 그동안의 『전쟁론』 연구 결과를 반영하여 번역 초판에서 잘못된 부분을 바로잡았습니다. 유럽의 인물, 지리, 역사에 대한 지식의 부족으로 외국어 인명과 지명의 표기에서 잘못되거나 불분명한 부분을 고쳤습니다. 특정 분야에 대한 지식의 부족 때문에 생긴 용어의 오역도 바로잡았습니다. 구어체를 문어체로 바꾸었습니다. 문장이 불분명하거나 어색한 부분을 명확하고 자연스럽게 이해되도록 수정했습니다. 오자를 바로잡았습니다.

많은 경우에 문장의 길이와 호흡을 원문과 비슷하도록 조절했습니다. 필요한 경우에는 문장과 내용의 맥락을 고려해서 번역했고, 그래서 어느 단어의 본래 뜻에 집착하지 않았습니다. 전체적으로 클라우제비츠의 문체, 비유, '유머에 가까운' 표현을 살리는데 신경을 썼습니다.

번역 초판의 번역문 사이사이에 있던 해설을 전부 삭제하여 원문에 대한 역자의 개입을 배제하였습니다. 그 대신에 각주를 달고 『전쟁론』의 이해에 필요한 배경 지식을 설명했습니다. 각주를 쓰는 데는 위키피디아, 여러 (인터넷) 백과사전, 『전쟁론』 독일어 제19판의 해설과 각주, 영어 번역과 일어 번역의 각주 등을 참고했습니다. 각주에서 클라우제비츠의 12개의 각주는 번호 다음에 바로 [저자]라고 표시했고, 제3권 제7편 제5장에 한 번 나오는 부인의 각주도 따로 표시했습니다. 그 외의 모든 각주는 옮긴이의 것인데, 이것은 번호 다음에 내용만 썼습니다.

또한 찾아보기를 자세하게 만들고 체계화하였습니다. 찾아보기를 인명, 지명, 용어, 전쟁, 연도의 다섯 부분으로 나누어 만들었습니다. 인명에서는 사람의 이름을 실었고 지명에서는 나라, 지역, 도시, 마을, 강, 산 등을 포괄했습니다. 용어의 찾아보기를 만드는 데는 독어, 영어, 중국어, 일본어 등의 여러 판본을 참고하여 찾을 만한 용어와 표현을 선정하여 배열했습니다. 전쟁에서는 전쟁, 원정, 전투 등을 시대순으로 정리했습니다. 연도에서는 『전쟁론』에 나오는 모든 연도를 들었습니다.

『전쟁론』에 나오는 인물, 『전쟁론』과 관련되는 내용, 18~19세기 유럽의 정치 상황, 유럽의 지리를 좀 더 잘 이해하는데 도움이 될 만한 그림과 지도를 실었습니다. 이 경우에 모든 그림과 지도를 인용했습니다. 지나치게 자세한 지도도 있고 지나치게 간단한 지도도 있는 것은 그 때문입니다. 본래의 구상은 약 600개의 그림과 지도를 싣는 것이었는데 분량 때문에 약 60개로 줄였습니다.

번역문의 괄호는 본래 『전쟁론』 원문에도 있는 것입니다. 클라우제비츠는 여러 군데에서 괄호를 이용하여 필요한 말을 넣었는데, 역자는 이를 참고하여 번역문에서 괄호를 많이 썼습니다. 문장이 지나치게 긴 경우, 읽는 것이 자연스럽지 않은 경우 등에 역자가 괄호를 넣은 것입니다. 저자의 괄호와 역자의 괄호를 일일이 구분하여 표시하지는 않았습니다.

띄어쓰기에서 한두 경우에 맞춤법을 일관되게 거스른 것이 있습니다. 띄어쓰기는 읽기 좋게 하려는 이유 때문에 있는 것이라고 생각합니다. 읽기에 번거롭고 시각적으로 불편한 경우에는 띄는 것도 붙였고 붙는 것도 띄었습니다. 예를 들어 『전쟁론』에 나오는 '우리 나라'는 '우리나라'만을 가리키지 않기 때문에 띄는 것으로 정했습니다. 그리고 '~는데'나 '~인데'는 일관되게 붙였고, '~는 데는'과 '~는 데도'와 같은 것은 띄는 것으로 통일했습니다.

이 전면 개정판은 번역을 개정하는 것이기 때문에 번역만 고쳐야 하고 번역 초판에 있는 옮긴이의 머리말을 고치면 안 될 것입니다. 번역 초판 머리말에 그때의 '시간'도 담겨 있기 때문입니다. 하지만 머리말에 있는 잘못된 내용이나 불필요한 알파벳, 한자, 연도, 쉼표 등은 삭제하거나 변경할 수 있을 것입니다. 이런 뜻에서 번역 초판에 있는 역자의 머리말을 최소한의 범위에서 (머리말을 쓴 날짜를 바꾸지 않은 채) 수정하였습니다.

이 전면 개정판을 내려고 『전쟁론』 독일어 원전을 여섯 번 읽었습니다. 그다음에 텍스트를 치우고 번역 원고만 네 번 검토하였습니다. '원칙'이라고 옮겨야 하는지 '원리'라고 옮겨야 하는지, '사람'이 나은지 '사람들'이 나은지 등을 검토하려고 원고를 두 번 더 읽었습니다. 그리고 문장에 쉼표를 넣어야 하는지 말아야 하는지 결정하려고 원고를 열 번 더 읽었습니다. 우리말에 쉼표를 넣는 것이 생각보다 어렵다는 것을 알게 되었습니다. 맞춤법에 따르면 쉼표가 너무 많아서 눈에 거슬리고, 쉼표를 지나치게 절제하면 읽는 것이 곤란해집니다. 열 번 읽으면서 쉼표를 넣었다 뺐다 하는 일을 계속 반복했습니다. 그 결과로 문장의 호흡에 따르고 시각적인 측면을 고려하여 '적절하게' 쉼표를 넣는 것으로 낙착을 보았습니다. 그렇지 않으면 나는 영원히 쉼표를 넣었다 뺐다 하고 있을 것 같았기 때문입니다. 또한 찾아보기를 원문과 일일이 대조하면서 수동으로 만드느라고 찾아보기를 만드는 데만 6개월이 걸렸습니다. 이런 식으로 완전함에 대한 결벽증이 나에게 퍼붓는 '무차별 공격'을 나는 순순히 받아들였고, 그래서 지난 6년의 시간을 무절제하게 '낭비'했습니다.

번역의 개정판을 내는 것, 즉 한 번 한 일을 또다시 하는 것은 매우 '인간적인' 행동 같습니다. 그것은 인간이 불완전하다는 것을 인정하는 고백이고, 이와 동시에 완전을 향해 나아가는 (행복한) 고행입니다. 이 개정판의 번역에 대해 나는 대체로 만족합니다. 나에게는 다른 사람보다 나 자신이 먼저 만족하는 것이 중요합니다. 그래야 독자들에게 부끄럽지 않은 번역을 내놓을 수 있기 때문입니다.

이 개정판의 출간으로 2003년부터 10년 이상 수행한 『전쟁론』 번역 연구를 일단락 지을 수 있게 된 것을 매우 기쁘게 생각합니다.

2016년 9월 9일
김만수

[그림 3]『전쟁론』독일어 제19판 표지

CARL VON GLAUSEWITZ

Hinterlassenes Werk

VOM KRIEGE

Neunzehnte Auflage. Jubiläumsausgabe
mit erneut erweiterter historisch-kritischer Würdigung
von Professor Dr. Werner Hahlweg

ÜMMLER

표지 사진 출처 http://www.amazon.com/

초판 제2권과 제3권의 머리말

이제 『전쟁론』 제2권과 제3권의 번역을 모두 끝냈습니다. 이 일을 끝내면서 제일 먼저 독자들에게 죄송하고 감사하다는 말씀을 드립니다. 독자들을 오래 기다리게 해서 죄송하고, 독자들께서 오래 기다려 주셔서 감사드립니다. 이러한 마음을 전하고자 이번에 『전쟁론』 제2권과 제3권을 동시에 출간하였습니다.

이 『전쟁론』 번역은 독어 원전의 완역판이므로 원전과 똑같이 세 권으로 출간하였습니다. 『전쟁론』 제3권의 분량이 다른 두 권에 비해 적은 것은 원전 제3권에 있는 부록을 제외했기 때문입니다. 그 부록은 『전쟁론』이 아닙니다. 제3권의 분량이 적다고 제3권의 중요성도 줄어드는 것은 아닙니다. 독자들께서 알고 있겠지만 제3권 제8편은 제1권 제1편처럼 『전쟁론』의 핵심입니다. 독자들께서는 제3권 제8편에서 클라우제비츠의 전쟁 철학, 절대 전쟁과 현실 전쟁의 차이점, 전쟁과 정치의 관계를 한층 명확하게 이해할 수 있을 것입니다. 특히 제1권 제1편을 읽은 독자라면 그 내용을 더욱 분명하게 이해하는데 제3권 제8편이 많은 도움이 될 것입니다.

『전쟁론』 제2권과 제3권은 『전쟁론』 제1권의 편집 체계를 그대로 따랐습니다. 번역의 텍스트뿐만 아니라 참고한 번역본도 제1권과 똑같습니다. 제2권은 1833년의 『전쟁론』 제2권을 텍스트로 삼았고, 제3권의 번역에는 1834년의 『전쟁론』 제3권을 토대로 했습니다. 영어 번역판, 일어 번역판, 우리말 번역판도 제1권을 번역할 때와 같은 책을 참고했습니다.

1853년의 제2판에서 브륄이 수정한 곳은 [2판:]으로 밝혔습니다. 그렇지만 『전쟁론』의 우리말 번역이 『전쟁론』의 문헌학적인 가치를 따지는 것은 아닌 만큼 『전쟁론』 제2권과 제3권에서는 제2판의 수정을 제한하여 반영했습니다. 즉 클라우제비츠의 초판과 브륄의 제2판 중에 내용상으로 적절하다고 생각되는 표현을 선택하여 우리말로 옮겼습니다. 다만 논쟁의 대상이 되는 첨예한 부분에 대해서는 초판과 제2판은 물론 영어 번역본도 밝혔습니다.

역자의 해설에 대해 여러 의견이 있는 것 같습니다. 대체로 『전쟁론』을 처음 읽는 독자에게는 쓸모 있지만, 본문을 읽는데 방해를 준다는 의견도 있는 것 같습니다. 『전쟁론』 제2권과 제3권이 제1권의 후속편으로 나오는 것이기 때문에 제1권의 체계를 따르지 않을 수 없었습니다. 이 원칙에 따라 제2권과 제3권에도 해설을 붙였습니다. 다만 제2권과 제3권은 제1권처럼 어렵지 않아 해설은 꼭 필요한 경우로 제한하였습니다. 제2권과 제3권은 해설이 없어도 독자들이 내용을 이해하는데 크게 어려움을 겪지 않을 것이라고 생각합니다.

또한 제1권과 마찬가지로 제2권과 제3권에도 인물들을 간략히 소개하였습니다. 책의 마지막에는 찾아보기를 달았습니다. 외국의 인명이나 지명을 표기할 때 더 나은 표기법을 찾아 조심스럽게 고쳤습니다.

번역을 하는 동안 내 영혼을 갉아먹는 척박한 환경과 부단한 투쟁을 벌이느라고 심신이 이처럼 소모되지 않았다면 번역의 내용과 수준이 더 나아지지 않았을까 하는 생각이 듭니다. 이런 환경에서도 최선을 다해서 『전쟁론』을 번역하려고 애썼습니다. 하지만 최선이 완전은 아니라는 것을 잘 알고 있습니다. 이 책의 잘못된 부분에 대해, 이해하기 어려운 표현이나 낱말에 대해, 특히 군사 용어나 군사학의 개념과 관련하여 역자는 이곳(mansasuwol@gmail.com)에서 언제나 독자들의 따뜻한 관심과 날카로운 비판을 기다리고 있을 것입니다.

지난 7년의 시간을 돌아보니 그동안 이 일에 매달리지 않았다면 내게 닥친 영혼의 피폐함을 감당할 수 없었을지도 모르겠다는 생각이 듭니다. 그런 의미에서 이런 '무지막지한' 일을 하도록 제안한 대전대학교 김준호 교수님께 마음 깊이 감사를 드립니다. 또한 『전쟁론』 제2권과 제3권의 번역을 오랫동안 기다려 준 갈무리 출판사에도 감사를 드립니다. 양심상의 이유로 감옥에서 고통을 겪고 있는 오정민 님께서 옥중에서도 『전쟁론』 원고를 읽고 잘못된 부분을 지적해 주었습니다. 오정민 님께 깊은 감사와 존경을 보냅니다.

또한 이 원고를 완성하도록 많은 분들이 격려를 해 주었습니다. 조용상 형은 이 원고의 완성을 간절히 바라며 많은 자극을 주었습니다. 한은조 형은 『전쟁론』 제1권의 출간을 마치 자신의 일처럼 기뻐해 주었습니다. 이명수 형은 원고를 읽고 의심나거나 잘못된 부분을 날카롭게 지적해 주었습니다. 특히 정연택 형은 자신의 일은 내버려 둔 채 오로지 이 번역 원고를 다듬는 일에 매달렸습니다. 남의 일을 자신의 일처럼 생각하며 열과 성을 다해 도와주는 벗을 곁에 두고 있다는 것은 인생에서 얻을 수 있는 최고의 행복이자 행운이라고 생각합니다. 정연택에게 진심으로 감사의 마음을 전하며 『전쟁론』 전 3권의 번역을 정연택에게 바칩니다.

2009년 9월 대전에서

김만수

초판 제1권의 머리말

이 책은 카알 폰 클라우제비츠의『전쟁론』원전 초판 제1권을 우리 나라에서 최초로 완역한 것입니다. 이는 원전이 나온 지 173년 만이고,『전쟁론』의 첫 번째 우리말 번역이 나온 지 33년 만의 일입니다.

『전쟁론』독일어 원전은 모두 세 권으로 되어 있는데 제1권은 1832년에, 제2권은 1833년에, 제3권은 1834년에 출간되었습니다.『전쟁론』세 권의 간략한 서지 사항은 아래와 같습니다.

제1권, 머리말과 차례 28쪽, 본문 371쪽,

제2권, 차례 6쪽, 본문 456쪽,

제3권, 머리말과 차례 8쪽, 본문 202쪽, 부록 203~386쪽.

『전쟁론』세 권은 총 1255쪽이고, 부록을 제외한 순수한『전쟁론』은 1071쪽이며, 머리말과 차례를 제외한『전쟁론』의 본문만 1029쪽에 이르는 방대한 분량으로 이루어져 있습니다.

번역의 텍스트로는 대전대학교 지산도서관이 소장하고 있는『전쟁론』의 1832년 초판을 이용했고 올슈타인 출판사의 2002년 판을 참고하였습니다. 올슈타인 판은 1832년의 초판과 동일합니다. 브륄이 1853년에 제2판을 내면서 수정한 곳은 [2판:]으로 표시하였습니다. 영어 번역판은 Carl von Clausewitz, *On War*, translated by M. Howard/P. Paret, Alfred A. Knopf, 1993년 판을 참고했고, 일어 번역판은 클라우제비츠,『전쟁론』, 시노다 히데

오(篠田英雄) 역, 이와나미(岩波書店), 전 3권, 1968년 판을 참고했습니다.

우리말로 된 번역서는 아래의 책을 참고하였습니다. 발행연도, 번역자, 출판사를 출판된 순서에 따라 번호를 붙여 정리했습니다.

1 1972, 권영길, 하서출판사

2 1972, 이종학, 대양서적

3 1974, 이종학, 일조각

4 1977, 김홍철, 삼성출판사

5 1977, 허문열, 동서문화사

6 1982, 권영길, 양우당

7 1982, 허문열, 범한출판사

8 1983, 허문열, 학원출판공사

9 1990, 맹은빈, 일신서적

10 1991, 강창구, 병학사

11 1993,   , 합동참모본부

12 1998, 류제승, 책세상

이것으로 알 수 있는 것처럼 현재까지 『전쟁론』의 우리말 번역서는 열두 종이나 됩니다. 번역서들이 이렇게 많은데 제가 『전쟁론』 번역서를 왜 또 내게 되었는지 설명을 드리는 것이 좋을 것이라고 생각합니다.

앞의 목록을 보면 알겠지만 같은 번역자의 이름이 반복해서 나옵니다. 그리고 쪽수까지 똑같은 책이 몇 권 있습니다. 이를 정리하면 다음과 같습니다.

하서출판사 = 양우당 = 합동참모본부 ≈ 병학사 (1=6=11≈10)

대양서적 ≈ 일조각 (2≈3)

동서문화사 = 범한출판사 = 학원출판공사 ≈ 일신서적 (5=7=8≈9)

하서출판사, 양우당, 합동참모본부에서 나온 세 종의 책은 권영길의 번역으로 쪽수까지 똑같습니다. 합동참모본부에서 나온 책에는 번역자의 이름이 없는데 권영길 번역의 해적판입니다. 강창구의 번역으로 병학사에서 나온 책은 권영길의 번역과 거의 똑같습니다.

이종학이 번역하여 대양서적과 일조각에서 나온 책도 거의 같습니다. 용어를 조금 바꾸거나 띄어쓰기에서 차이를 보이는데 지나지 않습니다. 일조각에서 나온 책은 대양서적에서 나온 책의 분량을 크게 줄인 책입니다.

동서문화사, 범한출판사, 학원출판공사에서 나온 책은 허문열의 번역인데 쪽수까지 똑같은 책입니다. 맹은빈이 번역하여 일신서적에서 나온 책은 허문열의 번역과 매우 비슷합니다. 접속사나 문장을 약간 바꾼데 지나지 않습니다.

똑같거나 비슷한 책 또는 표절을 제외하고 나면 『전쟁론』의 번역서라고 할 만한 책은 열두 종 가운데 다섯 종뿐입니다. 번호로 1, 2, 4, 5, 12인데, 이제 이 다섯 종의 번역서를 살펴보도록 하겠습니다.

다섯 종 가운데 1만 완역이고 나머지는 모두 초역(抄譯)입니다. 그런데 1은 일어 번역판의 중역(重譯)입니다. 일어 투의 용어와 문체들이 많이 보입니다.

2도 1과 크게 다르지 않습니다. 문체를 보면 2도 일어 번역판을 중역한 책이라는 것을 쉽게 알 수 있습니다.

4는 번역인지 창작인지 분간이 안 될 만큼 문장을 길게 늘여 놓았습니다. 그리고 김홍철이 번역하지 않은 것으로 보이는 부분이 많이 있습니다. 어느 책을 텍스트로 삼았는지 밝히지 않아 알 수 없지만 영어판을 중역한 것으로 추측됩니다.

5는 분량이 극히 적은데 매우 '문학적인' 번역입니다. 이 책도 어느 책을 원전으로 삼아 번역했는지 밝히지 않아 알 수 없지만, 원전을 과감하게 삭제하고 의역하여 거의 창작을 하였습니다.

12는 다섯 종 가운데 유일하게 독어판을 원전으로 삼아 번역하였습니다. 그런데 독어의 발췌본을 번역하여 유감스럽게 초역이 되고 말았습니다. 또한 독어를 직역하여 이 책으로 『전쟁론』을 이해하는 것은 매우 어렵습니다.

요약하면, 이제까지 우리말로 된 『전쟁론』 번역서는 모두 일어판이나 영어판의 중역이거나 독어판의 초역으로서 원전 완역이 없는 실정입니다. 또한 모든 번역서들이 공통적으로 어렵습니다. 글이 너무 어려워서 도저히 이해할 수 없는 부분이 수없이 많습니다. 이는 비단 저만의 불평이 아니며, 『전쟁론』 번역서를 읽은 사람들이 거의 하나같이 하는 말입니다.

클라우제비츠의 『전쟁론』은 난해하기로 악명이 높습니다. 물론 그 1차적인 책임은 클라우제비츠에게 있습니다. 이는 『전쟁론』에 쓰인 독어나 『전쟁론』의 내용을 이해할 수 없다는 말이 아니라 저자가 원고를 탈고하지 못했다는 말입니다. 『전쟁론』은 클라우제비츠가 사망한 후에 그가 남겨 놓은 유고(遺稿)를 그의 부인과 지인(知人)들이 유고의 상태 그대로 편집하여 출판하였습니다. 이것이 『전쟁론』을 난해한 책으로 만든 제일 큰 원인입니다. 즉 클라우제비츠가 말하고자 하는 내용이 완결되지 못한 것입니다.

두 번째 이유로는 우리 나라의 척박한 번역 풍토를 들 수 있습니다. '돈이 되지 않는 일'에 몇 년씩 매달린다는 것은 현실적으로 극히 어려운 일입니다. 게다가 『전쟁론』은 대학원생이 교수를 대신해서 번역하던 '관례'를 이어갈 수 있는 수준을 훨씬 뛰어넘는 난해함을 자랑합니다. 영어나 일어라면 몰라도 독어로 된 『전쟁론』을 번역할 수 있는 대학원생은 우리 나라에 없을 것이라고 생각합니다. 즉 『전쟁론』이 완결되지 않은 데다 번역서들이 이해할 수 없어서 독자들이 『전쟁론』에 접근하는 길이 매우 힘들었습니다.

『전쟁론』에 관해 학문적으로 연구하려면 원전이 먼저 번역되어 있어야 합니다. 원전이 번역되지 않은 상태에서 나오는 『전쟁론』 관련 논문은 극소수의 사람들만 읽고 이해할 수 있습니다. 현재 여러 대학에 군사학과가 설치되어 군사학이 군인들의 전유물에서 학문의 자유 시장으로 넘어오고 있어 원전 번역의 필요성은 더욱 절실하다고 하겠습니다.

대전대학교에 군사학과와 군사연구원이 설치되면서 저는 군사연구원의 연구위원을 맡게 되었고, 김준호 원장님으로부터 『전쟁론』 원전을 완역해 보라는 제안을 받았습니다. 『전쟁론』 번역서의 실태는 생각했던 것보다 훨씬 심각하고 우려할 만한 수준이었기 때문입니다. 이러한 제반 사정으로 제가

『전쟁론』을 번역하게 되었습니다.

지난 2년 반 동안 원전을 다섯 번 정도 읽으니 클라우제비츠가 『전쟁론』을 어떤 체계로 서술하려고 했는지 대강 이해할 수 있게 되었습니다. 완성되지 않은 초고를 한 번만 읽고 『전쟁론』의 체계와 저자의 의도를 간파해 내는 것은 매우 어려운 일이었습니다. 제가 이해한 만큼 독자들께서도 『전쟁론』의 체계와 내용을 쉽게(?) 이해할 수 있도록 옮기려고 애썼는데, 번역이 썩 제 마음에 들지 않습니다. 원전이 워낙 난해한 데다 역자의 천학비재가 더해졌기 때문일 것입니다. 그래서 해설을 붙였으니 독자들께서 해설을 통해 원전을 조금이나마 더 잘 이해하셨으면 합니다.

『전쟁론』 원전 초판 제1권의 출판을 흔쾌히 수락한 도서출판 갈무리의 조정환 대표에게 진심으로 감사를 드립니다. 그는 클라우제비츠의 전쟁 철학과 전쟁 이론, 전쟁의 본질, 절대 전쟁과 현실 전쟁, 전쟁과 정치의 관계 등 『전쟁론』의 핵심이 모두 들어 있다는 평가를 받고 있는 『전쟁론』 제1권의 독자적인 가치를 인정하고 '모험'을 감행하였습니다. 제1권의 출판으로 저는 앞으로 제2권과 제3권을 계속해서 번역할 수 있는 큰 힘을 얻게 되었습니다.

군사연구원의 초대 원장이었던 김준호 교수님의 격려와 자극이 없었다면 『전쟁론』 제1권의 번역은 완성할 수 없었을 것입니다. 김준호 교수님은 군사연구원을 통해서 제게 베풀 수 있는 모든 지원을 아끼지 않았습니다. 대전대학교의 표영현 교수와 박용현 교수는 군대와 관련된 전문 용어를 귀찮게 물어대는 역자에게 늘 친절하게 답을 해 주었습니다. 또한 대전대학교 군사학과의 학부와 대학원 학생들이 원고를 읽고 유익한 지적을 하여 어려운 표현을 쉽게 고치는데 많은 도움을 주었습니다. 특히 국내에서 유일하게 『전쟁론』 원전 초판을 소장하고 있는 대전대학교 지산도서관은 역자에게 귀중한 도서를 번역 연구에 사용하도록 허락하였습니다. 이들에게 진심으로 감사를 드립니다.

그렇지만 『전쟁론』 번역에 정연택 형보다 큰 도움을 주었던 사람은 없는 것 같습니다. 정연택은 우리 나라의 『전쟁론』 번역서를 모두 구하고 번역 원고에서 잘못된 부분을 바로잡는데 자신의 시간과 열정을 아끼지 않았습니다.
이 책을 정연택에게 바칩니다.

2005년 12월 4일 대전에서

김만수

전 3권의 차례

머리말의 차례

부인의 제1권 머리말　35

부인의 제3권 머리말　859

알리는 말　44

짧은 논설　47

저자의 말　50

저자의 머리말　52

편의 차례

제1권　제1편　전쟁의 본질　57

　　　제2편　전쟁의 이론　143

　　　제3편　전략 일반　235

　　　제4편　전투　325

제2권　제5편　전투력　417

　　　제6편　방어　553

제3권　제7편　공격(초안)　861

　　　제8편　전쟁 계획　947

장의 차례

제1편 전쟁의 본질 57
  제1장 전쟁이란 무엇인가? 59
  제2장 전쟁의 목적과 수단 84
  제3장 전쟁 천재 103
  제4장 전쟁에 따르는 위험 128
  제5장 전쟁에서 겪는 육체적인 고통 131
  제6장 전쟁에서 얻는 정보 134
  제7장 전쟁에서 겪는 마찰 137
  제8장 제1편의 결론 141

제2편 전쟁의 이론 143
  제1장 전쟁술의 분류 145
  제2장 전쟁 이론 155
  제3장 전쟁술 또는 전쟁학 179
  제4장 방법론 183
  제5장 비판 191
  제6장 사례 224

제3편 전략 일반 235
  제1장 전략 237
  제2장 전략의 요소 251
  제3장 정신적인 요소 253
  제4장 중요한 정신력 256
  제5장 군대의 무덕 258
  제6장 대담성 264

제7장 인내심 270

제8장 수의 우세 272

제9장 기습 281

제10장 책략 290

제11장 병력의 공간적인 집결 293

제12장 병력의 시간적인 집결 294

제13장 전략적인 예비 병력 302

제14장 병력의 절약 306

제15장 기하학적인 요소 308

제16장 전쟁 행동의 중지 311

제17장 오늘날의 전쟁의 성격 319

제18장 긴장과 휴식 321

제4편 전투 325

제1장 개요 327

제2장 오늘날의 전투의 성격 328

제3장 전투 일반 330

제4장 계속 335

제5장 전투의 의의 346

제6장 전투의 지속 시간 349

제7장 전투의 승패의 결정 351

제8장 전투에 대한 양쪽의 합의 360

제9장 주력 전투 366

제10장 계속 374

제11장 계속 381

제12장 승리를 이용하는 전략적인 수단 389

제13장 전투에서 패배한 후의 후퇴 403

제14장 야간 전투   408

제5편 전투력   417

제1장 개요   419

제2장 군대, 전쟁터, 원정   420

제3장 병력의 비율   424

제4장 병과의 비율   429

제5장 군대의 전투 대형   442

제6장 군대의 일반적인 배치   450

제7장 전위와 전초   459

제8장 전진 부대의 행동 방식   470

제9장 야영   476

제10장 행군   479

제11장 계속   489

제12장 계속   495

제13장 사영   500

제14장 식량 조달   509

제15장 작전 기지   531

제16장 병참선   537

제17장 지형   542

제18장 고지   548

제6편 방어   553

제1장 공격과 방어   555

제2장 전술에서 공격과 방어의 관계   560

제3장 전략에서 공격과 방어의 관계   566

제4장 공격의 집중성과 방어의 분산성   572

제5장 전략적인 방어의 성격 577

제6장 방어 수단의 범위 580

제7장 공격과 방어의 상호 작용 591

제8장 저항의 유형 594

제9장 방어 전투 614

제10장 요새 620

제11장 앞 장의 계속 633

제12장 방어 진지 641

제13장 요새 진지와 보루 진지 648

제14장 측면 진지 659

제15장 산악 방어 665

제16장 계속 675

제17장 계속 690

제18장 하천 방어 697

제19장 계속 719

제20장 A. 습지 방어 723

　　　　B. 범람지 727

제21장 삼림 방어 736

제22장 초병선 738

제23장 나라의 관문 743

제24장 측면 행동 749

제25장 나라 안으로 하는 후퇴 769

제26장 인민 무장 투쟁 786

제27장 전쟁터의 방어 794

제28장 계속 800

제29장 계속. 점차적인 저항 818

제30장 계속. 결전을 하지 않는 경우에 전쟁터의 방어 822

제7편 공격(초안) 861

　제1장 방어와 갖는 관계에서 본 공격 863

　제2장 전략적인 공격의 성질 865

　제3장 전략적인 공격의 대상 869

　제4장 공격력의 감소 871

　제5장 공격의 정점 873

　제6장 적의 전투력의 파괴 875

　제7장 공격 전투 877

　제8장 도하 880

　제9장 방어 진지의 공격 884

　제10장 보루 진지의 공격 886

　제11장 산악 공격 888

　제12장 초병선의 공격 892

　제13장 기동 894

　제14장 습지, 범람지, 숲의 공격 898

　제15장 결전을 하는 경우에 전쟁터의 공격 901

　제16장 결전을 하지 않는 경우에 전쟁터의 공격 906

　제17장 요새의 공격 911

　제18장 수송대에 대한 공격 917

　제19장 사영에 있는 적군의 공격 921

　제20장 견제 929

　제21장 침략 934

　승리의 정점 935

제8편 전쟁 계획 947

　제1장 머리말 949

　제2장 절대 전쟁과 현실 전쟁 952

제3장 A. 전쟁의 내부적인 연관성 957

       B. 전쟁의 목적과 노력의 정도 962

제4장 전쟁 목표의 자세한 정의. 적을 쓰러뜨리는 것 978

제5장 계속. 제한된 목표 988

제6장 A. 전쟁의 목표에 미치는 정치적인 목적의 영향 991

       B. 전쟁은 정치의 수단이다 994

제7장 제한된 목표. 공격 전쟁 1004

제8장 제한된 목표. 방어 1008

제9장 적을 쓰러뜨리는 것을 목표로 하는 전쟁 계획 1015

찾아보기 1061

후기 1125

그림과 지도의 차례

[그림 1] 『전쟁론』 독일어 초판 세 권 4

[그림 2] 『전쟁론』 독일어 초판 세 권의 속표지 5

[그림 3] 『전쟁론』 독일어 제19판 표지 12

[그림 4] 『전쟁론』 독일어 초판 제1권의 속표지 34

[그림 5] 베를린의 일반 군사 학교 42

[그림 6] 마리 폰 클라우제비츠 43

[그림 7] 카알 폰 클라우제비츠 55

[그림 8] 『전쟁론』 초판 제1권 제1편 제1장의 첫 페이지 58

[그림 9] 나폴레옹 보나파르트 127

[그림 10] 블뤼허 221

[그림 11] 다운 234

[그림 12] 프리드리히 대왕 248

[그림 13] 벨-알리앙스 345

[그림 14] 알프스를 넘는 나폴레옹(낭만주의 버전) 686

[그림 15] 알프스를 넘는 나폴레옹(현실주의 버전) 687

[그림 16] 부탕허의 요새 726

[그림 17] 모스크바에서 후퇴하는 나폴레옹 1054

[그림 18] 베레지나 강을 건너 후퇴하는 프랑스 군대 1055

[지도 1] 1748~1766년의 유럽 102

[지도 2] 알프스 산맥 218

[지도 3] 이탈리아 북부 지방 219

[지도 4] 나폴레옹의 1814년 6일 간의 원정 220

[지도 5] 라인 강 222

[지도 6] 슐레지엔 249

[지도 7] 엘베 강 250

[지도 8] 보주 산맥 280

[지도 9] 17세기의 브란덴부르크-프로이센 288

[지도 10] 작센 289

[지도 11] 1789년의 신성 로마 제국 318

[지도 12] 슈바벤 알프 365

[지도 13] 센 강 407

[지도 14] 타호 강 494

[지도 15] 아디제 강 529

[지도 16] 비스와 강 530

[지도 17] 30년 전쟁 후의 신성 로마 제국   564

[지도 18] 흑해와 흑해 주변의 주요 항구 도시   589

[지도 19] 폴란드의 분할   590

[지도 20] 스헬더 강   658

[지도 21] 베저 강   664

[지도 22] 피레네 산맥   688

[지도 23] 에브로 강   689

[지도 24] 도나우 강   717

[지도 25] 모젤 강   718

[지도 26] 오더 강   722

[지도 27] 바알 강   734

[지도 28] 네덜란드 연합 공화국   735

[지도 29] 베레지나 강   764

[지도 30] 다우가바 강   765

[지도 31] 카알 4세 시대의 보헤미아   766

[지도 32] 오늘날 체코의 보헤미아, 모라비아, 슐레지엔   767

[지도 33] 마인 강   768

[지도 34] 1812년의 유럽   855

[지도 35] 독일 연방(1815~1866년)   1056

[지도 36] 1796년의 이탈리아   1057

[지도 37] 루아르 강   1059

[지도 38] 론 강   1060

제1권

[그림 4] 『전쟁론』 독일어 초판 제1권의 속표지

『전쟁론』의 제목 페이지
날짜 2006. 4. 11
작가 Memnon335bc

　　『전쟁론』이 전부 이런 옛날 글자체로 쓰여 있어서 『전쟁론』을 읽는데 다
소 곤란을 겪는다. 오늘날의 글자체로 바꾸면 아래와 같다.

　　Vom Kriege. Hinterlassenes Werk des Generals Carl von Clause-
witz. Erster Theil. Berlin, bei Ferdinand Dümmler. 1832.

부인의 제1권 머리말[1]

　여자의 손으로 이런 내용의 『저작집』에 머리말을 쓰면 사람들은 당연히 의아하게 생각할 것입니다. 저의 친구들에게는 그 이유를 설명할 필요가 없지만, 저를 알지 못하는 사람들의 눈에는 이것이 불손하게 보일 것입니다. 하지만 이 머리말을 쓰게 된 계기를 간단히 이야기하면 그 사람들도 저를 이해할 것이라고 생각합니다.

　이루 말할 수 없이 사랑하였던 저의 남편은 삶의 마지막 12년 동안[2] (이 몇 줄의 머리말 다음에 오게 될) 『저작집』을 쓰는데 전념하였습니다. 하지만 남편은 슬프게도 저와 조국을 너무 일찍 떠나고 말았습니다. 『저작집』을 완성하는 것은 남편에게 매우 간절한 소원이었지만, 남편은 자신이 살아있는 동안에 이 『저작집』을 출간할 생각이 없었습니다. 제가 남편의 뜻을 번복하게 하려고 노력하면, 남편은 반은 농담으로 또는 반은 자신의 때 이른 죽음을 예감했는지 때로 저에게 말했습니다. "당신이 출판해 주시오." 그런데 그 말이 (행복한 나날을 보내고 있는 저에게 가끔 눈물을 자아내게 했지만, 그 당시에는 그 말에 별로 심각한 의미를 부여하지 않았는데) 이제 사랑하는 남편의 유고 『저작집』 앞에 몇 줄의 머리말을 붙이는 의무를 만들어 놓았습니

---

1. 클라우제비츠 부인이 『전쟁론』을 포함하여 『저작집』 전 10권의 탄생과 출간 배경에 대해 쓴 글.
2. 1818년부터 1830년까지 12년.

다. 제 친구들의 의견도 그러했습니다. 이 점에 대해 여러 가지 의견이 있을 수 있다고 해도 사람들은 분명히 저의 감정을 오해하지 않을 것입니다. 그 감정이 여자로서 어떤 방식으로든 남 앞에 나서는 것을 매우 어렵게 만드는 수줍음을 극복하는 계기를 만들어 주었기 때문입니다.

당연한 일이지만, 저는 저 자신을 이 『저작집』의 본래의 편집자라고 여긴 적이 단 한 번도 없습니다. 이 『저작집』은 저의 머리로는 전혀 알 수 없는 것입니다. 저는 단지 이 『저작집』을 출간하는데 참여하여 도움을 준 동반자로서 남고 싶습니다. 분명히 그런 자리는 요구해도 된다고 생각하는데, 저에게도 이 『저작집』의 탄생과 완성에 동반자와 비슷한 역할이 허락되었기 때문입니다. 행복에 넘치는 우리의 결혼 생활을 알고 있는 분들은 우리 부부가 모든 것을 함께 했고, 기쁨과 슬픔뿐만 아니라 일상 생활의 모든 일과 관심도 함께 나누었다는 것을 알고 있습니다. 그분들은 저의 사랑하는 남편이 이런 종류의 일을 하고 있었다는 것을 제가 잘 알고 있지 못했다고 생각하지는 않을 것입니다. 그래서 남편이 그 일에 바친 열정과 사랑, 그 일에 품었던 희망, 『저작집』의 탄생 방식과 시기를 저만큼 잘 증언할 수 있는 사람은 아무도 없을 것입니다. 남편의 타고난 재능은 소년 시절부터 빛과 진실을 갈망하였습니다. 소년은 다방면에 걸친 교육을 받았지만, 소년의 사색은 주로 전쟁학으로 향하고 있었습니다. 그것은 남편이 헌신한 직업이기도 했고 여러 나라의 안녕에도 매우 중요했습니다. 이 분야에서 남편을 처음 올바른 길로 이끈 사람은 샤른호스트였습니다.[3] 남편은 1810년에 일반 군사 학교의 교관으로 임명되었고, 곧이어 왕실의 황태자에게[4] 처음으로 군사 교육을 강의하는 영예를 얻었습

---

3. 샤른호스트(Gerhard Johann David von Scharnhorst, 1755~1813), 프로이센의 장군. 프로이센 군사 개혁의 선구자. 블뤼허의 참모장으로서 그로스-괴르셴 전투(1813년 5월 2일)에서 중상을 입고 프라하에서 전사했다(6월 28일). 샤른호스트를 만난 것은 클라우제비츠의 삶에 결정적인 전환을 불러왔고, 클라우제비츠는 그를 자신의 '정신적인 아버지'라고 불렀다.
4. 왕실의 황태자는 프리드리히 빌헬름 4세(Friedrich Wilhelm IV., 1795~1861). 프리드리히 빌헬름 3세의 장남. 아래 나오는 빌헬름 1세의 형. 1840~1861년에 프로이센의 왕으로 재임했다.

니다. 이를 계기로 남편의 연구와 노력은 이 방면으로 향하게 되었고, 남편은 자신에게 분명해진 것을 정리하고 집필하였습니다. 남편이 1812년에 왕실의 황태자에게 했던 강의를 마치면서 쓴 논문은[5] 이미 그 이후의 『저작집』의 맹아를 담고 있습니다. 하지만 남편은 1816년에 코블렌츠에서[6] 비로소 자신의 학문적인 연구에 다시 전념하고, 4년 동안의 중요한 전쟁의 시기에[7] 얻은 풍부한 경험을 통해 자신을 한층 성숙하게 만든 많은 성과를 모으기 시작했습니다. 남편은 자신의 생각을 먼저 느슨하게 연결된 짧은 논설의 형태로 썼습니다. 다음의 글은 남편의 유고에서 발견된 것인데, 날짜는 쓰여 있지 않지만 역시 그 무렵에 쓴 것으로 보입니다.[8]

남편은 코블렌츠에서 많은 임무를 맡고 있었기 때문에 개인적인 연구에는 약간의 시간을 낼 수밖에 없었습니다. 남편은 1818년에 베를린에 있는 일반 군사 학교의 교장으로 임명되고 나서 비로소 시간의 여유를 얻었고, 그래서 자신의 『저작집』을 더 확장하고 최근의 전쟁사를 통해 더 풍부하게 하였습니다. 교장의 새로운 임무도 남편에게 여유를 주었습니다. 하지만 다른 관점에서 보면 남편은 분명히 그 임무에 완전히 만족할 수 없었습니다. 그 당시에 만들어진 일반 군사 학교의 조직에 의하면, 학문 분과는 교장이 아니라 특별한 연구 위원회에서 맡고 있었기 때문입니다. 남편은 일체의 편협한 허영심과 인간의 마음을 불안하게 만드는 이기적인 명예욕에서 벗어나 있었고,

---

5. 이 논문은 『저작집』 제3권에 처음 수록되었고, 그 후에 『전쟁론』의 여러 판에 부록으로 실렸다. 논문 제목은 『왕실의 황태자에게 수행한 군사 강의 개요』(*Übersicht des Sr. Königlichen Hoheit dem Kronprinzen in den Jahren 1810, 1811 und 1812 vom Verfasser erteilten militärischen Unterrichts*)이다. 이 강의의 영어 번역이 우리말로 중역되어 있다. 정토웅 번역의 『클라우제비츠의 전쟁 원칙과 리더십론』, 육사 화랑대연구소 1999, 1~66 참조.

6. 코블렌츠(Koblenz), 라인 강 중류에 있는 도시. 왼편에서 모젤 강이, 오른편 아래에서 란 강이 라인 강에 합류하는 지점에 있다. 그 당시의 군사 요충지. 클라우제비츠는 1816년에 코블렌츠에 신설된 군단 사령부의 참모장에 임명되었다. 사령관은 프로이센의 그나이제나우 원수였다.

7. 1812년 나폴레옹의 러시아 원정, 1813년의 라이프치히 전투, 1814년 동맹 군대의 프랑스 공격, 1815년의 벨-알리앙스 전투의 4년을 말한다.

8. 다음의 '저자의 말' 참조.

진실로 쓸모 있는 사람이 되어 신이 남편에게 부여한 능력을 헛되이 버리지 않으려는 욕구를 느끼고 있었습니다. 하지만 남편은 일반 군사 학교의 매일매일의 활동에서 그 욕구를 충족할 수 있는 자리에 있지 않았고, 언젠가 그런 자리에 오른다는 희망도 거의 품지 못하게 되었습니다. 그래서 남편은 모든 노력을 학문의 세계에 쏟았고, 언젠가는 자신의 『저작집』으로 유익함을 주겠다는 희망이 남편의 삶의 목적이 되었습니다. 그럼에도 남편은 이 『저작집』을 자신이 죽기 전에는 출판하지 않겠다고 결심했고, 그 결심은 점점 더 확고해졌습니다. 이는 분명히 오랫동안 좋은 효과를 내는 책에 대한 숭고한 열망에는 칭찬과 인정을 받으려는 허영심도, 그 어떤 이기심의 흔적도 섞이지 않았다는 것에 대한 최고의 증명입니다.

　남편은 집필 활동에 전념하였고, 이것은 대략 1830년 봄에 포병 부대로 자리를 옮길 때까지 계속되었습니다. 이제 남편은 완전히 다른 종류의 활동을 하게 되었고,[9] 더욱이 그 일은 남편에게 매우 많은 것을 요구했기 때문에 남편은 적어도 당분간 모든 집필 활동을 중단해야 했습니다. 남편은 원고를 정리하고 여러 개의 봉투에 담아 봉인하고 봉투마다 제목을 붙였습니다. 이것으로 남편은 그토록 애착을 가졌던 일과 슬픈 작별을 고했습니다. 남편은 같은 해 8월에 브레슬라우로[10] 발령을 받았고, 그곳에서 제2 포병 부대의 감독관이 되었습니다. 하지만 12월에 다시 베를린으로 발령을 받았고, 그나이제나우 원수의[11] 참모장으로 (그나이제나우 백작이 최고 지휘관으로 있는 동안) 임명되었습니다. 1831년 3월에 남편은 이 존경하는 최고 지휘관을 수행하여 포즈난으로[12] 갔습니다. 남편이 뼈아픈 손실을 입은 후에[13] 11월에 그곳에서 브레슬라우로 돌아왔을 때 남편은 집필 활동을 다시 시작할 수 있고, 그

---

9. 클라우제비츠는 본래 보병이었다.

10. 브레슬라우(Breslau), 그 당시 슐레지엔의 수도였다. 현재 폴란드의 브로츠와프(Wrocław). 오더 강의 중상류에 있다. 바르샤바에서 남서쪽으로 약 330킬로미터, 프라하에서 북동쪽으로 약 250킬로미터 되는 곳에 있다.

11. 그나이제나우(August Neidhardt von Gneisenau, 1760~1831), 프로이센의 육군 원수. 군사 개혁가.

해 겨울 동안에 그 일을 완성할 수 있다는 희망에 부풀어 있었습니다. 하지만 하느님은 다른 것을 원했습니다. 남편은 11월 7일에 브레슬라우로 돌아왔고 16일에 세상을 떠났습니다. 그래서 남편의 손으로 봉인했던 봉투는 남편이 죽은 다음에 비로소 개봉되었습니다!

이번에 몇 권으로[14] 나누어 간행하는 것이 바로 그 유고입니다. 더욱이 그것은 발견된 그대로이고 한마디도 덧붙이거나 빼지 않았습니다. 그럼에도 책을 출간하려고 하니 원고를 정리하고 여러 사람과 의논을 하는 등 할 일이 많았습니다. 이 일에 도움을 준 몇몇 친한 친구들에게 진심으로 감사를 드립니다. 특히 에첼 소령은[15] 친절하게 인쇄본의 교정을 맡았고 이 『저작집』의 전쟁사 부분에[16] 필요한 지도를 만들었습니다. 저의 사랑하는 남동생도[17] 여기에 언급해야 한다고 생각합니다. 남동생은 남편을 잃은 불행한 시기에 저에게 힘이 되었고, 이 원고를 출간하는데 여러 가지로 도움을 주었습니다. 남동생은 그 밖에도 원고를 주의 깊게 통독하고 정리하는 동안에 원고에서 개정된 부분을 발견했는데, 저의 사랑하는 남편은 1827년에 쓰고 이 머리말 다음에 실리는 알리는 말에서 원고를 고칠 계획이 있다는 것을 언급했습니다.[18] 그

---

12. 포즈난(Posen, Poznań), 그 당시 프로이센의 도시. 오더 강 하류의 오른편 지류인 바르테 강에 있다. 현재 폴란드의 도시. 포즈난은 브레슬라우에서 북쪽으로 약 160킬로미터, 바르 샤바에서 서쪽으로 약 300킬로미터 떨어져 있다. 포젠은 포즈난의 독일어 표기. 1830년 프랑스의 7월 혁명의 물결이 전 유럽으로 전파되었고, 이것은 폴란드에서도 혁명으로 발전했다. 1830년 11월에 러시아령 폴란드에서 혁명이 일어났고 한때 최고조에 달했다. 프로이센은 이 혁명이 프로이센에 미치는 것을 염려했고, 1831년 3월에 그나이제나우를 제4 동방 군대의 사령관으로 포즈난에 파견했다.

13. 그나이제나우가 포즈난에서 콜레라로 사망한 것(1831년 8월 23일)을 말한다. 그나이제나우의 죽음은 클라우제비츠에게 큰 충격이었다.

14. 『저작집』은 전 10권으로 제1권~제3권이 『전쟁론』이다.

15. 에첼(Franz August O'Etzel, 1784~1850), 프로이센의 장교. 1813년의 원정과 1815년의 원정에 참여했다. 1825~1835년에 일반 군사 학교의 지형론과 군사 지리학 교관이었고, 1847년에 소장으로 진급했다.

16. 『저작집』에서 전쟁사 부분은 제4권에서 제8권까지이다.

17. 남동생은 프리드리히 폰 브륄(Friedrich Wilhelm von Brühl, 1791~1859)이다. 카알 폰 브륄의 장남. 그나이제나우의 사위. 프로이센의 장군.

리고 남동생은 개정된 부분을 남편이 제1편에서 넣기로 한 자리에 (그 이상은 아무 말이 없었기 때문에) 넣었습니다.

그 밖의 많은 친구들이 저에게 조언을 주고 애도와 우정을 보인데 대해 감사를 드리고 싶습니다. 여기에 그들의 이름을 일일이 들 수 없다고 해도 그들은 분명히 저의 마음속 깊은 곳에서 우러나오는 감사의 마음을 의심하지 않을 것입니다. 그들이 저를 생각하여 한 모든 일이 저 자신뿐만 아니라 (이 세상을 너무 일찍 떠난) 제 남편을 생각한 일이라고 확신할수록 감사의 마음은 더 커집니다.

저는 21년 동안 그런 남편의 손에서 한없이 행복했습니다. 그리고 무엇과도 바꿀 수 없는 남편을 잃었지만 지금도 행복합니다. 그것은 저의 마음속 깊은 곳에 많은 추억과 희망의 보물이 있기 때문이고, 사랑하는 고인의 덕에 힘입어 분에 넘치는 애도와 우정의 유산을 받았기 때문이고, 고인의 훌륭한 업적이 이처럼 널리 명예롭게 인정받고 있는 것을 보는 벅찬 감정 때문입니다.

존엄하신 황태자 부부께서[19] 저를 신임하여 불러 주셨습니다. 그분들이 은혜를 베풀어 주신데 대해 하느님에게 감사드립니다. 두 분이 저에게 기쁜 마음으로 헌신할 수 있는 영광된 소명을 열어 주셨기 때문입니다. 이 소명에 하느님의 가호가 있기를! 그리고 지금 저의 보호를 받고 있는 존귀하신 어린 왕자께서[20] 언젠가 이 책을 읽으시고 이 책을 통해 영광된 선조들의 위업에 버금가는 위업을 쌓으시기를!

---

18. 다음의 '알리는 말' 참조.
19. 빌헬름 1세(Wilhelm I. Friedrich Ludwig von Preußen, 1797~1888)와 부인 아우구스타 (Augusta Marie Luise Katharina von Sachsen-Weimar-Eisenach, 1811~1890)를 말한다. 빌헬름 1세는 프리드리히 빌헬름 3세의 차남이고, 앞의 프리드리히 빌헬름 4세의 동생이다. 빌헬름 1세는 나중에 프로이센의 왕, 독일 제국의 황제가 된다.
20. 어린 왕자는 빌헬름 1세와 아우구스타의 아들로서 프리드리히 3세(Friedrich III. Wilhelm Nikolaus Karl von Preußen, 1831~1888)를 말한다. 이 왕자도 나중에 프로이센의 왕, 독일 제국의 황제가 된다.

1832년 6월 30일

포츠담의[21] 마모어 궁전에서[22] 씀

마리 폰 클라우제비츠

브륄 백작의[23] 장녀

왕실의 빌헬름 황태자비의[24] 수석 가정교사

---

21. 포츠담(Potsdam), 베를린에서 남서쪽으로 약 30킬로미터에 있는 도시. 프리드리히 대왕 시대에는 군주의 여름 관저로 쓰였고, 그 당시에 프로이센의 행정 중심 도시였다.

22. 마모어(Marmor) 궁전, 포츠담의 '신성한 호수'(der Heilige See) 서쪽의 '새로운 공원'(der Neue Garten) 안에 있는 궁전. 프리드리히 대왕이 18세기 말에 건축하게 했다. 마모어는 대리석이란 뜻. 클라우제비츠 부인은 이 머리말을 쓸 때 포츠담의 마모어 궁전에서 생후 8개월된 어린 왕자를 돌보고 있었다.

23. 브륄 백작은 카알 폰 브륄(Carl Adolph von Brühl, 1742~1802)이다. 마리의 친정아버지. 그래서 마리 폰 클라우제비츠의 결혼 전 이름은 마리 폰 브륄.

24. 빌헬름 황태자비는 앞의 각주 19에서 말한 아우구스타.

[그림 5] 베를린의 일반 군사 학교

베를린 Burgstraße 19번지에 있던 일반 군사 학교
시기 1883년 이전
출처 Peter Paret, *Clausewitz und der Staat. Der Mensch, seine Theorien und seine Zeit*, Bonn : Ferdinand Dümmlers Verlag 1993
(이 건물을 찍은) 사진 작가 불명
업로드 Mehlauge 2014. 9. 7

　　프로이센의 일반 군사 학교(Allgemeine Kriegsschule)는 1810년에 베를린, 쾨니히스베르크(1946년부터 칼리닌그라드), 브레슬라우에 설치되었고 1816년에 일반 군사 대학으로 개편되었다. 1859년부터 공식 명칭이 '프로이센 왕국 군사 아카데미'로 변경되었다. 클라우제비츠는 베를린에 있는 일반 군사 대학의 2대(1818~1831년) 교장이었고, 이 대학의 교장으로 있으면서 『전쟁론』을 집필했다.

[그림 6] 마리 폰 클라우제비츠

화가 불명
1830년 이전에 그린 석판화
익명으로 발표.
이 그림을 찍은 작가 Memnon335bc 2006. 4. 11
출처 http://www.clausewitz.com/CWZHOME/MarievC.htm

　　마리 폰 클라우제비츠(Marie Sophie von Clausewitz, 1779~1836), 카
알 폰 클라우제비츠의 부인. 남편에 대한 사랑과 헌신으로 『저작집』전 10권
을 발간하는데 지대한 역할을 담당했다. 실제로 부인은 1832~1834년에 『저작
집』의 편집자로서 참여했다. 이미 그전에 부인은 남편이 『저작집』을 저술하
는 동안 (그리고 남편의 전쟁 참전과 군사 관련 임무 때문에 남편과 오래 떨
어져 있었는데도) 남편에게 정신적인 지원과 격려를 아끼지 않았다. 부인이
1836년에 신경성 열병으로 사망한 것은[25] 『저작집』을 편찬하고 자비로 출간
하는데 들인 부인의 헌신적인 노력과 과로도 영향을 미쳤을 것으로 생각된
다.

---

25. 부인에 대한 서술은 http://de.wikipedia.org/wiki/Marie_von_Clausewitz 참조.

알리는 말[1]

처음 여섯 편은 이미 깨끗이 옮겨 쓴 상태에 있지만 아직 형태를 갖추지 않은 원고의 모음에 지나지 않고, 그래서 원고를 한 번 더 완전히 고쳐야 한다고 생각한다. 원고를 고칠 때는 두 가지 종류의 전쟁을 모든 곳에서 좀 더 명확하게 구분할 것이다. 그러면 전쟁에 관한 모든 생각이 좀 더 분명한 의미를 갖고 일정한 방향을 갖고 좀 더 정확하게 쓰일 것이다. 두 가지 종류의 전쟁은 구체적으로 말해 그 목적이 적을 쓰러뜨리는데 있는 전쟁과 적의 국경에 있는 **영토의 일부를 점령**하려고 하는데 있는 전쟁이다. 전자에서는 적을 정치적으로 파괴하든, 아니면 적이 저항하지 못하게 만들어서 이쪽의 어떠한 평화 협정에도 따르게 하려는 것이든 상관없다. 후자에서는 그 지역을 보유하려는 것이든, 아니면 평화 협정을 맺을 때 쓸모 있는 교환 수단으로 쓰려고 하는 것이든 상관없다. 물론 한 종류의 전쟁에서 다른 종류의 전쟁으로 넘어가는 일은 있어야 한다. 하지만 두 가지의 노력이 완전히 다른 성질을 갖고 있다는 것은 어디에서나 철저하게 인식되어야 하고, 같이 있을 수 없는 것은 따로따로 나누어야 한다.

많은 전쟁에 실제로 존재하는 이런 차이 외에 역시 실제로 필요한 관점

---

1. 카알 폰 클라우제비츠가 두 가지 종류의 전쟁(절대 전쟁과 현실 전쟁), 전쟁과 정치의 관계, 원고의 개정에 대하여 1827년에 쓴 글.

을 명확하고 정확하게 밝혀야 하는데, 그 관점은 전쟁이 다른 수단으로 국가의 정치를 계속하는 것에 지나지 않는다는 것이다. 늘 이 관점을 유지하고 있으면 전쟁을 통일적으로 살펴보게 될 것이고 모든 것이 좀 더 쉽게 풀릴 것이다. 이 관점은 주로 제8편에서 비로소 효과를 나타낼 것이지만 이미 제1편에서 완전히 설명해야 하고, 처음 여섯 편을 고칠 때도 도움을 주어야 한다. 이렇게 고치면 처음 여섯 편이 많은 불순물에서 벗어날 수 있고 많은 금과 틈을 메울 수 있다. 또한 일반적인 것이 좀 더 분명한 생각과 형태로 넘어갈 수 있을 것이다.

제7편 공격에서 하나하나의 장의 초안은 이미 작성하였다. 제7편은 제6편의 반영으로 간주할 수 있고, 앞에서 말한 좀 더 명확한 관점에 의하면 곧 완성될 것이다. 그래서 제7편은 새롭게 고칠 필요가 없을 것이고 오히려 처음 여섯 편을 고치는데 기준으로 쓰일 수 있다.

제8편의 **전쟁 계획**은 전쟁 전체에 대한 일반적인 계획이고, 몇 개의 장은 이미 작성하였다. 하지만 그것은 아직 제대로 된 자료로 간주할 수도 없는 정도이고 원래의 연구를 모은 덩어리에 지나지 않는다. 앞으로 더 연구하면 그때 비로소 무엇이 중요한지 알게 될 것이다. 그 정도의 것이라면 몇 개의 장은 목적을 이루었고, 제7편이 끝난 다음에 곧 제8편을 마무리하는 일로 넘어갈 수 있다고 생각한다. 그때 특히 앞에서 말한 두 가지의 관점을 주장해야 하고, 모든 것을 단순하게 해야 하고, 이와 동시에 모든 것에 정신을 불어넣어야 한다. 제8편이 많은 전략가와 정치가의 이마에 잡힌 주름살을 펴게 할 것이라고 생각한다. 적어도 전쟁에서 무엇이 중요한지, 그리고 전쟁에서 본래 무엇을 살펴보아야 하는지 보여 줄 것이라고 생각한다.

제8편을 마무리하면서 내 생각이 분명해지고 전쟁의 대체적인 윤곽이 충분히 밝혀지면, 이 정신을 처음 여섯 편에 적용하는 것과 전쟁의 대체적인 윤곽을 처음 여섯 편 어디에나 비추게 하는 것은 그만큼 쉬워질 것이다. 그래서 처음 여섯 편을 고쳐 쓰는 일은 그다음에 비로소 시작할 것이다.

내가 일찍 죽게 되어 이 일을 중단해야 한다면 내 앞에 있는 것은 당연히 형태를 갖추지 않은 생각의 덩어리로 불릴 수밖에 없을 것이고, 끊임없는 오해에 방치되고, 많은 설익은 비판을 불러일으킬 것이다. 전쟁 문제에서는 누구든지 펜을 잡으면서 머리에 떠오르는 것이라도 그것을 말하고 인쇄할 만큼 충분히 좋은 것이라고 생각하기 때문이고, 그것이 '둘 곱하기 둘은 넷'이라는 산수처럼 확실하다고 생각하기 때문이다. 그 사람이 나처럼 다년간 그 문제에 대해 깊이 생각하고 그 문제를 늘 전쟁사와 비교하는 노력을 기울이려고 했다면, 그는 비판을 하는데 당연히 좀 더 신중해질 것이다.

하지만 이런 불완전한 모습으로도 편견 없이 진실과 확신을 갈망하는 독자라면 처음 여섯 편에서 전쟁에 관한 다년간의 깊은 생각과 진지한 연구의 성과를 올바르게 읽을 것이다. 그리고 아마 여기에서 전쟁의 이론에 하나의 혁명을 일으킬 수 있을 만한 중요한 생각을 발견할 것이다. 나는 그렇게 생각한다.

1827년 7월 10일, 베를린

이 '알리는 말' 외에 유고에서 미완성의 '짧은 논설'이 발견되었습니다. 그것은 최근에 쓴 것으로 보입니다.[2]

---

2. 클라우제비츠 부인의 말. '짧은 논설'은 다음의 글 참조.

짧은 논설[1]

대규모 전쟁의 수행에 관한 이 원고는 내가 죽은 다음에 발견될 것이다. 현재 상태의 원고는 조각들의 모음으로 볼 수밖에 없다. 이것으로 대규모 전쟁에 대한 이론을 건축해야 하지만, 원고의 대부분은 아직 내 마음에 들지 않는다. 그리고 제6편은 초고라고 보아야 한다. 이것은 완전히 고치고 다른 해결책을 찾아야 할 것이다.

하지만 이 원고를 관통하고 있는 중요한 윤곽은 전쟁에 대한 올바른 견해라고 생각한다. 그 견해는 다방면에 걸친 고찰을 통해 얻은 성과이기 때문이다. 그 고찰은 끊임없이 현실에 눈을 돌리면서 끊임없이 내 경험과 훌륭한 군인들과 맺은 교제를 통해 배운 것을 떠올리면서 얻은 것이다.

제7편은 공격을 논의해야 하는데 이 문제를 대략적으로 다루고 있다. 제8편의 전쟁 계획에서는 전쟁의 정치적인 측면과 인간적인 측면을 더 특별하게 다루었다.

제1편 제1장은 내가 완성했다고 생각하는 유일한 부분이다. 적어도 그 부분은 내가 원고 전체 어디에서나 유지하려고 했던 방향을 드러내는 일을 할 것이다.

---

1. 원고의 개정과 전쟁의 이론에 대하여 1827년에 (또는 그 이전에) 쓴 것으로 추정되는 글. 즉 이 글은 앞의 '알리는 말'보다 먼저 쓴 것으로 추정된다.

대규모 전쟁에 관한 이론 또는 이른바 전략에는 많은 어려움이 따른다. 그래서 아마 극소수의 인간만이 하나하나의 문제에 대해 분명한 생각, 즉 문제의 지속적인 연관성에서 필연성까지 소급하는 생각을 한다고 말할 수 있다. 대부분의 사람들은 행동할 때 단지 숙련된 판단에 따른다. 그들에게 천재성이 많은지 적은지에 따라 그 행동은 잘 맞기도 하고 잘 맞지 않기도 한다.

위대한 최고 지휘관들은 모두 그렇게 행동했다. 부분적으로 그들의 위대함과 천재성은 그들이 그 숙련으로 늘 올바르게 행동한데 있다. 그들은 앞으로도 늘 그렇게 행동할 것이고, 이런 숙련으로도 행동을 하는 데는 완전히 충분하다. 하지만 스스로 행동하는 것이 아니라 회의에서 동료나 부하들에게 확신을 갖게 하는 것이 중요하다면 분명한 생각을 갖는 것, 즉 문제의 내부적인 연관성을 증명하는 것이 중요하다. 이 부분의 교육은 아직 별로 진척을 보이고 있지 않기 때문에 대부분의 회의는 확고한 기초를 갖지 못한 공론을 주고받는 것이 된다. 이런 경우에는 각자 자신의 의견을 계속 갖고 있든지 아니면 상대를 배려하여 얻는 단순한 합의로 타협에 이르게 되는데, 이런 타협은 본래 아무런 가치도 없다.

그래서 이 문제에서 분명한 생각을 갖는 것은 쓸데없는 일이 아니다. 더욱이 인간의 정신은 일반적으로 명확함을 추구하는 경향이 있고, 언제나 필연적인 연관성을 알려고 하는 욕구를 갖고 있다.

이처럼 전쟁술의 철학적인 기초를 닦는 것은 매우 어렵고, 많은 노력은 실패로 돌아갔다. 그래서 대부분의 사람들은 다음과 같이 말하게 되었다. 즉 그런 이론은 만들 수 없는데, 여기에서는 불변의 법칙으로 포괄할 수 없는 문제를 다루기 때문이라는 것이다. 우리는 이 의견에 동의하지 않을 것이고, 이론을 만들려고 하는 노력을 포기하지도 않을 것이다. 다음과 같은 여러 명제는 별 어려움 없이 매우 분명하게 증명할 수 있기 때문이다. 즉 방어는 소극적인 목적을 갖는 더 강한 전투 형태이고 공격은 적극적인 목적을 갖는 더 약한 전투 형태라는 것, 큰 성과는 작은 성과도 결정한다는 것, 그래서 전략적인 효과는 몇 개의 중심으로 환원할 수 있다는 것, 양동은 실제의 공격보다 힘을 덜 쓰기 때문에 특별한 조건이 있어야 한다는 것, 승리는 전쟁터를 점령하는 것뿐만 아니라 물리적인 전투력과 정신적인 전투력을 파괴하는 것이기도 하고, 이런 파괴는 대부분 전투에서 승리한 다음에 추격할 때 비로소 이루게 된다는 것, 전쟁의 성과는 언제나 승리를 거두었을 때 제일 많기 때문에 하나의 선과 방향에서 다른 선과 방향으로 옮기는 것은 단지 필요악으로 간주할 수 있다는 것, 우회는 아군이 일반적으로 우세할 때만 또는 아군의 병참선과 후퇴로가 적의 그것보다 우세할 때만 정당화될 수 있다는 것, 그래서 측면 진지도 이와 같은 상황의 조건에 놓여 있다는 것, 모든 공격은 전진하면서 약해진다는 것 등이다.

저자의 말[1]

　내 생각에 따르면 여기에 쓴 글은 이른바 전략을 이루는 중요한 문제를 다루고 있다. 이것은 아직 단순한 자료에 지나지 않지만, 나는 이것을 하나의 전체로 합칠 만큼 일을 상당히 진척하였다.

　즉 이 자료는 미리 완성된 계획에 따라 생겨난 것이 아니다. 처음의 내 의도는 체계와 긴밀한 연관성을 고려하지 않고 전략의 중요한 문제에 대해 내가 발견한 것을 매우 짧고 정확하고 간결한 문장에 담는 것이었다. 몽테스키외가[2] 자기의 문제를 다룬 방식이 어렴풋이 떠올랐다. 나는 그런 짧고 함축적인 장들을 처음에 단지 씨앗이라고 불렀고, 그런 장들이 현명한 사람들의 마음을 사로잡을 것이라고 생각했다. 그런 장들이 밝힌 내용뿐만 아니라 그런 장들에서 많은 것이 계속 발전될 수 있다는 점에서도 그렇게 생각했다. 즉 나는 이 문제를 이미 잘 알고 있는 현명한 독자들을 염두에 두고 있었다. 하지만 무엇이든지 펼쳐서 체계를 확립하려고 하는 나의 천성이 결국 여기에서도 다시 고개를 들고 말았다. 한동안 나는 나를 지배할 수 있었고, 하나하나의 문제에 대해 쓴 논문에서 (이 문제가 논문을 통해 내게도 매우 분명하고 확실하게 되어야 했기 때문에) 제일 중요한 결과만 끄집어낼 수 있었고, 그래서

---

1. 전쟁의 이론에 대한 초기 원고의 기원에 대하여 1818년 즈음에 쓴 글.
2. 몽테스키외(Charles-Louis de La Brède et de Montesquieu, 1689~1755), 프랑스의 계몽 사상가. 정치 철학자. 대표적인 저서로 1748년에 출간된 『법의 정신』이 있다.

그 본질을 한 권의 얇은 책에 담을 수 있었다. 하지만 그 후에 나의 성격이 나를 완전히 사로잡았고, 나는 내 생각을 되도록 자세하게 펼치게 되었다. 그렇게 되자 자연히 이 문제를 잘 알지 못하는 독자들도 생각하게 되었다.

이 일을 계속하고 연구 정신에 빠질수록 나는 그만큼 더 체계로 돌아갔다. 그래서 점차로 여러 개의 장을 덧붙이게 되었다.

최근의 내 의도는 모든 것을 다시 한 번 검토하고, 이전의 여러 논문에서 많은 동기를 받아들이고, 나중의 여러 논문에 있는 많은 분석을 하나의 결과로 모으고, 그래서 이것으로 어지간한 분량으로 된 하나의 전체를 만드는 것이다. 그러면 이 전체는 작은 옥타브 판3 한 권이 된다. 하지만 나는 여기에서도 당연하고 매우 빈번하게 언급되고 일반적으로 받아들여지고 있는 평범한 것은 모두 피하려고 했다. 나의 명예는 2년이나 3년 후에도 잊혀지지 않을 책을 쓰는데, 그리고 이 문제에 관심이 있는 사람이라면 아마 한 번 이상 손에 잡을 수 있는 책을 쓰는데 있기 때문이다.

---

3. 전지를 8절로 접은 판. 전지의 크기에 따라 옥타브 판, 대옥타브 판, 소옥타브 판이 있다. 독일에서 소옥타브 판은 세로 185밀리미터 이내의 판을 가리킨다.

저자의 머리말[1]

과학적이라는 것의 개념이 오로지 또는 주로 체계와 완성된 학설에만 있는 것이 아니라는 것은 오늘날 논쟁을 필요로 하지 않는다. 체계는 이 책의 서술에서 언뜻 볼 때 전혀 찾을 수 없다. 이 책은 완성된 학설이 아니라 미완성의 조각이다.

과학의 형식은 전쟁 현상의 본질을 연구하려고 노력하는 것이고, 현상과 여러 가지 요소의 (이 요소에서 현상이 구성되는데) 성질의 관계를 보여 주려고 노력하는 것이다. 저자는 어떠한 경우에도 철학적인 일관성을 피하지 않았다. 하지만 그것이 지나치게 가느다란 실로 이어질 때 저자는 차라리 그 실을 끊고 그것에 상응하는 경험의 현상을 다시 연결하는 것을 선호했다. 많은 식물은 줄기가 지나치게 높이 자라지 않을 때만 열매를 맺는데, 이처럼 현실의 기술에서도 이론의 잎과 꽃은 지나치게 무성하게 자라서는 안 되고 경험, 즉 기술의 본래의 토양 근처에 있어야 한다.

밀알의 화학적인 성분에서 열매를 맺은 이삭의 모습을 연구하려고 하는 것은 확실히 잘못일 것이다. 다 자란 이삭을 보고 싶으면 밀밭으로 가기만 하면 되기 때문이다. 연구와 관찰, 철학과 경험은 결코 상대를 경멸해서도 안 되고 배제해서도 안 된다. 그것은 상대를 상호 보증하는 관계이기 때문이다. 그

---

1. 전쟁의 이론에 대하여 1816년과 1818년 사이에 쓴 미출간 원고.

래서 이 책의 명제들은 내부적인 필연성으로 연결되어 작은 아치를 이루고 있고, 외부의 받침대로서 경험이나 전쟁 자체의 개념에 토대를 두고 있다. 그 명제들은 이 받침대 없이는 성립할 수 없다.2

본질적인 내용으로 가득 찬 체계적인 전쟁 이론을 쓰는 것은 아마 불가능하지 않을 것이다. 하지만 지금까지 있었던 이론은 그런 것과 상당히 거리가 멀었다. 그런 이론의 비과학적인 정신은 완전히 잊어버린다고 해도 그런 이론은 여러 가지의 평범한 것, 낡은 것, 점잖은 척하는 것으로 이루어진 체계를 유기적이고 완전하게 만들려는 노력으로 넘쳐흐르고 있다. 이런 종류의 이론에 꼭 맞는 모습을 보려면 리히텐베르크의3 소방 규정에서 일부만 읽어 보면 된다.

"어느 집에 불이 나면 무엇보다 먼저 그 왼쪽에 있는 집의 오른쪽 벽과 오른쪽에 있는 집의 왼쪽 벽을 덮으려고 해야 한다. 예를 들어 왼쪽에 있는 집의 왼쪽 벽을 덮으려고 한다면, 그 집의 오른쪽 벽은 오른쪽 집의 왼쪽 벽과 닿아 있기 때문이다. 그래서 불이 이 벽과 오른쪽 집의 오른쪽 벽에 닿아 있기 때문에 (그 집은 불난 집의 왼쪽에 있다고 전제했기 때문에) 오른쪽 벽은 왼쪽 벽보다 불에 가깝다. 그 집의 오른쪽 벽을 덮지 않으면 불이 왼쪽 벽으로 오기 전에 오른쪽 벽으로 옮겨붙을 수도 있을 것이다. 그래서 덮지 않은 벽에도 불이 날 수 있을 것이다. 더욱이 그곳을 덮지 않으면 다른 곳에 불이 날 수도 있을 것이다. 그래서 그곳을 놔두고 다른 곳을 덮어야 한다. 한마디로 말해 다음과 같은 점을 유념해야 한다. 즉 어느 집에 불이 나면 그 오른쪽 집의 왼쪽 벽을 덮고 왼쪽 집의 오른쪽 벽을 덮어야 한다."4

---

2. [저자] 많은 군사 평론가들, 특히 전쟁 자체를 과학적으로 연구하려고 한 평론가들은 그렇게 하지 않고 있고, 이는 많은 사례들이 증명하고 있다. 쓸모없는 찬반 논쟁이 그들의 이성적인 판단에서 다른 평론가들을 삼켜 버려서 두 마리의 사자가 꼬리만 남기고 다른 사자를 삼킨 것처럼 된다.

3. 리히텐베르크(Georg Christoph Lichtenberg, 1742~1799), 수학자. 독일 최초의 실험 물리학 교수. 독일어 아포리즘의 창시자. 풍자 작가. 클라우제비츠의 글이 풍자와 비유를 많이 담고 있는 데는 리히텐베르크의 영향이 있을 것이라고 생각한다.

저자는 이런 헛소리로 독자들의 정신을 놀라게 하고 싶지 않고, 별로 좋지 않은 것에 물을 부어 맛을 더 없게 만들고 싶지도 않다. 저자는 전쟁에 관한 다년간의 사색, 전쟁을 경험한 이성적인 사람들과 했던 교제, 저자 자신의 많은 전쟁 경험으로 알게 된 분명한 것을 순수한 금속의 작은 알맹이로 내놓고 싶다. 그래서 겉으로 별로 관련 없는 것처럼 보이는 많은 장들이 생겨났지만 그 장들에 내적인 연관성이 없지 않을 것이라고 믿는다. 아마 곧 저자보다 훌륭한 인간이 나타나서 그 인간이 여기에 있는 하나하나의 알맹이 대신에 전체를 불순물 없는 순수한 금속으로 주조할 것이다.

---

4. 이전의 전쟁 이론이 대략 이런 횡설수설이었다는 것을 풍자하려고 클라우제비츠가 든 예문. 리히텐베르크의 풍자가 매우 유쾌하다!

[그림 7] 카알 폰 클라우제비츠

Carl Philipp Gottlieb von Clausewitz. 1780~1831
19세기
출처 http://www.nodulo.org/ec/2007/n066p13.htm
화가 Karl Wilhelm Wach(1787~1845)
업로드 Mathiasrex 2010. 9. 28
업데이트 Hohum 2015. 4. 24

　카알 폰 클라우제비츠, 마리 폰 브륄의 남편, 프로이센의 장군, 군사 개혁가, 전쟁 이론가, 『전쟁론』의 저자.

제1편

전쟁의 본질

[그림 8]『전쟁론』초판 제1권 제1편 제1장의 첫 페이지

Erstes Kapitel.

Was ist der Krieg.

---

1. Einleitung.

Wir denken die einzelnen Elemente unseres Gegenstandes, dann die einzelnen Theile oder Glieder desselben, und zuletzt das Ganze in seinem innern Zusammenhange zu betrachten, also vom Einfachen zum Zusammengesetzten fortzuschreiten. Aber es ist hier mehr als irgendwo nöthig, mit einem Blick auf das Wesen des Ganzen anzufangen, weil hier mehr als irgendwo mit dem Theile auch zugleich immer das Ganze gedacht werden muß.

2. Definition.

Wir wollen hier nicht erst in eine schwerfällige publizistische Definition des Krieges hineinsteigen, sondern uns an das Element desselben halten, an den Zweikampf. Der Krieg ist nichts als ein erweiterter Zweikampf. Wollen wir uns die Unzahl der einzelnen Zweikämpfe aus denen er besteht als Einheit denken, so thun wir besser uns zwei Ringende vorzustellen. Jeder sucht den Andern durch phisische Gewalt zur Erfüllung seines Willens zu zwingen; sein nächster Zweck ist, den Gegner niederzuwerfen und dadurch zu jedem fernern Widerstand unfähig zu machen.

1 *

출처 http://gallica.bnf.fr/ark:/12148/bpt6k86498q/f29.image.r=hinterlassene%20werke

제1장

전쟁이란 무엇인가?

1. 머리말

우리는 이 문제에서 먼저 하나하나의 요소를, 그다음으로 이 문제의 하나 하나의 부분이나 마디를, 마지막으로 전체를 그 내적인 연관성에서 살펴보려고 생각한다. 그래서 단순한 것에서 복합적인 것으로 나아가려고 생각한다. 하지 만 다른 어느 곳보다 여기에서 더 필요한 것은 전체의 본질을 살펴보는 것으 로 시작하는 것이다. 다른 어느 곳보다 여기에서 부분과 동시에 늘 전체를 생 각해야 하는 일이 많기 때문이다.

2. 정의

여기에서는 여론을 듣고 느리고 번거롭게 전쟁을 정의하지 않고 곧바로 전쟁의 요소인 결투에 따르려고 한다. 그러면 전쟁은 대규모로 확대된 결투 에 지나지 않는다. 전쟁은 하나하나의 수많은 결투로 이루어져 있는데, 이것 을 하나의 통일체로 생각하려고 한다면 결투를 벌이는 두 사람을 상상하는 것이 더 좋을 것이다. 두 사람은 각자 물리적인 폭력으로 상대에게 자기의 의 지를 실현하도록 강요하려고 한다. 그들의 직접적인 목적은 적을 쓰러뜨리는 것이고, 이를 통해 앞으로 적이 어떠한 저항도 할 수 없게 만드는 것이다.

그래서 전쟁은 우리의 의지를 실현하려고 적에게 굴복을 강요하는 폭력 행동이다.

폭력은 기술과 과학의 발명품으로 무장하여 또 다른 폭력에 대항한다. 폭력에는 국제법상의 관례라는 이름으로 제한이 따르지만, 그 제한은 눈에 잘 띄지도 않고 거의 언급할 가치도 없기 때문에 폭력의 힘을 근본적으로 약하게 만들지 못한다. 그래서 폭력, 즉 물리적인 폭력은 (정신적인 폭력은 국가와 법률의 개념 밖에는 존재하지 않기 때문에) 수단이고, 적에게 우리의 의지를 강요하는 것이 목적이다. 이 목적을 확실하게 달성하려면 적이 저항하지 못하게 해야 하고, 이것이 개념상으로 전쟁 행동의 본래 목표이다. 전쟁 행동에서는 목표가 목적을 대신하고, 목적을 이를테면 전쟁 자체에 속하지 않는 것으로 간주하여 밀어낸다.

3. 폭력을 무제한으로 쓰는 것

그런데 인도주의자들은 자칫 다음과 같이 생각할 수 있을 것이다. 즉 적에게 지나치게 큰 피해를 입히지 않으면서 기술적으로 적의 무장을 해제하든지 적을 쓰러뜨릴 수 있고, 이것이 전쟁술의 참된 방향이다. 이 말이 아무리 그럴듯하게 들린다고 해도 이런 잘못된 생각은 버려야 한다. 전쟁과 같이 위험한 일에서 인정 때문에 잘못된 생각을 하게 된다면 그것이 바로 최악의 생각이기 때문이다. 물리적인 폭력을 쓰는 것이 모든 범위에서 지성의 협력을 배제하는 것은 결코 아니다. 그래서 피를 흘리면서 무자비하게 폭력을 쓰는 쪽은 적이 그렇게 하지 않는 경우에 우세해질 것이 틀림없다. 그러면 그는 상대에게 자기의 법칙에 따르도록 강요하게 된다. 이제 상대도 같은 행동을 하게 되면 양쪽의 폭력은 무제한까지 치닫게 되는데, 여기에는 폭력에 내재하는 힘의 균형 외에 다른 제한은 없을 것이다.

이 문제는 이와 같이 보아야 한다. 전쟁의 잔인함을 혐오한다고 해서 전쟁의 본질을 무시하려는 것은 헛된 노력이고 그 자체로 앞뒤가 바뀐 노력이다.

　문명 민족의 전쟁이 미개 민족의 전쟁보다 훨씬 덜 잔인하고 파괴적이라면, 이는 국가 내부는 물론 국가 간의 관계에도 존재하는 사회적인 상태 때문이다. 이 사회적인 상태와 이 상태의 상호 관계에서 전쟁이 일어나고, 그것에 의해 전쟁이 제한되고 축소되고 완화된다. 하지만 그런 것은 전쟁 자체에 속하지 않고 전쟁에 주어진 것이다. 그래서 전쟁의 철학 자체에는 온건주의를 결코 받아들일 수 없고, 그것을 받아들이면 어리석은 일을 저지르게 된다.

　인간과 인간의 싸움은 본래 두 가지의 다른 요소, 즉 **적대적인 감정**과 **적대적인 의도**로 이루어져 있다. 우리는 이 두 가지 요소 중에 후자를 우리의 정의의 특징으로 선택했는데, 그것이 일반적인 요소이기 때문이다. 본능에 가까운 제일 난폭한 격정적인 증오도 적대적인 의도 없이는 생각할 수 없다. 그 반면에 적대적인 감정을 전혀 수반하지 않거나 적어도 강력하게 수반하지 않는 적대적인 의도는 많이 있다. 미개 민족에게는 감성에 속하는 의도가 많이 나타나고, 문명 민족에게는 지성에 속하는 의도가 많이 나타난다. 하지만 이런 차이는 야만과 문명 자체의 본질에 있는 것이 아니라 야만과 문명에 따르는 여러 가지 상황과 제도 등에 있는 것이다. 그래서 이 차이는 모든 하나하나의 경우에 반드시 나타나는 것이 아니라 대부분의 경우에 나타나는데 지나지 않는다. 한마디로 말하면, 최고로 문명화된 민족의 싸움도 격정적으로 불타오를 수 있다.

　이것으로 알 수 있듯이 문명 민족의 전쟁을 단지 여러 정부 사이의 지성적인 행동으로 환원하려고 한다면, 그리고 그 전쟁을 점점 더 모든 격정과 무관하다고 생각하려고 한다면 이처럼 잘못된 견해도 없을 것이다. 그러면 전쟁은 결국 현실에서 전투력의 물리적인 양을 더 이상 필요로 하지 않게 되고, 양쪽 전투력의 비율과 일종의 행동의 대수학만 필요로 하게 된다.

　이론이 이미 이런 잘못된 방향으로 나아갔지만, 최근의 전쟁 현상은[1] 이론에 더 나은 것을 가르치기 시작했다. 전쟁이 폭력 행동이라면 전쟁은 반드시 감정에도 속한다. 전쟁이 감정에서 비롯되지 않는다고 해도 전쟁의 원인은 많든 적든 감정에 들어 있다. 감정이 얼마나 많은지 적은지는 문명의 수준이 아니라 적대적인 이해 관계의 중요성과 기간에 달려 있다.

그래서 문명 민족이 포로를 죽이지 않고 도시와 농촌을 파괴하지 않는 것을 보게 된다면, 그것은 지성이 전쟁을 수행하는데 더 많이 개입하기 때문이고, 지성이 문명 민족에게 본능을 거칠게 표현하는 것보다 폭력을 쓰는 좀 더 효과적인 수단을 가르쳤기 때문이다.

화약의 발명과 무기의 지속적인 개선은 전쟁의 개념에 들어 있는 경향, 즉 적을 파괴한다는 경향이 문명의 진보에 의해 실제로 전혀 방해를 받지 않았고 다른 경향으로 변하지도 않았다는 것을 이미 충분히 보여 주고 있다.

앞에서 말한 명제를 반복한다. 전쟁은 폭력 행동이고, 폭력을 쓰는 데는 제한이 없다. 그래서 각자 상대에게 자기의 법칙에 따르도록 강요한다. 여기에서 상호 작용이 생기는데, 이것은 개념상 무제한으로 치닫게 된다. 이것이 우리가 마주치는 **첫 번째** 상호 작용이고 **첫 번째** 무제한성이다.

(첫 번째 상호 작용)

4. 목표는 적이 저항하지 못하게 하는 것이다

앞에서 말한 것처럼 적이 **저항하지 못하게** 하는 것이 전쟁 행동의 목표이다. 이제 이것이 적어도 이론적인 개념에서 필요하다는 것을 보여 주려고 한다.

적이 우리의 의지를 실현해야 한다면 적을 (우리가 적에게 요구하는 희생보다) 더 불리한 상황에 빠뜨려야 한다. 더욱이 그 불리함이 적어도 겉으로 볼 때 일시적인 것이어서도 안 된다. 그렇지 않으면 적은 더 좋은 순간을 기다릴 것이고 굴복하지 않을 것이다. 계속되는 전쟁 행동으로 이 상황에 어떤 변

---

1. 프랑스 혁명 전쟁과 나폴레옹의 전쟁.

화가 일어난다면 그것은 적에게 더 불리한 상황으로 진행되어야 한다. 적어도 그런 생각이 들도록 변해야 한다. 전쟁을 하고 있는 당사자가 빠질 수 있는 최악의 상황은 저항 능력을 완전히 상실하는 것이다. 그래서 전쟁 행동으로 적에게 우리의 의지에 따르도록 강요해야 한다면, 적이 실제로 저항하지 못하게 하든지 또는 그렇게 될 개연성 때문에 적이 위협을 느끼는 상태에 빠뜨려야 한다. 결론적으로 적의 무장을 해제하든지 적을 쓰러뜨리는 것이 (어떻게 표현하든지 상관없는데) 늘 전쟁 행동의 목표이어야 한다.

그런데 전쟁은 살아있는 힘이 죽은 집단에게 하는 행동이 아니라 늘 살아있는 두 힘의 충돌이다. 한쪽만 절대적인 고통을 당하는 것은 전쟁 수행이 아닐 것이기 때문이다. 전쟁 행동의 마지막 목표에 대해 말한 것은 양쪽 당사자 모두에게 해당되어야 한다. 그래서 여기에서도 다시 상호 작용이 존재한다. 내가 적을 쓰러뜨리지 못하는 한, 적이 나를 쓰러뜨린다는 것을 두려워해야 한다. 그러면 나는 나의 행동의 주인이 되지 못한다. 내가 나의 법칙을 적에게 강요한 것처럼, 이제 적이 자기의 법칙을 나에게 강요한다. 이것이 두 번째의 무제한성으로 이끄는 두 번째 상호 작용이다.

(두 번째 상호 작용)

5. 힘을 무제한으로 쏟는 것

적을 쓰러뜨리려면 우리의 노력을 적의 저항 능력에 맞추어야 한다. 적의 저항 능력은 분리될 수 없는 두 가지 요소의 산물로 표현되는데, 하나는 **적이 갖고 있는 모든 수단이고**[2] 다른 하나는 **의지력의 정도**이다.

적이 갖고 있는 수단은 (전부는 아니더라도) 숫자로 표시할 수 있기 때문에 측정할 수 있을 것이다. 하지만 의지력의 정도를 측정하는 것은 훨씬 어렵고, 그것은 대략 동기의 강약에 의해서만 짐작할 수 있다. 이런 식으로 적의

---

2. 이 수단에는 무기뿐만 아니라 전투력도 포함된다.

저항 능력에 대해 상당히 확실하게 알게 되었다고 전제하면, 우리도 그것에 따라 얼마나 많은 힘을 들여야 하는지 측정할 수 있다. 우리의 힘은 적을 압도할 만큼 많든지, 또는 그런 능력이 안 되는 경우에도 되도록 많아야 한다. 하지만 적도 이와 똑같이 행동하고, 그래서 상호 간에 새로운 상승 작용이 생긴다. 이것은 단순하게 생각해도 다시 무제한에 이르려고 하는 노력이 되는데, 이것이 우리가 마주치는 세 번째 상호 작용이고 세 번째 무제한성이다.

(세 번째 상호 작용)

6. 현실의 제한

이처럼 순수한 개념의 추상적인 영역에서 생각하는 지성은 무제한에 이를 때까지 결코 멈추지 않는다. 지성이 다루는 것이 무제한성이고 자유롭게 움직이는 힘의 충돌이기 때문인데, 그 힘은 힘 자체의 내부적인 법칙 외에 다른 어떤 법칙에도 따르지 않는다. 그래서 전쟁의 순수한 개념으로부터 전쟁에서 약속해야 하는 목표와 이용해야 하는 수단에 대한 절대적인 조건을 끌어내려고 한다면, 우리는 앞에서 말한 끊임없는 상호 작용 때문에 극단에 빠지게 될 것이다. 하지만 이 극단은 관념의 놀이에 지나지 않을 것이고, 거의 보이지 않는 논리적인 궤변의 실로 만들어진 것이다. 절대적인 것을 꽉 붙들면서 현실 세계의 모든 어려움을 한 번의 필치로 피하려고 한다면, 그리고 논리적인 엄밀성을 주장하면서 언제나 무제한성에 사로잡혀야 하고 매번 무제한의 노력을 쏟아야 한다면, 그런 필치는 책에만 있는 법칙에 지나지 않을 것이고 현실 세계에 맞지 않을 것이다.

무제한의 노력을 쏟는 것이 절대성이고 그것을 쉽게 발견할 수 있을 것이라고 전제해도, 인간의 정신이 그런 논리적인 환상에 좀처럼 따르지 않을 것이라는 점을 인정해야 한다. 그런 전쟁에서는 많은 경우에 힘을 쓸데없이 낭비하는 일이 생길 텐데, 이것을 막는 것은 전쟁의 원칙과는 다른 정치의 원칙에서 찾아야 할 것이다. 또한 그런 전쟁에는 강력한 의지도 필요한데, 그런 의지는 미리 내세운 전쟁의 목적과 맞지 않아 생겨날 수도 없을 것이다. 인간의 의지력은 그 힘을 결코 논리적인 궤변으로 얻지 않기 때문이다.

하지만 추상 세계에서 현실 세계로 넘어가면 모든 것이 다른 형태를 띤다. 추상 세계에서는 모든 것이 낙관주의의 지배를 받아야 했고, 우리는 전쟁을 하는 양쪽 모두 완전성을 추구할 뿐만 아니라 실현하기도 한다고 생각해야 했다. 언젠가 현실 세계에서도 그렇게 될까?

1. 전쟁이 완전히 고립된 행동이라면, 즉 전쟁이 느닷없이 일어나고 이전의 정치 현실과 아무런 상관이 없다면,

2. 전쟁이 단 한 번의 결전으로 이루어져 있든지 또는 동시에 일어나는 일련의 결전으로 이루어져 있다면,

3. 전쟁이 그 자체로 완결되는 결전을 포함하고 있다면, 그리고 전쟁에 이어서 일어나게 될 정치적인 상황에 대한 계산이 현재 수행 중인 전쟁에 다시 영향을 미치지 않는다면,

그렇게 될 것이다.

7. 전쟁은 결코 고립된 행동이 아니다

첫 번째 조건에 대해 말하면, 전쟁을 하는 양쪽 중에 어느 쪽도 상대에게 추상적인 존재가 아니다. 저항의 산물 중에 외부적인 것에서 비롯되지 않는 요소, 즉 의지에 대해서도 한쪽은 다른 쪽에게 추상적인 존재가 아니다. 이 경우에 의지는 결코 알 수 없는 것이 아닌데, 오늘의 의지에서 내일의 의지를 알 수 있기 때문이다. 전쟁은 느닷없이 일어나지 않는데, 전쟁은 한순간에 확대되는 것이 아니기 때문이다. 그래서 양쪽은 각자 대부분 상대의 현재 상태와 행동에 따라 상대를 판단하고, 엄밀히 말해 상대가 이런 상태에 있을 것이고 저런 행동을 할 것이라는 추측에 따라 상대를 판단하지 않는다. 하지만 인간은 불완전한 존재이기 때문에 늘 절대적인 최선의 상태에 이르지 못하고, 그래서 양쪽 모두에게 나타나는 이런 결함이 절대적인 것을 완화하는 원

리가 된다.

8. 전쟁은 단 한 번의 순간적인 공격으로 이루어지지 않는다

두 번째 조건에 대해서는 다음과 같은 고찰이 필요하다.

전쟁에서 결전이 단 한 번뿐이거나 여러 번이라도 동시에 일어난다면, 결전에 대한 모든 준비는 당연히 무제한으로 치닫는 경향을 띠어야 할 것이다. 결전에서 한 번의 실수는 결코 만회할 수 없기 때문이다. 그런데 현실 세계에서는 고작해야 적의 전쟁 준비만 (그것이 우리에게 알려져 있는 한) 우리의 준비의 기준이 될 수 있고, 그 밖의 모든 것은 다시 추상 세계로 들어간다. 하지만 결전이 몇 번의 연속적인 행동으로 이루어져 있다면, 먼저 일어난 행동은 당연히 그 행동의 모든 현상을 통해 나중에 일어날 행동에 대해 기준이 될 수 있다. 이런 식으로 여기에서도 현실 세계는 추상 세계를 대신하고, 그래서 무제한으로 치닫는 노력을 완화한다.

그런데 전쟁에 쓰려고 정해진 수단을 전부 동시에 투입하거나 투입할 수 있다면, 모든 전쟁은 필연적으로 단 한 번의 결전이 되어야 하거나 여러 번이라도 동시에 일어나는 결전이 되어야 할 것이다. 한 번의 결전이 **불리하게** 진행되면 그 수단은 반드시 줄어들기 때문에 첫 번째 결전에서 **모든** 수단을 투입했다면 두 번째 결전은 더 이상 생각할 수 없다. 그 이후에 일어날 수 있는 모든 전쟁 행동은 본질적으로 첫 번째 전쟁 행동의 일부이고 그것을 계속하는 데 지나지 않는다.

하지만 앞에서 본 것처럼 이미 전쟁에 대한 준비에서 현실 세계는 순수 개념을 대신하고, 현실의 기준은 무제한의 전제 조건을 대신한다. 그래서 양쪽의 상호 작용은 무제한의 노력을 하는 수준 아래에 머물 것이고, 양쪽은 모든 힘을 동시에 투입하지 않을 것이다.

모든 힘이 동시에 효과를 낼 수 없는 것은 이 힘의 성질과 힘을 쓰는 방식 때문이기도 하다. 여기에서 힘은 **본래의 전투력**, 일정한 면적과 인구를 갖고 있는 나라, **동맹국**을 말한다.

　일정한 면적과 인구를 갖는 나라는 구체적으로 말해 본래의 모든 전투력의 원천이 될 뿐만 아니라 그 자체로 전쟁에서 효과를 내는 통합적인 부분이 되기도 한다. 물론 그 부분은 전쟁터에 속하거나 전쟁터에 눈에 띄는 영향을 미치는 부분만 말한다.

　이동할 수 있는 모든 전투력은 확실히 동시에 활동하게 할 수 있다. 하지만 모든 요새, 강, 산, 주민 등과 같은 것, 한마디로 나라 전체는 (그 나라가 작지 않고, 그래서 첫 번째 전쟁 행동이 나라 전체를 포괄하지 않는다면) 동시에 활동하게 할 수 없다.[3] 그 밖에 동맹국의 협력도 전쟁 당사자의 의지에 달려 있지 않다. 국제 관계의 성격 때문에 동맹국은 때로 상황이 한참 지난 후에 참전하거나, 균형을 잃은 경우에 주로 그 균형을 회복하는데 투입된다.

　저항 능력에서 이런 부분은 즉시 효력을 낼 수 없지만 많은 경우에 처음에 생각했던 것보다 훨씬 중요한 부분을 차지한다는 것, 그래서 그 부분은 첫 번째의 결전이 대규모의 힘으로 일어난 곳에서도, 그래서 힘의 균형이 심하게 무너진 곳에서도 힘의 균형을 회복할 수 있게 한다는 것은 아래에서 자세히 설명할 것이다. 여기에서는 **모든 힘을 동시에 완벽하게 하나로 집결하는 것**은 전쟁의 본질에 어긋난다는 것을 보여 주는 것으로 충분하다. 그런데 이것이 그 자체로 첫 번째의 결전에서 힘을 최대한으로 쓰려고 하는 노력을 완화하는 이유가 될 수는 없을 것이다. 불리하게 끝난 결전은 언제나 불리함이고, 일부러 불리함에 빠지려고 하는 사람은 없을 것이기 때문이다. 또한 첫 번째 결전이 유일한 결전이 아니라고 해도 그것이 대규모의 결전일수록 그다음의 결전에 그만큼 많은 영향을 미칠 것이기 때문이다. 하지만 다음에 결전이 또 일어날 수 있다면 인간의 정신은 첫 번째 결전에 지나치게 많은 노력을 들이는데 두려움을 갖게 되고 그다음의 결전으로 피하게 된다. 그래서 첫 번째 결

---

3. 전쟁터, 지형, 요새 등도 전투력이다. 이것은 이동할 수 없는 전투력이고 병사, 말, 대포 등은 이동할 수 있는 전투력이다.

전에서 그 밖의 다른 경우에 할 때만큼 힘을 집결하고 노력하지 않는다. 양쪽 중에 어느 한쪽이 힘의 약세 때문에 결전을 중지하면, 이것은 상대의 노력을 완화하게 하는 객관적인 이유가 된다. 그래서 이 상호 작용에 의해 무제한으로 치닫는 노력은 다시 적당한 수준의 노력으로 완화된다.

9. 전쟁의 결과는 결코 절대적인 것이 아니다

마지막으로 세 번째 조건을 보면, 어느 전쟁 전체의 승패가 완전하게 결정되었다고 해도 그것이 반드시 절대적인 결정이라고 볼 수 없다. 전쟁에서 패배한 나라는 그것을 때로 일시적인 불행으로 볼 뿐이고, 나중에 정치적인 상황이 달라지면 그 불행에 대한 대책을 마련할 수 있다. 이것이 전쟁에 나타나는 긴장의 폭력성과 힘을 쏟는 격렬성을 얼마나 많이 완화할 것인지는 자명하다.

10. 현실 세계의 개연성이 개념의 무제한성과 절대성을 대신한다

이런 식으로 모든 전쟁 행동에서 무제한으로 치닫는 힘의 엄격한 법칙이 사라진다. 무제한성을 더 이상 두려워하지도 않고 추구하지도 않는다면, 무제한성 대신에 힘을 쓸 때 나타나는 한계를 밝히는 것은 양쪽의 판단에 맡겨지고, 이것은 현실 세계의 현상이 보여 주는 사실에 의해서만, 즉 개연성의 법칙에 의해 일어날 수 있다. 전쟁을 치르는 양쪽이 더 이상 순수한 개념이 아니고 개개의 나라이고 정부라면, 전쟁이 더 이상 관념적인 행동이 아니고 독특한 형태로 진행되는 행동이라면, 현실에 존재하는 것이 앞으로 발견해야 한다고 예상할 수 있는 미지의 것에 관한 자료를 줄 것이다.

양쪽은 각자 적의 성격, 준비, 상태, 상황으로부터 개연성의 법칙에 따라 상대의 행동을 추론할 것이고 그것에 따라 자기의 행동을 결정할 것이다.

11. 이제 다시 정치적인 목적이 나타난다

이제 여기에서 자연스럽게 하나의 문제가 새롭게 고려되는데, 그것은 앞의 (2번 참조) 고려의 대상에서 제외했던 것이다. 그것은 전쟁의 정치적인 목적이다. 무제한성의 법칙, 즉 적이 저항하지 못하게 하고 적을 쓰러뜨린다는 의도가 지금까지 정치적인 목적을 이를테면 삼켜 버렸다. 그 법칙이 힘을 잃고 그 의도가 목표에서 물러나자마자 전쟁의 정치적인 목적이 다시 나타나지 않을 수 없게 되었다. 전쟁에 대한 모든 고찰이 특정한 사람과 상황에서 생기는 개연성의 계산이라면, 정치적인 목적은 본래의 동기로서 이 계산의 결과에서 매우 본질적인 요소가 되어야 한다. 그러면 다음과 같이 된다. 즉 우리의 적에게 요구하는 희생이 작을수록 희생을 막으려고 쓰는 적의 노력도 그만큼 줄어들 것이라고 예상할 수 있다. 하지만 적의 노력이 줄어들수록 우리의 노력도 그만큼 줄어들 것이다. 그 밖에 우리의 정치적인 목적이 작을수록 그 목적에 두는 가치는 그만큼 작아질 것이고, 그 목적을 그만큼 일찍 포기하게 될 것이고, 그래서 이런 이유 때문에 우리의 노력도 그만큼 줄어들 것이다. 그래서 정치적인 목적은 전쟁의 본래의 동기로서 기준이 된다. 그 목적은 전쟁 행동으로 이루어야 하는 목표뿐만 아니라 그 목표를 이루는데 필요한 노력에 대해서도 기준이 된다. 하지만 정치적인 목적은 그 자체로는 기준이 될 수 없다. 우리는 여기에서 현실 세계를 다루고 있고 순수한 개념을 다루고 있는 것이 아니기 때문에 정치적인 목적은 전쟁을 하고 있는 두 나라의 관계에서 기준이 된다. 하나의 동일한 정치적인 목적도 여러 민족에 따라, 또는 하나의 동일한 민족에게도 여러 시대에 따라 완전히 다른 효과를 낼 수 있다. 그래서 정치적인 목적은 대중에게 미치는 영향을 생각하고 대중을 움직여야 할 때만 기준으로서 인정할 수 있다. 그래서 대중의 성격을 살펴보게 된다. 행동을 강화하는 원리나 약화하는 원리가 대중에게서 발견되느냐에 따라 정치적인 목적의 결과도 완전히 달라질 수 있다는 것은 두말할 필요도 없다. 두 민족과 나라에 긴장이 생길 수 있고 적대적인 요소가 한 곳으로 모일 수 있는데, 그러면 그 자체로는 전쟁의 매우 작은 정치적인 동기도 전쟁의 본질을 훨씬 뛰어넘는 효과를 낼 수 있고 엄청난 폭발을 일으킬 수 있다.

이것은 정치적인 목적이 두 나라에 불러일으켜야 하는 노력에도 해당하고 전쟁 행동에 설정해야 하는 목표에도 해당한다. 때로 정치적인 목적 자체가 그 목표일 수도 있는데, 예를 들면 어느 지방에 대한 점령이 그런 것이다. 또한 때로 정치적인 목적 자체가 전쟁 행동의 목표를 설정하는데 적절하지 않게 되는 일이 있다. 그러면 다른 목표를 설정해야 하는데, 이 목표는 정치적인 목적과 동등한 것으로 간주할 수 있고 평화 조약을 맺을 때 정치적인 목적을 대신할 수 있다. 하지만 이런 경우에도 늘 행동을 하고 있는 나라의 상황을 고려한다는 것이 전제되어 있다. 즉 어떤 상황에서 정치적인 목적을 이와 동등한 것으로 이루어야 한다면 그것이 정치적인 목적보다 훨씬 커야 한다. 대중이 전쟁에 대해 상관없다는 태도를 보일수록, 전쟁 이외에 두 나라와 두 나라의 상황에 나타나는 긴장이 약할수록, 정치적인 목적은 기준으로서 그만큼 지배적이고 결정적인 것이 될 것이다. 그래서 정치적인 목적이 거의 혼자 모든 것을 결정하는 경우도 있다.

그런데 전쟁 행동의 목표가 정치적인 목적과 동등한 것이라면 전쟁 행동은 일반적으로 그 목적과 더불어 축소될 것이다. 그것도 정치적인 목적이 지배적인 영향을 미칠수록 그만큼 더 많이 축소될 것이다. 그래서 어떻게 내부적인 모순 없이 모든 단계의 의미와 힘을 갖는 여러 가지의 전쟁이 있을 수 있는지, 섬멸 전쟁부터 단순한 무장 관찰에 이르기까지 있을 수 있는지 하는 것이 밝혀진다. 이것은 우리를 다른 종류의 질문으로 이끄는데, 그것은 아래에서 설명하고 대답해야 한다.

12. 이것으로도 전쟁 행동의 중지는 아직 설명되지 않는다

양쪽의 정치적인 요구가 아무리 하찮은 것이라고 해도, 양쪽이 전쟁에 투입하는 수단이 아무리 보잘것없는 것이라고 해도, 양쪽이 전쟁 행동에 설정하는 목표가 아무리 작은 것이라고 해도, 이 때문에 전쟁 행동이 한순간이라도 중지될 수 있을까? 이것은 문제의 본질에 깊이 파고드는 질문이다.

모든 행동은 그것을 완수하려면 일정한 시간이 있어야 하는데, 우리는 이를 지속 시간이라고 부른다. 이 지속 시간은 행동하는 사람이 많이 서두르느냐 조금 서두르느냐에 따라 길어질 수도 있고 짧아질 수도 있다.

여기에서 많이 서두르는지 조금 서두르는지 하는 것에는 관심을 두지 않으려고 한다. 누구든지 자기 방식대로 일을 한다. 일을 천천히 하는 사람은 시간을 더 많이 쓰려고 일을 천천히 하는 것이 아니다. 그 사람의 성격상 더 많은 시간이 필요하기 때문이고, 급하게 서두르면 별로 좋은 결과를 내지 못하기 때문이다. 그래서 그 시간은 내부적인 이유에 달려 있고, 행동을 하는 본래의 지속 시간에 속한다.

이제 전쟁에서 하나하나의 모든 행동에 대해 이 행동의 지속 시간을 인정하게 되면 적어도 언뜻 볼 때 이 지속 시간 이외의 모든 시간 낭비, 즉 전쟁 행동의 중지는 모순으로 보인다고 생각해야 한다. 여기에서는 양쪽 중에 어느 한쪽이 전쟁 행동을 중지하는 것이 아니라 전쟁 행동 전체의 중지에 대해 말하고 있다는 것을 늘 잊지 말아야 한다.

13. 행동을 중지할 수 있는 이유는 하나뿐이고, 그것은 늘 한쪽에만 있는 것 같다

양쪽이 전쟁을 하려고 무장했다면 어떤 적대적인 원리가 그들을 그렇게 하도록 했을 것이다. 그들이 무장한 상태로 있는 한, 즉 평화 조약을 맺지 않는 한 그 원리는 계속 존재하고 있을 것이다. 이때 양쪽 중에 어느 한쪽이 전쟁 행동을 중지한다면 그것은 단 하나의 조건 아래에서만 일어날 수 있다. 즉 행동하는데 좀 더 유리한 순간을 기다리려고 하는 것이다. 그런데 언뜻 보면 이 조건은 늘 어느 한쪽에만 있을 수 있는 것처럼 보이는데, 이는 다른 쪽에게는 자연히(eo ipso) 그 반대가 되기 때문이다. 한쪽이 행동하는데 관심을 보이면 다른 쪽은 기다리는데 관심을 보일 것이다.

힘의 완전한 균형도 행동의 중지를 일으킬 수 없다. 그런 균형에서는 적극적인 목적을 갖고 있는 쪽이 (공격자) 전진하는 쪽이기 때문이다.

그런데 균형은 다음과 같이 생각할 수도 있다. 즉 적극적인 목적을 갖고 있고, 그래서 더 강력한 동기를 갖고 있는 쪽이 동시에 더 약한 힘을 갖고 있기 때문에 동기와 힘의 결과에서 균형이 생길 것이다. 그러면 늘 다음과 같이 말해야 할 것이다. 즉 이 균형 상태에서 변화를 예상할 수 없다면 양쪽은 평화 협정을 맺어야 하고, 변화를 예상할 수 있다면 그 변화는 어느 한쪽에만 유리할 것이고, 그래서 이 때문에 다른 쪽은 행동을 해야 할 것이다. 그래서 균형의 개념은 행동의 중지를 설명할 수 없고, 그것은 다시 좀 더 유리한 순간을 기다리는 것이 된다. 두 나라 중에 어느 한쪽이 적극적인 목적을 갖고 있다고 전제할 수 있다. 즉 그 나라는 적의 어느 지방을 점령하려고 하고, 이것을 평화 조약을 맺을 때 유리한 교환 수단으로 주장하려고 한다. 그 지방을 점령하고 나면 그 나라의 정치적인 목적은 이루어지고 행동할 필요성은 사라지고 행동을 중지하게 된다. 적이 이 결과에 만족한다면 적은 평화 조약을 맺어야 한다. 적이 만족하지 않는다면 적은 행동을 해야 한다. 이제 적이 4주 후에 전쟁을 더 잘 준비할 것이라고 생각할 수 있고, 그러면 적은 행동을 미룰 충분한 이유를 갖게 된다.

하지만 이 순간부터 행동을 해야 하는 논리적인 의무는 점령한 쪽에게 주어지는 것처럼 보인다. 그래서 그는 패배한 쪽에게 행동을 준비하는데 필요한 시간을 허락하지 않으려고 한다. 물론 여기에서는 양쪽이 이 상황을 완전히 이해하고 있다는 것이 전제되어 있다.

14. 이 때문에 전쟁 행동에 연속성이 생기고 모든 것은 다시 무제한으로 치닫는다

전쟁 행동의 이런 연속성이 현실에 존재한다면, 이 때문에 모든 것은 다시 무제한으로 치닫게 될 것이다. 이런 끊임없는 활동은 감정의 힘을 더욱 불타오르게 하고, 모든 것에 더 높은 수준의 격정과 더 많은 폭력성을 줄 것이다. 이것을 제외해도 행동의 연속성 때문에 더 혹독한 결과와 더 긴밀한 인과 관계가 생겨나고, 그래서 하나하나의 모든 행동이 더 중요해지고 위험해질 것이다.

하지만 우리는 전쟁 행동에 이런 연속성이 드물거나 전혀 없다는 것, 수많은 전쟁에서 행동하는데 쓰는 시간은 제일 적은 시간을 차지하고 있고 중지하고 있는 시간이 그 밖의 전부를 차지하고 있다는 것을 알고 있다. 이것이 언제나 비정상일 수는 없다. 그리고 전쟁 행동에서는 중지를 할 수 있어야 한다. 즉 그것 자체는 모순이 아니다. 그렇다는 것과 어떻게 그렇게 되는 것인지 하는 것을 지금 보여 주려고 한다.

15. 그래서 여기에서 양극성의 원리가 요구된다

한쪽 최고 지휘관의 이해 관계를 언제나 다른 쪽 최고 지휘관의 이해 관계와 정확히 반대라고 생각하면 우리는 참된 의미의 양극성을 받아들인 것이다. 아래에서 이 원리에 따로 하나의 장을[4] 마련하는데, 다음과 같은 것은 여기에서 말해야 한다.

양극성의 원리는 하나의 동일한 대상에서 양의 크기와 그 반대인 음의 크기가 정확히 상쇄되는 경우에만 존재한다. 전투에서는 양쪽 모두 각자 승리하려고 하는데, 이것이 참된 의미의 양극성이다. 한쪽의 승리는 다른 쪽의 승리를 배제하기 때문이다. 하지만 두 가지의 다른 사물에 대해 말하고 있고 이것이 그 사물 외부에 하나의 공통되는 관계를 갖는다면, 이 두 가지 사물이 아니라 두 가지 사물의 관계에 양극성이 존재한다.

16. 공격과 방어는 그 종류와 힘이 다르기 때문에 양극성이 적용될 수 없다

---

4. 여기에 해당하는 장은 『전쟁론』에 없다.

전쟁에 오직 하나의 형태, 즉 적을 공격하는 것만 있고 방어하는 것이 없다면, 달리 말해 공격과 방어가 적극적인 동기에 의해서만 구분된다면, 공격은 적극적인 동기를 갖고 있고 방어는 적극적인 동기를 갖고 있지 않다면, 싸움이 언제나 동일한 것이라면, 이 싸움에서 한쪽의 유리함은 언제나 똑같은 크기만큼 다른 쪽의 불리함이 될 것이고, 그러면 양극성이 존재할 것이다.

하지만 전쟁 활동은 하나의 형태가 아니라 두 가지 형태, 즉 공격과 방어로 나뉜다. 이것은 아래에서 객관적으로 설명하게 되는 것처럼 종류도 매우 다르고 힘도 같지 않다. 그래서 양극성은 공격과 방어가 관계하고 있는 것, 즉 결전에 존재하고 공격과 방어 자체에는 존재하지 않는다. 한쪽 최고 지휘관이 결전을 나중에 하려고 하면 다른 쪽 최고 지휘관은 결전을 일찍 하려고 할 수밖에 없다. 물론 여기에서 싸움의 형태는 동일한 것이라고 간주한다. A가 지금이 아니라 4주 후에 적을 공격하는데 관심을 갖는다면, B는 4주 후가 아니라 지금 A로부터 공격을 받는데 관심을 갖고 있다. 이것은 직접적인 대립이다. 하지만 여기에서 B가 지금 A를 공격하는데 관심을 가질 것이라는 결론은 나오지 않는데, 그것은 분명히 완전히 다른 것이기 때문이다.

17. 양극성의 효과는 때로 공격에 대한 방어의 우세함에 의해 사라지고, 그래서 이것이 전쟁 행동의 중지를 설명한다

아래에서 보여 주는 것처럼 방어의 형태가 공격의 형태보다 강력하다면 다음과 같은 질문이 생길 것이다. 즉 나중에 결전을 하는 어느 한쪽의 유리함이 방어를 하는 다른 쪽의 유리함과 같은지 하는 것이다. 그것이 같지 않은 경우에는 나중에 결전을 하는 것이 방어를 하는 것보다 유리하지 않을 수 있고, 그래서 전쟁 행동은 진전되지 않을 수 있다. 그래서 이해 관계의 양극성이 갖고 있는 추진력은 공격과 방어의 힘이 다르기 때문에 사라지고 효력을 잃을 수 있다.

현재 유리한 쪽이 지나치게 약하다면, 그래서 방어의 유리함을 버릴 수 없다면 그는 미래에 닥치게 되는 좀 더 큰 불리함을 받아들여야 한다. 불리한 미래에 방어를 하면서 싸우는 것이 현재에 공격하거나 평화 협정을 맺는 것보다 언제나 더 나을 수 있기 때문이다. 우리의 확신에 따르면 방어의 우세함은 (이를 올바르게 이해했다면) 매우 크고 언뜻 생각하는 것보다 훨씬 크기 때문에 이것이 전쟁에 나타나는 중지 기간의 대부분을 설명한다. 전쟁의 중지 기간 때문에 전쟁에 내부적인 모순이 있다고 추론할 필요는 없다. 행동을 하려는 동기가 약할수록 공격과 방어의 차이는 그 동기를 그만큼 많이 삼켜 버리고 무력하게 만들고, 그래서 전쟁 행동은 그만큼 자주 중지될 것이다. 경험도 이것을 가르치고 있다.

18. 두 번째 이유는 상황 파악이 불완전하기 때문이다

하지만 전쟁 행동을 멈추게 할 수 있는 또 다른 이유가 있는데, 그것은 상황 파악의 불완전함이다. 모든 최고 지휘관은 자기 자신의 상황만 정확하게 파악하고 있고 적의 상황은 불확실한 정보에 의해 파악하고 있는데 지나지 않는다. 그래서 그는 적의 상황에 대해 잘못 판단할 수 있고, 이런 오판 때문에 실제로는 자신이 행동해야 하는데 적이 행동할 것이라고 생각할 수 있다. 이처럼 상황에 대한 파악이 부족하면 적절하지 않은 때에 행동할 수 있고, 또 그만큼 적절하지 않은 때에 행동을 멈출 수 있고, 그래서 그 자체로는 전쟁 행동을 늦추는 데도 앞당기는 데도 더 이상 이바지하지 못할 것이다. 하지만 이것은 늘 전쟁 행동을 내부적인 모순 없이 멈추게 할 수 있는 자연스러운 원인 중의 하나라고 간주해야 할 것이다. 사람들은 늘 적의 힘을 낮게 보기보다 오히려 높게 보는 경향이 있는데, 그것이 인간의 본성이기 때문이다. 이 점을 생각하면 상황 파악의 불완전함은 일반적으로 전쟁 행동을 막고 행동의 원리를 완화하는데 크게 이바지한다는 것도 인정하게 될 것이다.

행동이 중지될 수 있다는 것이 전쟁 행동을 또다시 완화하기도 한다. 그것이 전쟁 행동을 이를테면 점차로 묽게 만들고 전쟁 행동의 위험한 발걸음을 막고 잃어버린 균형을 회복할 수단을 늘리기 때문이다. 전쟁을 불러일으키는 긴장이 높을수록, 그래서 전쟁의 힘이 클수록 중지 기간은 그만큼 짧아질 것이다. 전쟁의 원리가 약할수록 중지 기간은 그만큼 길어질 것이다. 좀 더 강한 동기는 의지력을 강하게 하기 때문이고, 의지력은 우리가 알고 있는 것처럼 언제나 모든 힘의 요인이면서 결과이기 때문이다.

19. 전쟁 행동의 빈번한 중지는 전쟁을 절대성에서 더 멀어지게 하고 더 개연성의 계산이 되게 한다

그런데 전쟁 행동이 천천히 흐를수록, 전쟁 행동이 자주 그리고 오랫동안 중지될수록, 상황 파악의 오류는 그만큼 일찍 바로잡을 수 있고, 그래서 상황에 대한 최고 지휘관의 추측은 그만큼 대담해지고, 그는 그만큼 일찍 무제한성의 수준 아래로 물러나고 모든 것을 개연성과 추측에 의존하게 된다. 그래서 구체적인 상황의 성질이 이미 그 자체로 주어진 상황에 따른 개연성의 계산을 필요로 하는데, 전쟁 행동이 다소 천천히 진행되면 그 계산에 어느 정도 시간의 여유를 얻게 된다.

20. 여기에 우연만 더해지면 전쟁은 도박이 되고, 전쟁에는 우연이 결코 없지 않다

이상의 설명으로 전쟁의 객관적인 성질이 전쟁을 어떻게 개연성의 계산으로 만드는지 알게 되었다. 이제 단 하나의 요소만 더 있으면 전쟁은 도박이 된다. 확실히 전쟁에는 이 요소가 없지 않은데, 그것은 우연이다. 인간의 활동 중에 전쟁만큼 그렇게 끊임없이 그리고 그렇게 폭넓게 우연과 접촉하고 있는 활동도 없다. 전쟁에는 우연과 더불어 불확실성이, 그리고 불확실성과 더불어 행운이 중요한 자리를 차지하고 있다.

21. 전쟁은 그 성질상 객관적으로도 주관적으로도 도박이 된다

이제 전쟁의 주관적인 성질, 즉 전쟁을 수행해야 하는 힘으로 눈을 돌리면 전쟁은 도박 이상으로 보일 수밖에 없다. 전쟁 활동이 일어나는 공간은 위험한 공간이다. 위험할 때 최고의 정신력은 무엇인가? 용기이다. 물론 용기는 분명히 영리한 계산 능력과 조화를 이룰 수 있지만, 이 둘은 다른 종류의 것이고 다른 정신력에 속한다. 이와 반대로 모험심, 행운에 대한 믿음, 대담성, 무모함은 용기의 표현에 지나지 않고, 이 모든 정신적인 성향은 불확실성과 관련되어 있다. 불확실성이 그런 성향을 이루는 요소이기 때문이다.

그래서 처음부터 절대적인 것과 이른바 수학적인 것은 전쟁술의 계산 어디에도 확고한 토대를 발견하지 못한다는 것, 전쟁술에서는 바로 처음부터 가능성과 개연성, 행운과 불운의 도박이 개입한다는 것, 도박은 전쟁이라는 천의 크고 작은 모든 실에 스며들어 있다는 것, 인간 행동의 모든 영역에서 전쟁이 도박에 제일 가깝다는 것을 알게 되었다.

22. 이것이 일반적으로 인간의 정신에 제일 잘 맞는다

우리의 지성은 늘 명확함과 확실성을 추구한다고 느끼지만 우리의 정신은 때로 불확실성에 이끌린다고 느낀다. 친숙한 모든 대상이 자신을 떠난 것처럼 보이고, 낯설게 느껴지는 공간에 자신도 거의 의식하지 못한 채 도착해야 할 때, 우리의 정신은 지성을 통해 철학적인 연구와 논리적인 추론의 좁은 길을 헤치고 나아가는 대신에 오히려 상상력을 통해 우연과 행운의 세계에 머문다. 우리의 정신은 전자의 초라한 필연성 대신에 후자의 화려한 가능성에 빠져든다. 이 가능성에서 영감을 얻으면 용기는 활력을 얻는다. 그래서 우리의 정신은 모험과 위험에 뛰어드는데, 이는 용감한 수영 선수가 급류에 뛰어드는 것과 같다.

여기에서 이론은 인간의 정신을 벗어나야 하는가? 이론이 절대적인 결론과 규칙에 만족하면서 나아가야 하는가? 그런 이론은 현실에 쓸모없는 것이다. 이론은 인간적인 것도 고려해야 한다. 이론은 용기, 대담성, 무모함에도 자리를 허락해야 한다. 전쟁술은 살아있는 힘 그리고 정신적인 힘과 관련되어 있고, 그래서 어디에서도 절대성과 확실성에 이를 수 없다. 어디에나 불확실성의 여지가 남아 있기 때문이다. 더욱이 그 여지는 제일 큰 것에도 제일 작은 것에도 똑같이 남아 있다. 한쪽에 불확실성이 나타나면 다른 쪽에 용기와 자신감이 나타나서 그 틈을 막아야 한다. 용기와 자신감이 많으면 불확실성의 여지는 많아도 된다. 그래서 용기와 자신감은 전쟁에서 매우 근본적인 원리이다. 그 결과로 이론은 무덕(武德) 중에 필수적이고 제일 고결한 두 가지의 무덕이 모든 단계와 변화에도 자유롭게 움직일 수 있는 법칙만을 정립해야 한다. 모험에도 현명함과 신중함 같은 것이 있지만, 다만 그것은 다른 비율로 계산된다.

23. 전쟁은 언제나 중대한 목적을 이루는 중요한 수단이다. 목적의 자세한 정의

전쟁, 전쟁을 수행하는 최고 지휘관, 전쟁을 규정하는 이론은 이와 같다. 하지만 전쟁은 심심풀이도 아니고 모험과 성공을 향한 단순한 쾌락도 아니고 자유로운 열정의 산물도 아니다. 전쟁은 중대한 목적을 이루고자 하는 중요한 수단이기 때문이다. 전쟁이 갖고 있는 무지개 빛깔의 행운 그리고 전쟁에 들어 있는 변화무쌍한 열정, 용기, 환상, 감격의 모든 것은 이 수단의 특징에 지나지 않는다.

어느 공동체의 (민족 전체의) 전쟁, 특히 **문명** 민족의 전쟁은 늘 정치적인 상황에서 비롯되고 오직 정치적인 동기에 의해 일어난다. 그래서 전쟁은 정치적인 행동이다. 전쟁이 (앞에 있는 전쟁의 순수 개념에서 추론해야 했던 것처럼) 어떤 방해도 받지 않는 완전한 행동이고 폭력의 절대적인 표현이라면, 전쟁은 정치에 의해 일어나는 순간부터 정치에서 완전히 독립된 것으로서 정치의 자리를 대신할 것이고 정치를 쫓아낼 것이고 오직 자기 자신의 법칙에만 따를 것이다. 이것은 마치 지뢰와 같다. 지뢰를 준비해서 묻어 놓으면 그것은 원래 의도한 방향과 선 이외의 다른 곳으로는 더 이상 폭발할 수 없다. 이 문제는 지금까지 현실에서도 그렇게 생각했다. 정치와 전쟁 수행 사이의 조화의 부족 때문에 둘 사이에 일종의 이론적인 구분이 생길 때마다 그렇게 생각했다. 하지만 그렇지 않고, 그 생각은 근본적으로 잘못된 생각이다. 현실 세계의 전쟁은 앞에서 본 것처럼 긴장 상태를 단 한 번의 폭발로 해결하는 무제한적인 것이 아니다. 그것은 힘의 작용이고, 그 힘은 완전히 똑같은 종류도 아니고 똑같은 정도로 발생하지도 않는다. 그 힘은 어느 때는 충분히 팽창하여 타성과 마찰이 빚어내는 저항을 극복하기도 하지만, 다른 때는 지나치게 약해서 효력을 내지 못하기도 한다. 그래서 현실 세계의 전쟁은 이를테면 폭력이 맥박을 치는 것과 같다. 한편으로 긴장을 얼마쯤 격렬하게, 그 결과로 신속하게 해결하고 힘을 전부 소모하기도 한다. 달리 말해 얼마쯤 신속하게 목표에 이르기도 한다. 하지만 다른 한편으로 상당히 오랜 시간이 걸리기도 한다. 그것은 전쟁이 진행되는 동안에 전쟁에 영향을 미치게 되고, 그래서 전쟁에 이런저런 방향을 제시할 수 있다. 한마디로 말해 전쟁은 최고 지휘관의 지성의 의지에 따르게 된다. 전쟁이 정치적인 목적에서 비롯된다고 생각하면, 전쟁을 불러일으킨 첫 번째 동기는 자연히 전쟁을 수행하는 데도 최우선으로 고려된다. 하지만 그렇다고 정치적인 목적이 전제적인 입법자는 아니다. 정치적인 목적은 수단의 성질에 맞아야 하고, 때로 수단 때문에 완전히 달라지기도 한다. 하지만 언제나 정치적인 목적을 제일 먼저 고려해야 한다. 그래서 정치는 전쟁 행동 전체에 걸쳐 나타날 것이고 전쟁 행동에 끊임없이 영향을 미칠 것이다. 전쟁을 폭발하게 하는 힘의 성질이 허락하는 한 그러할 것이다.

24. 전쟁은 다른 수단으로 정치를 계속하는 것에 지나지 않는다

그래서 우리는 다음과 같은 것을 알게 되었다. 즉 전쟁은 정치적인 행동일 뿐만 아니라 본래 정치적인 수단이고 정치적인 교섭을 계속하는 것이고 다른 수단으로 정치적인 교섭을 수행하는 것이다. 이제 전쟁에 고유한 것으로 남아 있는 것은 단지 전쟁 수단의 특징과 관련되는 것뿐이다. 정치의 방향과 의도를 이 수단과 모순에 빠지지 않게 하는 것은 일반적인 차원에서는 전쟁술이, 하나하나의 모든 경우에는 최고 지휘관이 요구할 수 있다. 그리고 이 요구는 분명히 하찮은 것이 아니다. 하지만 그것이 하나하나의 경우에 정치적인 목적에 아무리 강력한 영향을 미친다고 해도 그것은 언제나 정치적인 목적을 제한하는데 지나지 않는다고 생각해야 한다. 정치적인 의도가 목적이고 전쟁은 수단이기 때문이다. 그리고 목적 없는 수단은 결코 생각할 수 없기 때문이다.

25. 전쟁에는 여러 가지 종류가 있다

전쟁의 동기가 크고 강력할수록, 전쟁의 동기가 민족의 생존 전체를 포괄할수록, 전쟁에 앞서 나타나는 긴장이 폭력적일수록, 전쟁은 추상적인 형태에 그만큼 더 접근하게 되고, 적을 쓰러뜨리는 것은 그만큼 더 중요해지고, 전쟁의 목표와 정치적인 목적은 그만큼 더 하나가 되고, 전쟁은 그만큼 더 순수하게 전쟁처럼 보이고 그만큼 덜 정치적인 것처럼 보인다. 이와 반대로 동기와 긴장이 약할수록 전쟁의 요소, 즉 폭력이 드러나는 자연스러운 방향은 정치가 주는 선에 그만큼 오래 머물고, 그래서 전쟁은 자연스러운 방향에서 그만큼 더 벗어날 수밖에 없고, 정치적인 목적은 관념적인 전쟁의 목표에서 그만큼 더 벗어나고, 전쟁은 그만큼 더 **정치적으로** 보이게 된다.

하지만 여기에서 독자들이 잘못된 생각에 빠지지 않도록 말해야 하는 것이 있다. 즉 전쟁의 **자연스러운 경향**은 단지 철학적인 경향, 즉 본래의 논리적인 경향을 뜻하는 것이고, 현실에서 갈등에 빠져 있는 힘의 경향을 뜻하는 것이 결코 아니라는 것이다. 그래서 예를 들어 그 경향을 전쟁을 하고 있는 대중의 감정과 격정이라고 생각해서는 결코 안 된다. 물론 많은 경우에는 대중의 감정과 격정도 많이 자극을 받을 수 있고, 그래서 그것을 정치적인 수단으로 억제하는 것이 매우 어려울 수도 있다. 하지만 대부분의 경우에 그런 모순은 생겨나지 않는다. 대중이 그처럼 엄청난 노력을 들이는 것도 그런 노력에 상응하는 대규모의 계획이 있기 때문이다. 이 계획이 작은 것만 지향하고 있을 때는 대중의 감정도 매우 낮을 것이고, 그래서 대중은 늘 억제보다 오히려 자극을 필요로 할 것이다.

26. 모든 전쟁은 정치적인 행동이라고 간주할 수 있다

요점으로 돌아간다. 어느 종류의 전쟁에는 정치가 완전히 사라진 것처럼 보이는 반면에, 다른 종류의 전쟁에는 정치가 매우 분명하게 나타난다. 이것이 맞는 말이라고 해도 어느 종류의 전쟁은 다른 종류의 전쟁만큼 정치적이라고 주장할 수 있다. 정치를 의인화한 국가의 지성처럼 보면, 이 지성의 계산이 파악해야 하는 모든 정세 중에는 모든 상황의 성질상 첫 번째 종류의 전쟁이 일어나는 정세도 포함될 수 있어야 하기 때문이다. 정치를 일반적인 통찰이라고 이해하지 않고, 관습적인 개념에 따라 폭력을 피하고 신중하고 교활하고 부정직한 영리함이라고 이해하는 한에서만 두 번째 종류의 전쟁은 첫 번째 종류의 전쟁보다 정치적인 것이라고 할 수 있을 것이다.

27. 이 견해는 전쟁사를 이해하고 이론의 토대를 확립하는데 도움이 된다

그래서 다음과 같을 것을 알게 된다. **첫째로** 전쟁은 어떤 상황에서도 독자적인 것이 아니라 정치적인 수단으로서 생각해야 한다. 이런 식으로 생각할 때만 전체 전쟁사와 모순에 빠지지 않을 수 있다. 이런 식의 생각만이 전쟁사에 관한 방대한 문헌을 지혜롭게 이해하는 길을 열어 준다. **둘째로** 바로 이 견해는 전쟁의 동기와 전쟁이 일어나는 상황의 성질에 따라 전쟁이 얼마나 달라질 수 있는지 보여 준다.

정치가이자 최고 지휘관이 내리는 판단 중에서 제일 훌륭하고 결정적인 첫 번째의 판단 행동은 자신이 계획하는 전쟁을 이런 관점에서 올바르게 인식하는 것이고, 상황의 성질상 있을 수 없는 것을 얻으려고 전쟁을 이용하지 않는 것이고, 전쟁을 그런 것으로 만들려고 하지 않는 것이다. 이것이 모든 전략적인 문제 중에 제일 포괄적인 첫 번째 문제이다. 이 문제는 아래의 전쟁 계획 편에서[5] 좀 더 자세히 살펴볼 것이다.

여기에서는 이 문제를 이 정도까지 논의한 것으로, 그리고 이를 통해 중요한 관점을 (이 관점에서 전쟁과 전쟁의 이론을 살펴보아야 하는데) 밝힌 것으로 만족한다.

28. 이론의 결과

그래서 전쟁은 말 그대로 카멜레온과 같다. 전쟁이 각각의 구체적인 경우마다 자신의 성질을 약간씩 바꾸기 때문이다. 그뿐만 아니라 전쟁은 전쟁의 전체 현상에 따라 전쟁에 지배적으로 나타나는 여러 가지 경향과 관련지을 때 독특한 삼중성을 띤다. 삼중성은 다음의 요소로 이루어져 있다. 첫째로 증오와 적대감이라는 원시적인 폭력성인데, 이것은 **맹목적인 본능**이라고 볼 수 있다. 둘째로 개연성과 우연의 도박인데, 이것은 전쟁을 **자유로운 정신 활동**으로 만든다. 셋째로 정치의 수단이라는 종속적인 성질인데, 이 때문에 전쟁은 순수한 **지성**의 영역에 속하게 된다.

이 세 가지 측면 중에서 첫 번째는 주로 인민으로, 두 번째는 주로 최고 지휘관과 그 군대로, 세 번째는 주로 정부로 향한다. 전쟁에서 타올라야 하는 격정은 이미 그 인민의 마음에 들어 있어야 한다. 우연이 따르는 개연성의 영역에서 용기와 재능이 얼마만큼 활동하게 될 것인지는 최고 지휘관과 군대의 특성에 달려 있다. 하지만 정치적인 목적은 오로지 정부에 속한다.

이 세 가지 경향은 세 가지의 다른 법칙처럼 보이지만, 이것은 모두 문제의 본질에 깊이 뿌리박고 있고 이와 동시에 그 비중이 달라질 수 있다. 세 가지 경향 중에 어느 하나를 무시하려고 하거나 그 경향 사이에 임의의 관계를

---

5. 제3권 제8편 전쟁 계획.

설정하려고 하는 이론은 곧바로 현실과 모순에 빠질 것이고, 그래서 그 이론은 그 모순만으로도 이미 폐기된 것이라고 간주해야 할 것이다.

그래서 우리의 과제는 이론이 이 세 가지의 경향 사이에서 세 개의 인력(引力) 사이에 떠 있는 것처럼 유지되게 하는 것이다.

어떤 식으로 이 어려운 문제를 제일 먼저 해결할 수 있을지는 전쟁의 이론 편에서[6] 분석하려고 한다. 어쨌든 여기에서 밝힌 전쟁의 개념은 그 첫 번째 빛이 될 것이다. 그 빛은 우리에게 이론의 근본 구조를 밝히고, 무엇보다 많은 현상을 나누고 구분할 수 있게 할 것이다.

---

6. 제1권 제2편.

제2장

전쟁의 목적과 수단

앞 장에서 전쟁이 복합적이고 변화할 수 있는 성질을 갖고 있다는 것을 알게 되었다. 이제 그런 성질이 전쟁의 목적과 수단에 어떤 영향을 미치는지 살펴보도록 한다.

먼저 모든 전쟁이 정치적인 목적을 이루는 올바른 수단이 되려면 어떤 목표를 지향해야 하는지 묻게 된다. 그러면 전쟁의 목표도 전쟁의 정치적인 목적이나 전쟁에 고유한 상황처럼 변할 수 있다는 것을 알게 될 것이다.

먼저 다시 전쟁의 순수 개념에 따르면, 전쟁의 정치적인 목적은 본래 전쟁의 영역 밖에 있다고 말해야 한다. 전쟁이 적에게 우리의 의지에 따르도록 강요하는 폭력 행동이라면 언제나 그리고 오로지 적을 쓰러뜨리는 것, 즉 적이 저항하지 못하게 하는 것만 중요할 것이기 때문이다. 먼저 순수 개념에서 나온 이 목적을 현실에서 살펴보도록 한다. 이 목적이 현실에 매우 가까이 있는 경우를 많이 볼 수 있기 때문이다.

아래의 전쟁 계획 편에서 한 나라를 저항하지 못하게 만드는 것이 무엇을 뜻하는지 자세하게 분석할 것이다. 하지만 여기에서 곧바로 세 가지를 구분해야 하는데, 그것은 세 가지의 일반적인 대상으로서 그 밖의 모든 것을 포괄하고 있다. 그것은 적의 **전투력, 영토, 의지**이다.

적의 전투력은 **파괴해야 한다.** 즉 적의 전투력이 더 이상 전투를 계속할 수 없는 상태에 빠뜨려야 한다. 이것으로 아래에서 "적의 전투력의 파괴"라는 표현을 쓸 때는 이런 의미로만 이해한다는 것을 밝힌다.

적의 영토는 점령해야 하는데, 그 영토에서 새로운 전투력이 생겨날 수 있기 때문이다.

이 두 가지가 일어난다고 해도 전쟁, 즉 적대적인 힘 사이의 적대적인 긴장과 활동은 끝난 것이라고 볼 수 없다. 적의 의지를 꺾지 못하는 한, 즉 적의 정부와 동맹국에게 평화 조약을 맺도록 강요하거나 적의 인민을 굴복하게 할 수 없는 한 그렇게 볼 수 없다. 적의 영토를 완전히 점령했다고 해도 전쟁이 적의 영토 내부에서 또는 적의 동맹국의 협력으로 다시 불붙을 수 있기 때문이다. 물론 이런 상황은 평화 조약을 맺은 후에도 일어날 수 있다. 하지만 이것은 어떤 전쟁도 그 자체로 완전한 결정과 해결이 아니라는 것을 증명하는 데 지나지 않는다. 이런 일이 일어난다고 해도 평화 조약이 체결되면, 소리 없이 타올랐던 불꽃도 점차 사라지고 긴장도 약해진다. 어느 인민에게나 어느 상황에서나 평화를 바라는 감정이 대다수를 차지하는데, 그런 감정이 계속 저항하려는 경향에서 완전히 등을 돌리기 때문이다. 그 밖의 다른 것은 어떻게 된다고 해도 평화 조약을 맺으면 전쟁의 목적은 달성된 것이고, 전쟁이 할 일은 끝난 것으로 보아야 한다.

이 세 가지 대상 중에 전투력은 영토를 방어하도록 되어 있기 때문에 자연스러운 순서는 전투력을 제일 먼저 파괴하고, 그다음에 영토를 점령하고, 이 두 가지의 성과와 아군이 놓여 있는 상태를 고려하여 적과 평화 협정을 맺는 것이다. 보통 적의 전투력의 파괴는 점차적으로 일어나고, 그것에 이은 영토의 점령도 그것과 같이 점차적으로 일어난다. 이 두 가지는 늘 상호 작용을 일으키는데, 어느 지방을 잃게 되면 이것이 전투력의 약화로 이어지기 때문이다. 하지만 이 순서는 결코 필연적인 것이 아니고, 그래서 모든 것이 언제나 이 순서대로 일어나는 것도 아니다. 적의 전투력이 눈에 띄게 줄어들기 전에 그 전투력이 자기 나라 안으로 깊이 후퇴할 수도 있고 다른 나라로 후퇴할 수도 있다. 그래서 이런 경우에는 그 나라의 대부분 또는 그 나라 전체도 점령하게 된다.

추상적인 전쟁의 목적, 즉 다른 모든 목적이 집약되어 있어야 하는 정치적인 목적을 이루는 마지막 수단은 적이 저항하지 못하게 만드는 것이다. 하지만 그것은 현실에서 결코 일반적으로 존재하지 않고, 평화 조약을 맺는데 필요한 조건도 아니고, 그래서 이론에서 결코 하나의 법칙으로 내세울 수도 없다. 양쪽 중에 어느 한쪽이 저항하지 못하게 되었다고 생각하기 전에, 심지어 양쪽의 균형이 조금만 깨졌는데도 평화 협정이 맺어진 예는 수없이 많다. 오히려 그 이상이다. 구체적인 경우를 보면 이 모든 경우에 아군보다 훨씬 강력한 적을 쓰러뜨린다는 것은 쓸데없는 관념의 놀이에 지나지 않는다고 말해야 한다.

전쟁의 개념에서 나온 목적이 일반적으로 현실의 전쟁에 맞지 않는 이유는 개념과 현실의 차이 때문인데, 이 점에 대해서는 앞 장에서 다루었다. 전쟁이 순수한 개념에 따라 일어나는 것이라면, 명백하게 다른 힘을 갖고 있는 나라 사이에 전쟁이 일어난다는 것은 터무니없는 일처럼 보일 것이고, 그래서 전쟁은 일어날 수 없을 것이다. 그럼에도 전쟁이 일어난다고 하면, 물리적인 힘에 나타나는 차이는 고작해야 그 힘에 대립하는 정신적인 힘에 나타나는 차이로 상쇄할 수 있는 정도라야 할 것이다. 오늘날 유럽의 여러 나라의 사회적인 상태에서 정신적인 힘의 차이는 그 정도로 크지 않을 것이다. 그래서 매우 다른 힘을 갖고 있는 나라 사이에 전쟁이 일어나는 것을 보게 된다면, 그것은 현실에서 일어나는 전쟁이 전쟁의 본래의 개념과 크게 다르기 때문이다.

적이 더 이상의 저항을 할 수 없게 하는 대신에 현실에서 적에게 평화 협정을 맺게 하는 동기로서 나타날 수 있는 것에는 두 가지 길이 있다. 첫 번째는 적이 전쟁에서 승리할 개연성이 없도록 하는 것이고, 두 번째는 적이 전쟁에서 승리하는데 지나치게 큰 희생을 치르게 하는 것이다.

앞 장에서 본 것처럼 모든 전쟁은 내부적인 필연성의 엄격한 법칙에서 벗어날 수 있고, 개연성의 계산에 따르지 않을 수 없다. 전쟁을 일으킨 상황이 개연성의 계산이 되는데 적합할수록, 그리고 전쟁의 동기와 긴장이 약할수록 더욱 그렇게 된다. 이런 이유 때문에 어떻게 이 개연성의 계산에서 평화 협정을 맺으려는 동기가 생길 수 있는지도 이해하게 된다. 그래서 전쟁에서는 반드시 어느 한쪽이 완전히 쓰러질 때까지 끝장을 보아야 할 필요가 없다. 전쟁의 동기와 긴장이 매우 약한 경우에는 승리의 개연성이 거의 없다고 생각하는 쪽이 곧 항복할 것이라고 생각할 수 있다. 적의 항복을 미리 확신하고 있는 쪽은 자연스럽게 이 개연성에 따른 노력만 할 것이고, 처음부터 적을 완전히 쓰러뜨린다는 힘든 길을 찾지도 않고 실행하지도 않을 것이다.

힘은 이미 소모되었고 앞으로도 소모될 텐데, 이 점을 생각하는 것은 평화 조약을 맺도록 결정하게 하는데 훨씬 큰 영향을 미친다. 전쟁은 맹목적인 격정의 행동이 아니라 정치적인 목적의 지배를 받고 있기 때문에 정치적인 목적이 갖는 가치는 그 가치를 얻으려고 치르는 희생의 크기를 결정해야 한다. 이것은 희생의 규모뿐만 아니라 희생의 지속 시간에도 해당한다. 그래서 힘을 지나치게 많이 소모하자마자 그리고 이것이 정치적인 목적의 가치와 더 이상 균형을 이룰 수 없게 되자마자 그 목적은 포기해야 하고, 그 결과로 평화 협정이 맺어질 것이다.

전쟁에서 한쪽이 다른 쪽을 완전히 저항할 수 없도록 만들 수 없는 경우에 평화 협정을 맺으려는 양쪽의 동기는 나중에 있을 승리의 개연성과 승리하는데 요구되는 힘의 소모에 따라 높아지기도 하고 낮아지기도 한다는 것을 알 수 있다. 이 동기가 양쪽에 같은 정도로 강력하다면 양쪽은 정치적인 차이의 중간에서 만나게 될 것이다. 이 동기가 어느 한쪽에 강해지면 다른 쪽에는 약해질 것이기 때문이다. 동기의 합이 어느 정도로 충분하기만 하면 평화 협정이 맺어질 것이다. 하지만 이때는 협정에 대해 제일 약한 동기를 갖고 있는 쪽이 당연히 제일 유리한 결과를 얻을 것이다.

여기에서 정치적인 목적의 적극적인 성질과 소극적인 성질이 전쟁 행동에 필연적으로 만드는 차이는 일부러 무시하도록 한다. 그 차이는 매우 중요한 것이지만, 아래에서 보게 되는 것처럼 여기에서는 좀 더 일반적인 관점을 유지해야 하기 때문이다. 원래의 정치적인 의도는 전쟁을 하는 동안에 크게 달라질 수 있고 마지막에 완전히 달라질 수 있기 때문이고, 그때까지 얻은 승리와 앞으로 얻게 될 성과에 의해서도 결정되기 때문이다.

이제 어떻게 승리의 개연성에 영향을 미칠 수 있는지 하는 질문이 생긴다. 먼저 당연히 적을 쓰러뜨릴 때와 똑같은 대상을 통해, 즉 적의 **전투력의 파괴와 적의 지방의 점령을 통해** 영향을 미칠 수 있다. 이 두 가지의 정치적인 목적이 같다고 해서 그 두 가지의 측면도 완전히 똑같은 것은 아니다. 아군이 적의 전투력을 공격할 때도 첫 번째의 충격을 주고 그다음에 몇 차례에 걸쳐 공격을 계속하여 마침내 적의 모든 것을 박살 내는 것인지, 아니면 한 번의 승리에 만족하고 이 승리로 적의 안전을 깨뜨리고 적에게 아군의 우세함을 느끼게 하여 장래에 대한 걱정을 품게 하는 것인지 하는 것은 완전히 다른 것이다. 후자로 하려고 한다면 적의 전투력을 파괴할 때도 그 목적을 이루는데 충분한 만큼만 파괴하면 될 것이다. 적을 쓰러뜨리는 것을 목표로 삼지 않는다면 적의 지방을 점령하는 것도 또 다른 방책이 된다. 적을 쓰러뜨리는 경우에는 적의 전투력을 파괴하는 것이 본래의 효과적인 행동이고, 적의 지방을 점령하는 것은 그에 따른 결과에 지나지 않는다. 이때 적의 전투력을 쓰러뜨리기 전에 적의 지방을 점령하는 것은 늘 필요악으로 간주될 뿐이다. 이와 반대로 적의 전투력을 쓰러뜨리는 것을 목표로 삼지 않는다면, 그리고 적이 피비린내 나는 결전의 길로 찾아들지 않고 이를 **두렵게 생각한다는** 확신이 든다면, 적이 별로 방어하지 않거나 전혀 방어하지 않는 지방을 점령하는 것은 이미 **그 자체로** 유리함이 된다. 이 유리함이 적으로 하여금 전체적인 승리에 불안감을 느끼게 할 만큼 크다면, 그것은 평화 협정으로 가는 지름길이라고 볼 수도 있다.

이제 적의 전투력을 쓰러뜨리지 않으면서 승리의 개연성에 영향을 미치는 독특한 수단을 보도록 한다. 그것은 **직접적으로 정치적인 관련성을 갖는** 계획이다. 적의 동맹국이 분열하고 무력해지도록 하는데, 우리 편에서 새로운 동맹국을 얻는데, 우리의 동맹국이 우리에게 최선의 정치적인 기능을 담당하도록 자극하는데 특별히 알맞은 계획이 있다면, 그것이 승리의 개연성을 크게 높일 수 있고, 적의 전투력을 쓰러뜨리는 것보다 훨씬 빨리 목표에 이르는 길이 될 수 있다는 것은 극히 명백하다.

두 번째 질문은 적이 힘을 소모하게 하는데, 즉 적이 큰 희생을 치르게 하는데 영향을 미치는 수단이 무엇인지 하는 것이다.

적이 힘을 소모한다는 것은 적이 전투력을 소비한다는 것, 즉 우리 편에서 보면 적의 전투력이 파괴된다는 것을 뜻한다. 또한 적이 어느 지방을 상실한다는 것, 즉 우리 편이 적의 어느 지방을 점령한다는 것을 뜻한다.

이 두 가지 대상에서 적의 힘을 소모하게 만들 목적으로 수행하는 경우와 다른 목적으로 수행하는 경우를 자세히 살펴보면, 이 두 가지 경우는 당연히 다른 의미를 갖고 있고, 그래서 동일한 이름으로 합칠 수 없다. 이 차이는 대부분의 경우에 매우 작지만, 그렇다고 혼동해서는 안 된다. 현실 세계에서 전쟁의 동기가 약할 때는 극히 미묘한 차이도 적의 힘을 소모하게 하는 방식에 큰 영향을 미치기 때문이다. 여기에서는 다만 어떤 전제 조건 아래에서는 목표에 이르는 다른 길이 있을 수 있고, 그 길이 내부적인 모순을 일으키지도 않고 터무니없는 것도 아니고 오류도 아니라는 것을 보여 주는 것이 중요하다.

이 두 가지 대상 외에 적의 힘의 소모를 늘리는 것을 직접적인 목표로 삼는 세 가지의 독특한 길이 있다. 첫 번째 길은 침략, 즉 적의 어느 지방을 점령하는 것이다. 이것은 영토의 점령과 형태는 같지만 내용은 다르다. 즉 그 지방을 오래 점령하려고 하는 것이 아니라 그 지방에서 전쟁세를 걷거나, 심지어 그 지방을 황폐하게 만들려고 하는 것이다. 여기에서 직접적인 목적은 적의 영토를 점령하는 것도 아니고 적의 전투력을 쓰러뜨리는 것도 아니다. 그것은 단지 매우 일반적으로 적에게 손실을 입히려는 것이다. 두 번째 길은 우리의 계획을 특별히 큰 손실을 입힐 수 있는 적의 대상으로 향하게 하는 것이다. 이는 아군이 전투력을 쓰는 두 가지의 다른 방향을 생각하면 쉽게 이해할 수 있다. 그중에 하나는 적을 쓰러뜨리는 것이 중요한 경우에 훨씬 유리하고, 다른 하나는 적을 쓰러뜨리는 것이 중요하지 않고 중요할 수 없는 경우에 큰 효과를 낸다. 흔히 사람들은 전자를 좀 더 군사적인 방향이라고 생각하고, 후자를 좀 더 정치적인 방향이라고 생각할 것이다. 하지만 제일 높은 관점에서 보면 둘 다 군사적인 방향이고, 둘 다 주어진 조건에 맞을 때만 목적에 합당한 방향이다. 세 번째 길에 해당하는 경우는 그 범위에서 첫 번째와 두 번째의 길에 비교할 수 없을 만큼 중요한데, 그것은 적을 피로하게 만드는 것이다. 우리는 단지 대상을 하나의 단어로 나타내려고 이 표현을 선택한 것이 아니다. 그 개념이 문제의 본질을 온전하게 표현하기 때문이고, 그것이 언뜻 보는 것처럼 그렇게 비유적인 표현도 아니기 때문이다. 전쟁에서 피로의 개념에는 **행동이 오래 계속되어 물리적인 힘과 의지가 점차로 고갈되고 있다**는 뜻이 들어 있다.

적과 싸움을 하는 동안에 적을 압도하려면 되도록 작은 목적에 만족해야 한다. 문제의 본질상 큰 목적은 작은 목적보다 많은 힘의 소모를 요구하기 때문이다. 우리가 내놓을 수 있는 제일 작은 목적은 순수한 저항, 즉 적극적인 의도가 없는 싸움이다. 그래서 이런 싸움에서는 목적을 이루는데 필요한 수단이 비교적 많을 것이고 결과도 매우 확실할 것이다. 이런 소극성은 어느 정도까지 허용될 수 있을까? 분명히 절대적인 수동성까지 허용되지는 않을 것이다. 단지 고통을 견디기만 하는 것은 더 이상 싸움이라고 할 수 없기 때문이다. 저항도 하나의 활동이고, 이 활동으로 적의 힘을 많이 파괴하여 적이 자기의 의도를 포기하게 만들어야 한다. 바로 이것이 우리의 모든 하나하나의 행동에서 이루고자 하는 것이고, 우리의 의도의 소극적인 성질이 갖는 본질이다.

소극적인 의도가 하나하나의 전쟁 행동에서 이와 동일한 방향에 있는 적극적인 의도만큼 (이것이 성공한다는 것을 전제로 할 때) 효과를 내지 못하는 것은 분명하다. 하지만 전자는 후자보다 성공하기 쉽고, 그래서 그 성과도 확실하다는데 차이가 있다. 하나하나의 행동이 보여 주는 효과에서 소극적인 의도가 적극적인 의도보다 부족하다면 이것은 시간, 즉 싸움의 지속 시간으로 보충할 수 있다. 그래서 순수한 저항의 원리를 갖는 소극적인 의도는 오래 계속되는 싸움에서 적을 압도하는 자연스러운 수단이 되기도 하는데, 그것은 적을 피로하게 만드는 것이다.

바로 여기에 전쟁의 모든 영역을 지배하고 있는 **공격과 방어**의 차이의 기원이 있다. 하지만 이 문제는 여기에서 더 이상 다룰 수 없기 때문에 다음과 같은 것을 말하는 것으로 만족한다. 즉 소극적인 의도 자체에서 전쟁의 모든 유리함과 좀 더 강력한 전쟁 형태를 추론할 수 있는데, 이 형태는 소극적인 의도를 돕는다. 또한 승리의 크기와 확실성 사이에 있는 철학적이고 역학적인 법칙은 소극적인 의도에서 실현된다. 이 모든 것은 아래에서 살펴볼 것이다.

이처럼 소극적인 의도, 즉 모든 수단을 순수한 저항에 집결하는 것이 싸움에서 유리하다면, 그래서 이 유리함이 적의 우세함을 **상쇄**할 만큼 크다면 단지 싸움을 오래 계속하는 것만으로도 충분할 것이다. 그러면 적은 점차로 힘을 소모하게 되고, 이것이 정치적인 목적과 더 이상 균형을 유지할 수 없는 순간으로 내몰리게 되고, 그래서 적은 정치적인 목적을 포기해야 한다. 그래서 이 길, 즉 적을 피로하게 만드는 것은 약한 쪽이 강한 쪽에게 저항하려고 하는 경우에 많이 쓰인다는 것을 알 수 있다.

프리드리히 대왕은[1] 7년 전쟁에서[2] 오스트리아를 결코 쓰러뜨릴 수 없었을 것이다. 또한 대왕이 그 전쟁을 카알 12세와[3] 같은 방식으로 하려고 했다면 그는 틀림없이 몰락했을 것이다. 하지만 대왕은 힘을 현명하게 절약하는 수단을 훌륭하게 활용했고, 그에게 맞선 동맹국에게[4] 7년 동안 그들이 처음

---

1. 프리드리히 2세(Friedrich II., Friedrich der Große, Frederick the Great, 1712~1786), 프로이센의 왕(재위 1740~1786). 『전쟁론』에는 대부분 '프리드리히 대왕'으로 표기되어 있다.
2. 7년 전쟁(1756~1763년). 7년 전쟁은 주로 프로이센과 오스트리아 사이에서 일어났고 프로이센의 승리로 끝났다.
3. 카알 12세(Karl XII., Carolus Rex, Charles XII., 1682~1718), 스웨덴의 왕(1697~1718). 왕위에 있을 때 덴마크, 러시아, 폴란드와 싸워 승리했지만 결국 러시아 군대에게 패배하고 말았다. 수많은 무모한 전쟁을 한 것으로 알려져 있다. 북방 전쟁(1700~1721년) 중에 1718년에 노르웨이의 할덴을 정복할 때 총탄을 맞고 전사했다.
4. 이 동맹국은 7년 전쟁의 초기에는 러시아, 스웨덴, 프랑스, 작센이었다. 후기에는 러시아가 프로이센과 동맹을 맺었기 때문에 프랑스와 작센이었고 영국, 스웨덴, 터키는 중립을 유지했다. 영국은 초기에는 프로이센 편을 들었다.

에 생각했던 것보다 훨씬 많은 힘을 소모해야 한다는 것을 보여 주었다. 그렇게 하고 나자 동맹국이 평화 조약을 맺었다.

그래서 전쟁에서 목표에 이르는 길은 많이 있고, 모든 경우에 적을 쓰러뜨려야 하는 것은 아니라는 것을 알 수 있다. 적의 전투력의 파괴, 적의 여러 지방의 점령, 단순한 주둔, 단순한 침략, 직접적으로 정치적인 관련성을 갖는 계획, 끝으로 적의 공격을 소극적으로 기다리는 것 등 많은 수단이 있다. 이 모든 수단은 각각 그 자체로서 적의 의지를 꺾는데 쓰일 수 있고, 상황의 특성에 따라 그 중에 어느 하나의 수단이 더 많이 쓰일 수도 있다. 이 밖에도 목표에 이르는 지름길로서 일련의 많은 목적을 덧붙일 수 있는데, 우리는 이것을 인간의 감정에 호소하는(ad hominem) 길이라고 부를 수 있을 것이다. 인간 관계의 모든 영역에서 모든 물질적인 요소를 뛰어넘는 인간 관계의 불꽃은 존재하지 않을 것이다. 하지만 병사들의 감정이 큰 역할을 맡고 있는 전쟁에서는, 또한 최고 지휘관이 큰 역할을 맡고 있는 정부와 전쟁터에서는 분명히 그런 불꽃이 없을 수 없다. 여기에서는 이것을 지적하는 정도로 만족하는데, 그런 불꽃을 분류하려고 하는 것은 일종의 현학이 될 것이기 때문이다. 그런 불꽃으로 목표에 이르는 길의 경우의 수는 끝없이 늘어날 것이라고 말할 수 있다.

목표에 이르는 이 여러 가지 지름길을 본래의 가치 아래로 평가하지 않으려면, 즉 그 지름길을 드물게 일어나는 예외로만 간주하지 않으려면, 또는 그 지름길이 전쟁을 수행하는데 요구하는 차이를 본질적인 것이 아니라고 생각하지 않으려면, 전쟁을 일으킬 수 있는 정치적인 목적이 여러 가지라는 것을 알고 있어야 한다. 즉 정치적인 생존이 달린 섬멸 전쟁과 (강요되거나 무효가 된 동맹 관계 때문에) 불편한 의무가 되어 버린 전쟁 사이에 일어나는 차이를 한눈에 알 수 있어야 한다. 현실에는 이 두 종류 사이에 수많은 단계가 있다. 이론에서 그중에 어느 한 단계를 버리려고 하면, 그와 똑같은 권리로 모든 단계를 버릴 수 있을 것이다. 즉 현실 세계를 완전히 무시하게 될 것이다.

이것이 전쟁에서 추구해야 하는 목표의 일반적인 성격이다. 이제 전쟁의 여러 가지 수단으로 눈길을 돌린다.

여러 가지의 수단에는 오직 단 하나의 수단만 있는데, 그것은 **싸움**이다. 싸움이 아무리 여러 가지 형태를 띤다고 해도, 싸움이 증오와 적대감을 주먹싸움으로 거칠게 해결하는 것과 아무리 많이 다르다고 해도, 그 자체로 싸움이 아닌 것이 전쟁에 아무리 많이 들어 있다고 해도, 전쟁의 개념에는 언제나 전쟁에 나타나는 모든 활동이 **본래 싸움**에서 비롯되어야 한다는 생각이 들어 있다.

현실이 아무리 다양하고 복합적이라고 해도 싸움이 전쟁의 본질이라는 것은 매우 간단하게 증명할 수 있다. 전쟁에서 일어나는 모든 것은 전투력을 통해 일어난다. 그리고 **전투력, 즉 무장한 인간**이 투입되는 곳에는 반드시 싸움을 한다는 생각이 그 바탕에 있어야 한다.

그래서 전투력과 관련되는 모든 것, 즉 전투력을 생산하고 유지하고 사용하는데 속하는 모든 것은 전쟁 활동에 속한다.

생산과 유지는 분명히 수단이고, 사용이 목적이다.

전쟁의 싸움은 한 사람 대 한 사람의 싸움이 아니라 (여러 가지로 나누어져 있는) 하나의 전체이다. 이 큰 전체에서 우리는 두 가지 종류의 단위를 구분할 수 있다. 하나는 싸움의 주체에 따라 결정되고, 다른 하나는 싸움의 객체에 따라 결정된다. 하나의 군대는 언제나 일정한 수의 병사들이 모여서 새로운 단위를 이루고, 이 단위는 더 큰 단위의 일부를 이룬다. 그래서 이 하나하나의 단위의 싸움도 어느 정도 독립된 단위를 이룬다. 더욱이 싸움의 목적, 즉 싸움의 객체가 싸움의 단위를 이루기도 한다.

싸움에서 구분되는 이 하나하나의 단위에 하나의 **전투**라는 이름을 붙이도록 한다.

전투력을 사용하는 모든 경우에 싸움의 개념이 그 바탕에 있다면, 전투력을 사용하는 것도 일반적으로 일정한 수의 전투를 확인하고 배치하는 것에 지나지 않는다.

그래서 모든 전쟁 활동은 직접적으로든 간접적으로든 반드시 전투와 관련되어 있다. 군인은 징집되고 군복을 받고 무장하고 훈련하고 자고 먹고 마시고 행군한다. 이 모든 것은 단지 적절한 때와 장소에서 전투를 하려고 하는 준비이다.

전쟁 활동의 모든 실은 전투로 이어지기 때문에 전투의 배치를 결정하면서 전쟁 활동의 모든 실도 파악하게 될 것이다. 이 배치에서만 그리고 이 배치를 수행하는 데서만 전쟁 활동의 효과가 생겨나고, 이런 것에 앞서 일어나는 조건에서는 결코 직접적으로 생겨나지 않는다. 전투의 모든 활동은 적을 또는 더 정확히 말하면 **적의 전투력을** 파괴하는 것을 목표로 하는데, 그것이 전투의 개념이기 때문이다. 즉 적의 전투력을 파괴하는 것은 언제나 전투의 목적을 이루는 수단이다.

이 목적은 단지 적의 전투력을 파괴하는 것이 될 수도 있다. 하지만 결코 반드시 그런 것은 아니고, 완전히 다른 것이 목적이 될 수도 있다. 앞에서 본 것처럼 적을 쓰러뜨리는 것이 정치적인 목적을 이루는 유일한 수단이 아닐 수도 있고, 전쟁의 목표로서 추구할 수 있는 다른 대상이 있을 수도 있다. 그러면 자연히 그 다른 대상이 하나하나의 전쟁 행동에서 목적이 될 수 있고, 그래서 전투의 목적이 될 수도 있다.

전투가 적의 전투력을 쓰러뜨리는 것에 완전히 힘을 쏟는 것이라고 해도 그 전투가 전체의 하위 부분일 경우에는 적의 전투력의 파괴를 반드시 전투의 직접적인 목적으로 삼을 필요가 없다.

대규모의 전투력은 다양하게 편성되어 있고 전투력을 쓸 때는 수많은 상황이 영향을 미치는데, 이런 것을 생각하면 대규모 전투력의 싸움도 여러 가지 편성, 조직, 구성으로 이루어져야 한다는 것을 이해할 수 있다. 하나하나의 편성에는 당연히 적의 전투력을 파괴하는 것과는 다른 목적이 매우 많이 있을 수 있고 또 있어야 한다. 물론 그런 목적이 적의 전투력을 파괴하는데 크게 영향을 미칠 수도 있지만, 그것은 간접적인 영향에 지나지 않을 것이다. 어느 보병 대대가 적을 어느 산, 어느 다리 등에서 몰아내라는 명령을 받는다면 대개 그 대상을 점령하는 것이 본래의 목적이고, 적의 전투력을 파괴하는 것은 단지 수단이나 부차적인 것에 지나지 않는다. 단순한 양동만으로 적을 몰아낼 수 있다면 이 또한 목적을 이룬 것이다. 산이나 다리는 대개 적의 전투력을 더 많이 파괴하려고 할 때만 점령한다. 어느 전쟁터에서 그러했다면 군대와 군대가 맞서고 있는 것이 아니라 어느 나라, 인민, 영토와 다른 나라, 인민, 영토가 맞서고 있는 전체 전쟁터에서는 훨씬 더 그러할 것이다. 여기에서 생기는 상호 관계와 조합의 경우의 수는 많이 늘어나야 하고, 전투력의 배치도 훨씬 다양해져야 한다. 목적에도 여러 가지 단계가 생겨서 첫 번째 수단이 마지막 목적에서 매우 멀리 있게 될 수밖에 없다.

그래서 이런 여러 가지 이유 때문에 전투의 목적이 적의 전투력, 즉 아군에게 맞서고 있는 전투력을 파괴하는 것이 아닐 수도 있고, 그것이 단순한 수단으로 나타날 수도 있다. 이 모든 경우에 파괴를 수행하는 것은 더 이상 중요하지 않다. 이때의 전투는 양쪽의 힘을 비교하여 **측정하는 것**에 지나지 않고 그 자체로는 아무런 가치를 갖지 않는다. 단지 전투의 결과, 즉 승패의 결정만이 가치를 갖는다.

그런데 양쪽 전투력의 규모를 측정하는 것은 양쪽 전투력이 크게 불균형을 이루는 경우에 그 크기를 단지 추정하는 것만으로도 얻을 수 있다. 이런 경우에는 전투도 일어나지 않고 약한 쪽이 곧바로 굴복할 것이다.

전투의 목적이 반드시 전투를 하고 있는 적의 전투력을 파괴하는 것이 아니라면, 심지어 전투가 실제로 일어나지 않고 단지 전투를 하겠다는 확인과 거기에서 생기는 상황만으로도 때로 전투의 목적을 이룰 수 있다면, 대규모의 활동이 따르는 전체 원정에서 어떻게 실제의 전투가 큰 역할을 하지 않고도 원정이[5] 수행될 수 있는지 설명할 수 있다.

이런 일이 있을 수 있다는 것은 전쟁사의 수많은 사례가 증명하고 있다. 얼마나 많은 사례가 자연스럽게 피를 흘리지 않는 결정으로 끝났는지, 즉 내

---

5. 원정(遠征, Feldzug, campaign), 넓은 뜻으로는 군대의 출정에서 귀환까지 모든 군사 행동을 말하고, 좁은 뜻으로는 하나의 전쟁에서 시간상으로나 공간상으로 제한되어 있는 한 단계의 군사 행동을 가리킨다. 그래서 전쟁은 한 번의 원정으로 끝날 수도 있고 몇 번의 원정을 포함할 수도 있다.

부적인 모순 없이 끝났는지, 그리고 그런 몇몇 유명한 사례가 비판을 견뎌낼 것인지 하는 것은 여기에서 언급하지 않으려고 한다. 우리에게 중요한 것은 단지 전쟁이 그렇게 진행될 수 있다는 **가능성**을 보여 주는 것이기 때문이다.

전쟁의 단 하나의 수단은 **전투**이다. 전투를 여러 가지 방식으로 이용하면 전투는 우리를 여러 가지의 목적에 따라 여러 가지 길로 안내한다. 이렇게 말하면 우리는 전투에 관해 얻은 것이 아무것도 없는 것 같다. 하지만 그렇지 않다. 이 수단의 단위에서 한 가닥의 실이 나오고, 이 실이 전쟁을 살펴볼 때 전쟁 활동의 모든 옷감을 짜고 엮게 하기 때문이다.

우리는 앞에서 적의 전투력을 파괴하는 것을 전쟁에서 추구할 수 있는 여러 가지 목적 중의 하나라고 말했다. 하지만 다른 목적과 비교할 때 이 목적에 얼마만큼의 중요성을 부여해야 하는지는 살펴보지 않았다. 그것은 하나하나의 경우에는 그때그때의 상황에 달려 있을 것이지만, 일반적인 경우에 대해서는 그 목적의 가치를 결정하지 않았다. 이제 이 문제로 다시 한 번 돌아갈 것이고, 이 목적에 반드시 얼마만큼의 가치를 인정해야 하는지 이해하려고 한다.

전투는 전쟁에서 유일하게 효과를 내는 것이다. 전투에서 아군에 맞서 있는 전투력을 파괴하는 것은 목적을 이루는 수단이기 때문이다. 이것은 실제로 전투가 일어나지 않아도 그러하다. 어쨌든 결전의 바탕에는 반드시 적의 전투력을 파괴한다는 것이 전제되어 있기 때문이다. 그래서 적의 전투력을 파괴하는 것은 모든 전쟁 행동의 토대이고, 아치를 받치는 받침대처럼 모든 행동을 결합하는 마지막 발판이다. 모든 전쟁 행동의 바탕에 있는 무력 결전이 실제로 일어나야 한다면, 그 결전은 아군에게 **유리하다는** 전제에서만 일어나게 된다. 무력 결전이 전쟁의 크고 작은 모든 행동과 갖는 관계는 현금 지불이 어음 거래와 갖는 관계와 같다. 이 관계가 아무리 멀리 있다고 해도, 어음의 현금화가 아무리 드물게 일어난다고 해도, 현금화는 결코 완전히 없을 수 없다.

무력 결전이 모든 행동을 결합하는 토대라면, 적도 우리의 모든 결합을 성공적인 무력 결전을 통해 무효로 만들 수 있다. 이것은 우리가 직접적으로 의지하고 있는 결합뿐만 아니라 조금이라도 중요한 다른 모든 결합에도 마찬가지이다. 중요한 모든 무력 결전, 즉 적의 전투력을 파괴하는 것은 다른 모든 전투에 영향을 미치기 때문이다. 이는 넘치고 있는 물이 아래로 흘러 수면이 얕은 다른 물의 높이를 높이는 것과 같다.

그래서 적의 전투력을 파괴하는 것은 언제나 다른 모든 수단보다 높은 곳에 있는 더 효과적인 수단으로 보인다.

물론 적의 전투력을 파괴하는 것은 그 밖의 모든 조건이 같다는 전제에서만 더 큰 효과를 낼 수 있다. 이 말에서 승리를 얻는데 맹목적인 돌진이 언제나 신중하고 숙련된 행동보다 낫다는 결론을 끌어내려고 한다면, 이는 심각한 오해일 것이다. 어설프게 돌진하면 적의 전투력이 아니라 아군의 전투력이 파괴될 것이다. 그리고 이것이 아군의 의도일 수는 없다. 더 큰 효과를 낸다는 것은 수단이 아니라 **목표**에 속하는 문제이다. 우리는 단지 이미 달성한 목표의 효과를 같이 달성된 다른 목표의 효과와 비교하는 것이다.

적의 전투력의 파괴에 대해 말할 때 특히 주의를 기울여야 하는 것이 있다. 전투력의 개념을 단지 물리적인 전투력으로 제한할 필요는 없고, 오히려 정신적인 전투력도 반드시 함께 고려해야 한다는 것이다. 이 둘은 매우 작은 부분에 이르기까지 상호 간에 스며들어 있고, 그래서 결코 떼어놓을 수 없기 때문이다. 바로 여기에서 대규모의 파괴 행동이 (큰 승리) 그 밖의 모든 무력 결전에 미치는 불가피한 영향을 생각하게 된다. 정신적인 요소는 (그렇게 표현해도 된다면) 제일 유동적인 것이고, 제일 쉽게 모든 부대로 퍼져 나간다. 적의 전투력을 파괴하는 것은 다른 어느 수단보다 높은 가치를 갖지만, 이 가치에는 그 수단이 갖는 비용과 위험이 도사리고 있다. 그리고 단지 이를 피하려고 다른 길을 선택하는 것이다.

이 수단이 비싼 대가를 치러야 한다는 것은 그 자체로 이해할 수 있다. 아군의 전투력의 소모는 다른 조건이 같은 경우에는 늘 아군의 의도가 적의 전투력을 파괴하는 쪽으로 향할수록 그만큼 늘어나기 때문이다.

이 수단이 갖는 위험성은 아군이 하려고 하는 대규모의 행동이 실패로 돌아갔을 경우에 그것이 거꾸로 아군에게 영향을 미치고, 그래서 아군이 크게 불리해진다는 것이다.

다른 수단은 성공하는 경우에도 별로 비싼 희생을 치르지 않고, 실패하는 경우에도 별로 위험하지 않다. 하지만 여기에는 반드시 하나의 조건이 따른다. 양쪽이 동일한 수단을 쓴다는 것, 즉 적도 아군과 같은 수단을 쓴다는 것이다. 적이 대규모 무력 결전의 수단을 선택하면, 아군도 바로 그 때문에 아군의 의지와 달리 그 수단을 선택해야 하기 때문이다. 그러면 이 파괴 행동의 결과가 중요하게 된다. 하지만 지금 다른 모든 조건이 다시 같다고 전제하면, 아군이 이 행동의 모든 측면에서 불리해질 것이 분명하다. 아군의 의도와 수단은 부분적으로 적이 목표로 삼지 않는 다른 것을 목표로 삼았기 때문이다. 두 가지의 다른 목적에서 하나의 목적이 다른 목적의 일부가 아니라면, 그 목적은 다른 목적을 배제한다. 그래서 어느 하나의 목적을 이루는데 쓰는 힘은 동시에 다른 목적을 이루는데 쓸 수 없다. 두 전쟁 당사자 중에 어느 한쪽은 대규모 무력 결전의 수단을 쓰기로 결정하고 다른 쪽은 그 수단을 쓰지 않고 다른 목표를 추구하려는 것이 확실하다면, 이미 그것만으로도 무력 결전을 쓰는 쪽이 승리할 개연성이 높다. 양쪽 중에 어느 한쪽이 다른 목표를 추구할 수 있으려면, 합리적으로 생각할 때 적도 대규모의 무력 결전을 추구하지 않는다는 것이 전제되어 있어야 한다.

여기에서 우리의 의도와 힘을 다른 방향으로 돌리는 것에 대해 말한 것은 적의 전투력을 파괴하는 것을 제외하면 전쟁에서 추구할 수 있는 **적극적인 목적**에만 해당된다. 적의 힘을 소모하게 만들 의도로 선택하는 순수한 저항에는 **결코 해당되지 않는다.** 순수한 저항에는 **적극적인 목적이 없다.** 그래서 그런 저항을 만나면 우리의 힘은 다른 대상으로 향할 수 없고, 오직 적의 의도를 파괴하는 것으로 향할 수밖에 없다.

이제 적의 전투력을 파괴한다는 것의 소극적인 측면, 즉 아군의 전투력을 유지한다는 측면을 살펴보아야 한다. 이 두 가지 노력은 상호 작용의 관계에 있기 때문에 늘 함께 진행된다. 그 둘은 하나의 동일한 의도를 이루는 두 부분이다. 그래서 둘 중에 어느 한쪽이 우세할 때 어떤 영향이 생기는지 연구하기만 하면 된다. 적의 전투력을 파괴하려는 노력은 적극적인 목적을 갖고 적극적인 성과를 가져온다. 그 성과의 마지막 목표는 적을 쓰러뜨리는 것이다. 아군의 전투력을 유지하려는 것은 소극적인 목적을 갖고 적의 의도의 파괴, 즉 순수한 저항을 가져온다. 이 저항의 마지막 목표는 행동의 지속 시간을 늘려서 적을 지치게 하는 것 외에 달리 있을 수 없다.

적극적인 목적을 갖는 노력은 상대에게 파괴 행동을 일으키고, 소극적인 목적을 갖는 노력은 상대의 파괴 행동을 기다린다.

이 기다림을 얼마 동안 지속해야 하고 지속해도 되는지는 (이것으로 우리는 또다시 공격과 방어의 기원에 이르게 되었는데) 공격과 방어에 관한 이론에서 자세히 살펴볼 것이다. 여기에서는 다음의 두 가지를 말하는 것으로 만족할 수밖에 없다. 즉 기다림은 절대적인 고통이 되어서는 안 된다는 것, 그리고 기다림과 관련된 행동에서 (이 행동을 하지 못하게 하는) 적의 전투력을 파괴하는 것은 다른 모든 대상과 마찬가지로 목표로 삼을 수 있다는 것이다. 그래서 소극적인 노력은 적의 전투력을 파괴하는 것을 목적으로 선택해서는 안 되고, 피를 흘리지 않는 결정을 선택해야 한다고 믿는 것은 완전히 잘못된 생각이 될 것이다. 물론 소극적인 노력이 우세하면 그것이 피를 흘리지 않도록 부추길 수도 있다. 하지만 이 수단이 적절한지 아닌지 단정하는 데는 늘 위험이 따른다. 그것은 아군이 아니라 적에게 놓여 있는 완전히 다른 조건에 달려 있기 때문이다. 그래서 피를 흘리지 않는 수단은 결코 아군의 전투력을 유지하는데 따른 큰 걱정을 없애는 자연스러운 수단이라고 간주할 수 없다. 그 수단이 상황에 맞지 않을 경우에는 그 때문에 오히려 아군의 전투력이 완전히 파멸에 빠질 것이기 때문이다. 수많은 최고 지휘관이 이런 오류에 빠졌고 그 때문에 몰락했다. 소극적인 노력의 우세함을 통해 반드시 얻게 되는 단 하나의 효과는 결전을 지연하는 것이고, 그래서 최고 지휘관이 이를테면 결정적인 순간에 대한 기다림 속으로 피해 버리는 것이다. 그 결과는 언제나 시간상으로 **행동을 지연하는** 것이고, 공간이 시간과 관련되어 있다면 상황이 허락하는 한 공간상으로도 행동을 지연하는 것이다. 행동의 지연이 엄청난 손실 없이는 더 이상 계속될 수 없는 순간이 오면, 소극성의 유리함은 전부 소진된 것이라고 보아야 한다. 이제는 적의 전투력을 파괴하려는 노력이 변함없이 전면에 등장하게 된다. 그 노력은 단지 그것과 균형을 이루는 소극적인 노력으로 지연되었을 뿐이지 배제된 것이 아니다.

지금까지 살펴본 바에 따라 다음과 같은 것을 알 수 있다. 즉 전쟁에서는 목표, 즉 정치적인 목적을 얻는 여러 가지 길이 있다는 것, 하지만 유일한 수단은 전투라는 것, 그래서 모든 것은 **무력 결전**이라는 최고의 법칙 아래 놓이게 된다는 것, 적이 사실상 무력 결전을 요구하면 아군도 결코 이 상소를 거부할 수 없다는 것, 그래서 다른 길을 가려고 하는 최고 지휘관은 적이 상소를 하지 않든지 또는 적이 대법원에서 이 소송에 패소할 것이라는 확신이 있어야 한다는 것, 한마디로 말하면 적의 전투력을 파괴하는 것이 전쟁에서 추구할 수 있는 모든 목적 중에 언제나 다른 모든 목적을 지배하는 목적으로서 나타난다는 것이다.

그 밖의 여러 가지 종류를 결합하여 전쟁에서 무엇을 이룰 수 있는지는 아래에서 비로소 그리고 당연히 점차적으로만 알게 될 것이다. 여기에서는 일반적으로 **여러 가지 종류를 결합할 수 있다는** 것을 현실이 개념에서 벗어나는 것으로서, 그리고 개별적인 상황을 목표로 삼는 것으로서 인정하는 것으로 만족한다. 하지만 여기에서도 **피를 흘리며 위기를 해결하는** 것, 즉 적의 전투력을 파괴하려는 노력이 전쟁의 장자(長子)라고 주장하는 것을 그만두어서는 안 된다. 정치적인 목적이 작고 동기가 약하고 힘의 긴장이 낮으면, 신중한 최고 지휘관은 노련하게 모든 수단을 쓸 수 있을 것이다. 그래서 큰 위기 없이 피를 흘리는 해결책을 찾지 않고 적의 특별한 약점을 이용하여 전쟁터와 정부에서 평화 협정을 맺는데 필요한 노력을 기울일 수 있을 것이다. 그렇게 하는데 필요한 전제 조건이 적절하게 갖추어져 있고 그것이 성과를 낼 수 있다면, 우리에게는 그런 노력을 하는 최고 지휘관을 비난할 권리가 없다. 하지만 우리는 늘 최고 지휘관에게 다음과 같은 것을 요구해야 한다. 즉 그는 단지 샛길을 가고 있다는 것을 의식하고 있어야 한다는 것, 그 길에서 전쟁의 신 (神)이 그를 체포할 수 있다는 것, 그는 늘 적을 관찰하고 있어야 한다는 것, 그래서 적이 날카로운 칼을 집어 드는데 적에게 장식용 대검으로 맞서지 않도록 해야 한다는 것이다.

이 모든 결과, 즉 전쟁이 무엇인지, 목적과 수단이 전쟁에서 어떤 영향을 미치는지, 현실의 전쟁이 본래의 엄격한 개념으로부터 얼마나 멀리 있는지 (그것은 크게 멀 수도 있고 조금 멀 수도 있고, 멀어질 수도 있고 가까워질 수도 있는데) 하는 것, 하지만 전쟁은 언제나 최고의 법칙과 같은 엄격한 개념 아래 놓여 있다는 것을 늘 염두에 두고 있어야 하고, 다음에 어떤 주제를 만나도 늘 의식하고 있어야 한다. 그 주제의 참된 관계와 독특한 의미를 올바르게 이해하려고 한다면, 그래서 현실과 그리고 결국 우리 자신과 끊임없이 극심한 모순에 빠져들지 않으려고 한다면 그렇게 해야 한다.

[지도 1] 1748~1766년의 유럽

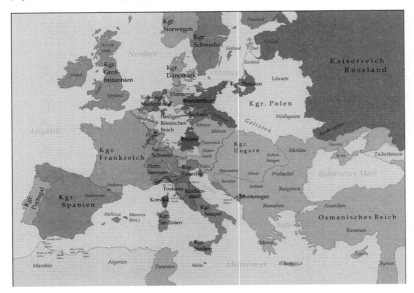

작가 Memnon335bc
업로드 Memnon33bc 2009. 8. 30
업데이트 Alex:D 2009. 11. 5
이 지도는 Putzger, *Historischer Weltatlas*, Berlin 1990, S. 78f.에 있는 지도에 토대를 두고
Inkscape로 작성.

이 지도는 1748년 아헨의 평화 조약 이후의 몇 년과 7년 전쟁 시기의 유
럽을 보여 준다. 7년 전쟁(1756~1763년)은 프로이센, 영국 대 오스트리아, 프
랑스, 러시아, 신성 로마 제국 간의 전쟁이다. 유럽 대륙에서는 주로 프로이센
과 오스트리아 사이에 전쟁이 일어났다. 1766년까지 유럽에 영토상의 큰 변
화는 없었다. 중부 유럽의 선은 신성 로마 제국의 경계를 가리킨다.

중부 유럽 지역만 보면 네덜란드 연합 공화국, 하노버, 브란덴부르크, 프
로이센 왕국, 폴란드 왕국, 오스트리아령 네덜란드, 신성 로마 제국, 작센, 로
렌, 바이에른, 오스트리아, 헝가리 왕국, 스위스, 사보이 공국, 베네치아 공화
국, 제노바, 토스카나, 교회 국가, 나폴리 왕국이 있다. 그 당시 슐레지엔은 브
란덴부르크에 (즉 프로이센에) 속해 있었고 보헤미아, 모라비아, 슈타이어마
르크, 티롤 등은 오스트리아의 지배 아래에 있었다.

제3장

전쟁 천재

어느 특별한 활동을 매우 훌륭하게 수행해야 한다면 지성과 감성의 특별한 소질이 필요하다. 이 소질이 매우 우수하고 비범한 업적으로 나타날 때 그런 소질을 지닌 영혼을 천재라는 이름으로 부른다.

천재라는 말의 범위와 방향이 매우 여러 가지 의미로 쓰이고 있다는 것, 이 많은 의미에서 천재의 본질을 설명하는 것은 매우 어려운 일이라는 것을 우리는 잘 알고 있다. 하지만 우리는 철학자도 아니고 언어학자도 아니기 때문에 보통 일상에서 널리 쓰이는 의미에 머물 것이고, 천재를 어느 활동을 수행하는 매우 높은 정신력이라고 이해할 것이다.

우리는 잠시 정신의 능력과 가치를 살펴보려고 한다. 그래서 천재의 개념이 필요한 이유를 좀 더 자세히 증명하고, 천재 개념의 내용을 좀 더 자세히 알려고 한다. 그런데 여기에서는 매우 탁월한 수준의 재능을 지닌 본래의 천재에 대해서만 살펴볼 수 없다. 그 개념에 명확한 한계와 같은 것이 없기 때문이다. 그래서 우리는 일반적으로 전쟁 활동에 필요한 모든 정신력의 공통적인 성향, 즉 **전쟁 천재의 본질**이라고 할 수 있는 성향을 살펴보아야 한다. 방금 **공통적인** 성향이라고 말했다. 바로 이 말에 전쟁 천재의 본질이 들어 있기 때문이다. 전쟁 천재는 예를 들어 용기처럼 어느 하나를 지향하는 힘이 아니다. 그런 힘에는 지성과 감성에서 나오는 다른 힘이 없든지 또는 전쟁에 쓸모없는 성향이 들어 있다. 전쟁 천재의 본질은 많은 힘을 조화롭게 통합하는데 있다. 이 통합에서는 어느 하나의 힘이 지배적으로 나타날 수 있지만, 어느 힘도 다른 힘을 거슬러서는 안 된다.

모든 병사들에게 많든 적든 전쟁 천재를 불어넣어야 한다면 우리의 군대는 아마 매우 약해질 것이다. 우리는 전쟁 천재를 정신력의 **특별한** 성향이라고 이해하고 있는데, 어느 나라 인민에게 매우 많은 측면에서 높은 정신력을 요구하고 훈련하면 정신력의 특별한 성향은 드물게 나타날 수밖에 없기 때문이다. 이에 반해 어느 나라 인민이 여러 가지 종류의 활동에 덜 나타날수록, 그 인민에게 전쟁 활동이 많이 나타날수록, 그 인민에게 전쟁 천재도 그만큼 많이 나타날 것이다. 하지만 그것도 전쟁 천재의 범위는 정하지만 전쟁 천재의 수준은 결코 정하지 못한다. 천재성의 수준은 그 인민의 **일반적인** 정신의 발전 수준에 달려 있기 때문이다. 전쟁 정신은 문명 민족의 개개인보다 미개하고 호전적인 민족의 개개인에게 훨씬 넓게 퍼져 있다. 미개 민족에게는 거의 모든 하나하나의 병사들이 전쟁 정신을 갖고 있는 반면에, 문명 민족의 인민 전체는 필요에 의해서만 전쟁을 하고 결코 내면의 충동에 의해 전쟁을 하지 않기 때문이다. 하지만 미개 민족 중에서 본래의 위대한 최고 지휘관은 결코 찾을 수 없고, 전쟁 천재라고 부를 수 있는 인물도 극히 드물다. 그러려면 지성의 힘의 발전이 필요한데, 미개 민족에게는 그것이 있을 수 없기 때문이다. 문명 민족도 어느 정도 호전적인 성향을 지닐 수 있다는 것은 당연하다. 이 성향이 높을수록 그 군대의 전쟁 정신은 하나하나의 병사들에게도 그만큼 자주 나타날 것이다. 이것은 더 높은 수준의 전쟁 정신과 일치하는 것이기 때문에 빛나는 전쟁의 모습은 늘 그런 민족에게서 비롯된다. 이것은 로마와 프랑스의 군대가 증명한 바와 같다. 한때 전쟁에서 유명했던 이 두 민족과 모든 민족의 훌륭한 명성은 언제나 더 높은 수준의 문명 시대에 비로소 이루어진 것이다.

이것으로도 지성의 힘이 높은 수준의 전쟁 천재에게 얼마나 큰 부분을 차지하고 있는지 짐작할 수 있다. 이제 전쟁 천재를 좀 더 자세히 살펴보도록 한다.

전쟁은 위험의 영역이다. 그래서 전사들이 지녀야 할 첫 번째 특성은 무엇보다 용기이다.

용기는 두 가지 종류이다. 하나는 개인적인 위험에 대한 용기이고, 다른 하나는 책임을 지는 용기이다. 이 책임은 그 어떤 외부의 힘의 심판에 의한 책임이든, 양심처럼 내면의 힘의 심판에 의한 책임이든 상관없다. 여기에서는 개인적인 위험에 대한 용기만 언급한다.

개인적인 위험에 대한 용기도 두 가지 종류이다. 첫째로 용기는 위험에 대한 무관심일 수 있다. 이 무관심은 개인의 신체 구조에서 비롯되든, 생명에 대한 경시에서 비롯되든, 습관에서 비롯되든 상관없다. 어쨌든 이런 종류의 용기는 불변의 상태라고 할 수 있다.

둘째로 용기는 명예심, 애국심, 여러 가지 종류의 감격처럼 긍정적인 동기에서 나올 수 있다. 이 경우에 용기는 상태라기보다 감성의 움직임이고 감정이다.

두 가지 종류의 용기는 분명히 다른 효과를 낸다. 첫 번째 종류는 더 확실한데, 그것이 제2의 천성이 되어 인간에게서 결코 벗어나지 않기 때문이다. 두 번째 종류는 때로 매우 격렬해진다. 첫 번째 종류는 더 완강하고, 두 번째 종류는 더 대담하다. 첫 번째 종류는 지성을 더 맑게 한다. 두 번째 종류는 때로 지성의 수준을 높이기도 하지만, 때로 지성의 눈을 멀게 하기도 한다. 이 둘이 통합되면 제일 완벽한 종류의 용기를 만든다.

전쟁은 육체적인 긴장과 고통의 영역이다. 이것 때문에 쓰러지지 않으려면 어느 정도의 체력과 정신력이 필요하다. 이것은 선천적인 것이든 후천적인 것이든 긴장과 고통에 무관심하게 만든다. 이 특성을 갖고 있고 건전한 지성의 지도에 따르기만 하면, 인간은 이미 전쟁에 쓸모 있는 도구이다. 그런데 이 특성은 미개 민족에게도, 절반쯤 문명화된 민족에게도 매우 널리 퍼져 있다. 전쟁이 전쟁의 동반자들에게 요구하는 것을 더 살펴보면 우리는 우수한 지성의 힘을 만나게 된다. 전쟁은 불확실성의 영역이다. 전쟁 행동의 바탕을 이루고 있는 것의 4분의 3은 많든 적든 큰 불확실성의 안개에 놓여 있다. 그래서 이런 경우에는 제일 먼저 정교하고 날카로운 지성이 요구되고, 그런 지성의 판단력으로 현상의 진실을 감지하게 된다.

어느 경우에는 평범한 지성이 우연히 현상의 진실을 파악할 수도 있고, 다른 경우에는 비범한 용기로 지성의 부족을 보충할 수도 있다. 하지만 대부분의 경우에 평범한 수준의 성과는 언제나 지성의 부재를 드러낸다.

전쟁은 우연의 영역이다. 인간의 활동에서 전쟁만큼 우연에 많은 여지를 주는 것도 없다. 인간의 어느 활동도 전쟁만큼 모든 측면에서 우연과 끊임없이 접촉하는 활동도 없기 때문이다. 우연은 모든 상황의 불확실성을 높이고 사건의 진행을 방해한다.

모든 정보와 추측이 불확실하고 우연이 끊임없이 개입하면, 최고 지휘관은 전쟁에서 처음에 예상했던 것과 다른 것에 끊임없이 맞닥뜨리게 된다. 이것은 그의 계획에 혹은 적어도 그 계획에 속하는 생각에 영향을 미치지 않을 수 없다. 이 영향이 이미 수립된 계획을 확실하게 폐기할 만큼 심각한 것이라면 대개 새로운 계획이 그 계획을 대신해야 한다. 그런데 때로 바로 그 순간에 새로운 계획에 필요한 자료가 부족하다. 대부분 행동을 하는 동안에 많은 상황이 신속한 결단을 다그치고 상황을 새롭게 돌아볼 시간적인 여유를 주지 않기 때문이고, 때로 충분히 생각할 틈을 전혀 주지 않기 때문이다. 하지만 훨씬 많은 경우에 우리의 생각을 수정하고 우연히 들이닥친 상황을 파악하고 나면, 이것은 우리의 계획을 전부 뒤집을 정도의 것은 아니고 단지 그 계획을 흔드는데 지나지 않는다. 상황에 대한 지식은 늘었지만, 그 때문에 불확실성은 줄어든 것이 아니라 늘어났다. 그 원인은 이런 경험을 모두 한꺼번에 하는 것이 아니라 조금씩 점차로 하기 때문이고, 그때마다 우리의 결단이 늘 흔들리기 때문이고, 정신이 (그렇게 말해도 된다면) 늘 무장을 하고 있어야 하기 때문이다.

그런데 정신이 예상하지 못한 일과 치르는 이 끊임없는 불화를 잘 견뎌 내야 한다면 정신에 두 가지의 특성이 절대로 필요하다. 하나는 지성인데, 이것은 어떠한 어둠 속에서도 인간의 정신을 진실로 이끄는 내면적인 불빛의 흔적 없이는 존재하지 않는다. 그리고 다른 하나는 이 희미한 불빛을 따르는 용기이다. 프랑스어의 표현으로 비유하여 말하면 전자는 통찰력(coup d'œil)이라고[1] 불리고, 후자는 결단력이라고 불린다.

전투는 전쟁에서 사람의 눈을 제일 먼저 그리고 제일 많이 끄는 것이고, 전투에서는 시간과 공간이 중요한 요소이고, 기병의 신속한 결전이 중요했던 시대에는 더욱 그러했다. 그래서 신속하고 정확한 결정의 개념은 먼저 시간과 공간을 측정하는 데서 생겨났고, 그래서 적절한 눈어림을 일컫는 표현으로만 불렸다. 전쟁술의 많은 이론가들도 통찰력을 이렇게 제한된 의미로 정의했다. 그런데 곧 전투를 수행하는 순간에 내리는 모든 적절한 결정을 통찰력으로 이해하게 된 것에 주의를 기울여야 한다. 예를 들어 정확한 공격 지점 등을 알아내는 것이 그것이다. 그래서 통찰력이 의미하는 것은 육체적인 눈일 뿐만 아니라 때로 정신적인 눈으로 확대되었다. 이 말은 문제의 성질상 당연히 늘 전술의 영역에 속하는 것이었지만, 전략의 영역에도 없을 수 없게 되었다. 전략에도 때로 신속한 결정이 요구되기 때문이다. 통찰력의 개념에서 비유적이고 제한적인 표현이 그 개념에 준 것을 떼어내면, 그 개념은 단지 진실을 신속하게 파악하는 것이다. 그것은 평범한 정신의 눈에는 전혀 보이지 않든지, 혹은 오랫동안 살펴보고 생각한 후에 비로소 보인다.

결단력은 하나하나의 경우에는 용기의 행동이고, 성격의 특징이 되면 정신의 습관이다. 하지만 여기에서는 신체적인 위험에 대한 용기를 말하는 것이 아니라 책임을 지는 용기, 그래서 이를테면 정신적인 위험에 대한 용기를 말하는 것이다. 사람들은 이 용기를 때로 정신적인 용기(courage d'esprit)라고 불렀는데, 그것이 지성에서 나오기 때문이다. 하지만 그럼에도 정신적인 용기는 지성의 행동이 아니라 감성의 행동이다. 순수한 지성은 아직 용기가 아닌데, 우리는 지성적인 사람이 때로 결단력이 없는 경우를 보기 때문이다. 그래

---

1. 이를 통찰력으로 옮기지 않고 '쿠데이'로 음역할 수도 있다. 쿠데이(coup d'œil)는 쿠데타(coup d'État)와 뒷부분만 다르기 때문이다. 하지만 쿠데타와 달리 '쿠데이'가 우리 나라 독자들에게 낯선 단어이기 때문에 뜻으로 번역했다.

서 지성은 먼저 용기의 감정을 일깨우고 이 감정에 의해 유지되고 수행되어야 한다. 절박한 순간에는 감정이 사고력보다 강하게 인간을 지배하기 때문이다.

우리는 여기에서 결단력에 충분하지 않은 동기에서 나오는 고통스러운 의심과 위험스러운 망설임을 막아야 하는 자리를 할당했다. 물론 매우 비양심적인 언어 사용은 모험, 과감성, 대담성, 무모함이 보여 주는 단순한 성향에도 결단력이라는 이름을 붙인다. 하지만 인간이 충분한 동기를 갖고 있다면 (그 동기는 주관적일 수도 있고 객관적일 수도 있고, 타당할 수도 있고 타당하지 않을 수도 있는데) 그 인간에게 결단력이 있다고 말할 이유는 없다. 결단력은 의심을 품고 있다는 것을 전제로 하는데, 충분한 동기를 갖고 있는 인간은 의심을 전혀 품지 않기 때문이다.

충분한 동기를 갖고 있는 경우에는 동기의 강약만 말할 수 있다. 우리는 언어 사용의 이런 사소한 오류와 다툴 만큼 옹졸하지 않지만, 이는 단지 잘못된 비난을 피하려고 몇 마디 한 것이다.

결단력은 의심스러운 상황을 극복하는 것이다. 결단력은 지성에 의해서만, 그것도 매우 독특한 성향의 지성에 의해서만 생길 수 있다. 단지 더 높은 통찰력과 필요한 감정이 같이 있는 것만으로는 아직 결단력이 생기지 않는다. 지극히 어려운 문제에 대해 매우 훌륭한 통찰력을 갖고 있고 많은 문제에 대해 스스로 책임을 지는 용기도 없지 않은데, 어려운 경우에 닥치면 결단에 이를 수 없는 사람들이 있다. 그들의 용기와 통찰력은 따로따로 존재하여 합치지 못하고, 그래서 제3의 것으로서 결단력을 만들지 못한다. 결단력은 지성의 **행동**에 의해 비로소 생겨나는데, 이것은 모험의 필요성을 의식하고 있고 이 필요성을 통해 의지에 영향을 미친다. 이처럼 매우 독특한 성향의 지성은 **흔들림과 망설임**에서 생기는 두려움과 인간의 마음속에 있는 다른 모든 두려움을 극복하게 하고, 강한 감성을 갖고 있는 인간에게 결단력을 기르게 한다. 그래서 이런 의미의 지성이 부족한 사람에게는 결단력이 있을 수 없다. 그런 사람은 어려운 경우에 망설이지 않고 행동할 수 있지만, 그것은 **생각 없이** 행동하는 것이다. 그리고 생각하지 않고 행동하는 사람은 당연히 의심 때문에 괴로워하는 일도 없다. 그런 행동이 때로 성과를 낼 수도 있지만, 그것은 앞에서 말한 대로 **평범한 수준의** 성과이고, 이것이 역으로 전쟁 천재의 존재를 암시하고 있다. 깊이 생각하지 않으면서도 결단력이 있는 많은 경기병[2] 장교를 알고 있기 때문에 우리의 주장을 이상하게 생각하는 사람들이 있지만, 그 사람들은 여기에서 말하고 있는 것이 독특한 성향의 지성이지 훌륭한 사색 능력이 아니라는 것을 염두에 두어야 한다.

그래서 결단력이 생기는 것은 독특한 성향의 지성, 그것도 뛰어난 두뇌보다 강인한 두뇌에 많이 속하는 성향의 지성 덕분이라고 생각한다. 결단력의 이런 계보는 낮은 영역에서는 최고의 결단력을 보여 주었던 사람들이 높은 영역에서는 결단력을 잃어버리는 사례가 수없이 많다는 것으로도 증명할 수 있다. 그들은 결단을 해야 하는 상황에서도 **잘못된** 결단에 들어 있는 위험을 본다. 또한 그들 앞에 놓여 있는 상황에 익숙하지 않기 때문에 그들의 지성은 본래의 힘을 잃는다. 그들이 자신을 사로잡고 있는 우유부단함의 위험성을 많이 알수록, 곧바로 아무렇게나 행동하는데 적응되어 있을수록, 그들은 그만큼 우물쭈물하게 된다.

지금까지 통찰력과 결단력에 대해 설명했는데, 이제 이것과 밀접한 관계에 있는 **침착성**에 대해 언급하는 것이 필요하다. 침착성은 전쟁과 같이 예상하지 못한 일이 일어나는 영역에서 중요한 역할을 맡아야 한다. 바로 그것이 예상하지 못한 일을 훌륭하게 극복하는 것이기 때문이다. 예상하지 못한 대화에서 적절하게 대답하면 사람들은 그 침착성에 감탄하는데, 이와 마찬가지로 갑작스럽게 닥친 위험한 상황에서 신속한 조치를 찾아냈을 때도 사람들은 그 침착성에 감탄한다. 이때의 대답과 조치는 적절하기만 하다면 특별히 훌륭할 필요는 없다. 충분하고 냉정하게 생각한 후에 하는 것은 특별하지

---

2. 경기병(輕騎兵, Husar), 경기병은 1458년에 헝가리와 크로아티아에서 편성되었고 헝가리의 독특한 민속 의상을 군복으로 삼았고 날쌔고 사나운 것으로 널리 알려졌다. 17세기 말에 오스트리아, 프로이센, 러시아, 루마니아 등 거의 모든 유럽 나라들이 (이탈리아 제외) 경기병 병과를 두었다. 독일에서는 제1차 세계 대전 초기까지 있었다.

않은 것이고, 그래서 그 인상에서 아무래도 상관없는 것이지만, 그것이 지성의 신속한 행동이라면 우리에게 즐거움을 줄 수 있기 때문이다. **침착성**이라는 표현은 확실히 지성이 내미는 도움이 근처에 있고 **빠르다는** 것을 매우 적절하게 나타낸다.

어느 한 인간의 이런 훌륭한 특성이 그의 지성의 특성에서 나오는 것인지 아니면 감성의 균형에서 나오는 것인지는 그때그때의 경우의 성질에 달려 있지만, 둘 중에 어느 한쪽도 완전히 없어서는 안 된다. 적절한 대답을 하는 것은 재치 있는 두뇌의 산물에 가깝고, 갑작스럽게 닥친 위험한 상황에서 적절한 수단을 찾는 것은 무엇보다 감성의 균형을 전제로 한다.

전쟁은 어떤 분위기에서 움직이고 있고 이 분위기는 네 가지의 요소, 즉 **위험, 육체적인 고통, 불확실성, 우연**으로 이루어져 있는데, 이제 이 요소를 전체적으로 살펴보도록 한다. 그러면 전쟁을 곤란하게 하는 이 요소 속에서 확실하고 효과적으로 행동하려면 지성과 감성의 큰 힘이 필요하다는 것을 알게 된다. 그 힘은 상황에 따라 여러 가지로 변형된 모습을 띠는데, 전쟁 사건을 서술하고 보고하는 사람들은 지성과 감성의 변형된 힘을 **에네르기, 단호함, 완강함, 감성의 힘, 성격의 힘**이라고 표현한다. 영웅적인 성질을 갖는 이 모든 표현은 하나의 동일한 의지력이 상황에 따라 변형된 것이라고 볼 수 있을 것이다. 이것은 매우 밀접한 관계에 있지만 동일한 것은 아니다. 이제 우리의 관심은 이 정신력의 움직임을 적어도 약간 더 자세히 구분하는 것이다.

먼저 다음과 같은 것을 말하는 것이 생각을 분명하게 하는데 매우 중요하다. 즉 앞에서 말한 정신력이 최고 지휘관에게 불러일으키는 중압감, 부담, 저항 중에 (무엇이라고 불리든지 상관없이) **적의 활동, 적의 저항, 적의 행동과 직접적으로 관련되는** 부분은 극히 적다는 것이다. 적의 활동이 최고 지휘관에게 직접적으로 영향을 미치는 것은 먼저 그의 신체적인 위험에 관한 것이고, 지도자로서 하는 활동은 건드리지 않는다. 적이 두 시간이 아니라 네 시간 동안 저항하면, 지도자는 두 시간이 아니라 네 시간 동안 위험에 빠진다. 하지만 지도자의 지위가 높을수록 분명히 위험이 갖는 의미도 줄어든다. 최고 지휘관의 지위에서 보면 그것은 아무것도 아니다!

둘째로 적의 저항이 지도자에게 **직접적으로** 영향을 미치는 것은 적의 오랜 저항으로 그에게 생기는 수단의 손실에서, 그리고 이 손실에 따라 늘어나는 책임감에서 비롯된다. 이런 걱정거리가 먼저 지도자의 의지력을 시험에 들게 하고 도발한다. 하지만 우리의 주장에 따르면 이것이 지도자가 짊어져야 하는 제일 어려운 부담은 더욱 아니다. 그것은 지도자 혼자서만 견뎌내야 하기 때문이다. 하지만 적의 저항이 미치는 그 밖의 모든 영향은 지도자의 지휘 아래에 있는 병사들에게 미치고, **이들을 통해 지도자에게 미친다.**

어느 군대가 용기에 차서 의욕적으로 잘 싸우고 있는 동안에는 지도자가 자기의 목적을 추구하면서 강한 의지력을 보여 주어야 할 필요가 거의 없다. 하지만 상황이 어렵게 되자마자 (그런 어려움은 특별한 업적을 내야 하는 경우에 결코 없을 수 없는데) 모든 것은 기름을 잘 친 기계처럼 더 이상 저절로 굴러가지 않는다. 이제 기계 자체가 저항을 하기 시작한다. 그리고 이것을 극복하는 것은 지도자의 강한 의지력에 속한다. 사람들은 이 저항에서 곧바로 항명과 반항을 생각하지 않을 것이다. 물론 그런 일도 하나하나의 병사들에게는 자주 일어난다. 하지만 여기에서 말하고 있는 것은 물리적인 힘과 정신적인 힘이 모두 활력을 잃고 있다는 전반적인 인상이다. 그것은 피를 흘리는 희생자들을 가슴을 찢는 것 같은 심정으로 바라보는 것이다. 지도자는 이런 고통을 스스로 이겨내야 한다. 그리고 병사들이 겪는 희생의 인상, 느낌, 걱정, 노고는 직접적으로든 간접적으로든 지도자에게 전달되는데, 이 또 다른 고통도 이겨내야 한다. 하나하나의 병사들이 힘을 잃자마자, 이것을 병사들 자신의 의지로 더 이상 자극하고 지탱하지 못하게 되자마자, 병사들의 총체적인 무기력은 최고 지휘관의 의지를 점점 더 무겁게 내리누른다. 그는 자신의 가슴에서 타오르는 불꽃과 정신의 불빛으로 모든 병사들에게 불꽃같은 결심과 희망의 불빛이 새롭게 타오르게 해야 한다. 이렇게 할 수 있는 한에서만 그는 군대를 지휘하고 지도자로서 남게 된다. 그것이 끝나자마자, 그 자신의 용기가 더 이상 충분히 강력하지 않아서 다른 모든 병사들의 용기를 북돋우지 못하게 되자마자, 병사들은 지도자를 자기들이 있는 곳으로 끌어내린다. 그곳은 위험이 닥치면 뒤로 물러나고 치욕을 알지 못하는 동물적인 본능의 비천한 영역이다. 이것은 지도자가 탁월한 업적을 내려고 한다면 자신의 용기와 마음의 힘으로 전쟁에서 이겨내야 하는 부담이다. 그 부담은 병사들이 많을수록 커진다. 그래서 그런 부담에 적절하게 대응해야 한다면 지도자의 지위가 높을수록 그 부담에 대응하는 힘도 높아져야 한다.

행동의 에네르기는 행동을 불러일으키는 동기의 강력함을 나타낸다. 동기의 바탕에는 지성의 확신이나 감성의 자극이 있을 수 있다. 그런데 큰 힘을 보여 주어야 하는 곳에 감성의 자극이 없어서는 안 된다.

솔직히 말하면 격렬한 전투를 벌이는 절박한 상황에서 인간의 가슴을 채우는 모든 훌륭한 감정 중에 명성과 명예를 향한 정신적인 갈망처럼 강력하고 지속적인 것도 없다. 그런데 독일어는 명성과 명예를 부당하게 다루고 있고, 이를 **공명심**과 **명예욕**이라는 품위 없는 부차적인 의미로 깎아내리려고 노력한다. 물론 이 고상한 갈망이 바로 전쟁에서 잘못 쓰였기 때문에 인류에게 엄청난 분노를 일으킨 불의를 낳은 적도 있다. 하지만 그 갈망의 기원에 따르면 그 감정은 분명히 인간성의 제일 고귀한 감정에 속하고, 전쟁에서 거대한 육체에 영혼을 불어넣는 생명의 본래의 숨결이다. 애국심, 이념적인 광신주의, 복수, 온갖 종류의 열광과 같은 다른 모든 감정이 아무리 일반적으로 널리 퍼져 있고 높은 곳에 있는 것처럼 보여도 그런 감정에 명예욕과 공명심이 없을 수 없다. 그 모든 감정은 일반적으로 병사들의 집단 전체를 더 높이 자극할 수는 있지만, 어느 지도자에게 다른 지도자보다 더 많은 것을 수행하도록 요구하지는 못한다. 그런데 그것은 자신의 지위에서 특별한 업적을 내야 한다면 반드시 필요한 것이다. 그것은 명예욕이 하는 것처럼 하나하나의 전쟁 행동을 지도자의 소유물로 만들지 않는다. 지도자는 최선의 수단으로 그 소유물을 이용하려고 노력한다. 이는 농민이 자기 소유의 땅이 아닌 곳에서도 풍작을 얻으려고 열심히 밭을 갈고 정성을 들여 씨앗을 뿌리는 것과 같다. 제일 높은 지위부터 제일 낮은 지위에 이르기까지 모든 지도자의 노력, 이 모든 종류의 기술, 경쟁심, 자극이 주로 군대의 활동에 활기를 불어넣고 전쟁을 승리로 이끄는 것이다. 특히 최고 지휘관과 관련해서 다음과 같이 질문할 수 있다. 일찍이 위대한 최고 지휘관 중에 명예욕이 없는 사람이 있었던가? 또는 도대체 그런 현상을 생각이라도 할 수 있는가?

단호함은 하나하나의 공격의 강력함과 관련되는 의지의 저항을 말하고, **완강함**은 하나하나의 공격의 지속 시간과 관련되는 의지의 저항을 말한다.

단호함과 완강함은 매우 비슷해서 같은 뜻으로 쓰이기도 하지만 그 본질의 분명한 차이를 지나쳐서는 안 된다. 단 하나의 격렬한 인상에 맞서는 단호함의 바탕에는 단지 감정의 힘만 있을 수 있지만, 완강함은 이미 지성의 도움을 많이 받으려고 한다. 활동의 지속 시간이 길어지면 활동의 계획성이 증대되고, 완강함의 힘은 부분적으로 이 계획성에서 나오기 때문이다.

감성의 힘 또는 마음의 힘으로 눈길을 돌리면 첫 번째 질문은 그것을 무엇이라고 이해해야 하는지 하는 것이다.

이것은 분명히 기분을 격렬하게 표현하는 것, 즉 격정이 아니다. 그것은 모든 언어 사용법에 어긋날 것이기 때문이다. 그것은 매우 강렬한 자극과 맹렬한 격정의 폭풍우 속에서도 지성에 따르는 능력이다. 이 능력이 단지 지성의 힘에서만 생겨나는 것일까? 그것은 의심스럽다. 물론 훌륭한 지성을 갖고 있으면서도 지성의 힘에 따라 행동하지 않는 인간이 있다는 것으로 그 질문을 의심하려는 것은 아니다. 그런 인간은 폭넓은 지성을 갖고 있지만, 특별하면서도 매우 강력한 지성을 갖지 못했다고 할 수 있기 때문이다. 기분이 매우 격렬하게 흥분하는 순간에도 지성에 따르는 힘을 자제력이라고 부르는데, 이 힘이 감성 자체에 토대를 두고 있다고 전제하면 이것이 진실에 좀 더 가깝다고 생각한다. 즉 강렬한 격정에 빠진 강력한 기분에 놓인 인간에게 그 격정을 파괴하지 않으면서 균형을 유지하는 또 다른 감정이 있고, 이 균형에 의해 지성은 비로소 우세한 힘을 얻게 된다. 이 균형은 바로 인간이 **존엄**하다는 감정이고 매우 고귀한 자존심이고 영혼의 깊은 곳에서 나오는 욕구이다. 이 균형은 인간에게 늘 타고난 통찰력과 지성을 갖춘 존재로서 행동하게 한다. 그래서 우리는 감성의 힘을 매우 격렬한 감정의 동요에도 균형을 잃지 않는 것이라고 말할 것이다.

감성과 관련되는 인간의 다양성에 눈길을 돌리면 우리는 첫째로 활동성이 거의 없는 인간을 발견하게 된다. 우리는 이런 유형의 인간을 둔중하거나 나태하다고 부른다.

둘째로 매우 활발하지만 그 감정이 결코 일정한 수준을 넘지 않는 인간이 있다. 이런 인간은 감정은 풍부하지만 조용한 인간 유형이다.

셋째로 매우 민감한 유형의 인간이 있다. 그의 감정은 화약처럼 빠르고 격렬하게 폭발하지만 오래가지 않는다. 마지막으로 사소한 계기로는 행동을 하지 않고 일반적으로 빠르지 않고 점차로 조금씩 행동하는 네 번째 유형의 인간이 있다. 하지만 그의 감정은 큰 폭력성을 띠고 훨씬 오래 유지된다. 이런 인간은 힘이 넘치지만 격정을 깊이 숨겨 놓는 유형이다.

감성 구조의 이런 차이는 대개 인간의 유기체에서 움직이고 있는 육체적인 힘의 한계와 밀접하게 관련되어 있고, 신경계라고 불리는 양서류적인 성질에 속한다. 양서류적인 성질은 한편으로는 물질을, 다른 한편으로는 정신을 지향하는 것처럼 보인다. 우리는 철학적인 지식이 부족해서 이런 미지의 영역에서 더 이상 할 일이 없다. 우리에게 중요한 것은 이런 여러 가지 성질이 전쟁 활동에서 어떤 효과를 내는지, 그런 성질에서 얼마나 훌륭한 마음의 힘을 기대할 수 있는지 잠시 살펴보는 것이다.

둔중한 인간은 쉽게 균형을 잃지 않지만, 힘을 전혀 표현하지 않는 것을 마음의 힘이라고 부를 수는 없다. 하지만 그런 인간이 바로 그 변함없는 균형 때문에 전쟁의 어느 일면적인 활동에서 쓸모 있다는 것을 부정해서는 안 된다. 그들에게는 행동하려는 적극적인 동기와 추진력이 없고, 그 결과로 활동력도 없다. 하지만 그들이 어떤 일을 쉽게 망치지는 않는다.

두 번째 유형의 특성은 작은 문제에는 쉽게 자극을 받아 행동하지만 큰 문제에는 쉽게 압박을 받는다는 것이다. 이 유형의 인간은 하나하나의 불행에 대해서는 활발한 활동을 보여 주지만, 인민 전체의 불행에 대해서는 슬픈 기분이 들 뿐 행동할 자극을 받지 못한다.

전쟁이 일어나면 이런 유형의 인간에게도 활동성과 균형 감각이 없지 않을 것이다. 하지만 이 유형이 큰 업적을 이루는 일은 없을 것이다. 매우 **훌륭한** 지성에 동기도 갖고 있다면 큰 업적을 이룰 수 있을 것이다. 하지만 이 유형의 인간이 매우 훌륭하고 독립적인 지성을 갖고 있는 경우는 드물다.

끓어오르듯이 타오르는 감정은 그 자체로 현실 세계에서, 그래서 전쟁에서도 매우 부적당하다. 물론 그런 감정은 강한 추진력을 갖고 있다는 장점이 있지만, 이 추진력은 오래가지 못한다. 그럼에도 그런 인간의 활발함이 용기와 명예욕의 성향을 보이면, 그 활발함은 전쟁에서 낮은 지위에 있는 지도자에게 때로 크게 쓸모 있다. 그것은 낮은 단계에 있는 지도자가 명령을 내려야 하는 전쟁 행동의 지속 시간이 훨씬 짧다는 단순한 이유 때문이다. 이런 경우에는 때로 단 한 번의 용감한 결단과 한 번 끓어오르는 마음의 힘으로도 충분하다. 대담한 습격이나 힘찬 돌격은 몇 분 동안의 활동이고, 대담한 전투는 하루 종일 걸리고, 원정은 1년 정도 걸린다.

그런 인간은 감정이 급격히 치밀어 오르면 감성의 균형을 유지하는데 두 배로 어려움을 겪고, 그래서 때로 냉정함을 잃는다. 이것은 전쟁을 수행하는데 최악의 측면이다. 하지만 매우 민감한 감성을 갖고 있는 사람은 결코 강할 수 없을 것이라고, 즉 매우 심한 동요를 일으키면 균형을 유지할 수 **없을 것이**라고 주장하는 것도 경험에 맞지 않을 것이다. 이들은 대개 기품 있는 성격에 속하는데, 왜 그들에게는 자신의 품위를 유지하는데 필요한 감정도 있어서는 안 된다는 말인가! 그들에게는 감정이 없는 것이 아니라 감정이 효과를 나타낼 시간이 없는 것이다. 그래서 그들은 대부분 나중에 자책감으로 괴로워한다. 그들이 교육, 자기 관찰, 인생 경험 등을 통해 앞으로 자기 자신을 잃지 않도록 조심하는 법을 배운다면, 격렬한 흥분의 순간에도 자신의 가슴 속에 잠들어 있는 균형 감각을 제때에 의식하려고 노력한다면, 그들도 강력한 마음의 힘을 드러낼 수 있다.

마지막으로 활발하지는 않지만, 그래서 깊이 생각한 후에 행동하는 유형의 인간이 있다. 앞의 세 가지 유형이 불꽃처럼 행동한다면 이 유형은 불덩이처럼 행동한다. 이들은 거대한 힘으로 어마어마하게 큰 돌덩이를 치우는데 제일 적당한데, 우리는 이 돌덩이로 전쟁 행동의 어려움을 비유하여 상상할 수 있다. 이들의 감정이 내는 효과는 큰 물체의 움직임과 같고, 조금 느리지만 압도적인 힘을 갖고 있다.

이런 인간은 앞의 유형들처럼 자기의 감정 때문에 흔들리지 않고, 자기 자신의 자책감 때문에 괴로워하지 않는다. 하지만 그들은 균형을 잃지 않고 맹목적인 격정에 굴복하지 않을 수 있을 것이라고 생각하는 것 또한 경험과 맞지 않을 것이다. 그들에게 자제력을 잃지 않으려는 고귀한 자부심이 없어지자마자, 또는 그 자부심이 충분히 강력하지 않을 때마다 그런 일은 늘 일어날 것이다. 우리는 이런 경험을 미개 민족의 훌륭한 지도자들에게서 매우 흔히 보게 되는데, 미개 민족은 지성이 충분히 발달하지 않았기 때문에 늘 격정의 지배를 받게 된다. 하지만 문명 민족과 최고의 교양을 갖춘 신분 중에서도 폭력적인 격정에 휩쓸리는 현상을 충분히 관찰할 수 있다. 이런 격정은 마치 중세에 밀렵꾼을 사슬에 묶어 사슴으로 하여금 숲 속을 끌고 다니게 했던 것과 같다.[3]

그래서 다시 한 번 말한다. 즉 감성의 힘은 단지 격렬하게 흥분할 수 있는 것이 아니라 매우 격렬한 마음의 동요에도 균형을 유지하는 것이다. 그래서 그것은 가슴 속에 휘몰아치는 폭풍우에도 우리에게 통찰력과 확신을 심어준다. 이것은 나침반의 바늘이 폭풍우로 흔들리는 배를 정확하게 항해할 수 있게 하는 것과 같다.

성격의 힘 또는 일반적으로 **성격**이라고 부르는 것은 자기의 신념을 확고하게 유지하는 것을 말한다. 신념은 다른 사람의 견해에서 얻은 결과일 수도 있고 자신의 견해에서 나온 결과일 수도 있다. 신념은 원칙, 견해, 순간적인 영감일 수도 있고, 지성의 산물이라면 무엇이든지 신념에 속한다고 할 수도 있다.

---

3. 중세에 밀렵꾼에게 행한 형벌을 가리키는 것으로 보인다.

하지만 견해 자체가 자주 바뀌면 확고함은 나타날 수 없다. 신념이 자주 바뀌는 것이 다른 사람의 영향이 미친 결과일 필요는 없고, 그것은 자신의 지성의 계속적인 활동에서 나올 수도 있다. 하지만 그러면 그것은 분명히 지성에 고유한 불안함을 가리킨다. 매 순간 자신의 견해를 바꾸는 것이 아무리 그 사람 자신에게서 나온다고 해도 그런 사람이 성격을 갖고 있다고 말하지는 않을 것이다. 그래서 신념이 매우 일정한 사람만 그런 특징으로 표현한다. 신념은 깊은 토대를 갖고 있고 분명하고 그 자체로 변화에 적합하지 않기 때문이다. 또는 둔중한 인간처럼 신념에 지성의 활동이 부족하고, 그래서 변화할 이유도 없기 때문이다. 또는 마지막으로 단호한 의지에 따른 행동은 지성의 입법적인 원칙에서 생겨나고 의견을 바꾸는 것을 어느 정도까지 거부하기 때문이다.

전쟁에는 감성에 영향을 미치는 강렬한 인상이 수없이 많고, 모든 지식과 견해의 불확실함도 매우 많다. 이런 것이 인간이 처음 발을 내디딘 길에서 그를 벗어나게 하고, 자신과 다른 사람에게 혼란을 일으킨다. 이런 일이 전쟁에서는 인간의 다른 어느 활동보다 많이 나타난다.

가슴을 찢는 것 같은 위험과 고통의 모습을 바라보면 감정은 자칫 지성의 신념을 압도한다. 모든 현상이 흐릿해지면 깊고 분명한 통찰력을 갖는 것이 어렵게 되고, 그래서 의견을 바꾸는 것을 더 잘 이해하고 용서하게 된다. 전쟁에서는 늘 어렴풋이 느끼고 알아낸 진실에 따라서만 행동해야 한다. 그래서 전쟁만큼 큰 의견 차이를 보이는 것은 어디에도 없고, 자신의 신념에 반대되는 인상의 흐름은 결코 멈추지 않는다. 둔중한 유형의 지성조차 거의 이 흐름에 대항하여 자신을 지킬 수 없다. 그 인상이 지나치게 강력하고 활발하고 늘 동시에 감성에 밀어닥치기 때문이다.

행동을 더 높은 관점에서 끌어내는 일반적인 원칙과 견해만이 맑고 깊은 통찰력의 결과일 수 있다. 그리고 이른바 지금 말하고 있는 개별적인 경우에 관한 의견은 그런 일반적인 원칙과 견해에 이를테면 닻을 내린다. 이전에 했던 생각의 결과를 현재에 일어나고 있는 의견과 현상의 흐름에 맞서 유지한다는 것은 매우 어려운 일이다. 개별적인 경우와 원칙 사이에는 때로 넓은 틈이 있고, 이 틈을 언제나 명확한 추론의 고리로 메울 수 있는 것은 아니다. 이 틈을 메우려면 자기 자신에 대한 확실한 믿음이 필요하고, 일종의 회의주의도 유익하다. 회의적인 생각이 들 때는 때로 생각 자체의 밖에 존재하면서 생각을 지배하는 입법적인 원칙 외에 달리 도움이 될 만한 것이 없다. 그것은 모든 의심스러운 경우에 자기의 첫 번째 견해를 고수하고, 다른 명확한 신념이 나타나서 그 견해를 바꾸도록 강요할 때까지 그 견해를 바꾸지 않는 원칙이다. 충분하게 검증된 원칙이야말로 훌륭한 진실이라는 것을 굳게 믿어야 하고, 현재의 순간적인 현상이 아무리 강렬하게 보여도 그 현상의 진실은 보잘것없는 특징을 갖고 있다는 것을 잊어서는 안 된다. 의심스러운 경우에 우리의 이전의 신념에 우선권을 주고 그것을 고수하면 행동이 지속성과 연속성을 얻게 되는데, 우리는 이것을 성격이라고 부른다.

감성의 균형이 성격의 힘을 얼마나 크게 촉진하는지는 쉽게 이해할 수 있다. 그래서 훌륭한 마음의 힘을 갖고 있는 인간은 대부분 성격도 많이 갖고 있다.

성격의 힘은 그것의 변종, 즉 고집으로 변질될 수 있다.

구체적인 경우에 어디에서 성격의 힘이 끝나고 어디에서 고집이 시작하는지 말하는 것은 때로 매우 어렵다. 그 반면에 이 두 개념의 차이를 밝히는 것은 어렵지 않은 것처럼 보인다.

고집은 지성의 결함이 아니다. 그것은 더 나은 견해에 대한 반대를 가리킨다. 이 반대를 지성, 즉 통찰력의 탓으로 돌리는 것은 모순이 될 수 있다. 고집은 감성의 결함이다. 의지를 굽히지 않는 것, 즉 다른 사람의 반대 의견에 민감하게 반응하는 것은 단지 특별한 종류의 이기심 때문이다. 이런 이기심은 오직 자신의 정신 활동으로 자기와 다른 사람을 지배하는 데서 얻는 만족을 다른 모든 것보다 중요하게 생각한다. 우리는 이런 만족을 일종의 허영심이라고 부르는데, 허영심이 고집보다 좋은 것은 아닐 것이다. 허영심은 겉치레에 만족하지만, 고집은 어느 문제 자체에 대한 만족에 토대를 두고 있기 때문이다.

그래서 우리는 다음과 같이 말한다. 즉 다른 사람의 견해에 대해 반대하는 것이 더 나은 확신이나 더 높은 원칙에 대한 신뢰에서 생기는 것이 아니라 반대하는 감정 자체에서 생기자마자 성격의 힘은 고집이 된다. 이 정의가 (이미 인정한 것처럼) 현실에 별로 도움이 되지 않는다고 해도 이 정의는 고집을 성격의 힘이 순수하게 강해진 것이라고 생각하는 것만은 막을 것이다. 고집은 성격의 힘과 근본적으로 다른 것이다. 고집은 성격의 힘과 비슷하여 그 근처에 있지만 성격의 힘이 더 강해진 것이 아니다. 심지어 지성이 부족하여 성격의 힘이 없는데도 매우 고집스러운 인간이 있다.

훌륭한 전쟁 지도자의 탁월함에는 감성과 지성이 함께 나타난다는 특징이 있다는 것을 알게 되었다. 이제 전쟁 활동의 또 다른 특징을 보도록 한다. 그것은 제일 중요하지는 않지만 아마 제일 강력하다고 할 수 있고, 감성의 힘과 상관없이 단지 지성의 힘만 요구한다. 그것은 전쟁이 지형과 갖는 관계이다.

첫째로 이 관계는 완전히 끊임없이 존재하고 있다. 그래서 오늘날 문명 민족의 군대의 전쟁 행동 중에 일정한 공간에서 일어나지 않는 행동은 결코 생각할 수 없다. 둘째로 이 관계는 결정적으로 중요하다. 그것이 모든 힘의 활동을 제한하고 때로 완전히 바꾸어 놓기 때문이다. 셋째로 이 관계는 한편으로는 때로 어느 지역의 제일 작은 특징과 관련되기도 하지만, 다른 한편으로는 제일 넓은 공간을 포괄하기도 한다.

이런 식으로 전쟁이 지형과 갖는 관계는 전쟁 활동에 매우 독특한 특징을 부여한다. 지형과 관계를 갖는 다른 인간 활동을 생각하면 원예, 농업, 건축, 하천 공사, 광업, 수렵, 임업 등이 있다. 이 모든 활동은 매우 좁은 공간에 제한되어 있고, 그것은 상당히 정확하게 연구할 수 있다. 하지만 전쟁 지도자는 자기의 활동을 자기에게 협력하는 공간에 넘겨주어야 한다. 그는 자기 눈으로 그 공간을 전부 볼 수 없고, 열심히 노력해도 그 공간을 모두 답사할 수 있는 것도 아니고, 공간이 끊임없이 변하기 때문에 그 공간을 제대로 알게 되는 일도 드물다. 물론 적도 일반적으로 같은 처지에 놓여 있다. 하지만 첫째로 공통의 어려움이 늘 양쪽 모두에게 있는 것이라면 재능과 훈련으로 그 어려움을 이겨내는 쪽이 크게 유리해질 것이다. 둘째로 이 동일한 어려움은 일반적으로만 존재하는 것이고 하나하나의 경우에는 결코 존재하지 않는다. 하나하나의 경우에는 보통 전쟁을 치르는 두 당사자 중에 어느 한쪽이 (방어자) 다른 쪽보다 그 지역을 훨씬 많이 알고 있다.

매우 독특한 이 어려움은 독특한 정신적인 자질로 극복해야 하는데, 이 자질은 (지나치게 제한적인 표현이기는 하지만) 지형 감각이라고 불린다. 그것은 어느 지역에 대해서도 신속하게 정확한 기하학적인 영상을 만드는 능력이고, 그 결과로 그 지역에서 매번 손쉽게 올바른 길을 찾는 능력이다. 이것은 분명히 상상력의 작용이다. 물론 지형을 파악하는 것은 육체적인 눈으로도 이루어지고 지성으로도 이루어진다. 그리고 지성은 과학과 경험에서 얻은 견해를 통해 부족한 것을 보충하고, 육체적인 눈으로 얻은 조각에서 전체를 만든다. 하지만 이 전체를 생생하게 머리에 떠올리고, 이 그림을 마음속에 그려진 지도로서 나타내고, 이 그림이 머릿속에 계속 남아 있게 하고, 이 그림에 있는 하나하나의 선이 다시 흩어지지 않게 하는 것, 이것은 지성의 힘만 할 수 있고 우리는 이것을 상상력이라고 부른다. 천재적인 시인이나 화가에게 있을 법한 상상력의 여신에게 그런 효과를 기대하는 것 때문에 그들이 마음에 상처를 입었다고 느끼기도 하고, 민첩한 사냥꾼에게도 사냥하는데 훌륭한 상상력이 있어야 한다는 말을 듣고 그들이 놀라 어깨를 움찔하기도 한다. 그렇다면 여기에서 언급하는 상상력은 매우 제한된 의미로 쓰이고 있는 상상력, 말 그대로 노예 봉사와 같은 상상력이라는 것을 기꺼이 인정하려고 한다. 하지만 그것이 아무리 하찮은 것이라고 해도 그것은 타고난 능력에서 나와야 한다. 타고난 능력이 전혀 없으면 어떤 것을 그 형태의 관계에서 직관에 이르기까지 분명하게 머리에 떠올릴 수 없기 때문이다. 이때 기억력이 좋으면 크게 도움이 된다는 것은 기꺼이 인정한다. 하지만 기억력을 독자적인 정신력이라고 받아들일 수 있는지, 또는 지형에 대한 기억을 더 잘 고정하는 것은 바로 그런 상상력이 아닌지 하는 것은 여기에서 결정하지 말아야 한다. 일반적으로 이 두 가지 정신력을 여러 가지 측면에서 분리해서 생각하는 것은 어려운 것 같기 때문이다.

훈련과 지성의 통찰이 지형 감각을 얻는데 매우 큰 역할을 한다는 것은 부정할 수 없다. 유명한 뢱상부르의[4] 참모장으로 유명했던 퓌세귀르는[5] 처음에 지형 감각에 대해 자신이 없다고 말했다. 그는 먼 곳에서 암호를[6] 가져와야 할 때마다 길을 잃었다는 것을 알았기 때문이다.

지휘관의 지위가 높을수록 이 재능이 그만큼 많이 쓰이는 것은 당연하다. 경기병과 저격병이[7] 정찰을 하면서 크고 작은 길을 잘 찾는 데는 늘 제한된 수준의 이해력과 상상력의 재능만으로도 충분하다. 하지만 최고 지휘관은 어느 지방과 나라의 일반적인 지리적인 상황을 알고 있어야 하고, 마음속에 늘 도로, 강, 산맥의 특징을 생생하게 그리고 있어야 하고, 제한된 수준의 지형 감각도 갖고 있어야 한다. 물론 그에게 일반적인 문제를 파악하는 데는 여러 가지 종류의 정보, 지도, 책, 회상록이 큰 도움이 되고, 개별적인 상황을 파악하는 데는 주변의 측근들이 큰 도움이 된다. 하지만 확실한 것은 최고 지휘관이 스스로 지형을 신속하고 정확하게 파악하는 훌륭한 재능을 갖고 있으면, 그는 모든 행동을 더 쉽고 확고하게 추진하게 되고 마음속에 어떤 당혹감을 느끼지 않게 되고 다른 사람에게 덜 의존하게 된다는 것이다.

이런 능력이 상상력에 의해 생기는 것이라면 이것은 전쟁 활동이 자유분방한 예술의 여신에게 요구하는 거의 유일한 도움이다. 그 밖의 경우에 여신은 전쟁 활동에 유익하기보다 오히려 해롭다.

이것으로 전쟁 활동에 의해 인간의 성질에 요구되는 정신력이 어떻게 드

---

4. 뢱상부르(François-Henri de Montmorency-Luxembourg, 1628~1695), 프랑스 군대의 원수. 루이 14세 시대의 마지막 위대한 최고 지휘관. 콩데의 제일 훌륭한 제자이자 후계자.
5. 퓌세귀르(Jacques François de Chastenet de Puységur, 1655~1743), 프랑스 군대의 원수. 군사 평론가.
6. 그 당시에 야전 부대에 매일 부여한 암호를 말한다.
7. 저격병(Jäger), 저격병은 17세기에 프랑스에서 설치된 보병 부대로서 사격에 능한 부대이다. 1800년 무렵에는 유럽 여러 나라의 군대가 저격병을 두었다. 프랑스에서는 저격병 부대가 1779년에 설치되었는데, 독일에서는 훨씬 나중에, 즉 1905년에 만들어졌다. 독일어에서 알 수 있는 것처럼, 독일에서 저격병은 주로 사냥꾼을 징집하여 편성하였다.

러나는지 살펴보았다. 언제나 지성이 전쟁 활동에 협력하는 본질적인 힘으로서 나타난다. 전쟁 행동이 겉으로는 매우 단순하고 별로 복합적이지 않은 것처럼 보이지만, 이런 행동도 탁월한 지성의 힘을 갖지 않은 사람들은 훌륭하게 수행할 수 없다는 것이 분명해졌다.

이런 견해에서 보면 적의 진지에 대한 우회를[8] (우회는 그 자체로 매우 자연스럽고 몇천 번 수행되었고 몇백 번 비슷한 방식으로 수행되었는데) 훌륭한 정신적인 노력의 산물이라고 간주할 필요는 더 이상 없다.

물론 사람들은 단순하고 용감한 군인을 생각이 깊거나 상상력이 풍부한 두뇌와, 그리고 온갖 종류의 화려한 교육으로 빛나는 인물과 대립된다고 생각하는데 익숙해 있다. 이 대립에 결코 현실성이 없는 것도 아니다. 하지만 그 대립이 군인의 용감함은 단순한 용기에 지나지 않는다는 것, 용감한 전사라고 부를 만한 사람이 되는 데는 어떤 특별한 두뇌의 활동과 재능도 필요하지 않다는 것을 증명하는 것은 아니다. 우리는 늘 반복해서 말해야 하는데, 높은 지위에 오르자마자 더 이상 그 지위에 상응하는 통찰력을 갖추지 못하고 능력을 잃어버리는 사람들의 예는 얼마든지 있다. 또한 늘 반복해서 기억해야 하는데, 우리는 탁월한 업적에 대해 말하고 있고 이것은 그 업적을 내는 사람의 지위에 따라 다른 명성을 준다. 그래서 전쟁에서는 명령을 내리는 단계에 따라 각 단계에 요구하는 정신력이 다르고 나중에 얻게 되는 명성과 명예도 다르다.

최고 지휘관, 즉 하나의 전쟁 전체에서 혹은 어느 하나의 전쟁터에서 최고의 지위에 있는 장군과 그 최고 지휘관 바로 아래의 명령 단계에 있는 지휘관들 사이에는 매우 큰 간극이 놓여 있는데, 이것은 단순한 이유 때문이다. 즉 후자는 최고 지휘관의 직접적인 지휘와 감독 아래 놓여 있기 때문이고, 그 결과로 독자적인 정신 활동을 하는데 훨씬 많은 제한을 받기 때문이다. 이 때문에 사람들은 탁월한 지성의 활동은 최고의 지위에서만 보게 되고, 그 아

---

8. 우회는 적의 진지의 측면이나 배후로 향하는 이동이다.

래의 지위에서는 평범한 지성으로 충분하다는 통념을 갖게 되었다. 더욱이 사람들은 무기를 들고 싸우느라고 백발이 된 하급 지휘관들이 한쪽으로 치우친 활동 때문에 정신적인 빈곤에 빠졌고, 어느 정도 우둔해졌다고 생각하는데 거리낌이 없다. 사람들은 한편으로 그들의 용기를 존경하지만, 다른 한편으로 그들의 단순함을 비웃는다. 우리의 의도는 이 용감한 군인들에게 더 높은 지위를 주려고 하는 것이 아니다. 그것은 그들이 효과적으로 행동하는 데도 아무런 도움이 안 될 것이고, 그들이 행복해지는 데도 거의 도움이 안 될 것이다. 나는 다만 문제의 핵심을 있는 그대로 보여 주려고 할 뿐이고, 전쟁에서 지성을 갖추지 않은 채 단지 용감함만으로 탁월한 업적을 낼 수 있다고 보는 오류를 경고하려고 할 뿐이다.

제일 낮은 지위에 있는 지도자도 훌륭한 지도자가 되어야 한다면 훌륭한 정신력이 필요하고, 이 정신력은 지휘의 단계에 따라 높아진다. 그렇다면 여기에서 다음과 같은 결론이 나온다. 즉 어느 군대에서 최고 지휘관 바로 아래의 지위에서 명성을 누리고 있는 사람들에 대한 견해도 완전히 달라져야 한다. 그들은 박식한 사람, 문필 활동을 하는 사업가, 협상에 능숙한 정치가 등과 비교할 때 단순한 것처럼 보이지만, 이 때문에 그들의 지성적인 활동의 탁월함을 간과해서는 안 된다. 물론 때로 사람들이 낮은 지위에서 얻은 명성 때문에 자신에게 맞지 않는 더 높은 지위에 오르는 일이 있다. 더 높은 지위에서 할 일이 많지 않으면, 그래서 그의 약점이 드러날 위험이 없으면, 그들에게 어떤 종류의 명성을 주어야 할지 정확하게 판단할 수 없다. 어느 지위에서 뛰어난 능력을 보여 줄 수 있는 인물을 하찮게 생각하는 것은 그런 사람들 때문이다.

그래서 전쟁에서 훌륭한 업적을 내려면 낮은 지위부터 높은 지위에 이르기까지 지위에 맞는 독특한 천재성이 필요하다. 하지만 역사와 후세의 판단은 늘 제일 높은 최고 지휘관의 지위에서 빛나는 업적을 이룬 인물만 본래의 천재라는 이름으로 부른다. 그 이유는 최고 지휘관의 지위에서는 매우 높은 수준의 지성과 정신을 동시에 요구하기 때문이다.

하나의 전쟁 전체 또는 전쟁에서 제일 큰 행동을 (이것은 원정이라고 불리는데) 빛나는 목표에 이르게 하려면 높은 수준의 국제 정세에 대한 훌륭한 통찰력이 요구된다. 이 점에서 전쟁 수행과 정치는 하나가 되고, 최고 지휘관은 동시에 정치가가 된다.[9]

사람들은 카알 12세에게 위대한 천재라는 이름을 붙이지 않는다. 그는 무력을 쓸 때 더 높은 통찰과 지혜에 따르는 것을 몰랐고, 그래서 빛나는 승리에 이를 수 없었기 때문이다. 앙리 4세도[10] 위대한 천재라고 부르지 않는다. 그는 자기의 전쟁 활동으로 국제 관계에 영향을 미치는 일도, 더 높은 영역에서 업적을 내는 일도 하지 못하고 죽었기 때문이다. 그는 더 높은 영역에서 고귀한 감정과 기사도 정신으로 자신의 내면의 영혼을 이겨낼 수는 있었지만 적을 이길 수는 없었다.

이 모든 것을 한눈에 파악하고 정확히 이해하려고 한다면 제1장을 참고하기 바란다. 우리의 말은 다음과 같다. 즉 최고 지휘관은 정치가가 되지만 최고 지휘관이라는 것을 잊어서는 안 된다. 최고 지휘관은 한편으로 국제 정세의 모든 측면을 한눈에 파악하고 있어야 하고, 다른 한편으로 자신이 갖고 있는 수단으로 무엇을 이룰 수 있는지 정확히 알고 있어야 하기 때문이다.

이 모든 관계는 매우 다양하고 불분명한 경계에 놓여 있고, 이것은 수많은 변수를 살펴보게 한다. 또한 대부분의 변수는 개연성의 법칙에 의해서만 판단할 수 있다. 그래서 최고 지휘관이 이 모든 것을 언제나 진실을 예감하는 정신의 눈빛으로 파악하지 않으면 관찰과 생각은 복잡해질 것이고, 그런 상

---

9. 이런 최고 지휘관은 전쟁에서 전쟁 계획을 세우고 군대 전체를 통솔하고 국내 정치와 국제 정치에 관한 정치적인 통찰을 갖추어야 한다.

10. 앙리 4세(Heinrich IV., Henri IV., Henri le Grand, Henry IV., 1553~1610), 프랑스의 왕이었다(1589~1610년). 부르봉 왕조의 선조(先祖). 1598년에 낭트 칙령을 발표하여 가톨릭과 프로테스탄트 간의 종교적인 갈등(위그노 전쟁)을 수습하고, 프랑스 인민에게 신앙의 자유를 주고 국내 통일을 꾀하였다. 또한 재정, 행정, 법률을 개혁하여 왕권을 강화했다. 후에 오스트리아의 합스부르크 가문의 강력한 지위를 뒤집으려고 프로테스탄트 동맹과 손을 잡고 스페인 및 독일 황제에 대해 전쟁을 하려고 했지만, 전쟁이 시작되자마자 암살되었다.

황에서는 결코 정확한 판단을 내릴 수 없을 것이다. 이런 의미에서 보나파르트는[11] 전적으로 옳은데, 그는 최고 지휘관의 앞에 놓여 있는 많은 결정이 뉴턴이나[12] 오일러와[13] 같은 사람에게 걸맞은 수학 계산 문제를 만들 것이라고 말했다.

여기에서 더 높은 정신력을 갖고 있는 최고 지휘관에게 요구하는 것은 일관성과 판단력이다. 그것은 놀라운 정신적인 눈빛이 되고, 하늘을 날면서 수없이 많은 애매한 생각과 접촉하고 그것을 없앤다. 평범한 지성은 많은 노력을 들여야 비로소 그런 생각을 밝힐 수 있지만 그 생각 때문에 지쳐 버릴 것이다. 하지만 더 높은 정신의 활동, 즉 천재의 눈길도 앞에서 말한 감성과 성격의 특징으로부터 도움을 받지 않으면 역사에 이름을 남기지 못할 것이다.

단지 진실만으로 인간에게 행동을 하도록 동기를 불러일으키는 것은 극히 어렵다. 그래서 인식과 의지, 지식과 능력 사이에는 언제나 큰 차이가 있다. 인간은 행동하는데 필요한 제일 강력한 동기를 늘 감정에서 얻는다. 그리고 행동하는데 필요한 제일 강력한 지속성은 (그렇게 표현해도 된다면) 감성과 지성의 합금에서 얻는다. 앞에서 알게 된 결단력, 단호함, 완강함, 성격의 힘 등이 이 합금에 속한다.

한마디 덧붙이면, 최고 지휘관의 수준 높은 정신의 활동과 감성의 활동이 전쟁의 전체적인 성과를 통해 나타나지 않고 최고 지휘관이 그런 활동을 성의를 갖고 받아들일 뿐이라면, 그런 최고 지휘관이 역사에 이름을 남기는

---

11. 나폴레옹 보나파르트(Napoléon I. Bonaparte, 1769~1821), 나폴레옹 1세. 프랑스의 군인, 정치가, 황제. 『전쟁론』 원문에는 나폴레옹(황제의 칭호) 대신에 거의 전부 보나파르트(부르는 이름)로 표기되어 있다. 우리는 번역 문장에는 원문에 따라 보나파르트로, 그 외에 각주와 그림 등에는 나폴레옹으로 표기하는 것으로 통일한다. 『전쟁론』 원문 전체에서 제3권 제7편 제19장에 딱 한 번 예외적으로 '나폴레옹'으로 표기되어 있는데, 그 장에서는 클라우제비츠의 표기에 따라 본문에서도 '나폴레옹'으로 표기한다.

12. 뉴턴(Isaac Newton, 1643~1727), 영국의 물리학자, 수학자, 천문학자.

13. 오일러(Leonhard Euler, 1707~1783), 스위스 출신의 수학자, 물리학자, 천문학자.

일은 매우 드물 것이다.

전쟁 사건의 흐름에 대해 알려진 것은 대개 매우 단순하고 비슷하게 보인다. 단순한 설명에만 의존한다면 전쟁 중에 이겨내야 했던 많은 어려움에 대해 아무것도 알지 못하게 된다. 때로 최고 지휘관이나 참모들의 회상록에서 또는 하나의 전쟁을 집중적으로 다룬 특별한 역사 연구에서 전체의 천을 이루는 수많은 실의 일부가 밝혀진다. 중요한 전쟁을 수행하기 전에 이루어진 생각과 정신적인 갈등의 대부분은 일부러 감추든지 혹은 우연히 잊어버린다. 일부러 감추는 것은 그런 것이 정치적인 이해 관계와 얽혀 있기 때문이고, 우연히 잊는 것은 그런 것을 건물을 완성한 다음에 치워야 하는 발판에 지나지 않는다고 보기 때문이다.

마지막으로 더 높은 정신력을 더 이상 자세히 분석하지 않고, 언어에 고정되어 있는 보통의 생각에 따라 지성의 힘 자체에 들어 있는 구분을 따르고자 한다. 그래서 어떤 종류의 지성이 전쟁 천재에게 제일 잘 맞는지 물어보고자 한다. 그러면 우리는 지성의 힘뿐만 아니라 경험에 비추어 다음과 같이 말하게 된다. 즉 전쟁에서 우리 형제자매와 아이들의 안녕, 우리 조국의 명예와 안전을 맡길 수 있는 인물은 창조적인 사람보다 치밀한 사람, 어느 한쪽을 추구하는 사람보다 전체를 포괄적으로 이해하는 사람, 뜨거운 사람보다 냉철한 사람이다.

[그림 9] 나폴레옹 보나파르트

제1집정 나폴레옹 보나파르트의 초상화
(Portrait de Napoléon Bonaparte en premier consul)
화가 Jean Auguste Dominique Ingres(1780~1867)
그린 때 1803~1804년
표현 수단 유화
원본 크기 226×144센티미터
현재 소장 Musée des beaux-arts de Liège
출처(사진 작가) njn.net
업로드 Paris 16 2009. 3. 7
업데이트 DIREKTOR 2010. 9. 10

제4장

전쟁에 따르는 위험

사람들은 보통 전쟁의 위험을 알기 전에는 그것을 두렵다기보다 매력적이라고 생각한다. 흥분 상태에 빠져서 질풍처럼 적에게 밀고 들어갈 때 누가 총알과 쓰러지는 자의 수를 헤아리겠는가? 한순간 눈을 감고 차디찬 죽음에 몸을 던진다. 우리가 죽음에서 벗어날지 적이 죽음에서 벗어날지 알 수 없다. 황금빛 승리의 목표를 바로 앞에 두고 있다면, 명예욕이 갈망하는 기분 좋은 열매를 바로 앞에 두고 있다면, 이 모든 것이 이토록 힘들까? 힘들지 않을 것이고 그렇게 힘들어 보이지도 않을 것이다. 하지만 그런 순간은 생각했던 것처럼 한 번만 치고 마는 맥박의 산물이 아니다. 시간이 지나서 묵히고 묽어진 다음에 복용해야 하는 조제약과 같다. 그런 순간은 매우 드물다.

신병(新兵)을 데리고 전쟁터로 나가 보자. 전쟁터에 가까워지면 대포의 천둥소리는 차츰 더 뚜렷해지고 포탄이 씽씽 날아다니는 소리로 바뀌면서 초보자의 정신을 빼앗는다. 포탄이 우리의 바로 앞뒤로 떨어지기 시작한다. 급히 언덕으로 올라간다. 언덕에 지휘관과 많은 병사들이 머물고 있다. 여기에 포탄이 떨어지고 유탄이[1] 터진다. 그것이 너무 자주 터져서 정말 죽을지도 모른다는 생각이 이 젊은이의 머릿속을 뚫고 들어간다. 갑자기 전우 한 명

---

1. 유탄, 탄체에 많은 화약을 넣고 탄두에 신관(信管)을 단 포탄.

이 쓰러진다. 유탄이 무리 속에 떨어져서 모두 겁에 질린 채 동요한다. 더 이상 마음을 차분히 가라앉힐 수 없다고 느끼기 시작한다. 제일 용감하다고 하는 사람도 얼마쯤 혼란에 빠진다. 이제 전투 속으로 한 걸음 더 들어간다. 전투는 연극에서 보는 것처럼 우리 앞에서 미친 듯이 날뛰고 있다. 제일 가까운 곳에 있는 사단장에게 간다. 여기에도 포탄이 잇달아 떨어진다. 아군의 대포 소리는 정신을 더욱 혼란스럽게 한다. 사단장이 있는 곳에서 여단장이 있는 곳으로 간다. 용감하다는 정평이 있는 여단장도 조심스럽게 언덕, 집, 나무 뒤에 머물고 있다. 이것은 위험이 늘고 있다는 확실한 신호이다. 산탄이[2] 지붕과 들판에 휙휙 소리를 내면서 떨어진다. 포탄이 윙윙 소리를 내면서 사방으로 떨어지고 머리 위를 날아간다. 소총의 총알이 내는 휘파람 같은 소리도 자주 들린다. 전투 중인 부대로 한 걸음 더 다가간다. 이 보병 부대는 몇 시간 동안 총격 전투를 벌이면서 말로 표현할 수 없을 만큼 완강하게 버티고 있다. 이곳은 하늘을 찢을 것 같은 총알 소리로 가득하다. 그 소리는 그들 가까이에도 곧 짧고 날카로운 소리가 날 것이라고 예고한다. 총알이 귀, 머리, 정신을 아슬아슬하게 스치면서 날아간다. 더욱이 팔다리를 잃고 쓰러지는 병사들을 보게 된다. 그들에 대한 동정심은 심장의 고동을 더욱 빠르게 한다.

신병은 여러 층의 농도를 보이는 이런 위험을 접하면서 이제껏 관념적으로만 생각했던 전쟁이 현실의 전쟁과 얼마나 다른지 느끼게 된다. 현실에서는 생각의 빛이 관념적인 활동을 할 때와는 다른 수단으로 움직이고 다른 빛으로 꺾인다. 신병이 이 첫 번째 인상에서 순간적인 결단력을 잃지 않는다면 그는 매우 특별한 인간이라고 해야 할 것이다. 확실히 습관이 이런 인상을 금방 무디게 만들기도 한다. 사람에 따라 다르지만 보통 반 시간이 지나면 사람은 자신을 둘러싸고 있는 모든 것에 무관심해지기 시작한다. 하지만 그런 상황에서 평범한 인간의 정신이 완전한 평정심과 자연스러운 탄력성을 회복하

---

2. 산탄, 탄체에 많은 금속 파편을 넣은 포탄. 포격을 하면 탄체가 터지면서 많은 금속 파편이 퍼지는데, 400야드(1야드는 0.9144미터) 정면에 있는 적의 보병 대열 전체를 일시에 살육할 수 있다. 현재에는 쓰이지 않는다.

는 것은 매우 어렵다. 즉 평범함으로는 충분하지 않다는 것을 알게 된다. 그 인간이 전쟁에서 책임져야 하는 영역이 넓을수록 더욱 그렇게 된다. 이런 어려운 상황에서 모든 활동이 작전실에서 볼 수 있는 평범한 수준 아래로 떨어지지 않으려면 열정적이고 침착하고 타고난 용기, 강렬한 명예욕, 위험에 대한 오랜 경험 등이 있어야 한다.

전쟁에 따르는 위험은 전쟁의 마찰에 속한다. 이 마찰에 대해 올바른 생각을 갖는 것은 전쟁을 올바르게 인식하는데 필요하다. 그래서 여기에 전쟁에 따르는 위험을 언급한 것이다.

제5장

전쟁에서 겪는 육체적인 고통

추위로 몸은 굳어지고 더위와 목마름으로 고통을 겪고 굶주림과 피로로 용기도 꺾여 있는 순간에 전쟁에서 일어난 사건에 대해 판단을 해야 한다면 아무도 객관적으로 올바른 판단을 할 수 없을 것이다. 하지만 그 판단은 적어도 주관적으로는 옳을 것이다. 즉 그 판단은 판단을 하는 사람과 판단 대상의 관계를 정확하게 반영할 것이다. 우리가 이미 알고 있는 것처럼 패배한 전투를 목격한 사람이나 특히 패배한 전투에 직접 참여했던 사람이 그 전투의 결과에 대해 나중에 판단을 하게 되면, 그 판단은 매우 너그럽고 느슨하고 단편적인 판단이 될 것이다. 이것이 우리의 견해이고, 육체적인 고통이 판단에 미치는 영향이다. 전쟁에 대해 판단을 할 때는 육체적인 고통을 고려해야 한다.

전쟁에서 쓰는 많은 것 중에 특히 육체적인 고통은 세무서에서 세율을 정할 수 없는 것에 속한다. 그것이 낭비되지 않는다고 전제하면 그것은 모든 힘의 상수이고, 인간이 육체적인 고통을 얼마만큼 견딜 수 있는지는 아무도 모른다. 하지만 주의할 것은 강한 팔을 가진 사수만이 활시위를 더 팽팽하게 당길 수 있는 것처럼, 강한 정신을 갖고 있는 최고 지휘관만이 전쟁에서 자기 군대의 힘을 더 많이 당길 수 있다는 것이다. 크게 패배하여 위험에 둘러싸인 군대는 무너지는 벽처럼 산산조각으로 흩어진다. 이 군대는 물리적인 힘을 최대로 발휘해야만 그 위험에서 벗어날 수 있다. 이와 달리 전투에 승리하여 큰 자부심에 이끌리고, 최고 지휘관의 자유로운 의지에 따라 지휘할 수 있는 군대도 있다. 이 두 경우는 군대의 힘을 당길 때 완전히 다른 모습을 보인다. 똑같은 고통도 전자에게는 고작해야 동정심을 불러일으키지만, 후자에게는 감탄을 자아내게 한다. 고통을 겪지 않아도 되는 쪽에서 고통을 계속 견디는 것이 훨씬 어렵기 때문이다.

이것으로 최고 지휘관의 정신 활동에 은밀하게 족쇄를 채우고, 최고 지휘관의 정신력을 몰래 갉아먹는 많은 문제 중의 하나를 분명하게 밝혔다고 생각한다.

여기에서는 최고 지휘관이 군대에 요구하고 지도자가 부하들에게 요구하는 고통에 대해서만 말했다. 즉 고통을 요구하는 용기와 고통을 견디게 하는 기술에 대해서만 말했다. 하지만 지도자와 최고 지휘관 자신의 육체적인 고통도 간과해서는 안 된다. 전쟁에 대한 분석을 이 정도로 성실하게 했기 때문에 우리는 지도자와 최고 지휘관의 고통도 살펴보아야 한다.

여기에서 주로 말하는 것은 육체적인 고통이다. 이것이 (전쟁에 따르는 위험처럼) 전쟁에서 마찰을 일으키는 제일 중요한 원인에 속하기 때문이다. 또한 육체적인 고통을 측정할 수 없다는 것이 그것을 탄력성 있는 물체와 비슷한 성질을 갖게 하기 때문이다. 잘 알려진 것처럼 탄력성 있는 물체의 마찰을 계산하는 것은 어렵다.

이런 고찰, 즉 전쟁을 어렵게 하는 많은 조건을 측정하는 것이 어렵다는 것을 남용해서는 안 된다. 이에 대해 자연은 우리의 판단에게 우리의 감각 방식을 이끄는 안내자를 주었다. 어느 한 사람이 모욕을 당하고 학대를 받았을 때 자신의 인격적인 결함을 들어 변명을 하는 것은 유리하지 않을 것이다. 하지만 그 사람이 모욕을 효과적으로 물리치고 훌륭하게 복수한 다음에 자신의 결함을 들어 변명을 하는 것은 확실히 유리할 것이다. 이와 마찬가지로 어느 최고 지휘관이나 군대는 그들이 겪은 위험, 곤란, 고통을 아무리 크게 떠들어도 치욕적인 패배에서 받은 인상을 씻을 수 없을 것이다. 하지만 승리했을 경우에는 그런 말이 승리의 영광을 한없이 높일 것이다. 우리의 판단은 겉으로 보이는 공정함에 빠져들려고 하지만, 우리의 감정은 단지 더 높은 판단 능력으로서 그것을 막는다.

제6장

전쟁에서 얻는 정보

정보라는 말은 적과 적의 나라에 대해 갖고 있는 모든 지식을 말하고, 그 래서 정보는 아군의 모든 생각과 행동의 바탕이 된다. 이 바탕의 성질, 즉 정 보의 불확실성과 가변성을 한 번 살펴보자. 그러면 전쟁이라는 건축물이 얼 마나 위험한지, 그것이 얼마나 쉽게 무너질 수 있는지, 그것이 우리를 얼마나 쉽게 그 폐허 속에 묻어버릴 수 있는지 곧 느끼게 될 것이다. 확실한 정보만 믿어야 한다는 것과 모든 정보는 먼저 의심해야 한다는 것은 분명히 모든 책 에 쓰여 있다. 하지만 그것은 책이 주는 초라한 위로에 지나지 않는다. 또한 체계적인 개론서를 쓰는 사람들이 더 나은 체계를 찾지 못해서 그런 가르침 으로 도망치는 것에 지나지 않는다.

전쟁에서 얻는 정보의 많은 부분은 모순되고, 더 많은 부분은 잘못된 것 이고, 훨씬 많은 부분은 상당히 불확실한 것이다. 그래서 지휘관에게 요구할 수 있는 것은 일종의 분별력이다. 분별력은 사물에 대한 지식, 인간에 대한 지 식, 판단력만이 줄 수 있다. 개연성의 법칙이 그 지휘관을 이끌어야 한다. 이 어려움은 본래의 전쟁 범위 밖에 있는 작전실에서 맨 처음 계획을 만들 때도 하찮은 것은 아니다. 하지만 그 어려움은 전쟁으로 혼란을 겪는 중에 많은 정보가 밀려들 때 끝없이 심해진다. 정보가 모순되면서도 일종의 균형을 이루 고 있고 비판적으로 검토할 것을 요구한다면 그나마 다행이다. 이런 우연의 혜택을 받지 못하고 어느 하나의 정보가 다른 정보를 지지하고 확인하고 확대하면, 급하게 결정해야 하는 필요성이 밀어닥치는데 우연이 정보의 그림에 새로운 색깔을 덧칠하여 그 결정이 금방 어리석은 것으로 드러나면, 이 모든 정보가 거짓, 과장, 오류 등으로 드러나면, 정보를 올바르게 판단하는데 익숙하지 않은 지휘관은 훨씬 힘들어진다. 한마디로 말해 대부분의 정보는 잘못된 정보이고, 인간이 갖고 있는 두려움은 잘못된 정보를 만들어 내는 새로운 힘이 된다. 인간은 누구나 대개 좋은 것보다 나쁜 것을 믿는 경향이 있고, 나쁜 것은 약간 확대하는 경향이 있다. 이런 식으로 보고되는 위험에 대한 정보는 바다의 파도처럼 스스로 밀려나기도 하지만, 분명한 이유 없이 다시 밀려오기도 한다. 지도자는 자신의 내면에 있는 더 나은 지식을 굳게 믿고, 파도를 견디는 바위처럼 버티고 있어야 한다. 그렇게 하는 것은 쉽지 않다. 본래 경솔하지 않은 사람 또는 전쟁 경험으로 단련되어 있고 판단력을 기른 사람은 자기 자신의 내면적인 믿음의 수준에 대항하면서 두려움의 측면에서 벗어나서 희망의 측면으로 강력하게 기우는 것을 규칙으로 삼을 수 있다. 그렇게 해야만 참된 균형을 유지할 수 있을 것이다. 이 어려움을 올바르게 보는 것은 전쟁에서 제일 큰 마찰의 하나이지만, 그렇게 보면 사물이 생각했던 것과 완전히 다르게 보일 것이다. 감각 기관이 받는 인상은 신중한 계산으로 얻는 생각보다 강력하다. 아니 그 이상이다. 최고 지휘관이 계획을 수행하는 첫 번째 순간에 마음속의 새로운 의혹을 극복하지 못했을 때는 확실히 어느 정도의 중요한 계획을 결코 수행하지 않았다. 그래서 다른 사람들의 영감을 따르는 평범한 인간은 대부분 그 자리에서 바로 결단을 내리지 못한다. 그는 상황이 처음에 전제했던 것과 달라졌다고 생각한다. 이때도 자신을 다시 다른 사람들의 영감에 맡기기 때문에 그런 생각은 더 심해진다. 하지만 스스로 계획을 만들었고 그것을 지금 자기 눈으로 보고 있는 사람도 이전의 자기 생각에 쉽게 의심을 품는다. 그는 눈앞에 보이는 절박한 순간에 맞서 자기 자신에 대한 확고한 믿음으로 무장해야 한다. 운명이 만든 전쟁 장면과 진하게 분장한 위험 인물을 무대의 정면에서 끌어 내리고 시야를 탁 트이게 하면, 전쟁이 진행되면서 자기의 이전의 확신이 옳았다는 것이 증명될 것이다. 이것이 계획과 실행 사이의 큰 간극이다.

제7장

전쟁에서 겪는 마찰

전쟁을 직접 경험하지 않는 한, 사람들은 지금 말하고 있는 어려움의 원인이 어디에 있는지, 최고 지휘관에게 요구하는 천재성과 비범한 정신력이 전쟁과 무슨 상관이 있는지 이해하지 못한다. 모든 것은 단순하고, 전쟁에 필요한 모든 지식은 천박하고, 모든 행동의 조합은 하찮게 보인다. 그래서 전쟁에 비해 과학으로서 확실한 가치를 갖고 있는 고등 수학의 간단한 문제에 사람들은 더 감탄한다. 하지만 전쟁을 보았다면 모든 것을 이해할 것이다. 무엇이 이런 변화를 일으키는지 하는 것을 설명하는 것, 눈에 보이지 않으면서 언제나 영향을 미치는 이 요소를 무엇이라고 불러야 하는지 하는 것은 매우 어렵다.

전쟁에서는 모든 것이 매우 단순하다. 하지만 제일 단순한 것이 어렵다. 이 어려움이 쌓이면 전쟁을 본 적 없는 사람들은 상상조차 할 수 없는 마찰이 생긴다. 여행하는 사람을 생각해 보자. 그는 그날의 마지막 여행으로 저녁 무렵에 두 개의 역을 더 갈 생각을 갖고 있다. 역마를 타고 포장된 길로 가면 네다섯 시간쯤 걸린다. 그 정도는 아무것도 아니다. 이제 다음 역에 도착했다. 그런데 말이 한 마리도 없다. 또는 말이 있어도 쓸 수 없는 말이다. 더욱이 산악 지역이고 길은 험하다. 캄캄한 밤이 되었다. 온갖 고생 끝에 두 번째 역에 도착했다. 그곳에서 초라하나마 잘 곳을 찾아 마음을 놓는다. 전쟁도 이와 같다. 계획을 만들 때는 전혀 고려할 수 없었던 수많은 사소한 상황이 영향을 미쳐서 모든 것이 실망스럽게 진행되고 목표에 훨씬 못 미치게 된다. 무쇠처럼 강인한 의지를 지닌 최고 지휘관은 이 마찰을 극복하고 장애를 분쇄한다. 하지만 이때 그의 기계도 함께 분쇄된다. 이런 결과는 아래에서도 자주 보게 될 것이다. 어느 지역의 중요한 도로가 모두 통하는 곳에 있는 오벨리스크처럼,[1] 위대한 정신을 지닌 확고한 의지는 전쟁술의 중앙에 지배자처럼 우뚝 솟아 있다.

마찰은 현실의 전쟁과 문서로 하는 전쟁의 구분을 상당히 잘 반영하는 유일한 개념이다. 군사 기계인 군대와 군대에 속하는 모든 것은 근본적으로 매우 단순하고, 그래서 쉽게 다룰 수 있는 것처럼 보인다. 하지만 기계의 어느 부분도 하나의 조각으로 이루어져 있지 않다는 것, 모든 것은 모든 측면에서 자기 자신의 마찰을 갖고 있는 개체들로 이루어져 있다는 것을 생각해야 한다. 대대장이 자기에게 주어진 명령을 수행할 책임을 지고 있다고 말하는 것은 이론상으로 매우 멋지게 들린다. 즉 대대는 규율을 통해 통합을 이루고 있고, 대대장의 열의도 널리 인정받고 있기 때문에 저울대는 쇠로 된 추의 둘레를 별 마찰 없이 돌고 있다는 것이다. 하지만 현실에서는 그렇지 않다. 관념의 세계에 들어 있는 모든 과장과 거짓은 현실의 전쟁에서 곧바로 드러난다. 대대는 늘 많은 사람들로 이루어져 있기 때문에 우연이 개입하면 그중에 제일 중요하지 않은 사람도 정체나 그 밖의 장애를 일으킬 수 있다. 전쟁에 따르는 위험과 전쟁이 병사들에게 요구하는 육체적인 고통이 이런 해악을 더 크게 만들기 때문에 이것을 해악의 제일 중대한 원인이라고 보아야 한다.

이런 무서운 마찰은 기계 역학처럼 몇몇 지점에 집중하여 일어날 수 없고, 그래서 우연과 만나는 곳에는 어디에나 존재한다. 그렇게 되면 마찰은 전혀 예측할 수 없는 현상을 만들어 내는데, 이는 그 현상이 대부분 우연에 속

---

1. 오벨리스크(Obelisk), 고대 이집트에서 태양 숭배의 상징으로 세운 기념비. 네모진 거대한 돌기둥으로 위쪽으로 갈수록 가늘어지고 꼭대기는 피라미드 모양으로 되어 있다. 기둥면에 상형 문자로 왕의 공적이나 도안이 그려져 있다.

하기 때문이다. 그런 우연의 예로 날씨를 들 수 있다. 한 번은 안개 때문에 적절한 때에 적을 발견하고 알맞은 때에 대포를 발사하고 지휘관에게 보고하는 것이 방해를 받는다. 또 한 번은 비 때문에 한 대대는 아예 도착하지 못하고 다른 대대는 제때에 도착하지 못한다. 이 대대는 아마 세 시간이 아니라 여덟 시간을 행군했을 것이다. 비는 기병대를 질퍽한 땅에 묶어 두기 때문에 기병대가 효과적인 습격을 할 수 없게 되는 등의 일이 일어난다.

이 몇 가지의 자세한 예는 문제를 분명하게 하려고 들었고, 그래서 저자와 독자가 함께 이 문제를 생각하려고 든 것이다. 그렇지 않으면 그런 어려움에 대해 책을 몇 권이라도 쓸 수 있기 때문이다. 이것을 피하려고, 그럼에도 전쟁에서 극복해야 하는 사소한 어려움을 갖는 군대에 대해 분명한 개념을 갖게 하려고 우리는 (독자들이 싫증을 내는 것을 걱정하지 않는다면) 모든 비유를 다 들고 싶다. 하지만 여기에 드는 몇 개의 예는 우리를 이미 이해하고 있는 분들도 괜찮다고 생각할 것이다.

전쟁에서 하는 행동은 저항을 받으면서 하는 운동과 같다. 단순히 걷는 것은 제일 자연스럽고 간단한 운동인데, 물속에서는 이것도 쉽고 정확하게 할 수 없다. 이와 마찬가지로 전쟁에서는 보통의 힘으로 중간 정도의 수준을 유지하는 것도 어렵다. 그래서 올바른 이론가는 수영 선생과 같다. 수영 선생은 물에서 필요한 운동을 땅에서 훈련하게 한다. 물을 생각하지 않는 사람에게는 그 운동이 괴상하고 과장된 몸짓으로 보인다. 그래서 직접 물속에 들어간 적이 전혀 없든지, 또는 자신의 경험으로부터 일반적인 것을 추상화할 줄 모르는 이론가는 비현실적이고 어리석기 짝이 없다. 그는 누구나 할 수 있는 것, 즉 걷는 것만 가르치기 때문이다.

그 이상이다. 모든 전쟁에는 독특한 현상이 매우 많고, 그래서 모든 전쟁은 암초로 가득 찬 미지의 바다와 같다. 최고 지휘관의 정신은 이 암초를 예상할 수 있지만, 그의 눈은 이것을 본 적이 전혀 없다. 그런데 어두운 밤에 이 암초를 피해서 항해해야 한다. 역풍이라도 불면, 즉 어떤 큰 우연이 그를 방해하면 최고의 기술, 침착성, 긴장이 필요하다. 멀리 있는 사람들에게는 이 모든 것이 자연스럽게 일어나는 일처럼 보인다. 이런 마찰에 대한 지식은 때로 훌륭한 장군에게 요구되는 칭찬할 만한 전쟁 경험 중에서 매우 중요한 부분이다. 물론 마찰에 대해 아무리 잘 알고 있다고 해도 마찰에 완전히 압도되는 장군은 최고의 장군이 아니다. (경험이 많은 장군들 중에 겁이 많은 장군을 흔히 볼 수 있다.) 마찰을 극복하려면 마찰을 되도록 많이 알아야 한다. 그래서 정확하게 행동할 것을 기대하는 것이 아니다. 그것은 마찰 때문에 불가능하다. 더욱이 마찰은 이론적으로 결코 완전하게 알 수 없고, 알 수 있다고 해도 마찰에 대한 판단력을 훈련하는 수단이 아직 없다. 그것은 재치라고 불린다. 재치는 언제나 혼자 깊이 생각하거나 다른 사람들과 의논해야 하는 중요하고 결정적인 경우보다 한없이 작은 여러 가지 문제로 가득 찬 영역에서 더 많이 필요하다. 거의 습관이 된 재치 있는 판단만이 처세에 능한 사람에게 늘 적절하게 말하고 행동하게 하는 것처럼, 전쟁을 경험한 지휘관만이 크고 작은 사건에서 (이것은 전쟁의 맥박이라고 할 수 있는데) 늘 적절하게 판단하고 결정할 것이다. 이런 경험과 훈련으로 어느 것은 되고 다른 것은 안 된다는 생각이 그에게 자연스럽게 생겨난다. 그러면 그는 자신의 약점을 쉽게 드러내지 않을 것이다. 전쟁에서 약점을 드러내는 일이 자주 일어나면 그 사람에 대한 신뢰의 밑바탕이 흔들리고, 그는 매우 큰 위험에 빠지게 된다.

그래서 마찰 또는 여기에서 마찰이라고 불리는 것은 겉으로 보기에 쉬운 것을 어렵게 만드는 것이다. 이 문제에 대해서는 아래에서 자주 언급할 것이다. 그러면 훌륭한 최고 지휘관이 되는 데는 경험과 강한 의지 외에 (드물게 나타나는) 다른 많은 정신적인 특징이 필요하다는 것도 분명해질 것이다.

제8장

제1편의 결론

위험, 육체적인 고통, 정보, 마찰이라고 이름 붙인 것은 전쟁의 분위기를 이루는 요소로서 모든 전쟁 활동을 어렵게 만드는 것이다. 그래서 이 모든 것은 전쟁 활동을 방해한다는 의미에서 다시 일반적인 마찰의 개념으로 묶을 수 있다. 그런데 이 마찰을 완화하는 윤활유는 없을까? 꼭 하나 있지만, 그것은 최고 지휘관과 군대의 뜻대로 할 수 있는 것이 아니다. 그것은 군대의 전쟁 경험이다.

경험은 큰 고통에 빠질 때 육체를 강하게 하고, 큰 위험에 빠질 때 정신을 강하게 하고, 첫 인상에 현혹되지 않도록 판단을 강하게 한다. 경험은 언제나 소중한 신중함을 선물한다. 신중함은 경기병과 저격병에서 사단장에 이르기까지 영향을 미치고, 최고 지휘관에게는 행동을 쉽게 할 수 있도록 한다.

인간의 눈은 어두운 방에 있을 때 동공을 확대하고 얼마 안 되는 빛을 받아들이고 차츰 물체를 희미하게나마 분간하고 마침내 전체를 잘 식별하게 된다. 훈련받은 군인이 전쟁에서 이와 같다. 그 반면에 신병은 칠흑 같은 어둠 속에서 헤매게 된다.

어느 최고 지휘관도 자기 군대에게 전쟁 경험을 줄 수 없다. 이를 평소의 훈련으로 대체하는 것은 부족하다. 평소의 훈련은 현실의 전쟁 경험에 비하면 부족하지만, 훈련의 목표를 기계적인 숙달에만 두는 군대의 훈련에 비하면 그렇지 않다. 평소의 훈련은 앞에서 말한 마찰 대상의 일부분이 훈련에 나타나도록, 그리고 하나하나의 지휘관들의 판단력, 신중함, 결단력도 훈련할 수 있도록 준비해야 한다. 그런 훈련은 마찰에 대한 경험이 없는 사람들이 생각하는 것보다 훨씬 큰 가치를 갖는다. 군인이라면 누구나 지위가 높건 낮건 상관없이 전쟁에서 한 번은 놀라고 당혹스러운 모습을 보게 되는데, 그런 처참한 모습을 전쟁에서 생전 처음 보는 일이 없게 하는 것은 매우 중요하다. 그런 모습을 이전에 단 한 번이라도 본 적이 있다면 그는 그 모습에 이미 절반은 익숙해진 것이다. 이것은 육체적인 고통에도 해당된다. 천성보다 지성이 육체적인 고통에 익숙해지도록 훈련받아야 한다. 신병은 전쟁에서 겪는 엄청난 고통을 최고 지휘부의 중대한 오류, 착각, 혼란의 결과라고 생각하고, 그래서 두 배로 풀이 죽는 경향이 있다. 평소의 훈련에서 그런 것에 대해서도 준비한다면 그런 일은 일어나지 않을 것이다.

훈련처럼 폭넓은 수단은 아니지만 평소에 전쟁 경험을 얻는 매우 중요한 또 다른 수단이 있다. 그것은 다른 나라의 군대에서 전쟁 경험이 있는 장교를 데려오는 것이다. 유럽이 언제나 평화로운 경우는 드물고, 다른 대륙에서 전쟁이 끝났다는 말도 전혀 들리지 않는다. 그래서 오랫동안 평화를 누리고 있는 나라는 이런 전쟁터에서 몇몇 장교를 데려오도록 끊임없이 노력해야 한다. 물론 그 장교는 우수하게 복무한 장교라야만 한다. 또는 자기 나라의 장교들을 그곳에 보내도록 노력해서 그들이 전쟁을 알게 해야 한다.

그런 장교의 숫자가 군대 전체에서 볼 때 아무리 적은 것처럼 보인다고 해도 그들의 영향은 분명하게 느낄 수 있다. 그들의 경험, 정신의 성향, 성격의 형성은 부하와 동료들에게 영향을 미친다. 더욱이 그들을 어느 한 분야의 책임 있는 자리에 둘 수 없을 때도 그들은 그 분야에 정통한 사람이라고 보아야 한다. 무슨 일이 있을 때마다 그들에게 물어볼 수 있는 것이다.

제2편

전쟁의 이론

제1장

전쟁술의 분류

전쟁의 본래 의미는 싸움이다. 싸움만이 넓은 의미의 전쟁이라고 불리는 여러 가지 활동에서 효과를 내는 원리이기 때문이다. 그런데 싸움은 육체의 힘을 통해 정신의 힘과 육체의 힘을 겨루는 것이다. 정신의 힘을 배제해서는 안 되는 것은 당연하다. 정신의 상태는 분명히 육체의 힘에 매우 결정적인 영향을 미치기 때문이다.

인간은 싸움의 필요에 의해 일찍부터 독특한 수단을 발명했고, 이 수단으로 싸움에서 유리함을 얻으려고 했다. 이를 통해 싸움의 모습은 크게 달라졌다. 하지만 그 모습이 아무리 많이 달라진다고 해도 싸움의 개념은 달라지지 않았고, 바로 이 개념이 전쟁의 본질을 이루는 것이다.

발명 활동은 처음에 하나하나의 병사들이 쓰는 무기와 장비로부터 비롯되었다. 이런 무기와 장비는 싸움이 시작되기 전에 마련해야 했고 그것으로 훈련을 해야 했다. 무기와 장비는 싸움의 성질에 의해 규정되고, 그래서 싸움의 법칙의 지배를 받는다. 하지만 무기와 장비를 만드는 활동은 분명히 싸움 자체와 다른 활동이다. 그것은 싸움에 필요한 준비에 지나지 않고 싸움을 수행하는 것이 아니다. 무장을 하고 장비를 갖추는 것이 본질적으로 싸움의 개념에 속하지 않는 것은 분명하다. 맨손으로 하는 격투도 싸움이기 때문이다.

싸움이 무기나 장비의 성질을 규정하고, 이것이 다시 싸움을 제한한다.

그래서 이 둘 사이에 상호 작용이 존재한다.

하지만 그럼에도 싸움 자체는 매우 독특한 활동이다. 그것은 위험이라는 매우 독특한 영역에서 일어나는 만큼 더욱 독특한 활동이다.

그래서 다른 어느 곳보다 여기에서 여러 가지 종류의 활동을 나누는 것이 필요하게 되었다. 이 생각이 현실에서 얼마나 중요한지 이해하려면, 어느 분야에서 매우 유능한 인물이 다른 분야에서는 전혀 쓸모없는 현학자로 보이는 일이 얼마나 많은지 하는 것을 생각하기만 하면 된다.

무장을 하고 장비를 갖춘 전투력을 주어진 수단이라고 보면, 이 고찰에서 하나의 활동을 다른 활동과 나누는 것도 전혀 어렵지 않다. 그 수단을 목적에 맞게 쓰려면 그 수단의 중요한 결과만 알면 된다.

그래서 본래 의미의 전쟁술은 주어진 수단을 싸움에서 쓰는 기술이 될 것이고, 이 기술은 전쟁 수행이라는 이름으로 부르는 것이 제일 적절할 것이다. 이와 반대로 넓은 의미의 전쟁술은 틀림없이 전쟁을 하는데 필요한 모든 활동을 포괄할 것이다. 이것은 전투력을 만들어 내는 모든 활동으로서 전투력을 모집하고 무장하고 장비를 갖추고 훈련하는 활동을 말한다.

이 두 가지 활동을 나누는 것은 이론의 현실성을 고려할 때 극히 중요하다. 모든 전쟁술이 전투력을 갖추는 것부터 시작하고 이것을 전쟁 수행의 전제 조건으로 삼으려고 했다면, 그 전쟁술은 기존의 전투력이 그 전제 조건에 꼭 들어맞는 경우에만 적용될 수밖에 없다는 것을 쉽게 이해할 수 있기 때문이다. 이와 반대로 이론이 대부분의 경우에 들어맞고 어느 경우에도 완전히 쓸모없는 것이 되지 않으려면, 그 이론은 대부분 보통의 전투력과 이 전투력에서 나오는 제일 중요한 결과도 고려하여 이루어져야 한다.

그래서 전쟁 수행은 싸움을 배치하고 수행하는 것이다. 이 싸움이 단 한 번의 행동으로 끝나면 이것을 더 나눌 이유도 없을 것이다. 하지만 싸움은 많든 적든 그 자체로 독립된 하나하나의 행동이 모여서 이루어진 것이고, 이것은 제1편 제1장에서 보여 준 것처럼[1] 전투라고 불리고 새로운 단위를 형성한다. 여기에서 완전히 다른 활동이 생겨나는데, 하나는 이 전투 자체를 배치하고 수행하는 것이고, 다른 하나는 전쟁의 목적을 달성하려고 많은 전투를 결합하는 것이다. 전자는 **전술**이라고 불리고, 후자는 **전략**이라고 불린다.

전술과 전략을 구분하는 것은 오늘날 거의 일반적인 관례이다. 아무도 이렇게 구분하는 이유를 분명하게 알지 못하지만, 누구든지 어느 현상이 전술과 전략 중에 어디에 들어가야 하는지는 상당히 분명하게 알고 있다. 하지만 관례에 따라 막연하게 그런 구분을 따른다면 거기에는 무엇인가 깊은 이유가 있을 것이다. 그 이유를 찾아보았고, 그 결과로 대다수의 사람들이 바로 그 관례를 따르고 있다는 것이 이유라는 것을 알게 되었다. 이와 달리 일부 저술가들이 하려고 했던 개념의 규정은 문제의 본질에서 비롯되지 않은 자의적인 것이기 때문에 우리가 이해하지 못했고 관례로 존재하지도 않은 것이라고 보아야 한다.

그래서 우리의 구분에 의하면 전술은 **전투에서 전투력을 쓰는 것**에 관한 이론이고, 전략은 **전쟁의 목적을 이루려고 전투를 쓰는 것**에 관한 이론이다.

하나하나의 전투 또는 독립적인 전투의 개념을 얼마나 자세히 규정할 수 있는지, 이 단위가 어떤 조건들과 관련되어 있는지 하는 것은 나중에 전투를 자세히 살펴볼 때 비로소 완전하게 설명할 수 있을 것이다. 지금은 다음과 같은 것을 말하는 것으로 만족해야 한다. 즉 전투의 단위는 공간과 관련해서 보면, 즉 동시에 일어나는 전투에서는 바로 지휘관의 **개인적인 명령**이 미치는 곳까지이다. 그리고 시간과 관련해서 보면, 즉 잇달아 일어나는 전투에서는 각 전투의 위기가 완전히 끝나는 때까지이다.

여기에서 불확실한 경우, 즉 여러 개의 전투도 고작해야 단 하나의 전투로 간주할 수밖에 없는 경우가 생길 수 있다. 하지만 이것이 앞에서 한 구분을 잘못된 것이라고 비난하는 이유가 되지는 않을 것이다. 현실의 모든 구분에는 불확실한 것이 있게 마련이고, 이런 다양성은 늘 단계적인 이행을 통해 연결되기 때문이다. 그래서 경우에 따라서는 우리의 관점을 바꾸지 않고도

---

1. 제1편 제2장에서 보여 주었다.

전략뿐만 아니라 전술에도 속하는 하나하나의 활동이 있을 수 있다. 예를 들면 주둔지와 비슷할 만큼 매우 넓은 진지를 설치하는 것, 많은 도하를 수행하는 것 등이 그런 것이다.

전략과 전술의 구분은 **전투력을 쓰는 문제에만** 관련되어 있고 그것에서 그친다. 그런데 전쟁에는 전투력을 쓰는데 도움은 되지만 그것과 다른 활동이 많이 있다. 그 활동은 전투력을 쓰는 문제와 때로는 비슷하지만 때로는 다른 종류이다. 이 모든 활동은 **전투력을 유지하는 문제와** 관련되어 있다. 창출과 양성이 사용에 앞서는 것처럼, 전투력의 유지는 전투력의 사용과 관련되어 있고 전투력을 사용하는데 필요한 조건이다. 하지만 엄밀히 말하면, 전투력의 유지와 관련되는 모든 활동은 언제나 싸움을 하는데 필요한 준비라고 보아야 한다. 그것은 단지 전쟁 행동과 긴밀하게 관련되어 있고, 그래서 전쟁 행동과 섞여서 나타나고 전투력의 **사용과** 교대로 나타나는 것이라고 보아야 한다. 그래서 전투력의 유지를 다른 준비 활동과 마찬가지로 본래의 전쟁 수행이라는 좁은 의미의 전쟁술에서 제외하는 것은 당연하다. 이질적인 것을 구분하는 것은 모든 이론의 중요한 임무이고, 이를 수행하려면 준비 활동을 제외하지 않을 수 없다. 누가 식량 조달이나 관리 업무와 같은 모든 번잡스러운 일을 본래의 전쟁 수행이라고 하겠는가! 그것은 군대를 사용하는 것과 끊임없는 상호 작용의 관계에 있지만 그것과 근본적으로 다른 것이기 때문이다.

제1편 제2장에서 말한 것은 싸움 또는 전투는 전쟁에서 직접적인 효과를 내는 유일한 활동으로 **정의된다는** 것, 다른 모든 활동의 실은 전투 활동으로 모여든다는 것, 그래서 다른 모든 활동도 함께 다루어야 한다는 것이었다. 이 말은 전투를 목적으로 하는 다른 모든 활동도 각자의 독특한 법칙에 따라 전투의 목적을 이룬다는 것을 의미한다. 여기에서는 이 문제를 좀 더 자세히 설명해야 한다.

전투의 영역 밖에 존재하는 활동은 매우 다양한 성질을 갖고 있다.

그 활동의 어느 한 부분은 어느 점에서 보면 여전히 싸움 자체에 속하고 싸움과 같지만, 다른 점에서 보면 전투력을 유지하는데 도움을 준다. 그 활동의 다른 부분은 단지 전투력의 유지에 속하는 활동이고, 그 부분이 싸움의 결과와 갖는 상호 작용 때문에 싸움에 제한적인 영향을 미치는데 지나지 않는다.

어느 점에서 볼 때 여전히 싸움 자체에 속하는 활동으로는 **행군, 야영, 사영**이 있다. 이 활동이 군대의 수만큼 많은 여러 가지 종류의 상태를 포함하고 있기 때문이고, 군대를 생각하면 늘 전투의 개념이 떠오르기 때문이다.

단지 전투력을 유지하는 것에 속하는 다른 활동으로는 **식량 조달, 간호 활동, 무기와 장비의 보급**이 있다.

행군은 군대를 쓰는 것과 완전히 동일한 것이다.[2] **전투 중의 행군**은 보통 **전개라고**[3] 불린다. 물론 이것은 본래 무기를 쓰는 것은 아니지만, 무기를 쓰는 것과 긴밀하고 불가피하게 연결되어 있기 때문에 전투에서 매우 중요한 부분을 이루고 있다. 하지만 전투 이외의 행군은 **전략적인 결정**을 수행하는 것에 지나지 않는다. 이 전략적인 결정을 통해 언제 어디에서 어느 **전투력으로** 전투를 벌여야 하는지 밝혀지고, 이것을 수행하는 데는 행군이 유일한 수단이다.

그래서 전투 이외의 행군은 전략의 수단이지만, 전략의 대상일 뿐만 아니라 (행군을 하는 전투력은 어느 순간에도 전투를 할 수 있도록 이루어져 있기 때문에) 전술의 법칙과 전략의 법칙 모두에 의해 수행되기도 한다. 우리가 어느 종대에게 강이나 산줄기의 이쪽 길로 행군하라는 명령을 내린다면 그것은 전략적인 결정이다. 그 결정에는 행군 중에 전투를 해야 한다면 강이나 산줄기의 저쪽보다 이쪽에서 적에게 전투를 하겠다는 의도가 들어 있기 때문이다.

그런데 어느 종대가 계곡에 있는 길을 따라가는 대신에 산등성으로 이동한다면, 또는 행군의 편의상 몇 개의 작은 종대로 나뉜다면 그것은 전술적인 결정이다. 그 결정은 전투가 일어날 때 아군의 전투력을 어떻게 쓰려고 하

---

2. 행군에 대해서는 제2권 제5편 제10장~제12장 참조.
3. 전개는 집결된 상태에서 전투의 상태로 옮기는 이동.

는지 하는 **방식**과 관련되어 있기 때문이다.

행군의 내부적인 대형은[4] 언제나 전투의 준비와 관련되어 있기 때문에 전술적인 성질을 띠고 있다. 그것은 확실히 앞으로 일어날지 모르는 전투에 대비한 첫 번째의 임시 배치에 지나지 않기 때문이다.

전략은 전략의 효과적인 원리가 되는 전투를 행군의 수단을 통해 여러 개의 전투로 나누고, 이 여러 개의 전투는 현실의 과정이 아니라 때로 단지 그 결과만으로 효과를 나타내기 때문에 효과적인 원리 대신에 때로 수단을 살펴보는 일이 없을 수 없다. 그래서 사람들은 매우 중요하고 배울 것이 많은 행군이 있다고 말하는데, 이 말은 행군을 통해 수행하게 된 많은 전투의 조합을 뜻한다. 개념의 이런 대체는 매우 자연스럽고 이 표현의 간결성도 매우 바람직하기 때문에 이 표현을 굳이 버릴 필요는 없다. 하지만 그런 표현은 많은 것을 압축하여 표현한 것에 지나지 않기 때문에 잘못된 길로 빠지지 않으려면 늘 적절한 개념을 마음속에 떠올리는 일을 게을리해서는 안 된다.

그런 잘못된 길은 전술적인 성과와 상관없는 힘을 전략적인 결합 덕분이라고 하는 것이다. 행군과 기동을[5] 결합하여 목적을 이루었는데 전투에 대해서는 아무런 말이 없고, 여기에서 전투를 하지 않고도 적을 제압하는 수단이 있다는 결론을 내린다. 이런 잘못이 얼마나 심각한 결과를 가져오는지는 나중에 비로소 보여 줄 수 있을 것이다.

행군이 싸움에서 아무리 중요한 요소로 간주될 수 있다고 해도 행군에는 싸움에 속하지 않는 측면도 있다. 그래서 전술도 아니고 전략도 아닌 측면이 있다. 여기에는 군대의 편의를 도모하는 데만 쓰이는 모든 시설, 다리와 도로의 건설을 수행하는 것 등이 속한다. 이것은 싸움의 조건에 지나지 않는다. 하지만 그것은 많은 상황에서는 군대의 사용과 매우 밀접하고 그것과 거의 동일시될 수 있다. 예를 들어 적의 눈앞에서 다리를 건설하는 경우에 그러

---

4. 행군의 내부 대형은 각 부대에 규정된 행군의 순서를 말한다.
5. 기동(Manöver, maneuver), 전투 수행에서 적보다 유리한 위치나 상황에 놓이도록 부대를 이동하는 작전 행동. 기동에 대해서는 제3권 제7편 제13장 참조.

하다. 하지만 다리를 건설하는 것 자체는 늘 싸움과 다른 종류의 활동이고, 그런 활동에 관한 이론은 전쟁 수행의 이론에 속하지 않는다.

우리는 야영을 군대의 모든 집결 상태, 즉 전투 준비를 마친 군대의 배치 상태라고 이해한다.[6] 야영은 사영과 달리 평화롭게 휴식을 하는 상태이다. 하지만 야영은 이와 동시에 야영한 곳에서 전투를 할 수 있다는 전략적인 확인이기도 하다. 야영에는 야영하는 방식에 따라 이미 전투의 기본적인 선이 들어 있고, 이것은 모든 방어 전투를 시작하는 조건이다. 그래서 야영은 전략과 전술에서 매우 중요한 부분이다.

사영은 군대의 기운을 더 잘 회복하도록 야영을 대신하는 것이다.[7] 그래서 사영은 야영과 마찬가지로 위치와 면적에 따르면 전략의 문제이고, 전투 준비를 하는 내부적인 배치라고 보면 전술의 문제이다.

물론 야영과 사영에는 군대의 피로 회복이라는 목적 외에 보통 또 다른 목적도 있다. 예를 들면 어느 지역을 보호하고 진지를 고수하는 것이다. 하지만 피로 회복을 목적으로 삼는 일이 아마 제일 많을 것이다. 우리는 전략이 추구하는 목적이 매우 여러 가지일 수 있다는 것을 기억하고 있다. 유리하게 보이는 모든 것은 전투의 목적이 될 수 있기 때문이다. 그리고 전쟁을 수행하는 도구를 잘 유지하는 것은 반드시 그리고 매우 자주 하나하나의 전략적인 결합의 목적이 되어야 하기 때문이다.

그래서 이런 경우에 전략이 단지 군대를 유지하는 데만 도움이 된다고 해서 우리가 어느 낯선 분야에 있는 것은 아니고 여전히 전투력의 사용에 머물러 있는 것이다. 전쟁터의 어느 지점에 전투력을 배치하는 것이 바로 전투력의 사용이기 때문이다. 하지만 야영과 사영에서 군대를 유지하는 것이 전투력의 사용이 아닌 활동을 불러일으킨다면, 즉 그것이 야영과 사영에서 산막[8] 건설, 천막 설치, 식량 조달, 청소 작업을 하는 것이라면, 그것은 전략에도

---

6. 야영에 대해서는 제2권 제5편 제9장 참조.
7. 사영에 대해서는 제2권 제5편 제13장 참조.
8. 산막(山幕, Hütte), 산막은 병사(兵舍)보다 작고 천막보다 나은 가설 오두막. 산막과 천막은

속하지 않고 전술에도 속하지 않는다.

보루의 위치를 결정하고 설치하는 것도 분명히 전투 배치의 일부이고, 그래서 전술의 문제이다. 하지만 **보루의 건설을 수행하는 일**은 전쟁 수행의 이론에 속하는 것이 아니다. 그것을 하는데 속하는 지식과 기술은 훈련된 전투력이 이미 갖고 있어야 한다. 즉 전투 이론은 보루가 있다는 것을 전제로 한다.

전투와 아무런 관련이 없기 때문에 전투력의 단순한 유지에 속하는 문제 중에 군대의 식량 조달은[9] 전투와 제일 밀접한 활동이다. 그것은 거의 매일 모든 개인에게 실행해야 하기 때문이다. 그래서 식량 조달은 전쟁 행동의 전략적인 부분과 밀접하게 관련되어 있다. 전략적인 부분이라고 말한 것은 군대의 식량 조달이 하나하나의 전투에서 전쟁 계획을 제한할 정도로 영향을 주는 경우는 극히 드물기 때문이다. (하지만 그런 경우는 충분히 생각할 수 있다.) 그래서 대부분의 상호 작용은 전략과 전투력에 대한 식량 조달의 걱정 사이에서 나타난다. 식량 조달의 문제를 고려하는 것이 원정과 전쟁의 전략적인 기본 틀을 결정하는데 개입하는 것은 결코 이상한 일이 아니다.

식량 조달이 아무리 중요하고 자주 고려해야 하는 문제라고 해도 군대의 식량 조달 활동은 언제나 군대의 사용과 근본적으로 다른 활동이다. 이 활동은 단지 그 결과로 군대의 사용에 영향을 미치는데 지나지 않는다.

우리가 말한 다른 활동 중에 관리 활동은 군대의 사용으로부터 훨씬 멀리 있는 활동이다. 간호 활동은 군대의 건강을 유지하는데 지극히 중요하지만 늘 일부 개인들에게만 해당되기 때문에 나머지 병사들을 사용하는 데는 매우 약하고 간접적인 영향을 미치는데 지나지 않는다. 무기와 장비의 보급은 이미 전투력의 조직을 통해 그 조직에 내재하는 끊임없는 활동으로 이루어지지 않는 한 단지 주기적으로 시행되는데 지나지 않고, 그래서 전략적인 계획에서 언급되는 경우도 매우 드물 것이다.

모두 야영하는데 쓰인다.

9. 전쟁터에서 사람과 말에 대한 식량과 사료의 조달은 휴대 식량으로, 병참부에 의해, 현지 징발 등으로 이루어진다. 식량 조달에 대해서는 제2권 제5편 제14장 참조.

여기에서 한 가지 오해는 피해야 한다. 어느 개별적인 경우에는 실제로 이런 문제가 결정적으로 중요할 수 있다. 병원과 탄약고에 이르는 거리를 매우 중요한 전략적인 결정을 내리는 유일한 이유라고 생각할 수도 있다. 우리는 이것을 부정할 생각도 없고 무시할 생각도 없다. 하지만 우리가 말하고 있는 것은 어느 개별적인 경우의 사실 관계가 아니라 추상화된 이론이다. 그래서 우리의 주장은 다음과 같다. 즉 그런 것이 미치는 영향은 극히 드물고, 그래서 간호 활동, 탄약과 무기의 보급에 관한 이론이 전쟁 수행의 이론과 똑같이 중요하다고 볼 수 없고, 그것을 보여 주려고 애를 쓸 필요도 없고, 그 이론이 말하고 싶어 하는 여러 가지 수단이나 체계를 그 이론의 결과와 함께 전쟁 수행의 이론에 받아들일 수도 없다는 것이다. 이것은 군대의 식량 조달 문제에서 말한 것과 같다.

이제 이렇게 살펴본 결과를 한 번 더 분명하게 의식하면 전쟁에 속하는 활동은 두 가지의 중요한 부분으로 나뉜다. 하나는 단지 **전쟁을 준비하는 것**이고, 다른 하나는 **전쟁 자체**이다. 그러면 이론도 이 구분을 따라야 한다.

전쟁의 준비에 관한 지식과 기술은 모든 전투력의 창출, 훈련, 유지의 문제를 다룰 것이다. 이 문제에 어떤 일반적인 이름을 붙이려고 하는지는 일단 덮어두도록 한다. 하지만 포병술, 축성술, 이른바 기본 전술,[10] 전투력의 편성과 관리, 이와 비슷한 모든 것이 전쟁의 준비에 속한다는 것은 알 수 있다. 하지만 전쟁 자체의 이론은 이렇게 준비된 수단을 전쟁의 목적을 달성하는데 쓰는 문제를 다룬다. 전쟁 자체의 이론은 준비에서 결과만, 즉 준비로부터 넘겨받은 수단의 중요한 특성에 관한 지식만 필요로 한다.

우리는 이것을 좁은 의미의 전쟁술, 전쟁 수행 이론, 전투력 사용 이론이라고 부르도록 한다. 이것은 우리에게 모두 같은 것을 가리킨다.

그래서 이 이론은 전투를 본래의 싸움으로서 다룬다. 행군, 야영, 사영은

---

10. 기본 전술은 하나하나의 병사들에 대한 교육, 기본 대형에 따른 전술 단위를 (이 단위는 한 명의 지휘관의 명령 아래 직접 전투에 참여하는 단위로서 보병 대대, 포병 대대, 기병 연대 등인데) 이루는 훈련, 소총 사격 훈련 등을 말한다.

싸움과 거의 같은 상태로 간주한다. 하지만 군대의 식량 조달은 이 이론에 속하지 않는 활동으로서 이미 주어져 있는 다른 상태와 마찬가지로 그 결과만 살펴본다.

좁은 의미의 전쟁술은 다시 전술과 전략으로 나뉜다. 전술은 하나하나의 전투의 형태를 다루고, 전략은 전투의 사용을 다룬다. 둘 다 전투를 통해서만 행군, 야영, 사영의 상태와 관련을 갖는다. 그래서 행군, 야영, 사영은 전투의 형태와 관련되는지 혹은 전투의 의미와 관련되는지에 따라 전술적인 것이 되기도 하고 전략적인 것이 되기도 한다.

전술과 전략처럼 매우 밀접한 두 가지의 개념을 엄밀하게 구분하는 것을 쓸데없는 일이라고 생각하는 독자도 분명히 많이 있을 것이다. 그 구분이 전쟁 수행 자체에 직접적인 영향을 미치지 않기 때문이다. 하지만 이론적인 구분으로부터 전쟁터에 미치는 직접적인 효과를 찾아내려면 대단히 현학적이어야 할 것이다.

모든 이론이 제일 먼저 해야 할 일은 얽히고 섞여 있고 매우 혼란스러운 많은 개념과 생각을 정리하는 것이다. 이름과 개념에 관한 의견이 일치해야 어느 문제를 살펴볼 때 비로소 분명하고 쉽게 앞으로 나아간다고 기대할 수 있고, 독자들과 늘 동일한 관점에 있다고 확신할 수 있다. 전술과 전략은 공간상으로나 시간상으로 겹치지만 본질적으로 다른 활동이다. 이 개념을 정확하게 밝히지 않으면 두 가지 활동의 내부적인 법칙과 상호 관계에 대해 결코 분명하게 생각할 수 없게 된다.

이 모든 것을 아무것도 아니라고 생각하는 사람이 있다면 그 사람은 이론적인 고찰을 결코 받아들이지 말아야 한다. 또는 그의 지성이 혼란스럽고 헝클어진 생각, 확고한 관점에 의지하지 않는 생각, 만족할 만한 결과에 이르지 못하는 생각, 때로는 진부하고 때로는 터무니없고 때로는 공허한 일반론에 잠겨 있는 생각 때문에 고통을 겪은 적이 아직 없어야 한다. 우리는 이 모든 생각을 본래의 전쟁 수행에 대한 언급에서 자주 듣고 읽어야 했다. 과학적인 연구 정신을 갖고 있는 인물이 그 문제에 전념한 일이 드물었기 때문이다.

제2장

전쟁 이론

1 사람들은 처음에 전쟁술을 단지 전투력의 준비라고 이해했다

사람들은 이전에 전쟁술 또는 전쟁학이라는 이름을 늘 물질적인 것을 다루는 지식과 기술의 총체라고만 이해했다. 무기의 제조와 준비와 사용, 요새와[1] 보루의[2] 건설, 군대의 편성, 군대의 이동 메커니즘 등이 그런 지식과 기술의 대상이었고, 이 모든 것을 전쟁에서 쓸 수 있는 전투력이라고 설명했다. 이것은 물질만 다루는 편협한 활동이었고, 근본적으로 수공업에서 점차 정교한 기계 기술로 발달하는 활동에 지나지 않았다. 이 모든 것이 싸움 자체와 갖는 관계는 칼을 만드는 대장장이의 기술이 검술과 갖는 관계와 크게 다르지 않았다. 위험한 순간에 적과 끊임없는 상호 작용을 통해 칼을 쓰는 일, 본래 계획한 방향에서 정신과 용기를 움직이는 일은 아직 문제로 삼지 않았다.

---

1. 요새는 독립된 방어 전투를 할 수 있는 비교적 대규모의 영구적인 방어 시설이다. 대개 소수의 부대에 의해 보호되고 있고, 그 지역을 보호하는 것과 적의 공격을 막는 것을 목적으로 한다. 요새에 대해서는 제2권 제6편 제10장~제11장 참조.
2. 보루는 축성술에 따라 보루 진지 안에 건설된 견고한 지점.

2 포위 기술에서 처음으로 전쟁 자체가 나타났다

포위 기술에서 처음으로 전쟁 자체의 수행에 대해, 그리고 (물질이 정신으로 넘어갔는데) 정신의 움직임에 대해 무엇인가를 볼 수 있었다. 하지만 전쟁이 새로운 물질적인 대상에서 (접근 참호,[3] 참호, 대항 접근 참호,[4] 포대 등과 같은 것이 있는데) 신속하게 구현된 한에서만, 그리고 전쟁의 모든 단계를 그런 산물을 통해 표현한 한에서만 대부분 그 무엇인가를 볼 수 있었다. 정신은 그런 물질적인 창조물을 전쟁에 꿰매는데 필요한 실에 지나지 않았다. 이런 종류의 전쟁에서 정신은 거의 물질적인 대상에만 나타났기 때문에 그런 것을 다루는 것으로 상당히 만족하게 되었다.

3 그때까지 전술은 피상적으로 언급되었다

나중에 전술은 전술적인 결합의 메커니즘에 (전투력이라는) 도구의 특성에 바탕을 둔 일반적인 배치의 성격을 부여하려고 노력했다. 물론 이 배치는 전쟁터에서 쓰이게 되었지만 자유로운 정신 활동을 불러일으킬 정도에는 이르지 못했다. 그 배치는 전투 편성과 전투 대형을[5] 통해 자동 기계처럼 변형된 군대에 의해 수행되었고, 그 군대는 명령만 받으면 시계의 톱니바퀴처럼 활동을 수행해야 했다.

4 본래의 전쟁 수행은 간혹 익명으로만 나타났다

---

3. 접근 참호는 공격자가 요새에 접근하려고 판 갈지자형 참호.
4. 대항 접근 참호는 요새 안의 방어 부대가 중요한 방어 진지에서 공격자에게 대항하려고 설치한 참호.
5. 전투 대형은 전투 이전이나 전투 중의 부대 배치를 말한다. 전투 대형에 대해서는 제2권 제5편 제5장 참조.

본래의 전쟁 수행, 즉 준비한 수단을 개별적인 요구에 맞게 자유롭게 쓰는 것은 이론의 대상이 될 수 없고, 이것은 단지 개인의 타고난 소질에 맡겨야 한다고 생각했다. 전쟁이 점차로 중세의 주먹 싸움에서 더 규칙적이고 복합적인 형태로 이행하면서 이 문제에 대해서도 인간의 정신이 하나하나 고찰하게 되었다. 하지만 그런 고찰은 대부분 회상록과 역사 서술에서 우연히, 이를테면 익명으로만 나타났다.

5 전쟁 사건에 대한 고찰이 이론의 필요성을 불러일으켰다

그런 고찰이 점점 많이 쌓이고 역사가 점점 더 비판적인 성격을 띠게 되었을 때 원칙과 규칙의 근거에 대한 필요성이 활발하게 생겨났다. 그래서 전쟁사에 늘 따라다니는 논쟁에서 의견 충돌이 어떤 목표에 이를 수 있었다. 확고한 지점과 분명한 법칙에 따라 돌지 않는 의견의 소용돌이는 인간의 정신에 매우 혐오스러운 현상이었을 것이다.

6 실증적인 이론을 세우려는 노력

그래서 전쟁 수행에 관한 원칙, 규칙, 심지어 체계를 세우려는 노력이 생겨났다. 이런 노력으로 실증적인 목적을 내세웠지만, 사람들은 전쟁 수행이 그런 측면에서 갖고 있는 끝없는 어려움에 대해서는 충분히 주의를 기울이지 않았다. 전쟁 수행은 앞에서 보여 준 것처럼 거의 모든 측면에서 미리 결정된 한계 없이 진행된다. 하지만 모든 체계, 모든 학설은 확정되지 않은 것을 확정적인 것으로 종합한다는 제한적인 성질을 갖고 있다. 그래서 결코 해소될 수 없는 모순이 그런 이론과 실천 사이에 존재하게 된다.

7 물질적인 대상으로 제한한다

그런데 이론가들은 그 문제의 어려움을 상당히 일찍부터 느끼고 있었다. 그리고 그 문제의 원칙과 체계를 다시 물질적인 측면과 한쪽으로 치우친 활동에만 향하게 하는 것으로 그 어려움에서 회피하는 것을 정당하다고 생각했다. 즉 그들은 전쟁 준비에 관한 과학처럼 오로지 확실하고 실증적인 결과에만 도달하려고 했고, 그래서 계산할 수 있는 것만 고찰하려고 했다.

8 수의 우세

수의 우세는 물질적인 대상이었다. 사람들이 승리의 결과를 불러오는 모든 요소 중에서 이것을 선택한 것은 수의 우세에 시간과 공간의 조합을 통해 수학적인 법칙성을 부여할 수 있었기 때문이다. 그 밖의 모든 상황은 추상화할 수 있다고 생각했다. 그 상황이 양쪽에 똑같고, 그래서 상쇄할 수 있다고 생각했다. 어느 시점에 이 한 가지 요소를 그 비율에 따라 알아내려고 한 것이라면 그것이 옳을 수도 있다. 하지만 영원히 그렇게 하는 것, 수의 우세를 유일한 법칙이라고 생각하는 것, 일정한 시간에 일정한 지점에서 수의 우세를 확보한다는 공식에 전쟁술의 모든 비밀이 들어 있다고 보는 것은 현실 세계의 힘과 어긋나서 전혀 근거 없는 생각이었다.

9 군대의 식량 조달

사람들은 이론적인 논의에서 또 다른 물질적인 요소를 체계화하려고 노력했다. 그것은 군대의 식량 조달 문제였다. 사람들이 일정한 규모를 갖는 군대 조직을 전제한 상태에서 군대의 식량 조달 문제를 대규모의 전쟁을 수행하는데 중요한 입법자로 만들었기 때문이다. 물론 이런 식으로 다시 일정한 수를 얻게 되었다. 하지만 이 숫자는 완전히 임의의 전제에 근거를 두고 있었기 때문에 경험상으로 확실하지 않았다.

10 기지

어느 재치 있는 사람이[6] 어느 정도 정신적인 관련성도 갖고 있는 수많은 상황, 즉 군대의 식량 조달, 병력과 장비의 보급, 군대와 본국의 확실한 통신 연결, 끝으로 안전한 후퇴 (이것이 필요한 경우에) 등을 단 하나의 개념, 즉 기지의 개념으로[7] 요약하려고 노력했다. 그는 이 모든 하나하나의 상황을 먼저 기지의 개념으로, 그다음에 기지 자체를 다시 기지의 크기(면적)로, 마지막으로 기지의 크기를 전투력이 이 기지와 갖는 각도로[8] 대체하려고 노력했다. 그는 단지 순수한 기하학적인 결과에 이르려고 이 모든 것을 한 것에 지나지 않는다. 하지만 그 결과는 아무런 가치도 없다. 진실을 왜곡하지 않는다면, 그리고 대체 이전의 개념에 들어 있는 것 중에 일부를 빠뜨리지 않는다면 이런 대체는 일어날 수 없다. 이 점을 생각하면 사실 그런 결과에 놀랄 것도 없다. 기지의 개념은 전략에서 반드시 필요한 개념이고, 그 개념을 생각한 것은 큰 공적이다. 하지만 그 개념을 지금 설명한 것처럼 쓰는 것은 전혀 허용되지 않고, 완전히 일면적인 결과에 빠지게 된다. 심지어 그 결과는 그 이론가를 완전히 허무맹랑한 방향으로 내몰았는데, 예컨대 그는 포위 형태의 각도에서 생기는 효과를 탁월하다고 생각하게 되었다.

11 내선

이런 잘못된 방향에 대한 반응으로서 이번에는 또 다른 기하학적인 원

---

6. 이 사람은 디트리히 뷜로라고 생각된다.
7. 기지 또는 작전 기지는 모든 작전이 일어나는 곳이나 모든 작전을 지원하는 지역을 말한다. 그래서 작전을 하는 군대에 필요한 물자를 공급하는 원천이 되는 곳이기도 하다.
8. 그 당시에 기지가 있는 지역은 선으로 표현되었다. 그래서 기지의 선의 양쪽 끝과 작전 군대의 정면을 연결하면 일정한 각도가 생기고, 이 각도가 어느 정도인지 하는 것이 중요한 문제였다.

리, 즉 이른바 내선의 원리가[9] 왕좌에 올랐다.[10] 이 원리는 타당한 근거에 토대를 두고 있다. 즉 전투야말로 전쟁에서 효과를 내는 유일한 수단이라는 진실에 토대를 두고 있다. 하지만 이것은 바로 내선의 단순한 기하학적인 성질 때문에 또 하나의 새로운 일면성에 지나지 않는다. 이런 일면성으로는 현실의 문제를 결코 더 이상 극복할 수 없다.

12 이 모든 노력은 버려야 한다

이 모든 이론적인 노력은 단지 그 이론의 분석적인 부분만 보면 진실의 영역을 향한 진보라고 간주할 수 있다. 하지만 그 이론의 종합적인 부분을 보면, 즉 그 이론의 규정과 규칙을 보면 그 모든 노력은 전혀 쓸모없는 것이다.

그런 노력은 일정한 수치를 얻으려고 노력한다. 하지만 전쟁에서는 모든 것이 불확실하고 계산은 오직 변수만으로 해야 한다.

그런 노력은 오직 물질적인 요소만 살펴본다. 하지만 모든 전쟁 행동에는 정신의 힘과 정신의 영향이 스며들어 있다.

그런 노력은 한쪽 측면의 활동만 살펴본다. 하지만 전쟁은 상대의 활동과 벌이는 끊임없는 상호 작용이다.

13 그런 노력은 규칙 때문에 천재성을 배제한다

편협한 고찰의 초라한 지혜로 도달할 수 없는 모든 것은 과학의 울타리 밖에 놓이게 되었고 규칙을 뛰어넘는 천재의 영역이 되었다.

규칙 사이를 구걸하듯이 기어 다녀야 하는 병사들이여, 슬프구나! 규칙

---

9. 외선은 우세한 군대가 적에 대해 포위적인 형태를 띠는 경우의 선이다. 내선은 이에 맞선 것으로서 수세적이지만 군대의 기동력을 발휘하여 포위에 대해 돌파를 하거나 집결된 병력으로 각개 격파를 할 때 쓰였다.
10. 이 논의를 한 사람은 조미니이다.

은 천재에게 지나치게 나쁘고, 천재는 규칙을 고상하게 무시할 수 있고 필요하다면 웃음거리로 만들 수 있다. 천재가 하는 것이 바로 제일 좋은 규칙이 되어야 한다. 이론은 어떻게 그리고 왜 그렇게 되는지 보여 주는 것으로 충분하다.

정신과 대립하고 있는 이론이여, 슬프구나! 이론이 겸손해진다고 이 모순을 고칠 수 있는 것은 아니다. 이론은 겸손할수록 조롱과 경멸을 그만큼 많이 받고 현실 세계로부터 그만큼 더 멀어질 것이다.

14 정신적인 요소를 살펴보자마자 이론에 어려움이 생긴다

모든 이론은 정신적인 요소의 영역으로 들어가는 순간부터 한없이 어려워진다. 건축술과 회화는 물질의 문제를 다루고 있는 동안에는 무엇을 하고 있는지 잘 알고 있다. 즉 역학적이고 시각적인 구조에 대해 논쟁할 필요는 없다. 하지만 예술품을 창조하는 정신의 활동이 시작되자마자, 그리고 정신의 인상이나 느낌이 창조되어야 하자마자 모든 법칙성은 막연한 관념 속으로 희미하게 사라진다.

의술은 대부분 육체의 현상만 다룬다. 즉 의술은 동물의 유기체를 다룬다. 그런데 동물의 유기체는 끊임없이 변하고, 한순간만 지나도 이전과 결코 똑같지 않다. 그것이 의술의 임무를 매우 어렵게 만들고 의사의 진단을 의사의 지식보다 높게 보게 한다. 여기에 정신의 작용이 더해지면 진단이 얼마나 더 어려워지겠는가! 그래서 사람들이 정신과 의사를 얼마나 더 높이 생각하는가!

15 전쟁에서는 정신적인 요소를 배제할 수 없다

전쟁 활동은 결코 단순한 물질만 상대하는 것이 아니라 늘 이와 동시에 이 물질에 생명을 불어넣는 정신의 힘도 대상으로 삼고 있다. 그리고 이 둘을 분리하는 것은 완전히 불가능하다.

정신적인 요소는 정신의 눈으로만 볼 수 있다. 정신의 눈은 사람마다 다르고, 같은 사람이라도 때로 시시각각 달라진다. 위험은 전쟁에서 일반적인 요소이고 전쟁에서는 모든 것이 위험 안에서 움직이기 때문에 상황에 따라 다르게 판단을 내리게 하는 것은 주로 용기, 즉 자신의 힘에 대한 믿음이다. 용기는 이를테면 수정체와 같은 것이고, 인간의 생각은 지성에 이르기 전에 그 수정체를 통과한다. 경험에 비추어 보아도 이런 것이 어느 정도 객관적인 가치를 갖고 있다는 것은 의심할 수 없다. 누구나 기습, 측면 공격, 배후 공격의 정신적인 효과를 알고 있다. 누구나 적이 등을 돌리면 적의 용기를 낮게 생각한다. 누구나 추격을 당할 때와 달리 적을 추격을 할 때는 매우 과감해진다. 누구나 적의 재능에 대한 평판, 적의 연륜, 적의 경험에 따라 적을 판단하고 그것에 따라 대처한다. 누구나 자기 군대와 적의 군대의 정신과 분위기를 자세히 살핀다. 정신의 영역에 나타나는 이 모든 효과 그리고 이와 비슷한 효과는 경험으로 증명되었고 늘 반복되었다. 그래서 이런 여러 가지 종류의 정신의 효과를 현실적인 요소라고 인정하는 것이 타당하게 되었다. 이론이 이런 것을 무시하려고 한다면 그 이론은 도대체 어디에 쓸모가 있겠는가?

경험이야말로 이것이 진실이라는 것을 증명하는데 필요한 문서이다. 이론은 심리학적이고 철학적인 궤변을 다루어서는 안 되고, 최고 지휘관도 그런 것을 하려고 해서는 안 된다

16 전쟁 수행 이론의 중대한 어려움

전쟁 수행 이론에 들어 있는 문제의 어려움을 분명하게 파악하고 여기에서 그런 이론이 갖고 있어야 하는 성격을 끌어낼 수 있으려면, 전쟁 활동의 본질을 이루는 중요한 특성을 좀 더 자세히 살펴보아야 한다.

17 첫 번째 특성: 정신의 힘과 효과(적대적인 감정)

첫 번째 특성은 정신의 힘과 효과이다.

싸움은 본래 적대적인 감정의 표현이다. 하지만 우리가 전쟁이라고 부르는 대규모의 싸움에서 적대적인 감정은 단지 적대적인 의도가 되고, 적어도 어느 한 개인이 다른 한 개인에 대해 적대적인 감정을 갖지 않는 것이 보통이다. 그럼에도 전쟁은 그런 감정의 활동 없이는 결코 이루어지지 않는다. 국민적인 증오는 오늘날의 전쟁에도 드물지 않게 나타나고, 어느 한 개인에 대한 다른 한 개인의 적대적인 감정을 어느 정도 강력하게 대신한다. 국민적인 증오도 없고 처음에 격분할 일이 없었다고 해도 적대적인 감정은 싸움 자체에서 불타오른다. 누군가 적의 상부 명령에 따라 우리에게 폭력을 저지르면 그 사람에 대한 보복과 복수심을 불태우기 때문이다. 그 사람에게 그렇게 행동하도록 명령한 적의 상부의 폭력에 대해 보복과 복수심을 불태우기 전에 그렇게 된다. 이것이 인간적이다. 또는 동물적이라고 해도 좋다. 하지만 그렇게 된다. 이론은 싸움을 감성이 전혀 개입하지 않은 상태에서 힘을 추상적으로 측정하는 것처럼 간주하는데 매우 익숙하다. 이것은 이론이 완전히 고의로 저지르는 수많은 잘못 중의 하나이다. 이렇게 많은 잘못을 저지르는 것은 이론이 그 잘못의 결과를 이해하지 못하기 때문이다.

싸움 자체의 성질에 토대를 두고 있는 감성의 흥분 외에 다른 감성도 있다. 그것은 본질적으로 싸움에 속하지 않지만 싸움과 비슷하기 때문에 싸움에 쉽게 결부된다. 명예욕, 지배욕, 여러 가지 종류의 격정 등과 같은 것이다.

18 위험이 주는 인상(용기)

결국 싸움은 위험이라는 요소를 낳고, 모든 전쟁 활동은 위험 속에서 일어난다. 이는 마치 새가 하늘에서 살고 물고기가 물에서 사는 것과 같다. 모든 위험은 감성에 직접적으로, 그래서 본능적으로 영향을 미치든지 혹은 지성을 통해 영향을 미친다. 직접적인 영향은 위험에서 벗어나려는 노력으로 나타날 것이고, 이것을 할 수 없다면 공포와 불안이 생길 것이다. 이런 공포와 불안이 생기지 않도록 본능에 균형을 유지하게 하는 것이 용기이다. 하지만 용기는 결코 지성의 행동이 아니라 공포와 같이 하나의 감정이다. 공포는 육체적인 자기 보존을 지향하고, 용기는 정신적인 자기 보존을 지향한다. 용기는 고상한 본능이다. 그래서 용기는 생명 없는 도구처럼 쓸 수 없는데, 그런 도구의 효과는 정확히 규정된 범위 안에서 나타난다. 그래서 용기는 위험의 영향을 상쇄하는 단순한 균형추일 뿐만 아니라 독특한 정신적인 요소이기도 하다.

19 위험이 미치는 영향의 범위

위험이 전쟁에서 최고 지휘관에게 미치는 영향을 올바르게 판단하려면 위험의 범위를 그 순간의 육체적인 위험으로만 제한해서는 안 된다. 위험이 최고 지휘관을 지배하는 것은 위험이 그를 위협할 뿐만 아니라 그에게 생명을 맡긴 모든 병사들도 위협하기 때문이다. 또한 위험이 눈앞에 존재하는 순간뿐만 아니라 그 순간과 관련되는 다른 모든 순간도 상상하게 하기 때문이다. 마지막으로 직접적으로 위험 자체뿐만 아니라 간접적으로 책임감에 의해서도 영향을 미치기 때문이다. 책임감은 최고 지휘관의 정신에 열 배나 무거운 중압감을 안겨 준다. 어느 최고 지휘관이 대규모의 결정적인 행동에 들어 있는 위험과 책임감 때문에 정신적으로 많든 적든 긴장하거나 근심하지 않은 채 그런 대규모의 전투를 제안하거나 결정할 수 있겠는가. 전쟁에서 하는 행동이 현실의 행동인 한, 그 행동은 그냥 존재하는 것이 아니라 위험의 영역에서 결코 완전히 벗어날 수 없다.

20 다른 감성

우리는 적대감과 위험에 의해 흥분된 감성을 전쟁에 나타나는 특성이라고 간주한다. 하지만 그렇다고 인생의 길에 따라다니는 다른 모든 감성을 전쟁에서 배제하는 것은 아니다. 그런 감성은 전쟁에서도 자주 볼 수 있기 때문이다. 물론 여러 가지의 작은 격정의 움직임은 전쟁처럼 목숨이 걸린 중대한 임무에 드러나지 않는다고 말할 수 있다. 하지만 이것은 낮은 영역에 있는 지휘관들에게만 해당된다. 이들은 하나의 위험과 긴장에서 벗어나면 다른 위험과 긴장으로 휩쓸려 들어가고 인생의 다른 문제를 생각하지 못하고 죽고 나면 잘못에 대한 책임에서 벗어나고, 그래서 군인다운 단순한 성격에 이른다. 이런 성격은 늘 군인 신분의 최고 상징이다. 하지만 높은 영역에 있는 지휘관은 다르다. 지위가 높을수록 자기 주변을 그만큼 많이 둘러보아야 하기 때문이다. 높은 지위에서는 모든 측면에 대한 관심이 생기고, 좋고 나쁜 격정과 같은 여러 가지 격정의 움직임이 생겨난다. 질투와 관용, 교만과 겸손, 분노와 감동, 이 모든 것이 전쟁이라는 거대한 드라마에 영향을 미치는 힘으로서 나타날 수 있다.

21 지성의 특성

최고 지휘관의 지성의 특성은 감성의 특성과 마찬가지로 전쟁에 큰 영향을 미친다. 공상적이고 엉뚱하고 미숙한 사람에게서 기대하는 것은 냉철하고 탁월한 지성을 갖고 있는 사람에게서 기대하는 것과 다를 수 있다.

22 정신적인 개성의 다양성에서 목표에 이르는 다양한 길이 생겨난다

정신적인 개성은 이처럼 매우 다양하고, 이것이 미치는 영향은 주로 높은 지위에서 생각해야 한다. 그 영향이 높은 지위로 올라갈수록 커지기 때문이다. 정신적인 개성의 다양성은 이미 제1편에서 말한 것처럼 목표에 이르는 여러 가지 길을 만들고, 개연성과 행운이 전쟁의 사건에 엄청나게 많이 개입할 여지를 준다.

23 두 번째 특성:활발한 반응

전쟁 행동의 두 번째 특성은 활발한 반응과 이 반응에서 생기는 상호 작용이다. 여기에서 그런 반응을 계산하는 어려움에 대해서는 말하지 않는다. 그것은 정신의 힘을 수치로 다루는 어려움에 대해 말한 곳에서 이미 언급했기 때문이다. 여기에서 말하려고 하는 것은 상호 작용은 그 본질상 모든 계획성과 대립한다는 것이다. 어느 조치를 내렸을 때 그것이 적에게 불러일으키는 반응은 모든 행동 중에 제일 개별적인 것이다. 하지만 이론은 많은 현상을 분류해야 하고, 결코 본래의 개별적인 사례를 받아들일 수 없다. 개별적인 사례는 언제나 개인의 판단과 재능에 맡겨진다. 그래서 자연히 전쟁 행동에서는 일반적인 상황을 바탕으로 한 계획이 예기치 않은 개별적인 현상으로 인해 자주 방해를 받고, 대체로 개인의 재능에 맡겨야 하는 일이 많고, 다른 모든 행동과 달리 이론적인 지시를 별로 쓸 수 없다.

24 세 번째 특성:상황의 불확실성

마지막으로 모든 상황이 매우 불확실하다는 것도 전쟁에 따르는 독특한 어려움이다. 전쟁에서는 모든 행동이 이를테면 어스름한 불빛 속에서 이루어지기 때문이고, 더욱이 사물을 안개나 달빛 속에서 보는 것처럼 사물이 과장된 크기와 기괴한 모습으로 나타나는 일도 드물지 않기 때문이다. 이렇게 약한 불빛 때문에 완전하게 볼 수 없는 것은 재능으로 추측하거나 행운에 맡기는 수밖에 없다. 그래서 객관적인 가르침이 부족할 때는 다시 재능이나 우연의 은혜를 믿을 수밖에 없다.

25 실증적인 이론은 불가능하다

전쟁 행동의 성질이 이와 같다면 실증적인 이론 체계를 통해 전쟁술의 토대를 갖추려고 하는 것은 (그런 토대로 최고 지휘관의 행동에 늘 외부적인 근거를 보장할 수 있을 텐데) 완전히 불가능할 것이라고 말하지 않을 수 없다. 최고 지휘관이 자기의 재능에 의존하는 모든 경우에는 실증적인 이론 체계의 밖에 있을 것이고 그것과 모순에 빠질 것이다. 실증적인 이론이 아무리 여러 가지 측면으로 해석할 수 있는 것이라고 해도 이미 앞에서 말한 결과가 늘 다시 나타날 것이다. 즉 재능과 천재성은 법칙 밖에서 행동하고, 이론은 현실과 대립한다.

26 이론을 가능하게 하는 해결책(어려움이 늘 똑같지는 않다)

이 어려움에서 벗어나는 데는 두 가지 해결책이 있다.

먼저 전쟁 활동의 성질에 대해 일반적으로 말한 것이 모든 지위에 있는 지휘관의 활동에 똑같은 방식으로 나타난다고 이해하지 않는 것이다. 지위가 낮을수록 개인적인 희생에 대한 용기는 더 많이 요구되지만, 지성과 판단에 따른 어려움은 한없이 줄어든다. 그들이 접하는 현상의 영역은 크게 제한되어 있고, 목적과 수단의 수는 한정되어 있고, 상황은 더 확실하고 대부분 실제로 볼 수 있다. 하지만 지위가 높을수록 어려움은 그만큼 늘어난다. 최고 지휘관의 지위에 이르면 그 어려움은 최고의 수준에 이르고, 그래서 최고 지휘관은 거의 모든 것을 천재성에 맡겨야 한다.

또한 대상의 성질에 따라 구분해도 어려움은 언제나 똑같지 않다. 전쟁 활동의 영향이 물질의 세계에 많이 나타날수록 어려움은 그만큼 줄어들고, 정신의 세계에 많이 나타나고 의지를 결정하게 하는 일이 많을수록 어려움은 그만큼 늘어난다. 그래서 이론적인 법칙을 통해 전투의 내부적인 대형, 계획, 지휘를 규정하는 것은 전투를 수행하는 것보다 쉽다. 전자에서는 물리적인 무기가 맞부딪친다. 여기에 정신적인 측면이 없을 수 없지만, 역시 물질이 중요한 지위를 차지하고 있다. 하지만 전투를 수행할 때는 물질적인 결과가 전투를 하려고 하는 동기를 준다고 해도 오직 정신의 특징이 중요한 **영향**을 미친다. 한마디로 말하면, 이론화의 어려움은 **전략**보다 **전술**에서 훨씬 적을 것이다.

27 이론은 규범이 아니라 대상에 관한 고찰이어야 한다

이론을 가능하게 하는 두 번째 해결책은 이론이 반드시 실증적인 규범, 즉 행동의 **지침**이어야 할 필요가 없다는 관점을 갖는 것이다. 어느 활동이 대부분 늘 똑같은 문제를 다루고 있고 똑같은 목적과 수단을 갖고 있다면, 그 문제에 약간의 변화와 여러 가지의 다양한 조합이 있다고 해도 그 문제는 이성적인 고찰의 대상이 될 수 있어야 한다. 그런 고찰이 바로 모든 **이론**의 본질적인 부분이고, 그것은 완전히 이론의 이름을 요구할 자격을 갖는다. 이론은 대상에 대한 분석적인 연구이고 그 대상을 정확히 알게 한다. 이론이 경험, 즉 우리의 경우에 전쟁사에 적용되면 이론은 우리를 전쟁에 **능통해지게** 한다. 이론이 대상에 능통해지게 하는 목적을 많이 달성할수록 이론은 지식의 객관적인 형태에서 능력의 주관적인 형태로 그만큼 많이 이행하고, 그래서 문제의 본질상 재능에 의한 결정 이외에 다른 결정이 허락되지 않는 경우에도 그만큼 많은 효과를 낼 것이다. 즉 이론은 재능 안에서도 효과를 발휘할 것이다.

이론이 전쟁을 이루는 대상을 연구하면, 언뜻 보기에 섞여 있는 것처럼 보이는 것을 좀 더 엄밀하게 구분하면, 수단의 특성을 완전하게 설명하면, 수단의 개연성 있는 효과를 보여 주면, 목적의 성질을 분명하게 규정하면, 늘 끊임없는 비판적인 고찰의 빛을 전쟁터에 비추면, 이론은 중요한 임무를 완수한 것이다. 그러면 이론은 책을 통해 전쟁에 능통해지려고 하는 사람들에게 길잡이 역할을 하게 된다. 즉 이론은 그 사람들에게 언제나 길을 밝히고 발걸음을 가볍게 하고 판단력을 기르게 하고 그들을 잘못된 길에 빠지지 않도록 보호한다.

어느 전문가가 어둠 속에 묻힌 문제를 철저하게 밝히는데 반평생을 바친다면 그는 확실히 짧은 시간에 그 문제에 능통해지려고 하는 사람들보다 앞서 있을 것이다. 그래서 모든 사람이 어느 문제를 처음부터 정리하고 연구할 필요 없이 그 문제를 이미 정리되고 밝혀진 상태에서 만나게 하려고 이론이 존재하는 것이다. 이론은 장래의 전쟁 지도자의 정신을 교육하든지, 또는 더 정확히 말하면 전쟁 지도자가 스스로 자기 교육을 할 수 있게 이끌어야 한다. 하지만 이론은 그 전쟁 지도자를 전쟁터로 바래다주어서는 안 된다. 이것은 현명한 교육자가 청소년의 정신 발달을 지도하고 돕지만 한평생 그 청소년을 끈에 묶고 다니지 않는 것과 같다.

　이론이 하는 고찰에서 자연스럽게 원칙과 규칙이 생겨나면, 진실이 자연스럽게 이 원칙과 규칙의 결정체로 모여들면, 이론은 정신의 자연 법칙을 거스르지 않을 것이고, 오히려 마지막 돌로 아치를 완성하는 것처럼 정신을 더욱 선명하게 보여 줄 것이다. 하지만 이론이 그렇게 하는 것은 단지 사고의 철학적인 법칙을 충족하려는 것이고, 모든 선이 달려가는 지점을 분명하게 하려는 것이고, 여기에서 전쟁터에 쓰이는 대수학의 공식을 만들려고 하는 것은 아니다. 그런 원칙과 규칙도 최고 지휘관의 정신에 행동을 수행하는 길을 측량하여 표시하기보다 생각하는 정신의 내면적인 움직임에 기본적인 틀을 주기 때문이다.

28 이런 관점에서 이론이 가능해지고, 이론과 실천의 모순이 끝난다

　이런 관점에서 만족할 만한 이론, 즉 쓸모 있고 현실과 결코 모순에 빠지지 않는 전쟁 수행 이론이 생겨날 수 있다. 이론을 행동과 친해지게 해서 이론과 실천의 잘못된 구분을 완전히 사라지게 하는 것은 오직 이론을 얼마나 사려 깊게 다루느냐 하는데 달려 있다. 비이성적인 이론은 때로 이론과 실천의 잘못된 구분을 만들어 냈고, 그래서 상식과 결별을 선언했다. 그런데 정신적으로 편협하고 무지한 사람들은 때로 그 잘못된 구분을 변명으로 삼았고, 이것으로 자기의 타고난 미숙함을 정당화했다.

29 그래서 이론은 목적과 수단의 성질을 살펴본다. 전술의 목적과 수단

　그래서 이론은 수단과 목적의 성질을 살펴보아야 한다.

　전술의 수단은 싸움을 수행해야 하는 훈련받은 전투력이다. 전술의 목적은 승리이다. 승리의 개념을 얼마나 더 자세히 정의할 수 있는지는 다음에 전투를 살펴볼 때 더 잘 말할 수 있을 것이다. 여기에서는 적이 전쟁터에서 후퇴하는 것을 승리의 표시라고 말하는 것으로 만족한다. 이 승리를 통해 전략은 전투에 부여한 목적을 달성하고, 이 목적이 전투에서 본래의 의미를 이룬다. 이 의미는 틀림없이 승리의 성격에 영향을 미친다. 적의 전투력을 약하게 하는 것을 목표로 해서 얻은 승리는 단지 적의 진지를 점령해서 얻어야 하는 승리와 약간 다르다. 그래서 전투의 의미는 전투를 준비하고 수행하는데 큰 영향을 미칠 수 있고, 그래서 그 의미도 전술의 고찰 대상이 될 것이다.

30 수단을 쓸 때 늘 따르는 상황

　전투에 끊임없이 따라다니면서 많든 적든 전투에 영향을 미치는 일정한 상황이 있기 때문에 이것은 전투력을 쓰는 문제를 다룰 때 같이 살펴보아야 한다.

　이런 상황은 지형, 하루 중의 시간, 날씨이다.

31 지형

　지형은 지역과 땅의 개념으로 나누고 싶다. 전혀 개간되지 않은 완전한 평지에서 전투를 하게 되면 지형은 엄밀히 말해 전투에 영향을 미치지 않을 것이다.

　초원 지대에서는 실제로 이런 일이 있지만, 문명화된 유럽 지역에서 그것은 거의 비현실적인 생각이다. 그래서 문명 민족 사이에 지역과 땅의 영향이 없는 전투는 거의 생각할 수 없다.

32 하루 중의 시간

하루 중의 시간은 밤과 낮의 차이에 의해 전투에 영향을 미친다. 하지만 전투는 당연히 밤과 낮의 제한을 넘어서 이루어지기도 한다. 모든 전투는 일정한 시간 동안 지속되고, 더욱이 대규모 전투는 장시간 지속되기 때문이다. 대규모 전투를 준비할 때 그 전투를 오전에 시작하느냐 오후에 시작하느냐 하는 것은 근본적으로 다른 문제이다. 그럼에도 물론 하루 중의 시간이라는 상황이 아무런 상관이 없는 전투도 많이 있을 것이다. 그리고 일반적으로 하루 중의 시간이 전투에 영향을 미치는 경우는 매우 적다.

33 날씨

날씨가 결정적인 영향을 미치는 경우는 더욱 드물다. 여기에서 영향을 미치는 요소는 대부분 안개 정도이다.

34 전략의 목적과 수단

전략은 본래 승리만, 즉 전술적인 성과만 수단으로서 갖고 있고, 마지막에 직접적으로 평화로 이끌어야 하는 문제만 목적으로서 갖고 있다. 이 목적을 달성하는데 필요한 수단을 쓸 때도 역시 많은 상황이 따르고, 이것은 수단을 쓰는데 많든 적든 영향을 미친다.

35 수단을 쓸 때 따르는 상황

이 상황은 지역과 땅인데, 여기에서 지역은 동시에 전쟁터 전체에 걸쳐 있는 나라와 인민으로 확대된다. 하루 중의 시간도 있지만 계절도 있다. 마지막으로 기후를 들 수 있는데, 이것은 기후의 이상 현상이나 혹한 등을 통해 나타난다.

36 그런 상황이 새로운 수단을 낳는다

전략은 이런 것을 전투의 결과에 결합하면서 전투의 결과, 그래서 전투에 특별한 의미를 부여하고 **특별한 목적**을 부여한다. 하지만 이 목적이 직접적으로 평화를 이끌어 내야 하는 것이 아니라 단지 종속적인 것이라면 그 목적도 수단으로 간주할 수 있다. 그래서 우리는 전투의 결과 또는 여러 가지 의미를 갖는 전투의 승리를 전략의 수단으로서 간주할 수 있다. 예를 들어 진지의 점령은 지형에 적용된 전투의 승리이다. 하지만 특별한 목적을 갖는 하나하나의 전투만 수단으로 간주할 수 없고, 공통되는 목적을 갖는 여러 개의 전투를 결합하는 데서 생기는 더 높은 단위의 전투도 하나의 수단으로 간주할 수 있다. 예를 들어 겨울 원정은 계절에 적용된 결합이다.

그래서 전략의 목적에는 **직접적으로** 평화를 이끄는 것이라고 생각되는 대상만 남는다. 이론은 이 모든 목적과 수단을 그것의 효과와 상호 관계의 성질에 따라 연구한다.

37 전략은 연구해야 하는 수단과 목적을 오직 경험에서 끌어낸다

첫 번째 질문은 전략이 어떻게 목적과 수단의 대상을 남김없이 헤아릴 수 있는지 하는 것이다. 철학적인 연구를 통해 이 물음에 답을 내놓아야 한다면 전략은 전쟁 수행과 전쟁 수행 이론의 논리적인 필연성을 배제하는 많은 어려움에 빠질 것이다. 그래서 전략은 경험에 따르고, 전쟁사를 통해 이미 알려진 전투의 결합을 살펴보게 된다. 물론 이런 식으로 이론은 전쟁사에 서술되어 있는 상황에만 적합한 제한적인 이론이 될 것이다. 하지만 그럼에도 그런 제한은 피할 수 없는 것이다. 이론은 이론적인 진술을 분명히 전쟁사로 부터 추상화하든지, 또는 적어도 전쟁사와 비교해야 하기 때문이다. 한마디 덧붙이면 그런 제한은 분명히 현실에 나타나는 제한이라기보다 개념상의 제한이다.

이 해결책의 큰 유리함은 이론이 억지, 궤변, 망상에 빠질 수 없고 현실에 머물 수밖에 없다는 것에 있을 것이다.

38 수단의 분석은 어느 정도까지 해야 하는가

또 다른 질문은 이론이 수단을 어느 정도까지 분석해야 하는지 하는 것이다. 분명히 수단을 쓰는데 필요한 특별한 성질을 고려하는 정도까지만 하면 된다. 여러 가지 무기의 사정거리와 효과는 전술에서 매우 중요하다. 하지만 무기의 여러 가지 효과가 무기의 구조에서 나온다고 해도 무기의 구조는 전술과 완전히 무관한 것이다. 전쟁을 수행할 때는 화약과 대포를 만들려고 석탄, 유황, 질산칼륨, 구리, 주석이 있어야 하는 것이 아니라 일정한 효과를 갖는 완성된 무기가 있어야 하기 때문이다. 전략은 지도를 사용하면서 삼각 측량법까지 신경 쓰지 않는다. 전략은 전쟁에서 최고의 성과를 내려고 한 나라를 어떻게 조직하는지, 그 나라의 인민을 어떻게 교육하고 통치해야 하는지 연구하지 않는다. 전략은 이런 것을 유럽의 여러 나라에 있는 상태 그대로 받아들이고, 이런 여러 가지 상황이 전쟁에 미치는 두드러진 영향에 주의를 기울인다.

39 지식의 단순화

이런 식으로 이론에 필요한 대상의 수는 많이 줄어든다는 것, 전쟁 수행에 필요한 지식은 크게 제한된다는 것을 쉽게 이해할 수 있다. 일반적으로 전쟁 활동에 도움이 되는 수많은 지식과 기술은 군대가 무장을 갖추고 전쟁터로 움직이기 전까지만 필요하고, 전쟁 활동의 마지막 목적에 이르기 전에 몇 개의 중요한 결과로 압축된다. 이것은 한 나라의 많은 냇물이 바다로 흘러들기 전에 강으로 합류하는 것과 같다. 전쟁 활동을 지휘하려고 하는 사람은 전쟁의 바다로 직접 흘러드는 활동만 알면 된다.

40 그래서 훌륭한 최고 지휘관은 빨리 양성할 수 있고 학자일 필요가 없다

실제로 우리의 고찰 결과는 필연적인 것이기 때문에 이와 다른 결과를 보게 되면 그것이 옳은지 의심하게 된다. 이전에는 완전히 다른 종류의 일을 하던 사람이 전쟁이 일어나면 높은 지위에 오르고 더욱이 최고 지휘관이 되어 큰 승리를 거두는 것은 흔히 있는 일인데, 이것은 이상의 이유로 설명할 수 있다. 일반적으로 훌륭한 최고 지휘관이 결코 박학다식한 장교 집단에서 나오지 않고 대부분 여러 가지 형편 때문에 많은 지식을 갖출 수 없었던 집단에서 나오는 것도 이상의 이유로 설명할 수 있다. 그래서 장래의 최고 지휘관을 양성하려고 매우 세부적인 지식을 교육하는 것부터 시작하는 것이 필요하거나 적어도 유익하다고 생각했던 사람도 당연히 어리석은 현학자로 늘 조롱을 받았다. 그런 지식이 장래의 최고 지휘관에게 해롭다는 것은 크게 힘들이지 않고 증명할 수 있다. 인간의 정신은 그에게 주어지는 지식과 사상으로 길러지는 것이기 때문이다. 그 인간이 그것을 낯선 것처럼 생각해서 완전히 배척하지 않는 한, 인간은 위대한 것을 주면 위대해지고 초라한 것을 주면 초라해진다.

41 이전의 모순

사람들은 전쟁에 필요한 지식의 단순함에 주의를 기울이지 않았고, 이 지식을 늘 수송대에 필요한 지식이나 기술과 섞어 놓았다. 그래서 현실 세계의 많은 현상과 명백한 모순에 빠지게 되었고, 모든 것을 천재 때문이라고 말하지 않고는 그 모순도 해결할 수 없게 되었다. 그들은 천재는 이론을 필요로 하지 않고, 이론은 천재를 대상으로 쓰여서는 안 된다고 말했다.

42 그래서 모든 지식의 효용을 부정했고 모든 것을 타고난 소질로 돌렸다

재치로 넘쳤던 사람들은 최고 수준의 천재와 박식한 현학자 사이에 늘 엄청난 간격이 있다는 것을 확실하게 느꼈고 일종의 회의론에 빠졌다. 그래서 이론에 대한 일체의 믿음을 단호하게 거부했고, 전쟁 수행을 인간의 타고난 재능에 의한 것이라고 생각했다. 인간의 타고난 소질이 많은지 적은지에 따라 그것을 많이 잘할 수도 있고 조금 잘할 수도 있다는 것이다. 이렇게 생각하는 사람들이 잘못된 지식을 중요하게 생각한 사람들보다 진실에 가깝다는 것은 부인할 수 없다. 하지만 그런 견해에서는 지나친 표현을 보게 된다. 인간의 지성의 활동은 어느 정도 풍부한 상상력 없이는 불가능하지만, 인간의 상상력은 적어도 대부분 타고나는 것이 아니라 배우고 획득하는 것이다. 그래서 문제는 이 상상력이 어떤 종류의 상상력이어야 하느냐는 것이다. 전쟁에 필요한 상상력은 전쟁과 직접적으로 관련되는 문제에 대한 상상력이어야 하고, 이렇게 말하면 우리는 어떤 종류의 상상력이어야 하는지 밝혔다고 생각한다.

43 지식은 지위에 따라 달라야 한다

지식은 전쟁 활동 자체의 영역 안에서 지휘관이 차지하는 지위에 따라 달라야 한다. 낮은 지위에서는 지식이 사소하고 제한적인 대상으로 향하고, 높은 지위에서는 지식이 크고 포괄적인 대상으로 향한다. 최고 지휘관도 기병 연대장이 되면 빛나는 성과를 내지 못할 것이고, 그 반대의 경우도 마찬가지일 것이다.

44 전쟁의 지식은 매우 단순하지만 매우 쉬운 것은 아니다

전쟁의 지식은 매우 단순하고 얼마 안 되는 대상에 제한되어 있기 때문에 늘 그 대상의 마지막 결과만 파악하면 된다. 그렇다고 지식을 실행하는 능력도 쉬운 것은 아니다. 일반적으로 전쟁 행동에 얼마나 큰 어려움이 따르는지는 이미 제1편에서 말했다. 그래서 여기에서는 용기만으로 극복할 수 있는 어려움은 제외한다. 여기에서 주장하는 것은 본래의 지성의 활동은 낮은 지위에서만 단순하고 쉽고, 높은 지위에서는 어려움이 늘어나고, 최고 지휘관이라는 최고의 지위에서는 인간의 정신 활동 중에 제일 어려운 활동에 속한다는 것이다.

45 지식은 어떻게 얻어야 하는가

최고 지휘관이 해박한 정치학자, 역사학자, 정치 평론가일 필요는 없다. 하지만 그는 더 높은 차원의 정치에 정통해야 한다. 즉 관습적인 경향, 고조된 이해 관계, 당면 문제, 중요한 인물들을 알고 있어야 하고 올바르게 판단할 수 있어야 한다. 최고 지휘관이 섬세한 인물 관찰자, 인간의 성격에 대한 예리한 분석가일 필요는 없다. 하지만 그는 자기 부하들의 성격, 사고 방식, 품행, 특별한 장점과 단점을 알고 있어야 한다. 최고 지휘관이 마차의 구조, 마차에 대포를 매는 법을 알 필요는 없다. 하지만 그는 여러 가지 상황에서 일어나는 종대의 행군 시간을 정확히 측정할 수 있어야 한다.

이 모든 지식은 과학적인 공식과 기계와 같은 도구로 얻을 수 있는 것이 아니다. 어느 문제를 고찰하고 현실에서 적절한 판단을 할 때만, 그리고 문제를 파악하는 재능이 예리하게 활동할 때만 얻게 된다.

그래서 수준 높은 전쟁 활동에 필요한 지식은 어느 문제를 고찰하여 연구하고 깊이 생각하는 데서, 그리고 특별한 재능을 통해서만 얻을 수 있다는 특징을 갖는다. 이 재능은 꽃에서 꿀을 뽑아내는 벌처럼, 현실의 많은 현상으로부터 정수만 뽑아내는 정신적인 본능이라고 해석할 수 있다. 또한 그 지식은 어느 문제를 고찰하고 연구하는 것 외에 현실에서도 얻을 수 있다는 특징을 갖는다. 풍부한 교훈이 들어 있는 현실은 결코 뉴턴이나 오일러와 같은 사람을 낳지 못하겠지만, 확실히 콩데나[11] 프리드리히 대왕과 같이 더 높은 수준의 계산 능력을 갖춘 사람을 낳을 것이다.

그래서 전쟁 활동의 정신적인 존엄성을 구하려고 거짓과 단순한 현학으로 도피하는 것은 필요하지 않다. 훌륭한 최고 지휘관으로서 편협한 정신을 갖고 있는 사람은 결코 없었다. 그런데 낮은 지위에서는 훌륭한 업적을 이룬 사람들이 높은 지위에서는 정신적인 능력의 부족으로 중간 이하의 수준에 머무는 경우는 수없이 많다. 심지어 최고 지휘관의 지위에서도 그 권한의 정도에 따라 차이가 생길 수 있다는 것은 자명한 일이다.

46 지식은 능력이 되어야 한다

이제 한 가지 조건을 더 생각해야 하는데, 그것은 다른 어느 지식보다 전쟁 수행의 지식에서 더 중요하다. 즉 전쟁 수행의 지식은 완전히 정신으로 넘어가야 하고 객관성을 거의 완전히 버려야 한다는 것이다. 인생의 거의 모든 다른 기술과 활동에서 사람은 전에 한 번이라도 배운 적이 있는 진실을 계속 쓸 수 있다. 그 사람이 그 진실의 정신과 의미에 더 이상 머물러 있지 않아도 먼지투성이의 책에서 그 진실을 다시 *끄집어낼* 수 있다. 그 사람이 매일 다루고 쓰고 있는 진실조차 완전히 그 사람의 정신 밖에 있는 것일 수 있다. 건축가가 펜을 들어 복잡한 계산을 통해 다리 기둥의 강도를 결정한다고 해서 그 결과로 나온 진실이 건축가 자신의 정신을 나타내는 것은 아니다. 그는 먼저

---

11. 콩데(Louis II. de Bourbon-Condé 1621~1686). 프랑스 부르봉 왕조의 왕자. '대(大)콩데'로 불렸다. 1643년 23살의 나이에 스페인 군대에 맞서 최초의 승리를 거두었다. 그 후 30년 전쟁에서 그의 명성은 전 유럽에 퍼졌다. 17세기 최고의 전술가이자 루이 14세 시대의 뛰어난 최고 지휘관.

애를 써서 수치를 찾아내야 했고, 그다음에 이를 지성의 연산 활동에 맡겨야 했다. 하지만 그는 연산 법칙을 발명하지 않았고 연산 법칙의 필요성을 한순간이나마 의식하고 있지도 않았다. 그는 대부분 기계를 조작하는 것처럼 연산 법칙을 적용했을 뿐이다. 하지만 전쟁에서는 결코 그렇지 않다. 부하들의 정신적인 반응과 전쟁 상황이 끊임없이 변하고 있는 모습은 최고 지휘관의 모든 정신 기관이 늘 그것에 대한 지식을 갖고 있도록 한다. 그는 어디에서나 어느 순간에나 필요한 결정을 스스로 내릴 수 있는 능력을 갖추고 있어야 한다. 그래서 지식은 최고 지휘관 자신의 정신과 삶에 완전히 동화되어 참된 능력으로 바뀌어야 한다. 전쟁에서 뛰어난 사람들의 행동이 매우 쉬워 보이고 모든 것을 타고난 재능으로 돌리는 것은 바로 이 때문이다. 타고난 재능이라고 말했는데, 이는 그것을 어느 문제에 대한 고찰과 연구를 통해 교육받고 훈련받은 재능과 구분하려고 하기 때문이다.

우리는 이상의 고찰을 통해 전쟁 수행 이론의 임무를 명확하게 했고 그 해결 방식을 시사했다고 생각한다.

우리는 앞에서 말한 것처럼 전쟁 수행을 전술과 전략으로 나누었는데, 이 두 가지 영역 중에서 확실히 전략의 이론이 더 어렵다. 전술에서는 그 대상의 영역이 거의 제한되어 있지만, 전략은 직접적으로 평화에 이른다는 목적의 측면에 따라 무한한 가능성의 영역으로 열려 있기 때문이다. 그런데 이 목적에 주의를 기울여야 하는 것은 주로 최고 지휘관뿐이기 때문에 전략에서도 주로 최고 지휘관이 활동하는 부분이 이런 어려움에 빠지게 된다. 그래서 전략 이론, 그중에서 특히 최고의 결정을 포함하는 전략 이론은 어느 문제를 단순히 고찰하고 연구하는데 전술 이론보다 훨씬 많이 머물 것이고, 최고 지휘관에게 그 문제에 대한 통찰을 갖도록 돕는 것으로 만족할 것이다. 이 통찰은 그의 모든 생각에 녹아들어 있고 그의 활동을 더 쉽고 확실하게 하지만, 그의 지식과 능력을 분리해서 그를 객관적인 진실에 복종하도록 강요하는 일은 결코 없을 것이다.

제3장

전쟁술 또는 전쟁학

1 용어는 아직 통일되지 않았다(능력과 지식. 과학의 목적은 지식이고, 기술의 목적은 능력이다)

이 문제는 매우 단순해도 사람들은 전쟁술인지 전쟁학인지 하는 선택에서 아직 결정을 내리지 못한 것 같고, 어떤 이유에서 결정을 해야 하는지도 잘 모르는 것 같다. 이미 앞에서 지식은 능력과 다른 것이라고 말했다. 그 둘이 다르기 때문에 사람들은 그것을 쉽게 혼동하지 않을 것이다. 능력은 본래 책에서 배울 수 있는 것이 아니기 때문에 기술도 결코 책의 제목이 되어서는 안 된다. 그런데 사람들이 언제부터인가 기술을 훈련하는데 필요한 지식을 (그 지식 하나하나는 완전한 과학이 될 수 있는데) 기술 이론 또는 바로 기술이라는 이름으로 부르는데 익숙해졌다. 그래서 이 구분의 근거에 따라 예를 들어 건축술처럼 무엇을 창조하는 능력을 목적으로 하는 모든 것은 기술이라고 부르고, 수학이나 천문학처럼 순수한 지식을 목적으로 하는 모든 것은 과학이라고 부르는 것이 일관된 것처럼 보인다. 그래서 모든 기술 이론에 하나하나의 완전한 과학이 있을 수 있다는 것은 자명하고 우리를 혼란스럽게 하지 않는다. 여기에서 주목해야 하는 것은 기술이 전혀 없는 지식은 없다는 것이다. 예컨대 수학에서 계산을 하는 것과 대수를 쓰는 것은 기술이지만, 이것이 수학과 대수에 경계를 긋는 것은 아니다. 그것은 인간 인식의 복합적인 산물에서는 지식과 능력 사이의 차이를 분명하게 느낄 수 있지만, 인간 자체에서 그 둘의 완전한 구분까지 추적하는 것은 어렵기 때문이다.

2 인식과 판단을 나누는 어려움(전쟁술)

모든 생각은 분명히 기술이다. 논리학자가 인식과 판단 사이에 선을 그으면, 인식의 결과로 얻은 전제가 끝나면, 판단이 시작되면, 그때 기술이 시작된다. 하지만 그뿐만이 아니다. 정신의 인식 활동 자체가 이미 일종의 판단이고, 그래서 기술이다. 결국 감각에 의한 인식도 분명히 기술이다. 한마디로 말해 인식 능력만 있고 판단 능력이 없는 인간을 생각할 수 없고 그 반대의 경우도 마찬가지로 생각할 수 없다면, 기술과 지식도 결코 완전하고 순수하게 분리할 수 없다. 하지만 이 미세한 빛의 입자가 현실 세계의 형태에 많이 구현될수록 입자의 영역은 그만큼 많이 분리된다. 한 번 더 말하자면 창조와 생산이 목적이면 기술의 영역이고, 연구와 지식을 목표로 하면 과학의 영역이다. 이 모든 것을 종합하면 자연스럽게 전쟁학보다 전쟁술이라고 부르는 것이 더 적절하다는 결론이 나온다.

이 개념을 이만큼 설명한 것은 그것이 없어서는 안 되기 때문이다. 하지만 우리의 주장은 다음과 같다. 즉 전쟁의 본래 의미는 기술도 아니고 과학도 아니라는 것, 바로 이렇게 구분하려고 했던 생각의 출발점이 사람들을 잘못된 방향으로 이끌었고 전쟁을 다른 기술이나 과학과 자기도 모르게 동일시하게 했고 수많은 잘못된 유추로 이끄는 계기로 작용했다는 것이다.

사람들은 이미 이전에 그것을 느꼈고, 그래서 전쟁을 일종의 수공업이라고 주장했다. 하지만 이 주장으로는 얻는 것보다 잃는 것이 더 많다. 수공업은 좀 더 낮은 수준의 기술에 지나지 않고, 그 자체로도 좀 더 제한된 특정한 법칙에 따르기 때문이다. 실제로 전쟁술은 한동안, 즉 **용병** 시대에는[1] 수공업의 정신에서 움직였다. 하지만 전쟁술이 그런 방향을 띠게 된 것은 내부적인 이유 때문이 아니라 **외부적인** 이유 때문이었다. 그런 방향이 그 시대에 얼마나 부자연스럽고 불만족스러웠는지는 전쟁사를 보면 알 수 있다.

3 전쟁은 인간 관계에서 나오는 행동이다

그래서 우리는 전쟁이 기술과 과학의 영역이 아니라 사회 관계의 영역에 속한다고 말한다. 전쟁은 대규모 이해 관계의 충돌이고, 이 충돌은 피를 흘리면서 해결된다. 전쟁은 이 점에서만 다른 충돌과 구분된다. 전쟁은 다른 어느 기술보다 무역과 더 잘 비교할 수 있다. 무역도 인간의 이해 관계와 인간 활동의 충돌이다. 그런데 전쟁에 **훨씬** 가까이 있는 것은 정치이고, 정치는 일종의 대규모 무역이라고 간주할 수 있다. 더욱이 정치는 그 안에 전쟁을 잉태하고 있고, 전쟁은 그 안에서 자란다. 전쟁의 윤곽은 이미 정치에 숨어 있는 상태로 존재하고 있는데, 이는 생명체의 특성이 태아에 잉태되어 있는 것과 같다.

4 차이

전쟁과 다른 기술의 근본적인 차이는 다음과 같다. 즉 전쟁은 기계 기술처럼 무생물에 표현되는 의지의 활동이 아니고, 관념 예술에 보이는 인간의 정신과 감정처럼 살아있지만 고통스럽고 헌신하는 대상에 표현되는 의지의 활동도 아니다. 전쟁은 살아있고 **반응하는** 대상에 표현되는 의지의 활동이다. 이런 활동에 기술과 과학의 도식적인 사고 방식이 얼마나 맞지 않는지는 분명하다. 이와 동시에 무생물의 세계에서 생길 수 있는 것과 비슷한 법칙을 찾으려고 하는 노력이 얼마나 끊임없는 오류를 저지를 수밖에 없었는지도 이해하게 된다. 그런데도 전쟁술이 모방하려고 했던 것이 바로 그런 기계 기술이

---

1. 본문의 단어는 콘도티에리(Kondottieri, Condottieri)이다. 이는 14~15세기의 이탈리아에 있었던 용병 대장을 말한다. 초기에는 독일 사람이 많았는데, 나중에 이탈리아 사람으로 바뀌었다.

다. 관념 예술에서는 당연히 모방이 금지되어 있다. 예술에는 그 자체에 법칙과 규칙이 거의 없기 때문이다. 또한 지금까지 예술에 법칙과 규칙을 부여하려는 노력이 있었지만, 그것은 늘 불충분하고 편협한 것으로 인식되었고 그것에 반대하는 의견, 감정, 관습의 흐름에 의해 끊임없이 무너지고 휩쓸려 버렸기 때문이다.

살아있는 생명체가 전쟁에서 만들고 해결하는 충돌이 일반적인 법칙에 따르는지, 그리고 그 법칙이 행동을 하는데 쓸모 있는 본보기가 될 수 있는지 하는 것은 부분적으로 이 편에서 연구해야 한다. 하지만 이미 말한 것으로 다음과 같은 것이 분명해졌다. 즉 그 문제는 다른 모든 문제와 마찬가지로 우리의 이해력을 넘지 않는 한 우리의 연구 정신으로 밝힐 수 있고, 그 문제의 내면적인 관계도 어느 정도 분명하게 할 수 있다. 그리고 이것만으로도 이론의 개념을 확립하는 데는 충분하다.

제4장

방법론

　방법과 방법론의 개념은 전쟁에서 매우 중요한 역할을 하고 있는데, 이 개념을 분명하게 설명하려면 잠시 논리적인 위계를 살펴보아야 한다. 이 위계는 가톨릭 교회의 위계처럼 행동의 세계를 지배하고 있다.

　법칙은 인식과 행동 양쪽에 같이 쓰이는 제일 일반적인 개념이다. 법칙은 단어의 의미로 보면 분명히 주관적이고 자의적인[1] 것이지만, 바로 인간과 인간 외부에 있는 사물을 지배하고 있는 어떤 것을 표현하고 있다. 법칙은 인식의 문제일 때는 사물과 그 작용의 상호 관계이고, 의지의 문제일 때는 행동의 규범으로서 **명령**이나 **금지**와 같은 의미를 갖는다.

　원칙도 역시 행동에 대한 법칙이다. 하지만 원칙은 형식상 **최종적인** 의미의 법칙이 아니라 법칙의 정신과 의미에 지나지 않는다. 원칙은 현실 세계의 다양성을 법칙의 최종적인 형식으로 담을 수 없을 때 판단에 더 많은 자유를 허락한다. 판단은 원칙을 쓸 수 없는 경우에 스스로 동기를 부여해야 하기 때문에 원칙은 행동하는 사람에게 실질적인 근거나 기준이 된다.

　원칙이 객관적인 진실의 산물이고 그 결과로 모든 인간에게 똑같이 타

---

1. 법칙(Gesetz, law), 법칙은 동사 'setzen'(놓다, 두다)에서 나온 말로 '몇 사람에 의해 확정해 두다, 확정해 놓다.'는 뜻이다. 그 몇 사람이 불분명하기 때문에 법칙은 어원으로 보면 주관적이고 자의적이라고 할 수 있다.

당하다면 원칙은 **객관적**이다. 원칙이 주관적인 관점을 갖고 있고 그 원칙에 어울리는 인간에게만 일정한 가치를 갖는다면, 원칙은 **주관적**이고 보통 격언이라고 불린다.

규칙은 흔히 법칙의 의미로 해석되고 원칙과 같은 의미를 갖고 있다. '예외 없는 규칙은 없다.'고 말하지만 '예외 없는 법칙은 없다.'고 말하지 않기 때문이다. 이 말은 사람들이 규칙을 좀 더 자유롭게 쓰고 있다는 표시이다.

규칙은 또 다른 의미에서 우리에게 가까이 있는 하나하나의 특징에서 깊은 진실을 인식하는 수단으로 쓰인다. 그래서 이 하나하나의 특징에 진실 전체로 향하는 행동의 법칙을 연결한다. 이런 종류의 규칙에는 모든 경기 규칙, 수학의 모든 간단한 계산 방식 등이 있다.

규정과 **지시**는 길을 좀 더 자세히 가리키는 수많은 사소한 상황과 관련되어 있는 행동을 결정하는 것이고, 그런 상황은 일반적인 법칙에서 볼 때 지나치게 많지도 않고 중요하지도 않을 것이다.

마지막으로 **방법** 또는 **방식**은 선택할 수 있는 몇 개의 행동 중에서 늘 선택되고 반복되는 행동을 말한다. 어느 행동이 일반적인 원칙이나 개별적인 규정 대신에 방법에 의해 정해지면 이를 **방법론**이라고 말한다. 여기에서는 반드시 방법에 놓여 있는 경우가 본질적인 부분에서 동일한 것으로서 전제되어 있어야 한다. 그 경우가 전부 동일할 수는 없기 때문에 적어도 **되도록 많은** 경우가 동일하다는 것이 중요하다. 다른 말로 하면, 방법은 개연성이 제일 높은 경우를 고려한다. 그래서 방법론은 특정한 하나하나의 전제가 아니라 비슷한 경우의 **평균적인 개연성**에 토대를 두고 평균적인 진실을 내세우게 된다. 평균적인 진실을 끊임없이 같은 형태로 쓰게 되면 곧 기계적인 숙련과 같은 성질을 얻게 되고, 이 숙련은 결국 거의 무의식적으로 올바른 행동을 하도록 한다.

인식과 관련되는 법칙의 개념은 전쟁을 수행하는데 당연히 불필요하다. 전쟁의 복합적인 현상은 그다지 규칙적이지 않고, 규칙적인 현상은 그다지 복합적이지 않기 때문이다. 이런 경우에는 법칙의 개념을 쓰는 것보다 단순한 진실을 쓰는 것이 훨씬 낫다. 단순한 생각과 말로 충분한 곳에서 **몇 배로 복잡**한 생각과 말을 하는 것은 잘난 체하는 것이고 현학적으로 보인다. 하지만 행동과 관련되는 법칙의 개념도 전쟁 수행 이론에서는 쓸 수 없다. 전쟁 수행에서는 현상의 변화와 다양성 때문에 법칙이라는 이름에 어울릴 만큼 충분히 일반적인 목적이 없기 때문이다.

하지만 원칙, 규칙, 규정, 방법은 전쟁 수행 이론이 실증적인 이론이 되는 한, 이론에 없어서는 안 되는 개념이다. 실증적인 이론에서는 진실이 그런 결정체의 형태로만 생길 수 있기 때문이다.

전술은 이론이 실증적인 이론으로 제일 많이 발전할 수 있는 전쟁 수행의 일부분이고, 그래서 앞에 있는 개념들도 전술에서 제일 자주 볼 수 있다.

곤란한 상황이 아니라면 아직 대형을 유지하고 있는 보병에 대해 기병을 쓰지 않는 것, 확실한 효과를 낼 수 있는 거리에서만 무기를 쓰는 것, 전투에서 마지막에 대비하여 힘을 되도록 많이 절약하는 것은 전술적인 원칙이다. 이 모든 결정이 모든 경우에 절대적으로 적용될 수 있는 것은 아니지만, 그 결정을 적용할 수 있는 경우에 생기는 효용을 잃지 않으려면 최고 지휘관은 그런 결정을 늘 염두에 두고 있어야 한다.

적의 어느 군단이 평소와 다르게 소란스러운 것을 보고 그 군단이 곧 후퇴할 것이라고 추론한다면, 전투에서 적이 자기 군대의 위치를 일부러 노출하는 것을 보고 그것을 적의 위장 공격의 징후로 해석한다면, 이런 식으로 문제의 진실을 인식하는 것은 규칙이라고 불린다. 눈에 보이는 하나하나의 상황에서 그 상황에 들어 있는 적의 의도를 추론하기 때문이다.

적이 전투 중에 자기의 포병 부대를 후퇴하게 하자마자 적을 새로운 힘으로 공격하는 것이 규칙이라면, 이 공격 행동은 이 하나의 후퇴 현상과 관련되는 적의 전체 상황을 추측하여 결정된 것이다. 여기에서 전체 상황은 적이 전투를 포기하려고 한다는 것, 후퇴를 시작한다는 것, 후퇴를 하는 동안에는 충분하게 저항하는 것도 아군의 공격을 피하는 것도 후퇴를 피하는 것만큼 적절하지 않다는 것을 말한다.

규정과 **방법**이 훈련받은 전투력에 활동의 원리로서 주입되어 있는 한, 그것은 전쟁 준비의 이론을 전쟁 수행의 이론으로 바꾼다. 부대의 편성, 훈련, 야전 근무에 관한 모든 규율은 규정과 방법이다. 훈련 규율에서는 규정이 널리 쓰이고, 야전 근무 규율에서는 방법이 널리 쓰인다. 본래의 전쟁 수행은 그런 규율과 관련되어 있고, 그래서 그런 규율을 주어진 방식으로서 받아들인다. 그래서 규정과 방법은 그런 것으로서 전쟁 수행 이론에 있어야 한다.

　　전투력을 쓰면서 자유롭게 활동을 해야 할 때는 규정, 즉 특정한 지시가 있을 수 없다. 규정은 전투력을 자유롭게 쓰는 것을 배제하기 때문이다. 이와 반대로 방법은 당면 과제를 수행하는 일반적인 형식으로서 이미 말한 것처럼 평균적인 개연성을 고려하고, 전투력을 쓸 때까지 원칙과 규칙의 지배력을 실행에 옮긴다. 그래서 방법이 방법 본래의 성질을 잃지 않는 한, 방법이 행동의 절대적이고 필연적인 구조가 (체계) 아니라 개별적인 결정 대신에 지름길로 선택할 수 있는 일반적인 형태 중에서 최선의 형태라고 할 수 있는 한, 방법은 틀림없이 전쟁 수행 이론에서도 나타날 수 있다.

　　아래의 세 가지 측면을 생각하면 방법을 자주 쓰는 것이 전쟁을 수행하는 데도 매우 중요하고 불가피한 것으로 보일 것이다. 먼저 얼마나 많은 행동이 단순한 전제나 완전한 불확실성에서 일어나는지 생각해야 한다. 이것은 아군의 병력 배치에 영향을 미치는 모든 상황을 아는 것을 적이 방해하기 때문에 일어난다. 또는 아군이 상황을 파악할 시간이 없기 때문이고, 상황을 알았다고 해도 그 상황이 광범위하고 매우 복합적일 때는 병력의 모든 배치를 그 상황에 맞추는 것이 이미 불가능해질 것이기 때문이다. 그래서 아군의 준비는 늘 어느 정도의 가능성에 따라 조정되어야 하기 때문이다. 그다음으로 개별적인 경우에 속하는 사소한 상황이 얼마나 많은지, 그래서 그런 상황을 함께 고려해야 한다는 것을 생각해야 한다. 이런 경우에는 하나의 상황을 다른 상황에 의해 유추하여 생각하고, 오직 일반성과 개연성에 따라 병력을 배치하는 것 외에 다른 수단이 없다. 마지막으로 지휘관의 지위가 낮을수록 지휘관의 수는 기하급수적으로 늘어난다는 것, 지휘관의 행동 범위가 좁아질수록 모든 것을 지휘관 개개인의 통찰력과 훈련받은 판단력에 맡겨서는 안 된다는 것을 생각해야 한다. 그리고 이 지휘관들에게 복무 규율과 경험이 주는 것 외에 다른 통찰력을 기대해서는 안 되는 경우에는 그것과 비슷한 방법론으로 그들에게 접근해야 한다는 것을 생각해야 한다. 방법론은 지휘관들의 판단에 근거를 마련하고, 동시에 그들의 지나치고 잘못된 견해를 막을 것이다. 그런 견해는 경험이 매우 중요한 역할을 차지하는 전쟁에서 특히 경계해야 한다.

이런 이유로 방법론은 전쟁 수행에 없어서는 안 되지만, 방법론의 확실한 유리함도 인정해야 한다. 즉 방법론에서 늘 반복해서 나타나는 형태를 훈련하게 되면 군대를 지휘할 때 **숙련, 정확성, 확실성**에 이르게 되고, 이것은 전쟁에 따르게 마련인 마찰을 줄이고 기계를 더 잘 돌아가게 한다.

그래서 활동의 수준이 낮을수록 방법은 그만큼 여러 가지로 쓰이고 불가피해진다. 활동의 수준이 높을수록 방법을 쓰는 일은 그만큼 줄어들고, 최고의 지위에서는 완전히 사라진다. 그래서 방법도 전략보다 전술에서 많이 쓰인다.

전쟁을 제일 높은 수준에서 정의할 때 전쟁은 무수하게 많은 작은 사건이 아니라 **몇 개의 대규모 결정적인 사건**으로 이루어져 있다. 작은 사건은 각각 다르지만 또한 비슷해서 좋은 방법을 쓰면 잘 대처하고 나쁜 방법을 쓰면 잘못 대처할 것이다. 하지만 대규모의 사건은 개별적으로 다루어야 한다. 즉 제일 높은 수준의 전쟁은 풀밭이 아니라 큰 나무와 같다. 풀밭에서는 풀 하나하나의 형태를 고려하지 않고, 낫이 좋으면 풀을 잘 베고 낫이 나쁘면 풀을 대충 베게 된다. 하지만 큰 나무의 경우에는 나무의 줄기 하나하나의 성질과 방향을 잘 고려해서 도끼를 대야 한다.

전쟁 활동에서 방법론을 어느 정도까지 받아들일 것인지는 지휘관의 지위가 아니라 당연히 임무의 성격에 따라 정해진다. 다만 최고의 지위는 제일 포괄적인 활동의 대상에 걸쳐 있기 때문에 방법론과 별로 관련이 없다. 어느 지속적인 전투 대형, 전위와 전초의 어느 지속적인 배치 방식은 최고 지휘관의 부하들뿐만 아니라 경우에 따라서는 최고 지휘관 자신도 따르는 방법이다. 물론 최고 지휘관은 방법을 만들 수도 있고 상황에 따라 다른 방법을 준비할 수도 있다. 방법이 군대와 무기의 일반적인 특성에 근거를 두고 있는 한, 방법은 이론의 대상이 될 수도 있다. 이와 반대로 방법을 통해 전쟁 계획과 원정 계획을 미리 결정하고 기계처럼 완성된 상태로 만든다면 그런 방법은 무조건 버려야 할 것이다.

　　전쟁 수행에 관해 사려 깊은 고찰을 담은 쓸 만한 이론이 없는 한, 방법론은 더 높은 지위의 활동에도 넓게 퍼지고 적용되어야 한다. 이것은 높은 수준의 활동 영역에 있는 사람들이 부분적으로 연구와 더 높은 인생 경험을 통해 자기 자신을 연마할 수 없었기 때문이다. 그들은 이론과 비판에 있는 이성이 비실천적이고 모순으로 가득하다는 것을 발견하지 못하고, 그들의 상식은 이성과 충돌하고, 그래서 그들은 경험이 주는 통찰력 외에 다른 통찰력을 갖고 있지 않다. 그래서 그들은 개별적으로 자유롭게 처리할 수 있고 또 처리해야 하는 경우에도 경험이 주는 수단을 쓴다. 그것은 최고 지휘관의 독특한 방식을 모방하는 것인데, 이런 모방을 통해 자연스럽게 방법론이 생겨나게 된다. 프리드리히 대왕의 장군들은 늘 이른바 사선형 전투 대형으로[2] 행동했고, 프랑스 혁명 시대의 장군들은 늘 길게 펼쳐진 전선에서 포위를 했고, 보나파르트의 장군들은 늘 병력을 집중하여 맹렬한 힘으로 돌진했다. 우리는 그런 행동의 반복에서 그들이 받아들인 방법을 분명하게 알게 되고, 그래서 방법론이 거의 최고의 영역에 근접하는 곳까지 올라갈 수 있다는 것을 보게 된다. 더 좋은 이론이 전쟁 수행의 연구를 쉽게 하고 높은 지위에 오르는 사람들의 정신과 판단력을 교육한다면, 방법론도 그렇게 높은 지위까지 올라가지 않

---

2. 사선형 전투 대형(schiefe Schlachtordnung, ordre oblique). 사선형 전투 대형은 18세기 후반에 특히 우세한 적을 공격할 때 자주 쓰인 전술 형태이다. 공격 군대는 적의 정면에 대해 비스듬한 대형으로 전진하고, 적과 처음 접촉하는 강력한 측면이 적의 군대를 압도하여 측면이나 배후에서 적을 공격한다. 공격 군대의 다른 약한 측면은 아직 공격을 받지 않은 적의 병력이 앞의 전투에 투입되는 것을 방해한다.

을 것이다. 그러면 없어서는 안 되는 것으로 간주되는 방법론도 적어도 이론 자체에서 생겨날 것이고 단순한 모방에서 생겨나지 않을 것이다. 위대한 최고 지휘관이 어떤 일을 아무리 훌륭하게 처리한다고 해도 그 최고 지휘관이 일을 하는 방식은 늘 그의 주관에서 비롯된 것이다. 최고 지휘관이 특정한 방식에 따라 행동한다면 그 방식에는 그의 독특함이 들어 있는 것이고, 그것이 그 방식을 모방하는 사람들의 독특함과 늘 일치하는 것은 아니다.

하지만 주관적인 방법론이나 방식을 전쟁 수행에서 완전히 배제하는 것은 가능하지도 않고 올바르지도 않다. 오히려 주관적인 방법론은 어느 시대의 전쟁의 전체적인 성격이 개별적인 현상에 미치는 영향력의 표현이라고 보아야 한다. 이론은 그 영향력을 예견할 수 없었고 이론적인 고찰에 넣을 수도 없었다. 단지 그렇기 때문에 그런 영향력이 생겨날 수 있는 것이다. 프랑스 혁명 전쟁은[3] 독특한 방식으로 진행되었는데, 이보다 더 자연스러운 것이 어디 있겠는가? 어느 이론이 그런 독특함까지 이해할 수 있겠는가? 다만 불행한 일은 개별적인 경우에 생겨난 방식은 시대에 뒤떨어지기 쉽다는 것이다. 그 방식은 그대로인 반면에 상황은 자기도 모르는 사이에 변하기 때문이다. 이론이 밝고 사려 깊은 비판을 통해 막아야 하는 것이 바로 이것이다. 1806년에[4] 프로이센의 장군들, 즉 루이 왕자는[5] 잘펠트에서,[6] 타우엔치엔은[7] 예나[8] 근처

---

3. 프랑스 혁명 전쟁은 1792~1797년에 오스트리아, 프로이센, 독일의 여러 나라의 동맹 군대가 혁명을 겪은 프랑스에 맞서 치른 전쟁을 말한다. 루이 16세의 처형으로 프랑스에 맞선 동맹은 1793년에 영국, 네덜란드, 스페인으로 확대되었고 신성 로마 제국도 1793년 3월에 프랑스에 대해 전쟁을 선포했다.

4. 1806년의 전투에서, 특히 예나 전투(10월 14일)에서 프로이센 군대는 나폴레옹에게 괴멸적인 패배를 입었다.

5. 루이 왕자(Louis Ferdinand von Preußen, 1772~1806), 프리드리히 대왕의 막내 동생 페르디난트(August Ferdinand von Preußen, 1730~1813)의 넷째 아들이다. 프로이센의 왕자이자 최고 지휘관. 작곡자이자 피아니스트. 1806년 프로이센의 전위 부대의 사령관으로서 잘펠트에서 사망했다.

6. 잘펠트(Saalfeld), 잘레 강 왼쪽에 있는 도시. 현재 독일의 튀링엔 주에 있다. 예나에서 남서쪽으로 약 42킬로미터 떨어져 있다.

7. 타우엔치엔(Bogislav Friedrich Emanuel von Tauentzien, 1760~1824), 프로이센의 장군. 군

의 도른베르게에서,[9] 그라베르트는[10] 카펠렌도르프[11] 정면에서, 뤼헬은[12] 카펠렌도르프 배후에서 모두 프리드리히 대왕의 사선형 전투 대형으로 파멸의 구렁텅이에 빠졌다. 이것은 단지 시대에 뒤떨어진 방식 때문만이 아니라 방법론이 늘 그 장군들을 치명적인 정신적인 빈곤에 빠뜨렸기 때문이다. 호엔로헤의[13] 군대는 방법론 때문에 일찍이 전쟁터에서 유례를 찾을 수 없는 전멸을 당했다.[14]

사 평론가.

8. 예나(Jena), 현재 독일 튀링엔 주의 도시. 잘레 강변에 있다. 베를린에서 남서쪽으로 약 240킬로미터, 드레스덴에서 서쪽으로 약 160킬로미터 떨어져 있다. 작센-예나 공국에 속했다가 작센-바이마르 공국에 속하게 되었다. 에른스트 공작(1441~1486)의 후손들이 영토를 분할하여 영토상의 많은 변화를 겪었다.

9. 도른베르게(Dornberge), 예나 근처에 있는 마을. 예나에서 거의 북쪽으로 (약간 북서쪽으로) 약 5킬로미터에 있다. 현재 예나에 속해 있다.

10. 그라베르트(Julius August Reinhold von Grawert, 1746~1821), 프로이센의 장군. 예나 전투에 참전했다.

11. 카펠렌도르프(Kapellendorf), 예나 근처에 있는 마을. 바이마르와 예나의 중간쯤에 있고, 예나에서 북서쪽으로 약 12킬로미터에 있다. 카펠렌도르프, 도른베르게, 도른부르크(제2권 제6편 제14장, 661쪽)는 예나를 기준으로 북서쪽에서 북동쪽에 걸쳐 있고, 카펠렌도르프에서 도른베르게는 약 8킬로미터, 도른베르게에서 도른부르크는 약 10킬로미터 떨어져 있다.

12. 뤼헬(Ernst Wilhelm Friedrich Philipp von Rüchel, 1754~1823), 프로이센의 장군. 프로이센의 개혁에 완강하게 반대한 반동주의자. 무능한 장군으로서 예나 전투의 패배를 초래했다.

13. 호엔로헤(Friedrich Ludwig zu Hohenlohe-Ingelfingen, 1746~1818), 프로이센의 장군으로서 1806년의 예나 전투에서 나폴레옹에게 패배했다.

14. 이때 프로이센 군대의 손실은 사상자 12,000명과 포로 15,000명인데 반해, 프랑스 군대의 사상자는 4000명을 넘지 않았다.

제5장

비판

이론적인 진실은 이론보다 비판을 통해 현실에 더 많은 영향을 미친다. 비판은 이론적인 진실을 현실의 사건에 적용하기 때문에 이론적인 진실을 현실에 더 가깝게 할 뿐만 아니라 끊임없이 반복되는 적용을 통해 지성을 이론적인 진실에 더 익숙해지게 하기 때문이다. 그래서 이론에 대한 관점 외에 비판에 대한 관점을 밝히는 것이 필요하다고 생각한다.

우리는 역사적인 사건에 대한 단순한 서술과 **비판적인** 서술을 구분하도록 한다. 단순한 서술은 사건을 단지 시대순으로 나열하고, 고작해야 사건의 직접적인 인과 관계를 다루는데 지나지 않는다.

비판적인 서술에는 지성의 세 가지 다른 활동이 있을 수 있다.

첫째로 의심스러운 사실을 역사적으로 알아내고 밝히는 것이다. 이것은 본래의 역사 연구이지만 이론과 아무런 관련이 없다.

둘째로 원인에서 결과를 추론하는 것이다. 이것은 **본래의 비판적인 연구**이고 이론에 없어서는 안 되는 것이다. 이론에서 경험을 통해 밝혀지거나 지지되거나 단순히 설명되어야 하는 모든 것은 이 수단으로만 해결할 수 있기 때문이다.

셋째로 이용한 수단을 검토하는 것이다. 이것이 본래의 비판이고, 비판에는 칭찬과 비난이 포함되어 있다. 비판에서 이론은 역사에 도움이 되든지,

혹은 역사로부터 끌어낸 교훈에 도움을 준다.

둘째와 셋째 부분이 역사적인 고찰에서 본래의 비판적인 활동이다. 여기에서는 사건을 그 마지막 요소까지, 즉 의심할 수 없는 진실까지 추적하는 것이 중요하다. 자주 보는 것처럼 중도에, 즉 어떤 자의적인 결정이나 전제에 머물러서는 안 된다.

원인에서 결과를 추론하는 문제에 대해 말하면, 이 문제에는 때로 진정한 원인을 전혀 알지 못하게 된다는 극복할 수 없는 외부적인 어려움이 있다. 이것은 현실의 다른 어느 부분보다 전쟁에서 자주 일어난다. 전쟁에서 사건이 완전하게 알려지는 경우는 드물고, 사건의 동기가 알려지는 경우는 더욱 드물다. 동기는 최고 지휘관에 의해 고의로 은폐될 수 있고, 혹은 매우 일시적이고 우연적인 것이라면 역사에도 남지 않을 수 있다. 그래서 비판적인 서술은 대부분 역사 연구와 함께 이루어져야 한다. 그런데도 원인과 결과 사이가 자주 어긋나서 이미 알려진 원인에서 나온 결과를 필연적인 결과라고 간주할 수 없는 경우가 생긴다. 여기에서 반드시 틈이 생기고, 그래서 역사적인 결과는 교훈을 주는데 쓰일 수 없게 된다. 이론이 요구할 수 있는 것은 이 틈까지 철저하게 연구해야 한다는 것, 그리고 틈이 있을 때는 모든 추론을 중지해야 한다는 것이다. 정말 불행한 일은 이미 알려진 사실이 결과를 설명하는데 절대로 충분해야 한다고 말하면서 그 사실에 잘못된 중요성을 부여할 때 생겨난다.

이런 어려움 외에 비판적인 연구에는 매우 심각한 내부적인 어려움도 있다. 그것은 전쟁의 결과가 단 하나의 원인으로부터 나오는 일이 드물고 몇 개의 공통적인 원인에서 나온다는 것, 그래서 사건의 차례를 편견 없는 정직한 마음으로 처음까지 추적하는 것만으로는 충분하지 않다는 것, 각각의 원인에 대해 그 원인이 갖는 중요성의 정도를 결정하는 것이 중요하다는 것이다. 이것은 사건의 성질을 좀 더 자세히 연구하게 하고, 그래서 비판적인 연구를 본래의 이론의 영역으로 이끈다.

비판적인 고찰, 즉 수단에 대한 검토는 쓰인 수단의 독특한 결과가 무엇인지, 그리고 그 결과가 최고 지휘관의 의도였는지 하는 질문을 던진다.

어느 수단이 내는 독특한 결과를 알려면 그 수단의 성질을 연구해야 하고, 이는 다시 이론의 영역에 속하는 문제이다.

비판에서는 모든 것이 의심할 여지없는 진실에 이르는 것이 중요하다는 것, 그래서 자의적인 명제에 머물러서는 안 된다는 것은 앞에서 말했다. 자의적인 명제는 다른 경우에는 타당하지 않은 것이고, 아마 똑같이 자의적인 다른 주장에 직면하게 된다. 그러면 공론이 끝없이 이어지면서 이 전체에서 어떤 성과나 교훈도 나오지 않는다.

원인에 대한 연구뿐만 아니라 수단에 대한 검토도 우리를 이론의 영역으로 이끈다는 것, 즉 단지 눈앞에 보이는 개별적인 사례에서 끌어낼 수 없는 일반적인 진실의 영역으로 이끈다는 것은 앞에서 보았다. 그런데 쓸모 있는 이론이 있다면 비판적인 고찰은 그 이론에 확립되어 있는 것을 증거로 내세울 것이고, 여기에서 연구를 중지할 수 있을 것이다. 하지만 그런 이론적인 진실이 없을 때는 원인의 마지막 요소까지 연구를 계속해야 할 것이다. 이런 필요성이 자주 생기면 그 저술가는 (그 사람을 평소에 무엇이라고 부르든지 상관없이) 당연히 밑도 끝도 없이 연구하게 된다. 그러면 그는 넘칠 정도로 많은 일을 해야 하고, 어느 주제도 충분한 여유를 갖고 연구할 수 없게 된다. 그 결과로 그는 자신의 고찰에 한계를 그으려고 자의적인 주장에 머물게 된다. 그 주장이 그 사람 자신에게는 자의적이지 않더라도 다른 사람에게는 그러하다. 그 주장이 자명한 것도 아니고 증명된 것도 아니기 때문이다.

그래서 쓸모 있는 이론은 비판의 근본 바탕이 된다. 비판이 일반적으로 이성적인 이론의 도움 없이 중요한 교훈이 되는 지점에 이르는 것, 즉 반박할 여지없는(sans réplique) 설득력 있는 논증이 되는 것은 불가능하다.

하지만 추상적인 진실만을 고려하는 이론, 개별적인 사례를 적절한 법칙 아래에 두는 것을 비판에만 맡기는 이론이 있을 수 있다고 생각하는 것은 하나의 몽상일 것이다. 비판이 신성한 이론의 경계에 부딪힐 때마다 방향을 되돌려야 한다는 것도 우스꽝스러운 현학이 될 것이다. 이론을 만들 때와 같은 분석적인 연구 정신이 비판의 일도 이끌어야 한다. 그러면 분석적인 연구 정신이 때로 이론의 영역으로 들어가고, 이론의 영역에서 특히 중요하다고 생각되는 문제도 밝히는 일이 일어날 수 있고 일어나도 괜찮다. 이와 반대로 비판이 이론을 기계적으로 적용하기만 하면 오히려 비판의 목적을 완전히 잃어버릴 수 있다. 이론적인 연구의 모든 실증적인 결과, 즉 모든 원칙, 규칙, 방법은 실증적인 규범이 될수록 보편성과 절대적인 진실성을 그만큼 많이 잃게 된다. 원칙, 규칙, 방법은 쓰려고 있는 것이고, 그것이 적절한지 아닌지 하는 것은 늘 판단에 맡겨야 한다. 비판은 이론의 이와 같은 결과를 결코 법칙과 규범의 척도로서 쓰지 말아야 하고 판단의 근거로서만 쓰도록 해야 한다. 최고지휘관에게도 그렇게만 쓰여야 한다. 일반적인 전투 대형에서 기병은 보병의 옆이 아니라 뒤에 있어야 한다는 것이 전술상으로 이미 확립되어 있는 것이라고 해도 이 때문에 여기에서 벗어나는 모든 배치를 비난하는 것은 어리석은 짓이 될 것이다. 비판은 왜 달라졌는지 그 이유를 연구해야 하고, 그 이유가 불충분한 경우에만 이론적인 진술을 부를 권리를 갖는다. 나아가 분산 공격은 승리의 개연성을 낮춘다는 것이 이론상으로 이미 확립되어 있다고 해도 분산 공격이 실패하는 경우에 (늘 이 둘의 현실적인 관계를 더 이상 연구하지 않은 채) 실패의 원인을 분산 공격 때문이라고 간주하는 것은 예를 들어 분산 공격이 승리하는 경우에 거꾸로 앞의 이론적인 주장이 틀렸다고 추론하는 것과 마찬가지로 비이성적인 짓이 될 것이다. 비판적인 연구 정신은 둘 다 허용해서는 안 된다. 그래서 비판이 의지하는 것은 주로 이론에 있는 분석적인 연구의 결과이다. 비판은 이론에 이미 확립되어 있는 것을 스스로 다시 밝혀야 할 필요는 없고, 그것을 이미 확립되어 있는 것으로서 전제해도 된다.

비판이 할 일은 어느 결과가 어느 원인에서 나왔는지, 그리고 쓰인 수단이 그 목적에 맞는지 연구하는 것이다. 이 임무는 원인과 결과, 목적과 수단이 긴밀하게 관련되어 있으면 쉬워질 것이다.

어느 군대가 기습을 당하여 그들의 능력을 질서 있고 슬기롭게 쓸 수 없게 되면 기습의 효과는 확실한 것이다. 포위 공격이 전투에서 더 큰 효과를 내지만 덜 확실한 성과를 낸다는 것이 이론상으로 확립되어 있다면, 포위 공격을 쓰는 쪽이 주로 큰 성과를 내는 것을 목표로 삼았느냐는 질문을 하게 된다. 만약 그랬다면 그 수단은 올바르게 선택한 것이다. 그런데 그쪽이 더 확실한 성과를 내려고 포위 공격을 한 것이라면, 그리고 그 성과도 개별적인 상황이 아니라 아마 몇백 번이나 있었던 것과 같은 포위 공격의 일반적인 성질에 바탕을 두고 있는 것이라면, 그것은 수단의 성질을 오해하고 잘못을 저지른 것이다.

이런 경우에 비판적인 연구와 검토를 하는 일은 어렵지 않다. 연구와 검토를 매우 밀접한 관계에 있는 결과와 목적으로 제한하면 그것은 늘 쉬울 것이다. 어느 문제가 전체와 갖는 관계를 배제하고 그 문제를 이런 제한된 관계에서만 살펴보려고 한다면 연구와 검토를 완전히 자의적으로 할 수도 있다.

하지만 전쟁에서는 이 세상의 모든 일과 마찬가지로 전체에 속하는 모든 것이 관련을 맺고 있다. 그래서 모든 원인은 (그것이 아무리 하찮은 것일지라도) 전쟁 행동의 마지막까지 영향을 미치고, 마지막 결과까지 (그것이 아무리 사소한 결과일지라도) 영향을 미친다. 이와 마찬가지로 모든 수단은 마지막 목적까지 이어져 있다.

그래서 하나의 원인에서 나오는 결과를 연구하려면 관찰할 만한 가치를 갖는 모든 현상을 연구할 수 있다. 이와 마찬가지로 어느 수단을 그다음의 목적에 대해 검토할 수 있을 뿐만 아니라 이 목적 자체를 더 높은 목적에 대한 수단으로서 검토할 수도 있다. 그래서 위계적으로 놓여 있는 일련의 목적 중에서 매우 확실하여 검토를 필요로 하지 않는 목적을 만날 때까지 올라갈 수 있다. 특히 중대하고 결정적인 조치를 내려야 하는 많은 경우에는 고찰이 마지막 목적까지, 직접적으로 평화를 준비해야 하는 목적까지 올라가야 한다.

이 상승 과정에서 새로운 단계에 오를 때마다 판단의 새로운 관점을 갖게 되는 것은 당연하다. 그래서 똑같은 수단이 바로 다음의 관점에서는 유리하게 보이는데, 더 높은 관점에서 보면 배제해야 하는 경우도 있다.

여러 가지 현상의 원인을 연구하는 것과 목적에 맞는 수단을 검토하는 것은 행동을 비판적으로 고찰할 때에 늘 동시에 이루어진다. 원인을 연구해야 비로소 검토의 대상이 될 만한 것을 찾을 수 있기 때문이다.

연쇄의 실을 이렇게 위아래로 추적하는 것은 중대한 어려움과 결부되어 있다. 찾고 있는 원인이 어느 사건에서 멀리 있을수록 이와 동시에 다른 원인을 그만큼 많이 살펴보아야 하기 때문이다. 그리고 다른 원인이 그 사건에 관여했을 법한 비중을 그만큼 많이 받아들이든지 잘라내야 하기 때문이다. 모든 현상은 위로 올라갈수록 그만큼 많은 하나하나의 힘과 상황의 제약을 받기 때문이다. 어느 전투에서 패배의 원인을 찾아냈다면 이것은 당연히 전쟁 전체에 미친 결과의 원인 중에 어느 한 부분을 찾아낸 것이다. 하지만 그것은 단 하나의 부분에 지나지 않는다. 다른 원인의 영향도 상황에 따라 많든 적든 마지막 결과로 흘러들기 때문이다.

수단을 검토할 때도 높은 관점으로 올라갈수록 연구의 대상에 이와 같은 다양성이 생겨난다. 목적이 높이 있을수록 그 목적을 이루려고 쓰는 수단도 그만큼 많아지기 때문이다. 모든 군대는 전쟁의 마지막 목적을 동시에 추구한다. 이 목적 때문에 일어난 것이나 일어날 수 있었던 것은 모두 함께 살펴보는 것이 필요하다.

분명히 이런 것 때문에 때로 광범위한 영역을 살펴볼 수 있게 된다. 그런 영역에서는 혼란에 빠지기 쉽고 많은 어려움이 존재한다. 현실에서 일어나지 않았지만 일어날 개연성이 있었고, 그래서 절대로 살펴보지 않으면 안 되는 것에 대해 많은 전제를 해야 하기 때문이다.

보나파르트가 1797년 3월에 이탈리아 군대를 이끌고 탈리아멘토 강에 있는[1] 카알 대공에게[2] 전진했을 때,[3] 이는 라인 강에서[4] 올 것으로 예상되는

---

1. 탈리아멘토 강(Tagliamento), 이탈리아 북부에 있는 강으로서 아드리아 해로 흐른다. 약 170 킬로미터.
2. 카알 대공(Carl Ludwig Johann Joseph Laurentius von Österreich-Teschen, 1771~1847), 오스트리아의 원수. 군사 평론가.
3. 나폴레옹은 탈리아멘토 전투(1797년 3월 15일)에서 승리를 거두었다.
4. 라인 강(Rhein, Rhin, Rhine), 1238킬로미터에 이르는 유럽의 강. 스위스 중부의 알프스에서

대공의 지원 병력이 합류하기 전에 대공에게 결전을 강요하려고 하는 의도 때문이었다. 단지 바로 다음의 결전만 보면 그 수단은 잘 선택한 것이고, 그것은 결과로도 증명된다. 대공의 군대는 아직 약했고, 그래서 대공은 탈리아멘토 강에서 저항하려는 **노력**만 했을 뿐이고, 적이 너무 강하고 단호한 것을 보고 적에게 전쟁터와 동부 알프스로[5] 통하는 길을 넘겨주고 말았기 때문이다. 그런데 보나파르트는 이 **승리**로 무슨 목적을 이룰 수 있었을까? 직접 오스트리아의 심장부로 전진하고, 모로와[6] 오슈의[7] 지휘 아래 있는 두 라인 군대의 전진을 쉽게 하고,[8] 그 두 군대와 밀접한 연락을 유지하려고 했다. 보나파르트는 문제를 그렇게 보았고, 그 관점에서 보면 그는 옳았다. 그런데 비판이 좀 더 높은 관점에서 이루어지면, 즉 라인 강의 원정이 6주 후에 비로소 시작되리라는 것을 내다볼 수 있었고 내다보아야 했던 프랑스 총재 정부의[9] 관점에서 이루어지면, 동부 알프스를 넘는 보나파르트의 전진은 지나친 모험이라고 간주할 수밖에 없다. 오스트리아 군대가 라인 강에서 온 상당히 많은 예비 병력을 슈타이어마르크에[10] 배치했기 때문이다. 카알 대공은 이 병력으로 이탈리아 군대를 습격할 수 있었고, 그렇게 되면 이탈리아 군대가 파괴되었을 뿐만 아니라 보나파르트의 전체 원정도 패배로 끝나고 말았을 것이다. 보나파

발원하여 독일, 프랑스, 네덜란드를 지나 북해로 흐른다.

5. 우리말 번역에 동부 알프스(Norische Alpen, Norican Alps)를 '북부 알프스'로 잘못 옮긴 번역서가 있다.

6. 모로(Jean Victor Marie Moreau, 1763~1813), 프랑스 혁명 시대의 장군. 나중에 나폴레옹의 정적(政敵)이 되었다.

7. 오슈(Louis Lazare Hoche, 1768~1797), 프랑스 혁명기의 장군. 방데의 반란을 진압한 것으로 유명하다.

8. 라인 군대(Rheinarmee, Armée du Rhin), 여러 시대의 여러 군대를 라인 군대라는 이름으로 부르는데, 여기에서는 1791년 루이 16세에 의해 생겨난 군대를 뜻한다. 프랑스 혁명 군대로서 동맹 군대에 맞선 군대를 말한다.

9. 그 당시에 총재 정부(1795~1799년)는 5명의 총재로 구성되었다.

10. 슈타이어마르크(Steiermark, Styria), 그 당시에 공국으로서 오스트리아-헝가리 제국의 주에도 속했다. 현재 오스트리아의 남부, 비인의 남서쪽에 있는 산악 지대이다. 슈타이어마르크의 일부 지역은 현재 슬로베니아에 속한다.

르트는 필라흐 지역에서[11] 이 생각에 사로잡혀 있었고, 이 때문에 레오벤의[12] 휴전 협정을[13] 기꺼이 받아들일 수밖에 없었다.

그런데 비판이 한 단계 더 높아져서 오스트리아 군대가 카알 대공의 군대와 비인 사이에 예비 병력을 두지 않았다는 것을 알게 된다면, 비인은 이탈리아 군대의 전진에 의해 위협을 받을 수 있었다.

보나파르트가 수도 비인의 무방비 상태를 알고 있었고, 슈타이어마르크에서도 대공에 비해 압도적으로 우세하다는 것을 알고 있었다고 전제하면, 오스트리아의 심장부를 향한 그의 성급한 전진은 더 이상 무의미하지 않을 것이다. 그리고 이 전진의 가치는 오직 오스트리아 군대가 비인을 유지하는데 얼마만큼의 가치를 두느냐 하는데 달려 있다. 보나파르트가 제안한 평화 조건을 받아들이는 것이 낫다고 생각할 만큼 비인을 유지하는 것이 중요하다면, 비인에 대한 위협은 마지막 목표라고 간주할 수 있었기 때문이다. 보나파르트가 어떤 이유로든 이 점을 알고 있었다면 비판도 여기에서 끝날 수 있다. 그것이 아직 의심스럽다면 비판은 다시 더 높은 관점으로 올라가야 한다. 그래서 오스트리아 군대가 비인을 포기하고 계속해서 그 밖의 넓은 지역으로 후퇴했다면 무슨 일이 일어났을지 물어보아야 한다. 쉽게 알 수 있는 것처럼, 양쪽의 라인 군대 사이에 무슨 일이 일어날지 고려하지 않고는 이 질문에 더 이상 대답할 수 없다. 물론 이때는 프랑스 군대가 압도적으로 우세했기 때문에 (130,000명 대 80,000명) 승리 자체는 별로 의심할 수 없었을 것이다. 하지만 다시 질문이 생긴다. 프랑스 총재 정부는 이 승리를 무슨 목적에 쓰려고 한 것인가? 유리함을 계속 추구하여 오스트리아의 반대편 국경까지 전진하려고 한 것인가? 그래서 오스트리아를 박살 내고 쓰러뜨리려고 한 것인가?

---

11. 필라흐(Villach), 현재 오스트리아의 남부에 있는 도시.
12. 레오벤(Leoben), 슈타이어마르크의 도시. 레오벤은 비인에서 남서쪽으로 약 160킬로미터 떨어져 있고, 필라흐는 레오벤에서 남서쪽으로 약 170킬로미터 떨어져 있다.
13. 이 휴전 협정은 1797년 4월 18일에 레오벤에서 프랑스와 오스트리아 사이에 맺어진 예비 평화 협정이다.

그렇지 않으면 평화 조약의 담보물로서 오스트리아에서 어느 중요한 지역을 점령만 하려고 한 것인가? 어느 경우든지 예상되는 결과를 미리 찾아내야 한다. 그래야 이 첫 번째 결과에 따라 프랑스 총재 정부도 여러 가지 선택 중에 결정을 내릴 수 있다. 이 고찰 결과는 다음과 같다고 생각할 수 있다. 즉 오스트리아 전체를 쓰러뜨리는 데는 프랑스의 전투력이 지나치게 약하고, 그래서 그런 노력은 자연히 상황의 급격한 변화를 불러일으킬 것이고, 어느 중요한 지역을 점령하고 유지하는 것조차 아마 프랑스의 전투력으로는 대처할 수 없는 전략적인 상황에 빠뜨릴 것이다. 이렇게 생각하면 이 고찰 결과는 이탈리아 군대가 처해 있는 상황을 판단하는데 영향을 미치지 않을 수 없고, 이탈리아 군대에게 별로 희망을 주지 못할 것이다. 보나파르트가 카알 대공의 절망적인 상황을 전부 파악할 수 있었는데도 캄포포르미오의[14] 평화 조약을 맺은 것은[15] 분명히 이런 고찰 때문이었다. 평화 조약의 조건은 오스트리아 군대에게 이미 상실한 지방보다 더 많은 희생을 요구하지 않는다는 것이었는데, 그 지방은 오스트리아 군대가 그 원정을 제일 유리하게 치르더라도 다시 점령할 수 없는 지방이었다. 하지만 아래의 두 가지 문제를 고려하지 않는다면 프랑스 군대는 온건한 캄포포르미오의 평화 조약조차 기대할 수 없었을 것이고, 그래서 평화 조약을 대담한 전진의 목적으로 삼을 수 없었을 것이다. 첫 번째 문제는 오스트리아 군대가 두 가지 결과의 각각에 얼마만큼의 가치를 두었을지, 두 경우 모두 자기 쪽에 최종적인 승리의 개연성이 있다고 생각했을지, 그 두 가지 결과를 얻는 것이 전쟁을 계속하는 동안에 오스트리아 군대에게 따르는 희생을 치를 만한 것이었는지, 오스트리아 군대는 지나치게 불리하지 않은 조건으로 평화 조약을 맺음으로써 희생을 피할 수 있는 것은

---

14. 캄포포르미오(Campoformio, Campo Formio), 북부 이탈리아의 우디네 서쪽에 있는 평야 지대. 캄포포르미오는 필라흐에서 남서쪽으로 약 120킬로미터 떨어져 있다.

15. 앞의 레오벤의 예비 평화 협정에 의해 1797년 10월 18일에 캄포포르미오에서 본 조약이 맺어졌다. 이 조약에 의해 오스트리아는 오스트리아령 네덜란드(대략 현재의 벨기에와 룩셈부르크)와 롬바르디아를 잃었고 라인 강 왼편에서도 물러났다. 그 대신에 베네치아와 아디제 강을 얻었다.

아니었는지 하는 것이다. 두 번째 문제는 좀 다르다. 오스트리아 정부는 전체적으로 그들의 우세함을 계속 지켜나갈 수 있을까, 그래서 적의 최종적인 승리의 가능성을 충분히 검토하여 힘의 일시적인 불균형이라는 인상 때문에 무기력 상태에 휩쓸리지 않을까 하는 것이다.

첫 번째 문제의 대상이 되는 고찰은 쓸데없는 궤변이 아니라 분명히 현실적인 중요성을 갖고 있다. 무제한으로 치닫는 계획이 있을 때마다 나타나는 것이 그런 고찰이다. 그리고 그런 계획의 수행을 제일 자주 막는 것도 바로 그런 고찰이다.

두 번째 고찰도 이와 마찬가지로 필요하다. 전쟁은 추상적인 적과 하는 것이 아니라 늘 주의를 기울여야 하는 현실적인 적과 하는 것이기 때문이다. 확실히 대담한 보나파르트는 이 점을 놓치지 않았다. 즉 그에게는 적을 공포감에 빠뜨린다는 확신이 없지 않았고, 그에게 공포감은 칼보다 우선했다. 이런 확신이 그를 1812년에 모스크바 원정에 나서게 했다. 이 경우에는 그 확신이 그를 곤경에 빠뜨렸다. 그에 대한 공포감이 엄청난 규모의 전투를 통해 약간 낡아 버렸기 때문이다. 물론 1797년에는 아직 공포감이 살아있었고, 무제한으로 치닫는 강력한 저항에 관한 비밀도 알려지지 않았다. 하지만 그럼에도 앞에서 말한 것처럼, 공포감이 낡을 것이라는 예감으로 보나파르트가 캄포포르미오의 온건한 평화 조약을 해결책으로 선택하지 않았다면 그의 대담성은 1797년에도 부정적인 결과로 끝나고 말았을 것이다.

이 고찰은 여기에서 그치도록 한다. 비판적인 고찰이 마지막 목적까지 올라갈 때, 즉 반드시 매우 높은 곳까지 올라가야 하는 중대하고 결정적인 종류의 조치에 대해 말할 때 겪을 수 있는 넓은 범위, 다양성, 어려움을 예를 들어 보여 주는 데는 이 고찰로도 충분할 것이다. 이것으로 대상에 대한 이론적인 통찰력 외에 타고난 재능도 비판적인 고찰의 수준을 높이는데 큰 영향을 미친다는 것이 분명해질 것이다. 어느 문제의 연관성을 밝히는 것과 무수하게 관련되는 사건에서 본질적인 것을 구분하는 것은 주로 타고난 재능에 달려 있기 때문이다.

하지만 재능은 다른 방식으로도 요구된다. 비판적인 고찰은 실제로 쓰인 수단을 검토할 뿐만 아니라 있을 수 있는 모든 수단을 검토해야 한다. 그 수단은 비판에 의해 처음으로 발견되고 언급되지 않으면 안 되는 것인데, 사람들은 다른 더 좋은 수단을 말할 수 없다면 어느 수단도 결코 비난할 수 없다. 있을 수 있는 모든 수단을 결합하는 경우의 수는 대부분의 경우에 매우 적지만, 쓰지 않은 수단을 열거하는 것은 이미 존재하는 문제에 대한 단순한 분석이 아니라 자발적인 창조력이라는 것을 부정할 수 없다. 자발적인 창조력은 지시한다고 해서 생기는 것이 아니라 풍부한 정신력에 달려 있는 것이다.

우리는 위대한 천재성의 영역에서는 실제로 모든 것이 일어날 수 있고, 매우 단순한 얼마 안 되는 결합으로 환원될 수 있다고 생각하지 않는다. 진지에서 우회하는 법을 발명했기 때문에 그것을 위대한 천재성의 특징인 것처럼 간주하는 것은 매우 자주 있는 일이지만, 이것은 말로 표현할 수 없을 만큼 우스운 일이라고 생각한다. 그럼에도 그것을 지적하는 창조적인 자발성의 행동은 필요하고, 그 행동은 비판적인 고찰의 수준을 결정하는데 결정적으로 중요하다.

보나파르트가 1796년 7월 30일에 만토바에[16] 대한 포위를 해제하는 결정을 내렸을 때 이는 자기에게 전진하는 부름서의[17] 군대를 맞아 자기의 힘을 하나로 모으고, 가르다 호수와[18] 민치오 강에[19] 의해 나뉜 부름서의 종대를 하나씩 물리치려고 하는 목적 때문이었다. 그 결정은 눈부신 승리를 얻는 제일 확실한 길처럼 보였다. 실제로 보나파르트는 승리했고, 적이 나중에 보충

---

16. 만토바(Mantua, Mantova), 북부 이탈리아의 롬바르디아 지방에 있는 도시. 만토바는 캄포 포르미오에서 남서쪽으로 약 240킬로미터 떨어져 있다.
17. 부름서(Dagobert Sigmund von Wurmser, 1724~1797), 오스트리아의 원수.
18. 가르다 호수(Garda), 이탈리아 북부의 호수. 이탈리아에서 제일 큰 호수이다. 북쪽으로 알프스 산맥과 남쪽으로 포 평야 지대 사이에 있다.
19. 민치오 강(Mincio), 이탈리아 북부에 있는 강. 포 강의 왼쪽으로 흘러드는 지류. 가르다 호수는 (가르다 호수가 남북으로 약 50킬로미터의 길이에 이르기 때문에 가르다 호수의 남쪽을 기준으로 하면) 만토바에서 북쪽으로 약 40킬로미터 되는 곳에 있고, 가르다 호수에서 만토바로 흐르는 강이 민치오 강이다.

병력으로 계속 공격할 때도 보나파르트의 승리는 똑같은 수단으로 더욱 눈부시게 반복되었다. 이 점에 대해서는 한결같은 감탄의 목소리만 들린다.

그렇지만 보나파르트가 만토바를 포위할 생각을 완전히 버리지 않았다면 7월 30일에 그 수단을 선택할 수 없었을 것이다. 그 생각을 포기한 것은 자기의 보급 부대를 구할 수 없었고, 그 원정에서 제2의 보급 부대도 마련할 수 없었기 때문이다. 포위는 사실상 단지 적을 둘러싸는 것으로 바뀌었다. 그래서 포위를 계속했다면 8일 만에 함락되었을 곳이 보나파르트가 평지에서 모두 승리했는데도 6개월 동안 더 저항했다.[20]

이전의 비판은 보나파르트의 선택을 완전히 필요악이라고 보았다. 보나파르트가 했던 것보다 나은 저항 수단을 내놓을 수 없었기 때문이다. 접근해 오는 적의 보충 병력에 대해 보루 봉쇄선 안에서 저항하는 것은 배척되고 경멸되었기 때문에 그 수단은 전혀 고려되지 않았다. 그럼에도 루이 14세[21] 시대에는 그 수단이 매우 자주 목적을 달성했다. 아무도 그 수단이 100년 후에 여전히 고려될 수 있으리라고 생각하지 못했다면 그 수단을 유행이라고 부를 수밖에 없다. 그 수단이 고려될 수 있다는 것을 인정한다면 다음의 상황에 대해 더 자세히 연구했을 것이다. 즉 보나파르트가 만토바 앞의 보루 봉쇄선 안에 배치할 수 있었던 세계 최강의 40,000명의 보병은 견고한 보루에서 부름서가 지휘하는 50,000명의 오스트리아의 구원 군대를 별로 두려워할 필요가 없었고, 오스트리아 군대는 보루 봉쇄선에 대해 단 한 번도 공격을 하지 못했을 것이다. 여기에서 이 주장을 더 자세히 증명할 생각은 없지만, 그 수단도 당연히 고려해야 했다는 것은 분명하다고 생각한다. 보나파르트가 행동할 때 이 수단도 생각했는지는 판단하지 않으려고 한다. 그의 회상록과 그 밖의 출

---

20. 오스트리아 군대는 만토바 요새에서 나폴레옹의 이탈리아 원정 군대에 포위되어(1796년 6월 4일) 모두 네 번이나 포위를 풀려고 저항했다. 하지만 1797년 2월 2일에 결국 항복하고 말았다.

21. 루이 14세(Ludwig XIV., Louis XIV., 1638~1715), 프랑스의 왕. '태양왕'이라는 별명으로 알려져 있고, '짐이 곧 국가다.'라고 말한 것으로 전해진다.

판물에도 그것에 관한 흔적은 보이지 않는다. 그 이후의 모든 비판도 그것을 생각하지 못했는데, 이는 그 수단에 대한 관심이 완전히 끊어졌기 때문이다. 그 수단을 생각해 내는 것은 유행의 오만불손함에서 벗어나기만 하면 되기 때문에 그다지 훌륭한 업적은 아니다. 그렇지만 그것을 고려하는 것과 그 수단을 보나파르트가 쓴 수단과 비교하려고 그 수단을 생각해 내는 것은 필요하다. 비판은 이 비교의 결과가 어떻게 되든지 상관없이 비교를 소홀히 해서는 안 된다.

보나파르트가 에토주,[22] 샹포베르,[23] 몽미라이[24] 등의 전투에서[25] 블뤼허의[26] 군대에게 승리한 다음에 1814년 2월에 블뤼허의 군대를 상대하지 않고 몽트로와[27] 모르망에서[28] 다시 슈바르첸베르크의[29] 군대를 무찔렀을 때는[30] 누구나 감탄했다. 보나파르트가 자기의 주력 군대를 때에 맞게 이리저리 이동하여 동맹 군대의[31] 분산 행동에 들어 있는 잘못을 훌륭하게 이용했기 때문이다. 모든 방향에서 이렇게 훌륭하게 공격한 것도 보나파르트를 불리한

---

22. 에토주(Etoges), 프랑스 북동부의 마른(Marne) 지방에 있는 마을.
23. 샹포베르(Champaubert, Champ-Aubert), 프랑스 북동부의 마른 지방에 있는 마을.
24. 몽미라이(Montmirail), 프랑스 북동부의 작은 도시. 파리에서 동쪽으로 약 100킬로미터에 있다. 몽미라이에서 동쪽으로 약 18킬로미터 되는 곳에 샹포베르가 있고, 샹포베르에서 동쪽으로 약 6킬로미터 되는 곳에 에토주가 있다.
25. 샹포베르 전투(1814년 2월 10일), 몽미라이 전투(1814년 2월 11일), 에토주 전투(1814년 2월 13~14일)에서 나폴레옹은 프로이센과 러시아의 동맹 군대를 무찔렀다.
26. 블뤼허(Gebhard Leberecht von Blücher, 1742~1819), 프로이센의 최고 지휘관. '전진 원수'로 일컬어졌다. 프로이센 군대의 개혁을 지지했다.
27. 몽트로(Montereau), 프랑스 북동부의 마을. 파리 남동쪽에 있는 도시. 욘 강이 센 강과 합류하는 지점에 있다.
28. 모르망(Mormant), 프랑스 북동부에 있는 마을. 파리에서 남동쪽으로 약 50킬로미터에 있다. 몽트로는 파리에서 남쪽으로 약 130킬로미터 떨어져 있고, 모르망에서는 거의 남쪽으로 (약간 남서쪽으로) 약 100킬로미터 떨어져 있다.
29. 슈바르첸베르크(Karl Philipp zu Schwarzenberg, 1771~1820), 오스트리아의 원수이자 외교관. 1813년에 라이프치히 전투에서 최고 지휘관이었고 동맹 군대의 최고 사령관이었다 (1813~1814년).
30. 모르망 전투(1814년 2월 17일)와 몽트로 전투(1814년 2월 18일)에서 나폴레옹은 동맹 군대를 무찔렀다.

상황에서 구하지 못했지만,[32] 이것은 적어도 그의 잘못이 아니라고 생각했다. 그런데 지금까지 아무도 던지지 않은 질문이 있다. 즉 보나파르트가 블뤼허를 떠나 다시 슈바르첸베르크에게 향하지 않고 계속 블뤼허를 공격하여 그를 라인 강까지 추격했다면 결과가 어떻게 되었을까? 그랬다면 그 원정에 급격한 변화가 일어나고, 동맹국의 대규모 군대는 파리로 전진하는 대신에 라인 강을 지나 후퇴했을 것이라고 우리는 확신한다. 우리는 이 확신에 독자들이 동의해야 한다고 요구하지는 않는다. 하지만 그런 대안이 한 번 언급되었다면, 비판이 그 대안도 다루어야 한다는 것에 대해서는 어느 전문가도 의심하지 않을 것이다.

이 경우에 비교하려고 내놓은 수단도 앞의 경우보다 오늘날에 훨씬 가깝게 놓여 있다. 그럼에도 비판은 그 수단도 다루지 않았다. 비판을 하는 이들이 한쪽으로 치우친 경향을 맹목적으로 따랐고, 그들에게 편견이 없지 않았기 때문이다.

어느 수단에 동의하지 않는다면 그보다 나은 수단을 내놓아야 하고, 이런 필요에서 어떤 종류의 비판이 생겨난다. 그런데 그 비판은 더 나은 방식이라고 잘못 생각하는 것을 단순하게 제시하는 것으로 만족하고 본래의 증명을 하지 않는다. 그 비판은 거의 이런 일을 하는 데만 쓰인다. 그 결과로 아무도 그 비판에 확신을 갖지 않고, 다른 사람들도 똑같이 그렇게 하고, 아무런 이성적인 근거도 없는 논쟁이 생겨난다. 전쟁에 관한 모든 문헌은 이런 것으로 넘쳐흐른다.

우리가 요구하는 **증명**은 제안된 수단의 유리함이 의심할 수 없을 만큼 명백하지 않은 경우에는 언제나 필요하다. 증명의 본질은 두 가지의 수단을

---

31. 『전쟁론』에서 '동맹 군대'의 개념은 특정 나라들의 군대를 가리키지 않는다. 시대에 따라, 전쟁에 따라, 필요에 따라 다른 나라들과 맺는 동맹은 끊임없이 바뀌었다. 그래서 '동맹 군대'에서 어느 나라들이 동맹을 맺은 것인지는 그때그때의 경우마다 다르다. 전쟁 중에 동맹을 바꾸는 경우도 드물지 않았다.

32. 나폴레옹은 그 얼마 후에 황제의 직위에서 물러나서(1814년 4월 13일) 엘바 섬에 유배되었다.

각각 그 특성에 따라 연구하고 목적과 비교하는데 있다. 문제를 그렇게 단순한 진실로 환원하면 결국 논쟁이 끝나든지, 아니면 적어도 새로운 결과를 얻을 것이다. 그 반면에 다른 종류의 비판에서는 소모적인 찬반 논쟁(pro et contra)이 끊임없이 일어나게 된다.

예를 들어 이 설명으로 만족하지 않고 블뤼허를 계속 추격하는 것이 슈바르첸베르크에게 방향을 돌리는 것보다 나았을 것이라는 마지막에 든 경우를 증명하려고 한다면 다음과 같은 단순한 진실을 그 근거로 삼게 될 것이다.

1. 일반적으로 하나의 방향에서 공격을 계속하는 것이 힘을 이런저런 방향으로 전환하면서 공격하는 것보다 유리하다. 힘의 방향을 전환하는 데는 반드시 시간 손실이 따르기 때문이고, 적이 이미 중대한 손실을 입어서 정신력이 약해졌을 때는 하나의 방향에서 공격하는 것이 새로운 승리를 더 쉽게 얻을 수 있게 하기 때문이고, 그래서 이런 식으로 방향을 전환하는 것은 이미 얻은 우세함의 일부를 이용하지 않는 것이 되기 때문이다.

2. 블뤼허의 병력은 슈바르첸베르크의 병력보다 적었지만, 블뤼허는 그의 모험 정신 때문에 슈바르첸베르크보다 중요한 인물이었기 때문이다. 그래서 동맹 군대의 중심은 블뤼허에게 있었고, 나머지 군대는 블뤼허의 방향을 따랐기 때문이다.

3. 블뤼허의 병력이 입은 손실은 패배나 다름없었기 때문이고, 이것으로 보나파르트가 우세해져서 블뤼허의 병력이 라인 강까지 후퇴하리라는 것은 거의 의심할 수 없었기 때문이고, 라인 강의 전선에는 블뤼허에게 이렇다 할 증원 병력이 없었기 때문이다.

4. 보나파르트가 블뤼허에게 승리를 거두었다면 적에게 이처럼 두렵고 엄청난 패배의 환상을 심어 주는 승리도 없었을 것이기 때문이다. 이는 슈바르첸베르크의 사령부처럼 우유부단하고 겁이 많은 것으로 알려진 군대에는 매우 중요한 일이었다고 보아야 한다. 뷔르템베르크 황태자가[33] 몽트로에서 얼마나 많은 병력을 잃었는지, 비트겐슈타인 백작이[34] 모르망에서 얼마나 많은 병력을 잃었는지 하는 것을 슈바르첸베르크 후작은 상당히 정확히 알고

있었을 것이다. 이와 반대로 블뤼허가 마른 강에서[35] 라인 강에 이르기까지 완전히 분리된 전선에서 어느 정도의 손실을 입었는지 하는 것은 눈사태처럼 불어난 소문을 통해서만 슈바르첸베르크에게 전달되었을 것이다. 보나파르트는 3월 말에 비트리로[36] 향했는데, 이 절망적인 방향을 잡은 것은 전략적인 우회를 통해 동맹 군대를 위협하려고 한 것이었고, 이는 분명히 자신에 대한 공포감의 원리에 토대를 두고 있었다. 하지만 이것은 완전히 달라진 상황에서, 즉 보나파르트가 랑과[37] 아르시에서[38] 패배하고 블뤼허가 슈바르첸베르크의 100,000명의 병력과 함께 있었을 때 이루어졌다.

물론 이 네 가지 이유를 통해서도 확신에 이르지 못한 사람들이 있을 것이다. 하지만 그들이 우리에게 적어도 "보나파르트가 라인 강을 향해 전진하여 슈바르첸베르크의 기지를 위협했다면, 슈바르첸베르크는 파리를, 즉 보나파르트의 기지를 위협했을 것이다."라고 반박할 수는 없을 것이다. 우리는 앞에 든 이유를 통해 슈바르첸베르크가 파리로 전진할 생각을 하지 못했을 것이라고 증명하려고 했기 때문이다.

앞에서 인용한 1796년의 원정의 예에서 우리는 다음과 같이 말할 것이다. 즉 보나파르트는 자신이 선택한 길을 오스트리아 군대를 공격하는 제일 확실한 길이라고 보았다. 하지만 보나파르트가 그렇게 생각했다고 해도 그 원

33. 뷔르템베르크(Friedrich Wilhelm Carl von Württemberg, 1781~1864), 당시에 황태자. 나중에 빌헬름 1세(Wilhelm I.)로서 뷔르템베르크의 왕이 된다.
34. 비트겐슈타인(Ludwig Adolf Peter zu Sayn-Wittgenstein, 1769~1843), 러시아의 원수. 러시아와 프로이센 동맹 군대의 최고 지휘관(1813년).
35. 마른 강(Marne), 프랑스의 랑그르 고원에서 발원하여 북서쪽으로 흐른다. 파리 바로 아래의 남동쪽에서 센 강에 합류한다. 약 514킬로미터.
36. 비트리(Vitry-le-Francois), 프랑스 북동부 마른 지방의 도시. 파리에서 동쪽으로 약 180킬로미터 떨어져 있다.
37. 랑(Laon), 프랑스 북부의 도시. 파리에서 북동쪽으로 130킬로미터에 있다. 랑 전투(1814년 3월 9~10일)에서 나폴레옹은 블뤼허의 공격으로 큰 손실을 입고 후퇴했다.
38. 아르시(Arcis-sur-Aube), 프랑스 북부의 도시. 트루아에서 북쪽으로 약 27킬로미터에 있고, 파리에서 거의 동쪽으로 (약간 남동쪽으로) 약 150킬로미터에 있다. 아르시 전투(1814년 3월 20~21일)에서 프랑스 군대와 동맹 군대 사이에 전투가 있었지만 승패는 나지 않았다.

정으로 이룬 목적은 공허한 명성이었고, 그 명성은 만토바의 함락에 눈에 띄는 영향을 거의 미칠 수 없었다. 우리의 눈에 오스트리아의 구원 군대를 막는 데는 우리가 선택한 길이 훨씬 확실한 길이었다. 하지만 프랑스의 최고 지휘관은 그 길에 찬성하지 않았고, 확실한 승리의 개연성을 낮게 보았다. 그러면 문제는 다음과 같은 것으로 압축될 것이다. 즉 어느 경우에 개연성은 매우 높지만 거의 쓸모없는 매우 하찮은 성공이 있는 반면에, 다른 경우에는 개연성은 매우 낮지만 훨씬 중요한 성공이 있다고 할 때 어느 것을 선택할 것인지 하는 것이다. 문제를 이런 식으로 설정하면 대담한 최고 지휘관은 두 번째 해결책에 찬성할 것이다. 문제를 피상적으로 관찰하면 이와 정반대의 결론이 나온다. 확실히 보나파르트는 적지 않게 대담한 의도를 갖고 있었다. 하지만 보나파르트가 상황의 성격을 철저하게 이해하지 못했고 결과를 그렇게 멀리 내다보지 못했다는 것은 의심할 수 없다. 바로 지금 우리는 그것을 경험에 의해 알게 된 것이다.

비판이 수단을 고찰하면서 전쟁사에 있는 예를 자주 들어야 하는 것은 당연하다. 전쟁술에서는 경험이 모든 철학적인 진실보다 많은 가치를 갖기 때문이다. 하지만 역사의 예를 통해 증명을 하는 데는 그 자체의 조건이 따르는데, 그것은 다른 장에서 언급할 것이다.[39] 유감스럽게 그 조건이 충족되는 일이 드물기 때문에 역사로부터 인용하는 것은 대부분 개념을 더 혼란스럽게 하는데 이바지할 뿐이다.

이제 중요한 문제를 하나 더 살펴보아야 한다. 즉 비판은 어느 하나하나의 경우를 판단할 때 그 경우를 더 높은 관점에서 바라보고, 그래서 성공으로 증명된 것도 이용하게 되는데, 비판이 그것을 어느 정도까지 이용해도 되는지 또는 이용해야 하는지 하는 것이다. 혹은 비판은 최고 지휘관과 완전히 똑같은 상황에서 생각하려고 그 성공을 배제하기도 하는데, 언제 어디에서 그것을 배제할 수밖에 없는지 하는 것이다.

---

39. 다음의 제6장 사례 참조.

비판이 최고 지휘관에 대해 칭찬이나 비난의 말을 하려고 한다면, 비판은 정확히 그의 입장에서 생각할 수 있도록 노력해야 한다. 즉 최고 지휘관이 알았던 것과 그의 행동의 동기로 작용한 것은 전부 모아야 하고, 그 반대로 최고 지휘관이 알 수 없었던 것이나 알지 못했던 것은 전부 배제해야 한다. 그래서 무엇보다 결과도 배제해야 한다. 그런데 이 목표에 이르려고 노력은 하지만, 그것은 결코 완전히 도달할 수 없는 목표에 지나지 않는다. 어느 사건이 비롯되는 상황이 최고 지휘관의 눈에 보였던 그대로 비판의 눈에 보이는 것은 결코 아니기 때문이다. 결단을 내리는데 영향을 미칠 수 있었던 수많은 사소한 상황은 사라졌고, 많은 주관적인 동기는 결코 언급되지 않는다. 주관적인 동기는 최고 지휘관의 회상록이나 최고 지휘관과 매우 친한 사람들로부터만 알 수 있는데, 그런 회상록은 사건을 때로 매우 장황한 방식으로 다루거나 일부러 왜곡하여 이야기하기도 한다. 그래서 최고 지휘관의 마음속에 남아 있던 많은 것은 비판의 눈에서 늘 벗어나게 된다.

다른 한편으로 비판이 알고 있는 많은 것을 배제하는 것은 훨씬 어렵다. 그것이 상황 자체에 토대를 두지 않고 우연히 개입된 상황과 관련될 때는 그것을 배제하는 것이 쉽다. 하지만 중요한 모든 상황을 배제하는 것은 매우 어렵고 결코 완전히 배제할 수도 없다.

먼저 결과에 대해 말해 보자. 어느 결과가 우연적인 상황에서 나온 것이 아니라면, 결과에 대한 지식이 그 결과를 불러일으킨 상황을 판단하는데 영향을 미치지 않는다는 것은 거의 불가능하다. 우리는 결과에 비추어서 상황을 보고, 상황의 일부는 결과를 통해 비로소 완전하게 알게 되고 판단하기 때문이다. 전쟁사는 그 안에 나타나는 모든 현상과 더불어 비판 자체에게 교**훈의 원천**이다. 그래서 비판이 전쟁사 전체를 고찰하여 얻은 바로 그 빛으로 현재의 상황을 비추어 보는 것은 당연하다. 그래서 많은 경우에 비판이 그 빛을 완전히 배제해야 한다고 해도 그 의도는 결코 완전히 성공하지 못할 것이다.

이 어려움은 나중에 비로소 나타나는 결과뿐만 아니라 이미 존재하고 있는 것, 즉 최고 지휘관의 행동을 규정하는 상황과도 관련된다. 비판은 대부분의 경우에 그런 상황을 최고 지휘관보다 많이 알고 있을 것이다. 그 상황을 완전히 배제하는 것이 쉽다고 생각할 수 있지만 그렇지 않다. 과거와 현재의 상황에 대한 지식은 확실한 정보에 토대를 두고 있을 뿐만 아니라 수많은 추측이나 전제에도 토대를 두고 있기 때문이다. 완전히 우연히 일어나지 않은 상황에 대한 정보 중에서도 이미 전제나 추측이 들어 있지 않은 정보는 거의 없다. 확실한 정보가 없을 때는 전제나 추측이 그것을 대신한다. 아무것도 알려지지 않은 상황에서 행동하는 순간에 무엇을 개연성이 제일 높다고 생각하는지 비판이 자신에게 묻는다면, 후대의 비판은 과거와 현재의 모든 상황을 실제로 알고 있더라도 그것에 매수되어서는 안 된다는 것을 이해하게 된다. 우리는 여기에서 이미 알고 있는 것을 완전히 배제하는 것은 결과의 경우와 마찬가지로 불가능하다고 주장한다. 더욱이 결과의 경우와 똑같은 이유 때문에 불가능하다.

그래서 비판이 어느 하나하나의 행동에 대해 칭찬이나 비난의 말을 하려고 한다면 최고 지휘관의 입장이 되어야 한다는 것은 늘 어느 정도까지만 할 수 있을 것이다. 매우 많은 경우에는 비판이 이를 현실의 필요를 만족하는 정도까지 할 수 있을 것이지만, 많은 경우에는 전혀 할 수 없을 것이다. 우리는 이것을 잊지 말아야 한다.

그런데 비판이 최고 지휘관과 완전히 동일한 입장에 있는 것은 필요하지도 않고 바람직하지도 않다. 일반적으로 숙련된 행동에서 하는 것과 같이 전쟁에서도 훈련받은 타고난 소질이 필요한데, 이런 소질을 갖춘 인물을 대가(大家)라고 부른다. 대가 중에도 큰 인물이 있고 작은 인물이 있다. 큰 인물의 경우에는 그것이 비평가의 소질을 쉽게 넘어설 수 있다. 어느 비평가가 자기 자신을 프리드리히 대왕이나 보나파르트와 같은 대가의 소질을 갖고 있다고 주장하려고 하겠는가! 그럼에도 비판이 그런 위대한 재능에 대해 말을 해야만 한다면, 비판에게 더 넓은 시야를 갖고 있는 유리함을 쓰게 하는 것은 허락해야 한다. 그래서 비판은 위대한 최고 지휘관이 해결한 문제의 해답을 그 최고 지휘관이 쓴 것과 똑같은 상황에서 계산 문제처럼 검산할 수 없다. 비판은 천재의 뛰어난 활동에 토대를 두고 있는 것이 현상과 정확히 맞아떨어지는 결과를 보고 비로소 감탄스럽게 그것을 인식할 수밖에 없고, 천재의 눈길이 예감했던 본질적인 상호 관계를 현실에서 알 수밖에 없다.

하지만 비판은 제일 보잘것없는 대가는 물론 모든 대가보다 높은 관점에 있는 것이 필요하다. 그렇게 되면 비판은 객관적인 판단 근거를 풍부하게 갖게 되고 주관을 되도록 많이 배제하게 되고 비평가의 편협한 정신을 판단의 척도로 삼지 않게 된다.

이렇게 높은 위치에 있는 비판, 상황에 대한 완전한 통찰에 따른 칭찬과 비난은 그 자체로 우리의 감정을 상하게 하지 않는다. 하지만 비평가가 개인적으로 주제넘게 굴고, 사건에 대한 완전한 통찰에 의해 얻은 모든 지혜를 마치 자신의 독특한 재능인 것 같은 어조로 말하면 우리의 감정은 상하게 된다. 이런 기만이 매우 뻔뻔스러운 것인데도 허영심은 비평가를 쉽게 기만에 빠뜨린다. 기만이 다른 사람을 불쾌하게 만드는 것은 당연하다. 그런 개인적인 자만이 비평가의 의도가 전혀 아닌 경우도 매우 많지만, 그가 그런 태도를 단호하게 거부하지 않는다면 성급한 독자들은 그렇게 생각한다. 그렇게 되면 곧바로 그의 판단력의 부족에 대한 불만이 생긴다.

그래서 비판이 프리드리히 대왕이나 보나파르트와 같은 대가의 잘못을 증명한다고 해서 그것이 비판을 하는 사람은 그런 잘못을 저지르지 않을 것이라는 뜻은 아니다. 오히려 그는 그런 최고 지휘관의 지위에서 훨씬 많은 잘못을 저지를 수 있다는 것을 인정할 수 있을 것이다. 그 말은 다만 비평가는 그 잘못을 상황의 연관성으로부터 인식한다는 것이고, 최고 지휘관에게 잘못을 미리 보았어야 한다는 통찰력을 요구한다는 것이다.

그래서 이것은 상황의 연관성을 통한 판단이고 **결과를 통한** 판단이기도 하다. 그런데 하나의 결과가 비평가의 판단에 완전히 다른 영향을 미치는 일도 있다. 이것은 매우 단순하게도 결과가 어떤 조치가 옳았는지 아니면 틀렸는지를 증명하는 것으로 쓰이는 경우이다. 이것은 **결과에 따른** 판단이라고 부를 수 있다. 그런 판단은 언뜻 보면 무조건 버려야 할 것처럼 보이지만 그렇지 않은 경우도 있다.

보나파르트가 1812년에 모스크바로 전진했을 때 모든 것은 이 수도의 점령을 통해, 그리고 그 점령에 앞선 전투를 통해 알렉산드르 황제를[40] 평화 협정에 나서게 할 수 있느냐 없느냐 하는데 달려 있었다. 보나파르트는 1807년에 프리트란트 전투 후에[41] 알렉산드르 황제를, 그리고 1805년과 1809년에 아우스터리츠 전투와[42] 바그람 전투[43] 후에 프란츠 황제를[44] 평화 협정에 나서게 했다. 보나파르트가 모스크바에서 평화 조약을 맺지 못했다면 그에게는 파리로 돌아오는 일밖에 남지 않았고, 그것은 전략적인 패배에 지나지 않았다. 우리는 보나파르트가 모스크바에 도착하려고 무엇을 했는지, 그리고 그 과정에서 알렉산드르 황제에게 평화 조약을 맺을 결심을 하게 할 수 있었던 많은 기회를 놓치지 않았는지 하는 것은 고려하지 않도록 한다. 후퇴에 따른 파멸적인 상황의 원인은 아마 그 원정 전체를 수행했다는 것에 있을 텐데, 그 상황도 고려하지 않도록 한다. 그러면 문제는 늘 같을 것이다. 모스크바까지 이르는 원정의 결과가 아무리 훌륭했다고 해도 알렉산드르 황제가 그 결과에 겁을 먹고 평화 조약을 맺을지 불확실했기 때문이다. 또한 후퇴가 그토록 파멸적인 모습을 띠지 않았다고 해도 그것은 완전히 대규모의 전략적인 패배

---

40. 알렉산드르 황제(Alexander I. Pawlowitsch Romanow(Aleksandr I. Pavlovich Romanov), 1777~1825), 러시아의 황제(1801~1825년).

41. 프리트란트(Friedland in Ostpreußen, Prawdinsk, Frydląd, Romuva), 그 당시 동프로이센의 도시. 현재 러시아의 영토로서 프라브딘스크. 칼리닌그라드에서 남동쪽으로 약 50킬로미터에 있다. 프리트란트 전투(1807년 6월 14일)에서 프로이센과 러시아의 동맹 군대는 나폴레옹에게 패배했다.

42. 아우스터리츠(Austerlitz), 모라비아의 마을. 현재는 체코의 슬라브코프우브르나(Slavkov u Brna). 브르노에서 동쪽으로 20킬로미터에 있다. 아우스터리츠 전투(1805년 12월 2일)에서 나폴레옹은 러시아와 오스트리아의 동맹 군대에게 크게 승리했다.

43. 바그람(Wagram), 오스트리아 동부의 마을. 비인에서 북동쪽으로 17킬로미터에 있다. 바그람 전투(1809년 7월 5~6일)에서 나폴레옹은 보루 진지에 있는 오스트리아 군대를 무찔렀다.

44. 프란츠 황제(Franz II. Joseph Karl, 1768~1835), 프란츠 2세. 1806년까지 신성 로마 제국의 황제. 오스트리아의 황제(1804~1835년)로는 프란츠 1세.

일 수밖에 없었기 때문이다. 알렉산드르 황제가 보나파르트와 불리한 조건의 평화 조약을 맺었다면 1812년의 원정도 아우스터리츠, 프리트란트, 바그람의 원정과 같은 반열에 올랐을 것이다. 하지만 이 세 원정도 평화 조약을 맺지 못했다면 아마 1812년의 원정과 비슷한 파국에 빠졌을 것이다. 그래서 이 세계 정복자가 어떤 힘, 기술, 지혜를 썼다고 해도 운명의 신에게 묻게 되는 마지막 질문은 언제나 같은 것이다. 사람들은 이제 1805년, 1807년, 1809년의 원정을 모두 비난해야 하는가? 그리고 1812년의 원정 때문에 그 이전의 모든 원정도 어리석은 행동의 소산이고, 이전의 원정의 승리는 문제의 본질에 어긋나는 것이고, 1812년에 이르러 마침내 맹목적인 행운에 대항하는 전략이 정당성을 얻게 되었다고 주장해야 하는가? 그것은 매우 억지스러운 견해이고 독단적인 판단이 될 것이다. 그렇게 생각한다면 그 말의 절반까지는 증명해야 할 것이다. 어느 인간의 통찰력도 사건의 필연적인 연관성의 실을 패배한 군주의 결심까지 추적할 수는 없기 때문이다.

더욱이 1812년의 원정은 다른 원정처럼 승리했어야 하고, 그렇게 되지 않은 것은 부당한 것 때문이었다고 말하는 것은 앞의 주장보다 더 잘못된 것이다. 알렉산드르 황제의 완강함을 부당한 것으로 간주할 수는 없기 때문이다.

1805년, 1807년, 1809년에는 보나파르트가 적을 올바르게 판단했지만 1812년에는 적을 잘못 판단했고, 그래서 그는 그 당시에는 옳았지만 이번에는 옳지 않았다. 그것도 두 경우 모두 결과가 그렇게 가르치고 있기 때문이다. 이렇게 말하는 것보다 자연스러운 것이 어디 있겠는가.

전쟁의 모든 행동은 이미 말한 것처럼 단지 개연적인 결과에 맞추어져 있고 확실한 결과에 맞추어져 있지 않다. 확실성이 없는 것은 언제나 운명이나 행운에 (어떻게 불리든 상관없이) 맡겨야 한다. 물론 그것이 되도록 적을 것을 요구할 수는 있지만, 그것도 하나하나의 경우와 관련해서만 그러하다. 즉 이 하나하나의 경우에 되도록 적을 것을 요구할 수 있다. 하지만 그 말이 언제나 불확실성이 제일 적은 경우를 선호해야 한다는 것은 아니다. 그것은 우리의 모든 이론적인 견해로부터 알 수 있는 것처럼 이론에 대한 엄청난 위반이 될 것이다. 최대의 모험이 최고로 현명한 경우도 있다.

그런데 최고 지휘관이 모든 것을 운명에 맡겨야 한다면 그의 개인적인 공적은 완전히 없어지는 것처럼 보이고, 그래서 그의 책임도 그렇게 보인다. 그럼에도 우리는 예상이 맞을 때마다 마음속의 박수갈채를 억누를 수 없고, 예상이 빗나가면 지성의 불쾌감을 느낀다. 그래서 최고 지휘관의 행동이 옳았는지 옳지 않았는지에 대한 판단도 단지 결과로부터 알아낸 것이거나 결과 속에서 찾아낸 것이고, 그 이상을 의미해서는 안 된다.

우리의 지성은 예상이 적중하면 만족하고 예상이 적중하지 않으면 불만을 갖는데, 이것을 부정할 수는 없다. 그런데 예상이 적중하고 적중하지 않는 것은 막연한 감정에서 비롯되는 것이다. 즉 행운으로 얻은 비평가의 예상 결과와 최고 지휘관의 천재성 사이에 정신의 눈으로는 보이지 않는 미묘한 연관성이 있다는 것이다. 이 연관성을 전제하는 것은 우리를 즐겁게 한다. 이 견해는 어느 최고 지휘관의 경우에 예상이 적중하고 적중하지 않는 일이 자주 반복되면, 우리의 관심이 높아져서 더욱 분명한 감정이 된다는 것으로 증명된다. 그래서 전쟁의 행운은 도박의 행운보다 훨씬 고상한 성질을 갖는다는 것을 이해할 수 있다. 운이 좋은 최고 지휘관이 우리의 관심을 다른 방식으로 상하게 하지 않는 한, 우리는 기쁜 마음으로 그의 길을 따를 것이다.

그래서 비판은 인간의 계산과 신념의 영역에 속하는 모든 것을 고려할 것이고, 그다음에 어느 상황의 연관성이 깊고 은밀하여 눈에 보이는 현상으로 구체화되지 않는 부분에 대해서는 그 상황의 결과로 하여금 말하게 할 것이다. 비판은 한편으로 거칠고 소란스러운 의견으로부터 더 높은 법칙성의 조용한 판결을 보호할 것이고, 이와 동시에 다른 한편으로 어설픈 사람들에 의해 일어날 수 있는 최고 재판소의 남용도 물리칠 것이다.

그래서 인간의 지혜로 밝혀낼 수 없는 것은 언제나 결과에 의해 판결해야 한다. 그래서 정신의 힘과 영향에 대해서는 주로 결과에 의한 판결이 요구된다. 부분적으로는 정신의 힘과 영향을 확실하게 판단하는 것이 제일 어렵기 때문이고, 부분적으로는 정신의 힘과 영향이 의지 자체와 매우 밀접하여 의지를 그만큼 쉽게 좌우하기 때문이다. 용기나 두려움이 결단을 다그치는 경우에 그 사이에서 결정하는데 필요한 객관성은 더 이상 존재하지 않는다. 그래서 인간의 지혜와 계산으로 다시 개연적인 결과를 낼 수 있는 일도 없다.

이제 비판의 도구, 즉 비판에 쓰이는 언어에 대해 약간 살펴보도록 한다. 언어는 이를테면 전쟁 행동의 바로 옆에 있기 때문이다. 어느 문제에 대한 비판적인 검토는 행동에 앞서 일어나야 하는 깊은 생각에 지나지 않는다. 그래서 비판에서 쓰이는 언어는 전쟁에서 쓰여야 하는 깊은 생각과 동일한 성격을 갖는 것이 매우 중요하다고 생각한다. 그렇지 않으면 언어는 실천적인 의미를 갖지 못할 것이고, 비판에게 현실로 들어가는 입구도 마련하지 못할 것이다.

우리는 앞에서 전쟁 수행 이론을 살펴볼 때 그 이론이 전쟁 지도자의 정신을 교육하거나 나아가 전쟁 지도자 자신을 스스로 교육하도록 이끌어야 한다는 것, 그리고 그 이론은 그에게 실증적인 이론과 체계를 (그는 이것을 정신의 도구처럼 쓸 수 있는데) 마련하도록 정해져 있지 않다는 것을 말했다. 전쟁에서 눈앞에 일어나는 상황을 판단할 때 과학적인 노선을 만드는 것이 결코 필요하지도 않고 허용되지도 않는다면, 전쟁에서 진실이 체계적인 형태로 나타나지 않는다면, 즉 진실이 체계를 통해 간접적으로 발견되지 않고 타고난 정신의 눈을 통해 직접적으로 발견된다면, 비판적인 고찰에서도 그와 같이 되어야 한다.

물론 앞에서 본 것처럼 비판적인 고찰은 문제의 본질을 밝히는 것이 지나치게 장황하게 될 경우에 언제든지 이론에 확립되어 있는 진실에 의지해야 한다. 하지만 최고 지휘관은 전쟁에서 그 이론적인 진실을 경직된 외부의 법칙처럼 볼 때보다 그 진실의 정신을 자기 것으로 받아들일 때 그 진실에 더 많이 따르게 되는데, 이와 마찬가지로 비판도 그 이론적인 진실을 낯선 법칙이나 수학 공식처럼 이용해서는 안 된다. 수학 공식에서는 공식을 응용할 때마다 새로운 진실을 설명할 필요가 전혀 없다. 오히려 비판은 좀 더 정확하고 자세한 증명만 이론에 맡기면서 그 응용을 통해 진실 자체를 늘 두루 비추도록 해야 한다. 그렇게 해서 비판은 신비롭고 희미한 언어를 피하고 단순한 말과 늘 밝고 **분명한** 개념으로 이행한다.

물론 이것이 언제나 완벽하게 이루어지는 것은 아니지만, 비판적인 서술은 그렇게 하려고 노력해야 한다. 비판적인 서술은 인식의 복합적인 형태를 되도록 덜 이용해야 하고, 과학적인 노선의 구조를 진실을 알아내는 특별한 도구처럼 이용해서는 결코 안 되고, 모든 것을 타고난 정신의 자유로운 눈으로 얻어야 한다.

이것을 경건한 노력이라고 표현해도 된다면 이런 경건한 노력은 유감스럽게도 지금까지 이루어진 비판적인 고찰에서 거의 볼 수 없었다. 오히려 대부분의 비판적인 고찰은 일종의 허영심으로부터 관념적인 화려함으로 흘러갔다.

우리가 자주 부딪히는 첫 번째 해악은 분명히 한쪽으로 치우쳐 있는 체계를 진정한 법칙으로 쓰는 것이다. 이것은 구제할 수 없고 전혀 받아들일 수 없는 것이다. 그런 체계의 편파성을 보여 주는 것은 결코 어렵지 않다. 재판관의 판결과 같은 그 체계를 끊임없이 비난하기만 하면 된다. 이는 특정 대상과 관련되는 문제이다. 하지만 그런 체계의 수는 결국 매우 적을 수밖에 없기 때문에 그 체계 자체도 단지 하찮은 해악에 지나지 않는다.

체계에 따라다니는 **전문 용어, 기술적인 표현,** 은유의 긍정에 들어 있는 해악은 훨씬 크다. 이 해악은 풀어 놓은 천민이나 군대의 지휘를 벗어난 군중처럼 여기저기에 아무데나 돌아다닌다. 비평가들 중에는 어떤 체계도 마음에 들지 않기 때문에 또는 하나의 체계를 완전하게 알지 못하기 때문에 자기의 이론을 전체적인 체계로 정리하지 못하는 사람들이 있다. 이들은 최고 지휘관의 활동이 얼마나 잘못되었는지 보여 주려고 적어도 체계의 단편을 가져와서 그것을 가끔 자[尺]처럼 들이대려고 한다. 대부분의 비평가들은 과학적인 전쟁 이론의 그런 단편을 여기저기에 근거로 쓰지 않고는 결코 말을 늘어놓을 줄도 모른다. 그런 단편 중에 단순한 기술적인 용어와 은유에 들어 있는 제일 하찮은 단편은 때로 비판적인 서술의 미사여구에 지나지 않는다. 그런데 어느 체계에 속하는 모든 전문 용어와 기술적인 표현이 그 체계에서 쓰이지 않고 그 체계를 벗어나서 일반적인 공리처럼 쓰여야 한다면, 또는 일상 언어보다 큰 설득력을 갖는 작은 진실의 결정체처럼 쓰여야 한다면, 전문 용어와 기술적인 표현의 타당성이 (정말 타당성이 있다면) 사라지는 것은 문제의 본질상 당연하다.

생각을 꾸밈없이 단순하게 말하면 저자는 적어도 무엇을 말하고 있는지, 그리고 독자들은 무엇을 읽고 있는지 늘 알 수 있다. 오늘날의 이론적이고 비판적인 저서들은 그런 생각 대신에 전문 용어로 가득 차게 되었다. 그런 용어는 저자나 독자 모두 길을 잃는 캄캄한 교차로를 만든다. 전문 용어는 이보다 훨씬 나쁠 때도 많다. 즉 전문 용어는 때로 알맹이 없는 속 빈 껍데기이다. 저자 자신도 그 용어로 무엇을 생각하고 있는지 더 이상 분명하게 알지 못하게 되고 막연한 생각으로 마음을 가라앉힌다. 그리고 그런 생각은 그에게 단순한 말 자체로 만족하지 못하게 할 것이다.

비판의 세 번째 해악은 역사적인 사례를 남용하고 박식을 과시하는 것이다. 전쟁술의 역사에 대해서는 이미 말했고, 역사적인 사례와 전쟁사 일반에 대한 견해는 다른 장에서 설명할 것이다. 단지 피상적으로 언급되는 사건은 그와 반대되는 견해를 옹호하는데 쓰일 수 있다. 매우 멀리 있는 시대나 나라에서 또는 완전히 다른 상황에서 끌어오고 모은 서너 개의 사건은 최소한의 설득력도 갖지 못한 채 대부분 판단을 흩어지고 혼란스럽게 한다. 그런 사건을 잘 살펴보면 그것은 대부분 잡동사니이고, 박식을 과시하는 저자의 의도에 지나지 않기 때문이다.

이렇게 막연하고 어중간하고 혼란스럽고 자의적인 생각이 현실에 무슨 도움이 될 수 있을까? 도움이 되기는커녕 그런 생각 때문에 이론은 실천과 정반대가 되고, 전쟁터에서 위대한 능력을 인정받은 사람들의 비웃음이 되는 일도 드물지 않다.

이론이 전쟁 수행을 이루는 대상을 있는 그대로 고찰하고 단순하게 말하고 밝힐 수 있는 것을 밝히려고 했다면, 잘못된 요구를 하지 않고 과학적인 형식과 역사적인 재구성의 부당한 화려함 없이 문제의 핵심에 머물렀다면, 전쟁터에서 타고난 정신의 눈으로 전쟁을 이끌어야 하는 사람들과 함께 있었다면, 이론이 비웃음이 되는 일은 없었을 것이다.

[지도 2] 알프스 산맥

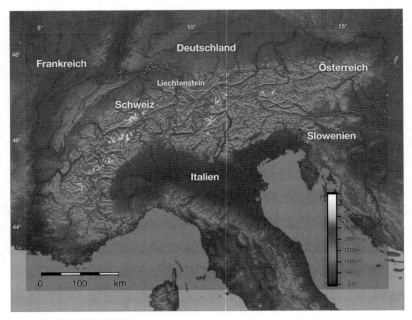

알프스 산맥의 디지털 입체 지도
출처 SRTM-Daten로 작가 직접 작성.
작가 Perconte
업로드 2006. 2. 27
업데이트 Magnus Manske 2010. 11. 11

알프스는 유럽 대륙 최고의 산맥이다. 동서의 길이는 약 1200킬로미터로 서쪽으로 리구리아 해에서 동쪽으로 판노니아 평원에 걸쳐 있다. 남북의 길이는 150~250킬로미터. 현재의 영토로 프랑스, 스위스, 독일, 오스트리아, 리히텐슈타인, 이탈리아, 슬로베니아에 걸쳐 있다.

[지도 3] 이탈리아 북부 지방

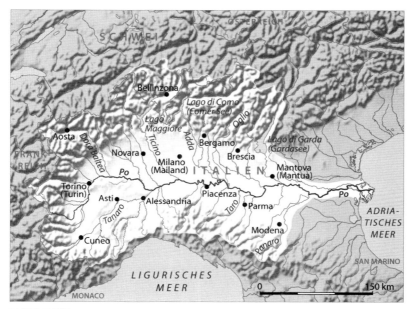

포 강과 그 지류
날짜 2008. 3. 31
출처 GTOPO-30 Elevation Data by USGS로 작가 직접 그림.
작가 NordNordWest

　이탈리아 북부에 포 강을 중심으로 넓은 평야 지대가 보인다. 그 위쪽으로 많은 호수가 보이는데, 오른쪽에 있는 호수가 가르다 호수이다. 왼쪽으로 프랑스, 북쪽으로 스위스, 오스트리아가 보인다. 토리노, 알레산드리아, 밀라노, 만토바가 보인다. 이탈리아 서쪽에는 리구리아 해가, 동쪽으로는 아드리아 해가 있다.

[지도 4] 나폴레옹의 1814년 6일 간의 원정

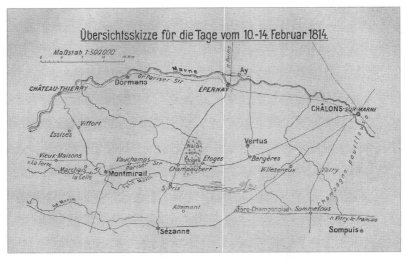

나폴레옹의 1814년 6일 간의 원정(Napoleons Sechs-Tage-Feldzug 1814)
출처 C. von Zepelin, *Die Befreiungskriege 1813~1815. Zur hundertjährigen Gedächtnisfeier,*
Verlag C. A. Weller, Berlin 1913
지도 제작자 불명 또는 조사 불가능
지도 제작 연도 1908년
벨러(C. A. Weller) 출판사는 현재 존재하지 않음.
책의 저자 체펠린(C. von Zepelin) 조사 불가능

지도 중간 아래에 몽미라이, 샹포베르, 에토주가 보이고 위에 마른 강이
보인다. 그리고 지도 오른쪽 위에 샬롱이 있다. 매우 희귀한 지도로 보인다.

[그림 10] 블뤼허

블뤼허의 초상화
작가 불명
시기 약 1815~1819년(Paul Ernst Gebauer에 따름.)
표현 수단 동판화, 유화
원본 크기 53×43센티미터
소장 Stiftung Stadtmuseum Berlin Inv.-Nr. GEM 75/10
업로드 Jdsteakley 2009. 9. 26
업데이트 P. S. Burton 2012. 6. 26
출처 *Für die Freiheit – gegen Napoleon. Ferdinand von Schill, Preußen und die deutsche Nation.*
ed. by Veit Veltzke (Cologne, 2009), p. 83

블뤼허는 프로이센의 원수로서 1813년 라이프치히 전투와 1815년 벨-알리앙스 전투에서 웰링턴 공작과 함께 나폴레옹에게 대항하여 전투를 벌였다. 그는 로스토크와 베를린에서 시민들로부터 '전진 원수(前進 元首, Marschall Vorwärts)라는 별명을 얻었는데, 이는 그의 공격적인 성격에서 비롯된다. 그는 포기를 모르는 불굴의 장군으로 평가받고 있다.

[지도 5] 라인 강

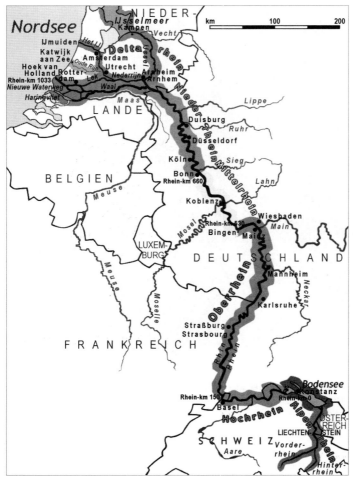

라인 강의 구간과 주요 지류
출처 File:Rhein-Karte.png by Daniel Ullrich(Threedots)
작가 Ulamm
업로드 2014. 5. 13

　　라인 강은 현재 스위스와 독일의 국경 도시 바젤에서 프랑스와 독일의
국경을 이루다가 그다음에 독일로 흐른다. 하류 아래 부분에서 네덜란드로
흘러 북해로 흐른다. 독일 지역만 보면 라인 강 상류, 중류, 하류(오버라인, 미

텔라인, 니더라인)로 구분된다. 네덜란드 지역의 라인 강은 여러 지류로 나뉘어서 '델타 라인'(라인 강 델타 지대, 라인 강 삼각주)으로 불린다. 라인 강의 발원지인 스위스 지역의 라인 강은 (직역하면) '앞 라인'과 '뒤 라인'의 '알프스 라인'으로 불리고, 보덴제(Bodensee, 보덴 호수)에서 바젤까지는 '높은 라인'으로 불린다.

라인 강의 큰 지류로 상류부터 하류로 네카 강, 모젤 강, 마인 강, 란 강, 지크 강, 루르 강, 리페 강 등이 보인다. 지도 왼쪽에 프랑스, 벨기에, 네덜란드를 흐르는 마스 강(뫼즈 강)이 보인다. 또한 독일 지역의 라인 강에 있는 도시로 칼스루에, 만하임, 마인츠, 비스바덴, 코블렌츠, 본, 쾰른, 뒤셀도르프, 두이스부르크 등이 있다.

제6장

사례

  역사적인 사례는 모든 것을 분명하게 할 뿐만 아니라 경험 과학에서 최고의 설득력을 갖는다. 이것은 다른 어느 분야보다 전쟁술에서 더 그러하다. 샤른호스트 장군은 자신의 『수첩』에서[1] 본래의 전쟁에 대해 최고의 기술을 남겼고, 전쟁에 관한 자료 중에서 역사적인 사례를 제일 중요하다고 설명하면서 그 사례를 감탄스러울 만큼 잘 이용하고 있다. 장군이 전쟁에서 죽지 않고 살아남았다면 아마 『포병술』 제4권을[2] 다시 썼을 것이고, 그러면 그 책은 장군이 어떤 관찰과 교훈의 정신으로 경험을 다루었는지에 대해 우리에게 좀 더 훌륭한 증거를 남겼을 것이다.

  하지만 이론적인 저술가들이 역사적인 사례를 그렇게 쓰는 경우는 매우 드물다. 오히려 그들이 역사적인 사례를 쓰는 방식은 대부분 우리의 지성에 만족을 주지 못할 뿐만 아니라 심지어 상처를 주기도 한다. 그래서 사례의 올바른 사용과 잘못된 사용에 특별히 주의를 기울이는 것이 중요하다고 생각한다.

  전쟁술의 바탕이 되는 지식은 확실히 경험 과학에 속한다. 그 지식이 대

---

1. 『야전용 군사 수첩』(*Militärisches Taschenbuch zum Gebrauch im Felde*)을 말한다. 1792년 출간. 이는 그가 포병 대위 때 쓴 것으로 소규모 전쟁에 관한 일종의 백과사전이다.
2. 현재 남아 있는 것은 1829년에 출간된 판이다.

부분 사물의 본질에서 나온다고 해도 그 본질 자체는 대부분 경험을 통해 알 수밖에 없기 때문이다. 더욱이 그 지식을 쓰는 일은 많은 상황의 제약을 받고, 그래서 그 효과는 단지 수단의 본질을 아는 것만으로는 결코 완전하게 알 수 없다.

화약은 오늘날의 전쟁 활동에서 매우 중요한 원동력인데, 화약의 효과는 경험으로 알 수밖에 없다. 사람들은 이 시간에도 화약의 효과를 좀 더 정확히 연구하려고 끊임없이 노력하고 있다. 화약이 든 포탄이 초속 1000피트로[3] 날아가면서 포탄의 영향권 안에 있는 모든 생명체를 산산조각으로 파괴한다는 것은 자명하다. 그것을 알려고 포탄을 경험할 필요는 없다. 하지만 몇백 가지의 부수적인 상황이 포탄의 효과를 좀 더 정확히 규정하게 되는데, 이것은 부분적으로 경험을 통해서만 알 수 있다. 그리고 우리는 단지 포탄의 물리적인 효과에만 주의를 기울여서는 안 된다. 포탄의 정신적인 효과도 알아야 하는데, 이것을 알고 판단하는 데는 경험 이외에 다른 수단이 없다. 화기가 처음으로 발명되었던 중세에 화기의 구조는 불완전했다. 그래서 화기의 물리적인 효과는 당연히 지금보다 훨씬 낮았지만 정신적인 효과는 훨씬 높았다. 위험에 대한 오랜 훈련으로 단련된 군대는 풍부한 승리의 경험을 통해 스스로 제일 높은 수준을 요구하는 고상한 믿음에 이르게 되는데, 이런 군대가 무엇을 해낼 수 있는지 이해하려면 보나파르트가 그의 정복 전쟁에 대비하여 훈련하고 지휘한 군대가 매우 격렬하고 지속적인 포화 속에서 얼마나 완강하게 버텼는지 보았어야 한다. 상상하는 것만으로는 그것을 결코 믿지 못할 것이다. 다른 한편으로 오늘날에도 유럽의 군대에는 몇 번만 포격을 당해도 그때마다 흩어지는 타타르,[4] 코사크,[5] 크로아티아와[6] 같은 군대도 있다는 것은

---

3. 1피트(3분의 1야드, 12인치)는 시대와 나라에 따라 25~34센티미터로 여러 길이를 나타낸다. 프로이센의 1피트는 약 31센티미터.

4. 타타르(Tatar, Tataren), 이슬람교를 믿는 투르크계 민족. 타타르는 약 40개 민족을 포괄한다.

5. 코사크(Kosaken), 러시아어로 카자크, 영어로는 코사크. 코사크는 민족 집단이 아니라 근대 초에 러시아의 중앙 권력을 피해 모스크바의 공권력이 미치지 못하는 변경 지대, 즉 러시아

경험으로 알 수 있다. 하지만 어느 경험 과학도, 그래서 어느 전쟁술의 이론도 그 진실에 언제나 역사적인 증명을 덧붙일 수는 없다. 부분적으로는 그것이 단지 너무 장황하기 때문에 불가능할 것이고, 부분적으로는 경험을 하나하나의 현상에서 증명하는 것도 어려울 것이다. 전쟁에서 어느 수단이 매우 큰 효과를 보여 주었다는 것을 알게 되면 그 수단은 반복해서 쓰인다. 어느 수단은 다른 수단을 모방한다. 그러면 그것은 틀림없이 유행이 된다. 이런 식으로 그것을 경험하게 되면 그것이 널리 쓰이고, 그것은 늘 이론에서 일정한 자리를 차지하게 된다. 이론은 일반적으로 경험에 토대를 두고 있는데, 이는 그것이 어디에서 비롯되는 것인지 암시하려는 이유 때문이고 그것을 증명하려는 이유 때문이 아니다. 그런데 현재 잘 쓰이고 있는 수단을 배제하거나 의심스러운 수단을 확인하거나 새로운 수단을 도입하려고 경험이 쓰여야 한다면 상황이 완전히 달라진다. 그러면 하나하나의 사례는 역사에서 증명되어야 한다.

역사적인 사례를 쓴다는 것을 좀 더 자세히 살펴보면 다음과 같이 쉽게 구분할 수 있는 네 가지 관점이 생긴다.

먼저 사례는 단지 생각을 **설명**하려고 쓰일 수 있다. 추상적인 고찰에서는 생각을 잘못 이해하거나 전혀 이해하지 못하는 일이 쉽게 일어나기 때문이다. 저술가들이 이것을 염려할 때 역사적인 사례는 생각에 부족했던 빛을 비추고, 저술가와 독자들의 의사 소통을 돕는데 쓰인다.

둘째로 사례는 생각을 **적용**하는데 쓰일 수 있다. 사례는 생각을 일반적으로 표현하는 것으로는 모두 파악할 수 없는 사소한 상황에 대한 논의를 보여 주는 기회를 주기 때문이다. 바로 여기에 이론과 경험의 차이가 있다. 이

와 투르크 사이의 중립 지대인 우크라이나나 러시아 남부로 도주한 러시아인 평민이다. 투르크 언어에서 온 말로, 대략 '자유로운 전사'라는 뜻이다. 카자흐는 중앙아시아에 있는 유목 민족 집단이고, 혈통으로 러시아인과 별개의 민족이다. 카자크와 카자흐는 표기가 비슷해서 혼동하지만, 엄밀한 의미에서 별개의 개념이면서 연관성이 거의 없다.

6. 크로아티아(Kroatien, Croatia), 남슬라브 민족. 주로 발칸 반도에 거주하고 있다. 1809~1813년에 나폴레옹의 통치를 받았다.

두 가지 경우는 본래의 사례이고, 아래의 두 가지 경우는 역사적인 증명에 속한다.

셋째로 자신이 말한 것을 증명하려고 역사적인 사실을 끌어들일 수 있다. 단지 어느 현상이나 효과의 **가능성**만 보여 주려고 하는 모든 경우에는 이것으로 충분하다.

넷째로 역사적인 사건을 자세히 서술하고 여러 개의 사건을 모아서 어떤 교훈을 얻을 수 있다. 이 경우에는 사건 자체가 증언하고 있기 때문에 교훈이 참된 설득력을 갖는다.

첫 번째 사용에서는 대부분 사례를 피상적으로 언급하는 것만 중요한데, 여기에서는 사례의 한쪽 측면만 이용하기 때문이다. 여기에서는 역사적인 진실조차 부차적인 것이고 꾸며낸 사례도 쓰일 수 있다. 다만 역사적인 사례가 언제나 좀 더 실제적이고, 이미 언급된 생각을 좀 더 현실적인 것으로 만든다는 장점을 갖고 있다.

두 번째 사용은 사례에 대한 좀 더 자세한 서술을 전제로 한다. 여기에서도 서술의 정확성은 부차적인 문제이고, 이런 관점에서 보면 첫 번째 사용법에서 말한 것과 같다.

세 번째 사용에서는 대부분 의심할 나위 없는 사실의 단순한 진술만으로 충분하다. 어느 조건에서 보루 진지로 전투의 목적을 이룰 수 있다고 주장한다면 이 주장을 증명하는 데는 단지 분첼비츠의 진지를[7] 드는 것만으로 충분하다.

하지만 어느 역사적인 사례에 대한 서술을 통해 하나의 일반적인 진실을 증명해야 한다면 그 사례는 그 주장과 관련되는 모든 것에서 정확하고 자세하게 설명되어야 하고, 이를테면 그 사례는 독자들의 눈앞에 빈틈없이 구

---

7. 분첼비츠(Bunzelwitz, Bolesławice), 슐레지엔의 마을. 현재 폴란드의 영토. 슈바이드니츠에서 북서쪽으로 약 6킬로미터 떨어져 있다. 프리드리히 대왕이 분첼비츠에 견고한 보루 진지를 구축하여(1761년 8월 20일~9월 25일) 슐레지엔에 주둔하고 있던 오스트리아 군대와 러시아 군대의 합류를 막았다.

성되어야 한다. 이것이 제대로 이루어지지 않을수록 설득력은 그만큼 약해지고, 개별적인 사례의 부족한 설득력을 많은 사례를 통해 보충해야 하는 필요는 그만큼 많아진다. 좀 더 자세한 상황을 말할 수 없는 경우에는 당연히 많은 사례를 통해 그 상황을 효과적으로 보충할 것을 전제로 하기 때문이다.

기병은 보병의 뒤에 있는 것이 옆에 있는 것보다 낫다는 것, 또는 아군이 결정적으로 우세하지 않을 때 분리된 종대로 적을 넓게 포위하는 것은 전투에서도 전쟁터에서도, 즉 전술적으로도 전략적으로도 극히 위험하다는 것을 경험에서 증명하려고 하면 다음과 같은 것을 생각해야 한다. 즉 전자의 경우에는 기병이 보병의 옆에 있을 때 패배한 전투를 약간 들고 보병의 뒤에 있을 때 승리한 전투를 몇 개 드는 것으로는 충분하지 않다. 그리고 후자의 경우에도 리볼리 전투,[8] 바그람 전투, 1796년 이탈리아의 전쟁터에 대한 오스트리아 군대의 공격, 바로 이 원정에서 독일의 전쟁터에 대한 프랑스 군대의 공격을 생각해 내는 것으로는 충분하지 않다. 모든 상황과 하나하나의 전투 과정을 정확히 추적해서 앞에 말한 진지와 공격의 형태가 어떻게 그렇게 나쁜 결과를 가져오게 되었는지 밝혀야 한다. 그러면 어느 정도까지 그 형태를 비난해야 하는지, 그리고 무엇을 반드시 함께 고려해야 하는지도 분명해질 것이다. 그런 형태를 매우 막연하게 비난하는 것은 어쨌든 진실에서 벗어날 것이기 때문이다.

어느 사실을 자세히 설명할 수 없을 때 많은 사례를 통해 부족한 설득력을 보충할 수 있다는 것은 이미 인정했다. 하지만 이것이 자주 악용되는 위험한 해결책이라는 것도 부정할 수 없다. 사람들은 하나의 경우를 매우 자세하게 설명하는 대신에 서너 가지의 경우를 단지 피상적으로 언급하는데 만족하고, 이것으로 그 경우를 확실하게 증명했다는 겉치레에 이른다. 하지만 한 다스의 경우를 들어도 그것이 자주 반복되기 때문에 아무것도 증명하지 못하

---

8. 리볼리(Rivoli), 북부 이탈리아에 있는 도시. 아디제 강과 가르다 호수 사이에 있다. 베로나(Verona)에서 북서쪽으로 22킬로미터에 있다. 리볼리 전투(1797년 1월 14~15일)에서 오스트리아 군대는 프랑스 군대의 진지를 포위했지만 나폴레옹의 군대에 의해 격퇴되었다.

는 사례가 있고, 그것과 반대되는 결과를 증명하는데 또 다른 한 다스의 경우를 드는 것도 쉽다. 누가 자기편을 종대로 분리하여 적을 공격했기 때문에 패배한 전투를 한 다스 정도 들면, 우리는 바로 그 대형을 이용하여 승리한 전투를 한 다스 정도 들 수 있다. 이런 식으로는 어떤 결과에도 이르지 못할 것이다.

이런 여러 가지 상황을 생각하면 우리는 사례가 얼마나 쉽게 악용될 수 있는지 알게 된다.

어느 사건의 모든 부분을 주도면밀하게 구성하지 않고 피상적으로 언급하면 그 사건은 매우 먼 곳에서 보는 사물과 같게 된다. 그러면 사람들은 그 사물에서 각 부분의 상태를 더 이상 구분할 수 없고, 그 사물의 모든 측면은 똑같은 모습을 보인다. 그런 사례는 실제로 반대되는 견해를 지지하는데 쓰일 수 있다. 다운의[9] 원정은 어떤 사람에게는 현명한 신중함을 보인 모범적인 사례이지만, 다른 사람에게는 겁을 먹고 우유부단함을 드러낸 전형적인 사례이다. 보나파르트가 1797년에 동부 알프스를 넘어 전진한 것은 역사적인 결단으로 볼 수도 있고 심각한 경솔함으로 볼 수도 있다. 1812년의 전략적인 패배를 에네르기의 과잉의 결과라고 생각할 수도 있고 에네르기의 부족의 결과라고 생각할 수도 있다. 이 모든 견해가 실제로 있었고, 그런 견해가 어떻게 생길 수 있는지도 확실하게 이해하게 되었다. 그것은 모든 견해가 문제의 맥락을 다르게 해석했기 때문이다. 그렇지만 이 모순되는 견해는 함께 존재할 수 없고, 그래서 둘 중의 하나는 당연히 거짓일 수밖에 없다.

훌륭한 퓨퀴에레가[10] 『회고록』에[11] 남겨 놓은 수많은 사례에 대해 우리는 매우 큰 감사의 빚을 지고 있다. 그것은 부분적으로 『회고록』을 통해 수

---

9. 다운(Leopold Joseph von Daun, 1705~1766), 오스트리아의 원수. 유명한 기동 전략가.
10. 퓨퀴에레(Antoine Manassès de Pas de Feuquières, 1648~1711), 루이 14세 때 프랑스의 장군. 그의 『회고록』이 유명하다. 그는 독일에 대한 루이 14세의 전쟁에서 활약을 보였다.
11. 『전쟁 회고록』(*Mémoires sur la guerre*), 런던에서 1736년에 출간된 판이 결정판으로서 인정받고 있다.

많은 역사적인 정보가 우리에게 전해졌기 때문인데, 그렇지 않았으면 그것은 사라졌을 것이다. 또한 부분적으로 그가 이를 통해 처음으로 이론적이고 추상적인 개념을 현실에 매우 쓸모 있게 접근하도록 하는데 영향을 미쳤기 때문이다. 『회고록』에 든 사례들이 이론적인 주장에 대한 설명과 자세한 규정으로 간주될 수 있는 한 그러하다. 하지만 우리 시대의 편견 없는 독자들의 눈으로 볼 때 그의 목적이 (그 목적은 대부분 이론적인 진실을 역사적으로 증명하는 것인데) 달성되었다고 보는 것은 어려울 것이다. 그는 사건을 때로 약간 자세하게 설명하고 있지만, 사건의 내부적인 연관성으로부터 필연적으로 결론을 끌어낸다는 점에서는 많이 부족하기 때문이다.

역사적인 사건을 언급하기만 하는 데는 다른 단점도 있다. 저자가 그 사건에서 생각한 것만 독자들에게 생각할 수 있게 하려고 해도 일부 독자들은 그 사건을 충분히 알지 못하거나 기억하지 못한다는 것이다. 그래서 독자들은 저자의 생각에 그저 감탄하거나, 어떠한 확신도 얻지 못한 상태에 머무는 것 외에 달리 할 일이 없게 된다.

역사적인 사건이 이론을 증명하는데 쓰여야 할 때 그 필요에 맞게 사건을 독자들의 눈앞에 구성하거나 일어나게 하는 것은 분명히 매우 어렵다. 저술가에게는 대부분 그렇게 하는데 필요한 수단은 물론 시간과 공간도 매우 부족하기 때문이다. 하지만 우리는 새로운 생각이나 의심스러운 견해를 밝히는 것이 중요한 경우에는 하나의 사건을 철저하게 서술하는 것이 열 개의 사건을 언급하기만 하는 것보다 교훈적이라고 주장한다. 피상적으로 언급하는 것의 제일 큰 해악은 저술가가 무엇을 증명하려고 하는 잘못된 기대를 갖고 그런 피상적인 언급을 한다는 것이 아니다. 그가 그 사건을 결코 정확하게 알고 있지 않다는 것이다. 또한 역사를 그렇게 경솔하고 피상적으로 다룸으로써 몇백 개의 잘못된 견해가 생겨나고, 계획만 세우고 결코 실행을 하지 못하는 이론이 생겨난다는 것이다. 저술가가 새롭게 내놓는 것과 역사로부터 증명하려고 하는 모든 것을 사건의 정확한 맥락으로부터 의심할 여지없이 추론한다는 의무를 갖고 있다면 그런 견해와 이론은 결코 나타나지 않을 것이다.

역사적인 사례를 쓸 때 생기는 이런 어려움과 의무를 지킨다는 요구의 필요성을 이해했다면, 사례를 선택하는데 제일 자연스러운 영역은 늘 최근의 전쟁사이어야 한다는 것도 이해했을 것이다. 그리고 최근의 전쟁사도 충분히 알려지고 연구되어 있는 한에서만 그러하다. 매우 멀리 있는 시대는 전쟁의 상황이나 전쟁 수행에서 오늘날과 다르고, 그래서 그 사건이 우리에게 별로 교훈을 주지도 못하고 현실에 쓰이지도 못한다. 그뿐만 아니라 전쟁사도 자연스럽게 다른 모든 역사처럼 시간이 흐르면서 처음에 보여 준 수많은 사소한 특징과 상황을 점차 잃게 되고, 빛이 바래거나 거무스름해지는 그림처럼 색깔과 활기를 점점 더 많이 잃게 된다. 그래서 결국 사건의 큰 덩어리와 몇 개의 특징만 우연히 남게 되고, 그것이 터무니없이 큰 중요성을 갖게 된다.

오늘날의 전쟁 수행의 상태를 보면 적어도 무기의 측면에서 오늘날의 전쟁과 매우 비슷한 전쟁은 주로 오스트리아 왕위 계승 전쟁까지라고[12] 말하지 않을 수 없다. 그 밖의 크고 작은 상황에서 많은 변화가 있었다고 해도 그때까지 있었던 전쟁은 많은 교훈을 얻는데 충분할 만큼 아직 오늘날의 전쟁과 비슷하다. 하지만 스페인 왕위 계승 전쟁 때는[13] 사정이 완전히 달라진다. 이때는 화기도 아직 발달하지 않았고[14] 기병이 여전히 중요한 병과였다. 과거로 거슬러 올라갈수록 전쟁사는 그만큼 소용없게 되고 동시에 그만큼 빈약해지고 초라해진다. 고대 민족의 전쟁 역사는 제일 소용없고 초라할 것이다.

하지만 이 무용론은 절대적인 것이 아니다. 이 무용론은 그 당시의 좀 더 정확한 상황이나 전쟁 수행에 변화를 일으킨 문제에 대한 지식이 전혀 없는 대상에만 해당된다. 스위스 군대가 오스트리아, 부르고뉴,[15] 프랑스의 군대에

---

12. 오스트리아 왕위 계승 전쟁(1740~1748년). 오스트리아의 마리아 테레지아의 즉위에 반대하여 바이에른, 작센, 스페인이 오스트리아에 도전했고, 여기에 프랑스와 프로이센이 개입한 전쟁.

13. 스페인 왕위 계승 전쟁(1701~1714년). 스페인의 왕위와 소유권을 둘러싸고 프랑스, 바이에른, 스페인 대 오스트리아, 네덜란드, 프로이센, 포르투갈 사이에 일어난 전쟁.

14. 스페인 왕위 계승 전쟁 당시의 소총은 화승총이었다.

15. 부르고뉴(Burgund, Burgundy, Bourgogne), 그 당시 부르고뉴 공국. 현재 프랑스의 동부

맞선 전투의 경과에 대해 아무리 아는 것이 없다고 해도 우리는 그 전투에서 처음으로 우수한 보병이 (뛰어난 이동성을 갖는) 최고의 기병에 대해 우세함을 보여 주었다는 것을 분명히 알고 있다.[16] 용병 시대를 전반적으로 살펴보면 모든 전쟁 수행이 얼마나 용병이라는 도구에 의존했는지 알 수 있다. 다른 어느 시대에도 전쟁에 쓰인 전투력이 그렇게 독특한 도구의 성격을 띤 적이 없었고, 그렇게 나라와 인민의 삶과 분리된 적도 없었기 때문이다. 제2차 포에니 전쟁에서[17] 한니발은[18] 이탈리아에서 우세했던 반면에, 로마는 스페인과 아프리카에 대한 공격을 통해 카르타고를[19] 물리쳤는데, 이 놀라운 방식은 매우 교훈적인 고찰의 대상이 될 수 있다. 이 간접적인 저항의 효과는 나라와 군대의 일반적인 상황에 토대를 두고 있었는데, 그것이 오늘날에도 충분히 알려져 있기 때문이다.

하지만 사건이 개별적인 것으로 내려갈수록, 그리고 일반적인 상황으로부터 멀어질수록, 매우 멀리 있는 시대의 사례와 경험을 찾아내는 것은 그만큼 어렵게 된다. 어느 사건을 그 사건에 합당하게 판단할 수도 없고, 그 사건을 완전히 달라진 오늘날의 수단에 적용할 수도 없기 때문이다.

하지만 유감스럽게 저술가들이 고대의 사건을 언급하는 경향은 어느 시대에나 매우 강했다. 거기에서 허영과 허풍이 얼마나 큰 부분을 차지할 수 있는지는 판단하지 않도록 한다. 하지만 그런 경향에는 대부분 사건을 알리고 이해하게 하려는 정직한 의도나 진지한 노력이 없다는 것을 알게 된다. 그런 식으로 변죽을 울리는 것은 결함과 잘못을 덮으려고 하는 장식이라고 생각

지방. 부르고뉴 민족은 동게르만 민족의 일파인데, 오늘날 이 지방의 어원은 이 민족의 이름에서 유래된 것이다.

16. 스위스는 14세기 후반부터 17세기 전반에 이르기까지 나라의 독립을 획득하려고 오스트리아, 프랑스의 군대와 싸웠다. 그 당시에 스위스 군대는 보병을 주력 군대로 삼았고 기병은 보조 병과로 여겼다.

17. 제2차 포에니 전쟁(기원전 218~201년). 포에니는 카르타고의 주민인 페니키아인을 말한다.

18. 한니발(Hannibal Barca, 기원전 247~183), 카르타고의 장군.

19. 카르타고(Karthago, Carthage), 아프리카 북쪽 해안에 있던 페니키아의 식민지.

할 수밖에 없다.

퓨퀴에레가 의도했던 것처럼 전쟁을 순전히 역사적인 사례만으로 가르치는 것도 한없이 훌륭한 업적이 될 것이다. 하지만 그런 일을 하려는 사람은 먼저 자신의 오랜 전쟁 경험으로 그 일에 필요한 준비를 해야 한다. 이것을 생각하면 그것은 한 인간이 거의 평생 해야 하는 일이 될 것이다.

내면의 힘에 자극을 받아 그와 같은 일을 하려고 하는 사람은 먼 성지 순례를 떠나는 것처럼 그 경건한 일을 온 힘을 다해 준비해야 한다. 그는 시간을 희생해야 하고, 어떠한 노력도 겁내지 말아야 하고, 이 세상의 권력과 권세를 두려워하지 말아야 하고, 자신의 허영심과 잘못된 부끄러움을 이겨내야 한다. 프랑스 법전의[20] 표현대로 진실을, 오직 진실만을, 완전한 진실만을 말하려면 그렇게 해야 한다.

---

20. 프랑스 법전(Code civil des Français), 1804년 나폴레옹 1세 때 제정되고 공포된 프랑스의 민법 법전.

[그림 11] 다운

오스트리아 원수 레오폴드 폰 다운의 초상화
작가 18세기의 익명의 독일 화가
시기 18세기
표현 수단 유화
원본 크기 95×74센티미터
현재 소장 불명
출처 http://www.hampel-auctions.com/
업로드 AndreasPraefcke 2006. 3. 22
업데이트 AndreasPraefcke 2010. 12. 6

다운은 오스트리아의 '쿵쿠타토르 파비우스'로 불린다. 의심과 조심성이
많은 지휘관이었다. 슐레지엔 전쟁과 7년 전쟁에서 자주 프리드리히 대왕의
프로이센 군대를 무찔렀기 때문에 대왕의 호적수로 여겨졌다.

제3편

전략 일반

제1장

전략

전략의 개념은 제2편 제2장에서 밝혔다.[1] 전략은 전쟁의 목적을 이루려고 전투를 쓰는 것이다. 전략이 본래 관련을 맺고 있는 것은 전투뿐이다. 그런데 전략의 이론은 본래의 활동 주체인 전투력을 그 자체로서 살펴보아야 하고, 전투력이 전투와 갖게 되는 몇몇 중요한 관계도 살펴보아야 한다. 전투는 전투력에 의해 수행되고, 전투의 결과는 다시 전투력에 제일 먼저 나타나기 때문이다. 전략은 전투의 예상 결과뿐만 아니라 지성의 힘과 감성의 힘도 알아야 하는데, 이 힘은 전투를 쓸 때 제일 중요한 힘이다.

전략은 전쟁의 목적을 이루려고 전투를 쓰는 것이다. 그래서 전략은 전체 전쟁 행동에 대해 전쟁의 목적에 맞는 목표를 설정해야 한다. 즉 전략은 전쟁 계획을 짜고, 전쟁의 목적을 달성하는데 도움이 되는 일련의 행동을 그 목표에 연결한다. 다시 말해 전략은 하나하나의 원정 계획을 만들고 이 원정에 하나하나의 전투를 배치한다. 이 모든 것은 대부분 어떤 전제 조건에 따라 정해질 수밖에 없고, 그 전제 조건이 모두 맞는 것도 아니고, 다른 많은 자세한 규정은 결코 미리 정할 수 있는 것도 아니다. 그래서 전략은 직접 전쟁터로 나가야 한다는 결론이 나온다. 하나하나의 문제를 바로 그 자리에서 명령하

---

1. 전략의 개념은 제2편 제1장에 먼저 나온다.

고, 전체적인 상황에 의해 끊임없이 요구되는 수정을 하려면 그렇게 해야 한다. 그래서 전략은 한순간도 그 활동에서 손을 뗄 수 없다.

하지만 적어도 전쟁 전체를 보면 전략이 반드시 앞에서 말한 것처럼 행동한 것은 아니다. 이는 전략이 정부에 있고 군대에 있지 않았던 지난날의 관례를 통해 증명할 수 있다. 그런데 그런 관례는 정부가 군대와 긴밀한 관계에 있기 때문에 정부를 군대의 최고 사령부로 간주할 수 있을 때만 허용된다.

그래서 전략적인 전쟁 계획에는 이론이 따를 것이다. 좀 더 정확히 말하면, 이론은 문제 자체를 밝힐 것이고 문제들의 상호 관계를 밝힐 것이고 여기에서 몇 개의 원칙이나 규칙을 끌어낼 것이다.

제2편 제1장으로부터 전쟁이 얼마나 많은 여러 가지 종류의 대상과 관련되어 있는지 하는 것을 기억할 수 있을 것이다. 그렇다면 그 모든 것을 고려하는 것이 얼마나 비범한 정신의 눈을 전제로 하고 있는지도 이해할 것이다.

전쟁을 정확히 그 목적과 수단에 따라 준비할 줄 아는 군주나 최고 지휘관은 너무 많이 행동하지도 않고 너무 적게 행동하지도 않는데, 이를 통해 자신의 천재성을 훌륭하게 증명한다. 이런 천재성의 효과는 곧바로 눈에 띄는 독특한 행동 방식이 아니라 오히려 전체 행동의 성공적인 최종 결과에서 나타난다. 그것은 비밀스러운 전제 조건을 올바르게 맞힌 것이고, 전체 행동의 소리 없는 조화를 이룬 것이다. 우리는 최종 승리를 통해 비로소 알려지는 그 조화에 감탄하지 않을 수 없다.

이 전체 결과에서 그런 조화의 흔적을 찾아내지 못하는 연구자는 자칫 천재성이 존재하지 않거나 존재할 수 없는 곳에서 천재성을 찾는다.

다시 말해 전략이 쓰는 수단과 형식은 매우 단순하고 끊임없이 반복되어 나타나기 때문에 잘 알려져 있다. 그래서 비판이 그런 수단과 형식에 대해 지나치게 강조하면서 자주 언급하면, 그것은 상식 있는 사람들에게 우스운 것으로 생각될 것이다. 예를 들어 우회는 지금까지 몇천 번이나 되풀이되었는데, 이것이 어느 경우에는 빛나는 천재성을 보여 주는 것처럼 칭찬을 받기도 하고 다른 경우에는 심오한 통찰력을 보여 주는 것처럼, 심지어 해박한 지식을 보여 주는 것처럼 칭찬을 받기도 한다. 비판의 세계에서 이보다 더 무의미하고 쓸데없는 일이 있을 수 있을까?

이런 비판은 극히 천박한 견해에 따라 이론에서 모든 정신적인 요소를 배제하고 단지 물질적인 것만 다루려고 한다. 그래서 모든 것을 균형과 우세, 시간과 공간에 관한 몇 개의 수학적인 비율이나 몇 개의 각도와 선으로 제한한다. 이런 것을 생각하면 비판은 점점 더 우습게 될 것이다. 전쟁 행동이 그런 우스운 것에 지나지 않는다면, 이렇게 보잘것없는 것으로부터 수행하는 과학적인 연구는 아마 어린 학생들에게나 맞을 것이다.

하지만 솔직히 말하면 여기에서는 결코 과학적인 형식과 과제에 대해 말하는 것이 아니다. 물질적인 것의 관계는 모두 매우 단순하다. 물질적인 것과 관련되는 정신적인 힘을 파악하는 것이 더 어렵다. 정신적인 힘에서도 정신적인 혼란이나 여러 가지 요소와 상황의 복잡한 다양성은 전략의 최고 영역에서만 볼 수 있다. 이 영역에서는 전략이 정치나 통치술과 가깝게 되거나 심지어 정치나 통치술이 된다. 이 영역에서 정신적인 힘은 이미 말한 것처럼 전쟁 수행의 형식보다 전쟁 수행의 규모에 더 많은 영향을 미친다. 전쟁 수행의 형식이 지배적인 곳에서는 정신적인 요소가 많이 줄어드는데, 이는 전쟁의 크고 작은 하나하나의 사건에서 볼 수 있다.

전략에서는 모든 것이 매우 단순하지만, 그렇다고 모든 것이 매우 쉬운 것은 아니다. 나라의 상황에 의해 전쟁으로 무엇을 해야 하고 할 수 있는지 한 번 결정되고 나면 그곳에 이르는 길은 쉽게 찾게 된다. 하지만 그 길을 확고부동하게 추구하는 것, 몇천 번의 유혹에도 계획을 단념하지 않고 실행하는 것은 훌륭한 성격의 힘 외에 매우 분명하고 확고한 정신을 요구한다. 어떤 사람은 정신력으로, 다른 사람은 날카로운 통찰력으로, 또 다른 사람은 대담성이나 강한 의지로 자신의 탁월함을 보여 줄 수 있다. 이 많은 사람 중에 아마 단 한 사람도 이 특성을 모두 갖고 있지 않을 것이다. 그 특성을 모두 갖고 있다면 그는 보통의 수준 이상에 있는 최고 지휘관의 반열에 들게 된다.

중요한 결단을 내릴 때 전술보다 전략에서 훨씬 강한 의지가 필요하다는 것이 이상하게 들릴 것이다. 하지만 전쟁을 전략과 전술의 관계에서 알고 있는 모든 이들에게 그것은 틀림없는 사실이다. 전술에서는 모든 것이 순간적으로 결정되고, 최고 지휘관은 일종의 소용돌이에 휩쓸리는 것처럼 느끼고, 그 소용돌이에 맞서 최악의 결과를 예상하면서 싸우고, 의심이 치미는 것을 억누르고 용감하게 계속 앞으로 나아간다. 하지만 모든 것이 훨씬 느리게 진행되는 전략에서는 자신과 다른 사람들의 걱정, 의심, 비난, 그래서 때아닌 후회를 생각할 틈이 훨씬 많다. 전술에서는 적어도 상황의 절반 정도는 자신의 눈으로 직접 볼 수 있다. 하지만 전략에서는 그렇지 않다. 전략에서는 모든 것을 짐작하고 추측해야 하기 때문에 확신도 별로 강하지 않다. 그 결과로 대부분의 장군들이 행동해야 할 때 잘못된 의심에 빠져들게 된다.

이제 역사로 눈길을 돌리도록 한다. 그러면 그 눈길은 프리드리히 대왕의 1760년 원정에 이른다.[2] 이 원정은 훌륭한 행군과 기동으로 유명하고, 비평가들이 칭찬하는 것처럼 전략적인 거장의 진정한 걸작이다. 그런데 우리는 대왕이 다운의 오른쪽 측면으로 우회하려고 했고 그다음에 왼쪽 측면으로 우회하려고 했고 다시 오른쪽 측면으로 우회하려고 한 것 등에 대해 감탄하여 정신을 잃어야 하는가? 그런 우회에서 대왕의 깊은 지혜를 보아야 하는가? 아니다. 꾸미지 않고 자연스럽게 판단하려고 한다면 그럴 수 없다. 오히려 우리는 무엇보다 먼저 제한된 힘으로 큰 목표를 추구하면서 그 힘에 맞지 않는 것은 아무 일도 벌이지 않고, 자기의 목적을 이루는데 **충분할 만큼만** 행동한 대왕의 지혜에 감탄해야 한다. 이 최고 지휘관의 지혜는 이 원정에서만 볼 수 있는 것이 아니라 대왕이 치른 세 번의 모든 전쟁에서[3] 볼 수 있다.

슐레지엔을[4] 평화 조약에 의해 안전이 잘 보장된 지대로 만드는 것이 대

---

2. 프리드리히 대왕은 1760년에 리그니츠 전투와 토르가우 전투를 수행했다. 이 서술은 토르가우 전투와 관련된다.
3. 이는 제1차 슐레지엔 전쟁(1740~1742년), 제2차 슐레지엔 전쟁(1744~1745년), 7년 전쟁(1756~1763년)을 말한다.
4. 슐레지엔(Schlesien, Silesia), 현재 폴란드 남서부와 체코 북동부에 걸친 지역의 (프로이센 시대의 독일 동부 일부 포함) 역사적인 명칭. 오더 강 중부와 북부 유역 및 수데텐 산맥을 따

왕의 목적이었다.

프로이센은[5] 많은 점에서 다른 나라들과 비슷하고 몇몇 행정 부문에서만 다른 나라들보다 뛰어난 작은 나라에 지나지 않았다. 프리드리히 대왕은 그런 작은 나라의 지도자였다. 그래서 그는 알렉산드로스 대왕과[6] 같은 왕이 될 수 없었다. 또한 프리드리히 대왕이 카알 12세처럼 행동했다면 그의 머리는 카알 12세처럼 산산이 조각났을 것이다. 우리는 프리드리히 대왕이 수행한 모든 전쟁에서 자제력을 발견하게 된다. 그의 자제력은 늘 균형을 유지했고, 그러면서도 그 자제력에 결코 단호함이 없지 않았고, 큰 곤경에 빠진 순간에는 놀라운 힘으로 일어났고, 다음 순간에는 다시 조용히 균형의 주위에서 진동을 계속했고, 정치적인 활동의 매우 미묘한 움직임에도 잘 따랐다. 허영심도 명예욕도 복수심도 그를 자제력의 길에서 벗어나게 할 수 없었다. 그리고 바로 이 자제력의 길만이 전쟁에서 그를 최후의 승리로 이끌었다.

이 몇 마디의 말로 이 위대한 최고 지휘관의 지혜를 올바르게 판단할 수는 없을 것이다. 그 전쟁의[7] 놀라운 결과를 주의 깊게 살펴보고 그 결과를 이끈 원인의 흔적을 추적할 때만 사람들은 대왕의 날카로운 통찰력만이 모든 난관을 뚫고 그를 승리로 이끌었다는 확신을 갖게 될 것이다.

이것은 우리가 이 위대한 최고 지휘관에게 감탄하는 한쪽 측면이다. 우리는 1760년의 원정과 다른 모든 원정에 감탄하지만, 특히 1760년의 원정에 감탄하게 된다. 그는 다른 어느 원정에서도 이 원정처럼 매우 우세한 적의 힘에 대항하여 매우 적은 희생만 내고 균형을 유지한 적이 없었기 때문이다.

라 있었다.

5. 프로이센(Preußen, Prussia), 중세 후기부터 존재한 나라. 발트 해, 폼머른, 폴란드, 리투아니아 사이에 있었고, 1701년에 브란덴부르크 선제후국에서 생겨났다. 마인 강 북쪽의 전 독일 지역을 포괄했고 제2차 세계 대전이 끝날 때까지 존재했다.

6. 알렉산드로스 대왕(Alexander der Große, Alexander III., 기원전 356~323), 알렉산드로스 3세. 마케도니아의 왕, 코린토스 동맹의 헤게몬, 페르시아의 샤한샤, 이집트의 파라오를 겸하고 스스로를 '퀴리오스 티스 아시아스', 즉 아시아의 주(主)라고 칭했다. 우리 나라에서는 영어의 영향으로 주로 '알렉산더 대왕'으로 표기된다.

7. 7년 전쟁.

다른 측면은 원정을 수행하는 어려움과 관련된다. 오른쪽이나 왼쪽으로 우회하여 행군하는 것은 쉽게 계획할 수 있다. 넓게 분산하고 있는 적에 대항할 수 있도록 얼마 안 되는 병력을 늘 집결하여 한 곳에 모으고, 이 병력을 신속한 이동으로 몇 배에 이르게 한다는 생각도 쉽게 찾을 수 있고 말할 수 있다. 그래서 그런 생각은 우리의 감탄을 불러일으킬 수 없다. 단순한 문제에 대해서는 그것이 단순하다는 것을 인정하는 것 외에 달리 할 일이 없다.

그런데 그런 일을 수행하는데 프리드리히 대왕에게 필적할 만한 최고 지휘관이 있을 수 있겠는가. 그 원정의 목격자였던 저술가들은 훨씬 나중에 대왕의 야영에 따른 위험뿐만 아니라 경솔함에 대해서도 말했다. 그렇다면 대왕이 야영을 하는 순간에 겪은 위험이 나중에 생각하는 것보다 세 배 정도 크게 보였다는 것은 의심할 수 없을 것이다.

적의 군대의 눈앞에서, 때로 적의 군대의 대포 앞에서 행군을 하는 것도 마찬가지였다. 프리드리히 대왕은 그렇게 야영을 했고 그렇게 행군을 했다. 대왕이 다운의 행동 방식, 병력 배치 방식, 책임감, 성격에서 야영과 행군을 경솔하지 않게 감행할 만한 안전한 길을 찾아냈기 때문이다. 문제를 그렇게 보고 위험에 당황하거나 겁을 먹지 않으려면 대왕과 같은 대담성, 결단력, 강한 의지가 필요했다. 그런데 그 위험은 그로부터 30년이 지난 지금까지도 책으로 쓰고 말할 수 있을 만큼 큰 위험이었다. 전쟁이 한창 진행되고 있는 바로 그 자리에서 그런 단순한 전략적인 수단을 수행할 수 있으리라고 생각한 최고 지휘관은 거의 없었을 것이다.

이제 원정을 수행하는데 따른 또 다른 어려움을 보도록 한다. 대왕의 군대는 그 원정에서 끊임없이 이동했다. 대왕의 군대는 두 번이나 다운 군대의 배후로 이동했고, 또 라시에게[8] 추격을 당해서 좋지 않은 샛길을 통해 엘베 강에서[9] 슐레지엔으로 이동했다. (7월 초와 8월 초.) 대왕의 군대는 이 모든

---

8. 프란츠 라시(Franz Moritz von Lacy, 1725~1801), 오스트리아의 장군. 7년 전쟁 때 오스트리아 군대의 최고 지휘관으로 활약했다.
9. 엘베 강(Elbe), 현재의 체코에서 발원하여 독일의 북동부를 흘러 북해로 들어가는 강. 엘베

순간에도 공격 준비를 하고 있어야 했고, 행군을 기술적으로 준비하지 않으면 안 되었다. 이것은 필연적으로 행군과 마찬가지로 많은 긴장을 불러일으켰다. 몇천 대의 마차가 따라가서 같이 머물렀는데도 마차에 대한 보급은 극히 빈약할 뿐이었다. 슐레지엔에서 대왕의 군대는 리그니츠 전투를[10] 할 때까지 8일 동안 끊임없이 야간 행군을 하지 않으면 안 되었고, 늘 적의 정면에서 이리저리 이동하지 않으면 안 되었다. 그것은 엄청난 고통이었고 심각한 결핍을 요구했다.

이 모든 것이 기계의 심각한 마찰 없이 이루어질 것이라고 생각할 수 있을까? 최고 지휘관의 정신은 그런 이동을 마치 측량 기사의 손이 천문 관측의를 움직이는 것처럼 쉽게 해낼 수 있는 것일까? 굶주리고 목말라서 지쳐 있는 병사들의 고통을 보면 지휘관이나 최고 지휘관의 마음은 몇천 번이라도 찢어지지 않을까? 그런 것에 관한 불만과 의심의 목소리들이 그의 귀에 들리지 않을까? 보통 사람이 병사들에게 그런 고통을 요구할 용기를 갖고 있을까? 최고 지휘관은 위대하고 오류를 범하지 않는다는 강력한 믿음이 그 모든 것을 보상하지 않는다면, 그런 고통은 반드시 군대의 정신력에 손상을 입히고 군대의 규율을 어지럽히지 않을까? 한마디로 군대의 무덕을 무너뜨리지 않을까? 우리는 대왕의 이런 점을 존경해야 하고 이런 것을 수행한 기적에 감탄하지 않으면 안 된다. 대왕의 이 모든 행동이 얼마나 훌륭했는지는 경험을 통해 조금이라도 겪을 때만 완전하게 느낄 수 있다. 책과 연병장을 통해서만 전쟁을 알고 있는 사람들에게는 균형을 유지하는 이 모든 행동이 기본적으로 존재하지 않는다. 그래서 자신의 경험으로 이런 것을 얻을 수 없는 사람은 여기에서 말한 것을 믿음을 갖고 성실하게 받아들이기 바란다.

우리는 이 사례를 통해 우리 생각의 흐름을 좀 더 분명히 하려고 했고,

___

강의 길이는 약 1094킬로미터.

10. 리그니츠(Liegnitz, Legnica), 슐레지엔의 도시. 현재 폴란드의 레그니차로 폴란드 남서쪽에 있다. 브레슬라우에서 서쪽으로 약 66킬로미터 떨어져 있다. 리그니츠 전투(1760년 8월 15일)에서 오스트리아 군대는 프리드리히 대왕에게 패배했다.

이제 이 장을 끝내면서 바로 그것을 말하도록 한다. 즉 우리는 전략을 서술하면서 우리에게 제일 중요한 것처럼 보이는 하나하나의 문제를 (그것은 물질적인 성질을 갖는 것일 수도 있고 정신적인 성질을 갖는 것일 수도 있는데) 우리의 방식에 따라 특징지을 것이고, 개별적인 것으로부터 복합적인 것으로 나아갈 것이고, 마지막으로 전체 전쟁 행동과 관련되는 문제, 즉 전쟁 계획과 원정 계획을 다루면서 마칠 것이다.

설명. 제2편을 다룬 초기의 원고에는 여기에 저자의 손으로 쓴 다음과 같은 부분이 있습니다. 거기에는 "제3편 제1장에 이용할 것"이라고 되어 있습니다. 하지만 이 제1장에서 의도했던 원고의 개정은 이루어지지 않았습니다. 그래서 언급된 부분의 내용 전부를 여기에 그대로 싣습니다.[11]

단지 전투력을 어느 지점에 배치하는 것은 그곳에서 전투를 할 수 있다는 것뿐이고 반드시 전투를 하는 것은 아니다. 그런데 그 가능성을 현실성을 지닌 현실의 일이라고 간주해야 할까? 물론이다. 가능성은 가능성에서 나오는 결과 때문에 현실성이 되고, 이 효과는 어느 것이 되었든지 결코 없을 수 없다.

1 가능성의 전투는 그 결과 때문에 현실성의 전투라고 간주해야 한다

도주하는 적의 퇴로를 막으려고 한 무리의 병사들을 보냈는데 적이 더 이상 전투를 하지 않고 항복했다면, 적이 그런 결정을 내린 것은 오직 파견된 한 무리의 병사들이 하려고 한 전투 때문이다.

아군의 일부분이 적이 방어하지 않는 지방을 점령하고 이를 통해 적이 군대를 보충하는데 필요한 상당히 많은 힘을 빼앗는다면, 아군이 그 지방을 계속 점령하게 되는 것은 오직 적이 그 지방을 다시 차지하려고 하는 경우에

---

11. 편집자의 말.

이미 파견된 아군의 일부분이 적에게 하려고 한 전투 때문이다.

그래서 이 두 가지 경우에 단지 전투의 가능성이 어떤 결과를 내게 되었고, 이를 통해 가능성은 현실적인 문제가 되었다. 이 두 가지 경우에 적이 훨씬 우세한 힘으로 아군에게 대항하고, 아군은 전투를 하지 않은 상태에서 아군의 목적을 포기하지 않을 수 없다고 가정하자. 물론 그러면 아군의 목적은 실패로 돌아간 것이지만, 그렇다고 아군이 그 지점에서 적에게 하려고 한 전투가 아무런 효과를 내지 않은 것은 아니다. 적에게 하려고 한 전투가 적의 힘을 그 지점으로 끌어들였기 때문이다. 이 모든 행동이 아군에게 손실을 입힌다고 해도 그 병력 배치와 전투의 가능성이 아무런 효과를 내지 않았다고 말할 수 없다. 이렇게 보면 그 효과는 패배한 전투의 효과와 비슷하다.

이렇게 해서 다음과 같은 것이 분명해진다. 즉 적의 전투력을 파괴하고 적의 힘을 쓰러뜨리는 것은 오직 전투의 효과를 통해서만 일어난다. 전투가 실제로 일어났는지, 아니면 전투를 하려고 했는데 단지 적이 그 전투를 받아들이지 않았는지 하는 것은 상관없다.

2 전투의 이중 목적

전투의 효과도 직접적인 효과와 간접적인 효과의 두 가지 종류이다. 다른 대상이 개입하여 전투의 목적이 되면 그것은 간접적인 효과이다. 그것은 그 자체로 적의 전투력을 파괴하는 것이라고 볼 수 없고 적의 파괴를 이끌어야 하는 것이다. 그것은 간접적이지만 그만큼 큰 힘으로 적을 파괴한다. 어느 지방, 도시, 성, 도로, 다리, 창고 등을 점령하는 것은 전투의 직접적인 목적이 될 수 있지만 결코 마지막 목적이 될 수는 없다. 이런 대상은 늘 적에 비해 압도적인 우세함을 차지하려고 하는 수단이라고 보아야 한다. 그래서 결국 적이 아군의 전투를 받아들일 수 없는 상태에서 적에게 전투를 하려고 하는 것이다. 그래서 이 모든 것은 단순한 중간 단계이고, 이를테면 효과적인 원리에 이르는 사다리라고 보아야 한다. 그것을 효과를 내는 원리 그 자체로 간주해서는 결코 안 된다.

3 사례

동맹 군대가 1814년에 보나파르트의 수도를 점령했을 때[12] 전쟁의 목적은 달성되었다. 파리에 뿌리를 두고 있던 정치적인 분열이 표면에 드러났고, 엄청난 균열이 황제의 권력을 무너뜨렸다. 그럼에도 이 모든 것은 다음과 같은 관점에서 살펴보아야 한다. 즉 보나파르트의 권력이 무너졌기 때문에 그의 전투력과 저항 능력이 갑자기 심하게 줄어들었고, 동맹 군대의 우세함은 바로 그만큼 높아졌고, 이제 더 이상의 저항은 불가능해졌다. 이 불가능성이 프랑스에게 평화 조약을 맺게 한 것이다. 그런데 동맹 군대의 전투력이 평화 조약을 맺는 순간에 어떤 외부적인 상황 때문에 줄어들고 동맹 군대의 우세함이 사라진다고 생각하면, 파리를 점령한 모든 효과와 의미도 사라진다.

이 일련의 생각을 살펴본 것은 이 생각이 전쟁 문제에 대한 자연스럽고 유일하게 올바른 견해라는 것을 보여 주려고 했기 때문이다. 그리고 이 견해에서 그 생각의 중요성이 나온다. 이 견해는 끊임없이 다음과 같은 질문을 던진다. 즉 전쟁과 원정의 매 순간에 양쪽이 상대에게 하려고 하는 크고 작은 전투에서 일어날 수 있는 결과는 무엇일까? 이 질문만이 원정 계획이나 전쟁 계획을 심사숙고할 때 처음부터 어떤 조치를 내려야 할지 결정하게 한다.

4 그렇게 바라보지 않으면 다른 문제에 잘못된 가치를 두게 된다

사람들은 전쟁과 전쟁에 있는 하나하나의 원정을 잇달아 일어나는 순수한 전투로 이루어진 연쇄적인 사슬로 바라보는데 익숙하지 않다. 그리고 지리상의 어느 지점을 점령하고 무방비 상태에 있는 어느 지방을 점령하는 것

---

12. 파리 입성은 1814년 3월 31일.

이 그 자체로서 중요한 것이라는 생각에 빠져 있다. 그렇게 되면 그런 점령을 유리함이라고 보게 되고, 그런 유리함을 부수적으로 얻을 수 있을 것이라고 생각한다. 점령을 그렇게 보고 일련의 사건 전체에서 생길 수 있는 하나의 부분이라고 생각하지 않게 되면서 그 점령이 나중에 더 큰 불리함을 불러오지 않을지에 대해서는 묻지 않는다. 이런 잘못은 전쟁사에서 매우 자주 보기 때문에 우리는 다음과 같이 말하고 싶다. 상인이 하나하나의 사업에서 얻은 이익을 따로따로 계산하고 보존할 수 없는 것처럼, 전쟁에서도 하나하나의 유리함을 전체의 결과에서 분리할 수 없다. 상인이 늘 그의 모든 재산을 갖고 일을 해야 하는 것처럼, 전쟁에서도 마지막 합계만이 하나하나의 전투가 유리했는지 불리했는지를 결정하게 된다.

정신의 눈길이 늘 일련의 수많은 전투를 미리 내다볼 수 있는 만큼 내다보고 있다면, 정신의 눈길은 늘 목표를 향해 곧장 나아가고 힘의 움직임도 매우 빨라진다. 즉 의지와 행동이 에네르기를 얻게 되고, 이 에네르기는 문제의 본질에 따르게 되고 낯선 것의 영향 때문에 방해받지 않는다.

[그림 12] 프리드리히 대왕

화가 Anton Graff(1736~1813)
제목 Portrait of Friedrich II. (68세의 프리드리히 대왕)
1781년 작품
크기 62×51센티미터
그림 소장 Charlottenburg Palace, Berlin
사진 작가 Caro1409 2005
업로드 Maksim 2006. 1. 22
업데이트 Hello World 2015. 5. 31

　　프리드리히 대왕은 용병에 뛰어났고, 오스트리아와 전쟁을 치러 프로이
센 군대를 유럽 최강의 군대가 되게 하는데 성공했다. 계몽적인 전제 군주로
통치에 뛰어났고, 그의 통치 기간에 프로이센의 절대주의는 절정에 달했다.

[지도 6] 슐레지엔

슐레지엔 지도
날짜 2005. 10
출처 en:File:HistoricSilesiamap.png.와 Planiglobe Beta
작가 Kelisi
업로드 LUCPOL 2006. 9. 14
업데이트 Poeticbent 2012. 11. 22

오늘날의 (1994년 이후의) 국경을 기준으로 할 때 슐레지엔의 경계를 볼
수 있다. 1740년에 프로이센에 합병된 슐레지엔은 약간 짙은 색으로, 1871년
프로이센의 슐레지엔은 약간 밝은 색으로 표시되어 있다. 슐레지엔의 수도는
브레슬라우. 슐레지엔 지역 대부분은 현재 폴란드에 속하고, 전에 오스트리
아에 있던 일부 지역은 현재 체코에 속한다. 또한 오늘날의 독일 영토를 약간
포함하고 있고 체코 영토의 일부를 잃고 얻었다. 지도의 가로와 세로에 경도
와 위도가 표시되어 슐레지엔의 위치를 대략 가늠할 수 있다

[지도 기] 엘베 강

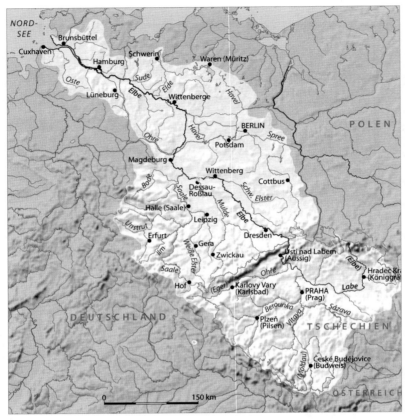

엘베 강과 그 지류
날짜 2008. 4. 24
출처 작가 자신의 작품
작가 NordNordWest

　　이는 엘베 강의 흐름이다. 엘베 강은 체코에서 발원하여 독일 북동부를 흐르고 드레스덴, 막데부르크, 함부르크 등을 지나 북해로 흐른다. 지류로 프라하를 흐르는 몰다우 강, 라이프치히를 지나는 잘레 강 등이 있다. 잘레 강의 지류인 하얀 엘스터 강과 엘베 강의 지류인 검은 엘스터 강도 보인다. 하얀 엘스터 강의 오른쪽에 보이는 강이 플라이세 강이다. 『전쟁론』에 나오는 도시로 에어푸르트, 드레스덴, 베를린, 포츠담이 보인다.

제2장

전략의 요소

전략에서 전투를 쓰는데 조건이 되는 원인은 당연히 여러 가지 종류의 요소로 나눌 수 있다. 즉 정신적, 물리적, 수학적, 지리적, 통계적 요소로 나눌 수 있다.

정신적인 요소에는 정신적인 특성과 효과를 통해 생겨나는 모든 요소가 속할 것이다. 물리적인 요소에는 전투력의 규모, 전투력의 구성, 병과의 비율 등이 속할 것이다. 수학적인 요소에는 작전선의[1] 각도, 집중 이동, 분산 이동 등과 같이 계산할 만한 값을 갖는 기하학적인 성질이 속할 것이다. 지리적인 요소에는 우세한 지점, 산, 강, 숲, 도로 등과 같은 지형적인 영향이 속할 것이다. 마지막으로 통계적인 요소에는 식량 조달의 수단 등이 속할 것이다. 전략의 요소를 이렇게 나누어서 생각하는 것은 많은 생각을 분명하게 하고 여러 가지 요소의 크고 작은 가치를 한눈에 판단하는데 좋다. 이렇게 나누어서 생각하면 각각의 요소가 다른 요소로부터 빌린 중요성을 자연히 잃게 되기 때문이다. 이것은 예를 들어 작전 기지의[2] 가치를 살펴볼 때 곧바로 분명히 느끼게 된다. 작전 기지를 **작전선**의 위치라고만 간주하려고 해도 작전 기지의 가치

---

1. 작전선은 기지에서 비롯되는 길이다. 이 길에서 이동하고 물자를 수송한다. 내선과 외선, 집중적인 선과 분산적인 선 등으로 구분된다. 제2권 제5편 제16장 병참선 참조.
2. 제2권 제5편 제15장 작전 기지 참조.

는 이처럼 단순한 형태에서도 기지와 작전선이 만드는 기하학적인 각도보다 그것이 지나는 길과 지형의 성질에 더 많이 달려 있다.

하지만 전략을 이 요소에 따라 논의하려고 한다면 그것은 할 수 있는 생각 중에 제일 불행한 생각이 될 것이다. 이 요소는 대부분 하나하나의 전쟁 행동에서 여러 가지로 얽혀 있고 내부적으로 연결되어 있기 때문이다. 그 요소를 따로따로 다루면 메마른 분석에 빠질 것이다. 이는 사람들이 악몽에서 쓸데없는 노력을 영원히 계속하는 것처럼, 추상적인 토대에서 곧바로 현실 세계의 현상에 이어지는 아치를 만들려고 하는 것과 같다. 어떤 이론가도 그런 노력에 빠져들어서는 안 된다. 우리는 전체 현상의 세계에 머물 것이고, 매번 전하려고 하는 생각을 분명하게 이해하는데 필요한 것 이상의 분석을 하지 않을 것이다. 그 생각은 사변적인 연구에서 얻는 것이 아니라 전쟁의 전체 현상이 주는 인상을 통해 생겨나는 것이다.

제3장

정신적인 요소

우리는 제2편 제3장에서[1] 언급한 주제로 한 번 더 돌아가야 한다. 정신적인 요소는 전쟁에서 제일 중요한 문제에 속하기 때문이다. 정신은 전쟁의 모든 요소에 스며들어 있다. 정신은 다른 요소 이전에 의지에 (의지는 모든 전투력을 움직이고 지휘하는데) 매우 밀접하게 관련되어 있고, 이를테면 의지와 하나가 되어 흐른다. 의지 자체도 정신적인 요소이기 때문이다. 정신은 유감스럽게 책을 통해 얻는 지식만으로는 파악하기 어렵다. 정신은 숫자로도 등급으로도 나타낼 수 없고, 보거나 느껴야 하는 것이기 때문이다.

군대, 최고 지휘관, 정부의 정신과 그 밖의 정신적인 특성, 전쟁을 수행하고 있는 지방의 분위기, 승리나 패배의 정신적인 효과 등은 그 자체로 매우 다른 종류의 요소이다. 그리고 이런 것이 우리의 목적과 상황에 어떤 태도를 보이느냐에 따라 다시 매우 다른 종류의 영향을 미칠 수 있다.

전쟁에 관한 책에서 정신적인 요소에 대해 거의 또는 전혀 말하지 않는다고 해도 그것은 전쟁을 이루는 다른 모든 것과 마찬가지로 전쟁술의 이론에 속한다. 그래서 나는 다시 한 번 다음과 같이 말하지 않을 수 없다. 즉 과거의 방식에 따라 전쟁의 규칙과 원칙에서 모든 정신적인 요소를 배제한다

---

1. 정신적인 요소는 제1편 제3장에서 그리고 제2편 제2장에서 언급했다.

면, 정신적인 요소가 나타날 때 그것을 예외로 간주하기 시작한다면, 이 예외를 이를테면 과학적으로 확고하게 한다면, 즉 이 예외를 규칙으로 삼는다면, 그것은 빈곤한 철학이다. 또는 모든 규칙을 뛰어넘는 천재에게 도움을 호소하는 것으로 곤경에서 벗어난다면, 그래서 근본적으로 규칙은 어리석은 사람들을 대상으로 쓰였을 뿐만 아니라 정말 그 자체로도 어리석을 수밖에 없다고 암시한다면, 그것도 빈곤한 철학이다.

전쟁술의 이론이 정신적인 요소를 생각해 내는 것, 정신적인 요소의 가치를 충분히 인정해야 한다는 것, 정신적인 요소를 고려해야 한다는 필요성을 밝히는 것 외에 현실에서 할 수 있는 일이 더 이상 아무것도 없다고 해도 전쟁술의 이론은 이론의 경계를 이미 정신의 영역으로 넓힌 것이다. 그리고 이런 관점을 확립하게 되면 전쟁술의 이론은 단지 힘의 물리적인 측면만으로 이론의 법정에서 자신을 정당화하려고 한 사람에게 미리 유죄 판결을 내린 것이다.

하지만 그 밖의 다른 모든 규칙을 생각해서라도 이론은 정신적인 요소를 이론의 경계 밖으로 추방해서는 안 된다. 물리적인 힘의 효과는 정신적인 힘의 효과와 완전히 융합되어 있고, 화학적인 과정을 거친 금속의 합금을 분해하는 것처럼 분리할 수 없기 때문이다. 물리적인 힘과 관련되는 모든 규칙에서도 이론은 정신적인 요소가 차지할 수 있는 몫을 마음속으로 염두에 두고 있어야 한다. 이론이 절대적인 명제에 빠져들어서는 안 된다면 이론은 그 몫을 무시해서는 안 된다. 그런 명제는 때로 지나치게 겁이 많고 제한적이든지 아니면 때로 지나치게 교만하고 넓게 퍼져 있다. 정신적인 측면이 전혀 들어 있지 않은 이론조차 무의식중에 정신의 영역으로 들어가지 않을 수 없다. 예를 들어 어떤 승리의 효과도 그것이 정신에 미친 흔적을 고려하지 않으면 제대로 설명할 수 없기 때문이다. 그래서 이 편에서 다루는 대부분의 주제도 절반은 물리적인 원인과 결과로, 절반은 정신적인 원인과 결과로 이루어져 있다. 우리는 이렇게 말하고 싶다. 물리적인 요소는 단지 나무로 된 칼자루처럼 보이는 반면에, 정신적인 요소는 귀금속이고 번쩍번쩍하게 갈아 놓은 본래의 칼날이다.

정신적인 요소의 중요성을 일반적으로 제일 잘 증명하고, 때로 정신적인 요소의 엄청난 영향을 제일 잘 보여 주는 것은 역사이다. 이것이야말로 최고 지휘관의 정신이 역사에서 끌어내는 제일 고귀하고 순수한 영양분이다. 이때 말해야 하는 것이 있다. 즉 논증, 비판적인 연구, 학술적인 논문보다 감각, 전체적인 인상, 순간적으로 빛나는 정신의 불꽃이 지혜의 씨앗을 뿌리는 것이고, 이것이 영혼에서 열매를 맺게 해야 한다.

우리는 전쟁에서 제일 중요한 정신적인 현상을 꼼꼼하게 검토할 수 있을 것이다. 또한 주도면밀하고 부지런한 교수처럼 여러 가지 정신적인 현상에서 무엇이 좋은 현상이고 무엇이 나쁜 현상인지 보여 줄 수 있을 것이다. 하지만 그런 방법으로는 지나치게 평범하고 진부한 결론에 빠져드는 반면에, 본래의 정신은 분석에서 곧바로 사라지기 때문에 자기도 모르는 사이에 누구나 알고 있는 이야기만 하게 된다. 그래서 우리는 다른 편과 달리 이 편에서는 불완전하고 단편적인 상태에 머물더라도 일반적으로 정신적인 요소의 중요성에 대한 주의를 불러일으키는 것과 이 편에서 말하는 정신이 무엇을 뜻하는지 지적하는 것으로 만족하려고 한다.

제4장

중요한 정신력

중요한 정신력은 최고 지휘관의 재능, 군대의 무덕, 군대의 민족 정신이다. 이 정신력 중에 어느 것이 더 중요한지는 아무도 일반적으로 결정할 수 없다. 이 요소의 크기를 일반적으로 말하는 것 자체가 이미 어렵고, 어느 하나의 요소의 크기를 다른 요소의 크기와 비교하는 것은 더 어렵기 때문이다. 제일 좋은 것은 어느 것도 무시하지 않는 것이다. 인간의 판단이 변덕스러운 우왕좌왕 때문에 때로는 이쪽으로 기울고 때로는 다른 쪽으로 기울기 때문이다. 그다음으로 좋은 것은 세 가지 요소의 분명한 영향을 보여 주려고 충분한 역사적인 증거를 드는 것이다.

오늘날 유럽의 많은 나라의 군대는 군대 고유의 숙련과 교육의 측면에서 거의 모두 같은 수준에 이르렀다는 것, 전쟁 수행은 철학자의 표현에 따르면 자연에 순응하는 방식으로 이루어져서 이것이 거의 모든 군대가 갖고 있는 일종의 방법이[1] 되었다는 것, 그래서 최고 지휘관의 입장에서 볼 때도 좁은 의미에서 특별한 수단을 (예컨대 프리드리히 2세의 사선형 전투 대형과 같은 수단을) 쓰는 것은 더 이상 기대할 수 없게 되었다는 것은 모두 사실이다. 그래서 이런 상황에서는 군대의 민족 정신과 전쟁 경험이 그만큼 더 중요한 역

---

1. 제2편 제4장의 방법.

할을 하게 된다는 것을 부인할 수 없다. 평화가 오래 계속되면 이것도 다시 바뀔 수 있을 것이다.

군대의 민족 정신은 (열정, 열광, 믿음, 의견) 산악 전쟁에서 제일 강력하게 나타난다. 산악 전쟁에서는 제일 낮은 지위의 군인에 이르기까지 모든 일이 각자 자신에게 맡겨진다. 이 이유만으로도 산은 인민 무장 투쟁에서 최고의 전쟁터이다.

군대의 정교한 숙련과 병사들의 무리를 주물처럼 결속하는 강철 같은 용기는 탁 트인 평지에서 제일 훌륭하게 나타난다.

최고 지휘관의 재능은 끊어지고 언덕이 많은 지형에서 제일 잘 발휘된다. 산에서는 하나하나의 군대를 일일이 통제하는 것이 거의 불가능하고, 하나하나의 군대를 모두 지휘하는 것은 최고 지휘관의 역량을 벗어난다. 탁 트인 평지에서 군대를 지휘하는 것은 너무 단순해서 최고 지휘관이 자신의 역량을 다 발휘할 필요도 없다.

이런 분명한 친화성에 따라 전쟁 계획을 세워야 할 것이다.

제5장

군대의 무덕

군대의 무덕은 단순한 용감성과 다르고 전쟁에 대한 열광과는 더욱 다르다. 물론 용감성은 무덕의 필수적인 요소이다. 하지만 용감성은 보통 사람들에게는 타고나는 소질이지만, 군대의 일부분을 이루는 병사들에게는 습관과 훈련에 의해서도 생겨날 수 있다. 그래서 병사들의 용감성은 보통 사람들의 용감성과 다른 성향도 지녀야 한다. 무분별하게 행동하고 힘을 드러내는 것은 보통 사람들에게 고유하게 나타나는 충동인데, 병사들의 용감성은 그런 충동을 버려야 한다. 그리고 스스로 복종, 규율, 규칙, 방법과 같은 더 높은 종류의 요구에 따라야 한다. 전쟁에 대한 열광은 군대의 무덕을 활기 있게 만들고 더 크게 불타오르게 하지만 무덕의 필수적인 요소는 아니다.

전쟁은 인간의 목숨을 요구하는 다른 많은 활동과 다르고 구분되는 특별한 활동이다. (전쟁의 상황이 아무리 모든 인민에게 관련되는 것이라고 해도, 어느 나라의 인민 중에 전투 능력이 있는 모든 남자가 전쟁을 한다고 해도 전쟁은 언제나 특별한 활동이다.) 이 특별한 활동의 정신과 본질을 완전하게 이해하는 것, 그 활동에서 일해야 하는 힘을 스스로 훈련하고 일깨우고 받아들이는 것, 그 활동을 지성적으로 완전하게 이해하는 것, 훈련을 통해 그 활동에서 확신과 민첩성을 얻는 것, 그 활동에 완전하게 전념하는 것, 개성을 버리고 그 활동에서 맡은 임무를 수행하는 것, 이것이 병사 개개인이 갖추어야 하는 군대의 무덕이다.

어느 하나의 개인이 군인 정신 외에 시민 정신도 교육받았다는 것을 아무리 깊이 생각한다고 해도, 전쟁이 아무리 모든 인민의 일이 된다고 해도, 그래서 전쟁이 이전의 용병 제도에 대립하는 성향을 갖게 되었다고 생각한다고 해도 그것은 전쟁 활동의 특별함을 결코 부정할 수 없을 것이다. 그것을 부정할 수 없다면 전쟁을 수행하는 사람이 누구이든 간에 그들은 전쟁을 수행하는 동안 일종의 길드처럼[1] 보일 것이다. 물론 이 길드의 규율, 법칙, 습관은 주로 전쟁 정신에 고정되어 있다. 그리고 실제로도 그러할 것이다. 전쟁을 제일 높은 관점에서 고찰하는 경향이 매우 강한 경우에는 단결심(esprit de corps)을 경시하는데, 이것은 크게 잘못된 것이다. 단결심은 많든 적든 모든 군대에 있을 수 있고 있어야 한다. 단결심은 우리가 군대의 무덕이라고 부르는 것에서 무덕에 영향을 미치는 자연적인 힘을 결합하는 접착제를 준다. 이 접착제는 단결심에 무덕의 결정체를 더 쉽게 붙여 준다.

어느 군대가 모든 것을 파괴하는 포화 속에서도 평소의 규율을 유지하고, 터무니없는 공포에 결코 놀라지 않고, 현실의 공포를 한 걸음 한 걸음 극복하고, 승리에 대한 자신감을 갖고, 패배의 절망감을 겪는 중에도 복종심을 잃지 않고, 최고 지휘관에 대한 존경과 신뢰를 잃지 않고, 그 군대의 육체적인 힘은 결핍과 고통으로 단련되어 운동 선수의 근육처럼 강하고, 이런 고통을 군대의 깃발에 꽂힌 저주가 아니라 승리를 얻는 수단이라고 생각하고, 그리고 이 모든 의무와 덕성을 단 하나의 생각으로 된 짧은 교리 문답을 통해, 즉 군인의 명예를 통해 생각해 낸다면, 그런 군대는 전쟁 정신으로 충만한 군대이다.

이런 무덕을 기르지 않고도 방데[2] 사람들처럼 훌륭하게 싸울 수 있고 스

---

1. 길드는 유럽의 중세 도시에 발달한 상공업자들의 동업 조합.
2. 방데(Vendée), 프랑스 서부 프와투(Poitou)에 있는 지방. 프랑스 혁명 때 방데의 주민들은 왕당파에 가담하여 혁명에 반대하는 무장 봉기를 일으켰다. 이를 방데의 전쟁(the Wars of the Vendée, 1793~1796년)이라고 한다. 우리말 번역에 방데를 '반대(反對)'라고 옮긴 황당한

위스, 미국, 스페인 사람들처럼 큰 성과를 낼 수도 있다. 심지어 오이겐과[3] 말버러의[4] 군대처럼 선두에 있는 군대는 특별히 무덕의 도움 없이 승리를 거둘 수도 있다. 그래서 전쟁의 승리는 무덕 없이 생각할 수 없다고 말해서는 안 된다. 우리는 이 점에 특히 주의를 기울이는데, 그것은 여기에서 말하는 무덕의 개념을 하나하나의 경우에 맞게 이해해서 무덕에 대한 생각이 일반론으로 희미해지지 않아야 하기 때문이다. 결국 무덕이 전쟁의 전부라고 생각해서는 안 된다. 그렇지 않다. 어느 군대의 무덕은 어느 일정한 정신력으로서 나타나는데, 그것은 다른 정신력과 분리해서 생각할 수 있고 그 영향력은 어림잡을 수 있다. 즉 무덕은 하나의 도구로서 나타나고 이 도구의 힘은 계산할 수 있다.

이상으로 무덕의 특징에 대해 말했다. 이제 무덕의 영향이 무엇이고 무덕을 얻는 수단이 무엇인지 살펴보도록 한다.

무덕이 하나하나의 군대에 대해 갖는 관계는 최고 지휘관의 천재성이 군대 전체에 대해 갖는 관계와 같다. 최고 지휘관은 전체만 지휘할 수 있고 하나하나의 군대는 지휘할 수 없다. 최고 지휘관이 하나하나의 군대를 지휘할 수 없는 경우에는 전쟁 정신이 그 군대의 지도자가 되어야 한다. 최고 지휘관은 탁월한 특성에 대한 명성에 의해 선출되고, 큰 군대를 지휘하는 고급 지휘관들은 신중한 검토를 거쳐 선출된다. 이 검토는 지휘관의 지위가 낮을수록 줄어들고, 그래서 바로 그만큼 지휘관의 개인적인 소질도 덜 고려한다. 하지만 개인적인 소질이 부족하면 무덕으로 보충해야 한다. 전쟁을 준비하는 어느 한 나라 인민 전체의 차원에서 무덕의 역할을 맡는 자연스러운 특성은 **용감성, 민첩성, 강인함, 열정**이다. 이 특성이 전쟁 정신을 보충할 수도 있고 그 반대의 경우가 나타날 수도 있다. 여기에서 다음과 같은 결론이 나온다.

번역서가 있다.

3. 오이겐(Eugen Franz von Savoyen-Carignan 1663~1736), 프랑스 출신의 오스트리아 장군이자 정치가. 명장으로 유명하다.
4. 말버러(John Churchill of Marlborough, 1650~1722), 영국의 뛰어난 장군이자 정치가.

1. 무덕은 상비군에게만 고유한 것이고, 무덕을 제일 많이 필요로 하는 것도 상비군이다. 인민 무장 투쟁과 인민 전쟁에서는 앞에 말한 자연스러운 특성이 상비군을 대신하고 더 빨리 발달한다.

2. 앞에 말한 자연스러운 특성은 상비군 대 상비군의 전쟁보다 상비군 대 인민 무장 투쟁에서 더 많이 요구된다. 후자의 경우에는 힘이 더 많이 분할되고 하나하나의 군대의 활동에 더 많은 여지를 주기 때문이다. 하지만 군대가 집결할 수 있는 곳에서는 최고 지휘관의 천재성이 더 높은 지위를 차지하고 군대의 정신에 부족한 것을 보충한다. 그래서 전쟁터와 다른 많은 상황이 전쟁을 복잡하게 만들수록 그리고 힘을 분산할수록 일반적으로 무덕은 그만큼 더 많이 필요하게 된다.

이런 사실에서 끌어낼 수 있는 단 하나의 교훈은 다음과 같다. 즉 군대에 무덕이 부족하면 전쟁을 되도록 단순하게 준비하든지, 그렇지 않으면 다른 측면에 대한 전쟁 준비를 두 배로 배려해야 한다. 단지 상비군이라는 이름 때문에 상비군이 무슨 일이든지 이룰 수 있다고 기대해서는 안 된다.

그래서 군대의 무덕은 전쟁에서 제일 중요한 정신력 중의 하나이다. 군대에 무덕이 부족하면 최고 지휘관의 탁월함이나 인민의 열정과 같은 다른 능력이 무덕을 대신해야 하고, 그렇지 않으면 노력에 상응하는 결과를 얻지 못하게 된다. 이 정신, 즉 광석을 빛나는 금속으로 제련하는 군대의 참된 무덕이 얼마나 많은 위대한 성과를 이루어냈는지는 알렉산드로스 대왕의 마케도니아[5] 군대, 카이사르의[6] 로마 군단, 알렉산더 파르네세의[7] 스페인 보병, 구스타브 아돌프와[8] 카알 12세의 스웨덴 군대, 프리드리히 대왕의 프로이센 군대, 보나파르트의 프랑스 군대에서 보게 된다. 이 최고 지휘관들의 놀라운 승리

---

5. 마케도니아(Mazedonien, Macedonia), 발칸 반도에 있던 고대 국가.

6. 카이사르(Gaius Iulius Caesar, 기원전 100~44), 로마의 황제이자 최고 지휘관.

7. 파르네세(Alessandro Farnese, 1545~1592), 스페인의 최고 지휘관. 네덜란드 남부 지방의 총독.

8. 구스타브 아돌프(Gustav II. Adolf, Gustavus Adolphus, 1594~1632), 스웨덴의 왕. 뛰어난 최고 지휘관. 30년 전쟁에서 전사했다.

와 지극히 어려운 상황에서 나타난 그들의 위대함은 오직 그 정신력을 갖춘 군대에서만 이룰 수 있었다. 이것을 인정하지 않으려고 한다면 모든 역사적인 증거에 대해 고의로 눈을 감아야 할 것이다.

무덕은 두 가지 원천에서만 생겨날 수 있고, 두 가지 원천은 공동으로만 무덕을 낳을 수 있다. 하나는 일련의 전쟁과 전쟁에서 얻는 승리이고, 다른 하나는 때로 최고의 수준까지 노력하는 군대의 활동이다. 이런 활동을 통해서만 병사들은 자신의 힘이 어느 정도인지 알게 된다. 최고 지휘관이 병사들에게 많은 것을 요구하는데 익숙할수록 그는 그렇게 요구한 것이 이루어진다는 것을 그만큼 더 많이 확신하게 된다. 병사들은 위험을 견뎌냈을 때와 똑같은 자부심을 고통을 이겨냈을 때도 느낀다. 그래서 무덕의 싹은 끊임없는 활동과 노력의 땅에서만 자란다. 또한 이 싹은 승리의 햇볕에서만 자란다. 이 싹이 튼튼한 나무로 자라고 나면 불행과 패배의 거친 폭풍우에도, 심지어 평화로운 때에 볼 수 있는 나태함에도 적어도 얼마 동안 견뎌낸다. 그래서 그 싹은 위대한 최고 지휘관 아래에서 전쟁을 겪어야만 생겨날 수 있지만, 평범한 최고 지휘관 아래에서도 그리고 상당히 오랜 평화 시대에도 적어도 몇 세대 동안 지속될 수 있다.

많은 상처를 입으면서 강철같이 단련된 병사 집단의 폭넓고 고귀한 단결심을 단지 복무 규율과 훈련 규율의 접착제로 결합되어 있는데 지나지 않는 상비군의 자부심이나 허영심과 비교해서는 안 된다. 어느 정도의 엄한 군기와 엄격한 복무 규율은 군대의 무덕을 오랫동안 유지하게 할 수 있지만 무덕을 낳지는 않는다. 그래서 군기와 복무 규율은 그 나름대로 의미를 갖고 있지만 그것을 지나치게 중요시해서는 안 된다. 규율, 숙련, 훌륭한 의지, 어느 정도의 자부심, 바람직한 분위기는 평소에 훈련받는 군대의 특성이고, 우리는 이것을 존중해야 한다. 하지만 그런 특성은 자립성을 갖지 못한다. 전체는 전체로서 유지되는 것이고, 전체에 조금이라도 금이 생기면 전체는 급속히 냉각된 유리처럼 산산이 조각난다. 특히 어느 군대의 최고로 바람직한 분위기도 전쟁에서 한 번 패배하고 나면 너무 쉽게 소심함으로 바뀐다. 이는 일종의 과

장된 불안이라고 말하고 싶은데, 프랑스어는 이를 '도망쳐라'(sauve qui peut)
는 말로 표현한다. 그런 군대는 최고 지휘관을 통해서만 어떤 것을 할 수 있
고 스스로는 아무것도 할 수 없다. 그런 군대는 승리와 노력을 통해 점차 힘
을 충분히 기를 때까지 두 배로 신중하게 지휘해야 한다. 요컨대 군대의 정신
을 군대의 분위기와 혼동하지 않도록 주의해야 한다.

제6장

대담성

대담성은 여러 가지 힘의 역학 체계에서 신중함이나 조심성과 대립되는데, 대담성이 이 체계에서 어떤 위치를 차지하고 있고 어떤 역할을 맡고 있는지는 성과의 확실성을 논의한 장에서 말했다. 그 장에서 이론이 대담성에 법칙성을 부여한다는 명목으로 대담성을 제한하는 것은 옳지 않다는 것을 보여 주었다.

인간의 영혼으로 하여금 아무리 두려운 위험도 이겨내게 하는 이 고귀한 추진력은 전쟁에서도 효과를 내는 독특한 원리로서 간주해야 한다. 실제로 대담성이 전쟁 이외에 인간 활동의 어느 영역에서 시민권을 얻을 수 있겠는가?

대담성은 수송대와 군악대에 있는 병사부터 최고 지휘관에 이르기까지 모두에게 요구되는 제일 고귀한 덕성이다. 그것은 칼날에 예리함과 광채를 주는 참된 강철과 같은 것이다.

우리는 대담성이 전쟁에서 특별한 우선권을 갖고 있다는 것을 인정한다. 그래서 공간, 시간, 규모를 정확하게 계산하는 것을 넘어 대담성이 수행하는 일정한 역할의 비율도 (대담한 군대는 대담하지 않은 군대로부터 매번 이 비율을 얻어내는데) 인정해야 한다. 그래서 대담성은 진정한 창조력이다. 이것은 철학적으로도 어렵지 않게 증명할 수 있다. 대담성은 그 자체로 두려움을 만날 때마다 반드시 승리의 개연성을 얻게 된다. 두려움은 이미 균형을 잃은 상태이기 때문이다. 대담성은 침착한 조심성을 만나는 경우에만 불리해진다. 이것은 대담성과 똑같이 대담하고 똑같이 강하고 굳센 특성이라고 말할 수 있다. 하지만 그런 경우는 매우 드물다. 대부분의 조심성에는 겁이 많기 때문에 생기는 조심성이 절대 다수를 차지하고 있다.

대규모의 군대에는 대담성을 특별하게 훈련하는 것이 다른 여러 가지 힘에 결코 불리함이 되지 않는다. 대규모의 군대는 전투 대형과 근무의 틀과 조직을 통해 상부의 의지와 연결되어 있고, 그래서 외부의 통찰력에 의해 지휘를 받기 때문이다. 여기에서 대담성은 손만 놓으면 언제든지 튀어 오를 수 있는 용수철과 같다.

지휘관의 지위가 높을수록 대담성이 사려 깊은 정신에 자리를 넘겨주고 아무런 목적 없이 쓰이지 않게 하고 맹목적으로 부딪히는 열정이 되지 않게 하는 것이 그만큼 많이 필요해진다. 지위가 높을수록 지휘관 자신을 희생하는 일은 그만큼 줄어들고, 다른 병사들의 생존이나 군대 전체의 안녕과 관련되는 일은 그만큼 많아지기 때문이다. 그래서 대규모의 군대에서는 제2의 천성이 된 복무 규율이 모든 것을 결정하지만, 최고 지휘관은 심사숙고를 통해 모든 것을 결정한다. 이때 최고 지휘관이 어느 하나의 행동에서 대담성을 보이는 것은 쉽게 잘못으로 이어질 수 있다. 하지만 이것은 좋은 잘못이기 때문에 다른 잘못처럼 간주해서는 안 된다. 대담성을 아무 때나 자주 보여 주는 군대에게 축복이 있을지어다. 그런 군대는 무성한 잡초라고 할 수 있지만, 잡초가 많다는 것은 그만큼 땅이 기름지다는 증거이다. 무모함, 즉 아무런 목적 없는 대담성조차 무시해서는 안 된다. 무모함은 근본적으로 대담성과 동일한 감성의 힘이지만, 단지 정신의 힘을 전혀 빌리지 않은 채 격정적인 방식으로 발휘될 뿐이다. 대담성은 사려 깊은 정신에 복종하는 것을 거부하고 상부의 단호한 의지를 낮게 볼 때만 위험한 해악으로 간주해야 한다. 이때에도 대담성 때문이 아니라 불복종 때문에 해악으로 간주하는 것이다. 전쟁에서 복종보다 중요한 것은 없기 때문이다.

아군과 적의 최고 지휘관이 전쟁에 대해 똑같은 수준의 통찰력을 갖고 있을 때는 대담성보다 소심함 때문에 망하는 일이 훨씬 많다. 이것을 말하면 확실히 독자들의 박수를 받을 수 있을 것이다.

기본적으로 전쟁에 이성적인 목적이 더해지면 대담성을 드러내는 것이 쉬워지고, 그래서 대담성 그 자체의 가치는 낮아질 것이라고 생각하게 된다. 하지만 실제로는 정반대이다.

맑은 생각이 출현하든지 또는 심지어 지성이 지배적으로 나타나면 감성의 힘은 그 힘의 대부분을 잃게 된다. 그래서 지휘관의 지위가 **높을수록** 대담성은 그만큼 줄어들게 된다. 지위가 높아지면서 통찰력과 지성이 같이 높아지지 않는다고 해도 지휘관에게는 여러 단계마다 객관적인 요인, 관계, 상황 등이 외부로부터 매우 많이 강력하게 밀려들기 때문이다. 그래서 **지휘관 자신의 통찰력이 낮을수록** 그런 외부의 여러 문제에 그만큼 많은 부담을 갖게 된다. 이것이 전쟁에서 프랑스 격언의 인생 경험이 여전히 유지되고 있는 제일 중요한 이유이다. 그 격언은 '2인자로서 빛나던 사람도 1인자가 되면 빛을 잃는다.'(Tel brille au second qui s'éclipse au premier.)는 것이다.[1] 역사에서 평범하거나 심지어 결단력이 없는 최고 지휘관으로 알려진 거의 모든 장군은 그보다 낮은 지위에서는 대담성과 결단력으로 뛰어난 사람들이었다.

절박한 필요에 의해 생겨나는 대담한 행동에서도 행동의 여러 가지 동기를 구분해야 한다. 필요성에도 여러 가지 단계가 있다. 필요성이 절박한 경우에, 즉 최고 지휘관이 큰 위험을 무릅쓰면서 목표를 추구하고 있는데 그만큼 큰 또 다른 위험에서 벗어나야 하는 경우에 우리는 그런 행동을 수행하는 최고 지휘관의 결단력에 감탄하지 않을 수 없다. 그 결단력은 그 나름대로 가치를 갖고 있다. 어느 한 청년이 기병으로서 자신의 기량을 보여 주려고 깊은 구렁을 건너뛴다면 이는 대담한 행동이다. 그 청년이 자신의 목을 치려는 터키

---

1. 볼테르의 표현. 이 표현은 Voltaire, *La Henriade*, London 1728에 있다. 『전쟁론』 원문에도 불어로 되어 있다. 이 불어 문장의 영어 번역은 다음과 같다. The same man who shines at the second level is eclipsed at the top.

친위병의 무리에 쫓겨 똑같은 구렁을 건너뛴다면 이는 결단력 있는 행동에 지나지 않는다. 행동을 해야 하는 필요성이 줄어들수록, 지성이 의식적으로 검토해야 하는 상황이 많아질수록, 필요성은 대담성에 그만큼 덜 간섭하게 된다. 프리드리히 대왕은 1756년에² 전쟁을 피할 수 없다고 보았고, 적을 먼저 공격할 때만 패배를 피할 수 있다고 생각했다. 그래서 그는 전쟁을 시작하지 않을 수 없었고, 이것은 필요성에 따른 행동이었다. 하지만 그것은 동시에 확실히 매우 대담한 행동이었다. 그와 같은 상황에서 그런 결단을 내릴 수 있는 사람은 거의 없었을 것이기 때문이다.

전략은 오직 최고 지휘관이나 최고의 지위에 있는 지도자와 관련되는 영역이지만, 군대의 다른 모든 구성원이 갖고 있는 대담성이 전략에서 아무래도 상관없는 것은 아니다. 이것은 군대의 다른 무덕도 마찬가지이다. 대담한 인민으로 이루어져 있고 늘 대담성의 정신을 품고 있는 군대는 이런 무덕이 없는 군대로 할 수 없는 다른 것을 감행할 수 있다. 그래서 우리는 군대의 대담성에 대해서도 생각한 것이다. 물론 최고 지휘관의 대담성이 본래 우리의 주제이지만 이 점에 대해서는 별로 할 말이 없다. 앞에서 최고 지휘관의 대담성이 갖는 일반적인 특징을 우리의 지식을 모두 동원하여 설명했기 때문이다.

최고 지휘관의 지위로 올라갈수록 지휘관의 활동에서 정신, 지성, 통찰력은 그만큼 중요해지고, 감성의 특성인 대담성은 그만큼 억제된다. 그래서 최고의 지위에서 대담성을 발견하는 일은 매우 드물고, 대담성을 발견한다면 그것은 그만큼 감탄스러운 일이 된다. 탁월한 정신을 갖고 대담성 있게 행동하는 것은 영웅의 상징이다. 이런 대담성은 문제의 본질에서 벗어나는 모험을 하는 것이나 개연성의 법칙을 어설프게 해치는 것이 아니라 수준 높은 계산을 효과적으로 돕는 것이다. 천재적인 판단력은 어떤 선택을 할 때 번개처럼 빠르게, 절반은 무의식적으로 그런 수준 높은 계산을 한다. 대담성이 정신과

---

2. 프리드리히 대왕은 이 해에 오스트리아에 대해 전쟁을 시작했다(7년 전쟁).

통찰력을 많이 자극할수록 정신과 통찰력은 대담성의 날개를 달고 그만큼 멀리 날고 시야는 그만큼 넓어지고 결과는 그만큼 정확해진다. 물론 목적이 높을수록 위험도 그만큼 높아진다는 의미에서만 그러하다. 무기력하고 우유부단한 사람은 말할 것도 없고 보통 사람도 위험과 책임에서 벗어난 채 고작 해야 혼자 상상 속의 나래를 펼 때만 정확한 결과에 이르게 된다. 하지만 이런 결과는 직관이 없어도 이를 수 있는 결과이다. 보통 사람에게 곳곳에서 위험과 책임이 밀려오면 그 사람은 전체를 볼 수 있는 능력을 잃어버린다. 그 사람이 다른 사람들의 영향을 받아서 그 능력을 유지한다고 해도 이제는 **결단력**을 잃어버릴 것이다. 결단을 내릴 때는 아무도 그 사람을 도울 수 없기 때문이다.

생각건대 뛰어난 최고 지휘관 중에 대담성이 없는 사람이 있다는 것은 생각할 수 없다. 즉 이 감성의 힘을 타고나지 않은 사람은 결코 뛰어난 최고 지휘관이 될 수 없다. 그래서 대담성은 최고 지휘관의 지위에 필요한 첫 번째 조건이라고 간주할 수 있다. 대담성은 타고나는 힘이고 교육과 그 밖의 활동을 통해 더 연마되고 변형되는 힘인데, 이 힘이 지휘관이 높은 지위에 올랐을 때 아직 얼마만큼 그에게 남아 있는지 하는 것은 두 번째 문제이다. 이 힘이 클수록 천재의 날갯짓은 그만큼 강력해지고 천재는 그만큼 높이 날게 된다. 그러면 모험도 점차로 커지지만 모험과 함께 목표도 높아진다. 전쟁에서 희미한 필요성의 선에 따라 행동하고 그 필요성에 따라 방향을 잡았는지, 아니면 명예심이 설계한 건물의 아치에 매혹되어 행동했는지, 즉 프리드리히 대왕처럼 행동했는지 아니면 알렉산드로스 대왕처럼 행동했는지 하는 것은 비판적인 고찰에서 보면 거의 같다. 알렉산드로스 대왕이 더 대담하기 때문에 우리의 상상력을 그만큼 더 자극한다면, 프리드리히 대왕은 내적인 필요성을 더 많이 갖고 있기 때문에 우리의 지성을 그만큼 더 만족스럽게 한다.

이제 중요한 문제를 하나 더 언급하도록 한다.

대담성의 정신이 군대에 깃드는 데는 두 가지 길이 있다. 대담성이 인민 모두에게 깃들어 있든지, 아니면 대담한 지도자의 지휘 아래 치르는 전쟁에서 승리하여 대담성을 교육받는 것이다. 후자의 경우에는 처음에 대담성의 정신이 없었을 것이다.

오늘날에 인민의 정신을 이런 의미에서 교육하는 데는 전쟁 이외에 다른 수단이 거의 없다. 더욱이 그것은 대담하게 수행되는 전쟁이어야 한다. 이렇게 해야만 약한 감성과 쾌락에 대한 욕구를 막을 수 있는데, 이것은 풍족함에 익숙해지고 활발한 교류 활동에 빠져 있는 인민을 타락에 빠뜨리는 것이다.

인민의 성격과 전쟁 경험이 끊임없는 상호 작용으로 조화를 이룰 때만 그 인민은 국제 정치의 세계에서 확고한 위치를 차지할 수 있다.

제7장

인내심

독자들은 각도와 선에 관한 논의를[1] 들을 것이라고 기대하지만, 과학 세계의 논의 대신에 계속 일상적이고 평범한 이야기를 듣게 될 것이다. 그리고 저자는 이미 수학적으로 보이는 문제를 더 수학적으로 보이게 할 마음은 털끝만큼도 없고, 독자들이 품게 될 의아함을 두려워하지도 않는다.

전쟁에서는 모든 것이 처음에 생각했던 것과 다르게 진행되고, 가까운 곳에서 보는 모습이 먼 곳에서 보았던 모습과 다르게 보인다. 이런 현상은 이 세계의 다른 어느 분야보다 전쟁에 더 많다. 건축가는 자기의 설계도에 따라 건축물이 올라가는 것을 얼마나 편하게 바라볼 수 있는가! 의사는 아직 연구되어 있지 않은 효과와 우연에 부딪히는 일이 건축가보다 훨씬 많지만, 자신이 쓰고 있는 수단의 효과와 형식은 정확히 알고 있다. 하지만 전쟁에서 대규모 군대의 지도자는 틀린 정보와 옳은 정보에서, 그리고 두려움, 부주의, 성급함 때문에 저지르는 오류에서, 그리고 옳은 의견이나 잘못된 의견, 해로운 의지, 참된 의무감이나 잘못된 의무감, 게으름이나 피로 때문에 지도자에게 보이는 반항적인 태도에서, 그리고 아무도 생각하지 못한 우연 등에서 비롯되는 끊임없는 파도를 맞고 있다. 한마디로 그는 수많은 인상에 자신을 내

---

1. 18세기 후반에는 각도나 선을 이용하여 전쟁술을 수학적으로 설명하는 것이 유행했다.

맡기고 있는데, 그 인상의 대부분은 걱정을 불러일으키는 경향을 보이고 있고 극소수에게만 용기를 북돋운다. 오랜 전쟁 경험이 이 하나하나의 현상의 가치를 신속하게 판단할 수 있는 침착성을 줄 것이다. 또한 높은 용기와 굳센 마음이 그런 현상에 저항하게 하는데, 이는 끊임없이 부딪치는 파도에 저항하는 바위와 같다. 이런 인상에 굴복하려고 하는 사람은 어떠한 모험도 수행하지 못할 것이다. 그래서 애초에 품은 결심을 지키는 인내심은 그 결심에 반대되는 다른 결정적인 이유가 생기지 않는 한 반드시 필요한 균형추이다. 더욱이 전쟁에서 끝없는 고통, 노력, 결핍을 겪지 않고 어느 모험을 명예롭게 수행하는 일은 거의 없다. 이때 육체적으로나 정신적으로 약한 인간은 늘 굴복할 마음의 준비를 하고 있다. 그렇다면 다시 강한 의지력만이 목표에 이를 수 있는데, 이 의지력은 당대와 후대로부터 감탄을 받게 되는 인내심에서 나타난다.

제8장

수의 우세

수의 우세는 전술에서나 전략에서 승리를 얻는 제일 일반적인 원리이다. 그래서 수의 우세를 먼저 이 일반적인 관점에서 살펴보아야 하는데, 이것을 아래에서 설명하도록 한다.

전략은 어느 지점에서 어느 시간에 어느 전투력으로 전투를 해야 하는지 결정한다. 그래서 전략은 이 세 가지의 결정을 통해 전투의 결과에 매우 중대한 영향을 미친다. 전술에 따라 전투를 하고, 전투의 결과가 (이것은 승리일 수도 있고 패배일 수도 있는데) 나오면 전략은 이 결과를 전쟁의 목적에 맞게 쓰게 된다. 전쟁의 목적은 자연히 때로 매우 멀리 있고, 매우 가까이 있는 경우는 극히 드물다. 일련의 다른 목적이 수단으로서 그 목적에 종속되어 있다. 다른 목적은 동시에 더 높은 목적의 수단이 되고 여러 가지로 쓰일 수 있다. 마지막 목적, 즉 전쟁 전체의 목표도 거의 모든 전쟁마다 다르다. 우리는 여러 가지의 목적과 관련되는 하나하나의 대상을 잘 알게 되는 만큼 그런 것에 정통해질 것이다. 하지만 모든 목적을 전부 헤아려서 파악할 수 있다고 해도 여기에서 그 모든 대상을 포괄할 생각은 없다. 그래서 전투를 쓰는 것에 대해서는 당분간 언급하지 않는다.

전략은 전투를 하도록 결정하면서 (이를테면 명령하면서) 전투의 결과에 영향을 미치는데, 무엇을 통해 영향을 미치는지 하는 것도 단 한 번의 고찰로 이해할 수 있을 만큼 간단하지 않다. 전략은 시간, 장소, 병력을 결정하면서 이것을 여러 가지 방식으로 쓸 수 있고, 이 여러 가지 방식에 따라 전투의 결과뿐만 아니라 전투의 성과도 달라진다. 그래서 이것도 전투를 쓰는 문제를 좀 더 자세히 다룰 때 비로소 조금씩 알게 될 것이다.

전투의 목적과 전투를 일어나게 하는 상황에 따라 전투에는 온갖 제한이 따를 수 있는데, 우리는 이것을 제외하도록 한다. 마지막으로 군대의 가치는 주어져 있는 것이기 때문에 이것도 제외하도록 한다. 그렇게 하고 나면 전투의 적나라한 개념, 즉 형식 없는 싸움만 남게 되고 이 싸움은 병사들의 수에 의해서만 구분된다.

그래서 이 수가 승리를 결정할 것이다. 이 점에 이르려고 많은 것을 추상해야 했는데, 이미 이 추상으로부터 다음과 같은 결론이 나온다. 즉 수의 우세는 전투에서 승리를 이루는 많은 요소 중에 하나의 요소에 지나지 않는다는 것, 그래서 수의 우세로 모든 것을 얻는 것도 아니고 중요한 것만 얻는 것도 아니고 아마 매우 적은 것만 얻게 된다는 것이다. 그것은 전투에 영향을 미치는 이런저런 다른 상황에 달려 있다.

하지만 수의 우세에도 정도의 차이가 있다. 두 배, 세 배, 네 배 등의 우세를 생각할 수 있다. 수의 우세가 이렇게 높아지면 이것이 다른 모든 것을 압도할 것이라는 점은 누구나 이해할 수 있다.

이런 관점에서 보면 수의 우세가 전투의 결과를 결정하는 제일 중요한 요소라는 것을 인정해야 한다. 다만 그렇게 하려면 수의 우세가 전투의 결과에 영향을 미치는 다른 모든 상황에 필적할 만큼 높아야 한다. 여기에서 나오는 직접적인 결론은 결정적인 지점에서 되도록 많은 수의 병력을 전투에 투입해야 한다는 것이다.

병력의 수는 충분할 수도 있고 충분하지 않을 수도 있기 때문에 이 측면에서 수단이 허락하는 한 최선을 다해야 한다. 이것이 전략의 첫 번째 원칙이다. 이 원칙이 매우 일반적으로 표현되었지만, 이 원칙은 그리스와 페르시아, 영국과 마라타,[1] 프랑스와 독일 사람들에게 똑같이 들어맞는 원칙이 될 것이다. 유럽의 전쟁 상황으로 눈길을 돌리면 이 문제를 좀 더 분명하게 생각할 수 있다.

오늘날 유럽의 군대는 여러 가지 종류의 무기, 조직, 기술에서 상당히 비슷하다. 단지 경우에 따라 군대의 무덕과 최고 지휘관의 재능에서 차이가 있을 뿐이다. 최근의 유럽 역사를 훑어보면 마라톤 전투와[2] 같은 예는 찾을 수 없다.

프리드리히 대왕은 로이텐에서[3] 약 30,000명으로 80,000명의 오스트리아 군대를 물리쳤고, 로스바흐에서는[4] 25,000명으로 50,000명이 조금 넘는 동맹 군대를 물리쳤다. 하지만 두 배 또는 그 이상으로 많은 적에 대해 승리한 예는 이것밖에 없다. 카알 12세의 나르바 전투의[5] 예를 드는 것은 적당하지 않다. 그 당시에 러시아 사람은 거의 유럽 사람으로 간주되지 않았고, 나르바 전투의 중요한 상황 자체도 거의 알려지지 않았다. 보나파르트는 드레스덴에서[6] 120,000명으로 220,000명과 전투를 했고, 그래서 이것도 두 배 많은 것

---

1. 마라타(Maratha), 무굴 제국에 반대하는 힌두교도들이 1674년에 인도 중남부에 세운 나라. 마라타인들은 농민이자 전사였다. 3차에 걸친 마라타 전쟁(1779~1781년, 1803~1804년, 1817~1818년)에서 마라타인들은 영국의 지배에 완강하게 저항했지만, 마라타는 1818년에 영국에 합병되었다.

2. 마라톤(Marathon), 그리스 아티카의 북동쪽 해안에 있는 지역. 아테네에서 북동쪽으로 약 30킬로미터에 있다. 마라톤 전투는 기원전 490년 제2차 페르시아 전쟁 때 그리스 군대가 페르시아 군대에게 크게 승리한 전투이다. 페르시아 군대의 사상자는 6000명이 넘는데 반해, 그리스 군대의 사상자는 200명도 안 되었다. 마라톤 경기의 유래가 되는 전투.

3. 로이텐(Leuthen), 슐레지엔의 마을이고 브레슬라우에서 서쪽으로 약 20킬로미터 떨어져 있다. 현재 폴란드의 Lutynia(Miękinia). 로이텐 전투(1757년 12월 5일).

4. 로스바흐(Roßbach, Rossbach), 그 당시 작센 선제후국의 마을. 라이프치히에서 서쪽으로 약 35킬로미터에 있다. 로스바흐 전투(1757년 11월 5일)에서 프리드리히 2세는 오스트리아와 프랑스 등으로 구성된 동맹 군대를 무찔렀다.

5. 나르바(Narwa, Narva), 상트페테르부르크에서 남서쪽으로 약 150킬로미터에 있는 도시. 당시에 스웨덴의 영토였고 현재에는 에스토니아에 속한다. 카알 12세는 나르바 전투(1700년 11월 30일)에서 약 10,000명의 스웨덴 병력으로 35,000명의 러시아 군대를 무찔렀다. 스웨덴 군대는 약 2000명의 사상자를 냈지만, 러시아 군대에는 약 10,000명의 사상자가 생겼다.

6. 드레스덴(Dresden), 작센의 대도시. 베를린에서 남쪽으로 약 180킬로미터, 프라하에서 약간 북서쪽으로 약 140킬로미터 되는 곳에 있다. 드레스덴 전투(1813년 8월 26~27일)에서 나폴레옹은 동맹 군대를 무찔렀다. 하지만 나폴레옹이 병이 들어 지휘를 부하 사령관에게 맡기

은 아니었다. 프리드리히 대왕은 콜린에서[7] 30,000명으로 50,000명의 오스트리아 군대와 전투를 했지만 승리하지 못했고, 보나파르트도 160,000명으로 280,000명에 맞선 라이프치히의[8] 절망적인 전투에서 패배했다. 여기에서도 수의 우세는 두 배에 훨씬 못 미쳤다.

이런 예를 보면 아무리 재능이 뛰어난 최고 지휘관이라고 해도 오늘날의 유럽에서 두 배 많은 적군으로부터 승리를 얻어낸다는 것은 매우 어렵다는 결론이 나온다. 두 배의 전투력 대 그만한 영향력을 갖고 있는 뛰어난 최고 지휘관을 저울에 올려놓고 보면, 보통의 경우에 크고 작은 전투에서 수적으로 현저하게 우세한 쪽이 (이것이 반드시 두 배를 넘을 필요는 없는데) 충분히 승리를 얻을 것이라는 점은 의심할 수 없다. 다른 상황이 아무리 불리하더라도 그러할 것이다. 물론 어느 좁고 험한 길을[9] 생각할 수 있고, 이곳에서는 적을 공략하는데 열 배의 병력으로도 충분하지 않을 것이다. 하지만 이런 경우는 더 이상 일반적인 전투라고 할 수 없다.

그래서 오늘날의 상황뿐만 아니라 다른 모든 비슷한 상황을 살펴보아도 결정적인 지점에서 수의 우세를 확보하는 것이 매우 중요하고, 이 문제는 일반적으로 모든 문제 중에서 제일 중요하다고 생각한다. 결정적인 지점에서 수의 우세를 확보하는 것은 병력의 절대적인 수와 병력을 이용하는 재능에 달려 있다.

그래서 첫 번째 규칙은 되도록 많은 수의 병력을 이끌고 전쟁터로 향하는 것이다. 이는 매우 진부한 말같이 들리지만 실제로는 그렇지 않다.

고 물러나자 프랑스 군대는 프로이센 군대와 동맹 군대에게 패배했다.
7. 콜린(Kolin), 보헤미아의 작은 도시. 프라하에서 동쪽으로 약 60킬로미터 떨어진 곳에 있고 엘베 강과 접한다. 콜린 전투(1757년 6월 18일).
8. 라이프치히(Leipzig), 작센의 대도시. 드레스덴에서 거의 서쪽으로 약 110킬로미터에 있다. 라이프치히 전투(1813년 10월 16~19일)에서 동맹 군대는 나폴레옹에게 결정적인 승리를 거두었다.
9. 이런 길에는 좁은 길, 산길뿐만 아니라 둑과 다리 등의 방해 때문에 군대가 충분한 전투 대형으로 통과할 수 없는 지역도 포함된다.

사람들이 얼마나 오랫동안 병력의 수를 전혀 중요하지 않은 문제라고 생각했는지 증명하려면 다음과 같은 것을 말하기만 하면 될 것이다. 즉 대부분의 전쟁사, 심지어 18세기의 매우 자세한 전쟁사도 병력의 수를 전혀 기록하지 않았거나 단지 부수적으로 알려줄 뿐이고, 병력의 수에 결코 특별한 가치를 두지 않았다. 템펠호프는 『7년 전쟁의 역사』에서[10] 저술가 중에 제일 먼저 병력의 수를 정식으로 기록한 사람이 되었지만, 그 책에도 병력의 수는 매우 피상적으로만 언급되어 있다.

마센바흐도[11] 1793년과 1794년에 보주 산맥에서[12] 있었던 프로이센의 원정에 대해 여러 가지로 비판적인 고찰을 했다. 그런데 그는 이 고찰에서 산, 계곡, 길, 오솔길에 대해서는 많은 것을 말하고 있지만, 양쪽의 병력의 수에 대해서는 결코 한마디도 하지 않았다.

또 다른 증명으로 많은 비판적인 저술가들의 머릿속을 배회했던 놀라운 생각을 들 수 있다. 그 생각에 따르면 군대에는 일정한 규모가 있고, 이것이 최선의 규모이고, 이 표준 규모를 넘는 과잉의 병력은 유익하기보다 부담이 되리라는 것이다.[13]

마지막으로, 쓸 수 있는 병력을 전투나 전쟁에서 모두 쓰지 않은 사례가

---

10. 템펠호프(Georg Friedrich von Tempelhoff, 1737~1807), 프로이센의 장군, 수학자, 군사 과학자, 군사 평론가, 음악 평론가. 『7년 전쟁의 역사』를 독일어로 번역하여 1783~1801년에 6권으로 출간하였다. 이 책의 영어 제목은 *History of the late war in Germany between the King of Prussia and the Empress of Germany and her Allies*이고, 독일어 제목은 *Geschichte des Siebenjährigen Krieges in Deutschland zwischen dem Könige von Preußen und der Kaiserin Königin mit ihren Alliierten*이다.

11. 마센바흐(Christian Karl August Ludwig von Massenbach, 1758~1827), 프로이센의 육군 대령. 역사가. 1792년과 1794년의 원정에 참여하고 몇 개의 저술을 남겼다.

12. 보주 산맥(Vogesen, Vosges), 프랑스 동부의 산맥으로 알자스-로렌 지방에 걸쳐 있다. 남북으로 약 190킬로미터, 동서로 약 40~90킬로미터의 길이에 이른다. 최고봉은 1424미터.

13. [저자] 이에 대해서는 먼저 템펠호프와 몽탈랑베르가 떠오른다. 전자에 대해서는 그의 앞 책의 제1권 148쪽 참조. 후자에 대해서는 1759년의 러시아 작전 계획 때 주고받은 편지 참조. [역자 주: 몽탈랑베르(Marc-René Marquis de Montalembert, 1714~1800), 프랑스의 장군. 저서에 『몽탈랑베르 서간집』(*Correspondance de Mr. le Marquis Montalembert*, 1777)이 있다.]

실제로 많이 있다. 문제의 본질에 따르면 수의 우세를 중요하게 보아야 하는 데도 그것을 중요하게 생각하지 않았기 때문이다.

수의 엄청난 우세로 강행하면 모든 것을 이룰 수 있다는 확신을 갖고 있다면, 이런 분명한 확신이 전쟁 준비에 영향을 미치지 않을 수 없다. 즉 그 군대는 되도록 많은 수의 병력으로 전투에 나타나고, 이 병력으로 스스로 우세를 확보하든지 아니면 적어도 적의 우세함에 대항할 수 있을 것이다. 전쟁은 절대적인 우세에서 수행되어야 하고, 절대적인 우세에 대해 말할 것은 이것뿐이다.

절대적인 우세의 정도는 정부에 의해 결정된다. 이 결정으로 이미 본래의 전쟁 활동이 시작되고, 이 결정은 전쟁 활동에서 매우 중요한 전략적인 결정이다. 그럼에도 전쟁에서 전투력을 지휘해야 하는 최고 지휘관은 대부분의 경우에 전투력의 절대적인 수를 주어진 것이라고 간주해야 한다. 최고 지휘관이 그 결정에 참여하지 않았든지 또는 다른 사정이 방해하여 병력을 충분히 늘리지 못했든지 하는 것은 상관없다.

그래서 최고 지휘관에게 남겨진 일은 병력을 재치 있게 이용해서 절대적인 우세를 달성할 수 없을 때도 결정적인 지점에서 상대적인 우세를 확보하는 것이다.

이때 제일 중요한 것은 공간과 시간을 계산하는 것으로 보이고, 이것이 사람들로 하여금 그 계산을 전략에서 전투력을 쓰는 모든 문제를 거의 전부 포괄하는 문제로 간주하게 했다. 더욱이 전략과 전술에서 뛰어난 최고 지휘관에게는 이 계산을 하는 특별한 내부적인 감각 기관이 있다고 생각하기에 이르렀다.

공간과 시간을 비교하는 문제는 언제나 전략의 바탕이 되고, 이를테면 전략의 일용할 양식이 된다. 하지만 이 문제는 제일 어려운 것도 아니고 제일 중요한 것도 아니다.

전쟁사를 편견 없는 눈으로 훑어보면 실제로 이 계산을 잘못하여 큰 패배를 당한 경우는 적어도 전략에서는 극히 드물다는 것을 알 수 있을 것이다.

물론 전쟁사에는 단호하고 적극적인 최고 지휘관이 하나의 군대로 빠르게 행군하여 여러 적을 물리친 경우가 (프리드리히 대왕, 보나파르트) 있다. 하지만 이런 경우도 공간과 시간의 재치 있는 결합이라는 개념으로 설명해야 한다면 우리는 쓸데없이 상투적인 언어의 혼란에 빠지게 된다. 생각을 분명하고 쓸모 있게 하려면 대상을 늘 올바른 이름으로 부르는 것이 필요하다.

적에 (다운, 슈바르첸베르크) 대한 올바른 판단, 열세에 있는 병력으로 얼마 동안 적에 대항하는 모험심, 강행군을 수행하는 힘, 과감한 급습, 위험한 순간에 더 많은 활동을 보이는 위대한 영혼, 이것이 앞에서 말한 승리의 이유이다. 이것이 공간과 시간처럼 두 가지의 단순한 대상을 올바르게 비교하는 능력과 무슨 상관이 있겠는가!

힘의 반도(反跳) 작용도 로스바흐와 몽미라이의 승리가 로이텐과 몽트로의 승리에 활기를 불어넣은 것이고,[14] 위대한 최고 지휘관들이 방어할 때 자주 신뢰한 것이다. 하지만 분명하고 정확하게 말하면, 힘의 반도 작용은 역사에서 극히 드문 경우에 지나지 않는다.

이에 비하면 상대적인 우세, 즉 결정적인 지점에 많은 병력을 재치 있게 집결하는 것은 훨씬 자주 볼 수 있다. 그 이유는 결정적인 지점을 올바르게 판단하기 때문이고, 이를 통해 병력을 처음부터 적절한 방향에 두기 때문이다. 또한 중요한 문제에 최선을 다하려고 중요하지 않은 것을 포기하는데, 즉 대다수의 병력을 한 곳에 집결하는데 요구되는 결단력이 있기 때문이다. 이 점에서는 특히 프리드리히 대왕과 보나파르트가 뛰어났다.

이상으로 수의 우세에 걸맞은 중요성을 설명했다고 생각한다. 이것은 근

---

14. 프리드리히 대왕은 로스바흐 전투(1757년 11월 5일)에서 프랑스와 오스트리아 군대를 무찌르고, 이어 로이텐 전투(12월 5일)에서 오스트리아와 바이에른의 동맹 군대를 무찔렀다. 나폴레옹은 몽미라이 전투(1814년 2월 11일)에서 동맹 군대에게 승리하고, 이어 몽트로 전투(2월 18일)에서도 승리했다. 먼저 일어난 전투의 결과가 다음에 일어난 전투의 결과에 영향을 준 것으로 보이기 때문에 이른바 힘의 반도 작용이라고 한 것이다. 반도는 목표물에 맞거나 지면에 닿은 탄환이 명중된 물체의 성질, 탄환의 모양, 낙하의 각도에 의해 다시 한 번 튀는 것을 말한다.

본이 되는 생각이라고 간주해야 하고, 언제나 되도록 제일 먼저 추구해야 한다.

그렇다고 수의 우세를 승리에 필요한 조건이라고 생각하는 것은 우리의 설명을 완전히 오해하는 일이 될 것이다. 오히려 우리는 전투에서 병력의 수에 두어야 하는 가치를 설명했을 뿐이다. 병력의 수가 되도록 많아졌다면 그것으로 원칙은 충분히 지킨 것이다. 그런데도 병력이 부족하기 때문에 전투를 피해야 하는지 말아야 하는지는 그때의 전체 상황을 보는 통찰력만이 결정하게 된다.

[지도 8] 보주 산맥

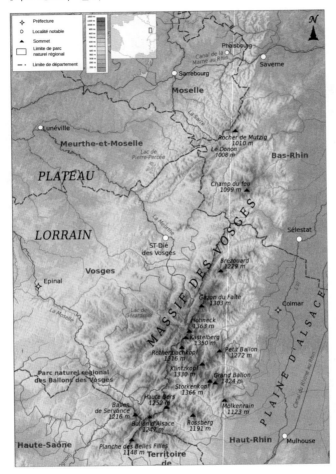

보주 산맥의 지형학적 지도
날짜 2015. 1. 7
출처 고저는 SRTM3 v2, 수로 측량은 BD Carthage®, 지방의 경계는 IGN-GEOFLA®, 작은 지도는
Blank map of Europe par Historicair를 참조하고, 투영도는 Lambert 93을 참고하여 작가 직접 작성.
작가 Boldair
업데이트 Niko67000 2016. 1. 11

보주 산맥은 프랑스 북동쪽 라인 강 상류의 왼편에 있는 산맥이다. 약
120킬로미터에 걸쳐 있다.

제9장

기습

이미 앞 장의 주제에서, 즉 상대적인 우세를 얻으려는 일반적인 노력에서 또 다른 노력이 생겨나는데, 이것도 역시 일반적이어야 한다. 이것은 적에 대한 기습이다. 이것은 거의 모든 행동의 바탕이 된다. 기습 없이 결정적인 지점에서 수의 우세를 확보한다는 것은 사실 생각할 수 없기 때문이다.

그래서 기습은 수의 우세를 얻으려고 하는 수단이 된다. 하지만 기습은 그 외에 정신적인 효과 때문에 독립적인 원리라고도 볼 수 있다. 기습이 크게 성공하면 적은 혼란에 빠지고 용기를 잃게 된다. 기습이 승리를 몇 배로 크게 만드는지에 대해서는 크고 작은 사례가 많이 있다. 그래서 여기에서 말하는 것은 공격에 속하는 본래의 기습이[1] 아니라 일반적인 수단을 갖추고, 특히 병력을 분할하여 적을 기습하려는 노력이다. 이런 노력은 방어를 할 때도 충분히 생각할 수 있고, 특히 전술적인 방어에서는 매우 중요하다.

우리의 말은 기습은 예외 없이 모든 행동의 바탕이 된다는 것이다. 다만 행동의 성질과 그 밖의 상황에 따라 그 정도에서 여러 가지 차이가 생길 수 있다.

---

1. 일반적으로 기습은 곧바로 반격할 수 있는 상태에 있지 않은 적을 공격하여 적이 전투 수단을 충분히 이용할 수 없게 하는 것이다. 하지만 요새 전투에서 하는 기습은 방어자가 충분한 방어 체계를 갖추기 전에 요새에 접근하는 행동을 말한다.

이미 군대, 최고 지휘관, 나아가 정부의 특성에서 이 차이가 시작된다.

비밀의 유지와 신속성은 기습을 낳는 두 가지 요소이다. 이 두 가지 요소는 정부와 최고 지휘관에게 엄청난 에네르기를 요구하고, 군대에게 엄격한 군기를 요구한다. 나약함과 느슨함의 원칙으로 기습을 할 수 있다고 기대하는 것은 헛수고이다. 기습을 하려는 노력은 매우 보편적인 것이고, 분명히 없어서는 안 되고, 기습이 전혀 효과를 내지 않는 것은 결코 아니라는 것은 진실이다. 하지만 기습이 **훌륭한** 수준으로 성공하는 경우는 드물다는 것도 역시 진실이다. 그리고 이는 문제의 본질에서 비롯된다. 그래서 특히 이 수단으로 전쟁에서 많은 것을 이룰 수 있다고 생각한다면 이는 잘못된 생각일 것이다. 그것은 관념상으로는 우리의 마음을 크게 사로잡지만, 기습을 수행할 때는 대부분 전체 기계의 마찰 때문에 정체된다.

기습은 본래 전술에서 더 많이 쓰인다. 이는 전략보다 전술에서 시간과 공간이 더 작고 좁다는 매우 당연한 이유 때문이다. 그래서 전략에서 기습을 하는 것은 기습의 수단이 전술의 영역에 접근할수록 그만큼 많이 수행할 수 있고, 더 높은 정치의 영역에 접근할수록 그만큼 곤란해진다.

전쟁의 준비는 보통 몇 달이 걸리고, 군대를 중요한 배치 지점에 집결하는 것은 대부분 보급 창고, 병참 부대, 상당히 많은 행군을 필요로 한다. 그러면 이런 것이 어느 방향을 향하는지 충분히 일찍 알아낼 수 있다.

그래서 한 나라가 다른 나라에 기습적으로 전쟁을 일으킨다든지 또는 대규모 병력의 방향을 바꾸어서 기습을 한다는 것은 극히 드물다. 17세기와 18세기의 전쟁에서는 포위를 하는 것이 매우 중요했고, 이때는 예상하지 못한 상황에서 적의 요새를 포위하려는 여러 가지 노력이 있었고, 이것이 전쟁술에서 매우 특별하고 중요한 문제였다. 하지만 그것도 성공한 경우는 매우 드물었다.

이와 반대로 하루 이틀에 일어날 수 있는 일에서는 기습을 훨씬 많이 생각할 수 있다. 행군으로 적을 앞지르고 이를 통해 적의 어느 진지, 적의 지역에 있는 어느 지점이나 길 등을 차지하는 것도 때로 그렇게 어렵지 않다. 하지만 분명한 것은 기습이 이런 측면에서 손쉽게 얻는 것이 있다면 효과의 측면에서 잃는 것이 있고, 기습이 어렵다면 기습의 효과는 그만큼 크다는 것이다. 물론 소규모의 기습으로 때로 어느 전투에서 승리를 거둔다든지, 또는 적의 중요한 보급 창고를 빼앗는 등의 큰 성과를 거둘 수 있다고 생각하는 사람들이 있다. 그런 것도 생각할 수는 있지만, 그것은 역사에서 증명된 적이 없는 것을 믿는 것이다. 전체적으로 볼 때 그런 기습으로 큰 성과를 낸 사례는 거의 없기 때문이다. 이것으로 미루어 보면 기습에는 확실히 어려움이 따른다는 결론을 내릴 수 있다.

이와 같은 것을 역사에서 밝히려고 하는 사람은 역사적인 비판의 허식, 금언, 독선적인 용어를 따라서는 안 되고 사실 자체에 눈을 돌려야 한다. 예를 들면 슐레지엔에서 있었던 1761년의 원정에서 이와 관련된 유명한 날이 있다. 그날은 7월 22일이었다. 이날 프리드리히 대왕은 라우돈 장군에[2] 앞서 나이세[3] 부근에서 노센으로[4] 행군했다. 이로 말미암아 오스트리아 군대와 러시아 군대는 오버슐레지엔에서[5] 합칠 수 없었고, 그래서 대왕은 전쟁을 하는데 4주의 시간을 벌게 되었다고 한다. 이 사건을 훌륭한 역사가로부터[6] 다시 자세히 읽고 편견 없이 생각하는 사람이라면 7월 22일의 행군에서 그런 의미를 결코 발견하지 못할 것이다. 그리고 이 문제에 관해 그 당시에 유행했던 모든 논의에서는 대체로 모순만 보게 될 것이다. 라우돈의 이동은 기동으로 유명했던 시대에 이치에 맞지 않는 것으로 보인다. 진실과 분명한 확신을 갈망하면서 어떻게 그런 역사적인 증명을 타당하다고 할 수 있겠는가.

---

2. 라우돈(Gideon Ernst von Laudon(Loudon), 1717~1790), 오스트리아의 원수.
3. 나이세(Neisse), 오버슐레지엔의 도시. 보헤미아 왕국의 영지였다가 1742년의 제1차 슐레지엔 전쟁 후에 프로이센의 영토가 되었다. 현재는 폴란드의 영토로서 폴란드에서는 니사(Nysa)라고 부른다. 브레슬라우에서 남쪽으로 약 80킬로미터 되는 곳에 있다.
4. 노센(Nossen), 작센의 작은 도시. 드레스덴에서 서쪽으로 약 30킬로미터에 있다.
5. 오버슐레지엔(Oberschlesien), 슐레지엔의 남동부 지방. 오늘날에는 대부분 폴란드에 속한다.
6. [저자] 템펠호프, 『노련한 프리드리히 대왕』 참조.

원정을 하는 동안에 기습의 원리에서 큰 효과를 기대한다면 기습에 필요한 수단을 생각해야 한다. 그것은 과감한 행동, 신속한 결단, 강행군 등이다. 하지만 이런 것이 충분히 갖추어져 있다고 해도 반드시 의도했던 효과를 내는 것은 아니다. 이는 두 명의 최고 지휘관의 예에서 볼 수 있는데, 이들은 확실히 기습에서 제일 위대한 대가라고 간주할 수 있다. 그 최고 지휘관은 프리드리히 대왕과 보나파르트이다. 프리드리히 대왕은 1760년 7월에 느닷없이 바우첸에서[7] 라시를 습격하고 드레스덴으로[8] 방향을 돌렸다. 하지만 대왕이 전쟁 중간에 삽입한 이 모든 간주곡으로 얻은 것은 실제로 아무것도 없었고, 그 사이에 글라츠가[9] 함락되면서 상황은 오히려 눈에 띄게 악화되었다.

보나파르트는 1813년에 드레스덴에서 두 번이나 느닷없이 블뤼허에게로 방향을 돌렸다. 이때 오버라우지츠에서[10] 보헤미아로[11] 침입한 것은 전혀 언급하지 않기로 한다. 그런데 두 번 다 의도한 결과를 전혀 거두지 못했다. 시간과 병력만 낭비하고 허공을 친 꼴이 되었고, 드레스덴에서는 극히 위험한 상황에 빠질 수 있었다.

그래서 큰 성과를 내는 기습은 프리드리히 대왕이나 보나파르트와 같은 대가의 경우에도 단지 지도자의 활동, 역량, 결단력만으로 생기는 것이 아니다. 그것은 다른 상황으로부터 도움을 받아야 한다. 우리는 기습이 성공할 수 있다는 것을 부인하려고 하는 것이 결코 아니다. 다만 그것이 성공하려면 반드시 유리한 조건이 결부되어 있어야 한다는 것을 말하려고 하는 것이다. 그런 조건은 분명히 자주 볼 수 있는 것도 아니고, 최고 지휘관이 그런 조건

---

7. 바우첸(Bautzen), 작센의 오버라우지츠 지방에 있는 도시. 드레스덴에서 동쪽으로 약 55킬로미터에 있다.
8. 드레스덴은 1760년 7월 16~28일에 프로이센 군대에 포위되었다.
9. 글라츠(Glatz, Kłodzko), 프로이센의 도시. 브레슬라우에서 남서쪽으로 90킬로미터에 있다. 1760년 6월에 라우돈에 의해 탈환되었다.
10. 오버라우지츠(Oberlausitz), 그 당시에 대부분 지역이 작센 왕국에 속했다.
11. 보헤미아(Böhmen, Bohemia), 보헤미아 왕국의 역사적인 지역 중의 하나. 현재 체코의 서부 지역으로 엘베 강과 몰다우 강의 유역에 있다. 보헤미아 지역의 중심에 프라하가 있다.

을 만들 수 있는 경우도 드물다.

바로 이 두 최고 지휘관은 그런 조건과 관련되는 두드러진 예를 보여 주고 있다. 보나파르트는 1814년에[12] 블뤼허의 군대에게 유명한 행동을 감행했는데, 이때 블뤼허의 군대는 주력 군대에서 분리되어 마른 강을 따라 내려가고 있었다. 이틀 동안의 기습 행군으로 이렇게 큰 성과를 거둔다는 것은 쉬운 일이 아니다. 블뤼허의 군대는 3일 동안의 행군 거리만큼 길게 늘어 있었고 하나하나 공격을 당했고 주력 전투의 패배에 버금가는 손실을 입었다. 이는 오로지 기습의 효과 때문이었다. 보나파르트가 기습을 할 가능성이 그렇게 크다고 생각했다면 블뤼허는 행군을 완전히 다르게 준비했을 것이다. 이는 블뤼허의 잘못에서 생긴 성공이다. 물론 보나파르트는 이런 상황을 알지 못했고, 여기에 개입한 행운이 그의 편이었던 셈이다.

1760년의 리그니츠 전투도 이와 마찬가지이다. 프리드리히 대왕은 이 전투에서 훌륭하게 승리했는데, 대왕이 이제 막 도착한 진지를 그날 밤에 또다시 옮겼기 때문이다. 이 때문에 라우돈은 완전히 기습을 당했고, 결과는 대포 70문과 병사 10,000명의 손실로 나타났다. 프리드리히 대왕은 이때 이리저리 많이 이동하는 원칙을 받아들여서 이를 통해 적이 전투를 할 수 없게 하든지, 또는 적어도 적의 계획을 어긋나게 하려고 했다. 하지만 14일에서 15일에 걸친 밤에 진지를 옮긴 것은 꼭 그런 의도에서 한 것이 아니었다. 대왕 자신이 말하는 것처럼 14일에 든 진지가 그의 마음에 들지 않았기 때문이다. 즉 여기에서도 우연이 크게 작용했다. 대왕의 공격이 야간 이동이나 접근하기 어려운 지형과 잘 맞아떨어지지 않았다면 대왕의 성공이 그 정도는 아니었을 것이다.

전략에서는 이보다 높거나 제일 높은 영역에서도 기습이 좋은 성과를 낸 몇 개의 예가 있다. 여기에서는 대선제후가[13] 스웨덴에 대항하여 프랑켄에

12. 1814년 2월에 일어났다.

13. 이 대선제후는 브란덴부르크(Friedrich Wilhelm von Brandenburg, 1620~1688)를 말한다. 프로이센의 공작. 브란덴부르크 선제후는 1365년에 시작되었는데, 그중에 이 프리드리히

서[14] 폼머른까지,[15] 그리고 마르크에서[16] 프레겔 강까지[17] 했던 빛나는 행군, 1757년의 원정,[18] 보나파르트가 1800년에 알프스 산을 넘은[19] 유명한 행군만 생각하기로 한다. 1800년의 경우에는 항복한 군대가 모든 전쟁터를 포기했고, 1757년에 또 다른 군대는 전쟁터와 자기 군대를 상대에게 넘기려고 하던 참이었다. 마지막으로, 전혀 예상하지 못했던 전쟁의 예로는 프리드리히 대왕의 슐레지엔 침입을 들 수 있다. 이런 기습의 성과는 언제나 크고 엄청나다. 하지만 그런 현상은 역사에 매우 드물게 나타난다. 즉 그런 사례를 한 나라가 활동과 에네르기가 부족하여 (1756년의 작센과[20] 1812년의 러시아) 전쟁 준비를 마치지 못한 상태에서 받은 기습과 혼동해서는 안 된다.

이제 문제의 핵심과 관련되는 것을 한마디만 더 하도록 한다. 즉 상대에게 자기의 법칙을 강요하는 사람만이 기습을 할 수 있고, 올바르게 기습을 하는 사람만이 상대에게 자기의 법칙을 강요할 수 있다. 잘못된 수단으로 적

빌헬름을 대선제후라고 부른다. 그는 자기 나라에 침입한 스웨덴 군대를 (1675년, 1678년에) 마르크 브란덴부르크, 폼머른, 프로이센에서 몰아냈다.

14. 프랑켄(Franken, Franconia), 신성 로마 제국의 한 영토. 마인 강 지역의 대부분을 포괄한다.

15. 폼머른(Pommern, Pomerania), 폼머른 공국이었다가 나중에 프로이센의 한 지방이 되었다. 현재의 독일과 폴란드의 북쪽에 있었다.

16. 마르크(Mark), 마르크 브란덴부르크를 말한다. 신성 로마 제국의 한 영토. 마르크는 변경, 변방의 뜻으로 브란덴부르크가 신성 로마 제국의 변방이었다는 것을 가리킨다. 백작령이었다가 선제후국이 되었고, 그 후 1815년에 프로이센의 한 지방이 되었다. 폼머른의 아래에 있었다.

17. 프레겔 강(Pregel), 동프로이센의 북쪽에 있는 강. 현재 칼리닌그라드를 흐른다. 발트 해에 있는 비스툴라 호수로 흐른다. 러시아어로 프레골랴 강(Pregolja). 길이는 123킬로미터.

18. 프리드리히 대왕은 보헤미아에 침입하여 프라하를 습격했다(1757년 4~6월).

19. 나폴레옹은 1800년 5월에 알프스 산을 넘어 이탈리아에 침입하여 멜라스가 이끄는 오스트리아 군대를 습격했다.

20. 작센(Sachsen, Saxony), 예나 전투와 아우어슈테트 전투에서 프랑스에게 참혹하게 패배한 후로 프랑스의 지배를 받았다. 그동안(1806~1815년) 프랑스는 작센을 왕국으로 승격했다. (일종의 프랑스의 괴뢰 국가였다.) 나폴레옹의 편을 들었기 때문에 1815년에 전쟁이 끝나고 나서 프로이센에게 영토의 절반 이상을 넘겨주었다. 현재 독일의 동부 지역에 있다. 작센의 예나, 아우어슈테트, 라이프치히, 드레스덴 등의 도시는 나폴레옹 전쟁의 시기에 전쟁의 한가운데에 있었다.

에게 기습을 하면 좋은 결과를 얻는 대신에 아마 거친 반격을 감수해야 할 것이다. 그러면 어쨌든 적은 아군의 기습에 대해 별로 걱정할 필요가 없고, 아군의 잘못에서 피해를 막을 수단을 발견하게 된다. 공격은 그 자체로 방어보다 훨씬 많은 적극적인 행동을 포함하고 있기 때문에 기습도 당연히 공격자가 많이 하게 된다. 하지만 아래에서 보는 것처럼 오로지 그런 것만은 결코 아니다. 그래서 공격자와 방어자 모두 상대를 기습하는 일이 일어날 수 있는데, 그렇게 되면 정곡을 제일 잘 찌른 쪽이 이길 것이 틀림없다.

그렇게 되어야 하지만, 이 논리도 현실에서 정확히 그렇게 되지는 않는다. 그것은 단순한 이유 때문이다. 기습이 주는 정신적인 효과는 기습의 도움을 누리는 지휘관에게 때로 최악의 상황을 유리한 상황으로 만들지만, 다른 지휘관에게는 확고한 결단에 이르지 못하게 하기 때문이다. 기습에서는 다른 어느 경우보다 최고 지휘관뿐만 아니라 하나하나의 모든 지휘관을 생각해야 하기 때문이다. 기습의 효과는 통일성의 끈을 강제로 풀어 버리는 특성을 갖고 있고, 그래서 하나하나의 모든 지휘관의 개성이 쉽게 드러나기 때문이다.

이런 경우에는 많은 것이 양쪽이 놓여 있는 일반적인 상황에 달려 있다. 한쪽이 이미 일반적인 정신적인 우위를 통해 다른 쪽에게 사기를 떨어뜨리거나 서두르게 할 수 있다면 기습을 더 성공적으로 이용할 수 있을 것이고, 본래 패배해야 할 것 같은 경우에도 좋은 성과를 거둘 수 있을 것이다.

[지도 9] 17세기의 브란덴부르크-프로이센

브란덴부르크-프로이센
지도 출처 Putzger, *Historischer Schul-Atlas*, 1905
파일 출처 http://www.maproom.org/00/01/index.php
저자 F. W. Putzger(1849~1913)
업로드 Magnus Manske 2010. 9. 15

1640년의 영토는 진한 색으로 표시되어 있다. 1688년의 영토는 여기에
약간 엷은 색을 포함하는 지역이다. 브란덴부르크-프로이센은 현재 독일과
폴란드의 북쪽에 있다. 왼쪽부터 오른쪽으로 라인 강, 베저 강, 엘베 강, 오더
강, 비스와 강의 대략적인 위치와 흐름의 방향이 보인다.

[지도 10] 작센

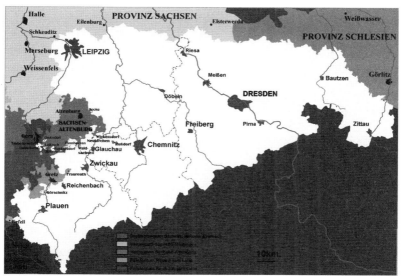

나폴레옹 전쟁의 한복판에 있었던 작센 왕국(1806~1918)
작가 störfix
업로드 Störfix 2005. 9. 2
업데이트 Kopiersperre 2014. 7. 19

　작센은 공국에서 선제후국이 되었고, 선제후국에서 왕국이 되었다. 작센은 1806~1815년에 라인 동맹에 속했고, 1815~1866년에 독일 연방에 속했다. 1867년부터 북부 독일 연방의 회원국이었고, 1871~1918년에 독일 제국의 회원국이었다. 작센의 수도인 드레스덴, 또 다른 대도시로 라이프치히가 보인다. 드레스덴 아래로 피르나, 오른쪽으로 바우첸이 보인다. 작센 아래는 현재의 체코이다. 지도는 1900년경의 작센 왕국. 지도의 왼쪽 아래에 바이에른 왕국과 호프가 보인다.

제10장

책략

책략은 의도를 숨길 것을 전제로 한다. 그래서 책략은 솔직하고 단순한 행동 방식, 즉 직접적인 행동 방식과 대립된다. 이는 재치가 직접적인 증명과 대립되는 것과 같다. 그래서 책략은 설득, 절충, 폭력의 수단과 아무런 공통점을 갖지 않지만 속임수와는 많은 공통점을 갖는다. 속임수도 역시 의도를 숨기기 때문이다. 더욱이 모든 것이 끝나고 나서 보면 책략 자체도 속임수이다. 하지만 책략은 속임수 그 자체라고 불리는 것과 구분되는데, 이는 책략이 직접적으로 약속을 어기는 것이 아니기 때문이다. 책략을 쓰는 사람은 자신이 속이려고 하는 사람으로 하여금 스스로 지성의 잘못을 저지르게 하고, 이 잘못은 결국 하나의 효과로 합쳐지면서 상대의 눈앞에서 문제의 본질을 느닷없이 다른 것으로 바꾼다. 그래서 재치가 생각과 상상으로 하는 마술인 것처럼, 책략은 행동으로 하는 마술이라고 할 수 있다.

언뜻 보면 전략이라는 말이 책략이라는 말에서 유래했다는 것, 전쟁의 전체적인 성격이 고대의 그리스 이래 진정한 변화나 표면적인 변화를 겪었는데도 전략이라는 말의 본질이 여전히 책략을 가리키고 있다는 것은 당연한 것처럼 보인다.

무력 행동을 수행하는 전투 자체는 전술에 맡겨 두고 전략은 전투의 능력을 능숙하게 쓰는 기술이라고 보면, 용수철처럼 언제나 눌려 있는 강렬한 명예심이나 쉽게 굴복하지 않는 강인한 의지 등과 같은 감성의 힘 외에 전략적인 활동을 이끌고 자극하는데 책략보다 적절한 주관적인 소질도 없는 것 같다. 앞 장에서 말한 기습의 일반적인 필요성이 이미 그것을 가리키고 있다. 모든 기습의 바탕에는 그 정도가 아무리 작더라도 책략이 놓여 있기 때문이다.

최고 지휘관들은 전쟁에서 교활한 활동, 민첩함, 책략에서 상대보다 앞서려고 하는 필요성을 매우 크게 느끼고 있다. 그런데도 그런 특성은 역사에 거의 나타나지 않고, 여러 가지 관계와 상황 때문에 겉으로 드러나는 일이 드물다는 것을 인정해야 한다.

그 이유는 매우 간단하고 앞 장에서 말했던 것과 거의 같다.

전략은 전투와 관련되는 수단에 따라 전투를 배치하는 것 외에 다른 활동을 알지 못한다. 그래서 전략은 다른 일상 생활과 달리 의견을 내고 설명을 하는 등의 단순한 말로 존재하는 행동을 알지 못한다. 책략을 쓰는 사람은 많은 노력이 들지 않는 그런 행동을 주로 상대를 속이는데 쓴다.

전쟁에 이와 비슷한 것이 있다. 계획과 명령을 거짓으로 알리는 것, 적에게 일부러 잘못된 정보를 흘리는 것 등이다. 이런 것의 효과는 전략에서는 보통 매우 약해서 자연히 일어나는 개별적인 기회에만 쓰이고, 그래서 그런 활동은 최고 지휘관으로부터 비롯되는 자유로운 활동으로 간주할 수 없다.

전투의 배치와 같이 적에게 큰 인상을 심어줄 정도의 행동을 수행하려면 시간과 병력을 엄청나게 많이 소모해야 한다. 더욱이 그런 행동의 대상이 많을수록 시간과 병력도 그만큼 많이 소모된다. 그런데 보통 이런 소모는 하지 않으려고 하기 때문에 전략에서 이른바 양동이 애초에 의도했던 효과를 내는 일은 극히 드물다. 실제로 많은 병력을 오랫동안 적을 속이는 데만 쓰는 것은 위험하다. 그것이 늘 헛수고로 끝날 위험이 있고, 그렇게 되면 그 병력을 결정적인 장소에서 쓸 수 없기 때문이다.

최고 지휘관은 이 냉엄한 진실을 전쟁에서 언제나 잘 느끼고 있다. 그래서 그는 병력을 교활하게 움직이게 하는 도박을 좋아하지 않는다. 필요성의 메마른 엄숙함이 대부분 직접적인 행동으로 밀고 들어오기 때문에 그런 도박을 할 여지는 없다. 한마디로 말해, 전략의 체스판에는 책략과 교활함의 요소가 되는 민첩함의 돌이 없다.

여기에서 다음과 같은 결론이 나온다. 즉 최고 지휘관에게는 올바르고 정확한 통찰력이 책략보다 더 필요하고 쓸모 있는 특성이다. 책략이 전쟁에 필요한 감성의 특성에 손상을 입히지 않고 존재한다면 아무것도 망치지 않을 테지만, 그런 경우는 너무 자주 일어난다.

하지만 전략의 지휘 아래에 놓여 있는 군대의 병력이 적을수록 그 지휘부는 책략을 그만큼 자주 쓰게 될 것이다. 그래서 어느 군대가 매우 약하고 적을 때, 신중함도 현명함도 더 이상 도움이 되지 않을 때, 어떤 기술도 쓸 수 없는 지점에 이르렀을 때, 책략은 그 군대에게 마지막 도움이 될 것이다. 그 군대의 상황이 절망적일수록, 모든 것이 절망으로 가득 찬 단 한 번의 공격으로 모일수록, 책략은 그 군대를 그만큼 대담하게 할 것이다. 그 이상의 모든 계산에서 벗어나고 그 이후의 모든 보복을 생각하지 않은 채 대담성과 책략은 더욱 강력해질 것이다. 그래서 희미한 희망의 빛을 단 하나의 점으로 모으고, 어쨌든 아직 타오를 수 있는 단 하나의 불빛으로 만들 것이다.

제11장

병력의 공간적인 집결

최선의 전략은 늘 **충분한 병력**을 보유하는 것이다. 먼저 일반적으로, 그다음에 결정적인 지점에서 그렇게 하는 것이다. 그래서 병력을 창출하는 노력을 하게 되는데, 이것은 반드시 최고 지휘관의 뜻대로 되는 것이 아니다. 이 노력을 제외하면 전략에서 **병력을 집결**하는 것보다 단순하고 수준 높은 법칙은 없다. 즉 **긴급한** 목적 때문에 주력 군대에서 다른 곳으로 파견해야 하는 경우를 제외하면 어느 병력도 주력 군대에서 분리해서는 안 된다. 우리는 이 기준을 확고하게 지키고 이를 신뢰할 만한 길잡이로서 간주한다. 병력을 나누는 합리적인 이유에 어떤 것이 있을 수 있는지는 점차 알게 될 것이다. 그때 이 원칙이 모든 전쟁에서 동일한 보편적인 결과를 낳을 수 없고, 결과는 목적과 수단에 따라 달라진다는 것도 알게 될 것이다.

믿기 어렵다고 생각할지 모르지만, 단지 전해 내려오는 방식이라는 막연한 느낌에 따라 분명한 이유도 알지 못한 채 병력을 나눈 경우는 상당히 많았다.

모든 병력을 집결하는 것이 규범이고 모든 분리와 분할을 어쩔 수 없는 예외라고 인정한다면, 그런 어리석은 행동을 완전히 피하게 될 뿐만 아니라 잘못된 분리의 많은 구실도 막게 된다.

제12장

병력의 시간적인 집결

여기에서는 현실에 응용될 때 최고 지휘관을 여러 가지로 속일 수 있는 개념을 다룬다. 그래서 생각을 분명하게 밝히고 설명하는 것이 필요한데, 이에 필요한 약간의 분석은 독자들이 허락할 것이라고 생각한다.

전쟁은 대립하고 있는 힘의 충돌이다. 여기에서 자연스럽게 병력이 많은 쪽은 다른 쪽을 파괴할 뿐만 아니라 추격하면서 모두 쓸어버린다는 결론이 나온다. 이것은 근본적으로 병력이 지속적인 (순차적인) 효과를 내는 것을 허락하지 않는다. 공격을 하려고 결정되어 있는 모든 병력을 동시에 쓰는 것이 전쟁의 근본 법칙으로서 나타나야 한다.

전쟁이 기계적인 충돌과 비슷하게 수행되는 한 현실에서도 그러하다. 하지만 전쟁이 상대를 파괴하는 양쪽 병력의 지속적인 상호 작용으로 나타나는 경우에는 틀림없이 병력이 지속적인 효과를 내는 것도 생각할 수 있다. 전술의 경우에 그러한데, 이는 주로 화기가 모든 전술의 중요한 토대이기 때문이다. 하지만 여기에는 다른 이유도 있다. 총격전에서 1000명이 500명에게 총을 쏘고 있다면 인명 손실의 규모는 적군과 아군의 수에 의해 정해진다. 1000명은 500명보다 총을 두 배 많이 쏜다. 하지만 총알도 1000명이 500명보다 많이 맞는다. 1000명이 500명보다 빽빽하게 배치되어 있다고 전제할 수 있기 때문이다. 총알을 맞은 병사의 수도 1000명에서 두 배 많을 것이라고 생각해도 된다면 양쪽의 손실은 같을 것이다. 예를 들어 500명 중에 200명이 전투를 할 수 없게 된다면 1000명에서도 역시 200명이 전투를 할 수 없게 될 것이다. 이제 500명이 그때까지 전혀 전투를 하지 않은 병사를 그만큼 갖고 있다면 양쪽은 각각 800명이 될 것이다. 하지만 한쪽에는 충분한 탄약과 힘을 갖고 있는 새로운 500명의 병력이 있는데 반해, 다른 쪽에는 탄약도 충분하지 않고 힘도 빠진 상태에서 모두 같은 정도로 지쳐 있는 800명의 병력이 있을 뿐이다.[1] 물론 1000명이 500명보다 단지 수적으로 많기 때문에 그 자리에서 두 배 큰 손실을 입었을 것이라고 전제하는 것은 맞지 않다. 그래서 원래의 대형에서 절반의 병력 500명을 배후에 둔 쪽이 200명의 손실보다 큰 손실을 입고 불리해졌다고 간주해야 하는 경우도 있다. 또한 일반적인 경우를 생각하면 1000명이 전투의 첫 순간에 적을 그 자리에서 몰아내고 후퇴 이동을 하게 만드는 유리함을 얻을 수 있다는 것도 인정해야 한다. 그런데 이 두 가지 유리함이 앞에서 말한 불리함과 균형을 유지하는지, 그리고 전투로 지쳐 있는 800명의 병력으로 적에게 (적은 적어도 눈에 띄게 약해지지 않았고, 완전히 새로운 500명의 병력을 보충하게 되었는데) 맞설 수 있는지 하는 것은 분석을 계속해도 더 이상 결정할 수 없다. 이런 경우에는 경험에 의지해야 한다. 아마 전쟁을 조금이라도 경험한 장교라면 일반적으로 새로운 병력을 보충하게 된 쪽이 우세해진다고 말할 것이다.

이런 식으로 보면 지나치게 많은 병력을 쓰는 것이 전투에서 얼마나 불리해질 수 있는지 분명해진다. 수의 우세함이 전투의 첫 순간에 아무리 많은 유리함을 준다고 해도 아마 바로 그다음에 그것에 대한 보상을 지불해야 하기 때문이다.

하지만 이런 위험은 무질서, 혼란 상태, 무기력이 넘칠 때만, 한마디로 위기에만 생긴다. 그리고 위기는 전투에서 승리하는 자에게도 따른다. 이처럼 약해진 상태에서 비교적 많은 새로운 병력의 출현은 결정적인 영향을 미친다.

---

1. 즉 한쪽은 500-200+500=800명이고, 다른 쪽은 1000-200=800명이다.

하지만 승리의 파괴적인 영향이 그치면, 그래서 모든 승리가 주는 정신적인 우월감만 남게 되면, 적의 새로운 병력은 전투의 패배를 더 이상 만회할 수 없고 패배와 함께 휩쓸려 버릴 것이다. 패배한 군대는 바로 다음 날 많은 예비 병력을 받는다고 해도 더 이상 상대의 승리를 되돌릴 수 없다. 여기에 전술과 전략의 매우 근본적인 차이의 근원이 있다.

전술적인 성과, 즉 전투 중에 그리고 전투의 종결 이전에 얻는 성과는 대부분 아직 앞에서 말한 혼란과 무기력의 영역 안에 있다. 하지만 전략적인 성과, 즉 전체 전투의 성과와 완전한 승리는 크든 작든 이미 혼란과 무기력의 영역 밖에 있다. 전략적인 성과는 부분 전투의 성과가 하나의 독자적인 전체로 합쳐질 때 비로소 나타난다. 그러면 위기의 상태는 끝나고 병력은 본래의 모습을 되찾고 정말로 파괴된 부분만 손실로서 나타난다.

이런 차이에서 다음과 같은 결론이 나온다. 즉 전술에서는 병력을 조금씩 지속적으로 쓸 수 있지만 전략에서는 병력을 동시에 쓸 수밖에 없다.

아군이 전술에서 첫 번째 성과로 모든 것을 결판낼 수 없고 다음 순간을 걱정해야 한다면 자연히 다음과 같은 결론이 나온다. 즉 첫 번째 순간의 성과를 얻는 데는 그것을 얻는데 필요한 것으로 보이는 만큼의 병력만 쓰도록 해야 한다는 것, 그리고 나머지 병력은 총격전이나 육박전 등에 의해 파괴되지 않도록 전투 지역에서 먼 곳에 두어야 한다는 것이다. 그러면 적의 새로운 병력에 대해 아군도 새로운 병력으로 맞설 수 있든지, 혹은 그새 약해진 적에게 아군의 새로운 병력으로 승리를 얻을 수 있다. 하지만 전략에서는 그렇게 되지 않는다. 한편으로 전략적인 승리를 얻고 나면 방금 말한 것처럼 이 승리와 함께 위기도 끝나기 때문에 적의 반격을 걱정하지 않아도 된다. 다른 한편으로 전략에서 쓰는 병력이 반드시 전부 약해지는 것은 아니다. 적의 병력과 전술적으로 충돌하는 병력, 즉 적과 부분 전투를 벌이는 병력만 약해진다. 그래서 전술에서 병력을 쓸데없이 낭비하지 않는다면 어쩔 수 없이 잃는 병력만큼만 약해지는데 지나지 않고, 적과 전략적으로 충돌하는 모든 병력이 약해지는 것은 결코 아니다. 병력이 우세하기 때문에 전투를 거의 또는 전혀 하지 않은 채 단지 그곳에 있는 것만으로도 전투에 결정적인 영향을 미친 군대는 결전이 끝난 후에도 이전의 상태를 유지하고 있고, 휴식을 하고 있던 군대와 마찬가지로 새로운 목적에 쓸 수 있다. 그렇게 우세한 군대가 전체 승리에 얼마나 크게 이바지할 수 있는지는 더 말할 필요도 없을 것이다. 더욱이 그런 군대가 전술적인 충돌 상태에 있는 아군 병력의 손실을 크게 줄일 수 있다는 것도 어렵지 않게 이해할 수 있다.

그래서 전략에서 손실은 전투에 쓴 병력의 규모와 함께 늘어나는 것이 아니라 오히려 그 규모 때문에 때로 줄어들기도 한다. 그리고 당연하게 말할 수 있는 것처럼 그 때문에 아군의 승리는 더 확실해진다. 그래서 자연스럽게 다음과 같은 결론이 나온다. 즉 전략에서는 아무리 많은 병력을 쓴다고 해도 결코 지나치지 않다는 것, 그래서 쓰려고 있는 모든 병력은 **동시에** 쓰도록 해야 한다는 것이다.

그런데 우리는 이 명제를 다른 영역에도 관철해야 한다. 우리는 지금까지 싸움 자체에 대해서만 말했다. 물론 싸움이 본래의 전쟁 활동이지만 이 활동의 담당자로서 나타나는 인간, 시간, 공간도 고려해야 한다. 그리고 이 요소가 미치는 영향의 결과도 아울러 살펴보아야 한다.

피로, 고통, 결핍은 전쟁에서 본질적으로 싸움에 속하는 것은 아니지만, 많든 적든 싸움에서 분리될 수 없고 싸움과 관련되어 있는 독특한 파괴적인 요소이다. 더욱이 그것은 주로 전략에 속하는 문제이다. 물론 그것은 전술에서도 일어나고 아마 전술에서 최고도에 이를지 모른다. 하지만 전술적인 행동은 지속 시간이 짧기 때문에 고통과 결핍이 전술적인 행동에 미치는 영향은 거의 살펴보지 않아도 된다. 하지만 시간과 공간이 확대되는 전략에서는 그 영향이 언제나 분명할 뿐만 아니라 때로 완전히 결정적인 것이 되기도 한다. 승리하는 군대가 전투보다 질병으로 훨씬 많은 병력을 잃는 것은 이상한 일이 아니다.

그래서 전술에서 총격전과 육박전의 요소를 살펴본 것처럼 전략에 있는 파괴적인 요소를 살펴보도록 한다. 그러면 확실히 다음과 같이 생각할 수 있다. 즉 파괴적인 요소에 노출되는 모든 것은 원정의 마지막에 혹은 또 다른 전략적인 매듭의 마지막에 매우 약한 상태에 빠지고, 이는 새롭게 보충되는 생기 넘치는 병력을 **매우 중요한** 것으로 만든다. 그래서 전략에서도 전술처럼 되도록 적은 병력으로 첫 번째의 성과를 얻으려고 할 수 있는데, 이는 생기 넘치는 병력을 마지막의 전투에 대비하여 남겨 두려고 하기 때문이다.

이런 생각을 많은 경우에 적용하면 이 생각이 엄청난 진실처럼 보일 테지만, 이 생각을 정확하게 판단하려면 그 생각에 들어 있는 하나하나의 개념에 눈길을 돌려야 한다. 무엇보다 먼저 단순히 병력을 늘린다는 개념을 아직 쓰지 않은 새로운 병력과 혼동해서는 안 된다. 원정의 마지막에 승리하는 쪽뿐만 아니라 패배하는 쪽도 새로운 병력이 투입되는 것을 간절히 바라지 않는 경우, 심지어 그것이 결정적으로 중요하게 보이지 않는 경우는 별로 없다. 하지만 여기에서는 그런 원정을 말하는 것이 아니다. 병력이 처음부터 많이 있었다면 병력을 늘려야 할 필요도 없었을 것이기 때문이다. 하지만 전술적인 예비 병력이 전투에서 이미 큰 손실을 입은 병력보다 확실하게 낫다고 간주할 수 있는 것처럼, 새롭게 전쟁터로 밀려든 군대의 정신력이 이미 전쟁터에 있는 군대의 정신력보다 나을 것이라고 간주하는 것은 이제까지의 모든 경험과 어긋날 것이다. 원정에서 패배하면 군대의 용기와 정신력이 그만큼 낮아지는 것처럼, 원정에서 승리하면 용기와 정신력은 그만큼 다시 높아진다. 그래서 이 효과는 일반적인 경우에서 보면 상쇄되고, 그러면 역시 전쟁 경험이 순수한 이익으로서 남게 된다. 더욱이 이런 경우에는 패배한 원정보다 승리한 원정에 더 많은 관심을 기울여야 한다. 원정에서 패배할 개연성이 높다고 예상되는 경우에 (그렇지 않아도 병력이 부족한데) 병력의 일부를 나중에 쓰려고 남겨 둔다는 것은 생각할 수 없기 때문이다.

이 점을 밝히고 나면 다음과 같은 문제가 남는다. 병력이 고통과 결핍 때문에 입게 되는 손실은 전투의 경우에서 그런 것처럼 병력의 규모에 따라 늘어나는 것일까? 이에 대해서는 "아니오."라고 대답해야 한다.

고통은 대부분 위험에서 생겨나고, 전쟁 행동의 모든 순간에는 많든 적든 위험이 따른다. 언제나 위험에 마주치면서도 확신을 갖고 행동을 계속 밀고 나아가는 것이 군대의 전술적인 임무와 전략적인 임무를 이루는 수많은 활동의 목표이다. 군대가 약할수록 이 임무는 그만큼 어려워지고, 군대가 적군보다 우세해질수록 이 임무는 그만큼 쉬워진다. 누가 그것을 의심할 수 있겠는가? 그래서 훨씬 약한 적에 대항하는 원정에서는 아군과 똑같이 강하거나 심지어 더 강한 적에 대항할 때보다 고통도 덜 느끼게 될 것이다.

고통은 이와 같다. 하지만 결핍은 좀 다르게 보인다. 결핍은 주로 두 가지 문제에서 비롯된다. 그것은 식량의 부족과 군대의 숙소의 부족이다. 숙소는 사영을 하는 것이든 편안한 야영을 하는 것이든 상관없다. 군대가 한 장소에 많이 있을수록 그 두 가지의 결핍은 확실히 그만큼 늘어날 것이다. 하지만 바로 그와 같은 수의 우세함이 병력을 더 넓게 배치할 수 있는 최선의 수단과 더 많은 공간도 주지 않을까? 그래서 식량과 숙소를 발견할 수 있는 더 많은 수단도 주지 않을까?

보나파르트는 1812년에 러시아에 침입했을 때 전대미문의 대규모 군대를 하나의 도로에 집결했고, 그래서 역시 전대미문의 결핍을 겪었다. 하지만 이것은 그의 원칙의 탓으로 돌리지 않을 수 없는데, 그것은 결정적인 순간에는 병력이 아무리 많아도 결코 충분하지 않다는 것이다. 보나파르트가 이때 그 원칙을 넘었는지 아닌지 하는 문제는 여기에 속하지 않는다. 하지만 확실한 것은 보나파르트가 그 원칙 때문에 생겨난 결핍을 피하려고 했다면 폭을 더 넓게 해서 전진하기만 하면 되었다는 것이다. 러시아에 그럴 만한 공간이 없었던 것도 아니고, 그럴 만한 공간이 없는 경우는 거의 없을 것이기 때문이다. 그래서 보나파르트의 예에서 매우 많은 병력을 동시에 쓰는 것이 그 병력을 크게 약하게 할 것이라는 점을 증명하는 이유를 끌어낼 수는 없다. 물론 군대의 일부를 잉여 병력으로서 경우에 따라 나중에 쓰려고 남겨 둘 수 있었다면, 이 때문에 군대 전체는 결핍을 그만큼 덜 겪었을 것이다. 하지만 강한 바람, 나쁜 날씨, 전쟁에 따르는 피할 수 없는 고통 때문에 남아 있는 병력도 어느 정도 줄어들었을 것이라고 전제할 수 있다. 그러면 이제 모든 것을 전체적인 시각에서 다시 살펴보고 다음과 같이 묻지 않을 수 없다. 즉 한편에 이 정도의 손실이 있고 다른 한편에 많은 병력을 여러 갈래의 길로 전진하게 했을 때 얻을 수 있는 이익이 있다면 이 손실과 이익이 같을까?

매우 중요한 점을 하나 더 언급하도록 한다. 부분 전투에서는 계획했던 큰 승리를 얻으려면 대략 얼마만큼의 병력이 필요한지 큰 어려움 없이 결정할 수 있고, 그래서 얼마만큼의 병력이 남을지도 결정할 수 있다. 전략에서는 이 것이 거의 불가능한 것이나 다름없다. 전략적인 승리에는 대상도 결정되어 있지 않고 한계도 분명하지 않기 때문이다. 그래서 전술에서 잉여 병력이라고 간주할 수 있는 것은 전략에서는 승리의 기회를 확대하는데 필요한 수단이라고 보아야 한다. 승리의 규모와 함께 이익도 늘게 되고, 병력이 많다는 것은 이런 식으로 신속하게 목표에 이르게 할 수 있다. 병력을 신중하게 절약하는 것만으로는 결코 그 목표에 이르지 못할 것이다.

보나파르트는 1812년에 엄청나게 많은 병력으로 모스크바까지 전진하고 이 중요한 수도를 점령하는데 성공했다. 보나파르트가 바로 그처럼 많은 병력으로 러시아 군대를 완전히 파괴하는 데도 성공했다면, 그는 아마 모스크바에서 평화 조약을 맺었을 것이다. 평화 조약은 다른 어떤 방식으로도 맺을 수 없었다. 이 예는 단지 우리의 생각을 설명해야 하고 증명해서는 안 된다. 증명은 자세한 설명을 필요로 하는데, 여기는 그렇게 할 만한 적당한 곳이 아니다.

이 모든 고찰은 단지 병력을 순차적으로 쓴다는 생각에 따른 것이고 본래의 예비 병력의 개념을 대상으로 한 것이 아니다. 물론 이 개념은 우리의 고찰과 끊임없이 관련되어 있지만, 다음 장에서 보게 되는 것처럼 다른 개념과도 관련되어 있다.

여기에서 결론으로 말하려고 한 것은 다음과 같다. 즉 전술에서는 병력을 현실에서 쓰는 **지속 시간**만으로도 병력이 줄어들기 때문에 시간이 결과에 영향을 미치는 요소로 나타나지만, 전략에서는 본질적으로 그런 일이 일어나지 않는다. 시간은 전략에서도 병력에 파괴적인 영향을 미치지만, 그 영향은 병력의 엄청난 규모 때문에 감소하기도 하고 다른 방식으로 보상이 이루어지기도 한다. 그래서 **시간 그 자체를 얻을 목적으로** 병력을 차례차례 조금씩 쓰면서 시간을 자기편으로 만드는 것은 전략의 목적이 될 수 없다.

지금 **시간 그 자체를 얻을 목적으로**라고 말했다. 시간은 많은 상황을 불러일으키지만, 상황은 시간이 아니다. 시간은 이런 상황 때문에 적과 아군의 어느 한쪽에 더 중요할 수 있고, 반드시 어느 한쪽에 더 중요하지 않을 수 없고, 그래서 양쪽에 완전히 다른 것이기 때문이다. 그렇다고 시간이 아무래도 상관없다거나 중요하지 않은 것은 결코 아닌데, 이 문제는 다른 곳에서 살펴볼 것이다.

그래서 우리가 설명하려고 노력한 법칙은 다음과 같다. 즉 전략적인 목적을 이루려고 예정되어 있고 존재하는 모든 병력은 그 목적을 이루는데 **동시에** 쓰도록 해야 한다. 그리고 모든 것이 하나의 행동과 순간으로 집중하여 일어날수록 병력을 쓰는 일은 그만큼 완벽해질 것이다.

하지만 그럼에도 전략에는 하나의 중점이 있고 하나의 지속적인 효과가 있다. 이것은 최종적인 승리를 얻는 중요한 수단이기 때문에, 즉 새로운 병력을 지속적으로 전개하는 것이기 때문에 그만큼 간과할 수 없게 된다. 이것도 다른 장의 주제이다. 다만 이것을 여기에서 언급한 것은 이것을 말하지 않았다고 해서 독자들이 그 주제에 주목하지 않게 되는 것을 피하려고 하기 때문이다.

이제 지금까지 살펴본 것과 매우 밀접한 관련을 갖고 있는 주제로 눈을 돌리도록 한다. 이것을 밝혀야 비로소 전체에 완전한 빛을 줄 수 있는데, 그 주제는 **전략적인 예비 병력**이다.

제13장

전략적인 예비 병력

예비 병력은 두 가지 임무를 갖고 있고, 이것은 잘 구분할 수 있다. 첫 번째는 싸움을 연장하고 재개하고, 두 번째는 예상하지 못한 경우에 쓴다. 첫 번째 임무는 병력을 순차적으로 쓰는 것이 유용하다는 것을 전제로 하고, 그래서 전략에는 있을 수 없다. 적의 공격을 받고 있는 지점으로 어느 군대를 보내는 경우는 분명히 두 번째 임무의 범주에 넣어야 하는데, 그 지점에서 저항을 해야 할 것이라고 충분히 예상하지 못했기 때문이다. 하지만 단지 싸움을 연장하기로 결정하고 이 목적 때문에 남겨진 군대는 단지 적의 포격 범위 밖에 놓여 있을 뿐이고, 그 전투의 지휘관에게 배속되어 그의 명령을 받을 것이다. 그래서 그 군대는 전략적인 예비 병력이 아니라 전술적인 예비 병력이 될 것이다.

하지만 예상하지 못한 경우에 대비하여 병력을 준비할 필요는 전략에도 생길 수 있고, 그래서 전략적인 예비 병력도 있을 수 있다. 물론 이는 예상치 못한 경우를 생각할 수 있을 때만 그러하다. 전술에서는 적이 쓰는 수단을 대부분 눈으로 보아야 비로소 알 수 있고, 숲이나 크고 작은 언덕이 적의 수단을 숨길 수 있다. 그래서 당연히 예상치 못한 경우를 늘 어느 정도 대비하고 있어야 한다. 그러면 전체 중에 아군의 병력이 약한 지점을 나중에 보강할 수 있고, 일반적으로 아군의 배치를 적의 배치에 따라 조정할 수 있다.

전략에서도 그런 경우가 생기지 않을 수 없다. 전략적인 행동은 전술적인 행동과 직접적으로 연결되어 있기 때문이다. 전략에서도 많은 배치는 먼저 상황을 눈으로 보고 나서, 그리고 날마다 시간마다 들어오는 불확실한 정보에 의해서, 마지막으로 전투의 실제 성과에 의해서 하게 된다. 그래서 이런 불확실성에 비례하여 전투력을 나중에 쓰려고 남겨 두는 것은 전략을 수행하는 근본적인 조건이다.

일반적으로 방어하는 경우에, 특히 강이나 산 등과 같은 특정 지형에서 방어하는 경우에 이런 필요성이 끊임없이 나타난다는 것은 잘 알려져 있다.

하지만 이런 불확실성은 전략적인 활동이 전술적인 활동으로부터 멀어질수록 줄어들고, 정치에 접근하는 전략의 영역에서는 거의 완전히 사라진다.

적이 전투를 할 종대를 이끌고 어느 방향으로 가고 있는지는 눈으로 보아야만 알 수 있다. 적이 어느 강을 건널 것인지는 그보다 조금 먼저 알려지는 약간의 준비를 통해 알 수 있다. 적이 어느 쪽에서 우리 나라를 공격할 것인지는 보통 총소리가 나기 전에 모든 신문이 이미 발표한다. 행동의 방식이 대규모로 될수록 기습 공격을 하는 것은 그만큼 곤란해진다. 시간과 공간은 매우 길고 넓어지고, 행동을 불러일으키는 상황은 잘 알려져서 거의 변경할 수 없게 된다. 그래서 여기에서 생기는 결과는 시간상으로 충분히 미리 알 수 있든지 혹은 확실하게 탐지할 수 있다.

다른 측면에서 보면 실제로 예비 병력을 갖고 있다고 해도 전쟁 전체를 준비하는 수단이 발전할수록 전략의 영역에서 예비 병력을 쓰는 효과도 그만큼 낮아지게 된다.

앞에서 본 것처럼 부분 전투의 승패는 그 자체로는 아무것도 아니고, 모든 부분 전투는 전면 전투의 승패에서 비로소 마무리된다.

하지만 이 전면 전투의 승패도 상대적인 의미를 갖는데 지나지 않고, 이 또한 패배한 적의 전투력이 전체에서 얼마만큼 크고 중요한 부분을 차지하느냐에 따라 매우 많은 단계를 갖는다. 어느 군대 중에 하나의 군단이 소규모 전투에서 패배했다면 이는 그 군대의 승리로 만회할 수 있다. 그리고 어느 군대의 패배한 전투도 그 군대보다 큰 규모를 갖는 군대의 승리한 전투로 상쇄할 수 있을 뿐만 아니라 좋은 결과로 바뀔 수도 있다. (1813년 이틀간의 쿨름 전투.[1]) 아무도 이것을 의심할 수 없다. 하지만 패배한 군대의 병력이 많을수록 모든 승리는 (모든 전면 전투의 승리는) 그만큼 독자적인 의미를 갖게 된다는 것, 그래서 그 패배를 나중의 전투를 통해 다시 만회할 가능성은 그만큼 줄어들게 된다는 것 역시 분명하다. 이 문제를 얼마나 더 자세히 규정할 수 있는지는 다른 곳에서 살펴보아야 할 것이다. 여기에서는 이런 관계가 의심할 여지없이 존재한다는 것에 주의를 기울인 것으로 충분하다.

이제 마지막으로 이 두 가지의 고찰에 세 번째 고찰을 덧붙이도록 한다. 즉 전투력을 지속적으로 쓰는 전술에서는 주력 결전을 늘 모든 행동의 마지막으로 미루는데 반해, 전투력을 동시에 쓰는 법칙을 갖고 있는 전략에서는 주력 결전을 (그것이 마지막 결전일 필요는 없는데) 거의 늘 대규모 행동의 처음에 일어나도록 한다. 그러면 이 세 가지의 결과에서 다음과 같은 것을 발견할 충분한 이유를 갖게 될 것이다. 즉 전략적인 예비 병력의 목적이 **포괄적일수록** 전략적인 예비 병력은 그만큼 불필요하고 쓸모없고 위험하게 된다.

전략적인 예비 병력의 개념이 모순을 일으키기 시작하는 시점은 어렵지 않게 결정할 수 있다. 그것은 **주력 결전**에 있기 때문이다. 모든 병력은 주력 결전 안에서 다 쓰도록 해야 한다. 주력 결전 이후에 처음으로 쓸 목적으로 예비 병력을 (**전투 준비를 끝낸 전투력을**) 남겨 두는 것은 모순이다.

그래서 전술에서 예비 병력이 적의 예상하지 못한 배치에 대처할 뿐만 아니라 결코 예상할 수 없는 전투의 패배를 다시 만회하는 수단이 된다면, 전략은 적어도 주력 결전과 관련해서는 이 수단을 포기해야 한다. 전략은 한 지

---

1. 쿨름(Kulm, Chlumec u Chabařovic), 보헤미아 북쪽의 마을. 보헤미아에서 작센으로 (특히 드레스덴으로) 이어지는 (전략적으로 중요한) 놀렌도르프(Nollendorf) 고개에 있다. 드레스덴에서 남쪽으로 약 50킬로미터에 있다. 쿨름 전투(1813년 8월 29~30일)에서 동맹 군대는 프랑스 군대를 무찔렀고, 이를 통해 며칠 전에 있었던 드레스덴 전투(8월 26~27일)의 패배를 설욕했다.

점에서 생긴 불리함을 대개 다른 지점에서 얻는 유리함으로만 만회할 수 있다. 그리고 드물지만 병력을 한 지점에서 다른 지점으로 이동하여 불리함을 만회할 수 있는 경우도 있다. 하지만 전략은 미리 배후에 남겨 둔 병력으로 그런 불리함에 대처하려는 생각을 해서는 결코 안 된다.

우리는 주력 결전에 참여해서는 안 되는 전략적인 예비 병력의 개념을 모순이라고 설명했다. 이것은 의심할 바 없기 때문에 그 개념을 이 장과 앞 장에서 한 것처럼 자세히 분석하려고 노력할 필요는 전혀 없었을 것이다. 그런데 그 개념이 다른 개념 속에 숨어서 더 좋은 것처럼 보이고 매우 자주 나타나기 때문에 분석을 한 것이다. 어떤 사람들은 그 개념이 전략적인 현명함과 신중함을 보여 주는 것이라고 칭찬한다. 다른 사람들은 그 개념을 비난하고 그 개념과 함께 모든 예비 병력의 개념을 비난하고, 그래서 전술적인 예비 병력의 개념도 비난한다. 개념의 혼란은 현실에서도 이어진다. 이에 대한 두드러진 예를 보려면 다음의 경우만 생각하면 될 것이다. 즉 프로이센은 1806년에[2] 오이겐 폰 뷔르템베르크 왕자[3] 아래에 있는 20,000명의 예비 병력을 마르크에 주둔하게 했기 때문에 이 예비 병력은 잘레 강에[4] 더 이상 제때에 도착할 수 없었다. 그리고 프로이센 군대는 또 다른 25,000명을 나중에 비로소 전투에 투입할 예비 병력으로서 동프로이센과[5] 남프로이센에[6] 남겨 두었다.

이런 예에 따르면 우리가 풍차와 싸웠다고[7] 사람들이 우리에게 책임을 묻는 일은 없을 것이다.

---

2. 이는 나폴레옹의 프랑스 대 프로이센과 러시아의 동맹 군대의 전투.

3. 오이겐 폰 뷔르템베르크 왕자(Eugen Friedrich Heinrich von Württemberg, 1758~1822), 프로이센의 기병 대장.

4. 잘레 강(Saale), 바이에른, 작센, 튀링엔을 흐르는 엘베 강의 왼쪽 지류. 약 413킬로미터.

5. 동(東)프로이센(Ostpreußen), 프로이센 왕국의 한 지방. 동프로이센은 신성 로마 제국의 영토 밖에 있다. 현재 일부는 러시아의 영토이고, 대부분은 폴란드의 영토에 속한다.

6. 남(南)프로이센(Südpreußen), 프로이센이 폴란드의 2차 분할 때 합병한 지역. 프로이센은 1793~1807년에 이 지역을 지배했다.

7. 이는 『돈키호테』에 빗댄 서술.

제14장

병력의 절약

앞에서 말한 것처럼, 어느 원칙과 견해를 통해 생각의 폭을 단지 하나의 선이 될 때까지 좁힐 수 있는 경우는 드물다. 늘 어느 정도의 여지는 남아 있다. 현실의 모든 실천적인 기술에서도 그러하다. 아름다운 선에는 가로 좌표와 세로 좌표가 없고, 원과 타원은 대수학의 공식으로 만들어지지 않는다. 그래서 최고 지휘관은 때로 자기 자신을 좀 더 섬세한 판단의 리듬에 맡겨야 한다. 이 리듬은 타고난 통찰력에서 나오고 심사숙고를 통해 형성되어 거의 무의식적으로 핵심을 찌른다. 또한 때로 최고 지휘관은 규칙을 이루는 몇 개의 특징으로 법칙을 단순화해야 하고, 때로 새로운 방법을 도입하여 그 방법에 따라 행동해야 한다.

우리는 언제나 모든 병력의 협력을 일깨우는 관점, 또는 달리 말하면 병력의 어느 부분도 하는 일 없이 시간을 보내지 않도록 늘 주의를 기울이는 관점을 그와 같은 단순화된 특징이나 정신적인 재능이라고 생각한다. 적의 병력이 충분히 활동하지 않는 곳에 아군의 병력을 배치하는 사람, 적이 아군을 공격하는데 아군의 병력 일부를 행군하게 하여 쓸 수 없게 하는 사람은 병력의 살림살이를 잘못하는 것이다. 이런 의미에서 그것은 병력의 낭비이고, 낭비 자체는 병력을 목적에 맞지 않게 쓰는 것보다 더 나쁘다. 행동을 해야 할 때는 모든 병력이 행동하는 것이 첫 번째로 필요하다. 목적에 맞지 않는 활동도 적의 병력 일부를 끌어들이고 쓰러뜨리지만, 아무것도 하지 않는 병력은 그 순간에는 전혀 없는 것이나 마찬가지이기 때문이다. 이 견해는 분명히 앞의 세 개의 장에서 말한 원칙과 관련되어 있다. 여기에서는 그것과 똑같은 진실을 좀 더 포괄적인 관점에서 보았고 절약이라는 단 하나의 개념으로 요약했을 따름이다.

제15장

기하학적인 요소

기하학적인 요소 또는 병력을 배치하는 형태가 전쟁에서 얼마나 지배적인 원리가 될 수 있는지는 요새 방어에서 보게 된다. 요새 방어에서는 기하학이 크고 작은 거의 모든 것을 처리한다. 전술에서도 기하학은 큰 역할을 맡는다. 기하학은 좁은 의미의 전술에서, 이를테면 군대의 이동 이론에서 바탕이 된다. 그리고 야전 방어 시설, 진지의 배치, 진지의 공격에서도 기하학적인 각도와 선이 전투의 승패를 결정하는 입법자처럼 지배하고 있다. 여기에서 많은 것은 잘못 쓰이고 있고, 다른 것은 장난에 지나지 않았다. 하지만 그럼에도 전투에서 적을 포위하려고 노력하는 오늘날의 전술에서 기하학적인 요소는 새롭게 큰 효과를 냈다. 물론 이 경우에 기하학적인 요소는 매우 단순하게 쓰이지만 늘 반복되어 쓰이고 있다. 그럼에도 전술에서는 모든 것이 요새 전투보다 더 활발하게 움직일 수 있고 정신력, 개인의 움직임, 우연이 더 큰 영향을 미칠 수 있기 때문에 기하학적인 요소는 요새 전투에 나타나는 만큼 지배적으로 나타날 수 없다. 전략에서는 기하학적인 요소의 영향이 더욱 줄어든다. 물론 전략에서도 병력의 배치 형태, 어느 지역과 영토의 형태는 큰 영향을 미친다. 하지만 전략에서 기하학적인 원리는 요새 방어처럼 **결정적**이지 않고 전술처럼 중요하지 않다. 기하학적인 요소의 영향이 어떤 방식으로 나타나는지는 그런 영향이 생겨나서 고려할 만한 곳에서 비로소 조금씩 말할 수 있을 것이다. 여기에서는 오히려 전술과 전략 사이에 존재하는 차이에 주의를 기울이려고 한다.

전술에서 시간과 공간은 그 절대적인 최소치로 빠르게 줄어든다. 어느 군대의 측면과 배후가 적의 군대에 의해 포위되면, 그 군대의 모든 퇴로는 곧바로 막혀 버린다. 그런 상태에서 전투를 계속한다는 것은 절대적인 불가능에 가깝다. 그래서 그 군대는 포위에서 벗어나든지 아니면 그런 상태를 미리 막아야 한다. 이것은 처음부터 포위를 목표로 하는 모든 기하학적인 배치의 조합에 큰 효과를 내는데, 그 효과는 대부분 적이 포위의 결과에 대해 불안을 느낀다는 것이다. 그래서 병력의 기하학적인 배치는 적의 불안을 불러일으키는 매우 중요한 요소이다.

전략에서는 시간과 공간이 크고 넓기 때문에 앞에서 말한 모든 기하학적인 요소를 별로 고려하지 않는다. 일반적으로 어느 전쟁터에서 다른 전쟁터까지 총을 쏘지는 않는다. 미리 계획한 전략적인 우회를 효과적으로 수행하는 데는 때로 몇 주에서 몇 달이 걸리기도 한다. 더욱이 공간이 넓기 때문에 최선의 수단을 쓰더라도 결국 올바른 목표에 이를 개연성은 매우 낮다.

그래서 전략에서 기하학적인 요소의 조합이 내는 효과는 훨씬 작고, 먼저 어느 한 지점에서 실제로 얻은 것의 효과는 훨씬 크다. 전략에서 얻는 이런 유리함은 그것에 반대되는 걱정으로 방해를 받거나 심지어 파괴될 때까지 충분히 효과를 낼 수 있다. 그래서 우리는 다음과 같은 것을 확실한 진실이라고 간주하는데 주저하지 않는다. 즉 전략에서는 승리한 전투의 수와 규모가 전투를 연결하는 중요한 전선의 형태보다 중요하다.

최근의 이론이 좋아하는 주제는 이와 정반대되는 견해이다. 사람들이 그런 견해로 전략에 더 큰 중요성을 부여했다고 생각했기 때문이다. 사람들은 전략에서 다시 정신의 더 높은 기능을 보았고, 그래서 전쟁을 고상하게 만들었다고 생각했다. 개념의 새로운 치환에 따라 말하면, 그들은 전쟁을 좀 더 과학적으로 만들었다고 생각했다. 우리는 그런 망상이 누리고 있는 명성을 빼앗는 것이 완전한 이론을 확립하는데 매우 쓸모 있는 일이라고 생각한다. 그리고 기하학적인 요소는[1] 늘 망상의 출발점이 되는 중요한 개념이기 때문에 이 점을 여기에서 특별히 강조한 것이다.

---

1. 18세기 말에는 전쟁술에서 수학과 기하학을 많이 다루었다. 전쟁술의 역사에 관한 책은 수학의 역사도 언급했다.

제16장

전쟁 행동의 중지

전쟁이 상대를 파괴하는 행동이라고 간주하면, 사람들은 필연적으로 양쪽이 일반적으로는 상대를 향해 전진한다고 생각해야 한다. 이와 동시에 각각의 순간을 보면, 사람들은 거의 똑같이 필연적으로 한쪽은 기다리고 있고 다른 쪽만 전진한다고 생각해야 한다. 양쪽의 상황이 결코 완전히 똑같지 않고, 앞으로도 계속 똑같지 않을 것이기 때문이다. 시간이 흐르면서 상황이 변할 것이고, 이로부터 현재의 순간은 어느 한쪽보다 다른 쪽에 유리하다는 결론이 나온다. 이제 양쪽의 최고 지휘관이 이런 상황을 완전히 알고 있다고 전제하면 여기에서 한쪽 최고 지휘관에게는 행동할 이유가 생기고, 이것은 동시에 다른 쪽 최고 지휘관에게 기다릴 이유가 된다. 그래서 이에 따르면 양쪽 최고 지휘관은 동시에 전진하는 것에 관심을 가질 수 없고, 동시에 기다리는 것에도 관심을 가질 수 없다. 여기에서 이 동일한 목적의 상호 배타성은 일반적인 양극성이라는 이유에서 나오는 것이 아니고, 그래서 제2편 제5장의 주장과 모순되지 않는다. 상호 배타성은 정말로 동일한 문제에서 비롯된다. 즉 이 경우에는 상황이 앞으로 나아질지 나빠질지 하는 개연성이 양쪽 최고 지휘관에게 똑같이 행동의 근거가 될 때 생겨난다.

앞으로의 상황과 관련하여 양쪽이 완전히 똑같을 수 있다는 것을 인정한다고 해도, 또는 양쪽의 최고 지휘관에게 상대의 상황에 대한 지식이 부족하여 양쪽의 상황이 완전히 똑같이 보일 수 있다는 것을 고려한다고 해 · 도, 양쪽의 정치적인 목적이 다르기 때문에 전쟁 행동이 중지될 가능성은 없다. 전쟁에서 양쪽 중에 한쪽은 정치적인 입장에서 볼 때 반드시 공격자이어야 한다. 양쪽 모두 방어를 하려는 의도에서는 전쟁이 일어날 수 없기 때문이다. 공격자는 적극적인 목적을 갖고 있고, 방어자는 소극적인 목적만 갖고 있다. 그래서 공격자는 당연히 적극적인 행동을 해야 한다. 그렇게 해야만 적극적인 목적을 이룰 수 있기 때문이다. 그래서 양쪽이 완전히 똑같은 상황에 놓여 있는 경우에는 공격자가 그의 적극적인 목적 때문에 행동할 것을 요구받게 된다.

이런 식으로 생각하면 전쟁 행동의 중지는 엄밀히 말해 문제의 본질과 모순된다. 양쪽의 군대는 두 개의 적대적인 요소처럼 상대를 끊임없이 섬멸해야 하기 때문이고, 불과 물처럼 결코 균형을 이루지 못하고, 어느 한쪽이 완전히 사라지지 않는 한 계속해서 상대에게 힘을 쓰기 때문이다. 두 사람의 싸움꾼이 한 번도 움직이지 않은 채 몇 시간 동안 상대를 붙잡고 있다면, 사람들이 그 두 사람에 대해 무엇이라고 말하겠는가? 그래서 전쟁 행동은 태엽을 감아 놓은 시계처럼 끊임없이 움직여야 한다. 하지만 전쟁의 본질이 아무리 거칠다고 해도 그것은 인간의 약함에 매여 있다. 그래서 인간이 한편으로 위험을 찾고 만들면서도 다른 한편으로 위험을 두려워하는 모순이 생기는 것은 전혀 이상한 일이 아닐 것이다.

전쟁사 일반으로 눈길을 돌리면 목표를 향한 끊임없는 전진과 정반대되는 사례를 매우 많이 발견하게 된다. 그런 사례에서는 매우 분명하게 행동을 중지하고 아무것도 하지 않는 것이 전쟁을 하고 있는 군대의 기본 상태이고 행동하는 것은 예외에 속한다. 이것은 우리의 생각이 올바르다는 것을 크게 혼란스럽게 할지 모른다. 하지만 전쟁사의 수많은 사건이 우리를 혼란스럽게 한다고 해도 최근의 전쟁에서 보이는 일련의 사례는 자연스럽게 우리의 견해를 지지하고 있다. 프랑스 혁명 전쟁이 우리 견해의 현실성을 너무 잘 보여 주고 있고 우리 견해의 필연성을 너무 잘 증명하고 있다. 프랑스 혁명 전쟁에서는, 특히 보나파르트의 원정에서는 전쟁 수행의 에네르기가 앞에서 폭력적인 요소의 자연 법칙이라고 간주한 무제한의 단계에 이르렀다. 그래서 이 단계는 가능한 것이고, 가능하다면 필연적인 것이다.

실제로 행동하는 것이 목적이 아니라면 이성의 눈으로 볼 때 전쟁에서 하는 병력의 소모를 어떻게 정당화할 수 있을까? 빵을 굽는 사람이 아궁이에 불을 지피는 것은 빵 반죽을 아궁이에 밀어 넣으려고 하기 때문이다. 사람들이 마차에 말을 매는 것은 마차를 타려고 하기 때문이다. 전쟁에서 엄청난 고통을 겪는 것이 적에게도 그와 비슷한 고통을 겪게 하려는 것뿐이라면 도대체 왜 그런 고통을 겪는 것일까?

이상으로 일반적인 원리의 정당성에 대한 설명을 마친다. 이제 일반적인 원리를 제한하는 경우에 관해 설명할 것이다. 여기에서는 개별적인 경우에 따라 달라지는 제한은 다루지 않고 제한의 본질에 관해서만 설명한다.

여기에서는 내부적인 균형으로서 나타나는 원인, 즉 너무 빠르게 또는 끊임없이 움직이는 시계의 운동을 방해하는 세 가지 원인을 말해야 한다.

전쟁에 끊임없는 정체의 경향을 일으키고, 이 때문에 지체의 원리가 되는 첫 번째 원인은 인간 정신의 타고난 두려움과 망설임이다. 이것은 정신의 세계에 나타나는 일종의 중력인데, 이 중력은 끌어당기는 힘이 아니라 밀어내는 힘으로 만들어진다. 즉 이 중력은 위험과 책임에 대한 두려움에서 생긴다.

전쟁의 불꽃이 타오르면 보통 사람들은 틀림없이 그 중력을 느낄 것이다. 그래서 그들이 지속적으로 행동해야 한다면 더 강력하고 반복적인 충격이 있어야 한다. 단지 무장의 목적을 생각하는 것만으로 그 중력을 충분히 극복한다는 것은 드문 일이다. 모험적인 전쟁 정신을 지닌 최고 지휘관이 물에 있는 물고기처럼 전쟁의 올바른 곳에 있지 않다면, 또는 높은 곳으로부터 큰 책임감을 부여받지 않는다면, 전쟁 행동이 중지되는 일은 다반사로 일어나게 되고 전진하는 것은 예외에 속하게 될 것이다.

두 번째 원인은 인간의 통찰력과 판단력이 불완전하다는 것이다. 이것은 그 어느 다른 영역보다 전쟁에서 더 두드러지게 나타난다. 이는 자기 군대의 상황을 모든 순간에 정확히 안다는 것이 거의 불가능하기 때문이고, 적의 상황이 감추어져 있고 그 상황을 얼마 안 되는 정보로 추측해야 하기 때문이다. 이는 때로 어느 한쪽의 이익이 많을 때도 양쪽이 똑같은 대상을 각자 자기 쪽에 유리하다고 생각하는 경우를 만들어 낸다. 그래서 양쪽은 각자 다른 순간을 기다리는 것이 현명한 행동이라고 생각할 수 있다. 이에 대해서는 이미 제2편 제5장에서 말했다.

톱니바퀴처럼 시계에 개입하여 때로 시계를 완전히 멈추게 하는 세 번째 원인은 방어가 공격보다 훨씬 강하다는 것이다. A는 B를 공격하는데 너무 약하다고 느낄 수 있지만, 여기에서 B가 A를 공격할 만큼 강하다는 결론이 나오는 것은 아니다. 방어가 주는 강력한 힘은 공격을 하면서 잃을 뿐만 아니라 적에게 넘겨줄 수도 있다. 비유해서 말하면 a + b와 a - b의 차이가 2b가 되는 것과 같다. 그래서 양쪽은 동시에 공격을 하는데 너무 약하다고 느낄 뿐만 아니라 그것이 현실이 되는 경우도 생길 수 있다.

그래서 전쟁술 자체의 내부에 신중한 마음, 지나치게 큰 위험을 두려워하는 마음이 편하게 자리를 잡는다. 그리고 이것이 효력을 발휘하고 전쟁의 근본적인 격렬성을 완화한다.

그럼에도 이 원인으로 전쟁 행동이 오랫동안 중지되는 현상을 아무런 무리 없이 설명한다는 것은 어려울 것이다. 과거에 큰 이해 관계 없이 일어난 전쟁에서도 많은 계획이 중지되었는데, 그런 전쟁에서는 아무것도 하지 않고 보낸 시간이 무기를 들고 보낸 시간의 10분의 9를 차지했다. 이런 현상은 주로 한쪽의 요구와 다른 쪽의 상태 및 분위기 등이 전쟁의 수행에 미치는 영향에서 비롯되는데, 이 점에 대해서는 전쟁의 본질과 목적에 관한 장에서 이미 말했다.

그런 요구와 상태는 압도적인 영향을 미칠 수 있고, 그래서 전쟁을 반쪽짜리로 만든다. 그러면 전쟁은 때로 무장을 유지한 중립성, 협상을 돕는 위협적인 자세, 약간의 유리한 입장을 차지하려고 때를 기다리는 적당한 노력, 되도록 적당히 수행하는 불편한 동맹 의무와 같은 것에 지나지 않는 경우도 적지 않다.

이 모든 경우에, 즉 이해 관계의 충돌이 작고 적대적인 원리가 약하고 적에게 큰 타격을 입히려고 하는 생각이 없고 적을 크게 두려워하지 않아도 되는 경우에, 한마디로 큰 이해 관계를 추구하지 않는 경우에 정부는 큰 모험을 하지 않으려고 할 것이다. 그래서 전쟁은 온건하게 수행되고, 전쟁 본래의 적개심은 사슬에 묶이게 된다.

전쟁이 이런 식으로 반쪽짜리가 될수록 전쟁의 이론에 필요한 확고한 지점과 이성적인 받침대는 그만큼 더 없어지게 된다. 이론에서 필연성은 그만큼 더 줄어들고 우연성은 그만큼 더 늘어나게 된다.

하지만 전쟁을 이런 식으로 수행하는 데도 지혜가 필요할 것이고, 지혜의 활동 범위도 다른 방식의 전쟁보다 아마 더 다양하고 폭넓을 것이다. 이는 금화로 하는 도박이 그로셴으로[1] 하는 상업 거래로 바뀐 것과 같다. 그리고 이런 영역에서는 전쟁 수행이 수많은 작은 장식으로, 진지한 것인지 장난을 치는 것인지 알 수 없는 전초 전투로, 아무런 효과도 없는 긴 병력 배치로, 진지를 만들고 행군을 하는 것으로 시간을 채운다. 진지를 만들고 행군을 한 매우 작은 원인은 잊어버렸고, 상식도 그것에 대해 어떻게 생각해야 좋을지 알 수 없기 때문에 진지와 행군이 나중에 무엇인가 교훈을 포함하고 있는 것처럼 보인다. 그런데 바로 이런 영역에서 많은 이론가들이 진정한 전쟁술을 발견한다. 그 이론가들은 이전의 전쟁에 나타나는 페인트, 칼을 받아 젖히기, 절반만 찌르기, 반의반만 찌르기에서[2] 모든 이론의 목표를 발견하고 물질에 대한 정신의 우위를 발견한다. 이와 반대로 최근의 전쟁은 그들에게 거친 주먹 싸움처럼 보이는데, 그들은 여기에서 아무것도 배울 것이 없고 그것을 야만을 향한 퇴보라고 간주한다. 하지만 이런 견해는 그들의 연구 대상이 되는 이전의 전쟁만큼 편협한 것이다. 물론 많은 병력과 큰 열정이 없는 곳에

---

1. 그로셴(Groschen), 옛 독일의 은화로서 24분의 1탈러. 1탈러는 약 3마르크. 여기에서 그로셴은 소액, 푼돈이라는 의미로 쓰였다.
2. 이 네 가지는 모두 펜싱 용어로서 현실 전쟁의 여러 모습을 펜싱에 빗대어 설명한 것이다.

서는 확실히 노련한 지혜의 활동을 보여 주는 것이 더 쉽다. 하지만 그렇다면 대규모의 병력을 지휘하는 것, 폭풍과 거친 파도 속에서 배를 조종하는 것은 그 자체로 더 수준 높은 정신 활동이 아닐까? 진정한 전쟁술이 앞에서 말한 펜싱술을 포함하고 받치고 있는 것이 아닐까? 펜싱술과 전쟁술의 관계는 배 위에서 하는 움직임과 배 자체의 움직임의 관계와 같지 않을까? 펜싱술은 확실히 적이 나보다 낮지 않다는 암묵적인 조건에서만 지속될 수 있다. 그런데 우리는 적이 얼마나 오랫동안 이 조건을 지킬지 알고 있는가? 이전의 전쟁술을 신뢰할 수 있다고 착각하고 있던 바로 그때 프랑스 혁명이[3] 우리를 덮쳐서 샬롱에서[4] 모스크바까지 던져 버리지 않았던가? 이보다 앞서 프리드리히 대왕도 이와 비슷한 방식으로 이전의 전쟁 경험에 편하게 젖어있던 오스트리아 군대를 기습적으로 공격하고[5] 오스트리아에게 충격을 주지 않았던가? 전쟁의 잔혹한 측면처럼 전쟁에 내재하는 힘의 법칙 외에 다른 법칙을 알지 못하는 적에게 반쪽짜리 정치와 손발이 묶인 전쟁술로 맞서는 정부여, 불쌍하구나! 아군의 활동과 노력에 나타나는 부족함은 적의 저울판을 무겁게 할 것이다. 펜싱 자세를 격투 자세로 바꾸는 것은 그렇게 쉽지 않고, 격투에서는 때로 상대를 조금만 쳐도 상대를 완전히 바닥에 팽개칠 수 있다.

여기에 든 모든 원인에서 다음과 같은 결론이 나온다. 즉 어느 원정의 전쟁 행동은 연속적인 움직임이 아니라 단속적인 움직임으로 진행된다는 것, 그래서 하나하나의 유혈 행동 사이에는 적을 관찰할 시간이 생기고 그 시간에 양쪽은 방어 상태에 있게 된다는 것, 보통 더 높은 목적을 가진 쪽에게 공

---

3. 프랑스 혁명, 1789~1794년에 프랑스에서 일어난 부르주아 혁명. 프랑스 혁명은 크게 보면 유럽과 세계사에서 정치 권력이 왕족과 귀족에서 부르주아(자본가) 계급으로 옮겨지고, 완전히 새로운 시대를 열어 놓을 만큼 뚜렷이 구분되는 전환점이었다.
4. 샬롱, 1997년까지 Châlons-sur-Marne, 그 후로 Châlons-en-Champagne로 불린다. 프랑스의 북동부에 있는 도시. 파리에서 동쪽으로 약 160킬로미터에 있다.
5. 프리드리히 대왕은 오스트리아 왕위 계승 문제를 계기로 프로이센의 모든 병력을 이끌고 (선전 포고 없이, 그것도 그 당시로는 매우 드물게 겨울에) 슐레지엔에 침입했다(1740년 12월 16일).

격의 원리가 지배적으로 나타난다는 것, 그쪽이 일반적으로 전진하는 태도를 유지하고, 그래서 그쪽의 행동은 방어하는 쪽과 약간 다른 형태를 띠게 된다는 것이다.

[지도 11] 1789년의 신성 로마 제국

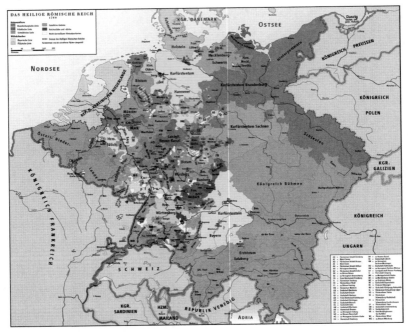

1789년 프랑스 혁명 직전의 신성 로마 제국
날짜 2007. 2. 25
출처 Putzger, *Historischer Weltatlas*, 89. Auflage, 1965; *Westermanns Großer Atlas zur Weltge-schichte*, 1969; *Haacks geographischer Atlas*, 1979; *dtv-Atlas zur Weltgeschichte, 1. Band: Von den Anfangen bis zur Französischen Revolution*, 1989의 정보를 참고하여 작가 직접 작성.
작가 Ziegelbrenner
업로드 Ziegelbrenner 2008. 2. 25
업데이트 Ziegelbrenner 2015. 5. 6

이 지도에는 호엔촐레른 가문의 브란덴부르크, 프랑켄, 슈바벤, 그리고 비텔스바흐 가문의 바이에른, 팔츠의 영역이 보인다. 그 외에도 (특히 현재의 독일 영토에 해당하는 지역에) 크고 작은 제후국, 대수도원령, 공국, 주교구, 백작령, 한자 도시, 변경 방백령 등이 매우 많이 있다.

제17장

오늘날의 전쟁의 성격

우리는 오늘날의 전쟁의[1] 성격을 충분히 고려해야 한다. 이것을 고려하는 것이 모든 계획, 특히 전략적인 계획에 큰 영향을 미치기 때문이다.

이전의 모든 평범한 전쟁 수단이 보나파르트의 승리와 대담성으로 무너지고 1급의 나라들이 거의 한 번의 공격을 받고 파괴된 이후로, 스페인 사람들이 지속적인 투쟁을 통해 국민 무장 투쟁과 무장 봉기의 수단이 개별적으로는 약점과 허점을 보여 주었지만 전체적으로는 큰 성과를 이룰 수 있다는 것을 보여 준 이후로,[2] 러시아가 1812년의 원정을 통해 첫째로 넓은 영토를 갖고 있는 나라는 점령할 수 없다는 (이미 그전에 그것을 당연히 알 수 있었을 테지만) 것, 둘째로 모든 경우에 전투, 수도, 많은 지방을 잃는 것과 같은 정도로 승리의 개연성이 줄어들지 (이것이 이전에는 모든 외교관에게 뒤집

---

1. 『전쟁론』에서 '오늘날의 전쟁'의 개념은 약간 혼란스럽게 쓰이고 있다. 그래서 30년 전쟁 이후도 오늘날의 전쟁이라고 말하고 있다. 『전쟁론』에서 오늘날의 전쟁은 '최근의 전쟁'이라고 번역할 수도 있다. '근대전'이나 '근대 전쟁'이라고 번역하는 것은 논쟁의 소지가 있다. '오늘날의 전쟁'과 시간상으로 대비되는 개념은 '지난날의 전쟁, 이전의 전쟁, 과거의 전쟁'이다. 『전쟁론』 전체의 맥락에서 오늘날의 전쟁과 이전의 전쟁은 1792년, 즉 프랑스 혁명 전쟁의 시작을 기준으로 구분된다. 그래서 1972년 이후의 전쟁은 '오늘날의 전쟁'으로, 1791년까지의 전쟁은 '지난날의 전쟁'으로 이해하는 것이 적절하고 타당하고 일관된다.
2. 나폴레옹에 대한 스페인 인민의 저항은 장기간(1807~1814년) 지속되었다.

을 수 없는 원칙이었고, 그래서 그들은 일시적이고 불리한 평화 조약에도 곧 바로 응했는데) 않는다는 것, 적의 공격력이 고갈되고 나면 그 나라는 때로 자기 나라의 한가운데에서 매우 강력해지고 엄청난 힘으로 방어에서 공격으로 넘어간다는 것을 가르친 이후로, 더욱이 프로이센이 1813년에 갑작스럽게 고통을 당했을 때 민병대를 조직하는 길을 통해 군대의 보통 병력을 여섯 배로 늘릴 수 있다는 것,[3] 이 민병대는 나라 안은 물론 나라 밖에서도[4] 잘 쓸 수 있다는 것을 보여 준 이후로, 이 모든 사례가 국력, 전쟁 능력, 전투 능력을 창출하는데 국민의 마음과 신념이 얼마나 중요한 요소인지 보여 준 이후로, 결과적으로 여러 나라의 정부가 이 모든 수단을 알게 된 이후로, 그 정부가 앞으로 있을 전쟁에서 그 수단을 쓰지 않고 내버려 둔다는 것은 기대할 수 없게 되었다. 이때 정부 자체의 존립이 위태롭게 되어서 그 수단을 쓰는지, 아니면 강렬한 명예욕이 정부로 하여금 그 수단을 쓰도록 내모는지 하는 것은 상관없다.

대립하고 있는 양쪽이 국력의 모든 무게를 들여 수행하는 전쟁이 양쪽의 상비군의 비율에 따라 모든 것이 계산되었던 전쟁과 다른 원칙에 따라 준비되어야 한다는 것은 쉽게 이해할 수 있다. 상비군은 이전의 함대와 같았고, 육군과 국가의 관계는 이전에 해군과 국가의 관계와 같았다. 그래서 육군의 전쟁술에는 해군의 전술에서 따온 것이 약간 있었지만, 이제 그런 전술은 완전히 사라졌다.

---

3. 이는 라이프치히 전투(1813년 10월 16~19일)를 포함하여 그해 가을 원정에서 있었던 프로이센의 활동을 가리킨다.
4. 동맹 군대는 1814년 봄에 전쟁터를 프랑스의 영토 안으로 옮겼다.

제18장

긴장과 휴식

1 전쟁의 역학 법칙

이 편의 제16장에서 본 것처럼, 대부분의 원정에서 중지와 휴식을 하는 시간은 행동을 하는 시간보다 훨씬 길다. 그리고 제10장에서[1] 오늘날의 전쟁이 완전히 다른 성격을 갖는다는 것을 말했지만, 본래의 전쟁 행동이 길든 짧든 늘 오랜 휴식으로 중단되리라는 것은 분명하다. 그래서 두 가지 상태의 본질을 좀 더 자세히 살펴보는 것이 필요해졌다.

전쟁 행동이 중지되면, 즉 양쪽 중에 어느 쪽도 적극적인 행동을 하지 않으려고 하면 휴식이 생기고, 그 결과로 균형이 찾아온다. 확실히 이것은 제일 넓은 의미의 균형이고, 이때 물리적인 전투력과 정신적인 전투력뿐만 아니라 모든 상황과 이해 관계도 균형을 이룬다. 양쪽 중에 어느 한쪽이 새로운 적극적인 목적을 내세우고 이를 실현하려고 활동을 (단지 준비 활동에 지나지 않는다고 해도) 하자마자, 그리고 적이 이에 대해 저항을 하자마자 힘의 긴장이 생긴다. 이 긴장은 승패의 결정이 날 때까지, 즉 한쪽이 자기의 목적을 포기하든지 아니면 다른 쪽이 그 목적을 받아들일 때까지 계속된다.

---

1. 바로 앞의 제17장에서 말했다.

이 결정은 늘 양쪽에 의해 생기는 전투의 조합이 내는 결과를 바탕으로 이루어지고, 결정이 이루어지고 나면 이 방향으로든 저 방향으로든 군대의 이동이 따른다.

이동을 하다가 지치게 되면 (이동 자체에 있는 마찰처럼 이동을 할 때 극복해야 했던 어려움 때문이든 또는 새로 나타난 균형 때문이든) 다시 휴식을 한다. 그렇지 않으면 새로운 긴장이 생기고 결전을 벌이고 새롭게 이동하게 된다. 그런데 이번에는 대부분의 경우에 이전과 반대 방향으로 이동한다.

균형, 긴장, 이동을 이렇게 이론적으로 구분하는 것은 현실의 행동을 할 때 언뜻 생각하는 것 이상으로 중요하다.

휴식과 균형의 상태에서도 여러 가지 활동이 일어날 수 있다. 하지만 이런 활동은 단지 우연적인 원인에 의해 일어나고, 큰 변화를 일으키려는 목적에서 비롯되는 것이 아니다. 그런데 그런 활동에 중요한 전투뿐만 아니라 심지어 주력 전투도 포함될 수 있다. 하지만 그러면 그 활동은 완전히 다른 성질을 갖게 되고, 그래서 대부분 완전히 다른 결과를 낳게 된다.

한 번 긴장이 생기면 결전은 그만큼 큰 효과를 낼 것이다. 한편으로 긴장했을 때 의지력과 상황의 긴박함이 더 많이 나타나기 때문이고, 다른 한편으로 모든 것이 이미 대규모의 이동을 하도록 준비되고 설정되어 있기 때문이다. 이런 결전은 잘 막고 덮어 놓은 지뢰의 효과와 같다. 이에 반해 그 자체로 아마 똑같이 큰 사건도 휴식의 상태에서 일어나면, 그것은 이를테면 공중에서 잘못 터진 화약과 비슷하게 된다.

덧붙여 말하면 긴장의 상태에서도 당연히 여러 가지 정도를 생각해야 한다. 그 결과로 그것은 휴식의 상태에 대해 매우 많은 단계로 흐르고 있기 때문에 제일 낮은 단계의 긴장 상태는 휴식의 상태와 별로 다르지 않을 것이다.

이런 고찰에서 끌어내는 제일 중요한 교훈은 다음과 같은 결론이다. 즉 긴장 상태에서 쓰는 모든 수단은 균형 상태에서 쓰는 모든 수단보다 중요하고 효과적일 것이고, 이런 중요성은 긴장의 제일 높은 단계에서 무한히 높아진다는 것이다.

예를 들면 발미의 포격은[2] 호크키르히의 전투보다[3] 많은 것을 결정했다.

적이 어느 지역을 방어할 수 없기 때문에 그 지역을 아군에게 넘겨준 것인지, 아니면 단지 더 좋은 상황에서 결전을 하려는 의도 때문에 그 지역에서 후퇴한 것인지에 따라 그 지역에서 아군의 병력 배치는 완전히 달라져야 한다. 아군을 향해 전진하는 적의 전략적인 공격에 대항하여 진지를 잘못 구축하거나 단 한 번이라도 행군을 잘못하면 이는 치명적인 결과를 낳을 수 있다. 그 반면에 균형의 상태에서는 이런 잘못이 매우 두드러지게 나타나야만 적의 활동을 자극이라도 할 수 있을 것이다.

이전의 대부분의 전쟁은 이미 말한 것과 같이 대부분의 시간을 이런 균형 상태에서 보냈다. 그렇지 않을 때도 긴장이 매우 작고 멀리 있고 그 효과도 약해서 그런 상황에서 일어나는 사건이 큰 성과를 내는 일은 드물었다. 그런 사건으로는 여왕의 생일을 축하하려는 즉흥적인 전투(호크키르히),[4] 때로 단지 군대의 명예를 회복하려고(쿠너스도르프)[5] 또는 최고 지휘관의 허영심을

---

2. 발미(Valmy), 프랑스 북동부의 마른 지방에 있는 고지 마을. 샬롱에서 동쪽으로 (약간 북동쪽으로) 약 35킬로미터에 있다. 발미의 포격은 (결판이 날 때까지 전투를 수행한 것이 아니라 포격으로 전투의 승패가 결정되어서 발미의 전투보다 주로 발미의 포격이라고 불리는데) 프랑스 혁명 전쟁 중에 프로이센 왕국의 병력에게 계속 밀리던 프랑스 혁명 정부의 군대가 1792년 9월 20일에 프랑스 북동부의 발미에서 승리한 전투이다. 농민들로 구성된 의용군이 그 당시에 유럽에서 제일 강력하다는 프로이센 군대를 후퇴하게 한 사건이기도 했다. 특히 프랑스 남부의 마르세유에서는 의용군 700명이 모여 파리로 행군했는데, 이때 지금의 프랑스 국가인 '라 마르세예즈'가 작곡되었다. 병력 손실로 보면 대전투는 아니었지만 계속 밀리기만 했던 프랑스 혁명 정부를 구했고, 이때 프로이센 군대가 파리를 점령했다면 프랑스 대혁명은 3년 만에 좌초되거나 진로를 바꾸었을 것이다. 발미에서 프랑스의 승리는 프랑스의 공화정 선포와 때를 같이하고 있다. 이 전투에 참전한 괴테도 회고록에 다음과 같이 말한 것으로 알려져 있다. "1792년 9월 20일을 기점으로 세계사의 새로운 시대가 열렸다."

3. 호크키르히(Hochkirch), 작센의 오버라우지츠 지방에 있는 마을이다. 드레스덴에서 동쪽으로 약 65킬로미터, 바우첸에서 약간 남동쪽으로 약 10킬로미터에 있다. 7년 전쟁에서 오스트리아 군대는 호크키르히 전투(1758년 10월 14일)에서 프로이센 군대에 대한 기습에 성공했다.

4. 호크키르히 전투는 오스트리아의 마리아 테레지아 여왕의 생일을 축하하려고 오스트리아 군대가 일으킨 전투이다.

5. 쿠너스도르프(Kunersdorf, Kunowice), 오더 강변의 프랑크푸르트에서 동쪽으로 약 6킬로미터에 있는 마을. 현재 폴란드의 영토. 러시아와 오스트리아 군대는 쿠너스도르프 전투

충족하려고(프라이베르크)⁶ 수행한 작은 전투 등이 있었다.

이 두 가지의 상태를 적절하게 분간하는 것, 그 상태의 정신에 합당하게 행동하는 재능을 갖고 있는 것은 최고 지휘관에게 반드시 필요한 것이라고 생각한다. 우리는 1806년의 원정에서⁷ 이 재능이 때로 얼마나 심하게 결여될 수 있는지 경험했다. 엄청난 긴장의 상태에서, 즉 모든 것이 주력 결전으로 집중되고 여기에서 승리를 얻으려면 최고 지휘관이 모든 영혼을 쏟아 부어야 하는 상황에서 몇 가지 수단이 (프랑켄에 대한 정찰) 제안되고 부분적으로 쓰이기도 했지만, 그런 수단은 고작해야 균형 상태에서도 약한 진동을 낼 수밖에 없는 것이었다. 군대의 활동을 소모하게 하는 이 모든 혼란스러운 수단과 고찰 때문에 그 상황에서 벗어나는데 필요한 유일한 수단과 고찰을 놓치고 말았다.

우리에 의해 수행된 이 이론적인 구분은 우리의 이론을 심화하는 데도 필요하다. 공격과 방어의 관계, 공격과 방어의 수행에 대해 말해야 하는 모든 것은 위기의 상태와 관련되어 있기 때문이다. 위기 상태에서는 병력이 긴장하고 이동한다. 그래서 우리는 균형의 상태에서 일어날 수 있는 모든 활동을 긴장의 상태에서 생겨나는 부산물로서 간주할 것이고 그런 것으로서 다룰 것이다. 위기야말로 본래의 전쟁이고, 균형은 위기의 반영에 지나지 않기 때문이다.

(1759년 8월 12일)에서 프로이센 군대를 무찔렀다. 이보다 앞서 프로이센 군대는 러시아 군대에게 패했고, 프리드리히 대왕은 이 불명예를 만회하려고 도전한 것이다.

6. 프라이베르크(Freiberg), 작센의 도시. 드레스덴에서 남서쪽으로 약 30킬로미터에 있다. 프라이베르크 전투(1762년 10월 20일)에서 프로이센 군대는 오스트리아 군대에게 크게 승리했다.

7. 예나 전투와 아우어슈테트 전투를 포함하는 원정. 예나 전투에서 프로이센 군대는 나폴레옹에게 크게 패했고, 또 같은 날 아우어슈테트 전투에서도 패배했다.

제4편

전투

제1장

개요

앞 편에서 전쟁에서 효과적인 요소라고 간주할 수 있는 대상을 살펴보았기 때문에 이제 본래의 전쟁 활동으로서 전투에 눈길을 돌리도록 한다. 전투는 그 물리적인 효과와 정신적인 효과를 통해 전체 전쟁의 목적을 때로는 단순하게 때로는 복잡하게 포괄하고 있다. 그래서 이 전쟁 활동과 활동의 효과에서 전쟁의 효과적인 요소를 다시 발견해야 한다.

전투의 구성은 전술적인 성질을 띤다. 전투의 전체 현상을 파악하려면 전투의 전술적인 성질을 일반적으로 살펴보는 것으로 충분하다. 전투의 자세한 목적에 따라 모든 전투는 특별한 형태를 띠게 되는데, 전투의 자세한 목적은 나중에 보게 될 것이다. 다만 특별한 형태는 전투의 일반적인 특성과 비교할 때 대부분 별로 중요하지 않고, 그래서 대부분 매우 비슷하다. 그래서 모든 곳에서 전투의 일반적인 특성을 반복하지 않으려면 전투의 특별한 형태에 대해 말하기 전에 먼저 일반적인 특성을 살펴보지 않을 수 없다.

먼저 다음 장에서는 오늘날의 전투에 나타나는 전술의 흐름을 몇 마디로 특징지을 것이다. 그것이 전투에 대한 우리의 개념의 토대이기 때문이다.

제2장

오늘날의 전투의 성격

우리가 전술과 전략에 대해 받아들인 개념에 따를 때 전술의 성질이 달라지면 이것이 전략에도 영향을 미치는 것은 당연한 일이다. 전술적인 현상이 어느 경우에 다른 경우와 완전히 다른 성격을 띠게 되면 전략적인 현상도 완전히 다른 성격을 띠어야 할 것이다. 전략적인 현상이 일관성과 합리성을 유지해야 한다면 그러해야 할 것이다. 그래서 전략에서 쓰는 주력 전투를 자세히 알아보기 전에 주력 전투의 최근의 형태를 특징짓는 것이 중요하다.

요즘에는 보통 대규모의 전투를 어떻게 하는가? 대규모의 병력을 전후와 좌우로 질서정연하게 배치하고, 전체 중에 비교적 소규모의 병력만 산개하고, 이들로 하여금 몇 시간 동안 총격 전투를 벌이게 한다. 총격 전투는 때로 돌격, 총검 공격, 기병의 습격과 같은 작은 충돌로 중단되고, 양쪽은 일진일퇴를 거듭한다. 그 소규모의 병력이 이런 식으로 용감한 열정을 점차로 쏟아내고 나면 열정의 재만 남게 된다. 그러면 그 병력은 물러나고 다른 병력으로 대체된다.

이런 식으로 전투는 누그러지고 물에 젖은 화약처럼 천천히 타들어 간다. 밤의 장막이 휴식을 명령한다. 밤에는 아무도 앞을 볼 수 없고 아무도 맹목적인 우연에 자신을 맡기려고 하지 않기 때문이다. 그러면 양쪽의 군대는 남은 병사들 중에서 아직 쓸모 있다고 할 수 있는 병사들의 수, 즉 사화산처럼 이미 활동을 완전히 끝낸 병사들을 제외한 병사들의 수를 헤아린다. 또한 얼마나 많은 공간을 얻거나 잃었는지 그리고 배후의 안전은 어떠한지도 어림 잡는다. 이 계산 결과는 아군과 적군이 이용할 수 있다고 생각하는 용기와 두려움, 현명함과 어리석음에 대한 하나하나의 인상과 함께 단 하나의 전체 인상으로 수렴한다. 그러면 이 전체 인상에 의해 전쟁터에서 철수할지 아니면 다음 날 아침에 전투를 계속할지 결정하게 된다.

이 묘사는 오늘날의 전투의 완성된 그림이 아니라 단지 그 색채만 전하려고 하는 것이고 공격자와 방어자 모두에게 들어맞는다. 이 묘사에 전투에서 내세운 목적이나 지형 등이 주는 하나하나의 특징을 덧칠할 수 있지만, 그렇다고 해도 그 색채는 본질적으로 달라지지 않는다.

하지만 오늘날의 전투가 이런 모습을 보이게 된 것은 우연이 아니다. 그것은 양쪽이 전쟁의 준비와 전쟁술에서 대략 동일한 수준에 있기 때문이다. 또한 전쟁이 큰 민족적인 이해 관계에서 자극을 받아 일어나고 전쟁 본래의 격렬한 방향을 따르기 때문이다. 이 두 가지 조건 아래에서는 전투가 늘 이런 성격을 띠게 될 것이다.

오늘날의 전투에 대한 이런 일반적인 생각은 아래에서 병력의 수, 지형 등과 같은 하나하나의 요소의 의미를 규정하려고 할 때 여러 번 쓸모 있는 역할을 할 것이다. 앞의 묘사는 일반적인 전투나 대규모의 결정적인 전투에만, 그리고 이와 비슷한 전투에만 들어맞는다. 소규모 전투의 성격도 이런 방향으로 변했지만 변화의 정도는 대규모 전투보다 작다. 이에 대한 증명은 전술에 속하는 것이지만, 우리는 아래에서 몇 가지의 특징을 통해 이 문제를 좀더 분명하게 밝힐 기회를 갖게 될 것이다.

제3장

전투 일반

전투야말로 본래의 전쟁 활동이고, 그 밖의 모든 것은 전쟁 활동을 돕는 수단에 지나지 않는다. 그래서 전투의 성질을 주의 깊게 살펴보도록 한다.

전투는 싸움이고, 싸움에서는 적을 파괴하거나 제압하는 것이 목적이다. 적은 하나하나의 전투에서 아군과 대립하고 있는 전투력이다.

이것은 단순한 개념이고, 우리는 나중에 다시 이 개념으로 돌아올 것이다. 하지만 이에 앞서 일련의 다른 개념들을 살펴보아야 한다.

어느 나라와 그 나라의 군사력을 하나의 단위라고 생각하면, 전쟁도 단 하나의 대규모 전투라고 생각하는 것이 제일 자연스러운 개념이다. 그리고 미개 민족의 단순한 상황에서 일어나는 전쟁도 이와 크게 다르지 않다. 하지만 오늘날의 전쟁은 동시에 일어나든지 연속적으로 일어나는 매우 많은 크고 작은 전투로 이루어져 있다. 전쟁 활동이 이처럼 많은 하나하나의 행동으로 분할되는 이유는 오늘날의 전쟁을 불러일으키는 상황이 매우 다양하기 때문이다.

오늘날에는 전쟁의 마지막 목적, 즉 정치적인 목적부터 반드시 단순하다고 말할 수 없다. 목적이 단순하다고 해도 행동이 여러 가지 조건과 고려해야 할 것에 결부되어 있기 때문이다. 그래서 그 목적은 단 하나의 대규모 행동을 통해서는 더 이상 이룰 수 없고, 전체에 연결되어 있는 크고 작은 많은 행동을 통해서만 이룰 수 있다. 이 모든 하나하나의 활동은 전체의 일부분이고, 그래서 하나의 특별한 목적을 갖고 있고 이 특별한 목적을 통해 전체에 연결되어 있다.

앞에서 말한 것처럼 모든 전략적인 행동은 전투의 개념으로 환원할 수 있다. 전략적인 행동은 전투력을 쓰는 것이고, 전투력을 쓴다는 말의 바탕에는 반드시 전투의 개념이 놓여 있기 때문이다. 그래서 전략의 영역에서는 모든 전쟁 활동을 하나하나의 전투의 단위로 환원할 수 있고 이 하나하나의 전투의 목적만 다룰 수 있다. 이 특별한 목적이 무엇인지는 이 목적을 생기게 한 대상에 대해 말할 때 점차로 알게 될 것이다. 여기에서는 크고 작은 모든 전투는 전체에 종속되어 있는 특별한 목적을 갖는다는 것을 말하는 것으로 충분하다. 그렇다면 적을 파괴하고 제압하는 것은 이 특별한 목적을 이루는 수단으로서만 간주할 수 있고 실제로도 그러하다.

다만 이 결론은 그 형식에서만 올바르고 앞의 개념들의 상호 관계에서만 중요하다. 여기에서 이 결론을 말한 것은 그것을 나중에 다시 설명하는 번거로움을 피하려고 하기 때문이다.

적을 제압한다는 것은 무엇인가? 그것은 언제나 적의 전투력을 파괴하는 것이다. 죽이든 부상을 입히든 다른 방식을 쓰든 상관없다. 철저하게 파괴하든 적이 싸움을 더 이상 계속하려고 하지 않을 만큼만 파괴하든 상관없다. 그래서 전투의 모든 특별한 목적을 제외하고 나면 우리는 적의 전부나 일부를 파괴하는 것을 모든 전투의 유일한 목적이라고 간주할 수 있다.

우리의 주장에 따르면, 대부분의 경우에 그리고 특히 대규모 전투의 경우에 전투를 개별화하고 이와 동시에 전투를 큰 전체에 연결하는 특별한 목적은 일반적인 목적을 조금 변경한 것이거나, 일반적인 목적에 연결되어 있는 부차적인 목적에 지나지 않는다. 특별한 목적은 전투를 개별화한다는 점에서는 매우 중요하지만 일반적인 목적에 비하면 언제나 하찮은 것에 지나지 않는다. 그래서 부차적인 목적만 달성되어야 한다면 일반적인 목적 중에 하찮은 부분만 실현된 것에 지나지 않는다. 이 주장이 옳다면 다음과 같은 것을 알게 될 것이다. 즉 적의 전투력을 파괴하는 것은 수단에 지나지 않고 목적은 늘 다른 것이라는 앞의 단순한 개념은 형식적으로만 옳다는 것, 적의 전투력을 파괴하는 것을 일반적인 목적에서도 다시 보게 된다고 생각하지 않으면 앞의 단순한 개념은 잘못된 결론에 이르게 된다는 것, 일반적인 목적은 적의 전투력을 파괴한다는 말을 조금 변경한 것에 지나지 않는다는 것이다.

이것을 잊고 있었기 때문에 프랑스 혁명 전쟁 이전의 시대에는 사람들이 완전히 잘못된 견해에 빠져들었다. 그리고 이론이 적의 전투력의 파괴라고 하는 본래의 도구를 덜 필요로 할수록 수공업의 수준을 그만큼 많이 극복한다고 생각하는 경향과 단편적인 체계가 생겨났다.

확실히 그런 단편적인 체계가 생겨난 것은 다른 잘못된 전제가 쓰였기 때문이고, 적의 전투력의 파괴 대신에 다른 것이 더 효과적이라고 생각했기 때문이다. 우리는 기회 있을 때마다 그런 체계를 반박할 것이다. 적의 전투력을 파괴하는 것이 갖는 중요성과 진정한 가치를 요구하지 않고, 단순한 형식적인 진실이 빠져들 수 있는 잘못된 길을 경고하지 않으면 우리는 전투를 다룰 수 없다.

적의 전투력을 파괴하는 것이 대부분의 제일 중요한 전투에서 보편적이라는 것을 어떻게 증명할 수 있을까? 적의 전투력을 직접적으로 조금만 파괴하는 특별히 기술적인 형식으로 적의 전투력을 간접적으로 더 크게 파괴하게 될 가능성, 또는 소규모이지만 특별히 정교하게 준비된 공격으로 적의 전투력이 마비되게 하거나 적의 의지를 조종할 가능성, 그래서 이런 형식을 훌륭한 지름길이라고 간주하게 될 가능성을 생각하고 있는 극히 정교한 개념에 어떻게 대처할 수 있을까? 물론 어느 지점의 전투는 다른 지점의 전투보다 중요하고, 전략에서도 많은 전투를 정교하게 배치할 수 있다. 더욱이 전략은 그렇게 하는 기술에 지나지 않는다. 그것을 부정하는 것이 우리의 의도는 아니다. 하지만 우리는 적의 전투력을 직접적으로 파괴하는 것이 언제나 제일 **중요한 것**이라고 주장한다. 우리는 이 파괴의 원리에서 다른 것이 아니라 바로 이 압도적인 중요성을 얻으려고 하는 것이다.

그럼에도 우리는 다음과 같은 것을 생각해야 한다. 즉 우리는 전술이 아니라 전략을 논의하고 있다는 것, 그래서 전술에서 할 수 있는 것처럼 힘을 조금만 소모하여 적의 많은 전투력을 파괴하는 수단에 대해 말하고 있지 않다는 것, 우리는 적을 직접적으로 파괴하는 것을 전술적인 성과라고 이해하고 있다는 것, 우리의 주장은 대규모의 전술적인 성과만이 대규모의 전략적인 성과를 끌어낼 수 있다는 것, 또는 이미 앞에서 좀 더 분명하게 표현한 것처럼 **전술적인 성과는 전쟁 수행에서 압도적인 중요성을** 갖는다는 것이다.

이 주장을 증명하는 것은 상당히 간단하게 보인다. 그것은 전투의 복합적인 (정교한) 조합이 필요로 하는 시간에 있기 때문이다. 단순한 공격과 복합적이고 정교한 공격 중에서 어느 쪽이 더 큰 효과를 내는지 하는 것은 의심할 여지없이 후자로 결정될 것인데, 적이 수동적인 대상이라고 생각되는 한 그러할 것이다. 다만 복합적인 공격에는 많은 시간이 필요하고 많은 시간을 허락해야 한다. 그래서 아군 병력의 일부에 대한 적의 역습으로 복합적인 공격 전체를 효과적으로 준비하는 것이 방해를 받지 않게 해야 한다. 적이 짧은 시간에 수행할 수 있는 좀 더 단순한 공격을 하기로 결정하면 적이 우세해지고, 아군의 대규모 계획이 효과를 내는 것을 방해하게 된다. 그래서 복합적인 공격을 중요하게 생각할 때는 공격을 준비하는 동안에 생길 수 있는 모든 위험을 고려해야 한다. 그리고 복합적인 공격을 할 수 있는 것은 적의 짧은 시간의 공격으로 아군이 준비를 하는데 방해를 받을 것이라는 두려움을 갖지 않아도 되는 경우로 제한된다. 그런 두려움이 생길 때마다 아군도 짧은 시간의 공격을 선택해야 한다. 이런 의미에서 적의 성격, 상황, 다른 형편이 아군에게 강요하는 만큼 계획을 줄여야 한다. 추상적인 개념이 주는 막연한 인상을 버리고 현실로 눈을 돌리면, 빠르고 용감하고 결단력 있는 적은 아군에게 포괄적이고 정교하고 복합적인 공격을 할 시간을 주지 않을 것이다. 바로 그런 적에게 기술이 제일 많이 필요할 것이다. 이상의 논의로 볼 때 단순하고 직접적인 공격의 성과는 복합적인 공격의 성과보다 **훨씬** 나은 것처럼 보인다.

우리의 생각은 단순한 공격이 최선의 공격이라는 것이 아니다. 상황이 허락하는 것보다 더 복합적인 공격을 해서는 안 된다는 것이다. 또한 적이 호전적일수록 직접적인 전투를 그만큼 많이 하게 된다는 것이다. 그래서 복합적인 계획의 측면에서 적을 앞서려고 하는 것보다 오히려 그 반대의 측면에서 적을 앞서려고 해야 한다는 것이다.

이 대립의 마지막 초석을 연구하면, 그 초석의 한쪽은 지혜이고 다른 쪽은 용기라는 것을 알게 될 것이다. 적당한 용기와 큰 지혜로 짝지은 쪽이 적당한 지혜와 큰 용기로 짝지은 쪽보다 큰 효과를 낸다고 믿는 것은 매우 매혹적인 생각이다. 하지만 이 두 가지 요소를 비논리적인 불균형의 상태에서 생각하지 않는다면, 전쟁터에서 지혜를 용기보다 유리하다고 인정하는 것도 옳지 않다. 전쟁터는 위험을 의미하고 본래 용기의 영역이라고 간주해야 하기 때문이다.

이런 추상적인 고찰을 했기 때문에 이제 경험에서도 결코 다른 결론이 나오지 않는다는 것, 오히려 경험이 우리를 이 방향으로 밀어 넣고 이 방향에서 고찰하도록 자극을 준 유일한 원인이라는 것만 덧붙이도록 한다.

역사를 편견 없이 읽는 사람이라면 모든 무덕 중에서 **전쟁 수행의 에네르기**가 군대의 명예와 승리에 언제나 제일 많이 이바지했다는 확신을 갖지 않을 수 없을 것이다.

우리는 적의 전투력을 파괴하는 것을 전쟁 전체뿐만 아니라 하나하나의 전투에서도 제일 중요한 원칙이라고 간주한다. 이 원칙을 어떻게 수행할 것인지, 그리고 전쟁을 일어나게 하는 상황이 반드시 요구하는 모든 형식과 조건에 이 원칙을 어떻게 맞출 것인지는 아래에서 보게 될 것이다.

여기에서는 그 원칙에 일반적인 중요성을 부여하는 것만 중요했다. 이 결론을 갖고 전투의 문제로 돌아가도록 한다.

제4장

계속

앞 장에서는 적을 파괴하는 것이 전투의 목적이라는 것만 말했고, 특별한 고찰을 통해 그것이 대부분의 경우에 대규모의 전투에서 진실이라는 것을 증명하려고 했다. 적의 전투력을 파괴하는 것이 전쟁에서 제일 중요한 것이기 때문이다. 적의 전투력의 파괴에는 다른 목적도 섞여 있고, 그것이 어느 정도 중요할 수 있다. 그 다른 목적은 다음 장에서 일반적으로 특징지을 것이고, 그다음에 차례차례 자세히 알게 될 것이다. 여기에서는 다른 목적을 완전히 떼어내고 적을 파괴하는 것이 하나하나의 전투에서 완전히 충분한 목적이라고 간주한다.

적의 전투력을 파괴한다는 것은 무엇을 뜻하는가? 적의 전투력의 감소가 아군의 전투력의 감소보다 상당히 크다는 것이다. 아군이 병력의 수에서 적보다 훨씬 많고 양쪽의 손실의 절대적인 크기가 같다면 아군의 손실은 당연히 적의 손실보다 적을 것이고, 그 결과로 이를 아군의 유리함이라고 간주할 수 있을 것이다. 여기에서는 전투의 다른 모든 목적을 떼어내고 살펴보기 때문에 적의 전투력을 더 많이 파괴하려고 간접적으로만 쓰이는 목적도 제외해야 한다. 그래서 양쪽이 상대를 파괴하는 과정에서 얻은 직접적인 이익만 전투의 목적이라고 간주할 수 있다. 이 이익은 절대적인 이익인데, 절대적인 이익은 전체 원정에 대한 계산을 통해 나오고 계산이 끝나고 나면 언제나 순수한 이익으로서 밝혀지기 때문이다. 하지만 적에 대한 일체의 다른 종류의 승리는 그 원인이 여기에서 완전히 제외한 다른 목적에 있든지, 아니면 일시적이고 상대적인 유리함을 주는데 지나지 않는다. 예를 들어 말하면 이것이 분명해질 것이다.

아군이 병력을 교묘하게 배치하여 적을 불리한 상태에 빠뜨리고, 이를 통해 적이 위험을 무릅쓰지 않고는 전투를 계속할 수 없고 몇 번 저항하다가 후퇴한다면, 우리는 이 지점에서 적을 제압했다고 말할 수 있다. 하지만 적을 제압하는 과정에서 아군이 적과 똑같은 비율로 전투력을 잃었다면, 원정을 결산할 때 이 승리에는 (이런 결과를 승리라고 부를 수 있다면) 아무것도 남지 않을 것이다. 그래서 적을 제압한다는 것, 즉 적이 전투를 포기하지 않으면 안 되는 상태에 적을 빠뜨린다는 것은 그 자체로 고려되지 않고, 그래서 앞에서 정의한 목적으로 받아들일 수도 없다. 그렇게 되면 앞에서 말한 것처럼 상대를 파괴하는 과정에서 얻은 직접적인 이익 외에는 아무것도 남지 않는다. 직접적인 이익에는 전투 과정에서 일어나는 손실뿐만 아니라 패배한 쪽이 후퇴할 때 후퇴의 직접적인 결과로서 생기는 손실도 포함된다.

그런데 경험을 통해 알 수 있는 것처럼, 물리적인 전투력의 손실이 전투를 하는 동안에 승리자와 패배자 사이에 크게 다른 경우는 드물다. 때로 전혀 다르지 않은 경우도 있고, 때로 승리자의 손실이 큰 경우도 있다. 그리고 패배자의 결정적인 손실은 후퇴할 때 비로소 나타나는데, 이런 손실은 승리자는 입지 않는 손실이다. 이미 충격을 받은 보병 대대의 패잔병들은 적의 기병에게 짓밟히고, 피로에 지친 병사들은 쓰러져서 일어나지 못하고, 부서진 대포와 탄약 마차는 멈추고, 다른 마차들도 길이 나빠 빨리 움직일 수 없어서 적의 기병에게 잡히고 만다. 밤에는 많은 무리가 길을 잃고 무방비로 적의 손에 떨어진다. 이렇듯이 승리는 대부분 승패의 결정 후에 비로소 제 모습을 드러낸다. 이 말에 모순이 보일 텐데, 그것은 아래와 같은 방식으로 해결할 것이다.

물리적인 전투력의 손실은 양쪽이 전투의 과정에서 입는 유일한 손실이 아니다. 정신적인 전투력도 흔들리고 꺾이고 무너진다. 전투를 계속할 수 있을지 없을지 하는 문제에서는 인간, 말, 대포의 손실뿐만 아니라 질서, 용기, 신뢰, 단결, 계획의 손실도 고려된다. 여기에서 결정적으로 중요한 것은 특히 정신력이다. 승리자와 패배자가 똑같은 물리적인 손실을 입은 경우에는 오직 정신력이 승패를 결정했다.

물리적인 손실의 비율을 측정하는 것은 어차피 전투 중에는 어려운 일이다. 하지만 정신적인 손실의 비율을 측정하는 것은 어렵지 않다. 정신적인 손실은 주로 다음의 두 가지로 알 수 있다. 하나는 전투를 한 지역을 상실하는 것이고, 다른 하나는 적의 예비 병력이 많다는 것이다. 아군의 예비 병력이 적의 예비 병력에 비해 많이 줄어들수록 아군은 적과 균형을 유지하려고 그만큼 많은 병력을 쓴 것이다. 이미 여기에서 적의 정신력이 우세하다는 것이 분명하게 증명된다. 이것이 최고 지휘관의 마음에 일종의 비참함과 자기 군대에 대한 경멸감을 낳는 경우도 드물지 않다. 중요한 것은 이미 오랫동안 전투를 치른 모든 군대는 대개 다 타버린 재처럼 보인다는 것이다. 그들은 아무데나 총을 쏘고 마음은 오그라들었고 체력과 정신력은 바닥났고 용기도 확실히 꺾였다. 그래서 그런 군대는 수의 감소는 제쳐 놓고 유기적인 전체로서 본다고 해도 더 이상 전투 이전의 상태와 같을 수 없다. 이처럼 정신력의 손실은 예비 병력을 소모한 정도에 따라 자로 잰 것처럼 분명하게 나타난다.

그래서 지역의 상실과 새로운 예비 병력의 부족은 보통 후퇴를 결정하게 하는 두 가지의 중요한 원인이다. 물론 부대 간의 연락, 전체적인 계획 등에 있을 수 있는 다른 원인을 배제하거나 감추려고 하는 것은 결코 아니다.

요컨대 모든 전투는 피를 흘리고 상대를 파괴하면서 물리적인 힘과 정신적인 힘을 결산하는 것이다. 마지막 결산 때 두 힘의 합계에서 많이 남는 쪽이 승리자이다.

전투에서 정신력의 손실은 승패를 결정하는 중요한 원인이었다. 승패의 결정이 내려지면 정신력의 손실은 늘어나고, 모든 행동이 끝나고 나면 마침내 정점에 이른다. 정신력의 손실은 물리적인 전투력을 파괴하면서 이익을 얻는 수단이 되기도 하는데, 이 이익을 얻는 것이 전투의 본래 목적이었다. 질서와 통일성을 잃으면 때로 병사 하나하나의 저항조차 해로운 것이 되고, 전체의 용기는 꺾이고, 손실과 이익을 초월하여 위험을 잊게 한 원래의 긴장은 풀리고, 대다수 병사들에게 위험이 이제 더 이상 용기를 불러일으키지 못하고 혹독한 징벌을 당하게 하는 것 같다. 그래서 적이 승리하는 첫 번째 순간에 그 도구는 약해지고 둔해지고, 그래서 위험을 위험으로 갚는데 더 이상 적합하지 않게 된다.

승리자는 이 시간을 이용하여 물리적인 전투력의 파괴에 따른 본래의 이익을 얻어야 한다. 여기에서 얻는 것만이 그에게 확실한 이익이 된다. 그런데 적에게 정신력이 점차 돌아오고 질서는 회복되고 용기는 다시 높아진다. 그러면 대부분의 경우에 승리자가 얻은 우세함 중에 매우 작은 부분만 남고, 때로 아무것도 남지 않게 되고, 몇몇 드문 경우에는 심지어 상대의 복수심과 적개심을 강렬하게 자극하여 **역효과**가 생기기도 한다. 이와 달리 사망자, 부상자, 포로, 손에 넣은 대포 등에서 얻은 이익은 계산에서 결코 사라질 수 없다.

전투 중의 손실은 사망자와 부상자에서 많이 나타나고, 전투 후의 손실은 대포와 포로의 손실에서 많이 나타난다. 사망자와 부상자는 패배자뿐만 아니라 승리자에게도 어느 정도 있게 마련이지만 대포와 포로는 그렇지 않다. 그래서 그것은 보통 전투를 하는 어느 한쪽에만 나타나거나 적어도 그쪽에 엄청나게 많이 나타난다.

그래서 대포와 포로는 언제나 승리의 진정한 전리품이고, 이와 동시에 승리의 척도라고 간주되었다. 대포와 포로에서 승리의 규모를 의심할 여지없이 알 수 있기 때문이다. 정신적인 우세함의 정도조차 그 어느 다른 상황보다 대포와 포로를 통해 잘 알게 되고, 특히 이것을 사망자와 부상자의 수와 비교하면 더 잘 알게 된다. 그리고 여기에서 정신적인 효과를 낳는 새로운 힘이 생긴다.

앞에서 말한 것처럼, 전투 중에 그리고 전투의 첫 번째 결과 후에 파괴된 정신력은 점차 회복될 수 있고, 때로 파괴의 흔적을 남기지 않을 수도 있다.

하지만 이런 일은 전체의 작은 부대에서 일어나는 일이고 큰 부대에서는 드물다. 군대의 큰 부대에서도 일어날 수 있다면, 이 군대가 속해 있는 나라와 정부에서는 드물거나 결코 일어날 수 없다. 정부는 상황을 더 높은 관점에서 더 편견 없이 판단하고, 적이 얻은 전리품의 규모에서 그리고 그 규모와 사상자의 손실을 비교해서 아군의 약점과 불충분함의 정도를 너무 쉽게 잘 알아낸다.

정신력의 균형을 잃는 것이 절대적인 의미를 갖지 않고 마지막에 전투의 성과를 결산할 때 확실하게 나타나지 않는다고 해서 일반적으로 그것을 하찮게 보아서는 안 된다. 그것은 엄청나게 중요할 수 있고, 그래서 저항할 수 없는 힘으로 모든 것을 쓰러뜨린다. 그래서 그것은 때로 전쟁 행동의 큰 목표가 될 수도 있다. 이 점에 대해서는 다른 곳에서 다루려고 한다. 여기에서는 정신력의 균형을 잃는 것의 본래의 상황을 약간 살펴보도록 한다.

승리의 정신적인 효과는 전투력의 규모와 동일한 정도로 높아질 뿐만 아니라 더 높은 정도로 높아지기도 한다. 즉 규모뿐만 아니라 강도도 높아진다. 하나의 사단은 전투에서 패배해도 질서를 쉽게 회복할 수 있다. 추위로 굳은 팔다리를 몸의 다른 부분에 대면 금방 다시 따뜻해지는 것처럼, 하나의 패배한 사단을 군대에 달라붙게 하자마자 그 사단의 용기는 군대의 용기에 의해 금방 다시 높아진다. 그래서 작은 승리의 효과가 완전히 사라지는 것은 아니지만 부분적으로는 적에게서 없어진다. 하지만 군대 전체가 어느 전투에서 패배하게 되면 그렇지 않다. 이때는 모든 것이 무너진다. 하나의 큰 불은 여러 개의 작은 불과는 완전히 다른 온도에 이른다.

승리의 정신적인 중요성을 결정하는 또 다른 상황은 전투를 벌인 양쪽 전투력의 비율이다. 소수로 다수를 물리치는 것은 두 배의 이익이 될 뿐만 아니라 소수의 병력이 매우 우월하다는 것, 특히 더 일반적인 관점에서 우월하다는 것을 보여 준다. 그래서 패배자는 그 상대와 다시 만나는 것을 늘 겁내게 된다. 그럼에도 현실에서 그 영향은 이런 경우에 거의 눈에 띄지 않는다. 행동하는 순간에 적의 병력의 실제 인원을 분명하게 아는 것은 대개 불확실하고, 아군의 인원을 예상하는 것도 대개 부정확하다. 수의 우세에 있는 쪽은 이런 불균형의 완전한 모습을 전혀 또는 오랫동안 인정하지 않는다. 그래서 여기에서 생길 수 있는 정신적인 불리함에서 대부분 벗어나게 된다. 소수의 힘은 무지, 자만, 신중한 지혜에 의해 오랫동안 묻혀 있게 되고, 한참 지나고 난 후에 비로소 역사에 드러난다. 그러면 역사는 소수의 군대와 그 군대의 지도자를 칭찬하게 된다. 하지만 오래전에 일어난 일에서 승리의 정신적인 효과로 할 수 있는 것은 더 이상 아무것도 없다.

포로와 대포를 얻는 것이 승리의 중요한 실체이고 진정한 결정체라면 전투도 특히 그 점을 생각해서 배치해야 할 것이다. 이런 경우에 사망자와 부상자를 내면서 적을 파괴하는 것은 단순한 수단으로서 나타난다.

이것이 전투를 배치하는데 어떤 영향을 미치는지 하는 것은 전략이 상관할 일이 아니다. 하지만 전투의 배치 자체는 이미 전략과 관련되어 있다. 정확히 말하면 아군의 배후를 안전하게 하고 적의 배후를 위태롭게 한다는 점에서 전략과 관련되어 있다. 얼마나 많은 포로와 대포를 얻는지는 적의 배후를 위태롭게 만드는 정도에 크게 달려 있다. 그리고 적의 배후를 위태롭게 만드는 것은 대부분의 경우에, 즉 전략적인 상황이 전술과 지나치게 모순에 빠지는 경우에 전술만으로 해결할 수 없다.

양쪽 측면에서 공격을 받을 위험과 어떠한 퇴로도 없다는 더 두려운 위험은 이동과 저항의 힘을 빼앗고 승리와 패배의 결정에 영향을 미친다. 더욱이 그것은 패배하는 경우에 손실을 늘리고 때로 이 손실을 무제한까지, 즉 전멸까지 밀고 나아간다. 그래서 배후가 위협을 받으면 패배는 더 확실한 것이 되고 동시에 더 결정적인 것이 된다.

이 때문에 모든 전쟁 수행에서, 특히 크고 작은 전투에서 매우 큰 본능이 생겨난다. 즉 아군의 배후를 안전하게 하고 적의 배후를 손에 넣으려고 하는 본능이다. 이것은 승리의 개념에서 나오는데, 승리는 앞에서 본 것처럼 단지 상대를 때려죽이는 것과 조금 다른 것이다.

이런 노력에서 우리는 전투의 첫 번째 정확한 목적, 그것도 매우 일반적인 목적을 보게 된다. 그 노력이 이중의 형태로든 하나의 형태로든 폭력의 단순한 충돌과 더불어 나타나지 않는 전투는 생각할 수 없다. 아무리 작은 부대도 자기 부대의 퇴로를 생각하지 않은 채 적에게 달려들지 않을 것이고, 대부분의 경우에 적의 퇴로를 찾을 것이다.

복잡한 경우에 그 본능이 올바른 길을 가는 것이 얼마나 자주 방해를 받는지, 곤란한 경우에 그 본능이 다른 수준 높은 고찰에 얼마나 자주 자리를 내주어야 하는지 하는 것은 여기에서 말하고 있는 범위를 훨씬 벗어날 것이다. 여기에서는 그 본능을 전투의 일반적인 자연 법칙으로 내세우는 것으로 만족한다.

그 본능은 언제나 활동하고 그 자연스러운 중력으로 언제나 아래를 누른다. 그래서 그것은 중심점이 되는데, 거의 모든 전술적인 기동과 전략적인 기동은 이 중심점에 달려 있다.

이제 다시 승리의 전체 개념에 눈길을 돌리면 다음의 세 가지 요소를 발견하게 된다.

1. 물리적인 전투력에서 적의 더 큰 손실,
2. 정신적인 전투력에서 적의 더 큰 손실,
3. 적이 계획을 포기하면서 이 손실을 공개적으로 고백하는 것.

사망자와 부상자의 손실에 관한 양쪽의 보고는 결코 정확하지 않고 진실인 경우는 드물고 대부분의 경우에 고의적인 왜곡으로 가득하다. 전리품의 수도 완전하게 신뢰할 수 있도록 진술하는 경우는 드물고, 그러면 전리품이 많지 않은 경우에는 그것도 어느 한쪽의 승리에 의심을 품게 할 수 있다. 정신적인 힘의 손실에 대해서는 전리품 이외에 결코 적절한 기준이 있을 수 없다. 그래서 많은 경우에 오직 전투를 포기하는 것만이 승리의 참된 증명이 된다. 손실을 고백하는 것은 깃발을 내리는 것으로 간주해야 하고, 이것에 의해 이 경우에 적의 권리와 우세함을 인정하게 된다. 이런 굴욕과 치욕의 측면이 승리의 본질적인 부분이지만, 이 측면은 균형의 파괴에 의한 다른 모든 정신적인 후유증과 구분해야 한다. 오직 그 본질적인 부분만 군대 밖의 여론에,

즉 전쟁을 수행하는 두 나라와 전쟁에 참여한 다른 모든 나라의 인민과 정부에 영향을 미친다.

그런데 계획을 포기하는 것은 전쟁터에서 후퇴하는 것과 완전히 다르다. 오랫동안 완강하게 전투를 수행한 전쟁터에서 후퇴하는 것도 마찬가지이다. 전초에서 완강하게 저항하다가 후퇴한다고 해서 이를 계획을 포기한 것이라고 말하는 사람은 아무도 없을 것이다. 적의 전투력을 파괴하는 것을 목적으로 하는 전투에서도 전쟁터에서 후퇴하는 것을 언제나 그 목적을 포기한 것처럼 간주할 수 없다. 예를 들면 미리 후퇴하기로 작정하고 자기 나라에서 한발 한발 물러나면서 전투를 하는 것이 그런 경우이다. 이 모든 것은 전투의 특별한 목적에 대해 말할 때 다룰 것이다. 여기에서는 단지 대부분의 경우에 계획을 포기하는 것과 전쟁터에서 후퇴하는 것을 구분하는 것은 어렵다는 것, 계획을 포기하는 것이 군대 안팎에서 만들어 내는 인상을 가볍게 생각해서는 안 된다는 것에 주의를 기울이려고 한다.

확고한 명성을 얻지 못한 최고 지휘관과 군대는 다른 경우에는 여러 가지 상황에 바탕을 둔 행동 방식이라고 인정받는 것도 계획을 포기하는 경우에는 특별한 어려움을 겪는다. 이런 경우에 후퇴로 끝나는 많은 전투는 패배한 것이 아닌데도 패배로 보일 수 있고, 그런 것으로 보인다는 것이 매우 불리한 영향을 미칠 수 있다. 이런 경우에 후퇴하는 쪽이 자신의 특별한 계획을 설명하여 후퇴의 정신적인 악영향을 언제나 막을 수 있는 것도 아니다. 그것을 효과적으로 하려면 자신의 계획을 완전히 공개해야 할 것이기 때문이다. 이것은 당연히 후퇴하는 쪽의 중대한 이해와 지나치게 상반될 것이다.

이와 같은 승리의 개념의 특별한 중요성에 주의를 기울이려면 조르[1] 전투만 생각하면 될 것이다. 이 전투에서 전리품은 그리 많지 않았다. (포로 몇

---

1. 조르(Soor). 보헤미아의 마을. 현재 체코의 북동쪽에 있는 지역. 프라하에서 북동쪽으로 약 130킬로미터에 있다. 조르는 1949년부터 하이니체(Hajnice, 독어 Haindorf)로 불리는데, 하이니체는 네메츠카(Německá), 브루스니체(Brusnice), 키예(Kyje)를 합병하여 생긴 마을이다. 조르 전투(1745년 9월 30일)에서 프리드리히 대왕은 오스트리아 군대를 무찔렀다.

천 명과 대포 20문.) 이 전투에서 프리드리히 대왕은 전체 상황에 바탕을 두고 슐레지엔으로 후퇴하기로 결심했는데도 5일 동안 전쟁터에 더 머무는 것으로 승리를 공식적으로 발표했다. 프리드리히 대왕 자신이 말하는 것처럼, 그는 이 승리의 정신적인 영향으로 평화 조약을 맺을 수 있다고 생각했다. 하지만 평화 조약을 맺으려면 몇 번의 다른 전투, 즉 라우지츠의[2] 가톨릭-헨너스도르프[3] 전투와 케셀스도르프[4] 전투에서 승리를 거두어야 했다. 하지만 그렇다고 해서 조르 전투의 정신적인 영향이 전혀 없었다고 말할 수는 없다.

승리에 의해 정신력이 크게 충격을 받고 이를 통해 전리품의 수도 엄청난 정도로 늘어난다면, 이 전투에서 패배하는 것은 모든 승리의 반대말로서 패배가 아니라 완전한 패배가 된다. 이런 패배에서는 패배자의 정신력이 훨씬 높은 정도에서 해체되기 때문에 때로 저항 능력을 완전히 상실하는 일이 생기고, 모든 행동은 피하고 도망치는 것뿐이다.

예나 전투와 벨-알리앙스[5] 전투는 완전한 패배이지만, 보로디노[6] 전투는

---

2. 라우지츠(Lausitz, Lusatia), 현재 독일과 폴란드에 걸쳐 있는 지역의 명칭. 독일의 브란덴부르크, 작센, 폴란드의 니더슐레지엔 지역을 포괄한다. 라우지츠는 니더라우지츠, 오버라우지츠, 라우지츠 산맥으로 구분된다.

3. 가톨릭-헨너스도르프(Katholisch-Hennersdorf), 그냥 헨너스도르프라고도 한다. 오버라우지츠의 마을. 현재 폴란드에서는 Henryków Lubański라고 한다. 브레슬라우에서 서쪽으로 약 140킬로미터, 바우첸에서 동쪽으로 약 60킬로미터 되는 곳에 있다. 가톨릭-헨너스도르프 전투(1745년 11월 23일)에서 프로이센의 기병은 작센의 기병에 대해 성공적인 전위 전투를 수행했다.

4. 케셀스도르프(Kesselsdorf), 작센의 마을. 드레스덴에서 서쪽으로 약 10킬로미터 떨어져 있다. 이곳 전투(1745년 12월 15일)에서 프리드리히 대왕은 오스트리아와 작센의 동맹 군대를 무찔렀다. 이상의 세 전투는 모두 제2차 슐레지엔 전쟁(1744~1745년)에 속한다.

5. 벨-알리앙스(Belle-Alliance), 워털루(Waterloo)에 있는 주막(식당 겸 여관) 이름. 워털루는 브뤼셀에서 남쪽으로 약 15킬로미터에 있는 마을이다. 블뤼허가 처음으로 벨-알리앙스 전투라고 부른 이후로 독일의 역사 서술에서는 20세기까지 워털루 전투 대신에 벨-알리앙스 전투라고 불렸다. 『전쟁론』에서는 국제적으로 잘 알려진 '워털루 전투' 대신에 클라우제비츠가 쓴 대로 '벨-알리앙스 전투'로 표기한다. 벨-알리앙스 전투(1815년 6월 18일)에서 동맹 군대는 나폴레옹 군대에게 결정적인 패배를 안겼다.

6. 보로디노(Borodino), 모스크바의 서쪽 약 120킬로미터에 있는 마을. 보로디노 전투(1812년 9월 7일)에서 프랑스 군대는 러시아 군대와 맞붙었지만 승패가 나지 않았다. 이 전투 이후에 러시아 군대는 후퇴했고 프랑스 군대는 모스크바로 전진했다.

그렇지 않다.

현학적인 태도를 보이지 않고는 여기에서 어느 하나의 특징으로 완전한 패배와 그렇지 않은 패배의 경계를 말할 수 없는데, 그것은 정도의 차이에 지나지 않기 때문이다. 하지만 개념을 확립하는 것은 이론적인 생각을 분명하게 하는 중심으로서 중요하다. 패배하는 경우에 이에 대응하는 승리를, 단순하게 승리하는 경우에 이에 대응하는 적의 단순한 패배를 하나의 단어로 표현할 줄 모르는 것은 우리의 전문 용어의 부족 때문이다.

[그림 13] 벨-알리앙스

벨-알리앙스 농가
출처 오래전 우편 엽서
(이 엽서를 찍은) 작가 불명
업로드 OInnu 2013. 2. 5

워털루 지역에 있던 벨-알리앙스 농가. 워털루 전투 이후로 여행객을 대상으로 식당 겸 여관으로 쓰였다. 이 사진은 20세기 초에 벨-알리앙스를 찍은 우편 엽서. 벨-알리앙스는 나폴레옹이 워털루 전투에서 총사령부 건물로 쓰던 곳이다.

제5장

전투의 의의

앞 장에서 전투를 그 절대적인 형태에서 이를테면 전체 전쟁의 축소판으로서 살펴보았다. 이제 전투가 더 큰 전체의 일부분으로서 다른 부분과 어떤 관계에 있는지 살펴보도록 한다. 먼저 전투가 가질 수 있는 자세한 의의를 알아보도록 한다.

전쟁은 상대를 파괴하는 것에 지나지 않기 때문에 양쪽은 모든 힘을 하나의 큰 덩어리로 모으고, 모든 결과는 이 덩어리의 대규모 충돌로 결정된다는 것이 개념상으로 그리고 아마 현실에서도 매우 자연스럽게 보인다. 이 생각은 확실히 많은 진실을 담고 있다. 그래서 이 생각을 고수하면서 작은 전투를 처음부터 어쩔 수 없이 생기는 손실에 지나지 않는 것처럼 보면, 이를테면 대팻밥처럼 보면 전체적으로 매우 좋은 것 같다. 그럼에도 이 문제는 결코 그렇게 간단하게 끝나지 않는다.

전투력을 여러 부분으로 나누면 당연히 많은 전투가 생긴다. 그래서 전투력을 나누면 하나하나의 전투가 갖는 구체적인 목적이 중요해질 것이다. 이렇게 많은 목적과 전투는 일반적으로 몇 가지의 종류로 묶을 수 있다. 지금 이 종류를 아는 것은 우리의 고찰을 분명하게 하는데 이바지할 것이다.

물론 적의 전투력을 파괴하는 것이 모든 전투의 목적이지만 전투에는 다른 목적이 결부될 수도 있고 심지어 그것이 더 중요해질 수도 있다. 그래서 적의 전투력을 파괴하는 것이 중요한 경우와 그것이 오히려 수단이 되는 경우를 구분해야 한다. 적의 전투력을 파괴하는 것 외에 어느 지역을 점령하는 것과 어느 대상을 획득하는 것이 전투의 일반적인 목적이 될 수 있다. 이 중에 어느 하나가 목적이 될 수도 있고 여러 개가 합쳐서 목적이 될 수도 있다. 여러 개가 합쳐서 목적이 되는 경우에는 보통 어느 하나가 제일 중요한 목적이 된다. 전쟁의 두 가지 기본 형태, 즉 공격과 방어에 대해서는 곧 언급할 텐데, 이것은 이 목적에서 첫 번째 목적을 바꾸지는 않지만 다른 두 목적을 바꾼다. 그래서 이 목적에 대해 만들려고 했던 표는 아래와 같이 보일 것이다.

공격적인 전투	방어적인 전투
1. 적의 전투력의 파괴	1. 적의 전투력의 파괴
2. 어느 지역의 점령	2. 어느 지역의 방어
3. 어느 대상의 획득	3. 어느 대상의 방어

그럼에도 이 목적은 전투의 모든 목적을 정확하게 포괄하고 있지 않은 것처럼 보인다. 정찰과 양동을[1] 할 때는 분명히 이 세 가지 대상 중에 어느 하나도 전투의 목적이 되지 않는다는 것을 생각할 수 있기 때문이다. 이는 실제로 네 번째 종류의 목적을 인정할 수 있어야 한다는 말이 된다. 정확히 말하면 적의 상황을 탐지하는 정찰, 적을 피로하게 만드는 경보 발령, 양동 등에서 (양동은 적이 어느 지점을 벗어나서는 안 될 때, 또는 다른 지점으로 이동해야 할 때 수행하는데) 앞에 말한 모든 목적은 간접적으로만, 그리고 앞에 말한 세 가지 목적 중에서 어느 하나를 진짜 목적인 것처럼 보이게 해서 (보통 두번째 목적을 진짜 목적인 것처럼 보이게 해서) 그 목적을 이룬다. 적은 정찰을 하려고 할 때 정말로 아군을 공격하고 물리치고 몰아내려고 하는 것처럼 행동해야 하기 때문이다. 하지만 그렇게 보이게 하는 것은 진정한 목적이 아

---

1. 양동(陽動), 적으로 하여금 아군의 계획에 대한 판단을 잘못하게 하려고 수행하는 행동.

니다. 그리고 우리는 여기에서 진정한 목적에 대해서만 다루었다. 그래서 우리는 앞에 있는 공격적인 전투의 세 가지 목적에 네 번째 목적, 즉 적이 잘못된 행동에 빠지게 하든지, 혹은 달리 말하면 적에게 위장 전투를 한다는 목적을 덧붙여야 한다. 이 목적은 공격적인 전투에서만 생각할 수 있다는 것은 문제의 본질상 당연하다.

다른 한편으로 어느 지역의 방어에는 두 가지의 종류가 있을 수 있다는 것을 말해야 한다. 하나는 절대적인 방어이고, 이것은 어느 지점을 결코 포기해서는 안 될 때 쓰는 방어이다. 다른 하나는 상대적인 방어인데, 이것은 그 지점을 얼마 동안만 필요로 할 때 쓰는 방어이다. 상대적인 방어는 전초와 후위의 전투에서 끊임없이 나타난다.

전투의 여러 가지 목적의 성질이 전투를 준비하는데 중대한 영향을 미친다는 것은 확실히 그 자체로 분명하다. 적의 초병을 단지 그 자리에서 몰아내려고 할 때와 완전히 물리치려고 할 때는 다르게 행동할 것이다. 또한 어떠한 희생이 있어도 어느 지역을 방어해야 할 때와 어느 지역에서 적을 얼마 동안만 막아야 할 때도 다르게 행동할 것이다. 전자의 경우에는 후퇴를 별로 생각하지 않지만, 후자의 경우에는 그것이 제일 중요한 문제이기 때문이다.

하지만 이런 고찰은 전술에 속하는 문제인데, 여기에서는 전투의 의의를 좀 더 분명히 하려고 말한 예에 지나지 않는다. 전략이 전투의 여러 가지 목적에 대해 말해야 하는 것은 그 목적을 다루는 장에서 나올 것이다. 여기에서는 몇 가지 일반적인 내용만 말하도록 한다.

첫째, 목적의 중요성은 대략 앞에 든 순서대로 줄어든다. 둘째, 이 목적 중에서 첫 번째 목적이 주력 전투에서 언제나 제일 중요한 목적이어야 한다. 셋째, 두 번째와 세 번째의 목적은 방어 전투에서 본래 이자를 낳지 않는 목적이다. 즉 그 목적은 매우 소극적이고, 그래서 다른 적극적인 목적을 편하게 한다는 점에서 간접적으로만 도움이 될 수 있다. 그래서 이런 종류의 전투가 자주 일어나면 그것은 전략적인 상황이 나쁘다는 표시이다.

제6장

전투의 지속 시간

전투를 더 이상 그 자체로서 살펴보지 않고 다른 전투력과 갖는 관계에서 살펴보면 전투의 지속 시간은 독자적인 의미를 갖는다.

전투의 지속 시간은 이를테면 본래의 승리에 종속되어 있는 제2의 승리라고 간주할 수 있다. 승리자는 전투를 빨리 끝낼수록 좋고, 패배자는 전투를 오래 끌수록 좋다. 신속하게 승리하는 것은 승리의 힘을 높이고, 패배하는 전투를 오래 끌면 손실을 보충하게 된다.

이것은 일반적으로 진실이고, 상대적인 방어를 목적으로 하는 전투에 이것을 적용할 때는 현실에서도 중요해진다.

이렇게 보면 완전한 승리는 때로 단지 전투의 지속 시간에 달려 있게 된다. 바로 이 때문에 우리는 전투의 지속 시간을 일련의 전략적인 요소에 포함한다.

전투의 지속 시간은 반드시 전투의 본질적인 상황과 관련되어 있다. 이 상황은 병력의 절대적인 크기, 양쪽 병력의 비율, 병과의 비율, 지형의 성질 등이다. 20,000명의 병력은 2000명의 병력보다 빨리 소모되지 않는다. 두세 배 많은 적에게 저항하는 것은 동일한 수의 적에게 저항하는 만큼 오래 저항하지 못한다. 기병 전투는 보병 전투보다 빨리 끝나고, 보병만 있는 전투는 포병이 있을 때보다 빨리 끝난다. 산과 숲에서는 평지보다 빨리 전진하지 못한다.

이 모든 것은 그 자체로 분명하다.

그래서 이 때문에 전투의 지속 시간 동안에 어떤 목적을 이루어야 한다면 병력의 수, 병과의 비율, 병력의 배치를 고려해야 한다는 결론이 나온다. 그런데 이 규칙은 지속 시간만 특별하게 고찰할 때는 별로 중요하지 않았다. 오히려 이것을 경험적으로 알려진 다른 중요한 결과와 그 자리에서 결부하는 것이 문제가 될 때 더 중요했다.

모든 병과를 갖춘 8000명에서 10,000명에 이르는 보통의 사단은 매우 많은 수의 적에 대해서도, 그리고 별로 유리하지 않은 지형에서도 몇 시간 정도 저항할 수 있다. 적이 별로 많지 않거나 전혀 많지 않다면 확실히 한나절은 저항할 수 있다. 서너 개의 사단이 모인 군단의 경우에는 이보다 두 배의 시간 동안 저항하게 된다. 약 80,000명에서 100,000명에 이르는 군대는 대략 그 서너 배의 시간 동안 저항한다. 그래서 그동안 그 군대는 모든 문제를 혼자 해결해야 한다. 그동안에 다른 병력을 얻을 수 없으면 부분 전투도 생기지 않는다. 물론 다른 병력을 얻을 수 있다면 그들의 활동은 현재 일어나고 있는 전투의 성과와 더불어 전체에 빠르게 합류한다.

이 숫자는 경험에서 빌린 것이다. 이상의 논의와 동시에 승패를 결정하는 순간과 전투를 끝내는 순간을 자세히 특징짓는 것도 중요하다.

전투의 승패의 결정

모든 전투에는 승패에 중대한 영향을 미치는 매우 중요한 순간이 있지만, 어느 전투의 승패도 단 한순간에 결정되지 않는다. 그래서 전투의 패배는 저울이 점차로 내려가는 것과 같다. 하지만 모든 전투에는 승패가 결정되었다고 볼 수 있는 시점이 있다. 그래서 전투가 다시 시작되면 이는 새로운 전투이고 이전의 전투를 계속하는 것이 아니다. 이 시점에 대해 분명한 생각을 갖는 것은 지원 병력으로 전투를 유리하게 다시 시작할 수 있는지 없는지를 결정하는데 매우 중요하다.

때로 돌이킬 수 없게 된 전투에서 새로운 병력이 쓸데없이 희생되기도 하고, 때로 승패를 충분히 뒤집을 수 있는데 이를 놓치기도 한다. 여기에 두 가지의 예를 드는데, 이보다 더 확실한 예는 없을 것이다.

호엔로헤 후작이 1806년에 예나에서 35,000명의 병력으로 약 60,000명에서 70,000명에 이르는 보나파르트의 병력에 대항하여 전투를 벌였을 때 호엔로헤는 패배했다.[1] 이 패배는 호엔로헤의 35,000명이 모두 박살이 났다고 볼 수 있는 패배였다. 이때 뤼헬 장군이 약 12,000명의 병력으로 그 전투를 다시 시작했다. 그 결과로 뤼헬도 한순간에 호엔로헤와 마찬가지로 박살이 나

---

1. 예나 전투(1806년 10월 14일).

고 말았다.[2]

이와 달리 같은 날에 아우어슈테트에서[3] 프로이센은 약 25,000명의 병력으로 28,000명의 다부 장군에[4] 맞서 전투를 벌였다. 점심 무렵까지는 전투에서 불리했지만, 프로이센의 병력이 해체될 상태에 있었던 것도 아니고 적보다 큰 손실을 입은 것도 아니다. 더욱이 적에게는 기병이 전혀 없었다. 그런데도 프로이센은 칼크로이트 장군[5] 아래에 있는 18,000명의 예비 병력을 쓸 기회를 놓치고 말았다. 그렇게 했으면 그 전투를 뒤집을 수 있었을 것이고, 그 상황에서 그 전투는 패배하는 것이 불가능한 전투였다.

모든 전투는 하나의 전체이고, 부분 전투는 하나의 전체 성과로 통합된다. 전투의 승패는 이 전체의 성과에 달려 있다. 이 성과가 반드시 제6장에서 말한 것과 같은[6] 승리일 필요는 없다. 적이 너무 일찍 후퇴하면 때로 승리의 조건이 만들어지지 않고 때로 승리의 기회도 없어지기 때문이다. 대부분의 경우에는 적이 완강하게 저항할 때도 전투의 승패의 결정은 성과보다 (이것이 주로 승리의 개념을 이루는데) 먼저 나타난다.

그래서 보통 승패의 순간이 언제인지 묻게 된다. 즉 적보다 적지 않은 수의 새로운 전투력으로도 불리한 전투를 더 이상 뒤집을 수 없는 순간은 어느 때인가?

위장 전투에는 그 본질상 본래 승패의 결정이 없기 때문에 위장 전투를 제외하면 대답은 다음과 같다.

1. 움직이는 대상을 획득하는 것이 목적이었다면 그 대상을 잃는 것이 언

---

2. 뤼헬은 15개 대대를 이끌고 바이마르에서 예나로 가서 공격을 했는데, 그는 이른바 프리드리히 2세의 전통에 사로잡혀 있었다. 그 전통은 '프로이센 군대는 언제나 적을 공격해야 한다.'는 것이었다.
3. 아우어슈테트(Auerstedt, Auerstädt), 프로이센의 마을. 예나에서 북쪽으로 약 22킬로미터 되는 곳에 있다. 아우어슈테트 전투(1806년 10월 14일)에서 프로이센의 주력 군대는 프랑스에 패배했다.
4. 다부(Louis Nicolas Davout, 1770~1823), 프랑스의 장군.
5. 칼크로이트(Friedrich Adolf von Kalckreuth, 1737~1818), 프로이센의 장군.
6. 제4장의 잘못이라고 생각한다.

제나 승패를 결정한다.

2. 어느 지역을 점령하는 것이 전투의 목적이었다면 대부분 그 지역을 잃는 것이 승패를 결정한다. 하지만 늘 그런 것은 아니고, 그 지역에 매우 많은 병력이 있을 때만 그러하다. 쉽게 접근할 수 있는 지역은 다른 측면에서 아무리 중요하다고 해도 큰 위험 없이 다시 점령할 수 있다.

3. 앞의 두 상황으로도 전투의 승패를 아직 결정하지 못한 다른 모든 경우에, 특히 적의 전투력을 파괴하는 것이 중요한 목적인 경우에 승패는 승리자가 혼란의 상태에서, 그래서 일종의 무능력 상태에서 벗어나는 순간에, 그래서 제3편 제12장에서 말한 것처럼 병력을 순차적으로 쓰는 유리함이 끝나는 순간에 결정된다. 이런 이유 때문에 이 점에 전투의 전략적인 단위를[7] 두었다.

그래서 전진하는 쪽이 질서의 상태와 전투 능력을 전혀 잃지 않았거나 병력의 일부만 무질서하고 무능한 반면에, 아군은 해체와 다름없는 상태에 빠져 있을 때는 전투를 재개할 수 없다. 전진하는 적이 전투 능력을 이미 회복했을 때도 마찬가지이다.

실제로 전투를 한 전투력이 적을수록, 예비 병력으로서 전쟁터에 있는 것만으로도 승패에 영향을 미친 전투력이 많을수록, 적의 새로운 전투력이 이미 결정된 아군의 승리를 다시 빼앗는 일은 그만큼 어려울 것이다. 그래서 병력을 최대한 절약하면서 전투를 수행하고, 늘 많은 예비 병력의 정신적인 효과를 관철하는데 크게 성공하는 최고 지휘관과 군대는 승리를 향한 제일 확실한 길을 가게 된다. 최근의 프랑스 군대, 특히 보나파르트가 지휘하는 프랑스 군대는 이 점에서 매우 탁월했다는 것을 인정해야 한다.

더욱이 승리자에게 전투의 위기 상황이 끝나고 이전의 능력으로 돌아오는 순간은 그 군대의 규모가 작을수록 그만큼 일찍 찾아온다. 초소에 있는

---

7. 전투의 전략적인 단위는 여러 병과로 이루어지고 독립적으로 작전을 할 수 있는 편성, 무장, 장비를 갖추고 전술적인 임무를 수행할 수 있는 부대로서 보통 1개 사단 이상의 병력이다.

기병은 적을 전속력으로 추격해도 몇 분 안에 이전의 대형으로 다시 돌아올 것이고 위기도 오래가지 않는다. 하나의 기병 연대 전체는 그렇게 하는데 더 많은 시간이 필요하다. 보병이 하나하나의 산병선에 흩어지면 그보다 오래 걸린다. 모든 병과를 갖춘 부대는 보병보다 오래 걸린다. 이 부대의 경우에 한 부분은 이쪽 방향으로 나아가고 다른 부분은 우연히 저쪽 방향으로 나아가서 전투의 대형이 흐트러지는데, 이 부대의 다른 부분이 어디 있는지 아무도 정확히 알지 못하기 때문에 상황은 더 나빠진다. 그래서 전부 엉망이 되고 부분적으로 고장 난 이 낡은 도구를 승리자가 다시 찾고 어느 정도 수리하고 적절한 장소에 배치하고, 그래서 전투 작업장을 다시 정상으로 돌리는 시점, 이 순간은 부대의 규모가 클수록 그만큼 늦게 찾아온다고 할 수 있다.

아직 위기에 빠져 있는 승리자에게 밤이 찾아오면 이 순간은 더 늦게 찾아온다. 끝으로 그 지역이 끊어지고 감추어져 있을 때도 그 순간은 더 늦게 찾아온다. 하지만 이 두 가지 경우에는 밤이 훌륭한 보호 수단이 되기도 한다는 것을 언급해야 한다. 야간 공격에서 좋은 성과를 약속하는 적절한 상황이 오는 경우는 매우 드물기 때문이다. 1814년 3월 10일에 랑에서 요크가[8] 마르몽과[9] 맞선 것은 여기에 매우 잘 맞는 예이다. 이와 마찬가지로 감추어져 있고 끊어진 지역도 오랫동안 위기에 빠져 있는 승리자를 적의 반격으로부터 보호할 것이다. 그래서 이 두 가지, 즉 밤과 감추어져 있고 끊어진 지역은 전투를 재개하는 것을 쉽게 만드는 대신에 어렵게 만든다.

우리는 지금까지 패색이 짙은 쪽에 지원 병력이 오는 것을 전투력의 단순한 증강이라고, 즉 바로 배후에서 오는 전투력의 증대라고 간주했다. 그것이 보통의 경우이다. 하지만 지원 병력이 적의 측면이나 배후로 가면 상황이 완전히 달라진다.

측면 공격과 배후 공격이 전략에 속하는 한 그 공격의 효과에 대해서는

---

8. 요크(Johann David Ludwig Yorck von Wartenburg, 1759~1830), 프로이센의 원수.
9. 마르몽(Auguste Frédéric Louis Viesse de Marmont, 1774~1852), 프랑스의 장군.

다른 곳에서 말할 것이다. 여기에서는 전투를 재개하려고 하는 공격을 염두에 두고 있는데, 그런 공격은 주로 전술에 속한다. 또한 여기에서는 전술적인 결과를 말해야 하고 전술의 영역을 생각해야 하기 때문에 그런 공격에 대해서만 언급한다.

어느 전투력이 적의 측면과 배후로 방향을 돌리면 그 효과를 크게 높일 수 있다. 하지만 반드시 그런 것은 아니고, 전투력의 효과를 매우 약하게 만들 수도 있다. 전투가 일어나는 상황은 전투를 배치할 때 측면 공격과 배후 공격뿐만 아니라 다른 모든 것도 결정한다. 여기에서 그 모든 것을 다룰 수는 없다. 하지만 우리의 주제와 관련해서 아래의 두 가지는 중요하다.

첫째, 측면 공격과 배후 공격은 대개 승패의 결정 자체보다 승패의 결정 후의 성과에 더 유리한 영향을 미친다. 전투를 재개하려고 할 때 무엇보다 중요한 것은 결전을 유리하게 이끄는 것이고 큰 성과를 얻는 것이 아니다. 이것을 고려하면 전투를 재개하려고 급히 달려온 지원 병력은 아군과 분리되어서 적의 측면과 배후로 갈 때보다 아군의 병력과 합쳤을 때 더 유리해진다고 생각해야 한다. 확실히 그런 경우가 없지 않다. 하지만 그럼에도 대부분의 경우에 지원 병력은 적의 측면과 배후로 향한다고 말해야 하는데, 그것은 다음에 말하는 두 번째 문제의 중요성 때문이다.

두 번째 문제는 대개 전투를 재개하려고 급히 달려오는 지원 병력이 갖고 있는 기습의 정신적인 효과이다.

측면과 배후에 대한 기습은 언제나 큰 효과를 낸다. 승리에 따르는 위기에 빠져 있는 쪽에서는 병력이 넓게 뻗어 있고 흩어져 있는 상태에 있기 때문에 그런 기습에 제대로 대응할 수 없다. 측면과 배후에 대한 기습은 전투의 초기에는 병력을 집결하고 그런 기습에 늘 대비하고 있기 때문에 별로 중요하지 않을 테지만, 전투의 마지막 순간에는 완전히 다른 중요성을 갖는다. 누가 그것을 느끼지 못하겠는가!

그래서 대부분의 경우에 적의 측면과 배후로 달려오는 지원 병력은 매우 큰 효과를 낸다는 것을 주저 없이 인정해야 한다. 이는 똑같은 무게를 갖는 물체도 더 긴 지렛대로 더 잘 들어 올리는 것과 같다. 그래서 그런 상황에서는 정상적인 수단으로는 충분하지 않을 병력으로도 전투를 재개할 수 있다. 기습 공격에서는 정신력이 매우 중요하기 때문에 지원 병력의 효과를 거의 계산할 수 없는데, 그래서 기습은 대담성과 모험심을 보일 수 있는 적절한 영역이 된다.

그래서 어느 불리한 전투에 지원 병력을 보낼 수 있는지 없는지 결정해야 하는 불확실한 경우에는 이 모든 문제에 주의를 기울여야 하고, 그 결정에 영향을 미치는 모든 요소의 힘을 고려해야 한다.

전투를 아직 끝나지 않은 것으로 간주하면, 지원 병력을 통해 시작하는 새로운 전투는 이전의 전투와 하나가 되고 하나의 공통된 결과로 합쳐진다. 그러면 첫 번째 전투의 불리함은 계산에서 완전히 사라진다. 하지만 전투의 승패가 이미 결정되고 나면 그렇지 않다. 이때는 두 개의 다른 결과가 생긴다. 그런데 지원 병력이 적과 비슷한 수의 인원만 오고 지원 병력 자체로 적과 맞설 만큼 많지 않으면, 두 번째 전투에서 유리한 성과를 기대하는 것은 어렵다. 하지만 첫 번째 전투를 고려하지 않은 채 두 번째 전투를 할 수 있을 만큼 지원 병력의 수가 많다면, 지원 병력이 첫 번째 전투를 두 번째 전투의 유리한 성과로 상쇄할 수 있고 적에 비해 우세해질 수 있다. 하지만 이 경우에 첫 번째 전투의 성과는 계산에서 결코 사라지지 않는다.

프리드리히 대왕은 쿠너스도르프 전투의 첫 번째 돌격에서 러시아 군대의 진지의 왼쪽 측면을 점령하고 70문의 대포를 빼앗았다. 전투의 마지막에는 진지도 대포도 다시 잃었고, 첫 번째 전투의 모든 결과는 계산에서 사라지고 말았다. 첫 번째 전투에서 행동을 멈추고 두 번째 전투를 다음 날까지 미룰 수 있었다면, 대왕이 두 번째 전투에서 패배했더라도 첫 번째 전투의 유리함으로 여전히 두 번째 전투의 패배와 균형을 맞출 수 있었을 것이다.[10]

불리한 전투가 끝나기 전에 그 불리함을 이해하여 전투를 뒤집는다면,

---

10. 쿠너스도르프 전투(1759년 8월 12일)는 프리드리히 대왕의 참패로 끝났다.

불리한 결과는 계산에서 사라질 뿐만 아니라 더 큰 승리의 바탕이 되기도 한다. 즉 전투의 전술적인 경과를 정확하게 생각한다면 전투가 끝날 때까지 부분 전투의 모든 성과는 보류된 판결에 지나지 않는다는 것, 이 판결은 최종 성과로 사라질 뿐만 아니라 그 반대의 결과로 바뀔 수도 있다는 것을 쉽게 알 수 있다. 아군의 전투력의 손실이 많을수록 적의 전투력의 손실도 그만큼 많을 것이고, 그래서 적의 위기도 그만큼 클 것이고, 아군의 지원 병력은 그만큼 많아질 것이다. 그래서 전체적인 성과가 아군 쪽에 유리해지고 아군이 적으로부터 전쟁터와 전리품을 다시 빼앗으면, 적이 그것을 얻으려고 소모한 모든 힘은 아군에게 순수한 이익이 되고, 아군의 이전의 패배는 더 큰 승리를 얻는 발판이 된다. 적이 부분 전투에서 승리했을 때는 무공(武功)이 최고로 빛났을 것이고 잃어버린 병력에 대해 주의를 기울일 수 없었을 테지만, 이제 그 무공은 희생된 병력에 대한 후회로 바뀌고 만다. 그래서 승리의 매력과 패배의 저주가 바뀐다.

아군이 적보다 결정적으로 우세하고 적의 승리를 아군의 더 큰 승리로 갚을 수 있는 경우에도 그것이 비교적 중요한 전투라면, 두 번째 전투를 새로 시작하는 것보다 불리한 전투의 마지막에 기선을 잡고 그 전투를 뒤집는 것이 더 좋다.

다운 원수는 1760년에 리그니츠에서[11] 전투를 벌이고 있던 라우돈 장군을 도우려고 했다. 하지만 라우돈이 다음 날 프리드리히 대왕을 공격하는데 실패하자 다운은 라우돈을 도울 병력이 없지 않았는데도 그를 도우려고 하지 않았다.

이런 이유로 큰 전투에 앞서 전위 부대가 피를 흘리며 전투를 벌이는 것은 단지 필요악이라고 보아야 하고, 어쩔 수 없는 경우가 아니면 피해야 한다.[12]

---

11. 리그니츠 전투(1760년 8월 15일).
12. 보병의 경우에 전위는 전체 보병 병력의 3분의 1에 이르는 경우가 있기 때문에 전위 전투에 의한 병력의 심각한 소모는 피해야 한다. 전위에 대해서는 제2권 제5편 제7장 참조.

다른 결론을 하나 더 살펴보도록 한다.

첫 번째 전투가 끝났다는 것이 확실하다고 해도 그것이 새로운 전투를 하도록 결심하게 하는 이유가 될 수는 없을 것이다. 새로운 전투를 하기로 결정하려면 다른 상황도 고려해야 한다. 하지만 이 결론에 반대하는 정신력이 하나 있는데, 우리는 그것을 고려해야 한다. 그것은 복수와 보복의 감정이다. 제일 높은 최고 지휘관부터 제일 하찮은 군악대에 이르기까지 이 감정이 없지 않다. 그리고 치욕을 씻는 것이 중요한 문제가 될 때보다 높은 사기에 고무되어 있는 군대는 어디에도 없다. 물론 이는 패배한 군대가 전체에서 지나치게 중요한 군대가 아니라는 것을 전제로 한다. 그렇지 않으면 그 감정이 무력감에 빠져들 것이기 때문이다.

바로 그 자리에서 패배를 만회하려고 그 정신력을 이용하는 것, 그래서 주로 다른 상황이 허락하는 경우에 한해 두 번째 전투를 벌이는 것은 매우 자연스러운 경향이다. 그러면 두 번째 전투가 대부분 공격이 되어야 한다는 것도 당연하다.

일련의 중요하지 않은 전투에서 그런 보복의 예를 많이 볼 수 있다. 하지만 큰 전투에는 보통 그 전투를 하도록 결정하게 하는 이유가 매우 많고, 그 전투는 보복과 같이 약한 힘에 의해 결정되지 않는다.

고상한 블뤼허는 1814년 2월 11일에 (자기의 두 개의 군단을 3일 전에 몽미라이에서 잃었는데도) 세 번째 군단을 이끌고 그 전쟁터에 다시 나타났다. 이것은 의심할 나위 없이 복수심 때문이었다. 바로 보나파르트와 맞닥뜨리게 될 줄 알았다면 그는 바로 이 중요한 이유 때문에 당연히 보복을 연기했을 것이다. 그는 마르몽에게 복수할 것이라고 기대했다. 블뤼허는 복수에 대한 고상한 욕망의 열매를 얻는 대신에 잘못된 계산의 손실 때문에 패배하고 말았다.

공동으로 전투를 하기로 정해진 부대가 얼마의 거리를 두고 배치되어야 하는지는 전투의 지속 시간과 승패의 순간에 달려 있다. 이 배치가 하나의 동일한 전투를 목표로 하고 있는 한 그 배치는 전술적인 배치라고 할 수 있을 것이다. 전술적인 배치는 병력의 배치가 매우 가까워서 두 개의 분리된 전투를 생각할 수 없고, 그래서 전체 전투가 차지하고 있는 공간을 전략적으로 단지 하나의 점으로 간주할 수 있는 곳에서만 생겨난다. 하지만 전쟁에서는 공동으로 공격을 하기로 정해진 병력도 멀리 있어야 하는 경우가 자주 있다. 공동 전투를 하려면 그 병력을 합치는 것이 중요한 의도이지만, 이렇게 따로따로 전투가 일어날 수도 있다. 그래서 이런 경우의 병력 배치는 전략적인 배치이다.

전략적인 배치는 분산되어 있는 군대와 종대의 행군, 전위 부대와 측면 부대, 하나 이상의 전략적인 지점을 지원하는데 쓰여야 하는 예비 병력, 넓은 사영지에 분산되어 있는 하나하나의 군대의 집결 등이다. 이런 배치는 끊임없이 일어나기 때문에 이를테면 전략의 살림살이에서 잔돈을 이루고 있는 반면에, 주력 전투나 이와 동일한 수준에 있는 모든 것은 금화와 은화이다.

제8장

전투에 대한 양쪽의 합의

양쪽이 전투를 하는데 합의하지 않으면 어떤 전투도 일어날 수 없다. 결투는 이 생각에 모든 토대를 두고 있다. 전쟁사를 기술하는 저술가들이 쓰는 일종의 관용어도 이 생각에서 비롯되는데, 그들의 관용어는 사람들을 매우 불분명하고 잘못된 개념으로 이끈다.

즉 그 저술가들의 고찰은 어느 최고 지휘관이 다른 최고 지휘관에게 전투를 걸었는데 후자가 이를 받아들이지 않은 경우를 자주 문제로 삼는다.

하지만 전투는 대규모로 변형된 결투이다. 전투의 바탕에는 양쪽의 전투 욕구, 즉 전쟁에 대한 합의뿐만 아니라 전투에 결부되어 있는 여러 가지 목적이 놓여 있다. 이 목적은 언제나 더 큰 전체에 속해 있고, 하나의 전투 단위라고 생각할 수 있는 전체 전쟁이 그 전쟁보다 더 큰 전체에 속하는 정치적인 목적과 조건을 가질 때는 더욱 그러하다. 그래서 상대에게 승리하려는 단순한 욕구는 완전히 부차적인 문제이거나 그 자체로 전혀 독립적인 의미를 갖지 못한다. 그 욕구는 단지 더 높은 의지를 움직이게 하는 신경계에 지나지 않는다고 간주해야 한다.

고대의 민족에서 그리고 그 후에 다시 상비군이 생긴 초기에는 적에게 전투를 걸었는데 적이 응하지 않았다는 표현이 오늘날보다 많은 의미를 갖고 있었다. 다시 말해 고대 민족의 경우에는 모든 것이 어떤 장애물도 없는 탁 트인 평지에서 전투를 벌이고 승패를 내도록 준비되어 있었다. 그래서 모든 전쟁술은 군대를 준비하고 편성하는 것, 즉 전투 대형을 의미했다.

고대 민족의 군대는 자기네 진영에 정기적으로 보루를 쌓았기 때문에 그 진영 안의 진지는 침범할 수 없는 것으로 간주되었다. 적이 자기네 진영을 벗어나고 양쪽이 상대에게 접근할 수 있는 지역에 있을 때, 이를테면 경기장에 발을 들여놓을 때 비로소 전투를 할 수 있었다.

그래서 한니발이 파비우스에게[1] 전투를 걸었는데 파비우스가 이에 응하지 않았다면, 이 말은 파비우스의 입장에서 볼 때 그 전투가 그의 계획에 들어 있지 않았다는 것을 뜻한다. 이것 자체는 한니발의 물리적인 우세함도 정신적인 우세함도 증명하지 못한다. 하지만 한니발의 입장에서 볼 때는 그 말이 옳다. 그 말은 한니발이 정말로 그 전투를 하려고 했다는 것을 표현하기 때문이다.

오늘날의 군대가 생긴 초기에도 대규모의 전투는 대개 이와 비슷한 상황에서 일어났다. 즉 대규모의 병력이 전투 대형에 따라 전투를 수행했고 그 대형 안에서 지휘를 받았다. 전투 대형은 하나의 크고 부자연스러운 전체였기 때문에 많든 적든 평지를 필요로 했고 심하게 끊어진 지형, 감추어져 있는 지형, 심지어 산악 지형은 공격에도 방어에도 적당하지 않았다. 그래서 방어자도 이런 지형에서는 어느 정도 전투를 피하는 수단을 찾아낼 수 있었다. 이런 상황은 점차로 약해지기는 했지만 제1차 슐레지엔 전쟁 때까지[2] 계속되었다. 7년 전쟁에서[3] 비로소 접근하기 어려운 지형에서도 적에 대해 공격을 할 수 있게 되었고, 그것이 점차로 유행하게 되었다. 그런 지형은 그런 지형의 도움을 받는 쪽에게는 여전히 방어를 강력하게 만드는 원리가 되었지만, 이제 전쟁의 자연스러운 힘을 묶어 두는 마법의 영역은 더 이상 아니게 되었다.

---

1. 파비우스 막시무스(Qunitus Fabius Maximus Verrucosus, 기원전 275~203), 로마 공화국 시대의 장군이자 정치가. 쿵쿠타토르(Cunctator, 굼벵이)로 유명하다.
2. 제1차 슐레지엔 전쟁(1740~1742년).
3. 7년 전쟁(1756~1763년).

30년 전부터 전쟁은 이와 같은 의미에서 훨씬 많은 발전을 이루었다. 전투를 통해 정말로 승패의 결정을 내리려고 하는 최고 지휘관을 방해하는 것은 이제 더 이상 아무것도 없게 되었다. 그는 적을 찾을 수 있고 공격할 수 있게 되었다. 그가 그렇게 하지 않는다면 그가 전투를 하려고 했다는 말은 인정할 수 없게 되었다. 그래서 적에게 전투를 걸었는데 적이 그 전투를 받아들이지 않았다는 말은 이제 전투를 할 상황이 자기 쪽에 충분히 유리하지 않았다는 말에 지나지 않는다. 이것은 앞의 말과 맞지 않아서 그가 숨기고 싶어 하는 속마음에 지나지 않는다.

물론 방어자도 이제 전투를 더 이상 거부할 수 없게 되었지만, 방어자가 자기의 진지를 버리고 그 진지와 관련되어 있는 임무를 포기한다면 지금도 전투를 피할 수는 있다. 하지만 그렇게 되면 그 결과는 공격자에게 절반의 승리이고 일시적인 우세함을 인정하는 것이 된다.

그래서 일종의 협정과[4] 관련되는 이런 생각은 이제 더 이상 쓸 수 없게 되었다. 이는 전진을 하는 자가 전투의 중지를 미화하는 말잔치에 지나지 않는다. 방어자도 후퇴를 하지 않는 한 전투를 바라고 있는 것이라고 간주해야 한다. 이때 방어자가 공격을 받지 않으면 자기 쪽에서 전투를 걸었다고 말할 수도 있다. 하지만 이 말을 말 그대로 받아들일 수는 없을 것이다.

하지만 다른 측면에서 보면 오늘날에는 전투를 피하려고 하고 또 피할 수 있는 쪽에게 전투를 강요할 수 없다. 그런데 공격자가 때로 적의 후퇴로 얻는 유리함에 만족하지 않고 진정한 승리를 절실하게 필요로 하는 일이 있다. 그래서 그런 적에게도 특별한 기술로 전투를 강요하는 많지 않은 수단을 찾아내고 쓰게 된다.

이런 경우에 제일 중요한 수단은 첫째로 적을 포위하는 것이다. 그러면 적으로 하여금 후퇴를 할 수 없게 만들든지 후퇴를 어렵게 만들어서 적은 아군

---

4. 원문의 단어 Kartell(cartel)은 한편으로 결투를 도전하는 문서, 다른 한편으로 두 나라 사이의 포로 교환 협정을 의미했다.

의 전투를 받아들이지 않을 수 없게 된다. 둘째로 적에게 기습을 하는 것이다. 이 두 번째 수단은 이전에 군대의 모든 움직임이 서툴렀을 때는 쓸 수 있었지만 오늘날에는 효력을 크게 잃고 말았다. 오늘날의 군대는 유연하고 민첩해졌기 때문에 적이 보는 앞에서도 후퇴하는 것을 주저하지 않는다. 이런 경우에는 지형의 상황이 특별히 불리할 때만 후퇴를 하는 것이 크게 곤란해질 것이다.

이런 종류의 예로는 네레스하임[5] 전투를 들 수 있다. 카알 대공은 1796년 8월 11일에 슈바벤 알프에서[6] 모로에 대항하여 전투를 벌였다. 대공의 의도는 단지 후퇴를 쉽게 하려는 것이었다. 하지만 우리는 이 유명한 최고 지휘관이자 저술가의 판단을 결코 완전하게 이해하지 못했다는 것을 기꺼이 고백한다.

로스바흐의 전투는[7] 또 다른 예를 보여 준다. 동맹 군대의 최고 지휘관은 이 전투에서 실제로는 프리드리히 대왕을 공격할 의도를 갖고 있지 않았다고 한다.

조르 전투에[8] 대해 대왕 자신이 전투를 받아들인 것은 단지 적이 보는 앞에서 후퇴하는 것이 위험하다고 생각했기 때문이라고 말했다. 그렇지만 대왕은 전투를 치른 다른 이유도 들고 있다.

전체적으로 볼 때 본래의 야간 기습을 제외하면 이런 예는 매우 드물다. 그리고 어느 적이 포위 때문에 전투를 강요당한 경우는 주로 고립된 군단에서만 일어났다. 막센에서[9] 핑크의[10] 군단이 그러했다.

---

5. 네레스하임(Neresheim), 뷔르템베르크 왕국의 산악 지대에 있는 마을. 울름에서 북동쪽으로 약 50킬로미터 떨어져 있다. 네레스하임 전투는 오스트리아 군대와 프랑스 군대 사이에 벌어졌는데 승패는 결정되지 않았다. 대공은 이튿날인 12일에 아무런 방해를 받지 않고 후퇴할 수 있었다.

6. 슈바벤 알프 (Schwäbische Alb, Schwabenalb, Rauhe Alb), 뷔르템베르크 왕국(현재 독일의 남서쪽 지역)에 있는 산맥.

7. 로스바흐 전투(1757년 11월 5일).

8. 조르 전투(1745년 9월 30일).

9. 막센(Maxen), 작센의 마을. 드레스덴에서 거의 남쪽으로 15킬로미터에 있다. 7년 전쟁 중에 프리드리히 대왕은 핑크 장군의 부대를 오스트리아 군대의 배후로 보냈다. 오스트리아 군대와 보헤미아의 연결을 끊으려는 의도였다. 이 계획으로 대왕은 오스트리아의 다운 원수가 배후의 위협으로 후퇴하기를 바라고 있었다. 눈 오는 추운 겨울의 막센 전투(1759년 11월 20일)에서 오스트리아 군대는 핑크의 부대에 공격을 개시하였고, 핑크는 막센의 유리한 지대에서 물러나야 했다. 하지만 핑크의 후퇴는 저지당했고, 11월 21일에 핑크는 항복해야 했다. 다운 원수가 핑크의 부대가 고립된 것을 이용하여 셋으로 나뉜 오스트리아 군대 사이로 프로이센 군대를 몰아넣어 완벽하게 포위했기 때문이다. 다운이 7년 전쟁에서 이 승리를 계속 이어가지는 못했지만, 이 승리는 오스트리아 군대의 대승이었다.

10. 핑크(Friedrich August von Finck, 1718~1766), 프로이센의 장군.

[지도 12] 슈바벤 알프

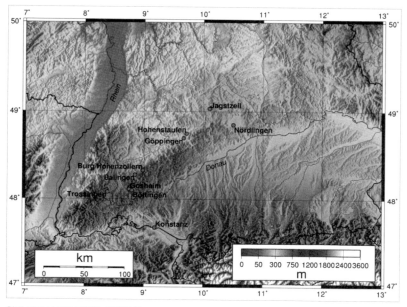

현재 독일 남서부 지역의 슈바벤 알프
업로드 Wamito 2006. 5. 25
작가 Captain Blood
출처 German Wikipedia에서 다운로드

　　슈바벤 알프 지역은 지리상으로 현재 독일의 남서쪽에서 북동쪽으로 길게 뻗어 있다. 높이는 1000~1200미터이고 길이는 약 200킬로미터에 이르는 고지대이다. 왼쪽의 선이 라인 강이고 아래쪽은 스위스이다. 지도 아래에 축척과 고저를 표시한 부분 사이에 알프스 산맥이 보인다.

제9장

주력 전투

1 승패의 결정

주력 전투란 무엇인가? 주력 군대의 전투이다. 부차적인 목적을 이루려고 하는 무의미한 전투도 아니고, 목적을 이루는 것이 어렵다는 것을 알아채자마자 곧바로 포기하는 단순한 도전도 아니다. 진정한 승리를 얻으려고 모든 노력을 들이는 전투이다.

주력 전투에서도 부차적인 목적이 중요한 목적에 섞일 수 있다. 그러면 주력 전투는 이 전투를 낳은 많은 상황에 따라 여러 가지의 독특한 색채를 띠게 된다. 주력 전투도 더 큰 전체와 관련되어 있고 그 전체의 일부분에 지나지 않기 때문이다. 하지만 전쟁의 본질은 전투이고 주력 전투는 주력 군대의 전투이기 때문에 늘 주력 전투를 전쟁 본래의 중심으로 간주해야 한다. 그래서 일반적으로 주력 전투를 다른 전투와 구분하는 특징은 그것이 다른 어느 전투보다 그 자체 때문에 존재한다는 것이다.

이 특징은 주력 전투의 승패의 결정 방식, 주력 전투에서 얻는 승리의 효과에 영향을 미친다. 또한 이론이 목적을 얻는 수단으로서 주력 전투에 어떤 가치를 부여해야 하는지 결정한다. 그래서 바로 여기에서 주력 전투를 특별한 고찰 대상으로 삼는 것이다. 그것도 주력 전투와 결부될 수 있는 특별한 목적을 생각하기 전에 고찰하려고 하는 것이다. 그것이 정말로 주력 전투라는 이름에 어울리는 것이라면 주력 전투의 특별한 목적이 주력 전투의 성격을 근본적으로 바꾸지는 못할 것이다.

주력 전투가 주로 그 자체 때문에 존재하는 것이라면 주력 전투의 승패의 이유도 그 자체 안에 있어야 한다. 다른 말로 하면 승리의 가능성이 있는 한 승리는 주력 전투에서 찾아야 한다. 그래서 주력 전투를 포기할 때도 하나하나의 상황 때문이 아니라 오직 병력이 완전히 불충분한 것으로 나타날 때만 포기해야 한다.

그런데 이 순간을 어떻게 알 수 있을까?

최근의 전쟁술에서는 오랫동안 군대에 일정한 인위적인 대형과 편성을 갖추는 것이 승리의 중요한 조건이었고, 이런 조건 아래에서 군대의 용감한 행동으로 승리를 거둘 수 있었다. 이런 경우에는 이 대형을 파괴하는 것이 승패를 결정했다. 대형의 한쪽 측면이 공격을 받고 연결 고리에서 멀어지면 이것이 다른 측면의 승패도 결정했다. 또 다른 시대에는 방어의 본질이 전투를 벌이고 있는 지형 및 지형의 장애물과 군대를 긴밀하게 결합하는데 있었고, 그래서 군대와 진지는 하나가 되었다. 이런 경우에는 이 진지에서 하나의 핵심적인 지점을[1] 점령하는 것이 승패를 결정했다. 그러면 진지의 핵심을 잃고, 그래서 진지를 더 이상 방어할 수 없고 전투를 계속할 수 없다고 말했다. 이 두 가지 경우에 공격을 당한 군대는 대개 줄이 끊어진 현악기처럼 일을 하지 못하게 된다.

전자의 기하학적인 원리뿐만 아니라 후자의 지리적인 원리도 전투를 벌이고 있는 군대를 하나의 경직되어 있는 결정체의 상태에 빠뜨리는 경향이 있었고, 이 결정체는 지금 있는 병력을 마지막 한 사람까지 쓰는 것을 허락하지 않았다. 이 두 가지 원리는 적어도 영향을 많이 잃었고 더 이상 중요하지

---

1. 핵심적인 지점은 전투에서 승패의 결정에 제일 중요한 영향을 미치는 지점을 말한다. 이는 지형이 전투에 큰 영향을 미쳤던 시대의 생각으로 클라우제비츠의 시대에도 이미 그 중요성을 잃고 있었다.

않게 되었다. 물론 지금도 군대는 일정한 대형을 갖춘 상태로 전투를 수행하지만, 대형은 더 이상 결정적인 것이 아니다. 또한 지금도 지형의 장애물은 강력한 저항을 하는데 쓰이지만, 장애물은 더 이상 유일한 근거가 아니다.

이 편의 제2장에서 오늘날의 전투의 성격을 전체적으로 살펴보려고 노력했다. 그곳에서 그린 그림에 따르면 전투 대형은 병력을 원활하게 쓰려고 병력을 올바르게 배치하는 것에 지나지 않는다. 그리고 전투 과정은 상대편의 힘을 천천히 소모하는 것이다. 이때 승패는 어느 편이 먼저 적을 지치게 하느냐에 따라 결정된다.

그래서 주력 전투에서 전투를 포기하는 결정은 다른 어느 전투보다 그때까지 남아 있는 새로운 예비 병력의 비율에서 나온다. 이 병력만 아직 온전한 정신력을 갖고 있기 때문이고, 이미 파괴되어 다 타버린 재처럼 무너지고 쓰러진 대대를 그 병력과 동일 선상에 놓고 비교할 수 없기 때문이다. 어느 지역의 상실도 정신력을 얼마나 잃었는지 재는 척도라는 것은 다른 곳에서 말했다. 그래서 이것도 함께 고려해야 하지만, 이것은 손실 자체보다 이미 입은 손실의 표시로서 더 많이 고려된다. 그래서 새로운 예비 병력의 숫자는 늘 양쪽 최고 지휘관의 큰 주목을 받게 된다.

보통 어느 전투는 이미 처음부터 일정한 방향으로 향한다. 단지 그것이 눈에 띄지 않는 방식으로 일어나는데 지나지 않는다. 심지어 그 방향은 이미 그 방향을 잡은 전투의 배치에 의해 매우 결정적인 방식으로 정해져 있는 경우도 자주 있다. 그렇다면 악조건에서 전투를 시작하면서도 그 방향을 의식하지 못하는 최고 지휘관은 통찰력이 부족한 것이다. 전투에 일정한 방향이 없는 경우에도 전투의 과정은 문제의 본질상 일진일퇴의 진동이라기보다 오히려 양쪽의 균형이 서서히 기우는 것이다. 균형의 변화는 곧바로 나타나지만 처음에는 눈에 띄지 않고, 그다음부터는 시시각각으로 더 심해지고 뚜렷해진다. 전투 과정을 일진일퇴의 진동이라고 생각하는 것은 사람들이 보통 전투에 대한 그릇된 서술에 현혹되어 있기 때문이다.

물론 균형은 오랫동안 무너지지 않을 수도 있다. 또는 어느 한쪽으로 기운 다음에 회복되어 다른 쪽으로 기울 수도 있다. 하지만 확실한 것은 대부분의 경우에 패배하는 쪽의 최고 지휘관은 후퇴하기 훨씬 전에 이를 알게 된다는 것, 뜻밖의 어느 돌발 상황이 전체의 전투 경과에 매우 큰 영향을 미치는 경우는 대부분 최고 지휘관이 전투의 패배에 대해 변명을 하는 것에 지나지 않는다는 것이다.

이 점에 대해서는 전쟁을 경험한 편견 없는 사람들의 판단에 호소할 수밖에 없다. 그들은 분명히 우리의 생각에 찬성할 것이고, 전쟁을 직접 경험하지 않은 일부 독자들에게 우리의 생각을 대변할 것이다. 전투 경과의 필연성을 문제의 본질로부터 설명하게 되면 우리는 이 문제와 관련되는 전술의 영역으로 지나치게 많이 빠져들 것이다. 여기에서는 그 문제의 결과만 다루면 된다.

패배하는 군대의 최고 지휘관이 보통 전투의 포기를 결정하기 훨씬 전에 이미 불리한 결과를 예측한다고 말하면, 우리는 이와 반대되는 종류의 경우도 인정해야 한다. 그렇지 않으면 우리는 그 자체로 모순되는 명제를 주장하게 될 것이다. 어느 전투의 모든 분명한 방향을 볼 때 그 전투를 패배한 것으로 간주해야 한다면 그 전투를 뒤집으려고 어느 병력도 더 이상 투입해서는 안 될 것이고, 그래서 그 분명한 방향이 나타나는 순간에 곧바로 후퇴할 수 있어야 할 것이다. 물론 전투는 이미 어느 한쪽으로 매우 분명한 방향을 드러냈다가도 다른 쪽의 승리로 결정되는 일이 있다. 하지만 그것은 **일반적으로** 일어나는 일이 아니라 드문 경우이다. 행운으로부터 버림받은 모든 최고 지휘관은 이런 드문 경우에 의지하는 법이다. 또한 전투를 뒤집을 가능성이 조금이라도 남아 있는 한 그런 가능성에 의지해야 한다. 그는 더 많은 노력, 아직 남아 있는 더 높은 정신력, 자신을 이겨 내는 힘, 행운을 통해 승패가 뒤집히는 순간을 보려고 하고, 자신의 용기와 통찰력이 다할 때까지 그렇게 하려고 애쓴다. 이 점에 대해서는 나중에 더 말하려고 하는데, 그전에 균형의 변화를 나타내는 징후가 무엇인지 말할 것이다. 전체 전투의 결과는 모든 부분 전투의 결과의 합으로 이루어진다. 하나하나의 전투의 결과는 세 가지의 다른 대상에 나타난다.

첫째로 지도자의 의식에 있는 정신력에 나타난다. 어느 사단장이 자기의 대대가 어떻게 패배했는지 보았다면 이는 그의 행동과 보고에 영향을 미칠 것이고, 이 보고는 다시 최고 지휘관이 내리는 조치에 영향을 미칠 것이다. 그래서 부분 전투의 패배는 겉으로는 만회할 수 있지만 그 결과는 사라지지 않는다. 패배에 대한 인상은 최고 지휘관의 마음에 쌓이게 된다. 별로 애쓰지 않아도 그의 의지에 반해서 그렇게 된다.

둘째로 아군의 병력이 더 빠르게 줄어드는 것에서 나타난다. 별로 소란스럽지 않게 천천히 진행되는 전투에서는 병력의 감소를 충분히 어림잡을 수 있다.

셋째로 지역을 상실하는 데서 나타난다. 이 모든 것은 최고 지휘관의 눈에 전투라는 배의 방향을 알게 하는 나침반의 역할을 한다. 아군은 포병 중대를 전부 잃었는데 적은 포병 중대를 하나도 잃지 않았다면, 아군의 보병 대대는 적의 기병에 의해 무너진 반면에 적의 보병 대대는 여전히 견고한 무리를 이루고 있다면, 아군의 전투 대형에 있는 포병선이[2] 한 지점에서 다른 지점으로 어쩔 수 없이 물러난다면, 아군이 적의 어느 지점을 점령하려고 쓸데없는 노력을 기울인다면, 전진하는 아군의 보병 대대가 적이 잘 설치한 유탄의 우박을 맞고 번번이 흩어진다면, 적의 대포에 대항하는 아군의 대포의 포격이 약해지기 시작한다면, 적의 포격을 받고 있는 보병 대대의 부상병들과 더불어 부상을 입지 않은 병사들도 무리를 지어 후퇴하여 보병 대대의 병력이 의외로 빨리 줄어든다면, 심지어 전투 계획이 방해를 받는 바람에 군대의 일부분이 고립되고 적의 포로가 된다면, 후퇴를 하는데 위험이 따르기 시작한다면, 최고 지휘관은 이 모든 경우에 전투의 방향이 어느 쪽을 향하고 있는지 확실하게 알아야 한다. 이 방향이 오래 계속되고 분명해질수록 전투를 뒤집는 것은 그만큼 어렵게 되고, 전투를 포기해야 하는 순간은 그만큼 가까이

---

2. 포병선은 적의 포격을 막으면서 아군의 포격을 편하게 할 수 있는 선.

다가온다. 이제 이 순간에 대해 말하도록 한다.

　이미 여러 번 말한 것처럼, 아직 남아 있는 새로운 예비 병력의 비율이 대부분 승패를 완전하게 결정하도록 하는 중요한 이유가 된다. 적의 예비 병력이 압도적으로 많다는 것을 알게 되면 최고 지휘관이 후퇴를 하기로 결심하기 때문이다. 전투 과정에서 일어난 모든 패배와 손실은 새로운 예비 병력으로 만회할 수 있다는 것이 바로 오늘날의 전투의 특징이다. 최근에 전투 대형을 준비하는 것과 전투에서 군대를 지휘하는 방식은 거의 언제나 그리고 어느 상태에서나 예비 병력을 쓸 수 있도록 허락하기 때문이다. 그래서 전투의 결과가 나쁘다고 생각하는 최고 지휘관도 아직 예비 병력을 많이 보유하고 있는 한 그 전투를 포기하지 않을 것이다. 하지만 그의 예비 병력이 적의 예비 병력보다 많이 줄어들기 시작하는 시점부터 승패는 결정된 것이라고 보아야 한다. 이제 최고 지휘관이 아직 무엇을 할 수 있는지는 일부는 특별한 상황에, 일부는 그의 타고난 용기와 인내심의 정도에 달려 있다. 하지만 용기와 인내심은 자칫 어리석은 고집으로 타락할 수도 있다. 최고 지휘관이 어떻게 양쪽의 예비 병력의 비율을 정확하게 어림잡게 되는지는 전투 수행상의 숙련의 문제이지 여기에 속하는 문제는 결코 아니다. 우리는 그의 판단이 확정한 결과에 따르기만 하면 된다. 하지만 그 결과도 아직 승패를 결정하는 본래의 순간이 아니다. 점차로 생겨나는 동기는 순간이라고 말하는데 적절하지 않고 후퇴의 결심을 포괄적으로 규정한 것에 지나지 않기 때문이다. 이 결심 자체는 특별한 계기를 더 필요로 한다. 이 계기에는 주로 두 가지 상황이 있고 그것은 늘 되풀이해서 나타난다. 그것은 후퇴가 위험해진다는 것과 밤이 다가온다는 것이다.

　전투가 한 걸음 한 걸음 진행될 때마다 후퇴를 하는 것이 점점 더 위험해진다면, 예비 병력이 줄어들어서 새로운 여유를 만드는 것이 더 이상 충분하지 않게 된다면, 패배의 운명을 받아들이고 질서정연하게 후퇴하여 남은 병력을 구하는 것 외에 다른 길이 없다. 더 오래 머물면 그 병력은 도망치고 뿔뿔이 흩어지고 전멸을 당할 것이다.

하지만 밤이 되면 대개 모든 전투는 끝난다. 야간 전투는 특별한 조건 아래에서만 유리함을 약속하기 때문이다. 후퇴하는 데는 밤이 낮보다 유리하기 때문에 후퇴를 완전히 불가피하거나 거의 확실한 것으로 보아야 하는 최고 지휘관은 후퇴하는데 밤을 이용하는 것을 선호할 것이다.

일반적으로 제일 중요한 이 두 가지 계기 외에 이보다 사소하고 개별적이지만 빠뜨려서는 안 되는 다른 계기도 많이 있을 수 있다는 것은 당연하다. 전투의 균형이 한쪽으로 완전히 기울수록 부분 전투의 모든 결과도 균형이 기우는데 그만큼 민감한 영향을 미치기 때문이다. 그래서 아군이 포병 중대 하나를 잃는 것, 적의 기병 연대 몇 개가 아군의 진지에 침입하는 것 등도 이미 무르익고 있는 후퇴에 대한 결심을 행동으로 옮기도록 하는데 충분할 수 있다.

그런데 이 경우에 최고 지휘관은 자신의 용기와 통찰력 사이에서 일어나는 갈등을 극복해야 한다. 이제 마지막으로 이 문제를 약간 언급하도록 한다.

한편으로 승리하는 점령자로서 갖게 되는 오만한 자부심, 타고난 고집에 따른 불굴의 의지, 고상한 열정에 따른 필사적인 저항 등이 전쟁터에서 물러나지 말게 하고 명예를 그 전쟁터에 남겨 두어야 한다고 요구한다면, 다른 한편으로 최고 지휘관의 통찰력은 마지막까지 모든 힘을 다 쓰지 말고 모든 것을 다 걸지 말고 질서정연한 후퇴에 필요한 만큼의 병력은 남겨 두라고 충고한다. 전쟁에서 용기와 완강함에 아무리 높은 가치를 인정해야 한다고 해도, 모든 힘을 기울여 승리를 얻을 결심을 하지 않는 최고 지휘관에게는 승리에 대한 전망이 아무리 낮다고 해도, 어느 시점을 넘어 계속 버티는 것은 절망에 빠진 어리석음이라고 할 수밖에 없다. 그래서 어느 비판도 그것을 인정할 수 없는 것이다. 벨-알리앙스의 전투는[3] 모든 전투 중에서 제일 유명한 전투인데, 이 전투에서 보나파르트는 전투를 뒤집으려고 그의 마지막 힘을 쏟아 부었다. 하지만 그 전투는 더 이상 뒤집을 수 없는 전투였다. 그는 마지막 한 푼

---

3. 벨-알리앙스 전투(1815년 6월 18일).

까지 다 썼고, 그다음에 거지처럼 전쟁터와 자기의 제국에서 도망쳤다.

제10장

계속

1 승리의 효과

　사람은 어느 관점을 갖느냐에 따라 많은 대규모 전투에서 특별한 성과를 얻은 것에 많이 놀라는 것처럼, 다른 대규모 전투에서 별다른 성과를 얻지 못한 것에도 많이 놀랄 수 있다. 여기에서는 대규모 승리가 갖는 효과의 성질을 잠깐 살펴보도록 한다.

　여기에서는 세 가지 효과를 쉽게 구분할 수 있다. 즉 도구 자체, 구체적으로 말해 최고 지휘관과 군대에 미치는 효과, 전쟁에 참여한 여러 나라에 미치는 효과, 이 효과가 그 이후의 전쟁 경과에서 보여 주는 본래의 효과이다.

　전쟁터 자체에서 생기는 사망자, 부상자, 포로, 대포의 손실에 대해서는 승리자와 패배자 사이에 큰 차이가 없는 것이 보통이다. 그래서 이런 사소한 차이만 생각하는 사람은 때로 이 사소한 차이에서 생기는 결과를 전혀 이해할 수 없을 것이다. 하지만 그 모든 결과는 매우 자연스럽게 생겨난다.

　이미 제7장에서 말한 것처럼, 승리의 규모는 패배한 전투력의 규모가 늘어나는 만큼 증대할 뿐만 아니라 그보다 훨씬 많이 증대한다. 대규모 전투의 결과가 갖는 정신적인 효과는 승리자보다 패배자에게 더 크고 패배자에게 물리적인 힘을 더 많이 잃게 하고, 이것은 다시 정신적인 힘에 영향을 미치고,

둘은 상승 작용을 일으킨다. 그래서 정신적인 효과에 특별히 관심을 기울여야 한다. 정신적인 효과는 양쪽에 반대 방향으로 나타난다. 즉 패배자의 힘을 무너뜨리는 것처럼 승리자의 힘과 활동력을 높인다. 하지만 중요한 효과는 역시 패배자에게 나타난다. 패배자에게 정신적인 효과는 새로운 손실을 일으키는 직접적인 원인이 되기 때문이다. 더욱이 정신적인 효과는 위험, 긴장, 고통과 (일반적으로 전쟁의 흐름을 어렵게 만드는 모든 상황과) 같은 성질을 갖고 있고, 그래서 그런 상황과 결부되고 그런 상황의 도움을 받아 증대된다. 그 반면에 승리자에게는 이 모든 상황이 마치 저울추처럼 더 높이 고양되는 용기를 약간 누그러뜨리는데 지나지 않는다. 그래서 패배자가 본래의 균형의 수준 아래로 내려가는 정도는 승리자가 그 수준 위로 올라가는 정도보다 훨씬 크다. 그래서 승리의 효과에 대해 말할 때는 주로 패배한 군대에게 나타나는 효과에 관심을 갖게 된다. 승리의 효과가 소규모의 전투보다 대규모의 전투에서 더 크다면, 그 효과는 또한 하위 전투보다 주력 전투에서 훨씬 크다. 주력 전투는 그 자체 때문에 존재하고 승리 때문에 존재한다. 승리는 주력 전투에서 얻어야 하고 주력 전투에서 전력을 다해 얻게 된다. 여기 이 자리에서 이 시간에 적을 제압하는 것이 목적이고, 이 목적에 모든 전쟁 계획의 모든 실이 모이고, 미래에 대한 먼 희망과 막연한 생각이 모두 모인다. 운명이 이 대담한 질문에 대한 답을 주려고 우리 앞으로 다가온다. 이것이 최고 지휘관뿐만 아니라 군대의 마지막 수송병에 이르기까지 전체 군대를 정신적으로 긴장하게 한다. 물론 지위가 낮아지면서 긴장의 정도뿐만 아니라 긴장의 중요성도 낮아진다. 하지만 주력 전투는 어느 시대에도 문제의 본질상 준비하지 않은 채 일어나는 예상치 못한 맹목적인 임무 수행이 결코 아니라 대규모의 행동이었다. 이 대규모의 행동은 많은 보통 수준의 활동에서 (이 활동은 일부는 자발적으로, 일부는 지도자의 의도에 따라 충분히 나타나게 되는데) 비롯되어 모든 사람의 긴장을 더욱 높인다. 결과에 대한 긴장이 높을수록 그 결과의 효과도 그만큼 높아질 것이다.

또한 승리의 정신적인 효과는 최근의 전쟁사의 초기의 전투보다 오늘날의 전투에서 더 크게 나타난다. 오늘날의 전투가 앞에서 서술한 것처럼 말 그대로 모든 힘을 쏟아 붓는 것이라면, 물리적인 힘과 정신적인 힘의 합계는 하나하나의 병력 배치나 심지어 우연보다 더 많이 승패를 결정하게 된다.

한 번의 실수는 다음 기회에 바로잡을 수 있고 그다음 기회에는 행운과 우연이 주는 유리함을 더 많이 기대할 수도 있다. 하지만 정신적인 힘과 물리적인 힘의 합계는 보통 그렇게 빨리 바뀌지 않는다. 그 합계의 우세함 때문에 승리의 판결이 한쪽으로 결정되고 나면 그 판결은 현재보다 미래에 훨씬 중요한 의미를 갖는 것 같다. 물론 군대 안팎에서 전투에 참여한 모든 사람 중에 아마 극소수만 그 합계의 차이를 깊이 생각했을 것이다. 하지만 전투의 경과 자체가 전투에 참여하는 모든 사람들의 마음에 그와 같은 결과를 심어준다. 전투 경과에 대한 공식 보고서의 설명은 전투 경과에 억지로 집어넣은 하나하나의 상황에 의해 미화될 수도 있지만, 승패의 원인이 하나하나의 상황보다 전체에 달려 있다는 것은 군대 밖의 세계에도 어느 정도 밝혀진다.

대규모의 전투에서 결코 패배한 적이 없는 사람은 패배에 대해 있는 그대로 생생한 생각을 갖는다는 것이 어려울 것이다.[1] 그리고 이런저런 작은 손실에 대해 추상적으로 생각할 수는 있지만, 그 생각은 전투의 패배에 대한 본래의 개념을 결코 보충하지 못할 것이다. 그래서 잠시 이 모습에 머물도록 한다.

불리한 전투에서 최고 지휘관의 상상력 또는 (그렇게 말할 수 있다면) 지성을 제일 먼저 사로잡는 것은 병력의 감소이고, 그다음은 지역의 상실이다. 지역의 상실은 많든 적든 언제나 일어나는 일이고, 그래서 전투가 불리해지면 공격자에게도 나타난다. 그다음으로 본래의 대형의 파괴, 부대의 혼란, 퇴로의 위험성 등이 있는데, 이런 것은 정도의 차이는 있지만 거의 예외 없이 늘 나타난다. 마지막으로 후퇴가 있는데, 후퇴는 대부분 밤에 시작하거나 적어

---

1. 클라우제비츠는 아우어슈테트 전투에서 아우구스트 왕자의 부관으로 참전하여 혹독한 패배를 맛보았고, 그 후에 약 1년 동안 프랑스에서 포로로 지냈다.

도 밤중 내내 계속된다. 바로 이 첫 번째 후퇴에서 지치고 흩어져 있는 많은 병사들을 남겨 두지 않을 수 없는 일이 생긴다. 심지어 제일 멀리 전진하고 제일 오랫동안 버틴 제일 용감한 병사들을 남겨 두어야 하는 경우도 자주 있다. 전투에서 패배했다는 느낌은 처음에 단지 전쟁터의 고급 장교들만 덮쳤지만, 이제 모든 계급을 지나 병사들에게도 전달된다. 그 느낌은 전투에서 정말로 소중했던 많은 용감한 전우들을 적의 손에 남겨 두어야 한다는 혐오스러운 인상을 통해 더욱 심해지고, 최고 지휘부에 대해 싹트는 불신감을 통해 더욱 심해진다. 거의 모든 부하들은 쓸데없는 노력을 기울인데 대한 책임을 많든 적든 최고 지휘부에게 돌린다. 그리고 패배했다는 느낌은 사람이 자기 마음대로 통제할 수 있는 단순한 상상이 아니라 적이 아군보다 우세하다는 명백한 진실이다. 이 진실은 많은 원인 속에 숨어 있었기 때문에 미리 내다볼 수 없었지만, 이제 전투 결과에 점점 더 분명하고 확실하게 나타난다. 아마 그 진실을 미리 알았지만 우리에게 현실성이 부족해서 그 진실을 우연에 대한 기대, 행운과 운명에 대한 믿음, 용감한 행동 등으로 막아야 한다고 생각했을 것이다. 이제 이 모든 것은 불충분한 것으로 밝혀졌고, 냉혹한 진실이 우리에게 혹독하고 단호하게 밀어닥친다.

이 모든 인상은 군대를 공황 상태에 빠뜨리는 공포와 완전히 다른 것이다. 공포는 무덕으로 무장한 군대에게는 전투에서 패배한 결과로 나타나는 것이 결코 아니고, 다른 모든 군대에게도 예외적으로만 전투에서 패배한 결과로 나타나는데 지나지 않는다. 패배에 대한 인상은 최고의 군대에게도 반드시 생긴다. 오랜 전쟁 경험, 오랜 승리의 경험, 최고 지휘관에 대한 두터운 신뢰를 갖고 있는 군대는 그런 인상을 때로 약간 누그러뜨리지만, 패배를 처음으로 경험하는 순간에는 그런 인상이 결코 완전히 없을 수 없다. 패배에 대한 인상도 단지 전리품을 잃어버린 결과로 생기는 것이 아니다. 전리품은 보통 나중에 비로소 잃게 되고, 그 손실이 일반적으로 그렇게 빨리 알려지지도 않는다. 그래서 패배에 대한 인상은 승패의 균형이 매우 느리고 일정하게 기우는 경우에도 없지 않을 것이고, 언제나 승리에 따르는 필연적인 효과라고 할 수 있다.

전리품의 규모가 이 효과를 높인다는 것은 이미 말했다.

군대를 도구라고 간주할 때 이런 상태에서 그 도구는 얼마나 약해지겠는가! 이렇게 약해진 상태에서, 즉 앞에서 말한 것처럼 전쟁 수행에 수반되는 모든 일상적인 어려움을 겪고 새로운 적을 만나게 되는 상태에서 새로운 노력으로 패배를 만회할 수 있다는 것을 어떻게 기대할 수 있겠는가! 전투를 하기 전에는 양쪽에 실제로 또는 상상 속에서 균형이 존재했다. 그런데 이제 그 균형이 사라진 것이다. 그래서 균형을 다시 얻으려면 외부적인 요인이 필요하다. 그런 외부적인 근거 지점이 없다면 새로운 모든 노력은 새로운 손실을 낳는데 지나지 않을 것이기 때문이다.

그래서 주력 군대의 승리는 아무리 평범한 승리라고 해도 새로운 외부적인 상황이 승패의 방향 전환을 이끌 때까지 저울을 끊임없이 기울게 만드는 원인이 된다. 그런 외부적인 상황이 가까이 있지 않고, 승리를 하는 적이 명예심에 사로잡혀 큰 목적을 끊임없이 추구한다면, 아군에게는 훌륭한 최고 지휘관과 많은 원정을 통해 순수하고 강철같이 단련된 전쟁 정신을 지닌 군대가 필요하다. 그러면 우세한 적의 넘쳐나는 물결도 아군을 완전히 덮치지 못하고, 여러 가지의 소규모 저항에 의해 물결의 흐름은 약해지고, 승리의 힘은 일정한 수준의 목표에서 멈추게 된다.

이제 군대 이외에 인민과 정부에 나타나는 효과를 보도록 한다. 그것은 최고의 긴장 상태에 있던 희망이 갑자기 허물어지는 것이고 모든 자신감이 무너지는 것이다. 모든 힘이 파괴된 자리에 생겨나는 진공 상태에 파멸적인 팽창력을 갖춘 공포심이 밀려들고, 이 공포심은 인민과 정부를 완전히 마비 상태에 빠지게 한다. 그것은 마치 두 선수 중에 한쪽이 주력 전투라는 전기의 불꽃을 통해 받게 되는 정신적인 충격 자체와 같다. 이 효과는 때에 따라 정도의 차이는 있지만 결코 완전히 없을 수 없다. 모두 급히 모이고 열심히 활동하여 불행을 막아야 하는데, 자기의 노력이 헛된 노력이 될 것이라고 걱정한다. 서둘러야 하는 곳에서 우물쭈물하면서 주저한다. 심지어 모든 것을 운명에 맡긴 채 용기를 잃고 팔을 축 늘어뜨린다.

승리의 이런 효과가 전쟁 자체의 흐름에 만들어 내는 결과는 부분적으로 승리를 거둔 최고 지휘관의 성격과 재능에도 달려 있지만, 대개 승리를 낳게 한 상황과 승리에 의해 생긴 상황에 더 많이 달려 있다. 최고 지휘관에게 대담성과 모험적인 정신이 없다면 제일 빛나는 승리도 큰 성과를 내지 못할 것이다. 그리고 여러 가지 상황이 그 대담성과 모험적인 정신을 크게 방해하면 그것은 훨씬 빨리 소모될 것이다. 프리드리히 대왕이 다운의 입장에 있었다면 콜린의 승리를 이용하는 방식이 얼마나 크게 달라졌을 것인가![2] 프랑스가 프로이센의 입장에 있었다면 로이텐의 전투에서 얼마나 다른 결과를 냈을 것인가![3]

대규모의 승리에서 대규모의 성과를 기대하게 되는데, 그 조건이 어떤 것인지는 그 조건과 관련되는 문제를 다룰 때 살펴볼 것이다. 그러면 언뜻 볼 때 승리의 규모와 승리의 성과 사이에 있을 수 있는 불균형도 (사람들은 이 불균형을 흔히 승리자의 에네르기가 부족한 탓이라고 말하는데) 설명할 수 있을 것이다. 주력 전투 자체를 다루고 있는 여기에서는 다음과 같은 것을 말하는 것으로 그친다. 즉 앞에서 말한 승리의 효과는 결코 없지 않다는 것, 또한 승리의 강도가 높을수록, 전투가 주력 전투가 될수록, 이 전투에 모든 전투력이 집결할수록, 이 전투력에 모든 군사력이 포함될수록, 이 군사력에 나라 전체가 포함될수록, 승리의 효과는 그만큼 높아진다는 것이다.

그런데 이론이 승리의 이 효과를 완전히 필연적인 것이라고 받아들여도 되는 것일까? 오히려 그 효과에 반대되는 수단을 찾아내고, 그래서 승리의 효과를 없애려고 노력해야 하지 않을까? 이 질문에는 당연히 그렇다고 대답해야 하는 것처럼 보인다. 하지만 대부분의 이론이 빠져드는 이런 잘못된 길 때문에 소모적인 찬반 논쟁이 생겨나는데, 우리는 그런 잘못된 길에 빠져들

---

2. 다운은 콜린 전투(1757년 6월 18일)에서 프리드리히 대왕을 무찔렀다.
3. 로이텐 전투(1757년 12월 5일)에서 프리드리히 대왕은 오스트리아 군대를 무찔렀다.

지 않도록 조심해야 한다.

확실히 승리의 효과는 매우 필연적으로 나타난다. 그것이 문제의 본질에 토대를 두고 있기 때문이다. 그래서 그 효과에 반대되는 수단을 찾는다고 해도 승리의 효과는 존재한다. 이는 포탄을 동쪽에서 서쪽으로 발사하면, 그 방향과 반대되는 지구의 자전 방향 때문에 포탄의 일반적인 속도가 어느 정도 줄어든다고 해도 포탄이 계속 그 방향으로 날아가는 것과 같다.

모든 전쟁은 인간이 약하다는 것을 전제로 하고 있고 그것을 공격하는 것을 목표로 하고 있다.

그래서 우리는 아래에서 다른 기회에 주력 전투에서 패배한 후에 무엇을 해야 하는지 생각할 것이다. 극히 절망적인 상황에서도 아직 남아 있을지 모르는 수단을 고려할 것이다. 이런 상황에서도 아직 모든 것을 극복할 수 있다고 믿을 것이다. 하지만 이 말이 앞에서 말한 패배의 효과를 점차로 영으로 만든다는 것을 뜻하지는 않는다. 상황을 극복하는데 쓰는 힘과 수단은 적극적인 목적을 이루는데 쓸 수 있었기 때문이다. 그리고 이것은 물리적인 힘은 물론 정신적인 힘에도 해당하는 말이다.

또 다른 문제는 주력 전투에서 패배하지 않았으면 전혀 생겨나지 않았을 힘을 주력 전투의 패배에 의해 일깨우는 것은 아닌지 하는 것이다. 물론 그런 일은 생각할 수 있고 여러 나라 인민에게서 실제로 일어나기도 한다. 하지만 패배한 다음에 더 강력한 반작용을 끌어내는 것은 더 이상 전쟁술의 영역이 아니다. 전쟁술은 그런 반작용이 이미 전제되어 있는 경우만 고려할 수 있다.

승리의 결과가 패배자에게 힘의 반작용을 일으켜서 승리자가 더 불리해질 수 있다는 것은 극히 드문 예외에 속한다. 그런 경우가 있다면 하나의 동일한 승리가 패배한 인민이나 나라의 성격에 따라 여러 가지로 다른 결과를 낼 수 있다는 것은 그만큼 더 확실해질 것이다.

제11장

계속

1 전투를 쓰는 것

전쟁을 수행하는 것이 하나하나의 경우에 어떤 모습을 띠고 있든지, 그리고 전쟁 수행의 결과에서 무엇을 필연적인 것이라고 인정해야 하든지, 전쟁의 개념만 생각하고 있으면 확신을 갖고 다음과 같이 말할 수 있다.

1. 적의 전투력을 파괴하는 것은 전쟁에서 제일 중요한 원리이고, 이는 적극적으로 행동하는 쪽에게 목표에 이르게 하는 제일 중요한 길이다.

2. 전투력의 이런 파괴는 주로 전투에서만 일어난다.

3. 대규모의 일반적인 전투만 큰 성과를 낸다.

4. 전투의 성과는 많은 전투가 하나의 대규모 전투로 합칠 때 제일 높아진다.

5. 최고 지휘관은 하나의 주력 전투에서만 활동을 직접 지휘한다. 하지만 그 활동을 부하들에게 나누어서 맡기는 것도 당연하다.

이런 사실에서 상호 보완적인 두 가지 법칙이 나온다. 즉 적의 전투력의 파괴는 주로 대규모의 전투와 그 전투의 결과로 일어날 수 있다는 것, 대규모 전투의 중요한 목적은 적의 전투력의 파괴이어야 한다는 것이다.

물론 파괴의 원리는 많든 적든 다른 수단으로도 일어난다. 그리고 상황이 유리해서 소규모의 전투에서도 엄청나게 많은 적의 전투력을 파괴할 수 있는 경우도 있다. (막센의 전투.[1]) 다른 측면에서 보면 주력 전투에서 어느 초병 진지를 얻거나 지키는 것이 때로 매우 중요한 목적으로서 나타날 수도 있다. 하지만 일반적으로 주력 전투는 적의 전투력을 파괴하려고 할 때만 수행하고, 적의 전투력의 파괴는 주력 전투를 통해서만 달성된다는 것은 매우 분명한 진실이다.

그래서 주력 전투는 집중적인 전쟁이고 모든 전쟁이나 원정의 중심이라고 보아야 한다. 햇빛이 오목 거울의 초점에 모일 때 햇빛의 완전한 모습을 띠고 제일 높은 열을 내는 것처럼, 전쟁의 힘과 상황도 주력 전투에 모일 때 제일 높은 집중 효과를 낸다.

전투력을 하나의 대규모 전체로 모으는 것은 거의 모든 전쟁에서 일어나는 일인데, 이는 이미 그 전체로 주력 전투를 하려는 의도를 나타낸다. 이때 공격자는 자발적으로, 방어자는 공격자의 공격을 받아서 주력 전투를 하려고 한다. 그런데 이 주력 전투가 일어나지 않는 경우도 있다. 이것은 원래의 적대적인 동기를 완화하고 저지하는 다른 동기가 달라붙고, 이것이 군대의 움직임을 약하게 하거나 변형하거나 완전히 방해하기 때문이다. 하지만 양쪽이 행동을 하지 않는 상태에서도 (이런 상태는 이전의 많은 전쟁의 기조를 이루었는데) 주력 전투는 언제든지 일어날 수 있고, 이 생각은 양쪽에게 늘 행동의 방향을 결정하고 나아갈 길을 구성하는 원거리 초점이 된다. 전쟁이 전쟁답게 될수록, 전쟁이 적대감과 증오를 해결할수록, 전쟁에서 상대를 압도할수록, 모든 활동은 그만큼 피비린내 나는 전투로 집중되고, 주력 전투도 그만큼 격렬한 모습으로 나타난다.

크고 적극적인 목적, 그래서 적의 이해 관계에 깊이 개입하는 목적이 목표가 될 때는 언제나 주력 전투가 제일 자연스러운 수단으로서 드러난다. 그

---

1. 프로이센의 장군 핑크는 1759년 11월 20일에 13,500명의 병사를 이끌고 막센에서 오스트리아 군대와 전투를 벌였지만 포위되어 이튿날 항복했다.

래서 그것은 최선의 수단이기도 한데, 이 점에 대해서는 나중에 좀 더 자세히 살펴볼 것이다. 대규모의 결전에 대한 두려움 때문에 그것을 피한다면 대개 그에 대한 벌을 받게 된다.

적극적인 목적은 공격자에게 속하는 것이고, 그래서 주력 전투도 주로 공격자의 수단이다. 여기에서 공격과 방어의 개념을 자세히 규정할 수는 없지만, 방어자에게도 대부분의 경우에 그 수단만 효과적인 수단이라는 것은 말해야 한다. 방어자도 조만간 그 수단으로 자신의 상황의 요구에 따르고 문제를 해결한다.

주력 전투는 피를 제일 많이 흘리는 해결 방식이다. 물론 주력 전투는 단지 상대를 죽이는 것만이 아니고, 주력 전투의 효과도 적의 병사들을 죽이는 것보다 적의 용기를 죽이는데 있다. 이것은 다음 장에서 자세히 살펴볼 것이다. 하지만 피는 늘 주력 전투의 대가이고, 살육(Hinschlachten)은 주력 전투(Hauptschlacht)의 이름에 나타나는 것처럼 주력 전투의 특징이다.[2] 그래서 최고 지휘관도 인간으로서 주력 전투를 두렵게 생각한다.

하지만 인간의 마음을 이보다 더 두렵게 만드는 것은 단 한 번의 공격으로 승패를 결정할 수 있다는 생각이다. 이때는 모든 행동이 시간과 공간의 한 점으로 모여들고, 이 순간에는 우리의 마음속에서 막연한 느낌이 일어난다. 즉 아군의 병력이 이 좁은 공간에서 전개될 수 없고 활동할 수 없을 것 같은 느낌, 시간이 우리에게 전혀 빚을 지고 있는 것도 아닌데 시간만 지나면 크게 승리할 것 같은 느낌이 일어난다. 이는 단순한 착각이지만, 이런 착각도 중요하지 않은 것은 아니다. 인간의 이런 약점은 다른 모든 대규모의 결전을 치를 때 인간의 마음을 사로잡고, 엄청난 무게를 갖는 물체를 지붕 꼭대기에 올려

---

2. 전투는 Schlacht(슐라흐트), 주력 전투는 Hauptschlacht(Haupt-schlacht, 하우프트-슐라흐트)이다. Hinschlachten(Hin-schlachten, 힌-슐라흐텐, 도살, 살육하다)은 schlachten이란 동사에 hin이란 접두사가 붙은 말인데, 이전에 Schlacht와 같은 뜻이었다. 하우프트-슐라흐트(주력 전투)로 힌-슐라흐텐(살육)을 표현하는 운율 방식은 독어에 고유한 것이고 번역으로는 그 느낌을 살릴 수 없다.

놓아야 하는 최고 지휘관의 마음을 더 세게 사로잡을 수 있다.

그래서 정부와 최고 지휘관은 모든 시대에 늘 결정적인 전투의 주변에 있는 길을 찾았고, 그래서 결정적인 전투 없이 목표를 이루려고 하든지 또는 목표를 슬쩍 단념하려고 했다. 그렇게 되자 역사가와 이론가들은 원정과 전쟁에 있는 그 어느 다른 길에서 결정적인 전투의 대체물뿐만 아니라 그보다 높은 기술을 찾으려고 애쓰게 되었다. 이런 식으로 오늘날에는 전쟁 경제의 입장에서 주력 전투를 오류 때문에 생긴 필요악처럼 보거나, 신중한 정규 전쟁에서는 결코 수행되지 말아야 하는 병적인 현상처럼 보게 되었다. 피를 흘리지 않고 전쟁을 수행하는 것을 이해하는 최고 지휘관만이 월계관을 쓸 자격이 있다는 것이다. 전쟁의 이론은 진정한 브라만의[3] 임무이어야 하고 바로 이런 것을 가르치도록 정해져 있어야 한다는 것이다.

오늘날의 역사는 이런 망상을 무너뜨렸다. 하지만 이 망상이 앞으로 여기저기에 다시 나타나지 않을 것이고, 전쟁 지도자들을 인간의 약점에 호소하게 하는 그런 잘못된 생각으로 이끌지 않을 것이라고 아무도 장담할 수 없다. 아마 시간이 조금 더 지나면 보나파르트의 원정과 전투를 거칠고 어리석은 행동이라고 생각하고, 오래되고 닳은 장식용 대검의 모습을 한 번 더 만족스럽고 자신 있게 바라볼지 모른다. 이론이 그와 같은 것을 경고할 수 있다면, 이론은 그 경고에 귀를 기울이는 이들에게 매우 중요한 일을 한 것이다. 친애하는 우리 조국에서 이 문제에 대해 중요한 의견을 내도록 임명된 사람들에게 우리가 손을 내밀 수 있다면 얼마나 좋을 것인가. 그러면 그 의견은 그들의 안내자로서 그들에게 도움이 되고 그들에게 그 문제를 성실하게 검토할 것을 요구하게 된다.

대규모 승패의 결정이 대규모의 전투에서만 있을 수 있다는 것은 전쟁의 개념뿐만 아니라 경험을 통해서도 알 수 있다. 오래전부터 대규모의 승리만이 대규모의 성과를 냈다. 공격자에게는 무조건 그러했고, 방어자에게도 어

---

3. 브라만(Brahmin, Brahman)은 인도의 카스트 제도에서 제일 높은 지위인 승려 계급.

느 정도 그러했다. 보나파르트가 피를 흘리는 것을 두려워했다면 그도 울름 전투에서[4] 이룬 매우 독특한 방식의 승리를 경험하지 못했을 것이다. 하지만 울름 전투의 승리는 보나파르트가 이전의 원정에서 거둔 승리를 또 수확한 것에 지나지 않는다고 보아야 한다. 대담하고 과감하고 완강한 최고 지휘관만이 자기의 행동을 결정적인 전투의 큰 모험으로 완성하려고 하는 것은 아니다. 승리한 최고 지휘관은 전부 그러하다. 우리는 그런 최고 지휘관을 통해 이런 포괄적인 문제에 대한 대답을 대신할 수 있을 것이다.

피를 흘리지 않고 승리한 최고 지휘관이 있다는 말은 듣지 못했다. 물론 피비린내 나는 전투는 무서운 광경이다. 하지만 이는 다만 전쟁의 적나라한 모습을 더 정확히 인식하게 하는 이유가 되어야 하는 것이지, 자기가 갖고 있는 칼을 인도주의적인 입장 때문에 점점 더 무디게 만드는 이유가 되어서는 안 된다. 그렇지 않으면 상대가 그 사이에 날카로운 칼을 들고 다시 나타나서 우리의 팔을 베어 버린다.

우리는 하나의 대규모 전투를 주력 결전이라고 간주하지만 그것이 전쟁이나 원정에 필요한 유일한 결전이라고 생각하지는 않는다. 다만 최근에는 하나의 대규모 전투가 어느 원정 전체의 승패를 결정하는 경우가 자주 있었다. 하지만 하나의 대규모 전투가 어느 전쟁 전체의 승패를 결정하는 경우는 극히 드문 예외에 속한다.

대규모의 전투로 얻는 승패의 결정은 당연히 그 전투 자체에 달려 있다. 즉 그 전투에 집결한 많은 전투력과 성과의 정도뿐만 아니라 양쪽의 군사력과 이 군사력이 속해 있는 여러 나라의 다른 많은 상황에 달려 있다. 하지만 현재 갖고 있는 전투력의 대부분을 대규모의 결투에 보내면서 주력 결전도 시작된다. 물론 이 주력 결전의 규모는 많은 점에서 미리 내다볼 수 있지만 모든 점에서 내다볼 수 있는 것은 아니다. 또한 주력 결전은 유일한 결전이 아니

---

4. 울름(Ulm), 뷔르템베르크의 도시이자 요새. 뮌헨에서 거의 서쪽으로 (약간 북서쪽으로) 약 130킬로미터 되는 곳에 있다. 나폴레옹의 프랑스 군대는 울름 전투(1805년 10월 17일)에서 오스트리아 군대를 크게 무찌르고 24,000명의 포로를 잡았다.

라고 해도 첫 번째 결전이고, 그러한 것으로서 다음의 결전에도 영향을 미친다. 그래서 처음에 계획한 주력 전투는 (전투의 상황에 따라서는 대체로, 어느 정도에서는 늘) 전체 전쟁의 첫 번째 중심이라고 보아야 한다. 최고 지휘관이 본래의 전쟁 정신과 투쟁 정신을 많이 갖고 전쟁터에 나갈수록, 적을 쓰러뜨려야 하고 쓰러뜨릴 것이라는 감정과 생각, 즉 그런 의식을 많이 갖고 전쟁터에 나갈수록, 그는 그만큼 첫 번째 전투의 저울에 모든 것을 올려놓을 것이고, 이 전투에서 모든 것을 얻으려고 기대하고 노력할 것이다. 보나파르트는 확실히 첫 번째 전투에서 적을 쓰러뜨린다는 생각을 갖지 않고 전쟁터에 나간 적이 거의 한 번도 없다. 프리드리히 대왕의 경우에는 보나파르트의 경우보다 전투의 규모도 작고 위기도 제한적이었지만, 대왕도 소규모의 군대를 이끌고 러시아 군대나[5] 신성 로마 제국[6] 군대에 대항하며 배후에서 공간을 마련하려고 할 때는 보나파르트와 똑같이 생각했다.

주력 전투의 승패의 결정은 이미 말한 것처럼 부분적으로 주력 전투 자체에 달려 있다. 즉 주력 전투를 수행하는 전투력의 규모와 성과의 크기에 달려 있다.

최고 지휘관이 전투력의 규모를 늘리면 분명히 주력 전투의 중요성도 높일 수 있다는 것은 자명하다. 그래서 여기에서는 다음의 두 가지만 말하도록 한다. 첫째, 주력 전투의 규모에 따라 주력 전투를 통해 승패를 결정하게 되는 경우도 그만큼 많아진다. 둘째, 이 때문에 자신감에 넘쳐서 대규모의 결전

---

5. 러시아는 1761년 5월에 프로이센과 동맹을 맺을 때까지 7년 전쟁(1756~1763년)에서 오스트리아의 편에 있었다.

6. 신성 로마 제국은 962년 독일의 오토 1세가 로마 교황으로부터 대관을 받은 때부터 1806년 프란츠 2세가 나폴레옹에게 패배하여 제위에서 물러날 때까지 존재했던 독일 제국의 정식 명칭. 기독교 성향이 강한 유럽 국가들의 정치적인 연방이었다. 후기로 접어들면서 '신성 로마 제국'은 권위를 잃었다. 18세기까지 '신성'이라는 수식어를 유지하려고 노력했으나 '로마'는 그다지 중요하지 않았고 '독일 제국'으로 불리는 경우도 많았다. 볼테르의 다음과 같은 말이 신성 로마 제국의 이러한 점을 잘 보여 준다. "신성 로마 제국은 '신성'하지도 않고 '로마'에 있지도 않고 '제국'도 아닌 어떤 것이다."(Ce corps qui s'appelait et qui s'appelle encore le saint empire romain n'était en aucune manière ni saint, ni romain, ni empire.)

을 선호한 최고 지휘관은 전투력의 대부분을 주력 전투에 쓰면서도 그 때문에 다른 지점을 크게 소홀히 하지 않을 수 있다.

승리의 성과와 관련해서 보면, 또는 좀 더 정확히 말해 승리의 정도와 관련해서 보면, 이는 주로 다음의 네 가지 상황에 달려 있다.

1. 전투를 수행하는 전술적인 형태

2. 지형의 성질

3. 병과의 비율

4. 병력의 비율

우회하지 않고 바로 정면에서 적을 공격하는 전투는 적을 우회하는 전투나 적이 어느 정도 비스듬한 정면에서 수행해야 하는 전투보다 큰 성과를 내는 일이 드물 것이다. 이와 마찬가지로 끊어진 지형이나 산악 지역에서는 공격력이 언제나 약해지기 때문에 성과도 더 적다.

패배자가 승리자와 똑같거나 그보다 많은 기병을 갖고 있다면 추격의 효과는 줄어든다. 이와 함께 승리의 성과도 대부분 사라진다.

마지막으로 그 자체로 이해할 수 있는 일인데, 우세한 힘을 적을 우회하거나 정면을 전환하는데 쓰고 이를 통해 승리를 얻는다면, 이 승리는 승리자의 병력이 패배자의 병력보다 적을 때 더 큰 성과를 낼 것이다. 물론 로이텐 전투는[7] 이 원칙이 현실에서 맞는지 의심을 품게 할 수 있다. 하지만 그래서 평소에 좋아하지 않는 말을 여기에서 한 번 해야 하는데, 그 말은 **예외 없는 규칙은 없다**는 것이다.

이 모든 수단은 최고 지휘관이 전투에 결정적인 성격을 부여하는 수단이 된다. 물론 이와 함께 그는 더 많은 위험에 노출되지만, 그의 모든 행동은 정신 세계의 이와 같은 역학적인 법칙에 따르고 있다.

그래서 전쟁에서 주력 전투의 중요성에 비교할 수 있는 것은 아무것도

---

7. 로이텐 전투(1757년 12월 5일)에서 프리드리히 대왕은 33,000명의 프로이센 군대를 이끌었는데 82,000명의 오스트리아 군대와 전투를 벌여 대승을 거두었다.

없다. 전략에서 최고의 지혜는 주력 전투의 수단을 준비하는 데서, 주력 전투의 장소와 시간은 물론 전투력의 방향을 적절하게 배치하는 데서, 주력 전투의 성과를 이용하는 데서 드러난다.

하지만 이런 문제의 중요성에서 그것이 매우 복잡하고 비밀스러운 성질을 갖는다는 결론은 나오지 않는다. 오히려 여기에서는 이 모든 것이 매우 단순하고 전투를 결합하는 기술도 매우 적다. 하지만 현상에 대한 날카로운 판단력, 에너지, 확고한 일관성, 생기에 넘치는 모험 정신은 많이 요구된다. 이런 것은 영웅적인 특성인데, 이 점에 대해서는 아래에서 자주 다루어야 할 것이다. 그래서 책에서 배우는 것은 여기에서 별로 필요하지 않다. 배울 수 있는 것 중에 많은 것은 글자 이외의 다른 방식으로 최고 지휘관에게 전달되어야 한다.

주력 전투에 대한 자극과 주력 전투를 하려는 자유롭고 확고한 마음은 자기의 힘에 대한 신뢰에서, 그리고 주력 전투의 필요성에 대한 분명한 의식에서 비롯되어야 한다. 다른 말로 하면 타고난 용기에서, 그리고 많은 인생 경험을 통해 예리해진 통찰력에서 비롯되어야 한다.

훌륭한 사례가 제일 좋은 선생이다. 하지만 그 사이에 이론적인 편견의 구름이 놓여 있으면 나쁘다. 햇빛도 구름 속에서는 꺾이고 다른 색을 띠기 때문이다. 오랫동안 독기처럼 만들어지고 퍼지는 그런 편견을 없애는 것이 이론의 절박한 의무이다. 인간의 지성이 잘못 만드는 것은 지성으로만 다시 없앨 수 있기 때문이다.

제12장

승리를 이용하는 전략적인 수단

승리할 수 있도록 전투를 준비하는 것은 매우 어렵고, 그것은 전략의 숨은 공적이다. 하지만 그 때문에 전략이 칭찬받는 일은 거의 없다. 그런데 전투를 치르고 얻은 승리를 잘 이용하면 전략은 빛나고 영광스럽게 보인다.

전투가 어떤 특별한 목적을 가질 수 있는지, 전투가 전쟁의 전체 체계에 어떤 식으로 개입하는지, 승리의 범위는 상황의 본질상 어느 정도까지 미칠 수 있는지, 승리의 정점은 어디에 있는지 등의 모든 것은 나중에 비로소 다룰 수 있다. 하지만 모든 상황을 생각할 때 다음의 두 가지는 진실이다. 즉 추격을 하지 않으면 어떤 승리도 큰 효과를 낼 수 없다는 것, 승리를 얻는 길이 아무리 짧다고 해도 그 길은 늘 몇 번의 추격을 통해 마무리해야 한다는 것이다. 이것을 기회 있을 때마다 다시 말하지 않으려고 승리에 필연적으로 따르는 추격의 일반적인 문제를 잠깐 살펴보도록 한다.

전투에서 심한 타격을 입은 적을 추격하는 것은 적이 전투를 포기하고 그 자리에서 벗어나는 순간부터 시작된다. 그 이전에 양쪽이 일진일퇴하는 모든 움직임은 추격이라고 할 수 없고 전투의 전개 자체에 속한다. 보통 승리는 앞에서 말한 순간에 의심할 여지없이 분명하지만 아직 매우 작고 약하다. 그래서 그 순간의 승리를 승리한 그날의 추격을 통해 완성하지 않으면 그 승리는 앞으로 있을 일련의 사건에 크게 유리한 영향을 미치지 못할 것이다. 앞에서 말한 것처럼 승리를 실현하는 전리품은 대부분 추격할 때 비로소 거두어들이게 된다. 그래서 이 추격에 대해 먼저 말하려고 한다.

보통 양쪽은 육체적인 힘이 매우 약해진 상태에서 전투를 하게 된다. 전투 바로 전에 일어나는 움직임이 대부분 긴급한 상황에서 이루어지기 때문이다. 오랫동안 전투를 하느라고 심한 고통을 겪었기 때문에 병사들의 피로는 극에 달한다. 더욱이 승리자도 패배자에 못지않은 혼란에 빠지고, 승리자의 원래의 대형은 무너진다. 그래서 승리자에게도 대형을 정렬하고 흩어져 있는 병력을 모으고 총알을 다 쓴 병사들에게 새로운 탄약을 지급할 필요가 생긴다. 이 모든 상황이 승리자도 위기의 상태에 빠뜨린다는 것은 이미 말했다. 심한 타격을 입은 적의 부대가 다른 부대에 흡수될 수 있는 하위 부대에 지나지 않거나 그 어떤 다른 강력한 증원 부대를 기다리고 있다면, 승리자도 그 승리를 다시 잃는 분명한 위험에 쉽게 빠질 수 있다. 이것을 생각하면 그런 경우에 승리자의 추격은 곧바로 중지되거나 적어도 강력하게 억제된다. 심한 타격을 입은 적의 중요한 증원 병력을 그다지 두려워하지 않아도 된다고 해도 앞에서 말한 상황에서 승리자는 추격의 속도에서 강력한 저항을 받게 된다. 물론 승리를 빼앗길 두려움은 없지만 전투가 불리하게 전개될 수 있는 여지는 남아 있고, 이것이 그때까지 얻은 유리함을 약하게 할 수 있다. 더욱이 욕구와 약점을 지닌 감각의 동물이 필요로 하는 모든 것은 이제 최고 지휘관의 의지에 달려 있다. 그의 지휘 아래에 있는 몇천 명의 모든 병사들이 휴식을 하고 기운이 회복되기를 바라고 있고, 위험과 노고의 무대에 당분간 막이 내리는 것을 보고 싶어 한다. 예외라고 할 수 있는 매우 적은 수의 병사들만 현재의 순간을 넘어서 보고 느끼고, 이 일부 병사들의 용기만 아직 자유롭게 활동할 수 있다. 그래서 그들은 필요한 일을 끝내고 난 후에도 그 순간에는 승리의 단순한 장식이나 사치스러운 전리품처럼 보이는 성과도 생각한다. 하지만 몇천 명의 모든 목소리는 최고 지휘관의 주변에도 들린다. 감각적인 동물이 관심을 갖고 있는 것이 모든 단계의 지휘 계통을 통해 최고 지휘관의 마음에 이르기까지 확실하게 전달되기 때문이다. 최고 지휘관 자신의 내면적인 활동도 정신적인 긴장과 육체적인 고통으로 어느 정도 약해진다. 대부분 순전히 이런 감각적인 욕구 때문에 추격을 할 수 있는데도 제대로 추격을 하지 못하게 되는 일이 일어난다. 그리고 추격을 하는 것도 단지 최고 지휘관의 명예욕, 에네르기, 강인함 때문이다. 이렇게 보아야만 많은 최고 지휘관이 우세함으로 얻은 승리로 적을 추격할 때 왜 망설이는지 설명할 수 있다. 승리를 하고 난 후의 첫 번째 추격은 일반적으로 그날로, 그리고 필요한 경우에도 그날 밤으로 제한하려고 한다. 이때를 넘으면 부대의 자체적인 휴식의 필요성이 추격을 무조건 중지하라고 명령할 것이기 때문이다.

이 첫 번째 추격에는 여러 가지의 자연스러운 단계가 있다.

첫 번째는 추격이 단지 기병만으로 이루어지는 단계이다. 이 추격에서는 기본적으로 적을 정말로 밀어내는 것보다 적을 놀라게 하고 감시하는 것이 중요하다. 이 경우에는 보통 지형이 조금만 끊어져 있어도 기병의 추격을 막는데 충분하기 때문이다. 기병은 충격을 받고 약해진 군대의 하나하나의 부대를 추격할 수는 있지만, 적의 전체 군대를 추격하는 데는 늘 보조 병과에 지나지 않는다. 후퇴하는 군대가 후퇴를 엄호하려고 새로운 예비 병력을 쓸 수 있고, 그래서 그 근처에 중요하지는 않지만 끊어져 있는 지형이 있는 경우에는 모든 병과를 결합하여 성공적으로 아군의 추격에 저항할 수 있기 때문이다. 다만 말 그대로 도망치기에 바쁘고 뿔뿔이 흩어진 군대는 여기에서 예외이다.

두 번째는 추격이 모든 병과로 이루어진 강력한 전위 부대를 통해 이루어지는 단계이다. 물론 이 부대에도 기병이 대부분을 차지하고 있다. 이 단계의 추격은 적의 후위 부대가 있는 바로 다음의 강력한 진지까지[1] 또는 적의 군대의 바로 다음 진지까지 적을 밀어낸다. 보통 이 두 가지 경우에 적은 진지를 바로 다시 만들 기회를 갖지 못하고, 그래서 추격은 더 멀리 미친다. 하지만 추격은 대부분 한 시간을 넘지 않고 고작해야 두세 시간에 지나지 않는다.

---

1. 이 진지는 주력 군대를 보호하고 적의 전진을 막으려고 후위 부대가 차지하고 있는 진지.

그 시간을 넘는 경우에는 추격을 하는 전위 부대가 아군의 충분한 지원을 받을 수 없다고 생각하기 때문이다.

세 번째의 제일 강력한 단계는 승리한 군대 스스로 힘이 미치는 데까지 전진하는 추격이다. 이 경우에는 추격하는 쪽이 공격을 하거나 우회할 준비만 해도 타격을 입은 쪽은 지형의 유리함 덕분에 갖게 된 대부분의 진지를 버리고 떠나게 된다. 더욱이 적의 후위 부대도 완강하게 저항을 하지 못한다.

이 세 가지 모든 경우에 전체 행동이 끝나기 전에 밤이 되면 추격은 보통 그것으로 끝난다. 그렇지 않은 경우는 매우 드물다. 밤새도록 추격을 계속하는 것은 특별히 강력한 단계의 추격이라고 보아야 한다.

야간 전투에서는 모든 것이 많든 적든 우연에 맡겨지고, 하나의 전투가 끝나고 나면 하여튼 질서 있는 연락과 대형이 크게 방해를 받는다. 이것을 생각하면 양쪽 최고 지휘관이 어두운 밤까지 전투를 계속하는 데서 갖게 되는 두려움을 분명하게 이해하게 될 것이다. 패배자가 완전히 해체되거나 승리하는 군대의 무덕이 매우 우세하다는 것이 승리를 보장하지 않는다면, 야간 전투에서는 모든 것이 거의 운명에 맡겨질 것이다. 그 어느 최고 지휘관이라도 그리고 제일 무모한 최고 지휘관이라도 야간 전투를 하는데 관심을 나타낼 수 없다. 그래서 대개 밤이 되면 추격은 끝난다. 밤이 되기 직전에 비로소 전투의 승패가 결정된 경우에도 밤에는 추격을 하지 않는다. 밤이 되면 패배자는 곧바로 휴식을 하고, 병력을 집결하든지 아니면 (밤새 후퇴를 계속하는 경우에는) 멀리까지 후퇴하게 된다. 이때를 지나면 패배자의 상태는 다시 눈에 띄게 좋아진다. 뿔뿔이 흩어지고 뒤죽박죽이 된 것 중에 많은 것이 다시 제자리를 찾고, 탄약이 새로 지급되고, 군대 전체가 새로운 질서를 갖추게 된다. 이제 패배자가 승리자에게 새롭게 저항하는 것은 새로운 전투이고 이전의 전투를 연장하는 것이 아니다. 이것이 패배자에게 무조건 좋은 결과를 허락하는 것은 결코 아니라고 해도 그것은 새로운 전투이고, 승리자가 단지 부서진 파편을 줍기만 하면 되는 것은 아니다.

그래서 승리자가 밤새도록 추격을 계속할 수 있는 경우에는 그것이 모든 병과로 이루어진 강력한 전위 부대만으로 추격을 하는 것이라고 해도 승리의 효과는 이루 말할 수 없이 높아질 것이다. 로이텐 전투와 벨-알리앙스 전투가 이에 대한 예가 된다.

추격의 모든 활동은 기본적으로 전술적인 활동이다. 그런데도 여기에서 이 문제를 다루는 것은 단지 추격을 통해 승리의 효과에 일어나는 차이를 좀 더 분명히 밝히려고 하기 때문이다.

첫 번째의 추격을 적의 다음 주둔지까지 하는 것은 모든 승리자의 권리이고, 승리자의 다음 계획이나 상황과 거의 상관없이 이루어진다. 그런 계획이나 상황이 주력 군대를 통해 얻은 승리의 긍정적인 성과를 크게 줄일 수는 있지만, 그것이 승리를 첫 번째로 이용하는 것을 불가능하게 만들 수는 없다. 그런 경우를 생각할 수 있다고 해도 그런 일이 드물기 때문에 그것이 이론에 두드러진 영향을 미치지는 않을 것이다. 그리고 여기에서 최근의 전쟁이 추격의 추진력에서 완전히 새로운 영역을 열었다고 분명히 말해야 한다. 이전의 전쟁은 최근의 전쟁보다 좁은 토대에 놓여 있었고 좁은 한계에 제한되어 있었는데, 다른 많은 점에서도 그러했지만 특히 추격에서도 쓸데없는 관습적인 제한이 많이 생겨났다. 최고 지휘관에게는 승리의 개념과 명예가 매우 중요했기 때문에 그들은 추격할 때 적의 전투력을 실제로 파괴하는 것을 별로 생각하지 않았다. 적의 전투력을 파괴하는 것은 그들에게 전쟁의 많은 수단 중에 단지 하나의 수단처럼 보였고, 결코 중요한 수단처럼 보이지 않았고, 하물며 유일한 수단처럼 보인 적은 전혀 없었다. 적이 칼을 내리자마자 그들도 칼을 칼집에 집어넣었다. 그들에게 승패가 결정되자마자 전투를 그만두는 것보다 자연스러운 것은 아무것도 없는 것처럼 보였고, 그 이상으로 피를 흘리는 모든 것은 쓸데없는 잔혹함처럼 보였다. 이런 잘못된 철학이 최고 지휘관의 모든 결정에 영향을 미친 것은 아니라고 해도 하나의 관점을 만들어 냈는데, 이 관점에서는 모든 힘을 소모하는 것과 전투를 계속하는 것이 물리적으로 불가능하다는 생각을 쉽게 받아들이고 매우 중요하게 보았다. 물론 승리의 도구를 소중히 여기는 마음은 충분히 수긍할 수 있다. 최고 지휘관이 그 도구 하나만 갖고 있다면, 그리고 자기 군대로 무엇을 하려고 하는 모든 경우에 어쨌든 힘이 충분하지 않게 되는 시점이 (대개 공격을 하려고 전진할 때는 늘 힘이 충분하지 않게 되는 것처럼) 곧 오리라는 것을 예상한다면 그 마음을 충분히 수긍할 수 있다. 하지만 그 계산은 잘못된 것이다. 아군이 추격을 할 때 입을 수 있는 전투력의 새로운 손실은 분명히 적의 손실과 전혀 비교할 수 없을 정도로 적기 때문이다. 그래서 그런 생각은 적의 전투력의 파괴를 중요한 것으로 간주하지 않았을 때만 다시 생겨날 수 있었다. 이전의 전쟁에서는 카알 12세, 말버러, 오이겐, 프리드리히 대왕과 같은 본래의 영웅들만 매우 결정적인 승리를 거두고 나서도 강력한 추격을 계속했고, 다른 최고 지휘관들은 보통 전쟁터를 점령하는 것으로 만족했다. 최근에 전쟁이 일어나는 상황이 대규모가 되고, 전쟁 수행이 이 대규모의 상황에 의해 더 강력한 에네르기를 얻게 되자 그런 관습적인 제한은 무너졌다. 추격은 승리자에게 중요한 일이 되었고, 그래서 전리품의 규모도 많이 늘어났다. 최근의 전투에서 추격을 하지 않는 경우를 본다고 해도 그것은 예외에 속하고 언제나 특별한 상황에서 비롯되는 것이다.

그로스-괴르셴 전투와[2] 바우첸 전투에서는[3] 오직 동맹 군대의 많은 기병이 완전한 패배를 막았다. 그로스베렌 전투와[4] 덴네비츠 전투에서는[5] 스웨덴 황태자의[6] 우유부단함이 프랑스 군대의 완전한 패배를 막았다. 랑 전투에

---

2. 그로스-괴르셴(Groß-Görschen), 당시 작센의 마을. 1815년에 대부분 프로이센에게 넘어갔다. 라이프치히에서 남서쪽으로 약 20킬로미터에 있다. 그로스-괴르셴 전투(1813년 5월 2일). 그로스-괴르셴이 뤼첸(Lützen) 근처에 있기 때문에 그로스-괴르셴 전투는 뤼첸 전투라고도 한다.

3. 그로스-괴르셴 전투와 바우첸 전투(1813년 5월 20~21일)에서 나폴레옹은 프로이센과 러시아의 동맹 군대를 무찔렀다.

4. 그로스베렌(Großbeeren), 베를린에서 남쪽으로 약 20킬로미터에 있는 마을이다. 그로스베렌 전투(1813년 8월 23일).

5. 덴네비츠(Dennewitz), 프로이센의 마르크 브란덴부르크의 마을. 베를린에서 남서쪽으로 약 70킬로미터에 있다. 그로스베렌 전투와 덴네비츠 전투(1813년 9월 6일)에서 프로이센 군대는 프랑스 군대를 무찔렀다.

6. 스웨덴 황태자는 카알 14세(Carl XIV. Johan, 1763~1844)이다. 이름은 베르나도트(Jean

서 프랑스 군대는 늙은 블뤼허의 건강이 나빠졌기 때문에 적의 추격을 면할 수 있었다.7

그런데 보로디노 전투도 여기에 속하는 사례이다. 보로디노 전투에 대해서는 몇 마디 더 하지 않을 수 없다. 한편으로 단지 보나파르트를 비난한다고 해서 그 문제를 해결하는 것이라고 생각하지 않기 때문이다. 다른 한편으로 보로디노 전투와 이와 비슷한 다른 많은 전투가 극히 드문 경우에 (일반적인 상황이 이미 전투가 시작될 때부터 최고 지휘관의 마음을 사로잡는 경우에) 속하는 것처럼 보이기 때문이다. 그런데 특히 프랑스의 저술가들과 보나파르트의 숭배자들이 (보동쿠르,8 샹브레,9 세귀르10) 보나파르트를 격렬하게 비난했다. 보나파르트가 러시아 군대를 전쟁터에서 완전히 몰아내지 않았고, 러시아 군대를 부수는데 그의 모든 힘을 쓰지 않았다는 것이다. 지금 러시아는 단지 보로디노 전투에서만 패배했지만, 만일 그렇게 했다면 러시아 군대는 모든 전투에서 완전하게 패배했으리라는 것이다. 양쪽 군대의 그 당시 상황을 자세히 서술하는 것은 이 책의 범위를 벗어날 것이다. 하지만 다음과 같은 것은 분명하다. 즉 보나파르트가 네만 강을11 건넜을 때는 300,000명의 병력으로 이루어진 군대를 이끌고 있었지만, 나중에 보로디노 전투를 치른 다음에

Baptiste Jules Bernadotte). 프랑스 출생. 나폴레옹을 섬겨 원수가 되었다. 후에 스웨덴의 황태자, 왕이 되어 카알 14세로 불렸다. 황태자는 스웨덴의 이해 관계 때문에 프로이센 편을 들었다. 하지만 나폴레옹과 맺은 관계를 고려하여 그로스베렌 전투에서는 프로이센에게 비협조적인 태도를 고수했고, 덴네비츠 전투에서는 프랑스 군대가 패배했는데도 프랑스 군대를 추격하지 않았다.

7. 랑 전투(1814년 3월 9~10일)에서는 블뤼허가 병상에 있었기 때문에 슐레지엔 군대는 프랑스 군대를 추격할 수 없었다.

8. 보동쿠르(Frédéric François Guillaume de Vaudoncourt, 1772~1845), 프랑스의 장군. 군사 평론가.

9. 샹브레(Ceorges de Chambray, 1783~1848), 프랑스의 장군. 군사 저술가.『나폴레옹의 러시아 원정』이라는 저서가 있는데, 프랑스 측의 공정한 서술로 여겨지고 있다.

10. 세귀르(Philippe-Paul de Ségur, 1780~1873), 프랑스의 장군, 작가, 역사가.

11. 네만 강(Memel, Njemen, Niemen), 러시아 서쪽에 있는 강. 독어로는 메멜 강으로 불린다. 현재 폴란드와 리투아니아를 지나 발트 해로 흐른다. 길이는 약 937킬로미터. 나폴레옹은 1812년 6월 24~25일에 이 강을 건넜고, 보로디노 전투는 9월 7일에 있었다.

는 그중에 120,000명의 병력밖에 남지 않았다는 것이다. 그는 모스크바에 전진할 수 있을 만큼 충분한 병력이 남아 있지 않은 것에 대해 걱정했을 텐데, 모스크바는 모든 것이 걸려 있는 것처럼 보이는 지점이었다. 그는 보로디노 전투에서 승리했기 때문에 수도를 점령하는데 상당히 확신을 갖고 있었다. 러시아 군대가 8일 안에 두 번째 전투를 치를 수 있다는 것은 거의 생각할 수 없는 것처럼 보였기 때문이다. 그는 모스크바에서 평화 조약을 맺기를 기대했다. 물론 러시아 군대가 완전히 파괴되었다면 평화 조약을 맺는 것은 훨씬 확실해졌을 것이다. 하지만 평화 조약을 맺는 첫 번째 조건은 언제나 거기까지 가야 한다는 것, 즉 병력을 이끌고 모스크바까지 가야 한다는 것, 보나파르트가 병력을 이끌고 수도에 나타나고 수도의 점령을 통해 러시아 제국과 러시아 정부에 대해 지배자로서 나타나야 한다는 것이었다. 하지만 결과적으로 보면 보나파르트가 모스크바에 데리고 간 병력은 평화 조약을 맺는데 더 이상 충분하지 않았다. 보나파르트가 러시아 군대를 완전히 부수려다가 자기의 군대도 같은 손실을 입었다면 평화 조약은 더욱 맺을 수 없었을 것이다. 보나파르트도 그것을 충분히 예감하고 있었고, 우리의 눈에 그는 완전히 정당했던 것처럼 보인다. 그렇다고 보로디노 전투를 일반적인 상황 때문에 최고 지휘관이 승리한 후의 첫 번째 추격을 할 수 없었던 경우에 속하는 것으로 볼 수는 없다. 즉 거기에서는 단순한 추격을 할 수 있는 상황이 전혀 아니었다. 승리는 오후 4시에 결정되었지만, 러시아 군대는 아직 대부분의 전쟁터를 차지하고 있었고, 전쟁터에서 물러나려고 하지도 않았고, 보나파르트가 새롭게 공격한다면 더욱 완강하게 저항했을 것이다. 물론 이 저항은 분명히 러시아 군대의 완전한 패배로 끝났을 테지만, 보나파르트의 군대도 많은 피를 흘렸을 것이다. 그래서 보로디노 전투는 바우첸 전투처럼 상대를 완전히 부수지 않은 전투라고 보아야 한다. 바우첸 전투에서는 패배자가 전쟁터에서 먼저 후퇴하는 것을 선택했지만, 보로디노 전투에서는 승리자가 반쪽짜리 승리에 만족한 것이다. 이는 보나파르트에게 승패의 결정이 의심스럽게 보였기 때문이 아니라 그가 완전한 승리를 얻는데 필요한 희생을 치를 만큼 충분한 병력을 갖

고 있지 않았기 때문이다.[12]

우리의 주제로 돌아오면 첫 번째 추격과 관련되는 우리의 고찰에서 다음과 같은 결과가 나온다. 즉 추격을 수행하는 에네르기가 승리의 가치를 결정하는 중요한 요소라는 것, 추격은 승리에 따르는 행동이지만 많은 경우에 승리보다 중요하다는 것, 전략은 추격을 할 때 전술에 가깝게 되고 전술에 의해 전략적인 승리를 완성하는 것이기 때문에 전략적인 행동의 첫 번째 권위는 이 승리의 완성을 요구하는데 있다는 것이다.

이 첫 번째 추격에서도 승리의 효과를 볼 수 없는 경우는 매우 드물다. 추격은 승리에 의해 속도를 내면서 비로소 본래의 길을 달리기 시작한다. 이 길은 앞에서 말한 것처럼 여러 가지 다른 상황에 의해 제약을 받는데, 지금은 아직 그것을 논의할 때가 아니다. 하지만 추격의 일반적인 성격은 여기에서 논의해도 될 것이라고 생각하는데, 그러면 앞으로 그것이 나올 때마다 반복할 필요가 없어질 것이다.

계속되는 추격에서도 다시 세 가지 단계를 구분할 수 있다. 단순한 따라가기, 본래의 밀어내기, 적의 퇴로를 끊으려는 평행 행군이 그것이다.

아군이 적을 단순히 따라가면 적은 아군에게 다시 전투를 할 수 있다고 생각하는 곳까지 계속 후퇴하게 된다. 그래서 적을 따라갈 때는 아군이 얻은 우세함의 효과를 남김없이 쓰는 것으로 충분할 것이다. 더욱이 적을 따라가면 적은 후퇴하면서 함께 갖고 갈 수 없는 모든 것, 즉 부상병, 환자, 낙오병, 많은 짐, 각종 마차를 아군의 손에 남기게 될 것이다. 하지만 단순히 따라가는 것은 적이 해체되고 있는 상태를 촉진하지는 않는데, 그것은 다음의 두 가지 단계에서 일어난다.

적의 이전의 야영지로 적을 따라가고 적이 늘 포기하려고 하는 지역만큼만 점령하는데 만족하는 대신에 아군이 잘 준비하여 적에게 매번 좀 더 많은

---

12. 러시아와 프랑스 양쪽은 보로디노 전투에서 큰 손실을 입었다. 역사가의 진술에 따르면 러시아 군대는 52,000명(상비군의 50퍼센트)을 잃었고, 나폴레옹은 28,000명을 잃었다.

것을 요구한다면, 그래서 적의 후위 부대가 병력을 배치하려고 할 때마다 그들을 매번 적절하게 준비된 아군의 전위 부대로[13] 공격한다면, 적의 후퇴는 빨라질 것이고 적의 해체도 촉진될 것이다. 특히 적이 해체되는 것은 적의 후퇴가 끊임없는 도주의 성격을 띠기 때문에 초래된다. 병사들에게는 힘든 행군을 마치고 휴식에 몸을 맡기려고 하는 순간에 또다시 적의 대포 소리를 듣게 되는 것보다 불길한 인상을 주는 것도 없다. 이런 인상이 매일매일 한참 동안 반복되면 병사들은 정신적인 공황 상태에 빠질 수 있다. 그렇게 되면 적의 법칙에 복종해야 한다는 것과 어떠한 저항도 할 수 없다는 것을 끊임없이 인정하게 되고, 이런 생각은 군대의 정신적인 힘을 크게 약하게 만들 수밖에 없다. 이런 밀어내기의 효과는 밀어내기로 적에게 야간 행군을 강요할 때 제일 높아진다. 패배자가 군대 자체를 생각해서든 후위 부대를 생각해서든 야영지를 골랐는데, 승리자가 이 패배자를 해가 질 때 그 야영지에서 다시 몰아내면, 패배자는 이제 정식으로 야간 행군을 하게 되든지 아니면 적어도 밤에 진지를 바꾸고 계속 배후로 이동하게 될 것인데, 이것은 대략 같은 말이다. 하지만 승리자는 편안한 밤을 지낼 수 있다.

행군의 대열을 배열하고 행군의 배치를 선택하는 것은 적을 밀어내는 경우에도 여러 가지 다른 것, 특히 식량 조달, 지형이 얼마나 끊어져 있는지 하는 것, 도시의 크기 등에 달려 있다. 그래서 추격하는 자가 후퇴하는 자에게 어떻게 자기의 법칙에 따라 밤마다 행군하도록 강요할 수 있는지, 그 반면에 추격하는 자는 어떻게 밤에 휴식을 하는지 하는 것을 기하학적인 논의를 통해 보여 주는 것은 우스운 현학이 될 것이다. 하지만 그럼에도 추격의 행군을 준비하는 것이 기하학적인 경향을 띨 수 있고, 그러면 추격의 효과가 매우 높아진다는 것은 진실이고 또 응용할 수 있다. 추격을 수행할 때 그것을 거의 고려하지 않는 것은 그런 방식이 추격을 하는 군대에게도 주둔하고 일과를

---

13. 이 전위 부대는 그때그때의 목적과 상황에 따라 병력의 수를 조정하고 여러 병과를 적절하게 혼합하여 편성한다.

수행하는 정규적인 행동보다 어렵기 때문이다. 아침 일찍 출발해서 낮에 야영지에 도착하고 오후에 필요한 것을 조달해서 밤에 휴식을 하는 것은 아군의 이동을 정확히 적의 이동에 따라 준비하고 늘 마지막 순간에 아군의 이동을 결정하고 때로 아침에 출발했다가 때로 저녁에 출발하고 늘 몇 시간씩 적에게 노출되고 적과 포격을 주고받고 작은 전투를 치르고 우회를 하려고 병력을 배치하는 것보다, 한마디로 이 같은 행동에 요구되는 모든 전술적인 조치를 내리는 것보다 훨씬 편한 방법이다. 이 모든 것은 당연히 추격하는 군대에게도 큰 부담이 된다. 그렇지 않아도 부담이 많은 전쟁에서는 사람들이 당장 필요하지 않은 것으로 보이는 부담으로부터 늘 벗어나려고 하는 경향이 있다. 이 생각은 진실이고, 군대 전체는 물론 보통의 경우에는 강력한 전위 부대에게도 해당될 수 있을 것이다. 바로 이런 이유 때문에 두 번째 단계의 추격, 즉 패배자를 끊임없이 밀어내는 것은 상당히 드물게 일어난다. 보나파르트조차 1812년의 러시아 원정에서 매우 분명하게 보이는 이유 때문에 추격을 별로 하지 않았는데, 그 이유는 이 원정의 어려움과 고통이 원정의 목표에 이르기도 전에 그의 군대를 완전히 파괴할 수도 있다는 두려움 때문이었다. 이와 반대로 프랑스 군대는 다른 원정에서는 두 번째 단계의 추격에서도 그들의 에네르기를 통해 두각을 나타냈다.

마지막으로 제일 효과적인 세 번째의 추격 단계는 적의 후퇴의 다음 목표 지점으로 향하는 평행 행군이다.

심한 타격을 입은 모든 군대는 자연스럽게 배후에 하나의 지점을 정하게 된다. 그 지점이 가까이 있든 멀리 있든 상관없고, 우선 그곳에 도착하는 것이 매우 중요하다. 그런데 도로가 좁아서 그 이상의 후퇴가 위태롭게 될 수 있다. 또는 추격하는 자보다 먼저 그 지점에 도착하는 것이 그 지점 자체를 생각할 때 중요한 경우도 있는데, 수도나 보급 창고 등의 경우에 그러하다. 또는 마지막으로 후퇴하는 군대가 그 지점에서 새로운 저항 능력을 얻을 수 있는데, 요새 진지를 얻거나 다른 군대와 합칠 때 그러하다.

그런데 승리자가 옆에 있는 도로를 통해 그 지점으로 행군의 방향을 잡으면, 패배자의 후퇴는 분명히 파멸적인 방식으로 빨라지고 급해져서 결국 도망치는 것으로 바뀔 수 있다. 패배자가 이에 맞서는 길은 세 가지뿐이다. 첫 번째는 적에게 직접 반격을 하고 예상치 못한 공격으로 승리의 개연성을 만들어 내는 것인데, 이는 패배자의 일반적인 상황을 고려할 때 실패할 것이다. 이것은 분명히 모험적이고 대담한 최고 지휘관과 우수한 군대가 있다는 것을 전제로 하고, 이 군대는 패배하기는 했지만 전멸한 상태에 있지 않아야 할 것이다. 그래서 패배자가 이 수단을 쓰는 일은 아마 거의 없을 것이다.

두 번째 수단은 더 빨리 후퇴하는 것이다. 하지만 이것은 바로 승리자가 바라는 것이고 그 군대를 엄청난 고통에 빠뜨린다. 이런 상태에서는 낙오병의 무리가 생기고, 각종 대포와 마차가 부서지는 등의 엄청난 손실이 생긴다.

세 번째 수단은 적을 피하는 것이고, 그래서 적이 차단하는 다음 지점을 우회하여 적으로부터 매우 멀리 있으면서 별로 힘들이지 않고 행군하여 손실을 줄이면서 신속하게 후퇴하는 것이다. 하지만 이 마지막 수단은 제일 나쁜 수단이다. 이 수단은 보통 지불 능력이 없는 채무자가 새로 빚을 지는 것으로 간주할 수밖에 없고 그를 더 큰 곤경에 빠뜨리기 때문이다. 확실히 이 수단이 쓸모 있는 경우도 있고, 이 수단밖에 없는 경우도 있고, 이 수단이 성공한 경우도 있을 것이다. 하지만 일반적으로 말하면, 이 수단을 쓰는 것은 목표에 더 확실하게 도달한다는 분명한 확신 때문이라기보다 허용되지 않는 다른 이유가 그 수단을 쓰지 않을 수 없도록 하기 때문이라고 하는 것이 옳다. 그 이유는 적과 맞붙어 접전을 벌여야 한다는 불안이다. 하지만 불안에 빠지는 최고 지휘관에게는 불행이 닥칠 것이다. 군대의 정신력이 아무리 큰 고통을 당했다고 해도, 적과 만날 때마다 이쪽에 불리하다는 근심이 아무리 정당하다고 해도, 불안 때문에 적과 만나는 모든 기회를 피하는 데서 생기는 해악은 더욱 나쁠 것이다. 보나파르트가 1813년에 하나우 전투를[14] 피해 만하임이

---

14. 하나우(Hanau), 마인 강으로 흘러드는 킨치히(Kinzig) 하구에 있는 도시. 그림 형제의 도시. 프랑크푸르트에서 동쪽으로 약 20킬로미터에 있다. 그 당시에 프랑크푸르트 대공국에 속해 있었다. 나폴레옹은 라이프치히 전투에서 패배하고 후퇴하는 도중에 그의 후퇴를 차

나[15] 코블렌츠에서 라인 강을 건너가려고 했다면, 그는 하나우 전투 후에 남은 30,000명에서 40,000명의 병력으로도 라인 강을 건너가지 못했을 것이다. 신중하게 준비하고 수행하는 소규모의 전투에서 패배자는 방어하는 입장이기 때문에 늘 지형의 도움을 받게 되는데, 바로 **이런 전투를 통해 군대의 정신력**을 그때 처음으로 다시 끌어올릴 수 있다.

이런 경우에는 아무리 작은 성과라도 믿을 수 없을 만큼 큰 영향을 미친다. 하지만 그런 전투를 하려면 대부분의 지도자들에게 자제심이 있어야 한다. 적을 피하는 세 번째 수단은 언뜻 보면 매우 쉬운 것 같고, 그래서 대부분 그 수단을 선호한다. 하지만 적을 피하는 것이야말로 대개 승리자의 의도를 제일 많이 돕는 것이고, 그것은 때로 패배자의 완전한 몰락으로 끝나게 된다. 여기에서 문제로 삼고 있는 것은 전체 군대라는 것을 기억해야 한다. 퇴로가 차단되어 우회를 통해 다른 대규모 군대와 다시 합치려고 하는 하나하나의 부대를 말하는 것이 아니다. 이 하나하나의 부대의 상황은 부대마다 다르고, 피하는 것이 성공하는 일도 이상하지 않다. 그런데 목표를 향한 이 경주에는 조건이 하나 있다. 그것은 추격하는 군대의 부대 하나는 추격을 당하는 군대가 후퇴하는 바로 그 길로 따라가는 것이다. 그래서 뒤에 남긴 것을 전부 주워 모으고, 추격을 당하는 군대에게 적이 늘 가까이 있다는 인상을 심어 주는 일을 소홀히 하지 않는 것이다. 블뤼허는 벨-알리앙스에서 파리로 향하는 추격에서 다른 점에서는 모범적인 모습을 보였지만 이 점은 소홀히 했다.

물론 그런 추격은 추격하는 자도 지치게 한다. 그래서 적의 군대가 다른 강력한 주력 군대에 흡수된다면, 훌륭한 최고 지휘관이 그 군대를 지휘한다

단하려고 하는 오스트리아와 바이에른의 군대를 하나우 전투(1813년 10월 30~31일)에서 무찔렀다. 하나우 전투에서 나폴레옹은 10,000의 병력을 잃었다. 그 후 나폴레옹은 프랑크푸르트를 향해 후퇴를 계속했다.

15. 만하임(Mannheim), 라인 강 상류에 있는 도시. 그 당시에 바덴 대공국에 속해 있었다. 만하임에서 남동쪽으로 약 20킬로미터에 하이델베르크가 있다. 만하임과 코블렌츠는 모두 라인 강에 있는 도시이다. 대충 말하면 하나우에서 북서쪽으로 120킬로미터에 코블렌츠가 있고, 남서쪽으로 90킬로미터에 만하임이 있다.

면, 추격자가 그 군대를 파괴하는데 많은 준비를 하지 않았다면, 그런 추격은 권할 만한 것이 못 된다. 하지만 그 수단이 허락되는 곳에서는 그것이 거대한 기계처럼 활동하기도 한다. 심한 타격을 입은 군대는 부상병과 낙오자 때문에 엄청난 손실을 입고, 패배했다는 생각이 끊임없이 밀려들기 때문에 정신력은 크게 약해지고 낮아지고, 결국 제대로 된 저항은 거의 생각할 수 없게 된다. 매일 몇천 명의 포로가 추격자의 손에 들어가는데 칼 한 번 쓰지 못한다. 이렇게 완전한 승리가 찾아오는 때가 되면 승리자는 주저하지 말고 병력을 나누어야 한다. 그래서 자기 군대로 이룰 수 있는 모든 것을 승리의 소용돌이 안으로 끌어들이고 여기저기 흩어져 있는 적의 무리를 차단하고 무방비의 상태에 있는 요새를 점령하고 대도시를 점령해야 한다. 승리자는 새로운 상황이 나타날 때까지 모든 것을 마음대로 할 수 있고, 모든 것을 마음대로 할수록 새로운 상황이 나타나는 때도 그만큼 늦어진다.

보나파르트의 전쟁에서는 대규모의 중요한 승리와 훌륭한 추격이 빛나는 성과를 낸 사례가 없지 않다. 예나, 레겐스부르크,[16] 라이프치히, 벨-알리앙스의 전투만 생각해도 충분할 것이다.

---

16. 레겐스부르크(Regensburg), 현재 바이에른 주 동쪽에 있는 도시이다. 도나우 강변에 있다. 뮌헨에서 북동쪽으로 약 110킬로미터에 있다. 오스트리아와 프랑스가 번갈아 점령하고 지배하다가 바이에른 왕국에 속하게 되었다. 나폴레옹은 오스트리아 군대의 후위를 레겐스부르크 방면으로 추격하여 전투(1809년 4월 19~23일)를 벌였고 마침내 레겐스부르크를 점령했다.

제13장

전투에서 패배한 후의 후퇴

전투에서 패배하면 군대의 힘이 꺾인다. 정신적인 힘이 물리적인 힘보다 많이 꺾인다. 새로운 유리한 상황이 생기지 않는 한, 두 번째 전투는 그 군대를 완전한 패배에 빠뜨릴 것이고 아마 파멸에 빠뜨릴 것이다. 이것이 군사상의 원리이다. 문제의 본질상 후퇴는 힘의 균형이 회복되는 지점까지 계속된다. 회복은 증원 병력 때문인 경우도 있고, 중요한 요새의 보호 때문인 경우도 있고, 지형이 심하게 끊어져 있기 때문인 경우도 있고, 승리자의 힘이 분산되어 있기 때문인 경우도 있다. 손실의 정도와 패배의 규모에 따라 균형을 회복하는 시점은 빨라질 수도 있고 늦어질 수도 있지만, 그 시점에는 적의 성격이 더 중요하다. 첫 번째 전투 후에 상황이 전혀 달라지지 않았는데도 심한 타격을 입은 군대가 멀리 가지 않아 전투 대형을 다시 갖춘 사례가 얼마나 많은가! 그 이유는 승리자가 정신적으로 약하기 때문이든지, 아니면 전투에서 얻은 우세함이 충분하지 않아서 후퇴하는 자에게 강력한 충격을 주지 못하기 때문이다.

추격하는 자의 이런 약점이나 잘못을 이용하려면, 상황의 힘이 요구하는 것보다 한 치도 더 뒤로 물러나지 않으려면, 특히 정신적인 힘의 상황을 되도록 유리하게 유지하고 있으려면, 추격하는 자에게 끊임없이 저항하면서 천천히 후퇴하는 것과 추격하는 자가 자기의 유리함을 지나치게 많이 이용하려고 할 때마다 대담하고 용감하게 대항하는 것이 절대로 필요하다. 위대한 최고 지휘관과 전쟁으로 단련된 군대의 후퇴는 언제나 상처 입은 사자가 물러나는 것과 같다. 그리고 이것은 의심할 여지없이 최선의 이론이기도 하다.

위험한 상황에서 벗어나려고 하는 순간에 쓸데없는 형식을 쓰는 것을 보게 된다. 그 형식은 시간의 쓸데없는 낭비를 일으키고 그 때문에 위험에 빠지는 것이다. 그런 경우에는 모든 것이 위험에서 재빨리 빠져나오는데 달려 있다. 경험이 많은 지도자는 이 원칙을 매우 중요하게 생각한다. 물론 이런 경우를 전투에서 패배한 후의 일반적인 후퇴와 혼동해서는 안 된다. 일반적인 후퇴에서 몇 번 재빨리 행군하여 추격하는 자보다 먼저 안전한 지점에 더 쉽게 도달할 수 있다고 생각하는 사람은 큰 잘못을 저지르는 것이다. 이때 첫 번째 이동은 되도록 소규모이어야 한다는 것과 추격하는 자의 법칙에 따른 강요된 후퇴가 되어서는 안 된다는 것이 일반적인 원칙이다. 이 원칙은 아군을 추격하는 적과 피를 흘리며 전투를 치르지 않으면 지킬 수 없지만, 이 원칙은 그런 희생을 치를 만한 가치가 있다. 이 원칙을 지키지 않으면 후퇴가 너무 빨라져서 곧바로 혼란에 빠지게 될 것이다. 그러면 단순한 낙오자 때문에 생기는 병력의 손실이 추격하는 적과 벌이는 후위 부대의 전투 때문에 생기는 병력의 손실보다 많을 것이다. 그렇게 되면 마지막으로 남은 용기마저 꺾이고 만다.

최고의 부대로 이루어져 있고 제일 용감한 장군이 부대를 지휘하는 것, 제일 중요한 순간에는 군대 전체의 지원을 받는 강력한 후위 부대를 갖고 있는 것, 지형을 신중하게 이용하는 것, 적의 전위 부대의 대담성과 지형의 조건이 매복할 기회를 줄 때마다 강력한 매복을 펼치는 것, 요컨대 소규모의 정규적인 전투를 치르는데 필요한 모든 준비와 계획은 앞에서 말한 원칙을 따르는데 필요한 수단이다.

후퇴의 어려움은 전투가 얼마나 유리한 상황에서 벌어지느냐에 따라, 그리고 얼마나 오래 계속되느냐에 따라 당연히 더 클 수도 있고 더 작을 수도 있다. 우세한 적에 맞서 최후의 한 사람까지 저항할 때 질서를 유지하면서 후퇴한다는 것이 얼마나 어려운 것인지는 예나 전투와 벨-알리앙스 전투가 잘 보여 주고 있다.

후퇴할 때는 때로 군대를 작은 부대로 분할하거나, 심지어 중심에서 바깥으로 분산할 것을 권한다.[1] 단지 편의상 일어나는 분할과 공동 공격을 할 수 있게 하고 그런 의도로 분할하는 경우는 여기에서 고려하지 않는다. 하지만 그 외의 다른 모든 분할은 매우 위험하고 문제의 본질에 어긋나고 중대한 잘못이다. 전투에서 패배한 모든 군대는 약해지고 해체되기 때문에 제일 먼저 필요한 것은 병력을 집결하는 것이고 이 집결에서 질서, 용기, 신뢰를 다시 찾는 것이다. 적이 승리한 다음에 아군을 추격하는 순간에 아군이 병력을 나누어서 양쪽에서 그 적을 위협하려고 하는 생각은 참으로 이상한 생각이다. 적이 소심한 겁쟁이라면 그렇게 해서 적을 위협할 수 있을 것이고, 그런 생각이 타당할 수도 있을 것이다. 하지만 적이 약하다는 것이 확실하지 않다면 그런 생각은 하지 않는 것이 좋다. 전투 후의 전략적인 상황이 좌우에서 분할된 병력으로 후퇴를 보호할 것을 요구한다고 해도 병력은 상황에 따라 꼭 필요한 만큼만 분할해야 한다. 하지만 이런 분할은 언제나 해로움이라고 간주해야 하고, 전투가 끝난 바로 그날에 병력을 분할할 수 있게 되는 일은 드물 것이다.

프리드리히 대왕은 콜린 전투 후에 프라하에[2] 대한 포위를 풀고 세 개의 종대로 후퇴했다. 하지만 이는 대왕이 좋아서 선택한 것이 아니다. 자기의 전투력의 배치와 작센을 보호해야 하는 필요성이 다른 선택을 허락하지 않았기 때문이다. 보나파르트는 브리엔 전투를[3] 치른 다음에 마르몽으로 하여금

---

1. [저자] 로이드와 뷜로. [역자 주: 로이드(Henry Lloyd, 1720~1783), 영국인으로서 러시아에서 장군이 되었다. 정치가이자 군사 평론가. 저서에 『7년 전쟁의 역사』가 있다. 디트리히 뷜로 (Adam Heinrich Dietrich von Bülow, 1757~1807), 프로이센의 장교로 복무하다가 전쟁 이론가로 활동했다. 주요 저서로 『오늘날의 전쟁 체계의 정신』(Geist des neueren Kriegssystems, 1799)이 있다.]
2. 프라하(Prag, Praha, Prague), 1230년에 보헤미아 왕국의 수도. 14세기에 신성 로마 제국의 수도. 현재에는 체코의 수도. 중부 유럽의 정치와 문화의 중심지.

오브 강4 쪽으로 후퇴하게 한 반면에, 자신은 센 강을5 건너 트루아6 쪽으로 방향을 바꾸었다. 그런데 이것이 그에게 나쁜 결과로 나타나지 않은 것은 단지 동맹 군대가 보나파르트를 추격하는 대신에 병력을 똑같이 나누었기 때문이다. 그래서 일부는 (블뤼허) 마른 강 쪽으로 방향을 돌렸고, 다른 병력은 (슈바르첸베르크) 스스로 너무 약하다는 것을 두렵게 생각하여 매우 천천히 전진했기 때문이다.

---

3. 브리엔(Brienne-le-Chateau), 프랑스 북동부의 마을. 파리에서 거의 동쪽으로 (약간 남동쪽으로) 약 180킬로미터 되는 곳에 있다. 브리엔 전투(1814년 1월 29일)에서 나폴레옹은 블뤼허가 이끄는 슐레지엔 군대와 러시아 군대를 무찔렀다.
4. 오브 강(Aube), 프랑스의 랑그르 고원에서 발원하여 북서쪽으로 흐른다. 센 강의 오른편 지류. 길이는 약 248킬로미터.
5. 센 강(Seine), 프랑스 북부 디종 근처에서 발원하여 트루아, 파리, 루앙을 지나 영국 해협으로 흐른다. 길이 777킬로미터. 우리말에서 이전에 '세느 강'으로 표기했다.
6. 트루아(Troyes), 프랑스 북동부의 도시. 센 강변에 있다. 파리에서 남동쪽으로 약 150킬로미터에 있다.

[지도 13] 센 강

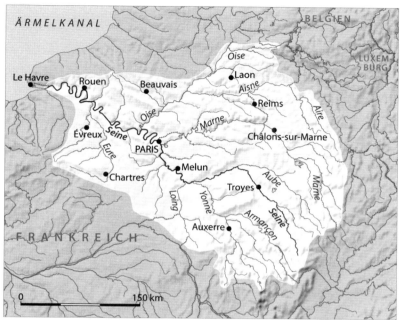

센 강과 그 지류
날짜 2008. 3. 25
출처 작가 직접 그림.
작가 NordNordWest

　센 강은 파리를 지난다. 『전쟁론』에 나오는 지명으로 랑, 랭스, 샬롱, 트루아, 오세르 등이 보인다. 또한 마른 강, 오브 강, 욘 강이 보인다.

제14장

야간 전투

야간 전투는 어떻게 수행되는지, 그리고 야간 전투의 과정에 나타나는 특징은 무엇인지 하는 것은 전술의 대상이다. 여기에서는 야간 전투 전체가 전략상의 독특한 수단으로서 나타나는 경우만 살펴보도록 한다.

기본적으로 모든 야간 공격은 강력한 기습에 지나지 않는다. 언뜻 보면 그런 공격은 매우 특별한 효과를 내는 것처럼 보인다. 대개 방어자는 기습을 당하고 공격자는 무슨 일이 일어나야 하는지 준비를 한다고 생각하기 때문이다. 이 무슨 불공평이란 말인가! 이런 환상은 한편으로 방어자는 완벽한 혼란에 빠져 있는 그림을 그리고, 다른 한편으로 공격자는 그 혼란의 열매를 수확하는 그림만 그린다. 그래서 이런 생각은 야간 기습을 수행한 적도 없고 책임을 맡은 적도 없는 이들에게 자주 나타나는데, 그것은 현실에서 매우 드물게 나타난다.

이와 같은 생각은 모두 다음과 같은 전제 아래에서 생겨난다. 즉 방어자는 어느 조치를 미리 선택하고 발표하여 공격자의 정찰과 수색에서 벗어날 수 없기 때문에 공격자는 방어자의 조치를 알고 있다는 것, 이와 달리 공격자는 공격을 수행하는 순간에 조치를 내리기 때문에 이 조치는 방어자에게 알려지지 않은 상태에 있다는 것이다. 하지만 후자도 반드시 그런 것은 아니고, 전자는 더욱 그렇지 않다. 적을 바로 눈 아래에 볼 수 있을 정도로 적에게 가까이 있는 것이 (오스트리아 군대가 호크키르히 전투에 앞서 프리드리히 대왕에게 가까이 있었던 것처럼)[1] 아니라면 우리가 적의 배치에 대해 알고 있는 것은 늘 매우 불완전할 것이다. 이런 지식은 정찰과 순찰에 그리고 포로와 스파이의 진술에 토대를 두고 있는데, 바로 그 때문에 결코 확실하다고 할 수 없다. 이런 정보는 언제나 다소 오래된 것이고, 적이 그 이후에 배치를 변경했을 수 있기 때문이다. 더욱이 이전의 전술과 야영 방식에서는 적의 배치를 알아내는 것이 지금보다 훨씬 쉬웠다. 많은 천막이 줄지어 있는 모습은 산막 야영이나 심지어 비바크보다[2] 훨씬 쉽게 식별할 수 있다. 정면의 전선에 대해 넓고 질서 있게 펼쳐져 있는 야영도 종대의 형태로 배치된 사단의 야영보다 (이것은 지금 자주 볼 수 있는데) 쉽게 식별할 수 있다. 오늘날에는 하나의 사단이 종대로 야영하고 있는 지역을 직접 눈 아래에 두고 본다고 해도 그 병력의 규모를 제대로 상상할 수 없다.

또한 적의 배치는 우리가 알아야 하는 모든 것이 아니다. 방어자가 전투 과정에서 내리는 조치도 똑같이 중요하고, 그 조치도 단지 총을 쏘는 것에만 있는 것은 아니다. 그런 조치도 최근의 전쟁에서 하는 야간 기습을 이전의 전쟁에서 하는 것보다 어렵게 만든다. 이전의 전쟁에서 하는 야간 기습은 최근의 전쟁에서 하는 것보다 유리했기 때문이다. 오늘날의 전투에서 방어자의 배치는 최종적인 배치라기보다 잠정적인 배치이다. 그래서 오늘날의 전쟁에서 방어자는 공격자에게 예기치 않은 타격으로 전에 할 수 있었던 것보다 많은 기습을 할 수 있게 되었다.

그래서 공격자가 야간 기습을 할 때 방어자에 대해 알고 있는 것이 직접 관찰하지 못한 것을 보충하는데 충분한 경우는 드물다. 또는 전혀 충분하지

---

1. 1758년 10월 14일 새벽 5시에 오스트리아 군대는 짙은 안개를 이용하여 프리드리히 대왕의 군대를 기습했다. 대왕은 이 전투에서 패했고 큰 손실을 입었지만, 대왕의 군대는 질서 있게 후퇴할 수 있었다.
2. 비바크(Biwak, bivouac), 들판에서 천막 없이 하는 야영. 우리말로 비바크를 '비박'으로 (잘못) 표기하는 경우도 있는데, 그래서 '비박'이 非泊이나 備泊으로 잘못 알려져 있는 경우도 있다.

않은 경우도 있다.

심지어 방어자도 자기 쪽에서 보면 하나의 작은 유리함을 갖고 있다. 그 것은 자기가 배치되어 있는 지역을 공격자보다 잘 알고 있다는 것이다. 이는 마치 집주인이 자기 방에 있을 때 어둠 속에서도 낯선 사람보다 방의 배치를 쉽게 분간하는 것과 같다. 방어자는 자기 전투력의 모든 부대를 공격자보다 쉽게 찾을 수 있고, 그 모든 부대에 공격자보다 쉽게 도달할 수 있다.

이로부터 다음과 같은 결론이 나온다. 즉 야간 전투에서는 공격자도 방 어자와 똑같이 좋은 눈을 갖고 있어야 한다는 것, 그래서 특별한 이유가 있 을 때만 야간 공격을 하려고 결정할 수 있다는 것이다.

이 특별한 이유는 대부분 군대의 하위 부대와 관련되어 있고, 군대 전체 와 관련을 갖는 경우는 드물다. 이로부터 야간 기습도 대개 하위 전투에서만 일어나고, 대규모 전투에서 일어나는 경우는 드물다는 결론이 나온다.

적의 군대의 하위 부대를 아군의 크게 우세한 병력으로 포위하여 공격 할 수 있고, 그러면 그 부대를 전부 포로로 잡든지 아니면 그 부대를 불리한 전투에 빠뜨려서 그 부대에게 큰 손실을 입힐 수 있다. 이때 다른 상황이 그 렇게 하는데 유리하다는 전제가 있어야 한다. 하지만 그런 의도는 대규모의 기습을 하지 않고는 결코 성공할 수 없다. 적의 하위 부대도 그렇게 불리한 전투에 빠져들지 않고 그것을 피할 것이기 때문이다. 기습의 높은 성과는 매 우 잘 은폐된 지형과 같은 소수의 경우를 제외하면 밤에만 이룰 수 있다. 그 래서 적의 하위 전투력의 잘못된 배치로부터 그런 유리함을 얻으려면 밤을 이용해야 한다. 전투를 다음 날 아침에 비로소 시작해야 한다고 해도 적어도 그날 밤에는 임시의 배치를 마쳐야 한다. 적의 전초와 다른 소규모 부대에 대 한 모든 소규모의 야간 행동은 그렇게 해서 생겨난다. 그런 행동의 핵심은 언 제나 아군의 우세한 병력과 우회를 통해 예상치 못한 상태에서 적을 불리한 전투에 끌어들이고, 적이 큰 손실을 입지 않고는 그 전투에서 빠져나올 수 없 게 하는데 있다.

공격을 당하는 적의 군대의 규모가 클수록 이 행동은 그만큼 곤란해진다. 대규모의 군대는 그 자체의 수단을 많이 갖고 있고, 도움이 올 때까지 얼마 동안 후퇴하면서 계속 저항할 수 있기 때문이다.

이런 이유 때문에 적의 군대 자체는 보통의 경우에 결코 야간 기습 공격의 대상이 될 수 없다. 적이 외부로부터 도움을 기대할 수 없다고 해도 적의 군대 자체는 그 내부에 여러 방향에서 하는 공격에 맞설 만한 충분한 수단을 갖고 있기 때문이다. 누구나 그런 일상적인 공격의 형태에 처음부터 준비하고 있는 오늘날에는 특히 그러하다. 적이 아군을 여러 방향에서 성공적으로 공격할 수 있는지 없는지 하는 것은 보통 그 공격이 뜻밖에 일어나느냐 그렇지 않으냐 하는 것과는 완전히 다른 조건에 달려 있다. 여기에서는 곧바로 그 조건을 논하지 않고 다음을 말하는 것으로 그치도록 한다. 즉 우회를 하면 큰 승리를 얻을 수 있을 뿐만 아니라 큰 위험에 빠질 수도 있다는 것, 그래서 개별적인 상황을 제외하면 적의 군대의 하위 부대에 쓸 수 있는 매우 우세한 병력만이 큰 성과를 거둘 수 있다는 것이다.

하지만 적의 소규모 군단을 포위하고 우회하는 것은 특히 어두운 밤에 더 잘 된다. 아군이 아무리 우세하다고 해도 그런 공격에 투입하는 것은 대개 아군의 하위 부대에 지나지 않기 때문이고, 큰 모험을 하는 데는 이런 하위 부대가 군대 전체보다 적절하기 때문이다. 더욱이 보통 큰 부대나 군대 전체는 먼저 과감하게 전진한 하위 부대의 버팀목이 되고, 이는 행동의 위험성을 더욱 낮춘다.

야간 행동을 소규모로 제한하는 것은 그것이 모험일 뿐만 아니라 그것을 수행하는 것이 매우 어렵기 때문이기도 하다. 기습이 야간 행동의 본래 의미이기 때문에 살금살금 지나가는 것도 야간 행동을 수행하는 중요한 조건이다. 이것은 큰 부대보다 작은 부대로 하는 것이 쉽고, 종대로 늘어선 군대 전체로 수행하는 것은 거의 불가능하다. 이런 이유 때문에 야간 행동도 대부분 하나하나의 전초에 대해서만 수행하고, 대규모 군대에 대해서는 (호크키르히에서 프리드리히 대왕의 경우처럼) 그 군대가 전초를 충분히 갖고 있지 않은 경우에만 쓸 수 있다. 그런데 군대 자체가 충분한 전초를 갖고 있지 않다는 것은 하위 부대의 경우보다 드물 것이다.

최근에는 전쟁이 매우 빠르고 강력하게 수행되기 때문에 양쪽 군대가 접근한 상태에서 야영을 하고 강력한 전초 체계를 두지 않는 경우도 자주 생긴다. 양쪽의 군대가 늘 승패가 결정되기 직전의 위기 상황에 놓여 있다고 생각하기 때문이다. 이런 때는 양쪽 군대의 전투 준비도 대규모가 된다. 이와 반대로 이전의 전쟁에서는 양쪽 군대가 상대를 억누르는 것 외에 다른 계획을 갖고 있지 않은 경우에도 상대가 보는 앞에서 야영을 하는 것이 흔한 관례였고, 이것이 상당히 오랫동안 계속되었다. 프리드리히 대왕과 오스트리아 군대가 몇 주 동안 상대에게 대포를 쏠 수 있을 만큼 가까이 있었던 경우가 얼마나 많았는가!

야간 기습에 더 적절한 이 방법은 최근의 전쟁에서는 쓰지 않게 되었다. 오늘날의 군대는 식량을 조달하고 야영을 설치하는 문제에서 더 이상 그 자체로 완전하고 독립된 집단이 아니고, 그래서 아군과 적군 사이에 보통 하루의 행군 거리를[3] 두는 것이 필요하다고 생각하게 되었다. 이제 하나의 군대 전체에 대해 야간 기습을 하는 경우를 좀 더 특별히 살펴보면, 그것을 할 만한 충분한 동기는 매우 드물 수밖에 없다는 결론이 나온다. 그 동기는 다음과 같은 네 가지 경우에서 비롯된다.

1. 적이 특별히 경솔하거나 무모한 경우. 이런 일이 일어나는 경우는 드물고, 일어난다고 해도 적은 대개 훌륭한 정신력의 우세함으로 이를 상쇄한다.

2. 적의 군대가 공황 상태에 빠지는 경우, 또는 일반적으로 아군의 정신력이 매우 높아서 최고 지휘관이 지휘를 하지 않아도 군대가 혼자서 충분히 행동할 수 있는 경우.

3. 아군을 포위하고 있는 적의 우세한 군대를 뚫고 나아가야 하는 경우. 이런 경우에는 모든 것이 기습에 달려 있고, 오직 포위에서 빠져나오려고 하

---

3. 하루의 행군 거리는 부대의 규모, 연락 상태, 날씨, 일출과 일몰 시간, 계절에 따라 다르다. 보통의 경우에는 도보로 20~30킬로미터이다.

는 생각이 아군의 힘을 훨씬 강력하게 결속하기 때문이다.

4. 마지막으로 아군이 절망으로 가득 찬 경우. 이런 경우에는 아군이 적의 병력에 비교할 수 없을 만큼 적기 때문에 특별한 모험을 해야만 성공할 수 있다.

하지만 이 모든 경우에도 아군이 적군을 눈 아래에 내려다보고 있고, 적군이 어느 전위 부대에 의해서도 보호받고 있지 않다는 조건이 있어야 한다.

한마디만 덧붙이면, 대부분의 야간 전투는 새벽이 되면 끝나도록 준비해서 적에 대한 접근과 첫 번째 습격은 어둠의 보호 아래에서 이루어지게 해야 한다. 그렇게 해야 공격자가 적의 혼란으로 생긴 결과를 더 잘 이용할 수 있기 때문이다. 이와 반대로 밤은 적에게 접근하는 데만 이용하고 다음 날 새벽에 비로소 시작하는 전투는 더 이상 야간 전투라고 할 수 없다.

제2권

제5편

전투력

제1장

개요

우리는 전투력을

1. 전투력의 수와 편성에 따라,

2. 전투 이외의 상태에서,

3. 식량 조달 문제를 고려하면서,

4. 마지막으로 지형과 갖는 일반적인 관계에서

살펴볼 것이다.

그래서 이 편에서는 전투력의 여러 가지 상황 중에서 전투 자체라고 볼 수 없고 단지 전투를 하는데 필요한 조건이라고 간주해야 하는 상황에 대해서만 다룰 것이다. 이 상황은 전투와 어느 정도 밀접한 관련과 상호 작용의 관계에 놓여 있고, 그래서 전투를 쓰는 문제를 다룰 때 자주 언급할 것이다. 하지만 먼저 그 상황을 모두 각각 하나의 독립된 전체로서 보고 그 상황의 본질과 특성을 살펴보아야 한다.

제2장

군대, 전쟁터, 원정

이 세 가지의 요소를 전쟁의 시간, 공간, 인간에 대응하여 엄밀하게 정의하는 것은 문제의 본질상 받아들일 수 없다. 하지만 때로 그것을 완전히 오해하지 않으려면 대부분의 경우에 즐겨 쓰고 있는 이 관용어를 좀 더 분명하게 설명해야 할 것이다.

1. 전쟁터

본래 전쟁터는 전체 전쟁 공간 중의 일부분으로서 측면이 보호되어 있고, 이 때문에 어느 정도의 독립성을 갖고 있는 지역을 말한다. 측면의 보호는 요새를 통해, 지형의 큰 장애물을 통해, 다른 전쟁 공간이 매우 멀리 있다는 것을 통해 이루어질 수 있다. 그런 부분은 단지 전체의 일부분이 아니라 그 자체로 하나의 작은 전체이고, 그래서 다른 전쟁 공간에서 일어나는 변화는 많든 적든 그 부분에 직접적인 영향이 아니라 간접적인 영향을 미치는데 지나지 않는다. 여기에서 전쟁터의 정확한 특징을 말하면 그것은 한쪽이 전진을 생각하는 반면에 다른 쪽은 후퇴하고, 한쪽이 방어하는 반면에 다른 쪽은 공격적으로 행동할 수밖에 없을 것이라는 점이다. 이 엄밀성이 언제나 적용될 수는 없지만, 그것은 본래의 중심이 어디에 있는지 하는 것만 지적하면 될 것이다.

2. 군대

전쟁터의 개념을 이용하면 군대가 무엇인지 매우 쉽게 말할 수 있다. 즉 하나의 군대는 하나의 동일한 전쟁터에 있는 전투 집단이다. 물론 이것만으로는 군대라는 말의 관용적인 의미를 완전하게 포괄하지 못한다. 블뤼허와 웰링턴은[1] 1815년에[2] 하나의 동일한 전쟁터에 있었지만 두 개의 군대를 지휘했다. 그래서 최고 지휘권이 군대의 개념을 나타내는 또 다른 특징이 된다. 그럼에도 이 특징은 앞에서 말한 특징과 매우 밀접하게 관련되어 있다. 일이 제대로 이루어지고 있을 때는 하나의 동일한 전쟁터에 단 하나의 최고 지휘권만 있어야 하고, 하나의 독립된 전쟁터에 있는 최고 지휘관에게는 그 권한에 상응하는 수준의 독립성이 결코 없지 않기 때문이다.

언뜻 보면 단순히 군대를 이루는 병사들의 절대적인 숫자가 군대라는 이름을 부여하는데 결정적인 영향을 미치는 것 같다. 하지만 그렇지 않다. 하나의 동일한 전쟁터에 있는 여러 개의 군대가 공동의 최고 지휘권 아래에서 행동하는 경우에 이 여러 개의 군대가 군대의 이름을 갖게 되는 것은 병사들의 숫자 때문이 아니라 이전부터 전해 오는 관습 때문이다. (1813년의[3] 슐레지엔 군대,[4] 북방 군대[5] 등.) 어느 하나의 전쟁터에 머물도록 결정된 하나의 대규

---

1. 웰링턴(Arthur Wellesley of Wellington, 1769~1852), 영국의 장군이자 정치가. 1808~1814년에 피레네 산맥과 이탈리아 전선에서 영국 군대를 지휘했고 1815년에는 동맹 군대의 최고 지휘관이었다.
2. 이는 벨-알리앙스 전투(1815년 6월 18일)를 가리킨다. 이때 한쪽에서는 웰링턴이 영국, 하노버, 브라운슈바이크, '일곱 개 지방의 네덜란드 연합 공화국'의 군대를 지휘했고, 다른 쪽에서는 블뤼허가 프로이센 군대를 지휘했다.
3. 나폴레옹 전쟁(해방 전쟁)의 1813년 가을 원정으로서 (드레스덴 전투와 라이프치히 전투 포함) 동맹 군대에는 슈바르첸베르크가 보헤미아에서 주력 군대인 오스트리아 군대를, 스웨덴의 황태자가 마르크에서 북방 군대를, 블뤼허가 슐레지엔에서 슐레지엔 군대를 이끌고 전투에 참여했다.

모 집단은 군단으로는 나누지만 여러 개의 군대로는 결코 나누지 않을 것이다. 군대로 나누는 것은 적어도 문제의 본질에 따른 것처럼 보이는 언어의 관용적인 의미에서 벗어날 것이다. 다른 한편으로 멀리 있는 지방에 독립적으로 머물고 있는 하나하나의 유격대에게 군대의 이름을 붙이는 것은 현학적이라고 할 수 있을 것이다. 하지만 방데의 군대는 때로 병력의 수는 많지 않았지만, 프랑스 혁명 전쟁에서 방데의 군대를 군대라고 불러도 전혀 이상하지 않았다는 것에 대해서는 언급하지 않을 수 없다. 그래서 군대와 전쟁터의 개념은 대체로 같이 쓰이고 상호 보완적인 관계에 놓일 것이다.

3. 원정

흔히 원정을 1년 동안에 모든 전쟁터에서 일어난 전쟁 사건이라고 일컫지만, 원정은 하나의 전쟁터에서 일어난 사건이라고 이해하는 것이 더 일상적이고 분명한 정의이다. 원정을 1년 안에 끝나는 개념으로 이해하는 것은 더 나쁘다. 오늘날의 전쟁은 미리 정해진 장기간의 동계 야영을 경계로 자연스럽게 올해의 원정과 내년의 원정으로 나누어지지 않기 때문이다. 하나의 전쟁터에서 일어난 모든 사건은 자연스럽게 몇 개의 큰 시기로 나누어진다. 즉 어느 정도 중대한 파국의 직접적인 영향이 끝나면 새로운 갈등이 일어난다. 그래서 이런 자연스러운 단락도 고려해야 하고, 그러면 1년이라는 시간에 (원정) 모든 사건을 완전하게 할당할 수 있을 것이다. 프랑스 군대와 러시아 군대가 1813년 1월 1일에 네만 강에 있었다고 해서 1812년의 원정이[6] 끝났다고 생각

---

4. 프랑스에 대해 해방 전쟁을 하도록 강력하게 주장한 블뤼허는 프로이센 왕실이 공식적으로 프랑스와 동맹 관계를 맺고 있는 동안에 프로이센에게 불편한 존재였고, 그래서 프로이센 군대를 지휘하지 못했다. 1812년에는 한동안 현역에서 물러나야 했다. 1813년에 프로이센이 프랑스와 다시 전쟁을 하게 되었을 때 프로이센은 블뤼허를 다시 불러들였고, 블뤼허는 슐레지엔 군대의 최고 지휘관이 되었다.

5. 북방 군대는 스웨덴, 프로이센, 러시아의 병사들로 이루어진 군대로서 전체는 약 125,000명이었고, 지휘는 스웨덴의 황태자가 맡았다.

하는 사람은 아무도 없을 것이다. 그리고 프랑스 군대가 엘베 강을 건너 계속 후퇴했는데, 이를 1813년의 원정이라고 간주하는 사람도 없을 것이다. 그 후 퇴는 분명히 모스크바에서 시작된 전면적인 후퇴의[7] 일부분에 지나지 않기 때문이다.

이 개념을 좀 더 엄밀하게 밝히지 않는 것은 전혀 잘못이라고 할 수 없다. 그 개념이 철학적인 정의처럼 더 많은 정의의 원천으로 쓰일 수 있는 것이 아니기 때문이다. 단지 용어를 좀 더 분명하고 정확하게 하는데 도움을 준다면 그것으로 충분하다.

---

6. 나폴레옹의 러시아 원정.
7. 모스크바에서 프랑스 군대의 전면적인 후퇴는 1812년 10월 19일에 시작되었다.

제3장

병력의 비율

우리는 제3편 제8장에서 수의 우세함이 전투에서 어떤 가치를 갖고 있는지, 그 결과로 수의 일반적인 우세함이 전략에서 어떤 가치를 갖고 있는지 하는 것을 말했다. 수의 우세함에서 병력의 비율이 갖는 중요성이 나오기 때문에 여기에서는 이 문제에 대해 좀 더 자세히 살펴보도록 한다.

최근의 전쟁사를 편견 없이 살펴보면 수의 우세함이 날마다 더 중요해지고 있다는 것을 인정하지 않을 수 없다. 그래서 우리는 결정적인 전투에 되도록 많은 수의 병력을 집결한다는 원칙을 이전보다 오늘날에 좀 더 높은 곳에 두어야 한다.

군대의 용기와 정신은 어느 시대에도 군대의 물리적인 힘을 몇 배로 높여 주었고 앞으로도 그러할 것이다. 역사를 보면 어느 시대에는 군대의 장비와 무장의 우수성이, 다른 시대에는 뛰어난 이동성이 정신력을 크게 높여 주었다. 그다음에는 새롭게 유포된 전술적인 체계가 그런 역할을 맡았고, 그다음에는 전쟁술이 대규모의 포괄적인 원칙에 따라 준비된 노력에, 즉 어느 지형을 정교하게 이용하려는 노력에 빠져들기도 했다. 그리고 이런 영역에서 한쪽 최고 지휘관이 다른 쪽 최고 지휘관보다 때로 큰 유리함을 얻을 수도 있었다. 하지만 이제 그런 노력 자체도 사라졌고, 그런 노력은 좀 더 자연스럽고 단순한 방식에 자리를 내주지 않을 수 없게 되었다. 최근에 일어난 전쟁의 경험을 선입견 없이 바라보면 우리는 바로 앞에서 말한 현상이 별로 많이 보이지 않는다고 말해야 한다. 일반적으로 모든 원정뿐만 아니라 결정적인 전투에서도 그러하다. 특히 주력 전투에서 그러하다. 이 점에 대해서는 앞 편의 제2장에서 살펴보았다.

오늘날 여러 나라의 군대는 무기, 장비, 훈련에서 매우 비슷한 수준에 이르렀기 때문에 이 점에서 제일 좋은 군대와 제일 나쁜 군대 사이에 매우 분명한 차이는 존재하지 않는다. 과학적인 장비를 갖춘 군대를 육성하는 데는 여러 나라의 군대에 아직 뚜렷한 차이가 있을 수 있다. 하지만 대부분 어느 한 쪽이 더 좋은 장비를 발명하여 앞서가면 다른 쪽이 이를 재빨리 모방하여 앞선 군대를 따르게 된다. 군단장이나 사단장과 같은 고급 지휘관들조차[1] 장비를 다루는 기술과 관련해서는 언제나 상당히 똑같은 생각을 갖고 있고 똑같은 방법을 쓴다. 그런데 최고 지휘관의 재능은 인민이나 군대의 교양 수준과 언제나 똑같은 수준에 있다고 생각하기 어렵고 완전히 우연에 맡겨져 있다. 그래서 최고 지휘관의 재능을 제외하면 풍부한 전쟁 경험을 갖고 있는 군대만 분명한 우세함을 줄 수 있다. 이 모든 측면에서 여러 나라 사이에 균형이 더 많이 존재할수록 병력의 비율은 그만큼 더 중요해질 것이다.

오늘날의 전투가 갖는 성격은 이와 같은 균형의 결과이다. 이는 아무런 편견 없이 보로디노 전투의 기록을 읽기만 해도 알 수 있다. 이 전투에서 세계 최고의 프랑스 군대는 러시아 군대와 대결했는데, 러시아 군대는 여러 가지 장비와 병사들의 교양 수준에서 훨씬 낮은 수준에 있었다. 이 전투 전체를 통틀어서 기술이나 지성의 우세함이 보여 주는 특징은 단 한 번도 나타나지 않았다. 이 전투는 단지 아군과 상대의 병력의 수를 비교하면 결과를 알 수 있는 전투였다. 이것이 거의 같았기 때문에 더 많은 에네르기를 갖고 있는 최고 지휘관과 더 풍부한 전쟁 경험을 갖고 있는 군대 쪽으로 저울이 조금 더

---

1. 군대의 편제는 군대, 군단, 사단, 여단, 대대, 중대, 소대의 순이 된다. 하지만 각 편제에 따른 병력의 수는 시대에 따라, 나라에 따라 크게 다르고 일정하지 않다.

기우는 것 외에 결국 아무것도 일어날 수 없었다. 이 전투를 예로 든 것은 이 전투에 수의 균형이[2] 존재했기 때문인데, 이는 다른 전투에서는 별로 볼 수 없었다.

우리는 모든 전투에서 다 그렇다고 주장하지는 않는다. 하지만 그것이 대부분의 전투의 기조이다.

상대의 병력의 규모를 천천히 그리고 방법론적으로 추측하는 전투에서는 병력을 많이 갖고 있는 쪽이 훨씬 확실한 승리를 거둘 것이다. 실제로 최근의 전쟁사에서 두 배 많은 병력을 갖고 있는 적에게 승리한 전투는 거의 찾아볼 수 없다. 그런데 이전에는 그런 전투를 자주 볼 수 있었다. 오늘날 제일 위대한 최고 지휘관이라고 불리는 보나파르트도 자신이 치른 많은 주력 전투에서 (1813년에 드레스덴에서 있었던 단 한 번의 주력 전투를[3] 예외로 치면) 승리한 것은 늘 많은 병력, 또는 적어도 수의 현저한 열세에 있지 않은 병력을 집결할 수 있었기 때문이다. 라이프치히, 브리엔, 랑, 벨-알리앙스의 전투처럼[4] 이것이 불가능했던 전투에서는 보나파르트도 패배했다.

병력의 절대 숫자는 전략에서는 대부분 미리 정해져 있는 것이고, 최고 지휘관은 이것을 더 이상 변경할 수 없다. 하지만 현저하게 적은 수의 군대로는 전쟁을 할 수 없다는 것이 우리 고찰의 결론이 될 수도 없다. 전쟁이 반드시 정치의 자유로운 결정에 의해 일어나는 것은 아니고, 양쪽의 병력이 심한 불균형을 이루는 경우에도 전쟁은 일어날 수 있다. 그래서 전쟁을 치르는 양쪽 군대의 병력의 비율에서는 모든 경우의 수를 생각할 수 있다. 이론이 제일 많이 필요한 곳에서 그곳과 완전히 결별을 선언하려고 하는 이론은 이상한

---

2. 보로디노 전투(1812년 9월 7일)에서 프랑스 군대의 병력은 124,000명이었고, 러시아 군대의 병력은 122,000명이었다.
3. 드레스덴 전투(1813년 8월 26~27일)에서 프랑스 군대의 병력은 120,000명이었고 동맹 군대의 병력은 220,000명이었다.
4. 프랑스 군대와 동맹 군대의 병력의 비율은 (몇 개의 다른 기록에 따르면) 라이프치히 전투에서는 175,000명 대 325,000명이었고, 랑 전투에서는 50,000명 대 120,000명이었다. 하지만 브리엔 전투에서는 36,000명 대 30,000명이었다.

전쟁 이론이 되고 말 것이다.

그래서 이론이 적절한 수의 병력을 알아낼 수 있다면 매우 바람직할 것이지만, 매우 부적절한 수의 병력이라고 해서 이론이 그 병력을 쓸모없는 병력이라고 말해서는 안 된다. 이론은 병력의 수에서는 어떠한 한계도 설정해서는 안 된다.

병력의 수에서 열세에 놓일수록 전투의 목적은 그만큼 작아야 하고, 더욱이 전투의 지속 시간도 그만큼 줄여야 한다. 그래서 병력의 수에서 열세에 놓인다면 이 두 가지 측면으로 이를테면 대피할 여지를 찾아야 한다. 병력의 수가 전쟁을 수행하는데 어떤 변화를 불러일으키는지 하는 것은 이런 문제가 나타날 때마다 점차로 설명할 수 있을 것이다. 여기에서는 일반적인 관점을 말한 것으로 충분하다. 그런데 그 관점을 완전하게 설명하려면 한 가지만 덧붙이면 될 것이다.

불리한 전투에 빠져들지 않을 수 없는 군대의 경우에는 병력의 숫자가 부족할수록 위험에 빠져들기 때문에 군대의 내면적인 긴장과 에네르기가 그만큼 높아야 한다. 그 반대의 상황이 일어나면, 즉 전투를 대담하게 포기하는 대신에 비겁하게 포기하게 되면 모든 전쟁술은 당연히 쓸모없게 된다.

처음에 내놓은 목적을 지혜롭게 축소하고 이를 앞에서 말한 군대의 에네르기와 결합한다면, 빛나는 공격과 신중한 자제심이 합쳐질 수 있다. 프리드리히 대왕이 치른 전쟁에서 이런 움직임을 보면 우리는 감탄하지 않을 수 없다.

하지만 이런 자제심과 신중함으로 이룰 수 있는 것이 적을수록 병력의 긴장과 에네르기는 그만큼 중요해질 수밖에 없다. 병력의 비율에 불균형이 심해서 본래의 목표를 제한해도 아군의 파멸을 막을 수 없을 때는, 또는 아군이 위험에 노출되는 시간이 늘어나서 병력을 최대한으로 절약해서 투입해도 목표에 더 이상 이를 수 없을 때는, 군대의 모든 긴장이 단 한 번의 절망스러운 공격으로 집중될 것이고 집중되어야 한다. 어떠한 도움도 더 이상 기대할 수 없게 되어 절망적인 상황에 빠진 최고 지휘관은 절망이 용기 있는 자에게 주는 정신력의 우세함에 자기의 마지막 모든 희망을 걸게 될 것이다. 그는 이제 최고의 대담성을 최고의 지혜라고 여길 것이고, 필요하다면 무모한 책략도 쓸 것이다. 그럼에도 그에게 승산이 보이지 않는다면 그는 명예로운 패배를 받아들이고 나중에 부활할 권리를 찾을 것이다.

제4장

병과의 비율

여기에는 세 개의 중요한 병과에 대해서만 말한다. 그것은 보병, 기병, 포병이다.

아래의 분석은 본질적으로 전술에 더 많이 속하지만, 이 문제를 좀 더 분명하게 생각하는데 필요해서 여기에 언급한다. 독자의 이해를 바란다.

전투는 본질적으로 구분될 수 있는 두 가지의 요소로 이루어져 있다. 하나는 화력으로 적을 파괴하는 원리이고, 다른 하나는 육박전이나 각개 전투이다. 후자는 다시 공격과 방어로 나뉜다. (여기에서는 전투의 요소를 논하고 있기 때문에 공격과 방어를 완전히 절대적인 의미로, 즉 순수한 개념으로 이해해야 한다.) 포병은 분명히 화력을 통한 파괴를 원리로 하여 활동하고, 기병은 각개 전투로만 활동하고, 보병은 이 둘을 모두 활용하여 활동한다.

각개 전투에서 방어의 본질은 땅에 뿌리를 박고 있는 것처럼 자리를 확고하게 유지하는 것이다. 이와 반대로 공격의 본질은 이동이다. 기병은 전자의 특징을 전혀 갖고 있지 않고 주로 후자의 특징을 갖고 있다. 그래서 기병은 공격을 하는 데만 적합하다. 보병은 주로 자리를 확고하게 지킨다는 특징을 갖고 있지만 이동을 전혀 하지 않는 것은 아니다.

전쟁에서 기본이 되는 병력을 이렇게 여러 가지의 병과로 나누면 다른 두 병과에 비해 보병의 우월함과 보편성이 분명해진다. 보병은 기본이 되는 세 개의 모든 병과를 그 자체 안에 갖고 있는 유일한 병과이기 때문이다. 더욱이 세 개의 병과를 결합하면 전쟁에서 힘을 더 완전하게 쓸 수 있다는 것도 분명해진다. 이렇게 하면 보병에 불변의 방식으로 결합되어 있는 각개 전투나 화력에 의한 파괴 원리 중에서 어느 하나를 임의로 더 많이 쓸 수 있기 때문이다.

화력에 의한 파괴 원리는 오늘날의 전쟁에서 분명히 월등한 효과를 내는 원리이다. 하지만 그럼에도 일 대 일의 각개 전투 역시 분명히 전투 본래의 독자적인 토대라고 보아야 한다. 그래서 단지 포병만으로 이루어진 군대는 전쟁에서 무의미하다고 할 수 있을 것이다. 기병만으로 이루어진 군대는 생각할 수 있지만, 다만 그 군대는 별로 강력하지 않을 것이다. 보병만으로 이루어진 군대는 생각할 수 있을 뿐만 아니라 다른 두 병과에 비해 훨씬 강력할 것이다. 그래서 세 개의 병과를 독립성의 측면에서 보면 보병, 기병, 포병의 순서를 띠게 된다.

각 병과가 다른 병과와 결합할 때 갖는 중요성의 측면에서 살펴보면 순서는 그렇게 되지 않는다. 파괴의 원리는 이동의 원리보다 훨씬 효과적인 원리이기 때문에 기병이 전혀 없는 군대는 포병이 전혀 없는 군대보다 덜 약할 것이다.

물론 보병과 포병만으로 이루어진 군대는 세 개의 모든 병과로 이루어진 다른 군대에 비해 불리한 상태에 놓일 것이다. 하지만 기병이 없는 군대를 상당히 많은 수의 보병으로 보충한다면 그 군대를 약간 다른 방식으로 배치하여 전술적인 문제를 해결할 수 있을 것이다. 그렇지만 그 군대는 전초가 없기 때문에 상당한 곤란을 겪을 것이고, 타격을 입은 적을 힘차게 추격하는 일은 결코 없을 것이고, 후퇴를 하는 경우에도 많은 어려움과 고통을 겪을 것이다. 하지만 이런 어려움이 있다고 해서 이것만으로 보병과 포병만으로 이루어진 군대를 전쟁터에서 완전히 배제할 수는 없을 것이다. 오히려 그 군대는 보병과 기병만으로 이루어진 다른 군대에 대해 전투를 벌일 때 매우 훌륭하게 그 역할을 수행할 것이다. 보병과 기병만으로 이루어진 군대가 세 개의 병과를 모두 갖춘 군대에 대항하여 잘 버틸 수 있다는 것은 거의 생각할 수 없다.

하나하나의 병과의 중요성에 대한 이런 고찰이 전쟁의 모든 하나하나의 경우를 일반화하여 추상화한 것이라는 점은 자명하다. 그래서 여기에서 발견한 진실을 하나하나의 전투의 모든 개별적인 상황에 적용하려고 하는 것은 우리의 의도가 될 수 없다. 예를 들면 전초에 있거나 후퇴 중인 보병 대대는 아마 두서너 문의 대포보다 기병 중대 하나를 더 갖고자 할 것이다. 또한 도망치는 적을 재빨리 추격하거나 우회해야 하는 대규모의 기병 부대와 기마 포병대는[1] 보병을 전혀 필요로 하지 않을 수 있다는 것 등이다.

이런 고찰의 결과를 한 번 더 요약하면 다음과 같다.

1. 보병은 모든 병과 중에 제일 독립적인 병과이다.

2. 포병에는 독립성이 전혀 없다.

3. 여러 개의 병과를 결합할 때는 보병이 제일 중요한 병과이다.

4. 기병은 제일 불필요한 병과이다.

5. 세 개의 병과를 결합할 때 최대의 힘이 나온다.

세 개의 병과를 모두 결합할 때 최대의 힘이 나온다면, 당연히 세 개의 병과의 최선의 절대 비율에 관해 묻는 것은 자연스럽다. 하지만 이 질문에 대답한다는 것은 거의 불가능하다.

여러 가지의 병과를 만들고 유지하는데 필요한 힘의 소모를 각각 비교할 수 있다면, 그다음으로 각각의 병과가 전쟁에서 수행하는 성과를 비교할 수 있다면, 어떤 일정한 결과에 이를 것이고, 이는 매우 추상적이지만 병과 사이의 최선의 비율을 표현할 것이다. 하지만 이것은 관념의 놀이 이외에 거의 아무것도 아니다. 이 비율에서는 앞부분을 결정하는 것부터 어렵다. 물론 비용이라는 요소 하나를 결정하는 것이라면 못할 것도 없다. 하지만 또 다른 요소는 사람의 목숨이 갖는 가치인데, 그것에 대해서는 아무도 숫자로 나타내

---

1. 기마 포병대는 기병 부대와 함께 신속하게 행동할 수 있도록 장비를 갖춘 포병 부대. 대포의 포신이 포병 부대의 포신보다 짧고, 병사들은 말이나 마차를 타고 이동했다.

려고 하지 않을 것이다.

세 개의 병과는 특히 각각 다른 국력에 토대를 두고 있다. 즉 보병은 인구의 수에, 기병은 말의 수에, 포병은 나라에서 보유하고 있는 돈에 토대를 두고 있는데, 이런 상황도 병과의 비율을 결정하는 또 다른 토대로서 작용한다. 이 토대가 얼마나 지배적인 영향을 미치는지 하는 것은 여러 민족과 시대를 역사적으로 대략 살펴보기만 해도 분명하게 알 수 있다.

다른 이유에 의해 기준이 전혀 없을 수 없기 때문에 비율을 결정해야 하는데, 이때에도 그 비율에 나타나는 모든 앞부분 대신에 우리가 알아낼 수 있는 하나의 요소, 즉 비용만 이용하게 된다. 이 점에 대해서는 현재 우리에게 충분한 정도의 정확성으로 볼 때 일반적으로 다음과 같이 말할 수 있다. 즉 보통의 경험에 따르면 말 150필의 1개 기병 중대, 800명의 1개 보병 대대, 6파운드짜리² 대포 8문의 1개 포병 중대는 장비를 갖추는 비용뿐만 아니라 유지 비용을 볼 때 거의 같은 비용이 든다.

비율의 다른 부분과 관련해서 보면, 즉 각각의 병과가 다른 병과와 비교할 때 얼마나 많은 성과를 내는지 하는 것을 보면 그것의 일정한 크기를 조사하는 것은 앞부분을 결정하는 것보다 훨씬 어렵다. 고작해야 파괴 원리를 문제로 삼는 경우에만 뒷부분을 밝힐 수 있을 것이다. 하지만 각각의 병과는 그 병과만의 독특한 임무를 갖고 있고, 그래서 독특한 활동 범위를 갖고 있다. 이 활동 범위도 일정하지 않고, 그래서 때에 따라 클 수도 있고 작을 수도 있다. 이 때문에 전쟁을 수행하는데 결정적으로 불리해지는 것은 아니지만 약간의 제한이 따르게 된다.

이 점에 대해 사람들은 때로 경험에서 얻은 것을 말하고, 그것을 확인할 충분한 근거를 전쟁사에서 찾을 수 있다고 확실하게 생각한다. 하지만 그 근거는 상투적인 말에 지나지 않는다고 해야 한다. 그런 말은 근본적인 것과 필

---

2. 이전에는 포탄의 무게에 따라 화포의 대소를 구분했다. 1파운드는 나라와 시대마다 약간씩 다른데, 프로이센의 1파운드는 약 468그램이었다.

연적인 것으로 환원되지 않고, 연구 관찰에서 고려할 만한 것이 못 되기 때문이다.

병과의 최선의 비율에 대해 일정한 수치를 생각할 수 있다고 해도, 그리고 그것은 알아낼 수 없는 것이고 관념의 놀이에 지나지 않는다고 해도, 적군의 동일한 병과와 비교할 때 아군이 크게 우세하거나 열세한 경우에 그것이 어떤 효과를 불러일으킬지 하는 것은 말할 수 있을 것이다.

포병은 화력에 의한 파괴 원리를 강화한다. 포병은 제일 무서운 병과이고, 그래서 포병이 부족하면 군대의 강력한 힘이 특히 심하게 약해진다. 다른 측면에서 보면 포병은 이동하는데 제일 느린 병과이고, 그래서 군대의 움직임을 매우 둔하게 만든다. 더욱이 포병은 늘 자기를 보호할 부대를 필요로 하는데, 이는 포병이 각개 전투를 할 수 없기 때문이다. 포병이 지나치게 많아서 포병을 보호하게 되어 있는 부대가 모든 곳에서 적의 공격 부대의 규모에 미치지 못한다면 대포를 잃는 일이 자주 생길 것이다. 그러면 여기에서 새로운 불리함이 생기는데, 적이 포병의 주요 부분을 이루는 대포와 마차를 빼앗고 이를 곧바로 아군을 향해 쓸 수 있다. 포병은 세 개의 병과 중에서 이런 일이 일어날 수 있는 병과이다.

기병은 군대의 이동 원리를 높인다. 기병이 지나치게 적으면 모든 것이 더 느려지고 (병사들의 발걸음으로 이루어지고) 모든 것을 더 신중하게 준비해야 한다. 그래서 전쟁 요소의 빠른 불길이 약해진다. 그러면 승리의 풍요로운 열매는 큰 낫이 아니라 작은 낫으로 거두게 된다.

물론 기병이 지나치게 많다고 해서 이를 결코 전투력의 직접적인 약화나 내부적인 불균형이라고 간주할 수는 없다. 하지만 기병을 유지하는 것이 어렵고, 지나치게 많은 10,000명의 기병 대신에 50,000명의 보병을 보유할 수 있다는 것을 생각하면 확실히 간접적으로는 그렇게 간주할 수 있다.

어느 하나의 병과의 우세함에서 비롯되는 이런 특징은 좁은 의미의 전쟁술에서 그만큼 더 중요하다. 전쟁술은 이미 갖고 있는 전투력을 쓰는 것을 가르치는 기술이기 때문이다. 또한 이 전투력과 함께 하나하나의 병과의 규모도 보통 최고 지휘관에게 주어지는 것이고, 최고 지휘관은 그것을 거의 결정할 수 없기 때문이다.

전쟁 방식의 성격이 어느 하나의 병과의 우세함 때문에 변경될 수 있다는 것을 생각한다면, 이는 다음과 같은 식으로 이루어진다.

포병이 지나치게 많으면 행동이 매우 방어적이고 소극적인 성격을 띠지 않을 수 없다. 이때 최고 지휘관은 견고한 진지, 크게 끊어진 지형, 심지어 산악 진지에서 군대의 안전을 찾을 것이다. 그러면 지형의 장애물은 매우 많은 포병 부대를 방어하고 보호하면서 적의 병력을 이 지형으로 끌어들여 파괴할 것이다. 이런 전쟁은 전체적으로 신중하고 형식적인 미뉴에트의[3] 발걸음으로 수행될 것이다.

이와 반대로 포병이 부족하면 아군은 공격의 원리, 적극적인 행동의 원리, 이동의 원리를[4] 널리 활용할 수 있게 될 것이다. 행군, 노력, 긴장 등이 아군의 독특한 무기의 역할을 수행하게 된다. 그러면 전쟁은 더 다양해지고 활기를 띠고 복잡해진다. 이런 경우에는 큰 사건이 잔돈으로 교환된다.

매우 많은 기병을 보유하고 있다면 아군은 넓은 평지를 찾을 것이고 대규모의 이동을 선호할 것이다. 아군은 적으로부터 멀리 있는 곳에서 더 많은 휴식과 편안함을 즐길 것이지만 적에게는 그것이 허락되지 않는다. 아군은 더 대담한 우회와 일반적으로 더 과감한 이동을 감행할 것인데, 이는 아군이 그 공간을 지배하고 있기 때문이다. 견제와 침입이 전쟁에서 훌륭한 보조 수단이 되는 경우에 많은 기병을 보유한 아군은 그 수단을 쉽게 쓸 수 있을 것이다.

기병이 심각하게 부족하면 군대의 이동 능력이 떨어진다. 그렇다고 포병이 매우 많을 때처럼 군대의 파괴 원리가 강해지는 것도 아니다. 이런 경우에

---

3. 미뉴에트(Menuett, minuet)는 프랑스의 민속춤에서 유래한 것으로 추정된다. 17세기에 프랑스 귀족들에게 인기를 얻게 되었다. 궁정 미뉴에트는 작은 스텝을 밟으며 점점 느려지고 격식을 차리게 되었고 우아하고 화려해졌다.
4. 공격의 원리와 적극적 행동의 원리는 보병이, 이동의 원리는 기병이 주로 활용한다.

는 신중함과 방법이[5] 전쟁의 중요한 성격이 된다. 적을 잘 관찰하려면 언제나 적을 직접 볼 수 있는 곳에 머무는 것, 재빨리 그리고 성급하게 이동하지 않는 것, 언제나 잘 집결된 병력을 천천히 밀어 움직이는 것, 방어를 우선으로 하는 것, 끊어진 지형을 이용하는 것, 공격을 해야 하는 경우에는 적의 군대의 중심을 향해 제일 짧은 방향을 잡는 것, 이런 것이 기병이 부족한 경우에 수행해야 하는 자연스러운 경향이다.

어느 병과의 병력이 제일 많으냐에 따라 전쟁의 방식은 여러 가지 방향을 띠게 된다. 하지만 그 방향이 전쟁에서 전반적으로 그리고 철저하게 나타나는 경우는 드물기 때문에 그 방향 하나에 의해 또는 주로 그 방향에 의해 전체 행동의 방향이 결정되는 것은 아니다. 전략적인 공격을 선택해야 하는지 전략적인 방어를 선택해야 하는지, 이 전쟁터를 선택해야 하는지 다른 전쟁터를 선택해야 하는지, 주력 전투를 선택해야 하는지 다른 파괴 수단을 선택해야 하는지 하는 것은 확실히 더 근본적인 다른 상황에 의해 결정될 것이다. 그렇지 않은 경우라면 적어도 부차적인 것을 본질적인 것이라고 받아들이고 있는 것은 아닌지 걱정해야 한다. 그렇다고 해도, 즉 중요한 문제가 다른 이유에 의해 이미 결정되었다고 해도 우세한 병과에서 영향을 미칠 수 있는 여지는 여전히 남아 있다. 공격할 때도 신중하고 방법론적으로 행동할 수 있고, 방어할 때도 대담하고 의욕적으로 행동할 수 있기 때문이다. 그리고 이는 전쟁 활동이 어느 병과의 우세함에 의해 여러 가지 단계와 뉘앙스를 갖고 있기 때문이다.

이와 반대로 전쟁의 성격도 병과의 비율에 두드러진 영향을 미칠 수 있다.

첫째, 민병대와 농민군에[6] 의존하는 인민 전쟁에서는 당연히 많은 보병을 두어야 한다. 이런 전쟁에서는 병사들보다 무장 수단이 더 많이 부족하기

---

5. 이 방법과 아래 단락의 방법론은 제2편 제4장의 방법론에 나온 개념을 가리킨다.
6. 군대 복무 경험이 없지만 병역을 수행할 수 있는 남자가 전쟁 때 소집되어 농민군으로 조직되었다. 본래 국내의 방어만 담당했다.

때문이다. 무장 수단은 그런 전쟁에서 어차피 필요한 최소한으로 제한되기 때문에 8문의 대포를 갖는 1개 포병 중대에 1개의 보병 대대를 배치하는 것이 아니라 2~3개의 보병 대대를 배치할 수 있다는 것을 쉽게 생각할 수 있다.

둘째, 약한 나라가 강한 나라에 대해 인민 무장 투쟁이나 이와 비슷한 만큼의 민병대를 동원해도 맞설 수 없는 경우에는 포병을 늘리는 것이 약한 나라의 전투력이 강한 나라와 균형의 상태에 접근하는 제일 빠른 수단이다. 그러면 약한 나라는 병력을 보강하는 것과 같은 효과를 얻게 되고, 전투력의 제일 중요한 원리가 되는 파괴 원리를 높이기 때문이다. 더욱이 약한 나라는 대부분 전쟁을 소규모의 전쟁터로 제한할 것이고, 그래서 포병은 약한 나라에 더 적합할 것이다. 프리드리히 대왕이 7년 전쟁의 후반부에 몇 년 동안 이 수단을 활용했다.

셋째, 기병은 이동을 하는 병과이고 대규모의 결전에 쓰이는 병과이다. 그래서 기병이 보통의 비율보다 높으면, 이는 매우 넓은 공간에서 종횡무진으로 이동하고 적에게 크고 결정적인 공격을 하려고 할 때 크게 도움이 된다. 보나파르트가 이에 관한 예를 잘 보여 준다.

공격과 방어는 본래 그 자체로 병과의 비율에 아무런 영향을 미칠 수 없다. 이것은 전쟁 활동의 이 두 가지 형태에 대해 말할 때 비로소 분명해질 수 있을 것이다. 우선 여기에서는 공격자와 방어자 양쪽이 대체로 같은 전쟁터에 있을 수 있고, 또한 적어도 많은 경우에 똑같이 결전을 하려고 한다는 의도를 갖게 될 수 있다는 것만 말하도록 한다. 이는 1812년의 원정을7 생각하면 알 수 있다.

사람들은 보통 중세에는 기병이 보병에 비해 훨씬 많았고 오늘날로 오면서 점차로 줄어들었다고 생각한다. 하지만 이것은 적어도 부분적으로는 오해이다. 그 당시에 기병의 비율은 숫자상으로 볼 때 사람들이 확신하고 있는 만큼 평균적으로 그다지 많지 않았다. 이는 중세의 전투력에 관해 좀 더 정확한

---

7. 나폴레옹의 러시아 원정.

자료를 찾아보면 알 수 있다. 또한 십자군을[8] 이루고 있던 보병의 수 또는 독일 황제들을 따라 로마 원정을 수행한 보병의 수만 생각해도 알 수 있다. 하지만 기병의 **중요성**은 오늘날보다 훨씬 컸다. 기병은 제일 **강력한 병과**였고, 인민 중에서 제일 건장한 인민들로 이루어져 있었다. 그래서 기병의 수는 매우 적었지만 언제나 제일 중요한 것으로 간주되었다. 보병은 별로 중요하지 않았고 기록에도 거의 언급되지 않았다. 그래서 그 당시에는 보병이 매우 적었다는 생각도 생겨났다. 물론 독일, 프랑스, 이탈리아의 내부에서 일어난 매우 작은 규모의 전쟁에서 소규모의 군대는 전부 기병만으로 이루어진 경우도 자주 있었다. 기병이 제일 중요한 병과였기 때문에 그것을 모순이라고 생각하지도 않았다. 하지만 이런 특별한 사례를 통해 기병의 비율을 일반화해서 말할 수는 없다. 작은 규모의 군대에 대해 말한 것은 좀 더 큰 규모의 군대에는 적용되지 않기 때문이다. 전쟁 수행에서 모든 봉건적인 구속이 끝났을 때, 용병이 모집되고 임차되고 봉급을 받고 전쟁을 수행했을 때, 그래서 전쟁이 돈과 병사들을 모집하는 것에 의존했을 때, 즉 30년 전쟁과[9] 루이 14세 시대의 많은 전쟁에서 별로 도움이 되지 않는 수많은 보병을 이용하던 관례는 끝났다. 총의 성능이 현저하게 발달하여 보병이 크게 중요해지고, 이 때문에 보병이 어느 정도 수의 우세함을 유지하지 않았다면, 아마 기병의 시대로 완전히 돌아갈 수도 있었을 것이다. 이 시대에 보병 대 기병의 비율은 보병이 많지 않을 때는 1대 1이었고, 많을 때는 3대 1이었다.

　그 이후로 총의 성능이 좋아질수록 기병은 이전에 지녔던 중요성을 점점 더 많이 잃게 되었다. 이는 그 자체로 충분히 이해할 수 있는 일이다. 다만 총의 발달은 무기 자체 그리고 그 무기를 능숙하게 쓰는 기술과 관련되어 있

---

8. 십자군은 기독교적인 성향을 강하게 띤 군대이다. 역사적으로 대부분 11세기부터 13세기까지 중세 서유럽의 로마 가톨릭 국가들이 중동의 이슬람 국가에 대항하여 예루살렘을 탈환하는 것을 목적으로 수행된 대규모의 원정 또는 그 원정대를 가리킨다.

9. 30년 전쟁(1618~1648). 신성 로마 제국에서 일어난 전쟁. 유럽에서 로마 가톨릭 교회를 따르는 국가들과 개신교를 따르는 국가들 사이에 벌어진 종교 전쟁이다. 오늘날에는 최후의 종교 전쟁이자 최초의 국제 전쟁이라는 평가를 받고 있다.

을 뿐만 아니라 총으로 무장한 군대를 쓰는 방식과도 관련되어 있다. 프로이센 군대는 몰비츠 전투에서[10] 총으로 무장한 군대를 이용하는데 최고 수준을 보여 주었는데[11], 이 점에서 보면 오늘날에도 그 이상으로 훌륭하게 전투를 수행할 수 없을 정도였다. 이에 반해 끊어진 지형에서도 보병을 이용하고 넓게 퍼진 전투에서도 총을 쓰게 된 것은 그 이후로 처음 등장한 것이고, 이는 적을 파괴하는 행동에서 큰 진전이라고 볼 수 있다.

그래서 우리의 생각에 따르면, 기병의 비율은 수치로 보면 별로 변하지 않았지만 중요성으로 보면 많이 변했다. 이는 모순처럼 들리겠지만 실제로는 그렇지 않다. 중세에 보병이 군대에서 다수를 차지하고 있었다면, 이는 보병 대 기병의 내부적인 비율 때문이 아니라 훨씬 많은 비용이 드는 기병에 둘 수 없었던 모든 병사들을 보병에 두었기 때문이다. 그래서 이런 보병은 임시방편에 지나지 않았다. 기병의 수를 기병 자체의 중요성에 따라 정해야 한다면 기병은 아무리 많아도 결코 충분할 수 없을 것이다. 기병의 중요성이 끊임없이 줄어들고 있는데도 기병이 이제껏 오랫동안 유지한 수준의 비율을 오늘날에도 계속 유지하고 있는 이유는 이상의 설명으로 이해할 수 있을 것이다.

적어도 오스트리아 왕위 계승 전쟁[12] 이후로 보병 대 기병의 비율이 전혀 변하지 않았고 늘 4대 1, 5대 1, 6대 1의 사이를 오르내렸다는 것은 사실상 매우 주목할 만하다. 이는 그 비율이 바로 어떤 자연스러운 욕구를 채우고 있고, 그래서 직접적으로는 알아낼 수 없는 어떤 규모를 나타내고 있다는 것을 암시하는 것 같다. 하지만 우리는 그것을 의심하지 않을 수 없고, 몇몇 유명한 전쟁에서 기병이 매우 많았던 데는 분명히 다른 동기도 있었다는 것을 알게 된다.

---

10. 몰비츠(Mollwitz, Małujowice), 슐레지엔의 마을. 현재 폴란드의 영토. 브레슬라우에서 남동쪽으로 약 40킬로미터에 있다. 몰비츠 전투(1741년 4월 10일)에서 프리드리히 대왕이 지휘하는 프로이센 군대는 소총으로 무장한 보병을 이용하여 오스트리아 군대를 무찔렀다.
11. 이때는 병사 한 명이 1분에 4~5발의 총알을 발사할 수 있었다.
12. 오스트리아 왕위 계승 전쟁(1740~1748년).

러시아와 오스트리아는 그것을 보여 주고 있는 나라이다. 두 나라의 국가 조직에 아직 타타르적인 제도의 흔적이[13] 약간 남아 있기 때문이다. 보나파르트는 자신의 목적을 이루는데 병력이 아무리 많아도 결코 충분하지 않다고 생각했다. 보나파르트는 징병 제도를 최대한으로 이용했지만, 그는 고작해야 보조 병과를 늘려서 군대의 인원을 늘리는 수밖에 없었다. 그런데 보조 병과는 사람보다 돈이 많이 드는 병과이다. 더욱이 전쟁에서는 그의 군대의 행군 대열이 어마어마한 규모였기 때문에 기병이 보통의 경우보다 훨씬 높은 가치를 가졌으리라는 것을 오해해서는 안 된다.

프리드리히 대왕은 잘 알려진 것처럼 자기 나라에서 병사들을 모집하는데 따르는 부담을 줄이는데 매우 세심한 주의를 기울였다. 대왕의 중요한 활동은 자기의 군대를 되도록 다른 나라의 비용으로 강력하게 유지하는 것이었다. 대왕의 행동에 그럴 만한 이유가 있었다는 것은 그 당시에 대왕의 작은 영토에서 프로이센과 베스트팔렌에[14] 속하는 여러 지방을 빼앗겼다는 것을 생각하면 이해할 수 있다.

더욱이 기병은 일반적으로 병사들을 별로 많이 필요로 하지 않을 뿐만 아니라 병사들이 필요한 경우에도 그들을 모집하여 보충하는 것이 훨씬 쉬웠다. 철저하게 우세한 이동 능력에 토대를 두고 있었던 대왕의 전쟁 체계도 기병을 많이 필요로 했다. 그래서 대왕의 보병은 줄어든 반면에 기병은 7년 전쟁이 끝날 때까지 계속 늘어났다. 그렇지만 7년 전쟁이 끝날 때도 대왕의 기병은 전쟁터에 남아 있는 보병의 4분의 1을 겨우 넘는 정도에 지나지 않았다.

지금 말한 시대에도 매우 적은 수의 기병만 갖춘 군대가 등장하여 승리

---

13. 이 흔적은 타타르 민족이 기병을 쓰는데 능숙했다는 것, 오스트리아-헝가리 제국에 타타르 민족이 살았다는 것을 가리키는 것으로 생각한다.
14. 베스트팔렌(Westfalen, Westphalia), 베스트팔렌 공국으로서 신성 로마 제국의 영토였다. 1803년까지 쾰른 선제후국에 속했다. 1807~1813년에 왕국으로서 나폴레옹의 괴뢰 국가였다가 1815~1918년에 프로이센 왕국의 지방이 되었다. 위치상으로 대략 현재 독일의 북서부 지역에 있었다.

를 거둔 사례가 없지 않다. 그중에 제일 유명한 사례는 그로스-괴르셴 전투이다.[15] 이 전투에 참여한 사단만 보면 보나파르트에게는 100,000명의 병력이 있었는데, 그중에 기병은 5000명이었고 보병은 90,000명이었다. 보나파르트에게 대항한 동맹 군대에게는 70,000명의 병력이 있었는데, 그중에 기병은 25,000명이었고 보병은 40,000명이었다.[16] 그래서 보나파르트에게는 기병이 20,000명 부족했고 보병은 50,000명밖에 많지 않았다. 보병 대 기병의 비율을 보통 5대 1이라고 본다면 그는 보병의 우세함을 100,000명으로 해야 했다. 그러면 그 합계는 140,000명이 된다. 보나파르트가 보병 50,000명에 지나지 않는 우세함으로 그 전투에서 승리했다면 분명히 다음과 같이 물을 수 있을 것이다. 즉 양쪽 보병의 비율이 140,000명 대 40,000명이었다면 보나파르트가 그 전투에서 도대체 어떻게 패배할 수 있었을까?

물론 동맹 군대가 우세한 기병으로 큰 이익을 얻었다는 것은 전투 후에 곧바로 나타났다. 보나파르트가 승리의 전리품을 별로 거두어들이지 못했기 때문이다. 그래서 전투에서 승리하는 것이 전부가 아니라는 것을 알 수 있다. 하지만 그것은 언제나 제일 중요한 것이 아닐까?

이와 같이 고찰하면 80년 전부터[17] 확립되고 유지된 기병과 보병의 비율이 단지 두 병과의 절대적인 수치에서 나온 자연스러운 비율이라고 믿을 이유는 없는 것처럼 보인다. 오히려 우리는 다음과 같이 생각하고 있다. 즉 앞으로 두 병과의 비율은 몇 번의 진동을 겪은 다음에 지금까지 지녔던 의미에서 변할 것이고, 기병의 절대적인 숫자도 결국 현저하게 줄어들 것이다.

포병에 대해 말하면, 대포의 발명 이래 대포는 가벼워지고 대포의 성능은 좋아지고 대포의 숫자는 자연스럽게 늘어났다. 하지만 포병도 프리드리히

15. 그로스-괴르셴 전투(1813년 5월 2일).

16. 다른 기록에 따르면 프랑스 군대의 기병은 7500명이었고 보병은 129,000명이었다. 그리고 동맹 군대의 기병은 25,000명이었고 보병은 60,000명이었다.

17. 프리드리히 대왕의 제1차 슐레지엔 전쟁은 1740년에 시작되었고 클라우제비츠가 『전쟁론』의 원고를 쓴 것은 1818~1830년으로서 그 사이는 약 80년이다.

대왕 이래 보병 1000명에 대포 2~3문이라는 매우 일정한 비율을 유지하고 있다. 잘 알 수 있는 것처럼 이는 원정을 시작할 때만 맞는 말이다. 원정이 진행되면서 대포는 보병처럼 심하게 줄어들지 않기 때문이다. 그래서 이 비율은 원정이 끝날 때 눈에 띄게 높아지고 보병 1000명에 대포 3문, 4문, 5문의 비율이 될 수도 있다. 이 비율이 자연스러운 비율인지, 아니면 전쟁이 전체적으로 불리하게 수행되지 않으면서도 대포의 숫자를 계속 늘릴 수 있는지는 경험으로 알 수밖에 없다.

지금까지 살펴본 모든 것에서 중요한 결과를 요약하면 다음과 같다.

1. 보병이 제일 중요한 병과이고, 다른 두 개의 병과는 보병에 부속되어 있다.

2. 전쟁을 수행하는데 보병의 기술과 활동을 좀 더 많이 활용하면 다른 두 병과의 부족을 어느 정도 보충할 수 있다. 그렇게 하는 데는 보병이 수적으로 월등하게 많다는 것이 전제되어 있어야 한다. 또한 보병이 매우 우수할수록 그만큼 잘 보충할 수 있다.

3. 포병이 없는 것은 기병이 없는 것보다 불리하다. 포병은 파괴 원리를 갖는 중요한 병과이고, 포병의 전투는 보병의 전투와 더 긴밀하게 관련되어 있기 때문이다.

4. 적을 파괴하는 행동에서는 포병이 제일 강력한 병과이고 기병이 제일 약한 병과이기 때문에 일반적으로 늘 다음과 같이 묻게 된다. 즉 전투를 불리하게 치르지 않으면서 갖출 수 있는 최대한의 포병은 얼마나 되고 최소한의 기병은 얼마나 될까?

제5장

군대의 전투 대형

전투 대형은 군대 전체에 있는 하나하나의 부대에 병과를 분할하고 편성하는 것이고, 모든 원정이나 전쟁에서 기준이 되어야 하는 부대의 배치 형태이다.

그래서 전투 대형은 이를테면 산술적인 요소와 기하학적인 요소, 즉 분할과 배치로 이루어져 있다. 분할은 평소에 확립되어 있는 군대 조직에서 비롯된다. 그것은 보병 대대, 기병 중대, 연대, 포병 중대 등과 같은 일정한 규모를 하나의 단위로 삼고, 지배적인 상황의 필요에 따라 이 규모에서 더 큰 규모로, 그리고 군대 전체의 규모로 확대될 수 있다. 배치도 바로 이와 같은 방식으로 평소의 교육과 훈련으로 군대에 스며들어 있는 기본 전술에서 비롯된다. 그리고 이 배치는 전쟁을 하는 순간에도 더 이상 근본적으로 변경될 수 없는 특징이라고 보아야 한다. 이 배치는 대체로 전쟁에서 군대를 쓸 때 필요한 조건과 결부되고, 그래서 일반적인 기준을 정하게 되는데, 군대는 전투를 할 때 이 기준에 따라 배치되어야 한다.

대규모의 군대는 전쟁터로 이동할 때 언제나 그렇게 했다. 심지어 이런 형태를 전투에서 제일 중요한 부분이라고 보았던 시대도 있었다.

17세기와 18세기에 총이 발달하여 보병의 수는 크게 늘었고, 보병은 길고 가느다란 선에 분산되었다. 이 때문에 전투 대형은 매우 단순해졌지만, 이와 동시에 전투를 수행하는 일은 더 곤란하고 부자연스럽게 되었다. 이제 기병을 양쪽 측면으로 분할하여 배치하는 것 외에 더 이상 아무것도 할 수 없게 되었다. 양쪽 측면에서는 적의 충격을 받지 않았고 말을 탈 수 있는 공간이 있었다. 그래서 군대의 전투 대형은 언제나 분할될 수 없는 하나의 긴밀한 전체를 이루게 되었다. 그런데 그런 군대를 가운데에서 자르면 이 두 개의 군대는 몸통이를 잘린 지렁이처럼 되었다. 양쪽의 측면은 아직 살아서 움직였지만, 측면으로서 갖고 있는 자연스러운 기능은 잃어버린 것이다. 그래서 전투력은 하나의 단위로 있어야 한다는 일종의 굴레에 빠져들어 있었고, 전체에서 일부를 분할하여 배치해야 할 때마다 부분적인 해체와 재편성이 필요하게 되었다. 이런 경우에 군대 전체로 행군을 해야 한다면 그 행군은 이를테면 완전한 혼란 상태에 빠져들게 되었다. 적이 아군의 근처에 있다면 그 행군은 최고 수준의 숙련으로 배치해야 했다. 그러면 아군의 하나의 전열이나 측면을 늘 적의 다른 쪽 전열이나 측면과 충분한 거리를 두도록 떼어놓을 수 있었다. 그런 행군은 적에게 끊임없이 훔쳐내야 했다. 이런 끊임없는 도둑질을 무사히 할 수 있었던 것은 단 한 가지 이유 때문인데, 그것은 적도 아군과 똑같은 굴레에 놓여 있었다는 것이다.

그래서 사람들은 18세기 후반에 새로운 전투 대형을 생각하게 되었다. 즉 기병을 군대의 배후에 배치해도 양쪽 끝에 배치할 때와 똑같이 양쪽 측면을 잘 방어할 수 있고, 더욱이 이렇게 하면 기병을 단지 적의 기병과 결투를 벌이는 것 이외의 다른 많은 경우에도 쓸 수 있다는 것이다. 이런 생각은 그 자체로 이미 훌륭한 진보라고 할 수 있었다. 이제 군대의 모든 범위는 그것이 얼마나 넓게 배치되어 있든지 상관없이 순전히 동질적인 부분으로 이루어졌기 때문이다. 그래서 군대를 임의의 수로 나눌 수 있었고, 나뉜 부분들은 비슷했을 뿐만 아니라 군대 전체와도 비슷하게 되었다. 이제 군대는 단 하나의 조각이 되는 것을 그만두었고, 많은 부분으로 나눌 수 있는 전체의 모습을 띠게 되었다. 그 결과로 군대는 유연하고 부드럽게 되었다. 부분은 전체에서 쉽게 분리될 수 있었고 다시 전체로 합쳐질 수 있었다. 전투 대형은 늘 같은 모습을 띠었다. 이렇게 해서 모든 병과로 이루어진 군단이 생겨나게 되었다. 즉 그런 군단에 대한 필요성은 아마 훨씬 오래전에 느꼈을 텐데, 이제 비로소 그런 군단이 출현할 수 있게 되었다.

이 모든 것이 전투에서 비롯되는 것은 매우 당연하다. 그렇지 않아도 전투는 곧 전쟁의 전부였고 앞으로도 전쟁에서 늘 중요한 부분이 될 것이다. 하지만 전투 대형은 일반적으로 전략보다 전술에 속하는 문제이다. 이와 같은 전투 대형의 유래를 통해 보여 주려고 한 것은 단지 전술이 전체 군대에 대한 배치를 통해 이미 전략의 축소판으로 준비되어 있다는 것이다.

군대의 병력이 많을수록, 그 병력이 넓은 공간에 분산될수록, 하나하나의 부대가 얽혀서 여러 가지 효과를 낼수록, 전략은 그만큼 넓은 공간을 얻게 되었다. 그래서 전투 대형도 우리가 정의한 의미에 따르면 전략과 일종의 상호 작용을 맺지 않을 수 없게 되었다. 이 상호 작용은 주로 전술과 전략이 접촉하는 마지막 지점에, 즉 전투력의 일반적인 분할이 곧바로 전투의 특별한 배치로 넘어가는 순간에 나타난다.

이제 **분할**, **병과의 결합**, **배치**의 세 가지 측면을 전략적인 관점에서 살펴보도록 한다.

1. **분할**. 전략에서는 하나의 사단이나 군단에 얼마나 많은 병력이 있는지 질문해서는 결코 안 된다. 하나의 군대에 얼마나 많은 군단이나 사단이 있어야 하는지 물어보아야 한다. 하나의 군대를 세 개의 부분으로 나누는 것보다 부적절한 것은 없는데, 하물며 두 개의 부분으로 나누는 것은 말할 필요조차 없을 것이다. 이런 경우에 최고 지휘관의 권한은 거의 무력해질 것이다.

크고 작은 군단의 병력의 수는 기본 전술이나 고급 전술의 근거에 의해 규정되지만, 그 병력의 수를 결정하는 것은 믿을 수 없을 만큼 많은 자유 재량에 맡겨져 있다. 이런 자유 재량의 영역에서 이성이 얼마나 많이 발휘되었는지는 하느님만 알고 있다. 이와 달리 군대를 하나의 독립된 전체의 성격을 갖는 일정한 수의 부대로 나누려는 욕구는 분명하고 확실한 일이다. 그래서 이 생각에 따라 대규모의 군대에서는 순전히 전략적인 이유에 따라 각 부대의 수와 인원이 나뉘는 반면에, 중대나 대대 등과 같은 소규모의 부대에서는 그것이 전술에 맡겨진다.

제일 작은 규모의 전체라고 해도 그것이 독립되어 있는 한, 그 전체를 세 개의 부분으로 구분하지 않는 것은 거의 생각할 수 없다. 그 전체의 한 부분은 정면에서, 다른 부분은 배후에서 활동할 수 있다. 전체를 네 개의 부분으로 나누는 것이 더 편할 수도 있는데, 이는 중앙에 있는 부분이 주력 군대로서 다른 두 부분 각각의 수보다 많아야 한다는 생각에서 비롯된다. 이렇게 하면 하나의 군대를 나누는 제일 적절한 숫자로서 여덟 개까지 나아갈 수 있다. 즉 한 부분은 전위 부대, 세 부분은 오른쪽 측면과 중앙과 왼쪽 측면의 주력 군대, 두 부분은 예비 부대, 하나는 오른쪽 측면 파견 부대, 다른 하나는 왼쪽 측면 파견 부대로 하는 것을 불변의 필요성으로 받아들이는 것이다. 이 숫자와 형태에 자질구레하게 큰 의미를 두는 것은 아니다. 하지만 이것이 늘 반복되는 제일 평범한 전략적인 배치를 표현하고 있고, 그래서 만족스러운 분할이라고 생각한다.

최고 지휘관이 직접 명령하는 지휘관의 수를 세 명에서 네 명 이내로 제한하면 군대를 (그리고 각 부대 전체를) 지휘하는 것이 매우 편한 것처럼 보인다. 하지만 이 편안함에 대해 최고 지휘관은 이중으로 매우 비싼 대가를 지불해야 한다. 첫째로 아래로 전달해야 하는 명령의 단계가 늘어날수록 그 명령은 신속성, 힘, 정확성을 그만큼 많이 잃게 된다. 최고 지휘관과 사단장 사이에 군단장이 있는 경우에 그렇게 된다. 둘째로 최고 지휘관 바로 아래에 있는 지휘관들의 활동 영역이 늘어날수록 최고 지휘관은 일반적으로 본래의 권위와 영향력을 그만큼 많이 잃게 된다. 100,000명을 8개의 사단으로 나누어서 지휘하는 최고 지휘관은 이 100,000명을 단지 3개의 사단으로 나눌 때보다 크고 강력한 힘을 쓰게 된다. 그 원인에 대해서는 여러 가지 이유를 들 수 있다. 제일 중요한 이유는 군단장이 자기 군단의 모든 부분에 대해 일종의 소유권을 갖고 있다고 생각하고, 군단의 병력 일부를 잠깐이든 오랫동안이든 다른 곳으로 보내야 할 때마다 거의 틀림없이 이에 저항하기 때문이다. 전쟁 경험이 조금이라도 있는 사람이라면 이것을 이해할 것이다.

　다른 한편으로 군대에 혼란을 일으킬 생각이 아니라면 군대를 지나치게 많은 부대로 나누어서는 안 된다. 하나의 군사령부에서 여덟 개의 부대를 지휘하는 것도 어려운데, 그보다 많은 열 개의 부대를 지휘하는 것은 아마 더 어려울 것이다. 명령을 효과적으로 수행할 수 있는 수단이 훨씬 적은 사단의 경우에는 부대를 네 개 아니면 고작해야 다섯 개로 나누는 것이 정상적인 분할이고, 그것이 좀 더 적절한 분할이라고 생각해야 한다.

　군대를 다섯 개의 사단으로 나누고 사단을 열 개의 여단으로 분할하는 것이 충분하지 않으면, 즉 여단의 숫자가 지나치게 많으면 군대와 사단 사이에 군단 사령부를 넣어야 할 것이다. 하지만 그렇게 하면 사단이나 여단의 능력을 갑자기 크게 줄이는 새로운 힘이 생긴다는 것을 생각해야 한다.

　인원이 얼마나 되어야 지나치게 많은 여단이라고 할 수 있을까? 보통 여단은 2000명과 5000명 사이의 병력으로 편성한다. 5000명으로 한계를 긋는 데는 두 가지 이유가 있는 것 같다. 첫째로 사람들은 여단이라고 말할 때 한 사람의 지휘관이 직접, 다시 말해 그의 목소리가 미치는 범위에서 지휘할 수 있는 부대를 생각한다. 둘째로 5000명 이상의 보병 부대에는 포병이 없어서는 안 되는데, 이렇게 병과가 결합되면 자연스럽게 하나의 특별한 부대가 되고 여단의 범위를 벗어나게 된다.

　우리는 이처럼 지나치게 세세한 전술적인 문제에 빠져서 길을 잃을 생각은 없다. 또한 세 개의 병과의 결합을 언제 어떤 비율로 해야 하는지, 즉 8000명에서 12,000명에 이르는 사단에서 해야 하는지, 아니면 20,000명에서 30,000명에 이르는 군단에서 해야 하는지 등과 같이 쟁점이 되는 문제에 깊이 들어갈 생각도 없다. 하지만 병과의 결합만이 **한 부대의 자립**을 이루게 하고, 그래서 적어도 전쟁에서 자주 고립될 수밖에 없는 부대에게는 병과의 결합이 매우 바람직하다고 하는 주장만은 병과의 결합을 매우 단호하게 반대하는 사람들도 나쁘게 생각하지 않을 것이다.

　200,000명의 군대를 10개의 사단으로 나누고 이 사단을 5개의 여단으로

나누면 하나의 여단은 4000명이 될 것이다. 여기에는 단 하나의 불균형도 보이지 않는다. 물론 이 군대를 5개의 군단으로, 이 군단을 4개의 사단으로, 이 사단을 4개의 여단으로 나눌 수도 있다. 그러면 하나의 여단은 2500명이 될 것이다. 추상적으로 살펴볼 때 첫 번째 분할이 더 좋은 것 같다. 두 번째 분할이 편성 단계를 하나 더 많이 갖고 있다는 것 외에도 하나의 군대를 다섯 개의 군단으로 나누는 것은 수적으로 너무 적고 군대의 활동도 둔해지기 때문이다. 또한 하나의 군단을 네 개의 사단으로 나누는 것도 마찬가지이다. 그리고 2500명은 여단으로서는 적은 편이다. 이렇게 나누면 여단이 80개나 되는 반면에 첫 번째 분할에서는 50개밖에 안 되었고, 그래서 더 단순했다. 이 모든 유리함을 포기하는 것은 단지 절반의 장군들에게 명령을 내리려고 하기 때문이다. 이상의 설명으로 200,000명보다 적은 군대에서 군단으로 분할하는 것은 더욱 부적절하다는 것이 자명해졌으리라고 생각한다.

이것은 분할에 관한 추상적인 견해이다. 개별적인 경우에는 이와 다르게 결정하는 이유가 많이 있을 수 있다. 먼저 8개나 10개의 사단은 집결된 상태에서 평지에 있으면 지휘할 수 있지만 넓은 산악 진지에서는 지휘를 하지 못할 수도 있다는 것을 인정해야 한다. 큰 강이 군대를 절반으로 나누면 다른 절반의 군대에게도 또 다른 최고 지휘관이 반드시 필요하게 된다. 요컨대 매우 결정적인 영향을 미치는 지역적인 상황과 개별적인 상황이 수없이 많은데, 이런 경우에는 추상적인 규칙이 물러나야 한다.

하지만 추상적인 규칙이 제일 많이 쓰이고 있고, 규칙을 배제해야 하는 경우는 일반적으로 생각하는 것보다 드물다. 이는 경험으로 알 수 있다.

지금까지 살펴본 것의 범위를 단순한 특징으로 분명하게 말하고 몇 가지 중요한 점을 들도록 한다.

하나의 군대 전체의 부분을 단지 1차의 직접적인 분할이라고 이해하면 다음과 같이 말할 수 있다.

1. 전체에서 부분이 지나치게 작으면 전체는 둔해진다.
2. 전체에서 부분이 지나치게 많으면 이것은 최고 지휘관의 의지의 영향

력을 약하게 한다.

3. 명령의 단계가 하나씩 새로 생길 때마다 명령의 힘은 두 가지 방식으로 약해진다. 첫째로 그 힘은 아래로 전달되면서 손상되고, 둘째로 명령을 수행하는데 필요한 시간이 늘어나면서 손상된다.

이 모든 것을 종합하면 같은 단계에 있는 부대는 되도록 많이 나누고 상하의 단계에 있는 부대는 되도록 적게 나누는 것이 좋다. 하나의 군대를 8개에서 10개 이상으로 나누고 군대보다 작은 부대를 4개에서 6개 이상으로 나누면 그 부대를 더 이상 편하게 지휘할 수 없다는 것은 잘못된 말이다.

2. **병과의 결합.** 전략적으로 볼 때 전투 대형에서 병과를 결합하는 것은 보통 군대에서 자주 분리되어 배치되는 부대에서만, 즉 독자적인 전투를 하지 않을 수 없는 부대에서만 중요하다. 그런데 문제의 본질에 따르면 1차 분할에 의한 부대만, 그리고 주로 이 **부대만** 분리되어 배치되도록 결정된다. 다른 기회에 보게 될 것이지만, 분리된 배치는 대부분 하나의 전체라는 개념과 필요에서 비롯되기 때문이다.

그래서 엄밀히 말하면 전략은 병과의 지속적인 결합을 군단에 대해서만 요구하고, 이것이 이루어지지 않을 경우에 한해 사단에 대해서도 요구하게 될 것이다. 사단보다 낮은 단계의 부대일 경우에는 필요에 따라 일시적인 결합을 하는 것에 지나지 않는다.

30,000명에서 40,000명에 이르는 상당히 많은 병력의 군단을 분할하지 않고 그대로 배치한다는 것은 아마 매우 드문 경우에 해당할 것이다. 그래서 이와 같은 대규모 군단의 경우에는 사단의 단계에서 여러 개의 병과를 결합하는 것이 필요하다. 어느 보병 부대에게 기병의 일부를 급히 보내야 하고, 이 기병이 상당히 멀리 있는 다른 지점에 있는 경우에는 이것이 많이 지체될 수 있다. 이런 지체를 아무것도 아니라고 생각하는 사람은 기병을 파견할 때 생기는 혼란에 대해서는 전혀 언급하지 않는다고 해도 정말로 전쟁 경험이 전혀 없는 사람이라고 해야 할 것이다.

세 개의 병과를 결합하는데 따르는 좀 더 정확한 문제, 즉 결합을 얼마나 많이 해야 하는지, 얼마나 긴밀하게 해야 하는지, 어떤 비율로 해야 하는지, 각각의 병과에서 예비 병력을 얼마나 남겨 두어야 하는지 등의 모든 문제는 순전히 전술적인 문제이다.

3. 배치. 전투 대형에서 어느 하나의 군대의 많은 부대를 공간적으로 어떻게 배치해야 하는지 결정하는 것은 앞에서 말한 것과 마찬가지로 완전히 전술적인 문제이고 오로지 전투와 관련되어 있는데 지나지 않는다. 물론 전략적인 배치라는 것도 있지만, 그것은 거의 그 순간의 결정과 필요에 달려 있다. 그 순간에 합리적이라는 것은 전투 대형이라는 낱말이 갖는 의미와 다르다. 그래서 우리는 이 문제를 군대의 배치라는 제목으로 다른 곳에서 다룰 것이다.

요컨대 군대의 전투 대형은 **전투를 하는데 적합한 집단이 되도록** 군대를 분할하고 배치하는 것이다. 이렇게 분할된 부대는 그 집단에서 떼어낸 일부분을 이용하여 그 순간의 전술적인 요구뿐만 아니라 전략적인 요구도 쉽게 충족할 수 있게 조직되어 있다. 그 순간의 요구를 충족하고 나면 각 부대는 제자리로 돌아간다. 그래서 전투 대형은 유익한 방법론의 제1단계이자 중요한 바탕이 되는데, 전쟁에서 시계추의 진동처럼 기계를 조절하는 방법론에 대해서는 제2편 제4장에서 이미 말한 바 있다.

제6장

군대의 일반적인 배치

결전을 할 때가 다가오면 전략은 군대를 결정적인 지점에 집결하게 하고, 전술은 모든 부대에게 각자의 적절한 위치와 역할을 부여한다. 전투력을 처음 집결하는 순간부터 결전을 하는 순간에 이르는 동안에는 대부분의 경우에 많은 시간 간격이 있게 마련이다. 이와 마찬가지로 어느 하나의 결정적인 파국에서 다른 결정적인 파국에 이르는 동안에도 많은 시간 간격이 생긴다.

이전에는 이런 시간적인 간격이 이를테면 전쟁에 전혀 속하지 않는 문제였다. 이는 뤽상부르가 어떻게 야영했고 행군했는지 하는 것만 보아도 알 수 있다. 이 최고 지휘관이 생각나는 것은 그가 야영과 행군으로 유명하고 이 점에서 그 시대의 대표적인 인물이라고 볼 수 있기 때문이고, 우리가 『플랑드르 전쟁의 역사』로[1] 인해 그 시대의 다른 최고 지휘관들보다 그에 대해 더 많이 알고 있기 때문이다.

그 당시에는 대체로 배후에 강, 습지, 깊은 협곡을 두고 그곳에 바싹 붙어 야영을 했는데, 오늘날에는 이런 방식을 미친 짓이라고 생각할 것이다. 적이 있는 방향이 아군의 정면이어야 한다는 생각이 별로 없었기 때문에 아군

---

1. 이는 Jean de Beaurain, *Histoire de la Flandre militaire*, Paris, 1755를 말한다. 드보랭은 『뤽상부르의 전쟁 역사』도 썼다. 플랑드르 전쟁은 루이 14세의 제3차 침략 전쟁에 속한다.

의 배후에 적을 두고 정면은 자기 나라를 향하고 있는 경우가 매우 자주 있었다. 오늘날에는 이런 방식이 어처구니없는 것으로 보이지만, 이 방식도 충분히 이해할 수 있다. 그때에는 야영지를 선택할 때 편안함을 중요하게 생각했고, 심지어 그것을 거의 유일한 고려 사항으로 간주했기 때문이다. 그래서 야영을 하고 있는 상태를 전쟁 행동 이외의 상태처럼 생각했고, 이를테면 부끄럽다고 여기지 않아도 되는 무대의 뒤쪽에 있는 상태라고 생각했기 때문이다. 야영을 할 때 배후를 늘 천연 장애물 근처에 두는 것이 그 당시의 전쟁 수행이 갖는 의미에서 할 수 있는 유일한 안전 조치라고 생각했다. 이런 조치를 내리면 적이 그 야영지에서 아군에게 전투를 하도록 강요할 가능성이 전혀 없었기 때문이다. 적이 전투를 강요해도 별로 두려워하지 않았다. 그 당시의 전투는 거의 일종의 상호 합의에 토대를 두었기 때문이고, 이는 마치 두 사람이 편안한 랑데부(rendezvous)에 오르는 결투와 같았다. 그 당시의 군대에는 한편으로 기병이 매우 많았기 때문에 (기병의 영광이 쇠퇴하는 시기에도 특히 프랑스 군대는 기병을 제일 중요한 병과라고 생각했는데) 그리고 다른 한편으로 기병의 전투 대형이 쓸모없었기 때문에 그 당시의 군대는 모든 지형에서 전투를 할 수 없었다. 그래서 군대가 끊어진 지형에 머물러 있으면 거의 중립 지대에서 보호를 받고 있는 것과 같았다. 끊어진 지형 자체를 제대로 이용할 줄 몰랐기 때문에 전투를 하려고 밀려오는 적을 맞이하러 나가는 형편이었다. 그런데 바로 뢱상부르의 전투 중에 플뢰뤼스,[2] 스텐케르케,[3] 네르빈덴의 전투는[4] 그런 것과 다른 정신에 의해 수행되었다는 것을 우리는 알고 있다.

---

2. 플뢰뤼스(Fleurus), 벨기에의 마을. 샤를루아에서 북동쪽으로 13킬로미터에 있다. 플뢰뤼스 전투(1690년 7월 1일)에서 뢱상부르 원수가 지휘하는 프랑스 군대는 네덜란드, 스페인, 독일, 스웨덴의 동맹 군대를 무찔렀다.

3. 스텐케르케(Steenkerke, Stenkerken), 벨기에의 마을. 몽스에서 북쪽으로 26킬로미터에 있다. 스텐케르케 전투(1692년 8월 3일)에서 뢱상부르 원수의 프랑스 군대는 영국, 네덜란드, 독일, 스페인의 동맹 군대를 무찔렀다. 하지만 그는 이 승리를 충분히 이용하지 않았다.

4. 네르빈덴(Neerwinden), 벨기에의 마을. 리에주에서 북서쪽으로 40킬로미터에 있다. 네르빈덴 전투(1693년 7월 29일)에서 뢱상부르 원수는 영국, 네덜란드, 독일의 동맹 군대를 무찔렀다.

그 정신은 바로 그 당시에 이 위대한 최고 지휘관 아래에서 그 이전의 방법으로부터 벗어났다. 하지만 그 정신은 야영하는 방법에는 아직 영향을 미치지 못했다. 전쟁술의 변화는 결국 늘 결정적인 행동에서 비롯되고, 이를 통해 점차로 다른 행동에 변화를 일으키는 것이다. 야영의 상태를 얼마나 본래의 전쟁 상태가 아니라고 생각했는지는 '이제 전쟁하러 나간다.'(il va à la guerre)는 표현이 증명하고 있는데, 이는 정찰대가 적을 정찰하려고 야영지를 떠날 때 널리 쓰는 말이었다.

행군도 야영과 크게 다르지 않았다. 포병은 군대와 완전히 다른 길로 행군했는데, 이는 더 안전하고 좋은 길로 가려고 했기 때문이다. 그리고 양쪽 측면에 있는 기병은 보통 좌우의 자리를 바꾸었는데, 그렇게 하면 명예라고 생각하는 오른쪽 측면을 번갈아가며 행군할 수 있었기 때문이다.

오늘날에, 특히 슐레지엔 전쟁[5] 이후로 전투 이외의 상태는 전투의 여러 가지 측면에 매우 깊이 스며들어 있기 때문에 그 둘은 내부적으로 매우 긴밀한 상호 작용의 관계에 놓이게 되었다. 그래서 하나는 다른 것 없이는 결코 더 이상 완전하게 생각할 수 없게 되었다. 이전의 원정에서 전투는 본래의 칼이고 전투 이외의 상태는 손잡이에 불과했고, 전자는 강철로 된 칼날이고 후자는 아교로 붙인 나무 자루였고, 그래서 전체는 이질적인 부분으로 이루어져 있었다. 이제 전투는 칼날이고 전투 이외의 상태는 칼등이고, 전체는 잘 용접된 금속이라고 보아야 한다. 이 금속에서 강철이 어디에서 시작되고 철이 어디에서 끝나는지 하는 것은 더 이상 구분할 수 없게 되었다.

그런데 전쟁에서 전투 이외의 상태는 오늘날 부분적으로는 평소에 군대에 형성되어 있는 조직과 근무 규칙에 의해 규정되고, 부분적으로는 그때그때의 전술적인 배치와 전략적인 배치에 의해 규정된다. 전투력이 놓일 수 있는 전투 이외의 세 가지 상태는 사영, 행군, 야영이다. 이 세 가지는 전술에도

---

5. 제1차 슐레지엔 전쟁(1740~1742년), 제2차 슐레지엔 전쟁(1744~1745년), 제3차 슐레지엔 전쟁(7년 전쟁, 1756~1763년).

속하고 전략에도 속한다. 그리고 전술과 전략은 사영, 행군, 야영에 여러 가지 방식으로 얽혀 있거나 때로 섞여 있는 것처럼 보이거나 실제로도 섞여 있다. 그래서 많은 배치는 동시에 전술적이라고 간주할 수도 있고 전략적이라고 간주할 수도 있다.

전투 이외의 세 가지 형태에 들어 있는 특별한 목적을 살펴보기 전에 먼저 그 세 가지 형태를 일반적으로 살펴보도록 한다. 그래서 우리는 먼저 전투력의 일반적인 배치를 살펴보아야 한다. 이것이 야영, 사영, 행군보다 높은 수준의 포괄적인 배치이기 때문이다.

전투력의 배치를 일반적으로, 즉 특별한 목적을 제외하고 살펴보면, 그것은 단지 하나의 단위, 다시 말해 단지 **공동 공격**을 **하도록** 정해진 하나의 **전체**에 지나지 않는다고 생각할 수 있다. 이렇게 제일 단순한 형태에서 조금이라도 벗어나는 것은 이미 특별한 목적을 전제로 할 것이기 때문이다. 이렇게 해서 하나의 군대라는 개념이 그 군대의 규모와 상관없이 생겨나게 된다.

더욱이 특별한 목적이 전혀 없을 때는 군대의 유지와 안전도 일반적인 배치의 유일한 목적으로서 나타난다. 그래서 군대를 특별한 불리함 없이 유지하는 것, 군대를 특별한 불리함 없이 집결하여 적을 공격할 수 있다는 것이 일반적인 배치의 두 가지 조건이다. 이 두 가지 조건을 군대의 유지와 안전에 관련된 문제에 좀 더 자세히 적용할 때는 다음과 같은 것을 고려해야 한다는 결론이 나온다.

1. 식량 조달이 쉽다는 것.
2. 군대의 숙영이 쉽다는 것.
3. 배후가 안전하다는 것.
4. 탁 트인 지대를 정면에 두고 있다는 것.
5. 끊어진 지형에도 진지를 두고 있다는 것.
6. 전략적인 근거 지점을 갖고 있다는 것.
7. 군대를 목적에 맞게 분할하고 있다는 것.

이 항목 하나하나를 설명하면 다음과 같다. 첫 번째와 두 번째는 경작된 지대, 대도시, 큰 도로를 찾도록 부추긴다. 이 두 가지는 특별한 경우보다 일반적인 경우에 더 결정적인 영향을 미친다.

배후의 안전이 무엇을 뜻하는지는 병참선에 관한 장에서 분명해질 것이다. 배후의 안전에서 제일 중요한 것은 일반적인 배치의 근처에 중요한 후퇴로를 두고 있을 때 병력을 그 방향에 대해 수직으로 배치하는 것이다.

네 번째 항목과 관련해서 보면, 하나의 군대는 전투를 하는 전술적인 배치에서 정면을 조망할 수 있는 것처럼 전략적인 배치에서도 앞에 있는 지역을 전부 조망할 수는 없다. 하지만 전략에는 전위 부대, 전초 부대, 스파이 등과 같은 전략의 눈이 있다. 물론 이들도 끊어진 지형보다 탁 트인 지형에서 적을 더 쉽게 관찰할 수 있다. 다섯 번째 항목은 네 번째 항목의 뒷면에 지나지 않는다.

여섯 번째의 전략적인 근거 지점은 두 가지 특징 때문에 전술적인 근거 지점과 구분된다. 즉 전자는 군대와 직접 접촉하고 있을 필요가 없다는 것, 그리고 다른 한편으로 전자는 후자보다 훨씬 넓은 지역을 보유하고 있어야 한다는 것이다. 그 이유는 문제의 본질상 일반적으로 전략이 전술보다 넓은 공간과 많은 시간의 상황에서 움직이기 때문이다. 그래서 어느 군대가 바닷가나 매우 큰 강가에서 1마일[6] 정도 먼 곳에 배치되어 있다면, 그 군대는 전략적으로 그 대상에 의지하게 된다. 적이 바닷가나 큰 강을 전략적인 우회를 하는데 이용할 수는 없을 것이기 때문이다. 적이 며칠이나 몇 주 동안 그리고 몇 마일이나 며칠씩 길게 늘어선 채 행군하여 이 공간으로 들어오지는 않을 것이다. 다른 측면에서 보면 전략적으로 볼 때 2~3마일 정도의 둘레를 갖는 호수는 거의 장애물이라고 볼 수 없다. 전략적인 효과에서 보면 오른쪽이나 왼쪽으로 2~3마일 정도 되는 것은 거의 중요하지 않기 때문이다. 요새가 매우 크고 요새에서 비롯되는 공격 행동이 영향을 미치는 지역이 넓으면, 이런 요새는 훌륭한 근거 지점[7] 될 것이다.

6.『전쟁론』에 나오는 마일은 전부 프로이센 마일로서 1마일은 1만 걸음이고 약 7532미터이다.

일곱 번째로 군대를 분할하여 배치하는 것은 특별한 목적과 필요에 따라 이루어지거나 일반적인 목적과 필요에 따라 이루어지는데, 여기에서는 후자에 대해서만 언급한다.

첫째의 일반적인 필요성은 적을 관찰하는데 필요한 다른 부대와 함께 전위 부대를 앞으로 보내야 한다는 것이다.

둘째의 일반적인 필요성은 매우 큰 규모의 군대에서는 보통 예비 부대도 몇 마일 멀리 있는 배후에 남겨 둔다는 것이고, 그래서 군대를 분할하여 배치해야 한다는 것이다.

마지막의 일반적인 필요성은 군대의 양쪽 측면을 보호하려면 보통 특별히 배치된 군단을[8] 필요로 한다는 것이다.

그런데 이 보호는 양쪽 측면의 공간을 방어하려고 군대의 일부를 빼내는 것으로, 그래서 그 일부로 이른바 아군의 약한 지점에 적이 접근하지 못하게 하는 것으로 이해해서는 안 된다. 그렇다면 그 측면의 측면은 누가 방어할 것인가? 이런 식의 생각은 매우 천박하고 완전히 바보 같은 생각이다. 양쪽 측면 자체는 군대에서 약한 부분이 아니다. 그 이유는 적의 군대도 양쪽에 측면을 갖고 있기 때문이고, 자기 쪽 측면을 위험에 드러내지 않고는 아군의 측면을 위험에 빠뜨릴 수 없기 때문이다. 다만 양쪽 군대의 상황이 똑같지 않은 경우에, 즉 적의 병력이 아군의 병력보다 많고 적의 병참선이 아군의 병참선보다 강력한 경우에 (병참선 참조) 비로소 아군의 측면은 약한 부분이 될 것이다. 하지만 여기에서는 그런 특별한 경우를 언급하는 것이 아니다. 그래서 측면에 있는 군단이 다른 군단과 결합하여 아군의 측면 공간을 실제로 방어하도록 규정되어 있는 경우도 언급하지 않는다. 그것은 더 이상 일반적인 배치의 종류에 속하지 않기 때문이다.

---

7. 근거 지점은 공격자의 공격을 지원하는 지점. 요새뿐만 아니라 공격을 쉽게 하는 숲, 마을, 고지 등도 근거 지점이 된다.
8. 중앙, 좌익, 우익에 있는 병력은 주력 군대로 간주된다. 여기에서 말하는 군단, 즉 양쪽 측면을 보호하는 특별한 군단은 아래에 나오는 측면 전위를 가리킨다.

양쪽 측면은 특별히 약한 부분은 아니라고 해도 특별히 **중요한** 부분인 것은 분명하다. 측면에서는 적의 우회 때문에 적에게 저항하는 것이 정면만큼 더 이상 간단하지 않고, 내려야 하는 조치도 더 복잡해지고 더 많은 시간과 준비를 해야 하기 때문이다. 이런 이유 때문에 일반적인 경우에는 특히 적의 예상치 못한 행동으로부터 아군의 측면을 보호하는 것이 늘 필요하게 된다. 그런 필요성은 단순한 관찰에 필요한 수보다 많은 병력을 측면에 배치할 때 늘 생긴다. 그 병력이 철저한 저항을 수행하지 않는다고 해도 적이 그 병력을 몰아내려면, 그 병력이 많을수록 적은 그만큼 많은 시간을 필요로 하게 되고 힘과 계획을 그만큼 넓게 분산하지 않을 수 없게 된다. 이것으로 측면의 목적은 달성된 것이다. 측면이 그 이상으로 무엇을 해야 하는지는 그 순간의 특별한 계획에 의해 결정된다. 그래서 측면에 있는 군단은 측면 전위로서 간주할 수 있다. 이 측면 전위는 적이 아군의 측면을 넘어 아군의 공간으로 들어오는 돌진을 늦추고, 아군에게 이에 대항하는데 필요한 시간을 마련한다.

측면 군단은 주력 군대 쪽으로 후퇴해야 하지만 주력 군대는 이와 동시에 후퇴를 해서는 안 된다면, 측면 군단은 주력 군대와 동일 선상이 아니라 당연히 약간 그 앞에 배치되어 있어야 한다는 결론이 나온다. 본격적인 전투에 들어가지 않고 후퇴를 하는 경우에도 이 후퇴가 주력 군대의 바로 옆에서 이루어져서는 안 되기 때문이다.

그래서 군대를 분할하여 배치해야 하는 이런 내부적인 이유 때문에 군대를 네 개나 다섯 개의 부분으로 분할하는 자연스러운 체계가 생겨난다. 몇 개로 분할하는지는 예비 병력이 주력 군대와 함께 있느냐 아니냐 하는데 따라 다르다.

군대의 식량 조달과 숙영이 군대의 배치 일반에 결정적인 영향을 미치는 것처럼, 이 두 가지 문제는 군대의 분할 배치에도 영향을 미친다. 이 두 가지 문제를 고려하는 것은 앞에서 설명한 이유와 일치하는데, 사람들은 둘 중에 어느 한쪽을 지나치게 많이 희생하지 않으면서 다른 쪽을 충족하려고 노력한다. 대부분의 경우에 군대를 다섯 개의 군단으로 분할하면 숙소와 식량 조달의 어려움은 곧 해결될 것이다. 이런 점을 고려하면 이 분할을 크게 바꿀 필요는 없을 것이다.

이제 이렇게 분할된 군단이 다른 군단을 돕고, 그래서 적을 공동으로 공격하는 목적을 달성해야 한다면, 이 군단에게 주어질 수 있는 거리가 얼마나 되어야 하는지 살펴보아야 한다. 이와 관련해서는 전투의 지속 시간과 승패의 결정에 관한 장에서 말한 것이 생각나는데, 그에 따르면 군단 간의 거리에 관한 절대적인 규정은 있을 수 없다. 절대적인 병력의 수, 상대적인 우세함, 병과, 지형 등이 매우 큰 영향을 미치기 때문이다. 우리는 다만 극히 일반적인 규정으로서 이를테면 하나의 평균치를 말할 수 있을 뿐이다.

전위와 주력 군대 사이의 거리를 정하는 것이 제일 쉽다. 전위는 후퇴할 때 주력 군대를 만나기 때문에 전위 혼자 적에게 전투를 당하지 않게 하려면, 그 거리는 아무리 멀어도 하루 동안에 행군할 수 있는 정도라야 한다. 사람들은 전위를 주력 군대의 안전에 필요한 거리보다 멀리 전진하게 하지 않을 것이다. 그 이유는 후퇴를 많이 할수록 전위가 그만큼 큰 피해를 입기 때문이다.

측면 군단과 관련해서 보면, 이미 말한 것처럼 8000명에서 10,000명 정도 되는 보통의 사단의 전투에서 승패의 결정이 나는 데는 늘 몇 시간이 걸리고 심지어 한나절이 걸리는 경우도 있다. 그래서 그런 사단은 주저 없이 주력 군대에서 두세 시간, 즉 1~2마일 정도 떨어진 곳에 배치하게 된다. 이와 똑같은 이유로 3~4개의 사단을 갖는 군단은 적당하게 하루의 행군 거리만큼, 즉 3~4마일 정도 떨어진 곳에 둘 수 있다.

그래서 주력 군대를 네다섯 개의 부분으로 나누고, 그 부분 사이에 적당한 거리를 두는 이 일반적인 배치는 문제의 본질에 토대를 두고 있는데, 이런 일반적인 배치에서 일종의 방법론이 생겨날 것이다. 이 방법론은 특별한 목적이 결정적으로 개입하지 않는 한, 군대를 기계적으로 분할하게 한다.

이처럼 각자 분할되어 있는 부대는 독자적으로 수행되는 전투에 적합하고, 그런 전투를 해야 할 필요에 빠질 수 있다. 하지만 이것을 전제한다고 해도 분할하여 공격하는 것이 분할 배치의 본래의 목적이라는 결론은 결코 나오지 않는다. 이런 분할 배치의 필요성은 대부분 장기간에 걸쳐 군대를 유지하는 조건에 지나지 않는다. 적이 아군에게 접근하여 전면적인 전투를 통해 승패를 결정하려고 하면 전략의 시간은 끝나고, 모든 것은 전투의 한순간으로 모여들고, 그래서 병력을 분할하여 배치하는 목적도 끝나고 사라진다. 전투의 불이 붙기 시작하면 숙소와 식량 조달에 대한 고려도 끝난다. 정면과 측면에서 적에 대한 관찰도 수행했고, 적절한 반격으로 적의 탄력도 줄어들었다. 이제 모든 것은 주력 전투라는 하나의 큰 단위로 방향을 돌리게 된다. 어찌되었든 분할을 단지 배치의 조건이자 필요악이라고 생각하는 것, 그리고 공동 공격을 배치의 목적이라고 생각하는 것이 배치의 가치를 판단하는 최선의 기준이다.

전위와 전초

이 두 가지 주제는 전술의 실과 전략의 실이 공동으로 흘러드는 문제에 속한다. 한편으로 전위와 전초는 배치의 문제라고 보아야 하는데, 이 배치는 전투에 형태를 부여하고 전술적인 계획을 확실하게 수행하게 한다. 다른 한편으로 전위와 전초는 자주 독자적인 전투를 불러일으키고, 주력 군대에서 얼마쯤 멀리 있는 배치 때문에 전략적인 사슬의 일부분으로 간주해야 한다. 바로 이런 전략적인 배치 때문에 앞 장을 보충하는 의미에서 이 주제를 여기에서 잠깐 다루도록 한다.

전투를 충분히 준비하지 못한 모든 군대는 전위를 필요로 하고, 이 전위로 적이 아군의 눈에 띄기 전에 적의 접근을 알아내려고 한다. 인간의 시력은 대개 화기의 영향력이 미치는 범위에 훨씬 못 미치기 때문이다. 자기의 시력이 자기의 팔 길이보다 멀리 미치지 못하는 인간은 얼마나 불행할까? 전초를 군대의 눈이라고 하는 말은 이미 오래전부터 있었다. 하지만 전초에 대한 필요성이 언제나 같은 것은 아니고, 필요성의 정도는 다를 수 있다. 병력의 수, 병력이 배치되어 있는 넓이, 시간, 장소, 여러 가지 상황, 전쟁 방식, 심지어 우연도 그 필요성의 정도에 영향을 미친다. 그래서 전위와 전초를 쓰는 일이 전쟁사에서 일정하고 단순한 윤곽으로 나타나지 않고 매우 다양한 사례에서 무질서한 방식으로 나타나는 것은 놀라운 일이 아니다.

어느 때는 군대의 안전을 특정한 전위 군단에 맡기기도 하고, 다른 때는 하나하나의 전초의 긴 선에 맡기기도 한다. 어느 때는 전위와 전초를 둘 다 쓰는 경우도 있고, 다른 때는 둘 중의 어느 하나도 쓰지 않는 경우가 있다. 어느 때는 전진하는 여러 개의 종대에 공동의 전위를 두는 경우도 있고, 다른 때는 모든 종대에 각각 독자적인 전위를 두는 경우도 있다. 우리는 이 문제를 분명하게 설명하려고 하고, 이런 다양성이 앞으로도 쓰일 수 있는 약간의 원칙으로 환원될 수 있는지 알아보려고 한다.

어느 군대가 전진하면 대체로 많은 수의 병사들이 맨 앞으로 나아가서 전위를 이루고, 그 군대가 후퇴하면 그 병사들은 후위가 된다. 그 군대가 사영이나 야영을 할 경우에는 얼마 안 되는 초병으로 이루어진 넓은 선이 그 지역의 전위, 즉 전초를 이룬다. 다시 말해 문제의 본질상 군대가 어느 곳에 주둔하고 있을 때는 이동하고 있을 때보다 넓은 공간을 보호할 수 있고 보호해야 한다. 그래서 자연스럽게 주둔하고 있는 경우에는 초병선의 개념이, 이동하고 있는 경우에는 통합된 군단의 개념이 생겨난다.

전위는 물론 전초도 그 내부의 병력의 수에 따라 여러 가지 단계를 갖는다. 모든 병과로 이루어진 대규모의 군단으로부터 경기병 연대에 이르기까지, 모든 병과로 구성되고 보루를 갖춘 강력한 방어선으로부터 야영지에서 보낸 단순한 보초와 전초 중대에[1] 이르기까지 여러 가지 단계를 갖는다. 그래서 그런 전위와 전초의 임무도 단순한 관찰부터 저항에 이르기까지 넓은 범위에 걸쳐 있다. 그리고 이 저항은 주력 군대에게 전투 준비에 필요한 시간을 마련하도록 하는데 적절할 뿐만 아니라 적의 조치와 의도를 일찍 드러내게 하여 관찰의 효과를 크게 높이는 데도 적절하다.

그래서 어느 군대에게 시간이 얼마나 많이 필요한지에 따라, 그 군대의 저항이 적의 특별한 배치를 얼마나 많이 예상해야 하는지에 따라, 그리고 적의 배치에 대해 얼마나 많이 준비를 해야 하는지에 따라 그 군대는 그만큼

---

1. 전초 중대는 보초나 전초를 지원하는 부대.

많은 전위와 전초를 필요로 하게 된다.

프리드리히 대왕은 모든 최고 지휘관 중에서 전투를 제일 잘 준비한 최고 지휘관이라고 할 수 있고, 단지 명령을 내리는 것만으로 전투에서 자기 군대를 지휘했다. 그래서 그는 강력한 전초를 필요로 하지 않았다. 우리는 대왕이 늘 바로 적의 눈앞에서 야영했다는 것을 알고 있다. 어느 때는 경기병 연대를 통해, 다른 때는 휴식을 하고 있는 대대를[2] 통해, 또 다른 때는 야영지에서 보낸 보초와 전초 중대를 통해, 즉 대규모의 전위와 전초 없이 군대의 안전을 확보했다. 행군할 때는 대부분 몇천 명의 기병이 (이들은 제1선에 있는 측면 기병 부대에 속하는데) 전위를 이루었고, 행군이 끝나면 그들은 다시 주력 군대로 돌아갔다. 그래서 어느 한 군단이 지속적으로 전위를 맡는 경우는 드물었다.

병력이 적은 군대가 늘 전체의 병력으로 전력을 기울여 매우 신속하게 행동하려면, 그리고 그 군대가 더 많은 훈련과 단호한 지휘의 효과를 거두려면, 프리드리히 대왕이 다운에게 맞섰던 것처럼 거의 모든 것이 적의 눈앞에서(sous la barbe de l'ennemi)[3] 일어나야 한다. 이런 상황에서 적과 거리를 둔 채 병력을 배치하고 지나치게 형식적인 전초 체계를 쓰는 것은 대왕의 우세함을 완전히 무력하게 만들었을 것이다. 대왕의 이런 방식이 지나치거나 실수를 범하면 호크키르히 전투와 같은 결과를[4] 초래할 수 있지만, 이것은 대왕의 방식이 틀렸음을 증명하는 것이 아니다. 오히려 우리는 그 전투로 대왕의 탁월한 능력을 인정해야 할 것이다. 그와 같은 경우는 모든 슐레지엔 전쟁에서 바로 호크키르히 전투 단 한 번뿐이었기 때문이다.

하지만 보나파르트에게는 정말 잘 훈련받은 군대와 결단력이 없지 않았

---

2. 휴식을 하고 있는 대대는 연대 조직에 편입되어 있지 않은 특별한 대대로서 대왕은 7년 전쟁에서 이 특별한 대대를 자주 이용했다.

3. 직역하면 '적의 수염 아래에서'이다.

4. 호크키르히 전투(1758년 10월 14일)에서 프리드리히 대왕은 다운이 공격으로 나오지 않을 것이라고 생각하여 불리한 고지에서 야영했는데, 14일 새벽 5시에 다운의 공격을 받고 크게 패배했다.

는데도 그는 거의 언제나 강력한 전위를 앞에 두었다. 여기에는 두 가지 이유가 있었다.

첫 번째 이유는 전술의 변화 때문이다. 이제 군대는 더 이상 하나의 단순한 전체로서 단순한 명령만으로 전투에 투입할 수 없게 되었고, 그래서 어느 정도 민첩하고 용감하게 큰 결투를 치르듯이 전투를 결정지을 수 없게 되었다. 이제는 전투력을 지형과 상황의 특징에 잘 적응하게 하고, 전투 대형과 전투에서 하나의 전체를 (이 전체는 몇 개의 전투로 분할되지만) 만들게 되었다. 이렇게 되면 결과적으로 단순한 결단은 복합적인 계획이 되고, 단순한 명령은 시간이 다소 오래 걸리는 배치 계획이 된다. 그렇게 하려면 시간과 자료가 필요해진다.

두 번째 이유는 최근의 군대에서 병력의 수가 늘어났기 때문이다. 프리드리히 대왕은 30,000명에서 40,000명을 이끌고 전투에 나섰는데, 보나파르트는 100,000명에서 200,000명을 이끌고 전투를 수행했다.

이 두 사례를 든 것은 이 수준의 최고 지휘관들이 아무런 이유 없이 그처럼 철저하게 자기만의 방식을 받아들였을 것이라고 전제할 수 없기 때문이다. 전체적으로 보면 전위와 전초를 쓰는 일은 일반적으로 최근에 더 많이 발전했다. 슐레지엔 전쟁에서도 모든 최고 지휘관이 프리드리히 대왕의 방식처럼 행동하지 않았다는 것은 오스트리아 군대를 보면 알 수 있다. 오스트리아 군대는 전초 체계를 훨씬 많이 갖고 있었고 전위 군단을 훨씬 자주 앞으로 보냈다. 오스트리아 군대에게는 군대의 상황 때문에 그렇게 할 만한 충분한 이유도 있었다. 최근의 전쟁에서도 전위와 전초에서 매우 다양한 형태를 많이 볼 수 있다. 프랑스의 원수인 막도날은[5] 슐레지엔에서, 그리고 우디노와[6] 네는[7] 마르크에서 60,000명에서 70,000명에 이르는 대규모의 군대를 이끌고

---

5. 막도날(Étienne Jacques Joseph Alexandre MacDonald, 1765~1840), 프랑스의 장군. 그는 카츠바흐 강변에서 프로이센과 러시아의 동맹 군대에게 패배했다.

6. 우디노(Nicolas Charles Marie Oudinot, 1767~1847), 프랑스의 원수.

7. 네(Michel Ney, 1769~1815), 프랑스의 장군. 우디노와 네는 공동으로 마르크 브란덴부르크

전진했지만, 이들이 전위 군단을 갖고 있었다는 말은 듣지 못했다.

지금까지 전위와 전초의 수에는 여러 가지 단계가 있다는 것만 말했다. 하지만 그 밖에 또 다른 차이도 있고, 이제 그것을 분명하게 설명하도록 한다. 즉 어느 한 군대가 일정한 넓이로 전전하든지 후퇴하는 경우에 그 군대는 옆에서 나란히 전진하는 모든 종대에 공통되는 하나의 전위와 후위를 둘 수도 있고 모든 종대에 따로따로 하나의 전위와 후위를 둘 수도 있다. 이에 대해 분명한 견해를 가지려면 이 문제를 다음과 같은 방식으로 생각해야 한다.

전위가 특별히 군단의 이름에 상응하는 만큼 대규모인 경우에 기본적으로 이 전위는 중앙에서 전진하고 있는 주력 군대의 안전만 확보하게 되어 있다. 이 주력 군대가 옆으로 나란히 있는 몇 개의 길로 전진한다면, 그리고 전위 군단이 그 길을 당연히 점령할 수도 있고 보호할 수도 있다면, 측면에 있는 종대는 당연히 특별한 보호를 필요로 하지 않는다.

하지만 여러 개의 군단의 거리가 매우 넓고 그 군단이 정말로 분리되어 있는 군단으로서 전진한다면, 각 군단은 자신의 전위를 스스로 마련해야 한다. 중앙에 있는 주력 군대의 군단 중에 도로의 우연한 상황 때문에 중앙에서 지나치게 멀리 있는 군단도 이와 동일한 경우에 해당한다. 그러면 군대에서 분리된 집단으로서 옆에서 나란히 전진하는 군단의 수만큼 많은 전위가 생길 것이다. 각각의 전위가 공동의 전위보다 훨씬 약하다면 각각의 전위는 보통의 전술적인 배치의 단계와 다를 바 없게 되고, 전략표(strategisches Tableau)에서[8] 전위는 완전히 없어질 것이다. 하지만 중앙에 있는 주력 군대의 병력이 대규모의 군단을 전위로 삼고 있으면, 그 군단은 군대 전체의 전위로 보일 것이고 여러 가지 측면으로 보아도 그러할 것이다.

양쪽 측면보다 중앙에 훨씬 많은 전위를 두는 이유에는 무엇이 있을 수 있을까? 다음과 같은 세 가지 이유를 들 수 있다.

의 덴네비츠에서 프로이센 군대와 전투를 벌였지만 패배했다(1813년 9월 6일).

8. 여기에서 클라우제비츠는 케네의 경제표(Tableau économique) 개념을 모방한 것으로 보인다.

1. 보통 중앙에서 매우 많은 군대의 병력이 전진하기 때문이다.

2. 하나의 군대가 넓게 차지하는 지역 중에 확실히 중심이 그 자체로 언제나 제일 중요한 부분이기 때문이다. 모든 계획은 대부분 중심과 관련되어 있고, 그래서 전쟁터도 보통 양쪽 측면보다 중심에 가깝게 놓여 있기 때문이다.

3. 중앙에서 전진하는 전위 군단은 양쪽 측면의 진정한 전위가 될 수 없기 때문에 측면의 안전에 직접적으로는 이바지할 수 없다고 해도 간접적으로는 크게 이바지하기 때문이다. 즉 적은 보통의 경우에 아군의 두 측면 중에서 한쪽 측면에 중요한 행동을 감행하려고 해도 중앙의 전위 군단 근처를 무사히 통과할 수 없다. 그 이유는 적도 자신의 측면과 배후에서 당할지 모르는 습격을 걱정하지 않을 수 없기 때문이다. 중앙에서 전진하는 전위 군단이 적에게 미치는 이런 위협이 아군의 측면 군단의 안전을 완벽하게 보장하는 데 충분하지 않다고 해도 측면 군단이 두렵게 생각하는 많은 경우를 없애는 데는 충분하다. 이제 측면 군단은 더 이상 그런 위험을 두려워하지 않아도 된다.

그래서 중앙에 있는 전위가 측면에 있는 전위보다 훨씬 강력하다면, 즉 특별한 전위 군단으로 이루어져 있다면, 중앙의 전위는 더 이상 전위의 배후에 있는 군대를 적의 습격으로부터 안전하게 하는 단순한 의미의 전위가 아니다. 그것은 전진 부대로서 더 일반적인 전략적인 관점에서 활동하게 된다.

중앙에 있는 전위 군단의 효용은 다음과 같은 목적 때문에 생겨나는데, 그래서 이 목적은 그 전위 군단의 이용 방식도 규정한다.

1. 아군을 배치하는데 많은 시간이 요구되는 경우에 중앙의 전위 군단에게 적에 대해 더 강력하게 저항하도록 허락하고, 적이 전진을 더 신중하게 고려하게 하고, 그래서 보통의 전위가 갖는 효과를 높인다.

2. 주력 군대의 병력이 매우 많아서 이동하는 것이 어려운 경우에 이 주력 군대를 약간 배후에 남겨 둘 수 있고, 이동 능력이 높은 전위 군단을 적의 근처에 둘 수 있다.

3. 다른 이유 때문에 주력 군대를 적으로부터 매우 먼 곳에 두어야 하는 경우에도 전위 군단은 적의 근처에서 적을 관찰할 수 있다.

소규모의 정찰 초소나 단순한 순찰대가 중앙의 전위 군단과 같은 정도로 정찰을 잘 할 수 있다는 생각은 잘못이다. 그런 부대가 얼마나 쉽게 격퇴되는지, 그리고 대규모의 전위 군단에 비해 그런 부대에 정찰 수단이 얼마나 부족한지 하는 것을 생각하면 이 점을 잘 알 수 있다.

4. 중앙의 전위 군단은 적을 추격할 때도 유용하다. 단순한 전위 군단에 기병의 대부분을 덧붙이면 그 부대는 군대 전체보다 빠르게 이동할 수 있다. 저녁에는 전체보다 늦게까지 그 자리에 있을 수 있고, 아침에는 전체보다 일찍 행동할 수 있다.

5. 마지막으로 후퇴할 때는 후위 부대로서 유용하다. 그러면 끊어진 지형 중에 중요한 지형을 방어하는데 후위 부대를 쓸 수 있다. 이런 상황에서도 중앙은 특히 중요하다. 언뜻 보면 그와 같은 후위 부대는 늘 측면으로부터 포위될 위험에 빠지는 것처럼 보인다. 하지만 적이 이미 측면 쪽으로 조금 더 밀고 들어왔다고 해도 다음과 같은 것을 잊어서는 안 된다. 즉 적이 아군의 중앙을 정말로 위험에 빠뜨리려면 그곳으로부터 중앙까지 좀 더 행군해야 한다는 것, 그래서 중앙에 있는 후위 부대는 좀 더 오래 견디면서 배후에 남을 수 있다는 것이다. 이에 반해 중앙이 양쪽 측면보다 빠르게 후퇴하면 그것은 곧바로 걱정스러운 일이 된다. 그것은 아군이 전투에서 패배하여 달아나는 모습이고, 그런 모습은 이미 그 자체로 매우 두려운 것이기 때문이다. 군대를 하나로 결합하고 결속하는 것이 후퇴할 때보다 절실하게 필요한 때도 없고, 이 점을 모든 사람이 후퇴할 때보다 뼈저리게 느끼는 때도 없다. 측면의 목적은 결국 다시 중앙으로 합치는 것이다. 부대의 식량 조달과 도로의 형편 때문에 상당히 넓게 후퇴하지 않을 수 없을 때도 그 이동은 보통 중앙으로 통합되는 배치로 끝나게 된다. 이런 고찰에 덧붙여 보통 적군이 주력 군대로 온 힘을 다해 아군의 중앙으로 추격한다는 것을 생각하면, 중앙의 후위 부대가 얼마나 중요한지 알 수 있다.

이렇게 보면 앞에서 말한 경우 중에 어느 하나라도 일어나는 모든 경우에는 특별한 전위 군단을 앞에 두는 것이 적절할 것이다. 단 중앙의 병력이 측면의 병력보다 많지 않으면 앞에서 말한 여러 가지 조건은 거의 모두 성립되지 않는다. 예를 들면 막도날이 1813년에 슐레지엔에서 블뤼허에게 대항하여 전진했을 때,[9] 그리고 블뤼허가 엘베 강을 향해 이동했을 때는 그런 조건이 성립되지 않았다. 두 사람 모두 3개의 군단을 갖고 있었고, 그 군단은 보통 3개의 종대로 나뉘어서 여러 길을 따라 옆에서 나란히 이동했다. 그래서 그들에게는 전위도 그다지 많지 않았다.

동일한 수의 병력을 갖는 세 개의 종대로 나누는 이런 배치는 부분적으로 바로 그런 이유 때문에 결코 권할 만한 것이 못 된다. 이는 하나의 군대 전체를 3개의 부분으로 분할하는 것이 매우 어색한 것과 마찬가지인데, 이 점에 대해서는 제3편 제5장에서[10] 말했다.

군대 전체를 중앙에 두고 이와 분리된 두 개의 측면을 양쪽에 두는 배치는 특별한 규정이 없는 한 제일 자연스러운 배치이다. 이 점에 대해서는 앞 장에서 말했다. 이런 배치에서는 제일 단순하게 생각해도 전위 군단이 중앙의 앞에 있고, 그래서 양쪽 측면을 잇는 선보다 앞에 있게 될 것이다. 그런데 측면에 대한 측면 군단의 임무는 기본적으로 정면에 대한 전위의 임무와 비슷하기 때문에 측면 군단이 전위와 동일 선상에 있든지, 아니면 특별한 상황이 있을 때는 심지어 전위보다 앞에 있는 경우도 자주 있을 것이다.

전위 병력의 수와 관련해서는 별로 할 말이 없다. 그 이유는 군대 전체를 나누는 1차 분할의 대형에서는 하나 또는 두세 개의 부분을 전위로 삼고 이를 기병으로 강화하는 것이 오늘날 매우 일반적으로 쓰이는 방식이기 때문이다. 그래서 군단으로 분할된 군대에서는 하나의 군단이, 사단으로 분할된 군대에서는 하나의 사단이나 두세 개의 사단이 전위를 형성한다.

---

9. 카츠바흐 전투에서 막도날은 제3, 제5, 제12군단을 이끌었는데 이 세 군단 사이에 병력의 차이는 거의 없었다.
10. 제5편 제5장에서 말했다.

이런 점에서 보아도 군대의 1차 분할은 많을수록 유리하다는 것을 쉽게 알 수 있다.

전위가 정면의 앞쪽에 얼마나 멀리 있어야 하는지는 완전히 그때그때의 상황에 달려 있다. 전위는 주력 군대에서 하루의 행군 거리보다 먼 곳에 있을 수도 있고 주력 군대 앞에 바싹 붙어 있을 수도 있다. 전위가 대부분의 경우에 주력 군대에서 1마일에서 3마일 정도의 거리에 있다면, 이는 단지 이 정도의 거리를 요구하는 일이 제일 많다는 것을 증명하는데 지나지 않는다. 이 거리를 규칙으로 삼을 수도 없고, 이 규칙에서 모든 것이 비롯되어야 하는 것도 아니다.

지금까지 한 고찰에서 전초는 전혀 살펴보지 않았다. 그래서 이제 이 문제로 돌아가야 한다.

앞에서 전초는 주둔 중인 군대에 적합하고, 전위는 행군 중인 군대에 적합하다고 말했다. 이렇게 말한 것은 그 개념의 유래에서 비롯된 것이고 그 개념을 먼저 구분하려고 했기 때문이다. 그런데 이 단어를 끝까지 고집하려고 하면 분명히 하찮은 구분 이상에 이르지 못할 것이다.

행군 중인 군대는 저녁에 행군을 멈추고 다음 날 아침에 계속 이동하게 되는데, 그러면 전위도 당연히 그렇게 해야 한다. 전위는 그때마다 전위 자신과 군대 전체의 안전을 생각해서 초병 부대를 두어야 한다. 그렇다고 전위가 단순한 전초로 바뀌는 것은 아니다. 전초를 전위의 개념과 반대되는 것으로 간주해야 한다면 이는 전위의 임무를 맡기로 되어 있는 군대의 대부분의 병력이 하나하나의 초병 부대로 해체되고, 여러 병과가 결합된 통합된 군단으로서는 일부만 남든지 아니면 전혀 남아 있지 않을 때만 그렇게 간주할 수 있다. 그래서 긴 초병선의 개념이 통합된 군단의 개념보다 지배적으로 나타날 때만 그렇게 간주할 수 있다.

휴식을 하는 시간이 짧을수록 보호는 그만큼 덜 완벽해도 된다. 오늘 밤부터 다음 날 아침까지 휴식을 한다면 적은 아군의 무엇이 보호되어 있고 보호되어 있지 않은지 경험할 기회를 전혀 갖지 못한다. 휴식이 오래 계속될수록 적이 드나들 수 있는 모든 지점에 대한 정찰과 보호는 그만큼 완벽해야 한다. 그래서 대개 주둔 기간이 길어지면 전위는 늘 초병선으로 점점 더 넓어질 것이다. 전위가 완전히 초병선처럼 되어야 하는지 아니면 통합된 군단의 개념이 여전히 중요한지 하는 것은 주로 다음의 두 가지 상황에 달려 있다. 첫째는 대치하고 있는 양쪽의 군대가 얼마나 가까이 있느냐 하는 것이고, 둘째는 지형의 성질이다.

양쪽 군대가 넓게 퍼져 있는데 반해 매우 가까이 있다면, 두 군대 사이에 전위 군단을 더 이상 배치할 수 없을 것이고, 군대의 안전은 일련의 작은 초병 부대를 통해서만 유지할 수 있을 것이다.

일반적으로 통합된 군단은 적이 드나드는 지점을 직접 보호하는 일이 별로 없기 때문에 보호의 효과를 내는 데는 많은 시간과 공간이 필요하다. 그래서 군대가 사영할 때처럼 매우 넓은 면적을 차지하고 있는 경우에 통합되어 주둔하고 있는 군단이 적이 드나드는 지점을 지켜야 한다면, 그 군대는 반드시 적으로부터 상당히 먼 곳에 있어야 한다. 그래서 예를 들면 겨울 사영은 대부분 전초 초병선으로 보호된다.

두 번째 상황은 지형의 성질이다. 예를 들면 심하게 끊어진 지형이 별로 힘들이지 않고 강력한 초병선을 만들 기회를 줄 때 그 지형을 쓰지 않은 채 내버려 두지는 않을 것이다.

마지막으로 겨울 사영에서도 혹독한 추위는 전위 군단을 초병선으로 해체하게 하는 동기를 줄 수 있다. 그러면 전위 군단이 편하게 숙영을 할 수 있기 때문이다.

제일 완벽하게 만들어진 것으로는 영국과 홀란트의[11] 동맹 군대가 네덜란드에서 1794년부터 1795년에 걸친 겨울 원정에서[12] 쓴 강력한 전초선을 들

---

11. 홀란트(Holland), 자위더르 해와 마스(Maas) 강 중간에 있는 지방. 그 당시에 일곱 개 지방의 네덜란드 연합 공화국의 한 지방이었다. 우리가 화란(和蘭)이라고 부르는 것은 '네덜란드'가 아니라 '홀란트'의 중국어 음역이다. 그만큼 네덜란드에서 정치·경제적으로 제일 강력한 지방이(었)다.

수 있다. 이때 모든 병과로 이루어진 여단을 하나하나의 초병 진지에 배치하여 방어선을 만들었고, 이 방어선은 예비 부대의 지원을 받았다. 이때 이 동맹 군대에 있었던 샤른호스트는 이 방어선을 1807년에 동프로이센의 파사게 강에[13] 주둔하고 있는 프로이센 군대에 도입했다. 하지만 그 외에 최근에는 이 방어선이 별로 쓰이지 않는데, 이는 주로 전쟁에 이동이 매우 많아졌기 때문이다. 방어선을 쓸 수 있는데 그 기회를 놓친 일도 있는데, 예를 들면 뮈라가[14] 타루티노 전투에서[15] 그러했다. 매우 긴 방어선이 펼쳐져 있었다면 뮈라가 전초 전투에서 30문이 넘는 대포를 잃는 처지에 빠지지는 않았을 것이다.

상황에 따라 이 수단에서 큰 유리함을 끌어낼 수 있다는 것은 부정할 수 없다. 이 점에 대해서는 다른 기회에 더 말할 생각이다.

---

12. 이 겨울 원정은 프랑스 혁명 전쟁에 속하는 원정으로서 프랑스 대 영국, 네덜란드, 오스트리아의 동맹 군대 사이에 있었던 원정이다. 프랑스 혁명 군대가 네덜란드를 점령했다. 그전에 프랑스는 1793년 2월 1일에 영국과 네덜란드에 선전 포고를 했다.

13. 파사게 강(Passarge, Pasłęka), 동프로이센을 흐르는 강. 길이는 약 145킬로미터로 발트 해의 프리시 만으로 흘러든다. 현재 폴란드의 강.

14. 뮈라(Joachim Murat, 1767~1815), 프랑스의 장군. 나폴레옹의 측근. 나폴리의 왕으로 재임. 뛰어난 기병 대장.

15. 타루티노(Tarutino), 모스크바에서 남서쪽으로 약 90킬로미터에 있는 마을. 이 전투(1812년 10월 18일)에서 뮈라가 지휘하는 프랑스 군대는 20,000명의 병력을 이끌고 있었는데, 쿠투조프(Kutusow(Kutuzov), 1745~1813)의 러시아 군대(36,000명)에게 패배했다.

제8장

전진 부대의 행동 방식

앞에서 본 것처럼, 군대의 안전은 전위와 측면 군단이 밀려오는 적에게 보이는 행동을 통해 얻는다. 전위와 측면 군단이 적의 주력 군대와 맞서게 된다는 것을 생각하면, 그 부대는 늘 적의 주력 군대보다 열세에 놓이게 된다고 보아야 한다. 그래서 전위와 측면 군단이 이와 같은 수의 불균형에서 큰 손실을 입지 않고 어떻게 자신의 임무를 완수할 수 있는지 따로 설명하는 것이 필요하다.

이 전진 부대의 임무는 적을 관찰하는 것이고 적의 전진 속도를 늦추는 것이다.

소규모의 병력으로는 첫 번째 목적도 결코 달성할 수 없을 것이다. 그 병력이 금방 격퇴될 수도 있고 관찰의 수단이 되는 전진 부대의 눈이 그다지 멀리 미치지 못하는 경우도 있기 때문이다.

전진 부대의 병력이 소규모라고 해도 관찰은 수준 높은 관찰이어야 한다. 즉 적이 아군의 전진 부대 앞에서 자기의 모든 병력을 드러내 보이게 해야 하고, 이때 적의 인원뿐만 아니라 적의 계획도 분명하게 드러나도록 하는 관찰이어야 한다.

이렇게 하는 데는 전진 부대가 단지 전쟁터에 있는 것만으로도 충분할 것이고, 적이 이 전진 부대를 몰아내려고 준비하는 것을 기다렸다가 후퇴를 하기 시작하면 될 것이다.

하지만 전진 부대는 적의 전진 속도도 늦추어야 한다. 그러려면 본격적인 저항도 해야 한다.

그런데 전진 부대가 마지막 순간까지 기다렸다가 그런 저항을 한다면 큰 손실을 입을 끊임없는 위험에 빠지지 않을까? 그런 위험 없이 어떻게 그렇게 할 수 있을까? 그것은 주로 적도 전위를 앞에 둔 채로 밀려오고, 그래서 곧바로 군대 전체의 우세하고 압도적인 힘으로 밀려오는 것이 아니기 때문이다. 그런데 적의 전위는 이미 처음부터 아군의 전진 부대보다 우세할 수도 있고, 적이 그렇게 되도록 준비할 수도 있다. 적의 주력 군대와 그 전위 사이의 거리가 아군의 주력 군대와 그 전위 사이의 거리보다 짧을 수도 있다. 적의 주력 군대는 이미 전진하고 있기 때문에 곧 자기의 전위 부대가 있는 곳에 도착하여 그 전위 부대의 공격을 전력을 다해 지원할 수도 있다. 하지만 이 모든 경우에도 아군의 전진 부대는 적의 전위와 상대하는 것이고, 그래서 대략 똑같은 규모의 병력과 상대하는 것이기 때문에 이 첫 번째 단계에서 아군은 약간의 시간을 벌 수 있다. 또한 전진 부대의 후퇴를 위험에 빠뜨리지 않으면서 적이 접근하는 것을 얼마 동안 관찰할 수도 있다.

전진 부대가 저항하는데 적당한 진지에서 약간의 저항을 한다고 해도 이것이 늘 불리한 것은 아니다. 물론 병력의 불균형을 고려할 때 다른 경우에는 전진 부대의 저항에서 손실을 예상할 수 있을 것이다. 우세한 적에 맞서 저항할 때 생길 수 있는 제일 큰 위험은 언제나 적이 아군을 우회하여 포위 공격으로 아군을 매우 불리한 상황에 빠뜨릴 수 있다는 것이다. 하지만 그런 위험은 지금 말하고 있는 상태에서는 대부분 크게 줄어든다. 적의 전위 부대는 아군의 주력 군대에서 파견된 지원 병력이 얼마나 가까이 있는지 전혀 알 수 없고, 그래서 아군에게 밀려드는 적의 종대도 아군에게 협공을 당할 수 있기 때문이다. 그 결과로 적의 전위는 언제나 하나하나의 종대를 거의 동일 선상에 나란히 둔다. 그리고 아군의 상태를 정확히 파악한 다음에 비로소 신중하고 조심스럽게 두 측면 중에서 한쪽 측면을 우회하기 시작한다. 이리저리

더듬어 보는 이런 신중함이 아군의 전진 부대로 하여금 정말로 위험이 닥치기 전에 후퇴할 수 있게 한다.

그 밖에 아군의 전진 부대가 적의 정면 공격과 우회의 개시에 맞서 얼마나 오랫동안 실질적인 저항을 지속할 수 있는지는 주로 지형의 성질과 지원병력의 접근 정도에 달려 있다. 이 저항이 자연스러운 정도를 넘는 것은 지성의 결핍 때문일 수도 있고 주력 군대에게 시간적인 여유를 주려는 희생 정신 때문일 수도 있는데, 그 결과는 늘 엄청난 손실로 나타날 것이다.

극히 드문 경우에만, 즉 지형이 매우 심하게 끊어져 있고 이것이 저항할 기회를 주는 경우에만 전투를 통한 실질적인 저항이 의미를 갖게 될 것이다. 그런 전진 부대가 할 수 있는 소규모 전투의 지속 시간이 그 자체로 충분한 시간을 버는 것은 어려울 것이다. 오히려 시간은 문제의 본질상 다음의 세 가지 방식으로 벌어야 한다. 즉

1. 적이 더 신중하고, 그래서 더 천천히 전진하는 것을 통해서,

2. 실질적인 저항을 지속하는 것을 통해서,

3. 후퇴 자체를 통해서 벌어야 한다.

그래서 이 후퇴는 안전이 허락하는 한 천천히 이루어져야 한다. 어느 지역에 후퇴하는 부대를 새로 배치할 수 있으면 그 기회를 이용해야 한다. 그러면 적은 그때마다 공격과 우회를 하려고 새로 준비하지 않을 수 없고, 아군은 그만큼 새로 시간을 벌게 된다. 이 새로운 진지에서 아마 실질적인 전투도 할 수 있을 것이다.

전투를 통한 저항과 후퇴하는 행군은 긴밀하게 결합되어 있다는 것, 그리고 전투를 오래 계속할 수 없는 경우에는 전투를 여러 번 하는 것으로 그것을 보완해야 한다는 것을 알 수 있다.

이것이 전진 부대의 저항 방식이다. 이 방식의 성과는 무엇보다 전진 부대의 인원과 지형의 성질에 달려 있고, 그다음으로 후퇴하는 길의 길이에 그리고 주력 군대의 지원과 수용 능력에 달려 있다.

소규모의 전진 부대는 병력의 비율이 적과 같다고 해도 대규모의 전진

부대만큼 오래 저항할 수 없다. 전진 부대의 인원이 많을수록 전진 부대의 활동을 (그 활동이 어떤 종류의 것이든지) 완수하는데 그만큼 많은 시간이 필요하기 때문이다. 산악 지형에서는 단순한 행군도 훨씬 느려지고, 산에 배치된 하나하나의 전진 부대는 훨씬 오래 저항할 수 있고, 전진 부대의 위험도 훨씬 낮다. 그런 배치를 할 기회는 산에는 어디에나 있다.

전진 부대를 멀리 전진하게 하면 후퇴의 길이도 늘어나고, 그래서 전진 부대의 저항으로 얻게 되는 절대적인 시간도 늘어난다. 그런데 그런 전진 부대는 위치상으로 저항 능력도 훨씬 떨어지고 지원도 훨씬 줄어든다. 그래서 이 전진 부대가 그 긴 후퇴로에서 후퇴하는데 걸리는 시간이 주력 군대의 근처에 있는 전진 부대가 후퇴하는데 걸리는 시간보다 오히려 짧을 수 있다.

전진 부대를 수용하고 지원할 수 있는 주력 군대의 능력은 당연히 전진 부대의 저항의 지속 시간에 영향을 미칠 것이다. 그것이 없으면 전진 부대는 후퇴를 조심스럽고 신중하게 해야 하는데, 이는 언제나 전진 부대의 저항 능력을 빼앗고 약하게 만들 것이다.

적이 오후에 비로소 전진 부대 앞에 나타나면, 이는 전진 부대의 저항을 통해 얻게 되는 시간에서 두드러진 차이를 낳는다. 적이 계속 전진하는데 밤을 이용하는 일은 드물기 때문에 이런 경우에는 보통 밤 동안의 시간을 더 벌게 된다. 그래서 1815년에 치이텐 장군[1] 아래에 있는 약 30,000명의 프로이센 제1군단이 보나파르트의 120,000명의 군대에게 저항하는 일이 일어나게 되었다. 이 제1군단은 샤를루아에서[2] 리니에[3] 이르는 채 2마일도 안 되는 짧은 길에서 프로이센 군대에게 병력을 집결하는데 24시간 이상의 시간적인 여

---

1. 치이텐(Hans Ernst Karl von Zieten, 1770~1848), 프로이센의 원수.
2. 샤를루아(Charleroi), 현재 벨기에의 도시. 브뤼셀에서 남쪽으로 약 50킬로미터에 있다. 1815년에 전쟁이 끝난 후에 샤를루아는 연합 네덜란드 왕국에 속했다가 1830년에 새로운 벨기에 왕국에 속하게 되었다.
3. 리니(Ligny), 현재 벨기에 남부 나무르 지방의 도시. 샤를루아에서 북동쪽으로 약 16킬로미터에 있다. 리니 전투(1815년 6월 16일)에서 나폴레옹은 프로이센 군대를 무찔렀다. 리니 전투는 워털루 전투 이틀 전에 일어난 전투로서 나폴레옹이 마지막으로 승리한 전투이다.

유를 줄 수 있었다. 즉 치이텐 장군은 6월 15일 오전 9시쯤에 공격을 받았고, 리니 전투는 16일 오후 2시쯤에 시작되었다. 물론 치이텐 장군은 5000명에서 6000명에 이르는 사망자, 부상자, 포로 등의 매우 큰 손실을[4] 입었다.

경험에 비추어 보면 이런 종류의 고찰에 대한 근거로서 다음과 같은 결론을 내릴 수 있을 것이다.

기병을 통해 강력해진 10,000명에서 12,000명 규모의 사단이 하루의 행군에 해당하는 3~4마일 정도 전진한다면, 이 사단이 그다지 험하지 않은 보통의 지형으로 후퇴하면서 적을 막을 수 있는 시간은 이 후퇴 지역을 단순하게 행군하는데 필요한 시간의 약 1.5배 정도 될 것이다. 그 사단이 주력 군대에서 단지 1마일 정도만 전진했다면 단순한 행군으로 후퇴하면서 적을 막는 것보다 아마 2~3배쯤 더 오래 적을 막을 수 있을 것이다.

보통 4마일을 10시간에 행군한다고 생각하면 적의 병력이 그 사단 앞에 나타나는 순간부터 아군의 주력 군대 자체를 공격하는 순간까지 대략 15시간 정도 걸린다고 예상할 수 있을 것이다. 이와 반대로 전위가 단지 주력 군대의 1마일 앞에 있으면 적이 아군의 주력 군대를 공격하는데 걸리는 시간은 3~4시간 정도 걸릴 것이고, 때로 그 두 배를 생각할 수도 있을 것이다. 적이 아군의 전위에 대해 첫 번째 조치를 내리는데 필요한 시간은 앞의 경우와 같지만, 본래의 배치 상태에 있으면서 수행하는 전위의 저항 시간은 더 멀리 전진해 있는 진지의 경우보다 오래 계속될 수 있기 때문이다.

결론은 다음과 같다. 첫 번째 경우에 적은 아군의 전위를 몰아낸 바로 그날에 아군의 주력 군대에 대한 공격을 쉽게 감행할 수 없고, 이는 대개 경험상으로도 알 수 있다. 두 번째 경우에도 적이 바로 그날 전투할 시간을 가지려면 적어도 오전에는 아군의 전위를 몰아내야 한다.

첫 번째 경우에는 밤이 아군을 돕기 때문에 전진 부대를 앞에 멀리 배치

---

4. 클라우제비츠와 달리 프리데리히는 치이텐 군단의 손실을 1200명에 지나지 않는 것으로 말하고 있다. R. Friederich, *Der Feldzug 1815*, Berlin 1913 참조.

하면 얼마나 많은 시간을 벌 수 있는지 알게 된다.

주력 군대의 측면에 배치된 부대의 임무에 대해서는 앞에서 말했는데, 측면 부대의 행동은 대부분의 경우에 어느 정도 그 부대를 좀 더 자세히 쓰는 지역의 상황과 관련되어 있다. 제일 간단한 상황은 그 부대를 주력 군대의 측면에 배치된 전위처럼 간주하는 것이다. 그래서 그 부대는 주력 군대보다 약간 전진해 있고 후퇴할 때는 주력 군대에 대해 비스듬한 방향으로 후퇴하게 된다.

이 측면 부대는 주력 군대의 바로 앞에 있지 않고, 그래서 본래의 전위처럼 편하게 주력 군대의 양쪽 측면으로 수용될 수 없다. 그래서 양쪽의 측면에 대한 적의 공격이 중앙에 대한 공격보다 약간이라도 줄어들지 않는다면 그 측면 부대는 매우 큰 위험에 빠질 것이다. 하지만 측면에 대한 공격력은 중앙에 대한 공격력보다 약한 것이 보통이다. 그래서 최악의 경우에도 측면 부대는 피할 수 있는 공간적인 여유를 갖게 되고, 도망치는 전위처럼 주력 군대를 직접적인 위험에 빠뜨리지 않을 것이다.

후퇴하는 전진 부대는 강력한 기병을 통해 수용하는 것이 제일 바람직하고 좋다. 주력 군대와 전진 부대의 거리가 먼 경우에 이 두 군대 사이에 예비 기병대를 배치하는 것도 그 때문이다.

그래서 마지막 결론은 다음과 같다. 즉 전진 부대는 실제로 힘을 쓰는 것보다 단지 그곳에 있다는 것 때문에, 그리고 실제로 전투를 수행하는 것보다 전투를 할 수 있다는 가능성 때문에 효과를 낸다는 것, 전진 부대는 적의 움직임을 결코 막지 못하지만 시계추처럼 그것을 완화하고 조절해야 한다는 것, 그래서 적의 움직임을 예측할 수 있게 한다는 것이다.

제9장

야영

우리는 군대의 전투 이외의 세 가지 상태를 전략적인 관점에서만, 즉 그 상태가 장소, 시간, 병력을 요구하는 하나하나의 전투를 나타내는 한에서만 살펴보도록 한다. 전투의 내부적인 배치와 관련되는 문제와 전투의 상태로 이행하는 것과 관련되는 문제는 모두 전술에 속한다.

야영의 배치는 천막을 치든 산막에 있든 탁 트인 들판에 있든 상관없이 사영 이외의 모든 배치라고 이해할 수 있다. 이렇게 보면 야영의 배치는 야영을 전제로 하는 전투와 전략적으로 완전히 똑같다. 하지만 전술적으로는 반드시 똑같지 않다. 여러 가지 이유 때문에 미리 선정한 전쟁터와 약간 다른 지점에 야영지를 둘 수 있기 때문이다. 군대의 배치에 대해서는, 즉 많은 부대가 차지하게 될 장소에 대해서는 이미 필요한 만큼 얘기했기 때문에 이제 야영에 대해서는 역사적인 고찰만 하도록 한다.

이전에는, 즉 군대의 규모가 다시 엄청나게 늘어나고 전쟁이 더 오랫동안 지속되고 전쟁에 있는 하나하나의 부분이 더 많은 관련을 갖게 된 이후로 프랑스 혁명에 이르기까지 군대는 늘 천막에서 야영했다. 이것이 야영의 정상적인 상태였다. 군대는 따뜻한 봄이 돌아오면 사영을 떠났고 겨울이 되면 비로소 다시 사영으로 돌아갔다. 겨울 사영은 어느 의미에서는 전쟁을 하지 않는 상태라고 보아야 한다. 이 기간에는 힘도 약해졌고 모든 톱니바퀴의 움직임도 멈추었기 때문이다. 본격적인 겨울 사영 이전에 휴식하는데 필요한 숙소를 짓고 짧은 기간에 좁은 공간에서 숙영을 하는 것은 과도기적인 것이고 이상한 상태라고 생각했다.

양쪽이 겨울이 올 때마다 자발적으로 전쟁을 하지 않았다는 것이 전쟁의 목적이나 본질과 어떻게 조화를 이루었고 어떻게 여전히 조화를 이루고 있는지는 여기에서 다룰 수 없다. 이 문제에 대해서는 나중에 언급할 것이다. 여기에서는 이전에 그러했다는 것을 말하는 것으로 충분하다.

프랑스 혁명 전쟁 이후로 군대는 천막을 완전히 없앴는데, 이는 천막을 운반하는데 대규모의 수송대가 필요했기 때문이다. 100,000명 규모의 군대의 경우에 천막을 운반하는 6000마리의 말 대신에 5000명의 기병이나 몇백 문의 대포를 더 많이 보유하고 있는 것이 낫다는 점도 있었고, 대규모로 신속하게 이동해야 하는 경우에 그 많은 수송대는 방해만 되고 아무런 도움이 되지 않는다는 점도 있었다.

하지만 천막을 없앴기 때문에 두 가지 폐해도 생겨났다. 즉 병력을 더 많이 소모하게 되었고 토지는 더 심하게 황폐해졌다.

질 낮은 아마포로 된 천막 지붕의 보호 기능이 아무리 낮다고 해도 그것마저 없다면 많은 군대가 오랜 기간 편안한 휴식을 할 수 없다는 것은 분명하다. 단 하룻밤이라면 천막에서 지내든지 그렇지 않든지 별 차이가 없다. 천막은 바람이나 추위는 별로 막지 못하고, 습기는 완전히 막지 못하기 때문이다. 하지만 그것이 1년에 200~300번 되풀이되면 작은 차이도 중대한 차이로 변한다. 여러 가지 질병이 발생하여 병력의 큰 손실을 입는 것은 그에 따른 매우 당연한 결과가 된다.

천막이 없다면 병력이 주둔하고 있는 토지가 얼마나 황폐해질 것인지는 설명할 필요도 없을 것이다.

천막을 없앤 것에서 생겨난 두 가지 폐해 때문에 전쟁이 다른 방식에서 다시 약해졌다고 생각할 수도 있다. 즉 군대는 오랫동안 자주 숙소에서 주둔하게 되었고, 야영을 해야 할 필요성이 줄어들어서 천막 야영을 통해 할 수 있었던 많은 부대 배치를 하지 못하게 되었다는 것이다.

전쟁이 프랑스 혁명 전쟁 이래 전체적으로 엄청난 변화를 겪지 않았다면 그렇게 될 수도 있었을 것이다. 하지만 이런 엄청난 변화 앞에서 병력의 소모나 토지의 황폐화와 같은 하찮은 폐해는 잘 드러나지 않는다.

전쟁의 기본적인 화력이 증대되었고 전쟁의 힘이 격렬해졌기 때문에 겨울마다 전쟁을 하지 않는 상태도 사라졌다. 그리고 모든 힘은 아무도 막을 수 없는 폭력성을 띠면서 결전을 향해 치달았다. 이 점에 대해서는 제9편에서 자세히 다룰 것이다.[1] 이런 상황에서는 천막을 없앴다는 것이 전투력을 쓰는 데 어떤 변화를 일으켰다고 말할 수도 없다. 전쟁의 전체적인 목적과 계획이 요구하는 대로 산막이나 탁 트인 벌판에서 야영하면 되었고 그에 따라 날씨, 계절, 지형도 전혀 고려하지 않았다.

전쟁이 모든 시대에 어떤 상황에서도 이런 에네르기를 갖게 될 것인지에 대해서는 아래에서 말할 것이다. 물론 전쟁에 에네르기가 없다면 천막이 없다는 것이 전쟁을 수행하는데 약간 영향을 미칠 수 있을 것이다. 하지만 그 영향이 천막 야영을 다시 도입할 만큼 충분히 강력해질 수 있을지는 의문이다. 이는 전쟁의 화력이 오늘날처럼 엄청나게 증대된 이후로 그 화력이 때와 상황에 따라 늘 간헐적으로 이전의 협소한 상태로 돌아갈 수는 있지만, 화력 본래의 격렬성으로 인해 때로 다시 그 한계를 돌파할 것이기 때문이다. 그래서 군대를 제대로 유지하려면 이 점을 잘 고려해야 한다.

---

1. 『전쟁론』에 제9편은 없다. 『전쟁론』은 총 8편으로 되어 있다.

제10장

행군

행군은 어느 배치에서 다른 배치로 이동하는 것에 지나지 않는다. 행군에는 다음의 두 가지 중요한 조건이 포함되어 있다.

첫째로 군대는 편하게 행군해야 한다. 그러면 유용하게 쓸 수 있는 힘을 쓸데없이 낭비하지 않게 된다. 둘째로 정확하게 이동해야 한다. 그러면 목표 지점에 정확하게 도달하게 된다. 100,000명의 병력을 단 하나의 종대로, 다시 말해 하나의 도로를 통해 시간 간격 없이 행군하게 하면 이 종대의 후미와 선두는 목표 지점에 결코 같은 날에 도착할 수 없을 것이다. 선두에서 엄청나게 느린 속도로 전진하면 그럴 수도 있다. 그렇지 않으면 그 군대는 낙하하는 폭포의 물기둥이 수많은 물방울이 되어 흩어지는 것처럼 될 것이다. 이 종대의 엄청난 길이는 후미에게 터무니없는 분발을 요구하게 되고, 병력이 흩어지면 군대 전체는 곧 대혼란에 빠질 것이다.

이것은 극단적인 경우이다. 이와 달리 하나의 종대에 있는 군대의 인원이 적을수록 행군은 그만큼 쉽고 정확하게 이루어질 것이다. 이 때문에 군대를 **분할**할 필요성이 생겨나는데, 이는 군대의 분할 배치 때문에 생겨나는 분할과 아무런 상관이 없다. 물론 행군 종대로 병력을 분할하는 것은 일반적인 경우에는 군대의 배치에서 비롯되지만, 모든 특별한 경우에도 그러한 것은 아니다. 대규모의 병력을 어느 한 지점에 집결하여 배치하려면 행군할 때는 이 병력을 반드시 분할해야 한다. 분할 배치는 분할 행군을 유발하지만, 이 경우에도 배치의 조건 때문에 그렇게 될 수도 있고 행군의 조건 때문에 그렇게 될 수도 있다. 예를 들어 군대를 배치하여 단지 휴식을 할 것이고 그 배치 상태에서 전투를 할 것으로 예상되지 않는다면 행군의 조건이 중요해진다. 이때의 조건은 주로 평탄하고 좋은 길을 선택하는 것이다. 이런 차이를 염두에 두면서 휴식을 하는 경우에는 사영과 야영을 하는데 적합한 길을 선택할 것이고, 전투를 하는 경우에는 길에 맞는 사영지와 야영지를 선택할 것이다. 전투를 할 것이라고 예상될 때, 그리고 많은 병력으로 적절한 지점에 도달하는 것이 중요할 때에는 필요하다면 아무리 험한 샛길을 통하더라도 주저하지 말고 그 지점에 도달해야 한다. 이에 반해 이를테면 군대와 함께 전쟁터로 여행을 하는 중이라면[1] 종대에서 제일 가까운 곳에 있는 큰 도로를 선택하게 되고, 야영과 사영을 하는 곳도 되도록 도로 근처에서 찾게 된다.

이 두 종류의 행군 중에 어느 행군에 속하든지 상관없이 최근의 전쟁술에는 행군에 다음과 같은 일반적인 원칙이 있다. 즉 전투의 가능성을 조금이라도 예상할 수 있을 때, 다시 말해 정말로 전쟁이 일어날 수 있는 모든 지역에서는 언제나 행군 중인 군대의 병력이 독자적인 전투를 치르는데 적합하도록 종대를 편성해야 한다는 것이다. 이 조건을 충족하려면 세 개의 병과를 결합하고 군대 전체를 유기적으로 분할하고 각 부대에 적절한 최고 사령관을 임명해야 한다. 그래서 오늘날의 전투 대형을 확립하도록 하고 그 효과를 극대화하도록 하는 것은 주로 행군이다.

18세기 중엽에, 특히 프리드리히 2세의 전쟁터에서는 이동을 공격의 고유한 원리로 보기 시작했고, 예상치 못한 이동의 영향을 통해 승리를 얻기 시작했다. 이때에는 유기적인 전투 대형이 나타나지 않았기 때문에 행군 중에는 군대를 극히 부자연스럽고 둔하게 배치할 수밖에 없었다. 적의 근처에서 이동을 수행하려면 늘 공격할 준비를 하고 있어야 했다. 하지만 군대를 집결

---

1. 이런 행군은 이동이나 행군 중에 적과 만날 염려가 없는 경우의 행군을 말한다.

하지 않으면 공격 준비를 할 수 없었는데, 그 당시에는 군대만 하나의 전체를 이루고 있었기 때문이다. 측면 행군을 할 때도 제2선에² 적당한 거리를 두려면, 즉 제2선이 제1선에서 4분의 1마일 이상 멀리 있지 않으려면, 제2선은 지형을 충분히 파악하고 모든 장애물을 돌파한 후에 온갖 역경을 딛고 행군해야 했다. 4분의 1마일 이내에서 나란히 평행으로 달리는 두 개의 반듯한 길을 어디에서 발견한다는 말인가? 적을 향해 수직으로 행군한다면 그와 똑같은 상황이 양쪽 측면에 있는 기병에게도 일어났다. 보병의 보호를 받는 도로를 필요로 하는 포병에게도 새로운 어려움이 닥쳤다. 보병들의 선은 연속된 선을 이루어야 하기 때문이고, 길게 늘어진 포병 종대는 이 선을 더욱 길게 늘어뜨리고 모든 행군 거리를 혼란에 빠뜨릴 것이기 때문이다. 이 모든 상황과 이런 상황 때문에 전쟁에 놓이게 되는 어려움을 이해하려면, 템펠호프의 『7년 전쟁의 역사』에 있는 행군 배치의 부분을 읽는 것으로 충분할 것이다.

그 후로 새로운 전쟁술이 개발되어 군대는 유기적인 분할을 할 수 있게 되었고, 이 분할에서 주력 군대는 하나의 작은 전체로서 간주되었고, 전투에서 군대 전체와 같은 효과를 낼 수 있게 되었다. 유일한 차이라면 효과를 내는 기간이 군대 전체에 비해 짧다는 것이었다. 그 이후로 집결된 병력으로 적에게 공격을 하려고 할 때도 모든 종대를 전투 개시 전에 집결할 수 있을 정도로 가깝게 배치할 필요는 없어졌고, 이제는 전투 중에 집결하는 것으로 충분하게 되었다.

어느 군대의 병력이 적을수록 그 군대는 그만큼 쉽게 이동할 수 있고 분할의 필요성은 그만큼 줄어든다. 즉 분할 배치의 결과 때문이 아니라 병력이 너무 많기 때문에 생기는 분할의 필요성은 그만큼 줄어든다. 그래서 소규모의 군대는 하나의 도로에서 행군할 수 있다. 그 군대가 몇 개의 길로 전진해야 하는 경우에도 그 군대는 필요한 만큼 충분히 좋은 길을 그 근처에서 쉽

---

2. 앞뒤로 배치된 전술적인 단위에서 앞에 있는 제1선보다 뒤에 배치된 부대의 선을 제2선이라고 한다.

게 찾을 수 있다. 군대의 병력이 늘어날수록 분할의 필요성, 종대의 수, 잘 닦인 길이나 큰 도로에 대한 필요는 그만큼 늘어나고, 그 결과로 종대 간의 거리도 그만큼 벌어진다. 분할의 필요성과 분할의 위험성은 산술적으로 말할 때 반비례 관계에 놓여 있다. 군대의 병력이 적을수록 군대는 다른 군대와 그만큼 많이 도움을 주고받아야 하고, 군대의 병력이 많을수록 군대는 모든 문제를 그만큼 오랫동안 스스로 해결해야 한다. 행군에 관해 제4편에서 말한 것만 기억한다면, 그리고 경작이 이루어져서 평평한 지형에는 주요 도로에서 몇 마일 떨어진 곳에 이 도로와 평행으로 달리는 상당히 잘 닦인 길이 있다는 것을 생각한다면, 행군하는 병력을 배치할 때 크게 곤란한 점을 찾을 수 없다는 것은 분명하다. 즉 상당히 많은 **병력**을 하나로 집결하는 것이 신속하게 전진하고 **정확하게** 도착하는 것과 양립하지 않는 어려움은 찾을 수 없다. 그런데 산에서는 평행으로 달리는 도로를 거의 볼 수 없고, 도로 간에 연락을 한다는 것도 매우 어렵다. 하지만 이런 산악 지형에서는 하나하나의 종대가 갖는 저항력도 훨씬 높다.

이 문제를 좀 더 분명하게 이해하려면 잠시 이 문제의 구체적인 형태를 살펴보아야 한다.

8000명의 병력을 갖고 있는 하나의 사단은 포병과 그 밖에 약간의 마차를 거느리고 행군하는 경우에 보통의 경험에 따르면 한 시간의 행군 공간을 차지한다. 그래서 두 개의 사단이 하나의 도로로 이동하면 두 번째 사단은 한 시간 후에 첫 번째 사단이 도달한 지점에 도착하게 된다. 제4편 제6장에서 이미 말한 것처럼, 그런 규모의 사단이라면 우세한 적에 맞서 전투를 벌이더라도 아마 몇 시간 동안 견딜 수 있을 것이다. 그래서 첫 번째 사단이 곧바로 전투를 시작하지 않을 수 없는 극히 불행한 경우를 당한다고 해도 두 번째 사단이 너무 늦게 도착하는 일은 없을 것이다. 더욱이 중부 유럽의 잘 경작된 나라에서는 한 시간 안에 행군하는 도로의 좌우에 행군에 이용할 수 있는 다른 **옆길**도 대부분 찾을 수 있다. 그래서 7년 전쟁에서 흔히 볼 수 있었던 것처럼 들판을 가로질러 행군할 필요는 없다.

더욱이 경험으로 알 수 있는 것처럼, 4개의 사단과 1개의 기병 예비대로 구성된 하나의 군대는 좋은 길이 아니라고 해도 그 선두 부대는 3마일을 최고 8시간 안에 행군할 수 있다. 1개 사단에 한 시간 정도의 간격을 두고 기병 예비대와 포병 예비대에게도 그만큼의 시간 간격을 둔다면, 이 군대는 행군하는데 13시간이 걸릴 것이다. 이것은 지나치게 많은 시간이라고 할 수 없다. 더욱이 이것은 40,000명의 병력이 하나의 도로를 따라 행군하는 경우를 말하는 것이다. 이 정도의 병력이라면 옆길을 찾아 이용할 수도 있고, 그래서 행군 시간을 크게 줄일 수도 있다. 하나의 도로를 따라 이동해야 하는 군대의 병력이 이보다 많다면, 그 병력이 같은 날에 도착하는 것이 더 이상 필요하지 않은 경우도 생길 것이다. 이런 대규모의 병력이 목표 지점에 도착하자마자 곧바로 전투를 하는 일은 결코 없고, 전투는 보통 그다음 날에 일어나기 때문이다.

이처럼 구체적인 예를 든 것은 상황을 이런 식으로 늘어놓으려고 했기 때문이 아니라 경험에 비추어 다음과 같은 것을 좀 더 분명하게 보여 주려고 했기 때문이다. 즉 오늘날의 전쟁 수행에서 행군을 준비하는 것은 더 이상 큰 어려움을 불러일으키지 않는다는 것, 오늘날 매우 신속하고 정확한 행군을 한다고 해도 프리드리히 대왕이 7년 전쟁에서 신속하고 정확한 행군을 할 때 필요했던 것과 같은 독특한 기술과 지형에 관한 정확한 지식은 더 이상 필요하지 않다는 것이다. 오히려 오늘날의 행군은 군대의 유기적인 분할 덕분에 거의 저절로 이루어지고, 적어도 대규모의 계획을 필요로 하지 않는다. 이전에는 전투를 지휘하는데 단순한 명령만 필요했고 행군하는데 오랜 계획이 필요했다면, 오늘날에는 전투 대형을 배치하는 데는 오랜 계획이 필요하지만 행군하는 데는 거의 단순한 명령만으로도 충분하게 되었다.

잘 알려진 것처럼 모든 행군은 수직 행군과 평행 행군으로 구분된다. 평행 행군은 측면 행군으로도 불리는데, 이 행군은 군대의 기하학적인 형태를 바꾸어 놓는다. 즉 배치될 때는 옆으로 나란히 있던 군대가 행군할 때는 앞뒤로 나란히 있게 되고, 그 반대가 되기도 한다. 직각 안에 있는 모든 각도가 행군의 방향으로서 똑같이 좋을 수 있지만, 행군의 대형은 반드시 두 가지 종류 중의 하나로 이루어져야 한다.

이런 기하학적인 변화는 전술에서만 완전하게 수행할 수 있을 것이고, 이것도 전술이 이른바 횡대 행군을 쓸 때만 할 수 있을 것이다. 횡대 행군은 대규모의 병력에서는 할 수 없다. 전략에서는 횡대 행군을 더욱 할 수 없다. 기하학적인 상태를 바꾸는 군대는 이전의 전투 대형에서는 단지 양쪽의 측면이나 선과 관련되어 있었지만, 오늘날의 전투 대형에서는 보통 군대의 첫 번째 분할과 관련되어 있다. 첫 번째 분할은 군단이나 사단이 될 수 있고 여단이 될 수도 있는데, 이는 군대 전체를 어떻게 분할하느냐에 달려 있다. 앞에서 말한 오늘날의 전투 대형에서 끌어낸 결과는 기하학적인 상태를 바꾸는 데도 영향을 미친다. 다시 말해 오늘날에는 이전처럼 행동하기 전에 군대 전체를 한 곳에 모아야 할 필요가 더 이상 없기 때문에 이미 집결되어 있는 군대를 하나의 작은 전체로서 이용하는데 더 많은 주의를 기울이고 있다. 예를 들어 하나의 사단을 다른 사단의 배후에 예비 부대로 있도록 2개의 사단을 배치한다면, 그리고 이 2개의 사단이 두 개의 길로 적을 향해 전진해야 한다면, 각 사단을 2개로 나누어서 반반씩 두 개의 길로 분할하여 행군하게 하는 사람은 아무도 없을 것이다. 이런 경우에는 생각할 것도 없이 하나의 사단에게 하나의 길을 주고, 그래서 2개의 사단이 옆으로 나란히 행군하게 할 것이다. 그리고 행군 도중에 전투를 해야 하는 경우에는 각 사단장으로 하여금 스스로 예비 부대를 조직하게 할 것이다. 이때 명령의 통일성은 본래의 기하학적인 상황보다 훨씬 중요하다. 두 사단이 행군 중에 전투를 치르는 일 없이 정해진 진지에 도착하면, 두 사단은 다시 이전의 상황으로 돌아갈 수 있다. 옆으로 나란히 배치되어 있는 2개의 사단이 두 개의 길을 따라 **평행** 행군을 해야 하는 경우에 각 사단의 배후선이나 예비 부대로 하여금 배후에 있는 길로 따라오게 하는 사람도 별로 없을 것이다. 이런 경우에는 2개의 사단 중에 하나의 사단에게 두 개의 길 중에 하나의 길로 가도록 명령하고, 그래서 이동 중에는 하나의 사단을 다른 사단의 예비 부대로 간주할 것이다. 4개의 사단으로 구성된 군대의 경우에 3개의 사단은 정면에 배치하고 4번째 사단은 예비 부대로 배치하고 이 대형으로 적을 향해 전진해야 한다면, 정면에 있는 3개의 사단에게는 각각 하나의 길로 가도록 명령하고 예비 부대에게는 가운데 길을 따라가게 하는 것이 자연스럽다. 그런데 적당한 거리에서 세 개의 길을 찾을 수 없으면 주저 없이 두 개의 길만으로도 전진할 수 있을 것이다. 그리고 이 때문에 두드러지게 불리해지는 일은 없을 것이다.

평행 행군의 반대 경우에도 상황은 이와 마찬가지이다.

또 다른 문제는 행군을 종대의 오른쪽에서 시작하는지 왼쪽에서 시작하는지 하는 것이다. 평행 행군의 경우에는 이것이 분명하다. 왼쪽 방향으로 이동하려고 하는데, 오른쪽에서 행군을 시작하도록 하는 사람은 아무도 없을 것이다. 전진 행군이나 후퇴 행군을 하는 경우에 행군 대형은 본래 길의 상태에 따라 달라져야 하는데, 이 길은 나중에 병력을 분산하는[3] 선이 될 것이다. 전술에서는 많은 경우에 이런 일도 일어날 수 있을 것이다. 전술에서는 공간이 더 작고, 그래서 기하학적인 상황이 더 쉽게 파악될 수 있기 때문이다. 그런데 전략에서는 이것이 완전히 불가능하다. 그런데도 전술에서 때로 어떤 유추를 끌어내는 것을 보게 되는데, 그것은 단지 현학에 지나지 않았다. 이전에는 모든 행군 대형이 순전히 전술적인 문제였다. 군대는 행군 중에도 분할되지 않는 하나의 전체로서 존재했고 하나의 전면적인 전투만 생각했기 때문이다. 모든 행군 대형이 전술적인 문제였지만, 예를 들어 슈베린이[4] 1757년 5월 5일에 브란다이스에서[5] 행군을 시작했을 때 그는 앞으로 있을 전투가 오른쪽에서 벌어질지 왼쪽에서 벌어질지 알 수 없었다. 그래서 그는 그 유명한 반대 행군을[6] 하지 않을 수 없었다.

---

3. 이 분산은 세로로 긴 종대에서 가로로 긴 (옆으로 넓은) 상태로 이행하는 행동을 말한다. 행군 종대에서 전투 대형으로 옮기는 것인데, 이는 전투를 준비하는 행동이다.

4. 슈베린(Kurt Christoph von Schwerin, 1684~1757), 프로이센의 원수. 프리드리히 2세 시대의 유명한 장군. 프라하 전투(1757년 5월 6일)에서 사망했다.

5. 브란다이스(Brandeis, Brandýs nad Labem), 보헤미아의 도시. 엘베 강변에 있다. 프라하에서 북동쪽으로 약 20킬로미터에 있다.

이전의 전투 대형에 따라 하나의 군대가 4개의 종대로 적을 향해 전진한다면, 제1선과 제2선에 있는 두 개의 기병 부대는 양쪽 끝의 2개 종대에 배치되고, 제1선과 제2선에 있는 두 개의 보병 부대는 중앙에 있는 2개의 종대에 배치된다. 4개의 종대는 전부 오른쪽으로 행군할 수도 있고, 전부 왼쪽으로 행군할 수도 있다. 또는 오른쪽 측면은 오른쪽으로 행군하고, 왼쪽 측면은 왼쪽으로 행군할 수도 있다. 혹은 왼쪽 측면은 오른쪽으로 행군하고, 오른쪽 측면은 왼쪽으로 행군할 수도 있다. 마지막의 경우를 "중앙에서 하는" 행군이라고 불렀다. 이 모든 형태는 기본적으로 앞으로 있을 부대의 종대 행군과 관련을 갖고 있어야 하는데도 바로 이 점과 관련해서는 아무래도 상관없는 것처럼 되어 버렸다. 프리드리히 대왕은 로이텐 전투를 치를 때 군대를 4개의 종대로 나누고 이 종대를 오른쪽 측면으로 행군하게 했다. 이 행군에서 매우 손쉽게 종대 행군으로 이행하는 일이 일어났는데, 이 이행은 모든 역사가로부터 큰 감탄을 불러일으켰다. 그렇게 이행한 것은 대왕이 공격하려고 했던 오스트리아 군대의 왼쪽 측면이 우연히 그곳에 있었기 때문이다. 대왕이 오른쪽 측면을 우회하려고 했다면 프라하 전투의 경우처럼 반대 행군이 필요해졌을 것이다.

이런 대형이 그 당시에도 목적에 상응하는 효과를 내지 못했다면, 그 대형은 오늘날에도 목적과 관련지어 생각할 때 완전히 하찮은 것에 지나지 않을 것이다. 전쟁이 일어날 전쟁터의 위치를 정확히 알아내고 그 길을 제대로 찾아간다는 것은 오늘날에도 이전과 마찬가지로 어렵다. 하지만 잘못된 행군 때문에 생기는 약간의 시간 손실은 오늘날에는 이전과 달리 아무런 문제도 되지 않는다. 여기에서도 새로운 전투 대형은 유익한 영향을 미치고 있다. 어느 사단이 먼저 도착하는지 또는 어느 여단이 먼저 발포하는지는 오늘날 완전히 하찮은 문제이기 때문이다.

---

6. 반대 행군은 본래 범선(帆船) 시대에 함대의 방향을 바꾸는 범선 조종술이다. 바람과 물살을 이용하여 범선의 방향을 바꾸는데, 함대의 방향을 바꾸는 데는 여러 가지 종류와 방식이 있다. 여기에서 반대 행군의 방향은 구체적으로 언급되어 있지 않다.

이런 상황에서 오른쪽부터 행군하는지 왼쪽부터 행군하는지 하는 것은 오늘날 행군이 교대로 이루어지면서 그 군대의 피로를 상쇄하는데 쓸모 있다는 것 외에 다른 의미를 갖지 않게 되었다. 그리고 이것이 두 종류의 행군 방식을 대체로 오늘날에도 유지하고 있는 매우 중요한 단 하나의 이유이다.

이런 상황에서 '중앙에서 하는' 행군은 특별한 대형으로서 갖던 의의를 자연스럽게 상실하고, 이제는 단지 우연한 경우에만 볼 수 있게 되었다. 하나의 동일한 종대의 경우에 중앙에서 하는 행군은 전략에서는 어차피 이치에 맞지 않는다. 중앙에서 하는 행군은 두 개의 길이 있다는 것을 전제로 하기 때문이다.

한마디 덧붙이면 행군 대형은 전략보다 전술의 영역에 속하는 문제이다. 전술은 군대 전체를 많은 부분으로 분할하기 때문이고, 행군이 끝나면 많은 부분은 다시 전체가 되어야 하기 때문이다. 그런데 오늘날의 전쟁술에서는 많은 부분이 정확하게 모여 있는 것을 더 이상 볼 수 없다. 또한 이 부분은 행군하는 동안에 각자 멀리 있는 상태에서 독자적으로 행동한다. 그 결과로 행군 중에 각 부대가 혼자 전투를 치르는 경우를 훨씬 쉽게 볼 수 있고, 이것은 그 부대의 전면적인 전투라고 간주해야 한다. 그래서 행군에 대해 이만큼 말하는 것이 필요하다고 생각한 것이다.

이 편의 제2장에서[7] 본 것처럼, 군대를 세 개의 부분으로 분할하여 옆으로 나란히 배치하는 것은 특별한 목적이 없는 경우에 제일 자연스러운 배치로서 간주되었다. 그래서 행군할 때도 세 개의 큰 대열을 이루는 것이 제일 자연스러운 행군 대형이라는 결론이 나온다.

이제 한 가지만 더 말하도록 한다. 종대의 개념은 하나의 군대 병력이 이동하는 길에서 비롯될 뿐만 아니라 며칠 동안 같은 도로를 이동하는 군대의 병력도 전략적으로 종대라고 불러야 한다. 군대를 여러 개의 종대로 나누면 특히 행군을 빠르고 쉽게 할 수 있기 때문이고, 소규모의 병력은 대규모의 병

---

7. 제5장에서 말했다.

력보다 늘 빠르고 편하게 행군할 수 있기 때문이다. 이런 목적은 군대의 병력이 여러 길을 따라 행군하지 않고 같은 길을 여러 날에 걸쳐 행군하는 것으로도 달성된다.

제11장

계속

행군의 거리와 행군하는데 필요한 시간에 대해서는 자연스럽게 일반적인 경험의 명제를 따르게 된다.

오늘날의 군대에게는 오래전부터 보통 3마일이 하루의 행군 거리로 확립되어 있다. 대열이 길 때는 이를 심지어 2마일로 줄여야 한다. 손상된 모든 것을 복구하는데 필요한 휴식의 날을 넣어야 하기 때문이다.

8000명 규모의 1개 사단이 평평한 지형과 보통 수준의 길을 3마일 행군하는 데는 8시간에서 10시간 정도 걸린다. 산악 지형이라면 10시간에서 12시간 정도 걸린다. 여러 개의 사단이 모여 하나의 종대로 행군하면 몇 시간 더 걸리는데, 첫 번째 사단 다음에 행군하는 사단이 늦게 출발하는 시간을 빼도 그만큼 더 걸린다.

그래서 다음과 같은 것을 알 수 있다. 즉 하루 3마일의 행군도 상당히 빠듯하다는 것, 10시간에서 12시간 동안 자기의 짐을 들고 행군하는 병사들의 고통을 3마일의 평범한 도보 여행과 비교할 수 없다는 것, 적당한 길을 짐 없이 혼자 걷는다면 3마일을 5시간에 걸을 수도 있다는 것이다.

단 한 번만 행군하는 경우에는 하루 5마일이나 최고 6마일이면 강행군에 속하고, 며칠 동안 행군하는 경우에는 하루 4마일이면 강행군에 속한다.

5마일의 행군에는 이미 몇 시간의 휴식이 필요하다. 그래서 8000명 규모의 1개 사단이라면 좋은 길을 따라 행군한다고 해도 5마일을 16시간 이내에 걷지 못할 것이다.

몇 개의 사단이 모여 6마일을 행군한다면 적어도 20시간은 걸릴 것이다.

여기에서 행군은 여러 개의 사단이 집결하여 어느 하나의 야영지에서 다른 야영지로 이동하는 것을 말한다. 이것이 전쟁터에서 일어나는 보통의 행군 형태이기 때문이다. 여러 개의 사단이 하나의 종대로 행군하면 제일 앞에 있는 사단이 약간 일찍 집결하여 출발할 것이고, 그러면 그 사단은 새로운 야영지에 그만큼 일찍 도착할 것이다. 그럼에도 사단 간의 거리는 결코 행군 중인 하나의 사단의 길이에 상응하는 전체 시간만큼 벌어져서는 안 된다. 즉 프랑스 사람들이 매우 잘 표현한 것처럼, 앞 사단이 '조금씩 흘러나오기'(découlement)를 끝내면 바로 그다음 사단이 출발해야 한다. 다음 사단이 늦게 출발한다고 해서 그 병사들의 고통이 줄어드는 것도 아니고, 많은 병력 때문에 오히려 각 사단의 행군 시간만 늘어난다. 이와 비슷하게 어느 사단이 그 사단에 속한 여단을 각각 다른 시간에 집결하고 출발하게 하는 것도 극히 드문 경우에만 쓸 수 있는 방식이다. 그래서 하나의 사단을 하나의 단위로 간주한 것이다.

장거리의 행군을 하는 경우에, 즉 많은 군대가 하나의 사영지에서 다른 사영지로 이동하는데 몇 개로 나뉜 길을 따라 집결 지점도 없이 걷는다면 여정 자체는 매우 길어질 수 있다. 이 군대의 행군은 사영지의 형편 때문에 우회를 할 수도 있는데, 이미 이것만으로도 여정은 길어지게 된다.

많은 군대가 매일 사단이나 심지어 군단 규모로 집결해야 하고 또 많은 사영지로 출발하게 되는 행군은 매우 많은 시간을 필요로 한다. 이런 행군은 군대의 병력이 그다지 많지 않고 사영을 하는 지역이 부유한 경우에만 추천할 수 있다. 그러면 안심할 수 있는 식량과 숙소로 병사들의 오랜 고통을 충분히 보상할 수 있기 때문이다. 프로이센 군대는 1806년에 후퇴할 때[1] 식량

---

1. 예나 전투(1806년 10월 14일)에서 나폴레옹에게 패배한 프로이센 군대가 베를린에서 북쪽

조달의 문제 때문에 군대의 병력을 매일 밤 사영지로 이동하게 했는데, 이것은 명백히 잘못된 체계를 따른 것이다. 식량은 들판에서 야영하면서도 (비바크) 조달할 수 있었다. 그렇게 했다면 프로이센 군대가 병사들에게 지나친 고통을 요구하면서 14일 동안 약 50마일을 행군할 필요는 없었을 것이다.

이 모든 시간 규정과 거리 규정은 험한 길이나 산악 지대를 이동해야 하는 경우에는 달라질 수밖에 없다. 그래서 어느 하나의 특별한 경우에 행군 시간을 약간이나마 확실하게 어림하는 것은 어려운 일이다. 하물며 행군 시간에 관한 일반적인 기준을 정한다는 것은 당치 않은 일이다. 그래서 이론은 이런 경우에 빠지게 되는 오류의 위험에 대해 주의를 기울일 수 있을 뿐이다. 그런 오류를 피하려면 시간을 매우 신중하게 계산하는 것이 필요하고, 예상치 못하게 늦어질 수 있다는 것을 충분히 고려해야 한다. 이런 경우에는 날씨와 군대의 상태도 고려하게 된다.

천막을 없애고 군대의 식량을 현지에서 강제 징발을 통해 조달하게 된 이후로 군대의 수송 부대는 눈에 띄게 줄어들었다. 이렇게 해서 나타난 제일 중요한 효과는 당연히 군대를 매우 빠르게 이동하게 하고, 그래서 하루의 행군 거리를 늘릴 수 있게 되었다는 것이다. 물론 이것도 특별한 상황에서만 그렇게 된다.

이렇게 해도 전쟁터에서 수행하는 행군은 별로 빨라지지 않았다. 잘 알려진 것처럼 보통의 수준을 넘는 빠른 행군이 요구되는 모든 경우에 수송대는 남겨 두든지 먼저 보냈고, 군대가 이동하고 있는 동안에는 보통 이 군대에서 먼 곳에 수송대를 두었다. 그래서 수송대는 군대가 이동하는데 영향을 미치지 않게 되었다. 수송대는 행군 중인 군대를 직접적으로 방해하지 않는 한 어떤 손실을 입어도 그것을 더 이상 고려하지 않았다. 그래서 지금도 뛰어넘을 수 없을 정도의 강행군이 7년 전쟁 중에 일어났다. 이에 대한 증명으로

으로 100킬로미터에 있는 프렌츠라우(Prenzlau)까지 후퇴하여 10월 28일에 그곳에서 항복한 것을 가리키는 것으로 보인다. 예나에서 프렌츠라우까지는 약 340킬로미터.

1760년에 있었던 라시의 행군을 들 수 있다.[2] 이때 라시는 베를린에서 프로이센에 대한 러시아 군대의 견제를 지원하기로 되어 있었다. 그는 슈바이드니츠에서[3] 라우지츠를 지나 베를린에 이르는 45마일이나 되는 길을 10일 동안에 행군했다. 즉 매일 4.5마일을 행군한 것이다. 라시의 병력이 15,000명 규모의 군단이었다는 것을 고려하면 이는 오늘날에도 상당한 강행군이라고 할 수 있을 것이다.[4]

다른 한편으로 오늘날에 군대의 이동은 식량 조달 방식의 변화 때문에 다시 억제되었다고 볼 수 있다. 군대가 식량을 부분적으로 스스로 조달하는 일은 오늘날 자주 볼 수 있는데, 만일 그렇게 해야 한다면 식량 마차에 마련되어 있는 빵을 받기만 할 때보다 많은 시간이 걸린다. 더욱이 긴 대열을 이루고 있는 군대의 경우에는 그 많은 병력을 한 곳에 야영하게 할 수도 없다. 식량을 쉽게 조달할 수 있는 수단을 찾으려면 사단을 나누어야 한다. 마지막으로 군대 중에서 특히 기병은 사영을 하는 경우도 드물지 않다. 이 모든 것이 전체적으로 행군 속도를 크게 늦추는 요인이 된다. 예를 들면 보나파르트가 1806년에 프로이센 군대를 추격하고[5] 퇴로를 끊으려고 했을 때, 그리고 블뤼허가 1815년에 프랑스 군대에 대해 똑같은 의도를[6] 갖고 있었을 때, 두 최고 지휘관은 단지 약 30마일을 행군하는데 10일이나 걸렸다. 이 정도의 속도라면 프리드리히 대왕은 많은 수송대를 이끌고 행군한다고 해도 작센에서 슐레지엔까지 왕복하여 행군할 수 있었을 것이다.

그동안에 전쟁터에서 크고 작은 군대의 이동성과 그 군대를 다루는 편

---

2. 20,000명의 러시아 군대가 10월 초에 베를린 근처까지 도착했기 때문에 프리드리히 대왕은 수도를 구하려고 했다. 러시아 군대는 10월 10일에 베를린에 도착했지만, 대왕이 공격하려고 온다는 소식을 접하고 이튿날에 급히 후퇴했다. 라시의 행군은 이때의 일로 보인다.
3. 슈바이드니츠(Schweidnitz, Świdnica), 니더슐레지엔의 마을. 브레슬라우에서 남서쪽으로 약 50킬로미터에 있다.
4. 라시의 오스트리아 군단은 18,000명이었다. 라시는 휴식 없이 행군하여 1760년 10월 2일에 베를린 근교의 템펠호프에 도착했다.
5. 앞에서 말한 예나 전투(1806년 10월 14일) 후의 추격을 가리킨다.
6. 벨-알리앙스 전투(1815년 6월 18일) 후의 추격을 가리킨다.

리함은 (물론 이렇게 표현해도 된다면) 수송대의 감소로 눈에 띄게 증대되었다. 한편으로 기병과 포병의 수는 같아도 말의 수가 줄어들어서 사료 때문에 생기는 걱정을 크게 덜게 되었다. 다른 한편으로 진지를 선정할 때 제한을 덜 받게 되었는데, 이는 길게 늘어지는 수송대의 꼬리를 반드시 고려하지 않아도 되었기 때문이다.

프리드리히 대왕이 1758년에 올로모우츠에[7] 대한 포위를 풀고 행군한 것은[8] 오늘날에는 제일 소심한 적에 대해 하더라도 더 이상 성공하지 못할 것이다. 그 행군에는 4000대의 짐마차가 줄을 이루었고, 이를 보호하려고 군대의 절반이 수많은 대대와 소대로 흩어지고 말았기 때문이다.

물론 타호 강부터[9] 네만 강에 이르는 길고 오랜 행군에서는[10] 앞에서 말한 것처럼 군대의 경쾌함을 느낄 수 있다. 식량 마차 외에 다른 마차들 때문에 하루의 평균 행군 거리를 늘릴 수 없다고 해도 긴급한 경우에는 더 적은 희생을 치르면서 행군할 수 있기 때문이다.

일반적으로 수송대를 줄이면 군대의 이동이 빨라진다기보다 병력을 크게 절약하게 된다.

---

7. 올로모우츠(Olmütz, Olomouc), 모라비아의 도시이자 요새. 모라바(Morava) 강에 있다. 프라하에서 남동쪽으로 약 230킬로미터에 있다. 올뮈츠는 올로모우츠의 독일어 표기.
8. 프리드리히 대왕은 5월 초부터 올로모우츠 요새를 포위했지만 성과를 얻지 못했다. 그래서 7월 1일 밤에서 2일 새벽에 포위를 풀고 후퇴했다.
9. 타호 강(Tajo, Tagus), 이베리아 반도에서 제일 큰 강. 길이는 약 1007킬로미터.
10. 타호 강에서 네만 강에 이르는 거리는 그 강의 상류냐 하류냐에 따라 큰 차이를 보이지만, 타호 강의 리스본에서 네만 강의 네만에 이르는 거리는 대략 3600킬로미터이다. 이 행군을 실제로 누가 언제 했는지는 알 수 없다.

[지도 14] 타호 강

타호 강과 그 지류
타호 강 유역의 수리(水利) 지리적인 분지
출처 http://www.maps-for-free.com/에 근거하여 작가 직접 그림.
작가 Port(u*o)s
업로드 2007. 10. 27
업그레이드 ✓ 2010. 2. 21

　　타호 강은 스페인 동부 알바라신 산맥에서 발원하여 서쪽으로 흘러 마
드리드 남쪽 40킬로미터를 지난다. 스페인과 포르투갈을 거쳐 약 1000킬로미
터를 서쪽으로 흐른 후에 리스본 근처에서 대서양에 흘러든다.

제12장

계속

이제 행군이 전투력에 미치는 파괴적인 영향을 살펴보도록 한다. 그 영향이 매우 크기 때문에 그것을 전투처럼 하나의 독자적인 활동 원리로서 내세우고 싶다.

단 한 번의 적당한 행군은 도구를 망가뜨리지 않는다. 하지만 적당한 행군도 여러 번 하면 도구는 망가지고, 강행군을 거듭하면 도구는 당연히 훨씬 많이 망가진다.

전쟁터 자체에는 식량과 숙소가 부족하고, 길에는 마차들이 많이 다녀서 길이 훼손되어 다니기에 나쁘고, 끊임없이 전투를 준비해야 하는 긴장이 따른다. 그리고 이는 병력에게 엄청난 고통을 불러일으키는 원인이 된다. 이렇게 되면 병사와 말, 군복과 마차가 많이 손상된다.

오랜 휴식은 병사들의 신체적인 건강에 아무런 쓸모도 없고 적당한 활동보다 많은 질병을 일으킨다는 말을 흔히 듣는다. 물론 많은 병사들을 비좁은 숙소에 빽빽이 밀어 넣으면 질병이 발생할 수 있고 발생할 것이다. 그런데 질병은 행군 중에 사영을 할 때도 발생할 것이다. 신선한 공기와 적당한 운동의 부족으로는 결코 그런 질병이 생겨날 수 없을 것이다. 그 두 가지는 휴식 중에 맨손 체조로도 얼마든지 얻을 수 있기 때문이다.

병사들이 무거운 짐을 진 채 오물과 흙탕으로 된 비 오는 길을 행군할 때 병에 걸리는 경우와 숙소에 있을 때 병에 걸리는 경우에 이미 손상되고 약해진 병사들의 신체에 어느 쪽이 더 나쁜 영향을 미치는지 생각해 보라. 야영을 하고 있다면 병이 든 병사를 곧 인근 마을로 옮겨서 의사의 도움을 받게할 수 있을 것이다. 그 반면에 행군 중이라면 그 병사는 어떤 도움도 받지 못한 채 몇 시간 동안 길에 남아 있게 되고, 그다음에는 낙오병이 되어 몇 마일을 질질 끌려가듯이 옮겨진다. 이 때문에 가벼운 질병이 심각한 질병이 되고, 중병이 사망이 되는 경우는 얼마나 많겠는가! 한여름의 흙먼지와 뜨거운 햇볕에서는 적당한 행군조차 얼마나 무서운 일사병을 일으킬 수 있는지 생각해 보라. 이런 상황에서 타는 목마름으로 고통을 받는 병사들은 신선한 샘물을 찾아 미친 듯이 달리게 되고, 그러다가 질병에 걸리고 죽음에 이르게 된다.

이런 고찰은 전쟁 활동을 완화하려는 의도에서 비롯되는 것이 될 수 없다. 도구는 전쟁에 쓰려고 있는 것이고, 쓰는 만큼 소모되는 것은 문제의 본질에 속한다. 우리는 다만 모든 것을 올바르게 인식하고, 앞에서 말한 오만한 이론에 반대하려고 할 뿐이다. 그런 이론에 의하면 강력한 기습, 신속한 이동, 끊임없는 활동이 어떤 희생도 치르지 않고 얻을 수 있는 풍부한 광산처럼 묘사되어 있다. 최고 지휘관의 태만이 그런 광산을 개발하지 않고 내버려 두었을 뿐이라는 것이다. 사람들은 전쟁 광산의 전리품을 광산에서 금과 은을 채굴하는 것과 같다고 본다. 그래서 채굴된 생산물만 보고, 그것을 채굴하는데 얼마나 많은 노동이 들었는지는 묻지 않는다.

물론 전쟁터 밖에서 긴 거리를 오랫동안 행군할 때 행군이 일어나는 조건은 보통 편하고, 행군을 하는 날짜의 손실은 줄어든다. 하지만 이런 행군에서는 가벼운 질병을 앓고 있는 부상병들도 대개 오랫동안 군대에서 벗어나있게 된다. 그들이 건강을 회복한다고 해도 그 병사들이 그동안 계속 전진하는 군대를 따라갈 수 없기 때문이다.

기병대라면 다리를 절고 다리에 마비를 일으키는 말의 숫자가 급격한 비율로 늘어나고, 수송대라면 많은 마차가 정체되고 혼란에 빠진다. 그래서 100

마일이나 그 이상을 행군하는 군대는 매우 약해진 상태에서 목적지에 도착하는 일이 결코 없지 않다. 특히 기병대와 수송대의 경우에는 그것이 더 심하다.

그런 행군을 전쟁터 자체에서, 즉 적의 눈앞에서 해야 한다면 앞에서 말한 두 가지 상황의 손실이 합쳐진다. 그리고 이 손실은 병력이 많고 그 밖의 다른 상황이 좋지 않다면 믿을 수 없을 만큼 늘어난다.

몇 가지 예만 들어도 이 생각이 분명해질 것이다.

보나파르트가 1812년 6월 24일에 네만 강을 건넜을 때 모스크바로 계속 전진한 그의 주력 군대는 301,000명이나 되는 엄청난 규모였다. 8월 15일에 스몰렌스크에서[1] 13,500명을 다른 곳으로 보냈기 때문에 그는 아직 287,500명의 병력을 보유하고 있어야 했다. 그런데 실제의 병력은 182,000명에 지나지 않았다. 105,500명의 손실이 있었던 것이다.[2] 그때까지 전투다운 전투는 단 두 번 일어났다. 즉 한 번은 다부와 바그라티온[3] 사이에, 또 한 번은 뮈라와 오스터만-톨스토이[4] 사이에 일어났다. 이 두 전투에서 프랑스 군대의 손실은 고작해야 10,000명으로 어림잡을 수 있을 것이다. 이렇게 보면 52일 동안 약 70마일을 곧장 전진하는데 질병과 낙오병 때문에 생긴 손실이 95,000명으로 군대 전체의 3분의 1이나 된다.

이로부터 3주 후에 보로디노 전투를[5] 할 때는 (전투 중의 손실을 포함하

---

1. 스몰렌스크(Smolensk), 모스크바의 거의 서쪽으로 (약간 남서쪽으로) 약 390킬로미터에 있는 도시. 드네프르 강 유역에 있다. 스몰렌스크 전투(1812년 8월 17~18일)에서는 승패가 결정되지 않았다.
2. [저자] 이 수치는 모두 샹브레의 저서에서 가져온 것이다.
3. 바그라티온(Pjotr Iwanowitsch(Pyotr Ivanovich) Bagration, 1765~1812), 러시아의 장군. 이 전투는 현재 벨라루스의 모길료프 부근에서 일어났는데(7월 23일) 바그라티온은 다부에게 패배했다.
4. 오스터만-톨스토이(Alexander Iwanowitsch Ostermann-Tolstoi(Aleksandr Ivanovič Ostermann-Tolstoj), 1772~1857), 러시아의 장군. 이 전투는 7월 23일에서 8월 15일 사이에 일어난 것으로 추정되는데, 정확한 장소와 날짜는 미상.
5. 보로디노 전투(1812년 9월 7일).

여) 손실이 144,000명에 달했다. 그리고 이때부터 8일 후에 모스크바에서는[6] 198,000명에 달했다. 프랑스 군대 전체의 손실은 모스크바 원정의 제1기에는 매일 전체 병력의 150분의 1, 제2기에는 120분의 1, 제3기에는 19분의 1에 달했다.[7]

물론 네만 강을 건너 모스크바에 이르는 보나파르트의 이동을 연속된 행군으로 볼 수도 있다. 하지만 단지 약 120마일을 행군하는데 82일이나[8] 걸렸다는 것, 프랑스 군대는 두 번에 걸쳐 정식으로 휴식을 했다는 것을 잊어서는 안 된다. 한 번은 빌나에서[9] 약 14일 동안 휴식을 했고, 또 한 번은 비쳅스크에서[10] 약 11일 동안 휴식을 했다. 이때 많은 낙오병들이 행군 대열에 따라붙을 수 있었다. 14주 동안 전진할 때 계절과 길이 최악의 상태였다고 할 수도 없었다. 이때는 여름이었고, 이동하는 길은 대부분 모래땅이었기 때문이다. 하지만 수많은 병력이 하나의 도로에 집결했다는 것, 식량 조달이 충분하게 이루어지지 않았다는 것, 러시아 군대는 후퇴는 했지만 도망을 치지는 않았다는 것이 보나파르트의 원정을 어렵게 만든 요인이었다.

프랑스 군대의 후퇴, 또는 좀 더 정확히 말해 모스크바에서 네만 강에 이르는 프랑스 군대의 대응 방식에 대해서는 전혀 언급하지 않도록 한다. 하지만 아마 다음은 언급해야 할 것이다. 즉 프랑스 군대를 추격하는 러시아 군대도 칼루가[11] 지역에서 출발했을 때는 120,000명 규모의 병력이었지만, 빌나에 도

---

6. 모스크바 도착은 1812년 9월 14일.

7. 이 손실을 병사들의 수로 환산하면 매일 1기에는 약 2000명, 2기에는 약 2500명, 3기에는 약 16,000명의 손실이 된다.

8. 네만 강 도하(6월 24일)부터 모스크바 도착(9월 14일)까지 82일.

9. 빌나(Wilna, Vilna, Vilinus), 1795년 폴란드-리투아니아 연방의 제3차 분할 이후 빌나는 러시아 제국에 합병되었다. 현재 리투아니아의 수도이고 빌뉴스 또는 빌니우스로 불린다. 빌나에서 (동쪽으로) 모스크바까지는 약 860킬로미터.

10. 비쳅스크(Wizebsk, Witebsk, Vitsebsk, Vitebsk), 현재 벨라루스의 북동쪽에 있는 도시. 여기에서 약간의 전투가 있었다(1812년 7월 25~27일). 비쳅스크에서 (동쪽으로) 모스크바까지는 약 500킬로미터.

11. 칼루가(Kaluga), 모스크바에서 남서쪽으로 약 170킬로미터에 있는 도시. 오카 강(Oka) 왼편에 있다. 칼루가에서 빌나까지는 서쪽으로 약 820킬로미터.

착했을 때는 30,000명 규모의 병력으로 줄어들었다. 이 기간에 실제 전투에서 입은 병력의 손실이 얼마나 적었는지는 널리 알려져 있다.

　　1813년에 슐레지엔과 작센에서 일어난 블뤼허의 원정에서[12] 예를 하나 더 들도록 한다. 이 원정은 행군을 오랫동안 하지는 않았지만 이리저리 많이 이동한 것으로 매우 유명하다. 블뤼허의 지휘를 받는 요크의 군단은 8월 16일에 약 40,000명 규모의 병력으로 이 원정을 시작했지만, 10월 19일에 라이프치히에서는 12,000명밖에 남지 않았다. 이 군단은 골트베르크,[13] 뢰벤베르크,[14] 카츠바흐 전투,[15] 바르텐부르크,[16] 라이프치히의 뫼커른 전투[17] 등에서 중요한 전투를 치렀다. 최고의 저술가의 보고에 의하면 이때 요크의 병력 손실은 대략 12,000명에 지나지 않았다. 그렇다면 전투 이외의 손실이 8주 동안 16,000명으로 전체의 5분에 2에 달했다는 말이 된다.

　　그래서 많은 이동을 필요로 하는 전쟁을 수행하려면 자기 군대의 막대한 손실을 각오해야 한다. 이 점을 고려하여 다른 계획을 준비해야 한다. 그리고 무엇보다 증원 병력을 준비해서 이들이 앞서 행군한 부대를 따르게 해야 한다.

---

12. 1813년 가을의 원정.

13. 골트베르크(Goldberg in Schlesien, Złotoryja), 슐레지엔의 도시. 현재 폴란드의 도시. 리그니츠에서 남서쪽으로 약 20킬로미터에 있다. 골트베르크 전투(5월 27일)에서 프랑스 군대는 슐레지엔 군대를 무찔렀다.

14. 뢰벤베르크(Löwenberg in Schlesien, Lwówek Śląski), 슐레지엔의 도시. 현재 폴란드의 도시. 옐레니아구라(Jelenia Góra, Hirschberg)에서 북서쪽으로 약 30킬로미터에 있다. 뢰벤베르크 전투(8월 21일)에서 프로이센과 러시아의 동맹 군대는 프랑스 군대를 무찔렀다.

15. 카츠바흐 강(Katzbach, Kaczawa), 오더 강의 왼편 지류로 길이는 약 98킬로미터. 카츠바흐 전투(8월 26일)에서 블뤼허가 이끄는 프로이센과 러시아의 동맹 군대는 프랑스 군대를 무찔렀다.

16. 바르텐부르크(Wartenburg), 그 당시에 작센 왕국의 마을. 엘베 강변에 있고 베를린에서 약간 남서쪽으로 약 100킬로미터 떨어져 있다. 바르텐부르크 전투(10월 3일)에서 프로이센 군대는 프랑스 군대를 무찔렀다.

17. 뫼커른(Möckern), 작센의 마을. 베를린에서 서쪽 약간 아래쪽으로 110킬로미터 떨어져 있다. 그리고 뫼커른에서 남동쪽으로 약 78킬로미터에 바르텐부르크가 있다. 뫼커른 전투(10월 16일)에서 블뤼허가 이끄는 프로이센 군대는 프랑스 군대를 무찔렀다. 뫼커른 전투는 라이프치히 전투의 일부로 여겨지고 있다.

제13장

사영

오늘날의 전쟁술에서 사영은 또다시 없어서는 안 되게 되었다. 천막도 완벽한 수송 부대도 군대의 자유로운 이동을 방해하기 때문이다. 산막 야영과 들판 야영을 (이른바 비바크) 아무리 잘 쓴다고 해도 그것은 군대를 보호하는 정상적인 방식이라고 할 수 없다. 기후 조건에 따라 머지않아 질병이 널리 퍼져서 전투를 하기도 전에 병력을 소모하게 될 것이다. 1812년의 러시아 원정은 군대가 매우 험한 기후에도 6개월에 걸친 전 행군 동안에 사영을 전혀 하지 않은 드문 예에 속한다. 하지만 그 고통의 결과가 어떤 것이었다고 해도 그런 고통을 겪게 하는 것은 무모한 짓이라고 할 수밖에 없다. 무모하다는 말은 그런 행동을 계획한 정치적인 의도에 훨씬 잘 어울릴 것이다.

두 가지 상황이 사영에 드는 것을 방해한다. 그것은 적이 아군의 근처에 있다는 것과 신속하게 이동해야 한다는 것이다. 그래서 결전이 가까워지면 사영을 떠나게 되고, 결전이 끝날 때까지는 다시 사영을 할 수 없게 된다.

최근의 전쟁에서, 즉 지난 25년 동안 경험한 모든 원정에서 전쟁의 요소는 그 모든 에네르기를 쏟아 부었다. 전쟁의 활동과 힘의 소모라는 측면을 고려하면 일어날 수 있는 모든 일이 대부분 일어났다. 즉 이 모든 원정에서 원정의 지속 시간은 줄어들었고, 목표에 이르는데 반 년 걸리는 원정은 드물게 되었고, 대부분 2~3개월이면 충분하게 되었다. 여기에서 목표는 패배자가 휴전 협정이나 심지어 평화 조약을 맺지 않을 수 없다고 보는 시점, 또는 승리자도 새로운 승리를 얻을 힘을 모두 소진한 시점을 말한다. 힘을 최대한으로 쏟아 부어야 하는 이 시간에 사영을 할 수는 없을 것이다. 승리자가 추격을 할 때는 더 이상 위험하지 않지만, 이때는 신속하게 이동해야 하기 때문에 사영에서 휴식을 하고 있을 수 없게 된다.

그 어떤 이유로 격렬했던 사건의 흐름이 많이 누그러지면, 그리고 양쪽의 힘에 불안정하나마 약간의 균형이 생기면, 군대에 숙소를 마련하여 병사들을 안전하게 보호하는 문제는 중요한 관심사가 된다. 사영의 필요성은 전쟁을 수행하는 것 자체에도 어느 정도 영향을 미친다. 부분적으로 좀 더 강력한 전초 체계를 만들든지, 또는 좀 더 중요한 전위 부대를 정면에 배치하든지 하는 것을 통해 더 많은 시간과 안전을 얻으려고 하면서 영향을 미친다. 또 부분적으로는 그 지역의 전술적인 유리함이나 점과 선의 기하학적인 상황보다 그 지역의 자원과 농산물을 얻으려고 하면서 영향을 미친다. 인구 20,000 명이나 30,000명 정도의 상업 도시 그리고 큰 마을과 번창하는 도시를 긴밀하게 연결하는 도로는 대규모의 병력을 한 군데 집결하여 배치하는데 유리하다. 그리고 병력을 이렇게 집중적으로 배치하면 모든 일이 신속하게 이루어지고 군대의 활동이 여유를 갖게 된다. 그래서 더 좋은 곳에서 사영을 하는 유리함은 충분히 보상받을 수 있다.

사영의 배치의 형태에 대해서는 약간만 언급하도록 한다. 이 문제의 대부분은 전술에 속하기 때문이다.

군대의 사영은 중요한 문제가 될 수도 있고 부차적인 문제가 될 수도 있는데, 이에 따라 사영은 두 가지 종류로 나뉜다. 원정을 하는 동안에 많은 군대를 배치하는 것이 단지 전술적인 이유와 전략적인 이유만으로 이루어지는 일이 있다. 그리고 군대를 편하게 하려는 생각으로 이미 배치되어 있는 지점의 근처에 있는 사영에 군대를 할당하는 일이 있다. 이런 일은 특히 기병의 경우에 자주 일어난다. 이런 경우에 사영은 부차적인 문제이고 야영을 대신하는 것이다. 그래서 이런 사영은 군대가 제때에 전투에 배치될 수 있는 범위 안에서 해야 한다. 이와 달리 충분한 휴식으로 건강을 회복할 수 있는 숙소에 군대를 둔다면 군대의 사영은 중요한 문제가 된다. 그리고 다른 조치뿐만 아니라 특별한 배치 지점을 선택하는 것도 이에 따라 이루어져야 한다.

이때 고려해야 하는 첫 번째 문제는 사영 지역 전체의 형태와 관련된다. 이 형태는 보통 매우 얇고 긴 형태의 직사각형으로서 이를테면 전술적인 전투 대형의 단순한 확대에 지나지 않는다. 군대의 집결 지점은 직사각형 앞에, 본부는 직사각형 배후에 둔다. 그런데 집결 지점, 군대, 본부를 이렇게 두는 것은 적이 도착하기 전에 군대 전체를 확실하게 집결하는데 매우 불편하고 거의 역효과만 낸다.

사영이 정사각형이나 심지어 원형에 가까울수록 군대는 어느 한 지점, 즉 중심에 그만큼 빨리 집결할 수 있다. 집결 지점이 중심의 배후에 멀리 있을수록 적은 그 지점에 그만큼 늦게 도달하게 되고, 아군은 집결하는 시간을 그만큼 많이 벌게 된다. 사영의 배후에 있는 집결 지점은 결코 위험에 빠지지 않는다. 하지만 이와 반대로 본부를 사영의 정면에 둘수록 많은 정보는 그만큼 일찍 도착하고, 최고 지휘관이 모든 정보를 얻는데 그만큼 유리해진다. 하지만 앞에 말한 긴 직사각형의 사영도 근거가 없는 것은 아니기 때문에 어느 정도 고려해야 한다.

사영을 얇고 긴 직사각형의 형태로 배치하는 것은 어느 지역을 보호하려는 의도 때문이라고 말한다. 그렇지 않으면 적이 그 지역에서 물자를 징발할 수 있다는 것이다. 하지만 이 이유는 완전히 옳지도 않고 매우 중요하지도 않다. 이 말이 옳은 것은 군대의 제일 바깥쪽 측면에 대해서만 해당된다. 하지만 군대의 여러 부대의 사영이 각 부대의 집결 지점을 빙 둘러싸고 있는 경우에 이 여러 부대 사이에 생기는 지역에 대해서는 옳지 않다. 적의 어느 부대가 그 사이에 생기는 지역으로 들어오려고 하지는 않을 것이기 때문이다. 또한 그 이유는 매우 중요하지도 않다. 적이 아군의 근처에 있는 지역에서 징발을 하지 못하게 하는 데는 군대 자체를 넓은 지역에 분산하는 것보다 더 간단한 수단이 있기 때문이다.

집결 지점을 정면에 두는 것은 사영을 보호하려는 의도 때문이라고 한다. 이 둘은 관련이 있다. 첫째로 매우 급하게 전투를 하게 되는 군대는 사영지에 늘 낙오병, 부상병, 군수품, 식량 등의 일부를 남기게 되는데, 집결 지점을 배후에 배치하면 그런 것이 쉽게 적의 손에 떨어질 수 있을 것이다. 둘째로 적의 기병이 아군의 전위를 옆으로 통과하거나 심지어 돌파하면, 적이 여기저기에 흩어져 있는 아군의 연대나 대대를 습격할 것이라는 점을 고려해야 한다. 집결 지점을 사영의 정면에 배치하면 이 군대는 적과 충돌하게 된다. 이 군대가 병력의 부족 때문에 결국 적에게 제압된다고 해도 그 군대는 적의 전진을 막았고 아군은 그만큼 시간을 번 것이다.

본부의 위치에 대해 말하면, 본부는 언제나 제일 안전한 곳에 있어야 한다고 생각했다.

이런 여러 가지 상황을 고려하면 사영 지역에서 최선의 배치는 사영 지역을 정사각형이나 원형에 가까운 직사각형으로 하고, 집결 지점을 중앙에 두고, 군대의 병력이 상당히 많은 경우에는 본부를 앞쪽에 두는 것이 될 것이다.

군대의 일반적인 배치에서 양쪽 측면의 보호에 대해 말한 것은 사영의 경우에도 들어맞는다. 그래서 주력 군대에서 왼쪽과 오른쪽으로 분할되어 있는 부대는 독자적인 집결 지점을 갖고 있어야 하고, 주력 군대와 공동으로 공격을 할 의도를 갖고 있는 경우에도 주력 군대와 동일한 선에 집결 지점을 두어야 한다.

그 밖에도 한편으로 끊어진 지형을 유리하게 이용하여 그 지형의 성질에 따라 자연스럽게 사영을 배치하기도 하고, 다른 한편으로 도시와 마을의 형태에 따라 사영의 위치를 결정하기도 한다. 이런 점을 생각하면 기하학적인 형태는 사영지를 결정하는데 거의 중요하지 않다는 것을 잘 알게 된다. 하지만 그 점에 주의를 기울일 필요는 있다. 기하학적인 형태도 다른 모든 일반적인 법칙처럼 일반적인 경우에는 많든 적든 영향을 미칠 수 있기 때문이다.

이 밖에도 사영을 하는데 유리한 위치를 말한다면 끊어진 동시에 보호되어 있는 지형을 들 수 있다. 이런 지형을 선택하여 그 배후에 사영을 두는 것이다. 이렇게 하면 아군의 수많은 작은 부대가 적을 관찰하는데 유리해진다. 또는 사영을 요새의 배후에 둘 수도 있다. 적이 요새 안에 있는 수비대의 병력을 가늠할 수 없는 상황이라면, 적은 훨씬 많은 주의를 기울이고 조심하지 않을 수 없을 것이다.

요새처럼 견고한 겨울 사영에 대해서는 나중에 따로 하나의 장을 마련하여 설명하도록 한다.

행군 중인 군대의 사영은 한 곳에 주둔하고 있는 군대의 사영과 다르게 배치된다. 행군 중인 군대의 사영은 우회로를 피할 목적으로 넓게 펼쳐지지 않고 도로를 따라 배치되기 때문이다. 이는 종대의 행군 길이가 하루의 행군 거리를 넘지 않는 경우에 신속하게 집결하는데 전혀 불리하지 않게 된다.

아군이 적의 바로 정면에 있는 모든 경우에는, 즉 기술적인 표현을 쓰면 양쪽 군대의 전위 사이에 거리가 별로 없는 모든 경우에는 사영 지역의 넓이와 군대를 집결하는데 필요한 시간이 전위와 전초의 수와 위치를 결정한다. 이와 반대로 이런 결정이 적에 의해 또는 다른 상황에 의해 제한되는 경우에 사영 지역의 넓이는 아군의 전위의 저항이 아군에게 보장하는 시간에 달려 있게 될 것이다.

전진 부대의 경우에 이 저항을 어떤 식으로 생각해야 하는지는 이 편 제 3장에서 말했다.[1] 전진 부대의 저항 시간에는 군대에 소식을 전달하는 시간과 군대의 출동 시간을 제외해야 한다. 그런 다음에 남는 시간만 집결하여 행군하는데 쓸 수 있는 시간이다.

마지막으로 우리의 생각을 제일 일반적인 조건에서 일어나는 결과로 정리하면 다음과 같이 말할 수 있다. 즉 전위와 여러 사영 간의 거리를 반지름으로 하고 군대의 집결 지점을 대략 여러 사영의 중앙에 두면, 적의 전진이 지체되면서 얻는 시간에 여러 군대에게 적의 전진을 통보하고 아군의 출동 시

---

1. 전진 부대에 대해서는 제8장에서 말했다.

간을 벌 수 있을 것이다. 대부분의 경우에는 이 시간으로도 각 군대에 연락하는데 충분할 것이다. 그 연락이 봉화, 신호탄 등이 아니라 단지 기병 전령으로[2] 이루어진다고 해도 충분할 것이다. 그리고 이것이 제일 확실한 연락 수단이다.

그래서 앞에 있는 전위 부대가 3마일 정도 정면에 있는 경우에 사영은 대략 30제곱마일의 공간을 차지할 수 있다. 중간 수준의 인구 밀도를 갖는 지역이라면 이 정도 넓이의 공간에 약 10,000채의 집이 있다. 50,000명 규모의 군대라면 전위를 제외하고 한 집에 약 4명을 배당하여 매우 편하게 사영할 수 있다. 그 두 배 규모의 군대라고 해도 한 집에 9명을 수용할 수 있기 때문에 이 또한 너무 좁은 사영이라고 할 수 없을 것이다. 이와 달리 전위가 1마일 이상 앞쪽에 배치될 수 없다면 사영할 공간은 4제곱마일에 지나지 않는다. 전위의 저항으로 얻는 시간적인 여유는 전위와 본부의 거리가 줄어드는 만큼 감소하는 것이 아니다. 또한 1마일의 거리에 대략 6시간의 여유를 예상할 수 있기 때문에 적이 그 정도로 가까이 있으면 좀 더 신중해져야 한다. 50,000명 규모의 군대가 4제곱마일의 공간에서 적당한 숙소를 찾으려면 그 지역의 인구 밀도는 매우 높아야 할 것이다.

이것으로 10,000명에서 20,000명의 병력을 거의 어느 하나의 지점에 사영해야 하는 경우에 대도시 또는 적어도 중요한 도시가 얼마나 결정적인 역할을 하는지 잘 알 수 있다.

이런 결과에서 다음과 같은 결론이 나온다. 즉 적이 지나치게 가까이 있지 않고 아군이 적절한 규모의 전위를 배치해 두었을 때는 적이 집결해 있어도 아군은 사영에 머물 수 있을 것이다. 프리드리히 대왕도 1762년 초에 브레슬라우에서 그렇게 했고, 보나파르트도 1812년에 비쳅스크에서 그렇게 했다. 즉 집결한 적에 대해서도 적과 적당한 거리를 두고 있고, 아군이 안전하게 집

---

2. 기병 전령은 보통 1명의 장교와 4~8명의 병사들로 이루어진다. 문서로 명령을 신속하게 전달할 때 쓰인다.

결하는데 필요한 적절한 준비를 했다면 걱정할 일은 전혀 없을 것이다. 하지만 급히 집결해야 하는 군대는 그 시간에 다른 일을 전혀 할 수 없다는 것, 그래서 그때그때 일어나는 상황을 순간적으로 이용할 수 없다는 것을 잊어서는 안 된다. 이 때문에 그 군대는 대부분의 활동 능력을 집결하는데 빼앗기게 된다. 그 결과로 군대는 다음의 세 가지 경우에만 완전하게 사영으로 옮기게 될 것이다.

1. 적도 똑같이 사영을 할 때.

2. 군대의 상황이 사영을 절대로 필요로 하는 경우.

3. 군대의 직접적인 활동이 단지 강력한 진지를 방어하는 데만 제한되어 있는 경우, 그래서 군대를 적절한 시간에 그 진지에 집결하는 것이 제일 중요한 경우.

사영을 하고 있는 군대의 집결에 관한 매우 주목할 만한 사례는 1815년의 원정에서[3] 볼 수 있다. 치이텐 장군은 30,000명에 이르는 블뤼허의 전위를 이끌고 샤를루아에 있었다. 샤를루아는 군대의 집결지로 생각했던 송브레프에서[4] 2마일밖에 떨어지지 않은 곳이다. 군대에서 제일 먼 사영지는 송브레프에서 약 8마일 떨어져 있었다. 즉 한편으로 시네를[5] 지나고 다른 한편으로 리에주[6] 근처에 걸쳐 있었다. 그럼에도 시네 너머에 주둔하고 있던 군대는 리니 전투가 시작되기 몇 시간 전에 송브레프에 집결했다. 그리고 리에주 근처에 주둔하고 있던 군대도 (뷜로의[7] 군단) 우연의 개입과 명령 전달 체계의 결함

---

3. 리니 전투(1815년 6월 16일)를 가리킨다.

4. 송브레프(Sombreffe), 현재 벨기에의 마을. 브뤼셀에서 약간 남동쪽으로 약 40킬로미터에 있다.

5. 시네(Ciney), 현재 벨기에의 마을. 브뤼셀에서 남동쪽으로 약 90킬로미터에 있다.

6. 리에주(Lüttich, Liège), 현재 벨기에 동부의 도시. 브뤼셀에서 동쪽 약간 아래쪽으로 약 95킬로미터에 있다. 뤼티히(Lüttich)는 리에주의 독일어 표기. 리에주 주교구였다가 1795년에 프랑스 군대에 의해 점령되었다. 나폴레옹이 패배한 후에 1815년에 네덜란드 연합 왕국에 속했다가 1830년에 벨기에 왕국에 속하게 되었다.

7. 프리드리히 뷜로(Friedrich Wilhelm Bülow von Dennewitz, 1755~1816), 프로이센의 장군. 제1권 제4편 제13장의 저자의 각주에 나온 디트리히 뷜로의 친형.

만 없었다면 송브레프에 도착할 수 있었을 것이다.

이때 프로이센 군대의 안전이 적절하게 고려되지 않았다는 것은 의심할 수 없다. 하지만 다음과 같은 상황은 설명해야 한다. 즉 프로이센은 프랑스 군대도 넓은 지역에 걸쳐 사영하고 있다고 생각했다는 것, 프로이센의 잘못은 단지 프랑스 군대의 이동과 보나파르트의 도착에 관한 첫 번째 보고를 받은 순간에 사영을 옮기지 않았다는 것이다.

프랑스 군대가 공격하기 전에 프로이센 군대가 분명히 송브레프에 집결할 수 있었는데도 그렇게 하지 않았다는 것은 여전히 주목할 만하다. 물론 블뤼허는 14일 밤에, 즉 치이텐 장군이 실제로 적의 공격을 받기 12시간 전에 비로소 적이 전진하고 있다는 보고를 받았고 그때 병력을 집결하기 시작했다. 하지만 15일 아침 9시에 치이텐 장군은 이미 한창 전투를 하는 중이었고, 이때 비로소 시네에 있는 틸만 장군에게[8] 나무르로[9] 행군하라는 명령이 도착했다. 그래서 틸만은 자기의 군단을 먼저 사단 단위로 집결해야 했고 송브레프까지 6.5마일을 행군해야 했다. 이 행군은 24시간이 걸렸다. 빌로 장군에게도 명령이 신속하게 전달되었다면 그 역시 그 시간쯤에는 송브레프에 도착할 수 있었을 것이다.

하지만 보나파르트도 16일 오후 2시 이전에는 리니에서 공격을 하지 않았다. 한쪽에는 웰링턴이, 다른 쪽에는 블뤼허가 자신에게 맞서고 있다는 불안, 달리 말하면 병력의 불균형이 보나파르트를 지체하게 했다. 이것으로 최고의 결단력을 보여 주는 최고 지휘관조차 신중한 망설임 때문에 얼마나 오래 지체하게 되는지 알 수 있다. 상황이 어느 정도 복잡할 때는 늘 망설이지 않을 수 없을 것이다.

---

8. 틸만(Johann Adolf von Thielmann, 1765~1824), 프로이센의 장군. 작센과 러시아에서도 장교로 복무했다.
9. 나무르(Namur), 현재 벨기에의 도시이자 요새. 브뤼셀에서 남동쪽으로 약 60킬로미터에 있다. 네덜란드, 오스트리아, 프랑스, 네덜란드 연합 왕국의 지배를 받다가 1830년에 벨기에 왕국에 속하게 되었다.

여기에서 살펴본 것 중에 일부는 분명히 전략적인 성격보다 전술적인 성격을 많이 갖고 있다. 하지만 이 문제를 약간이라도 다루는 것이 다루지 않아서 불분명한 상태에 빠지는 것보다 나을 것이다.

제14장

식량 조달

이 문제는 오늘날의 전쟁에서 훨씬 중요한 의미를 갖게 되었는데, 이는 두 가지 이유 때문이다. 첫째로 오늘날의 군대는 일반적으로 중세의 군대보다, 아니 고대의 군대와 비교해도 훨씬 큰 규모를 갖게 되었다. 중세와 고대에 때로 오늘날의 군대와 같은 규모나 그보다 훨씬 큰 규모의 군대가 나타났다고 해도 이는 매우 드문 일시적인 현상에 지나지 않았기 때문이다. 그 반면에 루이 14세 이후로 최근의 전쟁사를 보면 군대의 규모는 점차 증대되었다. 두 번째 이유는 첫 번째 이유보다 훨씬 중요하고 오늘날에 점점 더 고유한 현상이 되고 있다. 그것은 오늘날의 전쟁이 내부적으로 더 긴밀한 연관성을 갖고 있고, 전쟁을 수행하는 전투력이 끊임없이 전투 준비의 상태에 있다는 것이다. 이전의 전쟁은 대부분 각자 관련을 갖지 않는 하나하나의 전투로 이루어져 있었다. 이런 전투는 중간의 휴식에 의해 각각 별개의 전쟁으로 분리되었고, 그동안에 전쟁은 사실상 완전히 멈추었고 오로지 정치적인 의미로만 존재했다. 그렇지 않으면 양쪽의 전투력이 너무 멀리 있어서 각자 상대를 고려하지 않은 채 자기 군대의 필요를 충족하는 데만 급급했다.

오늘날의 전쟁, 즉 베스트팔렌 평화 조약[1] 이후의 전쟁은 여러 나라 정부

---

1. 베스트팔렌 평화 조약, 오스나브뤼크와 뮌스터에서 1648년 5월 15일과 10월 24일에 체결되

의 노력으로 내부적인 연관성을 갖는 질서 있는 형태를 띠게 되었다. 전쟁의 목적이 모든 것을 지배하게 되었고, 그 목적은 식량 조달의 문제에서도 늘 이 문제를 해결할 수 있는 준비를 요구하게 되었다. 물론 17세기와 18세기의 전쟁에서도 오랫동안 전투를 중지하는 기간이 있었다. 이 기간에는 전쟁이 완전히 중지된 것이나 다름없었고, 그때는 바로 정규적인 겨울 사영 기간이었다. 하지만 겨울 사영도 늘 전쟁의 목표에 종속되어 있었다. 즉 군대의 식량 조달 때문이 아니라 추운 계절 때문에 겨울 사영을 하지 않을 수 없었던 것이다. 여름이 올 때마다 겨울 사영이 중지되었기 때문에 적어도 따뜻한 계절에는 끊임없는 전쟁 행동이 요구되었다.

어느 하나의 상태와 방식에서 다른 상태와 방식으로 이행하는 것은 늘 단계적으로 이루어지는데, 이는 겨울 사영의 경우에도 마찬가지였다. 루이 14세에 맞선 많은 전쟁에서 동맹국들은[2] 자기의 군대를 겨울 사영 동안 늘 멀리 있는 지방으로 보냈고, 그래서 식량을 좀 더 쉽게 조달할 수 있게 했다. 하지만 슐레지엔 전쟁에서는[3] 이런 일이 더 이상 일어나지 않았다.

특히 많은 나라들이 봉건 군대 대신에 용병을 이용하면서부터 전쟁 행동은 비로소 이처럼 내부적인 연관성을 갖는 질서 있는 형태를 띨 수 있게 되었다. 이제 봉건적인 의무는 조세로 바뀌었다. 신분상의 의무는 완전히 폐지

어 프랑스어로 조문이 쓰인 평화 조약. 30년 전쟁을 끝내는 평화 조약으로서 1648년에 오스트리아와 프랑스 사이에 체결되었다. 이 조약에는 스페인, 프랑스, 스웨덴, 네덜란드의 신성 로마 제국 황제 페르디난트 3세(합스부르크 가문)와 각 동맹국 제후들과 신성 로마 제국 내 자유 도시들이 참여했다. 이로써 신성 로마 제국에서 일어난 30년 전쟁(1618~1648년)과 스페인과 네덜란드 연합 공화국 간의 80년 전쟁이 끝났다. 이 조약을 통해 종교의 자유가 허용되면서 개신교 국가들이 로마 가톨릭 교회의 탄압에서 벗어나서 생존의 발판을 마련했고, 역사에서 프로이센이 처음으로 왕국으로 등장했다. 네덜란드와 스위스는 독립을 인정받았고, 프랑스는 이 전쟁을 통해 영토를 확장했다.

2. 루이 14세의 홀란트 침략 전쟁(1672~1678년)에서는 홀란트, 오스트리아, 브란덴부르크 사이에, 팔츠(Pfalz) 계승 전쟁(1688~1697년)에서는 독일 황제, 스페인, 스웨덴, 영국 사이에 동맹이 맺어졌다.

3. 프리드리히 대왕이 오스트리아에 대해 수행한 제1차 슐레지엔 전쟁(1740~1742년) 및 제2차 슐레지엔 전쟁(1744~1745년).

되었고, 그 대신에 모병제가 도입되었다. 그렇지 않은 경우에도 신분상의 의무는 약간의 하층 계급에게만 남게 되었는데, 이는 귀족 계급이 모병제를 (러시아와 헝가리에서 여전히 그러한 것처럼) 인두세와 같이 일종의 조세로 간주했기 때문이다. 어쨌든 이제 군대는 앞에서 이미 말한 것처럼 정부의 도구가 되었고, 이를 유지하는 중요한 재원은 국고나 정부의 조세 수입이었다.

전투력을 편성하고 끊임없이 보충하는 일이 바로 정부의 일이 된 상황은 전투력을 유지하는 데도 적용되어야 했다. 병역을 면제하는 대신에 인민에게 세금을 걷었기 때문에 전투력의 유지 비용을 곧바로 다시 그들로 하여금 부담하게 할 수는 없었다. 그래서 군대를 유지하는 문제는 정부의 국고로 충당해야 했고, 인민은 자기 나라의 군대에 대해 비용을 부담하지 않게 되었다. 그래서 정부는 전투력을 유지하는 문제도 오로지 정부 혼자 담당해야 하는 일이라고 생각하지 않을 수 없게 되었다. 이런 식으로 군대를 유지하는 일은 이중으로 어렵게 되었다. 첫째로 그것은 완전히 정부의 부담이 되었고, 둘째로 막대한 비용으로 유지되는 전투력이 늘 적이 보는 앞에 노출되어 있어야 했다.

그래서 독립된 군대뿐만 아니라 이 군대를 유지하는데 필요한 독립된 시설도 만들어졌다. 이 시설은 늘어나는 군대의 규모에 따라 더욱 발달했다.

군대를 유지하는 식량은 돈을 주고 사든지, 멀리 있는 왕실 소유지에서 공급받아 창고에 쌓을 뿐만 아니라 군대의 마차를 이용하여 창고에서 군대로 운반하기도 했다. 군대 근처에 있는 군대의 자체 빵 제조소에서 빵을 굽고, 이 빵은 다시 군대의 전용 마차로 각 부대에 배급되었다. 식량 조달 체계를 잠시 언급한 것은 이것이 이전에 있었던 전쟁의 독특함을 보여 줄 뿐만 아니라 이 체계는 결코 완전히 중단될 수 없고, 이 체계의 각 부분은 앞으로도 늘 다시 나타날 것이기 때문이다.

이런 식으로 전쟁 시설은 점차 인민이나 영토와 관련을 갖지 않는 방향으로 나아가게 되었다.

그 결과로 전쟁은 내부적인 연관성을 갖는 질서 있는 형태를 더 많이 띠게 되었고 전쟁의 목적, 즉 정치적인 목적에 따르게 되었다. 하지만 이와 동시에 전쟁의 움직임도 훨씬 제한적이고 필연적인 성격을 띠게 되었고, 전쟁의 에너르기는 끝없이 약해졌다. 이제 전쟁은 식량 창고에 얽매이게 되었고 식량 수송 부대의 활동 범위 이내로 제한되었기 때문이다. 전체적으로 군대의 식량 보급을 되도록 절약하는 방향으로 나아가는 것보다 자연스러운 일은 없었기 때문이다. 보잘것없는 빵 한 조각으로 배고픔을 달래는 병사들이 무거운 발걸음을 힘겹게 옮기는 일이 자주 일어났다. 내일은 나아질 것이라는 희망도 없었기 때문에 그 순간에 겪는 결핍의 고통이 병사들에게 위로를 주지도 못했다.

병사들에게 그런 보잘것없는 식량을 주는 것을 하찮은 문제라고 말하려고 하는 사람, 프리드리히 대왕이 식량도 제대로 보급받지 못한 병사들을 이끌고 이루어낸 훌륭한 업적만 생각하는 사람은 이 문제를 완전히 공평하게 보고 있다고 할 수 없다. 물론 결핍의 고통을 견뎌내는 힘은 병사들에게 최고의 무덕 중의 하나이고, 무덕이 없다면 참된 군인 정신을 갖춘 군대라고 할 수 없다. 하지만 그런 결핍은 일시적인 것이어야 하고, 어찌할 수 없는 상황이 아니라면 일어나서는 안 되고, 식량 조달 체계의 결함이나 필수품에 대한 인색하고 관념적인 계산의 결과로 생겨나서도 안 된다. 이런 경우에 병사들 개개인의 힘은 육체적으로도 정신적으로도 늘 약해질 것이다. 프리드리히 대왕이 그의 군대로 이룬 것은 우리의 척도로 쓰일 수 없다. 그 이유는 한편으로 적군도 똑같은 식량 조달 체계를 갖고 있었기 때문이다. 다른 한편으로 만일 보나파르트가 그의 군대에 식량을 공급한 만큼 프리드리히 대왕이 자기 군대에 식량을 공급할 수 있었다면, 대왕이 얼마나 더 많은 업적을 이루었을지 알 수 없기 때문이다.

말에게 사료를 조달하는 체계를 인위적으로 확대하려는 노력은 결코 이루어진 적이 없다. 말의 사료는 엄청난 부피 때문에 운반하는데 훨씬 많은 어려움을 겪기 때문이다. 한 마리 말의 사료의 무게는 대략 한 사람의 식량 무게의 열 배쯤 된다. 그런데 군대에서 말의 수는 사람 수의 1/10이 아니라 1/4

에서 1/3에 지나지 않는다. 전에는 1/3에서 1/2이었던 적도 있다. 그러면 사료의 무게는 식량의 무게보다 세 배, 네 배, 다섯 배 정도 된다. 그래서 사료를 조달하는 필요를 충족하는 제일 직접적인 방식을 찾기 시작했는데, 그것은 바로 사료 채취였다. 그런데 사료 채취는 전쟁을 수행하는데 또 다른 방식으로 큰 곤란을 불러일으켰다. 첫째로 주로 이 방식을 쓰려면 전쟁을 반드시 적의 영토에서 수행해야 했고, 둘째로 이 방식은 어느 한 지역에 오래 머무는 것을 허락하지 않았다. 이런 이유로 사료 채취는 이미 슐레지엔 전쟁 때에 잘 쓰지 않게 되었다. 이 방식 때문에 그 지역이 심하게 황폐해지고 고갈된다는 것을 알게 되었고, 이보다 그 지역에서 사료를 조달하고 징발하여 필요를 충족하는 것이 낫다는 것을 알게 되었다.

프랑스 혁명이 인민의 힘을 다시 한 번 전쟁의 무대로 끌어올렸을 때 이에 맞선 여러 나라 정부의 수단은 더 이상 충분하지 않은 것으로 드러났다. 모든 전쟁 체계는 이 수단의 제한에서 비롯되었고 이런 제한에서 다시 안정을 누렸는데, 그 체계가 무너진 것이다. 전체의 체계와 함께 그 일부분, 즉 여기에서 다루고 있는 식량 조달 체계도 무너졌다. 프랑스 혁명의 지도자들은 식량 창고에 대해 별로 신경 쓰지 않은 채, 그리고 더욱이 여러 부문의 식량 수송 체계를 톱니바퀴처럼 돌아가게 하는 정교한 시계를 준비하는 일은 생각지도 않은 채 병사들을 전쟁터로 내보냈고 장군들을 전투로 내몰았다. 그들은 필요한 모든 것을 징발하고 훔치고 약탈했고, 그것으로 병사들을 먹이고 기운을 북돋우고 생기를 불어넣고 자극을 주었다.

보나파르트가 한 전쟁과 보나파르트에 맞선 전쟁은 이 양 극단 사이의 중간에 있었다. 다시 말해 그는 이 모든 종류의 수단 중에서 자기에게 적합한 방식을 이용했다. 그리고 아마 앞으로도 그렇게 될 것이다.

군대의 새로운 식량 조달 방식은 어느 지역에서 산출되는 모든 것을 내 것 네 것 구분하지 않고 이용하는 것인데, 여기에도 네 가지의 다른 수단이 있다. 즉 그 지역의 민가에서 식량을 조달하는 것, 군대 스스로 징발하는 것, 정규적인 공고문을 통하는 것, 식량 창고를 통하는 것이다. 이 네 가지 수단은 보통 함께 쓰인다. 그런데 그중에 한 가지 수단이 제일 많이 쓰이지만, 한 가지 수단만 쓰이는 경우도 있다.

1. 민가나 공동체를 통한 식량 조달, 이것은 같은 것이다. 어느 공동체의 주민이 대도시의 경우처럼 소비자들로만 이루어져 있다고 해도 그 공동체는 늘 며칠 동안의 식량을 갖고 있을 것이다. 이 점을 생각할 때 그곳이 인구 밀도가 매우 높은 도시라면, 주민의 수와 거의 같은 수의 군대도 하루분의 식량을 조달할 수 있을 것이다. 그보다 훨씬 작은 규모의 군대라면 특별한 준비를 하지 않아도 며칠 동안의 식량을 조달할 수 있을 것이다. 이 방식은 더 큰 대도시의 경우에 더 만족스러운 결과를 얻을 수 있다. 이 하나의 장소에서 매우 많은 수의 병사들에게 식량을 조달할 수 있기 때문이다. 하지만 소도시나 특히 마을에서는 매우 불충분한 결과를 내는데 그칠 것이다. 1제곱마일에 3000명에서 4000명의 주민이 살고 있다면 이는 그 자체로 매우 많은 인구이지만, 이들은 3000명에서 4000명의 병사들에게 식량을 공급하는데 그칠 것이다. 그래서 군대의 병력이 매우 많을 때는 군대를 넓은 지역에 분산해야 하는데, 다른 조건이 그것을 어렵게 만들 수도 있다. 다만 농경지와 소도시에는 전쟁에 필요한 식량이 훨씬 많이 있다. 농민 한 집의 빵 저장량을 전부 합치면 보통 그 농민의 가족이 8일에서 14일 동안 먹는데 충분한 양이 된다. 고기는 매일 조달할 수 있고, 채소도 대체로 다음 수확 때까지 먹을 수 있는 양을 갖고 있다. 그래서 군대가 사영을 한 적이 없는 곳에서 그 지역 주민의 세 배에서 네 배에 이르는 병사들이 며칠 동안 먹을 식량을 조달하는 것은 어렵지 않고, 이는 매우 만족스러운 결과라고 할 수 있다. 이 결과에 따르면 30,000명 규모의 종대는 1제곱마일에 2000명에서 3000명의 인구를 갖고 있는 곳에 (이 근처에서 대도시를 확보할 수 없다고 해도) 대략 4제곱마일의 공간을 필요로 할 것이고, 이때 한 면의 길이는 2마일이 될 것이다. 그래서 대략 75,000명의 전투 병력을 포함하는 90,000명 규모의 군대는 세 개의 종대로 나뉘어서 옆으로 나란히 행군하는 경우에도 6마일 정도의 넓이만 차지하면 될 것이다. 이 또한 이 정도의 넓이에 세 개의 도로를 발견할 수 있는 경우에만 그러

하다는 말이다.

이런 사영지에 여러 개의 종대가 계속 오게 되면 그 지방 당국은 특별한 해결책을 찾아야 한다. 하지만 하루나 며칠 동안 사영하는데 필요한 식량은 어렵지 않게 마련할 수 있다. 그래서 앞에서 말한 90,000명의 병력에 이어 같은 수의 병력이 하루 지나 또 온다고 해도 이 병력이 식량의 부족으로 고통을 받지는 않을 것이다. 이는 이미 150,000명에[4] 이르는 엄청난 수의 전투 병력이다.

말에게 먹일 사료를 조달하는 것은 더 쉽다. 사료는 빻거나 구울 필요가 없기 때문이다. 그리고 다음 수확 때까지 그 지방의 말에게 먹일 사료가 있기 때문에 마구간의 사료가 부족한 경우에도 군대의 말에게 줄 사료가 부족한 경우는 드물 것이다. 물론 사료는 그 지방 당국에서 조달해야 하고 민가에 직접 요구해서는 안 된다. 그래서 행군할 때는 당연히 그 지역의 상황을 미리 고려해야 하고, 기병을 상업 지역이나 공업 지역으로 가지 않게 해야 한다.

이 문제를 잠깐 살펴본 결과는 다음과 같다. 중간 수준의 인구 밀도를 갖는 지방, 즉 1제곱마일에 2000명에서 3000명의 주민이 살고 있는 지방에서 150,000명의 전투 병력을 갖고 있는 군대는 공동 공격을 배제할 수 없기 때문에 넓게 분산되어 있지 않은 상태에서도 민가나 공동체에서 하루나 이틀 정도의 식량을 조달할 수 있을 것이다. 즉 그런 군대는 식량 창고와 그 밖의 다른 것을 준비하지 않아도 중단 없는 행군을 계속할 수 있다.

프랑스 혁명 전쟁에서, 그리고 보나파르트 아래에서 이루어진 프랑스 군대의 많은 행동은 이런 결과에 토대를 두고 있었다. 그리하여 프랑스 군대는 아디제 강에서[5] 도나우 강[6] 하류에 이르기까지,[7] 그리고 라인 강에서 비스와

---

4. 90,000명의 두 배는 180,000명이지만 75,000명의 전투 병력의 두 배는 150,000명이다.

5. 아디제 강(Etsch, Adige), 이탈리아 북동부의 강. 길이는 약 415킬로미터. Etsch는 Adige의 독일어 표기.

6. 도나우 강(Donau, Danube), 독일 남부에서 발원하여 루마니아 동쪽 해안을 통해 흑해로 흘러가는 강. 길이는 약 2860킬로미터.

7. 이는 제1차 이탈리아 전쟁(1796~1797년)에서 프랑스 군대의 이동을 가리킨다.

강에[8] 이르기까지[9] 전진했지만, 민가에서 조달하는 식량 외에 다른 식량을 별로 많이 갖고 있지 않았다. 그럼에도 식량의 부족으로 고통을 겪은 적도 없었다. 그들의 행동은 물리적인 우세함과 정신적인 우세함에 토대를 두고 있었고, 승리를 의심하지 않은 채 이루어졌고, 적어도 우유부단함과 조심성 때문에 지체된 적이 없었다. 그래서 끊임없이 행군한 바로 그 길이 대부분 승리의 길이었다.

상황이 별로 좋지 않고 그 지역의 인구가 많지 않으면, 또는 인구가 농민보다 노동자들로 이루어져 있고 땅이 메마르고 그 지역이 이미 여러 번 군대의 징발을 겪었다면, 이런 지역에서 식량을 조달하는 것은 당연히 좋지 않은 결과를 낼 것이다. 그런데 종대의 행군 넓이를 2마일에서 3마일로 늘리면 두 배 이상의 면적, 즉 4제곱마일 대신에 9제곱마일의 면적을 얻게 된다. 그리고 이 정도의 면적이라면 보통의 경우에 공동 공격을 할 수 있다. 이런 것을 생각하면 불리한 상황에서 끊임없이 이동할 때도 지금까지 말한 식량 조달 방식이 여전히 유효하다는 것을 알 수 있다.

하지만 한 곳에 며칠 동안 머무는 상황이 생기면, 다른 수단으로 준비한 것이 없을 경우에 곧바로 최악의 식량 부족 사태에 빠지고 말 것이다. 이에 대한 대책으로는 두 가지 수단을 들 수 있는데, 이 수단이 없으면 오늘날에도 군대를 대규모의 병력으로 유지할 수 없을 것이다. 첫 번째 수단은 군대에 소속된 수송대인데, 이를 이용해 꼭 필요한 식량으로서 3일에서 4일분의 빵이나 밀을 운반할 수 있다. 여기에 병사들 자신이 갖고 있는 3일에서 4일 분량의 식량을 더하면 최악의 상황에 대비하여 8일분의 식량은 늘 안전하게 확보할 수 있다.

두 번째 수단은 적절한 병참부를 두는 것이다. 병참부가 군대의 휴식 때

---

8. 비스와 강(Weichsel, Wisła, Visla, Vistula), 현재 폴란드를 흐르는 강. 강의 길이는 1047킬로미터.
9. 이는 1806년에 프로이센과 러시아를 상대로 한 전쟁에서 프랑스 군대의 움직임을 가리키는 것으로 생각된다.

마다 먼 지역에 저장되어 있는 식량을 조달하면, 군대는 사영지에서 식량을 조달하는 체계에서 다른 체계로 언제든지 넘어갈 수 있다.

사영에 의한 식량 조달은 운송 수단을 전혀 필요로 하지 않고, 식량을 제일 짧은 시간 내에 조달할 수 있다는 무한한 장점을 갖고 있다. 물론 이 수단은 대체로 모든 군대가 사영에 든다는 것을 전제로 하고 있다.

2. 군대의 **징발을 통한** 식량 조달. 단 하나의 대대가 야영을 한다면 아마 그 근처에 마을 몇 개만 있어도 되고, 그 대대에 식량을 공급하도록 마을에 명령할 수도 있다. 그러면 이 식량 조달 방식은 본질적으로 앞에서 말한 방식과 다르지 않을 것이다. 그런데 대개 그러하듯이 그보다 훨씬 많은 군대의 병력이 하나의 지점에서 야영을 해야 한다면, 예를 들어 여단이나 사단과 같이 더 큰 군대 전체에 필요한 식량은 일정한 지역에서 공동으로 징발하여 그 군대에 분배하는 것 외에 다른 수단이 없다.

언뜻 보아도 이 방식으로는 대규모 군대에 필요한 식량을 결코 조달할 수 없다. 어느 군대가 그 지역에서 징발하는 식량은 그 지역에서 사영했을 때 얻는 식량보다 훨씬 적을 것이다. 30명이나 40명의 병사들이 어느 농민의 집에 들어가면, 그 집이 가난한 집이라고 해도 마지막 남은 식량까지 징발할 수 있다. 이와 달리 장교 한 명이 두세 명의 병사를 데리고 식량을 징발하려고 어느 집에 들어가면, 그에게는 모든 저장 식량을 찾아낼 시간도 없고 수단도 없다. 때로 수송 수단이 없는 경우도 있을 것이다. 그래서 그 장교는 저장된 식량 중에 극히 일부만 징발할 수 있을 것이다. 다른 한편으로 많은 병력이 야영지의 어느 한 지점에 집결하게 되면 이 지역에서는 식량을 신속하게 징발할 수 있지만, 그 양이 모든 병사들의 필요를 충족하는데 지나치게 부족할 수도 있다. 반지름 1마일의 원에서, 즉 3제곱마일에서 4제곱마일밖에 안 되는 면적의 원에서 어떻게 30,000명의 병사들이 먹을 식량을 징발한다는 말인가! 그것은 더욱 곤란해질 텐데, 그 근처에 있는 대부분의 마을에 이미 많은 소규모 군대가 사영을 하고 있는 경우에 그 마을은 아무것도 내놓으려고 하지 않을 것이기 때문이다. 마지막으로 이런 방식으로는 많은 식량이 낭비된다. 어느 부대는 식량을 필요 이상으로 징발하여 많은 식량을 먹지도 않은 채 버릴 수 있기 때문이다.

결과는 다음과 같다. 이처럼 징발을 통한 식량 조달은 지나치게 크지 않은 규모의 군대에만, 즉 대략 8000명에서 10,000명에 이르는 사단의 경우에만 순조롭게 이루어질 수 있다. 그리고 이런 사단의 경우에도 어쩔 수 없는 경우에만 이 방식을 이용해야 할 것이다.

하지만 보통 적을 바로 앞에 두고 있는 모든 군대는 이 방식을 쓰지 않을 수 없다. 이는 전위와 전초처럼 전진 이동을 하는 부대에게 해당된다. 이런 부대는 식량 준비를 전혀 할 수 없는 지점에 이를 때도 있고, 보통 다른 모든 군대가 이용하는 식량 저장소에서 지나치게 멀리 있기 때문이다. 더욱이 독자적으로 행동하는 순찰대의 경우에도 이 방식을 쓰지 않을 수 없다. 마지막으로 우연 때문에 다른 방식으로는 식량을 조달할 시간과 수단이 없는 모든 경우에도 이 방식을 쓰지 않을 수 없다.

군대가 정규적인 공고문을 더 많이 준비할수록, 이 식량 조달 방식으로 넘어갈 시간과 상황이 많고 좋을수록, 이 방식의 결과는 그만큼 더 좋아질 것이다. 하지만 대부분 시간이 모자란다. 군대가 식량을 직접 징발하게 되면 식량을 훨씬 신속하게 얻을 수 있기 때문이다.

3. 정규적인 공고문을 통한 식량 조달. 이것은 말할 것도 없이 식량을 조달하는 제일 간단하고 효과적인 수단이고, 오늘날 모든 전쟁의 토대를 이루고 있다.

이 방식이 앞의 방식과 구분되는 것은 특히 지방 당국의 협력을 얻는다는 점에 있다. 저장 식량을 발견한다고 해서 그것을 더 이상 강제로 빼앗으면 안 된다. 필요한 식량을 그 지역 주민들에게 합리적으로 할당하여 질서 있게 조달해야 한다. 이런 할당은 오직 그 지방 당국만 할 수 있다.

여기에서는 모든 것이 시간에 달려 있다. 시간이 많을수록 그만큼 공평하게 할당될 수 있고, 주민들의 부담은 그만큼 줄어들 것이고, 성과는 그만큼 높아질 것이다. 현금을 주고 식량을 구매하는 방식이 보조 수단으로 쓰일 수도 있다. 그러면 이 식량 조달 방식은 다음의 4에 있는 방식과 비슷해질 것이다. 자기 나라에서 전투력을 집결하는 모든 경우에는 이 방식을 어렵지 않게 이용할 수 있다. 그리고 대체로 후퇴할 때도 이 방식을 어렵지 않게 쓸 수 있다. 이와 반대로 아군이 한 번도 점령한 적이 없는 지역으로 전진하고 이동하는 모든 경우에는 이 방식을 준비할 시간이 거의 없다. 시간이 있다고 해도 보통 하루밖에 안 되는데, 이는 전위가 주력 군대보다 늘 하루만큼 앞서 있기 때문이다. 그러면 주력 군대는 얼마만큼의 식량과 사료를 이런저런 지점에 준비할 것을 그 지방 당국에 공식적으로 요구한다. 이런 경우에는 그 지방 당국도 제일 가까운 지역에서, 즉 특정 지점을 중심으로 그 주변 몇 마일에 있는 지역에서 식량과 사료를 조달할 수밖에 없다. 그래서 주력 군대가 대규모의 군대라면 급하게 마련한 식량과 사료는 크게 부족할 것이다. 더욱이 그 군대가 며칠 동안의 식량밖에 갖고 있지 않다면 식량과 사료는 더 부족할 것이다. 그래서 그렇게 조달된 식량을 관리하고 (식량이 없는 군대에게만) 배급하는 것은 병참부의 일이 된다. 하지만 날이 지날수록 이런 힘든 상태는 줄어들 것이다. 날이 지나면서 식량을 조달할 수 있는 거리도 늘고, 식량을 조달할 수 있는 지역의 면적도 늘고, 그래서 식량 조달의 결과도 좋아지기 때문이다. 첫째 날에 4제곱마일의 공간에서만 식량을 조달할 수 있었다면 다음 날에는 16제곱마일의 공간에서, 셋째 날에는 36제곱마일의 공간에서 식량을 조달할 수 있다. 둘째 날에는 첫째 날보다 12제곱마일 늘어났고, 셋째 날에는 둘째 날보다 20제곱마일 늘어났다.

물론 이는 당연히 대략적인 수치를 나타내는데 지나지 않는다. 이 수치를 제한하는 상황이 많이 나타나기 때문이다. 그중에서 제일 중요한 상황은 어느 군대가 머물다가 막 떠난 지역은 군대가 아직 머문 적이 없는 지역과 같은 정도로 협력할 수 없다는 것이다. 하지만 다른 한편으로 식량을 조달할 수 있는 반지름이 매일 2마일 이상으로 늘어날 수 있다는 것도 생각해야 한다. 아마 3마일이나 4마일로 늘어날 수도 있고, 지역에 따라서는 그 이상으로 늘어날 수도 있다.

공고문을 통한 식량 조달이 적어도 대부분의 경우에 효과적으로 이루어지려면 하나하나의 파견 부대에게 강제적인 집행력이 있어야 하고, 그 지방 당국은 그 부대를 대신하여 그것을 수행하게 된다. 집행력보다 중요한 것은 책임감, 처벌, 학대에 대한 두려움인데, 이런 경우에 그 두려움은 광범위한 압력이 되어 모든 주민들에게 늘 중압감으로 작용한다.

그런데 여기에서 자세한 시설, 즉 병참부나 식량 조달 체계의 모든 톱니바퀴를 언급하는 것은 우리의 목적이 될 수 없다. 단지 그 톱니바퀴의 결과만 살펴보면 된다.

상식의 눈으로 볼 때 이 식량 조달 방식의 일반적인 상황에서 생겨난 결과와 프랑스 혁명 이후로 수행된 전쟁의 경험으로 증명된 결과는 다음과 같다. 즉 군대에 병력이 아무리 많다고 해도 그 군대가 며칠 동안의 식량을 갖고 있다면 어느 지방에 도착하는 순간에 공고문을 통해 아무런 문제없이 식량을 조달할 수 있다. 처음에는 그 근방에 공고문을 붙이지만, 시간이 지나면서 공고는 점점 더 넓은 지역으로 확대되고 점점 더 높은 당국의 명령에 따라 이루어지게 된다.

그 지방이 고갈되고 궁핍해지고 파괴되지 않는 한 이 수단은 제한 없이 쓸 수 있다. 군대가 비교적 오래 머물면 징발 명령은 그 지방의 최고 당국으로 올라가게 되고, 그러면 최고 당국은 자연히 모든 수단을 동원하여 주민들의 부담을 되도록 공평하게 나누려고 하고, 주민들의 식량을 구매하여 주민들에 대한 압박을 줄이려고 할 것이다. 전쟁을 하고 있는 나라라고 해도 상대편 나라에 오래 머무는 경우에는 대체로 난폭하고 무자비하게 행동하지 않고, 식량 조달의 모든 부담을 전부 그 나라에 짊어지우지 않는다. 그래서 이 식량 조달 체계는 자연스럽게 식량 창고를 이용하는 체계에 점점 더 가까워진다. 그럼에도 이 조달 방식이 완전히 없어지는 것도 아니고, 전쟁의 활동에 미치는 영향이 두드러지게 약해지는 것도 아니다. 그 지방의 식량은 멀리 있는 곳으로부터 조달하는 비축 식량으로 다시 보충되지만, 그 지방은 여전히 군대의 식량 조달을 담당하는 본래의 기관으로 남아 있는 경우, 그리고 군대는 18세기의 전쟁처럼 완전히 독자적으로 식량을 조달하고, 그 지방은 대개 식량 조달에 전혀 상관하지 않았던 경우는 완전히 다르기 때문이다.

이 두 가지 경우를 분명하게 구분할 수 있는 두 가지 기준이 있다. 하나는 그 지방의 수송 체계를 이용하느냐 하는 것이고, 다른 하나는 그 지방의 빵 제조소를 이용하느냐 하는 것이다. 이 둘을 이용하면 군대의 본래 활동에 늘 파괴적인 영향을 미친 엄청난 규모의 마차 수송대는 사라진다.

오늘날에도 식량 수송 마차를 전혀 갖고 있지 않은 군대는 있을 수 없을 것이다. 하지만 마차는 많이 줄어들었고, 어느 의미에서 하루 식량의 여유분을 다음 날로 넘길 때 이용하는데 지나지 않는다. 1812년의 러시아 원정과 같은 특별한 상황에서는 오늘날의 기준으로도 엄청난 규모의 수송대를 쓰지 않을 수 없었고, 이런 경우에는 야전용 빵 제조 기계도 갖고 가야 했다. 하지만 첫째로 이는 예외에 속한다. 300,000명의 병력이 130마일이나 되는 길을 거의 단 하나의 도로를 따라 전진한다는 것, 그것도 폴란드나 러시아와 같은 나라를 곡물의 수확 기간 직전에 전진한다는 것은 극히 드물 수밖에 없기 때문이다. 또한 둘째로 그런 경우에도 군대 자체의 조달 방식은 단지 보조 수단에 지나지 않고, 그 지방에서 조달하는 것을 늘 모든 식량 조달 체계의 바탕으로 간주하지 않으면 안 된다.

그래서 프랑스 혁명 전쟁의 초기 원정 이후로 정규적인 공고문을 통해 식량을 징발하는 체계는 늘 프랑스 군대의 바탕이 되었다. 그리고 프랑스 군대에 맞선 동맹 군대도 그 방식으로 바꾸지 않을 수 없었다. 언제 예전의 방식으로 돌아갈 수 있을지 기대하는 것도 어렵게 되었다. 전쟁 수행의 에네르기뿐만 아니라 민첩성이나 자유로움과 관련해서 볼 때도 이 방식 외에 다른 수단이 없었다. 어느 방향으로 전진하든지 보통 처음 3주에서 4주 동안에는 식량 조달 문제 때문에 곤란을 겪지 않았고, 그다음에는 식량 창고의 도움을 받을 수 있었다. 그래서 전쟁 활동이 이런 식으로 완벽한 자유를 얻었다고 말할 수도 있다. 물론 이 방식의 어려움이 다른 방식의 어려움보다 클 수도 있고, 이것이 생각의 저울판에서 두 방식을 저울질하게 만들 수도 있다. 하지만 공고문을 통한 식량 조달 체계 때문에 전쟁 활동이 절대로 불가능하게 되는 일은 결코 없을 것이다. 또한 식량 조달 문제를 얼마나 잘 고려했느냐 하는 것이 전쟁의 모든 결과를 결정하는 일도 결코 없을 것이다. 여기에는 단 하나의 예외적인 상황이 있는데, 그것은 적의 영토에서 후퇴하는 경우이다. 이때는 식량을 조달하는데 매우 불리한 조건이 동시에 나타난다. 후퇴 이동은 끊임없이 계속되고, 그것도 보통 특별히 어디에 머무는 일 없이 계속된다. 그래서 저장되어 있는 식량을 징발할 시간이 없다. 그런 후퇴를 시작한다는 것은 대부분 상황이 이미 매우 불리해진 것이기 때문에 군대는 늘 하나의 집단으로 집결해 있어야 한다. 그래서 보통 사영으로 분산되어 있거나 종대로 행군 거리를 크게 넓히는 일은 생각할 수 없다. 또한 적의 영토에서 후퇴하는 상황에서 강제적인 집행력이 없는 단순한 공고문만으로 식량을 조달할 수도 없다. 마지막으로 바로 그런 순간이 그 지방 주민들의 저항과 적의를 자극하는 절호의 순간이 된다. 이 모든 것을 종합하면 그런 경우에는 식량 조달이 대개 미리 마련된 병참선과 후퇴로로 제한된다.

보나파르트가 1812년에 후퇴를 시작하려고 했을 때 그는 오로지 왔던 길로 후퇴하는 수밖에 없었고, 이 또한 식량 조달 문제 때문이었다. 그 어느 다른 길로 후퇴했다면 그의 군대는 더 일찍 그리고 더 확실하게 무너졌을 것이다. 이 점에 관하여 심지어 프랑스의 저술가들조차 보나파르트에게 비난의 말을 퍼붓는 것은 전혀 이해할 수 없는 일이다.

4. **식량 창고를 통한 식량 조달.** 이 식량 조달 방식이 앞에서 말한 방식과 여전히 다른 종류의 방식이라면 그것은 단 하나의 시설 때문일 것이다. 그 시설은 17세기의 마지막 3분의 1과 18세기 동안 볼 수 있었다. 이 시설이 언제 다시 쓰일 수 있을까?

전쟁을 대규모의 군대로 7년, 10년, 12년 동안 한 곳에 묶인 채 치르는 경우에는, 예를 들어 네덜란드, 라인 강, 북부 이탈리아, 슐레지엔, 작센 등에서 일어난 전쟁의 경우에는 식량 창고를 통한 조달 방식 외에 다른 방식은 거의 생각할 수 없을 것이다. 적대하고 있는 두 군대의 중요한 식량 조달 기관이 이 방식을 쓰고 있는데도 국고가 완전히 고갈되지 않고, 그 기능이 점차 마비 상태에 빠져들지 않는 나라가 있을 수 있을까? 그런 나라가 있다면 그 기관은 얼마나 오랫동안 유지될 수 있을까?

여기에서 자연스럽게 질문이 생긴다. 전쟁이 식량 조달 체계를 규정할까, 아니면 식량 조달 체계가 전쟁을 규정할까? 우리의 대답은 다음과 같다. 전쟁에 영향을 미치는 다른 많은 조건이 허락하는 한 처음에는 식량 조달 체계가 전쟁을 규정할 것이다. 그런데 그 조건이 지나치게 많이 저항하기 시작하면 그 반대로 전쟁이 식량 조달 체계에 영향을 미칠 것이고, 그래서 이 경우에는 전쟁이 식량 조달 체계를 규정할 것이다.

징발을 통한 식량 조달 체계나 그 지방에서 식량을 조달하는 방식에 토대를 두고 있는 전쟁은 순전히 창고를 통한 식량 조달에 바탕을 두고 있는 전쟁보다 유리하다. 그래서 후자는 결코 전자와 똑같은 수단으로 보이는 일이 없다. 그래서 어느 나라도 후자의 방식으로 전자의 방식에 대항하려고 하지 않을 것이다. 어느 나라에 매우 편협하고 무지한 국방 장관이 있다면, 그래서 그 장관이 일반적으로 전자의 상황이 필연적이라는 것을 이해하지 못하고 (전쟁이 시작될 때) 군대를 옛날 방식으로 무장한다고 해도, 현실 상황의 격렬함이 곧바로 최고 지휘관에게 그것을 허락하지 않을 것이고, 식량을 징발하는 방식이 자연스럽게 힘을 얻게 될 것이다. 여기에 덧붙여 말하면, 창고 시설에는 막대한 비용이 들기 때문에 무장의 규모와 병력의 수를 불가피하게 줄이지 않으면 안 될 것이다. 어느 나라도 남을 만큼 많은 돈을 갖고 있지 않기 때문이다. 이 점을 생각하면 전쟁을 수행하는 두 당사국이 대략 무장의 수준에 관해 외교적인 합의를 하는 것 외에 다른 가능성은 거의 없을 것이다. 물론 이런 일은 단지 관념의 놀이라고 보아야 한다.

그래서 전쟁은 앞으로도 아마 늘 식량을 징발하는 체계로 시작하게 될 것이다. 얼마나 많은 나라가 징발 체계를 다른 인위적인 시설로 보충하려고 할지, 식량 조달에서 자기 나라의 부담을 줄이려고 할지 등은 아직 알 수 없다. 아마 그렇게 많지 않을 것이다. 전쟁을 치르는 순간에는 언제나 제일 절박한 필요를 먼저 해결해야 하는데, 인위적인 식량 조달 체계는 더 이상 그런 필요에 속하지 않기 때문이다.

전쟁의 승패가 결정적인 것이 아니라면, 전쟁의 움직임이 전쟁 본래의 성격만큼 넓은 영역에 미치지 않는다면, 식량을 징발하는 체계는 그 지방의 식량을 전부 소모하기 시작할 것이다. 그래서 두 나라는 평화 협정을 맺든지, 그렇지 않으면 그 지방의 부담을 줄이고 군대의 식량을 독자적으로 조달할 방안을 마련해야 할 것이다. 후자는 보나파르트 아래의 프랑스 군대가 스페인에서 쓴 방식이다. 하지만 훨씬 자주 일어난 것은 전자의 경우이다. 대부분의 전쟁에서는 그 나라의 자원이 엄청나게 고갈되어서 그 나라는 값비싼 전쟁을 계속 치른다는 생각 대신에 오히려 평화 협정을 맺을 필요성으로 내몰리게 될 것이다. 그래서 오늘날에 수행되는 전쟁은 이런 측면에서도 전쟁 기간을 줄이는 결과를 낳을 것이다.

하지만 우리는 전쟁이 창고를 통한 이전의 식량 조달 체계로 수행될 수 있다는 것을 전면적으로 부인하려는 것이 아니다. 전쟁을 치르는 두 나라의 여러 가지 상황이 그 방식을 요구하고 있고 다른 유리한 상황이 생긴다면, 그 방식이 아마 다시 한 번 나타날지 모른다. 다만 그 방식에서는 식량 조달의 자연스러운 형태를 전혀 발견할 수 없다. 오히려 그 방식은 어쩔 수 없는 상황 때문에 나타나는 변칙적인 방식에 지나지 않는다. 그런 변칙은 전쟁의 본래 의미에서는 결코 생겨날 수 없는 것이다. 그 방식이 더 인도주의적이라는 이유로 그 방식을 전쟁의 완성된 형태라고 보는 것은 더욱 받아들일 수 없다. 전쟁이 그 자체로 인도주의적이지 않기 때문이다.

어느 식량 조달 방식을 선택하더라도 당연히 부유하고 인구가 많은 지방에서는 가난하고 인구가 적은 지방보다 쉽게 식량을 조달할 수 있다. 여기에 인구도 고려하는 것은 인구가 그 지방에 있는 저장 식량과 갖는 이중적인 측면 때문이다. 첫째로 많이 먹는 곳에는 저장되어 있는 식량도 많을 것이고, 둘째로 인구가 많은 곳에는 대체로 식량 생산량도 많기 때문이다. 물론 여기에서 주로 공장 노동자들이 거주하는 지역은 예외이다. 또한 드물지 않게 볼 수 있는 경우로서 특히 그 지방이 비옥하지 않은 토지로 둘러싸인 산간 계곡에 있을 때도 예외이다. 하지만 일반적으로 말하면, 인구가 적은 지방보다 인구가 많은 지방에서 군대의 필요를 충족하는 것이 언제나 훨씬 쉽다. 400,000명이 사는 400제곱마일의 지역의 토양이 아무리 비옥하다고 해도 이 지역이 100,000명의 군대에게 식량을 조달하는 것은 확실히 200만 명이 사는 400제곱마일의 지역보다 쉽지 않을 것이다. 여기에 덧붙여 인구가 많은 지방에는 도로와 수로가 더 많고 더 잘 이어져 있고, 운송 수단이 더 풍부하고, 상업적인 거래도 더 쉽고 안전하다. 한마디로 말해 폴란드보다 플랑드르에서[10] 군대의 식량을 조달하는 것이 이루 말할 수 없을 만큼 쉽다.

그 결과로서 전쟁은 네 개의 더듬이를 큰 도로, 인구가 많은 도시, 큰 강 주변의 비옥한 계곡, 마차가 다닐 수 있는 해안을 따라 내려놓는 것을 제일 좋아한다.

이상으로 군대의 식량 조달이 전쟁 수행의 방향과 형태에, 전쟁터와 병참선을 선택하는데 미칠 수 있는 일반적인 영향이 분명해졌다.

이 영향이 어느 정도나 되는지, 식량 조달은 어려울 수도 있고 쉬울 수도 있는데 이 점을 얼마나 중요하게 고려해야 하는지 하는 것은 전쟁이 어떤 방식으로 수행되어야 하는지에 달려 있다. 전쟁이 그 본래의 정신에 따라 일어난다면, 즉 전쟁의 요소가 어떠한 것에도 구속받지 않는 힘에 따라 그리고 전투를 벌이고 결판을 내려는 충동과 욕망에 따라 일어난다면, 군대의 식량 조달은 중요하지만 부차적인 문제이다. 그런데 양쪽 군대가 균형을 이루면서 어느 한 지방을 두고 몇 년 동안 밀고 당긴다면, 식량 조달은 때로 제일 중요한 문제가 된다. 이런 경우에는 병참부 사령관이 최고 지휘관이 되고, 수송대 관리국이 최고 사령부가 된다.

아무것도 하지 않았고 목적은 이루지 못했고 병력은 쓸모없이 낭비되었

---

10. 플랑드르(Flandern, Flandre, Flanders), 플랑드르 지역의 정의는 시대에 따라 계속 바뀌었다. 대체로 북해 연안에 있는 지방인데, 중세 시대에는 프랑스 북부, 벨기에 서부, 네덜란드 남서부에 걸쳐 있는 플랑드르 백작령을 가리켰다.

는데도 이 모든 것을 식량 부족 때문이라고 변명하는 원정은 셀 수 없을 만큼 많다. 이와 반대로 보나파르트는 늘 다음과 같이 말했다. "나에게 식량에 대해 말하지 말라!"(Qu'on ne me parle pas des vivres!)

물론 이 최고 지휘관도 러시아 원정에서 식량 문제를 어느 정도까지 무시할 수 있는지 분명하게 보여 주었다. 그의 러시아 원정 전체가 단지 식량 문제 때문에 실패했다고 말할 생각은 없다. 그것은 결국 추측에 지나지 않을 것이다. 하지만 전진할 때는 그의 병력이 엄청나게 줄어들었고 후퇴할 때는 병력이 전멸했다는 것은 의심할 여지없이 식량 조달 문제를 별로 고려하지 않았기 때문이라고 할 수밖에 없다.

보나파르트의 행동에는 때로 미치광이 같은 극단적인 모험을 하는 열광적인 도박꾼의 모습이 분명하게 드러난다. 그렇지만 다음과 같은 것도 말할 수 있다. 즉 그와 그에 앞선 프랑스 혁명 전쟁 때의 최고 지휘관들은 식량 조달과 관련된 문제에서 거대한 편견을 깨뜨렸고, 식량 조달은 단지 하나의 조건이라는 관점에서 바라보아야 하고 목적이라고 생각해서는 결코 안 된다는 것을 보여 주었다.

덧붙이면, 전쟁에서 식량의 결핍은 육체적인 고통이나 위험과 같은 상황이다. 최고 지휘관이 자기의 군대에게 이런 것을 견디도록 요구할 수 있는 정도에는 미리 정해진 한계가 없다. 강한 성격의 최고 지휘관은 연약한 감성을 지닌 최고 지휘관보다 많은 것을 요구한다. 또한 군대의 업적도 습관, 전쟁 정신, 최고 지휘관에 대한 신뢰와 경애심, 조국의 일에 대한 열정 등이 병사들의 의지와 힘을 지지하는 정도에 따라 달라진다. 하지만 결핍과 고통이 아무리 심해진다고 해도 그것은 언제나 단지 일시적인 상황으로 보아야 한다는 것, 그런 상태는 풍부한 식량으로, 아니 그 이상의 식량으로 보충되어야 한다는 것을 원칙으로 내세울 수 있어야 한다. 제대로 입지도 못한 채 30파운드에서 40파운드의 짐을 짊어지고, 날씨와 길이 어떤 상태인지도 따지지 않고 며칠 동안 행군하느라고 무거운 발걸음을 힘겹게 옮기는 병사들, 건강과 목숨을 끊임없이 위험에 내맡기는데 그 대가로 말라버린 빵이나마 배부르게 먹을 수 없는 병사들, 몇천 명의 이런 병사들을 생각하는 것보다 사람의 마음을 더 많이 흔드는 것이 있을까? 사람들은 전쟁에서 이런 일이 얼마나 자주 일어나는지는 알지만, 그것이 병사들의 의지와 힘을 얼마나 자주 꺾는지, 그리고 단지 그런 일을 상상하는 것만으로도 그것이 인간에게 얼마나 오랫동안 영향을 미치고 큰 고통을 불러일으키는지는 사실상 거의 알지 못한다.

그래서 큰 목적을 이루려고 병사들에게 심한 결핍의 짐을 지우는 최고 지휘관은 그들의 고통에 대해 나중에 지불해야 할 보상도 염두에 두어야 할 것이다. 그 보상이 병사들에 대한 동정심에서 나오든, 최고 지휘관의 영리함에서 나오든 그것은 상관없다.

이제 마지막으로 식량 조달과 관련되는 문제가 공격할 때와 방어할 때 어떤 차이를 보이는지 생각하도록 한다.

방어자는 미리 준비한 식량을 방어 행동을 하는 동안에 언제든지 이용할 수 있다. 그래서 아마 방어자에게 식량이 부족한 경우는 없을 것이다. 자기 나라에서 방어하는 경우에는 말할 것도 없지만, 적의 영토에서 방어하는 경우에도 식량을 준비했다면 그러할 것이다. 그런데 공격자는 보급 원천에서 그만큼 멀어지게 된다. 또한 전진을 계속하는 동안, 그리고 전진을 중단한 몇 주 동안에도 식량을 매일 조달해야 한다. 이때에는 식량 부족으로 곤란을 겪는 일도 드물지 않다.

이런 곤란함은 언제나 다음의 두 가지 경우에 제일 심해진다. 첫째로 아직 승패가 결정되기 전에 공격자가 전진하는 경우이다. 이때 방어자는 여전히 모든 식량이 저장된 곳에 있지만, 공격자는 저장된 식량을 남겨 두고 그곳을 떠나야 한다. 또한 공격자는 군대를 집결해야 하고, 그래서 넓은 공간을 차지할 수 없고, 전투에 필요한 이동이 시작되면 수송대도 공격하는 군대를 더 이상 따라갈 수 없게 된다. 이때 식량을 제대로 준비하지 않았다면 그 군대는 결전을 며칠 앞두고 결핍과 곤란에 시달리게 된다. 이것은 전투를 수행하는 좋은 방식이 아니다.

둘째로 결핍은 주로 승리의 마지막 단계에 병참선이 지나치게 길어지기 시작할 때, 특히 땅이 메마르고 인구가 희박하고 아군에게 적대감을 품고 있는 지방에서 전쟁이 수행될 때 발생한다. 빌나에서 모스크바에 이르는 병참선과[11] 쾰른에서[12] 리에주, 루뱅,[13] 브뤼셀,[14] 몽스,[15] 발랑시엔,[16] 캉브레를[17] 지나 파리에 이르는 병참선[18] 사이의 차이는 실로 엄청난 것이다. 전자에서는 모든 식량을 폭력으로 조달해야 하지만, 후자에서는 몇백만 명의 식량을 조달하는데 상거래상의 계약에 의한 어음 한 장으로도 충분하다.

이런 어려움 때문에 빛나는 승리의 영광은 사라지고 병력은 줄어들고 후퇴를 하지 않을 수 없게 되고 결정적인 패배의 모든 징후가 점차로 늘어나는 일이 이전에 자주 있었다.

말의 사료는 이미 말한 것처럼 처음에는 별로 부족하지 않지만, 그 지방의 자원이 고갈되기 시작하면 제일 먼저 부족해질 것이다. 말의 사료는 큰 부피 때문에 먼 곳에서 조달하는 것이 매우 어렵고, 말은 먹을 것이 부족하면 인간보다 훨씬 빨리 죽기 때문이다. 이런 이유 때문에 군대에 기병과 포병이 지나치게 많으면, 이는 그 군대에게 큰 부담이 되고 실제로 군대를 약하게 할 수 있다.

---

11. 이 병참선은 러시아 원정(1812년)에서 나폴레옹이 전진한 길.
12. 쾰른(Köln, Cologne), 라인 강 하류에 있는 도시. 코블렌츠에서 약간 북서쪽으로 약 90킬로미터에 있다. 1794년에 프랑스 군대의 침입과 지배를 받았다. 해방 전쟁 후에 비인 회의에 따라 1815년에 프로이센 왕국에 속하게 되었다.
13. 루뱅(Löwen, Louvain), 현재 벨기에의 중부에 있는 도시이다. 브뤼셀에서 동쪽으로 약 25킬로미터에 있다. 뢰벤(Löwen)은 Louvain의 독일어 표기.
14. 현재 벨기에의 영토는 나폴레옹의 지배를 받다가 전쟁 후에 비인 회의의 결정에 따라 네덜란드에 속하게 되었다. 벨기에는 1830년의 '벨기에 혁명'으로 네덜란드에서 분리되어 독립을 이루었다. 이때부터 브뤼셀은 벨기에의 수도가 되었다.
15. 몽스(Mons), 현재 벨기에의 도시. 브뤼셀에서 남서쪽으로 약 50킬로미터에 있다. 독일어와 네덜란드어로는 Bergen으로 표기.
16. 발랑시엔(Valenciennes), 프랑스 북부의 도시. 몽스에서 약간 남서쪽으로 약 30킬로미터에 있다. 우리말 번역에 발랑시엔을 스페인의 '발렌시아'로 잘못 옮긴 번역서가 있다.
17. 캉브레(Cambrai), 프랑스 북부의 도시. 발랑시엔에서 남서쪽으로 약 30킬로미터에 있다.
18. 이 병참선은 해방 전쟁(1815년)에서 동맹 군대가 전진한 길. 이 길을 따라 쾰른에서 파리에 이르는 길은 약 534킬로미터이다.

[지도 15] 아디제 강

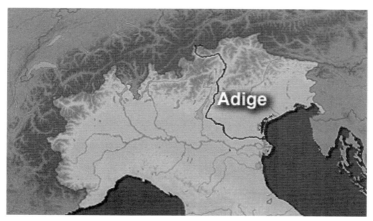

아디제 강의 위치
작가 Ian Spackman
업로드 2007. 10. 2

    아디제 강은 알프스 남쪽에서 발원하여 북부 이탈리아의 포 평야를 지
나 남동쪽으로 흐른다. 베네치아 만으로 이어지고 아드리아 해로 흐른다.

[지도 16] 비스와 강

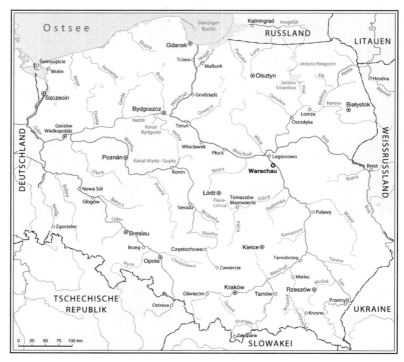

비스와 강과 그 외의 폴란드의 강
출처 File:Un-poland.pdf를 이용하여 작가 직접 그림.
작가 Maximilian Dörrbecker(Chumwa)
업로드 Chumwa 2009. 7. 28
업데이트 Chumwa 2009. 8. 1

　　비스와 강이 중앙에서 바르샤바를 지나 흐른다. 비스와 강은 폴란드의
카르파티아 산맥에서 발원하여 발트 해로 흐른다. 비스와 강에 있는 주요 도
시로 크라쿠프, 산도미에시, 바르샤바, 토룬, 비드고슈치, 그단스크 등이 있다.
독일과 경계에 오더 강과 나이세 강이 있다. 오더 강에 브레슬라우가 있다. 바
르테 강에 포즈난이 보인다. 지도의 오른쪽 위에 네만 강이 있고 북쪽에 프레
겔 강이 보인다.

제15장

작전 기지

어느 군대가 본래 주둔하고 있는 지점에서 행동하는 지역으로 나아가면, 그것이 적과 적의 전쟁터를 공격하는 것이든 아니면 자기 나라의 국경에 있는 전쟁터에 군대를 배치하는 것이든, 그 군대는 식량과 무기의 보급에 의존하지 않을 수 없고 그곳과 연결을 유지하고 있어야 한다. 그 보급 원천은 군대의 생존과 유지의 조건이기 때문이다. 이 의존의 정도는 군대의 규모가 확대됨에 따라 내부적으로도 외부적으로도 증대된다. 그런데 군대가 나라 전체와 직접적인 연결을 유지하고 있는 것은 가능하지도 않고 반드시 필요하지도 않다. 다만 그 군대의 바로 배후에 있고, 그래서 그 군대의 진지를 통해 보호를 받고 있는 일부 지역과 연결을 유지할 수 있으면 된다. 그 지역에서는 필요한 만큼의 특별한 저장 시설을 만들고, 보충 병력의 정규적인 수송에 필요한 준비를 한다. 그래서 그 지역은 군대의 바탕이자 모든 행동의 토대이고, 군대와 그 지역은 하나의 전체로서 간주해야 한다. 보급품을 더 안전하게 보관하려고 요새와 같은 장소에 둔다면 기지의 개념은 더 강화되지만, 기지의 개념이 요새의 개념에서 생겨나는 것은 아니다. 대부분의 경우에는 그런 일이 일어나지 않기 때문이다.

적의 영토의 일부 지역도 아군의 바탕으로 삼을 수 있고, 적어도 바탕의 일부를 이룰 수 있다. 군대가 적의 영토로 전진하면, 필요한 많은 것을 적의 점령지에서 징발하기 때문이다. 하지만 그런 경우에는 아군이 실제로 그 지방의 지배자라는 조건, 즉 그 지방의 주민들이 아군의 명령을 확실하게 따른다는 조건이 충족되어야 한다. 그런 확실성이 소규모의 수비대와 순찰대를 통해 그 지역 주민들에게 두려움을 갖게 하는 것으로 충족되는 경우는 드물고, 그래서 그것은 보통 매우 제한되어 있다. 결론은 다음과 같다. 즉 적의 영토의 어느 지역에서 여러 가지 종류의 필요한 물건을 징발할 수 있다고 해도 그것은 아군의 필요를 충족하는데 매우 제한되어 있고 대부분 충분하지 않다는 것, 그래서 자기 나라에서 많은 것을 공급해야 한다는 것, 그 결과로 아군의 배후에 있는 지역을 기지의 중요한 구성 요소로서 늘 다시 고려해야 한다는 것이다.

군대의 필요는 두 가지 종류로 구분해야 한다. 하나는 경작지라면 어디에나 있는 것이고, 다른 하나는 군대의 본래의 주둔지에서만 얻을 수 있는 것이다. 전자는 주로 식량이고, 후자는 주로 보충 물자이다. 그래서 전자는 적의 영토에서도 조달할 수 있지만, 후자는 대체로 자기 나라에서만 얻을 수 있는데, 예를 들면 병력, 무기, 대부분의 탄약 등이 여기에 속한다. 하나하나의 경우를 살펴보면 이 구분에 많은 예외가 있을 수 있지만, 그런 예외는 드문 편이고 중요하지도 않다. 오히려 앞의 구분이 더 중요하고, 바로 이 구분이 군대는 자기 나라와 긴밀한 연결을 유지하고 있어야 한다는 것을 새롭게 증명한다.

식량은 대부분 개방된 장소에 모아 둔다. 적의 영토에서도 그러하고, 자기 나라에서도 그러하다. 식량은 본래 빠르게 소비되고 여기저기에서 필요로 하는 것인데, 엄청나게 많은 양의 식량을 저장하는데 필요한 만큼 요새가 많지 않기 때문이다. 또한 식량은 손실되어도 쉽게 보충할 수 있기 때문이다. 이와 반대로 무기, 탄약, 장비 등과 같은 보충 물자는 전쟁터 근처에서는 개방된 장소에 잘 보관하지 않고 오히려 멀리 있는 곳에서 조달한다. 아군이 적의 영토에 있을 때는 그런 물자를 결코 요새 이외의 장소에 보관하지 않는다. 이런 상황을 보아도 기지의 중요성은 식량보다 보충 물자에서 비롯된다는 것을 알 수 있다.

이 두 가지 종류의 수단을 쓰기 전에 몇 개의 대규모 창고에 모을수록, 그래서 하나하나의 모든 보급 원천을 대규모의 저장소에 모을수록, 이 창고와 저장소는 그만큼 나라 전체를 대표하는 창고와 저장소로 간주될 수 있고, 기지의 개념은 주로 이 대규모의 비축 장소와 그만큼 많이 결부될 것이다. 하지만 그곳만이 기지의 전부라고 생각할 수는 결코 없을 것이다.

보충 물자와 식량의 원천이 매우 풍부하다면, 즉 그 지방이 크고 부유하고, 필요한 물자가 신속하게 보급될 수 있도록 대규모의 시설에 모여 있고, 그 물자가 이런저런 방식으로 잘 보호되어 있고, 그 물자가 군대의 근처에 있고, 그곳으로 많은 도로가 잘 통하고, 그 도로가 군대의 배후로 넓게 퍼져 있거나 심지어 군대의 주둔지 일부를 포함하고 있다면, 이 때문에 군대는 한편으로 더 큰 활력을 얻고 다른 한편으로 이동하는데 더 많은 자유를 얻게 된다. 그런데 군대의 위치에서 비롯되는 이런 유리함을 단 하나의 개념으로, 즉 작전 기지의 크기로 요약하려고 한 적이 있다. 이 기지가 행동의 목표와 갖는 관계로, 그리고 기지의 극점이 행동의 목표와 (이것은 보통 점으로 간주되는데) 만드는 각도로 그 군대에 식량과 보충 물자를 보급하는 위치와 상태에서 생겨나는 유리함과 불리함의 모든 합계를 표현하려고 한 것이다.[1] 하지만 이런 기하학적인 우아함은 분명히 관념의 놀이에 지나지 않는다. 이 모든 것은 진실을 희생해야만 얻을 수 있는 일련의 대체에 근거를 두고 있기 때문이다. 군대의 기지는 앞에서 본 것처럼 삼중의 단계로 이루어져 있고, 군대는 이 모든 단계와 관련되어 있다. 즉 그 지방의 자원, 하나하나의 지점에 설치된 저장소, 저장된 물자가 모이는 지역이 바로 그것이다. 이 세 가지 요소는 여러 지방에 분산되어 있고, 어느 하나의 장소로 환원될 수 없고, 더구나 하나의 선으로는 전혀 나타낼 수 없다. 그런데 이 선이 기지의 넓이를 표현해야 한다는

---

1. 배후의 작전 기지를 직선으로 보는 생각이다. 작전 기지의 양쪽 끝(극점)에서 작전 목표로 직선을 그으면 삼각형이 된다. 이 경우에 목표를 정점으로 하는 꼭지각이 생긴다. 기지의 크기에 따라 삼각형의 크기가 달라지고 꼭지각의 각도도 달라진다.

것이다. 하지만 그 선은 대부분 완전히 자의적으로, 즉 어느 하나의 요새에서 다른 요새로, 또는 어느 지방의 중요한 도시에서 다른 지방의 중요한 도시로, 또는 정치적인 국경선을[2] 따라 그은 것에 지나지 않는다. 이 세 가지 단계 사이의 일정한 관계도 밝힐 수 없다. 그 이유는 현실에서는 그 단계의 성질이 늘 어느 정도 섞여 있기 때문이다. 어느 경우에는 주변에서 여러 가지 보충 물자를 얻지만, 다른 경우에는 매우 먼 곳에서만 조달하게 된다. 또 다른 경우에는 식량도 먼 곳에서 조달해야 한다. 어느 때는 요새의 근처에 대규모 무기 창고, 항만, 상업 지역이 있고, 이곳에 한 나라 전체의 병력을 집결하기도 한다. 하지만 다른 때는 근처에 초라한 요새 하나밖에 없어서 그곳에 사는 주민들의 필요도 거의 충족하지 못한다.

결과는 다음과 같다. 작전 기지의 크기와 작전의 각도에서 끌어낸 결론, 그리고 이 결론에 토대를 두고 있는 전쟁 수행의 모든 체계는 기하학적인 성질을 갖는 한 현실의 전쟁에서는 고려할 만한 아무런 가치도 없었고, 개념의 세계에서는 잘못된 노력만 불러일으켰다. 그런 일련의 개념이 생겨난 이유는 타당하지만, 다만 그에 대한 설명 방식은 잘못되었다. 그래서 그런 견해는 앞으로도 자주 나타날 것이다.

그래서 우리는 기지가 행동하는데 미치는 일반적인 영향을 인정하는 것으로, 즉 기지는 강할 수도 있고 약할 수도 있다는 것과 그렇게 되도록 만드는 요인을 인정하는 것으로 만족해야 한다고 생각한다. 그 이상으로 하려고 해도 몇 개의 개념을 제외하고는 그것을 쓸모 있는 규칙으로 단순화할 수단이 없다. 우리는 하나하나의 모든 경우에 앞에서 언급한 세 가지 요소를 **동시에** 고려해야 한다.

군대에 식량과 보충 물자를 보급하는 시설이 어느 지역과 방향에 한 번 설치되고 나면, 그곳이 자기 나라 안에 있다고 해도 그 지역만 군대의 기지로

---

2. 자연적인 경계, 즉 자연의 지세(큰 강이나 산과 같은 경우)에 의해 만들어진 선과 대립되는 개념으로서 인위적으로 그은 선을 말한다.

간주해야 한다. 기지를 옮기는 일은 늘 시간과 힘의 소모를 필요로 하기 때문에 군대는 자기 나라 안에 있는 기지라고 해도 이를 하루 이틀 만에 다른 곳으로 옮길 수 없다. 그래서 행동의 방향을 정할 때도 늘 어느 정도 제한을 받게 된다. 적의 영토에서 작전을 수행할 때 자기 나라의 모든 국경을 군대의 기지로 간주하려고 한다면, 어디에나 그런 시설을 갖출 수 있는 한 아마 일반적으로는 그렇게 여길 수 있을 것이지만, 모든 순간에 그렇게 간주할 수는 없다. 어디에나 그런 시설이 갖추어져 있는 것이 아니기 때문이다. 1812년의 원정 초기에 러시아 군대가 프랑스 군대 앞에서 후퇴했을 때 러시아 군대는 확실히 러시아 전체를 자기의 기지로 간주할 수 있었다. 이 나라의 광대한 면적은 러시아 군대가 어느 곳으로 방향을 잡든 러시아 군대에게 드넓은 공간을 제공할 수 있었기 때문에 더욱 그러했다. 이런 생각은 환상이 아니었다. 나중에 러시아의 다른 많은 군대가 여러 방향에서 프랑스 군대를 추격했을 때 그 생각은 현실로 나타났다. 하지만 이 원정 중의 하나하나의 시기를 보면 러시아 군대의 기지는 그다지 크지 않았고, 주로 군대의 모든 수송 시설이 왕래할 수 있는 도로에 제한되어 있었다. 이런 제한이 러시아 군대를 방해했다. 예를 들면 러시아 군대는 스몰렌스크 근처에서 3일 동안 전투를 치른 다음에[3] 계속해서 후퇴를 하지 않을 수 없었다. 이때 러시아 군대는 모스크바 이외에 다른 방향을 잡으려고 했고, 많은 이들이 제안한 대로 갑자기 칼루가로 방향을 바꾸려고 했고, 적을 모스크바로 가는 길에서 벗어나게 하려고 했다. 하지만 그 계획은 바로 앞에서 말한 제한 때문에 방해를 받았다. 이처럼 방향을 바꾸는 것도 오랫동안 준비를 해야만 수행할 수 있는 것이다.

앞에서 기지에 대한 의존의 정도는 군대의 규모가 확대됨에 따라 내부적으로도 외부적으로도 증대된다고 말했는데, 이는 그 자체로 이해할 수 있는 것이다. 군대는 나무와 같다. 나무는 자신이 자라는 땅에서 생명력을 얻는다. 그것이 아직 작고 어린 나무라면 쉽게 옮겨 심을 수 있지만, 나무가 성장할수

---

3. 스몰렌스크 전투(1812년 8월 17~18일).

록 이식은 점점 더 곤란해진다. 작은 군대도 영양분을 흡수하는 기관을 갖고 있지만, 그 군대는 이식된 곳에 쉽게 뿌리를 내릴 수 있다. 하지만 대규모 군대는 그렇지 않다. 그래서 기지가 행동하는데 미치는 영향에 대해 말할 때는 늘 군대의 규모를 모든 생각의 척도로 삼아야 한다.

덧붙여 말하면 문제의 본질상 당장 필요한 것으로는 식량이 더 중요하고, 오랫동안 군대를 유지하는데 필요한 일반적인 것으로는 보충 물자가 더 중요하다. 후자는 특정한 원천에서만 나오지만, 전자는 여러 가지 방식으로 조달할 수 있기 때문이다. 이런 것도 기지가 행동하는데 미치게 되는 영향을 좀 더 자세히 규정한다.

기지의 영향이 아무리 크다고 해도 그것이 결정적인 효과를 내는 데는 많은 시간이 필요하다는 것, 그래서 그 시간 안에 무엇을 할 수 있는지 하는 것이 언제나 중요한 문제라는 것을 결코 잊어서는 안 된다. 그래서 작전 기지의 가치가 어느 행동을 선택하는 처음부터 결정되는 일은 드물다. 적어도 작전 기지에 불가능한 것을 요구할 때만 그런 식으로 처음부터 결정될 것이다. 다만 이런 면에서 생길 수 있는 어려움은 다른 효과적인 수단과 같이 비교해야 한다. 하지만 이런 어려움은 흔히 결정적인 승리의 기세 앞에서는 자주 약해진다.

제16장

병참선

어느 군대의 주둔지로부터 군대의 식량과 보충 물자의 원천이 주로 모여 있는 지점으로 이어지는 도로는 보통의 경우에 군대의 후퇴로로 선택되기도 한다. 그래서 이 도로는 이중의 의미를 갖는다. 즉 한 번은 전투력에 끊임없이 식량과 물자를 공급하는 **병참선**이고, 그다음은 **후퇴로**이다.

앞 장에서 말한 것처럼 군대는 현재 어느 방식으로 식량을 조달하고 있든지 상관없이 주로 현재 주둔하고 있는 지역에서 식량을 조달하지만, 군대와 기지는 하나의 전체라고 보아야 한다. 병참선은 이 전체에 속하고, 기지와 군대 사이를 이어주는 만큼 생명선으로 보아야 한다. 모든 종류의 보급, 탄약 수송, 늘 이동하는 파견 부대, 우편과 전령, 야전 병원과 군수품 창고, 예비 탄약, 행정 당국 등은 끊임없이 이 도로를 메우는 대상들이고, 이 모든 것의 가치는 군대에서 결정적으로 중요하다.

그래서 이 혈관은 오랫동안 끊어져 있어도 안 되고 지나치게 길어도 안 되고 지나치게 험해도 안 된다. 길이 길면 늘 군대의 힘을 어느 정도 잃게 되고, 그 결과로 군대의 상태는 약해지기 때문이다.

두 번째 의미에서 보면, 즉 후퇴로로 보면 그 혈관은 본래의 의미에서 군대의 전략적인 배후를 이룬다.

이 두 가지 의미에서 보면 이 도로의 가치를 판단하는 데는 도로의 길이,

수, 위치 등이 중요하다. 즉 도로의 일반적인 방향과 군대 근처에 있는 도로의 방향, 도로의 상태, 지형의 험난함, 주민들의 상황과 분위기, 마지막으로 그 지역의 요새나 장애물을 통해 그 도로가 보호되어 있는지 하는 것이 중요하다.

하지만 군대의 주둔지에서 군대의 생명과 힘의 원천으로 이어지는 모든 도로와 길이 본래의 병참선에 속하는 것은 아니다. 물론 필요한 경우에는 모든 도로를 병참선으로 이용할 수도 있고 병참선 체계의 보조 수단으로 간주할 수도 있다. 하지만 병참선 체계는 병참선으로 이용하려고 마련된 도로로 제한된다. 창고, 야전 병원, 병참부, 야전 우체국 등을 설치하고 사령관을 임명하고 헌병과 수비대를 배치한 도로만 본래의 병참선으로 간주할 수 있다. 여기에는 아군과 적군 사이에 매우 중요하지만 자주 간과되는 차이가 나타난다. 물론 군대는 자기 나라에도 병참선을 설치한다. 하지만 아군은 완전히 그곳에 제한되어 있지 않고, 급한 경우에는 그곳을 버리고 어디에나 있는 다른 도로를 언제든지 선택할 수 있다. 어디나 자기 나라이고, 어디에나 자기 나라의 지방 당국이 있고, 어디에서나 자기 나라 주민들의 호의를 얻을 수 있기 때문이다. 그래서 다른 도로가 군대의 입장에서 볼 때 별로 좋지 않고 적합하지 않은 경우에도 그 도로를 선택하는 것이 불가능한 것은 아니다. 군대가 어느 도로를 우회해야 하고 방향 전환이 필요하다고 생각하는 경우에도 그것을 불가능한 일이라고 생각하지 않을 것이다. 이와 반대로 적의 영토에 있는 군대는 대체로 스스로 전진한 도로만 병참선으로 간주할 수 있다. 이 경우에는 눈에 잘 띄지 않는 하찮은 원인에 의해 결과에 중요한 차이가 생기기도 한다. 적의 영토를 전진하는 군대는 병참선에 필요한 핵심 시설을 설치한다. 군대와 전진하면서, 그리고 군대의 보호를 받으면서 설치한다. 강압적인 군대의 존재는 불안과 공포를 불러일으키고, 그곳 주민들의 눈에 이런 조치가 변경할 수 없는 필연적인 것이라는 각인을 심어 준다. 심지어 이런 조치를 주민들에게 미칠 전쟁의 일반적인 해악을 완화하는 수단으로 보도록 주민들을 유도할 수도 있다. 여기저기에 남겨 둔 소규모의 수비대가 병참선 전체의 안전을 유지한다. 이에 반해 군대가 오지 않는 어느 외진 도로에 적이 병참관, 병참부 사령관, 헌병, 야전 우체국, 다른 치안 기구 등을 보내려고 하면, 그곳 주민들은 그 시설을 부담스럽게 생각할 것이고, 매우 당연하게 이 부담에서 벗어나고 싶을 것이다. 예컨대 적이 아군에게 결정적인 패배와 불행을 입혀서 우리 나라를 공황 상태와 같은 공포에 빠지게 하지 못한다면, 주민들은 적의 관리들에게 적의를 품고 상대할 것이고 적의 관리들을 피를 흘리면서 물리칠 것이다. 그래서 새로운 도로를 점령하려면 무엇보다 수비대 병력이 필요하고, 그것도 이런 경우에는 보통의 경우보다 많아야 한다. 그래도 주민들이 이 수비대에게 저항할지 모른다는 위험은 늘 남아 있다. 한마디로 말해 적의 영토를 전진하는 군대는 적의 주민들에게 복종을 요구할 어떠한 수단도 갖고 있지 않다. 적의 군대는 앞에서 말한 여러 기구도 무기의 권위를 빌어야만 비로소 투입할 수 있다. 적의 군대는 이런 일을 어디에서나 할 수도 없고, 희생과 어려움을 겪지 않고 할 수도 없고, 한순간에 할 수도 없다. 여기에서 다음과 같은 결론이 나온다. 즉 적의 영토에 있는 군대가 하나의 기지에서 다른 기지로 옮기는 일은 거의 할 수 없다. (이런 일은 자기 나라에서는 어느 병참선을 다른 병참선으로 변경함으로써 쉽게 할 수 있다.) 또한 이 때문에 일반적으로 군대의 이동은 크게 제한되고, 우회를 하면 큰 피해를 입게 된다.

하지만 병참선을 선택하고 설치하는 것도 여러 가지 조건 때문에 처음부터 제한을 받는다. 즉 병참선은 일반적으로 큰 도로이어야 한다. 그뿐만 아니라 도로가 넓을수록, 병참선을 통해 많은 인구를 갖는 부유한 도시가 많이 이어져 있을수록, 요새가 병참선을 많이 보호할수록, 그 병참선은 많은 측면에서 그만큼 더 좋은 병참선이 될 것이다. 강은 수로로 쓰이고 다리도 강을 건너는데 쓰이기 때문에 강과 다리도 병참선을 선택하는데 중요하다. 이 때문에 병참선의 위치와 군대의 공격 방향으로 쓰이는 길은 어느 정도까지만 자유롭게 선택할 수 있고, 좀 더 정확한 위치는 지리적인 조건의 제한을 받는다.

앞에서 말한 모든 것을 종합하면, 군대와 기지의 연결은 강할 수도 있고 약할 수도 있다. 이 강약의 결과가 양쪽 군대의 병참선을 비교했을 때 양쪽 중에 어느 쪽이 먼저 상대의 병참선이나 후퇴로를 차단할 수 있는지를 결정한다. 즉 보통의 기술적인 용어로 말하면, 어느 쪽이 먼저 상대를 우회할 수 있는지를 결정한다. 정신적인 우세함이나 물리적인 우세함을 제외하면, 그것은 상대의 병참선보다 월등하게 나은 병참선을 갖고 있는 군대만 효과적으로 하게 될 것이다. 그렇지 않으면 상대가 아군에게 보복을 하여 자기의 병참선의 안전을 재빨리 확보할 것이기 때문이다.

이 우회도 도로가 갖는 이중의 의미에 따라 이중의 목적을 가질 수 있다. 첫째로 적의 병참선을 방해하거나 차단해야 하고, 이것으로 적군이 식량 부족으로 굶주리게 하고, 이런 식으로 적군이 후퇴하지 않을 수 없도록 하게 된다. 둘째로 적의 후퇴 자체를 불가능하게 한다.

첫 번째 목적에 대해서는 다음과 같은 것을 말해야 한다. 즉 오늘날과 같은 식량 조달 방식에서 병참선의 일시적인 차단이 확실한 효과를 내는 일은 드물다는 것, 병참선에 하나하나의 많은 공격으로 손실을 입히려면 어느 정도의 시간이 필요하다는 것, 시간이 늘어나면 손실의 의미도 줄어든다는 것이다. 단 한 번의 측면 행동도 어느 시대에는 적에게 결정적인 타격을 줄 수 있었고, 그런 시대에는 인위적인 식량 조달 체계로 몇천 대의 마차를 왕복하게 하여 식량을 수송했다. 하지만 그런 행동은 오늘날에 전혀 효과를 내지 못할 것이다. 그 행동이 큰 성공을 거둔다고 해도 그러하다. 그것은 고작해야 한 번의 수송을 파괴하는데 지나지 않기 때문이다. 한 번의 공격은 적에게 부분적인 피해를 줄 수는 있지만 후퇴를 불가피하게 만들지는 못한다.

그 결과로 측면 행동은 언제나 현실보다 이론에서 더 많이 유행했고, 지금은 더 비현실적인 행동으로 보이게 되었다. 오늘날에는 불리한 상황에 놓여 있는 매우 긴 병참선만 위태롭게 할 수 있다. 특히 언제 어디에서나 늘 전투 준비를 하고 있는 무장 인민군의 습격이 있을 때만 적의 병참선을 위태롭게 할 수 있다.

후퇴로의 차단과 관련해서 보면, 적의 후퇴로를 제한하고 위협한다는 측면을 고려해서 그것만 과대평가해서는 안 된다. 최근의 경험이 우리에게 알려

주고 있는 바에 따르면, 매우 대담한 지도자가 이끄는 우수한 군대의 경우에 그 군대를 포로로 잡는 것은 그 군대를 돌파하는 것보다 **어렵기** 때문이다.

긴 병참선을 짧고 안전하게 만들 수 있는 수단은 극히 적다. 점령한 진지 근처와 지나온 도로에 있는 약간의 요새를 점령하는 것, 또는 그 지방에 요새가 없는 경우에는 적절한 장소에 보루를 쌓는 것, 주민들을 관대하게 대우하는 것, 군용 도로에 엄격한 군기를 유지하는 것, 그 지방에 좋은 경찰이 있다는 것, 도로를 자주 보수하는 것 등은 불행을 줄이는 몇 가지 수단이다. 하지만 그 수단은 불행을 결코 완전히 없앨 수 없다.

덧붙이면, 식량을 조달할 때 많은 군대가 주로 선택하는 길에 대해 말한 것은 특히 병참선을 선택할 때도 적용되어야 한다. 매우 부유한 도시와 잘 경작된 지방을 지나는 큰 도로는 최고의 병참선이다. 그 도로는 엄청나게 돌아가는 길이라고 해도 매우 유리하고, 대부분의 경우에 군대의 배치를 좀 더 정확하게 결정하도록 한다.

제17장

지형

여기에서는 지역과 땅이 식량을 조달하는 수단으로 쓰인다는 완전히 다른 측면은 모두 배제한다. 그렇다고 해도 지역과 땅은 전쟁 활동과 매우 긴밀한 불가분의 관계를 맺고 있다. 즉 지역과 땅은 전투에 매우 결정적인 영향을 미치는데, 전투의 경과 자체뿐만 아니라 전투를 준비하고 이용하는 측면으로 보아도 그러하다. 여기에서는 이런 관점, 즉 **지형**(terrain)이라는 프랑스어의 표현이 갖는 모든 의미에서 지역과 땅을 살펴보아야 한다.

지형의 효과는 대부분 전술의 영역에 속하고 그 결과만 전략에 나타난다. 산에서 치르는 전투는 그 결과에서도 평지에서 치르는 전투와 완전히 다르기 때문이다.

우리는 아직 공격과 방어를 나누지 않았고 이 둘을 자세히 살펴보지 않았다. 그래서 지형에 관한 중요한 문제를 다룰 때에도 그것이 공격과 방어에서 어떤 효과를 내는지는 아직 살펴볼 수 없다. 여기에서는 다만 지형의 일반적인 성격을 살펴보는 것으로 그쳐야 한다. 지형은 세 가지 특성으로 전쟁 활동에 영향을 미친다. 즉 접근을 막는 장애물로서, 전체를 조망하지 못하게 하는 장애물로서, 대포의 효과를 막는 보호 수단으로서 특성을 갖는다. 모든 지형은 이 세 가지 특성으로 환원될 수 있다.

지형이 갖는 이 세 가지의 영향은 의심할 여지없이 전쟁 행동을 더욱 다양하고 복잡하고 정교하게 만드는 경향이 있다. 경우의 수를 이루는 요소가 분명히 세 개 많아졌기 때문이다.

완전한 평지와 완전하게 탁 트인 평지의 개념, 그래서 지형으로서 아무런 영향이 없는 지형의 개념은 현실에서는 극히 작은 규모의 부대에만 나타나고 이 부대에도 일정한 순간에만 효과를 낸다. 부대의 규모가 커지고 전투의 기간이 늘어나면 지형은 전쟁 행동에 개입하게 된다. 군대 전체로 보면 어느 한 순간에도, 예를 들어 전투에서도 지형이 전투에 영향을 미치지 않는 경우는 거의 생각할 수 없다.

그래서 이 영향은 거의 늘 존재하고 있다. 물론 지형의 성질에 따라 그 영향은 더 강하거나 약할 수 있다.

많은 지형의 모습을 살펴보면, 지형은 주로 세 가지 방식에 의해 아무것도 없는 탁 트인 평지의 개념과 구분된다는 것을 알 수 있다. 첫째로 볼록하고 오목한 땅의 형태를 통하여, 그다음으로 숲, 습지, 호수와 같은 자연 현상을 통하여, 마지막으로 경작으로 생겨난 변경을 통하여 평지와 구분된다. 이 세 가지 방식 모두에서 지형이 전쟁 행동에 미치는 영향은 증대된다. 이 세 가지 방식을 어느 정도까지 더 추적하면 결국 산악 지형, 숲과 습지로 덮이고 경작이 별로 이루어지지 않은 지형, 잘 경작된 지형을 만나게 된다. 결국 이 세 가지 경우 때문에 전쟁은 더 복잡해지고 정교해진다.

경작지만 보아도 모든 종류의 경작지가 전쟁에 똑같은 정도로 영향을 미치는 것은 아니다. 그중에서 제일 강력한 영향을 미치는 것은 플랑드르, 홀슈타인,[1] 그 밖의 다른 지역에서 흔히 보이는 경작지이다. 이런 지역은 많은 도랑, 울타리, 숲, 둑 등으로 끊어져 있고, 이 지역에는 하나하나의 농가와 작은 숲이 많이 흩어져 있다.

그래서 전쟁을 제일 쉽게 수행할 수 있는 곳은 평평하고 적당히 경작된

1. 홀슈타인(Holstein), 1806년까지 신성 로마 제국의 일부였지만 대부분 덴마크의 왕이 홀슈타인의 공작으로서 홀슈타인을 통치했다. 현재 독일의 북부 지역. 동서로 바다에 접한 지역으로서 건조한 평지가 넓게 펼쳐져 있다.

지역이 될 것이다. 이는 완전히 일반적인 측면에서만, 그리고 방어에서 지형의 장애물을 이용하는 것을 완전히 배제할 때만 그러하다.

그래서 앞에 말한 세 가지 종류의 지형은 접근의 장애물, 조망의 장애물, 보호 수단이라는 세 가지 방식으로, 그것도 각자 그 나름대로의 방식으로 영향을 미친다.

숲으로 덮인 지역에서는 전쟁터 전체를 조망하는 것이, 산악 지역에서는 그곳에 접근하는 것이 주로 방해를 받는다. 잘 경작된 지역에서는 이 두 가지 방해가 절반 정도씩 차지하고 있다.

숲이 많은 지역에서는 대부분의 지형에서 이동하는데 어느 정도 방해를 받고 그 지역에 접근하는 것도 곤란을 겪는다. 이 점을 제외해도 숲에서는 전쟁터 전체를 전혀 조망하지 못하게 된다. 이 때문에 그 지역을 통과하는 어떠한 수단도 쓸 수 없게 된다. 그래서 한편으로는 전쟁 활동이 다시 매우 단순하게 되지만 다른 한편으로는 그만큼 곤란하게 된다. 이런 지역에서는 전투에 모든 병력을 집결하는 것이 매우 어렵다. 하지만 병력이 매우 많은 부분으로 분할되지는 않는데, 이런 분할은 산악 지형이나 심하게 끊어진 지형에서 흔히 일어난다. 다른 말로 하면, 병력의 분할은 숲이 많은 지역에서는 피할 수 없는 일이지만 그렇게 심한 것은 아니다.

산악 지형에서는 그곳에 접근하는 것이 주로 방해를 받고, 이는 주로 이중의 방식으로 나타난다. 즉 산에서는 아무 곳이나 통과할 수 없고, 통과할 수 있는 곳에서도 평지보다 오래 걸리고 많은 고통이 따른다. 그래서 산에서 이동하는 속도는 크게 느려지고, 산에서 어떤 효과를 내는 데는 훨씬 많은 시간이 걸린다. 하지만 산악 지형에는 다른 지형보다 우월한 특성이 있는데, 그것은 산악 지형의 어느 한 지점이 다른 지점보다 높다는 것이다. 고지 일반에 대해서는 다음 장에서 자세히 설명할 것이다. 여기에서는 산악 지형이 병력을 크게 분할하게 하는 특성을 갖는다는 것만 말하도록 한다. 고지는 그자체 때문에도 중요할 뿐만 아니라 낮은 곳에 있는 다른 지점에 미치는 영향 때문에도 중요하다.

이 세 가지 종류의 지형이 극단으로 기울어지는 정도에서 생각하면, 그것은 이미 다른 곳에서 말한 것처럼 전투의 성과에 미치는 최고 지휘관의 영향력을 약하게 만드는 효과를 갖는다. 그리고 바로 그만큼 하급 지휘관들로부터 일반 병사들에 이르기까지 그들의 역량을 돋보이게 한다. 병력이 많이 분할될수록, 전쟁터에 대한 조망이 불가능해질수록, 모든 병사들은 그만큼 각자 스스로 행동해야 한다. 이것은 그 자체로 이해할 수 있는 것이다. 물론 전투 행동이 많이 나누어지고 다양해지고 다방면에 걸쳐 일어나게 되면 일반적으로 지성의 영향력은 높아질 것이고, 이에 따라 최고 지휘관은 더 훌륭한 통찰력을 보여 줄 수 있을 것이다. 하지만 여기에서도 전에 이미 말했던 것을 다시 언급해야 한다. 즉 전쟁에서 하나하나의 성과의 합은 그 성과가 관련을 맺는 형태보다 중요하다는 것, 그래서 지금 하고 있는 고찰을 극단적인 한계까지 계속 밀고 나아가서 모든 병력이 하나의 긴 사격선에 흩어져 있고 모든 병사들이 각자 독자적인 전투를 벌인다고 생각할 때, 이 하나하나의 전투에서 얻는 승리의 합계는 이 승리가 관련을 맺고 있는 형태보다 중요하다는 것이다. 전투를 잘 조합하여 얻는 효과는 승리의 합계와 같은 적극적인 결과에서만 나올 수 있고, 승리가 관련을 맺는 형태와 같은 소극적인 결과에서는 나올 수 없기 때문이다. 그래서 이런 경우에는 병사들 하나하나의 용기, 민첩성, 군인 정신이 모든 것을 결정할 것이다. 양쪽 군대의 수준이 똑같을 때만, 또는 양쪽 군대의 여러 가지 특성이 대등할 때만 양쪽 최고 지휘관의 재능과 통찰력이 다시 결정적인 역할을 맡을 수 있을 것이다. 결과는 다음과 같다. 즉 국민 전쟁이나 인민 무장 투쟁 등에서는 병사들 한 사람 한 사람이 용감하고 민첩하지 않을지라도 적어도 그들의 정신력은 언제나 매우 높고, 그들은 병력이 크게 분산되어 있고 심하게 끊어진 지형에서 탁월한 능력을 보여 준다. 또한 그들은 그런 전투에서만 견뎌낼 수 있다. 그 이유는 보통 그런 전투력에게는 적절한 규모의 군대로 통일을 이루었을 때 없어서는 안 되는 모든 특성과 무덕이 없기 때문이다.

전투력의 성질도 어느 하나의 극단에서 다른 극단으로 점차 달라진다.

자기 나라를 방어하는 상황이 되면 그 군대가 오로지 상비군이라고 해도 민족적인 성격을 띠게 되고, 이런 경우에는 분산 전투에도 적당하기 때문이다.

이런 특성과 상황이 한쪽 군대에게 많이 줄어들수록, 그것이 적의 군대에게 많이 나타날수록, 한쪽 군대는 그만큼 분산을 두려워하고 끊어진 지형을 피하게 될 것이다. 하지만 끊어진 지형을 피하는 것은 선택할 수 있는 것이 아니다. 전쟁터는 많은 견본 중에 하나의 상품을 고르듯이 고를 수 있는 것이 아니다. 군대의 성질상 많은 병력이 집결할 때 유리한 군대는 **지형의 특성이 집결하는데 적합하지 않더라도** 그 방식을 되도록 많이 관철하는 기술을 쓰려고 노력해야 한다. 그런 경우에 그 군대는 다른 불리함을 감수해야 하는데, 예를 들면 식량 조달이 부족하고 어렵다는 것, 숙소가 나쁘다는 것, 전투 중에 모든 방향에서 적의 공격이 자주 일어난다는 것 등이다. 하지만 이런 불리함보다 그 방식의 독특한 유리함을 전부 포기하는 불리함이 훨씬 클 것이다.

전투력의 집중과 분산이라는 상반되는 방향에 있는 두 가지 경향은 그 전투력의 성질이 이쪽으로 기우느냐 다른 쪽으로 기우느냐에 따라 결정된다. 그렇지만 결정적인 순간이 되면 집중에 뛰어난 군대라고 해서 언제나 집중만 하고 있을 수 없고, 분산에 뛰어난 군대라고 해서 전투의 승리를 언제나 분산의 효과에서만 기대할 수도 없다. 프랑스 군대도 스페인에서는 전투력을 나누어야 했고, 인민 무장 투쟁의 수단으로 자기 나라를 방어하는 스페인 군대도 대규모의 전쟁터에서는 병력의 일부를 집중하지 않을 수 없었다.[2]

지형이 전투력의 일반적인 특성과 갖는 관계, 특히 지형이 전투력의 정치적인 특성과 갖는 관계 다음으로는 지형이 세 개의 병과와 갖는 관계가 중요하다.

산 때문이든 숲 때문이든 경작지 때문이든, 접근하는 것이 매우 곤란한 모든 지형에서 수많은 기병이 쓸모없다는 것은 당연하다. 숲이 많은 지역에

---

2. 이 전쟁은 프랑스의 나폴레옹이 이베리아 반도에서 포르투갈, 스페인, 영국에 대해 벌인 전쟁(1807~1814년). 이 전쟁에서 처음에는 프랑스 군대가 집중을, 스페인 군대가 분산을 주된 방향으로 삼았다.

포병을 투입하는 것도 마찬가지이다. 그곳에는 포병을 유리하게 쓸 공간도, 포병이 통과할 수 있는 길도, 말에게 먹일 사료도 없을 수 있다. 포병에게 많은 경작지로 이루어진 지형은 별로 불리하지 않고, 산악 지대는 전혀 불리하지 않다. 물론 경작지와 산악 지대에는 대포에 대한 엄호물이 많고, 이런 점에서 그곳은 주로 대포를 쏘는 포병에게 불리하다. 또한 그 두 지형은 모든 곳을 통과할 수 있는 보병에게 둔하고 굼뜬 포병을 자주 곤란에 빠뜨릴 수 있는 수단을 제공한다. 하지만 그 두 지형에는 수많은 포병이 쓸 수 있는 공간이 결코 없지 않고, 산악 지대에서는 포병이 매우 유리하다. 그것은 산에서 적의 느린 이동이 대포의 효과를 더 높이기 때문이다.

어느 곳이 되었든지 험난한 지형에서는 보병이 다른 병과보다 결정적으로 유리하다는 것, 그래서 그런 지형에서는 보병의 수를 보통의 비율보다 눈에 띄게 높여도 된다는 것은 매우 분명하다.

제18장

고지

　내려다본다는 말은 전쟁술에서 독특한 매력을 갖고 있다. 지형이 전투력을 쓸 때 미치는 영향의 많은 부분, 아마 그 영향의 절반 이상은 사실상 이 말의 매력에서 비롯된다. 전쟁의 학설에 있는 많은 신성함은 그 근원을 (예를 들면 지배적인 진지, 관문이 되는 진지,[1] 전략적인 기동 등) 내려다본다는 말에 두고 있다. 우리는 이 문제를 논문에서 볼 수 있는 것처럼 장황하게 다루지 않고 그 핵심만 살펴보려고 한다. 그래서 우리 눈앞에서 거짓된 것과 더불어 참된 것을 놓치는 일이 없게 하고, 과장된 것과 함께 현실적인 것을 놓치는 일이 없게 하려고 한다.

　모든 물리적인 힘을 아래에서 위로 나타내는 것은 그 반대로 하는 것보다 어렵다. 이는 확실히 전투에서도 그러할 텐데, 여기에는 세 가지 원인이 분명하게 드러난다. 첫째로 모든 고지는 접근을 곤란하게 하는 장애물로 간주할 수 있다. 둘째로 위에서 아래로 총을 쏜다고 해서 총알이 눈에 띄게 멀리 날아가는 것은 아니지만, 모든 기하학적인 측면을 고려할 때 총의 명중률은 아마 그 반대의 경우보다 훨씬 **높아질** 것이다. 셋째로 전체를 더 잘 조망할 수

---

1. 관문이 되는 진지는 지형이 전쟁 수행에 결정적인 영향을 미친다고 생각한 시대의 개념으로서, 전투의 승패를 결정하는데 특히 중요하다고 생각되는 지점에 마련된 진지를 말한다. '관문'에 대해서는 제6편 제23장 참조.

있다는 유리함이 있다. 이 모든 유리함이 전투와 어떤 관련을 갖는지는 여기에서 중요하지 않다. 우리는 단지 고지에서 비롯되는 전술적인 유리함의 합계를 하나로 통합하고, 그것을 전략의 첫 번째 유리함으로 간주할 것이다.

그런데 앞에 열거한 유리함 중에서 첫 번째와 세 번째 유리함은 전략에도 한 번 더 나타나지 않을 수 없다. 전략에서도 전술과 마찬가지로 행군과 관찰을 하기 때문이다. 그래서 높은 곳에 있는 것이 낮은 곳에 있는 군대에게 접근을 어렵게 하는 장애물이 된다면, 이는 전략이 끌어낼 수 있는 두 번째 유리함이 되고, 고지에서 비롯되는 더 좋은 조망은 전략이 끌어낼 수 있는 세 번째 유리함이 된다.

내려다보고 굽어보고 지배하는 힘은 이 모든 요소로 이루어져 있다. 산 언저리에 있으면서 적을 눈 아래로 굽어보는 쪽에서 우세하고 안전하다고 생각하는 감정도, 산 아래에 있는 쪽에서 약하고 불안하다고 생각하는 감정도 이 원천에서 흘러나오기 때문이다. 이런 전체적인 인상은 아마 현실에서 나타나는 모습보다 강력할 것이다. 고지의 유리함은 그 유리함을 제한하는 상황 이상으로 인간의 감각적인 직관과 잘 맞아떨어지기 때문이다. 아마 그 인상은 현실에서 느끼는 것보다 강하게 작용할 것이다. 하지만 이 경우에는 그런 상상력의 작용도 고지의 효과를 강화하는 새로운 요소라고 간주해야 한다.

물론 안심하고 이동할 수 있다는 유리함이 절대적인 것도 아니고, 고지에 있는 군대는 반드시 그러하다는 것도 아니다. 단지 상대편이 고지로 올라오려고 할 때만 그러하기 때문이다. 이와 달리 큰 계곡이 양쪽 군대를 나누면 고지의 유리함은 사라지고, 양쪽이 평지에서 전투를 하려고 한다면 오히려 낮은 지대에 있는 쪽이 유리하다. (호엔프리데베르크[2] 전투.) 또한 산에 있지만 조망이 크게 제한되는 경우도 있다. 산 아래의 지역이 우거진 숲으로 덮여

---

2. 호엔프리데베르크(Hohenfriedeberg, Hohenfriedberg), 슐레지엔의 마을. 현재 폴란드의 도브로미에츠(Dobromierz). 리그니츠에서 남쪽으로 약 30킬로미터에 있다. 호엔프리데베르크 전투(1745년 6월 4일)에서 프리드리히 대왕은 오스트리아 군대를 무찔렀다. 이때 오스트리아 군대는 처음에 고지에 포진하고 있었다.

있거나, 지금 머물고 있는 산이 그 자체로 첩첩산중에 둘러싸여 있으면 시야는 쉽게 방해를 받는다. 지도만 보고 선택한 고지에 있는 진지의 유리함을 찾으려고 쓸데없이 산을 헤매는 경우도 수없이 많다. 이런 경우에는 고지의 유리함은커녕 그 반대로 불리함만 있는 대로 보게 된다고 생각할 것이다. 하지만 이런 제한과 조건도 고지에 있는 군대가 방어와 공격에서 얻는 우세함을 없애지는 못한다. 공격과 방어를 하는 경우에 고지가 어떤 식으로 유리한 것인지 몇 마디만 덧붙이도록 한다.

고지의 전략적인 유리함은 **전술적인 능력이 높아진다는 것**, 접근이 어렵다는 것, 더 잘 조망할 수 있다는 것이다. 이 세 가지의 유리함 중에서 앞의 두 가지는 본래 방어자에게만 해당되는 유리함이다. 그런 유리함은 진지에 머물고 있는 군대만 이용할 수 있기 때문이고, 이동하고 있는 군대는 그 유리함을 이용할 수 없기 때문이다. 하지만 세 번째 유리함은 공격자와 방어자 모두 똑같이 이용할 수 있다.

이것으로 고지가 방어자에게 얼마나 중요한지 분명해졌다. 고지는 결정적으로 산에 있는 진지에만 있을 수 있기 때문에 이것으로 산에 있는 진지가 방어자에게 얼마나 유리한지도 알 수 있을 것이다. 그 유리함이 다른 많은 상황 때문에 얼마나 달라지는지는 산악 방어에 관한 장에서[3] 말할 것이다.

일반적으로 어느 한 지점, 예를 들어 어느 한 진지의 고지에 대해서만 말하는 것인지 아닌지 하는 것을 구분해야 한다. 만약 그런 것이라면 그 고지의 전략적인 유리함은 고작해야 유리하게 진행된 전투라는 단 한 번의 전술적인 유리함으로 줄어든다. 매우 넓은 지역, 예를 들어 어느 하나의 지방 전체가 일반적인 분수대의 경사면처럼 경사 지대로 되어 있고, 그래서 그곳이 며칠 동안 행군할 수 있을 만큼 넓고, 그 지역의 고지에서 언제나 아래를 내려다볼 수 있다면, 이런 지역의 전략적인 유리함은 증대된다. 이런 경우에는 고지의 유리함을 어느 한 전투에서 병력을 결합할 때뿐만 아니라 몇 개의 전투를 결

---

3. 제6편 제15장 참조.

합할 때도 누릴 수 있기 때문이다. 이상은 방어에 관한 논의이다.

이제 공격에 대해 말하면, 공격자도 어느 정도는 방어자가 고지에서 갖고 있는 것과 같은 유리함을 누린다. 전략적인 공격은 전술적인 공격처럼 단 한 번의 행동으로 이루어지는 것이 아니기 때문이다. 공격자의 전진은 톱니바퀴의 움직임처럼 끊임없는 이동이 아니다. 한 번 행군한 다음에는 짧든 길든 휴식을 하고, 휴식할 때는 공격자도 상대와 마찬가지로 방어 상태에 들어간다.

고지의 적극적인 효과라고 할 수 있는 것은 공격자와 방어자 모두에게 아래를 더 잘 조망할 수 있다는 유리함에서 비롯된다. 이 효과를 더 생각해 보아야 하는데, 즉 이런 경우에는 군대를 나누어도 쉽게 효과를 낼 수 있다. 고지에 있는 진지가 군대 전체에게 유리하다면 군대의 모든 부분에도 유리하기 때문이다. 그래서 크고 작은 규모로 나누어진 군대는 고지의 유리함을 갖지 않은 군대보다 강력하고, 군대를 배치할 때도 고지의 진지 없이 배치할 때보다 모험을 감수하지 않게 된다. 이런 식으로 분할된 군대를 어떻게 이용할 수 있는지는 다른 곳에서 다룰 것이다.

고지에 있는 아군이 적과 맞선 상황에서 아군의 고지가 다른 지리적인 유리함과 결합된다면, 적이 다른 이유 때문에, 예를 들어 적 근처에 큰 강이 있기 때문에 이동하는데 제한을 받는다면, 이런 상태에서 비롯되는 적의 불리함은 결정적인 것이 될 수 있다. 그러면 적은 그 불리함에서 신속하게 벗어날 수 없다. 어느 군대도 계곡을 이루고 있는 산언저리를 점령하지 않는다면 큰 강의 계곡에서 오래 버틸 수 없다.

그래서 고지는 현실에서 지배적인 힘을 얻을 수 있고, 이런 생각이 갖는 현실성은 결코 부정할 수 없다. 하지만 고지 지형, 보호 진지, 나라의 관문 등의 표현이 단지 땅의 높고 낮은 성질에 토대를 두고 있는 말이라면, 이는 대부분 알맹이 없는 속 빈 껍데기에 지나지 않는다. 외관상으로 천박한 전쟁 활동의 결합에 좋은 맛을 내려고 사람들이 이론에서 주로 이런 우아한 재료를 골랐다. 이런 재료가 박식하다고 하는 군인들이 즐겨 쓰는 주제가 되고, 거장이라고 하는 전략가들의 요술 지팡이가 되었기 때문이다. 이런 관념의 놀이는 모두 쓸모없고 전부 경험과 모순된다. 이런 말도 그들이 하는 일이 다나이데스의⁴ 밑 빠진 독에 물을 붓는 것과 같다는 것을 저자와 독자들에게 이해하도록 하는데 충분하지 못했다. 그들은 조건을 사실 그 자체로, 도구는 도구를 쓰는 손이라고 받아들였다. 그런 지형과 진지를 점령하는 것을 힘을 드러내는 것이라고 보고, 적을 찌르고 베는 것이라고 생각하고, 지형 자체를 현실의 힘이라고 생각한다. 하지만 고지의 점령은 팔을 들어 올린 것에 지나지 않고, 고지는 죽은 도구에 지나지 않는다. 고지는 적을 대상으로 하여 실현되어야 하는 하나의 단순한 특성에 지나지 않고 숫자 없는 더하기와 빼기의 부호에 불과하다. 찌르고 베는 행동, 적이라는 대상, 숫자 등은 **전투에서 승리를** 얻는 것이다. 승리한 전투만 중요하고, 전투를 해야만 그 부호로 더하기와 빼기를 할 수 있다. 이론을 판단할 때도 그리고 전쟁터에서 행동할 때도 이것을 늘 염두에 두어야 한다.

승리를 얻은 전투의 수와 그 전투의 중요성만이 결정적인 것이라면, 양쪽 군대의 비율과 양쪽 군대의 지도자의 역량을 다시 살펴보게 되는 것, 그리고 지형의 영향이 미치는 역할은 부차적인 것이 될 수밖에 없다는 것이 분명해진다.

---

4. 다나이데스(Danaiden, Danaïdes). 그리스 신화에 나오는 아르고스의 왕 다나오스의 50명의 딸. 이들은 결혼 첫날밤에 남편들을 죽인 죄로 (자신의 처녀성을 존중한 남편을 살려 주었던 히페름네스트라를 제외한) 49명이 지옥에서 구멍 뚫린 항아리에 영원히 물을 채워야 하는 형벌을 받았다. 그래서 다나이데스는 쓸데없는 일을 하는 것에 비유된다.

제6편

방어

제1장

공격과 방어

1. 방어의 개념

　방어의 개념은 무엇인가? 공격을 막는 것이다. 그러면 방어의 특징은 무엇인가? 공격을 기다리는 것이다. 이 특징이 매번 모든 행동을 방어적인 행동으로 만든다. 그리고 방어는 이 특징을 통해서만 전쟁에서 공격과 구분된다. 하지만 절대적인 방어는 전쟁의 개념과 완전히 모순되는데, 절대적인 방어에서는 어느 한쪽만 전쟁을 수행할 것이기 때문이다. 그래서 전쟁에서도 방어는 상대적일 수밖에 없다. 방어의 특징은 방어의 전체 개념에만 적용해야 하고 그 개념의 모든 부분으로 확대해서는 안 된다. 어느 부분 전투에서 적의 돌진과 돌격을 기다린다면, 그것은 방어적인 부분 전투이다. 어느 전투에서 적의 공격을 기다린다면, 즉 아군의 진지 앞에 아군의 사격 거리에 적이 나타나는 것을 기다린다면, 그것은 방어적인 전투이다. 어느 원정에서 적이 아군의 전쟁터에 발을 들여놓는 것을 기다린다면, 그것은 방어적인 원정이다. 이모든 경우에 기다리고 막는다는 특징은 방어의 전체 개념에 속하기 때문에 여기에서 전쟁의 개념에 모순이 생기는 것은 아니다. 이 경우에는 아군의 총칼에 대한 적의 돌격, 아군의 진지에 대한 적의 공격, 아군의 전쟁터에 대한 적의 공격을 기다리는 것이 유리할 수 있기 때문이다. 아군도 정말로 자기 쪽에서 전쟁을 수행하려면 적의 공격에 대해 반격을 해야 하는데, 그래서 방어 전쟁 안에서 수행하는 이 공격 행동은 어느 정도 방어의 틀 안에서 이루어진다. 즉 이때 하는 공격은 진지나 전쟁터의 개념 안에서 이루어진다. 달리 말해 방어적인 원정에서도 공격적으로 행동할 수 있고, 방어적인 전투에서도 하나 하나의 사단을 공격적으로 쓸 수 있고, 마지막으로 적의 돌격에 맞선 단순한 배치에서도 적에게 공격적으로 총을 쓸 수 있다. 그래서 전쟁 수행에서 방어 적인 형태는 방어만 하는 방패가 아니라 적절한 반격을 동반하는 방패이다.

2. 방어의 유리함

방어의 목적은 무엇인가? 유지하는 것이다. 유지하는 것은 획득하는 것보다 쉽다. 이미 여기에서 방어가 공격보다 쉽다는 결론이 나온다. 물론 방어가 공격과 동일한 수단을 갖고 있다고 전제했을 때 그러하다. 유지하는 것이나 보존하는 것이 훨씬 쉬운 것은 무엇 때문인가? 그것은 쓰지 않고 지나가는 모든 시간이 방어자의 저울에 놓이기 때문이다. 방어자는 씨앗을 뿌리지 않은 곳에서 수확을 한다. 잘못된 판단, 두려움, 게으름 때문에 공격을 하지 않는다면 이것은 모두 방어자에게 이익이 된다. 이런 유리함이 7년 전쟁에서 프로이센을 여러 번 몰락의 위기에서 구해 주었다. 방어의 개념과 목적에서 비롯되는 이 유리함이 모든 방어의 본질이다. 그리고 이는 현실의 다른 영역에서, 특히 전쟁과 매우 비슷한 법률 관계에서 볼 수 있다. 그것은 '소유한 자는 행복할지니.'(beati sunt possidentes)라는 라틴어 속담에 기록되어 있다. 전쟁의 본질에서만 비롯되는 또 다른 유리함은 지형이 도움을 주는 것인데, 이 것도 주로 방어자가 누린다.

방어의 일반적인 개념을 밝혔기 때문에 이제 방어의 내용을 자세히 살펴보도록 한다.

전술에서 아군이 적에게 주도권을 넘겨주고 적이 아군의 정면 앞에 나타나기를 기다린다면, 그 전투는 크든 작든 모두 **방어적인 전투**이다. 적이 나타나는 순간부터 아군은 앞에서 말한 방어의 두 가지 유리함, 즉 기다린다는 유리함과 지형의 유리함을 잃지 않은 상태에서 모든 공격적인 수단을 쓸 수 있다. 전략에서는 먼저 원정이 전투를 대신하고, 전쟁터가 진지를 대신한다. 그다음에는 전체 전쟁이 원정을 대신하고, 온 나라가 전쟁터를 대신한다. 그리고 이 두 가지 경우에 방어의 성격은 전술의 경우와 같다.

방어가 공격보다 쉽다는 것을 앞에서 일반적인 형태로 말했다. 방어는 유지한다는 소극적인 목적을 갖고 있고, 공격은 점령한다는 적극적인 목적을 갖고 있다. 또한 점령하는 자는 자기 자신의 전쟁 수단을 늘리고, 유지하는 자는 그렇게 하지 않는다. 그래서 앞에서 일반적으로 말한 것을 명확하게 표현하려면, 전쟁 수행에서 방어적인 형태는 그 자체로 공격적인 형태보다 강력하다고 말해야 한다. 이 결과를 말하고 싶었다. 이것이 문제의 본질이고 수많은 경험으로 증명되고 있는데도 지배적인 견해와 완전히 대립하기 때문이다. 이는 많은 개념이 천박한 저술가들 때문에 얼마나 많이 혼란에 빠질 수 있는지 증명한다.

방어가 전쟁 수행에서 공격보다 강력한 형태이지만 소극적인 목적을 갖고 있다면 다음과 같은 결론이 나온다. 즉 군대는 약하기 때문에 필요한 동안에만 방어 형태를 이용해야 하고, 적극적인 목적을 내세울 만큼 충분히 강력해지자마자 방어 형태를 버려야 한다. 그런데 방어의 도움으로 전투에서 승리하게 되면, 양쪽의 힘의 역학 관계에서 대개 방어자가 유리해지기 때문에 전쟁의 자연스러운 흐름도 방어로 시작해서 공격으로 끝내는 것이다. 그래서 방어의 소극적인 성격을 전쟁 전체뿐만 아니라 전쟁의 모든 부분으로 확대하는 것이 모순이었던 것처럼, 전쟁의 마지막 목적을 방어에 두는 것도 전쟁의 개념과 모순된다. 달리 말해 전투의 모든 수단을 절대적인 방어에만 (수동성) 쓰는 것이 모순인 것처럼, 전쟁의 승리를 단지 적을 막는 데만 쓰고 적에게 반격하는데 전혀 쓰지 않으려고 한다면 그 전쟁도 모순이 될 것이다.

이 일반적인 생각의 올바름에 대해 앞의 천박한 저술가들이 전쟁의 많은 예를 들어 반론을 제기할 수 있을 것이다. 그들은 방어의 마지막 목표가 방어하는 것에만 머물고 공격적인 반격을 하지 않은 전쟁의 예를 들 것이다. 하지만 그런 반론은 여기에서 말하고 있는 것이 일반적인 생각이라는 것, 이 일반적인 생각에 반대되는 사례는 전부 공격적인 반격의 가능성이 없었던 경우라는 것을 잊을 때만 제기할 수 있을 것이다.

예를 들면 7년 전쟁에서 프리드리히 대왕은 적어도 그 전쟁의 마지막 3년 동안 공격할 생각을 하지 않았다. 더욱이 우리의 생각으로 대왕은 전체적으로 그 전쟁에서 공격을 더 좋은 방어 수단에 지나지 않는 것처럼 간주했다. 모든 상황이 대왕으로 하여금 공격을 할 수 없게 했기 때문이고, 최고 지휘관이 자신이 처한 상황에 비추어서 어떤 일을 결정하는 것은 당연하다. 대왕이 방어를 한 것은 전쟁의 전체적인 맥락에서 바라보아야 한다. 즉 전체적으로 보면 대왕이 오스트리아에 대해 공격적인 반격을 생각할 수 있었지만, 다만 그때까지 그렇게 할 수 있는 순간이 오지 않았다고 말해야 한다. 이런 생각이 이 사례에서도 현실성이 없지 않았다는 것은 이때 맺어진 평화 조약으로 알 수 있다. 오스트리아 군대 혼자의 힘으로는 대왕의 재능에 대등하게 맞설 수 없으리라는 것, 대왕에게 맞선다면 어쨌든 그때까지 겪은 것보다 많은 고통을 겪어야 하리라는 것, 긴장을 조금이라도 늦추면 다시 영토의 상실을 두려워해야 한다는 것, 이런 생각 외에 다른 무엇이 오스트리아 군대로 하여금 평화 조약을[1] 맺게 할 수 있었겠는가? 실제로 프리드리히 대왕이 러시아, 스웨덴, 신성 로마 제국의 군대와 상대하느라고 자기 군대의 힘을 소모하지 않았다면, 대왕은 보헤미아와 모라비아에서[2] 오스트리아 군대에게 다시 승리를 얻으려고 했을 것이다. 누가 그것을 의심할 수 있겠는가?

우리는 방어의 개념을 전쟁에서만 받아들일 수 있는 방식에 따라 밝혔

---

1. 7년 전쟁은 작센의 후버투스부르크(Hubertusburg) 성에서 1763년 2월 15일에 프로이센과 오스트리아 및 작센 사이에 체결된 평화 조약으로 끝났다.
2. 모라비아(Mähren, Morawien, Morava, Moravia), 현재 체코의 동부와 남동부 지역의 역사적인 명칭. 메렌(Mähren)은 모라비아의 독일어 표기. 모라비아는 도나우 강의 오른편 지류인 모라바 강의 이름에서 유래했다.

고 방어의 한계도 언급했다. 그래서 이제 방어가 전쟁 수행에서 더 강력한 형태라는 주장을 한 번 더 살펴보도록 한다.

공격과 방어를 좀 더 자세히 살펴보고 비교하면 그 주장이 완전히 분명해질 것이다. 지금은 이와 반대되는 주장이 그 자체와, 그리고 경험과 얼마나 심한 모순에 빠져 있는지 하는 것만 말하려고 한다. 공격적인 형태가 더 강한 형태라면 방어적인 형태를 쓸 이유는 더 이상 없을 것이다. 방어적인 형태는 어차피 소극적인 목적만 갖고 있기 때문이다. 그래서 누구든지 공격만 하려고 할 것이고 방어는 무의미해질 것이다. 하지만 그 반대로 더 높은 목적을 이루려면 더 많은 희생을 치러야 한다는 것도 매우 당연하다. 더 약한 형태를 쓸 만큼 충분히 강하다고 생각하는 쪽은 더 큰 목적을 이루려고 할 것이다. 더 낮은 목적을 내세우는 쪽은 더 강한 형태의 유리함을 누리려고 할 때만 목적을 낮출 수 있다. 그런데 경험을 돌아보면 어느 나라가 두 군데의 전쟁터에서 더 약한 군대로는 공격을 수행하고 더 강한 군대로는 방어만 하게 했다는 말은 아마 듣지 못했을 것이다. 옛날부터 어디에서나 이와 정반대였다. 이것은 공격을 분명하게 선호하는 최고 지휘관이라고 할지라도 방어를 더 강한 형태로 간주했다는 것을 증명한다. 다음의 몇 개의 장에서 이와 관련된 몇 가지 측면을 밝히려고 한다.

제2장

전술에서 공격과 방어의 관계

먼저 전투에서 승리를 얻는 상황에 대해 살펴보아야 한다.

여기에서는 군대의 우수함, 용감성, 훈련, 그 밖의 특성에 대해 언급하지 않는다. 그것은 대체로 여기에서 문제로 삼고 있는 전쟁술의 영역 밖에 있는 조건에 달려 있고, 더욱이 공격과 방어에 동일한 효과를 나타내기 때문이다. 물론 **일반적인 수의 우세**도 여기에서는 살펴볼 수 없다. 군대의 수도 역시 주어지는 것이고, 최고 지휘관의 재량에 달려 있는 것이 아니기 때문이다. 이런 것은 공격이나 방어의 어느 하나에 특별하게 관련되어 있지 않다. 이런 것을 제외하면 다음의 세 가지 요소가 결정적으로 유리한 것 같다. 즉 **기습, 지형의 유리함, 여러 방향에서 하는 공격**이 그것이다. 기습은 어느 지점에 적이 예상했던 것보다 훨씬 많은 병력을 투입하는 것으로 효과를 나타낸다. 이와 같은 수의 우세는 일반적인 수의 우세와 크게 다르고, 전쟁술에서 제일 중요한 원동력이다. 지형의 유리함이 승리하는데 얼마나 크게 이바지하는지는 그 자체로 충분히 이해할 수 있는데, 여기에서는 하나만 언급한다. 즉 공격자가 전진할 때 맞닥뜨리는 가파른 계곡, 높은 산, 습지로 된 강, 숲 등과 같은 장애물만 말하는 것이 아니라 아군을 은폐하여 배치할 수 있게 하는 지역도 지형의 유리함이 된다는 것이다. 전혀 중요하지 않은 지역도 그 지역을 잘 아는 군대에게는 도움이 된다고 할 수 있다. 여러 방향에서 하는 공격은 그 자체에 크고 작은 모든 전술적인 우회를 포함하고 있다. 이런 공격의 효과는 일부는 두 배나 되는 화기의 효과에서 비롯되고, 일부는 길이 막히게 된다는 두려움에서 비롯된다.

공격과 방어는 이 세 가지 요소에 대해 어떤 관계를 갖고 있을까?

앞에 설명한 승리의 세 가지 원리를 생각할 때 이 물음에 대해 다음과 같은 결론이 나온다. 즉 공격자는 첫 번째와 세 번째 원리의 극히 일부만 쓸 수 있는 반면에, 이 두 원리의 대부분과 두 번째 원리는 오로지 방어자의 뜻대로 쓸 수 있다.

공격자는 군대 전체로 적의 군대 전체에게 하는 본래의 기습에서 비롯되는 유리함만 갖고 있다. 그 반면에 방어자는 전투 도중에 공격의 강도와 형태를 달리하여 적에게 끊임없이 기습을 할 수 있다.

공격자는 방어자보다 훨씬 쉽게 군대 전체를 포위하고 퇴로를 막을 수 있다. 방어자는 한 곳에 있는데 반해, 공격자는 방어자의 정지 상태와 비교할 때 이동하고 있기 때문이다. 물론 이런 우회도 방어자의 군대 전체에게만 하게 된다. 그래서 전투 도중에 하나하나의 부대가 여러 방향에서 하는 공격은 공격자보다 방어자에게 더 쉽다. 앞에서 말한 것처럼 방어자는 공격의 형태와 강도를 달리하여 기습을 더 많이 할 수 있기 때문이다.

주로 방어자가 지형의 도움을 받는다는 것은 그 자체로 분명하다. 공격의 강도와 형태를 달리하여 기습을 하는 경우에도 결과는 방어자의 우세함으로 나타난다. 공격자는 도로와 길에서 행군해야 하고, 여기에서 공격자를 관찰하는 것은 어렵지 않은 반면에, 방어자는 은폐한 상태로 병력을 배치하여 결정적인 순간까지 공격자의 눈에 거의 띄지 않기 때문이다. 상황에 알맞은 방어의 방식이 유행한 이후로 정찰은 유행에서 완전히 사라졌다. 즉 정찰은 불가능해졌다. 물론 지금도 때로 정찰을 하지만, 정찰을 해서 많은 정보를 얻는 경우는 드물다. 이렇게 볼 때 병력을 배치할 지역을 고를 수 있고 전투를 치르기 전에 그 지역을 완전하게 알고 있다는 유리함은 이루 헤아릴 수 없을 만큼 크다. 또한 적에게 훨씬 많은 기습을 할 수 있는 쪽은 공격자라기보다 그 지역에 매복하고 있는 방어자라는 것도 쉽게 알 수 있다. 그런데도 사람들은 적이 먼저 시작하여 아군이 받아들인 전투는 반쯤 패배한 전투라는 낡은 개념에서 아직 벗어나지 못하고 있다. 그것은 20년 전에 그리고 부분적으로는 7년 전쟁에서도 유행했던 방식의 방어에서 비롯된다. 이때 지형이 주는 도움으로는 적의 접근이 곤란한 정면에 (가파른 산비탈 등에) 병력을 배치하는 것 외에 달리 기대할 것이 없었다. 또한 병력이 드문드문 배치되었고 측면 부대의 이동이 활발하지 못했다는 것이 약점이 되어서 방어자는 공격자의 공격을 받으면 이 산에서 저 산으로 옮겨 다녔고, 이 때문에 불리한 상황을 점점 더 불리하게 만들었다. 방어자가 의지할 만한 곳을 발견했다면, 군대를 자수틀에 펼쳐 놓은 것처럼 넓게 배치하여 적이 이 틀의 어느 구멍도 뚫지 못하게 하는 것이 중요했다. 방어자가 점령한 지형은 어느 곳이든지 직접적인 가치를 지녔고, 그래서 직접 방어해야 했다. 그 당시의 전투에서 이동이나 기습은 생각할 수 없었다. 그것은 효과적인 방어라고 할 수 있는 것과 정반대였고, 효과적인 방어도 최근에 와서 비로소 실현되었다.

본래 방어를 가볍게 보는 풍조는 늘 어느 방어의 방식이 시대에 뒤떨어진 결과로 생겨난다. 앞에 언급한 방어의 경우도 똑같이 말할 수 있다. 그 방어도 이전에는 전성기를 누렸고, 그때는 공격보다 강력했다.

오늘날의 전쟁술이 발달한 과정을 훑어보면, 처음에 30년 전쟁과[1] 스페인 왕위 계승 전쟁에서는[2] 군대를 전개하고 배치하는 것이 전투에서 제일 중요한 문제 중의 하나였다. 그것이 전투 계획에서 대부분을 차지했다. 그것은 대체로 방어자에게 매우 유리했는데, 방어자는 전투를 하기 전에 미리 군대를 배치하고 전개했기 때문이다. 그 후에 군대의 기동력이 높아지면서 방어자의 유리함은 끝났고, 한동안 공격자가 우위를 차지했다. 이제 방어자는 강과 깊은 계곡의 배후에서 그리고 산에서 안전을 찾았고, 그 때문에 방어자가 다

---

1. 30년 전쟁(1618~1648년).
2. 스페인 왕위 계승 전쟁(1701~1714년).

시 결정적인 우위를 차지하게 되었다. 이 우세함은 공격자가 많이 이동하고 민첩해져서 끊어진 지형도 통과하고 병력을 종대로 나누어서 공격할 수 있게 되면서, 즉 적을 우회할 수 있게 되면서 끝나게 되었다. 우회는 방어자의 정면을 점점 더 넓히는 효과를 불러왔고, 공격자는 이제 넓은 정면 중에서 몇 개의 지점에 집중하여 약한 진지를 뚫으려는 생각을 하게 되었다. 이렇게 해서 공격자는 세 번째로 우위를 차지하게 되었고, 방어자는 자기의 방어 체계를 다시 바꾸어야 했다. 방어자는 최근의 전쟁에서 그것을 수행했다. 방어자는 병력을 대규모로 집결하고, 대부분 전개하지 않은 상태로 두고, 전개해야 하는 경우에도 은폐하여 배치했다. 그렇게 해서 공격자가 계획을 좀 더 분명하게 드러낼 때까지 그 계획에 맞설 준비만 하고 있는 것이다. 이 새로운 방식이 지형을 이용하는 수동적인 방어를 완전히 배제하는 것은 아니다. 지형이 주는 유리함은 너무나 분명하기 때문에 지형은 어느 한 원정에서 몇십 번이나 이용되기도 했다. 하지만 지형을 이용하는 수동적인 방어는 오늘날 더 이상 중요한 것이 아니고, 여기에서는 중요한 것만 문제로 삼은 것이다.

공격자가 자기에게 크게 도움이 되는 어떤 새로운 수단을 찾아낸다면, 방어자도 방어의 방식을 바꾸어야 할 것이다. 하지만 모든 것이 단순함과 내부적인 필연성에 따르는 오늘날에 공격자가 그런 수단을 찾아낸다는 것은 아마 기대할 수 없을 것이다. 그래서 지형은 늘 방어자에게 확실한 도움이 될 것이다. 오늘날에는 지형의 특성이 이전보다 더 깊이 전쟁 활동에 스며들어 있기 때문에 지형은 일반적으로 방어자에게 자연스러운 우위를 보장할 것이다.

[지도 17] 30년 전쟁 후의 신성 로마 제국

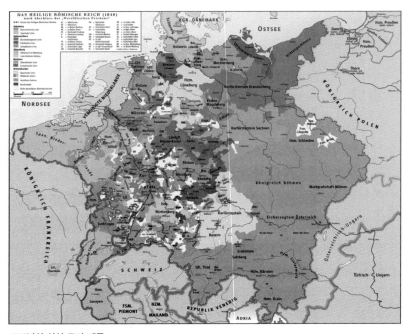

1648년의 신성 로마 제국
날짜 2007. 2. 11
출처 Putzger, *Historischer Weltatlas*, 89. Auflage, 1965를 참고하여 직접 작성.
작가 ziegelbrenner
업로드 Ziegelbrenner 2008. 2. 11
업데이트 Ziegelbrenner 2013. 6. 24

이 지도는 베스트팔렌 평화 조약 이후 신성 로마 제국을 표현하고 있다. 합스부르크 가문에서 오스트리아 경계선과 스페인 경계선, 호엔촐레른 가문에서 브란덴부르크 경계선, 프랑크 경계선, 슈바벤 경계선, 올덴부르크 가문에서 덴마크 및 올덴부르크, 홀슈타인-고토롭 경계선, 베틴 가문에서 알버틴 경계선, 에르네스틴 경계선, 비텔스바흐 가문에서 바이에른 경계선, 팔츠 경계선, 제국 도시, 표시할 수 없는 작은 영토 등이 나타나 있다. 그 외에 크고 작은 왕국, 선제후국, 대공국, 대수도원령(領), 주교구, 제국 도시(직속 도시, 자유 도시), 제후국, 백작령, 한자 도시, 방백령(方伯領), 대주교구, 변경 방백령,

공국(공작령) 등이 보인다.

신성 로마 제국 주위로 네덜란드 연합 공화국, 프랑스 제국, 스위스, 밀라노 공국, 베네치아 공화국, 오스트리아-헝가리, 폴란드 왕국 등이 보인다. 이때 슐레지엔, 보헤미아, 모라비아는 신성 로마 제국 내에서 합스부르크 가문의 일부로서 존재하고 있다.

제3장

전략에서 공격과 방어의 관계

먼저 다시 다음과 같이 묻고 싶다.

무엇이 전략에서 성공적인 결과를 약속하는 상황인가?

전략에는 앞에서 말한 것과 같은 승리가 없다. 전략적인 성과는 한편으로 전술적인 승리를 성공적으로 준비하는 것이다. 전략에서 성공적으로 준비할수록 전투에서 승리를 의심하는 일은 그만큼 줄어들기 때문이다. 다른 한편으로 전략적인 성과는 전투에서 얻은 승리를 이용하는 것이다. 전략이 전투에서 승리한 다음에 일어나는 일을 잘 결합하여 다음 전투에서 그것을 더 많이 이용할수록, 전투에서 패배하여 토대마저 흔들리는 적의 폐허에서 더 많은 전리품을 얻을수록, 전투에서 힘겹게 하나하나 얻어야 했던 것을 한 번에 엄청난 양으로 손에 넣을수록, 전략의 성과는 그만큼 성공적인 것이 된다. 이런 성과를 특히 쉽게 얻을 수 있게 하는 것, 그래서 전략적인 성과를 얻는 중요한 원리는 다음과 같다.

1. 지형의 유리함.

2. 기습. 이는 군대 전체로 적 전체에게 하는 본래의 기습인 경우도 있고, 적이 예상하지 못한 어느 지점에 많은 병력을 배치하는 기습인 경우도 있다.

3. 여러 방향에서 하는 공격. 이 세 가지는 전술의 경우와 같다.

4. 요새와 요새에 속하는 모든 것에 의해 전쟁터에서 도움을 받는다.

5. 인민의 협력.

6. 훌륭한 정신력을 이용하는 것.[1]

공격과 방어는 이런 것에 대해 어떤 관계를 갖고 있을까?

방어자는 지형의 유리함을 갖고 있고, 공격자는 기습의 유리함을 갖고 있다. 이는 전술에서 그러한 것처럼 전략에서도 그러하다. 그런데 기습에 대해 말하면, 기습은 전술보다 전략에서 이루 말할 수 없을 만큼 훨씬 효과적이고 중요한 수단이다. 전술에서는 기습으로 큰 승리까지 얻을 수 있는 일이 드물지만, 이와 반대로 전략에서는 기습으로 전체의 전쟁을 한 번에 끝내는 경우도 드물지 않다. 하지만 하나 더 말하면, 이 수단을 쓰는 것은 적이 드물게 나타나는 크고 결정적인 실수를 한다는 것을 전제로 한다. 그래서 이 수단이 공격자에게 결정적으로 유리한 경우는 드물다.

어느 지점에 많은 병력을 배치하여 적을 기습하는 것도 전술에서 말했던 것을 유추하면 전술의 경우와 매우 비슷하다. 방어자가 병력을 전쟁터에 있는 몇 개의 적의 접근 지점에 분산해서 배치한다면, 공격자는 분명히 모든 병력으로 방어자의 어느 한 부대를 공격하는 데서 유리함을 얻을 것이다.

하지만 이 문제에서도 최근의 방어 기술은 어느새 다른 방식으로 다른 원칙을 만들어 냈다. 그 원칙은 다음과 같다. 방어자가 점령하지 않은 도로의 중요한 창고나 군수품 보급소에, 혹은 아직 방어 준비를 하지 않은 요새나 수도에 공격자가 밀어닥칠 것을 염려하지 않는다면, 그래서 방어자는 공격자가 선택한 도로에서 공격자를 공격해서는 안 된다면 (그렇지 않고 공격하면 방어자가 퇴로를 잃을 수 있기 때문에) 방어자는 병력을 나눌 이유가 없다. 공격자가 방어자와 만나게 되는 도로와는 다른 도로를 선택한다고 해도

---

1. [저자] 뷜로의 전략을 따르는 사람은 여기에서 그 모든 (뷜로의) 전략을 전부 빠뜨렸다는 것을 이해하지 못할 것이다. 하지만 뷜로가 순전히 중요하지 않은 것만 말한 것은 우리의 잘못이 아니다. 이와 마찬가지로 상인이 산수책의 차례를 전부 훑어보았는데, 삼율법(三率法, Regel detri)도 없고 오율법(五率法, Regel quinque)도 없다면 매우 놀라게 될 것이다. 그런 실천적인 규칙은 뷜로의 견해에 의하면 아무런 의미도 없다. 이 비교는 다른 이유 때문에 한 것이다.

방어자는 며칠 지나지 않아서 여전히 모든 병력으로 그 도로에서 공격자를 찾을 수 있기 때문이다. 더욱이 공격자는 대부분의 경우에 틀림없이 방어자로 하여금 자기를 찾는 명예를 주려고 할 것이다. 공격자가 어쩔 수 없이 병력을 나누어서 전진해야 한다면 (이는 식량 조달 때문에 때로 거의 피할 수 없게 되는데) 방어자는 이때 분명히 모든 병력으로 적의 어느 한 부대를 공격할 수 있는 유리함을 갖게 된다.

측면 공격이나 배후 공격의 성질은 전략에서 크게 달라진다. 그 공격이 전쟁터의 측면이나 배후와 관련되기 때문이다.

1. 측면 공격과 배후 공격은 전술에서는 두 배의 효과를 내지만 전략에서는 그 효과가 사라진다. 전쟁터의 한쪽 끝에서 다른 쪽 끝까지 대포를 쏠 수는 없기 때문이다.

2. 우회할 때 퇴로를 잃을 수 있다는 두려움이 많이 줄어든다. 전략에서는 전술처럼 그 넓은 공간을 전부 막을 수 없기 때문이다.

3. 전략에서는 공간이 매우 넓기 때문에 내선, 즉 더 짧은 선의[2] 효과는 더 강력하게 나타나고 여러 방향에서 하는 공격에 대해서도 강력하게 맞서게 된다.

4. 또 다른 새로운 원리는 병참선이 끊어지기 쉽다는 데서, 즉 단지 병참선을 막는 것으로부터 비롯되는 효과에서 나타난다.

문제의 본질상 당연한 말이지만, 전략에서는 공간이 매우 넓기 때문에 포위나 여러 방향에서 하는 공격은 대개 주도권을 갖고 있는 자, 즉 공격자만 할 수 있다. 방어자는 전술의 경우와 달리 행동을 하는 도중에 자신을 포위한 자를 다시 포위할 수 없다. 방어자는 자기의 병력을 그처럼 앞뒤로 길게 배치할 수도 없고 적 몰래 배치할 수도 없기 때문이다. 그런데 포위하는데 따른 유리함이 없다면 그것이 쉽다는 것이 공격자에게 무슨 도움이 되겠는가?

---

2. 공격자는 방어자를 포위하고 우회하는 식으로 방어자에 대해 바깥쪽에서 외선을 형성하는 반면에, 방어자는 이에 대항하여 안쪽에서 내선을 형성하고, 그래서 내선이 더 짧은 것은 당연하다.

그래서 전략에서는 병참선에 미치는 포위의 효과를 고려하지 않고는 포위 공격을 일반적으로 승리의 원리로 내세울 수 없을 것이다. 병참선이라는 요소는 방어자와 공격자가 만나고 각자의 진지에서 대치하고 있는 첫 번째 순간에는 그다지 중요하지 않다. 그것은 원정이 진행되는 동안에 공격자가 적의 영토에서 점차 방어자의 입장이 될 때 비로소 중요해진다. 그러면 이 새로운 방어자의 병참선은 약해지고, 본래의 방어자는 이제 공격자로서 그 약점을 이용할 수 있게 된다. 말할 것도 없이 본래의 방어자의 공격이 갖는 이런 우세함은 그에게 일반적인 우세함이 될 수 없다. 그 우세함은 본래 더 높은 수준에 있는 방어에서 비롯된 것이기 때문이다!

네 번째 원리, 즉 **전쟁터에서 도움을** 얻는 것은 말할 것도 없이 방어자에게 속하는 이익이다. 공격하는 군대는 원정을 개시하면 자기 나라의 전쟁터에서 벗어나게 되고 이 때문에 약해진다. 즉 공격자는 요새와 모든 종류의 창고를 자기 나라에 남겨 두게 된다. 통과해야 하는 작전 지역이 넓을수록 군대는 그만큼 약해지고 줄어든다. 행군의 피로와 점령지에 남겨 두는 수비대 때문에 그렇게 된다. 이와 달리 방어하는 군대는 이 모든 것과 연결되어 있다. 즉 방어자는 요새의 도움을 받고 그 어떤 것 때문에도 약해지지 않고 보급의 원천 근처에 있다.

다섯 번째 원리로서 인민의 협력은 반드시 모든 방어에서 일어나지 않는다. 적의 영토에서도 방어적인 원정을 할 수 있기 때문이다. 하지만 이 원리는 방어의 개념에서만 나오고 대부분의 경우에 방어에서만 쓸 수 있다. 여기에서 말하는 인민의 협력은 주로 (오로지 그러한 것은 아니지만) 농민군과 무장 인민군의 효과를 뜻한다. 또한 인민의 협력에는 일체의 마찰이 줄어들고, 모든 보급의 원천이 근처에 있고 더 풍족하게 조달된다는 것도 포함된다.

앞의 3과 4에서 말한 수단의 효과를 확대경으로 보는 것처럼 분명하게 관찰할 수 있는 경우는 1812년의 원정이다. 500,000명에 이르는 프랑스 군대의 병력이 네만 강을 건넜지만 그중에 120,000명만 보로디노 전투에 참여했고, 모스크바에 도착한 병력은 이보다 훨씬 적었다.

이 원정에 대해서는 다음과 같이 말할 수 있다. 즉 이런 엄청난 모험의 결과는 프랑스 군대에게 매우 심각했기 때문에 러시아 군대는 프랑스 군대를 전혀 추격하지 않았다고 해도 상당히 오랫동안 새로운 침략을 받을 염려가 없었을 것이다. 확실히 스웨덴을 제외하면 유럽에 러시아와 비슷한 위치에 있는 나라는 없다. 하지만 3과 4에서 말한 원리가 내는 효과는 러시아의 경우와 같고, 다만 강약의 정도에서 구분되는데 지나지 않는다.

방어의 이런 힘은 본래의 방어, 즉 자기 나라에서 하는 방어와 관련을 맺는다는 것이고, 적의 영토에서 방어를 해야 하고 이 방어가 공격 행동과 섞이게 되면 방어의 힘은 약해진다는 것이고, 이런 생각을 앞의 네 번째와 다섯 번째 원리에 덧붙이면 대략 앞의 세 번째 원리에서 말한 것처럼, 공격은 더욱 불리해질 것이다. 방어가 단지 적을 막는 요소만으로 이루어지지 않은 것처럼, 공격도 오직 능동적인 행동만으로 이루어지지 않기 때문이다. 더욱이 직접 평화 조약을 끌어내지 못하는 모든 공격은 방어로 끝나야 하기 때문이다.

공격할 때 나타나는 모든 방어적인 요소가 공격의 성질 때문에 약해진다면, 즉 방어적인 요소가 공격에 포함되기 때문에 약해진다면, 이것은 아마 모든 공격에 공통되는 불리함으로 간주해야 할 것이다.

이것은 쓸데없는 궤변이 아니다. 오히려 바로 여기에 모든 공격의 전반적인 불리함이 들어 있다. 그래서 전략적인 공격을 하려고 계획할 때는 이 점에 대해, 즉 공격을 한 다음에 방어를 하게 되는 경우에 대해 처음부터 충분히 주의를 기울여야 한다. 이 점에 관해서는 원정 계획 편에서[3] 자세히 보게 될 것이다.

훌륭한 정신력은 특별한 발효균처럼 때로 전쟁의 모든 측면에 스며든다. 그래서 최고 지휘관은 군대의 힘을 강하게 하려고 어느 경우에는 병사들의 정신력을 쓸 수도 있다. 훌륭한 정신력은 공격자 쪽에 있는 것처럼 아마 방어자 쪽에도 있다고 생각할 수 있다. 적어도 공격할 때 특별히 빛나는 훌륭한

---

3. 제3권 제8편 전쟁 계획을 가리킨다.

정신력은 적이 혼란과 공포의 상태에 빠질 때처럼 보통 적에게 결정적인 공격을 한 다음에 비로소 나타난다. 그래서 그것이 적에게 결정적인 공격을 하는 데 이바지하는 경우는 드물다.

이상으로 방어는 공격보다 강력한 전쟁 형태라는 우리의 명제를 충분히 설명했다고 생각한다. 이제 아직 주의를 기울이지 않은 사소한 요소에 대해 언급하는 일만 남았다. 그것은 용기인데, 이것은 공격자에 속한다는 의식에서 생겨나는 군대의 우월감을 말한다. 그런 감정이 있다는 것은 그 자체로 맞는 말이다. 하지만 그런 감정은 전투의 승리나 패배에 의해 또는 지도자의 재능이나 무능함에 의해 군대에 생겨나는 더 일반적이고 강력한 감정 앞에서는 곧바로 사라진다.

제4장

공격의 집중성과 방어의 분산성

집중성과 분산성의 두 개념, 즉 공격과 방어에서 병력을 쓸 때 나타나는 이 두 가지 형태는 이론과 현실에서 자주 등장한다. 그래서 그것이 공격과 방어에 거의 필연적으로 들어 있는 형태인 것처럼 사람들의 상상력으로 무의식적으로 밀고 들어온다. 하지만 그것은 조금만 생각해도 알 수 있듯이 본래 잘못된 생각이다. 그래서 그것을 되도록 일찍 살펴보고, 그것에 관한 분명한 생각을 여기에서 최종적으로 분명하게 밝히려고 한다. 그러면 앞으로 공격과 방어의 관계를 살펴볼 때도 그 잘못된 생각을 완전히 배제할 수 있게 되고, 두 가지 형태 중에 어느 것이 유리하고 어느 것이 불리한지 하는 겉모습에 끊임없이 방해를 받는 일도 없을 것이다. 그래서 여기에서는 두 가지 형태를 순수하게 추상적으로 살펴보고 두 개념의 본질을 추출할 것이다. 그다음에 두 개념이 공격과 방어에서 어떤 역할을 하는지 주의를 기울이려고 한다.

방어자는 전술에서도 전략에서도 기다리고 있는 것으로, 그래서 정지하고 있는 것으로 간주된다. 그리고 공격자는 움직이고 있는 것으로, 그것도 방어자의 정지 상태와 관련해서 볼 때 움직이고 있는 것으로 간주된다. 이로부터 필연적으로 포위를 하는 것은 오로지 공격자의 자유 의지에 달려 있다는 결론이 나온다. 즉 공격자는 움직이고 있고 방어자는 정지하고 있는 것이 계속되는 한 그러하다는 것이다. 어느 것이 유리한지 또는 불리한지에 따라 집중할 수도 있고 그렇지 않을 수도 있는 공격의 자유는 공격자의 일반적인 유리함이라고 생각해야 할 것이다. 다만 공격자에게 그런 선택이 주어지는 것은 전술의 경우뿐이고 전략의 경우에는 반드시 자유롭게 주어지지 않는다. 전술에서는 양쪽의 측면 부대가 의지할 만한 지점이 결코 절대적으로 안전하지 않지만, 전략에서는 그런 지점이 대체로 안전하다. 방어선이 한쪽 바다에서 다른 쪽 바다로, 또는 한쪽 중립 지역에서 다른 쪽 중립 지역으로 직선으로 길게 뻗어 있는 경우에 자주 그러하다. 이런 경우에 공격자는 집중적으로 전진할 수 없고, 그의 선택의 자유는 제한된다. 그런데도 공격자가 집중적으로 전진을 해야 한다면 선택의 자유는 더 심하게 제한된다. 예를 들어 러시아와 프랑스가 독일을 공격한다면 두 나라는 양쪽에서 독일을 포위할 수밖에 없고, 그래서 힘을 하나로 합쳐서 독일을 공격할 수 없다. 집중의 형태는 힘의 효과라는 측면에서 보면 대부분의 경우에 분산의 형태보다 약한 형태인데, 이를 받아들인다면 공격자가 더 많은 선택의 자유를 갖는다는 유리함은 다른 경우에 더 약한 형태를 쓸 수밖에 없다는 불리함 때문에 아마 완전히 상쇄되고 말 것이다.

이제 전술과 전략의 측면에서 두 가지 형태의 효과를 좀 더 자세히 살펴보도록 한다.

병력이 둘레에서 중심으로 집중하는 방향을 잡는 경우에 지금까지 첫 번째 유리함으로 간주한 것은 그 병력이 전진하면서 점점 더 많이 하나로 합친다는 것이었다. 그 사실은 맞지만, 그것을 공격자의 유리함이라고 보는 것은 맞지 않다. 병력을 하나로 합치는 것은 공격자와 방어자 양쪽에게 모두 일어나고, 그래서 양쪽에 균형이 생기기 때문이다. 분산의 결과로 병력이 사방으로 흩어지는 것도 집중의 경우와 같다.

그런데 집중에는 또 다른 진정한 유리함이 있다. 즉 집중적으로 움직이는 병력은 병력의 효과를 하나의 **공통된** 지점으로 향하지만, 분산적으로 움직이는 병력은 그렇지 않다는 것이다. 그런데 그 효과는 무엇인가? 이 문제에 대해서는 전술과 전략을 나누어서 살펴보아야 한다.

이 분석은 지나치게 자세하게 하지 않을 것이고, 그래서 그 효과의 유리함으로 다음의 몇 가지 점만 언급하도록 한다.

1. 모든 것이 어느 정도까지 집결하게 되면 포격의 효과는 두 배로 되든지 적어도 강력해진다.

2. 적의 어느 한 부대를 여러 방향에서 공격한다.

3. 적의 후퇴로를 차단한다.

적의 후퇴로를 차단하는 것은 전략에서도 생각할 수 있지만, 분명히 전술적인 차단보다 훨씬 어렵다. 넓은 공간은 잘 막을 수 없기 때문이다. 여러 방향에서 어느 한 부대를 공격하는 것은 일반적으로 그 부대의 인원이 적을수록, 그 인원이 단 한 명의 병사로 생각될 만큼 극단적인 한계에 접근할수록 그만큼 효과적이고 결정적인 것이 된다. 어느 하나의 군대는 여러 방향에서 동시에 공격을 받아도 잘 버틸 수 있지만 하나의 사단은 그보다 덜하고, 하나의 대대는 집단을 이루고 있어야만 간신히 버틸 수 있고, 단 한 사람은 전혀 버틸 수 없다. 전략에서는 대규모의 병력, 넓은 공간, 많은 시간이 필요하지만 전술에서는 모두 그 반대이다. 이미 이것만으로도 전략에서 여러 방향에서 하는 공격은 전술에서 내는 것과 같은 효과를 낼 수 없다는 것이 분명해진다.

포격의 효과는 전략의 문제가 전혀 아니고, 그 대신에 약간 다른 것이 등장한다. 그것은 적의 포격이 기지에 주는 충격이다. 적이 가까이 있든지 멀리 있든지 상관없이 자기 군대의 배후에 대한 포격으로 승리를 거두면 어느 군대든지 충격을 받게 된다.

그래서 병력의 집중이 내는 유리한 효과는 확실히 다음과 같이 말할 수 있다. 즉 a에 대한 효과는 동시에 b에 대한 효과를 내지만, 그 때문에 a에 대한 효과는 약해지지 않는다. 그리고 b에 대한 효과는 동시에 a에 대한 효과로서 나타난다. 그래서 전체의 효과는 a + b의 합이 아니라 그 이상이 된다. 이런 유리함은 전술과 전략에서 약간 다르다고 해도 두 경우에 모두 나타난다.

병력의 분산은 집중의 유리함에 대해 무슨 효과로 맞설 수 있을까? 분명히 병력이 근처에 모여 있다는 것과 내선에서 움직인다는 것으로 맞설 수 있다. 이것이 어떤 식으로 병력을 늘리는 것과 같은 효과를 내는지 하는 것, 공격자가 크게 우세하지 않다면 방어자의 이런 유리함에 맞서서는 안 된다는 것은 설명할 필요도 없을 것이다.

방어자도 한 번 이동의 원리를 (물론 이 움직임은 공격자의 움직임보다 늦게 시작되지만, 굳어버린 수동성의 사슬을 푸는 데는 시간상으로 아직 충분한데) 받아들이면, 대규모의 집결과 내선이 주는 방어의 유리함은 공격의 집중적인 형태보다 승리를 얻는 더 결정적인 유리함이 되고, 대부분의 경우에 더 효과적인 유리함이 될 것이다. 하지만 승리는 전투에서 얻는 성과보다 먼저 나타나야 한다. 후퇴로에 대한 차단을 생각하기 전에 먼저 전투에서 승리해야 한다. 요컨대 집중적인 행동과 분산적인 행동의 관계는 일반적으로 공격과 방어의 관계와 비슷하다. 집중적인 형태로는 빛나는 성과를 얻을 수 있고, 분산적인 형태로는 그 성과를 더 확실하게 할 수 있다. 집중적인 형태는 적극적인 목적을 갖지만 좀 더 약한 형태이고, 분산적인 형태는 소극적인 목적을 갖지만 좀 더 강한 형태이다. 이렇게 보면 이 두 형태는 이미 일종의 균형 상태에서 움직이고 있는 것으로 보인다. 방어가 언제나 절대적인 방어를 뜻하는 것은 아니기 때문에 방어에서도 병력을 집중적으로 쓰는 것이 반드시 불가능한 것은 아니다. 이 점을 생각하면 공격이 집중적인 형태의 효과만으로 언제나 방어에 대해 압도적으로 우세하다고 생각하는 것은 적어도 더 이상 옳지 않을 것이다. 그러면 모든 경우에 그런 식의 생각이 판단에 미치는 나쁜 영향에서도 벗어나게 될 것이다.

지금까지 말한 것은 전술과 전략에 모두 해당되는데, 이제는 오로지 전략에만 해당되는 극히 중요한 점 하나를 강조해야 한다. 내선의 유리함은 내선과 관련되는 공간이 확대되면서 늘어난다. 몇천 걸음이나 반 마일의 거리에서 얻는 시간적인 여유는 당연히 며칠 동안의 행군이나 심지어 20~30마일 멀리 있는 거리에서 얻는 시간적인 여유만큼 많을 수 없다. 전자의 좁은 공간은 전술에 속하고, 후자의 넓은 공간은 전략에 속한다. 전략에서 목적을 달성하는데 필요한 시간은 분명히 전술보다 오래 걸리고, 하나의 군대는 하나의 대대만큼 신속하게 제압할 수 없다. 하지만 이 시간은 전략에서도 어느 정도까지만 늘어난다. 즉 전투에 필요한 시간을 넘을 수 없고, 심각한 희생을 치르지 않은 채 전투를 피할 수 있는 시간은 고작해야 며칠에 지나지 않는다. 더욱이 적보다 앞서 전진하는 데도 전술과 전략에서는 매우 큰 차이를 보인다. 짧은 거리를 갖는 전술의 차원에서 전투를 하면 한쪽의 움직임은 거의 다른 쪽의 눈앞에서 일어난다. 그래서 외선에 있는 쪽은 적의 움직임을 대부분 재빨리 알아챈다. 양쪽이 먼 거리에 있는 전략에서는 분명히 이런 일이 극히 드물게 일어난다. 한쪽의 움직임은 적에게 적어도 하루 이상 숨길 수 있다. 그런 움직임이 병력의 일부에게만 한정되어 있고 병력이 상당히 멀리 파견된 곳에서 일어난다면, 그 움직임은 충분히 몇 주 동안 숨길 수도 있다. 제일 적절한 위치에 있으면서 그 위치를 이용하는 쪽에게 은폐의 유리함이 얼마나 큰지는 쉽게 이해할 수 있다.

이상으로 병력의 집중과 분산의 효과를 살펴보았고 집중과 분산이 공격과 방어와 갖는 관계를 살펴보았다. 공격과 방어에 대해서는 아래에서 더 언급할 것이다.

제5장

전략적인 방어의 성격

일반적으로 방어란 무엇인가 하는 것은 이미 앞에서 말했다. 그것은 단지 좀 더 강력한 전쟁 형태에 지나지 않는다. 이 형태로 승리를 얻으려고 하는 것이고, 이 승리를 통해 우세해진 다음에 공격으로, 즉 전쟁의 적극적인 목적으로 넘어가려고 하는 것이다.

전쟁의 의도가 단지 현상(status quo)을 유지하는 것에 있다고 해도 상대의 공격을 물리치기만 하는 것은 전쟁의 개념과 모순되는 것이다. 전쟁 수행이 고통을 견디는 것이 아니라는 것은 부인할 수 없기 때문이다. 방어자가 크게 유리해졌다면 방어는 그 본분을 다한 것이다. 방어자가 스스로 몰락하지 않으려면 그는 이 유리함의 보호를 받으면서 반격을 해야 한다. 쇠는 뜨거울 때 두드리는 것이 현명한 것처럼, 방어에서 얻은 우세함을 이용하여 적의 두 번째 공격을 막는 것이 현명하다. 언제 어디에서 어떻게 반격을 해야 하는지는 당연히 여러 가지 조건에 달려 있고, 그것은 아래에서 자세히 설명할 것이다. 여기에서는 다음과 같은 것을 말하는 것으로 그친다. 즉 반격으로 넘어가는 것은 방어의 본래의 경향이고, 그래서 방어의 본질적인 요소라고 생각해야 한다는 것, 또한 방어의 형태로 얻은 승리를 어떤 식으로든지 전쟁의 살림에서 소비하지 않는 것, 이를테면 그 승리를 이용하지 않은 채 내버려 두는 것은 중대한 잘못이라는 것이다.

방어에서 공격으로 신속하고 강력하게 넘어가는 것은 번쩍이는 보복의 칼날이고 방어에서 제일 빛나는 순간이다. 방어하면서 공격을 생각하지 않는 사람, 또는 정확히 말해 방어의 개념에 공격을 받아들이지 않는 사람은 방어의 우월함을 결코 이해하지 못할 것이다. 그는 언제나 적을 파괴하고 적에게 무엇을 빼앗는 것은 오직 공격의 수단으로만 이루어지는 것이라고 생각할 것이다. 하지만 그 수단은 매듭을 짓는 방식이 아니라 푸는 방식에 달려 있다. 더욱이 공격을 언제나 기습으로만 이해하고, 그래서 방어를 고통과 혼란에 지나지 않는 것이라고 생각한다면 이는 심각한 착각이다.

물론 침략자는 (악의를 갖고 있지 않은) 방어자보다 먼저 전쟁에 대한 결단을 내린다. 침략자가 비밀리에 전쟁 준비를 할 수 있다면 아마 방어자에게 때로 어느 정도 기습을 하게 될 것이다. 하지만 그것은 오늘날의 전쟁에서 결코 있을 수 없는데, 전쟁의 모습이 그러하지 않기 때문이다. 전쟁은 침략자보다 방어자에게 더 많이 존재한다. 침략이 방어를 불러일으키고, 방어와 더불어 비로소 전쟁이 시작되기 때문이다. 침략자는 (보나파르트도 늘 주장한 것처럼) 언제나 평화를 사랑하고, 우리 나라에 매우 조용히 들어오고 싶어 한다. 그렇게 할 수 없도록 해야 하기 때문에 우리 나라는 전쟁을 하지 않을 수 없고, 그래서 전쟁 준비를 하지 않을 수 없다. 달리 말하면, 늘 무장을 하고 있어야 하고 기습을 당하지 않도록 해야 하는 것은 약자이고 방어를 해야 하는 자이다. 전쟁술이 그렇게 할 것을 요구한다.

덧붙이면, 어느 쪽이 전쟁터에 먼저 나타나느냐 하는 것은 대부분의 경우에 공격을 의도하는지 아니면 방어를 의도하는지 하는 것과는 완전히 다른 문제에 달려 있다. 그래서 그 문제는 전쟁터에 먼저 나타나는 원인이 아니라 때로 그 결과이다. 먼저 준비를 끝낸 자는 기습의 유리함이 매우 크다면 바로 그 이유 때문에 공격적으로 행동하게 된다. 나중에 준비를 끝낸 자는 여기에서 비롯되는 불리함을 방어의 유리함만으로 어느 정도 상쇄할 수 있다.

그렇지만 먼저 준비를 끝내고 이를 잘 이용할 수 있는 것은 일반적으로 공격의 유리함이라고 보아야 한다. 이것은 이미 제3편에서도 인정한 것이다.

다만 이 일반적인 유리함이 모든 하나하나의 경우에 반드시 나타나는 것은 아니다.

그래서 이상적인 방어를 생각한다면 그것은 다음과 같은 것을 갖추어야 한다. 즉 모든 수단을 되도록 많이 준비하는 것, 전쟁에 익숙한 군대, 어찌할 바를 모르고 불안하게 적을 기다리는 것이 아니라 침착하고 신중한 선택에 따라 적을 기다리는 최고 지휘관, 적의 포위 공격에도 끄떡없는 요새, 끝으로 적을 더 이상 두려워하지 않고 적이 두려워하는 용감한 인민 등이다. 이런 특징을 갖고 있는 방어는 공격에 비해 아마 그다지 나쁜 역할을 맡지 않을 것이고, 공격도 그렇게 쉽고 확실하게 보이지 않을 것이다. 하지만 공격에서 용기, 의지력, 신속한 움직임만 떠올리고 방어에서 무기력, 마비 상태만 떠올리는 사람들의 막연한 생각에는 그렇게 보일 것이다.

제6장

방어 수단의 범위

이 편의 제2장과 제3장에서 방어가 전투력의 절대적인 수와 수준 이외에 전술적인 성과와 전략적인 성과를 결정하는 수단을 이용하여 어떻게 자연스럽게 우세해지는지 말했다. 그런 수단으로는 지형의 유리함, 기습, 여러 방향에서 하는 공격, 전쟁터에서 얻는 도움, 인민의 협력, 훌륭한 정신력을 이용하는 것 등이 있었다. 여기에서는 이 수단의 범위를 한 번 더 살펴보는 것이 유익할 것이라고 생각한다. 이 수단은 주로 방어자 마음대로 쓸 수 있는 것이고, 이를테면 방어라는 건물을 받치는 여러 개의 기둥으로 간주할 수 있는 것이다.

1. **민병대.** 민병대는 최근에 자기 나라 밖에서 적의 나라를 공격하는 데도 쓰이고 있다. 민병대 조직은[1] 예를 들어 프로이센을 비롯한 많은 나라에서 거의 상비군의 일부처럼 간주되어야 하고, 그래서 방어에만 매달리지 않는다는 것은 부정할 수 없다. 그럼에도 1813년, 1814년, 1815년에 민병대를 매우 많이 쓴 것은 방어 전쟁에서 비롯되었다는 것, 프로이센처럼 견고한 민병대를 두고 있는 나라는 드물다는 것, 이 조직의 수준이 불완전한 나라에서 민병대는

---

1. 프로이센의 민병대 조직은 1813년에 제정되어 처음에는 주로 국내의 방어에만 쓰였지만, 1815년에 민병대 조례가 발표된 후에 점차로 정비되었다. 이 조례는 1867년까지 유효했다.

어쩔 수 없이 공격보다 방어에 더 적합하다는 것을 간과해서는 안 된다. 더욱이 **민병대**의 개념에는 언제나 모든 인민이 자기의 생명, 재산, 신념을 바쳐 전쟁에 특별하게 그리고 어느 정도 자발적으로 협력한다는 생각이 들어 있다. 민병대 조직이 이 개념에서 멀어질수록 그것은 이름은 민병대라고 해도 또 다른 이름의 상비군이 될 것이고 상비군의 유리함을 그만큼 많이 갖게 될 것이다. 하지만 민병대 본래의 유리함은 그만큼 많이 잃게 될 것이다. 그 유리함은 훨씬 넓은 지역에 퍼져 있고 훨씬 유연하고 정신력과 신념에 의해 병력의 규모를 매우 쉽게 늘릴 수 있다는 것이다. 이런 것이 민병대의 본질이다. 민병대에는 이 조직의 노선을 통해 모든 인민이 협력할 수 있는 여지를 남겨 두는 것으로 충분하다. 그렇지 않고 **민병대**에 특별한 것을 바라면 이는 환상을 추구하는 것이 된다.

이제 민병대의 이런 본질이 방어의 개념과 매우 긴밀한 관계에 있다는 것을 오해하지 않게 되었다. 그래서 민병대는 공격보다 방어에 더 적합하다는 것, 공격할 때보다 주로 방어할 때 더 훌륭한 효과를 낸다는 것도 오해하지 않게 되었다.

2. 요새. 공격자에게 도움이 되는 요새는 국경 근처에 있는 요새로 제한되기 때문에 그 도움은 매우 약하다. 방어자의 요새는 자기 나라 안으로 깊이 뻗어 있기 때문에 많은 요새가 효과를 낼 수 있다. 그리고 이 효과 자체도 공격자의 요새와 비교할 수 없을 만큼 크고 강력하다. 적에게 실제로 요새를 포위하게 하고 그 포위를 견뎌내는 요새도 있고, 매우 견고해서 요새를 **빼앗**으려는 생각을 단념하게 만드는 요새도 있는데, 전자가 전쟁의 저울판에서 당연히 더 많은 무게를 갖는다. 후자와 같은 견고한 요새에서는 적의 힘이 실제로 소모되고 파괴되는 일이 없기 때문이다.

3. 인민. 전쟁터에 있는 어느 주민 한 사람이 전쟁에 미치는 영향은 대부분의 경우에 큰 강을 흐르는 물 한 방울이 내는 효과보다 보잘것없다. 그럼에도 그 나라의 주민들이 전쟁에 미치는 **전체적인 영향**은 결코 하찮은 것이 아니다. 인민 봉기라고 말할 수 있는 수준이 전혀 아닌 경우에도 그러하다. 인

민의 마음이 자기 나라가 하는 전쟁에 대해 반대하지 않는다고 전제하면 자기 나라에서는 모든 것이 순조롭게 진행된다. 적은 크고 작은 모든 성과를 명백한 폭력으로 강요해야만 얻을 수 있다. 이 폭력은 적의 전투력이 맡아야 하고, 적은 많은 병력과 노력을 들이게 된다. 방어자는 이 모든 것을 얻을 수 있다. 비록 자기 나라 주민들이 열정적으로 헌신하는 경우처럼 자발적으로 행동하지 않은 경우에도 얻을 수 있다. 주민들에게 제2의 천성이 된 시민적인 복종이라고 하는 오랫동안 훈련된 수단으로 얻을 수도 있고, 그 밖에 군대에서 비롯되지 않고 훨씬 먼 곳에 있는 완전히 다른 위협 수단과 강제 수단으로 얻을 수도 있다. 하지만 역시 진정한 충성심에서 우러나오는 자발적인 협력이 모든 경우에 매우 중요하다. 그런 협력은 주민들이 희생하지 않아도 되는 문제에서는 결코 멈추지 않고 나타난다. 그런 문제 중에서 전쟁을 수행하는데 매우 중요한 문제 하나만 강조하려고 한다. 그것은 정보이다. 여기에서 말하는 정보는 중요한 첩자에 의해 얻는 중요한 정보라기보다 군대의 매일매일의 근무에서 주민들과 접촉하여 얻게 되는 불확실하지만 평범한 수많은 정보를 말한다. 그리고 그런 접촉에서 주민들의 이해를 얻는 것은 방어자에게 일반적인 우세함을 준다. 소규모의 순찰대, 초병, 보초, 멀리 파견된 장교들은 적, 동맹국, 상대방에 관한 정보를 얻을 필요 때문에 그 지역 주민들에게 묻도록 명령을 받는다.

어디에서나 볼 수 있는 이런 완전히 일반적인 협력으로부터 주민들이 전쟁 자체에 참여하기 시작하는 특별한 경우를 지나 스페인처럼 인민 스스로 인민 전쟁을 통해 전쟁의 대부분을 수행하는 최고의 단계에[2] 이르면, 이것은 단지 인민의 협력이 증대된 것이 아니라 진정으로 새로운 힘이 생겨난 것이라고 이해할 수 있다. 그래서

4. **인민 무장 투쟁** 또는 인민군을 특별한 방어 수단으로서 꼽을 수 있다.

5. **동맹국**을 방어자의 마지막 버팀목이라고 할 수 있다. 여기에서 말하는

---

2. 나폴레옹의 스페인 침략(1807~1814년)에 대한 스페인 인민의 저항을 가리킨다.

동맹국은 공격자도 당연히 갖고 있는 평범한 동맹국이 아니라 어느 한 나라를 보존하는데 중대한 관심을 갖고 참여하는 동맹국을 말한다. 오늘날 유럽의 여러 나라를 보면 여러 나라 사이의 힘과 이해 관계에서 국제적으로 조정된 균형을 발견할 수 없다. 그런 것은 있지도 않고, 그래서 때로 당연히 부정된다. 하지만 크고 작은 나라와 민족의 이해 관계가 매우 다양한 방식으로 변화무쌍하게 얽혀 있는 것은 분명하다. 이 모든 교차점이 하나의 단단한 매듭을 이루고 있고, 이 매듭 안에서 한 나라의 이해 관계는 다른 나라의 이해 관계와 균형 상태에 놓여 있다. 분명히 이 모든 매듭에 의해 여러 나라 전체는 많든 적든 하나의 큰 관계를 형성하고 있고, 이 관계는 어떤 변화를 겪을 때마다 부분적으로 원래의 모습을 회복한다. 이런 식으로 모든 나라의 모든 관계는 전체에 변화를 일으키는 것보다 전체를 그 형태대로 유지하는데 이바지한다. 즉 일반적으로 현상을 유지하려는 경향을 갖고 있다.

여러 나라 사이의 정치적인 균형의 개념은 이와 같이 이해해야 한다고 생각한다. 이런 의미의 균형은 문명화된 여러 나라가 다양한 관계를 유지하고 있을 때는 언제든지 자연스럽게 생겨날 것이다.

이처럼 여러 나라 사이의 전체적인 이해 관계는 현상을 유지하려는 경향을 갖고 있는데, 이 경향이 어떤 효과를 내는지는 다른 곳에서 다룰 문제이다. 여러 나라 간의 관계에서 생기는 변화를 생각하면 그 변화에는 전체에 미치는 효과를 쉽게 만드는 것도 있고 어렵게 만드는 것도 있다. 첫 번째 경우는 정치적인 균형을 완성하려는 노력이다. 이 노력은 전체의 이해 관계와 같은 경향을 갖고 있기 때문에 그런 이해 관계를 갖고 있는 대다수의 나라도 자기편으로 만들 수 있다. 하지만 두 번째 경우는 현상을 유지하는 경향에서 벗어나려는 노력이다. 몇몇 나라만 주도적으로 활동하는 병적인 상태이다. 크고 작은 많은 나라가 전체의 관계에 느슨하게 연결되어 있다는 것을 생각하면, 그런 병적인 현상이 나타나는 것도 놀라운 일은 아니다. 그런 질병 현상은 (놀라울 정도로 훌륭하게 움직이는) 모든 생명의 유기체에도 나타나기 때문이다.

그래서 역사에는 몇몇 나라가 오직 자기 나라의 이익만 생각하여 중대한 변화를 일으켰는데도 국제 사회가 이를 막으려는 노력을 하지 않은 경우도 있다. 심지어 어느 한 나라가 다른 나라들을 압도하여 이 나라들에 대해 거의 절대 군주처럼 군림한 경우도 있다. 역사에서 이런 경우를 지적하면서 앞에 말한 균형에 대해 반박을 한다면 우리는 다음과 같이 대답할 것이다. 즉이런 경우도 국제 사회에 현상을 유지하려는 경향이 없다는 것을 증명하는 것은 결코 아니라는 것, 단지 그 경향이 그 순간에 효과를 낼 만큼 충분히 크지 않았다는 것을 증명하는데 지나지 않는다는 것이다. 물론 목표를 이루려는 노력은 목표로 향하는 운동과 다른 것이지만, 그렇다고 그런 노력이 아무것도 아닌 것은 결코 아니다. 이런 것은 천체의 역학에서 제일 잘 알 수 있다.

균형을 이루려는 경향은 현상을 유지하려는 경향이라고 할 수 있다. 물론 이것은 현상에 안정과 균형이 있다는 것을 전제로 한다. 이 균형이 무너져 있고 이미 긴장이 나타났다면, 균형을 이루려는 경향도 변화의 방향을 잡을 수 있기 때문이다. 하지만 이런 변화는 문제의 본질에 따르면 언제나 몇몇 나라에서만 일어날 수밖에 없고, 그래서 대다수의 나라에서는 결코 일어날 수 없다. 확실히 대다수의 나라는 언제나 현상의 유지를 모든 나라의 전체적인 이해 관계에 의해 보장받고 싶어 한다. 또한 어느 나라가 모든 나라의 전체적인 이해와 대립하고 긴장 상태에 빠져 있는 나라가 아닌 경우에는 확실히 자기 나라를 방어하는 것이 불리함보다 유리함을 더 많이 줄 것이다.

이런 생각을 유토피아적인 공상이라고 비웃는 사람은 철학적인 진실을 잃고 말 것이다. 철학적인 진실은 어느 문제의 본질적인 요소가 어떤 관계를 맺고 있는지 인식하는데 도움을 준다. 물론 모든 우연적인 요소의 개입을 간과한 채 본질적인 요소만으로 법칙을 끌어내려고 하고, 이 법칙에 따라 모든 하나하나의 경우에 대한 규칙을 정할 수 있다고 생각하는 것은 경솔한 짓이다. 하지만 어느 훌륭한 저술가의 표현을 빌려 말하면 일화 이상으로 나아가지 않는 사람, 모든 역사를 이런 일화로 조립하는 사람, 언제나 극히 개별적이고 예외적인 사건으로 이야기를 시작하는 사람, 어떤 동기가 있을 때만 그 사건을 깊이 연구하는 사람, 그래서 그 사건을 깊이 근본적으로 지배하고 있는 일반적인 관계에 결코 이르지 못하는 사람의 견해는 그 하나의 경우 이외에는 아무런 의미도 갖지 못할 것이다. 그런 사람에게는 모든 경우에 타당한 보편성을 찾는 철학이 분명히 하나의 공상처럼 보일 것이다.

이처럼 현상의 안정과 유지를 이루려고 하는 보편적인 노력이 없었다면 문명화된 많은 나라는 결코 그처럼 오랫동안 공존할 수 없었을 것이다. 그 많은 나라는 필연적으로 하나로 합쳐졌을 것이다. 그래서 오늘날의 유럽이 1000년 이상 존재하고 있다면, 이런 결과는 앞에서 말한 전체적인 이해 관계에 의한 현상 유지의 경향 때문이라고 할 수밖에 없다. 유럽 전체의 보호가 하나하나의 나라를 유지하게 하는데 언제나 충분한 것은 아니었다고 한다면, 그것은 전체의 이해 관계에서 생겨난 변칙적인 현상에 지나지 않는다. 이 변칙적인 현상이 전체의 안전을 파괴한 것이 아니고, 전체의 안전을 도모하려는 노력이 그런 변칙적인 현상을 극복한 것이다.

전체의 균형을 심하게 파괴하는 변화가 일어나면, 다른 나라들은 이에 대해 어느 정도 분명하게 반대하여 그 변화를 방해하거나 원래의 상태로 되돌린다. 이런 사건은 수없이 많은데, 그 많은 사건을 전부 살펴보는 것은 쓸데없는 일이 될 것이다. 그런 사건은 역사를 잠깐만 훑어보아도 알 수 있다. 여기에서는 단 하나의 경우만 말하려고 한다. 그것이 늘 정치적인 균형이라는 생각을 조롱하는 사람들의 입에 오르내리기 때문이다. 그리고 다른 나라에게 해를 입히지 않은 방어자가 동맹국의 도움을 받지 못한 채 몰락한 경우로서 특히 여기에서 논의하는데 매우 적절한 것처럼 보이기 때문이다. 폴란드를 말하는 것이다. 8백만 명의 인구를 갖고 있는 나라가 사라질 수 있고 인접한 세 나라에 의해 분할될 수 있는데, 그 밖의 다른 나라들 중에 어느 나라도 폴란드를 도우려고 칼을 들지 않았다. 이것은 언뜻 보면 정치적인 균형이라는 생각이 전반적으로 무력하다는 것을 충분히 증명하는 경우로 나타나든지, 아니면 적어도 정치적인 균형이 개별적인 경우에 얼마나 무력해질 수 있는지 보여 주는 경우로 나타난다. 그런 규모의 나라가 사라질 수 있고, 이미 강대국에 속하는 다른 나라의 (러시아와 오스트리아) 먹잇감이 될 수 있다는 것은 극단적인 경우인 것 같다. 그런 경우가 유럽의 모든 나라의 전체적인 이해 관계에 아무런 충격을 줄 수 없다면, 하나하나의 나라를 유지하는데 이바지하는 전체적인 이해 관계의 효과라는 것은 환상이라고 간주해야 할 것이다. 하지만 먼저 말할 것이 있다. 어느 하나의 경우가 아무리 두드러지게 보인다고 해도 그것이 보편성을 반박하는 증명이 되지는 않는다는 것이다. 그다음으로 주장하는 것은 폴란드의 몰락이 겉으로 보이는 것처럼 그렇게 이해할 수 없는 일도 아니라는 것이다. 그런데 폴란드가 정말 유럽의 나라로서, 유럽의 여러 나라들과 동질적인 나라로서 간주된 적이 있었던가? 아니다! 그것은 타타르 민족의 나라였다. 크림 반도에[3] 있는 타타르 민족처럼 유럽의 세계와 경계를 이루고 있는 흑해[4] 연안에 정착하는 대신에 유럽의 여러 나라 사이에 있는 비스와 강에 정착한 나라였다. 이렇게 말한다고 해서 폴란드 민족을 경멸하려는 것도 아니고 그 나라의 분할을 정당화하려는 것도 아니다. 단지 문제를 있는 그대로 보려고 할 따름이다. 이 나라는 지난 100년 이래 근본적으로 정치적인 역할을 수행한 적이 더 이상 없었고, 다른 나라들에게 분쟁의 씨앗에 지나지 않았다. 이런 상태와 체제에서 폴란드는 오랫동안 다른 나라들 사이에서 자기 나라를 유지할 수 없었다. 이 민족의 지도자들이 이런 타타르적인 상태의 근본적인 변화에 대한 의지를 갖고 있었다고 해도 그것은 아마 50년이나 100년 정도 걸렸을 것이다. 그런 변화를 바라기에는 지도자들 자신이 지나치게 타타르적인 습성에 젖어 있었다. 지도자들의 무책임한 나라 운영과 이루 말할 수 없는 경솔함이 동시에 진행되어서 나라는 몰락의 방향으로 비틀거렸다. 폴란드가 분할되기 오래전부터 러시아는 그곳을 자기 나라처럼 생각하고 있었다. 폴란드에는 다른 나라에 대해 자기 자신을 주장하는 독립국의 개념이 전혀 없었다. 폴란드가 분할되지 않았다면 이 나라는 분명히

---

3. 크림 반도(Krim, Krym, Crimea), 흑해 북쪽 연안에 있는 반도.
4. 흑해(Schwarzes Meer, Black Sea), 유럽의 남동쪽, 아나톨리아와 코카서스 사이에 있는 내해(內海). 면적은 436,400제곱킬로미터로 한반도 면적의 약 두 배이다.

러시아의 한 지방이 되었을 것이다. 이 모든 것이 맞지 않는 말이고 폴란드가 자신을 방어할 수 있는 나라였다면, 세 개의 강대국이 그토록 쉽게 폴란드의 분할에 나서지는 못했을 것이다.[5] 그랬다면 프랑스, 스웨덴, 터키처럼 폴란드를 유지하는데 제일 많은 관심을 보였던 나라들도 완전히 다른 방식으로 그 나라를 유지하는데 협력할 수 있었을 것이다. 하지만 한 나라의 유지를 외부의 다른 나라들만 걱정해야 한다면 그것은 분명히 매우 지나친 요구이다.

폴란드의 분할은 100년 전에도 여러 번 언급된 적이 있다. 그때부터 이 나라는 문을 잠글 수 있는 집이 아니라 공공 도로처럼 간주되었고, 이 도로에는 끊임없이 외국의 군대가 돌아다녔다. 다른 나라들이 이 모든 것을 막아야 할까? 다른 나라들이 폴란드 국경의 정치적인 신성함을 지키려고 끊임없이 칼을 뽑아들고 있어야 할까? 그것은 정신적으로 불가능한 것을 요구하는 것이다. 폴란드는 그 당시에 정치적으로 아무도 살지 않는 초원 지대에 지나지 않았다. 방어 능력 없이 다른 나라들 사이에 놓인 이 초원 지대를 다른 나라들의 공격에 맞서 언제나 보호할 수 없었던 것처럼, 이름만 남은 이 나라의 불가침성도 보장할 수 없었다. 이 모든 이유 때문에 사람들은 크림 반도에 있는 타타르 민족의 조용한 몰락에[6] 놀라지 않는 것처럼, 폴란드의 소리 없는 몰락에도 놀라지 않을 것이다. 터키는 확실히 유럽의 다른 어느 나라보다 폴란드를 유지하는데 많은 관심을 갖고 있었다. 하지만 터키도 저항 능력이 없는 이 초원 지대를 보호하는 것이 쓸데없는 노력이라는 것을 잘 알고 있었다.

다시 우리의 주제로 돌아오도록 한다. 이상으로 방어자는 일반적으로 공격자보다 다른 나라의 도움을 더 많이 기대할 수 있다는 것을 설명했다고 생각한다. 그 나라의 존재가 다른 모든 나라에게 중요할수록, 즉 그 나라의 정치적인 상태와 전쟁의 상황이 건전하고 강력할수록, 그 나라는 다른 나라의 도움을 그만큼 확실하게 기대할 수 있을 것이다.

---

5. 폴란드의 분할은 3회(1772년, 1793년, 1795년)에 걸쳐 일어났다. 폴란드의 분할은 유럽의 균형을 유지한다는 명목으로 이루어졌다.
6. 크림 반도는 1774년에 러시아의 지배 아래 놓이게 되었다.

여기에서 본래의 방어 수단이라고 말한 요소가 하나하나의 모든 방어에 쓰이지 않는다는 것은 말할 필요도 없다. 어느 때는 이 수단이 없을 것이고, 다른 때는 저 수단이 없을 것이다. 하지만 그 요소는 모두 방어의 전체 개념에 속하는 것이다.

[지도 18] 흑해와 흑해 주변의 주요 항구 도시

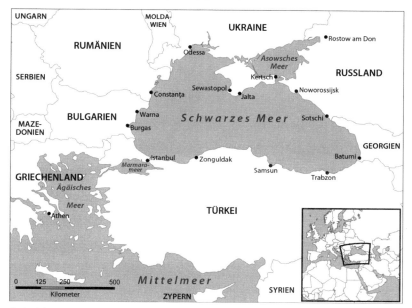

출처 작가 직접 작성.
작가 NormanEinstein
업로드 2005. 7. 25
업데이트 Ahmet Gürsakal 2015. 12. 6

흑해는 불가리아, 루마니아, 우크라이나, 러시아, 그루지야, 터키로 둘러
싸여 있다. 지도에는 에게 해와 지중해, 아조프 해와 마르마라 해도 표시되어
있다. 흑해 북쪽 한복판에 크림 반도가 있다.

[지도 19] 폴란드의 분할

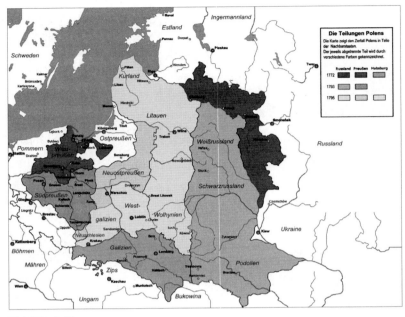

날짜 2011. 2. 17
출처 file:Partitions of Poland.png의 Halibutt, Tomekpe, Sneecs
작가 John Nennbach(Mullerkingdom at de.wikipedia)
업로드 Magnus Manske 2011. 5. 4
업데이트 Abderitestatos 2015. 5. 11

　　지도에서 동프로이센(가운데에서 약간 왼쪽의 하얀 부분)은 본래 프로이센의 영토였던 곳이다. 1772년에 러시아, 프로이센, 합스부르크는 폴란드를 분할했다. 프로이센은 그 지역을 서프로이센으로 편입했고, 합스부르크는 갈리치아로 편입했다. 1793년에 러시아는 폴란드의 영토를 백러시아, 흑러시아, 포돌리아로 합병했고, 프로이센은 영토를 남프로이센으로 확장했다. 1795년에 러시아는 폴란드의 영토를 쿠르란트, 리투아니아, 볼리니아로 합병했고, 프로이센은 새로운 동프로이센으로 확대했고, 합스부르크는 서갈리치아로 확장했다. 이로써 폴란드는 역사에서 완전히 사라졌다.

　　폴란드는 1918년에 베르사유 조약으로 다시 독립을 획득했다.

제7장

공격과 방어의 상호 작용

　방어와 공격을 분리할 수 있는 한 이제 이 둘을 따로따로 살펴보려고 한다. 다음과 같은 이유 때문에 방어부터 시작한다. 방어의 규칙은 공격의 규칙에 토대를 두고 있고, 공격의 규칙은 방어의 규칙에 토대를 두고 있다. 이것은 매우 자연스럽고 필연적인 생각이다. 하지만 이 일련의 생각이 시작되려면, 그래서 가능해지려면 둘 중의 하나는 제3의 지점을 가져야 한다. 이 지점이 무엇인지 하는 것이 첫 번째 질문이다.

　전쟁의 발생을 철학적으로 생각하면 전쟁의 본래 개념은 공격에서 생겨나지 않는다. 공격은 전투보다 점령을 절대적인 목적으로 삼기 때문이다. 전쟁의 본래 개념은 방어에 의해 비로소 생겨난다. 방어는 전투를 직접적인 목적으로 삼고, 막는 것과 전투를 하는 것은 분명히 같은 것이기 때문이다. 막는 것은 오로지 공격으로 향하고, 그래서 반드시 공격을 전제로 한다. 하지만 공격은 막는 것으로 향하지 않고 점령이라는 다른 것으로 향하고, 그래서 반드시 막는 것을 전제로 하지 않는다. 그래서 문제의 본질상 전쟁의 요소를 먼저 행동으로 옮기는 자, 자기의 입장에서 먼저 상대를 적대 관계로 생각하는 자는 전쟁의 첫 번째 법칙도 내세우게 되는데, 그것은 바로 **방어자**이다. 여기에서는 어느 하나의 경우를 말하는 것이 아니라 이론의 길로 나아가는데 요구되는 일반적이고 추상적인 경우를 말하는 것이다.

이제 우리는 공격과 방어의 상호 작용의 외부에 있는 확고한 제3의 지점을 어디에서 찾아야 하는지 알게 되었다. 그것은 방어에서 찾아야 한다.

이 추론이 옳다면 방어자에게는 그의 행동을 결정해야 하는 충분한 이유가 있다. 공격자가 무엇을 할지 방어자가 아직 전혀 알지 못한다고 해도 그러하다. 더욱이 그 이유는 전투 수단의 배치를 포함하고 있어야 한다. 이와 반대로 공격자에게는 행동을 결정해야 하는 충분한 이유도 없을 것이다. 자기의 상대에 대해 아는 것이 아무것도 없기 때문이다. 그런데 공격자의 행동의 이유는 전투 수단의 이용을 포함하고 있다. 그는 전투 수단을 가져가는 것 외에, 즉 군대로 어느 지역을 점령하는 것 외에 아무것도 할 수 없을 것이다. 그리고 실제로도 그러한데, 전투 수단을 가져가는 것은 아직 그것을 쓰는 것이 아니기 때문이다. 공격자는 전투 수단을 쓸 것이라는 막연한 전제에서 그것을 가져가고, 정부의 특사와 포고문으로 적의 영토를 점령하는 대신에 군대로 그것을 점령한다. 그래도 공격자는 아직 본래의 적극적인 전쟁 행동을 수행하고 있는 것이 아니다. 그 반대로 전투 수단을 모을 뿐만 아니라 전투를 수행하려는 방식에 따라 전투 수단을 배치하는 방어자는 공격자보다 먼저 전쟁의 개념에 실제로 맞는 활동을 수행하고 있는 것이다.

두 번째 질문은 다음과 같다. 적의 공격 자체에 대해 생각하기 전에 방어를 하려고 먼저 병력을 배치한다면 이렇게 결정하는 이유는 이론상으로 어떤 특성에서 비롯되는 것일까? 그것은 분명히 방어자의 영토를 점령하려는 공격자의 전진에서 비롯된다. 전진은 전쟁과 직접 관련이 없지만 전쟁 행동의 첫 번째 단계의 발판이라고 보아야 한다. 방어자는 이 전진을 막아야 하고, 그래서 그 전진을 자기 나라의 영토와 관련지어 생각해야 한다. 이렇게 해서 방어에 관한 첫 번째의 제일 일반적인 결정이 생겨난다. 이 결정이 한 번 확립되면 공격자는 그것에 대해 공격을 한다. 그러면 이번에는 공격자가 쓰는 수단을 고려하여 새로운 방어 원칙이 생겨난다. 이제 상호 작용이 생겨난다. 이렇게 해서 생겨나는 새로운 결과가 고려할 만한 가치를 갖는 한, 이론은 그 상호 작용에 대한 연구를 계속할 수 있는 것이다.

이 약간의 분석은 앞으로 하게 될 모든 생각을 좀 더 분명하고 확실하게 하는데 필요했다. 이 분석은 전쟁터에서 쓰려고 한 것도 아니고 장래의 최고 지휘관에게 도움이 되게 하려고 한 것도 아니다. 지금까지 이 문제를 지나치게 가볍게 다룬 많은 이론가들을 생각해서 분석한 것이다.

제8장

저항의 유형

방어의 개념은 막는 것이다. 막으려면 기다려야 한다. 기다리는 것은 방어의 중요한 특징인 동시에 중요한 이익이다.

전쟁에서 방어는 고통을 견디기만 하는 것일 수 없기 때문에 기다리는 것도 절대적인 기다림일 수 없고 상대적인 기다림일 수밖에 없다. 상대적인 기다림이 관련되는 대상은 공간상으로 나라, 전쟁터, 진지이고 시간상으로 전쟁, 원정, 전투이다. 우리는 이 대상이 변할 수 없는 단위가 아니라 일정한 영역의 중심을 나타내는데 지나지 않는다는 것을 잘 알고 있다. 그 영역은 시간상으로나 공간상으로 상호 간에 얽히고설켜 있다. 그런데 현실에서는 그 대상을 엄밀하게 구분하지 않고 단지 분류하는데 만족해야 하는 경우가 자주 있다. 이 개념은 현실 자체에 의해 이미 명확하기 때문에 앞으로 이 개념을 중심으로 그 밖의 개념을 쉽게 살펴볼 수 있다.

그래서 나라의 방어는 나라에 대한 공격만 기다리고, 전쟁터의 방어는 전쟁터에 대한 공격만 기다리고, 진지의 방어는 진지에 대한 공격만 기다린다. 이처럼 기다리는 순간 다음에 방어에서 수행하는 모든 적극적인 활동, 그래서 어느 정도 공격적인 성격을 띠는 모든 활동은 방어의 개념과 모순되지 않을 것이다. 방어의 중요한 특징이자 중요한 이익, 즉 기다리는 것이 이미 일어났기 때문이다.

전쟁, 원정, 전투와 같이 시간에 속하는 개념은 나라, 전쟁터, 진지와 같이 공간에 속하는 개념에 대응된다. 그래서 그 개념은 기다리는 것에 대해 모두 동일한 관계를 갖고 있다.

방어는 두 가지의 이질적인 부분, 즉 기다리는 것과 행동하는 것으로 이루어져 있다. 우리는 기다리는 것을 앞에서 말한 특정한 대상과 관련짓고, 그래서 행동하는 것보다 먼저 일어나게 해서 그 둘을 하나의 전체로 연결할 수 있게 되었다. 하지만 방어의 행동, 특히 원정이나 전체 전쟁과 같은 대규모의 행동은 시간상으로 전반부에는 기다리기만 하고 후반부에는 행동하기만 하는 두 가지의 부분으로 이루어지지 않고, 이 두 가지 상황이 번갈아 나타난다. 그래서 기다리는 것은 방어의 행동 전체에 걸쳐 한 가닥으로 이어진 실처럼 관통할 수 있다.

기다림에 이처럼 중요한 의미를 두는 것은 단지 문제의 본질이 그것을 요구하기 때문이다. 물론 지금까지 있었던 이론에서는 기다림이 결코 독립된 개념으로 강조된 적이 없었다. 하지만 현실 세계에서는 기다림이 때로 의식되지 않은 적은 있어도 끊임없이 방어를 이끌어 나가는 길잡이로서 이용되었다. 기다림은 모든 전쟁 행동에서 중요한 구성 요소이기 때문에 전쟁 행동은 기다림 없이는 거의 불가능해 보인다. 그래서 아래에서 이 문제를 자주 언급할 것이고, 양쪽 병력의 역동적인 활동에서 나타나는 기다림의 효과에 주의를 기울일 것이다.

이제 기다림의 원리가 어떤 식으로 모든 방어 행동을 관통하고 있는지, 그리고 기다림에서 방어의 어떤 단계가 생겨나는지 분명하게 설명하려고 한다.

우리의 생각을 좀 더 단순한 대상에서 밝히려면 나라의 방어 문제는 전쟁 계획 편 이전에는 다루지 않는 것이 좋을 것이다. 나라의 방어 문제에서는 정치적인 상황이 더 다양하고 강력한 영향을 미치기 때문이다. 다른 한편으로 어느 하나의 진지와 전투에서 이루어지는 방어 행동은 전술에서 다루는 대상이고, 이 대상은 **전체로서만** 전략적인 활동의 출발점을 이룬다. 그래서 전쟁터의 방어가 방어의 문제를 제일 잘 보여 줄 수 있는 대상이 될 것이다.

앞에서 말한 것처럼 기다리는 것과 행동하는 것은 (행동하는 것은 늘 공격을 돌려주는 것으로서 반격을 말하는데) 둘 다 방어에서 매우 본질적인 부분이다. 방어는 기다리는 것이 없으면 방어가 아닐 것이고, 행동하는 것이 없으면 전쟁이 아닐 것이다. 이와 같은 견해가 전에 이미 우리를 다음과 같은 종류의 생각으로 이끌었는데, 그 생각은 방어는 적에게 더 확실하게 승리하려고하는 더 강력한 전쟁 형태에 지나지 않는다는 것이다. 우리는 이 생각을 굳게 지켜야 한다. 한편으로 그 생각만이 결국 어리석은 생각에서 우리를 보호하기때문이고, 다른 한편으로 그 생각이 생생하고 절실할수록 모든 방어 행동이그만큼 강력해지기 때문이다.

반격은 방어에서 두 번째의 필수적인 구성 요소를 이루는데, 사람들은이 반격을 다시 구분하려고 한다. 그래서 본래 막는 것의 대상이 되는 것, 즉나라, 전쟁터, 진지를 막는 것만 필수적인 부분으로 간주하려고 한다. 이 부분은 그 대상의 안전에 필요한 만큼만 막는 것으로 충분하다는 것이다. 이와반대로 그 이상으로 나아가는 반격의 가능성, 즉 실제의 전략적인 공격의 영역으로 넘어가는 것은 방어와 아무런 상관이 없는 문제로 보려고 한다. 반격을이런 식으로 보려고 하면 그것은 바로 앞에서 말한 종류의 생각과 반대될 것이다. 그래서 그런 구분은 본질적인 구분이라고 간주할 수 없고, 모든 방어의바탕에는 반드시 보복의 관념이 있어야 한다고 주장하고 싶다. 첫 번째의 반격에서 다행히 상대에게 엄청난 손실을 입힐 수 있다고 해도 그것만으로는공격과 방어의 역동적인 관계에서 적절한 균형이 아직 회복되지 않을 것이기때문이다.

그래서 우리는 방어가 상대에게 더 쉽게 승리하는데 필요한 더 강력한전쟁 형태라고 말하는 것이다. 이 승리가 방어와 관련되는 대상을 넘었는지넘지 않았는지 하는 것은 그때그때의 상황에 따라 판단한다.

하지만 방어는 기다림의 개념에 묶여 있기 때문에 적에게 승리한다는 목적은 조건부로만, 즉 적이 공격을 할 때만 존재할 수 있다. 적의 공격이 일어나지 않으면 방어는 당연히 현재 소유하고 있는 것을 유지하는데 만족하게 된다. 그리고 이것이 기다림의 상태에 있는 방어의 목적, 즉 방어의 직접적인 목적이다. 방어는 이처럼 좀 더 소박한 목표에 만족할 때만 좀 더 강력한 전쟁 형태로서 갖는 유리함을 얻을 수 있다.

이제 전쟁터를 방어하도록 결정되어 있는 군대를 생각하면 그 군대는 다음과 같이 방어할 수 있다.

1. 적이 전쟁터에 침입하자마자 적을 공격하면서 방어할 수 있다. (몰비츠 전투, 호엔프리데베르크 전투.)

2. 방어자가 국경 근처에 진지를 두고 적이 공격하려고 이 진지 앞에 나타날 때까지 기다린 다음에 적을 공격하면서 방어할 수 있다. (차슬라프 전투,[1] 조르 전투, 로스바흐 전투.) 확실히 이때 방어자는 더 수동적으로 행동하게 되고 적을 더 오래 기다리게 된다. 이때 방어자가 공격하는 시간은 기다리는 시간에 비해 매우 짧거나 없을 수 있고, 또 적이 실제로 방어자를 공격할 수도 있다. 그렇다고 해도 앞의 1의 경우에는 전투가 확실하게 일어났지만 이 경우에는 반드시 확실하게 일어난다고 할 수 없다. 적이 방어자의 진지를 보고 나서 공격에 대한 결단을 단념할 수 있기 때문이다. 그래서 이 경우에 기다리는 것의 유리함은 더 크다.

3. 방어자가 2의 경우처럼 국경 근처에 진지를 두고 적이 그 진지 앞에 모습을 드러내고 전투를 하려는 결단을 기다릴 뿐만 아니라 실제로 공격하는 것을 기다리면서 방어할 수 있다. (같은 최고 지휘관의 예를 들고자 분첼비츠 전투를 언급한다.) 그래서 이 경우에 방어자는 본격적인 방어 전투를 하게 된다. 이 전투에는 이미 앞에서 말한 것처럼 일부의 병력으로 공격적으로 움직이는 것도 포함될 수 있다. 이때에도 2의 경우처럼 시간적인 여유는 전혀 없을 것이다. 하지만 적의 결단은 새로운 시험대에 오르게 된다. 즉 적은 공격하

---

1. 차슬라프(Czaslau, Čáslav), 보헤미아의 도시. 프라하에서 동쪽의 약간 아래쪽으로 약 75킬로미터에 있다. 차슬라프 전투(1742년 5월 17일)에서 프리드리히 대왕은 오스트리아 군대를 무찔렀다.

려고 전진한 다음에 마지막 순간에 또는 첫 번째 공격을 할 때 공격을 중지하기도 한다. 방어자의 진지가 너무 강력하다는 것을 알면 그렇게 된다.

4. 방어자가 저항을 자기 나라 안으로 옮기면서 방어할 수 있다. 이 후퇴의 목적은 공격자의 힘을 약하게 만드는데 있다. 그래서 공격자가 스스로 전진을 포기하지 않을 수 없게 되는 것을 기다리든지, 아니면 적어도 공격자가 전진의 마지막에 이르렀을 때 방어자가 수행하는 저항을 더 이상 감당할 수 없게 되는 것을 기다리는데 있다.

4의 경우가 제일 간단하고 분명하게 나타나는 것은 방어자는 하나 또는 몇 개의 요새를 남겨 두고 후퇴할 수 있지만, 공격자는 이 요새를 포위하지 않을 수 없을 때이다. 이 때문에 공격자의 전투력은 분명히 많이 줄어들고, 방어자는 어느 한 지점에서 수의 엄청난 우세로 공격자의 전투력을 공격할 기회를 얻게 된다.

그런 요새가 없다고 해도 자기 나라 안으로 옮기는 후퇴는 방어자에게 점차로 공격자와 균형을 유지하게 하거나 공격자보다 우세해지게 할 수 있다. 이런 균형이나 우세함은 방어자에게 필요하지만 국경에서는 없던 것이다. 전략적인 공격에서 하는 모든 전진은 절대적으로도 약해지고, 병력을 분할해야 하는 필요 때문에도 약해지기 때문이다. 이 점에 대해서는 공격 편에서 좀 더자세히 말할 것이다. 여기에서 이 진실을 미리 언급하는 것은 그것을 모든 전쟁에서 충분히 증명된 사실이라고 간주하기 때문이다.

4의 경우에는 무엇보다 시간적인 여유를 얻는 것을 최대의 유리함이라고 보아야 한다. 공격자가 아군의 요새를 포위해서 혹시 그 요새를 무너뜨린다고 해도 아군은 그 요새가 무너질 때까지 시간을 벌 수 있다. 그것은 몇 주일이 걸릴 수도 있고, 경우에 따라서는 몇 달이 걸릴 수도 있다. 하지만 공격자의 병력이 줄어드는 것, 즉 공격자의 공격력이 소모되는 것이 단지 전진과 필요한 지점의 점령 때문이라면, 즉 단지 긴 행군 거리 때문이라면 대부분의 경우에 방어자가 얻는 시간적인 여유는 훨씬 많을 것이다. 그리고 방어자의 행동은 일정한 시간에 묶여 있지 않을 것이다.

이 전진의 마지막에 이르면 방어자와 공격자 사이에 병력의 비율이 달라지는데, 이 외에 방어자에게 기다림의 유리함이 증대되었다는 것도 다시 고려해야 한다. 실제로 공격자가 이 전진 때문에 크게 약해지지 않았다고 해도, 그래서 방어자의 주력 군대가 후퇴를 멈춘 곳에서 공격자가 방어자를 공격할 수 있다고 해도, 공격자는 아마 공격을 하려는 결단을 내리지 못할 것이다. 이 경우의 결단은 국경에서 필요했던 것보다 훨씬 단호해야 할 것이기 때문이다. 한편으로 공격자의 병력은 줄어들었고, 그 병력이 더 이상 새로운 병력도 아니고, 위험은 늘어났다. 다른 한편으로 우유부단한 최고 지휘관들은 때로 그들이 도착한 지역을 점령하는 것으로 충분하다고 생각하고 전투를 하려는 생각을 완전히 포기한다. 그들이 전투가 더 이상 필요하지 않다고 정말로 믿고 있든지, 아니면 그것을 구실로 삼기 때문이다. 공격자가 이제 와서 공격을 그만두면, 방어자는 분명히 국경에서 얻을 수 있는 것처럼 소극적으로나마 만족할 만한 성과를 얻을 수 없을 것이다. 하지만 시간적인 여유는 많이 얻을 수 있을 것이다.

앞에 말한 네 가지의 모든 경우에 방어자가 지형의 도움을 누린다는 것, 또한 이 때문에 요새의 도움과 인민의 협력을 얻으면서 행동할 수 있다는 것은 분명하다. 더욱이 이 효과는 앞에서 말한 방어의 단계가 높아질 때마다 증대될 것이다. 이것은 특히 네 번째 단계에서 공격자의 병력을 약하게 만드는 효과를 불러일으킨다. 그런데 기다림의 유리함은 바로 이 단계에 따라 증대되기 때문에 1에서 4의 단계는 방어의 수준이 강화되는 것이라고 볼 수 있다는 것, 그리고 이 방어의 형태는 공격에서 멀리 있을수록 그만큼 강력해진다는 것이 자연스러운 결론으로서 나오게 된다. 그래서 모든 방어 중에 제일 수동적인 방어가 제일 강력한 방어라는 견해에 대해 사람들이 우리에게 책임이 있다고 말해도 우리는 이를 두렵게 생각하지 않는다. 저항 행동은 1에서 4로 나아가는 새로운 단계에 따라 약해지는 것이 아니라 단지 연기되고 옮겨지는 것이어야 한다. 목적에 맞게 만들어진 강력한 보루 진지에서 더 강력하게 저항할 수 있다는 것, 그리고 이 저항으로 적의 힘이 반쯤 소모되면 적에 대해 효과적인 반격도 할 수 있다는 것, 이 둘은 분명히 모순되지 않는다. 다운은 콜린 전투에서[2] 진지의 유리함이 없었다면 아마 승리를 얻지 못했을 것이다. 프리드리히 대왕이 18,000명이 조금 안 되는 병력을 전쟁터에서 후퇴하게 했을 때 다운이 대왕의 군대를 강력하게 추격했다면, 다운의 승리는 전쟁사에서 제일 빛나는 승리의 하나가 될 수 있었을 것이다.

그래서 방어의 단계가 1에서 4로 하나씩 높아질 때마다 방어자의 우세함 또는 정확히 말해 방어자가 얻는 대항력이 증대된다는 것, 그 결과로 반격의 강도도 증대된다는 것이 우리의 주장이다.

방어의 단계에 따라 방어의 유리함이 증대된다는 것을 완전히 공짜로 얻을 수 있을까? 결코 얻을 수 없다. 방어의 유리함을 얻으려고 치르는 손실은 방어의 유리함이 느는 것과 같은 정도로 늘어난다.

방어자가 자기 나라 안에 있는 전쟁터에서 적을 기다린다면, 결전이 아무리 국경 근처에서 일어난다고 해도 공격자의 군대는 이 전쟁터에 발을 들여놓게 될 것이다. 이때 이 전쟁터를 잃지 않을 수 없지만, 그 반면에 방어자가 곧바로 공격을 한다면 적이 불리해질 것이다. 적을 맞이하자마자 곧바로 반격하지 않는다면 영토의 손실은 좀 더 늘어날 것이다. 적이 차지하는 공간이 늘어날수록, 적이 아군의 진지에 접근하는데 필요한 시간이 길어질수록, 영토의 손실은 그만큼 늘어난다. 아군이 방어적인 전투를 하려고 한다면, 그래서 결전에 대한 선택과 결전의 순간에 대한 선택을 적에게 맡긴다면, 적이 이미 점령하고 있는 지역을 상당히 오랫동안 점령하는 일이 일어날 수 있다. 적이 전투에 대한 결단을 내리지 않으면서 얻는 시간적인 여유는 앞의 방식에 따라 아군이 지불하게 된다. 나라 안으로 후퇴한다면 그 손실은 더욱 크게 느껴질 것이다.

방어자가 초래하는 이 모든 영토상의 손실은 그에게 대부분 힘의 손실을 불러일으킨다. 하지만 이 힘의 손실은 그의 전투력에게 **간접적으로만** 영향

---

2. 프리드리히 대왕은 콜린 전투(1757년 6월 18일)에서 참패했다.

을 미친다. 즉 나중에 영향을 미치고 직접적으로는 영향을 미치지 않는다. 때로 그 영향을 느낄 수 없을 만큼 간접적으로 영향을 미친다. 그래서 방어자는 미래를 희생하여 현재의 순간에 강해지려고 하는 것이다. 즉 그는 빚을 지는 것이다. 이는 자기의 상황에서 빈곤에 빠진 사람들이 빚을 쓰지 않을 수 없는 것과 같다.

이 여러 가지 저항 형태의 성과를 살펴보려면 적의 **공격 목적**을 보아야 한다. 그것은 아군의 전쟁터를 점령하든지, 아니면 적어도 전쟁터에서 어느 중요한 지역을 점령하는 것이다. 전체의 개념은 적어도 전쟁터의 거의 대부분이라고 이해해야 하고, 몇 마일밖에 안 되는 지역을 점령하는 것은 전략에서는 대개 독자적인 의미를 갖지 못하기 때문이다. 그래서 공격자가 전쟁터를 아직 점령하고 있지 않는 한, 달리 말해 공격자가 아군의 힘을 두려워하기 때문에 아군의 전쟁터를 공격하는데 필요한 전진을 전혀 하지 않든지, 적이 아군의 진지를 아직 찾지 못했든지, 아군이 하려고 하는 전투를 적이 피하는 한, 방어의 목적은 달성된 것이고, 그래서 방어 조치의 효과도 성공적인 것이다. 물론 이 성과는 단지 소극적인 성과에 지나지 않고 본래의 반격에 직접 힘을 줄 수는 없다. 하지만 그 성과는 **간접적으로** 힘을 줄 수 있고 그렇게 하는 도중에 있다. 낭비되는 시간은 공격자가 잃는 시간이고, 모든 시간 손실은 불리하고, 그것으로 고통받는 쪽을 어떤 식으로든지 약하게 만들기 때문이다.

그래서 방어의 처음 세 단계에서는, 즉 방어가 국경 근처에서 일어나는 경우에는 결전이 일어나지 않는 것이 방어의 성공이 될 것이다. 하지만 네 번째 단계에서는 그렇지 않다.

적이 아군의 요새를 포위하면 아군은 적절한 때에 그 포위를 풀어야 한다. 이때 적극적인 행동으로 결전을 하는 것은 아군에게 달려 있는 문제이다.

적이 아군의 요새를 하나도 포위하지 않은 채 우리 나라 안으로 계속 전진하는 경우도 마찬가지이다. 물론 이 경우에 아군은 더 많은 시간적인 여유를 갖게 되고, 적의 병력이 최소한으로 줄어드는 순간을 기다릴 수 있다. 하지만 결국 아군이 행동으로 이행해야 한다는 전제에는 변함이 없다. 물론 적은 이제 공격의 대상이 되는 우리 나라 영토의 거의 전부를 점령하고 있을 것이다. 하지만 그것은 적에게 빌려준 것에 지나지 않고 긴장은 계속되고 결전은 눈앞에 다가오고 있다. 방어자는 날마다 강해지고 공격자는 날마다 약해지는 한, 결전이 아직 일어나지 않은 상황은 방어자에게 유리하다. 아울러 공격의 정점이 나타나고, 그것은 반드시 나타나게 되어 있다. 그것이 방어자가 수행한 모험으로 공격자가 입은 일반적인 손실의 영향이 마지막에 나타난 것에 불과하다고 해도 이제 결전을 하려는 행동은 방어자에게 놓이고, 기다림의 유리함은 완전히 다 쓴 것이라고 보아야 한다.

물론 정점의 시점을 결정하는 일반적인 기준은 없다. 수많은 상황이 그 시점을 결정할 수 있다. 하지만 겨울이 다가온다는 것이 늘 매우 자연스러운 전환점을 만든다는 것은 말할 수 있다. 적이 점령한 지역에서 겨울을 보내는 것을 아군이 막을 수 없다면, 그 지역은 대부분 포기한 것으로 간주해야 할 것이다. 하지만 토레스베드라스의 경우만[3] 생각해도 알 수 있는 것처럼, 이 규칙은 보편적인 규칙이 아니다.

그러면 일반적으로 결전이란[4] 어떤 것인가?

지금까지 살펴본 바에 따라 우리는 결전을 언제나 한 번의 전투라는 형태로 생각했다. 하지만 반드시 그러한 것은 아니다. 분할된 병력으로 수행하는 수많은 전투의 조합을 생각할 수도 있다. 그런 전투는 실제로 피를 흘리면서 폭발하는 경우도 있고, 적이 전투의 결과를 예상하여 후퇴해야 하는 경우도 있다. 어느 경우든지 그런 전투로도 상황은 급변할 수 있다.

전쟁터 자체에는 이것 외에 다른 결전이 있을 수 없다. 이것은 앞에서 말한 전쟁에 대한 견해에서 필연적으로 나오는 결론이다. 적의 군대가 단지 식

---

3. 토레스베드라스(Torres Vedras), 포르투갈의 리스본에서 북쪽으로 약 49킬로미터에 있는 도시이자 요새. 이베리아 반도 전쟁(1807~1814년) 때 웰링턴이 리스본을 방어하려고 방어선을 구축한 요새이다. 1810~1811년에 영국과 스페인의 동맹 군대는 86킬로미터나 되는 이 요새선의 배후로 물러나서 프랑스의 군대와 대치한 채 겨울을 지냈다. 프랑스 군대는 공격하지 않고 5개월을 대치하다가 봄에 살라망카로 후퇴했다.
4. 우리말 번역에 결전(決戰, Entscheidung, decision)을 '결승'으로 옮긴 '유쾌한' 번역서가 있다.

량의 부족 때문에 후퇴한다고 해도 그것은 아군의 칼이 적을 그런 궁핍으로 몰아넣은 데서 비롯되기 때문이다. 그곳에 아군의 전투력이 하나도 없다면 적은 식량을 얻을 수단을 찾을 수 있었을 것이다.

그래서 적이 우리 나라 안으로 깊이 침입한 공격의 마지막 단계에 어려운 공격 조건에 굴복한다면, 그리고 부대의 파견, 굶주림, 질병 등이 적의 병력을 줄어들게 하고 소모하게 만든다면, 결국 적으로 하여금 그동안 얻은 것을 모두 버리고 후퇴하게 할 수 있는 것은 언제나 아군의 칼에 대한 두려움뿐이다. 하지만 그럼에도 그런 결전과 국경 근처에서 일어나는 결전 사이에는 분명히 큰 차이가 있다.

국경 근처에서 적의 무력에 대항하는 것은 아군의 무력뿐이고, 이것만이 적의 무력을 억누르든지 또는 적의 무력에 파괴적인 영향을 미친다. 하지만 우리 나라 안에서 공격의 마지막 단계에 있는 적의 전투력은 이미 전진의 고통 때문에 절반쯤 파괴되어 있다. 이로 말미암아 아군의 무력은 완전히 다른 의미를 갖게 된다. 즉 아군의 무력이 승패를 결정하는 마지막 수단이라고 해도 그것은 더 이상 유일한 수단이 아니다. 적이 전진하면서 전투력이 파괴되었고, 이것이 아군의 결전을 준비하게 만들었다. 아군의 반격 가능성만으로도 적의 후퇴와 같은 급격한 변화를 일으킬 수 있을 정도로 만들었다. 그래서 이런 경우에 승패의 결정은 사실상 적의 전진에 따른 고통 때문이라고 할 수밖에 없다. 물론 이 경우에도 방어자의 칼이 아무런 효과를 내지 않는 일은 없을 것이다. 하지만 현실적인 관점에서 볼 때 두 가지의 원리 중에서 어느 것이 지배적인 원리였는지 구분하는 것은 중요하다.

이런 의미에서 이제 방어에는 두 가지의 결전, 즉 두 가지 유형의 반격이 있다는 것을 말할 수 있다고 생각한다. 하나는 공격자가 방어자의 칼 때문에 무너지는 경우이고, 다른 하나는 자기 자신의 전진에 따른 고통 때문에 무너지는 경우이다.

분명히 첫 번째 유형의 결전은 방어의 처음 세 단계에서 지배적으로 나타날 것이고, 두 번째 유형의 결전은 방어의 네 번째 단계에서 지배적으로 나타날 것이다. 더욱이 두 번째 유형은 주로 방어자가 자기 나라 안으로 깊이 후퇴하는 경우에만 일어날 수 있을 것이다. 그리고 오직 이 유형만 영토상의 큰 손실을 겪는 후퇴를 하도록 자극을 줄 수 있다.

이상으로 저항에서 두 가지의 다른 원리를 알게 되었다. 전쟁사에는 두 가지의 원리가 순수하게 분리되어 나타나는 경우가 있는데, 이것은 추상적인 개념이 현실에서 나타나는 것과 같다. 프리드리히 대왕은 1745년에 호엔프리데베르크에서 오스트리아 군대를 공격했고, 이때 오스트리아 군대는 슐레지엔의 산중에서 내려오려고 했다. 그런데 오스트리아 군대는 병력을 나누고 전진을 하느라고 고통을 겪었는데도 심하게 줄어들지 않았다.[5] 다른 한편으로 웰링턴은 토레스베드라스의 보루 진지에서 마세나의[6] 병력이 굶주림과 추위 때문에 스스로 후퇴하지 않을 수 없게 될 때까지 기다렸다. 이 두 가지 경우에 방어자의 칼은 공격자의 병력이 실제로 약해지는데 이바지하지 못했다. 두 가지 원리가 여러 가지로 결합되어 있는 다른 경우에도 하나의 원리가 분명하게 지배적으로 나타난다. 1812년의 러시아 원정에서 그러했다. 이 유명한 원정에서는 피를 흘리는 전투가 매우 많이 일어났기 때문에 다른 경우라면 승패의 완전한 결정이 칼을 통해 일어날 수 있었을 것이다. 그런데도 공격자가 자신의 전진에 의한 고통 때문에 무너질 수 있다는 것을 이 경우처럼 분명하게 보여 주는 예도 아마 없을 것이다. 프랑스 군대의 핵심을 이루었던 300,000명의 병력 중에 약 90,000명만 모스크바에 도착했다. 약 13,000명만 다른 곳으로 파견되었기 때문에 프랑스 군대는 197,000명의 병력을 잃은 것이다. 이 중에 전투에서 입은 손실은 분명히 3분의 1을 넘지 않았다.

이른바 시간을 끄는 것을 특징으로 삼는 원정이 있는데, 굼벵이로 알려진 유명한 파비우스의[7] 원정이 그러했다. 이런 원정은 모두 주로 적이 스스로

---

5. 그럼에도 이 전투에서 프리드리히 대왕은 오스트리아 군대를 무찔렀다.

6. 마세나(André Masséna, 1758~1817), 프랑스의 원수.

7. 굼벵이 파비우스(Fabius Cunctator). 굼벵이란 말은 원래 비난의 뜻을 담고 있었는데, 파비우스에게 붙여지고 나서는 이런 뜻이 퇴색되었다.

만든 고통을 통해 파괴되도록 계획한다.

일반적으로 이 원리가 제일 중요했던 원정이 매우 많은데, 그런데도 이것은 전쟁사에 제대로 언급되어 있지 않다. 역사가들의 그릇된 설명에 눈을 감고 문제 자체를 날카롭게 보는 사람만이 많은 승패의 참된 이유를 알게 될 것이다.

이상으로 방어의 바탕에 있는 생각을 충분히 설명했고, 방어의 네 가지 단계와 이 단계에서 두 가지의 중요한 저항 유형을 분명하게 보여 주었다고 생각한다. 기다림의 원리가 어떻게 방어 체계 전체를 관통하고 있는지, 그리고 어떻게 적극적인 행동과 연결되어 있는지 하는 것도 이해할 수 있게 되었다고 생각한다. 그래서 이 행동은 일찍 나타날 수도 있고 늦게 나타날 수도 있는데, 적극적으로 행동하게 되면 기다림의 유리함은 다 쓴 것이라고 보아야 한다.

이상으로 방어의 모든 영역을 살펴보았다고 생각한다. 물론 방어에는 아직 매우 중요한 대상이 남아 있다. 그것은 독자적인 사고 체계의 중심이 되기 때문에 특별한 장을 마련하여 설명해야 한다. 우리가 생각해야 하는 문제는 요새, 보루 진지, 산악 방어, 하천 방어, 측면 행동 등의 본질과 영향이다. 이에 대해서는 아래의 여러 장에서 다룰 것이다.[8] 이 모든 문제는 앞에서 말한 일련의 생각 밖에 있는 것이 아니라 단지 그 생각이 특별한 장소와 상황에 좀 더 자세히 적용된 것에 지나지 않는 것으로 보인다. 그런 일련의 생각은 방어의 개념에서 그리고 방어와 공격의 관계에서 얻은 것이다. 우리는 이 간단한 생각을 현실과 관련지었고, 그다음에 어떻게 하면 현실로부터 그 간단한 생각으로 돌아올 수 있는지, 그래서 이론의 확고한 토대를 얻을 수 있는지 보여주었다. 이렇게 하면 부질없이 논리적인 망상으로 도망칠 필요가 없을 것이다.

칼을 통한 저항도 여러 가지 전투의 조합을 통해, 특히 그런 전투의 조합

---

8. 대략 이 편의 제10장~제24장에서 다루고 있다.

이 피를 흘리며 폭발하지 않고 전투가 일어날 가능성만으로 효과를 내는 경우에는 매우 많은 여러 가지 모습과 다양한 성격을 띨 수 있다. 그래서 여기에서도 또 다른 효과적인 원리를 발견할 수 있다는 견해에 사로잡히게 된다. 즉 단순한 전투에서 피를 흘리며 반격을 하는 것과 피를 전혀 흘리지 않으면서 문제를 해결하는 전략적인 배치의 효과 사이에 차이가 있고, 그래서 그 사이에 반드시 새로운 힘을 설정해야 한다는 것이다. 하지만 이는 천문학자들이 화성과 목성 사이의 공간이 넓어서 그 사이에 다른 행성이 존재한다고 결론을 내리는 것과 비슷하다.

공격자가 견고한 진지에 있는 방어자를 발견하고 이 방어자를 공략할 수 없다고 생각한다면, 공격자가 큰 강 건너편에 있는 방어자를 발견했는데 이 강을 건널 수 없다고 생각한다면, 심지어 공격자가 계속 전진하면서 식량을 적절하게 확보할 수 없다는 두려움을 갖게 된다면, 결국 이 모든 효과를 불러일으키는 것은 언제나 방어자의 칼뿐이다. 중요한 전투에서든 아니면 특별히 중요한 지점에서든 공격자의 행동을 멈추게 하는 것은 이 칼에 의해 패배할지도 모른다는 두려움이기 때문이다. 단지 공격자는 이것을 전혀 말하지 않든지, 아니면 적어도 솔직하게 말하지 않을 뿐이다.

피를 흘리지 않는 결전에서도 승패를 결정하는 것은 결국 전투이고, 이 전투는 실제로 일어나지는 않았지만 단지 하려고 했던 전투이다. 사람들은 이 점을 인정하면서도 우리에게 다음과 같이 반박한다. 즉 이런 경우에는 이 전투의 전술적인 승패의 결정이 아니라 전투의 **전략적인 조합**을 제일 효과적인 원리로 보아야 한다는 것이고, 전략적인 조합의 우세함도 칼이 아니라 다른 방어 수단을 생각할 때만 의미 있다는 것이다. 이 말을 인정한다고 해도 우리는 본래 도달하려고 했던 바로 그 지점에 이르게 된다. 우리의 말은 다음과 같다. 즉 전투의 전술적인 승리가 모든 전략적인 조합의 **토대**를 이루어야 한다면, 공격자는 방어자의 이 토대에 대해서도 철저하게 공격하고, 무엇보다 전술적인 성과의 주인이 되도록 모든 것을 준비하고, 그다음에 방어자의 전략적인 조합을 무너뜨리게 된다. 이것은 언제든지 할 수 있고, 방어자는 그것을 두렵게 생각한다. 그래서 전략적인 조합은 **결코 독립적인 것**이라고 간주해서는 안 되고, 전술적인 승리에 대해 이런저런 이유 때문에 불안하게 생각하지 않을 때만 효과를 낼 수 있다. 이 문제를 좀 더 잘 이해하도록 예를 하나 든다. 보나파르트와 같은 최고 지휘관은 적의 전략적인 조합을 고려하지 않은 채 그것을 건너뛰고 전투 자체를 찾아갔다. 전투의 결과에 대해 결코 의심하지 않았기 때문이다. 그래서 방어자의 전략이 이 전투에서 우세한 병력으로 보나파르트를 무찌르는데 모든 재능을 쏟아 붓지 않는 경우에, 방어자의 전략이 좀 더 부드러운 (좀 더 약한) 측면으로 흘러드는 경우에, 그런 전략은 거미줄처럼 찢어졌다. 다운과 같은 최고 지휘관은 그런 부드러운 측면으로도 쉽게 막을 수 있었다. 하지만 프로이센 군대가 7년 전쟁에서 다운과 그의 군대에게 했던 것을 보나파르트와 그의 군대에게도 그대로 적용하는 것은 어리석은 짓이 될 것이다. 왜? 보나파르트는 모든 것이 전술적인 승리에 달려 있다는 것을 잘 알고 있었고 그 승리를 굳게 믿고 있었지만, 이 점에서 다운은 다르게 행동했기 때문이다. 그래서 모든 전략적인 조합은 오직 전술적인 승리에 토대를 두고 있다는 것, 전술적인 승리는 피를 흘리는 해결이든 흘리지 않는 해결이든 언제나 승패 결정의 근본적인 토대라는 것을 보여 주는 것은 쓸모 있는 일이라고 생각한다. 전술적인 승리에 의심을 품지 않을 때만 (이것이 적의 성격이나 상황 때문이든, 양쪽 군대의 정신적인 균형과 물리적인 균형 때문이든, 심지어 아군의 우세함 때문이든) 전략적인 조합 **자체**에서 무엇이라도 바랄 수 있다.

전쟁사 전체를 훑어보면 공격자가 피를 흘리는 결전을 하지 않은 채 공격을 그만두고, 그래서 방어자의 전략적인 조합이 큰 효과를 낸 원정은 매우 많다. 이런 경우를 보면 다음과 같은 생각을 할 수 있을 것이다. 즉 전략적인 조합이 적어도 그 자체로 강력한 힘을 갖고 있고, 공격자가 전술적인 성과에서 결정적으로 우세하다고 전제할 수 없을 때는 대부분 방어자의 전략적인 조합만이 승패를 결정할 수 있을 것이다. 이런 생각에 대해 우리는 다음과 같이 대답한다. 즉 전술적인 성과처럼 전쟁터에 뿌리박고 있는 문제, 그래서 전쟁의 본질에 속하는 문제에 대해 말할 때는 그 생각도 잘못된 것이다. 그리고 대부분의 공격이 효과를 내지 못하는 이유는 전쟁보다 높은 곳에 있는 상황, 즉 전쟁의 정치적인 상황 때문이다.

전쟁을 일어나게 하고 또 당연히 전쟁의 토대를 이루고 있는 일반적인 상황은 전쟁의 성격도 규정한다. 이 점에 대해서는 아래의 전쟁 계획 편에서 많이 다룰 것이다. 그런데 이 일반적인 상황이 대부분의 전쟁을 반쪽짜리 전쟁으로 만들었다. 그런 전쟁에서 본래의 적대감은 관계의 갈등에 얽혀 있기 때문에 매우 희미한 요소만 남았다. 이것은 자연히 적극적인 행동을 해야 하는 공격자 쪽에 매우 빈번하고 두드러지게 나타난다. 그래서 숨 돌릴 틈 없이 빠르게 진행되던 공격이 한 손가락의 압력만 받고도 멈출 수 있었다는 것은 확실히 놀라운 일이 아니다. 상황을 몇천 번이나 고려하느라고 공격자에게 결단은 흐릿해지고 마비되었고, 남아 있는 것도 거의 없다. 이런 결단에 대해서는 때로 방어자가 저항하는 모습만으로도 맞설 수 있다.

어디에서나 보게 되는 수많은 난공불락의 진지도 아니고, 전쟁터에 빽빽하게 늘어선 험준한 산악 지대도 아니고, 전쟁터를 관통하며 흐르는 넓은 강도 아니고, 공격을 수행하려는 공격자의 근육에 대해 확실한 전투의 배치를 통해 실질적인 마비를 일으키는 방어자의 민첩성도 아니다. 이런 것은 방어자가 피를 흘리지 않는 방식으로 자주 승리를 얻는 원인이 아니다. 진정한 원인은 전진을 망설이게 만드는 공격자의 박약한 의지이다.

그런 요소는 고려할 수 있고 고려해야 하지만 그 모습 그대로 인식해야한다. 그 요소의 효과를 다른 것에 원인이 있는 것처럼 말해서는 안 된다. 즉 여기에서 말하고 있는 저항의 유형 때문이라고 말해서는 안 된다. 비판이 올바른 입장을 받아들이려고 하지 않는다면, 전쟁사는 이런 측면에서 매우 쉽게 만성적인 거짓말과 속임수가 될 수 있다는 것을 강조하지 않을 수 없다.

이제 피를 흘리는 해결 방식을 쓰지 않아서 실패한 수많은 공격 원정 중에서 통속적인 모습을 보이는 원정을 살펴보도록 한다.

공격자가 적의 영토에 침입하여 적을 한발 뒤로 물러나게 한다. 하지만 결정적인 전투를 하는 데는 지나치게 머뭇거린다. 그래서 이 공격자는 방어자 앞에 멈춘 채 마치 그 나라를 점령한 것처럼 행동하고, 점령 지역을 보호하는 것 외에 다른 임무는 없는 것처럼 행동한다. 마치 적이 전투를 하려고 했던 것처럼, 적이 공격자에게 매일 전투를 걸어오는 것처럼 수동적으로 행동한다. 이 모든 것은 공격자의 최고 지휘관이 자기 군대, 자기 왕실, 이 세상, 심지어 자기 자신도 속이는 것이다. 이런 식으로 행동하는 진정한 이유는 자기의 입장에서 상대가 지나치게 강하다고 보기 때문이다. 여기에서는 공격자가 이미 얻은 승리를 이용할 수 없었기 때문에, 혹은 전진의 마지막에 새로운 전진을 시작할 만큼 충분한 활동력이 더 이상 남아 있지 않았기 때문에 공격을 그만 둔 경우를 말하는 것이 아니다. 그런 경우는 공격에서 이미 어느 정도 성과를 냈고 적의 영토를 실제로 점령했다는 것을 전제로 한다. 하지만 지금 여기에서 보고 있는 것은 공격자가 의도했던 점령을 하는 도중에 공격을 멈춘 경우이다.

이것을 유리한 상황이 오기를 기다린 다음에 그 상황을 이용하려고 하는 것이라고 말할 수 있다. 하지만 일반적으로 그런 유리한 상황이 있어야 할 이유는 없다. 지금 공격을 하려고 했다는 것이 이미 현재에 얻을 수 있는 것이 더 많고, 가까운 장래에 얻을 수 있는 것이 별로 없다는 것을 증명하고 있기 때문이다. 그래서 그 말은 또 하나의 새로운 거짓말이다. 보통 어느 군대의 행동은 다른 군대의 행동과 관련을 맺으면서 동시에 이루어진다. 이때 스스로 하고 싶지 않은 임무를 받으면 이를 다른 군대에게 떠넘기게 된다. 그리고 자신의 군대에 활동이 없었던 이유는 다른 군대의 지원과 협력이 부족했기 때문이라고 말한다. 극복할 수 없는 어려움을 말하기도 하고, 극히 혼란스럽고 민감한 상황에서 원인을 찾기도 한다. 이런 식으로 공격자의 병력은 아무런 활동도 하지 않으면서, 또는 좀 더 정확히 말해 불충분하고 무의미한 활동 때문에 소모된다. 그동안에 방어자는 자신에게 제일 중요한 시간을 벌게 된다. 추운 겨울이 다가오고, 이것으로 공격은 끝난다. 공격자는 자신이 선택한 전쟁터로 돌아가서 겨울 사영에 들어간다.

잘못된 생각으로 된 이런 전략적인 조합이 역사에 남게 되고, 이것이 원정에서 승리하지 못한 매우 간단하고 분명한 원인, 즉 적의 칼에 대한 두려움을 몰아낸다. 이제 비판이 그런 원정을 연구하게 되면, 이해할 만한 결론을 주지 못하는 수많은 이유와 반론 때문에 지쳐 버린다. 그 모든 이유와 반론이 헛된 것이고 진실의 본래의 기본 구조를 밝힐 수 없기 때문이다.

하지만 이런 거짓말을 하는 것은 나쁜 습관일 뿐만 아니라 문제의 본질에 뿌리를 두고 있는 것이기도 하다. 즉 전쟁의 추진력과 공격력을 특별히 약하게 만드는 원인은 대부분 그 나라의 정치적인 상황과 정치적인 목적에 있다. 이런 것은 세상, 자기 나라 인민, 자기 나라 군대에게 늘 비밀에 부쳐지고, 많은 경우에는 심지어 최고 지휘관에게도 비밀에 부쳐진다. 예를 들어 전쟁을 그만두거나 포기하는 결단을 내릴 때 그것이 자기의 힘으로 전쟁을 끝까지 수행할 수 없다는 두려움 때문일 수도 있고, 새로운 적을 만들게 된다는 두려움 때문일 수도 있고, 동맹국이 지나치게 강해지도록 내버려 두지 않으려고 하기 때문일 수도 있다. 하지만 이런 것은 아무도 고백할 수 없고 고백하지 않을 것이다. 이 모든 것은 오랫동안 비밀에 부쳐질 것이고, 아마 영원히 비밀에 부쳐질 수도 있다. 하지만 세상에는 그 행동에 대해 그럴듯한 이유를 들어 설명을 해야 한다. 최고 지휘관은 자기의 책임에 대해 또는 자기 나라 정부의 책임에 대해 잘못된 이유를 타당한 것으로 만들지 않을 수 없게 된다. 전쟁의 변증법에서 늘 되풀이되는 이런 속임수는 이론에서 체계로 화석화된다. 물론 이 체계는 아무런 진실도 담고 있지 않다. 이론은 우리가 앞에서 보여 주려고 한 것처럼, 전쟁에 내재하는 연관성의 단순한 핵심을 따라갈 때만 문제의 본질에 이를 수 있다.

이처럼 전쟁사를 불신의 눈으로 바라보면 이런저런 말만 많았던 훌륭한 공격 기계와 방어 기계는 스스로 무너지고, 우리가 했던 단순한 종류의 생각이 분명하게 나타난다. 그래서 우리는 이런 종류의 생각이 방어의 모든 영역에 걸쳐 결정적인 것이라고 생각한다. 그리고 이런 종류의 생각을 확고하게 유지할 때만 수많은 전쟁 사건을 분명한 통찰력으로 판단할 수 있다고 생각한다.

이제 방어의 이 여러 가지 형태를 어떻게 이용할 것인지 하는 문제를 다루도록 한다.

방어 형태의 단계가 1단계에서 4단계로 높아지면 아군의 손실도 점차 늘어난다. 그래서 다른 상황이 영향을 미치지 않는다면 최고 지휘관의 선택은 이미 결정된 것이나 다름없을 것이다. 그는 저항 능력이 요구되는 지점에 전투력을 보낼 때 자기의 전투력에 꼭 맞는 것처럼 보이는 저항 형태를 선택할 것이다. 그는 필요 이상의 저항 능력을 쓰지 않을 것이고, 그래서 불필요한 손실을 치르려고 하지 않을 것이다. 그래서 여러 가지 형태 중에서 어느 하나를 선택하는 것은 대부분 매우 제한되어 있다고 말하지 않을 수 없다. 방어에 나타나는 다른 중요한 문제가 이 형태나 저 형태에 반드시 나타나기 때문이다. 예를 들어 나라 안으로 후퇴할 때는 나라의 면적이 넓어야 한다. 그렇지 않으면 1810년의 포르투갈과 같은 상황이 요구된다. 그때 한 동맹국은 (영국) 배후에서 발판을 마련했고, 또 다른 동맹국은 (스페인) 넓은 면적으로 적의[9] 공격력을 상당히 약하게 만들었다. 요새가 국경 근처에 많이 있는지 아니면 나라 안에 많이 있는지에 따라 요새의 위치도 나라 안으로 후퇴하는 계획의 성공이나 실패에 결정적인 영향을 미칠 수 있다. 하지만 영토와 지형의 성질, 주민들의 성격, 관습, 성향 등이 더 큰 영향을 미칠 수도 있다. 공격 전투와 방어 전투 중에서 어느 것을 선택하느냐 하는 문제는 적의 전쟁 계획에 따라, 그리고 양쪽 군대와 최고 지휘관의 특성에 따라 결정될 수 있다. 마지막으로 훌륭한 진지나 방어선을 점령하고 있는지 아니면 그런 것이 부족한지 하는 것이 이런저런 계획을 선택하는데 영향을 미칠 수 있다. 요컨대 이것을 늘어놓는 것만으로도 방어 형태의 선택은 많은 경우에 단지 병력의 비율보다 이런 여러 가지 요인에 의해 결정된다는 것을 충분히 알 수 있다. 여기에 언급한 것 중에서 제일 중요한 대상은 앞으로 자세히 다룰 것이다. 그래서 그 대상이 방

---

9. 포르투갈과 스페인에 침입한 프랑스 군대.

어 형태를 선택하는데 미치는 영향도 그때 더 명확하게 설명할 수 있을 것이다. 그리고 마지막으로 이 모든 것을 전쟁 계획 편과 원정 계획 편에서 전체적으로 논의할 것이다.

하지만 그 여러 가지 요인의 영향이라는 것도 대부분 병력의 비율이 지나치게 불균형을 이루지 않을 때만 결정적인 영향을 미칠 것이다. 그 반대의 경우와 일반적인 경우에는 병력의 비율이 결정적인 영향을 미칠 것이다. 그렇게 되지 않은 경우는 없다. 하지만 그것은 최고 지휘관이 우리가 앞에서 설명한 것과 같은 일련의 생각에 따른 결과가 아니라 대부분 최고 지휘관의 **직관적인 판단**에 따라 막연하게 이루어진 결과이다. 전쟁에서 일어나는 일이 대부분 이와 같다는 것은 전쟁사를 통해서 충분히 증명할 수 있다. 똑같은 최고 지휘관이 똑같은 군대로 똑같은 전쟁터에서 한 번은 호엔프리데베르크에서[10] 공격 전투를 수행하고, 다른 한 번은 분첼비츠의[11] 야영지로 이동하여 방어를 한 것도 병력 비율의 불균형 때문이다. 프리드리히 대왕은 전투에서는 모든 최고 지휘관 중에서 제일 공격적인 최고 지휘관이었지만, 대왕도 병력의 비율이 심한 불균형을 이룰 때는 결국 원래의 방어 진지로 돌아가지 않을 수 없었다. 보나파르트도 이전에는 거친 멧돼지처럼 상대를 습격했지만, 병력의 비율이 불리해졌을 때는 그에게도 그런 모습을 볼 수 없었다. 1813년 8월과 9월에는 마치 새장에 갇힌 새처럼 우왕좌왕할 뿐으로 단 하나의 상대도 철저하게 공격하지 못했다. 그해 10월에 병력의 불균형이 극에 달했을 때 그는 파르테 강,[12] 엘스터 강,[13] 플라이세 강이[14] 합치는 라이프치히의 근처에 진을 치고,

---

10. 호엔프리데베르크 전투(1745년 6월 4일)에서 프리드리히 대왕은 오스트리아 군대를 무찔렀는데, 오스트리아 군대는 전투를 시작할 때 고지에 진을 치고 있었다.
11. 프리드리히 대왕은 분첼비츠의 야영지에 자리를 잡고(1761년 8월 20일~9월 25일) 슐레지엔에 있는 러시아 군대와 오스트리아 군대의 합류를 막았다. 다행히 두 군대의 공격은 없었다.
12. 파르테 강(Parthe), 작센의 작은 강. 약 57킬로미터를 흐른 후에 라이프치히에서 '하얀 엘스터' 강에 합류한다.
13. 엘스터 강(Elster), 잘레 강의 오른편 지류로 길이는 약 245킬로미터. 하얀 엘스터 강(Weiße Elster)을 말한다. 파르테 강은 북쪽에서, 플라이세 강은 남쪽에서 엘스터 강으로 흘러든다. 하얀 엘스터 강과 달리 검은 엘스터 강(Schwarze Elster)은 엘베 강의 지류이고,

마치 방구석의 벽에 등을 기대고 있는 것처럼 적을 기다릴 수밖에 없지 않았는가?

우리의 목표는 전쟁 수행에 관한 새로운 원칙과 방법을 말하는 것이 아니다. 이미 오래전에 있었던 것의 내부적인 연관성을 연구하고, 그것을 제일 단순한 요소로 환원하는 것이다. 그것이 이 편의 다른 어느 장보다 이 장에서 분명해졌을 것이라고 말하지 않을 수 없다.

작은 엘스터 강(Kleine Elster)은 검은 엘스터 강의 지류이다.

14. 플라이세 강(Pleiße, Pleisse), 작센의 하얀 엘스터 강의 오른편 지류. 길이는 약 90킬로미터.

제9장

방어 전투

앞 장에서 말한 것처럼, 첫째로 적이 우리 나라의 전쟁터에 침입하는 순간에 방어자가 적을 찾아 공격한다면 이때 방어자는 방어를 하면서 전투를 할 수 있는데, 이것은 전술상으로 완전한 공격 전투이다. 둘째로 방어자는 자기의 정면에 적이 나타나는 것을 기다린 다음에 공격으로 넘어갈 수 있는데, 이 경우의 전투도 전술상으로는 역시 공격 전투라고 할 수 있지만, 이것은 이미 약간 제한적인 공격 전투이다. 마지막으로 방어자가 자기의 진지에서 적이 실제로 공격하는 것을 기다린 다음에 적에게 반격할 수 있는데, 이때의 반격은 국지적인 방어뿐만[1] 아니라 병력의 일부에 의한 습격을 통해서도 이루어질 수 있다. 이 모든 방어에서는 당연히 여러 가지 정도와 단계를 생각할 수 있고, 그것은 늘 적극적인 반격의 원리에서 국지적인 방어의 원리에 이르기까지 넓은 범위에 걸쳐 있다. 결정적인 승리를 얻으려면 방어를 어느 정도와 단계로 해야 하는지, 그리고 이 두 가지 요소를 어느 정도의 비율로 섞는 것이 제일 유리한지 하는 것은 여기에서 다룰 수 없다. 여기에서는 승리를 얻으려고 한다면 전투에서 공격적인 측면이 완전히 없어서는 결코 안 된다는 것만 말하고자 한다. 이 공격적인 측면에서 결정적인 승리의 모든 결과가 나올 수

---

1. 국지적인 방어는 산, 강, 숲 등과 같이 특별한 지형에 근거 지점을 둔 방어를 말한다.

있고 나와야 하고, 이것은 순전히 전술적인 공격 전투의 경우와 같다고 확신한다.

전쟁터가 전략적으로 하나의 점에 지나지 않는 것처럼, 전투의 시간도 전략적으로는 하나의 순간에 지나지 않는다. 하지만 전투의 과정이 아니라 전투의 종결과 결과는 전략적으로 중요한 것이다.

모든 방어 전투에 들어 있는 공격적인 요소가 완전한 승리로 이어질 수 있다는 것이 옳다면, 전략적인 조합에서는 공격과 방어 전투 사이에 근본적으로 아무런 차이도 없어야 할 것이다. 우리의 확신에 따를 때도 그러하다. 하지만 겉으로는 당연히 다르게 보인다. 이 문제를 좀 더 날카롭게 살펴보고 우리의 견해를 분명하게 하고, 그래서 그런 겉모습에서 벗어나려면 우리가 생각하는 방어 전투의 모습을 대충이나마 살펴보아야 한다.

방어자는 자기의 진지에서 공격자를 기다리고 있다. 그는 진지를 만드는 데 적절한 지역을 찾았고 준비를 했다. 즉 방어자는 그 지역을 정확히 알고 있고, 제일 중요한 몇몇 지점에 쓸모 있는 보루를 지었고, 평평한 병참선을 만들었고, 포대를 나누어서 배치했고, 마을에 방어 시설을 만들었고, 많은 병력을 은폐하여 배치할 적당한 장소를 찾는 등의 일을 했다. 이처럼 어느 정도 강력한 정면에 적이 접근하면, 방어자는 하나 또는 몇 개의 평행 참호, 다른 장애물, 견고한 요새의 영향력으로 적의 접근을 어렵게 만든다. 방어자는 강력한 정면을 갖고 있기 때문에 진지의 핵심까지 이르는 여러 단계에서 공격자에게 저항을 하고, 양쪽의 병력이 전투 지점에서 상대와 소모적인 전투를 하는 동안에 자신의 얼마 안 되는 병력으로 적의 많은 병력을 파괴할 수 있다. 방어자가 측면에 만든 근거 지점은 여러 방향에서 하는 적의 갑작스러운 공격으로부터 방어자를 보호한다. 방어자가 병력을 배치하려고 선택한 은폐 지역은 공격자를 조심스럽게 행동하게 하고 심지어 겁을 먹게 한다. 그리고 그 지역은 전투가 점점 한 곳으로 집중되면서 아군이 전반적으로 후퇴해야 할 때 방어자에게 소규모의 성공적인 습격으로 적을 약하게 만드는 수단을 보장한다. 그래서 방어자는 저만치 앞에서 천천히 불타고 있는 전투를 만족스럽게 바라본다. 하지만 방어자는 정면에서 하는 저항이 무한히 계속될 것이라고 생각하지 않는다. 양쪽 측면이 침략당할 수 없는 지역이라고 생각하지도 않는다. 몇 개의 대대나 기병 중대의 성공적인 공격으로 전투 전체를 뒤집을 수 있다고 기대하지도 않는다. 하지만 방어자의 진지는 안전하다. 모든 부대는 사단에서 대대에 이르는 전투 대형의 단계에서 예상치 못한 경우와 새롭게 일어나는 전투에 대비하여 지원 병력을 두고 있기 때문이다. 더욱이 방어자는 전체의 4분의 1에서 3분의 1에 이르는 많은 병력을 전투를 하지 않는 먼 배후에 둔다. 적의 포격으로 인해 손실을 입는다는 말을 할 수 없을 만큼 멀리 두고, 이 병력이 공격자의 우회선 밖에 있을 만큼 되도록 멀리 두는데, 그러면 공격자는 방어자의 진지 중에서 어느 측면도 포위하지 못할 것이다. 적이 더 넓고 크게 우회하면 방어자는 배후의 병력으로 측면 부대를 보호할 것이고, 예상치 못한 경우에 대비하여 군대 전체를 보호할 것이다. 전투의 마지막 3분의 1의 단계에 이르러 공격자의 계획이 완전히 드러나고 병력이 대부분 소모되면, 방어자는 배후의 병력을 데리고 적의 병력의 일부분으로 전진할 것이고, 적의 이 병력에 대해 소규모의 공격 전투를 펼칠 것이고, 이 전투에서 습격, 기습, 우회와 같은 모든 공격의 요소를 쓸 것이고, 치열한 공방을 펼치고 있는 전투의 중심을 더욱 압박하여 적 전체에 대한 반격의 움직임을 보일 것이다.

이것이 오늘날의 전술 수준에 바탕을 두고 있는 방어 전투에 대해 우리가 알고 있는 보통의 모습이다. 방어 전투에서 공격자는 방어자를 밖에서 포위하고 이것으로 공격에서 성공의 개연성을 높이려고 하고 이와 동시에 대규모의 승리를 얻으려고 하는데, 방어자는 이 포위에 대해 자신을 포위하려고 우회한 적의 전투력 일부를 안에서 다시 포위하는 것으로 대항한다. 안에서 적을 포위하는 것은 적의 포위 효과를 무효로 만드는 데는 충분한 것으로 생각할 수 있지만, 이것이 적의 군대가 밖에서 하는 포위와 같을 수는 없다. 그래서 승리의 모습에서도 늘 차이를 보인다. 공격 전투에서는 적의 군대를 포위하고 적의 중심을 공격하여 승리를 얻고, 방어 전투에서는 중심으로부터 주변을 공격하여 승리를 얻는다.

전쟁터 자체에서도 그리고 추격의 첫 번째 단계에서도 포위의 형태는 언제나 공격자에게 다른 수단보다 효과적인 수단이라고 보아야 한다. 하지만 그것은 일반적으로 포위라는 형태 때문이 아니라 오히려 포위를 극한 지점까지 수행할 수 있기 때문이다. 즉 전투에서 방어자의 후퇴를 근본적으로 제한하는데 성공하기 때문이다. 그런데 방어자의 적극적인 반격은 바로 이 극한 지점으로 향한다. 이 반격이 방어자에게 승리를 마련하는데 충분하지 않은 경우에도 그 극한 지점에서 방어자를 보호하는 데는 충분할 것이다. 하지만 방어 전투에서는 후퇴를 심하게 제한받을 위험이 특히 크다는 것, 방어자가 이 위험을 피할 수 없다면 공격자의 성과는 전투 자체에서도 그리고 추격의 첫 번째 단계에서도 크게 증대된다는 것을 인정해야 한다.

하지만 이것은 대개 추격의 첫 번째 단계에만, 즉 밤이 올 때까지만 지속된다. 다음 날이면 포위는 끝나고, 양쪽 군대는 이 점에서 다시 균형을 이룬다.

확실히 방어자는 제일 좋은 후퇴로를 잃을 수 있고, 이 때문에 전략적으로 계속하여 불리한 상태에 빠질 수 있다. 하지만 포위 자체는 소수의 예외를 제외하면 늘 다음 날에 끝날 것이다. 포위는 전쟁터에만 적용되는 것이고 전쟁터 밖으로 멀리 미칠 수 없기 때문이다. 그런데 다른 한편으로 **방어자가 승리하면** 무슨 일이 일어날까? 패배한 공격자가 분산된다. 이 분산은 처음 순간에 공격자의 후퇴를 쉽게 하지만, **이튿날에는 모든 병력을 합치는 것이** 공격자에게 제일 급한 일이 된다. 방어자의 승리가 매우 결정적인 전투에서 얻은 것이고, 방어자가 공격자를 매우 강력하게 추격한다면, 패배한 공격자의 집결은 때로 불가능해진다. 그리고 패배한 공격자의 이런 분산으로부터 최악의 결과가 생기는데, 이 결과는 파멸의 단계에까지 이를 수 있다. 보나파르트가 라이프치히 전투에서 승리했다면 그 결과로 동맹 군대는 모두 분산되었을 것이고, 동맹 군대의 전략적인 상황은 심각하게 불리해졌을 것이다. 보나파르트는 드레스덴 전투에서는 본래의 방어 전투를 하지 않았지만, 그의 공격은 여기에서 말하고 있는 기하학적인 형태를 띠고 있었고, 그래서 중심으로부터 주변을 공격했다. 이때 동맹 군대가 병력의 분산 때문에 얼마나 당혹스러운 상황에 빠졌는지는 잘 알려져 있다. 동맹 군대가 이 곤경에서 벗어난 것은 오로지 카츠바흐 전투의 승리 덕분인데, 이 소식을 듣고 보나파르트가 근위대를 이끌고 드레스덴으로 돌아갔기 때문이다.

카츠바흐의 전투 자체도 드레스덴의 전투와 비슷한 예이다. 카츠바흐 전투에서 방어자는[2] 전투의 마지막 순간에 공격으로 이행했고, 그래서 분산적으로 행동했다. 그 결과로 프랑스의 군단은[3] 분산되었고, 전투를 끝낸 며칠 후에 퓨토의[4] 사단은 전리품으로서 동맹 군대의 손에 떨어지고 말았다.

이상으로 다음과 같은 결론을 내릴 수 있다. 즉 공격자에게 공격에 잘 맞는 집중의 형태가 승리를 높이는 수단이라면, 이와 똑같이 방어자에게는 방어에 잘 맞는 분산의 형태가 더 큰 승리를 얻는 수단이 된다. 방어자가 분산의 형태에서 얻는 승리는 단순히 평행 진지와 병력의 수직적인 배치에서[5] 얻는 효과보다 클 것이다. 방어자의 분산적인 형태는 적어도 공격자의 집중적인 형태만큼 효과를 낼 수 있다고 생각한다.

전쟁사를 보면 방어 전투에서는 공격 전투에서 얻은 승리만큼 큰 승리를 얻은 일이 드물지만, 이것이 방어 전투 자체도 공격 전투만큼 승리를 얻을 수 있다는 우리의 주장을 반박하는 증명이 되지는 않는다. 반박의 증명이 된다면 그 원인은 방어자가 공격자와는 매우 다른 상황에 놓여 있기 때문이다. 방어자는 병력뿐만 아니라 전체적인 상황을 볼 때도 대체로 약자이다. 그는 대부분 전투의 승리에서 큰 성과를 낼 수 없든지, 또는 큰 성과를 낼 수 없다고 스스로 생각했다. 그래서 단지 위험을 물리치고 군대의 명예를 되찾는 것

---

2. 이 전투에서 방어자는 블뤼허의 군대.

3. 프랑스의 군단은 막도날의 지휘 아래에 있던 4개 군단.

4. 퓨토(Jacques Pierre Louis Puthod, 1769~1837), 프랑스의 장군.

5. 수직적인 배치는 방어자가 공격자의 전진 방향에 대해 병력을 옆으로 직선으로 두고 적에게 위협을 주는 배치를 말한다.

으로 만족했다. 방어자가 병력의 열세와 방어자라는 상황에 어느 정도 묶여 있는 것은 분명하다. 그런데 사람들은 단지 어쩔 수 없는 상황의 결과에 지나지 않는 것도 때로 방어자로서 수행하는 역할의 결과 때문이라고 생각했다. 그래서 정말 어리석게도 방어 전투는 단지 적을 막는 일에만 신경 쓰고 적을 파괴하는 일에는 신경 쓰지 말아야 한다는 것이 방어에 관한 기본적인 견해로 굳어졌다. 우리는 이것을 극히 해로운 오류이고 형식과 내용의 심각한 혼동이라고 생각한다. 그리고 우리는 아무런 망설임 없이 다음과 같이 주장한다. 즉 방어라고 불리는 전쟁 형태에서도 승리를 얻을 수 있을 뿐만 아니라 공격과 똑같은 규모와 효과로 승리를 얻을 수 있다. 이것은 하나의 원정을 이루는 모든 전투의 승리의 합계에서 그러할 뿐만 아니라 (최고 지휘관이 충분한 힘과 의지를 갖고 있다면) 하나하나의 전투에서도 그러하다.

제10장

요새

이전에 그리고 대규모의 상비군을 두는 시대에 이르기까지 요새는 성곽과 성벽을 쌓은 도시였고, 단지 그곳의 주민들을 보호하려고 존재했다. 봉건 영주는 적으로부터 모든 방향에서 공격을 받게 되면 자신의 성곽 안으로 들어갔고, 그곳에서 시간을 벌고 유리한 때를 기다렸다. 도시는 이 성벽을 통해 전쟁의 일시적인 먹구름을 막으려고 했다. 하지만 성벽은 이처럼 매우 단순하고 자연스러운 목적에 머물지 않았다. 그런 지점이 나라 전체와 갖는 관계, 그리고 나라 여기저기에서 전쟁을 치르고 있는 군대와 갖는 관계는 그런 지점에 곧 더 큰 의미를 부여했다. 요새의 의미는 성벽 밖으로 확대되었고, 요새는 다른 나라를 점령하고 자기 나라를 유지하는데 이바지했고, 전체 전투의 승패를 결정하는 데도 이바지했고, 이런 식으로 전쟁을 여러 가지 요소가 더욱 긴밀하게 결합된 하나의 전체로 만드는 수단 그 자체가 되었다. 그래서 요새는 전략적인 의미를 갖게 되었고, 이 의미는 한때 매우 중요한 것으로 간주되었기 때문에 원정 계획을 확립하는 기본 노선이 되었다. 이때의 원정 계획은 적의 전투력을 파괴하는 것보다 하나 또는 몇 개의 요새를 점령하는 것을 더 중요한 목표로 삼았다. 사람들은 요새에 이런 의미를 부여하게 된 이유를 생각했다. 구체적으로 말해 요새가 그 지역이나 군대와 맺는 관계를 생각했다. 이제 요새를 만들 장소를 정할 때는 아무리 면밀하고 정교하고 추상적으로 생각해도 충분하지 않게 되었다. 추상적으로 생각한다는 말은 요새의 원래 목적은 거의 완전히 잊어버리고, 도시나 주민과 상관없는 요새의 개념에 이르게 되었다는 말이다.

　다른 한편으로 다른 전쟁 시설 없이 단지 담으로만 이루어진 성곽이 나라 전체를 휩쓰는 전쟁의 홍수 앞에서 어느 지역을 완전히 건조한 상태로 유지할 수 있는 시대는 지났다. 이렇게 할 수 있었던 이유는 부분적으로 이전에는 작은 나라에 여러 민족이 나뉘어 있었기 때문이고, 부분적으로 그 당시 공격의 주기적인 성격 때문이다. 그 당시의 공격은 거의 계절처럼 크게 제한된 일정한 기간에만 지속되었다. 이는 봉토를 보유한 소작인들이 집으로 급히 돌아갔거나, 용병들에게 줄 봉급이 늘 주기적으로 바닥났기 때문이다. 대규모의 상비군이 엄청난 규모의 포병 부대로 하나하나의 요새의 저항을 기계처럼 분쇄한 이후로 어느 도시도, 그리고 다른 어느 소규모의 공동체도 요새에 있는 병력을 더 이상 그런 위험에 드러내려고 하지 않았다. 요새는 몇 주나 몇 달 후에 적에게 반드시 점령되었고, 그때는 적으로부터 그만큼 혹독한 대접을 받게 마련이었다. 수많은 요새에 병력을 분산하여 배치하는 것은 군대의 관심에서 더욱 멀어질 수밖에 없었고, 그 많은 요새는 적의 전진을 약간 늦출 수 있지만 결국 항복을 하지 않을 수 없었을 것이다. 전쟁터에서 적에게 대항하려면, 동맹 군대가 도착하여 요새에 대한 적의 포위를 풀고 요새에 있는 아군을 풀어 주는 것을 기대하지 않는다면, 되도록 많은 병력이 늘 요새에 남아 있어야 했다. 그래서 이런 이유로 요새의 수는 불가피하게 많이 줄어들지 않을 수 없었고, 이 때문에 최근에는 요새를 통해 도시의 주민의 생명과 재산을 직접 보호한다는 개념에서 벗어나서 요새를 나라의 간접적인 보호 수단으로 간주하는 개념으로 바뀌게 되었다. 즉 요새는 전략적인 중요성에 의해 전략의 천을 잇는 매듭으로서 나라를 간접적으로 보호한다는 것이다.

　요새에 대한 개념의 흐름은 책뿐만 아니라 현실에서도 이와 같았다. 물론 책은 대개 그러하듯이 말을 장황하게 늘어놓는다.

　요새의 문제가 이런 방향을 띠는 것은 피할 수 없었지만, 그 개념은 지나치게 나아간 것이다. 그래서 인위적이고 하찮은 생각이 요새의 자연스럽고 일반적인 필요성에 대한 건전한 핵심을 몰아냈다. 우리가 요새의 목적과 조건을 설명할 때는 오직 단순하고 일반적인 필요성만 살펴볼 것이고, 이때 단순한 것에서 복합적인 것으로 나아가며 설명할 것이다. 다음 장에서는 요새의 위치와 수를 어떻게 결정하는지 보게 될 것이다.

요새의 효과는 분명히 수동적인 요소와 능동적인 요소라는 두 가지의 다른 요소로 이루어져 있다. 요새는 수동적인 요소를 통해 요새 지역과 그 지역에 포함되어 있는 모든 것을 보호한다. 그리고 능동적인 요소를 통해 대포의 포격 거리를 넘는 지역에도 어느 정도 영향을 미친다.

능동적인 요소는 공격을 하는 것이고, 요새의 수비대는 (어느 지점까지 접근하는) 모든 적에 대해 공격을 수행할 수 있다. 수비대가 많을수록 그런 목적을 달성하려고 수비대에서 보낼 수 있는 병력도 그만큼 많아질 것이다. 그리고 이 병력이 많을수록 그들은 대개 더 멀리 갈 수 있다. 이것으로 큰 요새의 능동적인 활동은 작은 요새의 활동보다 강력할 뿐만 아니라 그 범위도 넓다는 결론이 나온다. 능동적인 요소도 어느 의미에서는 다시 두 부분으로 나뉜다. 즉 하나는 본래의 수비대가 수행하는 행동이고, 다른 하나는 수비대에 속하지는 않지만 수비대와 연결되어 있는 크고 작은 규모의 다른 부대가 수행할 수 있는 행동이다. 구체적으로 말해, 적에게 독자적으로 대항하는 데는 지나치게 적은 수의 병력을 갖고 있는 군단은 긴급을 요구하는 경우에 요새의 담 안에서 보호를 받을 수 있고, 이 지역에서 부대를 유지하면서 이 지역을 어느 정도까지 근거 지점으로 삼을 수 있다.

요새의 수비대에게 허락될 수 있는 행동은 늘 상당히 제한되어 있다. 큰 요새와 강력한 수비대에게도 행동하는데 파견할 수 있는 병력은 전쟁터에 있는 전투력과 비교할 때 대부분 그다지 많지 않다. 수비대의 행동 범위의 지름이 2~3일의 행군 거리 이상이 되는 일도 드물다. 요새가 작으면 파견되는 병력도 크게 줄어들 것이고, 그 병력의 활동이 미치는 범위도 대부분 요새 근처의 마을로 제한된다. 하지만 수비대에 속하지 않아서 반드시 요새로 돌아오지 않아도 되는 군단은 요새에 훨씬 덜 매여 있다. 다른 상황이 유리하게 작용한다면 그런 군단을 통해 요새의 능동적인 활동 범위를 크게 넓힐 수 있다. 그래서 일반적으로 요새의 능동적인 효과에 대해 말할 때는 주로 그런 군단을 고려해야 한다.

제일 적은 수의 수비대가 수행하는 제일 작은 규모의 능동적인 효과도 요새가 이루어야 하는 목적을 달성하는 데는 여전히 매우 중요하다. 요새의 모든 활동 중에 제일 수동적인 활동은 적이 공격할 때 방어하는 활동인데, 엄밀히 말하면 이것도 능동적인 효과 없이는 생각할 수 없기 때문이다. 그럼에도 어느 요새가 일반적으로 또는 이런저런 순간에 가질 수 있는 여러 가지 의미 중에서 확실히 어느 의미는 수동적인 효과를 더 많이 요구하고, 다른 의미는 능동적인 효과를 더 많이 요구한다. 이 의미는 어느 때는 단순하고, 이 경우에는 요새의 효과도 어느 정도 직접적으로 나타난다. 또 다른 때는 복합적이고, 이 경우에는 요새의 효과도 다소 간접적으로 나타난다. 우리는 단순한 것에서 복합적인 것으로 논의를 진행하려고 한다. 하지만 그것에 앞서 요새는 당연히 이런 의미의 일부나 전부를 동시에 또는 적어도 여러 순간에 가질 수 있다는 것은 어쨌든 바로 언급한다.

그래서 요새는 방어에서 첫 번째의 제일 중요한 근거지라고 말할 수 있다. 그것은 아래에서 보는 방식으로 나타난다.

1. **안전한 보급 창고로서.** 공격자는 공격하는 동안 매일 식량을 조달한다. 이와 달리 방어자는 보통 오래전에 식량을 준비해야 한다. 그래서 방어자는 자신이 주둔하고 있는 지역에서만 식량을 징발할 수 없다. 그렇지 않아도 그 지역은 방어자가 보호하고 있는 지역이다. 그래서 방어자에게 보급 창고는 반드시 필요하다. 공격자가 갖고 있는 일체의 보급품은 전진하면서 배후에 남겨 두게 되고, 그래서 전쟁터의 위험에서 벗어난다. 하지만 방어자의 보급품은 위험의 한복판에 놓이게 된다. 이 모든 보급품이 요새 안에 보관되어 있지 않다면, 그것은 방어자가 전쟁터에서 행동하는데 매우 불리한 영향을 미칠 것이다. 그리고 보급품을 요새 없이 전쟁터에서 보호하려면 어쩔 수 없이 극

히 넓은 지역에 진지를 만들어야 할 것이다.

요새가 없는 방어 군대는 곳곳에 수많은 약점을 안고 있는 것과 같다. 그것은 갑옷을 입지 않은 몸과 같다.

2. **부유한 대도시를 보호하려고.** 이 목적은 첫 번째 목적과 매우 긴밀하게 관련되어 있다. 부유한 대도시, 특히 상업 도시는 군대의 자연스러운 보급 창고이기 때문이다. 상업 도시의 점령이나 상실은 그 자체로 군대에게 직접적인 영향을 미친다. 더욱이 이와 같은 국가 재산의 일부를 보호하려고 애를 쓰는 것은 늘 의미 있는 일이다. 부분적으로는 그런 대도시에서 간접적으로 나오는 힘 때문이고, 부분적으로는 중요한 도시를 갖고 있는 것이 평화 협상을 할 때 매우 유리하기 때문이다.

요새의 이 목적은 최근에 별로 인정을 받지 못하고 있다. 하지만 그것은 요새의 자연스러운 목적의 하나로서 매우 강력한 효과를 내고 있고, 잘못 쓰이는 일이 거의 없다. 어느 나라에서 모든 부유한 대도시뿐만 아니라 모든 인구 밀집 지역에 요새가 있고, 그 지역 주민들과 그 부근의 농민들이 그 도시와 지역을 방어하고 있다면, 이 때문에 전쟁의 움직임의 속도는 그만큼 느려질 것이다. 그리고 공격을 받은 나라의 인민이 대부분 저울판을 무겁게 내리누르기 때문에 적의 최고 지휘관이 갖고 있는 재능과 의지력도 어느새 약해질 것이다. 온 나라에 요새를 두는 것과 같은 이상을 여기에 미리 말한 것은 요새 건설에 대해 말한 이 두 번째 목적이 정당하고, 요새 건설이 보장하는 **직접적인 보호**의 중요성을 한순간도 간과할 수 없기 때문이다. 하지만 이런 생각이 요새에 관한 아래의 (3 이하의) 고찰을 방해해서는 안 된다. 한 나라의 많은 도시 중에 늘 몇몇 도시만 다른 도시보다 강력하게 요새화되어 있고, 이런 도시만 무장 병력의 본래의 근거지라고 볼 수 있기 때문이다.

1과 2에서 말한 두 가지의 목적은 거의 요새의 수동적인 효과만을 요구한다.

3. **본래의 성으로서.** 성은 도로를 막고, 성 옆에 강이 있을 경우에는 대부분의 경우에 그 강도 막는다.

요새를 우회하는 쓸모 있는 샛길을 찾는 것은 보통 생각하는 것처럼 쉽지 않다. 이 우회는 요새에 있는 대포의 포격 거리 밖에서 해야 할 뿐만 아니라 언제 있을지 모르는 요새 수비대의 출격을 고려하여 어느 정도 넓은 범위에서 해야 하기 때문이다.

지형이 조금이라도 험한 경우에는 때로 도로에서 조금만 벗어나도 하루의 행군 거리만큼 늦어질 수 있다. 이것은 도로를 자주 이용하는 군대의 경우에 매우 중대한 결과를 낳을 수 있다.

성이 그 근처를 흐르는 강의 뱃길을 막음으로써 적의 행동을 얼마나 크게 방해하는지는 그 자체로 분명하다.

4. 전술적인 근거 지점으로서. 매우 작은 요새가 아닌 한, 그 요새의 대포로 보호할 수 있는 지름은 몇 시간의 행군 거리에 이르는 것이 보통이다. 그리고 요새의 공격적인 행동이 영향을 미치는 범위는 대개 그보다 멀리 미친다. 그래서 요새는 진지의 측면 부대에게 언제나 최고의 근거 지점으로 간주할 수 있다. 몇 마일 정도 뻗어 있는 호수는 분명히 매우 훌륭한 근거 지점이 될 수 있다. 하지만 보통 규모의 요새라고 해도 그 효과는 호수 이상으로 크다. 측면 부대를 요새 근처에 배치할 필요는 전혀 없다. 공격자가 요새와 측면 부대 사이로 지나갈 수는 없기 때문이다. 그렇지 않고 지나간다면 공격자는 만일의 경우에 후퇴를 하지 못하게 될 것이기 때문이다.

5. 주둔지로서. 요새는 대부분의 경우에 방어자의 병참선에 있게 되는데, 그러면 요새는 병참선을 왕래하는 모든 아군 부대에게 편안한 주둔지가 된다. 병참선이 위험에 노출되는 것은 대부분 적의 순찰대 때문이지만, 순찰대는 늘 이따금씩 영향을 미치는데 지나지 않는다. 요새에서 중요한 수송을 하고 있을 때 아군의 수송대는 (혜성처럼 나타나는) 적의 순찰대를 만날 수 있는데, 이때 수송대는 재빨리 전진하든지 요새로 돌아오면 화를 피할 수 있고 위험이 지날 때까지 요새에서 안전하게 기다릴 수 있다. 더욱이 병참선을 오고 가는 모든 부대는 요새에서 하루나 며칠 동안 휴식을 할 수 있고, 이를 통해 그다음의 행군 속도를 그만큼 높일 수 있다. 이런 부대가 적으로부터 제일

많이 위협을 받는 것은 바로 요새가 없는 곳에서 휴식을 할 때이다. 이런 식으로 30마일에 이르는 병참선은 그 중간에 있는 요새 덕분에 이를테면 절반 정도로 줄어드는 것과 같은 효과를 갖는다.

6. 열세에 놓인 부대나 패배한 부대의 피난처로서. 지나치게 작지 않은 규모의 요새로부터 대포의 보호를 받으면 모든 군대는 적의 공격으로부터 안전하다고 할 수 있다. 그 군대를 보호하려고 특별히 보루 진지를 설치하지 않는다고 해도 그러하다. 물론 그 군대가 요새에 더 머물려고 한다면 그 이상의 후퇴는 포기해야 한다. 하지만 이런 손실이 크지 않은 상황도 있는데, 그것은 그 군대가 계속 후퇴하면 그 군대의 완전한 파괴로 끝나게 되는 경우이다.

하지만 많은 경우에 그 군대는 요새에 며칠 동안 안전하게 머물 수 있고, 그 때문에 후퇴를 하지 못하게 되는 일도 일어나지 않는다. 특히 요새는 패배한 군대로부터 급히 후송된 경상자나 폭탄을 맞은 병사 등의 피난처이고, 그들은 이곳에서 자기 군대를 기다리게 된다.

막데부르크가[1] 1806년에 바로 프로이센 군대의 후퇴선에 있었다면, 그리고 이 후퇴선이 아우어슈테트 근처에서 이미 막혀 있지[2] 않았다면, 프로이센 군대는 막데부르크의 대규모 요새에서 당연히 3~4일 정도 머물렀을 것이고, 그 결과로 병력을 집결하고 부대를 새롭게 편성할 수 있었을 것이다. 하지만 후퇴선이 막혀 있는 상황에서도 호엔로헤[3] 군대의 패잔병들은 막데부르크의 요새에 집결할 수 있었고 이곳에서 다시 전열을 가다듬게 되었다.

사람들은 오직 전쟁 자체에서 생생하게 관찰할 때만 최악의 상황에 빠졌을 때 그 근처에 있는 요새에서 얼마나 큰 이익을 얻는지에 대해 올바른 개념을 얻게 된다. 요새에는 화약과 총이 있고, 귀리와 빵이 있다. 요새는 부상

---

1. 막데부르크(Magdeburg), 작센의 도시이자 요새. 엘베 강 왼편에 있다. 베를린에서 서쪽 아래로 약 140킬로미터 되는 곳에 있다.
2. 이 후퇴선이 차단된 것은 프로이센 군대가 아우어슈테트 전투(1806년 10월 14일)에서 패배했기 때문이다.
3. 호엔로헤는 아우어슈테트 전투에서 패배하고 그로부터 보름 후에(10월 28일) 프렌츠라우에서 마센바흐의 잘못된 상황 파악으로 항복하고 말았다.

을 입은 병사에게는 숙소를, 건강한 병사에게는 안전을, 공포에 질린 병사에게는 냉정함을 준다. 요새는 사막의 오아시스이다.

3에서 6까지 네 가지의 의미에서 요새의 능동적인 효과를 약간 더 많이 요구한다는 것은 그 자체로 분명하다.

7. 적의 공격을 막는 본래의 방패로서. 방어자가 방패로 삼는 요새는 적의 공격 흐름을 얼음덩이처럼 깨뜨린다. 그래서 적은 요새를 포위해야 한다. 요새의 수비대 병력이 상당히 용감하게 행동한다면, 적은 요새를 포위하는데 대략 그 두 배의 병력을 필요로 한다. 더욱이 수비대의 절반은 대부분 요새에 있지 않았으면 전쟁터에 결코 데리고 갈 수 없는 병력으로 이루어져 있을 수 있고 그런 병력으로 이루어져 있을 것이다. 즉 절반쯤 훈련받은 민병대, 반쯤 부상당한 병사들, 무장한 시민 계급, 농민군 등이다. 그래서 적은 이 경우에 아군보다 대략 네 배쯤 많은 병력으로 요새에 대항하고 있는 셈이다.

적이 병력을 비교적 많이 배치해야 한다는 것이 포위되어 있는 요새에서 적에게 저항하면서 얻는 첫 번째의 제일 중요한 유리함이다. 하지만 이것이 유일한 것은 아니다. 적이 아군의 요새를 잇는 선을 끊은 순간부터 적의 모든 움직임은 훨씬 많은 제약을 받는다. 즉 적은 후퇴로에서 제한을 받는다. 또한 적은 요새를 포위할 때 그 포위에 대한 직접적인 보호를 늘 염두에 두고 있어야 한다.

그래서 이 점에서 요새는 매우 훌륭하고 결정적인 방식으로 방어 행동에 영향을 미친다. 그리고 이것을 요새에 있을 수 있는 모든 목적 중에서 제일 중요한 목적이라고 보아야 한다.

그럼에도 요새를 이렇게 쓰는 일은 전쟁사에서 규칙적으로 반복되어 나타나기는커녕 비교적 드물게 나타나는 편인데, 그 이유는 대부분의 전쟁이 갖고 있는 성격 때문이다. 즉 이 수단이 전쟁에서 이를테면 지나치게 결정적이고 강력한 영향을 미치기 때문이다. 이 점에 대해서는 나중에 좀 더 분명하게 언급할 수 있을 것이다.

근본적으로 요새의 이 목적에는 주로 요새의 공격력이 요구된다. 달리 말하면, 적어도 요새의 효과는 요새의 공격력에서 비롯된다. 요새가 공격자에게 점령할 수 없는 지점일 뿐이라면 그 요새는 공격자의 전진을 방해할 수 있을 것이지만, 공격자가 그 요새를 포위해야 한다고 느낄 정도로 방해가 되는 것은 결코 아니다. 그러나 6000명에서 8000명 또는 10,000명에 이르는 요새의 병력이 공격자의 배후를 위협하게 내버려 둘 수는 없기 때문에 공격자는 적절한 규모의 병력으로 요새를 포위하고 공격해야 한다. 그리고 공격을 오래 끌고 싶지 않으면 요새를 포위하고 점령해야 한다. 그런데 요새를 포위하는 순간부터 주로 요새의 수동적인 효과가 나타나게 된다.

지금까지 (1부터 7까지) 살펴본 요새의 모든 목적은 상당히 직접적이고 단순한 방식으로 실현된다. 이와 반대로 다음의 두 가지 목적에서는 효과의 방식이 좀 더 복합적으로 나타난다.

8. 넓은 사영지에 대한 보호로서. 보통 크기의 요새는 그 배후에 3~4마일의 넓이로 되어 있는 사영지에 접근하는 길을 막을 수 있고, 이것은 요새가 그곳에 있다는 것만으로 얻을 수 있는 매우 단순한 효과이다. 그런 곳이 어떻게 15마일에서 20마일에 이르는 긴 사영선을 보호하는 명예를 얻는지에 대해 전쟁사에 자주 언급되어 있다. 이것이 실제로 일어난다면 설명이 필요하고, 환상에 불과하다면 반박이 필요하다.

이 문제에서는 다음과 같은 점을 살펴보아야 한다.

1. 요새 자체가 주요 도로 중의 하나를 막고 있고 3~4마일 넓이의 지역을 실제로 보호하고 있다.

2. 그 장소는 매우 강력한 전초라고 간주될 수 있든지 아니면 그 지역에 대한 더 완전한 관찰을 허락하는데, 그 관찰은 중요한 지역과 그 주변 지역에 있는 주민으로부터 비밀 정보를 얻는 수단에 의해 더 완전해진다. 6000명이나 8000명에서 10,000명에 이르는 주민이 있는 곳이라면, 주변 지역에 관한 정보는 마을이나 평범한 전초의 사영지보다 당연히 주변 지역의 주민으로부터 더 많이 얻을 수 있다.

3. 소규모의 군대는 요새에 의지하고 요새에서 보호와 안전을 얻을 수

있고 때로 적에 맞서 출격한다. 그래서 정보를 얻든지 혹은 적이 요새 근처를 지나가는 경우에는 적의 배후에 대해 행동을 한다. 그래서 요새는 자기 자리를 벗어날 수 없지만 얼마간 전진 부대와 같은 효과를 낸다. (제5편 제8장.)

4. 방어자는 군대를 집결한 다음에 이 군대를 요새의 배후에 배치할 수 있고, 그러면 공격자는 이 배치 지점까지 전진할 수 없다. 만약 전진한다면 요새에서 공격자의 배후를 공격하여 공격자를 위험에 빠뜨릴 것이다.

사영선에 대한 모든 공격은 그 자체로 기습의 의미로 이해해야 한다. 좀 더 정확히 말하면 이 경우에 기습 공격 이외에는 생각할 수 없다. 그런데 당연하게도 이 기습은 전쟁터에서 하는 본격적인 공격보다 훨씬 짧은 시간에 행동을 끝내야 한다. 전쟁터에서는 요새 옆을 지나가야 하기 때문에 요새를 반드시 포위 공격하여 그 활동을 제한하려고 하지만, 사영선을 기습할 때는 반드시 그렇게 하지 않아도 된다. 그래서 이런 경우에는 요새가 있다고 해도 기습의 힘을 그다지 약하게 만들지 못할 것이다. 이것은 분명히 맞는 말이고, 실제로 요새에서 6~8마일 정도 멀리 있는 측면 부대의 사영지도 요새의 직접적인 보호를 받을 수 있는 것은 아니다. 하지만 이 경우에는 몇 개의 사영지를 공격하는 것이 기습의 목적도 아니다. 그런 기습이 본래 무엇을 의도하고 있는지, 그리고 그런 기습으로부터 무엇을 기대할 수 있는지 하는 것에 대해서는 공격 편에서 비로소 좀 더 자세히 설명할 수 있을 것이다. 하지만 다음과 같은 것은 여기에서 미리 전제해도 될 것이다. 즉 기습의 중요한 결과는 하나하나의 사영 근거지를 실제로 기습하여 얻는 것이 아니라 공격자가 (대형을 제대로 갖추지 못한) 하나하나의 군대를 추격하여 전투를 하지 않을 수 없게 하는 것으로 얻을 것이다. 이런 군대는 전투 준비를 했다기보다 어느 지점을 향해 급히 달려가고 있는 것이기 때문이다. 어쨌든 공격자의 돌진과 추격은 늘 대체로 적의 사영지의 중심으로 향해야 할 것이다. 이때 사영지의 중심 앞에 버티고 있는 강력한 요새는 틀림없이 공격자를 크나큰 곤란에 빠뜨릴 것이다.

이상의 네 가지 점을 놓고 이것의 공통적인 효과를 생각하면 다음과 같은 것을 알게 된다. 즉 강력한 요새는 직접적인 방식으로든 간접적인 방식으로든 틀림없이 처음에 생각했던 것보다 훨씬 큰 규모의 사영지에 어느 정도의 안전을 준다. 여기에서 어느 정도의 안전이라고 말했다. 앞에서 말한 요새의 간접적인 효과는 적의 전진을 불가능하게 하는 것이 아니라 단지 좀 더 곤란하고 위험하게 하고, 그래서 적의 전진이 별로 일어날 것 같지 않게 하고, 방어자에게 좀 덜 위험하게 하기 때문이다. 하지만 바로 이것이 요새에 요구하는 전부이고, 이 경우에 쓰이는 안전이라는 말의 참뜻이다. 방어자의 본래의 직접적인 안전은 전초와 사영의 설치로 확보해야 한다.

그래서 강력한 요새의 배후에 있는 매우 긴 사영선을 안전하게 하는 능력을 그 요새의 공으로 돌리는 것이 현실성이 없는 것은 아니다. 그런데 이 점에 관해 현실의 전쟁 계획에서 때로 공론이나 기만적인 견해에 마주친다는 것도 부인할 수 없다. 전쟁사의 기록에서는 더 많이 마주친다. 그런 안전이 여러 가지 상황이 협력해야만 생긴다면, 그런 경우에도 위험을 줄이는 것에 지나지 않는다면, 개별적인 경우에 특별한 상황 때문에 그리고 무엇보다 적의 대담성 때문에 사영선을 안전하게 하려는 모든 노력이 수포로 돌아갈 수 있다는 것도 분명하게 알 수 있기 때문이다. 그래서 전쟁에서는 그런 요새의 효과를 간추려서 생각하는 것으로 만족하지 말고 하나하나의 경우를 꼭 깊이 따져보아야 한다.

9. 점령하지 않은 지방에 대한 보호로서. 전쟁 중인 어느 지방을 전혀 점령하지 않든지 혹은 많은 병력으로 점령하지 않는다면, 그럼에도 그 지방이 적의 순찰대에게 어느 정도 노출된다면, 이때 그 지방에 있는 상당히 강력한 요새는 그 지방에 대한 보호라고, 달리 말하고 싶다면 그 지방을 안전하게 하는 것이라고 간주할 수 있다. 요새는 틀림없이 그 지방을 안전하게 하는 것이라고 간주할 수 있는데, 적은 요새를 점령할 때까지 그 지방의 지배자가 될 수 없기 때문이다. 그동안 아군은 그 지방을 방어하는데 필요한 시간을 벌게 된다. 물론 이때의 보호는 매우 간접적인 보호라고 생각할 수밖에 없든지 아니면 본래의 보호라고 생각할 수 없다. 다시 말해 요새는 능동적인 효과를 통해서

만 적의 순찰대를 어느 정도 막을 수 있다. 이 효과를 요새의 수비대에게만 맡기면 그 성과는 대수롭지 않을 것이다. 요새의 수비대 병력은 대부분 얼마 안 되고 보병으로만 이루어져 있고, 더욱이 보병도 보통 최고 수준의 보병으로 이루어져 있는 것이 아니기 때문이다. 소규모의 부대가 요새와 연결되어 있고 이 요새를 그들의 발판이자 근거 지점으로 삼는다면, 요새로 어느 지방을 보호한다는 생각이 좀 더 많은 현실성을 갖게 될 것이다.

10. 인민 무장 투쟁의 중심으로서. 식량, 무기, 탄약 등은 인민 전쟁에서 정규적인 공급 대상이 될 수 없다. 인민 전쟁의 본질은 그런 문제를 되도록 혼자 스스로 해결하는 것이고, 이런 식으로 수많은 소규모의 저항 능력의 원천을 일깨우는 것이다. 인민 전쟁을 하지 않았다면 그런 원천은 이용되지 않은 채 버려졌을 것이다. 하지만 강력한 요새에는 그런 보급 물자를 임시로 보관할 수 있고, 그런 요새는 모든 저항에 더 많은 긴밀성, 견고함, 연관성을 주고 더 많은 성과를 낼 것이다.

그 밖에도 요새는 부상병들의 피난처이고 주요 관청의 소재지이고 공공 재산의 보관소이고 대규모 행동에 필요한 집결 지점이고, 마지막으로 저항의 핵심이다. 이 핵심은 적의 병력이 요새를 포위하는 동안에 무장 인민군으로 하여금 적을 매우 훌륭하게 공격할 수 있는 상태로 만든다.

11. 강과 산을 방어하는 것으로서. 요새는 큰 강 옆에 있을 때만큼 많은 목적을 이루고 많은 역할을 맡는 경우도 없다. 그런 곳에 있는 요새는 아군이 언제든지 강을 안전하게 건널 수 있게 하고, 요새 주변의 몇 마일에 걸쳐 적이 강을 건너는 것을 방해하고, 강 주변의 상업을 지배하고, 모든 배를 징발하고, 강의 다리와 도로를 막고, 강 건너편에 있는 진지를 통해 간접적인 방식으로 강을 방어할 기회를 준다. 요새는 이처럼 다방면에 미치는 영향으로 자연스럽게 하천 방어의 부담을 크게 덜어 주고, 그래서 하천 방어에서 매우 중요한 요소로 간주할 수 있다.

이와 비슷한 종류로서 산에 있는 요새도 중요하다. 산에 있는 요새는 모든 산길의 연결고리를 이루고 있고, 모든 산길을 열기도 하고 막기도 하고, 이를 통해 산길이 통하는 모든 지역을 지배하고 있다. 그래서 요새는 산악 지역을 방어하는 중요한 요소로 간주할 수 있다.

제11장

앞 장의 계속

앞에서 요새의 목적에 대해 말했고, 이제 요새의 위치에 대해 말하고자 한다. 언뜻 보면 이 문제는 매우 복잡한 것 같다. 앞에서 말한 요새의 많은 목적이 요새의 장소에 따라 다시 달라질 수 있기 때문이다. 하지만 문제의 본질에 따르고 쓸데없이 하찮은 논의에 빠지지 않는다면 그런 걱정은 아무런 근거도 없는 것이다.

전쟁터라고 간주할 수 있는 지역에 두 나라를 잇는 큰 도로를 따라 매우 부유한 대도시가 있다면, 그것도 주로 항구나 항만 옆에 또는 큰 강이나 산 옆에 요새처럼 견고하게 자리 잡고 있다면, 분명히 앞 장에서 말한 모든 요구는 동시에 충족된다. 대도시와 큰 도로는 늘 같이 나타나고, 이 둘은 큰 강이나 해안과도 자연스럽게 관련되어 있다. 그래서 이 네 가지 요소는 같이 나타날 수 있고 그 사이에 아무런 모순을 일으키지 않을 것이다. 이와 반대로 산은 그런 곳과 어울리지 않는다. 대도시가 산악 지역에 있는 경우는 드물기 때문이다. 그래서 산의 위치와 방향이 방어선으로서 적절하다면 작은 보루로 산길과 고갯길을 막는 것이 필요하다. 그 보루는 이런 목적만 갖고 있기 때문에 되도록 최소의 비용으로 건설된다. 그 반면에 대도시의 대규모 요새 시설은 평지에 있어야 한다.

우리는 국경과 관련해서는 아직 아무 말을 하지 않았다. 모든 요새를 잇는 선의 기하학적인 형태에 대해서도, 요새선의 위치에 관한 그 밖의 지리적인 측면에 대해서도 아무 말을 하지 않았다. 그것은 앞 장에서 말한 11가지의 목적이 제일 본질적인 목적이라고 생각하고, 또한 많은 경우에 (특히 작은 나라의 경우에) 그 목적만으로 충분하다고 생각하기 때문이다. 하지만 넓은 면적을 갖고 있는 나라에도 대도시와 큰 도로가 매우 많은 경우도 있고, 그 반대로 그런 도시와 도로가 거의 없는 경우도 있다. 또 요새가 이미 많이 있는데도 매우 부유하여 새로운 요새를 만드는 나라도 있고, 그 반대로 매우 가난하여 어쩔 수 없이 얼마 안 되는 요새에 의지해야 하는 나라도 있다. 요컨대 요새의 수는 자연 발생적으로 생겨난 대도시나 큰 도로의 수와 맞지 않고, 요새는 지나치게 많을 수도 있고 지나치게 적을 수도 있다. 이런 경우에는 앞 장에서 본 것과 다른 목적을 받아들일 수 있고 다른 목적이 필요해질 수도 있는데, 이제 이 문제를 잠깐 살펴보도록 한다.

여기에서 살펴보아야 하는 중요한 문제는 아래의 문제와 관련된다.

1. 전쟁을 하는 두 나라를 연결하는 중요한 도로가 앞으로 만들려고 하는 요새보다 많은 경우에 어느 도로를 선택할 것인지 하는 문제.

2. 요새가 국경 부근에만 있어야 하는지, 아니면 나라 전체에 퍼져 있어야 하는지 하는 문제.

3. 요새가 나라 전체에 고르게 배치되어야 하는지, 아니면 집단으로 묶여서 배치되어야 하는지 하는 문제.

4. 요새를 만들 때 고려해야 하는 그 지역의 지리적인 상황에 관한 문제.

그 밖에 요새선의 기하학적인 형태로부터 추론할 수 있는 다른 문제가 몇 가지 있다. 즉 요새를 한 줄로 만들어야 하는지 아니면 여러 개의 줄로 만들어야 하는지, 달리 말해 요새가 앞뒤로 있을 때 더 큰 효과를 내는지 아니면 옆으로 있을 때 더 큰 효과를 내는지, 요새가 체스판 모양으로 놓여 있어야 하는지, 요새가 직선으로 놓여 있어야 하는지 아니면 요새를 보루처럼 요철로 만들어서 엇갈리게 해야 하는지 등의 문제가 있다. 우리는 이런 문제를 헛된 논의에 지나지 않는다고, 즉 더 중요한 문제를 전혀 언급하지 못하게 하는 하찮은 종류의 생각이라고 간주한다. 이 문제를 여기에 언급하는 것은 단지 많은 책이 그 문제를 언급하고 있을 뿐만 아니라 그런 하찮은 문제에도 지나치게 큰 중요성을 부여하고 있기 때문이다.

첫 번째 문제와 관련해서 이 문제를 좀 더 분명히 설명하려면 남부 독일이 프랑스, 즉 라인 강 상류 지역과 갖는 관계만 생각하면 될 것이다. 이 지역에 있는 하나하나의 나라를 고려하지 않은 채 이 지역을 하나의 전체로 보고 전략적인 측면에서 요새의 지점을 결정해야 한다면 매우 심각한 불확실성이 생길 것이다. 이 지역에는 매우 잘 포장된 수많은 도로가 라인 강에서 프랑켄, 바이에른,[1] 오스트리아의 내부로 이어지고 있기 때문이다. 더욱이 이 도로에는 규모 면에서 다른 도시보다 두드러지게 큰 도시들이 상당히 많이 있다. 예를 들면 뉘른베르크,[2] 뷔르츠부르크,[3] 울름, 아욱스부르크,[4] 뮌헨[5] 등과 같은 도시이다. 이 모든 도시에 요새를 만들려고 하는 것이 아니라면 늘 이 중에 어느 도시를 선택해야 한다. 더욱이 우리의 견해에 따라 제일 부유한 최대의 도시에 요새를 두는 것이 제일 중요하다고 해도 뉘른베르크는 뮌헨에서 너무 멀리 있기 때문에 뮌헨과는 현저하게 다른 전략적인 의미를 갖게 될 것이라는 점을 부인할 수 없다. 그래서 뉘른베르크 대신에 뮌헨 근처에 있는 제2의 장소에 (그 장소가 뉘른베르크보다 덜 중요하다고 해도) 요새를 설치해야 하는 것이 아닌지 하는 문제를 생각할 수 있을 것이다.

---

1. 바이에른(Bayern, Bavaria), 나폴레옹 시대에 영토를 확장했고 나폴레옹과 동맹 관계로 1805년 12월에 왕국으로 선포되었다. 그 후로도 영토상의 많은 변동을 겪었다. 바이에른 왕국의 대부분 지역은 현재 독일의 바이에른 주이다.
2. 뉘른베르크(Nürnberg, Nuremberg), 프랑켄 중부 지역에 있는 도시. 뮌헨에서 거의 북쪽으로 (약간 북서쪽으로) 약 170킬로미터에 있다. 1796~1806년에 프로이센의 지배에 놓였는데, 1806년에 프랑스 군대가 이 도시를 바이에른 왕국에게 넘겼다.
3. 뷔르츠부르크(Würzburg), 프랑켄 북부 지역의 도시. 마인 강변에 있고 뉘른베르크에서 북서쪽으로 약 90킬로미터에 있다.
4. 아욱스부르크(Augsburg), 슈바벤의 도시. 현재 바이에른 주의 남서쪽에 있고 뮌헨에서 북서쪽으로 약 60킬로미터에 있다.
5. 뮌헨(München, Munich), 그 당시에 바이에른 왕국의 수도였고, 현재 바이에른 주의 주도이다. 바이에른 주의 남쪽에 있다.

이런 경우에 어떻게 결정할 것인지, 즉 앞의 첫 번째 문제에 어떻게 대답할 것인지에 대해서는 일반적인 방어 계획과 공격 지점의 선택에 관한 장에서 말한 것을 참조하기 바란다. 그때 적의 입장에서 제일 자연스러운 공격 지점이 되는 곳에 방어 시설도 우선적으로 두게 될 것이라고 말했다.

그래서 우리는 적의 나라에서 우리 나라로 이어지는 많은 중요한 도로 중에서 주로 우리 나라의 심장부를 향해 곧바로 놓여 있는 도로에 요새를 만들 것이다. 그렇지 않으면 어느 지방이 비옥하기 때문에, 또는 배가 다닐 수 있는 강이 있기 때문에 적이 매우 쉽게 행동할 수 있는 도로에 요새를 만들 것이다. 그런 곳에 요새를 만들면 아군은 안전해진다. 그러면 적은 이 요새를 공격하게 된다. 그렇지 않고 적이 이 요새 옆으로 지나가려고 하면, 적은 아군에게 자연스럽고 유리한 측면 공격의 수단을 주게 된다.

비인은 남부 독일의 심장부이다. 스위스와 이탈리아를 중립적인 입장에 있다고 보고 비인과 프랑스의 관계만 보면, 분명히 뮌헨이나 아욱스부르크는 중요한 요새로서 뉘른베르크나 뷔르츠부르크보다 큰 효과를 낼 것이다. 이와 동시에 스위스에서 티롤을[6] 지나는 도로와 이탈리아에서 오는 도로를 생각하면 그 효과를 더욱 확연히 느낄 수 있을 것이다. 이 도로에 대해 뮌헨이나 아욱스부르크는 늘 어느 정도 효과를 내는 반면에, 뷔르츠부르크나 뉘른베르크는 전혀 존재하지 않는 것이나 다름없기 때문이다.

이제 요새가 국경 부근에만 있어야 하는지, 아니면 나라 전체에 퍼져 있어야 하는지 하는 두 번째의 문제를 논의하도록 한다. 그런데 제일 먼저 말할 것은 작은 나라의 경우에는 이런 문제가 쓸데없다는 것이다. 그런 나라의 경우에는 전략적으로 국경이라고 부를 수 있는 것이 거의 나라 전체와 일치하기 때문이다. 이 문제에서 생각하는 나라의 면적이 넓을수록 이 문제의 중요성은 그만큼 더 분명해질 것이다.

---

6. 티롤(Tirol, Tyrol), 유럽 중부에 있는 지역의 역사적인 명칭. 오스트리아와 이탈리아에 걸쳐 있는 알프스 산맥의 산악 지대이다.

제일 자연스러운 대답은 요새는 국경 부근에 있어야 한다는 것이다. 요새는 나라를 방어해야 하고, 국경을 방어하면 나라도 방어하는 것이기 때문이다. 이 목적은 일반적인 목적으로서도 통용될 수 있다. 이 목적이 얼마나 많은 제한을 받을 수 있는지는 아래에서 살펴보도록 한다.

주로 외국의 도움을 예상하는 모든 방어는 시간을 버는 것에 매우 큰 의미를 둔다. 그런 방어는 강력한 반격이 아니라 완만한 대응이고, 이 경우에는 적을 약하게 만드는 것보다 시간을 버는 것이 중요한 이익이다. 이제 다른 모든 상황이 동일하다고 생각하는 경우에 나라 전체에 넓게 퍼져 있고 그 사이에 넓은 거리를 두고 있는 요새는 문제의 본질상 국경 부근에 한 줄로 촘촘하게 모여 있는 요새보다 점령하는데 많은 시간이 걸린다. 더욱이 적이 긴 병참선과 보급의 곤란함 때문에 패배하게 되는 모든 경우에, 즉 이런 종류의 반격을 주로 쓸 수 있는 나라의 경우에 자기 나라의 방어 시설을 국경 부근에만 두는 것은 완전한 모순이 될 것이다. 마지막으로 고려해야 하는 것이 있다. 즉 상황이 허락하는 한 수도에 요새를 두는 것이 제일 중요하다는 것, 우리의 원칙에 따르면 어느 지방의 중요한 도시와 상업 지역도 요새를 필요로 한다는 것, 나라를 가로지르는 강, 산, 다른 형태의 끊어진 지역은 새로운 방어선으로서 유리하다는 것, 도시 중에는 천연의 요새지로서 적합한 조건을 갖춘 도시가 많이 있다는 것, 끝으로 무기 공장과 같은 특별한 전쟁 시설은 국경 부근보다 나라 안에 깊이 있는 것이 낫고 그 중요성 때문에 틀림없이 요새 시설의 보호를 받는다는 것 등인데, 이런 것을 고려하면 요새를 나라 안에 두는 데는 언제나 많든 적든 그만한 이유가 있다는 것을 알게 된다. 그래서 우리의 견해에 따르면, 매우 많은 요새를 두고 있는 나라가 대부분의 요새를 국경 부근에 두는 것이 당연하다고 해도 나라 안에 요새를 하나도 두지 않는 것은 중대한 잘못이 될 것이다. 이런 잘못은 예를 들면 프랑스에서 이미 심각한 정도로 나타났다고 생각한다. 그런데 나라의 국경 지방에는 중요한 도시가 전혀 없고 이런 도시를 나라 안으로 깊이 들어가야 비로소 찾을 수 있는 경우에는 당연히 중대한 의문이 생길 수 있다. 이는 주로 남부 독일의 경우에 나타나는데, 예를 들어 슈바벤에는7 큰 도시가 거의 없는 반면에 바이에른에는 그런 도시가 매우 많이 있기 때문이다. 이런 의문을 일반적인 근거에 따라 한 번에 해결하는 것은 필요하지 않다고 생각한다. 이런 경우에 요새의 위치를 결정할 때는 하나하나의 상황을 고려해야 한다고 생각한다. 하지만 이 점에 대해서는 이 장의 마지막에 언급해야 한다.

세 번째 문제는 요새가 집단으로 묶여 있어야 하는지, 아니면 나라 전체에 고르게 분산되어 있어야 하는지 하는 문제였다. 그런데 이 문제는 모든 것을 고려할 때 거의 일어나지 않을 것이다. 그렇다고 이 문제를 쓸데없는 논의라고 말하고 싶지는 않다. 두서너 개의 요새 집단이 공통적인 중심에서 2~3일의 행군 거리에 있다면, 그 요새 집단은 중심과 중심에 있는 군대를 강력하게 만들기 때문이다. 그래서 다른 조건이 어느 정도 허락한다면 누구나 그런 전략적인 요새 집단을 만들려고 할 것이다.

네 번째 문제는 요새로 선택될 수 있는 지점의 그 밖의 지리적인 상황과 관련된다. 바닷가, 큰 강, 산에 있는 요새는 이미 말한 것처럼 두 배의 효과를 낸다. 그것이 중요한 고려 사항이기 때문이다. 하지만 그 밖에 다른 측면도 고려해야 한다.

요새를 큰 강의 바로 옆에 둘 수 없다면, 요새를 강 부근에 만드는 것이 아니라 강에서 10~12마일 정도 먼 곳에 만드는 것이 낫다. 강이 요새의 활동 범위를 가로질러 흐르면, 강은 앞에서 말한 모든 측면에서 요새의 활동을 방해하기 때문이다.8

---

7. 슈바벤(Schwaben, Swabia), 현재 독일 남부 지역의 역사적인 명칭. 그 영역은 명확하지 않고 시대에 따라 바뀌었다. 현재의 바덴뷔르템베르크 주 남부와 바이에른 주 남서부 일대를 포함하는 지역이다. 넓은 의미로는 프랑스의 알자스 지방, 스위스 북부, 오스트리아 서부까지 포함된다. 대개 고지대이다.

8. [저자] 필립스부르크는 잘못된 곳에 놓인 요새의 본보기였다. 그것은 벽에 코를 바싹 대고 있는 바보와 같았다. [역자 주 : 필립스부르크(Philippsburg), 바덴의 도시. 원래 이름은 우덴하임(Udenheim)이었다. 잘바흐 강(Saalbach)이 라인 강으로 흘러드는 하구에 있고 만하임에서 남쪽으로 약 30킬로미터에 있다. 필립스부르크 요새는 30년 전쟁 때 건설되었고 1800년까지 남아 있었다.]

이런 일은 산에서는 일어나지 않는다. 산은 크고 작은 부대의 이동을 모든 지점에서 강과 같은 정도로 제한하지 않기 때문이다. 적이 있는 곳에 산이 있을 때 그 산 부근에 요새를 두는 것은 좋다고 할 수 없다. 이 요새가 포위되었을 때 포위를 푸는 것이 어렵기 때문이다. 아군이 있는 곳에 산이 있을 때는 적에게도 그 산 부근에 있는 아군의 요새를 포위하는 것이 매우 어렵다. 산이 적의 병참선을 끊기 때문이다. 1758년 올로모우츠에 대한 포위를[9] 예로 들 수 있다.

접근할 수 없는 큰 숲과 습지 등이 지리적인 상황에서 강과 비슷하다는 것은 쉽게 이해할 수 있다.

접근하는 것이 매우 어려운 지역에 있는 도시가 요새를 만드는데 좋은지 나쁜지 하는 문제도 이전에 자주 논의되었다. 그런 도시에서는 얼마 안 되는 비용으로 요새를 만들고 도시를 방어할 수 있고, 또는 똑같은 힘을 들였을 때 훨씬 강력한 난공불락의 요새를 만들 수 있고, 그래서 요새의 임무는 늘 능동적인 효과보다 수동적인 효과를 더 많이 낸다. 그래서 요새가 쉽게 막힐 수 있다는 비난은 너무 중요하게 생각하지 않아도 될 것이다.

마지막으로, 나라에 요새를 만드는 것과 관련된 매우 단순한 체계를 한 번 더 돌아보면 우리는 다음과 같이 주장할 수 있다. 즉 그 체계는 나라의 토대와 직접적으로 관련되는 중요하고 지속적인 문제나 상황에 바탕을 두고 있다. 그래서 그 체계에는 전쟁에 관해 일시적으로 유행하는 견해, 비현실적으로 정교한 전략, 어느 순간의 완전히 개별적인 필요 등이 나타나서는 안 된다. 그런 것은 500년이나 1000년 동안 쓸 의도로 건설되는 요새에서 절망적인 결과를 낳는 잘못이 될 것이다. 예를 들면 프리드리히 2세가 수데텐 산맥의[10] 산등성에 지은 슐레지엔의 실버베르크 요새는[11] 완전히 달라진 상황 아

---

9. 프리드리히 대왕은 올로모우츠 요새를 포위 공격했지만(1758년 5월 5일~7월 2일), 오스트리아 군대가 병참선에서 수송대를 약탈하여 포위 공격을 중지했다.

10. 수데텐 산맥(Sudeten, Sudety), 슐레지엔과 보헤미아 사이에 가로놓인 산맥. 대부분의 산맥이 현재 폴란드와 체코의 국경을 따라 놓여 있다. 길이는 약 310킬로미터이고 넓이는 약

래에서 거의 모든 의미와 목적을 잃고 말았다. 그 반면에 브레슬라우는[12] 견고한 요새로 만들어졌고, 그 견고함을 유지했다면 어떤 상황 아래에서도 그 의미와 목적을 갖고 있었을 것이다. 러시아, 폴란드, 오스트리아 군대를 막은 것처럼 프랑스 군대도 막았을 것이다.

독자들은 다음과 같은 점을 잊지 않을 것이다. 즉 이 고찰은 어느 나라가 완전히 새롭게 요새로 무장하는 경우를 염두에 두고 말한 것이 아니다. 그 랬다면 이 고찰도 역시 쓸데없는 것이 되었을 텐데, 그런 경우는 드물게 일어나든지 결코 일어나지 않기 때문이다. 앞의 모든 고찰은 모든 하나하나의 요새를 만들 때 일반적으로 일어날 수 있는 경우를 염두에 두고 말한 것이다.

30~50킬로미터이다.

11. 실버베르크(Silberberg, Srebrna Góra), 니더슐레지엔의 마을. 브레슬라우에서 약간 남서쪽으로 약 70킬로미터에 있다. 해발 400~700미터. 현재 폴란드의 영토.

12. 오스트리아 군대는 브레슬라우의 요새를 포위 공격했으나(1760년 7월 29일) 공격에 실패했다. 또 나폴레옹이 이끄는 프랑스 군대는 브레슬라우를 포위하고 요새를 공격했다(1806년 12월 6일~1807년 1월 5일). 그리고 같은 해에 나폴레옹은 브레슬라우 요새를 무너뜨렸다.

제12장

방어 진지

어느 진지에서 적의 전투를 받아들이고 이때 그곳의 지형을 보호 수단으로 이용한다면, 이때의 모든 진지는 방어 진지이다. 이 경우에 아군이 수동적으로 행동하는지 공격적으로 행동하는지에 대해서는 차이를 두지 않는다. 이것은 이미 방어에 관한 우리의 일반적인 견해에서 나오는 결론이다.

그러면 나아가 아군이 적을 향해 전진하는 동안에 어쩔 수 없이 적의 전투를 받아들이게 되는 경우에 이 진지도 방어 진지라고 부를 수 있을 것이다. 대부분의 전투는 보통 이런 식으로 이루어지고, 중세 전체를 통틀어 다른 방식의 전투는 없었다. 하지만 이것은 여기에서 말하고 있는 대상이 아니다. 수많은 진지는 대부분 그런 종류의 진지인데, 그런 진지는 **행군 야영**과 반대되는 **진지**의 개념으로 불러도 충분할 것이다. 그래서 특별히 방어 진지라고 불리는 진지는 그런 것과 다른 것이어야 한다.

보통의 진지에서 일어나는 결전에서는 확실히 시간의 개념이 지배적인 영향을 미친다. 즉 양쪽 군대 모두 상대를 만나려고 앞으로 나아가고, 이때 장소는 부차적인 문제이다. 즉 그 장소가 부적당하지만 않으면 그것으로 충분하다. 하지만 본래의 방어 진지에서는 **장소의 개념**이 지배적인 영향을 미친다. 즉 결전은 그 장소에서 일어나든지 아니면 주로 그 장소를 통해 일어나야 한다. 여기에서는 이런 진지에 대해서만 언급한다.

장소는 이중의 관점에서 살펴볼 것이다. 즉 한 번은 이 장소에 배치된 전투력이 전체에 어떤 효과를 낸다는 관점에서, 그다음에는 그 장소가 전투력을 보호하고 강력하게 만드는 수단으로 쓰인다는 관점에서, 한마디로 말해 전략적인 관점과 전술적인 관점에서 살펴볼 것이다.

엄밀히 말해 **방어 진지**라는 말은 오직 전술적인 관점에서만 나온다. 즉 전략적인 관점은 어느 장소에 배치된 전투력이 그 장소에 있다는 이유로 나라를 방어하는데 효과를 낸다는 것인데, 이것은 공격적인 방식으로 행동하는 전투력에도 해당될 것이기 때문이다.

첫 번째의 관점, 즉 진지의 전략적인 효과에 대해서는 나중에 전쟁터의 방어를 다룰 때 비로소 완전한 빛을 비출 수 있을 것이다. 그래서 여기에서는 이 문제에 대해 지금 다룰 수 있는 만큼만 생각하려고 한다. 그렇게 하려면 두 가지의 개념을 좀 더 정확하게 알아야 하는데, 그 두 개념이 비슷해서 자주 혼동을 일으키기 때문이다. 그것은 진지의 우회와 진지의 통과이다.

진지의 우회는 진지의 정면과 관련된다. 우회는 진지를 측면이나 배후에서 공격하려고 할 때, 또는 진지의 후퇴로나 병참선을 막으려고 할 때 수행된다.

먼저 우회에 대해 말하면, 방어 진지의 측면 공격과 배후 공격은 전술적인 성질을 띠고 있다. 오늘날에는 군대의 움직임이 매우 활발하고 모든 전투 계획이 어느 정도 우회와 포위 공격을 목표로 삼고 있는데, 이런 상황에서 모든 진지는 그것에 대비하지 않으면 안 된다. 강력한 진지라고 할 만한 진지는 측면과 배후를 생각해서 강력한 정면을 갖고 있어야 하고, 측면과 배후가 위협을 받는다면 적어도 전투를 유리하게 조합할 수 있게 해야 한다. 그래서 적이 진지를 측면이나 배후에서 공격할 의도로 **우회한다**고 해도 진지는 진지로서 갖는 효력을 잃는 것이 아니다. 그 진지에서 전투를 한다는 것이 그 진지의 중요성을 말해 주고 있고, 방어자는 일반적으로 그 진지에서 기대할 수 있었던 유리함을 얻게 된다.

공격자가 진지의 후퇴로와 병참선을 막을 의도로 진지를 우회한다면 이것은 전략적인 측면에 속하는 문제이다. 이 경우에는 진지가 적의 우회를 얼마나 오랫동안 견딜 수 있는지, 그리고 이 점에서 적을 앞설 수 있는지 없는지하는 것이 중요하다. 이 두 가지의 문제는 진지의 위치, 즉 주로 양쪽의 병참선의 상황에 달려 있다. 좋은 진지는 이 점에서 방어하는 군대에게 우세함을보장해야 할 것이다. 우회를 당한다고 해도 진지는 어쨌든 그 효력을 잃지 않는다. 적은 이런 식으로 그 진지에 시간을 쏟게 되고, 이 때문에 적어도 약간이라도 약해지는 것이다.

그런데 공격자가 방어 진지에서 자기를 기다리고 있는 전투력의 존재에대해 걱정하지 않은 채 주력 군대와 함께 다른 길로 전진하여 목적을 이루려고 한다면, 공격자는 진지를 통과하는 것이다. 공격자가 방어자로부터 손실을입지 않고 그렇게 할 수 있다면, 공격자는 실제로 그렇게 할 것이다. 그러면방어자는 당분간 진지를 떠나지 않을 수 없을 것이고, 그래서 진지는 효력을잃을 것이다.

이 세상에 말 그대로 통과할 수 없는 진지는 거의 없다. 페레코프 지협과같은 경우는[1] 드문 경우이고, 그래서 거의 고려 대상이 되지 않기 때문이다.그래서 진지를 통과할 수 없게 하려면 공격자가 진지를 통과할 때 불리한 상황에 빠지도록 해야 한다. 이 불리함이 어떤 것인지에 대해서는 제27장에서말하는 것이 나을 것이다. 이 불리함은 클 수도 있고 작을 수도 있는데, 어쨌든 공격자의 이런 불리함은 진지의 전술적인 효력이 나타나지 않아서 생기는방어자의 불리함과 상쇄된다. 즉 공격자가 진지를 통과할 때 불리해지는 것과 진지가 전술적인 효과를 내는 것이 공동으로 진지의 목적을 이룬다.

지금까지 말한 것으로부터 방어 진지의 두 가지 전략적인 특징이 밝혀졌다.

1. 방어 진지는 통과할 수 없다는 것.

2. 방어 진지는 병참선을 얻으려는 전투에서 방어자에게 유리하게 작용

---

1. 페레코프(Perekop), 크림 반도와 대륙을 잇는 지협. 폭은 6~8킬로미터이다.

한다는 것.

이제 두 가지의 또 다른 전략적인 특징을 덧붙여야 한다.

3. 병참선의 상황은 전투의 형태에도 유리하게 작용한다는 것.

4. 지형의 일반적인 영향은 방어자에게 유리하다는 것.

즉 병참선의 상황은 진지를 통과할 수 있는지 없는지, 적의 식량 조달을 끊을 수 있는지 없는지 하는 것뿐만 아니라 전투의 모든 과정에도 영향을 미친다. 방어자의 비스듬한 후퇴로는 전투에서 공격자의 전술적인 우회를 쉽게 만들고 방어자의 전술적인 움직임을 매우 부자연스럽게 만든다. 병력을 이렇게 비스듬하게 배치하는 것은 반드시 전술의 책임이 아니고, 때로 전략적으로 중요한 지점을 잘못 선택한 결과일 수도 있다. 예를 들어 진지 근처에 있는 도로가 다른 방향으로 난 경우에 (1812년의 보로디노 전투) 병력을 비스듬하게 배치하는 것은 결코 피할 수 없다. 그러면 공격자는 그 방향에서 방어자를 우회할 수 있고, 이때 자신의 수직 방향의 배치에서 벗어나지 않을 수 있다.

더욱이 공격자에게는 후퇴하는데 많은 길이 있는 반면에 방어자는 하나의 길에 제한되어 있다면, 공격자는 방어자보다 훨씬 많은 전술적인 자유를 누리게 된다. 이 모든 경우에 방어자의 전술은 엄청난 고통을 받을 수 있고, 방어자는 전략적인 잘못이 미치는 불리한 영향에서 끝내 벗어나지 못할 것이다.

마지막으로 네 번째 특징과 관련지어 말하면, 지형의 그 밖의 상황에서도 일반적으로 불리한 상황이 지배할 수 있고, 그래서 지형을 아무리 주의 깊게 선택하고 전술적인 수단을 아무리 교묘하게 이용해도 그 불리함을 막을 수 없는 경우가 있다. 이런 경우에는 다음과 같은 것이 매우 중요할 것이다.

1. 방어자는 특히 적을 조망한다는 유리함과 진지의 영역 안에서 적을 재빠르게 공격할 수 있다는 유리함을 손에 넣어야 한다. 이 두 가지 조건, 그리고 공격자가 방어 진지에 접근하는 것이 지형적으로 방해를 받는다는 조건이 결합되는 곳에서만 그 지형이 방어자에게 특히 유리하게 된다.

그래서 방어 진지를 전체적으로 내려다보는 지점이 진지 부근에 있다는 것은 방어자에게 불리하다. 산에 있는 진지들도 전부 또는 대부분 방어자에게 불리하다. 이 점에 대해서는 산악 전쟁에 관한 장에서 특별히 더 언급할 것이다. 측면을 산에 의지하고 있는 모든 진지도 불리하다. 그런 산은 공격자에게 **통과하는 것**은 곤란하게 하지만, **우회하는 것**은 쉽게 하기 때문이다. 더욱이 산을 바로 앞에 두고 있는 모든 진지도 불리하다. 그리고 앞에서 말한 상황 때문에 불리한 지형을 선택하지 않을 수 없는 모든 경우도 일반적으로 불리하다.

이와 같은 불리한 상황의 이면에 있는 것 중에서 하나의 경우만 강조하려고 한다. 그것은 산을 뒤에 두고 있는 진지의 경우인데, 이런 진지에서는 많은 유리함이 생겨난다. 그래서 그런 진지는 일반적으로 방어 진지로서는 최고의 위치 중의 하나라고 간주할 수 있다.

2. 지형은 군대의 성격과 편성에 잘 맞을 수도 있고 잘 맞지 않을 수도 있다. 기병이 매우 많은 경우에는 당연히 탁 트인 평지에서 진지를 얻으려고 할 것이다. 기병이 부족하고 포병도 부족한데, 전쟁에 익숙하고 지리를 잘 알고 있고 용감한 보병이 많은 경우에는 상당히 험하고 복잡한 지형을 이용하는 것이 좋다.

방어 진지로 선정된 장소가 전투력과 갖는 전술적인 관계에 대해 여기에서 자세히 말할 필요는 없고, 그 관계에서 생기는 전체의 결과만 말하면 된다. 그 결과만 전략적으로 중요하기 때문이다.

어느 군대가 진지에서 적의 공격을 완벽하게 기다리려고 한다면, 그 진지는 확실히 그 군대에게 지형의 엄청난 유리함을 보장하는 곳이어야 한다. 그래서 그 유리함은 방어자의 병력을 몇 배로 늘리는 효과를 낸다고 볼 수 있다. 자연의 지형이 방어자에게 많은 유리함을 주지만 방어자가 바라는 만큼 많은 유리함을 주지 않는 곳에서는 축성술이 도움이 된다. 이런 식으로 진지의 어느 부분이 적의 **공격을 불가능하게** 만드는 일도 드물지 않고, 진지의 전체가 적의 **공격을 불가능하게** 만드는 일도 전혀 이상하지 않다. 그런데 이 두 번째 경우에는 분명히 방어 대책의 모든 성질이 달라진다. 이제 아군이 얻으려고 하는 것은 더 이상 유리한 조건에서 전투를 치르는 것이 아니고, 이 전투에서 원정의 승리를 얻는 것도 아니다. 전투를 치르지 않고 승리를 얻는 것이다. 아군은 아군의 전투력을 적이 공격할 수 없는 진지에 둔 채 적의 전투에 전혀 대응하지 않고, 적이 다른 방식으로 문제 해결의 길을 찾도록 적을 압박한다.

그래서 이 두 가지 경우를 완전히 나누어야 한다. 그리고 후자는 요새 진지라는 제목으로 다음 장에서 다룰 것이다.

여기에서 다루고 있는 방어 진지는 많은 유리함을 갖고 있는 전쟁터에 지나지 않는다. 그런데 방어 진지가 전쟁터가 되려면 방어 진지의 유리함이 터무니없이 많아서도 안 된다. 그러면 그런 진지는 얼마만큼 강력해야 할까? 분명히 적의 공격이 단호한 만큼 강력해야 하고, 그것은 그때그때의 경우에 대한 판단에 달려 있다. 보나파르트에게 대항하는 경우라면 다운이나 슈바르첸베르크에게 대항하는 경우보다 더 강력한 방어 시설 뒤로 물러나도 되고 물러나야 한다.

진지의 어느 한 부분, 예를 들어 진지의 정면 부분이 적의 공격을 불가능하게 할 만큼 강력하다면, 이는 이 하나의 요소로 진지 전체의 강력함을 보여 주는 것이라고 간주해야 한다. 이 지점에서 쓰지 않은 힘을 다른 지점에서 쓸 수 있기 때문이다. 다만 적이 그와 같이 공격할 수 없는 지점으로부터 완전히 물러나게 되면, 적의 공격 형태도 완전히 다른 성격을 갖게 된다는 것을 잊어서는 안 된다. 그래서 그렇게 달라진 성격이 아군의 상황에 유리한지 아닌지를 먼저 구분해야 한다.

예를 들어 방어자가 큰 강을 바로 앞에 두고 병력을 배치하면, 이 강은 방어자의 정면을 강력하게 하는 것으로 간주되고 실제로도 그러하다. 이것은 그 강을 방어자의 오른쪽 측면이나 왼쪽 측면의 근거지로 삼는 것과 같다. 적은 당연히 이 근거지에서 멀리 떨어진 오른쪽이나 왼쪽으로 강을 건너야 하고, 그다음에 아군의 정면으로 이동하여 진지를 공격해야 하기 때문이다. 그래서 이때 중요한 문제는 그것이 방어자에게 어떤 유리함이나 불리함을 주는지 하는 것이다.

우리의 견해에 의하면 방어 진지의 강력함이 은폐되어 있을수록, 방어자가 전투의 조합을 통해 적에게 기습할 기회를 많이 갖게 될수록, 방어 진지는 그만큼 이상적인 진지에 근접하게 될 것이다. 방어자는 병력과 관련해서 적에게 자기 전투력의 정확한 인원과 전투력을 쓰는 방향을 숨기려는 경향이 있고, 이와 똑같은 의미에서 지형의 형태로부터 얻으려고 생각하는 유리함도 숨기려고 한다. 물론 이는 어느 정도까지만 할 수 있고, 아마 별로 한 적 없는 독자적인 방식의 정교함을 요구할 것이다.

중요한 요새 근처에 진지가 있으면, 그 요새가 어느 방향에 있든지 모든 진지는 병력을 이동하고 이용할 때 적에 비해 크게 우세해진다. 어느 지점에 천연의 장애물이 부족하면 들판에 만든 보루를 적절하게 이용하여 그 부족을 보충할 수 있고, 이를 통해 전투의 대체적인 윤곽을 미리 자기 마음대로 결정할 수 있다. 이것은 방어를 강력하게 하는 기술이다. 그래서 적의 전투력의 효과를 불가능하게 할 수는 없지만 곤란하게 하는 지형의 장애물에 대한 훌륭한 선택을 그 기술과 잘 결합한다면, 그리고 방어자는 전쟁터를 정확히 알고 있고 적은 알지 못한다는 것, 아군은 아군의 대책을 잘 숨길 수 있지만 적은 잘 숨길 수 없다는 것, 일반적으로 전투 중에 기습의 수단을 쓸 때도 적보다 우세한 상황에 있다는 것 등에서 많은 유리함을 얻으려고 한다면, 이 많은 상황이 하나로 합쳐지면서 지형에서 비롯되는 압도적으로 우세한 영향력이 생길 수 있다. 적은 지형의 영향 때문에 패배하면서 패배의 진정한 원인을 알지 못하게 된다. 이것이 바로 우리가 방어 진지라고 이해하고 있는 것이고, 방어 전쟁의 최고의 유리함의 하나라고 간주하는 것이다.

특별한 상황을 고려하지 않는다면, 지나치게 많이 경작되지도 않았지만 그렇다고 지나치게 적게 경작되지도 않은 물결 모양으로 된 지역에는 대부분 그런 종류의 진지가 있을 것이라고 생각할 수 있다.

제13장

요새 진지와 보루 진지

앞 장에서 말한 것처럼, 어느 진지는 자연과 기술에 의해 난공불락이라고 인정해야 할 만큼 강력해질 수 있다. 이런 진지는 유리한 전쟁터라는 의미에서 완전히 벗어나서 하나의 독자적인 의미를 갖게 된다. 이 장에서는 그런 진지의 특성을 살펴볼 것이고, 그것이 요새와 비슷한 성질을 갖고 있기 때문에 요새 진지라고 부를 것이다.

요새 진지는 요새의 보호 아래에 있는 보루 진지와 달리 단지 축성 공사만으로 쉽게 만들 수 있는 것이 아니다. 단순히 천연 장애물만으로 요새 진지를 만드는 것은 더 어렵다. 자연과 기술이 늘 같이 있어야 하고, 그래서 요새 진지는 흔히 보루 진지라고 불리기도 한다. 하지만 보루 진지라는 이름은 본래 어느 정도 보루를 갖추고 있는 모든 진지에 통용될 수 있고, 그래서 여기에서 말하고 있는 요새 진지의 성질과 아무런 공통점을 갖지 않는다.

요새 진지의 목적은 이 진지에 배치된 전투력을 적이 공격할 수 없는 것이나 다름없게 하는 것이고, 그래서 **실제로** 어느 공간을 직접 보호하는 것이다. 그렇지 않으면 이 공간에 배치되어 있는 **전투력만** 보호하는 것인데, 그러면 이 전투력을 갖고 다른 방식으로 어느 지역을 간접적으로 보호할 수 있다. 공간의 보호는 이전의 많은 전쟁의 방어선에서, 특히 프랑스의 국경에서 중요했고, 전투력의 보호는 모든 방향에 정면을 두고 있는 진지와 요새의 보호 아래에 있는 보루 진지에서 중요했다.

　구체적으로 말해 어느 진지의 정면이 보루나 접근을 막는 장애물 때문에 적이 공격할 수 없을 만큼 강력하다면, 적은 측면이나 배후에서 공격을 하려고 진지를 우회하지 않을 수 없다. 이 우회를 쉽게 할 수 없게 하려면 이 선을 측면에서 상당한 정도로 지원하는 근거 지점이 필요했다. 예를 들어 알자스 지방의[1] 선에 있는 라인 강이나 보주 산맥과 같은 지점이 필요했다. 그런 선의 정면이 길수록 적의 우회에 대해 정면을 그만큼 일찍 보호할 수 있었는데, 모든 우회에는 우회하는 군대에게 늘 어느 정도의 위험이 따르기 때문이다. 그리고 이 위험의 정도는 병력이 본래의 방향에서 벗어나야 하는 만큼 높아진다. 그래서 적이 공격할 수 없을 만큼 강력하고 매우 길게 펼쳐진 정면과 훌륭한 근거 지점을 갖고 있으면, 방어자는 매우 넓은 공간을 적의 침입으로부터 직접 보호할 수 있었다. 적어도 아래의 두 가지 시설은 이런 종류의 생각에서 비롯되었다. 오른쪽 측면에 라인 강을 두고 왼쪽 측면에 보주 산맥을 둔 알자스 지방의 선이 그런 경우였고, 오른쪽 측면에 스헬더 강과[2] 투르네 요새를[3] 두고 왼쪽 측면에 바다를 두고 있는 15마일에 걸친 플랑드르의 선이 그런 경우였다.

　길고 강력한 정면과 훌륭한 근거 지점이라는 수단이 없는 곳에서 보루에 배치된 전투력만으로 그 지역을 보호해야 한다면, 모든 방향으로 정면을 갖도록 전투력과 진지를 배치하여 적의 우회에 대해 전투력을 보호해야 한다. 이제 직접 보호받고 있는 공간이라는 개념은 사라진다. 그런 진지는 전략적으로 하나의 점으로 보이기 때문이다. 이제 보호받고 있는 것은 전투력뿐이고, 전투력은 이를 통해 그 지역을 보호할 수 있어야 한다. 즉 그 **지역에**

---

1. 알자스(Elsaß, Alsace), 현재 프랑스의 동부 지방. 17세기부터 정치적으로 프랑스와 독일 제국에 번갈아 속하는 일이 몇 번 반복되었다.
2. 스헬더 강(Schelde, Scheldt). 프랑스에서 벨기에와 네덜란드를 지나 북해로 흐르는 강. 프랑스에서는 에스코 강(Escuat)으로 부른다.
3. 투르네(Tournai), 현재 벨기에 남서쪽에 있는 도시. 스헬더 강변, 발랑시엔에서 약간 북서쪽으로 약 30킬로미터에 있다.

서 자신을 보호할 수 있어야 한다. 이런 진지는 더 이상 우회할 수 없다. 달리 말하면 진지의 측면과 배후가 다른 부분보다 약하다는 이유로 그 진지를 더 이상 공격할 수 없다. 이런 진지는 어디에나 정면을 두고 있고 어디에서나 똑같이 강력하기 때문이다. 하지만 이런 진지도 통과할 수는 있고, 그것도 보루선보다 훨씬 일찍 통과할 수 있다. 전략적으로 점과 같은 진지는 거의 넓게 퍼져 있지 않기 때문이다.

요새의 보호 아래에 있는 보루 진지는 본질적으로 이 두 번째 종류에 해당한다. 이 보루 진지는 그 안에 집결된 전투력을 보호하는 임무를 맡고 있기 때문이다. 이 보루 진지의 그 이상의 전략적인 의미, 즉 보호받고 있는 이 전투력을 쓰는 일은 다른 보루 진지와 약간 다른 의미를 갖고 있다.

여러 가지 종류의 방어 수단의 발생에 대해 설명했기 때문에 이제 세 가지의 방어 수단의 가치를 살펴보고자 한다. 세 가지의 방어 수단을 보루선, 요새 진지, 요새의 보호 아래에 있는 보루 진지라는 이름으로 구분하고자 한다.

1. 보루선. 보루선은 초병선 전쟁에서[4] 제일 해로운 종류의 방어 수단이다. 보루선은 공격자의 움직임을 방해하는데, 이는 강력한 포병으로 보호되는 경우에만 의미를 갖고 그 자체만으로는 무용지물이나 다름없다. 그런데 군대가 포격으로 효과를 낼 수 있는 면적은 나라의 면적에 비하면 언제나 매우 작을 수밖에 없다. 그래서 보루선은 매우 짧아야 할 것이고, 그 결과로 보루선이 보호할 수 있는 지역도 크게 제한될 것이다. 그렇지 않으면 그 군대는 모든 지점을 확실하게 방어할 수 없게 될 것이다. 그래서 사람들은 보루선의 모든 지점을 점령하는 것이 아니라 관찰만 하고, 이미 배치되어 있는 예비 병력으로 방어하면 된다고 (중간 정도 넓이의 강처럼 방어할 수 있다고) 생각하게

---

4. 초병선은 국경을 방어하려고 국경선의 요소에 초병을 배치하는 것처럼 보루를 이어 놓은 선이다. 하지만 그러면 병력이 많이 분산되고 중요한 지점에서 강력한 저항을 할 수 없기 때문에 매우 불리한 방어 방식으로 간주되었다. 이 방식에 따르는 방어 전쟁을 초병선 전쟁이라고 한다. 이에 대해서는 이 편의 제22장 참조.

되었다. 하지만 이 방식은 보루선의 본질에 맞지 않는다. 어느 지역에 그런 방식으로 방어할 수 있을 만큼 자연적인 장애물이 많다면 보루는 쓸모없고 위험할 것이다. 그런 식의 방어는 그 지역에 국한되는 것이 아니지만, 보루는 오직 그 지역을 방어하려고 만들었기 때문이다. 보루 자체는 적의 접근을 막는 중요한 장애물로 볼 수 있지만, 포병으로 **보호받지 못하는** 보루가 적의 접근을 막는 장애물로서 무력하다는 것은 말할 것도 없다. 12피트나 15피트 정도의 깊은 웅덩이와 10피트에서 12피트 정도 높이의 담이 밀물처럼 밀려드는 몇천 명의 적 앞에서 무슨 소용이 있겠는가? 아군의 포격으로 적의 전진을 방해하지 못한다면 그 보루는 금방 무너질 것이다. 그래서 결론은 다음과 같다. 즉 보루선이 짧고 보루선을 방어하고 있는 병력이 비교적 많다면, 공격자는 그 보루선을 우회한다. 그렇지 않고 보루선이 길고 보루선을 방어하는 병력이 많지 않으면, 그 보루선은 별 어려움 없이 정면에서 공격자에게 점령된다.

이와 같은 보루선은 전투력을 국지적인 방어에 묶어 두고 전투력의 모든 움직임을 **빼앗기** 때문에 모험적인 적에 대해서는 매우 잘못 고안된 수단이다. 그럼에도 보루선이 오늘날의 전쟁에서 매우 오랫동안 쓰인 이유는 단지 전쟁의 격렬함이 약해졌고, 그래서 표면상의 어려움을 때로 현실상의 어려움이라고 생각했기 때문이다. 덧붙여 말하면 보루선은 대부분의 원정에서 단지 적의 순찰대를 막는 부차적인 방어 수단으로 쓰였다. 보루선을 이런 식으로 쓰는 것이 아무런 효과를 내지 못했다고 말할 수는 없지만, 이와 동시에 보루선을 방어하는데 필요한 군대를 다른 지점에서 쓴다면 얼마나 더 큰 효과를 낼 수 있었을지 생각해야 한다. 최근의 전쟁에서는 보루선이 전혀 화제에 오르지 않았고 화제에 오른 흔적도 보이지 않는다. 보루선이 언제 다시 나타나게 될지도 의심스럽다.

2. 요새 진지. 어느 지역의 방어는 (제27장에서 자세히 보게 될 것인데) 그 지역을 방어하게 되어 있는 전투력이 그 지역을 점령하고 있는 한 계속되고, 그 전투력이 그 지역을 포기하고 떠날 때 비로소 끝난다.

어느 전투력이 매우 우세한 적의 공격을 받고 있는 지역을 점령해야 한다면, 이 전투력을 적의 공격을 받지 않을 진지에 두고 적의 무력으로부터 보호하는 수단이 필요하게 된다.

그런 진지는 이미 말한 것처럼 모든 방향에 정면을 갖고 있어야 하기 때문에 전투력을 전술적으로 배치하는 **보통 넓이의** 지역에서 전투력이 매우 **많지 않은 경우에** (이것은 여기에서 생각하고 있는 경우의 본질에 맞지 않는데) 매우 작은 공간만 차지하게 될 것이다. 공간이 작으면 전투를 하는 동안 매우 불리한 상태에 빠질 것이고, 그래서 보루를 통해 진지를 아무리 보강해도 효과적인 저항을 한다는 것은 거의 생각할 수 없을 것이다. 그래서 모든 방향을 향해 정면을 갖고 있는 진지는 반드시 모든 방향으로 비교적 넓은 면적의 공간을 갖고 있어야 한다. 그럼에도 이 모든 방향은 적이 공격할 수 없는 것이나 다름없이 강력해야 한다. 공간의 면적이 넓은데도 진지의 모든 방향을 강력하게 만들려면 축성술만으로는 충분하지 않다. 그래서 그 진지를 지형의 장애물을 통해 강력하게 만드는 것이 기본적인 조건이다. 그러면 진지의 많은 부분에 전혀 접근할 수 없고, 다른 부분에 접근하는 것도 매우 어렵게 된다. 이런 방어 수단을 쓸 수 있으려면 진지 부근에 그런 지형이 있어야 하고, 그런 지형이 없을 때는 단지 보루만으로 목적을 이룰 수 없을 것이다. 이런 고찰은 전술적인 결과와 관련되는데, 이것을 살펴본 다음에 비로소 전략적인 수단과 관련되는 것을 적절하게 밝힐 수 있을 것이다. 이 문제를 분명하게 이해하는 데는 피르나,[5] 분첼비츠,[6] 콜베르크,[7] 토레스베드라스, 드리사의[8] 예로

---

5. 피르나(Pirna), 작센의 도시. 드레스덴에서 남동쪽으로 약 18킬로미터에 있다. 7년 전쟁 때 작센의 군대는 피르나의 보루 진지에서 프리드리히 대왕에게 포위되어(1756년 9월 10일) 탈출했지만(10월 12일) 퇴로를 차단당하여 항복했다.

6. 7년 전쟁에서 프리드리히 대왕은 분첼비츠에 보루 진지를 설치하여(1761년 8월 20일~9월 25일) 작센에 주둔하고 있던 오스트리아 군대와 러시아 군대의 합류를 막았다.

7. 콜베르크(Kolberg), 현재 폴란드의 포모제 서부 지방에 있는 해안 도시. 폴란드에서는 콜로브제크(Kołobrzeg)라고 한다. 발트 해 연안을 흐르는 파르셍타 강어귀에 있고 바르샤바에서 북서쪽으로 약 470킬로미터 떨어져 있다. 7년 전쟁에서 프로이센 군대는 콜베르크의 보루 진지에 근거 지점을 마련했지만(1761년 6월 4일~12월 16일) 식량이 떨어져서 러시아 군대에게 항복했다.

충분할 것이다. 이제 요새 진지의 전략적인 특성과 효과를 알아보도록 한다.

전략적인 측면에서 볼 때 첫 번째 조건은 당연히 이 진지에 배치된 전투력이 일정한 기간, 즉 진지의 효과를 내는데 필요하다고 생각하는 동안 식량을 확보해야 한다는 것이다. 이는 다음과 같은 경우에만 일어날 수 있다. 즉 콜베르크와 토레스베드라스처럼 진지가 배후에 항구를 두고 있을 때, 분첼비츠와 피르나처럼 진지가 요새와 긴밀하게 연결되어 있을 때, 드리사처럼 진지 안이나 그 근처에 많은 식량을 갖고 있을 때 등이다.

첫 번째 경우에만 식량을 충분히 조달할 수 있을 것이다. 두 번째와 세 번째 경우에는 그 확률이 반반이고, 그래서 이미 이 점에서 늘 위험이 따른다. 이것으로 알 수 있는 것처럼, 이 조건이 식량을 조달할 수 없다는 이유 때문에 그 밖의 다른 측면에서는 보루 진지로서 적합한 많은 지점을 요새 진지에서 제외하게 한다. 그래서 요새 진지로서 적합한 지점은 드물다.

그런 진지의 효과, 유리함, 위험을 알려면 공격자가 그 진지에 대해 무엇을 할 수 있는지 물어보아야 한다.

a) 공격자는 요새 진지를 통과할 수 있고 행동을 계속할 수 있고 크고 작은 군대로 그 진지를 관찰할 수 있다.

여기에서는 두 가지 경우를 구분해야 하는데, 방어자의 주력 군대가 보루 진지를 방어하고 있는 경우와 하위의 전투력이 보루 진지를 방어하고 있는 경우이다.

첫 번째 경우에 보루 진지를 통과하는 것은 방어자의 주력 군대 이외에 공격자가 얻을 수 있는 또 다른 결정적인 공격의 대상이 있을 때만, 예를 들어 요새나 수도 등을 점령하려고 할 때만 공격자에게 약간이나마 도움을 줄 수 있다. 그런 공격의 대상이 있다고 해도 그 목적을 추구할 수 있으려면 강력한 기지와 좋은 위치에 있는 병참선에 의해 공격자의 전략적인 측면이 위협받을

---

8. 드리사(Drissa), 현재 지명은 버흐네드빈스크(Werchnjadswinsk)이고 벨라루스의 작은 도시. 다우가바 강변에 있고, 빌나에서 북동쪽으로 약 240킬로미터 떨어져 있다. 러시아 군대는 드리사에 보루 진지를 구축하고(1812년 7월 9~14일) 나폴레옹의 군대에게 저항했다.

걱정이 없어야 한다.

이를 통해 요새 진지의 효과는 방어자의 주력 군대에게 다음과 같은 두 가지 경우에만 나타날 것이라고 추론할 수 있다. 즉 공격자의 전략적인 측면에 미치는 영향이 확실하기 때문에 방어자에게 해를 입히지 않는 지점에 공격자를 묶어 두는 것을 미리 확신할 수 있는 경우이다. 혹은 공격자에게 빼앗길 수 있다고 염려해야 하는 대상이 방어자에게 전혀 없는 경우이다. 이와 반대로 그런 공격 대상이 있고, 이때 공격자의 전략적인 측면이 충분히 위협을 받지 않는다면, 그 진지는 전혀 유지될 수 없든지 혹은 겉으로만 유지되고 있든지 혹은 공격자가 그 진지의 의의를 인정하려고 하는지 아닌지 시험하려고 유지되는데 지나지 않는다. 그러면 진지를 유지하고 있다고 해도 방어자는 위협을 받은 지점에 더 이상 도달할 수 없다는 위험이 생긴다.

단지 하위의 전투력이 요새 진지를 방어하고 있는 경우에는 공격자에게 진지에 있는 전투력 외에도 다른 공격 대상이 결코 없을 수 없다. 그 대상이 방어자의 주력 군대일 수 있기 때문이다. 그래서 이런 경우에 진지의 의미는 전적으로 공격자의 전략적인 측면에 미칠 수 있는 효과로 제한되고 이 조건의 제약을 받게 된다.

b) 공격자가 진지를 통과하려는 모험을 하지 않는 경우에 공격자는 진지를 정식으로 포위할 수 있고, 진지의 병력을 굶주림에 빠뜨려서 항복을 강요할 수 있다. 하지만 이는 두 가지 조건을 전제로 한다. 첫째로 진지에 후퇴할 수 있는 자유로운 배후가 없어야 한다. 둘째로 공격자에게 그런 포위를 할 만큼 충분히 많은 병력이 있어야 한다. 이 두 가지 조건이 충족된다면, 공격하는 군대는 요새 진지를 포위하느라고 잠시 전진을 하지 못할 것이다. 하지만 진지를 포위당하면 방어자는 방어의 힘을 잃게 되는데, 이는 공격자가 전진을 하지 못해서 얻게 되는 유리함에 대해 지불해야 하는 희생이다.

이상의 논의에 의해 방어자가 주력 군대로 그런 요새 진지를 방어하는 것은 다음과 같은 경우뿐이라는 결론이 나온다.

aa) 토레스베드라스와 같이 상당히 안전한 배후를 갖고 있는 경우.

bb) 적의 병력이 아군의 진지를 정식으로 포위할 만큼 충분히 많지 않다는 것을 아군이 예상하는 경우. 적의 병력이 충분히 많지 않은데도 적이 아군의 진지를 포위하려고 한다면, 아군은 진지에서 순조롭게 출격하여 적을 하나하나 쓰러뜨릴 수 있을 것이다.

cc) 포위를 풀 수 있다고 예상하는 경우. 작센 군대가 1756년에 피르나에서 했던 것이 이 경우에 해당한다. 근본적으로 1757년에 프라하 전투 이후에 일어난 일도 이 경우에 해당하는데, 프라하 자체는 하나의 보루 진지처럼 간주할 수밖에 없었기 때문이다. 카알 왕자는[9] 모라비아 군대의 구원을 예상하고 있었기 때문에 프라하의 진지에서 포위당하는 것을 두렵게 생각하지 않았다.

그래서 주력 군대로 어느 요새 진지를 방어하는 선택이 정당화되려면, 앞의 세 가지 조건 중에 어느 하나는 반드시 충족되어야 한다. 하지만 둘째와 셋째 조건에서는 방어자도 매우 큰 위험에 빠질 수 있다는 것을 잊어서는 안 된다.

하지만 전체를 최고의 상태로 유지하는데 필요한 경우에 하위 부대는 희생될 수도 있는데, 이런 부대에 의해 진지를 방어하는 것이라면 앞에서 말한 조건은 없어진다. 이 경우에는 그런 희생으로 더 큰 불행을 막을 수 있는지 없는지 하는 것만 문제 된다. 이런 경우는 아마 매우 드물 테지만, 그럼에도 생각할 수 없는 것은 아니다. 피르나의 보루 진지는 이미 1756년에 프리드리히 대왕이 보헤미아를 공격하는 것을 막았다. 오스트리아 군대는 그 당시에 별로 준비를 하지 못했기 때문에 오스트리아의 패배는 의심할 수 없는 것처럼 보였다. 그렇게 되었다면 아마 피르나의 진지에서 프리드리히 대왕에게 항복한 17,000명의 동맹 군대의[10] 병력보다 많은 인명 손실로 이어졌을 것이다.

c) 앞의 a)와 b)에서 언급한 행동이 공격자에 의해 수행되지 않는다면,

---

9. 카알 왕자는 아래의 제30장에 나오는 카알 폰 로트링엔을 말한다.
10. 이때 동맹 군대는 오스트리아와 작센의 동맹 군대.

그래서 방어자에 대해 언급한 aa), bb), cc)의 조건이 모두 충족된다면, 공격자는 당연히 진지 앞에 머물러 있는 것 외에 달리 할 일이 없게 된다. 이는 마치 닭장 앞에 머물러 있는 개와 같다. 공격자는 고작해야 병력을 파견하여 그 지역에 되도록 넓게 배치할 수밖에 없고, 이런 사소하고 중요하지 않은 이익에 만족할 수밖에 없고, 그 지역을 점령하려는 결정적인 공격은 후일에 맡겨둘 수밖에 없다. 이런 경우에 진지는 그 목적을 충분히 달성했다고 할 수 있다.

3. 요새의 보호 아래에 있는 보루 진지. 이런 진지는 앞에서 말한 것처럼, 그 목적이 적의 공격에 대해 어느 공간이 아니라 전투력을 보호하는데 있는 한 일반적으로 보루 진지의 종류에 속한다. 다만 이것이 다른 보루 진지와 다른 점은 요새와 분리될 수 없는 전체를 이루고 있고, 이 때문에 당연히 다른 보루 진지보다 훨씬 강력하다는 것이다.

이런 점 때문에 다음과 같은 특징도 생겨난다.

a) 이런 종류의 보루 진지에는 요새에 대한 적의 포위를 완전히 불가능하게 하거나 매우 곤란하게 하는 특별한 목적이 더 있을 수 있다. 요새가 항구에 있고 이 항구가 봉쇄되어서는 안 된다면, 그 특별한 목적은 군대의 큰 희생을 치르고라도 이룰 만큼 중요할 것이다. 다른 모든 경우에는 많은 병력의 손실에 비례해서 이 요새가 굶주림에 의해 지나치게 일찍 무너질 수 있다는 두려움이 있다.

b) 요새의 보호 아래에 있는 보루 진지는 넓은 들판에 있는 보루 진지보다 소규모의 병력을 수용하려고 마련된 것이다. 4천 명에서 5천 명에 이르는 병력은 요새의 담 아래 있을 때는 정복할 수 없지만, 넓은 들판에서는 제일 강력한 진지에 있을 때도 전멸을 당할 수 있다.

c) 이 진지는 정신적으로 아직 성숙하지 않은 전투력을 집결하고 훈련하는데 쓰일 수 있다. 그러면 그들도 요새의 담벼락의 보호 없이 적과 맞닥뜨릴 수 있을 것이다. 신병, 민병대, 농민군 등을 말한다.

그래서 이 진지가 엄청난 불리함을 주지 않는다면, 진지에 있는 수비대의 인원 부족으로 요새에 어느 정도 해를 입히지 않는다면, 이 진지는 다방면에 걸쳐 유용한 수단으로서 적극적으로 추천할 만하다. 하지만 요새에 늘 수비대를 두고 이 수비대로 보루 진지도 어느 정도 방어한다는 것은 방어자에게 지나치게 부담스러운 조건이 될 것이다.

그래서 우리는 이 진지를 주로 해안가에만 추천하는 편이고, 다른 모든 경우에는 유익하기보다 해로운 것으로 생각하는 편이다.

마지막으로 우리의 견해를 전체적으로 요약하면 요새 진지와 보루 진지는

1. 나라의 면적이 작을수록 또는 피할 수 있는 공간이 좁을수록 그만큼 없어서는 안 된다.

2. 다른 나라의 전투력, 혹독한 계절, 인민 봉기, 공격자의 물자 부족 등을 통해 도움을 받고 포위를 풀 수 있다는 예상이 확실할수록 그만큼 덜 위험하다.

3. 적의 공격의 기본적인 힘이 약할수록 그만큼 큰 효과를 낸다.

[지도 20] 스헬더 강

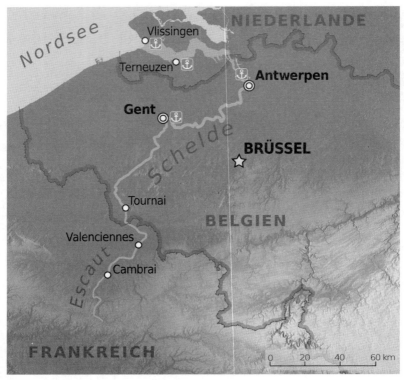

프랑스, 벨기에, 네덜란드를 흐르는 스헬더 강
File:BelgiumGeography.png에 기초하여 작성.
작가 TomGonzales
Schelde Relief (fr).png에서 파생된 그림
업로드 2011. 5. 13
업데이트 2011. 6. 13

스헬더 강은 길이 약 350킬로미터로 프랑스 북부, 벨기에 서부, 네덜란드 남서 지방을 흐른다. 프랑스 북부의 구이(Gouy)에서 발원한다. 캉브레와 발랑시엔을 지나 벨기에의 투르네 지방으로 흐른다.

제14장

측면 진지

보통의 군사 사상계에서 매우 중요하게 여기는 측면 진지의 개념을[1] 단지 좀 더 쉽게 만날 수 있게 하려고 사전의 낱말 수록 방식에 따라 여기에 하나의 독립된 장을 만들었다. 하지만 그것이 하나의 독립된 주제를 뜻한다고 생각하지는 않는다.

적이 진지를 통과해도 유지하고 있어야 하는 모든 진지는 측면 진지이다. 적이 진지를 통과하는 순간부터 그 진지는 적의 전략적인 측면에 나타내는 효과 이외에 다른 효과를 낼 수 없기 때문이다. 그래서 모든 요새 진지는 요새 진지인 동시에 측면 진지일 수밖에 없다. 적은 요새 진지를 공격할 수 없고, 그래서 요새 진지를 통과할 수밖에 없기 때문에 요새 진지는 적의 전략적인 측면에 효과를 나타낼 때만 그 중요성을 인정받을 수 있기 때문이다. 요새 진지의 본래의 정면이 어떤 모습을 하고 있는지, 즉 콜베르크의 진지처럼 적의 전략적인 측면과 평행으로 있는지 아니면 분첼비츠와 드리사의 진지처럼 수직으로 있는지 하는 문제는 전혀 중요하지 않은 문제이다. 요새 진지는 모든 방향에 대해 정면을 이루어야 하기 때문이다.

---

1. 측면 진지는 공격자의 전진 방향의 옆에 그 방향과 평행으로 혹은 비스듬히 있는 진지를 말한다.

적이 공격을 할 수 없을 만큼 강력하지 않은 진지에서도 그리고 적이 이 진지를 통과하는 데도 아군은 그 진지를 계속 유지하려는 목적을 가질 수 있다. 다시 말해 진지의 위치가 아군의 후퇴로나 병참선에 매우 유리하게 작용하는 경우에, 그래서 전진하는 적의 전략적인 측면에 효과적인 공격을 할 수 있을 뿐만 아니라 적이 후퇴를 걱정하느라고 아군의 후퇴를 전혀 막을 수 없는 경우에 그런 목적을 가질 수 있다. 적이 아군의 퇴로를 막을 수 있다면 그 진지는 요새 진지가 아니기 때문에, 즉 공격을 당하지 않는 진지가 아니기 때문에 아군은 퇴로 없이 싸우는 위험에 빠질 것이다.

이것은 1806년의 예를 들어[2] 설명할 수 있다. 프로이센 군대를 잘레 강의 오른쪽 기슭에 배치한 것은 정면을 잘레 강으로 향하고 이 진지에서 다음 상황을 기다린 것이다. 하지만 이런 배치는 호프를[3] 지나서 전진하는 보나파르트의 군대에 대해 완전한 측면 진지가 될 수 있었다.

이때 프로이센의 군대와 보나파르트의 군대 사이에 물리적인 힘과[4] 정신적인 힘의 불균형이 그처럼 심하지 않았다면, 또 다운과 같은 무능한 장군이 프랑스 군대를 이끌고 있었다면, 프로이센 군대의 진지는 최고로 빛나는 성과를 보여 주었을 것이다. 그 진지를 통과하는 것은 완전히 불가능했고, 이것은 보나파르트 자신도 인정하고 있었다. 그래서 그는 이 진지를 공격하기로 결심한 것이다. 그 진지의 퇴로를 차단하는 것은 보나파르트라고 해도 완전하게 성공하지 못했다. 두 군대 사이에 물리적인 힘과 정신적인 힘의 불균형이 좀 더 적었다면, 보나파르트는 진지를 통과하지 못했던 것처럼 퇴로도 차단하지 못했을 것이다. 프로이센 군대의 왼쪽 측면이 압도당하는 것은 프랑스 군대의 왼쪽 측면이 압도당하는 것보다 훨씬 덜 위험했기 때문이다. 물리

---

2. 아래에 설명하는 예나 전투(1806년 10월 14일)를 말한다.
3. 호프(Hof), 현재 바이에른 주의 북서쪽에 있는 도시. 잘레 강변에 있고 드레스덴에서 남서쪽으로 약 170킬로미터 떨어져 있다. 호프 지역의 소유는 18세말과 19세기 초에 프로이센에서 프랑스로, 그리고 프랑스에서 바이에른 왕국으로 옮겨졌다.
4. 이 전투에 투입된 프로이센 군대는 145,000명이었고 프랑스 군대는 180,000명이었다.

적인 힘과 정신적인 힘의 불균형이 있었다고 해도 프로이센 군대에 결단력과 신중함을 갖춘 최고 지휘관이 있었다면 승리에 대한 희망을 품을 수 있었을 것이다. 보나파르트가 예나와 도른부르크에서[5] 잘레 강을 건너게 한 병력은 60,000명이었고, 이에 대해 브라운슈바이크[6] 공작은 14일 아침에 날이 밝자 80,000명을 집결했다. 이는 공작이 그 전날인 13일에 준비한 것인데, 공작의 이런 노력을 아무도 막을 수 없었다. 프로이센 군대의 수의 우세와 프랑스 군대의 배후에 있는 잘레 강의 험준한 계곡이 프로이센 군대에게 결정적인 승리를 주는데 충분하지 않았다고 해도 이 전투 자체는 프로이센 군대에게 매우 유리한 결과였다고 말해야 한다. 그리고 이런 결과로도 결정적인 승리를 얻을 수 없었다면, 이 지역에서 승패의 결정에 대해서는 생각하지 말고 계속 후퇴하면서 전력을 강화하여 적을 약하게 만드는 수밖에 없었을 것이다.

적이 잘레 강변에 있는 프로이센 군대의 진지를 공격할 수 있었다고 해도 그 진지는 호프를 지나 이 진지로 이어지는 도로에 대해서는 측면 진지로 간주할 수 있었다. 다만 이 진지에서 측면 진지의 특징은 절대적인 것이 아니었고, 이는 공격을 할 수 있는 다른 모든 진지에서도 마찬가지였을 것이다. 프로이센 군대의 진지는 적이 이 진지에 대해 공격을 감행하지 않는 경우에만 비로소 측면 진지의 역할을 할 수 있었기 때문이다.

공격자가 방어자의 진지를 통과하는 것을 견딜 수 없고, 그래서 이 진지에서 공격자의 측면을 공격하는 일이 있는데, 이때 그 공격이 단지 측면에서 일어난다는 이유 때문에 그 진지에도 **측면 진지**라는 이름을 붙이려고 한다면 이것은 올바른 생각이라고 할 수 없을 것이다. 측면 공격은 진지 자체와 거의 상관이 없든지, 혹은 적어도 본질적으로는 진지의 특성에서 나오지 않기 때문이다. 진지의 특성에서 비롯되는 것은 전략적인 측면에 영향을 미치는 경

---

5. 도른부르크(Dornburg), 예나에서 북동쪽으로 약 11킬로미터에 있는 작은 도시. 잘레 강변에 있다.
6. 브라운슈바이크(Karl Wilhelm Ferdinand von Braunschweig-Wolfenbüttel, 1735~1806), 프로이센의 원수.

우뿐이다.

어쨌든 이상의 논의로 측면 진지의 특성에 대해 새롭게 밝혀내야 할 것은 하나도 없다는 것이 분명해졌다. 그래서 여기에서는 이 수단의 성격에 대해 몇 마디 덧붙이는 것으로 충분할 것이다.

본래의 요새 진지에 대해서는 충분히 언급했기 때문에 여기에서는 말하지 않도록 한다.

적이 공격할 수 있는 측면 진지는 방어자에게 매우 효과적인 수단이기도 하지만, 그 때문에 그만큼 위험한 수단이기도 하다. 방어자가 이 진지로 공격자의 전진을 막는다면 이것은 힘을 약간만 소모하고 큰 효과를 얻은 것이다. 이는 마치 새끼손가락으로 긴 지렛대를 누르는 것과 같다. 그런데 측면 진지의 효과가 너무 약해서 공격자의 전진을 막을 수 없다면 방어자의 퇴로는 막힌 것이나 다름없다. 이때 방어자는 재빨리 우회하여 그처럼 불리한 상황에서 벗어나야 한다. 그렇지 않으면 방어자는 퇴로 없이 싸우는 위험에 빠지게 된다. 그래서 과감하고 강한 정신력을 갖고 있는 적이 강력한 결전을 하려고 할 때 그 수단은 극히 모험적인 수단이고, 결코 적절한 수단이라고 할 수 없다. 이는 앞의 1806년의 전쟁이 증명하는 것과 같다. 이와 반대로 적이 신중하게 행동하고 단지 정찰 전쟁에만 만족한다면, 그 수단은 유능한 방어자가 쓸 수 있는 최고 수단의 하나라고 할 수 있다. 페르디난트[7] 공작이 베저 강의 왼쪽 기슭에 있는 진지로 베저 강을[8] 방어한 것이 이런 예에 해당하고, 슈모트자이펜과[9] 란데스훗에[10] 있는 유명한 진지가 이런 예에 해당한다. 물론 란데

---

7. 페르디난트(Ferdinand von Braunschweig-Wolfenbüttel, 1721~1792), 프로이센의 원수.

8. 베저 강(Weser), 현재 독일 니더작센의 강. 길이는 약 451킬로미터. 7년 전쟁에서 페르디난트 공작이 이끄는 프로이센 군대는 프랑스 군대를 베저 강 하류인 민덴 부근에서 무찔렀다 (1759년 8월 1일).

9. 슈모트자이펜(Schmottseifen), 슐레지엔의 작은 도시. 현재 폴란드의 남서쪽에 있다. 보브르 강 상류의 뢰벤베르크의 남쪽에 있는 진지. 프로이센 군대는 슈모트자이펜 부근에서 보루 진지에 들어 슐레지엔에서 작센에 이르는 병참선을 보호했다.

10. 란데스훗(Landeshut), 당시에 슐레지엔의 도시. 현재 폴란드의 카미엔나구라(Kamienna Góra). 옐레니아구라에서 남동쪽으로 26킬로미터에 있다.

스훗의 진지는 1760년에 푸케[11] 군단의 비참한 결말에서[12] 보는 것처럼, 진지를 잘못 이용하여 생기는 위험을 동시에 보여 준다.

---

11. 푸케(Heinrich August de la Motte Fouqué, 1698~1774), 프로이센의 장군.
12. 푸케 군단은 란데스훗의 진지를 방어했으나 오스트리아 군대에게 크게 패배했다(1760년 6월 23일).

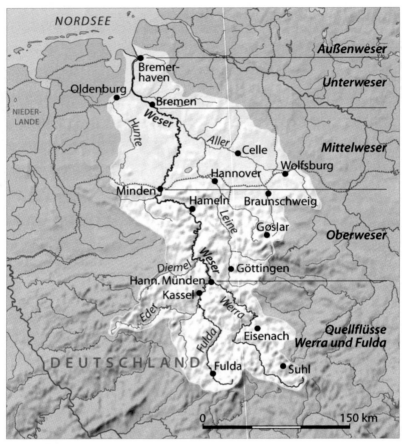

베저 강과 그 지류
출처 GTOPO-30 Elevation Data by USGS로 작가 직접 그림.
작가 NordNordWest
업로드 NordNordWest 2008. 4. 4
업데이트 Nin-TD 2012. 10. 3

베저 강은 풀다 강과 베라 강이 뮌덴에서 합류하면서 시작된다. 뮌덴 부근에서 시작하여 민덴과 브레멘을 지나 북해로 흐른다. 베저 강이 수원(水源), 상류, 중류, 하류, 외류(外流)로 구분되어 있다. 베저 강 중류에서 알러 강이 합류하고 있다. 지도 왼쪽 윗부분에 네덜란드 영토가 약간 보인다.

제15장

산악 방어

　산악 지형이 전쟁을 수행하는데 미치는 영향은 매우 크고, 그래서 이 문제는 이론에서 매우 중요하다. 이 영향은 공격자의 행동을 막는 것이기 때문에 먼저 방어에 속하는 문제이다. 하지만 우리는 여기에서 좁은 의미의 산악 방어에 머물지 않은 상태에서 이 문제를 논의할 것이다. 이 문제를 살펴보면서 많은 점에서 보통의 견해와 반대되는 결론을 발견했기 때문에 많은 분석을 해야 할 것이다.

　우리는 먼저 이 문제의 전술적인 성질을 살펴본 다음에 이에 대한 전략적인 연결점을 찾을 것이다.

　긴 종대를 이끌고 산길을 행군할 때는 끝없는 어려움을 겪는다. 산에 있는 초병 부대의 정면은 험한 벼랑을 이루어서 보호를 받고 있고, 좌우에 의지할 수 있는 깊은 계곡을 두고 있기 때문에 산에서는 어느 하나의 작은 초병 부대도 엄청난 힘을 얻게 된다. 이 두 가지 상황, 즉 공격자가 겪는 어려움과 산에 있는 초병 부대의 힘은 말할 것도 없이 오래전부터 산악 방어에 일반적으로 높은 수준의 효과와 힘을 부여한 중요한 요소이다. 다만 어느 시대에는 그 당시의 무장과 전술적인 특징 때문에 대규모의 전투력이 산으로부터 먼 곳에 머문 것에 지나지 않는다.

　뱀처럼 길게 늘어선 종대는 깊은 계곡을 따라 힘겹게 산을 오른다. 달팽

이처럼 느리게 산으로 계속 올라간다. 포병과 수송대는 지친 말들에게 큰소리로 욕설을 퍼부으며 채찍을 휘두르고, 말들이 험하고 좁은 산길을 올라가도록 재촉한다. 부서진 모든 마차들은 이루 말할 수 없는 고생을 해서 산길에서 치워야 한다. 그동안에 산 아래에서는 모든 것이 밀린다. 아래에 있는 병사들은 저주의 욕설을 퍼붓는다. 이렇게 되면 누구나 이 부대를 몰아내는 데는 산에 있는 병력 몇백 명만 있어도 충분할 것이라고 생각하게 된다. 그래서 역사 저술가들은 산의 좁은 길에서는 한 줌의 병사들도 적의 군대 전체를 막을 수 있을 것이라고 말했다. 그럼에도 전쟁을 알고 있는 사람이라면 누구나 다음과 같은 것을 알고 있고 또 알고 있어야 한다. 즉 산악 행군은 산악 공격과 별로 상관이 없든지 전혀 상관이 없다. 그래서 산악 행군이 이 **정도로** 힘들다고 해서 산악 공격이 훨씬 힘들 것이라는 결론을 내리는 것은 잘못이다.

전쟁 경험이 없는 사람은 당연히 이런 결론에 도달하고, 전쟁술도 어느 시대에는 자연스럽게 이런 오류에 빠져 있었다. 그 당시에 산악 전쟁은 전쟁 경험이 있는 사람이든 없는 사람이든 모두에게 거의 새로운 현상이었다. 30년 전쟁[1] 이전에는 전투 대형이 좁았고 기병이 많았고 화기는 아직 발달하지 않았다. 그 밖의 다른 특성 때문에 지형의 강력한 장애물을 이용하는 일은 매우 드물었고, 적어도 정규 군대로 정식으로 산악 방어를 하는 것은 거의 불가능했다. 그 후에 전투 대형이 넓어지고 보병과 보병의 총이 중요한 역할을 맡게 되면서 산과 계곡을 이용할 생각을 하게 되었다. 이런 생각이 최고 수준으로 발전한 것은 그로부터 100년이 지난 18세기 중반[2] 이후의 일이었다.

두 번째 상황은 강력한 저항 능력인데, 이것은 어느 소규모의 초병 부대가 적의 접근을 곤란하게 하는 곳에 배치되는 것을 통해 얻게 된다. 이 강력한 저항 능력이 산악 방어에 큰 힘이 있다는 결론을 내리게 하는데 훨씬 많은 역할을 담당했다. 심지어 그런 초병 부대를 몇 개만 늘리면 하나의 대대에

---

1. 30년 전쟁(1618~1648년).
2. 30년 전쟁으로부터 100년이 지난 시기는 제1차 슐레지엔 전쟁(1740~1742년), 제2차 슐레지엔 전쟁(1744~1745년), 그 후의 7년 전쟁(1756~1763년) 시대에 해당한다.

서 하나의 군대를 만들고, 하나의 산에서 하나의 산맥을 만들 수 있는 것처럼 보였다.

산에서 장소를 잘 선택하여 하나의 소규모 초병 부대를 배치하면 이 부대는 의심할 여지없이 특별한 힘을 발휘한다. 하나의 소규모 부대는 평지에서는 얼마 안 되는 기병 중대에게도 추격을 당할 것이고, 재빨리 후퇴하여 뿔뿔이 흩어지지 않고 포로로 잡히지만 않으면 다행이라고 말할 수 있을 것이다. 그런데 산에서는 일종의 전술적인 뻔뻔함이라고 할 수 있을 정도의 대담함으로 적의 군대 전체를 내려다볼 수 있고, 이 군대로 하여금 우회 등과 같은 방법론적인3 공격을 강요하는 명예로운 요구를 할 수 있다. 그 소규모의 부대가 적의 접근을 막는 장애물, 측면의 근거 지점, 후퇴로에 있는 새로운 진지 등을 통해 어떻게 이런 저항 능력을 얻게 되는지는 전술의 수준에서 설명해야 한다. 전략에서는 이런 것을 경험상의 명제로 받아들인다.

그런 강력한 초병 부대를 옆으로 많이 배치하면 적이 거의 공격할 수 없는 매우 강력한 정면을 갖게 된다고 생각하는 것은 매우 자연스러웠다. 그래서 적의 우회에 대해 초병 부대의 안전을 확보하는 것만 중요하게 생각했다. 이 안전은 초병 부대를 오른쪽과 왼쪽으로 넓게 배치해서, 즉 적의 군대 전체에 상응하는 근거 지점을 발견할 때까지 넓히든지, 아니면 적의 우회에 대해서도 안전하다고 생각할 수 있을 때까지 넓혀서 확보할 수 있었다. 산이 많은 나라는 특히 이런 생각을 하게 되었다. 그런 나라에는 초병 부대를 배치하는 데 적당한 지점이 매우 많고, 그중의 어느 하나도 다른 곳만큼 좋은 곳으로 보이기 때문에 어느 지점에서 장소의 선택을 그만두어야 할지 알 수 없기 때문이다. 그래서 어느 정도 넓은 공간에서는 산으로 오르는 하나하나의 모든 길을 약간의 분대 병력으로 점령하고 방어하는 것으로 선택을 끝냈다. 그리고 10개나 15개의 초병 부대로 하여금 약 10마일이 넘는 공간을 맡게 하면 적의 혐오스러운 우회 앞에서도 결국 휴식을 얻을 수 있다고 생각했다. 이 하나

---

3. 제1권 제2편 제4장의 방법론.

하나의 초병 부대는 적이 접근할 수 없는 지형에 의해 (종대로는 길이 아닌 곳으로 행군할 수 없기 때문에) 긴밀하게 연결되어 있는 것처럼 보였기 때문에 적을 철벽으로 막고 있다고 생각했다. 더욱이 몇 개의 보병 대대, 몇 개의 포병 중대, 10여 개의 기병 중대를 예비 병력으로 보유하고 있었는데, 이는 적이 절반의 기적으로 어디에서든지 산길을 돌파하는 경우에 대비하는 것이었다.

이런 생각이 역사적으로 완전히 과거에 속한다는 것은 아무도 부인하지 않을 것이다. 그런데 우리가 이런 잘못된 생각에서 완전히 벗어났다고 주장할 수도 없을 것 같다.

중세 이후에 전술이 발전되는 흐름은 군대 병력의 끊임없는 증대와 더불어 이루어졌다. 또한 이 흐름은 산악 지형을 군사 행동의 범주 안에 포함되게 하는데 이바지했다.

산악 방어의 중요한 성격은 철저한 수동성이다. 그래서 군대가 오늘날과 같은 이동성을 갖기 전에 산악 방어를 하려는 경향은 이런 측면에서 상당히 자연스러운 것이었다. 그 후로 군대의 병력은 점차 늘어났고, 화기의 발달에 따라 길고 얇은 선에 배치되었다. 이 선의 결합은 더 부자연스럽게 되었고, 선의 움직임은 매우 곤란해졌고 때로 불가능했다. 이 인위적인 기계를 배치하는데 한나절이 걸리는 경우도 자주 있었다. 전투의 절반, 그리고 오늘날 전투 계획을 이루는 거의 모든 것이 배치의 문제로 흡수되었다. 이 일을 한 번 끝내고 나면 새롭게 일어난 상황에 따라 배치를 바꾸는 것이 곤란했다. 그래서 나중에 전진하려고 준비하는 공격자는 방어자의 진지를 본 다음에 전진하게 되었고, 방어자는 공격자의 이 행동에 대응할 수 없다는 결론이 나왔다. 그래서 공격이 일반적으로 우세함을 얻었다. 방어는 지형의 장애물을 이용하여 병력을 보호하면서 우세함을 얻을 수밖에 없었는데, 이때 일반적인 효과를 내는 장애물로 산악 지형만한 것이 없었다. 사람들은 군대와 쓸모 있는 지형을 이를테면 접목하려고 노력했다. 그래서 이 둘이 공동의 일을 하게 되었다. 보병 대대는 산을 방어했고, 산은 보병 대대를 보호했다. 이런 식으로 수동적인 방어는 산악 지형에 의해 상당한 정도로 강력해졌다. 이 문제 자체에는 이동의 자유를 조금 더 잃는 것 외에 특별히 불리한 점은 없었다. 어차피 사람들이 그 당시에 이동의 자유를 특별하게 쓸 줄 알았던 것도 아니었다.

적대적인 두 체계가 대치하고 있을 때 한쪽의 허술한 부분, 즉 약한 지점은 늘 다른 쪽의 공격을 불러일으킨다. 방어자가 공격을 받지 않는 견고한 초병 부대에 못 박힌 것처럼 완강하게 자리를 잡고 있으면, 공격자는 그 때문에 오히려 대담하게 초병 부대를 우회하게 될 것이다. 공격자가 자기의 측면을 더 이상 걱정할 필요가 없기 때문이다. 이런 일이 실제로 일어났다. 이른바 우회를[4] 하는 것이 곧 다반사로 일어나게 되었다. 이 문제에 대처하느라고 진지가 점점 더 넓게 퍼지게 되었다. 그 때문에 이번에는 진지의 정면에 그만큼 소홀하게 되었고, 공격이 갑자기 이 지점으로 방향을 바꾸게 되었다. 즉 공격자가 병력을 넓게 배치하여 방어자를 우회하는 대신에 병력을 한 지점에 집결하여 방어선을 돌파한 것이다. 최근의 전쟁사에서 산악 방어는 대략 이런 상태에 있었다.

그래서 공격이 다시 완전한 우위를 차지하게 되었다. 그것도 점점 더 늘어나는 이동성을 통해 차지하게 되었다. 방어도 이동성에서 도움을 찾지 않을 수 없게 되었다. 하지만 산악 지형은 그 본질상 이동성에 대립된다. 그래서 산악 방어는 전부 (전부라고 말해도 된다면) 패배를 당하게 되었다. 이는 산악 방어를 고집하던 군대가 프랑스 혁명 전쟁에서 자주 겪었던 것과 비슷한 패배였다.

하지만 그렇다고 목욕물을 버리다가 아이마저 버려서는 안 되고, 속된 말의 흐름을 따르다가 현실에 나타나는 구체적인 상황의 힘에 의해 모두 반박되는 주장에 마음을 빼앗겨서도 안 된다.[5] 그러려면 산악 방어의 효과를

---

4. 우회(Tournieren)는 프랑스어 tourner(돌다, 돌리다, 돌아가다, 회전하다)에서 온 말인데, 그 당시에 즐겨 쓰인 군사 용어로서 우회와 같은 뜻이다.

5. '목욕물을 버리다가 아이마저 버리는' 쪽은 산악 방어의 무용론을 주장하고, '현실에서 반박되는 주장에 마음을 빼앗기는' 쪽은 산악 방어의 유용성을 강조한다. 전자는 극단론, 후자는 과장론이라고 할 수 있다. 클라우제비츠는 두 가지 모두 경계하고 있다.

각각의 경우의 성질에 따라 구분해서 이해해야 한다.

여기에서 결정해야 하는 중요한 문제이자 산악 방어 전체에 중요한 빛을 비추는 중요한 문제는 산악 방어로 의도하는 저항이 상대적인 저항인지 아니면 절대적인 저항인지 하는 것이다. 즉 그 저항을 일정한 기간만 지속해야 하는지 아니면 결정적인 승리를 얻을 때까지 계속해야 하는지 하는 것이다. 산악 지형은 상대적인 저항을 하는 경우에 최고로 잘 들어맞고 저항 능력을 크게 높인다. 이와 반대로 절대적인 저항을 하는 경우에 산악 지형은 일반적으로 전혀 맞지 않고 몇몇 특별한 경우에만 들어맞는다.

산에서는 모든 움직임이 더 느려지고 힘들어진다. 그래서 더 많은 시간이 걸린다. 그런 움직임이 적의 포격 속에서 이루어지면 더 많은 인명 피해를 입는다. 그런데 시간과 병력의 손실은 방어자에 의해 수행된 저항의 척도를 나타낸다. 그래서 그 움직임이 공격자만의 문제라면 그동안 방어자는 결정적으로 우세하게 된다. 그런데 방어자도 움직임의 원리를 따라야 한다면 방어자의 유리함은 사라진다. 문제의 본질상, 즉 전술적인 이유 때문에 다음의 두 가지 측면이 자명해진다. 상대적인 저항은 결전을 치러야 하는 절대적인 저항보다 훨씬 많은 수동성을 허락한다는 것, 그리고 상대적인 저항에서는 이 수동성을 전투의 마지막까지 무제한으로 연장하는 것을 허락한다는 것이다. 이런 연장은 절대적인 저항에서는 결코 있을 수 없다. 상황을 어렵게 만드는 산악 지형의 요소는 더 견고한 수단으로서 공격자의 모든 적극적인 활동을 약하게 만드는데, 이것은 전적으로 상대적인 저항에 알맞다.

어느 소규모의 초병 부대가 산에서 지형의 특성에 의해 특별히 강력한 힘을 발휘한다는 것은 이미 말했다. 이 전술적인 결과는 다른 경우라면 더 이상의 증명을 필요로 하지 않을 것이지만 여기에서는 약간의 설명을 덧붙여야 한다. 즉 여기에서는 상대적인 소규모와 절대적인 소규모를 구분해야 한다. 일정한 규모의 병력을 갖고 있는 군대가 그 일부를 고립된 지점의 초병 부대에 배치하면, 그 일부 병력은 아마 적의 군대 전체의 공격에 노출될 것이다. 그 일부 병력은 수적으로 우세한 적의 병력에 비하면 그야말로 소규모의 병력에 지나지 않는다. 이런 경우에 소규모의 병력이 목적으로 삼는 것은 절대적인 저항이 아니라 대개 상대적인 저항이다. 그 초병 부대가 아군 전체나 적군 전체에 비해 적을수록 저항은 그만큼 상대적인 저항이 된다.

하지만 절대적으로 적은 초병 부대도 이 초병 부대의 병력과 비슷한 규모의 적에 맞설 경우에, 그래서 절대적인 저항을 생각할 수 있고 결정적인 승리를 얻을 것으로 생각할 수 있는 경우에 산에서는 대규모의 군대보다 이루 말할 수 없을 만큼 훨씬 유리할 것이고, 지형의 강력함에서 많은 이익을 끌어낼 것이다. 이 점은 아래에서 더 보게 될 것이다.

그래서 우리의 결론은 어느 하나의 소규모의 초병 부대도 산에서는 매우 강력하다는 것이다. 이것이 상대적인 저항이 중요한 모든 경우에 어떻게 결정적인 이익을 주는 것인지는 그 자체로 분명하다. 그런데 하나의 군대가 절대적인 저항을 하는 경우에도 그것이 똑같이 결정적인 이익이 될까? 이제 이 문제를 살펴보는 것이 중요하다.

먼저 질문을 계속하도록 한다. 그런 초병 부대 몇 개로 이루어진 정면의 선이 하나하나의 초병 부대가 갖고 있던 강력함을 거의 그대로 갖게 될까? 지금까지는 늘 그렇다고 생각했다. 하지만 분명히 그렇지 않다. 그렇다는 결론을 내리면 다음의 두 가지 오류 중에 어느 하나를 범하게 될 것이기 때문이다.

첫째로 사람들은 통행이 곤란한 지형과 접근이 곤란한 지형을 자주 혼동한다. 포병과 기병으로 이루어진 종대로는 행군할 수 없는 곳도 보병으로 이루어진 종대로는 대부분 전진할 수 있고, 아마 포병도 전진할 수 있을 것이다. 전투 중의 이동은 매우 힘들지만 짧은 시간에 이루어지기 때문에 이것을 보통의 행군의 척도로 측정할 수는 없기 때문이다. 그래서 하나하나의 초병 부대를 안전하게 연결한다는 생각은 바로 환상에 토대를 두고 있고, 초병 부대의 양쪽 측면은 이 때문에 위협을 받게 된다.

둘째로 사람들은 일련의 작은 초병 부대의 정면이 매우 강력하면, 이 때문에 이 초병 부대의 측면도 똑같이 강력하다고 생각한다. 협곡, 암석 등이 하나하나의 작은 초병 부대에게 매우 좋은 근거 지점이기 때문이라는 것이다. 왜 그렇게 되는 것일까? 그것은 초병 부대가 적의 우회를 불가능하게 만들기 때문이 아니라 적이 우회할 때 초병 부대의 효과에 상응하는 만큼의 시간과 병력을 소모하기 때문이다. 적이 초병 부대의 정면을 공격할 수 없다는 이유로 지형의 곤란함에도 불구하고 그 초병 부대를 우회하려 하고 또 우회해야 한다면, 이 기동을 수행하는데 아마 한나절은 걸릴 것이다. 이 또한 병력의 희생 없이는 수행할 수 없을 것이다. 그런 초병 부대가 다른 부대의 지원을 받는다면 또는 잠깐이라도 저항을 한다면 또는 적만큼 강력하다면, 초병 부대의 측면은 측면으로서 할 일을 한 것이다. 그러면 그 초병 부대는 강력한 정면뿐만 아니라 강력한 측면도 갖고 있다고 말할 수 있다. 하지만 넓은 산악 진지에 속하는 일련의 초병 부대에 대해 말할 때는 그렇지 않다. 이 경우에는 앞의 세 가지 조건이 하나도 나타나지 않는다. 적은 매우 우세한 병력으로 어느 한 지점을 공격하고 있고, 배후의 지원은 극히 보잘것없고, 그런데도 적의 공격을 절대적으로 막는 것이 중요하다. 이런 상황에서 그런 초병 부대가 측면에 의존한다는 것은 아무것도 아니라고 생각해야 한다.

공격자는 공격할 때 이런 약점을 노린다. 공격자가 한 곳에 집결하여 매우 우세한 병력으로 정면에 있는 초병 부대의 어느 한 지점을 공격하면, 방어자는 이 지점에서는 매우 격렬한 저항을 하지만 정면 전체에서 볼 때는 매우 하찮은 저항을 하게 된다. 공격자가 이 저항을 극복하고 나면 정면 전체는 무너지고, 공격자의 목적은 달성된다.

이상으로 다음과 같은 결론이 나온다. 즉 산에서 이루어지는 상대적인 저항은 일반적으로 평지의 경우보다 강력하다. 또한 이 저항은 다른 부대와 비교했을 때 소규모의 초병 부대에 의해 수행되는 경우에 제일 강력하지만, 초병 부대의 병력이 늘어나는 만큼 강력해지는 것은 아니다.

이제 일반적인 대규모 전투의 본래의 목적, 즉 적극적인 승리를 살펴보도록 하는데, 이것은 산악 방어의 목표이기도 하다. 방어자의 군대 전체나 주력 군대가 산악 방어를 하는데 쓰이는 순간부터 산악 방어는 자동적으로 산에서 하는 방어 전투로 바뀐다. 이제 적의 전투력을 파괴하려고 모든 전투력을 쓰는 전투는 형식이 되고, 승리를 얻는 것이 전투의 목적이 된다. 이때 일어나는 산악 방어는 부차적인 것이 되고, 더 이상 목적이 아니라 수단이 된다. 이런 경우에 산악 지형은 이 목적에 어떤 영향을 미치게 될까?

방어 전투의 성격은 정면에서 수동적으로 반격하고 배후에서 강력하고 능동적으로 반격하는 것이다. 이때 산악 지형은 활동력을 떨어뜨린다. 여기에는 두 가지 이유가 있다. 첫째로 산의 모든 방향에는 배후에서 정면으로 재빨리 행군할 수 있는 길이 없다. 그리고 전술적인 습격 자체도 지형이 평탄하지 않기 때문에 방해를 받는다. 둘째로 지형과 적의 움직임을 내려다볼 수 없다. 그래서 산악 지형은 아군의 정면에 준 것과 똑같은 유리함을 적에게도 보장하고 저항의 유리함 중에 절반을 못 쓰게 만든다. 여기에 세 번째 이유가 더해지는데, 그것은 퇴로를 차단당할 위험이다. 산악 지형은 정면에 대한 적의 온갖 압박에도 불구하고 방어자의 후퇴를 매우 유리하게 만드는 것처럼, 적이 아군을 우회하려고 할 때 적에게 많은 시간 손실을 불러일으킨다. 하지만 이것은 아군이 상대적인 저항을 하는 경우에만 유리함이 된다. 결정적인 전투를 하는 경우에, 즉 무제한의 순간까지 버티는 절대적인 저항을 하는 경우에 그것은 유리함을 주지 않는다. 물론 이 경우에도 적이 측면 종대로 아군의 퇴로를 위협하는 지점이나 곧바로 차단하는 지점을 점령할 때까지는 많은 시간이 걸릴 것이다. 하지만 적이 그 지점을 점령하고 나면 이에 대항할 수 있는 어떤 수단도 남지 않게 된다. 배후에서 어떤 공격을 해도[6] 아군에게 위협이 되는 그 지점에서 적을 다시 몰아낼 수 없고, 절망적인 심정으로 모든 병력을 투입해도 아군을 막는 지점에 있는 적을 물리칠 수 없다. 여기에서 모순을 찾는 사람, 그리고 공격자가 산에서 갖고 있는 유리함이 방어자에게도 (방어자는 막힌 지점을 뚫고 나아가야 하는데) 도움이 될 것이라고 믿는 사람은 상

---

6. 방어 전투에서 방어자는 배후의 요새를 이용하거나 방어 진지에 근거 지점을 두고 공격자를 위협하려고 배후에서 공격으로 전환하는 것이 통례였다.

황이 얼마나 달라졌는지 잊은 것이다. 적의 군대가 그 지점에 대한 아군의 통과를 막는데 절대적인 방어를 할 필요는 없다. 아마 몇 시간의 저항으로 충분할 것이다. 이 정도는 방어자의 소규모 초병 부대의 임무에 해당한다. 더욱이 방어자는 이미 전투 수단의 대부분을 잃었고 혼란에 빠졌고 탄약도 떨어졌다. 그래서 방어자에게 승리의 전망은 확실히 매우 낮아졌다. 방어자는 다른 어느 경우보다 이런 위험을 두려워한다. 이 두려움은 다시 모든 전투에 영향을 미치고 전투를 벌이고 있는 병사들의 모든 열정을 차갑게 한다. 양쪽 측면에서는 병적인 신경 과민이 일어난다. 공격자의 소규모 부대가 아군의 배후에 있는 숲으로 덮인 산비탈에 모습을 드러내기만 해도 그것은 공격자에게 승리를 얻는 새로운 지렛대 역할을 하게 된다.

군대 전체를 넓은 고원 지대에 집결하여 배치한 상태에서 산악 방어를 하면, 앞에서 말한 불리함은 대부분 사라지고 유리함만 남게 될 것이다. 이 경우에 방어자는 강력한 정면, 적의 접근이 매우 곤란한 측면, 진지의 내부와 배후에서 펼치는 모든 움직임의 완전한 자유를 얻을 수 있을 것이다. 그런 진지는 있을 수 있는 진지 중에 제일 강력한 진지에 속할 것이다. 하지만 이런 생각은 거의 환상에 지나지 않는다. 대부분의 산에서 산등성이 산비탈보다 쉽게 접근할 수 있다고 해도 대부분의 고원은 이 목적을 달성하는데 지나치게 작기 때문이다. 또는 고원이라고 부를 만한 가치가 없든지, 혹은 기하학적인 의미보다 지질학적인 의미의 고원에 지나지 않기 때문이다.

더욱이 산에 있는 병력이 적을수록 산에 있는 방어 진지의 불리함은 줄어드는데, 이것은 이미 지적한 바와 같다. 그 이유는 소규모의 병력에게는 작은 공간만 있어도 되고 약간의 후퇴로만 있어도 되기 때문이다. 하나의 산은 산맥이 아니고, 그 산에는 산맥이 갖는 불리함이 없다. 이처럼 병력이 적을수록 하나의 산등성이와 산에만 병력을 배치해도 될 것이고, 울창한 숲으로 덮인 가파른 산비탈과 협곡에 빠져들 필요는 없을 것이다. 이런 곳이 앞에서 말한 모든 불리함의 원천이다.

제16장

계속

이제 앞 장에서 설명한 전술적인 결과를 전략에서 이용하도록 한다.

전략에서는 다음과 같은 점을 구분한다.

1. 산이 전쟁터로 쓰이는 경우.

2. 산의 점령이 다른 지역에 미치는 영향.

3. 산이 전략적인 바리케이드로서 효과를 내는 경우.

4. 산에서 식량을 조달할 때 고려할 점.

1. 산이 **전쟁터로 쓰이는 경우.** 제일 중요한 첫 번째 관점에서는 아래와 같이 다시 두 가지 경우를 구분해야 한다.

a) 주력 전투

b) 하위 전투

앞 장에서 산악 **지형이 결정적인 전투에서 방어자에게 얼마나 불리한지,** 그래서 공격자에게 얼마나 유리한지 하는 것을 보았다. 이것은 보통의 견해와 정반대된다. 하지만 보통의 견해는 확실히 모든 것을 혼동하고 있고, 크게 다른 관점을 제대로 구분하지 못하고 있다. 그 견해는 소규모의 하위 부대에서 하는 강력한 저항을 보고 모든 산악 방어가 특별히 강력하다는 인상을 받는다. 어떤 사람이 모든 방어의 핵심이 되는 방어 전투에서 이 강력함을 부정하면 그 견해는 크게 놀란다. 다른 한편으로 그 견해는 방어자가 산에서 패배한 전투를 보면 그 원인을 초병선 전쟁에서 이해할 수 없는 잘못을 저질 렀기 때문이라고 곧바로 서슴지 않고 말한다. 하지만 어떻게 그 문제의 본질 이 어쩔 수 없이 그런 식으로 엉켰는지는 보지 못한다. 우리는 주저 없이 그런 견해에 정면으로 반대한다. 이와 달리 우리의 주장이 여러 가지 측면에서 어 느 탁월한 저자의 견해와 일치한다는 것을 매우 만족스럽게 언급하지 않을 수 없다. 그 저자는 바로 카알 대공이다. 대공은 1796년과 1797년의 원정에 관한 저작으로[1] 훌륭한 역사가, 훌륭한 평론가, 무엇보다 위대한 최고 지휘관 의 능력을 모두 갖춘 인물이 되었다.

수적으로 열세에 놓인 방어자가 힘을 들이고 최대한으로 노력하여 모든 병력을 모으고, 그래서 결정적인 전투에서 조국애, 열정, 현명한 신중함이 내 는 효과를 공격자에게 느끼게 하려고 하는데, 모든 인민의 눈길이 긴장된 기 대감을 갖고 자기 나라 군대에 고정된다. 또한 방어자는 (많은 숲으로 덮여 있기 때문에 낮에도 밤과 같은) 산악 지형에 머물고, 방어자의 모든 움직임은 제멋대로 생긴 산악 지형 때문에 묶여 있고, 방어자의 군대는 이런 상태에서 수적으로 우세한 적의 수많은 공격에 희생된다. 만일 상황이 이러하다면 이 보다 한심스러운 상황도 없을 것이다. 이런 경우에 방어자의 지성은 단 하나 의 방향으로 향할 수밖에 없다. 그것은 지형의 모든 장애물을 최대한 이용하 는 것이다. 이 때문에 매우 위험스러운 초병선 전쟁에 빠져들 수 있지만, 그것 은 반드시 피해야 한다. 그래서 산악 지대에서 결정적인 전투를 하는 경우에 는 그 지대를 방어자의 피난처로 보아서는 안 된다. 우리는 오히려 최고 지휘 관에게 그런 상황에 빠지는 것을 최대한 피하도록 권하고 싶다.

물론 때로 그런 상황을 피할 수 없는 경우도 있다. 그러면 그 전투는 필

---

1. 카알 대공은 1796년에 오스트리아의 라인 군대 사령관이 되어 프랑스 군대를 라인 강 왼편 으로 물리치고, 이듬해 겨울에는 바덴의 케엘(Kehl) 요새를 프랑스 군대로부터 탈환했다. 그는 군사 평론가로서도 훌륭한 저서를 많이 남겼다. 클라우제비츠가 여기에 언급하고 있 는 저서는 1814년에 세 권으로 출간된 『전략의 원칙, 독일의 1796년 원정의 서술을 통한 설 명』(Grundsätze der Strategie, erläutert durch die Darstellung des Feldzuges von 1796 in Deutschland)이다.

연적으로 평지의 전투와 분명하게 다른 성격을 띠게 될 것이다. 진지는 훨씬 길어지고 대부분의 경우에 두세 배 정도 길어진다. 저항은 훨씬 수동적으로 되고, 반격은 훨씬 약해진다. 이것이 산악 지형의 영향이고, 이 영향은 피할 수 없다. 그럼에도 그런 전투의 방어는 수동적인 산악 방어의 형태로 넘어가 서는 안 되고, 방어의 지배적인 성격은 오직 산에 전투력을 집결하여 배치하는 것이어야 한다. 산에서는 모든 것이 **한 번**의 전투에서 **한 명**의 최고 지휘관이 보는 앞에서 일어난다. 또한 예비 병력을 충분히 배치하여 결전이 단지 방패를 들고 적을 막는 것 이상이 되도록 해야 한다. 이런 조건은 없어서는 안 되는 것이지만, 그 조건을 실현하는 것은 매우 어렵다. 자칫하면 완전히 수동적인 산악 방어의 형태로 빠져들 수 있기 때문에 그런 방어가 자주 나타나도 그다지 놀라운 일은 아니다. 하지만 그것은 매우 위험하고, 그래서 이론이 그 위험을 아무리 경고해도 지나치지 않을 것이다.

이상으로 주력 군대로 치르는 결정적인 전투에 관한 설명을 마친다.

이와 달리 부차적인 의미와 중요성을 갖는 전투에서 산은 방어자에게 엄청나게 유리할 수 있다. 이 경우에는 절대적인 저항을 하지 않고, 이 전투로 전쟁의 승패를 결정짓는 결과도 생겨나지 않기 때문이다. 그런 반격을 하는 목적을 늘어놓으면 이 점을 좀 더 분명하게 알 수 있다.

a) 단지 시간을 버는 것. 이 목적은 매우 많이 나타나고 특히 적의 상황을 정찰하려고 배치되어 있는 방어선에서는 늘 나타난다. 더욱이 지원 병력의 도착을 예상하는 모든 경우에도 이 목적이 나타난다.

b) 적의 단순한 양동이나 소규모의 부차적인 행동을 막는 것. 어느 지방이 산에 의해 보호받고 있고 이 산이 몇 개의 부대에 의해 방어되고 있다면, 그 병력이 아무리 적더라도 그 방어는 적의 순찰대와 그 지방을 약탈하려는 다른 소규모 행동을 막는데 충분할 것이다. 산이 없다면 그런 소규모 부대의 연결망은 아무런 소용이 없을 것이다.

c) 스스로 양동을 펴는 것. 산에 대해 올바른 견해를 갖게 될 때까지는 오랜 시간이 걸릴 것이다. 그때까지 공격자는 늘 산을 두려워하고 산 때문에

행동을 망설이게 될 것이다. 그래서 이런 경우에는 방어자의 주력 군대도 산을 방어하는데 쓸 수 있다. 병력도 많지 않고 이동도 많지 않은 전쟁에서는 이런 상황이 많이 나타날 것이다. 이런 경우에도 늘 조건이 따르는데, 그것은 아군이 이 산악 진지에서 주력 전투를 받아들일 생각이 없고 적이 아군에게 주력 전투를 하도록 강요할 수도 없다는 것이다.

d) 일반적으로 산악 지형은 모든 배치에 적합한데, 그 배치 상태에서 적의 주력 전투에 응하지 않으려고만 한다면 그러하다. 모든 부대 하나하나는 산에서는 더 강하지만 단지 전체로서는 더 약하기 때문이다. 더욱이 산에서는 기습을 받고 결정적인 전투를 하도록 강요받는 일이 거의 없다.

e) 마지막으로 산은 인민 무장 투쟁의 최적의 장소이다. 하지만 인민 무장 투쟁은 늘 군대의 소규모 부대를 통해 지원을 받아야 한다. 이와 반대로 무장 인민군이 평지의 대규모 군대의 근처에 있는 것은 무장 인민군에게 불리하게 작용하는 것 같다. 하지만 이 때문에 인민 무장 투쟁을 지원하려고 군대에게 산을 찾아가게 하는 일은 일반적으로 일어나지 않을 것이다.

이것으로 산에 있는 전투 진지와 산의 관계에 대한 설명을 마친다.

2. 산이 다른 지역에 미치는 영향. 앞에서 본 것처럼 산악 지형에서는 소규모의 초병 부대로도 상당히 넓은 지역의 안전을 쉽게 확보할 수 있는데, 그 정도 규모의 초병 부대는 적이 접근할 수 있는 지역에서는 넓은 지역을 유지할 수 없을 것이고 끊임없는 위험에 노출될 것이다. 또한 산에서 하는 모든 전진은 적이 산을 점령하고 있는 경우에 평지보다 훨씬 느리고, 그래서 적의 전진 속도를 따라잡을 수 없다. 이런 이유 때문에 어느 쪽이 산을 점령하고 있는지 하는 문제는 같은 면적의 다른 지역보다 산에서 훨씬 중요하다. 탁 트인 지형에서는 점령자가 하루 만에 바뀔 수 있다. 단지 많은 병력으로 전진하는 것만으로도 적은 아군이 필요로 하는 지역에서 물러나지 않을 수 없게 된다. 하지만 산에서는 그렇지 않다. 산에서는 훨씬 적은 병력으로도 눈부신 저항을 할 수 있다. 그 때문에 아군이 산을 포함하는 일정한 지역을 필요로 한다면 언제나 특별히 준비된 독자적인 행동이 요구되고, 그 지역을 점령하려면

때로 병력과 시간의 엄청난 소모를 필요로 하는 행동이 요구된다. 산이 중요한 행동을 하는 무대는 아니지만 (좀 더 접근하기 쉬운 지역처럼) 중요한 행동으로 산을 점령할 수 있는 것도 아니고, 산을 점령하는 것이 아군의 전진에 의해 자연스럽게 생긴 결과처럼 간주할 수도 없다.

그래서 산악 지형은 훨씬 큰 독립성을 갖고 있고, 산을 점령하면 그 효과는 결정적인 것이 되고, 산의 점령자는 쉽게 바꿀 수 없다. 산의 가장자리에서는 자연스럽게 탁 트인 평지를 잘 내려다볼 수 있는 반면에 산악 지대 자체는 늘 어두운 밤에 덮여 있는 것처럼 보이는데, 이 점을 덧붙이면 산은 산을 점령하지 않은 상태로 산에서 전투를 하는 군대에게 매우 불리한 영향을 미치는 끝없는 원천이자 적의 병력을 감추고 있는 공장처럼 보일 수 있다는 것을 이해할 수 있을 것이다. 또한 이런 일은 산이 적에 의해 점령되어 있을 때뿐만 아니라 적의 영토에 속해 있는 경우에 제일 많이 나타난다는 것도 이해할 수 있을 것이다. 소규모의 대담한 빨치산은[2] 추격을 받으면 산으로 도망치고, 그러면 손실을 입지 않은 채 다른 지점에 다시 나타날 수 있다. 엄청나게 많은 병력으로 이루어진 종대도 산에서는 적의 눈에 띄지 않은 채 전진할 수 있다. 그래서 아군의 전투력을 늘 산에서 매우 멀리 있는 곳에 두어야 한다. 그 전투력이 산의 지배적인 영향권 안에 빠져들지 않으려면, 그리고 반격할 수 없는 적의 습격과 공격에 의해 불리한 전투에 말려들지 않으려면 그렇게 해야 한다.

이런 식으로 모든 산은 그 산에서 어느 정도 멀리 있는 평지에 대해 일정한 영향을 미친다. 그 영향이 예를 들어 어느 한 전투에서 (1796년 라인 강변의 말슈 전투[3]) 즉시 효과를 낼 수 있는지, 아니면 오랜 시간이 지난 다음에

---

2. 빨치산은 전쟁터가 된 지역에서 적의 군대에 맞서 무기를 들고 곳곳에서 출몰하며 저항하는 주민을 말한다. 러시아어의 파르티잔(partizan)에서 유래한 말이다.
3. 말슈(Malsch), 바덴의 마을. 현재 독일 남서쪽 슈바르츠발트(Schwarzwald, 흑림, 黑林) 지대에 있고 만하임에서 남쪽으로 (약간 남서쪽으로) 약 78킬로미터에 있다. 프랑스 군대는 말슈 전투(1796년 7월 9일)에서 오스트리아 군대를 물리쳤다.

비로소 적의 병참선에 대해 효과를 낼 수 있는지 하는 것은 그곳의 공간적인 상황에 달려 있다. 그리고 그 영향이 계곡이나 평지에서 일어나는 결정적인 전투에 의해 극복되고 사라질 수 있는지 아닌지 하는 것은 전투력의 상황에 달려 있다.

보나파르트는 1805년과[4] 1809년에[5] 비인으로 전진하면서 티롤에 대해서는 그다지 걱정하지 않았다. 하지만 모로는 1796년에 슈바벤을 떠나야 했는데, 이는 주로 그가 이 고지대를 점령하지 못했고 이 고지대를 관찰하는데 지나치게 많은 힘을 소모해야 했기 때문이다. 양쪽의 힘이 엇비슷하여 일진일퇴를 거듭하는 원정에서는 적이 점령하고 있는 산의 끊임없는 불리함에 노출되지 않을 것이다. 그래서 아군의 공격이 이루어지는 중요한 전선의 방향에 따라 필요해지는 산의 일부를 점령하고 유지하려고 노력할 것이다. 이런 경우에는 보통 산이 양쪽 군대에 일어나는 하나하나의 소규모 전투에서 중요한 무대이다. 하지만 이 무대를 과대평가하지 말아야 하고, 그런 산을 모든 경우에 전쟁 전체를 결정하는 비결인 것처럼 생각하지 말아야 하고, 산을 점령하는 것이 제일 중요한 문제인 것처럼 간주하지 말아야 한다. 승리를 얻는 것이 중요하다면 그것이 제일 중요하다. 그리고 승리를 얻었다면 다른 상황은 중요한 문제의 필요에 따라 조정할 수 있다.

3. 산이 전략적인 바리케이드로서 간주되는 경우. 이 관점에서는 두 가지 경우를 구분해야 한다.

첫 번째 경우는 다시 결정적인 전투이다. 산은 강처럼 간주할 수 있고, 그래서 약간의 접근 지점만 갖는 바리케이드로서 간주할 수 있다. 이 바리케이드는 적이 전진할 때 병력을 나누게 하고, 특정한 길로만 갈 수 있게 하고, 그래서 산의 배후에 집결하여 배치된 아군의 병력으로 적의 분할된 병력을 하나하나 습격할 수 있게 하는데, 이런 것을 통해 방어자에게 전투에서 승리할

---

4. 1805년에 나폴레옹은 울름 전투(10월 17일)에서 승리한 후에 비인에 입성했다(11월 13일).
5. 1809년 4월에 오스트리아는 프랑스에 선전 포고를 했고, 나폴레옹은 오스트리아 군대를 물리치면서 5월 10일에 비인 근처에 이르렀다.

기회를 준다. 그리고 공격자는 산으로 전진할 때 다른 모든 것을 고려하지 않고 이 이유만으로도 하나의 종대로 있을 수 없게 되는데, 하나의 종대를 유지하면 단 하나의 후퇴로만 갖고 결정적인 전투를 치르는 심각한 위험에 노출될 것이기 때문이다. 즉 이 방법은 매우 본질적인 상황에 바탕을 두고 있다. 산과 산의 출구라는 개념이 매우 막연하기 때문에 이 방법에서는 모든 것이 지형 자체에 달려 있다. 그래서 이 방법은 단지 있을 수 있는 방법을 지적하는 것이 될 수밖에 없고, 이 방법에서는 두 가지의 불리함도 생각해야 한다. 첫째로 방어자는 공격을 받으면 산으로 재빨리 도망쳐서 안전을 확보한다는 것이다. 둘째로 방어자가 고지를 점령하고 있다는 것인데, 이것은 결정적인 불리함은 아니지만 공격자에게는 늘 불리하다.

지금 말한 것과 같은 상황에서 수행된 전투의 예는 거의 없다. 굳이 예를 든다면 1796년에 알빈치에게[6] 대항한 전투를[7] 들 수 있을 것이다. 하지만 그런 전투도 일어날 수 있다는 것은 보나파르트가 1800년에 알프스 산을 넘은 것으로[8] 분명해졌다. 이때 멜라스는[9] 보나파르트의 종대가 집결하기 전에 모든 병력으로 보나파르트를 공격할 수 있었고 공격해야 했다.

산이 바리케이드로서 가질 수 있는 두 번째 경우는 산이 적의 병참선을 끊을 때 이 병참선과 관련되는 측면이다. 보루를 통해 산을 통과하는 길을 막는 것과 인민 무장 투쟁이 내는 효과는 논외로 치더라도 혹독한 계절의 험준한 산길은 그 자체로 공격하는 군대에게 절망적인 감정을 불러일으킬 수 있다. 이런 험한 산길은 그 군대의 뼈와 피를 빨아들이고 난 후에도 그 군대

---

6. 알빈치(Joseph Alvinczy von Berberek, 1735~1810), 오스트리아의 원수.
7. 북부 이탈리아의 만토바 요새는 프랑스 군대에 의해 포위되었고, 오스트리아 군대는 두 번이나 포위를 돌파하려고 했지만 실패했다. 알빈치는 프랑스 군대와 전투를 벌이면서 세 번째로 포위를 풀려고 했지만 이 또한 실패했다.
8. 1800년에 나폴레옹은 스위스 방향에서 알프스 산의 횡단을 계획했다. 50,000명의 병력을 4개의 종대로 분할하여 상트베른하르트(St. Bernhard) 고개를 넘었고(5월 15~21일), 라인 군대는 짐플론(Simplon) 고개와 상트고트하르트(St. Gotthard) 고개를 넘어 이탈리아의 포(Po) 평야로 내려가서 밀라노에 도착했다(6월 2일).
9. 멜라스(Michael Friedrich Benedikt von Melas, 1729~1806), 오스트리아의 장군.

에게 후퇴하도록 하는 일이 드물지 않다. 여기에 유격대가 자주 나타난다든지 또는 심지어 인민 전쟁의 성격이 더해지면, 적의 군대는 병력을 사방으로 보내지 않을 수 없고 결국 산에 강력한 초병 부대를 배치하지 않을 수 없다. 그래서 적은 공격 전쟁에서 일어날 수 있는 제일 불리한 상태에 빠지게 된다.

4. 산이 군대의 식량 조달과 관련되는 경우. 이 문제는 매우 간단하고 그 자체로 이해할 수 있다. 방어자가 이 점에서 얻을 수 있는 최대의 이익은 공격자가 산에 머물러야 하는 경우에, 혹은 적어도 산을 배후에 두어야 하는 경우에 나타날 것이다.

산악 방어에 관한 이상과 같은 고찰은 근본적으로 모든 산악 전쟁을 포괄하고 있고, 산악 방어에 관한 고찰을 반영하여 공격 전쟁에도 필요한 빛을 밝히고 있다. 그런데 산을 평지로 만들 수도 없고 평지를 산으로 만들 수도 없기 때문에, 그리고 전쟁터를 선택하는 일도 다른 많은 상황을 고려하여 결정하기 때문에 이런 종류의 고찰을 실제로 응용할 여유로운 공간은 별로 없는 것처럼 보인다. 그렇다고 해도 사람들이 이런 고찰을 틀렸다든지 소용없다고 생각하지는 않을 것이다. 또한 넓은 전쟁터에서는 이런 고찰을 응용할 여유 공간이 작다고 할 수 없다. 결정적인 전투를 치르는 순간에 주력 군대의 배치와 효과에 대해 말하고 있는 것이라면 약간의 전진 행군이나 후퇴 행군으로 군대를 산악 지형에서 평지로 보낼 수도 있고, 주력 군대를 평지에 집결하여 평지 옆에 있는 산을 무력하게 만들 수도 있다.

이제 이 문제에 대해 흩어져 있던 빛을 한 번 더 하나의 초점으로 모으고 분명한 그림을 그리고자 한다.

우리는 산이 일반적으로 전술뿐만 아니라 전략에서도 방어에 불리하다고 주장했고 그것을 증명했다고 생각한다. 여기에서 말하는 방어는 한 나라를 점령하느냐 잃느냐 하는 문제가 달려 있는 **결정적인** 방어를 말한다. 산에서는 전체를 내려다볼 수도 없고 모든 방향으로 움직일 수도 없다. 산은 모든 활동을 수동적으로 만들고 산에서는 모든 접근로를 막아야 하는데, 이렇게 되면 산악 전쟁은 초병선 전쟁이나 다름없게 된다. 그래서 주력 군대로 산을 방어하는 것은 되도록 피해야 하고, 주력 군대는 산 옆에 배치하든지 아니면 산의 앞이나 뒤에 배치해야 한다.

이와 반대로 방어의 목적과 역할이 부차적일 때는 산악 지형에서도 강력하게 방어할 수 있다고 생각한다. 산악 방어에 관해 지금까지 말한 것에 따르면, 그리고 산이 열세에 놓인 군대에게, 즉 더 이상 절대적인 결전을 해서는 안 되는 군대에게 진정한 피난처라고 말할 수 있다면, 사람들은 우리의 생각을 모순이라고 여기지 않을 것이다. 산악 지형에 대해 부차적인 역할을 요구한다는 것이 주력 군대를 산에서 멀리 두게 한다.

하지만 이 모든 고찰은 인간의 감각적인 인상과 조화를 유지하기 어려울 것이다. 하나하나의 경우에는 전쟁 경험이 없는 모든 사람들뿐만 아니라 잘못된 전쟁 방법에 익숙한 모든 사람들도 상상력을 발휘할 것이고, 그래서 산악 지형이 촘촘하게 얽힌 질긴 섬유처럼 공격자의 모든 움직임을 막는 곤란함을 준다는 강한 인상을 받을 것이고, 그들에게는 우리의 견해를 극히 놀라운 역설이 아니라고 본다는 것이 고통스러울 것이다. 하지만 모든 일반적인 경우를 살펴보면 지난 세기의 역사와 그 시대의 독특한 전쟁술이 감각적인 인상의 자리를 대신할 것이다. 그들은 예를 들어 오스트리아는 이탈리아에서 오는 적을 방어하는 것이 라인 강에서 오는 적을 방어하는 것보다 쉽지 않을 수 있다는 것을 결코 믿으려고 하지 않을 것이다. 이와 반대로 프랑스 군대는 20년 동안 넘치는 힘을 갖고 있는 무자비한 최고 지휘관 아래에서 전쟁을 수행했고 그런 체계로 늘 승리의 결과를 얻었는데, 그 군대는 앞으로 오랫동안 산악 방어의 경우에도 다른 경우처럼 숙련된 판단력으로 탁월한 모습을 보일 것이다.

그래서 어느 나라는 산보다 탁 트인 지형을 통해 더 많은 보호를 받았을 것이라고 말한다. 예를 들어 스페인은 피레네 산맥이[10] 없었다면 더 강력했을 것이고, 롬바르디아는[11] 알프스 산맥이 없었다면 더 접근하기 힘들었을 것이

---

10. 피레네 산맥(Pyrenäen, Pyrenees), 스페인 북동부의 산맥.

고, 북부 독일과 같은 평탄한 지역은 헝가리와 같은 산악 지역보다 더 점령하기 힘들었을 것이라고 말한다. 이런 식의 잘못된 결론에 대해 우리는 마지막으로 다음과 같은 것을 언급하고자 한다.

우리는 피레네 산맥이 있을 때보다 없을 때 스페인이 더 강력할 것이라고 주장하는 것이 아니다. 스페인 군대가 결정적인 전투를 마다하지 않을 만큼 충분히 강력하다고 느낀다면, 병력을 피레네 산맥에 있는 열다섯 개의 고개에 분산하는 것보다 에브로 강의[12] 배후에 집결하여 배치하는 것이 낫다고 주장하는 것이다. 물론 이런 배치 때문에 전쟁에 미치는 피레네 산맥의 영향이 사라지는 것은 아니다. 이와 똑같은 말을 이탈리아 군대에 대해서도 주장할 수 있다. 이탈리아 군대가 높은 알프스 산맥에 병력을 분산한다면, 그 군대는 승리냐 패배냐 하는 대안도 갖지 못한 채 단호한 적의 공격을 받고 패배할 것이다. 그 반면에 토리노의[13] 평지에서는 이탈리아 군대도 다른 모든 군대와 똑같은 것을 요구할 수 있다. 하지만 그래서 알프스 산맥과 같은 험준한 산을 통과하고 넘어가는 것이 공격자에게 유리하다고 믿을 사람은 아무도 없을 것이다. 덧붙여 말하면 평지에서 주력 전투를 받아들이는 것 때문에 하위 부대의 병력으로 산을 임시로 방어하는 일을 소홀히 해서는 결코 안 된다. 알프스 산맥이나 피레네 산맥과 같은 큰 규모의 산에서는 그런 방어도 매우 좋을 것이다. 마지막으로 우리는 평지를 점령하는 것이 산악 지대를 점령하는 것보다 쉽다고 생각하는 것은 결코 아닌데, 단 한 번의 승리로 적을 완전히 무력하게 만드는 경우는 여기에서 예외이다. 그 한 번의 승리 다음에 점령자는 방어의 상태에 들어가고, 이때 산악 지형은 점령자에게도 똑같이 불리하고 방어자가 겪은 것보다 불리해질 수 있다. 그래서 전쟁이 오래 계속되

---

11. 롬바르디아(Lombardei, Lombardia), 이탈리아 북부의 중앙에 있는 평원 지방.
12. 에브로 강(Ebro), 스페인 북동쪽의 큰 강. 약 910킬로미터. 피레네 산맥의 남서쪽을 지나 지중해로 흐른다.
13. 토리노(Turin, Torino), 현재 이탈리아의 북서부 지방의 도시. 북쪽으로 스위스에서, 서쪽으로 프랑스에서 각각 대략 100킬로미터 되는 곳에 있다.

고 외부에서 지원 병력이 도착하고 인민이 무기를 들게 되면, 그 모든 반격은 산악 지형에 의해 한층 강력해질 것이다.

산악 방어는 광선의 굴절 작용과 같다. 어느 물체를 일정한 방향으로 계속 움직이면 그 물체는 빛의 세기에 따라 길어진다. 물체를 그다지 많이 움직이지 않고 초점에 이를 때까지만 움직이면 그 점을 넘는 모든 것은 반대로 비친다.

산에서 방어하는 것이 점점 약해지면 이것은 공격자에게 산을 주된 공격 방향의 선으로 삼게 하는 자극이 될 수 있을 것이다. 하지만 그런 일이 일어나는 경우는 매우 드물다. 식량 조달이 어렵고 길이 험하기 때문이고, 적이 주력 전투를 바로 그 산에서 받아들일 것인지 그리고 주력 군대를 그 산에 배치할 것인지 하는 것이 불확실하기 때문이다. 그리고 이런 불리함이 산악 공격으로 얻을 수 있는 유리함을 충분히 상쇄하기 때문이다.

[그림 14] 알프스를 넘는 나폴레옹(낭만주의 버전)

화가 Jacques-Louis David(1748~1825)
제목 Napoleon Crossing the Alps
시기 1800년
표현 수단 유화
원본 크기 259×221센티미터
현재 소장 Musée national du Château de Malmaison
참고 Château de Malmaison Joconde database : entry 00000095069
출처 histoire image : info, pic
업로드 Garoutcha 2005. 8. 20
업데이트 Jan Arkesteijn 2012. 1. 8

[그림 15] 알프스를 넘는 나폴레옹(현실주의 버전)

화가 Paul Delaroche(1797~1856)
제목 Napoleon Crossing the Alps
시기 1850년
표현 수단 유화
원본 크기 279.4×214.5센티미터
현재 소장 Walker Art Gallery
참고 National Museums Liverpool, Walker Art Gallery
출처 cwF8_mSi8tlbXw at Google Cultural Institute
업로드 Artwork 2012. 7. 19

[지도 22] 피레네 산맥

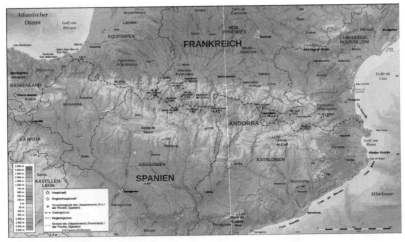

피레네 산맥의 지형학적인 지도
출처 이미지는 Pyrenees_topographic_map-fr.svg에서, 지형학적 자료는 NASA Shuttle Radar
Topography Mission (SRTM3 v.2)에서, 수심 측량은 NGDC ETOPO1에서, 강과 국경과 도시는
Demis에서 가져왔다. 이 외에 NASA World Wind, ViaMichelin도 참고했다.
작가 Eric Gaba (Sting - fr:Sting)
업로드 J. Schwerdtfeger~commonswiki 2007. 8. 5
업데이트 Sting 2008. 9. 23

　　피레네 산맥은 현재 스페인과 프랑스의 경계를 이루면서 이베리아 반도
와 다른 유럽 대륙을 나누고 있다. 동서로 지중해와 대서양 사이에 있다. 길이
는 약 430킬로미터. 피레네 산맥 한복판에 안도라 공국이 있다.

[지도 23] 에브로 강

에브로 강과 그 지류
출처 Valle_del_Ebro.jpg
작가 MiguelMTN, Jezhotwells
업로드 Willtron 2005. 8. 31
업데이트 Citypeek 2013. 2. 24

　　에브로 강은 피레네 산맥의 방향과 비슷하게 스페인을 북서쪽에서 남동
쪽으로 가로질러 흐르고 있다. 동쪽의 지중해로 흐른다.

제17장

계속

우리는 제15장에서 산악 전투의 성질에 대해 말했고, 제16장에서는 산악 전투의 전략적인 이용에 대해 말했다. 그때 우리는 자주 본래의 산악 방어의 개념에 부딪혔는데, 그 수단의 형태와 배치에 대해서는 언급하지 않았다. 여기에서는 그 문제를 좀 더 자세히 살펴보도록 한다.

산맥은 흔히 지구 표면에 줄이나 띠 모양으로 뻗어 있고, 강물을 여러 방향으로 흐르도록 나누고, 그래서 강의 모든 물줄기를 나눈다. 또한 이 전체의 형태는 산맥의 일부에서도 반복되는데, 즉 산맥의 일부는 중요한 산맥의 팔이나 등에서 분리되고 그다음에 작은 강의 물줄기를 나눈다. 그래서 매우 자연스럽게 산악 방어의 기본 형태는 넓게 퍼져 있기보다 길게 늘어선 장애물이고, 긴 바리케이드처럼 뻗어 있는 장애물이라는 생각이 맨 먼저 확고하게 자리 잡게 되었다. 지질학자들 사이에 지금까지 산맥의 발생과 산맥 형태의 법칙에 대해 확립되어 있는 것은 아무것도 없지만, 어쨌든 물의 흐름이 산맥의 체계를 제일 간단하고 확실하게 보여 주는 것만은 분명하다. 이때 물의 흐름이 (침식 과정을 거쳐서) 산맥의 체계를 이루는데 영향을 미쳤는지, 아니면 산맥 체계의 결과로 생겨났는지 하는 것은 상관없다. 그래서 이전에 산악 방어를 생각할 때 물의 흐름에 따라 방어를 수행한 것도 자연스러운 일이었다. 물길을 지구 표면의 일반적인 높낮이, 그래서 일반적인 종단면을 완전하게 알 수 있는 천연의 수준기(水準器)처럼 간주해야 할 뿐만 아니라 물에 의해 만들어진 계곡도 산의 정상에 제일 잘 접근할 수 있는 길이라고 간주해야 한다. 어쨌든 물이 끊임없이 흐르면 산 중턱의 높낮이가 규칙적인 곡선으로 고르게 되는 것만은 확실하기 때문이다. 그래서 산맥이 방어의 정면에 대략 평행으로 놓여 있으면, 그 산맥은 산에 접근하는데 큰 장애물이자 일종의 벽이라고 (이런 벽은 계곡을 따라 접근할 수 있는데) 보는 산악 방어의 개념이 모습을 드러내게 되었다. 그래서 본래의 방어는 이 벽의 산등성이에서, 즉 산에 있는 고지대의 가장자리에서 일어날 것이고 중요한 계곡을 옆으로 가로지를 것이다. 산맥의 중요한 산등성이 방어의 정면에 대해 대체로 수직을 이루고 있으면, 산등성이의 중요한 돌출부 중의 어느 한 곳에서 방어를 하게 될 것이고, 그 돌출부는 중요한 계곡과 평행을 이룬 채 마지막 지점이라고 간주할 수 있는 중요한 산등성이로 이어질 것이다.

산악 방어의 이런 도식을 지질학적인 구조에 따라 여기에 그려보았다. 이 도식이 실제로 이론에 얼마 동안 어른거렸고, 이른바 지형학에서는 침식 작용의 법칙과 전쟁 수행을 섞어 놓았기 때문이다.

하지만 그런 이론에는 모든 것이 완전히 잘못된 전제 조건과 부정확한 치환으로 이루어져 있다. 이런 견해 중에서 현실에 남아 있는 것이 별로 없기 때문에 이것으로 그 어떤 체계적인 발판을 마련할 수도 없다.

본래의 산맥에 있는 중요한 산등성이는 많은 병력을 배치하는 데는 지나치게 험하고 다닐 수도 없다. 덜 중요한 산등성이에도 이와 똑같은 경우를 자주 볼 수 있는데, 그 산등성이는 대개 지나치게 짧고 울퉁불퉁하다. 산등성이에 있는 고지대도 모든 산에 있는 것이 아니고, 그것이 있다고 해도 대부분 비좁고 매우 험하다. 심지어 좀 더 정확히 보면 중요한 산등성이가 죽 이어져 있는 산맥은 별로 없고, 산등성이 쪽에 어느 정도 비스듬한 평지라고 인정하든지 아니면 적어도 계단 모양의 비탈이라고 인정할 만한 협곡을 갖고 있는 산맥도 별로 없다. 중요한 산등성이는 휘어지고 구부러지고 갈라져 있고, 구부러진 선으로 된 큰 지맥(支脈)은 나라 안으로 깊이 뻗어 있고, 그 마지막 지점이 중요한 산등성보다 우뚝 솟아 있는 경우도 자주 있다. 작은 산이 이 지맥에 연결되어서 지맥에 어울리지 않는 크고 깊은 계곡을 이룰 때도 있다. 더욱이 몇 개의 산맥이 교차하는 곳이나 흘러나오는 지점에서 좁은 줄이나 띠의 개념은 완전히 사라지고, 이 개념은 사방으로 뻗은 물길과 산길에 자리를 내준다.

이상의 설명으로 산에 군대를 질서정연하게 배치한다는 것이 얼마나 어리석은 생각인지, 그런 배치를 병력 배치의 기본적인 생각으로 확립한다는 것이 얼마나 비현실적인 생각인지 하는 결론이 나온다. 대규모의 산맥을 배치의 측면에서 바라본 사람이라면 이것을 좀 더 분명하게 느낄 것이다. 그런데 이 문제를 좀 더 자세히 응용할 때 고려해야 하는 중요한 점이 더 남아 있다.

산악 전쟁의 전술적인 현상을 한 번 더 자세히 살펴보면 산악 전쟁에는 두 가지의 중요한 요소가 있다는 것이 분명해진다. 하나는 험한 산비탈을 방어하는 것이고, 다른 하나는 좁은 계곡을 방어하는 것이다. 후자는 저항할 때 자주, 심지어 대부분 더 큰 효과를 내지만 병력을 중요한 산등성에 배치하는 것과 양립할 수 없을 것이다. 좁은 계곡을 방어하려면 때로 계곡 자체를 점령하는 것이 필요하고, 더욱이 계곡의 꼭대기보다 산맥에서 더 깊이 갈라져 있는 아래쪽을 점령해야 하기 때문이다. 그 밖에도 계곡을 방어하고 있으면 산등성에 병력을 전혀 배치하지 않았을 때도 산악 지대를 방어하는 수단을 얻게 된다. 그래서 산맥이 높고 그곳에 접근하는 것이 곤란할수록 대개 계곡을 방어하는 것은 그만큼 중요한 역할을 맡게 된다.

이 모든 고찰에서 다음과 같은 결론이 나온다. 즉 어느 정도 곧게 뻗은 방어선이 지질학적인 선과 일치한다는 생각에서 완전히 벗어나야 한다는 것, 산은 단지 여러 가지 종류의 울퉁불퉁함과 장애물로 덮인 표면처럼 간주해야 한다는 것, 그와 같은 표면의 일부나마 상황이 허락하는 한 잘 쓰려고 해야 한다는 것, 그래서 지형의 지질학적인 특징이 큰 산맥의 형태를 분명하게 이해하는데 없어서는 안 된다고 해도 그것은 방어 수단을 결정하는데 별로 나타나지 않는다는 것 등이다.

오스트리아 왕위 계승 전쟁에서도, 7년 전쟁에서도, 프랑스 혁명 전쟁에서도 산맥 전체에 걸쳐 병력을 배치하지 않았고, 방어 병력을 산맥의 중요한 윤곽에 따라 편성하지 않았다. 군대를 중요한 산등성에 배치한 적은 전혀 없고 언제나 산비탈에 배치했다. 어느 때는 조금 높게 다른 때는 조금 낮게, 어느 때는 이 방향에 다른 때는 저 방향에, 어느 때는 산비탈에 대해 평행으로 다른 때는 수직으로 또 다른 때는 사선 방향으로, 어느 때는 물길과 같은 방향으로 다른 때는 물길을 거슬러 배치했다. 알프스 산맥처럼 높은 산맥에서는 심지어 계곡을 따라 길게 병력을 배치한 경우도 자주 있고, 수데텐 산맥처럼 낮은 산맥에서는[1] 완전히 예외라고 할 수 있지만 방어자를 마주 보고 있는 산비탈의 중간쯤에, 즉 중요한 산등성을 앞에 둔 채 병력을 배치한 적도 있다. 이런 예로는 프리드리히 대왕이 1762년에 슈바이드니츠의 포위를[2] 엄호하고 진지 정면에 호에오일레 산을[3] 둔 채로 설치했던 진지를 들 수 있다.

7년 전쟁 때 유명했던 슈모트자이펜과 란데스훗의 진지는 일반적으로 깊은 계곡에 있었고, 포랄베르크에[4] 있는 펠트키르히 진지의[5] 경우도 이와 마찬가지였다. 1799년과 1800년의 원정에서[6] 프랑스 군대와 오스트리아 군대는 중요한 초병 부대를 언제나 계곡에 두었다. 계곡을 막으려고 계곡의 옆으로 초병 부대를 배치했을 뿐만 아니라 계곡을 따라 초병 부대를 배치하기도 했다. 그 반면에 산등성에는 초병 부대를 전혀 두지 않든지 아니면 매우 적은 초

---

1. 수데텐 산맥은 슐레지엔과 보헤미아 사이에 있는 산맥으로 대부분 현재 체코와 폴란드의 국경을 따라 있다. 산맥 전체의 길이는 약 310킬로미터이고, 넓이는 약 30~50킬로미터이다. 수데텐 산맥의 최고봉은 해발 1603미터이다.

2. 프리드리히 대왕은 오스트리아 군대가 자리 잡은 슈바이드니츠의 요새를 공격했고(1762년 8월 7일), 몇 차례에 걸친 공방 끝에 오스트리아 군대가 항복했다(10월 9일).

3. 호에오일레 산(Hohe Eule, Wielka Sowa), 해발 1015미터로서 수데텐 산맥에 속하는 오일렌게비르게 산맥(Eulengebirge, Góry Sowie) 중에 제일 높은 산.

4. 포랄베르크(Vorarlberg), 현재 오스트리아 서쪽 끝에 있는 지방. 라인 강 상류와 알프스 산맥 사이에 있다. 오랫동안 티롤에 속했다가 제1차 세계 대전 후에 오스트리아에 편입되었다.

5. 펠트키르히(Feldkirch), 포랄베르크 지방의 도시. 스위스 및 리히텐슈타인의 북쪽 국경과 맞닿아 있다. 오스트리아 군대는 펠트키르히의 보루 진지를 근거 지점으로 하여 우세한 프랑스 군대를 물리쳤다(1799년 3월 7일과 23일).

6. 이 원정은 모두 프랑스 혁명 전쟁 때 일어난 원정이다.

병 부대만 두었다.

높은 알프스 산맥의 산등성에는 길다운 길도 없고 병력을 둘 수도 없기 때문에 그런 산등성을 많은 병력으로 점령할 수는 없을 것이다. 산을 지배하려는 생각으로 무슨 일이 있어도 산에 전투력을 두려고 한다면 전투력을 계곡에 배치하는 것 외에 다른 수단이 없다. 언뜻 보면 이것은 잘못된 것처럼 보이는데, 사람들이 보통의 이론적인 관념에 따라 산등성이 계곡을 지배한다고 말할 것이기 때문이다. 하지만 그것은 그렇게 잘못된 것이 아니다. 산등성에는 다닐 수 있는 길이 별로 없고, 예외적으로 드문 경우에도 보병만 간신히 드나들 수 있는데, 큰길은 모두 계곡을 따라 뻗어 있기 때문이다. 그래서 적의 보병은 계곡의 몇몇 지점에서만 나타날 수 있을 것이다. 이런 큰 산맥에서는 산등성과 계곡의 거리가 지나치게 멀어서 소총이 효과를 낼 수도 없고, 그래서 계곡은 겉으로 보는 것보다 덜 위험하다. 물론 계곡의 방어는 퇴로를 차단당할 수 있다는 또 다른 큰 위험에 노출되어 있다. 적의 군대는 보병으로만 그리고 많은 시간과 노력을 들여야만 산등성에서 계곡의 몇몇 지점으로 내려올 수 있기 때문에 기습을 할 수 없다. 하지만 어느 진지도 계곡에서 나오는 그런 좁은 길을 막을 수 없고, 그래서 적은 점차로 많은 병력을 내려보내고 그다음에 넓게 퍼지고 그 순간부터 매우 약해진 가느다란 선을 돌파하게 된다. 이제 그 선에는 평탄한 급류에 있는 돌투성이의 강바닥 외에 진지를 보호할 수 있는 것이 아무것도 없다. 산에서 빠져나오는 길을 찾을 때까지 계곡에서는 한 부대씩 차례로 후퇴를 해야 하는데, 그 선의 많은 부분에서는 이것이 불가능하다. 그래서 오스트리아 군대는 스위스에서 거의 매번 병력의 3분의 1에서 절반 정도를 포로로 잃고 말았다.

이제 계곡을 방어할 때 보통 전투력을 어떻게 나누어야 하는지에 대해 몇 마디만 덧붙이도록 한다.

병력을 계곡에 배치하는 것은 주력 군대의 진지에서 비롯되고, 주력 군대는 대개 모든 선의 중간쯤에서 제일 중요한 길을 차지하고 있다. 주력 군대의 진지 좌우에 있는 중요한 길을 점령하려고 다른 부대를 보내게 된다. 그래서 전체에는 3, 4, 5, 6개 등의 초병 부대가 거의 하나의 선에 배치된다. 이 선을 얼마만큼 넓힐 수 있는지 또는 넓혀야 하는지는 그때그때의 필요에 따라 달라진다. 2~3일 동안의 행군 거리에 해당하는 6마일에서 8마일을 매우 적당한 거리라고 볼 수 있지만, 이를 20마일에서 30마일까지 늘리는 경우도 볼 수 있다.

한두 시간의 거리를 두고 있는 하나하나의 초병 부대 사이에서도 덜 중요한 다른 길을 쉽게 찾을 수 있지만, 이런 길에 대해서는 나중에 관심을 갖게 된다. 몇 개의 훌륭한 초병 진지를 발견하여 두세 개의 대대를 배치할 수 있는데, 이런 대대는 중요한 초병 부대 간에 연락을 하는데 매우 적절하기 때문에 그 초병 진지도 확보해야 한다. 쉽게 알 수 있듯이 이런 식으로 병력은 더 분할될 수 있고, 몇 개의 보병 중대와 기병 중대에 이르도록 계속 분할될 수 있고, 이런 경우는 매우 자주 일어난다. 즉 병력을 나누는데 일반적인 제한은 없다. 다른 한편으로 하나하나의 초병 부대의 인원은 군대 전체의 인원에 달려 있고, 그래서 중요한 초병 부대에 얼마만큼의 병력을 둘 수 있는지 또는 얼마만큼의 인원을 두는 것이 자연스러운지에 대해서는 아무것도 말할 수 없다. 다만 우리의 경험과 이 문제의 본질을 바탕으로 여기에 약간의 명제를 말하려고 한다.

1. 산이 높을수록 그리고 산에 접근하는 것이 곤란할수록 병력은 그만큼 많이 분할될 수 있고 또한 그만큼 많이 분할되어야 한다. 어느 지역이 병력의 이동에 따른 많은 결합을 통해 안전을 확보할 수 없게 될수록 그 지역의 안전은 그만큼 직접적인 보호를 통해 이루어져야 하기 때문이다. 알프스 산맥을 방어할 때는 병력을 매우 많이 나누어야 하고, 그래서 보주 산맥이나 리젠게비르게 산맥을[7] 방어할 때보다 초병선 방식의 방어에 훨씬 가깝게 된다.

2. 산악 방어를 하게 되면 어디에서든지 다음과 같이 병력을 분할하였다.

---

7. 리젠게비르게 산맥(Riesengebirge), 수데텐 산맥 중에 제일 높은 부분. 체코어로 크르코노세(Krkonose), 폴란드어로 Karkonosze.

즉 중요한 초병 부대는 대부분 1선에 보병을 두었고 2선에 약간의 기병 중대를 두었다. 고작해야 중앙에 배치된 주력 군대만 2선에도 약간의 보병 대대를 두게 되었다.

3. 공격받은 지점을 강화하려고 전략적인 예비 병력을 남겨 두는 일은 극히 드문 경우에만 일어났다. 방어의 정면을 확대하면 방어는 어디든지 약해진다고 느끼기 때문이다. 그래서 공격받은 초병 부대가 얻은 도움은 대부분 그 선에서 공격받지 않은 다른 초병 부대로부터 끌어냈다.

4. 병력을 비교적 덜 분할하고 하나하나의 초병 부대에 인원이 많았던 경우에도 초병 부대의 중요한 저항은 언제나 그 지역을 방어하는데 있었다. 적이 한 번 아군의 초병 부대를 완전히 점령하고 나면 이미 도착한 지원 병력도 더 이상 도움을 줄 수 없게 되었다.

이상의 논의에 따르면 산악 방어에서 무엇을 기대할 수 있는지, 어느 경우에 산악 방어의 수단을 쓸 수 있는지, 정면을 확대하고 병력을 분할할 때 이것을 어느 정도까지 할 수 있고 해야 하는지 등에 대해 이론은 이 모든 것을 최고 지휘관의 재능에 맡겨야 한다. 이론은 산악 방어의 수단이 본래 어떤 성질을 갖고 있는지, 그 수단이 군대의 전쟁 활동에서 어떤 역할을 차지해야 하는지를 그에게 말하는 것으로 충분하다.

산악 진지를 지나치게 넓게 펼쳐서 결정적인 패배를 당한 최고 지휘관은 군법 회의에 넘겨야 마땅하다.

제18장

하천 방어

큰 강은 강의 방어를 문제로 삼고 있는 한, 산과 같이 전략적인 바리케이드의 범주에 속한다. 강은 산과 두 가지 점에서 구분된다. 하나는 상대적인 방어와 관련되고, 다른 하나는 절대적인 방어와 관련된다.

강은 산처럼 상대적인 저항을 강력하게 하지만, 강의 특성은 강력하지만 금방 부러지는 물질로 된 도구와 같다는 것이다. 강은 휘어지지 않은 채 모든 충격을 견뎌내든지, 아니면 강의 방어는 부서진 채로 완전히 끝나든지 둘 중의 하나이다. 강이 매우 넓고 다른 조건이 유리하다면 그 강을 건너는 것은 절대로 불가능할 것이다. 하지만 강의 어느 한 지점을 방어하는데 실패하면 산에서 일어나는 것과 같은 지속적인 저항은 일어나지 않는다. 그 문제는 이 한 번의 실패로 결판나고 만다. 물론 강 자체가 산악 지대로 흐르는 경우에는 상황이 달라진다.

전투와 관련된 강의 또 다른 특성은 강이 결정적인 전투를 할 때 많은 경우에 많은 전투를 매우 잘 결합할 수 있고, 산에서 하는 것보다 일반적으로 더 잘 결합할 수 있다는 것이다.

산과 강에는 공통점도 있다. 이 둘은 위험하면서도 매혹적인 지형이고 때로 잘못된 수단을 쓰도록 유혹하고 방어자를 곤란한 상태에 빠뜨린다. 그 결과에 대해서는 하천 방어를 좀 더 자세히 다룰 때 독자들의 주의를 환기하도록 할 것이다.

하천 방어를 효과적으로 치른 역사는 상당히 짧고, 이 때문에 하천은 이전 시대에 생각했던 것만큼 강력한 바리케이드가 아니라는 의견이 정당화되고 있는데, 그 당시에 절대적인 방어 체계는 어느 지역이 주는 모든 것을 방어를 강화하는 수단으로 이용했다. 그렇다고 해도 일반적으로 전투를 치르고 나라를 방어하는데 미치는 하천의 유리한 영향을 부정할 수는 없을 것이다.

이 문제를 전체적으로 훑어보려면 몇 개의 관점을 늘어놓아야 하고, 이 관점에서 문제를 살펴보아야 한다.

먼저 일반적으로 하천이 하천 방어를 통해 주는 전략적인 결과와 방어되지 않은 채로 나라의 방어에 미치는 영향을 구분해야 한다.

더욱이 방어 자체는 세 가지의 다른 의미를 가질 수 있다.

1. 주력 군대에 의한 절대적인 저항.

2. 단순한 거짓 저항.

3. 전초, 엄호선, 파견 부대와 같은 하위 부대에 의한 상대적인 저항.

마지막으로 하천 방어에서는 방어 형태를 고려하여 세 가지의 중요한 단계 또는 종류를 구분해야 한다. 즉

1. 적의 도하를 막는 직접적인 방어.

2. 강과 그 계곡을 더 좋은 전투의 조합을 얻는 수단으로만 쓰는 매우 간접적인 방어.

3. 강에서 적이 있는 쪽에 난공불락의 진지를 확보하는 완전히 직접적인 방어.

하천 방어는 이 세 가지 단계에 따라 나누어서 살펴볼 것이다. 먼저 첫 번째의 제일 중요한 의미와 관련하여 이 세 가지 단계를 알아본 다음에 마지막으로 다른 두 가지 의미도 고려할 것이다. 그래서 먼저 직접적인 방어, 즉 적의 군대 자체의 도하를 막아야 하는 방어를 살펴보도록 한다.

이 방어는 강물의 양이 매우 많은 큰 강에만 해당된다.

시간, 공간, 병력 등을 결합하는 것은 이 방어 이론의 요소라고 보아야

하고 이 문제를 상당히 복잡하게 만든다. 그래서 이 문제에 대해 확실한 결론을 얻는 것이 완전히 쉬운 일은 아니다. 하지만 좀 더 자세히 생각하면 누구나 이 각각의 요소에 대해 다음과 같은 결과를 얻을 것이다.

다리를 놓는데 필요한 시간이 강을 방어해야 하는 부대가 배치되어야 하는 거리를 결정한다. 방어선의 전체 길이를 이 거리로 나누면 부대의 수를 알 수 있고, 군대의 병력을 이 부대의 수로 나누면 각 부대의 인원을 알 수 있다. 이제 이 개별 부대의 인원을 적이 다리를 건설하는 동안에 다른 수단으로 건너게 할 수 있는 부대의 인원과 비교하면, 성공적인 저항을 생각할 수 있는지 판단할 수 있을 것이다. 방어자가 대략 적의 두 배쯤 되는 **월등하게 우세한 병력**으로 (다리를 완성하기 전에 강을 건넌) 적의 부대를 공격할 수 있을 때만 적이 도하를 강행하지 않을 것이라고 생각할 수 있기 때문이다. 예를 든다.

적이 다리를 만드는데 24시간이 필요하고, 적은 이 24시간 안에 다른 수단을 쓰더라도 20,000명 이상의 병력을 건너게 할 수 없고, 방어자는 약 12시간 안에 20,000명의 병력을 데리고 강의 어느 지점이든지 나타날 수 있다면, 적은 도하를 강행할 수 없다. 적이 20,000명의 약 절반에 해당하는 병력을 데리고 강을 건넜을 때는 20,000명의 방어 병력이 도착할 것이기 때문이다. 보고하는 시간을 포함하여 12시간에 4마일을 행군할 수 있기 때문에 8마일마다 20,000명이 필요할 것이고, 24마일 길이의 강을 방어하는 데는 60,000명이 필요할 것이다. 적이 두 군데에서 동시에 강을 건너려고 한다고 해도 방어자는 어느 지점이든지 20,000명을 데리고 나타날 수 있다. 그뿐만 아니라 적이 한 군데에서 강을 건너려고 한다면 방어자는 그 두 배의 인원으로 나타날 수도 있기 때문에 강을 방어하는 데는 60,000명으로 충분할 것이다.

그래서 여기에서는 세 가지 상황이 결정적인 요인이 된다. 1. 강의 너비, 2. 도하 수단(이 두 상황이 다리를 만드는 기간뿐만 아니라 다리를 만드는 동안에 강을 건널 수 있는 부대의 수도 결정하기 때문에), 3. 방어자의 수. 이 밖에 적군 자체의 수는 아직 고려하지 않는다. 이 이론에 따르면 적은 강의 어느 지점에서도 전혀 도하할 수 없고, 아무리 많은 병력으로도 도하를 강행할 수 없을 것이라고 말할 수 있다.

　이것은 직접적인 하천 방어, 즉 적이 다리를 완성하고 강을 건너는 것 자체를 막으려는 방어의 단순한 이론이다. 여기에서 강을 건너는 자가 쓸 수 있는 양동의 효과에 대해서는 아직 고려하지 않았다. 이제 그런 방어의 자세한 상황과 그런 방어에 필요한 수단을 살펴보도록 한다.

　먼저 모든 지리적인 특징을 추상하고 나면, 방금 말한 이론에 따라 하천 방어를 맡게 되어 있는 부대는 바로 강 옆에 집결하여 배치되어야 한다는 것만 말할 수 있다. 바로 강 옆이라고 말한 것은 강에서 훨씬 멀리 둔 진지는 길을 쓸데없이 늘어나게 하기 때문이다. 또한 강의 많은 물이 진지를 적의 강력한 영향으로부터 보호하기 때문에 평야의 방어선에 있는 예비 병력처럼 진지를 배후에 둘 필요가 없기 때문이다. 더욱이 강 옆을 따라 있는 도로는 대개 배후에서 강의 임의의 지점에 이르는 횡단 도로보다 잘 다닐 수 있게 되어 있다. 마지막으로 이 진지에서 강을 관찰하는 것이 단순한 초병선에서 강을 관찰하는 것보다 낫다는 것도 부인할 수 없다. 이것은 특히 각 부대의 지휘관들이 모두 강 근처에 있기 때문이다. 이 부대는 집결해 있어야 하는데, 그렇지 않으면 모든 시간 계산이 어긋날지 모른다. 병력을 집결하는데 시간의 손실이 따른다는 것을 아는 사람이라면 바로 이처럼 집결하여 배치하는 것이 방어에서 최대의 효과를 낸다는 것을 이해할 수 있을 것이다. 물론 하나하나의 초병 부대를 통해 적이 배를 타고 강을 건너는 것 자체를 불가능하게 하는 것도 언뜻 보면 방어자의 마음을 사로잡을 수 있다. 하지만 이 수단은 강을 건너는데 특별히 적당한 몇 개의 지점을 제외하면 극히 위험하다. 이렇게 하면 적은 강의 건너편에서 대부분 우세한 포격으로 그런 초병 부대를 압박할 수 있는데, 이런 곤란함에 대해서는 생각하지 않더라도 방어자는 그 수단으로 대개 병력을 완전히 헛되이 소모하게 된다. 즉 그런 초병 부대를 배치하여 얻는 것이라고는 적이 다른 도하 지점을 선택하게 하는 것뿐이다. 그래서 강을 성 둘레의 참호처럼 다루면서 방어할 수 있을 만큼 방어자의 병력이 많다면 방어의 규칙도 필요하지 않을 것이지만, 그렇지 않다면 직접적인 하천 방어는 어쩔 수 없이 목표에서 벗어나게 된다. 이제 이런 일반적인 배치의 원칙 외에 더 살펴보아야 하는 것으로는 첫째로 강의 개별적인 특성에 대한 고려, 둘째로 적의 도하 수단을 없애는 문제, 셋째로 강 옆에 있는 요새의 영향이 있다.

　방어선으로 간주되는 강은 강의 상류나 하류에 중립적인 지역 또는 바다처럼 의존할 수 있는 지점을 갖고 있어야 한다. 그렇지 않으면 적이 방어선의 양쪽 끝에 있는 지점을 지나는 곳에 강을 건널 수 없게 하는 다른 상황이 있어야 한다. 그렇게 의존할 수 있는 지점이나 그런 상황은 엄청나게 큰 강이 아니라면 없을 것이기 때문에 이미 이것만으로도 하천 방어는 늘 엄청나게 긴 길이로 늘어나야 한다는 것을 알 수 있다. 대규모의 병력을 비교적 짧은 하천의 방어선에 배치한다는 것은 많은 현실적인 경우에는 사라지고 마는데, 우리는 늘 현실의 경우를 따라야 한다. 지금 비교적 짧은 하천의 방어선이라고 말했는데, 이것은 강이 아닌 곳에 병력을 배치할 때 보통의 수준을 크게 넘지 않는 길이를 뜻한다. 그런데 강을 방어할 때는 그런 일이 일어나지 않는다. 그리고 모든 직접적인 하천 방어는 적어도 길이와 관련해서 보면 언제나 일종의 초병선의 체계를 띠게 되고, 그래서 강을 우회하여 건너는 적을 막는 데는 전혀 적합하지 않다. 물론 집결하여 배치되어 있을 때는 적의 우회를 막을 수 있을 것이다. 그래서 적이 우회할 수 있는 곳에서 직접적인 하천 방어를 하는 것은 평소에 아무리 좋은 결과를 얻을 수 있다고 해도 극히 위험한 행동이다.

　강의 양쪽 끝의 안에 있는 지점과 관련해서 보면 분명히 모든 지점이 강을 건너는데 똑같이 알맞은 것은 아니다. 이 문제는 일반적으로 약간 더 자세히 규정할 수 있지만 본래 확정할 수 있는 것은 아니다. 극히 하찮은 지역적인 특성이 많은 책에서 중요하게 보이는 모든 것보다 때로 훨씬 많은 것을 결정하기 때문이다. 그렇게 확정하는 것은 완전히 쓸데없는 일이기도 하다. 강을 직접 보고 주민들로부터 정보를 얻으면 많은 책을 생각할 필요 없이 그 문제를 거의 확실하게 밝힐 수 있기 때문이다.

　이 문제를 좀 더 자세히 규정하면 다음과 같이 말할 수 있다. 즉 강에 이르는 도로, 강으로 흘러드는 샛강, 강 옆에 있는 큰 도시, 마지막으로 특히 강에 있는 섬은 대부분 도하를 유리하게 만드는 대상이다. 이와 반대로 강가의 고지대, 도하 지점에 있는 강의 굴곡은 많은 책에서는 늘 도하에 중요한 역할을 하는 것으로 되어 있지만, 현실에서 그것이 영향을 미치는 일은 극히 드물다. 그 원인은 고지대와 굴곡의 영향이 크게 미치는 것은 강을 절대적으로 방어하는 경우로 제한되기 때문인데, 큰 강에서 그런 방어는 별로 나타나지 않든지 결코 나타나지 않는다.

강의 몇 개 지점이 도하를 더 유리하게 하는 상황에 있다면, 그 상황이 무엇이든지 그것은 방어자의 진지에 영향을 미칠 것이고 기하학의 일반적인 법칙을 약간 제한할 것이다. 그렇지만 그 법칙에서 지나치게 멀리 벗어나는 것, 다른 지점은 강을 건너는데 곤란할 것이라는 점을 지나치게 신뢰하는 것은 권장할 만한 일이 못 된다. 그러면 적은 바로 그 제일 불리한 천혜의 장소를 선택하고, 그곳에서 강을 건너면 아군을 만날 위험이 제일 적다고 확신하게 된다.

하지만 어느 경우든지 되도록 많은 병력을 강에 있는 섬에 두는 것은 권장할 만한 수단이다. 섬에 대한 적의 맹렬한 공격을 보면 적의 도하 지점을 제일 확실한 방식으로 알 수 있기 때문이다.

강의 근처에 배치된 군대는 상황의 필요에 따라 강의 상류나 하류로 행군해야 하기 때문에 강을 따라 평행으로 된 도로가 부족하면, 그 근처에 강과 평행을 달리는 작은 길을 준비하든지, 그렇지 않으면 짧더라도 완전히 새로운 길을 내야 한다. 이런 것도 방어를 준비하는 본질적인 행동에 속한다.

두 번째로 언급해야 하는 것은 적의 도하 수단을 없애는 문제이다. 이 문제를 바로 강에서 수행하는 것은 쉽지 않고, 그렇게 하려면 적어도 매우 많은 시간이 필요하다. 이런 어려움은 대부분 적이 있는 쪽으로 흐르는 샛강에서는 극복할 수 없는데, 보통 이런 샛강은 이미 적의 손에 놓여 있기 때문이다. 그래서 이런 샛강의 하구는 요새로 봉쇄하는 것이 중요하다.

큰 강에서 적이 가져오는 도하 수단, 즉 적의 부교가 충분한 경우는 드물기 때문에 많은 것은 적이 강 자체에서, 샛강에서, 강변에 있는 큰 도시에서 찾는 수단이 얼마나 많은지, 결국 강 근처에 적이 배와 뗏목을 만드는데 쓸 수 있는 숲이 얼마나 많은지 하는데 달려 있다. 이 모든 상황이 적에게 매우 불리하고, 이 때문에 강을 건너는 것이 거의 불가능해지는 경우도 많다.

마지막으로 강의 양쪽이나 적이 머물고 있는 쪽에 있는 요새는 그 요새의 상류와 하류의 근처에 있는 모든 지점에서 적의 도하를 막고 아군을 보호하는 방패일 뿐만 아니라 샛강을 막고 적의 도하 수단을 신속하게 **빼앗는** 수단이기도 하다.

이것으로 많은 강물이 있는 큰 강의 직접적인 하천 방어에 대한 설명을 마친다. 물론 강에 깊고 가파른 절벽이나 습지가 더해지면 도하의 어려움과 방어의 효과는 증대될 것이지만, 그런 것은 많은 강물이 주는 어려움을 대신할 수 없다. 그런 상황은 어느 지역을 절대적으로 막는 것이 아니고, 어느 지역을 절대적으로 막는 것이 직접적인 방어에 **필요한** 조건이기 때문이다.

그런 직접적인 하천 방어가 원정의 전략적인 계획에서 어떤 역할을 할 수 있는지 묻는다면, 그 방어로는 결코 결정적인 승리를 얻을 수 없다는 것을 인정할 수밖에 없다. 한편으로는 적이 강의 이쪽으로 오지 못하게 하는 것과 제일 먼저 강을 건넌 적의 많은 병력을 압박하는 것이 하천 방어의 목적이기 때문이다. 다른 한편으로는 강이 이미 얻은 유리함을 강력한 추격을 통해 결정적인 승리로 확대하는 것을 방해하기 때문이다.

이와 달리 직접적인 하천 방어는 때로 시간에서 많은 이익을 줄 수 있는데, 이것은 보통 방어자에게 매우 중요한 것이다. 도하 수단을 마련하는 데는 때로 많은 시간이 걸린다. 그것을 마련하려고 여러 번 노력했는데 실패하면 방어자는 훨씬 많은 시간을 벌게 된다. 적이 강 때문에 병력을 완전히 다른 방향으로 돌린다면 아마 이 점에서도 다른 이익을 더 얻게 될 것이다. 마지막으로 적이 정말로 진지하게 강을 건너려고 하는 것이 아닌 모든 경우에 강은 적의 움직임을 멈추도록 명령할 것이고 그 나라를 지속적으로 보호하는 시설이 될 것이다.

그래서 직접적인 하천 방어는 양쪽의 대규모 병력 사이에 큰 강과 유리한 조건이 있을 때 매우 훌륭한 방어 수단이라고 할 수 있다. 그런데 최근에는 이런 결과를 너무 고려하지 않는 것 같고, 충분하지 않은 수단으로 패배한 하천 방어만 생각하는 것 같다. 방금 말한 전제 조건은 라인 강이나 도나우 강과 같은 큰 강에[1] 바로 해당될 수 있는데, 그런 조건에서 60,000명의 병력으로 훨씬 우세한 병력에 대하여 24마일의 길이를 효과적으로 방어한다면 이는 주목할 만한 결과라고 할 수 있기 때문이다.

훨씬 우세한 병력에 대항한다고 말했는데, 이 점을 한 번 더 설명해야 한다. 우리가 주장하는 이론에 따르면 모든 것은 도하 수단에 달려 있고, 강을 건너려는 적의 병력의 수는 강을 방어하는 병력의 수보다 적지만 않다면 아무런 상관이 없다. 이 말이 매우 이상하게 들릴 테지만, 그럼에도 그것은 진실이다. 하지만 잊어서는 안 되는 것이 있는데, 그것은 대부분의 하천 방어 또는 좀 더 현실적으로 말해 모든 하천 방어는 적을 절대적으로 막는 근거 지점을 갖고 있지 않고, 그래서 우회를 당할 수 있다는 것이다. 그리고 이 우회는 훨씬 우세한 병력에 의해 매우 쉬워진다는 것이다.

그런 직접적인 하천 방어는 적에 의해 실패로 끝났다고 해도 전투의 패배에 비교할 수 없다. 아군 병력의 일부만 전투에 참여했기 때문에 하천 방어의 실패로 전투에서 패배한다는 것은 있을 수 없다. 적은 다리를 이용해서 강을 건너는데 많은 시간을 소비했기 때문에 이 승리를 곧바로 더 큰 결과로 만들 수 없다. 이런 점을 생각하면 이 방어 수단을 그만큼 가볍게 볼 수 없게 된다.

현실의 모든 문제에서는 올바른 판단을 하는 것이 중요하다. 그래서 하천 방어에서도 모든 상황을 제대로 파악하고 있는지 하는 것은 큰 차이를 만든다. 겉으로 볼 때 중요하지 않은 상황이 어느 전투를 근본적으로 바꾸어 놓을 수도 있고, 어느 경우에는 극히 현명하고 효과적인 수단이었던 것이 다

---

1. 길이를 보면 라인 강은 약 1390킬로미터이고, 도나우 강은 약 2860킬로미터이다. 참고로 한 강은 약 514킬로미터이다.

른 경우에는 파멸을 불러오는 오류로 드러날 수도 있다. 모든 것을 올바르게 판단하는 것도 어렵고, 강은 강에 지나지 않는다는 생각을 믿지 않는 것도 어렵지만, 이 어려움은 다른 어느 경우보다 하천 방어의 경우에 더 심할 것이다. 그래서 하천 방어에서는 이론을 잘못 적용하고 그릇되게 해석하는 위험을 특히 경계해야 한다. 하지만 이렇게 한 다음에는 솔직하게 다음과 같이 말하지 않을 수 없다. 즉 우리는 막연한 감정과 불분명한 생각에 따라 모든 것을 과감한 공격으로 얻을 수 있다고 예상하는 사람들, 하늘 높이 칼을 흔들면서 앞으로 질주하는 경기병을 전쟁의 완전한 모습이라고 생각하는 사람들의 소란은 전혀 고려할 만한 것이 아니라고 생각한다.

그런 감정과 생각이 실제로 오래 계속된다고 해도 그것이 반드시 충분한 것은 아니다. (이것은 1759년의 칠리히아우 전투에서[2] 유명했던 독재자 베델의[3] 사례만 떠올리면 될 것이다.) 제일 나쁜 것은 그런 감정과 생각이 지속되는 일이 드물다는 것이고, 수많은 관계가 얽히고설킨 복잡한 문제가 사령관에게 밀려들면 사령관이 마지막 순간에 그런 감정과 생각에서 떠나 버린다는 것이다.

그래서 대규모의 병력에 의해 유리한 조건에서 수행되는 직접적인 하천 방어는 방어자가 소극적인 태도를 보이는데 만족한다면 좋은 결과를 낼 수 있다고 생각한다. 하지만 방어자의 병력이 소규모일 때는 그렇지 않다. 60,000명의 병력은 강의 어느 선에서 100,000명이나 그 이상 되는 군대의 도하도 막을 수 있는 반면에, 10,000명의 병력은 똑같은 거리에서 10,000명의 부대의 도하도 막을 수 없을 것이다. 특히 적이 강을 건넌 다음에 수적으로 우세한 방어자와 전투를 하는 위험을 무릅쓰려고 한다면 10,000명의 절반도 막을 수

---

2. 칠리히아우(Züllichau, Sulechów), 현재 폴란드의 도시. 포즈난에서 서쪽으로 (약간 남서쪽으로) 약 100킬로미터에 있다. 그 당시 노이마르크(Neumark)의 작은 도시. 노이마르크는 오더 강 동쪽에 있는 지역의 역사적인 이름으로서 오늘날 대부분 폴란드 서쪽의 루부시 주에 해당한다. 칠리히아우 전투는 이 도시 근처의 카이(Kay)에서 있었다(1759년 7월 23일).
3. 베델(Carl Heinrich von Wedel(Wedell), 1712~1782), 프로이센의 장군. 칠리히아우 전투에서 베델의 프로이센 군대는 러시아 군대에게 패배했다.

없을 것이다. 그 이유는 분명하다. 도하 수단 자체는 공격자의 병력이 많든 적든 변하지 않기 때문이다.

우리는 지금까지 거짓 도하에[4] 대해서는 거의 다루지 않았는데, 이것은 직접적인 하천 방어에서 크게 고려하지 않는 문제이기 때문이다. 그 이유는 부분적으로 직접적인 하천 방어에서는 군대를 한 지점에 집결하는 것이 중요하지 않고 어차피 각 부대에 일정한 길이의 강을 방어하도록 할당되어 있기 때문이고, 부분적으로 이런 전제 조건 때문에도 그와 같은 거짓 도하는 매우 어렵기 때문이다. 다시 말해 도하 수단 자체가 극히 부족하다면, 즉 공격자가 도하의 안전을 확보하는데 필요한 만큼 도하 수단이 남아 있지 않다면, 공격자는 많은 도하 수단을 거짓 도하에 쓸 수도 없고 쓰려고 하지도 않을 것이다. 어쨌든 이 때문에 공격자가 진짜 도하 지점에 데리고 갈 수 있는 병력의 수는 그만큼 줄어든다. 그래서 공격자는 거짓 도하가 성공할지 알 수 없는 불확실함 때문에 시간을 잃게 되고, 방어자는 다시 그만큼의 시간을 벌게 된다.

이런 직접적인 하천 방어는 대개 유럽에 있는 최대 규모의 강에서도 중류부터 하류에만 적당할 것이다.

두 번째 종류의 하천 방어는 첫 번째 종류보다 작은 강, 깊게 갈라진 계곡, 심지어 매우 작은 강에 적합한 수단이다. 이 하천 방어에서는 강에서 멀리 있는 곳에 군대를 배치한 다음에 적이 두세 개의 지점에서 동시에 강을 건너면 적의 분산된 병력을 공격할 수 있고, 적이 어느 한 지점에서 강을 건너면 강 근처에 있는 하나의 다리나 도로에 있는 적의 병력을 집중적으로 공격할 수 있다. 적이 배후에 큰 강이나 깊게 갈라진 계곡을 두고 단 하나의 후퇴로에 제한되어 있다는 것은 전투를 하는데 극히 불리한 상황이고, 중간 정도의 강과 중간 정도로 깊게 갈라진 계곡에서 하는 모든 방어는 이런 상황을 이용한다.

---

4. 거짓 도하는 진짜 도하의 의도를 감추려고 진짜 도하 지점과는 다른 지점에서 도하하는 것처럼 보이도록 방어자를 속이는 행동.

하나의 군대를 몇 개의 대규모 군단으로 나누어서 강 근처에 배치하는 것이 직접적인 하천 방어에서 최선의 배치라고 생각하는데, 이런 배치는 아군이 예상하지 못하는 상황에서 적이 대규모로 강을 건너는 것이 불가능하다는 것을 전제로 하고 있다. 그렇지 않으면 이런 종류의 배치에서는 방어자의 병력이 분산되어 하나하나 공격당할 위험이 매우 클 것이기 때문이다. 그래서 하천 방어를 유리하게 만드는 상황이 충분히 유리하지 않으면, 적이 이미 충분한 도하 수단을 갖고 있으면, 강에 너무 많은 섬이나 심지어 얕은 여울이 있으면, 강이 충분히 넓지 않으면, 아군이 너무 약하면, 이 방법은 더 이상 쓸 수 없게 된다. 이런 경우에 방어하는 부대가 상호 간에 확실하게 연락하려면 부대는 강에서 약간 멀리 있어야 한다. 남은 일이라고는 적이 강을 건너는 지점에 되도록 많은 병력을 신속하게 집결하는 것이다. 적이 전쟁터를 많이 장악하여 적의 뜻대로 강을 건너기 전에 적을 공격하려면 그렇게 해야 한다. 그래서 이 경우에 강이나 계곡은 일련의 전초들로 관찰하고 약간의 병력으로 방어하는 반면에, 군대는 몇 개의 군단으로 분할하여 강에서 약간 멀리 있는 적당한 지점에 (보통 두세 시간 정도의 행군 거리에) 배치한다.

이 경우에 공격자에게 중요한 상황은 강과 계곡이 만드는 좁은 길을 통과하느냐 하는 것이다. 그래서 이때에는 강물의 양뿐만 아니라 좁은 길의 전체적인 지형도 중요하고, 대개 가파른 암석 계곡이 상당히 넓은 강보다 훨씬 많은 일을 수행한다. 현실에서 매우 많은 병력이 상당히 좁은 길을 통과하는 것은 단지 머릿속으로 생각하는 것보다 훨씬 어렵다. 시간도 상당히 많이 필요하고, 길을 지나는 동안에도 방어자가 주변의 고지대에 나타날 수 있다는 위험은 공격자를 매우 불안하게 만든다. 공격자의 선두에 있는 부대가 너무 멀리 전진하면 그 부대는 방어자를 일찍 만나 방어자의 우세한 병력에 압도당할 수 있고, 그 부대가 도하 지점 근처에 머물면 공격자는 최악의 상태에서 전투를 하게 된다. 그래서 그와 같이 끊어진 지형을 통과하여 그 지형 너머에 있는 방어자와 전투를 벌이는 것은 대담한 행동이든지, 아니면 월등하게 많은 병력이 있다는 것과 최고 지휘관에게 자신감이 있다는 것을 전제로 한다.

물론 그런 방어선이 큰 강의 직접적인 방어와 비슷한 길이로 늘어날 수는 없다. 방어자는 병력을 집결하여 방어하려고 하기 때문이고, 공격자에게는 이 강을 건너는 것이 아무리 어렵다고 해도 이것을 큰 강의 도하와 비교할 수 없기 때문이다. 그래서 공격자는 먼저 우회를 생각하게 된다. 하지만 이 우회는 공격자를 자연스러운 공격 방향에서 벗어나게 한다. (말할 것도 없이 끊어진 계곡은 공격의 방향을 대략 수직으로 자른다고 전제하고 있기 때문이다.) 그리고 좁아진 후퇴로가 주는 불리한 효과는 한 번에 사라지는 것이 아니라 점차로 사라진다. 그래서 방어자는 전진하는 적보다 늘 약간 더 유리하게 되는데, 전진하는 적이 강을 건너는 바로 그 순간에 방어자의 공격을 받지 않고 우회를 통해 약간의 여유 공간을 더 얻는다고 해도 그러하다.

우리는 강을 강물의 양과 관련해서만 말하는 것이 아니라 심하게 끊어진 강의 계곡을 그보다 많이 염두에 두고 있기 때문에 그 계곡을 산에 있는 전형적인 계곡이라고 이해해서는 안 된다는 것을 미리 밝혀 둔다. 그런 식으로 이해하면 산에 대해 말했던 모든 것이 강에도 해당되기 때문이다. 잘 알다시피 상당히 평평한 지형에서도 매우 작은 강이 깊고 험준한 계곡을 이루고 있는 경우는 많다. 그 밖에 습지로 이루어진 강기슭과 접근을 막는 다른 장애물도 이 경우에 해당된다.

그래서 이런 조건에서는 방어 군대를 강이나 심하게 끊어진 계곡의 배후에 배치하는 것이 매우 유리하고, 이런 식의 하천 방어는 최고의 전략적인 수단에 속한다.

이 수단의 약점이자 방어자가 일을 쉽게 그르칠 수 있는 점은 병력을 지나치게 넓게 배치하는 것이다. 이런 경우에는 자연히 어느 한 도하 지점에서 다른 도하 지점으로 병력을 계속 이동하게 되고, 적을 차단해야 하는 올바른 지점을 놓치게 된다. 모든 군대를 집결하여 공격하는 것도 성공하지 못하면 이 수단의 효과는 사라지고 만다. 전투에서 패배하고 후퇴를 하지 않을 수 없게 되고 많은 혼란을 겪고 손실을 입게 되는데, 이런 것이 그 군대가 최후의 순간까지 저항하지 않는다고 해도 그 군대를 완전한 패배에 빠뜨린다.

이런 조건 아래에서는 병력을 지나치게 넓게 배치해서는 안 된다는 것, 어쨌든 적이 강을 건너는 그날 밤에는 병력을 집결해야 한다는 것은 이미 충분히 말했다. 그것을 수행한 다음에 시간, 병력, 공간을 효율적으로 결합할 수 있는데, 이 결합은 매우 많은 지형적인 특성에 달려 있다.

이런 상황에서 일어나는 전투는 독특한 성격을 띨 것이 틀림없다. 즉 방어자 쪽의 행동이 극도로 격렬해질 것이다. 공격자는 거짓 도하로 방어자를 얼마 동안 불확실성에 빠뜨릴 수 있고, 방어자는 적이 정말로 도하하는 곳을 보고 나서 비로소 그것이 가짜 도하였다는 것을 알게 된다. 그럼에도 방어자의 상황이 특별히 유리하다면, 그것은 공격자의 눈앞에서 전개되고 있는 상황이 공격자에게 불리하기 때문이다. 다른 도하 지점에서 공격자의 다른 군단이 강을 건너 방어자를 포위하면, 방어자는 이 군단을 방어 전투에서 하던 것처럼 배후의 강력한 공격으로 대응할 수 없게 된다. 그렇지 않고 강력하게 반격하면 방어자는 자신이 갖고 있던 상황의 유리함을 잃게 된다. 그래서 방어자는 공격자의 다른 군단이 강을 건너서 그를 불리하게 만들기 전에 정면에 있는 공격자와 결판을 벌여야 한다. 즉 방어자는 자기 앞에 있는 공격자의 병력을 되도록 신속하고 맹렬하게 공격하여 공격자의 패배로 전투를 끝내도록 해야 한다.

하지만 이 하천 방어의 목적은 결코 압도적으로 우세한 적의 병력에게 저항하는 것이 될 수 없다. 그런 저항은 기껏해야 큰 강의 직접적인 방어에서 생각할 수 있다. 직접적인 방어에서는 대개 적의 병력의 대부분과 대결해야 하기 때문이다. 그리고 이것이 방어자에게 유리한 상황에서 일어난다고 해도 양쪽의 병력의 비율을 처음부터 충분히 고려해야 하기 때문이다.

이상으로 군대의 대규모 병력이 중간 정도의 강과 심하게 끊어진 계곡을 방어하는 경우를 살펴보았다. 대규모의 병력은 계곡의 기슭에서는 강력하게 저항할 수 있지만 진지가 넓게 흩어져 있다는 불리함을 무릅쓸 수는 없기 때문에 그 군대는 결국 결전으로 승리를 얻어야 할 것이다. 단지 하위의 방어선을 강화하는 것만 문제 된다면, 그래서 그 방어선에서 얼마 동안 저항을 하면서 지원 병력을 기다리는 것이라면, 계곡의 기슭은 물론 강기슭에 대해서도 직접적인 방어를 할 수 있다. 이 경우에 산악 진지에서 얻는 것과 비슷한 유리함을 예상할 수는 없지만, 그런 곳에서는 늘 보통의 지형에서 하는 것보다 오래 저항할 수 있을 것이다. 단 하나의 경우에는 이런 종류의 방어를 하는 것이 매우 위험하든지 불가능한데, 이는 강의 굴곡이 매우 심할 때 자주 나타나고, 이런 경우는 바로 심하게 끊어진 계곡에서 자주 보게 된다. 이는 독일에 있는 모젤 강의[5] 흐름만 관찰하면 알 수 있다. 모젤 강을 방어할 때 밖으로 휘어진 활 모양으로 된 부분으로 전진한 부대는 후퇴할 때 거의 필연적으로 패배하게 될 것이다.

여기에서 군대의 병력이 많을 때 중간 정도의 강에 적당하다고 말한 이 방어 수단은 큰 강에도 적용될 수 있고, 그것도 훨씬 유리한 조건으로 적용될 수 있다는 것은 자명하다. 이 수단은 방어자가 완전한 승리를 중요하게 여기는 경우마다 이용될 것이다. (아스페른.[6])

어느 군대가 큰 강, 작은 강, 깊은 계곡을 자신의 정면 바로 앞에 두고 이를 적의 접근을 막는 전술적인 장애물로 쓰는 경우, 즉 전술적인 정면 강화는 앞에서 말한 것과 완전히 다른 경우인데, 이 문제를 좀 더 자세히 살펴보는 것은 전술에 속한다. 그래서 이 수단의 결과에 대해서만 말하면 그것은 근본적으로 완전한 자기 기만이다. 계곡이 매우 심하게 끊어져 있으면 진지의 정면은 그것 때문에 절대로 공격할 수 없을 것이다. 그런데 그런 진지를 통과하는 것은 다른 진지를 통과하는 것보다 복잡하지 않기 때문에 이는 근본적으로 방어자가 공격자에게 길을 열어 주는 것과 다름없을 것이고, 이것을 배치의 목적이라고 말하는 것은 곤란하다. 그래서 그런 배치는 공격자의 병참선이 지형 때문에 불리하게 놓여 있고, 공격자가 전진하는 도로에서 조금이라

---

5. 모젤 강(Mosel, Moselle), 프랑스의 보주 산맥에서 발원하여 깊은 협곡을 이루면서 흐른다. 독일의 코블렌츠 부근에서 라인 강에 합류한다. 길이는 약 544킬로미터.

6. 아스페른(Aspern), 비인의 동쪽, 도나우 강 오른쪽에 있는 마을. 현재는 비인의 일부. 아스페른 전투(1809년 5월 21~22일)에서 나폴레옹은 큰 패배를 입었다.

도 벗어나면 매우 불리한 결과를 당하는 경우에만 방어자에게 이익이 될 수 있다.

이 두 번째 종류의 방어에서 거짓 도하는 방어자에게 훨씬 위험하다. 공격자는 그것을 더 쉽게 할 수 있고, 방어자는 모든 병력을 적의 진짜 도하 지점에 집결해야 하는 임무를 갖고 있기 때문이다. 한편으로 이때 방어자의 시간은 그다지 부족하지 않다. 방어자의 유리함은 공격자가 모든 병력을 집결하여 정말로 건널 몇 개의 도하 지점을 점령할 때까지 끝나지 않기 때문이다. 다른 한편으로 이 경우에 거짓 공격의 효과는 초병선을 방어할 때만큼 크지 않은데, 초병선의 방어에서는 모든 것을 방어해야 한다. 예비 병력을 쓸 때도 앞에서 말한 방어자의 임무와 같이 적이 주력 군대를 어디에 두고 있는지 하는 단순한 질문이 중요한 것이 아니라 어느 도하 지점을 제일 먼저 돌파할 것인지 하는 훨씬 어려운 질문이 중요하다.

크고 작은 강에 대한 두 가지 종류의 방어에 대해 일반적으로 다음과 같은 점을 더 언급해야 할 것이다. 성급하고 혼란에 빠진 상태에서 후퇴를 명령하고, 준비도 없이 적의 도하 수단을 치우지도 않고 그 지역에 대한 정확한 지식도 없이 방어를 한다면, 여기에서 두 가지 종류의 방어라고 생각한 것은 전혀 수행할 수 없을 것이다. 대부분의 경우에 그런 방어는 결코 생각할 수 없고, 그 때문에 병력을 넓은 진지에 분산하는 것도 상당히 어리석은 짓이 될 것이다.

일반적으로 분명한 의식과 확고한 의지를 갖지 않고 하는 일은 모두 실패하고 마는데, 전쟁에서도 그러하다. 탁 트인 평지의 전투에서는 적에게 맞설 용기를 갖고 있지 않기 때문에, 그리고 넓은 강과 험한 계곡이 공격자를 막아 줄 것이라는 기대를 하고 있기 때문에 하천 방어를 선택한다면, 그런 하천 방어는 나쁜 결과를 낼 것이다. 그런 경우에 방어자는 자신의 상황에 대한 진정한 신뢰를 거의 갖고 있지 않고, 최고 지휘관과 지도자들은 대개 앞날에 대해 극히 불안한 예감으로 충만해 있고, 그런 예감은 늘 곧바로 현실로 나타난다. 탁 트인 평지에서 치르는 전투도 결투처럼 양쪽이 완전히 동일한 조건에서 수행하는 것이라고 전제할 수 없다. 방어자가 그 전투에서 방어의 특성을 통해 유리함을 얻을 줄 모른다면, 즉 신속한 행군, 지형에 대한 지식, 이동의 자유에서 유리함을 얻을 줄 모른다면, 그에게는 그 어느 것도 도움이 될수 없다. 그런 방어자에게는 강과 계곡도 아무런 도움이 될 수 없을 것이다.

세 번째 종류의 방어는 적이 있는 강 건너편의 요새 진지를 통해 방어하는 것인데, 이 방어의 효과는 강이 적의 병참선을 끊고 적을 한두 개의 다리로 건너도록 제한할 것이라는 데서 생겨나는 위험에 토대를 두고 있다. 이 때문에 이런 방어는 당연히 강물의 양이 엄청나게 많은 매우 큰 강에서만 할수 있다는 결론이 나온다. 즉 엄청나게 큰 강이 그런 방어를 할 수 있도록 하는 전제 조건이다. 그 반면에 단지 깊게 끊어져 있는 강은 대체로 많은 도하지점을 갖고 있고, 그런 강에서는 지금 말한 위험이 완전히 사라진다.

그런 진지는 매우 견고해야 하고, 적이 거의 공격할 수 없을 정도로 견고해야 한다. 그렇지 않으면 방어자는 적을 상대하러 나가야 하기 때문에 진지의 유리함을 포기하게 될 것이다. 하지만 진지가 매우 강력해서 적이 진지를 공격할 엄두를 내지 못할 정도라면, 적은 상황에 따라 아군이 있는 강기슭에 묶인 것처럼 꼼짝하지 못하게 된다. 이때 적이 강을 건너면 적은 자기의 병참선을 포기하게 되겠지만, 이와 동시에 아군의 병참선도 위협하게 될 것이다. 이 경우에는 양쪽의 병력이 상대를 통과하는 모든 경우처럼 어느 쪽의 병참선이 수, 위치, 그 밖의 상황에서 더 안전한지, 더욱이 어느 쪽이 그 밖의 측면에서도 더 큰 손실을 입고 적에게 금방 압도당할 수 있는지, 끝으로 어느 쪽의 군대가 승리에 대한 의지를 더 많이 갖고 있고 극한적인 경우에 그것에 의존할 수 있는지 하는 것이 중요하다. 이때 강은 그런 움직임에서 상대에게 더 많은 위험을 주는 것 외에 하는 것이 아무것도 없는데, 이는 양쪽의 움직임이 다리에 제한되어 있기 때문이다. 그런데 이 문제를 일반적으로 생각할 때, 방어자의 도하와 일체의 필수품이 요새에 의해 보호받고 있기 때문에 공격자의 도하와 필수품보다 안전해진다는 것을 받아들일 수 있는 한 그런 방어는 틀림없이 고려될 수 있다. 그러면 그런 방어는 직접적인 하천 방어의 다른 상황이 충분히 유리하지 않은 경우에 직접적인 하천 방어를 대체할 수 있을 것이다. 물론 강은 군대로 방어하는 것이 아니고 군대도 강으로 방어하는 것이 아니지만, 나라는 이 둘의 결합으로 방어하게 된다. 그리고 중요한 것은 바로 나라의 방어이다.

그런데 결정적인 공격을 하지 않는 세 번째 종류의 방어는 대기에서 접촉만 하고 있는 양전기와 음전기의 긴장과 비슷하고, 그다지 강력하지 않은 충격을 막는 데만 적당하다는 것을 인정해야 한다. 신중하고 우유부단한 최고 지휘관에게, 즉 매우 많은 병력을 갖고 있는데도 강력하게 전진하지 않는 최고 지휘관에게 이 방어를 쓸 수 있을 것이다. 이미 양쪽의 병력이 거의 균형 상태에 들어섰고, 이제 양쪽이 약간의 유리함만 얻으려고 할 때도 이 방어를 쓸 수 있을 것이다. 하지만 우세하면서도 과감한 적의 병력을 상대해야 한다면 이 방어는 금방 파멸에 빠질 수 있는 위험한 길이다.

덧붙여 말하면, 이 세 번째 종류의 방어는 무모하지만 과학적으로 보이기 때문에 우아한 방어라고 일컬을지 모른다. 하지만 우아함은 금방 우둔함으로 떨어질 수 있고, 전쟁에 나타나는 우둔함은 사교 모임의 우둔함처럼 금방 용서를 받는 것이 아니기 때문에 우아한 방어의 예는 거의 없다. 이 세 번째 종류의 방어는 앞의 두 종류의 방어를 돕는 특별한 수단으로 발전할 수 있는데, 그것은 다리나 교두보를 확보하여 언제든지 적의 도하를 위협하는 것이다.

이 세 가지 종류의 하천 방어는 주력 군대로 절대적인 저항을 한다는 목적 외에 거짓 저항을 목적으로 삼을 수도 있다.

이 거짓 저항은 실제로는 하려고 하지 않는 저항이고, 다른 많은 수단과 같이 쓸 수 있고, 단순한 행군 야영을 제외하고는 근본적으로 모든 진지에서 쓸 수 있다. 하지만 큰 강에서 하는 거짓 방어가 정말로 적을 속일 수 있는 것은 어느 정도 상황에 맞는 수단을 많이 쓰기 때문이고, 그 영향이 늘 다른 모든 수단보다 크고 오래 계속되기 때문이다. 아군이 보는 앞에서 그처럼 강을 건너는 행동은 공격자에게는 언제나 중대한 발걸음을 옮기는 것이기 때문에 공격자는 그 조치를 오랫동안 숙고하든지, 아니면 더 적당한 때를 생각해서 다음으로 미루게 된다.

그래서 그런 거짓 방어를 하려면 진지한 방어를 할 때와 거의 같은 방식으로 주력 군대를 강에 분산해서 배치하는 것이 필요하다. 단순한 거짓 방어를 하려고 한다는 것은 진짜로 방어를 하는 것이 여러 가지 상황에 의해 충분히 유리하지 않다는 것을 나타내고 있다. 그래서 어쩔 수 없이 늘 다소 넓게 분산되고 흩어져 있어야 하는 배치의 상태에서 그 군대가 진짜로 저항을 해야 한다면, 그것은 적당한 수준의 저항이라고 해도 큰 손실을 당할 위험이 매우 커질 것이다. 거짓 방어는 그 말의 본래의 의미에서 보면 절반의 수단에 지나지 않는다. 그래서 거짓 방어를 할 때는 모든 것이 군대를 배후의 어느 한 지점에 확실하게 집결할 수 있느냐 하는데 달려 있다. 그 지점은 매우 멀고, 상당히 멀고, 때로 며칠 동안 행군해야 할 만큼 멀리 있는 지점이 될 수 있다. 그리고 저항은 군대의 집결에 지장을 주지 않을 만큼만 수행해야 한다.

우리의 견해를 분명히 밝히고 이와 동시에 그런 거짓 방어가 가질 수 있는 중요성을 보려면 1813년 원정의 마지막 단계를 떠올리면 될 것이다. 보나파르트는 약 40,000~50,000명의 병력을 이끌고 다시 라인 강을 건넜다.[7] 이 정도의 병력으로 라인 강을 만하임에서 네이메헌에[8] 이르는 긴 길이에[9] 걸쳐 방어한다는 것은 불가능했을 것이다. 이 정도의 긴 길이라면 동맹 군대는 어느 방향에서나 라인 강을 편하게 건널 수 있었을 것이기 때문이다. 그래서 보나파르트는 대략 마스 강까지[10] 후퇴하여 여기에서 병력을 어느 정도 보강한

---

7. 나폴레옹은 라이프치히 전투(1813년 10월 16~19일)에서 패배하여 11월 초에 라인 강을 건너 파리로 돌아갔다.

8. 네이메헌(Nymwegen, Nijmegen), 라인 강은 네덜란드에서 바알 강과 네덜리진-레크 강으로 나누어지는데, 네이메헌은 바알 강변에 있는 도시이다. 암스테르담에서 남동쪽으로 약 100 킬로미터에 있다.

9. 만하임에서 네이메헌까지는 대략 350킬로미터이다.

10. 마스 강(Maas, Meuse), 프랑스의 랑그르 고원에서 발원하여 벨기에 동부, 네덜란드 남부를 거쳐 북해로 흘러든다. 길이는 925킬로미터. 네덜란드에서는 마스 강, 프랑스에서는 뫼즈 강으로 표기한다.

다음에 첫 번째의 본격적인 저항을 하려고 생각할 수밖에 없었다. 보나파르트가 곧바로 마스 강까지 후퇴했다면 동맹 군대는 그를 바싹 추격했을 것이다. 보나파르트가 자기의 병력을 라인 강 건너편으로 이동하게 하고 휴식을 하게 했다면 약간 나중에 거의 똑같은 일이 일어났을 것이다. 동맹 군대가 극히 소심하고 조심스럽다고 해도 용맹스러운 코사크의 부대와 다른 경보병 부대는 강을 건너게 했을 것이기 때문이다. 이것이 큰 성공을 거두었다면 다른 부대에게도 강을 건너게 했을 것이다. 그래서 프랑스 군대는 본격적으로 라인 강에 대한 방어 준비를 하지 않을 수 없었다. 하지만 동맹 군대가 정말 강을 건너려고 했다면 그 방어는 아무런 쓸모도 없었을 것이다. 이것은 충분히 예상할 수 있었기 때문에 라인 강에 대한 방어는 단순한 양동이라고 간주해야 했다. 이 양동에서 프랑스 군대가 위험을 무릅쓸 필요는 전혀 없었다. 그들의 집결 지점은 모젤 강 상류에 있었기 때문이다. 잘 알려진 대로 막도날 장군만 20,000명의 병력을 데리고 네이메헌에 머물렀고, 정말로 격퇴당할 때까지 라인 강에서 기다리는 잘못을 범했다. 빈친게로데의[11] 군단이 나중에 도착했기 때문에 막도날은 다음 해 1월 중순에 비로소 후퇴할 수 있었고, 이로 말미암아 막도날은 브리엔 전투 이전에 보나파르트와 합류하지 못했다. 그런데 라인 강의 이 거짓 방어는 동맹 군대의 전진 이동을 막는 데도 충분했고, 지원 병력이 도착할 때까지 동맹 군대의 도하를 6주 동안 연기하도록 결심하게 하는 데도 충분했다. 이 6주는 보나파르트에게 엄청난 의미를 가졌을 것이다. 라인 강에서 거짓 방어를 하지 않았다면 동맹 군대가 라이프치히 전투에서 얻은 승리는 곧바로 파리로 이어졌을 것이고, 파리에 이르는 동안에 전투를 한다는 것은 프랑스 군대에게 완전히 불가능했을 것이다.

　중간 정도의 강을 방어하는 두 번째 종류의 하천 방어에서도 그런 양동으로 적을 속일 수 있다. 하지만 그것은 일반적으로 별로 효과를 내지 못할

---

11. 빈친게로데(Ferdinand von Wintzingerode, 1770~1818), 독일 출신으로서 여러 나라 군대에서 복무하다가 마지막에 러시아의 장군으로 활동했다.

것이다. 이 경우에 단지 강을 건너기만 하려는 것은 더 쉽지만, 양동이라는 요술이 금방 드러나고 말 것이기 때문이다.

세 번째 종류의 하천 방어에서는 양동이 아마 더욱 효과를 내지 못할 것이고, 임시로 점령한 다른 모든 진지와 같은 효과 이상을 내지 못할 것이다.

마지막으로 처음 두 가지 종류의 방어는 그 어떤 부차적인 목적을 달성하려고 배치된 전초선이나 다른 방어선에서 (초병선) 또는 단지 적을 관찰하려고 배치된 하위 부대에게 강이 없는 곳에서 그런 방어를 할 때보다 훨씬 크고 확실한 힘을 실어주는데 매우 적절하다. 이 모든 경우에 상대적인 저항만 문제로 삼을 수 있고, 상대적인 저항은 당연히 그런 끊어진 지형 때문에 상당히 강력해진다. 이 저항에서는 전투 자체의 저항에 걸리는 상당히 많은 시간만 생각해서는 안 되고, 행동에 앞서 도하를 할 수 없을지 모른다는 공격자의 심각한 불안도 생각해야 한다. 이런 불안 때문에 공격자는 매우 긴급한 상황이 아니면 백 번 가운데 아흔아홉 번은 강을 건너지 않는다.

[지도 24] 도나우 강

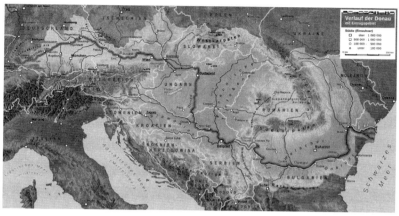

도나우 강의 흐름도
출처 Open Street Map을 참조. Maps for free에서 기복도(起伏圖)를 참조. Europäische Wasser-
scheiden.png von Sansculotte의 지류 영역을 참조. Verlaufskarte Inn DE.png von Thoroe에서
나온 일러두기를 참조하여 직접 제작.
작가 TomGonzales
업로드 TomGonzales 2011. 10. 10
업데이트 NordNordWest 2013. 6. 18

지도의 왼쪽 위에서 오른쪽 아래로 뻗어 있는 약간 진한 색의 긴 선이 도
나우 강이다. 도나우 강은 현재 독일의 슈바르츠발트에서 발원하여 흑해로
흐른다. 길이는 약 2860킬로미터로 유럽에서 두 번째로 긴 강이다. 도나우 강
변의 주요 도시로 울름, 레겐스부르크, 린츠, 비인, 브라티슬라바, 부다페스
트, 벨그라드 등이 있다. 현재 독일, 오스트리아, 슬로바키아, 헝가리, 루마니
아, 크로아티아, 세르비아, 불가리아, 몰도바, 우크라이나를 흐른다.

[지도 25] 모젤 강

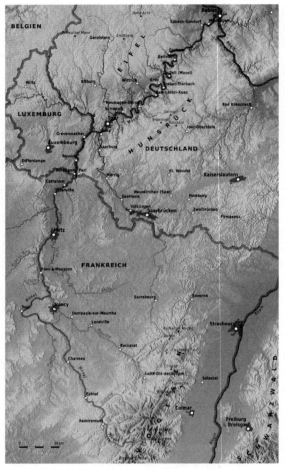

모젤 강의 흐름
출처 Open-Street-Map과 Maps For Free의 고저(高低)를 참조하여 작가 직접 작성.
작가 TomGonzales
업로드 TomGonzales 2011. 8. 13
업데이트 Gete1 2015. 2. 20

　　모젤 강은 보주 산맥에서 발원하여 북쪽으로 흐른다. 룩셈부르크와 독
일의 국경을 흐르다가 북동쪽으로 흘러 코블렌츠에서 라인 강에 합류한다.
트리어부터 코블렌츠에 이르는 구간에서 모젤 강의 굴곡이 매우 심하다.

제19장

계속

이제 크고 작은 많은 강을 직접 방어하지 않는 경우에도 그 강이 나라를 방어하는데 어떤 효과를 내는지 살펴보도록 한다.

크고 작은 계곡이 있는 큰 강은 매우 훌륭한 천연 장애물이고, 그래서 방어하는데 일반적으로 유리할 것이다. 하지만 강의 특별한 영향은 강의 중요한 특징에 따라 다르다고 할 수 있다.

먼저 강이 국경에 대해, 즉 일반적인 전략적인 정면에 대해 평행으로 흐르는지 비스듬히 흐르는지 수직으로 흐르는지 구분해야 한다. 평행으로 흐를 때는 그 강이 아군의 배후에 있는지 적의 배후에 있는지 구분해야 한다. 이 두 경우에도 다시 군대와 강이 얼마나 멀리 있는지 구분해야 한다.

어느 방어 군대가 큰 강 근처에 있으면서 (보통의 하루 행군 거리 이내는 아니지만) 이 강에 안전한 도하 지점을 충분히 많이 갖고 있으면, 의심할 바 없이 강이 없는 군대보다 훨씬 강력한 위치에 있게 된다. 도하 지점을 보호해야 하기 때문에 이동의 자유를 약간 잃는다고 해도 방어 군대는 전략적인 배후, 즉 주로 병참선이 안전하기 때문에 훨씬 많은 이익을 얻는다. 지금 자기 나라에서 방어하고 있는 경우를 말하고 있다는 것은 잘 알고 있을 것이다. 적의 영토에서는 적군이 아군의 앞에 있다고 해도 아군은 적이 강을 건너 아군의 배후로도 올 수 있다는 두려움을 늘 어느 정도는 갖게 될 것이다. 이때 강에 이르는 도로는 좁은 것이 보통이기 때문에 강은 아군의 상황에 유리하기보다 불리한 영향을 미칠 것이다. 강은 군대의 배후에 멀리 있을수록 군대에그만큼 덜 유용할 것이고, 어느 거리에 이르면 강의 영향은 완전히 영이 될것이다.

공격하는 군대가 강을 등지고 전진해야 한다면 강은 군대의 이동에 불리한 영향을 미칠 수밖에 없을 것이다. 강이 군대의 병참선을 몇 개의 도하지점으로 제한하기 때문이다. 하인리히 왕자는[1] 1760년에 오더 강변의[2] 오른편에 있는 브레슬라우에서 러시아 군대에 맞섰는데, 이때 왕자는 명백히 그의 배후의 하루 행군 거리에서 흐르고 있는 오더 강을 근거 지점으로 삼았다. 이와 반대로 나중에 오더 강을 건넌 체르니소프[3] 아래의 러시아 군대는심한 곤경에 빠졌는데, 후퇴로가 단 하나의 다리뿐이어서 퇴로를 잃는 위험에 몰렸기 때문이다.

그런데 강이 전쟁터를 어느 정도 수직으로 흐르면 강의 유리함은 다시방어자 쪽에 놓이게 된다. 첫째로 강과 이 강에 수직을 이루고 있는 계곡을이용하여 많은 진지를 잘 배치하면 이것으로 군대의 정면을 강화할 수 있기때문이다. (엘베 강이 7년 전쟁에서 프로이센 군대에게 이런 유리함을 주었다.) 둘째로 공격자는 강의 양쪽 중에 어느 한쪽을 포기하든지 아니면 병력을 나누어야 하기 때문이다. 이런 분할에서는 방어자가 다시 유리할 수밖에없는데, 방어자는 공격자보다 안전한 도하 지점을 갖고 있기 때문이다. 7년전쟁의 전체적인 모습을 한 번만 돌아보면 이 점을 이해할 수 있을 것이다. 이

---

1. 하인리히 왕자(Friedrich Heinrich Ludwig von Preußen, 1726~1802), 프로이센의 장군. 프리드리히 대왕의 9번째 동생. 프리드리히 대왕에게는 총 10명의 동생이 있었다. 하인리히 왕자는 글로가우 부근에서 오더 강을 건너(1760년 8월 1일) 러시아 군대에 앞서 브레슬라우에도착하여(8월 6일) 교묘한 방어 작전으로 오스트리아 군대와 러시아 군대의 합류를 막았다.
2. 오더 강(Oder, Odra), 슐레지엔을 가로질러 발트 해로 흐르는 강. 현재의 체코에서 발원하여폴란드를 흐르고 폴란드와 독일의 국경을 이루고 있다. 길이는 866킬로미터이다.
3. 체르니소프(Sachar Grigorjewitsch Tschernyschow(Zakhar Grigoryevich Chernyshov), 1722~1784), 러시아의 원수, 국방 장관. 7년 전쟁에 참전했다.

전쟁에서 오더 강과 엘베 강은 프리드리히 대왕이 슐레지엔, 작센, 마르크 등의 전쟁터를 방어할 때 많은 도움을 주었고, 그 결과로 오스트리아 군대와 러시아 군대가 이 지방을 점령할 때 크게 방해를 했다. 그런데 이 두 강을 정말로 방어한 것은 7년 전쟁을 통틀어 한 번도 없었다. 그리고 강의 흐름과 적의 관계를 보면 강은 대부분 적의 정면에 대해 평행으로 흐르기보다 비스듬히 흐르거나 수직으로 흐르고 있었다.

강이 정면에 대해 어느 정도 수직의 방향으로 흐르는 경우에 강이 수송로로서 가질 수 있는 큰 유리함은 일반적으로 공격자에게 속하는데, 그 이유는 공격자가 더 긴 병참선을 갖고 있고 모든 필수품을 수송하는데 더 큰 곤란을 겪기 때문이고, 그래서 하천 수송이 주는 근본적인 이로움은 주로 공격자에게 해당될 것이기 때문이다. 물론 이때 방어자도 국경 안에 있는 지점부터는 요새를 통해 강을 막을 수 있다는 유리함을 얻을 것이다. 하지만 그것 때문에 강이 방어자의 국경으로 흐르기 전에 공격자에게 주었던 유리함이 없어지는 것은 아니다. 그럼에도 많은 강은 전쟁의 다른 관점에서 보면 매우 넓은데도 배로 다닐 수 없다는 것, 다른 강도 모든 계절에 다닐 수 있는 것은 아니라는 것, 배로 강의 상류를 거슬러 올라가는 것은 매우 느리고 때로 힘들다는 것, 많은 강의 심한 굴곡은 강의 길을 두 배 이상으로 늘린다는 것, 이제 여러 나라를 잇는 중요한 도로는 대부분 돌로 포장되었다는 것, 끝으로 이제 대부분의 필수품은 그 어느 때보다 제일 가까운 지방에서 조달하고 먼 곳의 상인으로부터 조달하지 않는다는 것 등을 생각하면, 수상 운송이 일반적으로 군대를 유지하는데 전쟁에 관련된 많은 책에 소개되어 있는 것만큼 큰 역할을 하는 것은 아니라는 것, 그래서 전쟁의 전체적인 흐름에 미치는 강의 영향은 매우 간접적이고 불확실하다는 것을 알게 될 것이다.

[지도 26] 오더 강

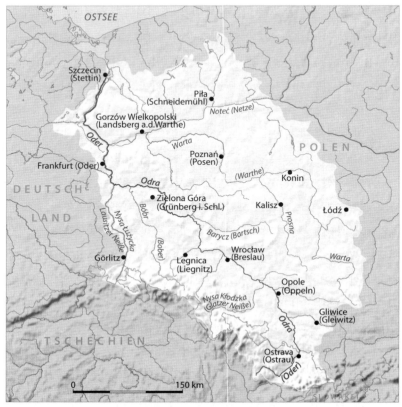

오더 강과 그 지류
출처 작가 직접 그림.
작가 NordNordWest
업로드 NordNordWest 2008. 2. 20
업데이트 NordNordWest 2010. 1. 4

지도의 하얀색 왼쪽 부분을 아래에서 위로 지나는 선이 오더 강이다.
『전쟁론』에 나오는 지명으로 브레슬라우, 리그니츠, 포즈난 등이 보인다. 리
그니츠를 흐르는 강이 카츠바흐 강이다. 현재 독일과 폴란드의 국경에 있는
오더 강변의 프랑크푸르트도 보인다.

습지 방어

북부 독일에 있는 부탕허의[1] 습지와 같은 크고 넓은 습지는 매우 드물기 때문에 이런 습지를 다루려고 애쓸 필요는 없을 것이다. 하지만 어느 정도의 저지대와 작은 강의 습지는 자주 볼 수 있고, 어느 지역을 다른 지역으로부터 매우 넓게 끊는 역할을 한다. 그런 습지는 방어를 하는데 쓰일 수 있고 매우 자주 쓰이기도 한다.

습지를 방어하는 수단은 강을 방어하는 경우와 거의 같지만, 그럼에도 몇 가지 특징에 대해서는 특별히 주의를 기울여야 한다. 제일 중요한 첫 번째 특징은 습지에는 둑 외에 보병이 통행할 수 있는 길이 전혀 없고, 습지를 건너는 것은 그 어느 강을 건너는 것보다 훨씬 어렵다는 것이다. 그 이유는 첫째로 둑은 다리처럼 신속하게 만들 수 없기 때문이고, 둘째로 둑의 건설을 보호하는 군대를 습지 저편으로 보낼 수 있는 임시의 도하 수단이 없기 때문이다. 강이라면 먼저 전위 부대를 건너가게 하는데 배의 일부를 쓰고 그다음에 다리 건설을 시작할 것이다. 그러나 습지에는 배에 해당하는 수단이 없다. 보병만 있는 경우에 그들이 습지를 건너는 제일 쉬운 방식은 단순한 널판자일

---

1. 부탕허(Bourtange), 현재 네덜란드 흐로닝언 지방의 엠스 강(Ems) 부근에 있는 요새. 흐로닝언 주의 주도인 흐로닝언에서 남동쪽으로 약 50킬로미터에 있다.

것이다. 습지의 폭이 상당히 넓다면 이 일을 하는 데는 강에서 첫 번째 배를 건너게 하는 것과 비교할 수 없을 만큼 많은 시간이 걸린다. 습지 중간에 다리 없이는 건널 수 없는 강이라도 흐르고 있다면 첫 번째 군대를 습지 저편으로 건너게 하는 임무는 더 힘들어진다. 단순한 널판자로 아마 하나하나의 병사들은 건널 수 있을 테지만, 다리를 건설하는데 필요한 무거운 짐은 운반할 수 없기 때문이다. 이런 어려움은 많은 경우에 극복할 수 없는 것이 된다.

습지의 두 번째 특징은 습지의 도하 수단은 강의 도하 수단처럼 완전하게 파괴할 수 없다는 것이다. 다리는 끊을 수도 있고 전혀 쓸 수 없을 만큼 파괴할 수도 있다. 하지만 둑은 고작해야 어느 부분을 뚫을 수 있을 뿐이고, 이것이 큰 효과를 내지는 않는다. 습지의 중간에 강이 흐르면 그 강에 있는 다리는 없앨 수 있지만, 그렇다고 큰 강의 다리를 파괴하여 도하 수단이 사라지는 만큼 습지의 모든 도하 수단이 없어질 수는 없다. 이에 따른 자연스러운 결론은 일반적으로 습지에서 이익을 얻으려고 한다면, 그곳에 있는 둑을 매번 상당히 많은 병력으로 점령하고 철저하게 방어해야 한다는 것이다.

그래서 습지의 방어는 한편으로 국지적인 방어로 제한될 수밖에 없고, 다른 한편으로 다른 곳으로 건너는 것을 어렵게 해서 국지적인 방어의 부담을 덜어 준다. 이 두 가지 특징은 습지 방어를 하천 방어보다 국지적이고 수동적인 것으로 만든다.

그 결과는 습지를 방어할 때는 직접적인 하천 방어를 할 때보다 상당히 많은 병력이 있어야 한다는 것이고, 다른 말로 하면 습지 방어에서는 방어선을 길게 만들 수 없다는 것이다. 특히 유럽의 잘 경작된 지역에서 그러한데, 이런 곳에는 상황이 방어자에게 매우 유리할 때에도 공격자에게 습지를 건너는 길이 언제나 매우 많이 있는 편이다.

이런 점을 고려하면 습지는 큰 강보다 불리하다. 이 점을 고려하는 것은 매우 중요한데, 모든 국지적인 방어는 극히 곤혹스럽고 위험한 것이기 때문이다. 그런 습지와 저지대가 대개 유럽에서 제일 큰 강의 너비와는 비교할 수 없을 정도로 넓은 폭을 갖고 있다는 것, 그래서 적의 도하를 방어하려고 배치된 초병 부대는 적의 포격에 제압당할 위험에 결코 빠지지 않는다는 것, 아군의 포격 효과는 (매우 좁고 긴) 둑에 의해 끝없이 높아진다는 것, 일반적으로 그렇게 좁은 길을 4분의 1마일이나 2분의 1마일 정도 통과하는 것은 같은 길이의 다리를 건너는 것과 비교할 수 없을 만큼 오래 걸린다는 것 등을 생각하면, 그런 저지대와 습지는 (이 지대를 건너는 길이 수없이 많은 것이 아니라면) 있을 수 있는 방어선 중에 제일 강력한 방어선에 속한다는 것을 인정해야 한다.

간접적인 방어는 크고 작은 강의 방어에서 알게 된 것처럼 주력 전투를 유리하게 시작하려고 끊어진 지형을 이용하는데, 이것은 습지에서도 똑같이 적용할 수 있다.

하지만 적이 있는 강 건너편의 진지를 통해 강을 방어하는 세 번째 방법을 습지에 적용하는 것은 무모하다고 할 수 있는데, 이는 습지를 건너는 것이 너무 오래 걸리기 때문이다.

제일 위험한 일은 둑 이외에 다닐 수 있는 길이 결코 없지 않은 습지, 초지, 늪지 등을 방어하려고 하는 것이다. 적이 단 한 곳이라도 통과할 수 있는 곳을 발견한다면 그 지점은 아군의 방어선을 파괴하는데 충분하고, 이는 아군이 그곳에서 진지하게 저항하는 경우에 아군에게 늘 큰 손실을 일으킨다.

[그림 16] 부탕허의 요새

부탕허 요새의 항공 사진(2005년)
출처 nl:Afbeelding:Luchtfoto bourtange.jpg
작가 nl:Gebruiker:Bourtange
업로드 Hannes 2007. 7. 7

부탕허 요새는 별 모양으로 유명하고 요새 안에는 주민들이 거주했다. 부탕허의 습지(Bourtanger Moor, Bourtangerveen)라는 이름은 이 요새 이름에서 따온 것이다. 부탕허의 습지는 현재의 독일과 네덜란드에 걸쳐 있다.

제20장 B.

범람지

이제 범람지에 대해 살펴보도록 한다. 범람지는 방어 수단이자 자연 현상으로서 확실히 대규모의 습지와 매우 비슷하다.

물론 범람지는 매우 드물게 나타난다. 우리의 관점에서 살펴보려고 노력할 만한 범람 현상을 보여 주는 유일한 나라는 유럽에서 아마 홀란트일 것이다. 하지만 1672년과[1] 1787년의[2] 주목할 만한 원정뿐만 아니라 독일 및 프랑스에 대해 여러 가지 관계를 갖는 위치 때문에도 바로 이 나라의 범람 현상에 대해 약간 살펴보지 않을 수 없다.

홀란트의 범람의 성격은 다음과 같은 점에서 접근할 수 없는 습지로 되어 있는 보통의 저지대와 다르다.

1. 땅 자체는 건조하고, 대부분 마른 목초지나 비옥한 토지로 이루어져 있다.

2. 다양한 깊이와 너비를 갖는 용수용 및 배수용의 수많은 작은 수로들이 나라를 종횡으로 흐르고 있는데, 이 수로들은 곳에 따라 평행의 방향으

---

1. 이는 루이 14세의 홀란트 침략 전쟁(1672~1678년)과 관련된다. 1672년에 홀란트는 수문을 열고 넓은 지역을 물에 잠기게 하여 프랑스 군대의 전진을 막았다.
2. 이는 프로이센의 홀란트 침략(1787년 9월 12일~10월 10일)을 말한다. 프로이센은 홀란트의 내정에 간섭하여 1787년에 홀란트에 침입했다.

로 놓여 있다.

3. 용수와 배수에 쓰이고 항해를 할 수 있는 큰 운하는 둑으로 둘러싸여 있고, 나라의 모든 방향으로 흐르고 있고, 다리 없이는 건널 수 없다는 특징을 갖고 있다.

4. 모든 범람 지역의 지표면이 해수면보다 현저하게 낮고, 그래서 운하의 수면보다 낮다.

5. 그래서 다음과 같은 결론이 나온다. 즉 둑을 뚫고 수문을 열어 놓으면 육지 자체를 물 아래에 잠기게 할 수 있는데, 그러면 높은 둑에 있는 길만 수면 위에 남고, 다른 길은 완전히 물 아래에 잠기든지 아니면 물 때문에 적어도 심한 진흙탕이 되어 더 이상 쓸 수 없게 된다. 범람이 3~4피트 정도의 높이에 지나지 않으면 아마 짧은 거리는 걸어서 건널 수 있을 테지만, 이제는 2에서 말한 작은 수로들이 그것을 방해하는데, 이 수로들이 물속에 잠겨서 보이지 않기 때문이다. 수로들이 도로의 방향과 일치하여 두 수로 사이를 계속 걸어갈 수 있고, 도로 좌우에 있는 수로를 건널 필요가 없는 곳에서만 수로와 수로 사이를 다닐 수 있고, 이런 경우에만 범람은 통행을 막는 절대적인 장애물이 되지 않는다. 물론 이런 경우는 늘 매우 짧은 거리에만 해당될 것이고, 그래서 매우 특별한 전술적인 필요에만 쓰일 수 있다.

이상의 설명으로 다음과 같은 결론이 나온다.

1. 공격자는 비교적 소수의 접근로에 제한되어 있다. 그 접근로는 상당히 좁은 둑에 있고, 보통 좌우에 하나의 수로를 갖고 있고, 그래서 매우 길고 불안한 좁은 도로이다.

2. 그런 둑에 설치한 모든 방어 시설은 손쉽게 함락되지 않을 만큼 특별히 강력하게 만들 수 있다.

3. 방어자의 행동이 상당히 제한되어 있기 때문에 방어자는 하나하나의 지점을 방어할 때도 매우 수동적인 방어에 머물게 되고, 그 결과로 방어자는 모든 효과를 수동적인 저항에서 기대해야 한다.

4. 여기에서는 하나의 단순한 바리케이드로 나라를 방어하는 것과 같은

단 하나의 방어선에 대해 말하는 것이 아니다. 이 경우에는 어디에서나 적의 접근을 막는 똑같은 장애물을 갖고 있고, 이것으로 아군의 측면을 보호하기 때문에 아군은 끊임없이 새로운 초병 부대를 설치할 수도 있고, 이런 식으로 첫 번째 방어선에서 잃은 초병 부대의 일부를 새로운 초병 부대로 바꿀 수도 있다. 이때 생겨날 수 있는 방어 방식의 경우의 수는 체스판의 경우처럼 무궁무진하다고 할 수 있다.

5. 하지만 어느 나라의 이 모든 상태는 매우 넓은 경작지와 많은 인구를 전제로 했을 때만 생각할 수 있기 때문에 통행로의 수는 물론 통행을 막는 초병 부대의 수도 다른 전략적인 배치와 비교할 때 매우 많을 것이고, 그러면 그런 방어선은 길어서는 안 된다는 결론이 나온다.

홀란트에서 제일 중요한 방어선은 대부분 자위더르 해[3] 연안의 나르덴에서[4] 시작하여 베흐트 강의[5] 배후를 지나 바알 강의[6] 호린험까지,[7] 즉 엄밀히 말해 비스보스 만까지[8] 이어지고, 이는 대략 8마일의 길이에 이른다. 이 선을 방어하는데 1672년과 1787년에 25,000명에서 30,000명의 병력이 투입되었다. 이 정도의 병력으로 적이 이 선을 넘을 수 없도록 이 선에서 확실하게 저항할 수 있다면 그 결과는 틀림없이 매우 훌륭한 결과라고 할 수 있을 것이고, 적어도 이 선의 배후에 있는 홀란트 지방에는 그러할 것이다. 1672년에 이 선은 위대한 최고 지휘관 (처음에는 콩데, 나중에는 뤽상부르) 아래에 있는

3. 자위더르 해(Zuidersee, Sudersee), 13세기의 대홍수 때문에 북해가 네덜란드 육지에 파고 들어 생긴 만. 원래는 호수였으나 북해의 물이 넘쳐 들어와 바다가 되었다. 1932년에 제방이 완성된 후에 지금의 서프리지아 제도에 의해 북해에서 분리된 수역이 되었다. 지금은 '에이설 호수'로 불린다.
4. 나르덴(Naarden), 홀란트(현재 북홀란트)의 요새 마을. 자위더르 해 남쪽에 있고 암스테르담에서 남동쪽으로 약 20킬로미터 떨어져 있다.
5. 베흐트 강(Vecht), 위트레흐트에서 자위더르 해로 흐르는 작은 강. 길이는 약 40킬로미터.
6. 바알 강(Waal), 네덜란드의 강. 라인 강의 두 지류 중에 남쪽으로 흐르는 강.
7. 호린험(Gorkum, Gorinchem), 현재 남홀란트의 도시로 바알 강변에 있다. 암스테르담에서 남쪽으로 약 65킬로미터 떨어져 있다.
8. 비스보스 만(Biesbosch), 1421년 가을의 폭풍우로 마스 강 하구 부근의 둑이 무너져서 생긴 만. 로테르담에서 남동쪽으로 약 30킬로미터에 있다.

매우 많은 프랑스 병력에 대해 확실하게 저항했다. 이 두 명의 최고 지휘관은 40,000~50,000명의 병력을 이 선에 배치할 수 있었는데도 그 병력으로 아무런 행동도 하지 않았다. 겨울이 다가오기를 기다렸지만 그해 겨울에 혹독한 추위는 없었다. 이와 반대로 1787년에는 이 첫 번째 선에서 이루어진 저항이 완전한 실패로 끝나고 말았다. 자위더르 해와 하를러머메어[9] 사이에 있는 훨씬 짧은 선에서 이루어진 저항은 약간 더 철저했는데도 그 지역을 정확하게 계산한 브라운슈바이크 공작의 매우 교묘한 전술적인 배치의 효과 때문에 그 저항도 하루 만에 무너지고 말았다. 더욱이 실제로 이 선으로 전진한 프로이센 군대의 병력은 방어자의 병력에 비해 조금 더 많았든지 또는 전혀 많지 않았다.

두 번의 방어에서 보이는 각각 다른 결과는 최고 지휘부의 차이에서 비롯된 것이다. 1672년에 홀란트 군대는 평소의 준비 상태에서 루이 14세의 기습을 받았다. 홀란트의 육군에 대해 말하면, 평소에 홀란트 군대에는 잘 알려진 바와 같이 훌륭한 전쟁 정신이 없었다. 그래서 대부분의 요새는 무장을 제대로 갖추고 있지 않았고, 얼마 안 되는 용병 수비대로 방어되어 있었고, 이들은 믿을 수 없는 외국인이나 무능한 홀란트 사람의 지휘를 받았다. 그래서 홀란트 군대가 라인 강에 점령하고 있던 브란덴부르크의[10] 요새와 앞에서 말한 방어선의 동쪽에 있는 모든 요새는 흐로닝언의 요새를[11] 제외하고는 대부분 방어다운 방어도 하지 못한 채 곧바로 프랑스 군대의 손에 떨어지고 말았다. 그런데 150,000명이나 되는 프랑스 군대의 주된 활동도 많은 요새를 점령하는 것으로 그쳤다.

1672년 8월에 위트 형제가[12] 암살되고 나서 오라니에 왕자가[13] 정권을 장

---

9. 하를러머메어(Haarlemer Meer, Haarlemmermeer), 19세기 중엽까지는 거대한 내륙 호수였다. 현재에는 암스테르담의 남서부 지역.

10. 앞에서 본 마르크 브란덴부르크.

11. 흐로닝언(Groningen), 네덜란드 북부의 도시로 암스테르담에서 북동쪽으로 약 170킬로미터 떨어져 있다. 이전에 요새였고, 이 요새는 1672년의 포위 공격에도 함락되지 않았다.

12. 위트 형제(Cornelis de Witt, 1623~1672와 Johan de Witt, 1625~1672), 네덜란드의 정치가

악했고 왕자는 나라의 방어 정책을 통일했는데, 이때 왕자는 때를 놓치지 않고 앞에서 말한 방어선을 봉쇄했다. 모든 정책은 잘 맞물려 돌아갔다. 그래서 튀렌과[14] 루이 14세 아래에 있던 두 군대의 철수 후에 홀란트에 남아 있던 군대를 지휘한 콩데나 뤽상부르 누구도 홀란트에 퍼져 있는 하나하나의 초병 부대에 대해 이렇다 할 행동을 하지 못했다.

1787년에는 상황이 완전히 달랐다. 일곱 개의 지방으로 이루어진 연합 공화국이[15] 아니라 사실상 홀란트 주 하나만 공격자의 실질적인 적으로서 중요한 저항을 수행해야 했다. 1672년에는 모든 요새를 점령하는 것이 제일 중요한 문제였지만 이제는 그렇지 않았고, 그래서 방어는 오직 앞에서 말한 선으로 제한되었다. 공격자도 150,000명이 아니라 25,000명에 지나지 않았고, 이웃에 있는 큰 제국의 강력한 왕이 아니라 매우 멀리 있고 많은 측면에서 행동이 제한되어 있는 군주에 의해 파견된 최고 지휘관에[16] 지나지 않았다. 인민들은 나라 전체에서도 홀란트 주에서도 두 개의 당파로 분열되어 있었다. 홀란트 주에서는 공화당이 압도적으로 우세했고, 이때 공화당은 참으로 열광적인 애국심으로 고무되어 있었다. 이러한 상황에서 1787년의 저항은 최소한 1672년의 저항과 같은 결과만 내도 충분했을 것이다. 그러나 1787년의 저항이 불리했던 데는 중요한 차이가 하나 있었는데, 그것은 지휘권에 통일성이 없었다는 것이다. 1672년에는 분별 있고 현명하고 강력한 빌럼 반 오라니에가[17] 지휘를 맡고 있었다면, 1787년에는 이른바 방어 위원회가 지휘를 맡

이자 군인.

13. 오라니에 왕자, 빌럼 반 오라니에(Willem III. van Oranje, 1650~1702), 오라니에 왕가의 왕자. 명예 혁명 후에 영국의 환영을 받아 잉글랜드, 스코틀랜드, 아일랜드의 왕이 되었다.

14. 튀렌(Henri de La Tour d'Auvergne de Turenne, 1611~1675), 프랑스의 원수. 루이 14세를 섬긴 뛰어난 장군이자 전술가.

15. '일곱 개의 지방으로 이루어진 연합 공화국'은 독어와 네덜란드어로 Republik der Sieben Vereinigten Provinzen, Republiek der Zeven Verenigde Provinciën이다. 1581~1795년에 존재한 유럽의 공화국. 이 공화국의 영토는 오늘날의 네덜란드, 벨기에, 룩셈부르크, 프랑스 북부, 독일 북부의 일부 지역에 걸쳐 있었다.

16. 이 최고 지휘관은 브라운슈바이크 공작.

았다. 방어 위원회는 네 명의 유력한 위원으로 구성되어 있었는데도 모든 방어에서 통일적인 조치를 내릴 수도 없었고 인민에게 신뢰를 줄 수도 없었다. 그래서 그 기구는 전체적으로 불완전하고 무능하다는 것을 보여 주었을 뿐이다.

이 예를 잠깐 언급한 것은 범람지의 방어 수단에 대한 생각을 좀 더 명확하게 하려고 했고, 이와 동시에 군대 전체의 지휘에서 통일성과 일관성이 어느 정도냐에 따라 얼마나 다른 효과를 내는지 보여 주려고 했기 때문이다.

그런 방어선의 설치와 저항 방식은 전술의 문제이지만, 지휘부의 통일성과 일관성은 이미 전략에 좀 더 가까운 문제라고 할 수 있기 때문에 1787년의 원정이 우리에게 허락한 논평을 하지 않을 수 없다. 즉 하나하나의 초병 부대에서 방어하는 것이 문제의 본질상 수동적일 수밖에 없다고 해도 전체 방어선의 어느 한 지점에서 수행하는 공세적인 반격은 적의 병력이 1787년의 경우처럼 눈에 띄게 많지 않다면 불가능하지도 않을 것이고 좋지 않은 결과를 내지도 않을 것이라고 생각한다. 그런 반격은 둑에서만 할 수 있기 때문에 이동하는데 크게 자유롭지도 않고 적에게 특별한 충격을 주는 것도 아닐 테지만, 그래도 공격자는 그들이 직접 전진하지 않는 모든 둑과 길을 점령할 수 없을 것이다. 이때 방어자는 지리를 잘 알고 있고 많은 요새를 점령하고 있기 때문에 이런 식으로 전진하는 공격자의 종대에 대해 실제로 측면 공격을 할수도 있을 것이고, 그렇지 않으면 공격자의 종대와 보급 창고의 연결을 끊을수도 있을 것이다. 전진하는 쪽이 얼마나 심한 제약의 상태에 있는지, 특히 보급품의 연결에 얼마나 심하게 의존하고 있는지 생각한다면, 방어자의 모든 반격이 그 자체로는 성과를 낼 가능성이 별로 없다고 해도 이미 큰 효과를 내는 양동이라는 것을 이해할 수 있을 것이다. 홀란트 군대가 예를 들어 위트레흐트에서[18] 그런 양동을 단 한 번이라도 했다면, 조심성 많고 신중한 브라

---

17. 바로 앞의 오라니에 왕자.

18. 위트레흐트(Utrecht), 현재 네덜란드 남부에 있는 도시로 암스테르담에서 거의 남쪽으로 (약간 남동쪽으로) 약 35킬로미터에 있다.

운슈바이크 공작이 암스테르담에[19] 접근하려는 모험을 했을지는 매우 의심
스럽다

---

19. 암스테르담(Amsterdam), 네덜란드 서부의 항구 도시. 암스테르담은 이 해 10월 10일에 항
복했다. 암스테르담은 네덜란드 최대의 도시. 정부의 소재지와 왕실의 궁전은 약 60킬로미터
떨어진 헤이그에 있지만, 네덜란드의 수도는 현재 암스테르담이다.

[지도 27] 바알 강

라인 강 하류의 여러 강
출처 Threedots의 라인 강 지도의 일부
작가 Weetwat
업로드 2005. 2. 7
업데이트 Magnus Manske 2011. 7. 15

바알 강은 라인 강 하류 네덜란드를 흐르는 강이다.

[지도 28] 네덜란드 연합 공화국

일곱 개 지방의 네덜란드 연합 공화국(1581~1795)
Republiek der Zeven Verenigde Nederlanden.JPG에 근거하여 작성.
출처 작가 자신의 작품
작가 Joostik
업로드 Joostik 2012. 3. 22
업데이트 Hans Erren 2013. 11. 8

1795년 현재 7개의 주는 프리슬란트, 헬데를란트, 흐로닝언, 홀란트, 오버
레이설, 위트레흐트, 제일란트이다. 여기에 드렌터 주와 노르트브라반트 주가
포함된다. 오늘날에 네덜란드는 12개의 주로 이루어져 있다.

제21장

삼림 방어

여기에서는 먼저 나무로 울창하게 덮여 있고 다닐 수 없는 야생의 밀림과 넓게 잘 경작되어 있는 숲을 구분해야 한다. 숲에는 부분적으로 나무가 듬성듬성 있고, 부분적으로 많은 길도 있다.

방어선을 문제로 삼는 경우에는 후자의 경우와 같은 숲을 배후에 두든지 아니면 되도록 피해야 한다. 방어자는 자기 주변을 자유롭게 둘러보려는 욕구를 공격자보다 많이 갖고 있다. 이는 한편으로 방어자의 병력이 대체로 약세에 있기 때문이고, 다른 한편으로 방어자가 있는 위치의 자연스러운 유리함 때문에 방어자가 자신의 계획을 공격자보다 늦게 드러낼 수 있기 때문이다. 방어자가 삼림 지역을 자신의 정면에 두려고 한다면, 이는 장님이 눈뜬 사람과 전쟁을 하는 격이 될 것이다. 방어자가 숲으로 들어간다면 당연히 둘 다 장님이 되겠지만, 이런 평등은 방어자의 자연스러운 필요에 어긋난다.

그래서 정면에 있는 삼림 지역은 방어자의 전투를 전혀 유리하지 않은 상황에 빠뜨릴 수 있다. 방어자는 숲을 등지고 있는 것이 유리할 것이다. 이 경우에는 그의 배후에서 일어나고 있는 모든 일이 숲 때문에 적에게 감추어질 뿐만 아니라 숲이 방어자의 후퇴를 보호하고 쉽게 하는데 이용되기도 한다.

하지만 여기에서는 평평한 지역에 있는 숲에 대해서만 언급한다. 산의 성격이 분명하게 나타나는 숲에서는 전술적인 방어와 전략적인 방어에 미치는 산의 영향도 지배적일 것이기 때문이다. 이 점에 대해서는 다른 곳에서 말했다.

길다운 길이 없는 숲, 즉 정해진 길을 따라서 갈 수밖에 없는 숲은 틀림없이 간접적인 방어를 할 때 많은 유리함을 준다. 이는 전투를 유리하게 시작하려고 산을 간접적인 방어에 이용하는 것과 비슷한 유리함이다. 군대는 숲의 배후에 있는 진지에서 병력을 어느 정도 집결하여 적을 기다릴 수 있는데, 이는 적이 숲의 좁은 길에서 나오는 순간에 적을 공격하려고 하기 때문이다. 그런 숲은 효과 면에서 강보다 산과 더 비슷하다. 숲은 통과하는데 곤란한 매우 긴 길을 하나밖에 갖고 있지 않기 때문이고, 후퇴와 관련해서 보면 위험하기보다 오히려 유리하기 때문이다.

숲을 직접 방어하는 것은 숲에 길다운 길이 없다고 해도, 그리고 제일 신속하게 움직이는 전초 부대로 한다고 해도 매우 무모한 행동이라고 할 수 있다. 울타리는 심리적인 제약에 지나지 않고, 매우 작은 규모의 부대로 통과할 수 없을 만큼 길이 없는 숲은 없다. 이 소규모의 부대는 일련의 방어망에서 둑에 스며드는 첫 번째 물방울과 같고, 그 물방울로 인해 곧 둑이 전부 무너지게 된다.

모든 종류의 큰 숲이 인민 무장 투쟁에 미치는 영향은 헤아릴 수 없을 만큼 크다. 숲은 확실히 인민 무장 투쟁에 알맞은 영역이다. 그래서 적의 병참선이 큰 숲을 지나도록 전략적인 방어 계획을 마련할 수 있다면, 그것은 방어 장치에 강력한 지렛대 하나를 더 댄 것과 같다.

제22장

초병선

초병선은 일련의 초병 부대를 연결하여 어느 지역 전체를 직접 보호하려고 하는 모든 방어 시설에 붙이는 이름이다. 직접적이라고 말했는데, 대규모의 군대에서 옆으로 나란히 배치되어 있는 몇 개의 군단은 초병선을 만들지 않고도 적의 침입으로부터 넓은 지역을 보호할 수 있기 때문이다. 그렇다면 이 보호는 직접적으로 일어난 것이 아니라 몇 개 군단의 결합과 이동이라는 효과를 통해 일어난 것이다.

넓은 지역을 직접 보호해야 한다면 방어선이 길 수밖에 없고, 그렇게 되면 저항 능력은 분명히 매우 낮을 수밖에 없다. 그 군대의 인원이 매우 많다고 해도 적도 이와 비슷한 인원으로 맞선다면 결과는 같을 것이다. 그래서 초병선의 목적은 단지 약세에 있는 적의 공격에 맞서 어느 지역을 보호하는 것일 수밖에 없다. 이때 적의 의지력이 약하든지, 공격할 수 있는 적의 병력이 얼마 안 되든지 하는 것은 상관없다.

이런 의미에서 중국의 만리장성은 타타르 민족의 침입을 막으려고 건설되었다. 아시아나 터키와 국경을 접하고 있는 유럽의 나라들이 만든 모든 방어선과 국경의 방어 시설도 이와 같은 의미를 갖는다. 이처럼 초병선을 이용하는 것은 어리석은 것도 아니고 목적에 맞지 않는 것처럼 보이지도 않는다. 물론 초병선으로 적의 모든 침입을 막을 수 있는 것은 아니다. 하지만 그 때문에 적의 침입이 더 어렵게 되고, 그래서 더 드물게 되는 것은 분명하다. 아시아 민족과 거의 끊임없이 전쟁이 일어나는 상황에서 그것은 매우 중요하다.

이런 의미의 초병선에 제일 가까운 선이 유럽의 여러 나라 사이에 일어난 최근의 전쟁에서도 생겨났는데, 예를 들면 라인 강과 네덜란드에 만든 프랑스의 방어선이 바로 그것이다. 그 방어선은 기본적으로 단지 적의 공격에 대해 나라를 방어하려고 만든 것인데, 이때의 공격은 군세(軍稅)를 걷고 식량을 징발하는 것을 목표로 삼는 공격이다. 그래서 그 선은 적의 부차적인 행동을 막기만 하면 되고, 그 결과로 방어자도 하위의 병력으로 맞서기만 하면 된다. 물론 적의 주력 군대가 이 선으로 방향을 잡는 경우에는 방어자도 주력 군대로 그 선을 방어하지 않을 수 없을 것이지만, 이것으로 최고의 방어를 준비하게 되는 것은 아니다. 이런 불리함 때문에 그리고 일시적인 전쟁에서 적의 침입을 막는 것은 상당히 부차적인 중요성을 갖는 목적에 지나지 않기 때문에 (그 목적을 달성하려면 방어선을 유지해야 하기 때문에 지나치게 많은 병력이 소모되지 않을 수 없는데) 그 방어선은 오늘날 해로운 방어 수단으로 간주된다. 전쟁을 휩쓰는 병력이 많을수록 그 수단은 그만큼 불필요해지고 위험해질 것이다.

마지막으로 매우 넓게 퍼진 모든 전초선이 군대의 사영을 보호하고 어느 정도 저항을 수행한다면, 이 전초선은 진정한 초병선이라고 간주해야 한다.

그런 저항은 주로 적의 침입이나 하나하나의 사영의 안전을 해치는 적의 소규모 행동에 맞선 저항이지만, 지형이 유리하면 충분히 강력하게 저항할 수도 있다. 이 저항은 전진하는 적의 주력 군대에 대해서는 단지 상대적인 저항, 즉 시간을 얻을 생각으로 하는 저항일 수밖에 없다. 그렇게 해서 얻는 시간도 대부분의 경우에 매우 많은 것은 아니고, 시간을 버는 것을 전초 초병선의 목적이라고 여길 수도 없을 것이다. 적의 군대가 집결하고 전진하는 것 자체가 방어자의 눈에 띄지 않은 상태로 이루어져서 방어자가 전초를 통해 비로소 그 정보를 얻는다는 따위의 일은 결코 있을 수 없다. 정말 그런 일이 생긴다면 방어자는 매우 불쌍한 상태에 빠질 것이다.

그래서 이 경우에도 초병선은 단지 적의 얼마 안 되는 병력의 공격에 대항하도록 배치되어 있는 것이다. 그렇게 하는 한 앞에서 말한 두 가지 경우와 마찬가지로 초병선에 모순되는 점은 없을 것이다.

그런데 나라를 방어하도록 되어 있는 주력 군대가 적의 주력 군대에 맞서 일련의 긴 방어 초병 부대, 즉 하나의 초병선으로 해체되는 것은 모순으로 보인다. 그래서 이런 일이 어떻게 일어나고 어떤 동기로 일어나는지 좀 더 자세한 상황을 알아보아야 한다.

산악 지역에 있는 모든 진지는 완전히 집결된 병력으로 전투를 하려는 목적으로 설치되었다고 해도 평지처럼 넓게 펼쳐질 수 있고 또 반드시 넓게 펼쳐져야 한다. 진지는 넓게 펼쳐질 수 있는데, 그렇게 하면 지형의 도움으로 저항 능력이 크게 높아지기 때문이다. 진지는 넓게 펼쳐져야 하는데, 이는 매우 넓은 후퇴 기지를 필요로 하기 때문이고, 이것은 산악 방어에 관한 장에서 이미 보았다. 전투를 할 전망이 높지 않다면, 또한 적이 어떤 다른 행동을 (그런 행동을 하려면 적에게 유리한 기회가 있어야 하는데) 감행하지 않는 상태에서 오랫동안 아군과 대치 상태에 (이런 상태는 대부분의 전쟁에서 흔히 볼 수 있는데) 머무는 것이 확실하다면, 반드시 필요한 지역을 점령하는 것으로 만족하지 않고 아군의 안전이 허락하는 한 좌우에 있는 지역을 되도록 많이 점령하는 것은 당연하다. 이렇게 하면 아군에게 여러 가지 유리함이 생기는데, 그것에 관해서는 앞으로 더 자세히 말할 것이다. 물론 이것은 이동의 원리 때문에 산보다 탁 트이고 쉽게 접근할 수 있는 지역에서 더 잘 달성될 수 있다. 그렇다고 이 목적을 달성하려고 평지에서 전투력을 넓게 펼치고 흩어지게 하는 것은 별로 필요하지 않다. 그것은 훨씬 위험할 수도 있을 텐데, 그렇게 흩어진 부대의 저항 능력이 약해지기 때문이다.

산에서는 어느 지역을 점령하는 것이 그 지역을 얼마나 잘 방어하고 있느냐 하는데 달려 있고, 아군은 적의 위협을 받고 있는 지점에 재빨리 닿을 수 없고, 적이 그 지점에 먼저 도착하면 아군은 약간 우세한 병력으로는 적을 그곳에서 다시 쉽게 몰아낼 수 없다. 산에는 이런 상황에서 일련의 방어 초병 부대를 설치하여 늘 초병선과 비슷한 배치를 하게 될 것이다. 그 배치가 본래의 초병선이 되지 않는다고 해도 그러할 것이다. 물론 몇 개의 초병 부대에 분산된 배치로부터 초병선에 이르기까지는 많은 단계가 있다. 그럼에도 최고 지휘관들은 자기도 모르게 그 많은 단계를 자주 건너뛰게 되는데, 이는 배치의 어느 한 단계에서 다른 단계로 이끌리기 때문이다. 즉 처음에는 영토를 보호하고 점령하는 것이 전투력을 나누는 목적이었다면, 나중에는 전투력 자체의 안전을 확보하는 것이 목적이 된다. 또한 초병 부대의 모든 지휘관은 초병 부대의 좌우에 있는 지점 중에 접근할 수 있는 이런저런 지점을 점령하는 데서 생기는 유리함을 생각하게 된다. 그러면 군대 전체는 부지중에 군대를 분할하는 단계에서 초병선의 단계로 넘어가게 된다.

그래서 주력 군대로 하는 초병선 전쟁이 일어난다면, 그것은 적의 전투력의 모든 공격을 막으려고 의도적으로 선택한 형태라고 보아서는 안 된다. 그것은 완전히 다른 목표, 즉 주력 전투를 할 생각이 없는 적에 대해 나라를 방어하고 보호한다는 목표를 추구하는 동안에 자기도 모르게 빠져든 상태라고 보아야 한다. 그런 상태는 늘 잘못으로 드러난다. 그리고 최고 지휘관을 어느 작은 초병 배치에서 다른 작은 초병 배치로 점차 옮겨가도록 유혹하는 이유는 주력 군대의 목적이라는 관점에서 보면 하찮은 것이라고 말할 수 있다. 하지만 이런 생각은 적어도 그런 잘못이 일어날 수 있다는 것을 보여 주고 있다. 사람들은 그런 생각이 적군과 아군의 상태를 잘못 판단한 것이라는 점을 간과하고, 잘못된 배치의 체계에 대해서만 말한다. 하지만 이 체계가 유리하게 전개되거나 적어도 손실을 주지 않고 수행되면, 이 체계는 암묵적으로 인정되고 있는 것이다. 모든 사람이 7년 전쟁에서 하인리히 왕자의 많은 원정에 잘못이 없었다고 칭찬한다. 프리드리히 대왕이 자기 동생의 원정을 그렇게 말했기 때문이다. 그럼에도 그 원정은 매우 넓게 퍼진 초병 진지의 사례를 전혀 이해할 수 없을 만큼 많이 포함하고 있고, 그래서 다른 초병선 전투처럼 초병선이라는 이름을 얻는 것은 매우 당연하다. 이런 진지를 완전히 정당화하려면 다음과 같은 조건이 있어야 한다. 즉 왕자는 그의 적이 어떤 존재인지 알고 있었고, 그는 적이 결정적인 행동을 하지 않으려고 한다는 것을 알고 있었고, 그 밖에 그의 배치의 목적은 언제나 되도록 많은 지역을 점령하는 것이었고, 그래서 그는 상황이 허락하는 한 그 목적을 관철했다는 것이다. 왕자가 거미줄과 같은 그런 교묘한 배치 때문에 한 번 사고를 당하고 심한 손실을 입었다면, 사람들은 왕자가 잘못된 방어 체계를 따른 것이 아니라 그 수단을 잘못 이용했고 부적절한 경우에 쓴 것이라고 말해야 할 것이다.

이런 식으로 이른바 초병선 체계가 어떻게 전쟁터의 주력 군대에 생겨나는지, 심지어 그것이 얼마나 이성적이고 유용할 수 있는지, 그래서 그것이 더 이상 불합리하게 보이지 않는지 하는 것을 이해하려고 노력했지만, 이와 동시에 다음과 같은 점도 인정해야 한다고 생각한다. 즉 최고 지휘관들이나 그 참모들이 초병선 체계의 본래의 의미를 간과하고, 초병선의 상대적인 가치를 보편적인 가치로 생각하고, 초병선을 정말 적의 모든 공격에 대한 보호로서 적절하다고 생각하고, 그래서 그들이 수단을 혼동하는 것이 아니라 수단을 완전히 오해하는 경우가 실제로 있었던 것 같다. 이렇게 완전히 불합리한 사례는 무엇보다 프로이센과 오스트리아의 군대가 1793년과 1794년에 보주 산맥을 방어할 때 있었던 것으로 보인다는 것을 인정해야 한다.

제23장

나라의 관문

여기에서 다루는 개념은 비판에서는 중요한 역할을 했지만 전쟁술에는 그와 같은 이론적인 개념이 없다. 그것은 모든 전투와 원정을 기술할 때 나타나는 대표적인 개념이고, 모든 논의에서 제일 자주 등장하는 관점이고, 비판의 박식함을 보여 주는 과학적인 형식의 단편 중의 하나이다. 그럼에도 그것과 결부된 개념은 확립되어 있지도 않고 분명하게 표현된 적도 없다.

우리는 이 개념을 명확하게 설명할 것이고, 이 개념이 현실의 행동에서 어떤 가치를 갖게 되는지 보게 될 것이다.

이 개념을 여기에서 다루는 이유는 이 개념과 관련되는 산악 방어, 하천 방어, 요새 진지, 보루 진지의 개념을 앞에서 먼저 설명해야 했기 때문이다.

태고의 군사적인 은유의 배후에 숨어 있는 이 막연하고 혼란스러운 개념은 때로 한 나라에서 완전히 탁 트인 지역을 의미했고, 때로 제일 강력한 지역을 의미했다.

어느 지역을 점령하지 않고는 적의 나라에 침입하려는 모험을 해서는 안 된다면 그 지역은 당연히 그 나라의 관문이라고 불러야 할 것이다. 그런데 이론가들은 단순하지만 별로 쓸모없는 이 개념에 만족하지 않았다. 그들은 그 개념을 강화했고, 나라의 관문을 나라 전체의 점령을 결정하는 지점이라고 생각했다.

러시아 군대는 크림 반도에 침입하려고 했을 때 페레코프와 그 방어선을 지배해야 했다. 그렇게 해서 어쨌든 크림 반도에 들어가려고 한 것이 아니라 (라시는[1] 1737년과 1738년에 두 번 페레코프를 우회했기 때문에) 크림 반도에서 그럭저럭 안전하게 진지를 쌓을 수 있게 하려는 것이었다. 그것은 매우 간단한 일이지만, 여기에서 관문의 개념으로 많은 것을 얻을 수는 없다. 하지만 랑그르[2] 지역을 점령하는 자는 파리 북쪽의 프랑스 전체를 점령하거나 지배하게 된다고, 즉 그것이 오직 랑그르를 점령하는 것에 달려 있다고 말할 수 있다면, 그것은 분명히 완전히 다른 것이고 훨씬 큰 중요성을 갖는 것이라고 할 수 있을 것이다. 첫 번째 사고 방식에 따르면 나라의 점령은 우리가 관문이라고 부르는 지점을 점령하지 않고는 생각할 수 없고, 이는 단순한 상식으로도 알 수 있다. 두 번째 사고 방식에 따르면 우리가 관문이라고 부르고자 하는 지점에 대한 점령은 그 결과로 그 나라를 점령하려는 것이 아니라면 생각할 수 없는데, 이것은 분명히 놀라운 일이다. 이것을 이해하려면 상식으로는 더 이상 충분하지 않고 신비로운 마술이 필요한 것 같다. 이 신비설은[3] 실제로 약 50년 전의 많은 책에서 생겨났고 18세기 말에 정점에 이르렀고 엄청난 힘, 확신, 명확함을 보여 주었지만, 보나파르트의 지휘 아래에서 일어난 전쟁은 그런 신념을 쓸어버렸다. 그럼에도 그런 신비설이 많은 책에서 유대인의 삶과 같은 질긴 생명력을 얇은 실처럼 계속 이어가고 있다.

관문이라는 우리의 개념을 버린다고 해도 모든 나라에 **지배적인** 중요성을 갖는 지점이 있다는 것, 그런 지점에는 많은 도로가 모일 수 있고 그런 지점에서는 식량을 편하게 조달할 수 있고 이곳저곳으로 방향을 편하게 바꿀 수 있다는 것, 한마디로 그런 지점을 점령하면 여러 가지 필요를 충족하고 많은 유

---

1. 페터 라시(Peter von Lacy, Pyotr Petrovich Lacy, 1678~1751), 러시아의 원수. 라시는 터키와 치른 전쟁(1736~1739년)에서 페레코프를 점령하여 크림 반도를 확보했다. 앞에 몇 번 나온 프란츠 라시의 아버지.
2. 랑그르(Langres), 프랑스 북동부의 요새 지역. 요새는 랑그르 고원(516미터)의 돌출부에 있다.
3. 카발라(Kabbala, Kabbalah), 히브리어로 '전래된 지혜와 믿음'을 뜻한다. 중세 시대 유대교의 신비주의를 말한다.

리함을 얻게 된다는 것은 당연한 것이다. 최고 지휘관이 그처럼 중요한 지점을 하나의 단어로 나타내려고 했고, 그래서 그 지점을 나라의 관문이라고 불렀다면, 그 말에 불쾌한 기분을 갖고 논쟁을 벌이는 것은 현학적인 태도라고 할 수 있을 것이고, 오히려 그 표현은 상당히 독특하고 적절한 표현이라고 할 수 있을 것이다. 단순한 모양의 꽃에서 한 알의 씨앗을 끄집어내려고 한다면, 그리고 이 씨앗에서 온갖 가지가 달린 나무와 같이 하나의 완전한 체계가 자라나야 한다면, 그 표현을 참된 의미로 환원하는 상식을 요구하게 된다.

최고 지휘관들이 그들의 전쟁 계획에 대해 말하는 이야기에서 나라의 관문이라는 개념은 실천적이지만 매우 불분명한 의미를 담고 있는데, 이 개념에서 하나의 체계를 내놓으려고 한다면 좀 더 확정적인 의미로, 그래서 좀 더 한쪽으로 치우친 의미로 넘어가야 할 것이다. 사람들은 이 모든 관점을 고려하여 이 개념에서 고지의 의미를 끌어냈다.

산등성에 길이 하나 있고 이 길을 따라 산의 정상에 도달했고 그런 다음에 산에서 내려오게 되면 우리는 하늘에 감사한다. 한 사람의 여행자의 경우에도 그러하고, 군대의 경우에는 더욱 그러하다. 모든 어려움은 극복된 것처럼 보이고, 대부분 실제로도 극복된다. 산에서 내려오는 것은 쉽다. 산에서 내려오는 사람은 자기를 막으려고 하는 상대에 대해 우세하다고 느낀다. 앞에 있는 모든 지역을 한눈에 보고 미리 내려다본다. 그래서 산을 통과하는 길이 최고 지점에 이르면 그 지점은 언제나 결정적인 지점으로 간주된다. 대부분의 경우에는 실제로 그러하지만 모든 경우에 그런 것은 결코 아니다. 그래서 최고 지휘관들은 전쟁사를 이야기할 때 그런 지점을 매우 자주 관문이라는 이름으로 부르는데, 이때 관문은 앞에서 말한 것과 약간 다른 의미로 그리고 대부분 좁은 의미로 쓰인다. 잘못된 이론은 (이 이론의 창시자는 아마 로이드라고 할 수 있는데) 특히 좁은 의미의 생각을 이어받았다. 그래서 이제 발을 들여놓을 나라로 내려가는 곳으로 몇 개의 길이 있는 고지는 그 나라의 관문이자 그 나라를 **지배하는** 지점이라고 생각하게 되었다. 이런 식의 생각은 이 생각과 밀접한 관계에 있는 생각, 즉 **체계적인 산악 방어**라는 생각과 자연스럽게 섞였고, 그래서 이 문제는 더욱 깊은 환상 속으로 빠져들게 되었다. 이제 산악 방어에서 중요하게 생각하는 많은 전술적인 요소가 개입하게 되었고, 그래서 곧 제일 높은 도로의 지점이라는 개념을 버리게 되었고, 일반적으로 전체 산악 지형에서 제일 높은 지점, 즉 분수령을 나라의 관문이라고 간주하게 되었다.

바로 그 무렵에, 즉 18세기 후반에 침식 과정을 통한 지구 표면의 형성에 대해 좀 더 명확한 학설이 퍼졌고, 그래서 자연 과학이 전쟁사의 지질학적인 체계에 도움의 손길을 내밀었다. 이제 현실의 경험에서 얻은 진실을 보호하는 모든 둑은 무너졌고, 모든 이성적인 판단은 지질학적인 유추의 쓸데없는 체계에 잠겼다. 그래서 18세기 말에 전쟁에 대해서는 라인 강과 도나우 강의 원천이 어디에 있는지에 관한 책 이외에 다른 책은 들을 수도 없었고 읽을 수도 없었다. 물론 이런 어리석은 일은 대부분 책에서만 일어났다. 언제나 책에서 얻는 지혜의 일부만 현실 세계로 넘어오는 법이다. 더욱이 이론이 어리석은 일을 많이 할수록 현실로 넘어오는 지혜의 일부도 그만큼 줄어든다. 그런데 우리가 여기에서 말하고 있는 이론은 독일에 손해를 입혔고 독일이 행동하는 데 영향을 미쳤다. 우리는 지금 풍차와 싸우고 있는 것이 아니다. 이를 증명하려면 다음의 두 가지 사건을 생각하면 될 것이다. 첫째는 프로이센 군대가 1793년과 1794년에 보주 산맥에서 치른 원정인데,[4] 이것은 중요한 원정이었지만 지나치게 이론에 빠져 있는 원정이었다. 이 원정에 대해서는 그라베르트와 마센바흐의 많은 책이[5] 이론적인 분석의 열쇠를 주고 있다. 둘째는 1814년의 원정인데, 이때 그 이론은 200,000명의 병력으로 이루어진 군대를 우롱하여 스위스를 지나 랑그르로 전진하게 했다.[6]

---

4. 이 원정은 프랑스 혁명 전쟁 중에 일어난 원정이다.

5. 마센바흐가 쓴 『프리드리히 빌헬름 2세 및 3세의 통치 아래에 있는 프로이센의 역사에 관한 회고록』(*Memoiren zur Geschichte der preußischen Staaten unter der Regierung Friedrich Wilhelms II. und Friedrich Wilhelms III.*, Amsterdam, 1809~1810)을 가리키는 것으로 보인다.

6. 라이프치히 전투(1813년 10월 16~19일) 후에 슈바르첸베르크가 이끄는 동맹 군대의 주력 군

모든 물이 흘러나오는 어느 지역의 고지는 대부분 단지 고지에 지나지 않는다. 18세기 말과 19세기 초에 쓰인 책에는 그 자체로 고지에 관한 올바른 생각도 있지만, 전쟁에 미치는 고지의 영향을 과장하고 잘못 적용한 상태에서 쓴 모든 책은 완전히 터무니없는 것이다. 라인 강과 도나우 강을 포함하여 독일에 있는 여섯 개의 큰 강이7 단 하나의 산을 공통의 수원지로서 존중한다고 해도 그 산은 산의 정상에 예컨대 삼각법의 신호를 설치하는 것보다 더 훌륭한 군사적인 명예를 요구하지 않을 것이다. 그런데 이제 산은 봉화 신호를 올리는 데도 별로 쓸모없게 되었고 기마 초병에게는 더욱 쓸모없게 되었고 군대 전체에는 전혀 쓸모없게 되었다.

그래서 나라의 관문이 되는 진지를 이른바 **관문이 되는 지역**에서 찾는 것, 즉 몇 개의 산맥이 비롯되는 하나의 공통된 지점이 있는 곳이나 제일 높은 지점의 수원지가 있는 곳에서 찾는 것은 단지 책에 있는 생각이고 이미 자연 그 자체와 모순된다. 자연은 높은 곳에서 낮은 곳으로 이어지는 산등성과 계곡을 이른바 종래의 지형 이론이 말한 것처럼 접근할 수 있게 하지 않고, 산봉우리와 끊어진 지형을 제멋대로 흩어지게 하고, 제일 낮은 곳에 있는 호수를 제일 높은 산으로 둘러싸는 일이 드물지 않다. 이처럼 전쟁사를 자연과 관련지어 살펴보면 어느 지역을 전쟁에 이용하는데 그 지역의 지질학적인 최고 지점이 얼마나 불규칙적인 영향을 미치는지, 다른 지형이나 필요가 얼마나 중대한 영향을 미치는지 확신하게 될 것이다. 그래서 진지의 선이 앞에서 말한 최고 지점 옆으로 뻗어 있는 경우는 자주 있지만, 그 지점으로 접근하지 않는다는 것도 이해하게 될 것이다.

이제 우리는 그런 생각을 버려야 한다. 그 생각에 오래 머문 것도 단지 그것이 완전히 고상한 티를 내는 체계와 관련되어 있었기 때문이다. 이제 우리

대는 12월 중순에 스위스의 중립을 침범하고, 프랑스 동부의 국경 요새를 우회하여 프랑스로 침입해서 랑그르 고원으로 진출했다.
7. 여섯 개의 큰 강은 이 두 강 외에 엘베 강, 오더 강, 베저 강, 엠스 강을 가리키는 것으로 보인다.

의 견해로 돌아오도록 한다.

우리의 견해는 다음과 같다. 즉 관문이 되는 진지라는 표현이 전략에서 독자적인 개념이 되려면, 그것은 오로지 어느 지역을 점령하지 않고는 어느 한 나라에 침입하려는 모험을 해서는 안 되는 지역이라는 개념일 수밖에 없다. 그런데 어느 나라로 접근하는데 편리한 모든 입구나 중심 지점도 그 개념으로 표현하려고 한다면, 그 이름은 본래의 개념과 의미를 잃게 되고, 결국 어디에서나 볼 수 있는 것과 다름없는 것을 표현하게 된다. 그러면 그것은 단지 사람의 마음을 즐겁게 하는 수사적인 표현에 지나지 않는다.

그런데 우리가 생각하고 있는 것과 같은 진지를 발견하는 일은 매우 드물다. 어느 나라로 향하는 제일 좋은 관문은 대부분 그 나라 군대의 손에 놓여 있다. 지역의 개념이 전투력의 개념보다 중요한 곳에서는 특히 유리한 조건이 있어야 한다. 그 조건은 우리의 견해에 따르면 두 가지의 중요한 효과에서 알 수 있다. 첫째로 그곳에 배치된 전투력이 지형의 도움으로 강력한 전술적인 저항을 할 수 있다는 것, 둘째로 그런 진지는 그 나라의 병참선이 적에 의해 위협받기 전에 적의 병참선을 효과적으로 위협하는 것으로 알 수 있다.

제24장

측면 행동

　여기에서 우리는 전략적인 측면, 즉 전쟁터의 측면에 대해 말하고 있다는 것, 이것은 전투에서 측면에 대한 공격, 즉 전술적인 측면 행동과 아무런 상관이 없다는 것, 전략적인 측면 행동이 그 마지막 단계에 전술적인 측면 행동과 하나로 합쳐지는 경우에도 두 행동은 당연히 분리할 수 있다는 것 (어느 행동 다음에 반드시 다른 행동이 일어나는 것은 결코 아니기 때문에) 등을 새삼스럽게 말할 필요는 없다.

　이런 측면 행동과 이 행동에 속하는 측면 진지는 전쟁에서 좀처럼 볼 수 없는 대표적인 이론의 개념에 속한다. 이것은 이 수단 자체가 효력이 없다든지 또는 쓸데없다는 것이 아니다. 양쪽 군대는 보통 상대의 수단이 갖고 있는 효과를 막으려고 하기 때문에 그 수단을 쓸 수 있는 경우가 매우 드물다는 것을 말하고자 할 뿐이다. 이렇게 드문 경우에도 그 수단은 여러 번 큰 효과를 냈다. 이 효과 때문에 그리고 이 문제가 전쟁에서 끊임없이 고려의 대상이 되기 때문에 이론이 그 수단에 대해 분명한 생각을 갖는 것은 중요하다. 전략적인 측면 행동은 방어할 때뿐만 아니라 당연히 공격할 때도 생각할 수 있지만 방어 활동과 훨씬 많은 유사한 점을 갖고 있고, 그래서 방어 수단의 하나로 생각하여 여기에서 다룬다.

　이 문제에 들어가기 전에 간단한 원칙을 정해야 하고, 앞으로 이 문제를 살펴볼 때는 그 원칙을 결코 잊어서는 안 된다. 즉 적의 배후와 측면에서 행동을 하는 병력은 적의 정면에서 행동을 할 수 없다는 것이다. 그래서 전술에서든 전략에서든 적의 **배후로** 가는 것을 그 자체로 특별한 것이라고 생각하는 것은 완전히 잘못된 사고 방식이다. 그것 자체는 아직 아무것도 아니고, 그것은 다른 문제와 관련될 때만 비로소 특별한 것이 된다. 더욱이 그것은 다른 문제가 무엇이냐에 따라 유리한 것이 될 수도 있고 불리한 것이 될 수도 있다. 이제 다른 문제라고 한 것을 연구하는 것이 특별히 중요해졌다.

먼저 전략적인 측면에 대한 행동에서 두 가지 종류, 즉 단순한 **병참선**에 대한 행동과 **후퇴로**에 대한 행동을 구분해야 한다. 물론 이 둘은 밀접하게 연결될 수 있다.

다운이 1758년에 순찰대를 보낸 것은 (올로모우츠를 포위하려고 전진하고 있는) 프리드리히 대왕의 보급 부대를 막으려는 것이었다. 이때 그는 분명히 슐레지엔으로 향하고 있는 대왕의 퇴로를 막으려고 한 것이 아니라 오히려 대왕이 그쪽으로 후퇴하도록 유도한 것이다. 그는 필요하다면 대왕의 퇴로를 흔쾌히 열어 주었을 것이다.[1]

1812년의 원정에서 9월과 10월에 러시아의 주력 군대에서 갈라져 나온 모든 순찰대는 적의 후퇴를 막으려는 것이 아니라 적의 병참선을 끊으려는 목적만 갖고 있었다. 하지만 치차고프의[2] 지휘 아래에서 베레지나 강으로[3] 전진한 몰다비아[4] 군대의 목적, 그리고 비트겐슈타인 장군에게 다우가바 강에 있는[5] 프랑스 군대를 공격하도록 명령한 목적은 분명히 적의 후퇴를 막는 것

1. 프리드리히 대왕은 1758년 5월 초에 올로모우츠 요새를 포위 공격했지만, 오스트리아 군대가 대왕의 보급 부대를 막아서(6월 30일) 결국 공격을 포기하고(7월 2일) 후퇴했다.
2. 치차고프(Pawel Wassiljewitsch Tschitschagow(Pavel Vasilievich Chichagov), 1767~1849), 러시아의 제독. 1812년 몰다비아 군대의 최고 사령관.
3. 베레지나 강(Beresina), 드네프르 강 왼편의 큰 지류. 프랑스 군대는 모스크바에서 후퇴할 때 이 강을 건넜다(1812년 11월 26~28일).
4. 몰다비아(Moldau, Moldavia), 현재의 루마니아, 몰도바, 우크라이나 사이에 걸쳐 있던 공국으로서 1359~1861년에 존재했다.
5. 다우가바 강(Düna, Dwina, Daugava), 동유럽 러시아 서쪽의 큰 강. 드비나 강으로도 불리

이었다.

이 사례는 단지 생각을 분명하게 하려고 언급한데 지나지 않는다.

병참선에 대한 행동은 적의 수송대, 소규모의 후속 부대, 전령, 여행 중인 병사, 소규모 창고 등에 대한 공격만 목표로 삼는다. 즉 적군이 강력하고 튼튼하게 유지되는데 필요한 대상에 대해서만 공격의 초점을 맞추고 있다. 그래서 그 행동은 그런 식으로 적군의 상태를 약하게 만들고, 적군이 후퇴하지 않을 수 없게 만들어야 한다.

적의 후퇴로에 대한 행동의 목적은 적군의 후퇴로를 끊는데 있고, 이 목적은 적이 정말로 후퇴를 결심할 때만 이룰 수 있다. 물론 이 행동은 적을 위협하여 적으로 하여금 후퇴를 하게 만들 수도 있고, 그래서 양동이라는 인상을 주면서 병참선에 대한 행동과 똑같은 성과를 얻을 수도 있다. 이 모든 행동의 효과는 이미 말한 것처럼 단순한 우회나 전투력의 배치에 의한 단순한 기하학적인 형태로 얻을 수 있는 것이 아니라 그 행동에 맞는 조건이 있을 때만 얻을 수 있다.

이 조건을 좀 더 분명하게 이해하려면 두 가지의 측면 행동을 완전히 나누고, 먼저 병참선에 속하는 행동을 살펴보아야 한다.

먼저 두 가지의 중요한 조건을 제시해야 하는데, 둘 중의 어느 하나는 반드시 있어야 한다.

첫 번째 조건은 적의 병참선에 대해 행동을 하는 데는 방어자의 정면에 없어도 상관없을 만큼 소수의 전투력만 있어도 충분하다는 것이다.

두 번째 조건은 적군의 전진이 마지막에 이르렀고, 그래서 적이 아군에게 새로운 승리를 얻어도 이를 더 이상 이용할 수 없든지 또는 아군이 후퇴할 때 아군을 더 이상 추격할 수 없다는 것이다.

두 번째의 조건은 드문 것처럼 보이지만 결코 드물지 않다. 이 조건은 당분간 접어 두고 첫 번째 경우에 대해 좀 더 자세한 조건을 살펴보도록 한다.

고, 독일어로는 뒤나 강으로 불린다.

자세한 조건 중에 첫째 조건은 적의 병참선이 상당히 길고, 두세 개의 훌륭한 초병 부대로는 병참선을 보호할 수 없다는 것이다. 둘째 조건은 적의 병참선이 그런 상태 때문에 아군의 행동에 노출된다는 것이다.

이런 노출도 이중의 방식으로 일어날 수 있다. 하나는 그 방향이 적군이 배치된 정면에 대해 수직을 이루지 않는 경우이고, 다른 하나는 병참선이 방어자의 영토를 지나는 경우이다. 두 가지 상황이 합쳐지면 적군은 아군의 행동에 그만큼 심하게 노출될 것이다. 이 두 가지 상황은 좀 더 자세한 논의를 필요로 한다.

40마일이나 50마일 정도 되는 긴 병참선의 보호에 대해 말할 때, 이 선의 끝에 있는 군대가 이 선에 대해 비스듬히 있는지 수직으로 있는지는 별로 중요하지 않다고 생각할지 모른다. 이 선에 비하면 그 군대가 차지하고 있는 면적은 단지 하나의 점으로밖에 보이지 않기 때문이다. 하지만 그렇지 않다. 방어자의 병력이 월등히 많다고 해도 적군의 정면이 병참선에 대해 수직을 이루는 경우에 적의 병참선을 아군의 주력 군대에서 파견한 순찰대로 막는 것은 어렵다. 일정한 공간을 절대적으로 보호하는 어려움만 생각하는 사람은 이 말을 믿지 않을 것이다. 그 반대로 공격자의 배후, 즉 배후에 있는 지역을 우세한 방어자가 보낼 수 있는 모든 병력에 대해 보호한다는 것은 공격자에게 매우 곤란해질 것이라고 생각할 것이다. 물론 전쟁에서도 지도를 펴놓고 하듯이 모든 것을 개관할 수 있다면 그러할 것이다! 그렇다면 배후를 보호하려는 공격자는 적의 순찰대가 어느 지점에 나타날지 아무것도 모르는 상태에서 이를테면 장님이 될 것이고, 순찰대만 앞을 볼 수 있을 것이다. 하지만 전쟁에서 얻는 모든 정보가 불확실하고 불완전하다는 것을 생각한다면, 양쪽이 끊임없이 암중모색하고 있다는 것을 알고 있다면, 공격자의 측면을 돌아 공격자의 배후로 파견된 순찰대는 아마 어두운 방에서 많은 것을 훔쳐야 하는 도둑과 같은 경우에 빠져 있다는 것을 알게 될 것이다. 방에 오래 머물면 도둑은 잡히고 만다. 그래서 이 도둑처럼 병참선에 대해 수직 방향의 진지에 있는 적군을 우회하는 부대도 적의 근처에 있게 되고 아군과 완전히 분리되어 있게 된다. 이런 식으로 많은 병력을 잃을 위험에 빠질 뿐만 아니라 순찰대라는 도구 자체도 한순간에 무력해질 것이다. 그 부대에서 단 하나의 부대라도 불행한 운명에 빠지게 되면 이 불행이 다른 모든 부대의 용기를 잃게 하고, 대담한 습격과 과감한 도발 대신에 끊임없이 도망치는 광경만 남게 될 것이다.

그래서 방어자의 이런 어려움 때문에 병참선에 수직으로 배치된 군대는 병참선에서 제일 가까운 지점을 보호하게 된다. 이는 군대의 인원에 따라 다르지만 2~3일 정도의 행군을 필요로 하는 지점을 보호하게 된다. 병참선에서 제일 가까운 지점은 방어자에게 제일 많은 위협을 받는 지점인데, 이 지점은 방어자에게도 제일 가까운 곳에 있기 때문이다.

이와 반대로 공격자의 정면이 병참선에 대해 명백히 비스듬하게 배치된 경우에는 병참선에서 제일 가까운 부대도 안전하지 않다. 방어자로부터 하찮은 압력이나 공격을 받아도 이는 곧 공격자의 급소에 영향을 미친다.

그런데 공격자의 병력이 배치된 정면이 병참선에 대해 수직 방향으로 되어 있지 않은 것은 무엇 때문일까? 방어자의 정면 때문이다. 하지만 방어자의 정면도 이와 마찬가지로 공격자의 정면 때문이라고 생각할 수 있다. 여기에서 상호 작용이 일어나는데, 우리는 그 출발점을 찾아야 한다.

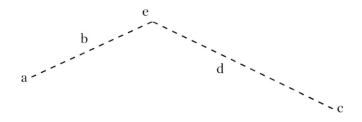

공격자의 병참선 a b가 방어자의 병참선 c d에 대해 넓은 각을 이루도록 놓여 있고, 이때 방어자가 두 병참선이 만나는 e에 자신의 병력을 배치하려고 한다면, 공격자는 b로부터 단순한 기하학적인 관계에 따라 방어자의 정면을

자신에게 향하게 하고, 그래서 방어자의 병참선을 노출하지 않을 수 없도록 방어자에게 강요할 수 있을 것이다. 그런데 방어자가 병력을 교차 지점 안쪽에, 예컨대 d에 배치하면 이와 반대로 될 것이다. 그러면 공격자는 방어자에 대해 정면을 향하도록 해야 할 것이다. 이때 공격자는 행동선의 위치를 (행동선은 지리적인 상태에 따라 더 자세히 규정되는데) 임의로 바꿀 수 없고, 예를 들어 a d로 행동선을 그을 수 없다는 것이 전제되어 있다. 그러면 이 상호작용의 체계에서 방어자가 더 유리하다는 것이 분명해질 것이다. 방어자는 두 개의 선이 만나는 지점 안쪽에만 진지를 두면 되기 때문이다. 하지만 이런 기하학적인 요소에 큰 중요성을 부여하는 것은 아니다. 문제를 분명하게 하려고 단지 기하학적인 요소로 환원하여 설명했을 뿐이다. 우리는 오히려 다음과 같은 것을 확신하고 있다. 즉 지역적인 상황과 다른 개별적인 상황이 방어자의 배치에 훨씬 큰 영향을 미칠 것이고, 그래서 이런 경우에 양쪽 중에 어느 쪽이 병참선을 더 많이 노출하게 되는지는 도저히 일반적으로 말할 수 없다.

양쪽 군대의 병참선이 동일한 방향에 놓여 있으면, 양쪽 중에 상대에 대해 비스듬하게 배치하고 있는 쪽은 다른 쪽에게도 이와 똑같이 행동하도록 강요하게 될 것이다. 그러면 기하학적으로는 얻는 것이 아무것도 없고, 양쪽은 똑같은 유리함과 불리함을 갖게 된다.

그래서 앞으로 계속되는 고찰에서는 한쪽의 병참선이 노출되어 있는 경우만 살펴보도록 한다.

병참선이 불리하게 되는 두 번째 상황은 병참선이 적의 영토를 지나는 경우이다. 이 경우에 그 나라 주민들이 손에 무기를 들고 있고, 그래서 이 상황을 마치 전체의 병참선을 따라 적의 힘이 전진하고 있는 것으로 보아야 한다면, 병참선이 얼마나 큰 위험에 노출되는지 하는 것은 그 자체로 분명하다. 물론 주민들의 힘은 그 자체로는 매우 약하고 집결되어 있지도 않고 집중력을 갖고 있지도 않다. 그럼에도 긴 병참선 전체의 수많은 지점에서 적과 접촉하고 있고 적의 영향을 받는다는 것을 생각해야 한다. 이것이 얼마나 위험한

지에 대해서는 더 이상의 논쟁이 필요 없을 것이다. 하지만 적의 백성이 손에 무기를 들지 않았다고 해도, 그 나라에 민병대도 없고 전쟁 시설에 다른 유리함이 없다고 해도, 심지어 인민이 전쟁 정신을 갖고 있지 않다고 해도, 단지 자기 나라의 정부에 대해 복종하는 마음을 갖고 있는 것만으로도 공격자의 병참선에 매우 심각한 불리함을 주게 된다. 그 나라의 순찰대가 그 지역의 주민들을 좀 더 잘 이해하고 그 지역과 사람들에게 친숙해지고 정보를 얻고 지방 관청의 지원을 받는 것으로 누리는 도움은 소규모의 순찰대에게는 결정적인 중요성을 갖는다. 이런 도움은 특별히 힘을 소모하지 않고도 모든 순찰대가 얻을 수 있는 것이다. 더욱이 병참선에서 어느 정도 멀리 있는 곳에는 요새, 강, 산, 다른 피난처가 결코 없지 않을 것이다. 방어자가 그곳을 정식으로 점령하여 수비대를 두지 않는다면 그곳은 늘 공격자의 손에 떨어지고 말 것이다.

이런 경우에 그리고 특히 다른 유리한 상황이 수반되면, 적의 병참선의 방향이 적의 배치에 대해 수직으로 놓여 있을 때도 적의 병참선에 대해 행동을 할 수 있다. 이런 경우에는 아군의 순찰대가 반드시 주력 군대로 돌아올 필요가 없기 때문이고, 단지 자기 나라 안으로 피하는 것만으로도 충분한 보호를 받을 수 있기 때문이다.

그래서 우리는 이제

1. 상당히 긴 거리,

2. 비스듬한 방향,

3. 적의 지역에 있다는 것이

군대의 병참선이 비교적 소수의 적의 전투력으로도 끊어질 수 있는 중요한 조건이라는 것을 알게 되었다. 이런 차단이 효과를 내려면 네 번째 조건, 즉 일정한 지속 시간이 필요하다. 이 점에 대해서는 제5편 제15장에서 말한 것을 참조하기 바란다.

이 네 가지 조건은 단지 이 문제를 포괄하고 있는 제일 중요한 요소에 지나지 않는다. 이 조건에는 지역과 관련된 수많은 개별적인 상황이 결부되는데, 이것은 때로 제일 중요한 요소 자체보다 훨씬 중요하고 결정적인 영향을 미칠 수 있다. 그중에 제일 핵심적인 것만 언급하면 다음과 같다. 도로의 상황, 도로가 지나는 지형의 성질, 도로에 있을 수 있는 강, 산, 습지 등의 보호 수단, 계절과 날씨, 포위 공격을 하는 수송대의 중요성, 경무장한 부대의 수 등등.

그래서 어느 최고 지휘관이 적의 병참선에 대해 성공적으로 행동을 할 수 있는지 하는 것은 이 모든 상황에 달려 있다. 한쪽 최고 지휘관의 이 모든 상황의 결과를 다른 쪽 최고 지휘관의 동일한 상황의 결과와 비교하면 양쪽의 병참선 체계의 관계를 알 수 있다. 양쪽의 최고 지휘관 중에 어느 쪽이 다른 쪽을 앞지를 수 있는지는 그 관계에 달려 있게 될 것이다.

이 설명에서 매우 장황하게 느껴지는 것은 구체적인 경우에는 때로 한순간에 결정된다. 그렇게 하려면 훈련을 통한 숙련된 판단력이 필요하다. 여기에 설명한 모든 경우를 한 번은 생각해야 하는데, 그러면 비판적인 저술가들의 통속적인 어리석음에 대해 어떻게 대답할 수 있는지 알게 된다. 그들은 좀 더 자세한 동기는 말하지 않은 채 우회와 측면 행동이라는 단순한 말로 중요한 문제를 해결했다고 생각한다.

이제 전략적인 측면 행동이 일어날 수 있는 두 **번째의 중요한 조건**을 다루도록 한다.

적의 군대가 넓게 전진하는데 아군의 저항 이외에 어떤 다른 이유로 방해를 받고 있다면, 그 원인이 무엇이든지 아군은 많은 병력을 그곳으로 파견해야 하고, 그 때문에 주력 군대의 병력이 줄어드는 것을 두렵게 생각해서는 안 된다. 적군이 이에 대해 그 병력을 정말로 공격하여 응징하려고 한다면 아군은 이를 피하면 되기 때문이다. 이것이 1812년에 모스크바에서 있었던 러시아의 주력 군대의 경우였다. 하지만 그런 경우를 만들어 내려고 이 원정에서 일어난 것과 같은 넓은 면적과 대규모의 상황이 필요한 것은 결코 아니다. 프리드리히 대왕도 제1차 슐레지엔 전쟁 때 보헤미아와 모라비아의 국경에서 늘 이런 경우에 해당했다. 최고 지휘관과 군대의 상황이 복잡할 때는 전쟁을 계속할 수 없게 하는 여러 가지의 많은 원인을 생각할 수 있는데, 그중에도 특히 정치적인 원인이 중요하다.

이런 경우에 측면 행동에 쓰이는 전투력은 훨씬 많을 수 있기 때문에 다른 조건은 별로 유리하지 않아도 된다. 아군의 병참선 체계도 적의 병참선에 비해 아군에게 유리할 필요는 없다. 아군이 계속 후퇴해도 적은 이 후퇴를 특별히 이용할 수 없고, 아군에게 곧바로 보복하지도 못하고, 자기 부대에 대한 직접적인 보호에 더 많은 신경을 쓰게 될 것이기 때문이다.

그래서 그런 상태는 전투에서 하려고 하지 않는 행동을 (이 행동이 지나친 모험이라고 생각하기 때문에) 전투의 승리보다 덜 화려하고 덜 성공적이지만, 또한 덜 위험한 수단으로 달성하는데 매우 적합하다.

그런 경우에 측면 진지 때문에 자기의 병참선이 노출되는 것은 별로 걱정하지 않기 때문에, 그리고 적의 병참선에 대한 적의 비스듬한 배치는 언제나 유지될 수 있기 때문에 앞에 나열한 조건 중에 이 하나의 조건이 없는 일은 별로 없을 것이다. 그 밖의 다른 유리한 상황이 도움을 줄수록 이 수단에 의해 약속된 승리는 그만큼 확실해질 것이다. 그런 유리한 상황이 줄어들수록 모든 것은 행동을 결합하는 탁월한 숙련, 행동을 수행하는 신속함과 확실함에 의해 그만큼 많이 결정될 것이다.

이것이 전략적인 기동이 나타나는 본래의 영역이다. 이런 예는 7년 전쟁 때 슐레지엔과 작센에서, 그리고 1760년과[6] 1762년의[7] 원정에서 매우 다양하게 나타났다. 약한 힘으로 치르는 전쟁에서 그런 전략적인 기동이 매우 자주 나타난다면, 이는 최고 지휘관이 전진의 한계에 이르는 일이 그처럼 자주 일어나기 때문이 아니라 결단력, 용기, 모험 정신의 부족과 책임감에 대한 두려움이 때로 진정한 반격의 자리를 대신하기 때문이다. 이에 대해서는 다운 원수만 떠올리면 될 것이다.

---

6. 이는 토르가우 전투(1760년 11월 3일)와 관련된다.

7. 이는 슈바이드니츠를 포위하고 점령한 것(1762년 8월 7일~10월 9일)과 관련된다.

지금까지 살펴본 것 중에서 중요한 결과만 요약하면 측면 행동은 다음과 같은 경우에 제일 높은 효과를 낼 것이다.

1. 방어할 때,

2. 원정이 끝날 무렵에,

3. 주로 나라 안으로 후퇴할 때,

4. 인민 무장 투쟁과 결합할 때.

병참선에서 수행하는 측면 행동에 대해서는 몇 마디만 더 하면 된다.

행동은 숙련된 유격대로 수행해야 한다. 유격대는 소규모의 병력으로 대담하게 행군하여 적의 소규모 수비대, 수송대, 이동 중인 소규모 부대를 공격하여 무찌르고, 농민군의 용기를 북돋우면서 그들과 함께 하나하나의 행동을 수행한다. 유격대에서는 하나의 유격대의 인원을 늘리는 것보다 유격 부대의 수를 늘려야 한다. 몇 개의 유격대가 하나의 큰 행동을 할 수 있게 합치고, 이런 공동 행동이 개별 유격대장의 자만심과 자의적인 행동 때문에 큰 방해를 받지 않도록 조직되어야 한다.

이제 후퇴로에 대한 행동만 말하면 된다.

이 문제에 대해서는 이 장의 처음에 내세운 원칙을 특별히 염두에 두어야 한다. 즉 적의 배후에서 활동해야 하는 병력은 적의 정면에서 쓸 수 없다는 것, 그래서 적의 배후나 측면에서 하는 행동은 그 자체로 아군의 병력을 늘리는 것이 아니라 그 병력을 더 많이 쓰는 것이라고 간주해야 한다는 것이다. 병력을 이렇게 쓰면 성과를 높일 수도 있지만 위험이 커질 수도 있다.

무력으로 하는 모든 저항은 순조롭고 간단하게 이루어지지 않고, 안전을 희생하여 효과를 높이려는 경향을 갖는다. 측면 행동은 하나의 통합된 병력으로 하든지, 아니면 분할된 병력으로 몇 개의 측면에서 포위를 하든지 상관없이 모두 이 범주에 속한다.

적의 후퇴로를 막는 것이 단순한 양동이 아니라 진지하게 의도하는 것이라면 이때는 결정적인 전투를 하는 것, 또는 적어도 결전을 하려는 모든 조건을 갖추는 것이 본래의 해결책이다. 바로 이 해결책에서 앞에 말한 더 큰 성과와 위험이라는 두 요소를 또 만나게 될 것이다. 그래서 최고 지휘관이 이런 종류의 행동을 정당하다고 생각한다면 그 행동을 하는데 유리한 조건이 마련되어 있어야 한다.

이런 종류의 저항에서는 이미 말한 두 가지의 형태를 구분해야 한다. 첫째는 최고 지휘관이 모든 병력으로 적을 배후에서 공격하려는 형태이다. 이런 필요를 충족하려고 점령한 측면 진지에서 공격하든지, 아니면 정식으로 적을 우회하여 공격하든지 하는 것은 상관없다. 둘째는 최고 지휘관이 전투력을 분할하여 포위 진지를 통해 전투력의 한 부분으로는 적의 배후를 위협하고 다른 부분으로는 적의 정면을 위협하는 형태이다.

얼마나 큰 성과를 얻는지 하는 것은 두 가지 경우에 똑같다. 즉 후퇴로를 실제로 차단한 결과로 적의 병력을 포로로 잡을 수도 있고, 적의 전투력 대부분이 흩어질 수도 있고, 그런 위험을 예방하려고 적의 병력이 황급히 후퇴할 수도 있다.

하지만 얼마나 위험한지는 두 가지 경우에 똑같지 않다.

아군의 모든 전투력이 적을 우회한다면 아군의 배후가 적에게 노출될 위험이 있다. 그래서 이 경우에도 양쪽 군대의 후퇴로의 상황이 어떠한지 하는 것이 중요하다. 이는 병참선에 대한 행동에서 병참선의 상황이 중요했던 것과 비슷하다.

방어자는 자기 나라에 있기 때문에 후퇴로뿐만 아니라 병참선에서도 공격자만큼 제한을 받지 않고, 이 점에서 전략적인 우회를 더 많이 할 수 있다. 하지만 이런 일반적인 상황은 이것으로 효과적인 방법을 만드는 데는 매우 불충분하다. 그래서 개별적인 경우의 전체적인 상황만 전략적인 우회를 할 것인지 말 것인지 결정할 수 있다.

여기에서 다음과 같은 점을 덧붙이고 싶다. 즉 앞에서 말한 유리한 상황은 당연히 좁은 공간보다 넓은 공간에서 자주 보게 된다는 것, 또한 외국의 지원을 바라고 있는 약한 나라보다 (약한 나라의 군대는 무엇보다 지원 병력과 만나는 지점을 염두에 두어야 하기 때문에) 독립적인 나라에서 자주 보게 된다는 것, 끝으로 이 상황은 공격자의 공격력이 바닥나는 원정의 마지막에 방어자에게 제일 유리해진다는 것이다. 이는 대체로 병참선의 상황과 같은 종류의 유리함이다.

그런 측면 진지로는 러시아 군대가 1812년에 매우 유리한 상태에서 모스크바로부터 칼루가에 이르는 도로에서 점령한 진지를 들 수 있는데, 이때 보나파르트의 공격력은 바닥났다. 러시아 군대가 원정 초기에 드리사의 야영지에서 그런 측면 진지를 갖고 있었다면 그것은 러시아 군대에게 매우 불리했을 것이다. 러시아 군대는 매우 현명하게도 마지막 순간에 계획을 변경했다.

적의 후퇴로를 우회하고 막는 또 다른 형태는 병력의 분할을 통하는 방식인데, 이는 아군의 병력이 분할된다는 위험을 안고 있다. 그 반면에 적은 내선의 유리함을[8] 통해 병력을 집결하고, 그래서 크게 우세한 병력으로 아군의 분할된 병력을 하나하나 공격할 수 있다. 이런 불리함은 그 무엇으로도 없앨 수 없기 때문에 이 형태는 다음과 같은 세 가지의 중요한 경우에만 쓸 수 있다.

1. 병력이 처음부터 분할되어 있는 경우. 이 병력은 그런 종류의 행동을 하는데 필요한 병력이고, 그 병력을 집결하려면 시간을 지나치게 많이 낭비하게 되는 경우.

2. 물리적으로나 정신적으로 매우 우세하여 그런 결정적인 형태를 쓰는 것을 정당화하는 경우.

3. 적이 전진의 마지막 단계에 이르자마자 적의 공격력이 소진된 경우.

프리드리히 대왕은 1757년에[9] 보헤미아에 집중적인 침입을 했는데, 이때 그는 오스트리아 군대의 정면에 대한 공격과 전략적인 배후에 대한 공격을 결합하려는 생각을 갖고 있지 않았다. 그것은 적어도 그에게 전혀 중요하지 않은 일이었는데, 이 문제는 다른 곳에서 좀 더 자세히 다룰 것이다. 하지만

---

8. 방어자가 병력을 분할하여 여러 방향에서 공격자를 포위하려고 하면(외선), 공격자는 이에 대해 내선에서 행동을 하게 된다.

9. 이는 프라하 전투(1757년 5월 6일)와 관련된다.

어쨌든 대왕이 보헤미아에 침입하기 전에 슐레지엔이나 작센에서 병력을 집결할 수 없었다는 것은 분명하다. 그렇게 했다면 그는 기습의 유리함을 모두 포기해야 했을 것이기 때문이다.

　　동맹 군대가 1813년에 두 번째 원정을 하도록 명령을 내렸을 때, 동맹 군대는 압도적으로 우세한 물리력을 바탕으로[10] 이미 다음과 같이 생각하고 있었을 것이다. 즉 동맹 군대의 주력 군대는 보나파르트를 오른쪽 측면, 즉 엘베 강에서 공격하고, 이를 통해 전쟁터를 오더 강에서 엘베 강으로 옮기도록 한다. 동맹 군대의 상황이 드레스덴 전투에서 그처럼 잘못된 것은 일반적인 분할 배치에 잘못이 있었기 때문이 아니라 전략적인 배치와 전술적인 배치를 하는데 좀 더 세부적인 부분에서 잘못이 있었기 때문이다. 동맹 군대가 드레스덴 전투에서 보나파르트와 만났을 때 병력의 비율은 220,000명 대 130,000명이었기 때문이다. 이는 아마 동맹 군대에게 더 이상 바랄 것이 없는 유리한 비율이었고, 적어도 라이프치히 전투에 비해서만 (285,000명 : 157,000명) 약간 덜 유리한 비율이었다.[11] 그런데 보나파르트는 하나의 선에서 방어한다는 독특한 체계를 쓰느라고 병력을 균등하게 나누었다. (슐레지엔에서는 70,000명 대 90,000명, 마르크에서는 70,000명 대 110,000명.) 어쨌든 보나파르트가 슐레지엔을 완전히 포기하지 않은 채 동맹 군대의 주력 군대에게 결정적인 공격을 할 수 있는 병력을 엘베 강에 모으는 것은 곤란했을 것이다. 그리고 동맹 군대는 브레데의[12] 지휘를 받고 있는 군대를 당연히 마인 강으로[13] 전진하게 할 수 있었고, 그래서 마인츠로[14] 이동하는 보나파르트의 퇴로를 차단하는

---

10. 프랑스 군대 약 40만 명에 대해 동맹 군대는 러시아 군대 약 18만 명, 프로이센 군대 약 16만 명, 오스트리아 군대 약 13만 명, 스웨덴 군대 약 2만 명으로 도합 약 50만 명이었다.

11. 이 부분은 드레스덴 전투(1813년 8월 26~27일), 그리고 라이프치히 전투(10월 16~19일)와 관련되는 기술이다. 단순하게 말하면 220,000명 대 130,000명은 약 1.7대 1이고, 285,000명 대 157,000명은 약 1.8대 1이다.

12. 브레데(Carl Philipp Joseph von Wrede, 1767~1838), 바이에른의 원수이자 외교관.

13. 마인 강(Main), 라인 강에서 제일 긴 오른쪽 지류. 527킬로미터이다. 마인 강변에 있는 주요 도시로 프랑크푸르트가 있다.

14. 마인츠(Mainz), 현재 독일 중서부 지방의 도시. 마인 강과 라인 강이 합류하는 지점에 있다.

행동을 감행할 수 있었다.

　마지막으로 러시아 군대는 1812년에 몰다비아 군대에게 볼리니아와[15] 리투아니아로[16] 이동하도록 명령했는데, 이는 나중에 프랑스의 주력 군대의 배후로 전진하려고 한 것이다. 모스크바가 프랑스 군대의 작전선에서 정점이 될 수 없다는 것이 분명했기 때문이다. 러시아에서 모스크바보다 멀리 있는 지역은 이 원정에서 염려할 것이 없었고, 그래서 러시아의 주력 군대는 스스로 약하다고 생각할 이유가 없었다.

　전투력을 이와 같이 배치하는 형태는 풀 장군에게서[17] 비롯된 첫 번째 방어 계획에 있었다. 그 계획에 따르면 바클라이의[18] 군대는 드리사의 야영지로 이동해야 하고, 바그라티온의 군대는 프랑스의 주력 군대의 배후로 전진해야 했다. 그러나 이 두 시기의 엄청난 차이라니! 첫 번째 시기에는 프랑스 군대의 병력이 러시아 군대의 병력보다 세 배나 많았지만, 두 번째 시기에는 러시아 군대의 병력이 프랑스 군대의 병력보다 눈에 띄게 많았다. 첫 번째 시기에는 보나파르트의 주력 군대에게 드리사를 지나 80마일이나 멀리 있는 모스크바까지 도달할 만한 추진력이 있었지만, 두 번째 시기에는 그 추진력이 모스크바에서 하루 이상의 행군 거리를 벗어날 수 없을 만큼 낮아졌다. 첫 번째 시기에 네만 강에 이르는 후퇴로는 30마일을 넘지 않았지만, 두 번째 시기에는 112마일이었다. 그래서 적의 후퇴에 대한 동일한 행동은 두 번째 시기

30년 전쟁 때 마인츠 선제후국이자 대주교구였다. 프랑스 혁명 군대가 마인츠를 점령하여 1793년에 '마인츠 공화국'을 세웠지만, 이 공화국은 프로이센이 도시를 포위하면서 끝났다. 1797년에 다시 혁명 군대가 마인츠를 점령했고, 라인 강 서쪽의 모든 지역과 마찬가지로 마인츠도 프랑스에 의해 합병되었다. 그 후로 헷센 대공국에 속하게 되었다(1806~1919년).

15. 볼리니아(Wolhynien, Volhynia), 오늘날 우크라이나 북서쪽의 지역이지만 이 지역은 '역사적인 볼리니아'의 일부만 포괄하고 있다. 볼리니아의 지배자는 여러 번 바뀌었다.

16. 리투아니아(Litauen, Lithuania), 현재 유럽 북서부의 발트 해 연안에 있는 나라. 폴란드의 분할 때까지 폴란드의 영토였다가 1795년에 러시아의 지배 아래에 놓이게 되었다. 1831년과 1863년의 저항은 러시아에 의해 무력화되었다.

17. 풀(Karl Ludwig August Friedrich von Phull, 1757~1826), 스웨덴 출신의 프로이센 참모본부의 장교였는데 1806년에 러시아 군대에서 복무했다.

18. 바클라이(Michael Andreas Barclay de Tolly, 1761~1818), 러시아의 원수. 국방 장관.

에는 큰 성과를 보여 주었지만 첫 번째 시기에는 극히 경솔하고 어리석은 행동이 되고 말았을 것이다.

후퇴로에 대한 행동이 양동 이상이라면 그것은 배후에 대한 정식 공격이기 때문에 그것에 대해 더 많은 것을 언급해야 할 것이지만, 그것은 공격 편에서 설명하는 것이 더 적절할 것이다. 그래서 우리는 이상의 설명으로 그치고 이런 종류의 반격이 일어날 수 있는 조건을 언급한 것으로 만족한다.

후퇴로에 대한 행동을 말할 때 사람들은 보통 현실의 행동보다 양동을 더 많이 염두에 둔다. 양동으로 적의 후퇴를 유도하려는 것이다. 모든 효과적인 양동의 전제 조건이 그것을 반드시 현실의 행동으로 완전하게 수행할 수 있어야 하는 것이라면 (이는 언뜻 보면 당연한 것처럼 보이는데) 양동은 모든 조건에서 현실의 행동과 일치할 것이다. 하지만 그렇지 않다. 양동에 관한 장에서[19] 보게 되는 것처럼 양동은 약간 다른 조건과 결부되어 있다. 이 점에 대해서는 그 장을 참조하기 바란다.

---

19. 제3권 제7편 제20장 견제를 가리키는 것으로 생각된다.

[지도 29] 베레지나 강

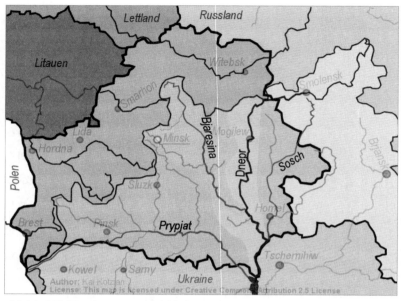

베레지나 강(벨라루스어로 Bjaresina, 러시아어로 Beresina)
작가 Kai Kotzian
업로드 Francis McLloyd 2006. 2. 15

　베레지나 강은 613킬로미터로 드네프르 강의 지류이고 벨라루스에 있다.
베레지나 전투가 있었던 강이다. 『전쟁론』에 나오는 지명으로 비쳅스크, 스몰
렌스크가 보인다.
　이 베레지나 강은 주로 러시아에 있는 63킬로미터의 훨씬 짧은 베레지나
강과 구분해야 한다. 짧은 베레지나 강은 앞의 베레지나 강보다 약 200킬로미
터 정도 상류에서, 그리고 스몰렌스크 아래에서 드네프르 강에 합류한다.

[지도 30] 다우가바 강

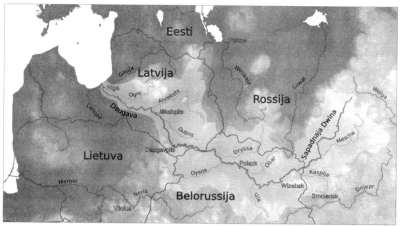

동유럽의 다우가바 강
Zapadnaya Dvina.png by СафроновAB와 map-layers of maps-for-free.com에 기초하여 작성.
날짜 2011. 8. 21
출처 작가 자신의 작품
작가 Karlis
업데이트 Karlis 2011. 10. 14

　　다우가바 강은 드비나 강이라고도 한다. 라트비아를 지나서 리가 만으로
흐른다. 리투아니아 사람에게는 운명의 강이고 어머니의 강이다. 러시아에서
는 Sapadnaja Dwina(서쪽 드비나 강)라고 한다. 그러면서 러시아는 이 강을
Sewarnaja Dwina(북쪽 드비나 강)와 구분한다. 다우가바 강은 1020킬로미
터이고, 북드니바 강은 744킬로미터이다.

　　지도의 왼편 아래에 네만 강(독일어로 메멜 강)이 보인다. 또한 리가, 빌나
(빌뉴스), 비쳅스크, 스몰렌스크가 보인다.

[지도 31] 카알 4세 시대의 보헤미아

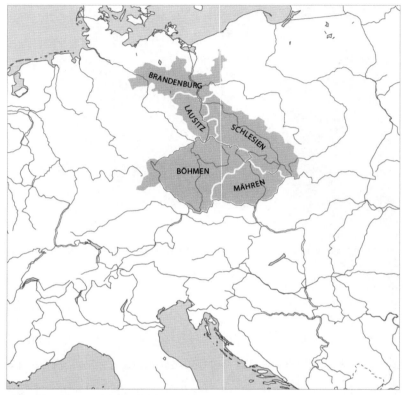

카알 4세(1316~1378) 시대의 보헤미아
출처 배경 지도는 Alexrk2가 작성, 이 나라들의 영역은 Jirka.h23의 영향을 받아서 작가 직접 작성.
작가 Maximilian Dörrbecker(Chumwa)
업로드 Chumwa 2013. 12. 16

이 지도로 (나폴레옹 전쟁 시대는 아니지만) 보헤미아, 모라비아, 슐레지
엔의 위치를 대략적으로 파악할 수 있다. 보헤미아는 현재의 체코 서쪽 지방,
모라비아는 남동쪽 지방에 해당한다. 슐레지엔의 대부분은 현재 폴란드에
속하고 그 중심을 오더 강이 흐르고 있다. 라우지츠는 대부분 독일 지역이고,
약간의 지역이 현재의 폴란드에 걸쳐 있다. 브란덴부르크는 대부분 독일과 폴
란드에 걸쳐 있다.

[지도 32] 오늘날 체코의 보헤미아, 모라비아, 슐레지엔

날짜 2007. 9. 6
출처 Cesko-kraje.svg에서 작성.
작가 Ulamm

　　왼쪽의 3분의 2 정도를 차지하고 있는 옅은 색 부분이 보헤미아이고, 그
한복판에 프라하가 있다. 그 오른쪽으로 약간 진한 색 부분이 모라비아이고,
모라비아의 오른쪽 윗부분에 있는 약간의 지역이 오늘날의 체코 영토에 있
는 슐레지엔 지역이다.

[지도 33] 마인 강

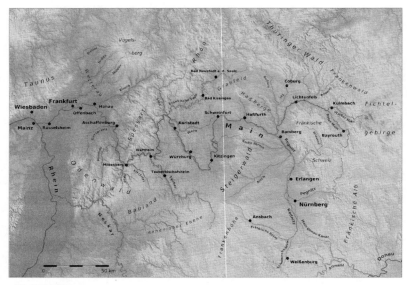

마인 강의 흐름도
SRTM-Daten, Quantum GIS, Generic Mapping Tools, GPS-Trackmaker의 도움으로 작성.
날짜 2010. 7. 16
출처 작가의 작품
작가 BerndH

　　지도 오른쪽에서 쿨름바흐를 지나는 하얀 마인 강과 바이로이트를 지나
는 붉은 마인 강이 합치면서 마인 강이 시작된다. 마인 강은 뷔르츠부르크,
하나우, 프랑크푸르트를 지나 마인츠에서 라인 강에 합류한다.

제25장

나라 안으로 하는 후퇴

　우리는 나라 안으로 하는 자발적인 후퇴를 독특한 간접적인 저항 방식이라고 간주했는데, 이 방식에서 적은 칼 때문이라기보다 오히려 그 자신의 고통 때문에 무너지게 된다. 그래서 이런 저항에서 주력 전투는 전혀 전제되어 있지 않든지, 주력 전투를 하는 시점이 늦기 때문에 적의 병력이 이미 많이 줄어든다.

　공격을 목표로 삼고 전진하는 모든 군대는 이 전진 때문에 전투력의 감소를 겪는다. 이는 제7편에서 좀 더 자세히 살펴볼 것이지만 우리는 여기에서 먼저 결론을 말해야 한다. 전쟁사에서 대규모의 전진과 결부되어 있는 모든 원정이 이 점을 분명하게 보여 주고 있다면 우리는 이것을 그만큼 일찍 말하지 않을 수 없다.

　전투력의 감소는 전진하면서 늘게 된다. 방어자가 아직 패배하지 않았다면, 꺾이지 않는 의지를 갖고 있는 새로운 전투력과 함께 적 앞에서 자발적으로 후퇴한다면, 끊임없이 침착하게 저항하여 적으로 하여금 피를 흘려야 방어자의 나라에 한 걸음이라도 옮길 수 있게 한다면, 그래서 적의 전진은 끊임없이 앞으로 나아가는 것이지만 순수한 추격이 아니라면, 그 감소는 늘게 된다.

　다른 한편으로 방어자가 전투에서 패배한 다음에 후퇴할 때 겪는 손실은 자발적으로 후퇴할 때 겪는 손실보다 훨씬 클 것이다. 방어자가 자발적인 후퇴에서 할 것으로 예상되는 매일매일의 저항을 추격하는 군대에게 할 수 있다고 해도 방어자는 적어도 추격자와 같은 손실을 입을 것이고, 여기에 전투에서 입는 손실이 더해질 것이기 때문이다. 하지만 이것은 문제의 본질에서 얼마나 어긋나는 전제란 말인가! 세계 최강의 군대라고 해도 전투에서 패배한 다음에 나라 안으로 깊숙이 후퇴하지 않을 수 없다면 그 군대는 **엄청난** 손실을 입을 것이다. 적이 엄청나게 우세하다면 (지금 여기에서 말하고 있는 경우에 전제하고 있는 것처럼) 그리고 적이 엄청난 힘으로 추격한다면 (최근의 전쟁에서 거의 늘 그러한 것처럼) 정말로 도망을 치듯이 후퇴할 개연성이 극히 높아질 것이고, 이 때문에 보통 전투력은 완전히 무너지고 말 것이다.

매일매일 신中하게 저항한다면, 즉 매번 전투의 균형이 불안하게나마 유지될 수 있는 동안만 저항을 지속하고, 후퇴하는 방향에 있는 지역을 제때에 포기하면서 패배를 막을 수 있는 저항을 한다면, 그런 전투는 공격자에게 적어도 방어자와 같은 정도의 병력 손실을 입힐 것이다. 방어자가 후퇴할 때 때로 불가피하게 포로를 잃는 만큼 공격자도 방어자의 포격으로 큰 손실을 입기 때문인데, 이 손실은 공격자가 늘 지형의 불리함을 감수해야 하기 때문에 생겨난다. 물론 후퇴하는 군대에게 중상자들은 완전한 손실이지만, 이는 공격자에게도 당분간 똑같은 손실이다. 중상자들은 보통 몇 달 동안 병원에 머물기 때문이다.

그래서 결과적으로 보면 양쪽 군대는 이 끊임없는 마찰에서 대략 같은 정도로 상대의 힘을 소모하게 할 것이다.

그런데 타격을 입은 군대를 추격할 때는 상황이 완전히 달라진다. 이때 그 군대는 전투에서 전투력을 잃고 대형은 파괴되고 용기는 꺾이고 후퇴에 대한 걱정 등을 하게 되는데, 이런 것이 후퇴하는 군대에게 그런 저항을 매우 어렵게 하고 많은 경우에 불가능하게 만든다. 추격하는 군대는 앞의 경우에는 매우 조심스럽게, 심지어 장님처럼 겁먹은 채 늘 자신의 주변을 더듬으며 앞으로 나아가지만, 이 경우에는 승리자의 확고한 발걸음으로 행운을 얻은 자만심을 갖고 반쯤 신이 된 것 같은 자신감을 날리며 앞으로 나아간다. 추격하는 군대가 미친 듯이 돌진할수록 전진의 속도는 한 번 잡은 이 방향에서 그만큼 높아진다. 이는 추격이 정신력의 영역이기 때문인데, 정신력은 물리적인 세계의 단순한 숫자와 척도에 묶이지 않은 채 높아지고 늘어난다.

그래서 공격자의 전진의 마지막이라고 간주할 수 있는 지점에 양쪽 군대가 앞에서 말한 방식 중에 어느 방식으로 도달하느냐에 따라 양쪽 군대의 상황이 얼마나 달라질 것인지 분명해진다.

이것은 단지 상호 파괴의 결과이다. 그런데 이제 이 결과에 전진하는 군대가 그 밖의 경우에 더 겪게 되는 병력의 손실이 더해진다. 이 점에 대해서는 이미 말한 것처럼 제7편을 참고하기 바란다. 다른 한편으로 후퇴하는 군대는 대부분의 경우에 나중에 오는 전투력 덕분에 병력이 늘어난다. 그 전투력이 외국의 지원에 의한 것인지, 국내의 지속적인 징병에 의한 것인지 하는 것은 문제 되지 않는다.

마지막으로 후퇴하는 군대와 전진하는 군대 사이에는 식량 조달에서 큰 불균형이 생긴다. 후퇴하는 군대에게는 식량이 남아도는 경우도 드물지 않지만, 전진하는 군대는 식량 부족 때문에 몰락의 길로 접어든다.

후퇴하는 군대는 어디에서나 식량을 모을 수단을 갖고 있고 또 그 방향으로 후퇴하는 반면에, 추격하는 군대는 모든 것을 배후에서 조달해야 한다. 그것은 이동하는 동안에는 병참선이 아무리 짧다고 해도 어려운 일이고, 그래서 추격하는 군대는 바로 처음부터 식량의 결핍을 겪게 된다.

어느 지방이 스스로 내놓는 모든 것은 후퇴하는 군대가 먼저 이용하고 대부분 전부 소진된다. 단지 황폐해진 마을과 도시, 풀을 베어낸 황량해진 밭, 말라버린 우물, 탁해진 냇물만 남는다.

그래서 추격하는 군대는 첫날부터 제일 절박한 필요에 대해 고심하는 일이 드물지 않다. 후퇴하는 군대의 비축 식량을 얻을 수 있다는 기대는 전혀 할 수 없다. 추격하는 군대에게 때로 이것이 손에 떨어진다면, 그것은 단지 우연 때문이든지 또는 후퇴하는 군대의 용서할 수 없는 잘못 때문일 것이다.

그래서 나라의 면적이 매우 넓고 전쟁을 수행하는 양쪽의 병력이 크게 불균형을 이루지 않을 때는 이런 식으로 어떤 병력의 비율이 생겨날 텐데, 이 비율이 방어자에게 국경의 결전에서 얻을 수 있는 것보다 한없이 높은 승리의 개연성을 약속한다는 것은 의심할 수 없다. 그런데 병력의 비율이 이처럼 달라졌기 때문에 승리의 개연성만 높아지는 것이 아니다. 양쪽의 상태가 달라졌기 때문에 승리의 성과도 더욱 높아진다. 자기 나라의 국경에서 패배한 전투와 적의 영토 한가운데에서 패배한 전투 사이에는 얼마나 큰 차이가 있겠는가! 심지어 공격자는 전진의 마지막에 이르렀을 때 전투에서 **승리를 거두었다고** 해도 때로 후퇴할 수밖에 없는 상태에 빠지게 된다. 이제 공격자는 승리를 완성하고 이용할 추진력도 충분하지 않고, 병력의 손실을 보충할 수도 없기 때문이다.

그래서 결전이 공격의 처음에 일어나느냐 마지막에 일어나느냐 하는 것에는 엄청난 차이가 있다.

이런 식의 방어가 주는 큰 유리함의 반대편에는 두 가지의 불리함이 있다. 하나는 적의 침입으로 나라가 입는 손실이고, 다른 하나는 정신적인 충격이다.

물론 나라를 그런 손실에서 보호하는 것은 결코 전체 방어의 목적으로서 간주할 수 없고, 목적은 유리한 평화 조약을 맺는 것이다. 이런 평화 조약을 되도록 확실하게 얻으려고 노력해야 하고, 그러려면 한순간의 희생을 지나치게 크게 생각해서는 안 된다. 하지만 그 손실은 결정적인 것이 아니라고 해도 저울판에 올려놓아야 한다. 어느 정도 손실을 입느냐 하는 것은 늘 우리의 관심 대상이기 때문이다.

이 손실은 방어자의 전투력에 직접 영향을 미치지는 않고, 다만 어느 정도 크게 우회하여 전투력에 영향을 미친다. 그 반면에 후퇴 자체는 전투력을 직접 강하게 만든다. 그래서 이 유리함과 불리함을 비교하는 것은 어렵다. 그 것은 각각 다른 종류의 문제이고, 상호 간에 영향을 미치는 공통점을 갖지 않는다. 그래서 다음과 같이 말하는 것으로 만족해야 한다. 즉 비옥하고 인구가 많은 지방이나 대규모 상업 도시가 희생되어야 한다면 그 손실은 매우 크고, 전투 수단을 (그것이 완성된 수단이든 반쯤 완성된 수단이든) 함께 잃게 된다면 그 손실은 제일 큰 것이라고 보아야 한다.

두 번째의 불리함은 정신적인 충격이다. 최고 지휘관이 그 충격을 무시해야 하고, 자신의 계획을 냉정하게 수행해야 하고, 근시안적인 소심함이 만드는 불리함을 무시해야 하는 경우도 있다. 그렇다고 해도 그 충격은 대수롭지 않게 생각할 만한 환영(幻影)이 아니다. 그 충격은 어느 한 지점에 작용하는 힘에 비교할 수 없고, 번개처럼 빠르게 온 나라의 섬유 조직을 통과하여 (인민과 군대에 영향을 미치는) 모든 활동이 마비되게 하는 힘에 비교할 수 있다. 분명히 나라 안으로 하는 후퇴가 인민과 군대에 의해 재빨리 이해되는 경우도 있고, 심지어 그 후퇴가 그들의 신뢰와 기대를 높일 수 있는 경우도 있다. 하지만 그런 경우는 매우 드물다. 보통 인민과 군대는 그것이 자발적인 이동인지, 배후로 비틀거리는 것인지 제대로 구분하지 못할 것이다. 그 계획이 확실하게 유리할 것이라는 전망에서 나오는 현명함에 따른 것인지, 적의 칼에 대한 두려움에 따른 것인지는 더욱 구분하지 못할 것이다. 적에 의해 희생된 지방의 운명을 보면 인민은 연민과 불만을 느낄 것이고, 군대는 자칫하면 지도자에 대한 신뢰를 잃든지 또는 심지어 군대 자체에 대한 신뢰도 잃을 것이다. 후퇴하는 동안에 치르는 후위의 끊임없는 전투는 그 군대에게 늘 새롭게 다가오는 심각한 두려움이 될 것이다. 후퇴의 이런 결과를 잘못 생각해서는 안 된다. 물론 방어자가 당당하게 자기 나라의 국경 안으로 들어간다는 것, 그래서 공격자가 그 나라의 수호신을 (그 수호신은 끝까지 공격자에게 피의 보복을 요구하는데) 만나지 않고는 그 나라의 국경을 넘어 들어갈 수 없다는 것은 그 자체로 보면 더 자연스럽고 단순하고 숭고하고 인민의 정신 생활에 잘 들어맞는다.

이것이 이런 방식의 방어가 갖는 유리함과 불리함이다. 이제 그런 방어의 조건과 그런 방어를 유리하게 만드는 상황에 대해 몇 마디 하도록 한다.

나라의 넓은 면적 또는 적어도 긴 후퇴로는 제일 중요한 근본 조건이다.

며칠 동안 전진하는 행군으로 적의 병력이 눈에 띄게 줄어들지는 않을 것이기 때문이다. 1812년에 보나파르트의 핵심 병력은 비쳅스크에서는 250,000명이었는데, 스몰렌스크에서는 182,000명이었고, 보로디노에서는 겨우 120,000명으로 줄어들었다.[1] 즉 이때 러시아의 핵심 병력과 수에서 균형을 이루었다. 보로디노는 국경에서 90마일 떨어진 곳에 있다. 그런데 러시아 군대는 모스크바에서 비로소 결정적인 우위를 차지하게 되었다. 이는 자연스럽게 전세에 급격한 변화를 초래했고, 그래서 프랑스 군대가 말로야로슬라베츠에서[2] 승리를 했다고 해도 전세에 근본적인 변화를 줄 수 없었다.

러시아만큼 넓은 면적을 갖고 있는 나라는 유럽의 다른 어디에도 없다. 100마일의 후퇴로도 극히 드문 몇 나라에서만 생각할 수 있다. 1812년의 프랑스 군대와 같이 엄청나게 많은 병력도 다른 상황에서는 쉽게 있을 수 없는 일이고, 원정이 시작될 때 두 나라 사이에 있었던 것과 같은 엄청난 병력 차이는 더욱 드문 일이었다. 프랑스 군대는 수에서 두 배 이상이었고, 더욱이 정신적으로도 결정적으로 우위에 있었다. 그래서 이 경우에 100마일이 지난 다음에 일어난 일들은 다른 경우였다면 아마 50마일이나 30마일만 지나도 일어났을 것이다.

그런 방어를 제일 유리하게 만드는 상황에는 다음과 같은 것이 있다.

1. 경작을 별로 하지 않은 지방,
2. 충실하고 용감한 인민,
3. 혹독한 계절.

이 모든 것은 공격하는 군대의 유지를 더 어렵게 하고 지나치게 큰 규모의 수송대를 필요로 하게 만들고 많은 부대를 파견하게 하고 번거로운 일을

---

1. 프랑스 군대의 전진을 시기별로 나타내면 비쳅스크 전투(1812년 7월 25~27일), 스몰렌스크 전투(8월 17~18일), 보로디노 전투(9월 7일), 모스크바 입성(9월 14일)이 된다.
2. 말로야로슬라베츠(Malojaroslawetz, Maloyaroslavetz), 모스크바에서 남서쪽으로 약 110킬로미터, 칼루가에서 북동쪽으로 약 60킬로미터에 있는 마을. 이곳 전투(1812년 10월 24일)에서 러시아 군대는 후퇴하고 있는 프랑스 군대를 무찔렀다.

하도록 강요하고 질병을 일으키고 방어자의 측면 행동을 쉽게 한다.

마지막으로 그런 상황에 영향을 미치는 전투력의 절대적인 수에 대해 좀 더 말하도록 한다.

문제의 본질상 그 자체로 당연한 것인데, 양쪽의 병력의 비율을 제외하면 일반적으로 소규모의 병력은 대규모의 병력보다 일찍 소모되고, 그래서 소규모의 병력은 오랫동안 전진할 수 없고, 소규모 병력의 전쟁터의 규모도 클 수 없다. 그래서 병력의 절대적인 수와 이 병력이 차지할 수 있는 공간 사이에는 어느 정도 일정한 비율이 존재한다. 이 비율을 숫자로 말하는 것은 논의의 대상이 될 수 없다. 이 비율은 다른 상황 때문에 늘 달라지기도 할 것이다. 다만 이 문제의 본질을 깊이 살펴볼 때 병력과 공간 사이에 관련성이 있다는 것을 말하는 것으로 충분하다. 즉 500,000명의 병력으로는 모스크바로 전진할 수 있지만 50,000명으로는 전진할 수 없다. 적의 병력에 대한 비율이 500,000명의 경우보다 50,000명의 경우에 훨씬 유리하다고 해도 전진할 수 없다.

절대적인 병력과 공간의 비율이 지금 든 두 가지의 경우와 같다고 전제하면, 이때 방어자의 후퇴에 의해 공격자의 병력이 줄어드는 효과는 공격자의 병력이 많아질수록 그만큼 높아질 것이다. 이것은 의심할 수 없다.

1. 공격자에게는 식량을 조달하고 숙소를 마련하는 것이 더 곤란해진다. 병력이 늘어나는 만큼 그 병력이 차지하는 공간이 늘어난다고 해도 모든 식량을 결코 완전히 그 공간에서 조달할 수 없기 때문이다. 또한 나중에 수송되는 모든 것은 도중에 큰 손실을 입기 때문이다. 숙소를 마련하는 데도 모든 공간을 쓰는 것은 결코 아니고 매우 작은 공간만 쓰게 되는데, 이 공간도 병력의 수에 비례해서 늘지 않는다.

2. 병력이 늘어나는 만큼 전진이 늦어진다. 그 결과로 공격 진로를 모두 통과할 때까지 시간이 더 오래 걸리고, 그 길에서 매일 일어나는 손실의 합계도 더 늘어난다.

3천 명의 병력은 보통의 지형에서 2천 명의 병력을 추격할 때 그 2천 명이 1, 2마일 또는 고작해야 3마일 정도 후퇴하는 것도 허락하지 않을 것이고, 때로 며칠 동안 휴식을 하는 것도 허락하지 않을 것이다. 2천 명의 병력에 접근해서 그 병력을 공격하고 몰아내는 것은 몇 시간이면 충분하다. 그런데 이 병력에 100을 곱하면 상황이 달라진다. 2천 명의 경우에 몇 시간으로 충분했던 행동이 이제는 아마 하루 혹은 이틀이 걸릴 것이다. 양쪽 군대는 이제 더 이상 한 지점에 함께 있을 수 없고, 그래서 병력이 이동하고 결합하는데 따른 복잡성이 증대되고 시간도 늘어난다. 이때는 공격자가 불리하게 되는데, 공격자는 식량 조달의 어려움 때문에 후퇴자보다 훨씬 넓게 퍼져 있어야 하고, 그래서 늘 큰 위험에 빠지게 된다. 그래서 후퇴자가 어느 한 지점에서 우세한 병력으로 나타날 수도 있는데, 러시아 군대가 1812년에 비쳅스크에서 그렇게 했다.[3]

3. 병력이 늘어날수록 모든 하나하나의 병사들에게 매일매일의 전략적인 임무와 전술적인 임무가 요구하는 힘의 소모도 그만큼 늘어난다. 10만 명이 매일 한 번씩 행군하고 휴식을 한 다음에 다시 행군을 한다. 지금은 손에 무기를 들고 있지만, 그다음에는 요리를 하거나 식량을 받는다. 모든 방면에서 보고가 들어올 때까지 야영지로 움직여서는 안 된다. 본래의 이동에 따르는 이 모든 부차적인 노력을 들이는데 10만 명의 병력은 5만 명의 병력보다 대개 두 배 많은 시간이 필요할 것이다. 하지만 하루는 양쪽에게 똑같이 24시간이다. 행군에 드는 시간과 고통이 군대의 규모에 따라 얼마나 다른지는 앞 편 제9장에서 말했다. 물론 후퇴하는 군대나 전진하는 군대 모두 행군의 고통을 겪지만, 전진하는 군대의 고통이 훨씬 크다.

1. 그것은 전진하는 군대의 병력이 더 많기 때문인데, 여기에서 우리는 전진하는 군대가 수적으로 우세하다고 전제했다.

2. 방어자는 그 공간에서 늘 후퇴하지만, 이 희생으로 상대에게 늘 자기의 법칙을 강요하는 결정권자로서 남을 권리를 갖기 때문이다. 그는 미리 계

---

3. 1812년 7월 25~27일에 비쳅스크에서 러시아 군대는 프랑스 군대와 약간의 전투를 벌였다.

획을 만들고, 이 계획은 대부분의 경우에 아무런 방해를 받지 않는다. 하지만 전진하는 군대는 방어자의 배치에 따라 계획을 만들 수밖에 없고, 그는 늘 먼저 방어자의 배치를 알아내려고 노력해야 한다.

지금 전투에서 한 번도 패배한 적이 없는 방어자를 추격하고 있는 문제에 대해 말하고 있다는 것을 생각해야 한다. 즉 이것이 제4편의 제12장에서 말한 것과[4] 모순에 빠진다고 생각해서는 안 된다.

적에게 자기의 법칙에 따르도록 강요한다는 특권은 시간적인 여유를 주고 힘을 강하게 하고 여러 가지 부차적인 유리함을 주는데, 이것은 장기적으로 볼 때 매우 근본적인 차이를 만든다.

3. 후퇴하는 군대는 한편으로 그의 후퇴를 쉽게 하려고 모든 일을 (길과 다리를 보수하고, 제일 편한 야영지를 찾는 등) 다 하고, 다른 한편으로 추격하는 군대에게 전진을 어렵게 하려고 그와 똑같이 모든 일을 (다리를 파괴하고, 그의 행군으로 이미 나빠진 길을 더욱 망가뜨리고, 최고의 야영지와 수원지를 먼저 차지하고, 적이 그런 곳을 차지하지 못하게 하는 등) 다 하기 때문이다.

마지막으로 후퇴를 특별히 유리하게 하는 상황으로 인민 전쟁을 들어야 한다. 이 점에 관해서는 새로운 장에서[5] 말할 것이기 때문에 여기에서는 더 이상 논의하지 않는다.

지금까지 나라 안으로 하는 후퇴가 보장하는 유리함, 그 후퇴가 요구하는 희생, 그 후퇴에 따른 불가결의 조건에 대해 말했다. 이제는 그 후퇴의 수행에 관해 약간 말하고자 한다.

우리가 다루어야 하는 첫 번째 질문은 후퇴의 방향에 관한 것이다.

후퇴는 나라의 안쪽으로 이루어져야 한다. 그래서 적의 양쪽 측면이 되도록 방어자의 많은 지방에 의해 둘러싸이는 지점으로 이루어져야 한다. 그러

---

4. 그것은 전투에서 승리한 다음에 이 승리를 이용하는 전략적인 수단으로서 추격이다.
5. 바로 다음의 제26장 인민 무장 투쟁 참조.

면 적은 그 지방의 영향에 노출될 것이고, 방어자는 자기 나라의 **중요한 지역**에서 밀려나게 되는 위험에 빠지지 않을 것이다. 그런 위험은 방어자가 국경에 지나치게 가까이 뻗어 있는 후퇴로를 선택할 때 생길 수 있다. 러시아 군대도 1812년에 동쪽 대신에 남쪽으로 후퇴하려고 했다면 그런 위험이 생길 수 있었을 것이다.

이것은 이 수단 자체의 목적에 들어 있는 조건이다. 어느 지점이 최고의 후퇴 지점인지, 수도나 다른 중요한 지점을 직접 보호하려는 의도 또는 그런 곳으로 향하는 방향에서 적을 벗어나게 하려는 계획이 최고의 후퇴 지점과 어느 정도로 관련될 수 있는지는 그때그때의 상황에 달려 있다.

러시아 군대가 1812년에 후퇴를 미리 생각하고 철저하게 계획적으로 수행했다면, 그들은 당연히 스몰렌스크에서 칼루가로 향하는 방향을 잡을 수 있었을 것이다. 그런데 모스크바에서 비로소 칼루가로 방향을 잡았다. 처음부터 그렇게 했다면 모스크바는 온전히 보호된 상태로 남을 수 있었을 것이다.

프랑스 군대의 병력은 보로디노에서 약 130,000명이었다. 러시아 군대가 보로디노에서 전투를 하지 않고 이 전투를 스몰렌스크에서 칼루가로 향하는 길의 중간쯤에서 받아들였다고 해도 칼루가에 이른 프랑스 군대의 병력이 보로디노에 있는 병력보다 많았을 것이라고 생각할 이유는 없다. 만일 그런 일이 일어났다면 프랑스 군대는 그 병력 중에 얼마 정도의 병력을 모스크바에 보낼 수 있었을까? 분명히 매우 적었을 것이다. 그리고 그처럼 적은 병력을 모스크바와 같은 곳으로 50마일이나 (이것은 스몰렌스크에서 모스크바까지의 거리인데) 되는 먼 곳으로 보낼 수는 없었을 것이다.

보나파르트가 그때까지 여러 번의 전투를 치른 후에도 스몰렌스크에서 대략 160,000명의 병력을 보유하고 있었고, 군대를 모스크바에 보내는 모험을 해도 된다고 생각했고, 그전에 주력 전투를 한 번 더 치를 것으로 예상했고, 모스크바에 보낼 병력을 40,000명으로 정했고, 120,000명의 병력으로 러시아 군대의 주력 군대에 맞서려고 했다면, 이 120,000명 중에 전투에는 대략

90,000명 정도만 참여할 것이고, 이는 보로디노보다 40,000명이 적을 것이다. 그래서 러시아 군대는 30,000명 정도 우세했을 것이다. 보로디노 전투의 경과를 기준으로 삼으면 아마 러시아 군대가 스몰렌스크 전투에서 승리할 것이라고 믿을 수 있을 것이다. 어쨌든 이 계산 결과는 보로디노의 상황보다 훨씬 나았을 것이다. 하지만 러시아 군대의 후퇴는 깊이 생각한 계획의 산물이 아니었다. 러시아 군대는 전투를 받아들이려고 한 모든 순간에 전투를 할 만한 병력이 충분할 만큼 많지 않다고 생각했기 때문에 계속 후퇴한데 지나지 않는다. 모든 식량과 보충 수단은 모스크바에서 스몰렌스크로 향하는 도로에 집중되어 있었고, 그래서 스몰렌스크에서 아무도 이 도로를 포기할 생각을 할 수 없었다. 더욱이 스몰렌스크와 칼루가 사이에서 승리했다고 해도 이 승리는 러시아 군대의 눈에 모스크바를 보호하지 않고 적의 손에 넘겨줄 수 있다는 잘못을 결코 보상할 수 없는 것으로 보였을 것이다.

보나파르트가 1813년에[6] 자기의 병력을 파리에서 상당히 멀리 있는 측면, 예를 들어 부르고뉴 운하의 배후에 배치하고, 파리에 많은 국민군과[7] 몇천 명의 군대 병력만 남겨 두었다면, 그는 파리를 동맹 군대의 공격으로부터 더 확실하게 보호할 수 있었을 것이다. 보나파르트가 100,000명의 병력을 이끌고 오세르에[8] 있다는 것을 동맹 군대가 알고 있는 한, 동맹 군대는 결코 50,000명에서 60,000명에 이르는 병력을 파리에 보낼 용기를 낼 수 없었을 것이다. 이와 반대로 동맹 군대가 보나파르트의 입장에 있고 보나파르트가 공격자의 입장에 있다고 하면, 아마 아무도 동맹 군대에게 자기 나라의 수도에 이르는 길을 포기하도록 권하지 않았을 것이다. 보나파르트가 그 당시의 동

---

6. 이는 1813년이 아니라 1814년 초의 전투 상황과 관련되는 설명이다.
7. 국민군(Nationalgarde, Garde Nationale), 준(準)군사 조직. 프랑스 혁명 때 파리에서 조직된 민병 조직. 혁명 이듬해 1790년에 프랑스 전역으로 퍼졌고 국내의 방어만 담당했다. 1792년에 프랑스 혁명 전쟁이 발발함에 따라 일반인도 참여하게 되었고, 명칭도 혁명군으로 바뀌었다. 1871년 8월 파리 코뮌의 붕괴 후에 법에 따라 해체되었다.
8. 오세르(Auxerre), 프랑스 중부 지방의 도시로 파리에서 남동쪽으로 약 160킬로미터에 있다. 센 강의 지류인 욘 강(Yonne) 왼편에 있다.

맹 군대 정도로 우세한 병력을 갖고 있었다면, 그는 한순간도 지체하지 않고 수도를 공격했을 것이다. 그렇게 똑같은 상황에서도 최고 지휘관의 정신적인 역량에 따라 결과는 그처럼 달라지는 것이다.

한마디만 더 하고 싶다. 즉 후퇴의 방향이 (중요한 지점에서 벗어나는) 측면 방향에 있는 경우에 수도나 위험에 빠뜨리고 싶지 않은 지점은 어쨌든 약간의 저항 능력을 갖고 있어야 한다. 적의 순찰대로부터 점령을 당하고 약탈을 당하지 않으려면 그렇게 해야 한다. 이제 이 문제는 그만 다루도록 하는데, 나중에 전쟁 계획 편에서[9] 이 문제를 다시 한 번 다룰 것이기 때문이다.

그런 후퇴로의 방향에서 또 다른 특성을 살펴보아야 하는데, 그것은 갑작스러운 **방향 전환**이다. 러시아 군대는 모스크바까지 같은 방향을 유지하고 나서 블라디미르로[10] 향하는 방향을 포기하고 먼저 랴잔으로[11] 계속 방향을 잡더니 그다음에 칼루가로 방향을 바꾸었다. 러시아 군대가 후퇴를 계속해야 했다면 당연히 이 새로운 방향으로 후퇴했을 것이다. 이 방향은 러시아 군대를 키예프로[12] 이끌게 되는데, 이곳은 다시 적의 국경에 훨씬 가까워졌을 것이다. 프랑스 군대가 이때에도 여전히 러시아 군대에 비해 수적으로 크게 우위를 차지하고 있었다고 해도 모스크바를 지나 굽이굽이 이어지는 엄청난 길이의 병참선을 끝까지 유지할 수 없었으리라는 것은 자명하다. 이런 식으로 추격을 한다면 프랑스 군대는 모스크바뿐만 아니라 십중팔구 스몰렌스크도 포기했을 것이고, 그래서 힘겹게 얻은 점령지를 다시 포기하고 베레지나 강이쪽에 있는 전쟁터로 만족해야 했을 것이다.

그런데 러시아 군대가 처음부터 곧바로 키예프로 방향을 잡으려고 했다

---

9. 제3권 제8편을 가리킨다.

10. 블라디미르(Wladimir, Vladimir), 모스크바에서 동쪽으로 약 190킬로미터에 있는 도시.

11. 랴잔(Rjazanj, Rjasan, Ryazan, Riazan), 모스크바에서 남동쪽으로 약 190킬로미터에 있는 도시.

12. 키예프(Kiew, Kiev), 리투아니아 대공국, 폴란드를 거쳐 18세기부터 러시아 제국에 속했다. 드네프르 강변에 있고 모스크바에서 남서쪽으로 약 830킬로미터 떨어져 있다. 현재 우크라이나의 도시.

면, 러시아 군대는 확실히 자기 나라의 중요한 지역으로부터 분리되는 위험에 노출되는 불리함에 빠졌을 것이다. 하지만 그 불리함은 이제 거의 쓸데없는 걱정이 되고 말았다. 프랑스 군대가 모스크바를 지나서 키예프에 도착하지 않고 곧바로 키예프에 도착했다면, 프랑스 군대의 상태는 얼마나 달라졌을 것인가!

나라의 면적이 매우 넓을 때는 후퇴로의 방향을 이처럼 갑작스럽게 전환할 수 있는데, 이런 방향 전환이 엄청나게 유리하다는 것은 분명하다.

1. 방향 전환은 공격자가 그 이전의 병참선을 유지하는 것을 불가능하게 한다. 그렇다고 새로운 병참선을 설치하는 것도 어려운 일이다. 더욱이 공격자는 방향을 점차로 바꿀 수 있을 뿐이고, 그래서 아마 한 번 이상은 새로운 병참선을 찾아야 할 것이다.

2. 양쪽 군대는 이런 식으로 국경에 다시 접근하게 된다. 공격자는 지금까지 얻은 점령지를 자신의 진지로 더 이상 보호하지 못하고 십중팔구 포기해야 한다. 엄청나게 넓은 면적을 갖고 있는 러시아는 양쪽 군대가 이런 식으로 제대로 술래잡기를 할 수 있는 나라인 것이다.

영토의 면적이 작은 나라에서도 다른 상황이 유리하다면 그런 방향 전환을 할 수 있다. 그것을 실제로 할 수 있는지 없는지는 하나하나의 경우마다 그때그때의 상황에 따라 알아낼 수밖에 없다.

공격자가 나라 안으로 들어오게 되어 있는 방향이 한 번 정해지면, 방어자의 주력 군대도 당연히 그 방향을 잡아야 한다. 그렇지 않으면 적이 그 방향으로 전진하지 않을 것이고, 전진한다고 해도 방어자가 앞에서 전제로 삼았던 많은 유리한 조건 아래에서 전진하게 만들 수 없을 것이다. 그래서 방어자에게 남는 문제는 나누지 않은 병력으로 이 방향을 유지해야 하는지, 병력을 약간의 대규모 부대로 나누어 측면으로 피해야 하는지 (그래서 후퇴를 분산적으로 수행해야 하는지) 하는 것이다.

이 질문에 대해 분산적인 형태 자체는 쓸모없는 것이라고 대답해야 한다.

1. 그렇게 하면 병력이 더 많이 분할되기 때문이고, 그 병력이 어느 한 지

점에 집결하여 있는 것이 공격자에게 바로 제일 곤란한 상황이기 때문이다.

2. 공격자가 내선의 유리함을 얻고 방어자 이상으로 병력을 많이 집결하고, 그래서 하나하나의 지점에서 그만큼 우세해질 수 있기 때문이다. 물론 이런 우세함은 일시적으로 계속 후퇴하여 공격자를 피하는 방어 체계에서는 별로 두려울 것이 없다. 이런 후퇴의 조건은 늘 공격자에게 두려운 상대로 남는 것, 방어자의 군대가 하나하나 공격을 당할 수 있지만 그렇게 되지 않는 것이다. 그 밖에 이런 후퇴의 조건은 조금씩 주력 군대의 수적인 우위를 확보하여 결전에 대비할 수 있도록 하는 것이다. 이런 대비는 병력이 분할되어 있다면 불확실할 수밖에 없을 것이다.

3. 일반적으로 공격자에 대한 집중적인 행동은 수적으로 열세에 있는 군대에게 걸맞지 않기 때문이다.

4. 방어자의 병력이 그처럼 분할하여 배치되면 공격자의 약점 중에 일부분이 완전히 없어지기 때문이다.

즉 멀리 전진하는 공격자의 중요한 약점은 병참선이 길다는 것과 전략적인 측면이 노출된다는 것이다. 방어자의 후퇴의 분산적인 형태 때문에 공격자는 측면에 배치한 병력의 일부를 정면으로 삼지 않을 수 없다. 이 일부 병력은 본래 그 병력에 맞선 방어자의 전투력을 무력화하는 임무만 받았지만, 그 밖에 이를테면 병참선의 일부를 보호하는 등 약간 다른 일도 하게 된다.

그래서 단지 후퇴의 전략적인 효과를 얻을 것이라면 분산적인 형태는 유리하지 않다. 그 형태로 공격자의 후퇴로에 대한 나중의 효과를 준비해야 하는 것이라면 앞 장에서 말한 것을 생각하면 될 것이다.

단 하나의 목적만 분산적인 후퇴를 하도록 할 수 있다. 즉 아군이 분산적인 후퇴를 통해 많은 지방을 보호할 수 있고, 그렇지 않으면 공격자가 그 지방을 점령하게 되는 경우이다.

전진하는 군대가 전진하는 길 좌우의 어느 지방을 점령할지는 전진하는 병력의 집결 상태와 방향, 그 병력이 아군에게 대항하려고 차지하고 있는 지방이나 요새 등의 위치에 의해 대부분 상당히 확실하게 예상할 수 있다. 그 군대가 점령하지 않을 것이라고 예상되는 지방에 아군이 전투력을 배치하는 것은 병력을 위험하게 낭비하는 일이 될 것이다. 하지만 그 군대가 점령하게 될 지방에 미리 배치된 아군의 병력으로 그 점령을 막을 수 있을지 전망하는 것은 상당히 어렵다. 그것은 최고 지휘관의 판단력에 많이 달려 있다.

러시아 군대는 1812년에 후퇴할 때 토르마소프의[13] 30,000명의 병력을 볼리니아에 두고 이 지방에 침입할 것으로 예상되는 오스트리아 군대에 대항하게 했다. 그 지방은 매우 넓고, 그곳의 지형에는 많은 장애물이 있고, 그곳을 공격할 예정인 병력은 수적으로 우위에 있지 않았다. 이런 점이 국경의 안쪽에서 러시아 군대가 우세하게 되든지, 적어도 국경 근처에서 버틸 수 있을 것이라는 희망을 갖게 했다. 이렇게 버티면 그다음에 매우 중요한 유리함이 나올 수 있었는데, 그 점에 대해서는 여기에서 다루지 않으려고 한다. 더욱이 토르마소프의 군대를 제때에 주력 군대로 불러들인다는 것은 그렇게 하고 싶어도 거의 불가능한 일이었다. 이 모든 상황 때문에 그 군대를 볼리니아에 두고 그곳에서 독립적인 전투를 수행하게 한 것은 확실히 옳은 결정이었다. 이와 반대로 풀 장군이 작성한 원정 계획에는 단지 바클라이의 군대만 (80,000명) 드리사로 후퇴해야 하고, 바그라티온의 군대는 (40,000명) 오른쪽 측면의 프랑스 군대가 있는 곳에 머물면서 프랑스 군대의 배후를 공격하게 되어 있었다. 그러면 첫눈에 알 수 있는 것처럼 바그라티온의 군대가 남부 리투아니아에서 버틴다는 것, 그래서 어느 지방 하나를 더 확보한다는 것, 그리고 근처에 있는 프랑스의 주력 군대의 배후에서 버틴다는 것은 생각할 수 없었다. 그 군대는 엄청나게 우세한 프랑스의 병력을 맞이하여 무너졌을 것이다.

방어자가 원래 자기 나라의 지방을 공격자에게 되도록 내주지 않는데 관심을 갖고 있다는 것은 당연하다. 하지만 이것은 언제나 매우 부차적인 목적

---

13. 토르마소프(Alexander Petrowitsch Tormassow(Alexander Petrovich Tormasov), 1752~1819), 러시아의 장군.

이다. 적을 작고 좁은 전쟁터에 몰아넣을수록 적의 공격이 그만큼 곤란해진다는 것도 역시 분명하다. 하지만 이 모든 것을 하려면 조건이 있어야 하는데, 그것은 그런 후퇴를 시작할 때 성공의 개연성이 높다는 것이고, 그래서 그런 후퇴 때문에 주력 군대의 병력이 지나치게 줄어들지 않는다는 것이다. 그런 후퇴에서는 주로 주력 군대에서 최후의 결전을 해야 하기 때문이다. 이는 적의 주력 군대에 생기는 혼란이 적에게 후퇴의 결심을 제일 먼저 불러일으키고, 이와 관련된 물리적인 힘과 정신적인 힘의 손실을 제일 크게 높이기 때문이다.

그래서 나라 안으로 하는 후퇴는 대개 패배하지 않고 분할되지 않은 병력으로 수행해야 하고, 바로 공격자의 주력 군대 앞에서 일어나야 한다. 되도록 천천히 후퇴하고, 지속적인 저항으로 공격자에게 끊임없는 전투 준비를 하도록 강요해야 하고, 전술적인 예방 조치나 전략적인 예방 조치와 같이 일종의 쓸데없는 낭비를 하도록 강요해야 한다.

양쪽이 공격 단계의 마지막에 이르면 방어자는 이 단계의 방향에 대해 되도록 비스듬하게 병력을 배치할 것이고, 이제 자기 뜻대로 할 수 있는 모든 수단으로 적의 배후에 대한 행동을 할 것이다.

1812년의 러시아 원정은 이 모든 현상을 매우 잘 보여 주었고, 그 효과를 확대경으로 보는 것처럼 선명하게 보여 주었다. 러시아 군대가 자발적으로 후퇴한 것은 아니지만, 그것은 그런 관점에서 제대로 고찰할 수 있는 원정이었다. 러시아 군대가 지금과 같은 성과를 얻을 것을 알고 있고 정확히 그와 똑같은 상황 아래에서 한 번 더 후퇴를 해야 한다면, 1812년에 대부분 의도한 바 없이 일어난 일을 이제는 자발적으로 계획을 짜서 할 것이라는 점도 확실하다. 하지만 러시아 외에는 그런 식의 효과를 낸 사례가 없다고 생각한다든지, 러시아만큼 넓은 면적을 갖고 있지 않은 나라에서는 그런 사례가 있을 수 없다고 생각하는 것은 매우 부당할 것이다.

전투의 승패에 대한 결정이 나지 않은 상태에서 전략적인 공격이 단지 그 공격을 계속한다는 어려움 때문에 실패하는 곳에서는, 전진하는 군대가 자기에게 파괴적인 영향을 미치는 크고 작은 후퇴를 하지 않을 수 없는 곳에서는, 그런 곳에서는 어디에서나 그런 종류의 저항을 할 수 있는 중요한 조건과 이 저항의 중요한 효과를 발견할 수 있다. 그런 저항이 아무리 제한된 상황에서 일어난다고 해도 그러하다. 프리드리히 대왕이 1742년에 모라비아에서 한 원정과 1744년에 보헤미아에서 한 원정, 프랑스 군대가 1743년에[14] 오스트리아와 보헤미아에서 한 원정, 브라운슈바이크 공작이 1792년에 프랑스에서 한 원정, 마세나가 1810년과 1811년에 걸쳐 포르투갈에서 한 겨울 원정 등은 앞에서 말한 저항과 비슷한 경우를 보여 주는 사례들이다. 물론 나라의 면적이나 상황은 러시아보다 훨씬 작은 규모였다. 이 밖에도 그런 종류의 행동으로서 단편적인 효과를 낸 사례는 수없이 많은데, 그 경우는 승리의 전부는 아니지만 아마 그 일부는 우리가 여기에서 주장하는 원리 덕분이라고 해야 하는 것이다. 그 많은 경우를 여기에 모두 언급하지는 않는데, 그 상황을 모두 설명하려면 이 장의 범위를 크게 벗어나야 하기 때문이다.

러시아의 경우와 앞에 든 다른 경우에는 전진의 정점에서 일어난 전투에서 승패의 결정이 방어자에게 유리하지 않았는데도 국면이 급변했다. 하지만 그런 효과를 예상할 수 없는 곳에서도 그런 식의 저항으로 승리할 수 있게 하는 병력의 비율을 알아내는 것, 첫 번째의 충격으로 만물이 운동하듯이 이 승리로 모든 활동을 (이 활동에서 공격자에게 미치는 파괴적인 영향은 낙하 법칙에 따라 늘 더 늘어날 텐데) 불러일으키는 것은 충분히 중요한 문제로 남을 것이다.

---

14. 1743년 4월에 프랑스는 오스트리아에 선전 포고를 하였다.

제26장

인민 무장 투쟁

인민 전쟁은 문명화된 유럽에서는 19세기의 현상이다. 인민 전쟁에 대해서는 이를 찬성하는 사람도 있고 반대하는 사람도 있다. 반대하는 사람 중에는 정치적인 이유로 반대하는 사람도 있고 군사적인 이유로 반대하는 사람도 있다. 정치적인 이유로 반대하는 사람은 인민 전쟁을 혁명의 수단으로 보고 합법적인 무정부 상태라고 보기 때문에 반대하는데, 그런 상태는 밖으로 적에 대해 위험한 것처럼 안으로 자기 나라의 사회 질서에 대해서도 위험하다는 것이다. 군사적인 이유로 반대하는 사람은 인민 전쟁이 승리해도 소모된 힘에 상응하지 않는다고 생각해서 반대한다. 정치적인 관점은 우리와 전혀 상관없는 문제이다. 우리는 인민 전쟁을 단지 전투 수단으로서, 그래서 그 수단이 적과 어떤 관계를 갖는지만 살펴보기 때문이다. 군사적인 관점에 대해서는 다음과 같은 것을 지적해야 한다. 즉 인민 전쟁은 일반적으로 우리 시대의 격렬한 전쟁이 이전의 제한적인 성벽을 무너뜨린 결과라고 보아야 하고, 전쟁이라고 불리는 모든 발효 과정의 확대와 강화라고 보아야 한다. 징발 체계, 징발과 일반적인 병역 의무로 인해 엄청난 규모로 늘어난 군대, 민병대의 이용 등은 이전의 협소한 군사 체계에서 본다면 인민 전쟁과 같은 방향에 있는 것이고, 농민군의 모집이나 인민 무장 투쟁도 그 방향에 있는 것이다. 이 새로운 수단 중에서 앞에 말한 것은 지난날의 한계를 집어던진 자연스럽고 필연적인 결과이다. 그리고 그것을 먼저 이용하는 쪽의 힘이 엄청나게 높아져서 상대방도 이에 휩쓸려 그 수단을 손에 넣어야 했다. 그러면 이 두 가지 상황은 인민 전쟁에 대해서도 같을 것이다. 일반적으로 말해, 인민 전쟁을 지성적으로 쓴 인민은 그것을 업신여기는 인민보다 그만큼 우세해질 것이다. 그렇다면 이처럼 새롭게 강화된 전쟁 수단이 인류 전체에게 좋은지 안 좋은지 하는 것만 문제로 삼을 수 있다. 그리고 이 문제에 대답하는 것은 아마 전쟁 자체에 대한 문제에 대답하는 것과 완전히 같을 것이다. 이 두 가지 문제에 대한 대답은 철학자들에게 맡기도록 한다. 그런데 인민 전쟁을 하는데 들이는 힘을 다른 전투 수단에 쓰면 그 힘을 더 효과적으로 쓸 수 있을 것이라고 생각할 수도 있을 것이다. 하지만 그 힘은 대부분 마음대로 쓸 수도 있는 것도 아니고 임의로 쓸 수 있는 것도 아니라는 것을 이해하는데 많은 연구를 해야 하는 것은 아니다. 더욱이 그 힘의 본질적인 부분이 되는 정신적인 요소는 인민 전쟁에 쓰일 때 비로소 그 존재 의의를 갖게 된다.

그래서 우리는 어느 나라 인민이 손에 무기를 들고 수행하는 저항 때문에 얼마나 많은 희생을 치르는지는 더 이상 묻지 않는다. 그런 저항이 어떤 영향을 미칠 수 있는지, 그런 저항의 조건이 무엇인지, 그런 저항을 어떻게 쓸 수 있는지 하는 것을 묻도록 한다.

이와 같은 분산적인 저항이 시간적으로나 공간적으로 집중하여 큰 타격을 주려는 행동에 적합하지 않다는 것은 문제의 본질상 당연하다. 저항의 효과는 증발 과정의 물리적인 성질처럼 물체의 표면에 따라 달라진다. 표면이 넓을수록, 적군과 접촉하는 면적이 넓을수록, 그래서 적군이 넓게 퍼져 있을수록, 인민 무장 투쟁의 효과는 그만큼 높아진다. 이것은 조용하게 계속 타오르는 불덩이처럼 적군의 토대를 파괴한다. 그것이 성공하는 데는 시간이 필요하기 때문에 양쪽의 힘이 상호 작용하는 동안에 긴장 상태가 생긴다. 이 긴장은 인민 전쟁이 어느 곳에서는 질식당하고 다른 곳에서는 천천히 사그라지면서 점차적으로 해결된다. 그렇지 않으면 그 긴장은 인민의 불꽃이 적군을 때려눕히고 적으로 하여금 완전한 몰락 이전에 나라를 떠나도록 강요하면서 중대한 국면으로 치닫는다. 이런 결정을 단지 인민 전쟁만으로 끌어내야 한다면 점령당한 나라가 러시아를 제외하고 유럽의 어느 나라에도 없을 만큼 넓은 면적을 갖고 있든지, 침략한 군대와 침략당한 나라의 면적 사이에 현실에는 존재하지 않는 불균형이 전제되어 있어야 한다. 그래서 공론에 빠지지 않으려면 인민 전쟁을 상비군의 전쟁과 연관 짓고, 이 둘을 전체를 포괄하는 하나의 계획으로 합쳐서 생각해야 한다.

인민 전쟁으로 효과를 낼 수 있는 조건에는 다음과 같은 것이 있다.

1. 전쟁이 나라 안에서 수행된다는 것.

2. 전쟁이 단 한 번의 파국으로 결정되지 않는다는 것.

3. 전쟁터가 나라의 넓은 면적에 걸쳐 있다는 것.

4. 인민의 성격이 그 수단을 지지하고 있다는 것.

5. 그 나라에 심하게 끊어지고 접근할 수 없는 지형이 많다는 것. 이는 산 때문이든 숲과 습지 때문이든 경작지의 성질 때문이든 상관없다.

인구가 많은지 적은지 하는 것은 중요한 문제가 아니다. 인민 전쟁에서 사람이 부족한 경우는 극히 드물기 때문이다. 주민들이 부자인지 가난한지 하는 것도 전혀 중요하지 않고 적어도 중요해서는 안 된다. 하지만 힘든 노동과 궁핍에 익숙한 빈곤한 계급이 언제나 더 용감하고 강하다는 것은 부인할 수 없다.

인민 전쟁의 효과를 엄청나게 유리하게 만드는 나라의 특징은 집들이 나라 전체에 흩어져 있는 것인데, 이는 독일의 많은 지방에서 볼 수 있다. 이 때문에 나라에는 끊어진 지형과 숨을 곳이 더 많고, 길은 더 많지만 더 나쁘고, 군대에게 숙소를 마련하는 일은 엄청난 곤란을 겪는다. 무엇보다 인민 전쟁이 갖고 있는 일반적인 특징, 즉 저항의 요소가 어디에나 있지만 어디에도 보이지 않는다는 것이 소규모의 수준에서 반복된다. 주민들이 마을에 모여 살고 있고 매우 불온한 경우에 군대는 그 마을에 주둔할 수도 있고, 그 마을에 보복을 하려고 그 마을을 모조리 약탈하든지 불을 지를 수도 있다. 하지만 집들이 흩어져 있는 베스트팔렌의 농민에게는 그렇게 할 수 없다.

농민군과 무장한 인민 군중은 적의 주력 군대는 물론이고 대규모의 군대에 대한 저항도 목표로 삼을 수 없고 목표로 삼아서도 안 된다. 그들은 적의 핵심을 부수려고 해서는 안 되고 단지 적의 외곽과 주변만 갉아먹어야 한다. 그들은 전쟁터의 측면에 있는 지방이나 공격자가 강력하게 접근하지 않는 지방에서 봉기해야 하고, 그래서 그 지방을 적의 영향에서 완전히 벗어나게 해야 한다. 측면에서 솟아오르는 번개 구름은 적이 전진하는데 따라 그 배후에서 계속 생겨나야 한다. 적이 전혀 공격하지 않는 곳에서도 그들은 적에 맞서 무장하려는 용기를 갖고 있다. 이 마을을 따라 이 마을 근처에 있는 다른 많은 주민들에게도 점차로 불이 붙기 시작한다. 이 불은 들불처럼 번지고, 마침내 공격자가 주둔하고 있는 지역에 이른다. 그 불은 적의 병참선을 덮치고 적의 숨통을 조인다. 하지만 우리는 인민 전쟁이 전능하다는 지나친 신뢰를 갖고 있는 것은 아니다. 그리고 인간이 비바람을 막을 수 없는 것처럼, 인민 전쟁이 군대의 힘만으로는 막을 수 없고 제압할 수 없는 지칠 줄 모르는 요소라고 생각하는 것도 아니다. 요컨대 우리는 과장된 설명을 하는 팸플릿을 바탕으로 인민 전쟁을 판단하지 않는다. 그렇다고 해도 우리는 다음과 같은 점을 인정해야 한다. 즉 무장하고 있는 농민들은 군인들의 무리처럼 (이들은 하나의 무리처럼 붙어 있고 보통 대열을 이루고 있는데) 쫓아낼 수 없다. 그 반면에 농민들은 한 번 공격을 받으면 폭발하듯이 모든 방향으로 흩어지는데, 그렇게 하려고 특별히 계획이 필요한 것도 아니다. 이 때문에 소규모의 부대가 산, 숲, 심하게 끊어진 지형으로 행군하는 것은 매우 위험하다. 언제든지 행군이 바로 전투가 될 수 있기 때문이다. 방어자의 군대가 이미 오래전부터 보이지 않는다고 해도 언제든지 이전에 흩어진 농민들이 공격자의 종대의 후미에 나타날 수 있는데, 이들은 종대의 선두에 의해 이전에 쫓겨난 농민들이다. 길을 망가뜨리고 도로를 막는 문제에서 군대의 전초나 순찰대가 쓰는 수단이 분노한 농민들이 조달하는 수단과 갖는 관계는 대략 자동 기계의 움직임이 인간의 움직임과 갖는 관계와 같다. 적은 농민군의 이런 반응에 대항하여 수송대를 호위하는데, 그리고 주둔지, 고갯길, 다리 등을 점령하는데 많은 병력을 보내는 것 외에 다른 수단이 없다. 농민군의 처음 활동이 소규모로 일어나는 것처럼 적도 소규모의 병력만 보낼 텐데, 이 병력이 넓게 분산되는 것이 두렵기 때문이다. 그런데 이 소규모의 병력에서 늘 인민 전쟁의 불꽃이 비로소 제대로 붙기 시작한다. 몇몇 지역에서는 농민군이 수적으로 많기 때문에 승리한다. 용기는 높아지고 투쟁심도 높아진다. 전투는 더욱 격렬해지고, 마침내 승패를 결정지어야 하는 정점에 점점 접근하게 된다.

인민 전쟁에 대한 우리의 생각에 따르면 인민 전쟁은 안개나 구름과 같은 종류의 존재처럼 어느 곳에서도 고체로 수축해서는 안 된다. 그렇지 않으면 적은 적절한 병력으로 인민군의 핵심을 찌르고 인민군을 파괴하고 많은 포로를 잡을 것이다. 그러면 용기는 꺾이고, 모두 중요한 문제는 결정되었고 더 이상의 노력은 쓸모없다고 생각하고, 인민은 손에서 무기를 내려놓는다. 그럼에도 다른 측면에서 볼 때 이 안개는 어느 지점에서는 빽빽이 모이고 위협적인 구름을 이루는 것이 필요하다. 그러면 이 구름에서 분명히 강력한 번갯불이 번쩍일 수 있다. 그 지점은 이미 말한 것처럼 주로 적의 전쟁터의 측면이다. 이 경우에 무장한 인민군은 약간의 상비군 병력의 도움을 받아 질서를 갖춘 더 큰 전체로서 집결해야 한다. 그러면 인민군도 질서정연한 군대의 모습을 갖추고 더 큰 행동을 수행할 수 있다. 이 지점으로부터 적의 배후로는 농민군의 강력함이 줄어들 텐데, 이는 적의 강력한 공격에 노출되기 때문이다. 앞에서 말한 빽빽이 모인 병력은 적이 배후에 남긴 상당히 많은 수비대를 습격하도록 해야 한다. 그 밖에 그 병력은 적에게 두려움과 불안감을 일으키고 군대 전체의 정신력을 높인다. 그런 병력이 없다면 전체적인 효과는 강력하지 않을 것이고, 이 모든 상황은 적에게 충분할 정도로 불안을 일으키지 않을 것이다.

최고 지휘관이 인민 무장 투쟁 전체를 임의로 조직하는 제일 쉬운 길은 소규모의 상비군으로 하여금 농민군을 지원하게 하는 것이다. 약간의 상비군 병력을 통해 농민군을 북돋우는 지원을 하지 않으면 주민들은 대부분 손에 무기를 잡을 신뢰와 동력을 잃을 것이다. 그런 임무를 맡고 있는 상비군이 많을수록 주민을 당기는 힘은 그만큼 강력해지고, 적에게 떨어지게 될 눈사태는 그만큼 커진다. 하지만 여기에는 한계가 있다. 한편으로는 이 부차적인 목적 때문에 군대 전체를 분할하고, 이를테면 농민군으로 해체하고 넓게 퍼져서 어디에나 약한 방어선을 만드는 것은 해로운 일이 될 것이다. 그러면 군대와 농민군 모두 철저하게 파괴될 것은 분명할 것이다. 다른 한편으로는 경험으로도 알 수 있는 것처럼, 지나치게 많은 정규군이 지방에 주둔하고 있으면 인민 전쟁의 힘과 효과는 늘 줄어든다. 그 원인은 첫째로 그렇게 하면 지나치게 많은 적의 군대를 그 지방으로 끌어들이게 되고, 둘째로 이제 주민들은 상비군에게만 의지하려고 하고, 셋째로 엄청나게 많은 병력의 존재는 주민들의 힘을 숙영, 수송, 보급 등과 같은 다른 종류의 일에 지나치게 많이 요구하기 때문이다.

인민 전쟁에 대해 적이 지나치게 효과적으로 반격할 때 이를 막는 또 다른 수단은 동시에 인민 전쟁을 쓸 때 중요한 원칙이 되기도 한다. 그 원칙이란 이 훌륭한 전략적인 방어 수단을 전술적인 방어를 하는데 쓰는 일이 되도록 없어야 한다는 것 또는 절대로 없어야 한다는 것이다. **농민군의 전투**는 질이 매우 낮은 군대의 병력으로 치르는 전투와 같은 성질을 갖는다. 전투의 처음에는 매우 격렬하게 흥분하지만 전투 과정에서 냉정함과 지속성을 잃는다. 농민군 병력이 패배하거나 쫓겨나는 것은 그다지 중요하지 않다. 그렇게 될 수밖에 없기 때문이다. 하지만 그들이 수많은 사망자, 부상병, 포로를 내면서 무너져서는 안 된다. 그런 큰 희생을 당하면서 패배하면 그들의 열정은 곧 차갑게 식어버릴 것이다. 이 두 가지 특징은 전술적인 방어의 본질과 완전히 대립하는 것이다. 방어 전투는 지속적이고 완만하고 계획적인 행동과 단호한 모험을 요구한다. 재빨리 그만두려고 한다면 그만둘 수 있는 단순한 행동은 방어에서 결코 성공할 수 없다. 그래서 농민군이 어느 끊어진 지형의 방어를 맡아야 한다고 해도 그 전투는 결코 결정적이고 중요한 방어 전투에 이르면 안 된다. 그러면 상황이 아무리 유리하다고 해도 농민군은 무너지고 말 것이다. 농민군은 산의 어귀, 습지의 둑, 적의 도하를 그들이 할 수 있는 만큼만 방어할 수 있고 그만큼만 방어해야 한다. 그런 곳이 한 번 뚫리면 농민군은 차라리 모든 방향으로 흩어지고, 예측할 수 없는 습격으로 방어를 계속해야 한다. 최후의 피난처, 즉 본래의 좁은 방어 진지에 모여들고 틀어박혀서는 안 된다. 인민이 아무리 용감하고 인민의 전통이 아무리 용맹스럽고 적에 대한 증오심이 아무리 높고 지형이 아무리 유리해도 인민 전쟁을 위험으로 가득 찬 분위기에서 지속할 수 없다는 것은 부정할 수 없다. 그래서 인민 전쟁의 연료를 어디에서든지 타오르는 큰 불덩이로 모아야 한다면, 이는 본래의 전쟁터로부터 매우 멀리 있는 곳에서 해야 한다. 그곳에는 공기가 있고, 큰 공격을 받아도 연료가 사그라지지 않을 수 있다.

이상의 고찰은 객관적인 분석이라기보다 진실을 감지한 것이라고 하는 편이 옳을 것이다. 인민 전쟁이 일어난 적이 거의 없고, 인민 전쟁을 오랫동안 직접 관찰한 사람들도 이 문제를 거의 기술하지 않았기 때문이다. 이상의 고찰에 따르면 전략적인 방어 계획은 인민 무장 투쟁이 주는 협력을 다음의 두 가지 방식으로 받아들일 수 있다는 것만 말하면 될 것이다. 즉 전투에서 패배한 후에 마지막 수단으로서 받아들이든지, 결정적인 전투를 치르기 전에 자연스러운 도움으로서 받아들이는 것이다. 후자는 나라 안으로 후퇴하고 간접적인 방식의 반격을 (이에 대해서는 이 편 제8장과 제24장에서 말했는데) 한다는 것을 전제로 한다. 그래서 여기에서는 전투에서 패배한 후에 농민군을 투입하는 문제에 대해서만 몇 마디 하면 될 것이다.

어느 나라도 자기 나라의 운명, 즉 자기 나라의 모든 존재를 한 번의 전투에 달려 있다고 생각해서는 안 된다. 그것이 결정적인 전투라고 해도 그러하다. 한 번의 전투에서 패배해도 새로운 병력의 투입으로 그리고 적의 오랜 공격이 겪는 병력의 자연스러운 감소로 상황이 급변할 수도 있고, 또는 다른 나라의 도움을 받을 수도 있다. 죽을 때까지는 아직 시간이 남아 있다. 물에 빠진 사람은 지푸라기도 잡는 것이 본능인 것처럼, 나락의 언저리에 내던져졌다고 생각할 때 그 나라의 인민이 자신을 구할 마지막 수단을 선택하는 것은 정신 세계의 자연스러운 질서이다.

어느 나라가 적에 비해 아무리 작고 약하다고 해도 그 나라는 이 마지막 노력을 아껴서는 안 된다. 그렇지 않으면 그 나라에는 영혼이 더 이상 존재하지 않는다고 해야 할 것이다. 이것이 많은 희생을 감수하는 평화 조약을 통해 나라를 완전한 몰락에서 구할 가능성을 배제하는 것은 아니다. 그 목적이 약한 나라의 입장에서 새로운 방어 수단을 마련하여 얻을 유리함을 배제하는 것도 아니다. 새로운 방어 수단이 평화 조약을 맺는 것을 더 어렵게 만드는 것도 아니고 더 나쁘게 만드는 것도 아니다. 오히려 그것을 더 쉽게 만들고 더 유리하게 만든다. 우리 나라가 유지되는데 관심을 갖고 있는 다른 나라들의 도움을 바랄 수 있다면 그 수단은 더 많이 필요해진다. 주력 전투에서 패배한 후에 자기 나라 인민을 재빨리 평화 조약의 잠자리에 눕히도록 하는 것만 생각하는 정부, 패배에 대한 큰 실망감에 압도되어 모든 힘을 북돋우는데 더 이상의 용기와 의욕을 자각하지 못하는 정부는 어쨌든 그런 무기력 때문에 큰 모순을 저지르게 된다. 그 정부는 승리할 자격이 없고, 바로 그 때문에 아마 승리할 능력이 전혀 없었다는 것을 보여 주게 된다.

그래서 한 나라가 경험하는 패배가 아무리 결정적인 것이라고 해도 군대를 나라 안으로 후퇴하도록 할 때는 요새와 인민 무장 투쟁의 효과를 불러일으키도록 해야 한다. 이런 관점에서 유리한 상황은 중요한 전쟁터의 측면이 산이나 그 밖의 매우 험하고 성채처럼 돌출되어 있는 지형으로 제한되어 있는 경우이다. 그러면 침략자는 성채에서 하는 전략적인 측면 포격을 견디면서 전진해야 한다.

승리자가 요새를 포위하는 중이라면, 병참선을 만들려고 어디에나 많은 수비대를 남겨 두었다면, 자유롭게 행동하고 이웃에 있는 지방의 질서를 유지하려고 심지어 군단을 파견한다면, 산 전투 수단과 죽은 전투 수단의 갖가지 손실 때문에 병력의 감소를 겪는다면, 그러면 때가 온 것이다. 이 순간에 방어 군대는 새롭게 경기장으로 들어가야 하고, 불리한 상태에 있는 공격자를 매우 적절한 충격으로 흔들리게 해야 한다.

제27장

전쟁터의 방어

우리는 앞에서 제일 중요한 여러 가지 방어 수단에 대해 언급한 것으로 만족할 수 있을 것이다. 그리고 이 수단이 전체 방어 계획과 결부되는 방식은 전쟁 계획에 대해 말하는 마지막 편에서 비로소 다룰 수 있을 것이다. 공격과 방어에 관한 모든 하위 계획은 이 전쟁 계획에서 비롯되고 전쟁 계획의 기본 골격에서 결정될 뿐만 아니라 많은 경우에 전쟁 계획 자체는 바로 제일 중요한 전쟁터에서 하는 공격이나 방어에 지나지 않기 때문이다. 전쟁에서는 다른 어느 영역보다 부분이 전체를 통해 결정되고 전체의 성격에 의해 영향을 받고 근본적인 변화를 겪는데도 결코 전쟁 전체로 논의를 시작할 수 없었고, 먼저 하나하나의 대상을 분해된 부분처럼 좀 더 분명하게 의식해야 했다. 단순한 것에서 복합적인 것으로 나아가지 않으면 우리는 많은 불분명한 개념을 극복할 수 없었을 것이고, 특히 전쟁에 매우 여러 가지로 나타나는 상호 작용이 우리의 개념에 끊임없이 혼란을 일으켰을 것이다. 그래서 우리는 전체에 한 걸음만 접근하려고 한다. 즉 전쟁터의 방어 자체를 살펴볼 것이고, 앞에서 논의한 문제가 이어질 수 있는 실을 찾을 것이다.

우리의 생각에 따르면 방어는 좀 더 강력한 형태의 전투에 지나지 않는다. 자기의 전투력을 보존하고 적의 전투력을 파괴하는 것, 한마디로 승리하는 것이 전투의 목표이다. 물론 그것이 마지막 목적은 아니다.

자기 나라를 보존하고 적의 나라를 쓰러뜨리는 것이 마지막 목적이고, 이를 다시 한마디로 하면 의도한 대로 평화 조약을 맺는 것이다. 두 나라의 분쟁은 평화 조약으로 해결되고 하나의 공통 결과로 결말이 나기 때문이다.

그런데 전쟁의 관점에서 볼 때 적국은 무엇을 뜻하는가? 무엇보다 먼저 그 나라의 전투력을 뜻하고 그다음으로 그 나라의 영토를 뜻한다. 하지만 다른 많은 것을 뜻하기도 하는데, 그런 것은 개별적인 상황에 따라 지배적인 중요성을 지닐 수 있다. 그런 것으로는 주로 국내외의 정치적인 상황이 있는데, 이것이 때로 다른 모든 것보다 중요한 경우도 있다. 적국의 전투력과 영토가 나라 자체는 아니라고 해도, 그리고 그것만으로 나라와 전쟁의 모든 관계를 전부 설명할 수 없다고 해도, 그 두 가지의 요소는 언제나 지배적인 요소이고, 중요성에서 보면 대부분 다른 모든 요소보다 엄청나게 중요하다. 전투력은 자기 나라의 영토를 보호해야 하고 적의 나라의 영토를 점령해야 한다. 영토는 전투력을 끊임없이 생산하고 재생산한다. 그래서 이 둘은 상호 간에 의존하고 받쳐주고 똑같이 중요하다. 하지만 이 둘의 상호 관계에는 차이도 있다. 전투력이 파괴되면, 즉 전투력이 적에게 압도되어 더 이상의 저항을 할 수 없게 되면 자연스럽게 영토의 상실이 따른다. 하지만 그 반대로 영토를 점령당했다고 반드시 전투력이 파괴되는 것은 아니다. 전투력이 먼저 자기 나라의 영토를 자발적으로 비울 수 있고 나중에 영토를 다시 더 쉽게 탈환할 수도 있기 때문이다. 그래서 전투력을 완전히 쓰러뜨리는 것이 그 나라의 영토의 운명을 결정할 뿐만 아니라 그 전투력을 상당한 정도로 파괴하는 것도 대체로 그 나라의 영토의 상실로 이어지게 된다. 이와 반대로 영토를 상당한 정도로 잃는 것이 언제나 전투력의 심각한 약화를 불러일으키는 것은 아니다. 물론 장기적으로 보면 그렇지만, 전쟁에서 승패의 결정이 일어나는 시간 내에 반드시 그러한 것은 아니다.

여기에서 다음과 같은 결론이 나온다. 즉 전투력의 유지와 파괴는 언제나 영토의 점령보다 중요하다. 그래서 최고 지휘관은 제일 먼저 이 문제에 대해 노력을 기울여야 한다. 영토의 점령은 언제나 전투력을 유지하고 파괴한다는 수단이 그에게 완전하게 충족되지 않을 때만 목적으로서 나타난다.

적의 모든 전투력이 하나의 군대에 집결되어 있고 모든 전쟁이 한 번의 전투로 이루어져 있다면, 영토의 점령은 이 전투의 결과에 의해 결정될 것이다. 즉 적의 전투력을 파괴하고 적의 영토를 점령하고 자기 나라를 안전하게 하는 것이 그 결과에서 생겨날 것이고, 어느 의미에서는 그 결과와 일치할 것이다. 이제 다음과 같이 물을 수 있다. 즉 방어자가 먼저 전쟁 행동의 이런 제일 단순한 형태에서 벗어나서 병력을 넓은 공간에 분산하는 이유는 무엇인가? 그 대답은 방어자가 집결된 병력으로 얻을 수 있는 승리가 불충분하기 때문이라는 것이다. 모든 승리에는 승리의 효력이 미치는 범위가 있다. 이 범위가 적의 나라 전체에 미치고, 그래서 적국의 모든 전투력과 영토에 미친다면, 즉 이 모든 부분이 아군이 적의 전투력의 핵심에 준 것과 같은 방향으로 휩쓸려 간다면, 그런 승리야말로 우리가 필요로 하는 전부이다. 그러면 아군의 병력을 나눌 이유는 없어질 것이다. 그런데 적의 군사력과 적의 나라에 우리의 승리가 더 이상 힘을 쓸 수 없는 부분이 있다면 우리는 그 부분에 특히 주의를 기울여야 한다. 그리고 영토는 군사력처럼 어느 한 지점에 모을 수 없기 때문에 영토를 방어하려면 병력을 나누어야 한다.

잘 조직되어 있는 작은 나라에서만 군사력을 그와 같이 집결할 수 있고, 이런 나라에서는 모든 것이 이 집결된 병력에 대한 승패에 달려 있다. 넓은 범위에서 우리 나라와 국경을 맞대고 있는 큰 나라의 경우에, 또는 심지어 우리 나라를 여러 방향에서 둘러싸고 있는 나라들이 우리 나라에 맞서 동맹을 맺고 있는 경우에 그런 집결은 현실적으로 완전히 불가능하다. 그래서 그런 경우에는 병력의 분할이 반드시 필요할 것이고, 이와 함께 여러 곳에 전쟁터가 생길 것이다.

승리가 미치는 효과의 범위는 당연히 승리의 규모에 달려 있고, 승리의 규모는 패배한 군대의 규모에 달려 있다. 그래서 대부분의 적의 전투력이 모여 있는 부분에 공격을 하게 될 것이고, 그 공격이 성공을 거둘 경우에 효과도 제일 높을 것이다. 이 공격에 쓰는 아군의 전투력이 많을수록 공격의 성과는 그만큼 확실할 것이다. 이런 일련의 자연스러운 생각은 하나의 모습에서 좀 더 분명하게 밝힐 수 있는데, 그것은 역학에서 중심의 성질과 작용이다.

언제나 대부분의 질량이 모여 있는 곳에 중심이 있는 것처럼, 중심에 충격을 주는 것이 제일 효과적인 것처럼, 그 반대로 중심으로 충격을 주는 것이 제일 강력한 것처럼 전쟁에서도 그러하다. 전쟁을 수행하는 모든 당사자들의 전투력은 (그 당사자가 하나하나의 나라이든 아니면 나라들의 동맹이든 상관없이) 일정한 통일성을 이루고 있고 이 통일성에 의해 연결된다. 이런 연결이 있는 곳에 역학의 중심과 같은 현상이 나타난다. 그래서 그 전투력에는 일정한 중심이 있고, 중심의 움직임과 방향이 다른 지점의 움직임과 방향을 결정하고, 중심은 제일 많은 전투력이 모여 있는 곳에 있다. 무생물의 세계에서 중심에 대한 작용의 정도와 한계를 부분들의 연결에서 알 수 있는 것처럼 전쟁에서도 그러하다. 무생물의 경우든지 전쟁의 경우든지 중심에 주는 충격은 상대의 저항보다 쉽게 강해질 수 있고, 그러면 힘을 낭비하는 헛수고를 하게 된다.

하나의 깃발 아래에서 한 명의 최고 지휘관의 직접적인 명령에 의해 전투를 수행하는 군대의 연결과 50마일이나 100마일에 걸쳐 분산되어 있든지 또는 심지어 완전히 다른 방향에 주둔하고 있는 동맹 군대의 연결은 얼마나 다르겠는가! 전자의 경우에 연결은 제일 강력하고 통일성은 제일 긴밀하다고 볼 수 있다. 후자의 경우에 통일성은 매우 느슨하고 때로 단지 공통의 정치적인 목적에서만 나타나고, 이때에도 매우 불충분하고 불완전하게 나타난다. 부분들의 연결은 대부분 매우 약하고 때로 완전히 환상에 지나지 않는다.

그래서 한편으로 적에게 주려고 하는 충격의 폭력성은 병력을 최대한 집결할 것을 명령하지만, 다른 한편으로 병력의 지나친 집중은 상당한 불리함을 초래할 수 있다. 병력의 집중이 힘의 낭비를 불러오기 때문이고, 힘의 낭비는 다시 다른 지점에서 병력의 부족을 불러오기 때문이다.

그래서 적의 군사력에서 이 중력의 중심(centra gravitatis)을 알아내는 것, 그리고 이 중심이 미치는 효과의 범위를 아는 것은 전략적인 판단의 중요한 임무이다. 즉 양쪽의 전투력의 어느 부분이 전진하고 후퇴하는 것이 다른 부분에 어떤 영향을 미칠 것인지 그때마다 물어보아야 할 것이다.

이상의 설명으로 우리가 전쟁터를 방어하는 새로운 수단을 발명했다고 생각하는 것은 결코 아니다. 다만 모든 시대에 최고 지휘관들이 쓰는 방어 수단의 바탕에는 그 수단과 문제의 본질의 관계를 좀 더 분명하게 해야 하는 개념이 있다는 것을 말한 것에 지나지 않는다.

적의 병력의 중심에 관한 이 생각이 전체 전쟁 계획에서 어떤 효과를 내는지는 마지막 편에서 살펴볼 것이다. 이 문제는 일반적으로 그곳에 속하기 때문이다. 이 문제를 여기에서 언급한 것은 단지 일련의 개념에서 빠진 것이 없게 하려는 생각 때문이다. 우리는 이것을 살펴보면서 병력이 분할되는 일반적인 조건을 보았다. 그 조건은 본질적으로 상호 간에 대립하는 두 가지 의도이다. 하나는 **영토의 점령**이고, 이것은 병력을 분할하려고 노력한다. 다른 하나는 **적의 병력의 중심에 대한 공격**이고, 이것은 병력을 다시 어느 정도까지 집결한다.

그래서 전쟁터가 생기고, 하나하나의 군대가 맡는 지역이 생기는 것이다. 즉 전쟁터는 나라의 영토에 그리고 영토에 나뉘어 있는 전투력에게 설정한 지역이다. 이 지역의 주력 군대가 내린 결정은 직접 그 지역 전체로 확대되고, 그 지역 전체는 주력 군대의 방향으로 나아가게 된다. **직접** 확대된다고 말한 것은 어느 한 전쟁터의 결정이 당연히 그 옆에 있는 전쟁터의 결정에도 크든 작든 영향을 미치지 않을 수 없기 때문이다.

우리는 여기에서도 지금까지 했던 것처럼 개념의 정의에서 확실한 개념 영역의 핵심만 맞히는 것이고, 이 핵심의 둘레에 엄밀한 경계선을 그을 생각도 없고 그을 수도 없다. 이것은 문제의 본질상 당연한 것이지만 다시 한 번 강조하고자 한다.

그래서 하나의 전쟁터와 (크든 작든 상관없이) 이 전쟁터에 있는 전투력은 (많든 적든 상관없이) 하나의 단위를 이루고, 이 단위는 하나의 중심으로 환원될 수 있다고 생각한다. 이 중심에서 결전이 일어나야 하고, 여기에서 승리하는 것은 제일 넓은 의미에서 전쟁터를 방어하는 것이다.

제28장

계속

방어는 두 가지의 다른 요소, 즉 **결전**과 **기다림**으로 이루어져 있다. 이 두 가지 요소를 결합하는 것이 이 장의 주제이다.

먼저 말해야 하는 것은 기다림의 상태는 완전한 방어는 아니지만, 방어의 목표를 향해 나아가는 방어의 영역이라는 것이다. 한쪽의 전투력이 자기에게 맡겨진 지역을 떠나지 않는 한 공격에 의해 양쪽 군대에 생긴 힘의 긴장 상태는 계속된다. 승패의 결정이 일어나면 비로소 이 긴장 상태에 휴식이 생긴다. 승패는 (어떤 종류의 것이든지) 공격자나 방어자 중에 어느 한쪽이 전쟁터를 떠날 때 비로소 결정되는 것이라고 보아야 한다.

그래서 한쪽의 전투력이 자기의 지역에서 버티고 있는 한 그 지역의 방어는 계속된다. 이런 의미에서 전쟁터의 방어는 **전쟁터 안**에서 하는 방어와 동일하다. 이 경우에 적이 한동안 어느 지역을 많이 점령했는지 조금 점령했는지 하는 것은 중요하지 않다. 그 지역은 결전이 일어날 때까지 적에게 빌려준데 지나지 않기 때문이다.

이런 식의 생각으로 우리는 기다림의 상태와 전쟁터의 방어 전체의 올바른 관계를 밝히려고 하는데, 이 생각은 결전이 정말 일어나야 하고 결전이 공격자와 방어자 양쪽에 의해 피할 수 없는 것으로 간주될 때만 진실이 된다. 이 결전에 의해서만 양쪽 병력의 중심과 이 중심에서 비롯되는 전쟁터에 **효과**

적인 충격을 줄 수 있기 때문이다. 결전을 하려는 생각이 없으면 중심은 무의미해지고, 더욱이 어느 의미에서는 전투력 전체도 무의미해진다. 그러면 전쟁터 전체에서 두 번째의 중요한 요소를 이루는 영토의 점령이 직접적인 목적으로서 들이닥친다. 달리 말하면 전쟁에서 양쪽이 결정적인 공격을 하지 않으려고 할수록, 양쪽이 상대를 관찰하기만 할수록, 영토의 점령은 그만큼 더 중요해지고, 방어자는 모든 것을 그만큼 더 직접적으로 보호하려고 노력하게 되고, 공격자는 전진하면서 병력을 그만큼 더 분산하려고 노력하게 된다.

대부분의 전쟁과 원정이 목숨을 건 전투, 즉 양쪽 중에 적어도 어느 한쪽이 반드시 승패의 결판을 내려고 하는 전투보다 순수한 관찰 상태에 훨씬 가깝다는 것은 숨길 수 없다. 19세기의 전쟁만 결전의 성격을 매우 많이 띠었고, 그래서 결전에서 비롯되는 이론을 현실에 적용할 수 있었다. 앞으로 일어나는 모든 전쟁이 그런 성격을 띤다는 것은 어렵고 오히려 대부분의 전쟁은 다시 관찰의 성격으로 기울 것이라고 예상할 수 있기 때문에 이론은 현실에 쓸모 있는 것이 되려면 이 점을 고려해야 한다. 그래서 우리는 먼저 결전을 한다는 생각이 전쟁 전체를 관통하고 이끄는 경우를 다룰 것인데, 이것은 본래의 전쟁이자 (그렇게 표현해도 된다면) 절대 전쟁의 경우이다. 그다음에 다른 장에서 전쟁이 관찰의 상태에 어느 정도 많이 접근하여 생겨나는 제한을 살펴볼 것이다.

첫 번째 경우, 즉 아군이 공격자의 결전을 기다려야 하든지 또는 아군이 결전을 하려고 하는 경우에 (이 둘은 여기에서 같은 것인데) 전쟁터의 방어는 아군이 언제든지 결전을 유리하게 할 수 있는 방식으로 전쟁터에서 버티고 있는 것이다. 이 결전은 한 번의 전투일 수도 있고 일련의 많은 전투일 수도 있다. 또한 양쪽 전투력의 배치에서, 즉 **가능성의 전투에서**[1] 비롯되는 단순한 관계의 결과일 수도 있다.

전투는 결전을 수행하는 제일 중요하고 일반적이고 효과적인 수단이라

---

1. 가능성의 전투에 대해서는 제1권 제3편 제1장 참조.

고 앞에서 이미 여러 번 보여 주었다고 생각하는데, 그렇지 않더라도 그것이 결전의 일반적인 수단에 속하는 것은 분명하다. 그러면 상황이 허락하는 한 **병력을 되도록 많이** 집결해 두어야 할 것이다. 전쟁터에서 주력 전투는 중심과 중심의 충돌이다. 아군의 중심에 병력을 많이 모을수록 효과는 그만큼 확실해지고 높아질 것이다. 그래서 병력의 일부만 쓰는 것은 어떤 특별한 목적 때문에 (그 목적이 승리한 전투로도 이룰 수 없는 목적이든, 전투에서 승리의 조건이 되는 목적이든) 생기는 것이 아니라면 **비난해야** 할 일이다.

하지만 전투력을 최대한 집결하는 것뿐만 아니라 전투를 매우 유리한 상황에서 할 수 있도록 전투력을 배치하는 것도 중요한 조건이다.

방어의 여러 가지 단계는 (이것은 저항의 유형에 관한 장에서[2] 알게 되었는데) 이 중요한 조건과 완전히 일치한다. 그래서 그 단계를 개별적인 경우의 필요에 따라 그 조건에 연결하는 것은 어렵지 않을 것이다. 그런데 언뜻 볼 때 모순을 포함하고 있는 것처럼 보이는 것이 하나 있고, 그것이 방어에서 제일 중요한 것 중의 하나인 만큼 더 많은 설명이 필요한 것 같다. 그것은 적의 중심을 제대로 찾는 문제이다.

적이 어느 길에서 전진할지, 특히 어느 길에서 적의 핵심 세력과 확실하게 만나게 될지 하는 것을 방어자가 충분히 미리 알 수 있다면 방어자는 그 길에서 적에게 대항할 수 있다. 이것이 흔히 볼 수 있는 경우일 것이다. 방어가 요새의 시설, 대규모의 무기 창고, 전투력의 평소 상태와 같은 일반적인 수단에서 공격에 대해 선수를 갖고 있다고 해도, 그래서 그런 수단이 공격자에게 공격의 대상이 된다고 해도, 전쟁터에 밀려드는 공격자와 실제로 행동을 시작하면 이번에는 방어자가 대체로 방어에 고유한 후수의 유리함을 갖기 때문이다.

상당히 많은 전투력을 이끌고 적의 영토에 전진하는 것은 식량을 마련하고 무기와 장비를 마련하는 등 상당히 많은 준비를 필요로 한다. 이것은 상

---

2. 이 편의 제8장 참조.

당히 오래 걸리고, 그래서 방어자는 이에 대비할 시간을 갖게 된다. 이런 경우에 방어자는 대체로 공격자보다 시간을 덜 필요로 한다는 것을 간과해서는 안 된다. 어느 나라든지 식량이나 장비 등은 공격보다 방어를 하려고 준비하기 때문이다.

이것이 대부분의 경우에 완전히 맞는 말이라고 해도 하나하나의 경우에는 적이 전진하는 중요한 도로를 방어자가 확실하게 알 수 없는 경우도 있다. 이런 일은 방어가 많은 시간을 필요로 하는 수단에 (예를 들어 요새 진지의 설치 등과 같이) 토대를 두고 있는 경우에 그만큼 많이 나타날 수 있다. 더욱 이 방어자가 정말로 공격자의 전진선에 있다고 해도 공격자가 방어자에게 공격 전투를 하지 않는 경우에는 본래의 전진 방향을 약간만 변경하여 방어자가 점령하고 있는 진지를 피할 수 있다. 잘 경작되어 있는 유럽의 지형에 어느 진지의 좌우로 방어자를 통과하는 길이 없는 경우는 결코 없기 때문이다. 확실히 이런 경우에는 방어자가 어느 진지에서 적을 기다리고 있을 수 없을 것이고, 적어도 전투를 하려는 의도를 갖고 적을 기다리고 있을 수 없을 것이다.

이런 경우에 방어자에게 어떤 수단이 남아 있는지 말하기 전에 먼저 그런 경우의 성질과 그런 경우가 일어날 개연성을 좀 더 자세히 살펴보도록 한다.

모든 나라에는, 그래서 모든 전쟁터에도 (지금은 전쟁터만 문제로 삼고 있는데) 당연히 공격이 특히 효과를 내는 대상과 지점이 있다. 이 문제에 대해서는 공격 편에서 좀 더 분명하고 자세하게 언급하는 것이 적절하다고 생각한다. 여기에서는 다음과 같은 것을 말하는 것으로 그치려고 한다. 즉 공격하는데 제일 유리한 대상과 지점이 공격자에게 공격의 방향을 결정하는 기준이 된다면 이 기준은 방어자에게도 영향을 미칠 것이고, 방어자가 적의 의도를 모르는 경우에 방어자는 그 방향에 따라 행동할 것이다. 공격자가 이 최선의 방향을 잡지 않는다면, 그는 자연스러운 유리함의 일부를 스스로 포기하게 될 것이다. 방어자가 이 방향에 있다면 그를 피하여 통과하는 수단은 공짜로 얻을 수 없고, 이 때문에 분명히 희생을 치르게 된다. 이상의 논의로 다음과 같은 결론이 나온다. 즉 한편으로 공격자의 전진 방향을 놓치게 되는 방어자의 위험과 다른 한편으로 방어자를 통과하는 공격자의 능력은 둘 다 언뜻 보는 것처럼 그다지 크지 않다. 공격자가 이 방향이나 저 방향을 잡는 데는 대부분 이미 분명하고 중요한 이유가 있기 때문이다. 그래서 방어자는 대부분의 경우에 장소에 결부되어 있는 배치에 의해 공격자의 병력의 핵심을 놓치지 않을 것이다. 다른 말로 하면, 방어자가 올바른 곳에 진지를 설치했다면 공격자는 대부분 확실히 방어자의 진지 쪽으로 전진할 것이다.

그런 배치를 했는데도 방어자가 배치된 방향으로 공격자가 한 번도 전진하지 않을 가능성을 부정해서는 안 되고 부정할 수도 없다. 이때 방어자는 무엇을 해야 하는지, 방어자의 상태에서 갖고 있던 본래의 유리함 중에 그에게 남은 것이 얼마나 되는지 하는 질문이 생긴다.

공격자가 방어자를 통과하고 난 후에 방어자에게 일반적으로 어떤 수단이 남아 있을지 묻는다면 대답은 다음과 같다.

1. 병력을 처음부터 나눈다. 그래서 한 부분으로는 적을 확실하게 만나게 하고, 다른 부분으로는 그 군대에게 신속한 도움을 주도록 한다.

2. 병력을 진지에 집결해 두고 적이 진지를 통과하면 진지를 측면으로 이동한다. 대부분의 경우에 그런 이동은 정확히 측면에서 일어날 수 없을 것이고, 새로운 진지는 약간 배후에 두어야 한다.

3. 집결된 병력으로 적의 측면을 공격한다.

4. 적의 병참선에 대해 행동을 한다.

5. 적의 전쟁터에 반격을 하여 적이 아군을 통과하며 한 것과 같은 행동을 적에게 한다.

여기에 5의 마지막 수단을 언급한 것은 그것이 효과를 내는 경우를 생각할 수 있기 때문이다. 하지만 그것은 근본적으로 방어의 의도, 즉 방어를 선택한 이유에 어긋나기 때문에 단지 변칙적인 수단으로 간주될 수 있을 뿐이다. 그런 변칙은 적이 중대한 잘못을 했을 때나 개별적인 경우의 다른 특징이 나타날 때만 쓸 수 있다.

4의 적의 병참선에 대한 행동은 아군의 병참선이 강력하다는 것을 전제로 하고 있고, 이는 훌륭한 방어 진지의 근본 조건 중의 하나이다. 그래서 이 행동은 방어자에게도 늘 어느 정도의 이익을 약속한다. 하지만 단지 전쟁터만 방어하고 있는데 그 행동이 결전으로 이어지는 경우는 드물다. 그런데 우리는 결전을 수행하는 것을 원정의 목적이라고 전제했다.

하나하나의 전쟁터의 면적은 보통 그다지 넓지 않기 때문에 적의 병참선은 심각한 영향을 받지 않을 것이다. 매우 심각한 영향을 받는다고 해도 적이 공격을 수행하는데 필요한 시간은 보통 극히 짧고, 적의 병참선에 대한 행동의 효과는 천천히 나타나기 때문에 적의 공격이 방해를 받지는 않을 것이다.

그래서 적의 병참선에 대해 행동을 한다는 수단은 결전을 치르기로 결정한 적에 대해서는, 그리고 아군이 이 결전을 진심으로 바란다고 해도 대부분의 경우에 전혀 효과를 내지 못할 것이다.

방어자에게 남아 있는 1~3의 수단은 직접적인 결전, 즉 중심과 중심이 만나는 것에 맞추어져 있다. 그래서 이 수단이 본래의 임무에 더 적합하다. 처음부터 곧바로 말하고 싶은 것은 3의 수단이 1과 2의 수단보다 크게 유리하다는 것, 1과 2의 수단을 완전히 버리는 것은 아니지만 우리는 대부분의 경우에 3의 수단을 진정한 저항 수단이라고 생각한다는 것이다.

1에서 말한 것처럼 병력을 나누어서 배치하는 경우에는 초병 전쟁에 말려들 위험이 있다. 초병 전쟁에서 단호한 적을 만나면 매우 유리한 경우에도 **강력한 상대적인 저항** 외에는 할 수 없고 아군이 의도하는 결전은 일어날 수 없다. 올바른 판단으로 초병 전쟁에 말려들지 않을 수 있다고 해도 분산된 병력을 통한 일시적인 저항 때문에 아군의 공격은 늘 크게 약해질 것이다. 제일 먼저 전진한 군대가 극심한 손실을 결코 입지 않는다고 확신할 수도 없다. 더욱이 이 군대의 저항은 보통 급히 달려온 아군의 주력 군대 쪽으로 후퇴하는 것으로 끝난다. 이는 아군의 다른 군대에게 전투에서 패배하고 잘못된 수단을 쓴 것으로 비치고, 군대의 정신력은 이런 식으로 눈에 띄게 약해진다.

2의 수단은 진지에 집결되어 있는 병력을 이끌고 적이 피하려고 하는 방향으로 이동하여 적 앞에 나타나는 것인데, 그곳에 너무 늦게 도착하여 적의 측면에 대한 공격과 (3의 수단) 병참선에 대한 행동 (4의 수단) 사이에서 이러지도 저러지도 못할 위험이 있다. 더욱이 방어 전투는 침착함, 심사숙고, 그 지역에 대한 지식, 심지어 그 지역에 정통할 것을 요구하는데, 이 모든 것은 급하게 이동할 때는 기대할 수 없다. 마지막으로 방어 전투를 하는데 좋은 전쟁터라고 할 수 있는 진지는 드물고, 그래서 그것이 모든 길과 지점에 있다고 전제할 수도 없다.

이와 반대로 3의 수단, 즉 공격자를 측면에서 공격하고, 그래서 적의 정면이 아닌 곳에서 전투를 하는 것은 방어자에게 큰 이익을 줄 것이다.

이 경우에는 우리가 알고 있듯이 언제나 공격자의 병참선이 노출된다. 즉 여기에서는 후퇴로가 노출된다. 이때 방어자가 유리하다는 것은 방어자의 일반적인 상황에, 특히 이 경우에는 우리가 방어자의 병력 배치에 요구하는 여러 가지 전략적인 특징에 이미 들어 있다.

더욱이 (이것이 제일 중요한데) 방어자를 통과하려고 하는 모든 공격자는 완전히 대립되는 두 가지의 노력을 해야 하는 상황에 빠져들게 된다. 본래 공격자는 전진하여 공격의 대상에 도달하려고 한다. 그런데 공격자는 언제든지 측면에서 공격을 당할 수 있기 때문에 이 측면으로 언제든지 반격을 (그것도 집결된 병력으로) 할 수 있는 준비를 해야 한다. 이 두 가지의 노력은 모순되고 내부적인 상황의 혼란을 일으키고 모든 경우에 걸맞은 수단을 쓰는 것을 어렵게 만들기 때문에 전략적으로 이보다 더 저주스러운 상태도 없을 것이다. 공격자가 공격을 당하게 될 지점과 순간을 확실히 알고 있다면, 공격자는 숙련된 기술로 그 공격에 대해 만반의 준비를 할 수 있을 것이다. 그것이 불확실한 데다 전진을 해야 하는 상황에서 전투를 하게 되면, 공격자에게는 극히 볼품없이 집결하여 확실하게 유리하지 않은 상황에서 전투를 치르는 일이 일어나지 않을 수 없다.

그래서 방어자에게 공격 전투를 하는 유리한 순간이 있다면 분명히 이와 같은 상황이 제일 알맞다고 예상할 수 있을 것이다. 더욱이 방어자가 이때 전투 지역을 잘 알고 있고 자기 마음대로 선택할 수 있다는 것, 자기의 움직임을 미리 준비할 수 있다는 것을 생각한다면, 방어자가 이런 상황에서도 전략적으로 적에 비해 명백히 우세하다는 것은 의심할 수 없을 것이다.

그래서 우리의 생각으로는, 병력을 집결하여 유리한 곳에 진지를 두고 있는 방어자는 공격자가 진지를 통과하는 것을 매우 침착하게 기다릴 수 있다. 또한 공격자가 방어자의 진지를 찾으려고 하지 않는다면, 그리고 공격자의 병참선에 대한 행동도 여러 가지 상황 때문에 곤란하다면, 공격자의 측면에 대한 공격은 방어자에게 결전을 치르는 매우 훌륭한 수단이 된다.

이런 종류의 방어의 예는 역사에서 거의 찾아볼 수 없는데, 그 이유는 다음과 같다. 한편으로 방어자가 그런 진지에서 참고 견디는 용기를 갖는 일이 드물었고, 병력을 나누든지 아니면 사선 행군과 대각선 행군을 통해 공격자에게 성급히 전진했기 때문이다. 다른 한편으로 어느 공격자도 그런 상황에서 방어자를 통과하려는 모험을 하지 않았고, 그래서 보통 이동을 멈추었기 때문이다.

그래서 이런 경우에 방어자는 공격 전투를 하지 않을 수 없게 된다. 이리하여 기다림, 강력한 진지, 훌륭한 보루 등에서 얻는 많은 유리함을 잃을 수밖에 없다. 전진하는 공격자에 비해 유리한 장소에 있다는 것이 일반적으로 방어자가 잃은 그 많은 유리함을 완전히 대체할 수는 없다. 방어자의 그런 유리함에서 벗어나려고 공격자가 자신을 방어자 앞에 드러냈기 때문이다. 그렇지만 좋은 장소는 방어자에게 어느 정도의 대체물이 되기도 한다. 하지만 이론은 이것을 대충 크기를 횟수로 상쇄하는 경우에 해당하는 것으로 볼 수 없다. 즉 비판적인 역사 저술가들이 단편적인 조각을 이론에 집어넣을 때 자주 한 것처럼, 유리함과 불리함을 상호 간에 상쇄하는 경우로 볼 수 없다.

우리는 여기에서 논리적인 억지를 다루고 있다고 생각하지 않는다. 이 문제를 현실에 적용하여 생각할수록 오히려 이 문제는 모든 방어 체계를 포괄하고 그 체계 어디에나 침투하고 그 체계를 규정하는 생각으로 보인다.

공격자가 방어자를 통과하자마자 방어자가 모든 병력으로 공격자를 공격하기로 결단을 내릴 때만 방어자는 두 가지 경우의 파멸을 확실하게 피할 수 있다. 방어자가 쉽게 빠질 수 있는 두 가지 경우의 파멸은 병력의 분산된 배치와 성급한 전진이다. 이 두 가지 경우에 방어자는 공격자의 법칙에 따르게 되고, 최고로 힘들고 극히 위험하고 성급한 수단에 의지하여 그 상황을 벗어나야 한다. 하지만 승리와 결전에 목마른 단호한 공격자가 그런 방어 체계를 만나면 공격자는 언제든지 그 체계를 파괴할 것이다. 이런 경우에 방어자가 공동 공격을 하려고 병력을 적절한 지점에 집결한다면, 또 최악의 경우에 이 병력으로 공격자를 측면에서 공격하려는 결단을 내린다면, 그는 **올바르게 행동하는 것이고**, 방어의 상황이 그에게 줄 수 있는 모든 유리함에 의지하게 된다. **철저한 준비, 침착함, 확신, 통일성, 단순함**이 그의 행동의 특징이 될 것이다.

여기에 설명한 개념에 밀접하게 관련되는 하나의 큰 역사적인 사건을 생각하지 않을 수 없다. 특히 그 사건을 잘못 인용하는 것을 막으려면 한마디 하지 않을 수 없다. 프로이센 군대는 1806년 10월에[3] 튀링엔에서[4] 보나파르트의 프랑스 군대를 기다리고 있었다. 이때 프로이센 군대는 프랑스 군대가 전진할 수 있는 두 개의 중요한 도로 사이에 있었다. 즉 에어푸르트를[5] 지나 라이프치히와 베를린에 이르는 도로와 호프를 지나 라이프치히와 베를린에 이르는 도로 사이에 있었다. 프로이센 군대는 처음에 튀링엔의 숲을 지나 곧바로 프랑켄으로 침입하려는 의도를 갖고 있었다. 하지만 그 의도를 포기한 다음에는 프랑스 군대가 두 개의 도로 중에 어느 도로로 올지 알 수 없는 불확실함 때문에 두 개의 중요한 도로 중간에 진지를 두게 되었다. 그래서 그런 중

---

3. 이 아래의 설명은 예나 전투(1806년 10월 14일) 및 같은 날에 일어난 아우어슈테트 전투 바로 전의 상황과 관련된다.

4. 튀링엔(Thüringen, Thuringia), 현재 독일의 중부에 있는 지역.

5. 에어푸르트(Erfurt), 튀링엔의 큰 도시. 예나에서 서쪽으로 약 44킬로미터에 있다.

간 진지에서는 성급하게 이동하지 않을 수 없었을 것이다.

이것도 프랑스 군대가 에어푸르트를 지나 전진하는 경우에 대비한 생각이었다. 그쪽으로 향하는 길은 완전하게 접근할 수 있었기 때문이다. 그 반대로 호프를 지나는 도로로 전진하는 것은 생각할 수 없었다. 한편으로는 프로이센 군대가 이 도로에서 이틀이나 사흘의 행군으로 닿을 수 있는 곳에 있었기 때문이고, 다른 한편으로는 그 사이에 잘레 강과 같이 심하게 끊어진 지형이 있었기 때문이다. 그것도 브라운슈바이크 공작의[6] 의도는 결코 아니었고, 그래서 이에 대비한 어떤 종류의 준비도 하지 않았다. 그 반대로 브라운슈바이크 공작에게 그런 생각을 하도록 억지로 끌어들인 것은 늘 호엔로헤 후작과 마센바흐 대령이었다. 그런데 전진하고 있는 보나파르트에 대해 프로이센 군대가 잘레 강기슭의 왼쪽에 설치한 진지에서 공격 전투로 넘어간다는 것, 즉 앞에 말한 것과 같은 그런 측면 공격을 한다는 것은 더욱 생각할 수 없는 일이었다. 잘레 강에서 마지막 순간에 프로이센 군대를 프랑스 군대에게 드러낸다는 것은 의심스러운 일이었지만, 프랑스 군대가 이미 잘레 강 저편을 적어도 일부라도 점령하고 있는 순간에 공격으로 넘어간다는 것은 훨씬 의심스러운 일이었기 때문이다. 그래서 브라운슈바이크 공작은 잘레 강의 배후에서 그다음의 일이 어떻게 진행될지 기다려 보기로 결정했다. 프로이센 군대의 사령부에 사공만 많고 매우 혼란스럽고 극도로 우유부단한 생각이 지배한 때에 일어난 일에 대해 개인적인 책임을 물을 수 있다면, 그 이름은 아마 브라운슈바이크 공작이 될 것이다.

이런 기다림으로 무엇이 일어나든지 상관없이 다음과 같은 결론이 나온다.

a) 프랑스 군대가 프로이센 군대를 찾으려고 잘레 강을 건넜을 때 프랑스 군대를 공격할 수 있었다.

b) 또는 프랑스 군대가 잘레 강을 건너지 않을 때는 프랑스 군대의 병참

---

6. 그 당시 프로이센-작센 군대의 총사령관은 브라운슈바이크 공작이었다.

선에 대해 행동을 할 수 있었다.

c) 또는 상황이 유리해지면 프로이센 군대가 신속한 측면 행군으로 라이프치히에 먼저 전진할 수 있었다.

첫 번째 경우에 프로이센 군대는 잘레 강의 험준한 계곡 때문에 전략적으로나 전술적으로 매우 우세한 상태에 있었다. 두 번째 경우에 프로이센 군대는 순전히 전략적으로만 매우 우세한 상태에 있었다. 프랑스 군대는 프로이센 군대와 중립 지대인 보헤미아 사이에 매우 좁은 기지만 갖고 있었던 데 반해, 프로이센 군대의 기지는 대단히 넓었기 때문이다. 세 번째 경우에도 프로이센 군대는 잘레 강의 보호를 받고 있었기 때문에 불리한 상태에 빠진 적이 없었다. 이 세 가지 경우 모두 혼란스럽고 불투명했던 프로이센 군대의 사령부에서도 실제로 언급된 적이 있었다. 물론 혼란스럽고 우유부단한 상황에서도 그런 **생각**을 할 수는 있었겠지만, 소용돌이와 같은 상황에서 그 생각을 **수행**할 수 없었다는 것은 놀라운 일이 아니다.

처음의 두 가지 경우에 잘레 강기슭의 왼쪽에 있는 진지는 진짜 측면 진지로 간주되었고, 그것은 의심할 여지없이 그 자체로 매우 중요한 특징을 갖고 있었다. 하지만 전투에 대해 확신을 갖고 있지 않은 군대가 측면 진지를 갖는다는 것은 **보나파르트**의 군대와 같이 매우 탁월한 적에 대해서는 분명히 매우 **무모한 수단**이었다.

오랜 우유부단 끝에 브라운슈바이크 공작은 10월 13일에 앞에서 말한 세 가지 수단 중에 마지막 수단을 선택했지만 때는 이미 늦었다. 보나파르트는 이미 잘레 강을 건너는 중이었고, 예나 전투와 아우어슈테트 전투는 피할 수 없었다. 공작은 자신의 우유부단함 때문에 양다리를 걸쳤다. 공작은 **전진할 때는 그 지역을 너무 늦게 떠났고, 제대로 된 전투를 할 때는 너무 일찍** 떠났다. 그럼에도 그 진지의 강력함은 공작이 아우어슈테트에서 프랑스 군대의 오른쪽 측면을 파괴할 수 있었다는 것, 호엔로헤 후작이 피비린내 나는 후퇴 전투를 치르면서 그 궁지에서 벗어날 수 있었다는 것으로 증명되었다. 아우어슈테트에서는 **절대로 확실한 승리를 굳게 지키려는** 모험을 하지 않았고, 예나에서는 완전히 불가능한 승리를 얻을 수 있다고 생각했다.

어쨌든 보나파르트는 잘레 강에 있는 진지의 전략적인 중요성을 충분히 알고 있었기 때문에 진지를 통과하는 모험을 하지 않았고, 프로이센 군대의 눈앞에서 잘레 강을 건너는 결단을 내렸다.

이상의 논의로 결정적인 행동을 하는 경우에 방어와 공격이 어떤 관계에 있는지 충분히 설명했고, 방어 계획의 하나하나의 대상이 연결될 수 있는 실을 그 위치와 관계에 따라 보여 주었다고 생각한다. 하나하나의 군대의 배치를 좀 더 자세히 검토하는 것은 우리의 목적이 될 수 없는데, 그것은 개별적인 사례의 끝없는 영역으로 이어지기 때문이다. 최고 지휘관이 일정한 방향을 정하고 나면 지리적인 상황, 통계적인 상황, 정치적인 상황, 아군과 적군의 물리적인 상황과 병력의 상황이 그 방향과 얼마나 잘 맞는지, 그리고 이 모든 상황이 실제의 행동을 이런저런 방식으로 얼마나 크게 제한하는지 알게 될 것이다.

저항의 유형에 관한 장에서 알게 된 방어의 단계를 여기에 좀 더 분명하게 연결하여 자세하게 보여 주려면 그것과 관련된 일반적인 것을 여기에 언급해야 한다.

1. 방어자가 적에게 공격 전투로 대항하는 계기로는 다음과 같은 경우를 들 수 있다.

a) 공격자가 크게 분할된 병력으로 전진할 것을 방어자가 알고 있는 경우, 그래서 방어자의 병력이 매우 적어도 승리를 기대할 수 있는 경우.

하지만 공격자가 그와 같이 전진할 개연성은 그 자체로 매우 낮고, 그래서 그 계획은 방어자가 공격자의 전진에 관한 정보를 미리 갖고 있는 경우에만 좋은 계획이라고 할 수 있다. 충분한 동기도 없는데 공격자가 그런 전진을 할 것이라고 전제한 채 그것을 예상하고 모든 희망을 그것에 의지하면, 방어자는 대개 불리한 상태에 빠지게 된다. 상황이란 늘 예상했던 대로 나타나지 않는 법이다. 공격적인 전투는 포기해야 하는데 방어적인 전투는 준비하지 않았다면, 본의 아니게 후퇴를 해야 하고 거의 모든 것을 우연에 맡겨야 한다.

1759년의 원정에서 도나의[7] 군대가 러시아 군대에 맞선 방어가 대체로 이와 같은 특징을 갖고 있었다. 이 방어는 베델 장군 아래에서 칠리히아우 전투의[8] 패배로 끝나고 말았다.

작전 계획을 만드는 사람은 이 수단을 지나치게 많이 쓴다. 그 수단이 의지하고 있는 전제가 얼마나 충분한 근거를 갖고 있는지 묻지 않은 채 그것이 간단하게 해결되는 일이라고 생각하기 때문이다.

b) 대체로 방어자의 병력이 전투를 하는데 충분히 많은 경우.

c) 공격자가 어찌할 바를 모르고 우유부단하여 방어자에게 공격 전투를 하도록 특별히 유혹하는 경우.

이런 경우에는 공격자에게 예고 없는 행동을 하는 것이 (좋은 진지를 통해 얻는) 지형의 도움보다 큰 효과를 낼 수 있다. 이런 식으로 정신력의 힘을 충분히 활용하는 것이 훌륭한 전쟁 수행의 본질이다. 하지만 이론은 다음과 같은 것을 아무리 크게 자주 강조해도 지나치지 않을 것이다. 즉 그런 전제 조건에 대해서는 **객관적인 이유**가 있어야 한다. 또한 **구체적인 이유** 없이 언제나 단지 기습이나 변칙적인 공격의 우세함에 대해서만 말하는 것, 이런 것을 근거로 하여 계획하고 고찰하고 비판하는 것은 전혀 허용할 수 없고 근거 없는 방식이다.

d) 방어자의 특성이 특히 공격을 하는데 적당한 경우.

프리드리히 대왕이 활발하고 용감하고 신뢰할 만하고 복종을 잘하고 규정을 준수하고 자부심에 넘치는 군대를 이끌고 있고, 잘 훈련된 방식의 사선형 공격을 할 수 있는 군대를 갖고 있고, 이 군대를 확고하고 과감한 지휘 아래에 둔다면, 그는 방어보다 공격을 하는데 훨씬 적합한 도구를 갖고 있는 것이고, 이는 확실히 빈말이나 잘못된 생각이 아니다. 이 모든 특징은 공격자에게 없는 것이고, 바로 이 점에서 대왕은 결정적인 우위에 있었다. 대왕에게는

---

7. 도나(Christoph zu Dohna, 1703~1762), 프로이센의 장군.
8. 칠리히아우 전투(1759년 7월 23일)는 카이 전투라고도 한다. 이 전투에서는 도나 대신에 베델이 프로이센 군대를 지휘했다.

이런 특징을 쓰는 것이 대부분의 경우에 보루나 지형의 장애물에서 도움을 얻는 것보다 유리했다. 하지만 그런 우세함은 언제나 매우 드물 것이고, 잘 훈련되고 대규모의 이동을 하는데 숙련된 군대는 군대 전체의 일부분에 지나지 않는다. 프로이센 군대는 주로 공격을 하는데 능숙하다고 프리드리히 대왕이 주장했고, 그 후로 다른 사람들이 그 말을 끊임없이 따르게 되었지만, 그런 견해에 지나치게 많은 의미를 부여해서는 안 된다. 대부분의 경우에 사람들은 방어할 때보다 공격할 때 편하고 용감해진다고 느끼기 때문이다. 하지만 이것은 양쪽 군대 모두 갖고 있는 감정이다. 최고 지휘관이나 지도자들 중에 이와 같은 주장을 내세우지 않는 군대는 거의 없다. 그래서 우리는 여기에서 경솔하게 우세함의 환상에 빠져서 현실적인 유리함을 놓쳐서는 안 된다.

공격 전투를 하는 매우 자연스럽고 중요한 계기는 병과들이 결합되어 있을 때, 즉 다수의 기병과 소수의 포병으로 구성되어 있을 때 볼 수 있다.

또한 다음과 같은 이유도 있다.

e) 좋은 진지를 전혀 발견할 수 없는 경우.

f) 결전을 서둘러야 하는 경우.

g) 마지막으로 이런 이유들이 일부 또는 전부 영향을 미치는 경우.

2. 어느 지역에서 공격자를 기다린 다음에 공격자에게 공격하려고 하는 (1759년의 민덴 전투처럼[9]) 자연스러운 계기는 다음과 같은 경우이다.

a) 병력의 불균형이 심하지 않고 방어자가 불리하지 않아서 강력한 진지를 찾을 수 있는 경우.

b) 그런 행동을 하는데 매우 적합한 지형을 발견하는 경우. 이것을 결정하는 특성은 전술에 속한다. 여기에서는 단지 그런 지형은 방어자에게는 쉽게 접근할 수 있어야 하고, 공격자에게는 모든 측면에서 그런 지형에 접근하는 것이 곤란해야 한다는 것만 말한다.

---

9. 민덴(Minden), 독일의 북서부, 베저 강 왼쪽에 있는 도시. 하노버에서 서쪽으로 약 60킬로미터에 있다. 7년 전쟁 때 민덴 전투(1759년 8월 1일)에서 프로이센 군대는 프랑스 군대를 무찔렀다.

3. 실제로 공격자의 공격을 기다리려고 진지를 차지하는 경우는 다음과 같다.

a) 병력의 불균형 때문에 방어자가 지형의 장애물이나 보루의 배후로 피하지 않을 수 없는 경우.

b) 그 지형이 방어자에게 기다리는데 적당한 진지를 제공하는 경우.

2와 3에서 말한 두 가지 저항의 유형은 방어자는 결전 자체를 하지 않으려고 하고 소극적인 성과에 만족하는 반면에, 공격자는 머뭇거리고 우유부단하여 결국 계획을 포기하리라는 것을 예상할 수 있는 경우에 더 많이 고려될 것이다.

4. 난공불락의 보루 진지는 다음과 같은 경우에만 그 목적을 이룰 수 있다.

a) 전략적으로 매우 중요한 지점에 있는 경우.

이런 진지의 성격은 결코 점령될 수 없다는 것이다. 그래서 공격자는 다른 수단을 쓰지 않을 수 없다. 즉 진지를 고려하지 않은 채 목적을 달성하든지, 그렇지 않으면 진지를 포위해서 진지에 있는 병사들이 굶어 죽게 해야 한다. 공격자가 그렇게 할 수 없다면 그 진지는 전략적으로 매우 강력하다고 해야 한다.

b) 외부로부터 도움을 예상할 수 있는 경우.

피르나에 진지를 둔 작센 군대의 경우가 그와 같은 경우였다.[10] 이 경우에 결과가 나빴다고 그 수단을 비난하는 사람들이 있지만, 17,000명의 작센 군대가 다른 방식으로는 40,000명의 프로이센 군대를 결코 무력화할 수 없었다는 것은 확실하다. 작센 군대가 피르나에 진지를 두었기 때문에 오스트리아 군대는 로보지츠에서[11] 우세해졌는데도 이 우세함을 더 잘 쓸 수 없었다.

---

10. 프리드리히 대왕은 1756년 9월 10일에 피르나의 보루 진지에 있는 작센 군대를 포위했다. 작센 군대는 이 포위를 잘 견뎠지만 10월 16일에 결국 항복하고 말았다.

11. 로보지츠(Lobositz, Lovosice), 보헤미아 북부에 있는 마을. 프라하에서 북쪽으로 (약간 북서쪽으로) 약 64킬로미터에 있다. 로보지츠 전투(1756년 10월 1일)에서 오스트리아 군대는

그렇다면 이것만으로도 오스트리아 군대의 전체적인 전쟁 수행과 전쟁 준비가 얼마나 부실했는지 증명하고 있다. 작센 군대가 피르나에 진지를 치는 대신에 보헤미아로 갔다면, 프리드리히 대왕은 틀림없이 이 원정에서 오스트리아 군대와 작센 군대를 프라하 너머까지 몰아내고 프라하를 점령했을 것이다. 오스트리아 군대가 얻은 유리함을 인정하지 않으려고 하고, 늘 작센 군대 전체가 포로로 잡히는 것만 생각하는 사람들은 이런 유형의 저항을 전혀 고려할 줄 모른다. 그리고 이 유형을 고려하지 않으면 확실한 결과도 나오지 않는다.

그런데 a)와 b)의 경우는 매우 드물기 때문에 보루 진지는 충분히 생각한 다음에 쓸 수 있는 수단이고, 극히 드물게만 잘 쓸 수 있는 수단이다. 그런 진지로 공격자에게 **강렬한 인상을 주고** 공격자의 모든 활동이 마비되도록 한다는 기대는 지나치게 큰 위험, 즉 후퇴로 없이 공격해야 한다는 위험과 결부되어 있다. 프리드리히 대왕이 이 수단으로 분첼비츠에서 자신의 목적을 이루었다면, 이 점에서 적에 대한 그의 올바른 판단에 감탄해야 한다. 그런데 동시에 다른 경우보다 많이 감탄해야 하는데, 그것은 대왕이 산산 조각난 군대를 이끌면서도 마지막 순간에 길을 낼 수단을 찾아냈고, 왕이 **책임을 지지 않아도 되는** 자리였기 때문이다.

5. 국경 부근에 한 개 또는 몇 개의 요새가 있다면, 방어자가 결전을 요새의 앞에서 해야 하는지 아니면 요새의 배후에서 해야 하는지 하는 중요한 문제가 생긴다. 요새의 배후에서 결전을 하는 것은 다음과 같은 이유 때문이다.

a) 공격자가 우세하여 전투를 하기 전에 공격자의 힘을 꺾어 놓지 않을 수 없는 경우.

b) 그 요새가 국경 근처에 있어서 방어자가 감수해야 하는 영토의 상실이 그다지 많지 않은 경우.

c) 요새에 방어 능력이 있는 경우.

프로이센 군대에게 패배했다.

요새의 중요한 임무 중의 하나는 의심할 바 없이 전진하고 있는 적의 병력을 부수는 것이고, 아군이 결전을 치르게 될 적의 병력을 상당한 정도로 약하게 만드는 것이다. 또는 그런 것이어야 한다. 요새를 그렇게 쓰는 경우를 보는 것이 매우 드물다면, 그것은 양쪽 군대 중에 어느 한쪽만 결전을 하려고 하는 일이 극히 드물기 때문이다. 여기에서는 그런 경우만 다룬다. 방어자가 국경 부근에 한 개 또는 몇 개의 요새를 갖고 있는 모든 경우에 이 요새를 앞에 두고, 결정적인 전투는 요새의 배후에서 하는 것이 단순하면서도 중요한 원칙이라고 생각한다. 방어자의 요새 이쪽의 전투에서 패배하는 것은 요새 저쪽의 전투에서 패배하는 것과 전술적인 결과에서는 같지만, 방어자가 요새 저쪽의 전투에서 패배했을 때보다 더 깊이 나라 안으로 물러나게 된다는 것을 인정해야 한다. 이 차이의 원인은 물질적인 측면보다 상상력에 더 많이 좌우된다. 또한 요새 저쪽에서 치르는 전투는 잘 선택한 진지에서 할 수 있는 반면에, 요새 이쪽에서 하는 전투는 많은 경우에, 즉 적이 요새를 포위하여 방어자가 패배할 위험에 빠지는 경우에 공격 전투가 되지 않을 수 없다는 것도 생각해야 한다. 하지만 요새 이쪽에서 결정적인 전투를 치를 때 적은 병력의 4분의 1이나 3분의 1 정도를 이미 잃은 상태가 되고, 방어자가 여러 개의 요새를 갖고 있다면 적은 아마 병력의 절반까지 잃은 상태가 될 텐데, 이런 적을 상대하는 유리함에 비해 요새의 이쪽이나 저쪽에서 치르는 전투의 미세한 차이가 무슨 큰 의미를 갖는 것일까?

그래서 결전을 하지 않을 수 없는 (공격자가 결전을 하려고 하든지, 방어자의 최고 지휘관이 결전을 하려고 하든지 상관없이) 경우에, 그리고 방어자가 공격자의 병력에 대해 승리를 충분히 확신하지 못하는 경우에, 또는 지형적인 이유 때문에 전투를 요새의 훨씬 앞쪽에서 할 급한 조건이 없는 경우에, 이 모든 경우에 우리는 다음과 같이 말할 수 있다. 즉 국경 부근에 저항 능력이 있는 요새가 있으면 방어자는 처음부터 요새의 배후로 물러나야 하고, 결전을 이쪽에서, 즉 요새의 도움을 받으면서 해야 한다. 이때 방어자는 요새 근처에 진지를 두기 때문에 공격자는 방어자를 몰아내지 않고는 이 요새를 포위할 수도 없고 봉쇄할 수도 없다. 그러면 공격자는 반드시 방어자의 진지를 찾아내야 한다. 그래서 매우 위험한 상황에서는 모든 방어 수단 중에 방어자가 좋은 진지를 중요한 요새의 배후 근처에 두는 것보다 간단하고 효과적인 수단도 없을 것 같다.

물론 요새가 국경에서 훨씬 먼 곳에 있다면 문제는 달라질 것이다. 그러면 전쟁터의 대부분이 공격자의 손에 놓이기 때문이다. 이런 희생은 잘 알려진 바와 같이 불가피한 상황에서만 허용된다. 이런 경우에 그 수단은 나라 안으로 후퇴하는 것에 가깝다.

또 다른 조건은 요새의 저항 능력이다. 잘 아는 것처럼 특히 큰 요새 중에서도 공격자의 군대와 접촉해서는 안 되는 요새가 있다. 그 요새가 공격자의 많은 병력의 강력한 공격을 견뎌내지 못하기 때문이다. 이런 경우에는 적어도 방어자의 진지를 그 요새 바로 배후에 두고, 요새에 있는 수비대를 지원할 수 있게 해야 할 것이다.

6. 마지막으로 나라 안으로 후퇴하는 것은 다음과 같은 상황에서만 자연스러운 수단이 된다.

a) 방어자의 물리적인 상황과 정신적인 상황이 공격자에 비해 약하기 때문에 국경이나 국경 부근에서 성공적인 저항을 생각할 수 없게 하는 경우.

b) 시간을 버는 것이 중요한 문제인 경우.

c) 나라의 상황이 제25장에서 말한 조건에 들어맞는 경우.

이상으로 양쪽 중에 한쪽이 결전을 도발하고, 그래서 결전을 피할 수 없는 경우에 나타나는 전쟁터의 방어에 관한 장을 마친다. 그런데 전쟁에서 그런 경우는 그다지 순수하게 나타나지 않는다는 것, 그래서 우리의 명제와 설명을 현실 전쟁에 대한 생각에 적용한다면 아래의 제30장도 고려해야 한다는 것, 대부분의 경우에 최고 지휘관은 결전을 치르는 전쟁과 결전을 치르지 않는 전쟁의 두 가지 방향의 중간에서 생각해야 한다는 것, 현실의 전쟁이 상황에 따라 두 가지 종류의 전쟁 중에 어느 쪽에 더 가까운지 고려해야 한다는 것 등을 생각해야 한다.

제29장

계속. 점차적인 저항

제3편 제12장과 제13장에서 말한 것처럼 전략에서 점차적인 저항은 문제의 본질에 어긋나고, 갖고 있는 모든 힘은 동시에 투입해야 한다.

이동할 수 있는 전투력에 대해 이 문제를 더 자세히 설명할 필요는 없다. 하지만 요새나 끊어진 지형뿐만 아니라 영토의 단순한 면적에 지나지 않는 전쟁터도 전투력으로 본다면, 이것은 이동할 수 없는 전투력이다. 그래서 이런 전투력은 점차로 활동하게 할 수밖에 없다. 그렇지 않으면 처음부터 나라 안으로 후퇴하여 효력을 낼 수 있는 모든 요소가 우리 앞에 놓이도록 해야 한다. 이 지역에서는 적의 군대를 약하게 만드는 모든 상황이 효과를 낸다. 즉 적은 아군의 요새를 포위해야 하고, 수비대나 초병 부대를 통해 점령한 지역의 안전을 확보해야 하고, 먼 길을 행군해야 하고, 모든 것을 먼 길을 거쳐 조달해야 한다. 이 모든 것이 공격자에게 효과를 낸다. 공격자는 결전 이전에도 전진할 수 있고 결전 이후에도 전진할 수 있는데, 공격자에게 나타나는 효과는 결전 이전에 전진하는 경우에 결전 이후에 전진하는 경우보다 약간 더 강력할 것이다. 여기에서 다음과 같은 결론이 나온다. 즉 방어자가 결전을 곧바로 연기하려고 한다면, 방어자는 앞에 말한 이동할 수 없는 전투력을 모두 동시에 투입할 수단을 갖게 된다.

다른 한편으로 결전을 나라의 안으로 옮기는 것은 엄밀히 말해 공격자가 얻는 승리의 효과에 어떠한 영향도 미칠 수 없다는 것이 분명하다. 이 효과는 공격 편에서 좀 더 자세히 살펴볼 것이다. 여기에서 미리 말하는 것은 그 효과는 공격자의 우세함이 (즉 정신적인 상황과 물리적인 상황의 결과가) 다할 때까지 유지되면 충분하다는 것이다. 이 우세함은 첫째로 전쟁터에서 전투력을 쓰고 전투력이 희생되면서 고갈되고, 둘째로 전투에서 입은 손실 때문에 고갈된다. 이 두 가지 종류의 고갈은 전투를 전쟁 처음에 하든지 마지막에 하든지, 국경 부근에서 하든지 나라의 안에서 하든지 본질적으로 달라질 수 없다. 우리는 예를 들어 보나파르트가 1812년에 빌나에서 러시아 군대에게 거둔 승리는 보로디노에서 거둔 승리와 같은 효과를 냈을 것이라고, 이두 경우에 보나파르트의 병력이 같았다고 전제하면 그러했을 것이라고, 그리고 보로디노가 아니라 모스크바에서 승리했다고 해도 그 효과는 같았을 것이라고 생각한다. 모스크바는 어쨌든 이 승리의 효과에서 한계 지점에 있었다. 물론 결정적인 전투를 국경 부근에서 했다면 (다른 이유 때문에) 이 승리에서 훨씬 많은 성과를 얻을 것이고, 그다음에 아마 승리의 효과도 높아졌을 것이다. 이것은 한순간도 의심할 수 없다. 그래서 이런 측면에서 보면 결전을 나라의 안으로 옮기는 것도 방어자에게 **불리한** 일은 아닐 것이다.

저항의 유형에 관한 장에서 결전을 나라의 안으로 옮기는 것을 (이것은 극단적인 것이라고 간주할 수 있는데) **나라 안으로 하는 후퇴**라는 이름으로 불렀고, 이것이 하나의 독자적인 저항 방식이라는 것을 알게 되었다. 이 방식은 공격자가 전투의 칼에 쓰러지는 것보다 스스로 소모되도록 하는 것을 목표로 삼는다. 하지만 후퇴하려는 의도가 지배적으로 나타날 때만 결전을 나라의 안으로 옮기는 것을 독자적인 **저항 방식**이라고 간주할 수 있다. 이는 다른 경우에도 결전을 나라 안으로 옮길 수 있고, 그러면 여기에서 무한히 많은 단계를 생각할 수 있고, 이 많은 단계가 독자적인 방어 수단으로 간주될 수 있기 때문이다. 그래서 전쟁터로부터 얻는 크고 작은 협력은 독자적인 저항 방식이라고 간주하지 않고, 단지 이동할 수 없는 저항 수단이 상황의 필요에 따라 임의로 결부된 것이라고 간주한다.

그런데 방어자가 결전을 하는데 이동할 수 없는 전투력이 필요하지 않다고 생각한다면, 또는 이런 전투력과 결부되어 있는 다른 희생이 방어자에게 지나치게 크다고 생각한다면, 이 전투력은 방어자에게 훗날에 쓸 힘이 되고, 이를테면 조금씩 쓸 수 있는 새로운 보충 병력과 같은 것이 된다. 그래서 이동할 수 있는 전투력으로 첫 번째 결전을 치른다면 이동할 수 없는 전투력은 두 번째 결전을 치르는 수단이 되고, 두 번째 결전 다음에는 아마 세 번째 결전을 치르는 수단이 될 것이다. 즉 이런 식으로 이동할 수 없는 전투력은 **점차적으로 쓸 수 있을 것이다.**

방어자가 국경 부근의 어느 전투에서 패배했다고 그것이 곧바로 전쟁의 패배로 이어지는 것이 아니라면, 제일 가까운 요새의 배후에서 두 번째 전투를 할 수 있다는 것은 짐작하고도 남을 것이다. 방어자가 매우 단호한 적과 상대하는 것이 아니라면, 아마 크게 끊어진 지형만으로도 적의 전진을 막는 데 충분할 것이다.

그래서 전략은 전쟁터를 소비할 때도 다른 모든 것을 소비할 때처럼 힘을 **절약해야** 한다. 조금 소비할수록 좋다. 물론 모자라지 않을 만큼 소비해야 한다. 그리고 당연한 말이지만, 전쟁에서도 무역의 경우처럼 절약을 인색함과 혼동해서는 안 된다.

심각한 오해를 막으려면 다음과 같은 점에 주의를 기울여야 한다. 즉 어느 전투에서 패배한 다음에 계속 저항을 수행할 수 있고, 저항을 하려고 노력할 수 있다는 것은 여기에서 우리의 고찰 대상이 전혀 아니다. 이 두 번째의 저항으로 얼마나 많은 성과를 **미리** 기대할 수 있는지, 그래서 아군의 계획에서 이 두 번째의 저항을 얼마나 많이 고려해야 하는지 하는 것만 우리의 고찰 대상이다. 이때 방어자는 거의 하나의 측면에서만 적을 보아야 한다. 정확히 말해 적의 성격과 형편에 따라 적을 보아야 한다. 적의 성격이 약하고 적이 확신을 갖고 있지 않고 적에게 높은 명예심이 없고 적이 여러 가지 상황에 크게 얽매여 있다면, 그런 적은 전투에서 승리하는 경우에도 적당한 이익으로 만족할 것이다. 방어자가 적에게 하려고 하는 모든 새로운 결전에서 적은 겁을 먹고 도중에 행동을 멈출 것이다. 이런 경우에 방어자는 전쟁터라는 저항 수단을 점차적으로 (그 자체로는 약하지만 늘 새롭게 일어나는 결전의 행동에서) 쓸 수 있다는 것, 이 결전을 자기에게 유리하게 만들 수 있는 전망이 늘 새롭게 생겨난다는 것을 예상할 수 있을 것이다.

우리는 여기에서 이미 결전을 치르지 않는 원정의 문제로 향하는 도중에 있다. 이 문제는 힘을 점차적으로 쓰는 것보다 훨씬 넓은 영역에 속하는 문제이다. 그래서 이 문제에 대해 다음 장에서 자세히 다루고자 한다.

제30장

계속. 결전을 하지 않는 경우에 전쟁터의 방어

양쪽 군대 중에 어느 쪽도 공격자가 아닌 전쟁, 그래서 어느 쪽도 적극적으로 행동하려고 하지 않는 전쟁이 있을 수 있는지, 그런 전쟁이 있다면 그것은 어떤 종류의 전쟁인지 하는 것은 마지막 편에서 자세히 살펴볼 것이고 여기에서 그 모순을 다룰 필요는 없다. 어느 하나의 전쟁터에서 양쪽 모두 방어를 하는 이유는 당연히 양쪽 군대가 전쟁터 전체에 대해 갖고 있는 관계 때문이라고 전제할 수 있기 때문이다.

그런데 그런 원정에만 (전쟁에 필연적인) 결전의 초점이 없는 것은 아니다. 역사를 돌아보면 다음과 같은 원정도 수없이 많다. 즉 공격자가 없는 것도 아니고, 그래서 한편으로 적극적인 의지가 없는 것도 아닌데, 이 의지가 약해서 어떤 희생을 치르고라도 목표를 추구하지 않는 원정, 그래서 반드시 결전으로 이어지지 않는 원정, 공격자는 주어진 상황에서 나오는 이익 외에 다른 이익을 찾지 않는 원정도 많다. 이런 경우에 공격자는 스스로 내세운 특별한 목표를 전혀 추구하지 않고, 시간이 지나면서 그에게 떨어지는 열매만 거둘 뿐이다. 또는 목표를 갖고 있기는 하지만 그 목표를 이루는 것은 상황이 얼마나 좋은지 하는데 달려 있다.

그런 공격은 목표를 향해 전진한다는 엄밀한 논리적인 필연성을 잃고, 게으름뱅이처럼 전쟁터를 한가롭게 지나가면서 손쉽게 얻을 수 있는 열매를 얻으려고 좌우를 두리번거린다. 그런 공격은 방어와 별로 구분되지 않고, 그런 열매는 방어자의 최고 지휘관도 얻을 수 있다. 하지만 그런 식의 전쟁 수행에 대한 좀 더 자세한 철학적인 고찰은 공격 편으로 미루고, 여기에서는 다음과 같은 결론만 말하고자 한다. 즉 그런 원정에서는 공격자에게도 방어자에게도 모든 것이 결전과 관련될 수 없고, 그래서 결전을 전략적인 고찰의 모든 선이 향하고 있는 아치의 정점이라고 간주할 수도 없다.

그런데 모든 시대와 나라의 전쟁 역사를 살펴보면, 대체로 이런 종류의 원정이 많을 뿐만 아니라 너무 많아서 다른 종류의 원정이 규칙에서 벗어나는 예외처럼 보인다. 앞으로 이 비율이 달라진다고 해도 분명히 이런 원정은 언제나 많을 것이고, 그래서 전쟁터의 방어에 관한 이론에서는 원정의 이런 측면을 고려해야 한다. 우리는 이런 측면이 극단적인 경우에 보여 주는 특성을 설명하려고 노력할 것이다. 현실에서 일어나는 전쟁은 대부분 이 두 극단적인 방향 사이에 놓일 것이다. 즉 한 번은 한쪽 방향에, 한 번은 다른 쪽 방향에 가까운 원정이 될 것이다. 그래서 그 특성의 효과는 현실에 나타나는 제한을 통해서만 볼 수 있는데, 이 제한은 전쟁의 절대적인 형태에 대한 반작용에 의해 생겨난다. 이미 이 편 제3장에서 말한 것처럼, 적을 기다리는 것은 방어가 공격에 대해 갖고 있는 최고의 유리함 중의 하나이다. 하지만 현실에서 그런 일이 일어나는 경우는 일반적으로 드문 편이고, 전쟁에서 상황에 따라 일어나야 하는 모든 것이 일어나는 경우도 극히 드물다. 인간의 통찰력의 불완전함, 나쁜 결과에 대한 두려움, 행동을 할 때 일어나는 우연 등은 어느 상황에 의해 수행해야 하는 모든 행동 중에 늘 많은 행동을 수행하지 못하게 한다. 전쟁에는 정보의 불완전함, 파국을 맞을 위험, 수많은 우연이 다른 모든 인간 활동보다 비교할 수 없을 만큼 훨씬 많은데, 그래서 (그렇게 불러도 된다면) 태만이 나타나는 경우도 불가피하게 훨씬 많을 수밖에 없다. 이것은 방어자가 저절로 익는 열매를 거두는 풍부한 밭이다. 그런 경험과 영토의 점령이 전쟁을 수행하는데 갖고 있는 독자적인 중요성을 결합하면 평소에 일어나고 있는 전쟁, 즉 법적인 분쟁에서도 숭배되고 있는 격언이 나온다. '소유한 자는 행복할지니.' 그리고 여기에서는 이 격언이 **결전**을 대신하고 있다. 하지만 **상대를 쓰러뜨리는 것**을 목표로 삼는 모든 전쟁에서는 결전이 모든 행동의 초점을 이룬다. 그 격언은 특히 유익한데, 이는 그 격언이 (영토를 점령하고 소유하도록) 행동을 불러일으키기 때문이 아니라 행동을 하지 않는 자에게, 그리고 행동하지 않는 자의 이해 관계에 따라 일어나는 모든 행동에 변명할 동기를 주기 때문이다. 결전을 추구할 수도 없고 예상할 수도 없을 때는 무엇을 포기할 이유도 없다. 무엇을 포기할 수 있으려면 그것과 교환하여 결전에서 이익을 얻을 수 있어야 하기 때문이다. 그 결과로 방어자는 모든 것 또는 적어도 되도록 많은 것을 소유하려고, 즉 보호하려고 한다. 그런데 공격자는 되도록 많은 것을 결전을 치르지 않고 점령하려고, 즉 되도록 많은 지역을 얻으려고 한다. 여기에서는 방어자의 경우만 다룬다.

방어자가 전투력을 배치하지 않은 곳에는 어디든지 공격자가 그 지역을 점령할 수 있다. 그러면 적을 기다리는 유리함은 **공격자**에게 있게 된다. 그래서 방어자는 나라의 어디든지 직접 보호하려고 노력한다. 그렇게 보호하려고 배치된 병력을 공격자가 공격할 것인지 아닌지는 그때의 형편에 맡긴다.

이런 경우의 방어의 특성을 좀 더 자세히 말하기 전에 공격 편에서 빌려와야 하는 것이 있는데, 그것은 공격자가 결전을 하지 않으려고 하는 경우에 늘 얻으려고 노력하는 목표이다. 그것은 아래와 같다.

1. 결정적인 전투를 치르지 않고 되도록 많은 지역을 점령하는 것.

2. 이와 동일한 조건에서 중요한 창고를 획득하는 것.

3. 보호되어 있지 않은 요새를 점령하는 것. 물론 포위를 하는 것은 어느 정도 대규모의 활동이고 때로 많은 노력을 요구하지만, 그것은 파국의 성질을 전혀 갖지 않는 행동이다. 최악의 경우에는 중대한 손실을 입지 않고 그 행동을 단념할 수 있다.

4. 마지막으로 약간 중요한 전투에서 승리하는 것. 하지만 이 경우에는 큰 모험을 하지 않고, 그래서 큰 성과를 얻을 수 없다. 이런 전투는 전략의 전체 직물에 큰 영향을 미치는 실이 아니라 그 자체로서 존재하는 전투이고, 전

리품을 얻고 군대의 명예를 높이려고 하는 전투이다. 이런 목적을 달성하려고 모든 것을 걸고 전투를 하는 사람은 당연히 없을 것이다. 우연히 승리를 얻을 기회를 예상하든지, 혹은 교묘한 책략으로 그런 기회를 얻으려고 할 것이다.

공격의 이 네 가지 목표는 방어자에게 다음과 같은 노력을 불러일으킨다.

1. 요새의 앞에 병력을 두고 요새를 보호하는 것.

2. 병력을 넓게 배치하여 많은 지역을 보호하는 것.

3. 병력을 넓게 배치하는 것이 충분하지 않으면 측면 행군으로 신속하게 이동하여 적의 정면을 막는 것.

4. 불리한 전투를 피하는 것.

처음 세 가지의 노력은 분명히 적에게 주도권을 넘기고 기다리는 것에서 최대의 이익을 얻으려는 의도를 갖고 있다. 그리고 이 의도는 문제의 본질에 깊이 뿌리를 내리고 있기 때문에 그것을 처음부터 비난하는 것은 매우 어리석은 짓이 될 것이다. 이 의도는 결전을 별로 예상할 수 없을 때 반드시 그만큼의 자리를 차지해야 하고, 그런 원정에서 늘 본질적인 토대를 이룬다. 하지만 겉으로 드러나는 행동, 즉 소규모의 중요하지 않은 행동에서는 때로 상당히 활발한 활동이 일어날 수 있다.

한니발과 파비우스, 프리드리히 대왕과 다운은[1] 결전을 추구하지도 않고 예상하지도 않았을 때 똑같이 이 원리를 따랐다. 네 번째의 노력은 처음 세 가지의 노력을 바로잡는 역할을 하고, 세 가지의 노력의 필수 불가결의 조건(conditio sine qua non)이다.

이제 이 네 가지 목표에 대해 좀 더 자세히 살펴보려고 한다.

군대를 요새의 앞에 배치하여 요새를 적의 공격으로부터 보호하려고 하는 것은 언뜻 보면 모순되는 것처럼 보이고 일종의 동어 반복처럼 들린다. 요

---

1. 한니발과 파비우스, 프리드리히 대왕과 다운은 좋은 맞수였다.

새 시설이 원래 적의 공격에 저항하려고 지은 것이기 때문이다. 그럼에도 우리는 이 수단을 몇천 번이든 몇만 번이든 보게 된다. 그래서 지극히 정상적인 일이 전쟁을 수행할 때는 때로 전혀 이해할 수 없는 일처럼 보인다. 모순처럼 보인다는 이유 때문에 몇천 번이고 몇만 번이고 되풀이되는 사례를 모두 잘못이라고 말할 수 있는 용기를 갖고 있는 사람이 있을까? 이런 모순이 끊임없이 반복되는 데는 그만큼 깊은 이유가 있을 것이다. 그 이유는 다름이 아니라 앞에서 말한 정신력의 태만이다.

아군의 병력이 요새 앞에 배치되어 있으면, 적은 먼저 아군을 치지 않고는 요새를 공격할 수 없다. 그런데 이 전투는 결전이 될 수밖에 없다. 적이 이 결전을 하지 않으려고 하면 전투를 하지 않을 것이고, 그러면 아군은 칼을 쓰지 않고도 요새를 계속 갖고 있게 된다. 적이 결전을 하려는 의도를 갖고 있지 않다고 아군이 생각하는 경우에 아군은 적이 결전을 할 것인지 말 것인지 신경 쓸 필요가 없다. 이런 경우에는 적이 결전을 하지 않을 개연성이 매우 높기 때문이다. 적이 아군의 추측과 달리 공격하려고 밀려오는 순간에도 아군에게는 대부분 요새의 배후로 후퇴하는 수단이 남아 있다. 이것을 생각하면 요새 앞에 아군을 배치하는 것은 별로 위험한 일이 아니다. 그러면 희생을 치르지 않고 현상을 유지할 개연성은 **아무런 위험이 따르지 않고도 높아질 수** 있다.

아군이 요새의 배후에 병력을 배치하면, 이는 아군이 공격자에게 안성맞춤의 공격 목표를 내주는 것이 된다. 그 요새가 별로 중요하지 않고 공격자가 요새를 공격할 준비를 많이 하지 않았다면, 공격자는 좋든 싫든 요새를 포위할 것이다. 이것이 요새의 점령으로 끝나지 않도록 하려면 아군은 이 포위를 풀어야 한다. 그래서 적극적인 행동을 할 주도권은 이제 아군에게 놓인다. 그리고 적은 요새를 포위하면서 목표를 향해 전진하고 있다고 생각했는데, 이제 요새를 소유하고 있는 상태로 넘어간다. 이 문제가 늘 이런 변화를 겪는 것은 경험이 가르치고 있고, 이것은 문제의 본질상으로도 그러하다. 포위는 이미 말한 것처럼 파국과 결부되어 있지 않다. 제일 약하고 우유부단하고 게을러서 전투를 하려는 결단을 결코 내리지 않는 최고 지휘관도 요새에 접근할 수 있다는 생각만 들면 야포밖에 갖고 있지 않으면서도 서슴없이 요새를 포위하려고 나선다. 최악의 경우에 그는 구체적인 손실을 입기 전에 포위를 포기할 수 있다. 상황이 이렇게 변하면 위험이 따르는데, 그것은 대부분의 요새가 어느 정도 흔들리게 되고 (급습을 통해서든 또는 그 밖의 다른 변칙적인 방식을 통해서든) 점령당할 수 있다는 것이다. 그리고 이런 상황은 분명히 방어자의 개연성의 계산에서 간과되어서는 안 된다.

이 두 가지 경우를 비교해 보면 방어자가 더 좋은 상황에서 적을 치는 유리함보다 되도록 적을 전혀 치지 않고 얻는 다른 모든 유리함을 중요하게 생각하는 것은 당연하다. 이런 식으로 전쟁터에 있는 병력을 요새의 앞에 배치하는 관례는 우리에게 매우 자연스럽고 간단하게 보인다. 프리드리히 대왕은 글로가우에서[2] 러시아 군대에 맞섰을 때, 그리고 슈바이드니츠,[3] 나이세,[4] 드레스덴에서[5] 오스트리아 군대에게 맞섰을 때 거의 늘 이 관례에 따랐다. 베버른 공작은[6] 브레슬라우에서 이 수단에 따랐지만 실패했다.[7] 이때 공작이 브레슬라우의 배후에 있었다면 공격을 당하지 않을 수 있었을 것이다. 오스트리아 군대는 대왕이 없는 동안 우세했고, 대왕이 접근하면서 이 우세함은 곧 끝날 수밖에 없었다. 이것으로 미루어 보면 브레슬라우 전투가 일어난 순간도 결전을 예상할 수 없는 순간은 결코 아니었다. 그래서 브레슬라우의 진지도 별로 적

---

2. 글로가우(Glogau), 프로이센의 도시이자 요새. 니더슐레지엔 지방에 있고, 브레슬라우에서 북서쪽으로 약 100킬로미터에 있다. 현재의 지명은 폴란드의 그워구프(Głogów). 이것은 1759년 가을의 일을 말한다.

3. 프리드리히 대왕의 프로이센 군대는 슈바이드니츠의 요새를 공격하여(1757년 1월 12일) 슈바이드니츠를 점령했다.

4. 1758년에 오스트리아 군대는 나이세의 요새를 공격하였으나 실패했다.

5. 프로이센 군대는 드레스덴의 요새를 공격하여 포위했으나(1760년 7월 16~28일) 오스트리아 군대의 다운에 의해 포위가 풀렸다.

6. 베버른(August Wilhelm von Bevern, 1715~1781), 프로이센의 장군.

7. 베버른 공작은 브레슬라우 전투(1757년 11월 22일)에서 오스트리아 군대에게 패배하여 포로가 되었다.

절하지 않은 것처럼 보였다. 확실히 베버른 공작도 병력을 브레슬라우의 배후에 배치하는 것을 선호했을 것이다. 그러면 많은 물자를 저장하고 있는 브레슬라우가 적의 포격으로 희생되지 않았을 것이고, 이것을 결코 하찮은 일이라고 생각하지 않는 대왕은 공작에게 포격에 대한 엄중한 책임을 물었을 것이다. 하지만 공작이 브레슬라우 앞에 둔 보루 진지로 브레슬라우를 안전하게 하려고 **노력한** 것을 결과적인 측면에서 비난할 수는 없다. 카알 폰 로트링엔 왕자는[8] 슈바이드니츠의 점령으로 만족하고 대왕의 행군으로 위협을 받고 있었는데, 공작의 보루 진지 때문에 더 이상 전진할 수 없었기 때문이다. 하지만 공작에게 최선의 수단은 전투 자체를 하지 않는 것이었고, 오스트리아 군대가 공격하려고 전진하는 순간에 브레슬라우를 지나서 후퇴하는 일이었을 것이다. 그러면 베버른 공작은 적을 기다리는 데서 많은 유리함을 얻고, 이 때문에 큰 위험에 빠지지도 않았을 것이다.

이상으로 방어자를 요새 **앞에** 배치하는 것을 고차원적이고 결정적인 이유를 들어 설명하고 정당화했는데, 이제 그런 배치에는 부차적인 이유도 덧붙여진다는 것을 말해야 한다. 이 부차적인 이유는 앞의 고차적인 이유와 밀접하게 관련되어 있지만, 결정적인 것이 아니기 때문에 이것 하나만으로는 쓰일 수 없다. 그 이유는 군대가 근처에 있는 요새를 늘 보급 창고로 이용한다는 것이다. 이것은 매우 편하고 유리하기 때문에 어느 장군이 자기의 군대에게 필요한 물자를 훨씬 멀리 있는 요새에서 조달한다든지, 혹은 평지에 보관하도록 결정하지는 않을 것이다. 요새가 군대의 보급품을 저장하는 곳이라면, 많은 경우에 요새 앞에 병력을 배치하는 것은 절대로 필요한 일이고 대부분의 경우에 매우 자연스러운 일이다. 하지만 이런 자연스러운 이유가 대체로 앞을 멀리 내다보지 못하는 사람들에 의해 자칫 과대평가될 수 있음을 보게 된다. 하지만 그 이유는 실제로 일어난 모든 경우를 설명하는데 충분하지도 않고, 그 이유와 관련되는 여러 가지 문제를 최고 수준에서 결정할 만큼 중요

---

8. 카알 폰 로트링엔 왕자는 브레슬라우 전투 때 오스트리아 군대의 사령관이었다.

하지도 않다.

전투를 감행하지 않고 하나 또는 여러 개의 요새를 점령하는 것은 큰 결전을 치르지 않는 모든 공격의 자연스러운 목표이다. 그래서 방어자는 공격자의 이런 의도를 막는 것을 모든 책략의 중요한 임무로 삼는다. 그래서 많은 요새가 있는 전쟁터에서 거의 모든 이동의 중심이 되는 것은 공격자는 어느 하나의 요새를 불의에 공격하려고 하고, 그래서 많은 술책을 쓰는 것이고, 방어자는 늘 잘 준비된 이동으로 제일 빨리 적의 전진을 막는 것이다. 이것이 루이 14세부터 작센 원수에[9] 이르기까지 거의 모든 네덜란드 원정을 관통하는 특징이다.

이상으로 요새를 보호하는 문제에 대해 말했다.

전투력을 넓게 배치하여 많은 지역을 보호하는 것은 지형의 많은 장애물과 결부되어야만 생각할 수 있다. 이때 크고 작은 초병 부대를 설치해야 하는데, 이 초병 부대는 강력한 진지를 통해서만 어느 정도의 저항 능력을 갖출 수 있다. 그런데 자연의 장애물을 충분할 만큼 발견하는 일은 드물기 때문에 여기에 축성술이 더해진다. 이때 명심해야 하는 것은 그렇게 해서 어느 지점에서 얻은 저항은 언제나 **상대적인** 저항에 (전투의 의의에 관한 장[10] 참조) 지나지 않고, **절대적인** 저항이라고 간주할 수 없다는 것이다. 물론 그런 초병 부대 중에 어느 초병 부대는 난공불락의 상태이고, 그래서 그런 경우에는 절대적인 결과를 얻는 일이 일어날 수 있다. 하지만 대부분의 초병 부대 하나하나는 전체에 비해 약하고, 매우 우세한 적의 공격으로 희생될 수 있기 때문에 방어자의 모든 안전을 하나하나의 초병 부대의 저항 능력에 맡기는 것은 어리석은 생각이 될 것이다. 그래서 병력을 넓게 배치하는 경우에는 비교적 오랜 시간 저항할 수 있을 뿐이고 본래의 승리는 기대할 수 없다. 이것만 할 생

---

9. 작센 원수, 모리츠 폰 작센(Hermann Moritz von Sachsen, 1696~1750), 작센 남부 태생으로 독일의 장군이자 군사 이론가. 후에 프랑스 군대에 들어가서 프랑스의 원수가 되었다. 프랑스에서는 삭스 원수(Maréchal de Saxe)라고 불린다.
10. 제1권 제4편 제5장을 말함.

각이라면 하나하나의 초병 부대도 전체의 목적과 계획에서 충분한 의의를 갖는다. 대규모의 결전이 일어날 염려가 없는 원정에서, 그리고 군대 전체를 압도하려고 끊임없이 전진할 필요가 없는 원정에서 초병 부대의 전투는 그 초병 부대를 잃는 것으로 끝난다고 해도 별로 위험하지 않다. 이 경우에는 바로 이 초병 부대와 약간의 전리품을 잃는 것 외에 별다른 손실이 없다. 즉 그 승리는 전체적인 상황에 더 이상 영향을 미치지 못하고, 방어자의 토대를 파괴하여 많은 폐허가 생기게 하지도 못한다. 최악의 경우에도, 즉 하나하나의 초병 부대의 손실에 의해 전체 방어 체계가 무너지는 경우에도 방어자에게는 군대를 집결하여 모든 병력으로 결전을 할 시간이 남아 있을 것이고, 우리의 전제에 따르면 공격자는 이 결전을 하지 않으려고 한다. 그래서 방어자의 병력이 집결하는 것으로 행동이 끝나고, 공격자가 더 이상의 전진을 하지 않는 일도 흔히 일어난다. 약간의 지역, 약간의 병사들, 약간의 대포를 잃은 것이 방어자의 손실이고, 그것을 얻은 것이 공격자에게 충분한 성과이다.

방어자가 초병 부대의 전투에서 패배하는 경우에는 그런 위험에 노출될 수 있다. 다른 한편으로는 그런 일이 일어나지 않고, 공격자가 겁을 내거나 신중하여 초병 부대를 공격하지 않은 채 초병 부대 앞에서 멈추게 되는데, 오히려 그럴 개연성이 높다. 이 고찰에서 잊지 말아야 하는 것은 공격자가 큰 모험을 하지 않으려고 한다는 것을 전제로 하고 있다는 것이다. 그런 공격자의 공격은 적당히 강력한 초병 부대로도 충분히 막을 수 있다. 공격자가 초병 부대를 확실히 제압할 수 있다고 해도 그것이 공격자에게 얼마만큼의 희생을 요구하게 될지, 공격자는 그 상황에서 그 승리로 무엇을 하려고 하지만 그 희생이 지나치게 큰 것은 아닌지 하는 의문이 생길 수 있기 때문이다.

이상의 설명으로 길게 늘어선 많은 초병 부대에 넓게 배치된 병력이 보장할 수 있는 강력한 상대적인 저항 능력이 방어자의 전체 원정에서 얼마나 충분한 성과를 낼 수 있는지 하는 것이 분명해졌다. 이쯤에서 독자들이 관념적으로 하게 될 판단을 곧바로 전쟁사의 올바른 지점으로 안내해야 하는데, 그러려면 진지를 그렇게 넓게 배치하는 일이 원정의 후반부에 제일 많이 나타난다는 것을 지적해야 한다. 방어자가 공격자, 공격자의 목적, 공격자의 올해 상황을 전쟁 후반부에 비로소 제대로 알게 되기 때문이고, 공격자가 처음에 품었던 얼마 안 되는 모험적인 정신은 전쟁 후반부에 줄어들기 때문이다.

이처럼 병력을 넓게 배치하는 방어를 통해 지역, 보급 창고, 요새를 보호하게 되는데, 이런 방어에서는 당연히 큰 강, 작은 강, 산, 숲, 습지 등과 같은 지형의 모든 대규모 장애물이 중요한 역할을 하고 지배적인 중요성을 갖는다. 이런 것을 어떻게 이용하는지에 관해서는 앞의 여러 장에서 말한 것을 참조하면 될 것이다.

지형적인 요소의 이런 지배적인 중요성 때문에 지형과 관련된 지식과 활동이 참모 본부에게 특별하게 요구되고 늘 참모 본부의 본래의 활동으로 간주된다. 참모 본부는 군대에서 언제나 제일 많이 기록하고 인쇄하는 조직이기 때문에 원정에서 지형과 관련된 부분이 전쟁사에 많이 기록된다는 결론을 내릴 수 있다. 이와 동시에 그것을 체계화하고 어느 한 경우의 역사적인 분석에서 그다음에 이어지는 경우에 대한 일반적인 분석을 하는 경향이 상당히 자연스럽게 생겨나게 되었다. 하지만 그것은 쓸데없는 노력이고, 그래서 잘못된 노력이다. 매우 수동적으로 수행되고 지형에 크게 제약을 받는 종류의 전쟁에서도 어느 하나의 사례는 다른 사례와 다르고 또 다르게 다루어야 한다. 그래서 이 문제에 대해 제일 훌륭하고 많은 말을 하고 있는 회상록도 그 문제에 익숙해지는 데는 적당하지만 지침으로 삼는 데는 적절하지 않다. 회상록은 어느 전쟁의 독특한 측면을 보여 주고, 이를 통해 비로소 전쟁사로서 의미를 갖는다.

여기에서 보통의 견해에 따라 참모 본부의 본래 활동이라고 부른 활동이 아무리 많이 필요하고 존경받을 만하다고 해도 그것이 독선적인 활동으로 빠지는 것을 경계하지 않으면 안 된다. 때로 그런 활동에서 전체에 불리함이 나타나기 때문이다. 전쟁 활동의 이 분야에 정통한 고급 참모들은 그 임무 때문에 중요한 역할을 하고 있다고 간주되고, 그들은 그때의 이론적인 흐름에 그리고 제일 먼저 최고 지휘관에게 때로 어느 정도의 일반적인 지배력을 갖게 된다. 이 때문에 모든 문제를 편협하게 바라보는 사고 습관이 생겨난다. 결국 최고 지휘관은 산과 협곡 이외에는 아무것도 보지 못하게 된다. 상황에 따라 결정되고 자유롭게 선택되는 수단이 되어야 하는 것들이 틀에 박힌 행동이 되고, 이것이 제2의 천성이 된다.

프로이센 군대의 그라베르트 대령은 그때의 참모 본부에서 중심 인물이었고, 잘 알려진 대로 산과 협곡에 정통한 장교였는데, 그는 1793년과 1794년에 매우 독특한 차이를 지닌 두 최고 지휘관에게 (브라운슈바이크 공작과 묄렌도르프11 장군) 완전히 똑같은 전쟁 수행의 방식을 따르도록 했다.

심하게 끊어진 지형을 따라 길게 늘어선 방어선이 초병선 전쟁을 수행할수 있는 수단이라는 것은 분명하다. 전쟁터의 전체 지역을 정말로 이런 식으로 직접 보호해야 한다면 방어선은 대부분의 경우에 필연적으로 초병선 전쟁에 이르지 않을 수 없을 것이다. 대부분의 전쟁터는 매우 넓은 반면에, 방어를 하려고 정해 놓은 전투력의 자연스러운 전술적인 넓이는 매우 작기 때문이다. 하지만 공격자는 그때의 상황과 군대 자체의 시설 때문에 일정한 방향과 도로에 묶여 있고, 이 방향과 도로에서 지나치게 많이 벗어나면 상대가 극히 수동적인 방어자라고 해도 지나치게 많은 불편함과 불리함을 겪을 것이다. 그래서 방어자에게는 대부분 이 방향과 도로에서 좌우로 몇 마일이나 며칠의 행군 거리에 있는 지역을 보호하는 것만 중요하다. 이 보호는 주요 도로와 접근로에 방어 초병 부대를 두고, 그 중간 지역에 정찰 초병 부대를 두는 것으로 언제든지 다시 할 수 있다. 물론 그 결과로 공격자는 두 초병 부대 사이를 하나의 종대로 통과할 수 있고, 두 초병 부대 중에 어느 하나의 초병 부대에 의도한 공격을 여러 방향에서 할 수도 있다. 하지만 그 초병 부대도 어느 정도 그런 공격에 준비되어 있다. 측면을 지형에 의지할 수도 있고, 측면 방어를 (이른바 방향 전환을) 할 수도 있고, 배후에 남아 있는 예비 병력이나 옆초병 부대에 있는 약간의 병력에게 도움을 얻을 수도 있다. 이런 식으로 초병

---

11. 묄렌도르프(Wichard Joachim Heinrich von Möllendorf, 1724~1816), 프로이센의 원수.

부대의 수는 더 줄어들게 되고, 그 결과로 그런 방어를 하는 군대는 일반적으로 4개나 5개의 중요한 초병 부대에 분할되는 것이 보통이다.

전쟁터로 통하는 주요 접근로가 지나치게 멀리 있고 적으로부터 위협을 받고 있는 경우에는 이 접근로를 보호할 특별한 중심점을 만들게 된다. 그러면 그것은 이를테면 큰 전쟁터 안의 작은 전쟁터를 이루게 된다. 그래서 오스트리아 군대는 7년 전쟁 동안에 주력 군대를 대부분 니더슐레지엔의[12] 산에 있는 4개에서 5개의 초병 부대에 배치한 반면에, 오버슐레지엔에는 하나의 소규모 군단이 어느 정도 독립된 상태에서 그와 비슷한 방어 체계를 갖추고 있었다.

그런 방어 체계는 직접 보호를 해야 하는 지역에서 멀어질수록 이동, 적극적인 방어, 심지어 공격적인 수단에서 그만큼 많은 도움을 받아 그 지역을 보호해야 한다. 어느 군대는 예비 병력으로 간주되고, 더욱이 어느 초병 부대는 당장 필요하지 않은 병력으로 다른 초병 부대에게 신속한 도움을 준다. 이런 지원은 정말로 공격을 받고 있는 아군의 배후에서 아군의 수동적인 저항을 강화하고 새롭게 하려고 병력을 급히 이동할 때, 또는 적을 측면에서 공격할 때, 또는 심지어 적의 후퇴로를 위협할 때 일어난다. 공격자가 초병 부대의 측면을 공격에 의하지 않고 병력의 배치로 위협하면서 이 초병 부대의 연결에 영향을 미치려고 하면, 방어자는 그 목적을 이루려고 하는 공격자의 전진 부대를 정말로 공격하든지, 아니면 공격자의 병참선에 영향을 미치면서 보복의 길로 나아가게 된다.

그래서 이 방어의 근본 바탕이 아무리 수동적인 성질을 갖는다고 해도 이 방어는 많은 적극적인 수단을 받아들여야 하고, 그러면 복잡한 상황에 대해 여러 가지 방식으로 미리 준비를 할 수 있다. 방어에서도 보통 적극적인 수단, 심지어 공격적인 수단을 제일 많이 쓸 수 있는 상황을 더 좋은 것으로 본

---

12. 니더슐레지엔(Niederschlesien), 슐레지엔의 북서부 지역. 니더슐레지엔의 대부분의 지역은 오늘날 폴란드에 속한다. 이 지역의 수도는 브레슬라우.

다. 하지만 그런 것을 쓰는 것은 한편으로 지형의 특성, 전투력의 상태, 최고 지휘관의 재능에 많이 달려 있다. 다른 한편으로 이 방식에서는 대개 이동이나 다른 적극적인 수단에 대해 너무 많은 것을 기대하기 쉽고, 강력한 지형적인 장애물이 주는 지역의 방어에 대해 너무 많은 것을 맡기기 쉽다. 이상으로 길게 펼쳐진 방어선이 무엇을 의미하는지 충분히 논의했다고 생각한다. 이제 세 번째의 수단, 즉 신속한 측면 이동을 통해 적의 정면을 막는 수단을 다루도록 한다.

이 수단은 필연적으로 여기에서 논의하고 있는 지역 방어의 도구에 속한다. 한편으로 방어자는 때로 진지를 매우 넓게 배치하는데도 적의 위협을 받고 있는 자기 나라의 모든 접근로를 점령하고 있을 수 없다. 다른 한편으로 방어자는 많은 경우에 자신의 핵심 병력을 이끌고 적의 핵심 병력이 공격하려고 하는 초병 부대 쪽으로 갈 수 있어야 한다. 그렇지 않으면 그 초병 부대는 너무 쉽게 적의 손에 떨어질 것이다. 마지막으로 자신의 병력을 수동적인 저항을 하도록 넓게 배치된 진지에 자발적으로 묶어 두려고 하지 않는 최고 지휘관은 대체로 지역을 보호한다는 목적을 그만큼 신속하고 신중하고 잘 준비된 이동으로 이루어야 한다. 무방비 상태에 있는 지역이 많을수록 그는 이동할 때 그만큼 완벽해야 하고 늘 알맞은 때에 전진해야 한다.

이와 같은 노력의 자연스러운 결과로 방어자는 언제나 그런 경우에 병력을 배치할 수 있는 진지를 발견하게 되고, 방어자의 군대는 (또는 그 군대의 일부만이라도) 그 진지에 도달하자마자 적이 공격할 생각을 하지 못할 만큼 충분한 유리함을 얻게 된다. 이런 진지는 언제 어디에나 있고, 이때는 진지에 도달하는 것이 중요하기 때문에 이 진지는 이와 같은 전쟁 수행 전체에서 이를테면 주조음(主調音)이 되고, 그래서 앞에서 이런 전쟁 수행을 **초병선 전쟁**이라고 부른 것이다.

병력의 넓은 배치와 상대적인 저항은 본래 **대규모 결전을 치르지 않는** 전쟁에서는 대규모 결전을 치를 때만큼 위험하지 않다. 이와 마찬가지로 측면 행군으로 적의 전진을 막는 것도 대규모 결전을 치르는 순간만큼 걱정하지 않아도 된다. 단호한 적이 대규모 결전을 치를 수 있고 치르려고 하고, 그래서 병력의 엄청난 소모를 두려워하지 않는다면, 이런 적에 대해 중대한 순간에 적의 어느 진지로 성급하게 전진하려고 하는 것은 절반쯤 결정적인 패배로 이어질 것이다. 전력을 다하는 적의 무자비한 공격에 대해 그제야 비틀거리며 성급하게 진지를 찾는 것은 성공하지 못할 것이기 때문이다. 하지만 적이 두 주먹으로 공격하지 않고 단지 손가락만으로 공격한다면, 큰 결과는 말할 것도 없고 그런 결과를 낼 실마리조차 쓸 줄 모른다면, 작은 희생으로 적당한 이익만 찾는다면, 그런 적에 대해서는 이런 종류의 저항을 성공적으로 수행할 수 있다.

그 당연한 결과로서 이런 수단도 일반적으로 원정이 시작될 때보다 원정의 후반부에 많이 나타난다.

여기에서도 참모 본부는 지형학적인 지식에서 여러 가지 관련을 갖는 수단의 체계를 완성할 기회를 갖는다. 그 체계는 진지와 진지에 이르는 길을 선택하고 준비하는데 관련되는 것이다.

결국 한쪽은 어느 지점에 도달하는 것을 목표로 삼고 다른 쪽은 이를 막는 것을 목표로 삼을 때, 양쪽 군대는 적의 눈앞에서 이동해야 하는 경우를 자주 맞게 된다. 그러면 이런 이동은 다른 때라면 필요하지 않을 정도의 조심성과 정확성을 갖고 준비해야 한다. 이전에 주력 군대가 독자적인 사단으로 분할되지 않았고 행군할 때도 늘 분할될 수 없는 하나의 전체로 간주되었던 시대에는 그런 조심성과 정확성이 훨씬 많은 번거로움과 전술적인 기교의 큰 소모를 불러일으켰다. 물론 바로 그와 같은 경우에는 주력 군대가 아직 도착하지 않았더라도 때로 몇몇 여단이 작은 전투를 하는데 급히 투입되어야 했고 몇몇 지점의 안전을 확보해야 했고, 그래서 독자적인 역할을 맡아야 했고 적과 전투를 할 준비를 해야 했다. 하지만 이것은 **변칙적인 상황**이었고 지금도 그러하다. 일반적인 행군 대형은 늘 군대 전체를 질서정연한 대형으로 유지하는 것과 그런 임시변통을 되도록 피하는 것을 목표로 삼았다. 이제는 주력 군대의 일부를 이루는 부대가 독립적인 부대로 분할되어 있고, 이 부대가 스스로 적군 전체와 전투를 시작할 수도 있고, 다른 부대가 근처에 있기만 하다면 전투를 계속할 수도 있고 끝낼 수도 있다. 이제는 적의 눈앞에서 그런 측면 행군을 하는 것도 별로 어렵지 않다. 다른 경우에는 행군 대형의 본래 메커니즘에 따라 이루어야 했던 것을 이제는 하나하나의 사단을 미리 보내든지, 다른 사단을 신속하게 행군하도록 하든지, 군대 전체를 더욱 자유롭게 활용하여 이룬다.

여기에서 살펴본 방어자의 수단을 통해 공격자가 요새, 넓은 지역, 창고를 점령할 수 없도록 해야 한다. 그런 수단을 통해 방어자가 언제든지 공격자에게 전투를 하려고 하면 공격자는 그런 것을 점령할 수 없다. 그런 전투에서 공격자는 승리할 개연성이 지나치게 낮고, 전투에서 패배하는 경우에 반격의 위험이 지나치게 크고, 일반적으로 공격자의 목적과 상황에 비해 힘을 지나치게 많이 소모하게 된다.

방어자가 자기의 기술과 준비를 통해 승리의 기쁨을 경험한다면, 또 공격자가 어디에서나 볼 수 있는 상대의 현명한 조치 때문에 그저 그런 희망이나마 이룰 수 있는 일체의 전망을 잃었다면, 공격의 원리는 때로 군대의 명예만이라도 충족하는 것으로 해결책을 찾는다. 어느 하나의 중요한 전투에서 승리하면 군대는 훌륭하다는 명성을 얻는다. 최고 지휘관, 궁정, 군대, 인민의 허영심은 충족된다. 이와 함께 자연스럽게 모든 공격에 걸고 있는 기대도 어느 정도 충족된다.

그래서 공격자는 단지 승리하고 전리품을 얻을 목적으로 약간의 중요한 전투에서 승리하는데 마지막 희망을 건다. 이것을 모순에 빠지는 것이라고 생각할 필요는 없다. 우리는 여기에서 아직 우리 자신의 전제 조건에 머물러 있기 때문이다. 그 전제 조건은 공격자가 전투에서 승리하면 앞에 말한 목표 중에 어느 하나의 목표에 이를 수 있는데, 이 모든 전망을 방어자의 훌륭한 수단이 빼앗았다는 것이다. 이 전망을 달성하려면 두 가지 조건이 필요할 것이다. 하나는 전투의 상황이 유리하다는 것이고, 다른 하나는 승리하면 정말 그 목표 중의 하나에 이른다는 것이다.

첫째 조건은 둘째 조건이 없어도 일어날 수 있다. 그래서 방어자의 하나하나의 군단이나 초병 부대는 공격자가 전쟁터에서 더 많은 이익을 얻으려고 할 때보다 단지 전쟁터의 명예만 얻으려고 할 때 불리한 전투에 빠질 위험이 훨씬 커질 것이다.

우리가 완전히 다운의 입장이 되어서 그의 사고 방식으로 생각하면 다음과 같은 것을 이해할 수 있다. 첫째로 그는 그날의 승리만 얻을 생각이었기 때문에 과감하게 호크키르히에 대한 기습을 감행할 수 있었다.[13] 둘째로 프리드리히 대왕에게 드레스덴과 나이세를 포기하지 않을 수 없도록 했던 중대한 승리는 완전히 다른 임무에서 나온 것이고, 다운은 그 임무를 수행할 생각이 없었다.[14]

이것을 사소한 구분이라고, 심지어 쓸데없는 구분이라고 생각해서는 안 된다. 오히려 그것은 제일 깊은 곳에 뿌리박고 있는 전쟁의 특징과 관련되어 있다. 전투의 의의는 전략에서 전투의 영혼이다. 아무리 반복해서 말해도 지나치지 않은 것은 전략에서 중요한 모든 것은 언제나 양쪽 군대의 마지막 목적에서 나온다는 것이다. 이는 모든 중요한 생각이 모든 사고 체계의 결론에서 나오는 것과 같다. 그래서 이 전투와 저 전투 사이에는 전혀 동일한 도구라고 간주할 수 없는 전략적인 차이를 볼 수 있다.

공격자가 조그마한 승리를 얻었다고 해서 방어자가 심각하게 불리해진다고 볼 수는 없다. 그럼에도 방어자는 적에게 그런 이익도 호락호락 내주고 싶어 하지 않고, 더욱이 우연히 그 이익과 결부되어 무슨 일이 생길지 전혀 알 수 없다. 이런 이유 때문에 중요한 군단과 초병 부대의 상황에 대해 끊임없는 주의를 기울이는 것은 방어자에게 특별한 임무이다. 물론 이때 대부분의 문제는 이 군단 사령관들의 현명한 행동에 달려 있다. 하지만 그 군단 사령관들은 최고 지휘관의 부적절한 결정에 의해서도 피할 수 없는 파국에 말려들

---

13. 다운은 1758년 10월 14일 새벽 호크키르히에서 프로이센 군대의 보루 진지에 기습을 감행하여 성공했다.
14. 프로이센 군대는 드레스덴을 포위했지만(1760년 7월 16~28일), 다운이 이 포위를 풀었다.

수 있다. 이와 같은 예로 란데스훗에 있던 푸케의 군단과[15] 막센에 있던 핑크의 군단을[16] 떠올리지 않을 사람이 있을까?

프리드리히 대왕은 이 두 가지 경우에 상투적인 관념이 주는 효과에 지나치게 많이 의지했다. 푸케가 란데스훗의 진지에서 10,000명의 병력으로 정말 30,000명의 병력을 성공적으로 공격할 수 있고, 핑크가 모든 방향에서 밀려드는 압도적으로 우세한 적에게 저항할 수 있다고 생각한 것은 아니다. 대왕은 단지 란데스훗의 강력한 진지는 이제까지 그랬던 것처럼 유효한 어음으로 받아들여질 것이고, 다운에게는 측면 양동을 하여 작센의 불편한 진지에서 보헤미아의 편안한 진지로 옮길 수 있을 것이라고 생각했다. 이 경우에 대왕은 란데스훗에서는 라우돈을, 막센에서는 다운을 잘못 판단했다. 바로 여기에 대왕의 오판의 원인이 있었다.

지나치게 거만하거나 무모하지 않고 고집이 세지 않은 최고 지휘관도 이런 잘못을 저지를 수 있다. 프리드리히 대왕이 내린 몇몇 수단에 대해서도 사람들은 아마 비난을 할 수 있을 것이다. 그런 잘못을 제외한다고 해도 이 문제와 관련하여 언제나 큰 어려움이 있다. 즉 최고 지휘관이 군단 사령관들의 통찰력, 굳은 의지, 용기, 성격으로부터 늘 바람직한 것을 얻을 것이라고 기대할 수 없다는 것이다. 그래서 그는 모든 것을 그들의 판단에 맡길 수 없고, 그들에게 많은 것을 명령하지 않으면 안 된다. 이런 명령 때문에 군단 사령관들의 행동은 제한되고, 그 행동이 눈앞에서 벌어지는 어느 상황과 맞지 않을 수 있다. 이것은 완전히 어찌할 수 없는 폐해이다. 명령을 내리고 지배하는 최고 지휘관의 의지는 군대의 말단 부대까지 침투해야 하고, 이런 의지 없이는 군대를 제대로 지휘할 수 없다. 부하 사령관들이 언제나 최선을 다할 것이라고 믿고 기대하는 습관에 젖은 자는 이미 그 때문에 군대를 훌륭하게 지휘하

---

15. 푸케의 군단은 1760년 6월 23일에 란데스훗에서 라우돈이 이끄는 오스트리아 군대에게 패배했고, 푸케는 포로가 되었다.
16. 핑크의 군단은 1759년에 막센에서 다운이 지휘하는 오스트리아 군대에게 패배하여 11월 21일에 항복했다.

는데 전혀 맞지 않을 것이다.

그래서 모든 군단과 초병 부대가 예상치 못한 파국에 빠지지 않도록 하려면 그 군단과 초병 부대의 상황을 늘 날카롭게 살펴보아야 한다.

이 모든 네 가지 노력은 현상의 유지를 목표로 하고 있다. 그 노력이 순조롭게 진행되어 성과를 거둘수록 그 지점의 전쟁은 그만큼 오래 계속될 것이다. 그런데 전쟁이 어느 지점에서 오래 계속될수록 식량 조달 문제도 그만큼 중요해질 것이다.

식량은 현지에서 징발하고 공급받는 대신에 처음부터 아니면 적어도 곧바로 창고에서 조달하게 된다. 그때그때 그 지방의 운송 수단을 징발하는 대신에 곧 상설 수송대를 설치하게 된다. 수송대는 그 지방의 운송 수단일 수도 있고 군대 자체에 속하는 수송대일 수도 있다. 요컨대 식량 조달은 명확한 규칙에 따라 운영되는 창고 조달 방식에 근접하게 되고, 이 점에 대해서는 이미 제5편의 식량 조달에 관한 장에서 말했다.

하지만 식량 조달이 이런 전쟁 수행에 큰 영향을 미치는 문제는 아니다. 이런 식의 전쟁 수행은 그 임무와 성격상 매우 좁은 공간에 제한되어 있기 때문에 식량 조달이 중요한 역할을 할 수 있고, 심지어 매우 결정적인 역할을 할 수도 있다. 하지만 그것이 전쟁 수행 전체의 성격을 바꾸지는 못할 것이다. 이와 달리 상대의 병참선에 대한 양쪽의 영향은 두 가지 이유 때문에 훨씬 큰 중요성을 띠게 될 것이다. 첫째로 그런 원정에는 더 크고 강력한 수단이 없기 때문이고, 그래서 최고 지휘관이 좀 더 약한 수단으로 원정을 수행해야 하기 때문이다. 둘째로 이때 그런 약한 수단의 효과를 기다리는데 필요한 시간이 없지 않기 때문이다. 그래서 방어자에게 자신의 병참선의 안전을 확보하는 일은 특별한 중요성을 갖는 문제로 보일 것이다. 물론 방어자의 병참선을 차단하는 것이 공격자의 공격 목적일 수는 없지만, 그것은 방어자를 후퇴하도록 압박하여 다른 수단을 포기하도록 하는데 매우 효과적인 수단이 될 수 있다.

전쟁터의 공간 자체를 보호하는 모든 수단은 당연히 병참선을 보호하는 효과도 갖고 있어야 한다. 그래서 병참선의 보호는 부분적으로 전쟁터의 보호 안에 들어 있다. 여기에서는 병참선의 안전을 확보하는 것이 병력을 배치할 때 제일 중요한 조건이라는 것을 언급하는 것으로 그친다.

병참선의 안전을 확보하는 **특별한** 수단은 하나하나의 수송대를 호위하는 작은 부대 또는 상당히 큰 규모의 부대이다. 한편으로 제아무리 넓게 배치된 진지도 병참선의 안전을 확보하는데 언제나 충분한 것은 아니고, 다른 한편으로 최고 지휘관이 병력을 넓게 배치하는 것을 피하려고 하는 바로 그곳에 그런 호위를 해야 하는 일이 생긴다. 그래서 템펠호프의 『7년 전쟁의 역사』를 보면 프리드리히 대왕이 식량 마차를 하나하나의 보병 연대나 기병 연대로, 때로는 모든 여단으로 호위하게 했던 수많은 예를 볼 수 있다. 오스트리아 군대의 경우에는 그런 예를 전혀 볼 수 없다. 그 이유는 한편으로 오스트리아 군대에 그 상황을 자세하게 서술한 역사가들이 없었기 때문이지만, 다른 한편으로는 오스트리아 군대가 언제나 훨씬 넓은 진지를 차지하고 있었기 때문이기도 하다.

이상으로 모든 공격적인 요소와 본질적으로 전혀 상관없는 네 가지의 노력을 살펴보았는데, 이 노력은 결전을 하려고 하지 않는 경우에 방어의 바탕을 이루는 것이다. 이제 그런 노력에 이를테면 양념을 쳐서 어느 정도 섞을 수 있는 공격 수단에 대해 약간 말하도록 한다. 이 공격 수단은 주로

1. 적의 병참선에 영향을 미친다. 여기에는 바로 적의 보급 창고에 대한 행동도 넣으려고 한다.

2. 적을 견제하고 적이 있는 지역을 순찰한다.

3. 적의 군단과 초병 부대를 공격한다. 상황이 좋을 때는 적의 주력 군대도 공격하든지, 혹은 공격하려고 위협하는 것만으로도 충분하다.

첫 번째 수단은 이런 종류의 모든 원정에서 끊임없이 효과를 내지만, 그 효과는 이를테면 완전히 조용하게 나타나고 실제의 모습을 드러내지 않는다. 방어자의 모든 진지는 공격자의 병참선을 불안하게 하는 것을 통해 대부분의 효과를 낸다. 앞에서 결전을 하려고 하지 않는 방어에서 말한 것처럼 그런

전쟁에서는 식량 조달이 결정적으로 중요한 문제이고, 이는 공격자에게도 마찬가지이다. 그래서 공격자는 방어자의 진지에서 비롯될 수 있는 공격적인 행동을 고려하여 전략적인 계획의 대부분을 결정하게 된다. 이 점은 공격 편에서[17] 한 번 더 언급할 것이다.

진지의 선택에 의한 이런 일반적인 효과는 역학에서 압력처럼 **눈에 보이지 않는** 효과를 내는데, 이런 일반적인 효과뿐만 아니라 일부 전투력으로 적의 병참선에 실제로 공격적인 전진 행동을 하는 것도 그런 종류의 방어 영역에 속한다. 그것을 유리하게 하려면 **병참선의 위치, 지형의 성질, 전투력의 특성**이 매우 적절해야 한다.

적의 지역을 순찰하는 것은 보복을 목적으로 하는 경우도 있고 약탈을 하여 이익을 얻을 목적으로 하는 경우도 있는데, 이런 순찰은 본래 방어 수단이라고 간주할 수 없다. 그것은 오히려 말 그대로 공격 수단이다. 그런 순찰은 본래의 견제의 목적과 결합되는 것이 보통이다. 견제는 아군에 맞서는 적의 병력을 약하게 하려는 목적을 갖고 있고, 그래서 진정한 방어 수단이라고 간주할 수 있다. 견제는 공격에서도 잘 쓸 수 있고, 그 자체로 실제로 공격이기 때문에 이에 대해서는 다음 편에서 좀 더 자세히 다루는 것이 더 적절하다고 생각한다.[18] 이 수단을 여기에서 말한 것은 아무리 작은 무기라고 해도 방어자가 전쟁터에서 갖고 있는 모든 공격용 무기를 완전하게 설명하려고 하기 때문이다. 그리고 임시로 다음의 한 가지만 더 말하도록 한다. 즉 견제 수단은 그 범위와 중요성을 크게 높일 수 있고, 전쟁 전체에 공격을 하고 있다는 **겉모습**과 명예를 부여한다는 것이다. 그래서 폴란드, 보헤미아, 프랑켄에 대한 프리드리히 대왕의 대규모 행동은 1759년의 원정이 시작되기 전에 이미 일어났다고 할 수 있다. 대왕의 원정 자체는 분명히 순수한 방어였지만, 대왕이 적의 지역으로 들어간 것은 그 원정에 공격의 성격을 부여했다. 그리고 그런 성

---

17. 다음의 제3권 제7편.
18. 견제에 대해서는 제3권 제7편 제20장 참조.

격은 대왕의 정신적인 영향력 때문에 특별한 의의를 갖게 되었다.

공격자의 군단이나 주력 군대에 대한 공격은 방어 전체를 보충하는데 필요한 수단이라고 생각해야 한다. 이는 공격자가 상황을 지나치게 간단하게 해결하려고 하고, 그래서 몇몇 지점에서 큰 약점을 보이는 모든 경우에 해당한다. 이런 암묵적인 조건 아래에서 모든 방어 행동이 일어나는 것이다. 그런 경우에도 방어자는 적의 병참선에 영향을 미치는 경우처럼, 공격의 영역으로 한 걸음 더 나아갈 수도 있고, 적과 마찬가지로 유리한 일격을 할 때를 기다리는 것을 특별한 수단으로 삼을 수도 있다. 이런 종류의 방어에서 어느 정도의 성과를 내려면 방어자는 병력에서 적에 비해 두드러지게 우세해야 하는데, 이는 물론 일반적으로는 방어의 본질에 어긋나지만 일어날 수 있는 경우이다. 그렇지 않으면 병력을 대규모로 집결할 수 있는 체계와 능력을 갖추고 있어야 하고, 다른 측면에서 희생할 수밖에 없는 것을 활발한 이동으로 보충해야 한다.

7년 전쟁에서 다운의 경우는 전자에 해당했고, 프리드리히 대왕의 경우는 후자에 속했다. 다운의 공격적인 행동은 거의 언제나 프리드리히 대왕의 지나친 대담성과 자기에 대한 모욕이 다운으로 하여금 공격을 하지 않을 수 없도록 했을 때만 볼 수 있었다. 호크키르히, 막센, 란데스훗에서 그러했다. 이와 달리 프리드리히 대왕은 주력 군대로 다운의 이 군단 저 군단에게 약간이라도 손해를 입히려고 거의 끊임없이 이동했다. 이것이 성공을 거둔 일은 드물었고, 성공을 거둔다고 해도 그 성과는 결코 크지 않았다. 다운이 크게 우세하면서도 보기 드문 조심성과 신중함을 갖고 있었기 때문이다. 하지만 그럼에도 대왕의 노력이 아무런 효과도 없었다고 생각해서는 안 된다. 오히려 그런 노력은 매우 효과적인 저항이었다. 다운이 대왕과 치르게 될지 모르는 불리한 전투를 피하려고 주의하고 긴장하지 않을 수 없었기 때문이고, 이로 인해 다운의 병력이 무력해졌기 때문이다. 그 병력은 다른 경우라면 공격적인 전진을 하는데 이바지했을 것이다. 이는 1760년의 슐레지엔 원정만 생각해도 알 수 있다. 이 원정에서 다운과 러시아 군대는 대왕이 지금은 이쪽에서 공격하고 다음에는 저쪽에서 공격하여 패배할지도 모른다는 터무니없는 걱정 때문에 한 발짝도 앞으로 나아갈 수 없었다.

이상으로 결전을 하지 않는 경우에 전쟁터의 방어에서 지배적인 관념, 탁월한 노력, 그래서 모든 행동의 발판을 형성하게 되는 모든 문제를 다루었다고 생각한다. 우리는 이 문제를 주로 늘어놓은데 지나지 않지만, 이는 모든 전략적인 행동의 연관성을 조망하려고 했기 때문이다. 이 문제는 현실의 하나하나의 수단에서 나타나는데, 진지나 행군 등과 같은 수단은 이미 앞의 여러 장에서 자세히 살펴보았다.

이 문제를 한 번 더 전체적으로 바라보면 다음과 같은 것을 말하지 않을 수 없다. 즉 여기에서 생각하고 있는 경우처럼, 공격의 원리가 매우 약하고 결전을 하려는 양쪽의 의욕이 매우 낮고 적극적인 자극이 매우 낮고 힘을 막고 억제하는 내부적인 균형이 매우 많은 경우에 공격과 방어의 본질적인 차이는 점차 사라진다는 것이다. 물론 원정을 시작할 때는 한쪽이 다른 쪽의 전쟁터로 전진할 것이고, 이 때문에 어느 정도 공격의 형태를 띠게 된다. 하지만 한쪽이 곧바로 적의 영토에 있는 자기의 점령 지역을 방어하는데 자기의 모든 병력을 쓰는 일이 일어날 수도 있고, 실제로 이런 일이 매우 자주 일어나기도 한다. 그러면 양쪽은 대치하고, 결국 상대를 관찰하게 된다. 양쪽은 아무 것도 잃지 않으려고 생각하고, 이익을 얻으려고 아마 똑같이 고심할 것이다. 심지어 프리드리히 대왕의 경우처럼 본래의 방어자가 이 점에서 적을 앞서는 일이 일어날 수도 있다.

공격자가 전진하는 자로서 갖는 입장을 포기할수록, 방어자가 공격자의 위협을 덜 받을수록, 방어자가 안전이라는 긴급한 필요 때문에 엄격하게 방어에만 몰두할수록, 양쪽의 상황에는 그만큼 많은 균형이 나타난다. 이런 균형 상태에서는 양쪽의 활동이 적으로부터 유리함을 **빼앗고** 자기 쪽의 모든 불리함을 예방하는 쪽으로 기울게 된다. 그래서 진정한 전략적인 **기동**을 하는 쪽으로 기울게 된다. 양쪽의 상황이나 정치적인 목적이 대규모의 결전을 허락하지 않으면, 분명히 모든 원정은 어느 정도 이런 성격을 띠게 된다.

전략적인 기동에 대해서는 다음 편에 따로 하나의 장을 마련했다.[19] 하지만 양쪽 병력의 균형 잡힌 움직임이 이론에서 때로 잘못된 의미로 쓰이고 있기 때문에 주로 방어에 나타나는 기동에 대해서는 여기에서 자세히 언급하는 것이 필요하다고 생각한다.

우리는 그것을 병력의 균형 잡힌 움직임이라고 불렀다. 병력 전체의 이동이 없는 곳에는 균형이 존재한다. 큰 목적을 추구하지 않으면 전체의 이동도 없다. 그런 경우에는 양쪽의 병력에 아무리 많은 차이가 난다고 해도 양쪽 군대가 균형 상태에 있는 것이라고 보아야 한다. 전체의 이런 균형에서도 더 작은 행동과 더 사소한 목적을 달성하려는 하나하나의 동기가 생겨날 수 있다. 이런 작은 행동이 일어날 수 있는 것은 그 행동이 더 이상 대규모의 결전과 큰 위험의 압력 아래에 놓여 있지 않기 때문이다. 그래서 일반적으로 승패의 대상이 될 수 있는 것은 도박의 작은 패로 바뀌고, 전체 활동은 더 작은 행동으로 쪼개진다. 약간의 보상을 얻으려는 소규모의 행동에 의해 양쪽의 최고 지휘관 사이에 어느 쪽의 수완이 더 좋은지 하는 싸움이 일어난다. 하지만 전쟁에서는 우연이나 행운의 개입을 결코 완벽하게 배제할 수 없기 때문에 그 싸움도 도박이 되지 않을 수 없을 것이다. 그런데 여기에서 두 가치의 다른 질문이 생긴다. 즉 이런 기동에서는 모든 것이 단 한 번의 대규모 행동으로 집약되는 경우보다 우연이 결전에 관여하는 정도가 더 적은 것은 아닌지, 그리고 깊이 생각하는 지성이 결전에 관여하는 정도가 더 많은 것은 아닌지 하는 것이다. 우리는 두 번째 질문에 대해 긍정해야 할 것이다. 전체 병력이 많이 나뉘어 있을수록, 시간을 개별적인 순간으로 고려하고 공간을 개별적인 지점으로 고려하는 일이 잦을수록, 분명히 계산의 영역, 그래서 깊이 생각하는 지성의 지배력은 그만큼 늘어날 것이다. 깊이 생각하는 지성이 얻는 것은 부분적으로 우연의 지배에서 벗어나겠지만, 반드시 전부 벗어나는 것은 아니기 때문에 첫 번째 질문에도 긍정으로 대답할 필요는 없다. 즉 깊이 생각하는 지성이

---

19. 제3권 제7편 제13장 참조.

최고 지휘관의 유일한 정신력은 아니라는 것을 잊어서는 안 된다. 용기, 의지력, 결단력, 신중함 등도 단 한 번의 대규모 결전으로 모든 것이 결정될 때는 큰 효과를 내는 특징이다. 하지만 그런 특징은 양쪽 병력의 균형 잡힌 움직임에서는 별로 효과를 내지 못할 것이고, 빈틈없는 계산이 크게 중요해지면 우연뿐만 아니라 그런 정신적인 특징이 관여하는 여지도 줄어들게 된다. 다른 한편으로 그런 빛나는 특징은 대규모 결전의 순간에는 우연의 지배를 대부분 빼앗을 수 있고, 빈틈없는 계산이 우연에 맡겨야 했던 것을 이를테면 한 번에 장악할 수 있다. 대규모 결전에서는 몇 개의 전투력이 충돌하고 있다. 그리고 양쪽 병력의 균형 잡힌 움직임에서 작은 승리들을 합치는 경우보다 대규모 결전에서 우연이 더 많이 개입한다고 주장할 수도 없다. 양쪽 병력의 균형 잡힌 움직임에서 주로 어느 쪽의 기술이 더 좋은지 하는 전투를 보게 된다면, 그것은 단지 빈틈없는 계산을 하는 기교와 관련되는 것에 지나지 않고, 전쟁에 나타나는 전체적인 탁월함과 관련되는 것은 아니다.

전략적인 기동의 이런 측면이 앞에서 말한 것과 같은 잘못된 의미를 전쟁 전체에 주는 원인이 되었다. 첫째로 사람들은 양쪽 병력의 균형 잡힌 움직임에서 나타나는 최고 지휘관의 기교를 그의 모든 정신적인 능력과 혼동했다. 그런데 이것은 큰 잘못이다. 이미 말했듯이 대규모 결전의 순간에는 최고 지휘관의 다른 정신적인 특징이 (용기, 의지력, 결단력, 신중함 등) 상황의 압력을 압도할 수 있다는 것을 부정해서는 안 되기 때문이다. 이런 압도적인 힘이 훌륭한 감수성과 순간적인 정신이 (이것은 오랜 시간 생각하지 않아도 거의 무의식적으로 생겨나는 것인데) 주는 충격 이상이라면, 그 힘을 전쟁술의 진정한 시민이 아니라고 말할 수 없다. 전쟁술이 반드시 순수한 지성의 행동도 아니고, 지성의 활동이 전쟁술에서 최고 수준의 활동도 아니기 때문이다. 둘째로 이전에는 원정에서 대규모 결전이 일어나지 않는 것을 한쪽 최고 지휘관 또는 양쪽 최고 지휘관의 기교 때문이라고 생각했지만, 그것의 제일 중요한 일반적인 이유는 언제나 전쟁을 양쪽 병력의 균형 잡힌 움직임으로 만드는 일반적인 상황 때문이다.

문명화된 나라 사이의 전쟁이 대부분 상대를 쓰러뜨리는 것보다 관찰하는 것을 목적으로 삼았기 때문에 대부분의 원정은 자연스럽게 전략적인 기동의 성격을 띠어야 했다. 사람들은 이런 원정 중에 유명하지 않은 최고 지휘관들이 보여 준 원정은 무시했다. 하지만 사람들의 이목을 한 몸에 받고 있는 최고 지휘관 또는 튀렌과 몽테쿠콜리처럼[20] 당대의 쟁쟁한 두 최고 지휘관이 대치했을 때는 이 최고 지휘관들의 이름 때문에 그들의 모든 기동술에 매우 우수함이라는 최종 도장을 찍어 주었다. 그 결과로 사람들은 양쪽 병력의 균형 잡힌 움직임을 전쟁술의 최고봉이자 최고 수준의 산물이라고 간주했고, 그래서 전쟁술이 주로 연구해야 하는 원천이라고 간주했다.

　　이런 견해는 프랑스 혁명 전쟁 이전에 이론의 세계에서 상당히 일반적인 견해였다. 그런데 프랑스 혁명 전쟁은 단번에 전쟁 현상에서 완전히 다른 세계를 열었다. 그것은 처음에는 약간 거친 자연 그대로의 모습을 보여 주었지만, 그다음에 보나파르트가 등장하면서 대규모의 방법으로 통합되었고 (남녀노소를 막론하고) 경탄하지 않을 수 없는 성과를 낳았다. 그러자 사람들은 낡은 모범을 버리고 이 모든 것을 새로운 발견과 위대한 사상 등의 결과라고 생각했다. 하지만 그것은 사회 상태의 변화로 생긴 결과이기도 했다. 이제 낡은 것은 완전히 쓸모없게 되었고 결코 다시 나타나지 않을 것이라고 생각했다. 하지만 사상의 변혁기에는 늘 많은 당파가 생기듯이 이 경우에도 낡은 사상은 그 사상을 옹호할 기사들을 발견했다. 그들은 새로운 현상을 거친 폭력의 충돌이자 전쟁술의 전반적인 타락이라고 보았다. 그들은 양쪽이 균형을 이룬 채 실질적인 성과를 내지 않는 방식의 전쟁이 문명국의 목표이어야 한다는 생각을 갖고 있었다. 이 견해의 바탕에는 논리와 철학의 결함이 있기 때문에 그 견해는 단지 개념의 절망적인 혼란이라고 부를 수밖에 없다. 이와 반대로 낡은 견해는 더 이상 나타나지 않을 것이라는 생각도 경솔한 것이다. 전

---

20. 몽테쿠콜리(Raimondo Montecuccoli, 1609~1680), 신성 로마 제국의 장군. 오스트리아의 원수. 외교관이자 정치가로도 활동했다.

쟁술의 영역에 나타나는 최근의 현상 중에 극히 일부만 새로운 발명이나 사상 때문에 생겨난 것이고, 대부분은 새로운 사회 상태와 사회 관계에서 비롯된 것이다. 하지만 그런 것도 발효 과정에 있는 불안정한 상태에서는 곧바로 규범이 될 수 없다. 그래서 이전의 전쟁 상황의 대부분이 다시 나타날지 모른다는 것은 의심할 수 없다. 여기에서 이 문제를 더 자세히 다룰 수는 없다. 여기에서는 양쪽 병력의 균형 잡힌 움직임이 전체 전쟁 수행에서 차지하는 상황, 그 움직임의 의미, 그 움직임이 다른 문제와 갖는 내부적인 연관성을 통해 그런 움직임이 언제나 양쪽의 제한된 사회 관계의 산물이고, 폭력적인 요소가 매우 완화된 결과로 생긴 산물이라는 것을 보여 주는 것으로 충분하다. 이런 움직임에서 어느 최고 지휘관은 다른 최고 지휘관보다 교묘하게 행동할 수 있다. 그래서 전자의 병력이 후자보다 많으면 전자는 후자에 비해 많은 유리함을 얻을 수 있고, 전자의 병력이 후자보다 적으면 전자는 훌륭한 재능으로 후자와 균형을 유지할 수 있다. 하지만 이 점에서 최고 지휘관의 최고의 명예와 위대함을 찾으려고 하는 것은 문제의 본질에서 크게 벗어난다. 오히려 그런 원정은 양쪽 최고 지휘관 중에 아무도 위대한 재능을 갖고 있지 않든지, 아니면 재능 있는 최고 지휘관이 주어진 상황 때문에 대규모 결전을 감행하지 못하게 되었다는 것을 분명하게 보여 주는데 지나지 않는다. 하지만 그런 일이 일어난다면, 그런 경우는 전쟁에서 최고의 명예를 얻는 영역이 결코 아니다.

이상으로 전략적인 기동의 일반적인 성격에 대해 말했다. 이제 전략적인 기동이 전쟁 수행에 미치는 특수한 영향을 생각해야 한다. 특수한 영향이란 전략적인 기동이 전투력을 때로 중요한 도로나 장소에서 멀리 있는 지역으로, 또는 적어도 중요하지 않은 지역으로 이동하게 하는 것을 말한다. 순간적으로 나타나고 다시 사라지는 작은 이해 관계가 전쟁의 성격을 규정하는 경우에 그 나라의 대체적인 특징이 전쟁 수행에 미치는 영향은 매우 약하다. 그래서 전쟁의 매우 단순한 필요에 따르면 전투력이 결코 찾아서는 안 되는 지점으로 자주 밀고 들어가는 것을 보게 된다. 그 결과로 전쟁의 하나하나의 과정에서 일어나는 변동과 변화도 이 경우에는 대규모 결전을 치르는 전쟁의 경우보다 훨씬 많다. 이는 7년 전쟁의 마지막 다섯 번의 원정에서[21] 전체 상황은 늘 균형을 유지하고 있었는데도 하나하나의 원정이 번번이 얼마나 다른 모습을 띠고 있었는지 하는 것만 보면 알 수 있다. 정확히 보면 단 하나의 수단도 두 번 나타나지 않았다. 그럼에도 이 다섯 번의 원정에서 동맹 군대의 공격적인 태도는 그전의 대부분의 다른 전쟁보다 훨씬 강력했다.

대규모 결전이 일어나지 않는 경우의 전쟁터의 방어에 관한 이 장에서는 행동하는데 드는 노력만 보여 주었다. 즉 이런 노력의 관계, 상황, 성격만 보여 주었다. 그 안에 들어 있는 하나하나의 수단은 이미 앞에서 자세히 살펴보았다. 이제 이런 여러 가지 노력에서 이 노력 전체를 포괄하는 원칙, 규칙, 방법 등을 말할 수 있는지 하는 질문이 생길 수 있다. 이에 대해 우리는 다음과 같이 대답할 수 있다. 즉 역사에 비추어 보면 늘 반복되는 형태로는 어떤 일도 수행할 수 없지만, 여러 가지로 변하는 성질을 갖는 전쟁 전체에서는 경험의 원천에서 나오는 법칙 이외에 다른 이론적인 법칙은 거의 인정할 수 없다는 것이다. 대규모의 결전을 치르는 전쟁은 매우 단순할 뿐만 아니라 자연스럽고 내부적인 모순으로부터 자유롭고 객관적이고 내부적인 필연성의 법칙에 결부되어 있다. 그래서 이성이 그 전쟁에 형식과 법칙을 지시할 수 있다. 하지만 대규모의 결전이 일어나지 않는 전쟁에서는 그것이 훨씬 어렵게 보인다. 대규모의 전쟁 수행에 대해 우리 시대에 비로소 생겨난 이론의 두 가지 중요한 원칙, 즉 뷜로의 기지의 넓이와 조미니의[22] 내선의 진지도 전쟁터의 방어에 적용될 때는 경험상으로 결코 일관되고 효과적인 원칙을 보여 주지 못했다. 하지만 그것은 단지 형식으로 보면 바로 그런 경우에 제일 높은 효과를 나타

---

21. 다섯 번의 원정은 1760년의 토르가우 전투, 1761년의 콜베르크 전투와 분첼비츠 전투, 1762년의 슈바이드니츠 전투와 프라이베르크 전투를 말할 것이다.

22. 조미니(Antoine-Henri de Jomini, 1779~1869), 스위스 태생으로 나폴레옹의 군대에서 활동하다가(1804년) 나중에 러시아 군대로 옮겼다(1813년). 유명한 전쟁 이론가이다. 19세기의 전쟁술에 지대한 영향을 미쳤다. 대표 저서로 1838년에 브뤼셀에서 출간된 『전쟁술』(*Précis de l'art de la guerre*)이 있다.

내야 한다. 행동이 이루어지는 시간과 공간이 확대될수록 형식은 그만큼 큰 효과를 내고, 결과를 내는 다른 요소에 대해 그만큼 많은 영향을 미쳐야 하기 때문이다. 그럼에도 우리는 그 원칙이 이 문제에서 단지 하나의 측면에 지나지 않고, 특히 결정적인 유리함을 결코 주지 못한다고 본다. 수단과 상황의 특징이 모든 일반적인 원칙을 무효로 만들 만큼 큰 영향력을 미칠 수 있다는 것은 매우 분명하다. 다운에게는 병력의 배치를 넓히고 조심스럽게 선택하는 것이 중요했다면, 프리드리히 대왕에게는 주력 군대를 늘 집결하고 적 근처에 바싹 접근하고 임기응변의 행동을 할 수 있도록 준비하는 것이 중요했다. 이 두 가지 경우는 그 군대의 성격에서 비롯되었을 뿐만 아니라 그들의 형편에서 비롯되기도 했다. 임기응변의 행동을 하는 것은 책임을 지고 있는 최고 지휘관보다 어느 의미에서는 책임을 지지 않는 왕에게 훨씬 수월했을 것이다. 여기에서 다시 한 번 다음과 같은 것에 대해 분명히 주의를 환기하고자 한다. 즉 생겨날 수 있는 여러 가지 방식과 방법을 완전성의 여러 가지 단계로 보고, 하나의 단계를 다른 단계에 종속되어 있는 것으로 간주할 권리는 비판에게 없다는 것이다. 또한 여러 가지 방식과 방법은 나란히 존재할 수 있고, 어느 방법을 쓰면 좋은지 하는 것은 하나하나의 경우에 최고 지휘관의 판단에 맡겨야 한다.

군대, 나라, 상황의 특성에서 생겨날 수 있는 여러 가지 방식을 여기에 모두 늘어놓는 것은 우리의 의도라고 할 수 없다. 그런 것이 방어에 미치는 일반적인 영향은 이미 앞에서 말했다.

그래서 이 장에서는 어떠한 원칙, 규칙, 방법도 제시할 수 없다는 것을 고백한다. 역사에 그와 같은 것이 하나도 보이지 않기 때문이고, 그 반대로 사람들이 거의 모든 하나하나의 순간마다 전혀 이해할 수 없는 특징을 매우 자주 만나기 때문이고, 심지어 때로 놀라운 충격을 주는 특징을 만나기 때문이다. 그럼에도 역사를 이런 관점에서 연구하는 것이 불필요한 것은 아니다. 체계가 없고 진실을 알 수 있는 도구가 없는 경우에도 진실은 있다. 그리고 진실은 대부분 숙련된 판단력과 오랜 경험의 감각에 의해서만 발견된다. 그래서 역사가 아무런 공식도 주지 않으면, 이 경우에도 다른 경우와 마찬가지로 훈련된 판단력이 그런 공식을 준다.

여기에서는 단지 전체를 포괄하는 하나의 원칙만 내놓으려고 한다. 또는 오히려 이 장에서 말한 모든 것의 자연스러운 전제 조건을 하나의 독립적인 원칙의 형태로 새롭게 하고 독자들의 눈앞에 생동감 있게 제시하려고 한다.

여기에서 말한 모든 수단은 단지 상대적인 가치만을 갖는다. 그 모든 것은 어느 정도 양쪽 군대의 지불 불능의 판결 영역에 놓여 있다. 이 영역을 넘으면 더 높은 법칙이 지배하고 있고, 그곳은 완전히 다른 현상 세계이다. 최고 지휘관은 이것을 결코 잊어서는 안 되고, 안전하다는 착각으로 좁은 영역을 절대적인 곳으로 본 채 그 안에서만 움직여서는 결코 안 된다. 그는 여기에서 쓰는 수단을 반드시 필요한 것이고 유일한 것이라고 보아서는 결코 안 된다. 그 스스로 이미 그 수단의 불충분함에 겁을 먹고 떨고 있다면 그 수단을 잡으려고 해서도 안 된다.

여기에 내세운 관점에서 보면 그런 잘못은 거의 나타날 수 없을 것이다. 하지만 현실 세계에서는 그렇지 않다. 현실 세계의 문제는 이론 세계의 문제만큼 날카로운 대립을 보이지 않기 때문이다.

그래서 우리는 다시 다음과 같은 것에 주의를 기울여야 한다. 즉 우리는 우리의 생각에 분명함, 명확함, 힘을 실으려고 모든 방식 중에 완전하고 극단적인 대립만 고찰의 대상으로 삼았다는 것, 하지만 어느 전쟁의 구체적인 사례는 대부분 이 극단의 중간에 자리 잡고 있고, 그 사례가 극단에 접근하는 만큼만 극단의 지배를 받는다는 것이다.

그래서 극히 일반적으로 말하면, 최고 지휘관에게는 무엇보다 적이 대규모의 결정적인 수단으로 아군을 압도할 만한 의욕과 능력을 갖고 있는지 없는지 하는 것을 간파하는 것이 중요하다. 최고 지휘관이 그런 걱정을 하고 있다면 그는 작은 불리함을 피하려고 작은 수단을 쓰는 것은 포기해야 한다. 그러면 그에게는 자발적인 희생을 통해 더 좋은 상태에 들어서고 더 큰 결전에 대비하는 수단이 남게 된다. 다른 말로 하면, 제일 먼저 필요한 것은 최고 지휘관이 자기 일을 준비하는데 필요한 올바른 기준을 설정하는 것이다.

현실을 통해 이런 생각을 좀 더 명확하게 하려면 우리의 견해에서 볼 때 잘못된 기준을 쓴 몇 가지의 예를 대략적으로 언급하는 것으로 충분할 것이다. 즉 어느 최고 지휘관이 적의 단호한 행동을 크게 얕보고 자기의 수단을 잘못 쓴 몇 개의 예를 들 것이다. 1757년의 원정이 시작된 때부터 언급하기로 한다. 이때 오스트리아 군대의 진지를 보면 알 수 있는 것처럼, 그들은 프리드리히 대왕이 그처럼 단호한 공격을 할 것이라고 예상하지 못했다. 카알 폰 로트링엔 공작이[23] 자신의 모든 병력과 함께 항복할 위험에 빠졌을 때 피콜로미니의[24] 군단이 여전히 슐레지엔의 국경에 머물고 있었다는 것만 보아도 그들이 상황을 얼마나 완전하게 오해하고 있었는지 알 수 있다.

1758년에 프랑스 군대는 제벤 수도원 협약의[25] 효력에 대해 (수도원은 여기에 속하는 문제는 아니지만) 완전히 착각했을 뿐만 아니라 두 달 후에 프로이센 군대가 감행할 수 있었던 것을 판단하는 데도 완전히 잘못 생각했다. 그 결과로 프랑스 군대는 베저 강에서 라인 강에 이르는 지역을 잃게 되었다. 프리드리히 대왕이 1759년에 막센에서, 1760년에 란데스훗에서 적을 완전히 잘못 판단했고, 적이 그처럼 결정적인 수단을 쓰지 않을 것이라고 생각했다는 것은 이미 말했다.

하지만 기준의 오류에서 보면 1792년의 오류보다 큰 오류는[26] 전쟁사에

---

23. 카알 폰 로트링엔(Karl Alexander von Lothringen und Bar, 1712~1780), 오스트리아의 원수. 『전쟁론』에서 로트링엔, 카알 폰 로트링엔, 카알 왕자로 표기된 인물은 모두 이 인물로서 동일 인물이다. 공작은 그 당시 오스트리아의 사령관이었는데 프라하 전투(1757년 5월 6일)에서 프로이센 군대에게 패배했다.

24. 피콜로미니(Octavio Piccolomini d'Arragona, 1698~1757), 오스트리아의 포병대 최고 지휘관.

25. 제벤(Zeven), 현재 니더작센의 마을. 브레멘에서 북동쪽으로 약 40킬로미터, 함부르크에서 남서쪽으로 약 60킬로미터에 있다. 제벤 수도원 협약은 1757년 9월 8일에 제벤의 수도원에서 프랑스 군대와 영국-하노버 동맹 군대 사이에 맺은 협약이다. 이 협약에 의해 하노버를 프랑스에 이양하게 되었는데, 협약이 일방적으로 파기되어 프랑스 군대는 프로이센 군대에 의해 하노버에서 물러나게 되었다.

26. 이는 프랑스 혁명 전쟁 중에 일어난 일이다. 프랑스의 라인 군대는 1792년 10월 21일에 마인

거의 없을 것이다. 사람들은 그 당시에 적당한 보충 병력으로 내전에 결정적인 타격을 줄 수 있다고 생각했다. 그런데 정치적인 열정을 겪은 후에 근본적으로 변한 프랑스 인민의 엄청난 힘이 내전으로 밀려들었다. 이 오류를 크다고 말하는 것은 단지 그것이 나중에 그렇게 보였기 때문이고, 그것을 쉽게 피할 수 있었기 때문이 아니다. 전쟁 수행 자체에 대해 말하면, 사람들이 그 이후에 일어나는 모든 패배의 제일 중요한 원인을 1794년의 원정[27] 때문이라고 말하는 것은 분명하다. 동맹 군대 측은 이 원정 자체에서 적의 공격이 얼마나 강력한지 완전히 오해한 채 넓게 배치한 진지와 전략적인 기동이라는 편협한 체계로 프랑스의 공격에 맞섰다. 그뿐만 아니라 사람들은 프로이센과 오스트리아의 정치적인 불협화음, 벨기에와 네덜란드를 버리는 어리석은 정책으로 동맹 군대의 정부가 도도히 흐르는 강력한 힘을 얼마나 모르고 있었는지 하는 것도 알게 되었다. 1796년에 몬테노테와[28] 로디[29] 등에서 있었던 몇몇 저항 행동을 보면, 오스트리아 군대가 보나파르트에게 대항하는데 무엇이 중요한지를 얼마나 이해하지 못하고 있었는지 충분히 증명하고 있다.

1800년에 멜라스를[30] 파국으로 몰아넣은 것은 기습의 직접적인 결과 때문이 아니라 이 기습으로 생길 수 있는 결과에 대해 멜라스 자신이 잘못된 견해를 갖고 있었기 때문이다.

울름은[31] 1805년에 많은 교훈을 주었지만, 울름은 극히 약한 전략적인

츠를, 다음 날인 22일에 프랑크푸르트를 점령했다.

27. 프랑스 군대는 1794년 6월에 라인 지방에서 동맹 군대를 무찔렀고, 11월에는 라인 강 왼편의 라인펠스(Rheinfels) 성을, 12월에는 라인 강 오른편의 만하임 교두보를 점령했다.

28. 몬테노테(Cairo Montenotte), 이탈리아의 북서부 지중해 해안의 사보나 지방에 있는 마을로 사보나에서 북서쪽으로 약 20킬로미터, 제노바에서 서쪽으로 약 70킬로미터에 있다. 1796년 4월 12일에 몬테노테 전투에서 나폴레옹이 지휘하는 프랑스 군대는 오스트리아 군대를 무찔렀다.

29. 로디(Lodi), 이탈리아 북부의 아다(Adda) 강변에 있는 마을. 밀라노에서 남동쪽으로 약 30킬로미터에 있다. 1796년 5월 10일에 로디 전투에서 프랑스 군대는 오스트리아 군대를 무찔렀다.

30. 멜라스는 마렝고 전투(1800년 6월 14일)에서 나폴레옹의 군대에게 패배했다.

31. 울름 전투(1805년 10월 17일)에서 프로이센 군대는 나폴레옹이 지휘하는 프랑스 군대에게

관계를 갖는 느슨한 직물의 마지막 매듭이었다. 그 매듭은 다운이나 라시를 묶는 데는 충분했지만, 보나파르트와 같은 혁명의 황제를 묶는 데는 충분하지 않았다.

1806년에[32] 프로이센 군대의 우유부단함과 혼란은 낡고 편협하고 쓸모없는 견해와 수단이 그 시기의 엄청난 중요성에 관한 약간의 현명한 통찰이나 올바른 감정과 섞인 결과였다. 자기 나라의 상태를 분명하게 의식하고 완벽하게 판단하고 있었다면 어떻게 30,000명의 병력을 프로이센에 남겨 둘 수 있었을까! 어떻게 베스트팔렌에 따로 전쟁터를 만들 생각을 할 수 있었을까! 어떻게 뤼헬의 군단이나 바이마르[33] 군단이 할 수 있는 것과 같은 소규모의 공격으로 그 어떤 성과를 얻을 생각을 할 수 있었을까! 어떻게 회의의 마지막 순간에도 여전히 창고의 위험이라든지, 이런저런 지역의 상실을 화제로 삼을 수 있었을까!

모든 원정 중에 최대 규모의 원정이었던 1812년의 원정에서도[34] 처음에는 올바르지 못한 기준에서 생겨나는 잘못된 노력이 없지 않았다. 빌나의 총사령부에는 일단의 명망 있는 장군들이 있었는데, 이들은 국경에서 전투를 해야 한다고 주장했다. 프랑스 군대로 하여금 손실을 입지 않고는 러시아의 영토에 발을 들여놓을 수 없도록 해야 한다는 것이었다. 국경의 전투에서 프랑스 군대에게 패배할 수 있다는 것, 아니 패배하게 되리라는 것은 그들도 분명히 언급했다. 그들이 80,000명의 러시아 병력에 대해 300,000명의 프랑스 병력이 오리라는 것은 몰랐다고 해도 적의 압도적인 우세를 전제해야 하리라

패배하여 그 일부가 항복했다.

32. 이는 예나 전투와 아우어슈테트 전투(1806년 10월 14일) 직전의 프로이센 군대의 상황일 것이다.

33. 바이마르(Weimar), 오늘날 독일의 튀링엔에 있는 도시. 예나에서 서쪽으로 (약간 북서쪽으로) 약 20킬로미터에 있다. 그 당시에 작센-바이마르 공국에 속했고, 이 공국과 작센-아이제나흐 공국이 1809년에 작센-바이마르-아이제나흐 공국으로 합쳤다. 바이마르는 이 새로운 공국의 수도였다.

34. 나폴레옹의 러시아 원정.

는 것은 알고 있었기 때문이다. 중대한 잘못은 그들이 이 전투에 얼마만큼의 의미를 부여해야 하는지 몰랐다는 것이다. 그들은 그 패배도 흔히 있는 다른 전투의 패배와 같을 것이라고 생각했다. 하지만 거의 확실하게 주장할 수 있는 것은 국경에서 일어난 이 대결전은 일련의 완전히 다른 현상을 불러일으켰을 것이라는 점이다. 드리사의 야영지도 적에 대한 완전히 잘못된 기준에 바탕을 둔 수단이었다. 러시아 군대가 그곳에 머물려고 했다면, 그들은 모든 방향으로부터 막히고 완전히 고립되었을 것이다. 러시아 군대에게 항복을 강요할 수단이 프랑스 군대에게 없었던 것도 아니다. 그 야영지를 발견한 사람은 프랑스 군대가 그 정도의 힘과 의지를 갖고 있었는지는 생각하지 못했다.

하지만 보나파르트도 때로 잘못된 기준을 썼다. 1813년의 휴전 후에[35] 그는 몇 개의 군단으로 동맹 군대의 하위 부대, 즉 블뤼허의 부대와 스웨덴 황태자의 부대를 누그러뜨릴 수 있다고 생각했다. 그 군단은 실제로 저항을 하는 데는 충분하지 않았지만, 동맹 군대가 신중함을 보이고 모험을 하지 않게 하는 데는 충분했다. 이는 이전의 전쟁에서 자주 보았던 것과 같다. 하지만 그는 블뤼허와 뷜로에게 영향을 미친 뿌리 깊은 증오와 절박한 위기감이 어떤 반응을 불러일으킬지 충분히 생각하지 못했다.

보나파르트는 노년에 있는 블뤼허의 모험 정신을 결코 충분히 높게 보지 않았다. 라이프치히에서는[36] 블뤼허만 보나파르트에게 승리를 거두었다. 랑에서는[37] 블뤼허가 보나파르트를 무너뜨릴 수도 있었다. 그것이 일어나지 않은 것은 보나파르트의 계산에 전혀 들어 있지 않은 상황 때문이었다.[38] 마지막으로 벨-알리앙스에서 보나파르트의 잘못에 대한 벌은 마치 파멸을 주는 번개 불빛처럼 그를 사로잡았다.

---

35. 나폴레옹과 동맹 군대는 1813년 6월 1일에 휴전을 하기로 했는데, 휴전 기간은 8월 10일까지였다.
36. 라이프치히 전투(1813년 10월 16~19일).
37. 랑 전투(1814년 3월 9~10일).
38. 블뤼허는 병이 생겨서 지휘를 할 수 없었다.

[지도 34] 1812년의 유럽

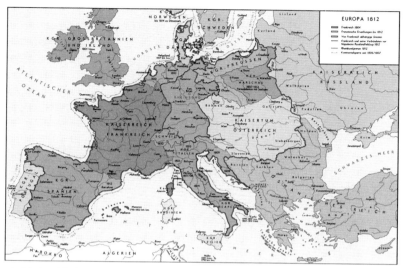

1812년 나폴레옹의 러시아 원정이 시작되기 전 유럽의 정치적인 상황
작가 Alexander Altenhof(KaterBegemot)
출처 *L'apogée de l'Empire Français(avant la campagne de Russie)*. 이 자료의 저자 불명; Dr. Walter Leiserung (ed.), *Historischer Weltatlas*, Marix Verlag, Wiesbaden 2004; Zentralinstitut für Geschichte der Akademie der Wissenschaften der DDR (ed.), *Atlas zur Geschichte*, 1. Band, VEB Hermann Haack, Gotha 1989; Prof. Dr. Vadim Oswalt, Prof. Dr. Hans Ulrich Rudolf (ed.), *Klett-Perthes Atlas zur Weltgeschichte*, Ernst Klett Verlag, Stuttgart 2011의 4개 자료에서 작가가 재구성하여 작성.
업로드 KaterBegemot 2012. 9. 8
업데이트 KaterBegemot 2013. 10. 5

이 지도에는 1804년 현재 프랑스의 영토, 1812년까지 프랑스가 획득한 지역, 프랑스에 종속된 나라, 1812년 라인 동맹의 영토, 1806~1807년부터 생긴 대륙 봉쇄령 등이 표시되어 있다. 약간 진한 색의 경계는 프랑스가 1812년에 나폴레옹의 러시아 원정을 하기 전에 직접 간접으로 지배하고 영향력을 행사했던 지역을 나타낸다. 유럽에서 영국과 러시아를 제외하고 스페인, 이탈리아, 독일 연방, 스위스, 오스트리아 등 많은 나라들이 나폴레옹의 직접적인 지배와 간접적인 영향 아래 있었다.

제3권

부인의 제3권 머리말

저는 이미 한 번 이 『저작집』에 감히 머리말을 쓴 적이 있고, 그 대담함이 독자들에게 너그럽게 받아들여진 것으로 알고 있습니다. 이제 『저작집』 제3권에도 몇 줄의 글을 붙이는 것에 대해 독자들의 허락을 받고자 합니다. 그리고 무엇보다 먼저 제3권의 출간이 늦어진 것에 대해 설명과 사과를 드리고자 합니다.

『저작집』 제3권은 『전쟁론』의 제7편과 제8편을 포함하고 있습니다. 이두 편은 유감스럽게 미완성의 상태로 남아 있고, 단지 대략적인 초안과 원고로만 남아 있습니다. 그것을 독자들에게 숨길 생각은 없습니다. 이 두 편은 그런 미완성의 형태로도 우리의 관심을 불러일으키기 때문이고, 적어도 저자가 가려고 했던 길을 암시하고 있기 때문입니다. 하지만 그 원고에는 꼼꼼한 교열이 필요했습니다. 에첼 소령이 이 일을 흔쾌히 맡아 주었지만, 소령은 많은 임무 때문에 오랫동안 그 일을 할 수 없었습니다. 그래서 이미 완성되어 있는 제4권을 제3권보다 먼저 출간하는 것이 좀 더 합당한 것처럼 보였습니다. 제4권이 1796년의 원정을 다루고 있고, 그래서 『저작집』의 전쟁사를 다루는 부분에서 출발점에 해당하기 때문입니다. 또한 이미 여러 곳에서 『저작집』의 제4권을 되도록 빨리 보고 싶다는 요청도 들어왔습니다.

저는 제3권을 제5권과 동시에 출간할 수 있다는 희망을 품은 적도 있었습니다. 하지만 이것도 불가능하게 되었습니다. 자연스러운 출간 순서를 두 번이나 중단했기 때문에 독자들에게 관대함을 바라지 않을 수 없게 되었습니다.

『저작집』 제3권에는 미완성의 두 편 외에 몇 개의 논문을 덧붙였습니다. 물론 그것은 『전쟁론』에 속하지는 않지만 『전쟁론』과 매우 밀접한 관련을 갖고 있습니다.[1] 그래서 그 논문이 환영받지 못하는 일이 없기를 바랍니다.

그 논문 중에 첫 번째 논문은 저자가 왕실의 황태자에게[2] 한 강의를 바탕으로 한 것입니다. 저자는 1810년, 1811년, 1812년에 존경해마지 않는 황태자에게 강의할 수 있는 영광을 얻었습니다. 첫 번째 논문은 첫째로 저자가 황태자의 교육을 담당한 가우디[3] 장군에게 제출한 초안, 둘째로 그 강의를 마치면서 쓴 강의 전체에 대한 개요를 담고 있습니다. 『저작집』 제1권의 머리말에서 이미 말한 것처럼, 첫 번째 논문은 『전쟁론』 전체의 맹아를 담고 있습니다. 이런 측면에서도 대부분의 독자들은 첫 번째 논문에 특별한 관심을 갖게 될 것입니다. 왕실의 황태자께서 그 논문의 출간을 허락하는 은총을 베푸셨습니다. 그와 같은 망극한 성은에 대해 존귀하신 황태자에게 다시 한 번 머리 숙여 깊이 감사드립니다.

1833년 12월 5일, 베를린

마리 폰 클라우제비츠

---

1. 이 몇 개의 논문은 『전쟁론』 독일어 초판 제3권의 부록 203~386쪽에서도 볼 수 있고, 제19판의 1041~1180쪽에서도 볼 수 있다. 클라우제비츠 부인의 말처럼 『전쟁론』에 속하지 않기 때문에 이 『전쟁론』의 전면 개정판 번역에서 제외했다.
2. 프리드리히 빌헬름 4세.
3. 가우디(Friedrich Wilhelm Leopold von Gaudi, 1765~1823), 프로이센의 장군.

제7편

공격(초안)

제1장

방어와 갖는 관계에서 본 공격

두 개의 개념이 진정한 의미에서 논리적인 대립을 이루고 있고, 그래서 한쪽 개념이 다른 쪽 개념을 보충하게 된다면 기본적으로 한쪽 개념에서 다른 쪽 개념이 나온다. 하지만 인간의 정신 능력은 제한되어 있기 때문에 두 개념을 한 번에 개관할 수도 없고, 단순한 대립을 통해 한쪽 개념의 총체성에서 다른 쪽 개념의 총체성을 발견할 수도 없다. 이런 경우에도 어쨌든 한쪽 개념에서 다른 쪽 개념의 많은 부분을 알 수 있는 충분하고도 중요한 빛은 늘 비출 것이다. 그래서 방어 편의 처음 몇 장은 그것과 관련되는 모든 점에서 공격 편에도 충분한 빛을 비춘다고 생각한다. 물론 그 빛이 공격 편의 모든 문제를 빠짐없이 비추지는 않을 것이다. 그것으로 공격에 관한 사고 체계를 완전하게 전부 논의한다는 것은 결코 있을 수 없기 때문이다. 그래서 그 대립이 방어 편의 처음 몇 장처럼 직접적으로 개념의 근원에 있지 않은 경우에는 방어 편에서 말한 것에서 공격에 대해 말할 수 있는 것이 직접적으로 나오지 않는 것은 당연하다. 이때 우리의 관점을 방어에서 공격으로 바꾸면 공격 문제에 접근하게 되고, 그래서 자연스럽게 멀리 있는 방어의 관점에서 개관한 것을 여기에 있는 공격의 관점에서 살펴보게 된다. 이는 공격에 관한 사고 체계의 보충이 될 것이고, 그러면 공격에 대해 말한 것이 드물지 않게 방어에도 새로운 빛을 던지게 된다. 그래서 공격 편에서는 대부분 방어 편에서 보았던 것과 같은 문제를 접하게 될 것이다. 하지만 대부분의 공학 개론에 나오는 방식에서 보는 것처럼, 방어 편에서 발견한 모든 긍정적인 가치를 공격 편에서 회피하거나 파기하는 것, 모든 방어 수단에 대해 이를 확실하게 파괴할 수 있는 그 어떤 공격 수단이 있다는 것을 증명하는 것은 우리의 생각도 아니고 문제의 본질도 아니다. 방어에도 그 나름대로 장점이 있고 단점이 있다. 방어의 장점이 극복할 수 없는 것이 아니라고 해도 그것을 극복하는 것은 막대한 희생을 치르게 된다. 이는 어느 관점에서 보아도 진실이어야 하고, 그렇지 않으면 우리는 모순에 빠지게 된다. 더욱이 공격 수단과 방어 수단의 대립을 남김없이 살펴보는 것도 우리의 의도가 아니다. 모든 방어 수단에는 그 수단에 상응하는 공격 수단이 있다. 두 수단은 매우 밀접하기 때문에 공격 수단을 알려고 먼저 방어의 관점에서 시작하여 공격의 관점으로 넘어갈 필요는 없다. 한쪽 수단에서 다른 쪽 수단이 저절로 생겨나기 때문이다. 우리의 의도는 하나하나의 문제를 다룰 때 방어 편에서 직접적으로 나오지 않는 공격의 독특한 상황을 설명하는 것이다. 그리고 문제를 이런 식으로 다루면 여기에는 어쩔 수 없이 방어 편에 대응되지 않는 장도 많이 생겨날 것이다.

제2장

전략적인 공격의 성질

앞에서 본 것처럼 일반적으로 전쟁의 방어, 그래서 전략적인 방어도 절대적으로 기다리고 막는 것이 아니고, 고통을 순전히 견디기만 하는 것이 아니다. 상대적으로 기다리고 막는 것이고, 그래서 많든 적든 공격적인 요소를 포함하고 있다. 이와 마찬가지로 공격도 하나의 동질적인 전체가 아니라 방어와 끊임없이 섞인다. 둘의 차이라면 방어는 반격 없이는 결코 생각할 수 없다는 것과 반격은 방어에 반드시 필요한 요소라는 것이지만, 공격에서는 그러하지 않다는 것이다. 충격을 준다든지 공격을 하는 행동은 그 자체로 완전한 개념이고, 그 개념 자체에 방어는 필요하지 않기 때문이다. 하지만 공격은 시간과 공간의 제약을 받는데, 이 시간과 공간이 공격에 방어를 필요악으로서 공급한다. 첫째로 공격은 완성에 이를 때까지 끊임없이 계속 수행될 수 없고 한숨 돌릴 시간을 요구하기 때문이다. 이런 휴식 시간에 공격은 힘을 쓰지 않고 저절로 방어의 상태에 들어간다. 둘째로 전진하는 군사력이 배후에 남겨 두는 지역은 그 군사력을 유지하는데 반드시 필요한 공간인데, 이 공간은 반드시 공격 자체에 의해 보호되는 것이 아니라 특별한 방식으로 보호해야 하기 때문이다.

그래서 전쟁에서, 특히 전략에서 하는 공격 행동은 공격과 방어의 끊임없는 교대이자 결합이다. 이때의 방어는 공격을 하는데 필요한 효과적인 준비나 공격력의 향상이라고 볼 수 없고, 그래서 활동을 하는 것이라고 볼 수 없다. 이때의 방어는 단지 필요악이고, 중력에서 생겨나서 물체의 운동을 지체하게 만드는 힘이라고 보아야 한다. 그것은 공격의 원죄이자 공격의 활동을 죽이는 요소이기 때문이다. **지체하게 만드는 힘**이라고 말한 것은 방어가 공격을 하는데 아무런 일도 하지 않는다면 방어를 하느라고 쓴 시간의 손실 때문에 공격의 효과를 줄이기 때문이다. 모든 공격에 포함되어 있는 이런 방어적인 요소가 공격을 하는데 실제로 불리한 영향을 미치지 않을까? **공격이 좀 더 약한 전쟁 형태이고 방어가 좀 더 강한 전쟁 형태**라는 것을 생각한다면, 여기에서 방어는 공격에 실제로 불리한 영향을 미칠 수 없다는 결론이 나오는 것 같다. 더 약한 형태로 전쟁을 하는데 충분한 힘을 갖고 있는 한, 이 힘은 더 강한 형태로 전쟁을 하는 데는 더욱 충분할 것이기 때문이다. 이는 일반적으로 중요한 문제에서는 맞는 말이다. 이것을 얼마나 더 자세히 규정할 수 있는지는 **승리의 정점**에 관한 장에서[1] 좀 더 자세하게 논의할 것이다. 여기에서 잊지 말아야 하는 것은 **전략적인 방어**가 우세한 이유는 부분적으로 공격 자체가 방어를 섞지 않고는, 그것도 훨씬 약한 종류의 방어를 섞지 않고는 존재할 수 없다는데 있다는 것이다. 공격에 들어 있는 방어적인 요소는 방어 중에서도 최악의 요소이다. 이 요소 중에 방어 전체에 타당한 것도 공격에는 더 이상 타당하지 않게 된다. 그래서 이런 방어의 요소가 실제로 공격을 얼마나 약하게 만드는 원리가 될 수 있는지도 이해하게 된다. 공격을 하는 중에 공격을 약하게 만드는 방어를 해야 하는 바로 이때야말로 **방어**를 하는 중에 공격적인 원리의 적극적인 활동이 개입해야 하는 때이다. 하루의 임무를 끝낸 다음에 늘 따라오는 12시간의 휴식 시간 동안에 공격자와 방어자의 상태는 엄청난 차이를 보인다. 방어자는 자신이 잘 알고 있고 엄선하여 식량을 마련해 둔 진지에 머무는 반면에, 공격자는 행군 야영지에 들기는 했지만 그곳 형편을 잘 모르고 장님처럼 암중모색하게 된다. 또는 더 긴 휴식 시간 동안에 식

---

1. 이 편 제21장 다음에 장의 번호가 없는 장을 가리킨다.

량을 새로 조달하고 증원 부대를 기다리는 것 등이 필요한 때에도 방어자는 요새와 보급품 근처에 있는 반면에, 공격자는 나뭇가지에 앉은 새처럼 된다. 하지만 모든 공격은 방어하는 것으로 끝나야 한다. 이것이 어떤 모습을 띠게 될지는 그때그때의 상황에 달려 있다. 그 상황은 적의 전투력이 파괴되었다면 매우 유리할 수 있지만, 그렇지 않은 경우에는 매우 어려울 수도 있다. 이런 방어는 더 이상 공격 자체에 속하지 않지만, 그럼에도 이 방어의 상태는 공격을 하는데 영향을 미칠 것이고 공격의 가치를 함께 규정하는데 도움이 될 것이다.

이 고찰 결과는 다음과 같다. 즉 공격자가 빠지게 되는 불리함을 분명하게 이해하고 이 불리함에 빠지지 않도록 대비할 수 있으려면 모든 공격에 반드시 수반되는 방어를 고려해야 한다.

이와 반대로 공격은 다른 관점에서 보면 그 자체로 언제나 완전히 동일한 성질을 갖는 것이다. 하지만 방어는 적을 얼마나 오래 기다려야 하는지 하는 정도에 따라 여러 가지 단계를 갖는다. 이는 근본적으로 각각 다른 형태이고, 이 점에 대해서는 저항의 유형에 관한 장에서 설명했다.

공격에는 단 하나의 활동 원리만 있고, 공격에 들어 있는 방어는 공격에 붙어 있는 죽은 힘에 지나지 않기 때문에 방어에서 볼 수 있는 여러 가지 단계는 공격에는 존재하지 않는다. 물론 공격의 활력, 신속함, 힘 등을 보면 공격에도 엄청나게 많은 차이가 있지만, 그것은 정도의 차이일 뿐 종류의 차이는 아니다. 공격자도 목표에 더 잘 도달하려고 한 번은 방어 형태를 선택한다고 생각할 수도 있을 것이다. 그래서 공격자가 예를 들어 좋은 진지에 병력을 배치하여 진지에서 공격을 할 수도 있다. 하지만 그런 경우는 드물다. 개념과 문제를 분류할 때는 언제나 현실에 나타나는 것으로부터 출발해야 하기 때문에 그런 경우를 고려할 필요는 없다. 그래서 공격에는 저항의 유형에서 설명한 것과 같은 여러 가지 단계가 생기지 않는다.

마지막으로 공격 수단의 범위는 대개 전투력으로만 존재한다. 물론 전투력에는 적의 전쟁터 근처에 있으면서 공격에 큰 영향을 미치는 요새도 고려해야 한다. 하지만 그 영향은 전진하면서 점차로 약해진다. 공격할 때 공격자의 요새가 결코 방어할 때만큼 중요한 역할을 맡을 수 없다는 것은 분명하다. 하지만 그 요새도 방어할 때는 때로 중요한 역할을 맡는다. 인민의 협력은 주민들이 자기 나라 군대보다 공격자에게 더 호의적인 경우에 공격과 결부해서 생각할 수 있다. 끝으로 공격자에게도 동맹국이 있을 수 있지만, 그것은 단지 특별하고 우연한 상황의 결과에 지나지 않고 공격의 성질에서 나오는 도움은 아니다. 그래서 방어에서는 요새, 인민 무장 투쟁, 동맹국을 저항 수단의 범위에 넣었지만 공격에서는 그렇게 할 수 없다. 그런 것이 방어에서는 문제의 본질에 속하지만, 공격에서는 드물게 그리고 대부분 우연히 나타나는데 지나지 않기 때문이다.

제3장
전략적인 공격의 대상

적을 쓰러뜨리는 것은 전쟁의 목표이고, 적의 전투력을 파괴하는 것은 수단이다. 방어에서 그러한 것처럼 공격에서도 그러하다. 방어는 적의 전투력을 파괴함으로써 공격이 되고, 공격은 적의 전투력을 파괴함으로써 적의 영토를 점령한다. 그래서 영토는 공격의 대상이다. 하지만 그것이 나라 전체일 필요는 없고 나라의 일부분, 즉 어느 지방, 지역, 요새 등으로 제한될 수 있다. 이 모든 것은 평화 조약을 맺을 때 정치적인 압력으로서 충분한 가치를 가질 수 있다. 즉 계속 보유하고 있든지 아니면 다른 것과 교환할 수 있다.

그래서 전략적인 공격의 대상은 나라 전체를 점령하는 것으로부터 여러 가지 정도의 차이를 지나 제일 중요하지 않은 장소를 점령하는 것까지 생각할 수 있다. 이 대상을 획득하여 공격을 멈추자마자 방어가 시작된다. 그래서 전략적인 공격을 분명하게 제한되어 있는 하나의 단위라고 생각할 수 있을 것이다. 하지만 실제로 나타나는 현실적인 현상에 따라 이 문제를 보게 된다면 그렇게 생각할 수 없다. 현실에서는 공격의 요소, 즉 공격의 목적과 수단이 때로 부지중에 방어로 흘러들고, 이와 마찬가지로 방어 계획도 부지중에 공격으로 흘러든다. 최고 지휘관이 어느 곳을 점령하려고 하는지 정확히 결정해 두는 일은 드물고 또 반드시 그럴 필요도 없다. 그것이 되어가는 대로 맡겨 두는 수밖에 없는 경우도 있다. 그의 공격이 처음에 생각했던 것 이상으로 나아갈 때도 있고 어느 정도의 짧은 휴식 후에 새로운 병력을 얻을 때도 있는데, 이때 새로운 병력으로 휴식 전과 완전히 다른 공격을 하지 못하게 될 수도 있다. 다른 경우에는 공격자가 처음에 생각했던 것보다 일찍 공격을 멈출 수도 있다. 이때 공격 계획을 포기하지 않을 수도 있고 완전한 방어 상태로 넘어가지 않을 수도 있다. 그래서 성공적인 방어가 부지중에 공격으로 넘어갈 수 있다면, 이런 일은 반대로 공격에도 일어날 수 있다. 공격에 대해 일반적으로 말하는 것을 잘못 적용하지 않으려면 이런 여러 가지 정도의 차이에 주의를 기울여야 한다.

제4장

공격력의 감소

이것은 전략에서 중요한 문제이다. 공격자가 무엇을 할 수 있는지 올바르게 판단하는 것은 그때그때의 경우마다 이 문제를 올바르게 판단하는데 달려 있기 때문이다.

절대적인 병력의 감소는 다음과 같은 경우에 생겨난다.

1. 적의 영토 자체를 점령하려는 공격의 목적에 의해서. 이때 절대적인 병력의 감소는 대부분 첫 번째의 결전 후에 비로소 일어나지만, 공격은 첫 번째 결전으로 끝나지 않는다.

2. 공격하는 군대는 전진하면서 배후에 있는 지역을 점령하여 병참선의 안전을 확보하고 보급을 유지해야 하는데, 이런 필요에 의해서.

3. 전투에서 입은 손실과 질병에 의해서.

4. 보급 원천이 멀리 있기 때문에.

5. 방어자의 요새를 포위하기 때문에.

6. 긴장이 풀렸기 때문에.

7. 동맹 군대가 물러나기 때문에.

하지만 이런 어려움의 반대편에는 공격을 강하게 할 수 있는 요소도 있다. 이런 여러 가지 요소가 상쇄되어 비로소 일반적인 결과를 내는 것은 분명하다. 그래서 예를 들면 공격의 약화는 방어의 약화를 통해 부분적으로든 완전하게든 균형을 유지할 수 있고, 또는 방어력의 약화가 공격력의 약화를 압도할 수도 있다. 후자의 경우는 드물다. 이때 전쟁터에 있는 양쪽의 전투력을 반드시 모두 비교할 필요는 없고, 양쪽에서 선두에 있는 병력이나 결정적인 지점에서 대립하고 있는 병력만 비교하면 된다. 이에 관해서는 여러 가지 종류의 예가 있다. 오스트리아와 프로이센으로 전진한 프랑스 군대,[1] 러시아로 전진한 프랑스 군대,[2] 프랑스로 전진한 동맹 군대,[3] 스페인으로 전진한 프랑스 군대[4] 등이다.

---

1. 프랑스 혁명 전쟁의 일부를 이루는 전쟁으로 1795~1797년에 독일에서 일어났다.
2. 1812년 나폴레옹의 러시아 원정.
3. 1813년과 1814년에 프랑스에서 나폴레옹에 대항하여 벌인 동맹 군대의 전쟁.
4. 1807~1814년에 프랑스가 스페인에 대해 벌인 전쟁.

제5장

공격의 정점

공격에서 성과를 내는 것은 현재 갖고 있는 우세함의 결과에서 나오는 것이다. 이때 우세함은 물리적인 힘과 정신적인 힘을 합쳐서 나타나는 것으로 이해한다. 앞 장에서 말한 것처럼 공격력은 점차로 줄어든다. 공격력의 우세함은 아마 늘어날 수도 있겠지만 대부분의 경우에는 줄어들 것이다. 공격자는 평화 조약을 맺는 협상에서 자기에게 어느 정도 가치를 갖는 유리함을 구입하지만, 그것을 얻으려면 지금 즉시 자신의 전투력을 현금으로 지불해야 한다. 그런 유리함을 구입하는 공격의 우세함은 매일 줄어들지만, 그것이 평화 조약을 맺을 때까지 유지된다면 목적은 이루어진 것이다. 물론 직접적으로 평화 조약을 맺게 하는 전략적인 공격도 있지만 그런 공격은 극히 드물다. 그리고 대부분의 전략적인 공격은 방어의 상태로 넘어가도 힘을 유지하고 평화 조약을 맺는 것을 기다리는데 충분한 시점까지만 수행된다. 이 시점을 넘는 곳에는 급변과 역전이 일어난다. 그런 역전의 힘은 보통 공격의 힘보다 훨씬 강하다. 우리는 이것을 공격의 정점이라고 부른다. 공격의 목적은 적의 영토를 점령하는 것이기 때문에 전진은 우세함이 고갈될 때까지 계속해야 한다는 결론이 나온다. 이것이 목표에 매진하게 하고, 자칫하면 그 이상으로 나아가게 할 수도 있다. 양쪽 병력의 균형이 얼마나 많은 요소로 이루어지는지 하는 것을 생각한다면, 양쪽 중에 어느 쪽이 우세한지 결정하는 것이 많은 경우에 얼마나 어려운지 하는 것도 이해하게 된다. 때로 모든 것이 상상력의 비단실에 매달려 있는 경우도 있다.

그래서 섬세한 판단력으로 이 정점을 감지하는 것이 중요하다. 이때 우리는 모순처럼 보이는 현상에 부딪히게 된다. 방어는 공격보다 강력하기 때문에 공격은 아무리 강력하게 해도 결코 지나칠 수 없다고 생각할지 모른다. 더 약한 형태가 충분히 강력하게 수행되는 한, 더 강한 형태는 분명히 더 강력하게 수행될 수 있기 때문이다.[1]

---

1. 원고에는 여기에 다음과 같은 부분이 이어집니다.
  "이 문제에 대한 설명은 제3권에 있는 승리의 정점에 관한 논문 참조."
  이런 제목의 논문이 자료로 쓰일 여러 가지 논문이라는 제목의 봉투 안에 들어 있습니다. 이 논문은 초안으로만 끝난 이 장에 손을 본 것으로 보이기 때문에 제7편의 마지막에 싣습니다. [마리 폰 클라우제비츠의 말]

제6장

적의 전투력의 파괴

적의 전투력을 파괴하는 것은 목표를 이루는 수단이다. 이 말이 무엇을 의미하는지. 그것이 치르는 희생. 이때 생각할 수 있는 여러 관점.[1]

1. 공격의 대상을 파괴하는데 필요한 만큼만 파괴한다.

2. 그렇지 않으면 되도록 많이 파괴한다.

3. 이때 아군의 전투력을 보호하는 것이 중요하다고 보는 관점.

4. 이 관점을 다시 확장하면 공격은 **유리한 기회에만** 적의 전투력을 약간이라도 파괴하게 된다. 이는 공격의 대상에 대해서도 말할 수 있다. 하지만 이에 대해서는 이미 제3장에서 말했다.

적의 전투력을 파괴하는 유일한 수단은 전투(Gefecht)이다. 물론 이는 이중의 방식으로 이루어진다. 하나는 직접적인 방식이고, 다른 하나는 많은 전투를 결합하는 간접적인 방식이다. 그래서 대규모 전투(Schlacht)는[2] 적의 전투력을 파괴하는 중요한 수단이지만 유일한 수단은 아니다. 요새의 점령, 어느 지역의 점령은 그 자체로 이미 적의 전투력의 파괴를 의미한다. 그런데 이런 파괴는 더 심한 파괴로 이어질 수 있고, 그래서 이것은 간접적인 파괴라

---

1. 이 부분은 원문에도 문장으로 완성되어 있지 않다.
2. Gefecht와 Schlacht를 영어에서는 engagement와 battle로 번역했다.

고 할 수 있다.

그래서 적이 방어하지 않는 지역을 점령하는 것은 점령의 목적을 직접적으로 달성한다는 의미 외에 적의 전투력을 파괴한다는 의미로도 간주할 수 있다. 적이 방어하고 있는 지역에서 기동으로 적을 몰아내는 것도 이와 크게 다르지 않고, 그래서 이것과 같은 관점에서만 고려할 수 있다. 하지만 이 두 가지 수단은 무력에 의한 본래의 성과라고 볼 수 없다. 이 수단은 대체로 지나치게 중요시되어 있다. 그것이 대규모 전투와 동일한 수준의 의의를 갖는 경우는 드물다. 이때 그런 종류의 수단이 불리한 상태에 빠질 수 있다는 것을 간과하는 일이 없도록 늘 경계해야 한다. 이 수단이 치르는 희생이 적기 때문에 그것은 매우 유혹적인 수단이다.

어쨌든 이 수단은 단지 작은 이익만 주는 작은 노력이라고 보아야 한다. 매우 제한적인 상황과 약한 동기를 갖고 있을 때만 적합하다. 그것은 분명히 목적 없는 대규모 전투보다 더 좋고, 그런 승리의 성과는 고갈되지 않는다.

제7장

공격 전투

앞에서 방어 전투에 대해 말한 것은 공격 전투에도 밝은 빛을 비춘다.

방어 전투에서는 방어의 본질을 느낄 수 있게 하려고 방어를 제일 잘 나타내는 전투를 살펴보았다. 하지만 그런 전투는 극히 드물다. 대부분의 전투는 절반의 접전이고, 이런 전투에서는 방어의 성격이 많이 사라진다. 하지만 공격 전투에서는 그렇지 않다. 공격 전투는 어떤 상황에서도 자기의 성격을 갖고 있고, 방어자가 본래의 상태에 있지 않을수록 자기의 성격을 그만큼 과감하게 주장하게 된다. 그래서 방어의 성격이 분명하게 나타나지 않는 방어 전투에서도, 그리고 진정한 접전에서도 전투의 성격은 공격자의 입장이냐 또는 방어자의 입장이냐에 따라 늘 어느 정도 달라진다. 공격 전투의 중요한 특성은 포위하거나 우회하는 것이고, 그래서 이와 동시에 먼저 전투를 도발하는 것이다.

포위선을 치고 하는 전투는 그 자체로 분명히 크게 유리하지만, 이는 전술의 문제이다. 공격은 이 유리함을 포기할 수 없는데, 방어가 이에 대항할 수단을 갖고 있기 때문이다. 그리고 이 대항 수단이 방어의 다른 상황과 긴밀하게 관련되어 있는 한, 공격 스스로는 그 수단을 쓸 수 없기 때문이다. 포위하는 적을 성공적으로 다시 포위하려면 적절한 장소를 찾고 잘 준비된 진지에 있어야 한다. 하지만 훨씬 중요한 것은 방어에서 주는 모든 유리함을 실제로 쓰지 못한다는 것이다. 대부분의 방어는 불충분한 임시변통으로 이루어지고, 방어자는 대부분 큰 압박과 위협을 받는 상태에 있게 된다. 이런 상태에서 방어자는 최악의 상황을 예상하면서 공격에 어설프게 대항한다. 그 결과로 포위선을 치고 하는 전투 또는 심지어 비스듬한 정면에서 하는 전투는 본래 병참선의 상황이 유리한 결과로 일어나야 하지만, 대개 정신력과 물리력이 우세한 결과로 일어난다. 마렝고,[1] 아우스터리츠, 예나에서 그러했다. 더욱이 첫 번째 전투에서 공격자의 기지의 면적은 방어자의 기지의 면적보다 크지 않다고 해도 국경 근처에 있기 때문에 대체로 매우 크고, 그래서 공격자는 그것만으로도 과감하게 행동할 수 있다. 그 밖에 측면 공격, 즉 비스듬한 정면에서 하는 전투는 포위선을 치고 하는 전투보다 큰 효과를 낸다. 포위를 목적으로 하는 전략적인 전진이 프라하 전투처럼 처음부터 측면 공격과 결부되어야 한다는 것은 잘못된 생각이다. 전략적인 전진이 측면 공격과 공통점을 갖는 경우는 드물고, 공통점을 갖고 있는지도 매우 의심스럽다. 이 점에 대해서는 전쟁터의 공격을 다룰 때 좀 더 자세히 언급하도록 한다. 방어 전투에서는 최고 지휘관이 결전을 되도록 오래 끌고 시간을 벌어야 하는데, 승패의 결정이 나지 않은 방어 전투는 해질녘이 되면 보통 방어자의 승리라고 할 수 있기 때문이다. 이와 반대로 공격 전투에서는 최고 지휘관이 결전을 서둘러야 한다. 다른 한편으로 성급하게 행동하면 큰 위험에 빠질 수 있는데, 이때 병력을 낭비할 수 있기 때문이다. 공격 전투의 특징은 대부분의 경우에 적의 상태에 대해 모른다는 것이다. 그것은 실제로 암중모색의 상황과 같다. 아우스터리츠, 바그람, 호엔린덴,[2] 예나, 카츠바흐 강에서 그러했다. 이런 특징이 많이 나타날수록 병력을 그만큼 집결해야 하고, 포위보다 우회를 그만큼 많이 해

---

1. 마렝고(Marengo), 이탈리아의 북부 알레산드리아에 있는 지역. 토리노, 제노바, 밀라노의 세 도시 가운데 있다. 마렝고 전투(1800년 6월 14일)에서 나폴레옹은 프랑스에 대항한 유럽 국가들과 전투를 벌여 승리를 거두었다.
2. 호엔린덴(Hohenlinden), 뮌헨에서 동쪽으로 약 34킬로미터에 있는 마을. 호엔린덴 전투(1800년 12월 3일)에서 모로가 이끄는 프랑스 군대는 오스트리아와 바이에른의 군대를 무찔렀다.

야 한다. 승리의 주된 열매는 추격할 때 비로소 얻게 된다는 것은 이미 제4편 제12장에서 말했다. 문제의 본질상 공격 전투에서 하는 추격은 방어 전투에서 하는 경우에 비해 전체 행동의 통합된 부분이 된다.

제8장

도하

1. 공격의 전진 방향을 가로막고 있는 큰 강은 언제나 공격자에게 매우 불편한 것이다. 공격자가 강을 건너고 나면 그는 대부분 하나의 다리에 제한되기 때문이고, 그래서 강 근처에 머물러 있지 않으려고 한다면 그는 모든 행동에서 크게 제한을 받기 때문이다. 더욱이 강의 저편에서 적에게 결정적인 전투를 한다고 생각하거나 적이 공격자에게 대항할 것이 예상되면 공격자는 큰 위험에 빠지게 된다. 그래서 정신적으로나 물리적으로 엄청나게 우세하지 않으면 최고 지휘관은 이런 상태에 빠져들지 않을 것이다.

2. 단지 강을 건너는 것이 이처럼 어렵기 때문에 강을 확실하게 방어할 가능성도 다른 경우와 달리 훨씬 많이 생긴다. 강을 방어하는 것이 방어자에게 유일한 구원의 길이라고 간주되지 않고, 이것이 실패하더라도 강 근처에서 저항할 수 있도록 준비했다고 전제하면, 공격자는 방어자의 하천 방어 때문에 겪을 수 있는 저항에 앞의 1에서 말한 방어자의 모든 유리함도 덧붙여야 한다. 이런 이중의 불리함 때문에 우리는 최고 지휘관들이 공격할 때 잘 방어되어 있는 강에 대해 큰 경의를 품는 것을 보게 된다.

3. 앞 편에서 본 것처럼 어떤 조건 아래에서는 본래의 하천 방어가 매우 좋은 성과를 낼 수 있다. 또 경험에 비추어 보면 이런 성과는 본래 이론에서 말하는 것보다 훨씬 자주 일어난다는 것을 인정해야 한다. 이론은 단지 강에

나타나는 객관적인 상황만 고려하는 반면에, 방어자가 방어를 수행하면 공격자에게는 대체로 모든 것이 객관적인 상황보다 어렵게 나타나고, 그래서 공격자의 행동을 심각하게 제약하기 때문이다.

여기에서 심지어 대규모 결전을 하지 않고 강력한 힘으로 수행하지 않는 공격을 문제로 삼고 있다면, 그런 공격을 수행할 때 이론은 전혀 예상할 수 없는 수많은 작은 장애물과 우연이 공격자에게 불리한 영향을 미칠 것이라고 말할 수 있다. 공격자는 행동하는 자이고, 그래서 그런 장애물이나 우연과 제일 먼저 충돌하기 때문이다. 이것은 (그 자체로는 중요하지 않은) 롬바르디아의 여러 강이 여러 차례에 걸쳐 성공적으로 방어되었다는 것을 생각하기만 해도 알 수 있다. 이와 반대로 전쟁사에서 기대한 만큼 수행되지 않은 하천 방어도 있다면, 그것은 때로 그 수단에서 지나치게 큰 효과를 얻으려고 했기 때문이다. 그런 효과는 그 수단의 전술적인 성질에 전혀 토대를 두지 않고 단지 경험으로 알려진 효과에 토대를 둔 것이고, 그런 효과도 터무니없이 확대하려고 한 것이다.

4. 방어자가 하천 방어에 모든 희망을 두는 잘못을 저지르는 경우에만, 그리고 이 하천 방어가 뚫려서 큰 혼란과 일종의 파국에 빠지는 경우에만 하천 방어는 공격에 유리한 저항 형태라고 간주할 수 있다. 하천 방어를 뚫는 것이 보통의 전투에서 승리하는 것보다 쉽기 때문이다.

5. 지금까지 말한 것으로부터 다음과 같은 결론이 나온다. 즉 하천 방어는 대규모의 결전을 하려고 하지 않는 경우에 큰 가치를 갖는다. 공격자의 우세함이나 격렬함 등으로 대규모의 결전을 예상할 수 있는 경우에 이 수단을 잘못 쓰면, 하천 방어는 공격자에게 긍정적인 가치를 가질 수 있다.

6. 일반적으로 하천 방어를 전체 방어선에서 또는 특별히 어느 한 지점에서 우회할 수 없는 경우는 극히 드물다. 그래서 대규모의 공격을 하는 우세한 공격자에게는 늘 한 지점에서 양동을 수행하고 다른 지점에서 강을 건너는 수단이 남아 있다. 이때 공격자가 하게 되는 전투에서 처음으로 겪는 불리한 상황은 엄청나게 많은 병력과 강력한 전진으로 메울 수 있다. 그런 강력한 전

진도 병력이 압도적으로 많아야 할 수 있기 때문이다. 그래서 방어되어 있는 강에 대한 본래의 전술적인 도하의 강행은 적의 중요한 초병 부대를 우세한 화력과 월등한 용감성으로 몰아내면서 수행하게 되는데, 이는 드물게 일어나든지 또는 전혀 일어나지 않는다. 도하의 강행과 같은 표현은 늘 전략적으로만 받아들여야 한다. 즉 공격자는 적의 방어선 내부에 전혀 방어되어 있지 않거나 별로 방어되어 있지 않은 지점에서 도하할 때 방어자의 계획에 의해 이 도하에서 불리함을 입게 되는데, 공격자가 이 모든 불리함에 맞설 수 있는 한에서만 도하의 강행이라고 할 수 있다. 공격자가 할 수 있는 최악의 도하는 몇 개의 도하 지점의 거리가 상당히 멀고 공동 공격을 허락하지 않는데도 그런 지점에서 정말로 도하를 해야 하는 것이다. 방어자는 반드시 병력을 분할하고 있어야 하는데, 공격자가 자기의 병력을 분할하는 것은 공격자의 자연스러운 유리함을 포기하는 것이기 때문이다. 이 때문에 벨레가르드는[1] 1814년에 민치오 강의 전투에서 패배했다.[2] 이 전투에서 오스트리아 군대와 프랑스 군대는 우연히 여러 지점에서 동시에 강을 건넜는데, 오스트리아 군대가 프랑스 군대보다 많이 분할되어 있었다.

7. 방어자가 강의 이편에 머물고 있을 때 이 방어자에게 전략적으로 승리할 수 있는 두 가지 길이 있다는 것은 자연스럽게 이해할 수 있다. 첫째로 방어자가 강의 이편에 머물고 있는데도 공격자가 강의 어느 한 지점에서 도하하고, 그래서 방어자의 도하를 앞지르는 것이다. 둘째로 방어자와 전투를 하는 것이다. 첫 번째 수단에서는 기지와 병참선의 상황이 특히 결정적인 영향을 미쳐야 하지만, 때로 특별한 상황이 일반적인 상황보다 결정적인 영향을 미칠 수 있다. 어느 쪽이 더 좋은 초병 진지를 선택할 수 있는지, 더 잘 준비할 수 있는지, 복종심이 더 많은지, 더 빠르게 행군하는지 등에 따라 일반적인 상황의 불리함이 상쇄될 수 있다. 두 번째 수단과 관련해서는 공격자에게 전투를

---

1. 벨레가르드(Heinrich Joseph Johann von Bellegarde, 1756~1845), 오스트리아의 원수이자 정치가. 1813~1815년에 이탈리아에서 오스트리아 군대의 사령관을 지냈다.
2. 민치오 전투(1814년 2월 8일).

할 수 있는 수단, 적절한 상황, 전투를 하려는 결단이 있다는 것을 전제로 한다. 이런 것이 전제되어 있을 때는 방어자도 경솔하게 그런 식의 하천 방어를 감행하지 않을 것이다.

8. 전체적인 결과는 다음과 같다. 즉 강을 건너는 것이 그 자체로 크게 어려운 경우는 극히 드물다고 해도 대규모의 결전을 하지 않는 모든 경우에 공격자는 도하의 결과와 도하 후의 상황에 대해 깊이 생각해야 하고, 이런 상황이 공격자로 하여금 자칫 도하를 멈추게 할 수도 있다. 그래서 그는 강의 이편에 있는 방어자를 그대로 내버려 두든지 아니면 어쨌든 강을 건너야 한다. 강을 건너는 경우에도 그는 강 부근에 머물게 된다. 양쪽이 강의 이편과 저편에서 대치하고 있는 것은 드문 경우에만 일어나기 때문이다.

하지만 대규모의 결전을 하는 경우에도 강은 중대한 장애물이다. 강은 늘 공격을 약하게 만들고 방해하기 때문이다. 이 경우에 공격자에게 제일 유리한 상황은 방어자가 하천 방어의 효과에 현혹되어 강을 전술적인 바리케이드로 간주하고, 본래의 하천 방어에서 벗어나서 하천 방어를 중요한 저항 방식이라고 생각하는 것이다. 그러면 공격자는 힘들이지 않고 결정적인 공격을 할 수 있는 유리함을 얻게 된다. 물론 이 공격이 한순간에 적에게 완전한 패배를 주는 일은 결코 없을 것이다. 하지만 그 공격은 하나하나의 전투를 유리하게 할 수 있도록 할 것이고, 이런 전투는 적을 매우 불리한 상황에 빠뜨릴 것이다. 1796년에 오스트리아 군대가 라인 강 하류에서 이런 상황에 빠졌다.[3]

---

3. 1796년 6월에 프랑스 군대는 라인 강을 건너 오스트리아 군대를 무찔렀다.

제9장

방어 진지의 공격

방어 진지가 공격자로 하여금 어느 정도까지 이 진지를 공격하게 만드는지, 또는 어느 정도까지 공격자의 전진을 포기하게 만드는지 하는 것은 방어 편에서 충분히 논의했다. 이것을 하게 만드는 방어 진지만 진지의 목적에 합당한 것이고, 공격력을 전부 또는 일부 소모하거나 무력하게 하는데 적합한 것이다. 그런 방어 진지에 대해 공격자는 아무것도 할 수 없다. 즉 공격의 영역에는 그런 유리함에 필적할 만한 수단이 없다. 하지만 현실에 존재하는 모든 방어 진지가 실제로 그러한 것은 아니다. 공격자가 방어 진지를 공격하지 않아도 목표를 추구할 수 있다고 본다면 방어 진지에 대한 공격은 잘못일 것이다. 공격을 하지 않고는 목표를 추구할 수 없다면 측면에서 기동을 하여 적을 위협할 수 있는지 묻게 된다. 이 수단이 효력이 없을 때만 적의 견고한 진지에 대한 공격을 하도록 결정하게 된다. 이때에도 진지를 측면에서 공격하는 것이 언제나 약간 덜 어렵다. 좌우의 어느 측면을 선택하느냐 하는 것은 양쪽 군대의 후퇴로의 상황과 방향에 의해 결정된다. 그래서 적의 후퇴를 위협하고 아군의 후퇴를 안전하게 하는 쪽으로 결정하게 된다. 이 둘 사이에 경쟁이 생길 수 있는데, 이때에는 당연히 첫 번째 관점을 먼저 고려한다. 적의 후퇴를 위협하는 것이 공격적인 성질을 갖고 있고 공격과 동질적인 것인 반면에, 아군의 후퇴를 안전하게 하는 것은 방어적인 성질을 갖고 있기 때문이다. 하지만 견고한 진지에 있는 강력한 적을 공격하는 것이 어려운 일이라는 것은 확실하고, 여기에서 제일 중요한 진실이라고 보아야 한다. 물론 진지를 공격한 전투의 사례가 없지는 않다. 더욱이 토르가우나[1] 바그람처럼 진지를 공격하여 승리한 전투도 없는 것은 아니다. (드레스덴에서는[2] 진지에 있는 방어자가 강력하다고 할 수 없기 때문에 드레스덴 전투는 언급하지 않는다.) 하지만 전체적으로 보면 방어자의 위험은 매우 낮고, 매우 단호한 최고 지휘관들이 견고한 진지를 앞에 두고 경의를 표한 수많은 경우를 볼 때 그 위험은 전혀 없다고 할 수 있다.

그런데 여기에서 논의하고 있는 공격과 보통의 전투를 혼동해서는 안 된다. 대부분의 전투는 말 그대로 접전이다. 접전에서도 한쪽이 정지하고 있는 일이 있지만, 이 경우의 진지는 아무런 준비도 되어 있지 않은 진지이다.

---

1. 토르가우(Torgau), 작센에 있는 도시. 라이프치히에서 북동쪽으로 약 50킬로미터 떨어진 곳에 있다. 토르가우 전투(1760년 11월 3일)에서 프리드리히 대왕은 방어 진지를 차지하고 있던 오스트리아 군대를 무찔렀다.
2. 드레스덴 전투(1813년 8월 26~27일)에서 나폴레옹은 동맹 군대를 공격하여 크게 무찔렀다.

제10장

보루 진지의 공격

한때 보루와 보루의 효과를 하찮게 보는 것이 유행한 적이 있다. 초병선 식으로 설치된 프랑스의 국경선이 자주 뚫린 것, 베버른 공작이 브레슬라우 의 보루 진지에서 치른 전투에서 패배한 것, 토르가우의 전투, 다른 많은 전 투가 그런 판단을 불러일으켰다. 프리드리히 대왕이 이동과 공격의 수단으로 승리를 얻은 것도 모든 방어, 정지한 상태에서 치르는 모든 전투, 특히 모든 보루를 성찰하도록 만들었는데, 이런 성찰이 그 유행을 더욱 강화했다. 물론 불과 몇천 명의 병력으로 몇 마일에 걸친 지역을 방어해야 한다면, 또는 보루 가 참호의 반대말에 지나지 않는다면, 그런 보루는 없는 것과 같다. 그래서 그런 보루를 신뢰하는 것은 위험한 일이다. 하지만 템펠호프처럼 천박한 허풍쟁이 와 같은 마음을 먹고 그 유행을 보루의 개념 자체로 확대하는 것은 모순이 아닐까? 더 정확히 말하면 허튼소리가 아닐까? 보루가 방어를 강화하는데 적합하지 않다면 도대체 보루는 무엇 때문에 있는 것일까? 그렇다! 이성뿐만 아니라 수많은 경험으로도 알 수 있는 것처럼, 잘 준비되어 있고 많은 수비대 로 잘 방어되어 있는 보루는 **일반적으로 빼앗을 수 없는 지점**이라고 간주해야 하 고, 공격자도 그렇게 간주하고 있다. 어느 하나의 보루에서 비롯되는 이와 같 은 효과를 생각할 때 보루 진지에 대한 공격이 공격자에게 매우 어렵고 대부 분 불가능한 과제라는 것은 아마 의심할 수 없을 것이다.

보루 진지의[1] 본질상 보루 진지에는 수비대 병력이 많지 않다. 하지만 훌륭한 지형상의 장애물이 있고 보루가 강력하다면, 보루 진지는 상대의 많은 병력도 막을 수 있다. 프리드리히 대왕은 피르나 진지의 수비대 병력보다 두 배 많은 병력을 투입할 수 있다고 해도 그 진지에 대한 공격은 수행할 수 없는 것으로 생각했다.[2] 그 후에 때로 그 진지를 점령할 수 있었을 것이라고 주장한 사람도 있지만, 그 주장의 유일한 근거는 그 당시에 작센 군대의 병력이 매우 지친 상태에 있었다는 것뿐이다. 그런데 이것은 보루의 효과에 대해서는 전혀 반론이 되지 않는 것이다. 나중에 피르나 진지에 대한 공격을 할 수 있었을 뿐만 아니라 심지어 그것이 어렵지 않다고 생각한 사람들이 정말로 그 순간에 그 진지를 공격하기로 결정했을지는 의문이다.

그래서 보루 진지를 공격하는 데는 매우 특별한 공격 수단이 필요하다고 생각한다. 다만 보루가 급히 만들어졌고 완성되지 않았고 접근을 막는 장애물로 보강되어 있지 않은 경우에만, 또는 흔히 있는 일이지만 전반적으로 모든 진지가 완성되어야 할 모습의 뼈대, 즉 절반밖에 완성되지 않은 폐허에 지나지 않는 경우에만 보루에 대한 공격을 추천할 수 있다. 이런 경우에는 보루 진지에 있는 적에게도 어렵지 않게 승리를 얻을 수 있다.

---

1. 보루 진지는 야전 부대를 수용하려고 야영의 원칙에 따라 만든 막사에 방어 설비를 한 것으로서 야전 보루와 같은 뜻이다.
2. 프리드리히 대왕은 작센 군대가 수비하는 피르나의 보루 진지를 공격했지만(1756년 10월) 작센 군대는 처음에 이를 잘 막았다.

제11장

산악 공격

산이 전략의 일반적인 관점에서 방어할 때는 물론 공격할 때 어떤 의미를 갖는지는 제6편의 제5장과 그다음의 몇 장에서[1] 충분히 논의했다. 산이 본래의 방어선으로서 수행하는 역할도 그곳에서 설명했다. 이것으로 그런 의미의 산이 공격의 측면에서 어떻게 간주되어야 하는지도 추론할 수 있다. 그래서 이 중요한 문제에 대해 여기에서 할 말은 별로 많지 않다. 그곳에서 얻은 중요한 결과는 다음과 같다. 즉 산악 방어는 하위 전투에서 하느냐 또는 주력 전투에서 하느냐에 따라 완전히 다른 관점으로 받아들여야 한다는 것, 하위 전투의 경우에는 모든 상황이 산악 공격을 하는데 불리하기 때문에 산악 공격은 필요악으로서 간주할 수밖에 없다는 것, 하지만 주력 전투의 경우에는 공격자에게 유리하다는 것이었다.

그래서 전투를 하려는 힘과 결단력으로 무장하고 있는 공격자는 산에서 적을 만나도 확실히 승산이 있을 것이다.

하지만 이런 결과를 일반적으로 받아들이는 것이 어려울 것이라는데 대해 여기에서 다시 한 번 논의해야 한다. 그 결과가 우리 눈에 보이는 현상과 어긋나고, 언뜻 볼 때 모든 전쟁 경험과도 모순되기 때문이다. 즉 대부분의 경

---

1. 이 문제는 제2권 제6편 제15장~제17장에서 다루었다.

우에 본 바로는 공격을 하려고 전진하는 군대는 (주력 전투를 하려고 하든지 하지 않으려고 하든지 상관없이) 적이 양쪽 군대의 사이에 있는 산을 점령하지 않았다면 이를 일찍이 들어본 적 없는 행운이라고 생각했다. 그러면 그 군대는 산에 먼저 도착하려고 서둘렀다. 산에 먼저 도착하는 것이 공격자의 이해 관계와 모순된다고 생각하는 사람은 아무도 없을 것이다. 이는 우리의 견해로도 충분히 인정할 수 있지만, 여기에서는 다만 그것을 좀 더 명확히 구분해야 한다.

적에게 주력 전투를 하려고 적을 향해 전진하는 군대는 적에게 점령되어 있지 않은 산을 넘어야 할 때 당연히 불안감을 갖게 될 것이다. 이는 적이 마지막 순간에 아군이 통과하려고 하는 바로 그 고개로 달려오는 것은 아닌지 하는 불안감이다. 이런 경우에는 적의 보통의 산악 진지가 공격자에게 보여 주었던 것과 같은 유리함은 더 이상 존재하지 않을 것이다. 그러면 방어자는 병력을 지나치게 넓게 분산하지 않게 되고, 공격자가 어느 길을 선택할지 더 이상 불확실하지 않게 된다. 그리고 공격자는 적의 배치를 고려한 다음에 길을 선택할 수 없게 된다. 그래서 이런 산악 전투는 공격자에게 제6편에서 말한 모든 유리함을 더 이상 보장하지 못하게 된다. 이런 상황이라면 방어자는 난공불락의 진지에 있다고 할 수도 있을 것이다. 그래서 방어자는 이런 식으로 산에서 치르는 주력 전투를 유리하게 수행할 수 있는 수단을 자기 뜻대로 쓰게 될 것이다. 물론 그럴 수 있을 것이다. 하지만 전투의 마지막 순간에 산의 견고한 진지에 자리를 잡는다는 것이 방어자에게 얼마나 어려운지를 생각한다면, 특히 방어자가 이전에 그 산을 점령한 적이 전혀 없다면, 사람들은 아마 그 방어 수단을 전혀 신뢰할 수 없다고 생각할 것이다. 그래서 공격자가 염려해야 하는 경우도 별로 없을 것이라고 생각할 것이다. 그런 경우는 극히 드물지만 일어날 수 있는 일이기 때문에 그런 경우를 두렵게 생각하는 것은 당연하다. 전쟁에서는 불안감을 갖는 것이 매우 당연하지만, 그것이 쓸데없는 것으로 드러나는 일이 자주 있기 때문이다.

공격자가 염려하게 되는 또 다른 문제는 적이 전위나 일련의 전초로 산을 일시적으로 방어하는 경우이다. 이 수단도 방어자에게 이익을 주는 경우는 극히 드물다. 하지만 공격자는 이 수단이 어느 정도로 일시적인 산악 방어인지 아닌지 하는 것을 구분할 수 없을 것이고, 그래서 최악의 경우를 생각하게 된다.

또한 이때 어느 진지는 산의 지형적인 특징 때문에 난공불락이 될 수 있다는 것과 우리의 견해는 전혀 모순되지 않는다. 그런 난공불락의 진지 중에 산에 있지 않은 진지도 있다. 피르나, 슈모트자이펜, 마이센,[2] 펠트키르히의 진지가 그러하다. 그런 진지는 산에 있지 않기 때문에 더욱 쓸모 있다. 하지만 그런 진지가 산에도 있을 수 있다는 것은 충분히 생각할 수 있다. 그런 진지에서는 방어자가 산악 진지에서 흔히 겪는 불리함에서 벗어날 수 있는데, 예를 들면 고원에 있는 진지에서 그러하다. 하지만 그런 진지는 극히 드물고, 여기에서는 대다수의 경우에 대해서만 언급한다.

결정적인 방어 전투를 하는데 산이 얼마나 적당하지 않은지는 전쟁사를 보면 곧바로 알 수 있다. 위대한 최고 지휘관들은 그런 방어 전투를 해야 하는 경우에 병력을 대개 평지에 배치했기 때문이다. 전쟁사 전체를 보아도 산에서 결정적인 전투를 치른 예는 프랑스 혁명 전쟁 이외에는 없다. 이 전쟁에서는 결정적인 공격을 해야 할 때도 분명히 잘못된 응용과 추론에 의해 산악 진지를 이용했다. 1793년과 1794년에 보주 산맥에서 그러했고, 1795년과 1796년과 1797년에 이탈리아에서 그러했다. 멜라스는 1800년에 알프스 산맥을 통과하는 길을 점령하지 않았다고 모든 사람들의 비난의 대상이 되었다. 하지만 이는 첫 번째로 떠오르는 생각을 갖고 하는 비판이자 겉모습에 사로잡힌 단순하고 유치하다고 할 수 있는 판단에 따른 비판에 지나지 않는다. 그때 보나파르트가 멜라스의 자리에 있었다면 보나파르트도 그 길을 점령하지 않았을 것이다.

---

2. 마이센(Meißen, Meissen), 작센의 도시. 엘베 강을 끼고 있고 드레스덴에서 북서쪽으로 약 20킬로미터에 있다.

산악 공격에서 병력의 배치는 대부분 전술적인 성질을 띤다. 여기에서는 단지 전략과 밀접한 관련을 갖는 부분에 대해 개괄적으로 아래와 같은 것을 설명해야 한다고 생각한다.

1. 산에서는 다른 지형과 달리 어느 순간에 군대를 분할해야 하는 경우에도 길에서 마음대로 벗어날 수 없고, 하나의 군대를 둘이나 셋으로 나눌 수 없기 때문에 군대는 대부분 길고 좁은 길에 막히게 된다. 그래서 전진을 하는 경우에도 일반적으로 두세 개의 길로 하든지 아니면 오히려 약간 넓은 정면을 두고 해야 한다.

2. 넓게 분산되어 있는 산악 방어에 대해서는 당연히 집결된 병력으로 공격하게 될 것이다. 방어선 전체를 포위한다는 것은 산에서는 생각할 수 없다. 산에서 큰 승리를 얻어야 한다면 이를 달성하는 데는 적의 방어선을 뚫고 양쪽 측면에서 적을 물리치는 것이 적을 포위하여 후퇴로를 막는 것보다 낫다. 이때 공격자는 당연히 적의 중요한 후퇴로를 향해 신속하고도 끊임없이 전진하려고 노력해야 한다.

3. 적이 다소 집결되어 있는 상태로 산에 배치되어 있는 경우에 이런 적을 공격할 때는 우회를 하는 것이 공격에서 매우 중요한 부분이다. 정면에서 공격하면 방어자 중에 최강의 병력과 충돌하기 때문이다. 우회는 적의 측면이나 배후를 전술적으로 공격하는 것보다 적의 후퇴로를 실질적으로 막는 것을 목표로 삼아야 한다. 산악 진지는 병력이 없지 않은 경우에 배후에서도 강력하게 저항할 수 있기 때문이다. 적에게 후퇴로를 잃을지도 모른다는 불안감을 주는 것이 산에서는 언제나 승리를 기대할 수 있는 제일 빠른 길이다. 이런 불안감이 산에서는 좀 더 일찍 생겨나고 좀 더 강력한 효과를 낸다. 산에서는 최악의 상황에 빠지면 손에 칼을 들고도 통과할 수 있는 길을 잘 만들 수 없기 때문이다. 이때 단순한 양동은 충분한 수단이 되지 않는다. 그 수단은 고작해야 적을 그 진지에서 다른 곳으로 몰아낼 수는 있겠지만 그 이상의 특별한 성과를 내지는 못할 것이다. 그래서 공격자는 산에서 적의 후퇴로를 실질적으로 막는 것을 목표로 삼아야 한다.

제12장

초병선의 공격

초병선에서 방어자와 공격자 사이에 중요한 결전이 일어난다면, 초병선은 분명히 공격자에게 유리하게 된다. 초병선이 지나치게 길다는 것은 직접적인 하천 방어나 산악 방어보다 결정적인 전투의 모든 요구와 훨씬 많이 모순되기 때문이다. 오이겐이 1712년에 드냉에 설치한 선이[1] 여기에 속한다. 그 선을 잃는 것은 전투를 완전히 잃는 것과 같았기 때문이다. 오이겐이 집중적인 진지를 폈다면 빌라르도[2] 오이겐에 대해 승리를 얻는 것은 힘들었을 것이다. 결정적인 전투에서 공격을 하지 않는 경우에는 적의 주력 군대에 의해 점령되어 있는 선을 존중해야 한다. 예를 들면 빌라르는 1703년에 루트비히 폰 바덴이[3] 슈톨호펜에 설치한 선을 존중했다.[4] 하지만 하위 부대의 전투력만으로 그 선을 수비하고 있는 경우에는 모든 것이 당연히 그 선을 공격하는데 쓸 수

---

1. 드냉(Denain), 현재 프랑스 북부에 있는 마을. 벨기에의 국경과 가깝고 발랑시엔에서 남서쪽으로 10킬로미터에 있다. 프랑스 군대는 스페인 왕위 계승 전쟁 중에 드냉 전투(1712년 7월 24일)에서 네덜란드 군대를 무찔렀다. 드냉의 방어선은 약 6킬로미터에 달했다.
2. 빌라르(Claude-Louis-Hector de Villars, 1653~1734), 루이 14세 시대의 프랑스의 원수.
3. 루트비히 폰 바덴(Ludwig Wilhelm I. von Baden, 1655~1707), 신성 로마 제국 군대의 원수.
4. 슈톨호펜(Stollhofen), 바덴 변경 방백((邊境 方伯, 신성 로마 제국의 변경 지역)에 있는 마을. 슈바벤 알프스의 북쪽, 라인 강 오른편에 있다. 말슈에서 남서쪽으로 약 27킬로미터에 있다. 루트비히 폰 바덴은 슈톨호펜에 16킬로미터에 이르는 초병선을 설치하여(1701년) 오스트리아 군대를 이끌고 프랑스 군대에 대항하여 이 방어선을 지켜냈다(1703년 4월 19~25일).

있는 병력의 수에 달려 있게 된다. 이런 경우에는 대부분 저항도 강력하지 않고 승리의 결과도 큰 의미를 갖지 않는다.

포위를 하는 군대가 설치하는 포위 보루선은 독특한 성격을 갖고 있는데, 이에 대해서는 전쟁터의 공격에 관한 장에서 말할 것이다.

모든 초병선식 배치, 예를 들면 강력한 전초선 등은 자칫하면 뚫릴 수 있다는 특성을 갖고 있다. 하지만 공격자에게 전진을 계속할 생각도 없고 결전을 할 생각도 없다면, 초병선식 배치에 대한 공격은 단지 작은 성과를 내는데 지나지 않는다. 대부분의 경우에 그런 성과를 얻으려고 노력할 필요는 없을 것이다.

제13장

기동

1. 이미 제6편 제30장에서 이 문제를 언급했다. 기동은[1] 방어자와 공격자에게 공통으로 해당되는 것이지만, 언제나 방어의 성질보다 공격의 성질을 좀 더 많이 갖고 있다. 그래서 여기에서 기동의 특징을 좀 더 자세히 논의하려고 한다.

2. 기동은 대규모 전투에 의해 수행되는 강력한 공격과 대립될 뿐만 아니라 대규모 전투의 수단에서 (그 수단이 적의 병참선에 대한 작전이든 후퇴로에 대한 작전이든 견제 등을 하는 것이든 상관없이) 직접적으로 나오는 공격과도 대립된다.

3. 언어의 용법에 따르면 기동의 개념은 이를테면 무(無)로부터, 즉 양쪽의 균형으로부터 적에게 잘못을 저지르도록 해서 생기는 효과를 뜻한다. 그것은 체스 경기에서 선수를 두는 것과 같다. 그것은 균형을 이루고 있는 두 힘의 승부인데, 이 승부에서는 승리를 얻을 유리한 기회를 만든 다음에 이 기회를 이용하여 적에 대해 우위를 얻으려고 한다.

4. 이것으로 얻는 이익은 한편으로 기동의 목표라고 간주해야 하고, 다른

---

1. 기동(manövrieren)은 라틴어에서 manus(손)와 opera(일, 활동)가 합성된 단어이다. 군대 용어로는 기교를 써서 군대를 운용한다는 뜻을 포함하고 있다.

한편으로 기동의 근거라고 간주해야 한다. 그 이익은 주로 다음과 같은 것이다.

a) 적의 식량 조달을 막든지 제한하려고 노력한다.

b) 적이 다른 군단과 결합하는 것을 방해한다.

c) 적의 군대와 적의 나라 내부 사이의 병참선, 또는 적의 군대와 군단 간의 병참선을 위협한다.

d) 적의 후퇴로를 위협한다.

e) 우세한 병력으로 하나하나의 지점을 공격한다.

이 다섯 가지의 이익은 개별적인 상황의 제일 작은 부분에도 있을 수 있고, 그래서 그런 부분은 공격자에게 일시적으로나마 제일 중요한 대상이 된다. 그런 부분에서는 하나의 다리, 도로, 보루도 때로 중요한 역할을 수행한다. 다리, 도로, 보루 등은 앞에서 말한 다섯 가지의 이익과 관련을 갖는 경우에만 중요한데, 이것은 다시 설명할 필요도 없을 것이다.

f) 기동을 성공적으로 수행하면 공격자 또는 적극적인 쪽은 (이는 방어자일 수도 있는데) 적의 영토 일부나 창고 등을 얻게 된다.

g) 전략적인 기동에는 두 가지의 대립이 나타난다. 이것은 각각 다른 기동처럼 보이고, 그래서 잘못된 원칙과 규칙을 끌어내는데 쓰이는 경우도 있다. 두 가지의 대립을 이루는 네 가지의 부분은 근본적으로 모두 전략적인 기동에 필요한 요소이고 그러한 것으로 간주되어야 한다. 첫 번째 대립은 적에 대한 포위와 내선에 대한 행동의 대립이고, 두 번째 대립은 병력의 집결과 병력을 많은 초병 진지에 분산하는 것의 대립이다.

h) 첫 번째 대립에 대해 말하면, 대립을 이루는 두 부분 중에서 한 부분이 다른 부분보다 일반적인 유리함을 갖고 있다고는 결코 말할 수 없다. 한편으로 한쪽의 노력은 그 자연스러운 균형과 진정한 해독제로서 다른 쪽의 노력을 불러일으키는 것이 자연스러운 것이기 때문이다. 다른 한편으로 포위는 공격과 동질적이고, 내선에 머무는 것은 방어와 동질적이기 때문이다. 그래서 대체로 포위는 공격자에게 더 적합하고, 내선은 방어자에게 더 적합하다. 자

기의 형태를 제일 잘 다루는 쪽이 다른 쪽보다 우세해질 것이다.

i) 두 번째 대립의 두 부분에서도 앞의 경우와 같이 한쪽이 다른 쪽보다 유리할 수 없다. 병력이 많은 쪽은 병력을 많은 초병 진지에 분산할 수 있다. 그러면 여러 가지 점에서 전략적인 배치와 행동을 편하게 할 수 있고 군대의 병력을 보호할 수 있다. 병력이 적은 쪽은 병력을 집결해야 하고, 집결하지 않아서 겪게 되는 손실을 이동에 의해 메우려고 노력해야 한다. 이런 큰 이동성은 더 높은 수준의 행군 기술을 전제로 한다. 그래서 병력이 적은 쪽은 물리적인 힘과 정신적인 힘을 내는데 전력을 다해야 한다. 이 마지막 결과는 우리가 늘 일관되게 행동하는 경우에 언제나 자연스럽게 나타나고, 그래서 이를테면 이성적인 판단의 논리적인 시금석이라고 간주할 수 있다. 프리드리히 대왕이 1759년과 1760년에 다운에 대항하여 치른 원정, 1761년에 라우돈에 대항하여 치른 원정, 몽테쿠콜리가 1673년과 1675년에 튀렌에 대항하여 치른 원정은 이런 종류의 제일 정교한 본보기로 간주되었고, 우리의 견해도 주로 그런 원정에서 얻은 것이다.

j) 앞에서 말한 두 가지의 대립에 들어 있는 네 개의 부분이 잘못된 원칙과 규칙으로 오용되어서는 안 되는 것처럼, 다른 일반적인 상황에서도 (예를 들면 기지나 지형 등에도) 현실에서 볼 수 없는 중요성과 엄청난 영향력을 부여하지 않도록 주의해야 한다. 기동으로 얻는 이익이 적을수록 어느 장소와 순간에 일어나는 하나하나의 일은 그만큼 중요해지고, 작은 계산에 넣을 수 없는 일반적인 문제와 대규모의 문제는 그만큼 덜 나타난다. 튀렌은 1675년에 군대의 배후를 라인 강에 바싹 두고 병력을 3마일에 걸쳐 분산하여 배치하고 후퇴로로 쓰는 다리를 맨 오른쪽 측면에 두었는데, 일반적으로 살펴볼 때 이보다 더 불합리한 배치가 있을까? 그럼에도 그의 수단은 목적을 이루었다. 이를 튀렌의 높은 수준의 기술과 지혜의 덕분이라고 보는 것도 틀린 말은 아니다. 하지만 그런 성과와 기술은 그때의 하나하나의 문제에 더 많은 주의를 기울이고, 그것이 그 경우에 갖고 있어야 했던 의미에 따라 판단할 때 비로소 이해할 수 있다.

k) 그래서 우리는 다음과 같이 확신한다. 즉 기동에는 어떤 종류의 규칙도 없다는 것, 어떤 방식이나 일반적인 원칙도 행동의 가치를 규정할 수 없다는 것, 극히 개별적인 상황의 제일 작은 부분에서는 훌륭한 활동, 정확성, 질서, 복종심, 대담성 등을 지닌 쪽이 충분한 이익을 얻는 수단을 발견할 수 있다는 것, 그래서 이런 종류의 승부에서 승리하는 것은 주로 그런 특성에 달려 있다는 것이다.

제14장

습지, 범람지, 숲의 공격

습지, 즉 사람이 다닐 수 없는 초지는 얼마 안 되는 둑으로만 지날 수 있는데, 이런 습지를 전술적으로 공격하는 것은 특히 어렵고, 이는 이미 방어편에서 말했다. 습지의 폭이 상당히 넓기 때문에 포격으로 습지의 저편에 있는 적을 몰아낼 수도 없고, 아군이 습지를 건널 수단을 만들 수도 없다. 그래서 전략적으로는 습지에 대한 공격을 피하고 습지를 우회해야 한다는 결론이 나온다. 많은 저지대에서 볼 수 있는 것처럼, 경작이 많이 이루어지고 도로가 수없이 많이 있는 곳에서는 방어자의 저항이 상대적으로는 충분히 강력하지만 절대적인 결전을 하는 데는 그만큼 약하고 완전히 부적당하다. 이와 반대로 홀란트와 같은 저지대의 지면이 범람 때문에 높아지면 그 지대의 저항은 절대적인 수준으로 높아질 수 있을 것이고, 그러면 모든 공격은 실패하고 말 것이다. 홀란트는 1672년에 이를 증명했다.[1] 그때 프랑스 군대에는 범람선 밖에 있는 모든 요새를 점령한 후에도 아직 50,000명의 병력이 남아 있었다. 이 군대를 먼저 지휘한 콩데도, 나중에 지휘한 뤽상부르도 불과 20,000명의 병력이 방어하고 있던 이 범람선을 뚫을 수 없었다. 그런데 1787년에 브라운슈바이크 공작의 지휘 아래에 있는 프로이센 군대는 홀란트 군대에 맞선 원정

---

1. 루이 14세 시대 홀란트 침략 전쟁 때의 일. 제2권 제6편 제20장 B 참조.

에서 이와 정반대의 결과를 보여 주었다. 이때 프로이센 군대는 홀란트 군대에 비해 전혀 우세하지 않은 병력으로 매우 적은 손실만 입은 채 이 범람선을 뚫었다.[2] 그렇다면 그 원인은 방어자가 정치적인 견해에서 분열된 상태에 있었고, 명령 계통에 통일성이 없었던 데서 찾아야 한다. 이 원정의 성공, 즉 프로이센 군대가 마지막 범람선을 뚫고 암스테르담의 성벽 바로 앞까지 전진한 것은 틀림없이 민감한 상황 때문이었고, 여기에서 어떤 일반적인 결론을 끌어낼 수는 없다. 그 상황이란 홀란트 군대가 하를러머메어에 대한 감시를 하지 않은 것이다. 이 점을 이용하여 공작은 방어선을 우회했고 암스텔벤[3] 초병 진지의 배후를 치고 들어왔다. 홀란트 군대가 하를러머메어에 몇 척의 배만 갖고 있었어도 공작은 결코 암스테르담 바로 앞까지 전진하지 못했을 것이다. 그때 그는 궁지에 몰려 있었기(au bout de son latin)[4] 때문이다. 이것이 평화 조약을 맺는데 어떤 영향을 미쳤는지는 우리와 상관없는 문제이다. 하지만 이것으로 마지막 범람선을 뚫는 것이 얼마나 어려운지는 분명해졌다.

물론 겨울은 이 방어 수단의 자연스러운 적이고, 이는 프랑스 군대가 1794년과 1795년에 보여 주었다.[5] 하지만 그 겨울은 **혹독하게 추운 겨울**이어야 한다.

이와 마찬가지로 통과하는데 어려움을 겪는 숲도 방어의 힘을 크게 높이는 수단에 속한다. 하지만 숲이 넓지 않으면 공격자는 인접해 있는 몇 개의 길을 따라 숲을 뚫고 지나갈 수 있고 더 유리한 지역에 이를 수도 있다. 이는 숲에 있는 하나하나의 지점이 전술적으로 강력하지 않고, 숲이 강이나 습지처럼 절대로 통과할 수 없는 지역이라고는 결코 생각할 수 없기 때문이다. 하지만 러시아나 폴란드처럼 광대한 지역이 거의 어디든지 숲으로 덮여 있고 공

---

2. 1787년 9월 13일에 마지막 범람선을 뚫었다.
3. 암스텔벤(Amstelveen), 현재 네덜란드 서부의 북홀란트에 있는 지방. 하를러머메어 동쪽에 있고 암스테르담 바로 아래에 있다.
4. 직역하면 '라틴어 지식이 다하여'이다. 그래서 '이야기 거리가 떨어져, 궁지에 몰려'의 의미로 확대되었다.
5. 프랑스 혁명 군대는 이 두 해에 홀란트에서 동맹 군대에게 패배했다.

격자의 힘으로 이 숲을 뚫고 지나갈 수 없다면, 공격자의 상태는 틀림없이 매우 곤란해질 것이다. 이는 공격자가 식량 조달에서 얼마나 많은 어려움을 극복해야 하는지, 그리고 숲의 어둠 속에서 어디에 있는지도 모르는 적에 대해 수의 우세함을 확보한다는 것이 얼마나 어려운지 하는 것만 생각해도 알 수 있다. 확실히 이는 공격자가 빠질 수 있는 최악의 상태에 속한다.

제15장

결전을 하는 경우에 전쟁터의 공격

이 문제는 대부분 이미 제6편에서 다루었다. 그래서 그 문제에 대한 성찰만으로도 공격을 설명하는데 적절한 빛을 비출 것이다.

닫힌 전쟁터의 개념은 어차피 공격보다 방어와 좀 더 밀접하게 관련되어 있다. 중요한 문제, 즉 공격의 대상, 승리의 효력이 미치는 범위는 이 편의 앞에서 이미 다루었고, 공격의 성질에 관한 결정적이고 본질적인 측면은 전쟁 계획 편에서 비로소 보여 줄 수 있을 것이다. 하지만 여기에서도 말할 것이 많은데, 먼저 대규모의 결전을 목표로 삼고 있는 원정부터 논의하려고 한다.

1. 공격의 직접적인 목표는 승리이다. 방어자가 방어의 상태에서 갖고 있는 모든 유리함을 공격자는 우세함으로 얻을 수밖에 없고, 그것도 고작해야 공격자이고 전진하는 군대라는 감정이 주는 약간의 우세함으로부터 얻을 수밖에 없다. 그런데 그 감정은 대부분 상당히 과대평가되어 있다. 그 감정이 오래 계속되지도 않고 현실의 어려움을 견디지도 못하기 때문이다. 우리는 여기에서 방어자도 공격자와 마찬가지로 당연히 잘못을 저지르지 않고 적절하게 행동한다고 전제하고 있다. 우리는 이 말로 습격이나 기습과 같은 불분명한 생각을 배제하고자 한다. 그것은 공격할 때 보통 승리의 풍부한 원천이 된다고 생각하지만, 그때그때의 특별한 상황이 없이는 일어나지 않는다. 본래의 전략적인 기습이 어떤 것인지는 다른 곳에서 이미 말했다. 그래서 공격하는

데 물리적으로 우세하지 않은 경우에 공격 형태의 불리함을 메우려면 정신력이 우세해야 한다. 그것도 없다면 공격을 할 이유도 없고 승리하지도 못할 것이다.

2. 신중함이 본래 방어의 정신인 것처럼, 대담성과 자신감은 공격자의 정신이다. 이는 공격과 방어에 상대의 특성이 없어도 된다는 것이 아니라 다만 자기의 특성에 대해 더 많은 친화력을 갖는다는 것이다. 어쨌든 일반적으로 이런 특성이 요구되는 것은 전쟁 행동이 단순한 수학적인 구조물이 아니라 매우 애매하고 모호한 영역에서 수행되는 활동이기 때문이다. 이런 영역에서는 목표를 이루는데 제일 적절한 지도자를 신뢰해야 한다. 방어자가 정신적으로 약하다는 것이 드러날수록 공격자는 그만큼 대담하게 행동할 것이다.

3. 적의 주력 군대와 아군의 주력 군대는 승리를 얻으려고 만나게 된다. 이는 방어보다 공격에서 더 분명하게 나타난다. 보통 공격자는 (진지에 머물고 있는) 방어자를 찾아내야 하기 때문이다. 하지만 방어자가 공격자를 속이는 **지점**에 진지를 둔 경우에 우리는 방어자를 찾으려고 해서는 안 된다고 방어 편에서 주장했다. 공격자가 **방어자**를 찾을 것이라고 방어자가 확신하고 있기 때문이고, 방어자가 공격자를 속이면 전투 준비를 하지 않은 공격자와 만나는 유리함을 갖기 때문이다. 이때 모든 것은 중요한 도로와 방향에 달려 있다. 방어 편에서는 이 점을 말하지 않았고 이 장을 참조하라고 말했다. 그래서 여기에 그 점에 대해 필요한 것을 말하는 것이다.

4. 공격의 직접적인 대상, 즉 승리의 **목적**이 무엇인지에 대해서는 이미 앞에서 말했다. 이 대상이 공격을 하는 전쟁터 안에 그리고 아마 승리를 얻는 지역 안에 있다면, 그 대상으로 향하는 길은 공격의 자연스러운 방향이 된다. 하지만 공격의 대상은 보통 승리를 해야 비로소 그 의미를 갖게 된다는 것, 그래서 승리는 늘 공격의 대상과 관련지어 생각해야 한다는 것을 잊어서는 안 된다. 그래서 공격자에게는 그 대상에 도착하는 것만 중요한 것이 아니라 승리자로서 도착하는 것이 중요하다. 그러면 공격의 방향도 대상 자체로 향하기보다 적군이 가는 길로 향해야 할 것이다. 그 길이 아군에게 직접적인 목

표이다. 적군이 그 대상에 도착하기 전에 적군을 만나는 것, 적군을 그 대상에서 차단하는 것, 이런 상태에서 적군을 공격하는 것은 승리를 몇 배로 확실하게 한다. 그래서 적의 수도를 중요한 공격 목표로 삼았는데, 방어자가 수도와 공격자 사이에 배치되어 있지 않은 경우에 공격자가 곧바로 수도로 달려가는 것은 잘못이 될 것이다. 이때는 적군과 수도 사이를 연결하는 곳으로 방향을 잡고 그곳에서 승리를 얻으려고 하는 것이 낫다. 이 승리는 공격자를 적의 수도로 이끌 것이다.

공격이 승리를 얻는 지역에 중요한 목표가 없는 경우에는 그다음으로 중요한 목표와 적군을 연결하는 지점이 지배적인 중요성을 갖게 된다. 그래서 모든 공격자는 전투에서 승리하면 그 승리로 무엇을 할 것인지 자신에게 묻게 된다. 승리의 결과로 얻게 되는 목표가 공격의 자연스러운 방향이 된다. 방어자가 이 방향에 배치되어 있다면 공격자가 옳은 것이고, 그러면 공격자는 방어자를 찾는 것 외에 달리 할 일이 없게 된다. 방어자의 진지가 지나치게 강력하다면 공격자는 그 진지를 우회하려고 할 것이다. 즉 그 상황을 전화위복의 계기로 삼으려고 할 것이다. 하지만 방어자가 적절한 위치에 있지 않으면 공격자는 그 방향을 선택한다. 공격자가 방어자와 동일한 선상에 있는데도 방어자가 측면으로 이동하지 않으면, 공격자는 방어자와 공격 대상의 병참선으로 방향을 바꾸어 그곳에서 적군을 찾아낸다. 적군이 오로지 한 곳에 머물러 있다면 공격자는 방향을 바꾸어서 돌아가야 할 것이고 적의 배후에서 적군을 공격할 것이다.

공격자가 선택의 목표로 삼는 모든 길 중에 큰 상업 도로는 언제나 제일 자연스러운 최고의 도로이다. 그 도로의 굴곡이 지나치게 심하면 그 위치에서 좀 좁은 길이라도 곧게 뻗은 다른 길을 선택해야 한다. 곧게 뻗은 길에서 지나치게 벗어난 후퇴로에서는 늘 큰 위험이 따르기 때문이다.

5. 대규모의 결전을 하려고 하는 공격자에게 병력을 분할해야 하는 이유는 전혀 없다. 그런데도 병력을 분할한다면 그것은 대부분 상황의 불분명함에서 비롯된 잘못이라고 간주해야 한다. 그래서 그런 경우에는 병력을 종대

로 배치하고, 모든 병력이 동시에 공격할 수 있는 넓이로만 전진해야 한다. 적군도 병력을 나누었다면 이는 공격자에게 그만큼 유리해질 것이지만, 이런 경우에도 소규모의 양동만 일어날 수 있다. 이것은 이를테면 전략적인 위장 공격(fausses attaques)이고, 방금 말한 유리함을 확고하게 한다는 목적을 갖는다. 이런 이유에서 비롯되는 병력의 분할은 정당화될 것이다.

전술적인 포위 공격을 하도록 병력을 배치하려면 어차피 병력을 몇 개의 종대로 나누어야 한다. 이 형태는 공격하는데 자연스러운 형태이고, 특별한 이유 없이 소홀히 해서는 안 되기 때문이다. 하지만 그 형태는 전술적인 성질을 갖는데 머물러야 하는데, 대규모의 공격을 하는 동안에 전략적인 포위를 하는 것은 병력의 완전한 낭비이기 때문이다. 그래서 이는 공격자의 병력이 많아서 승리를 전혀 의심할 수 없는 것으로 간주할 수 있을 때만 용납할 수 있을 것이다.

6. 하지만 공격에도 신중함이 요구된다. 공격자에게도 배후와 병참선이 있고 이것을 안전하게 해야 하기 때문이다. 그런데 이 안전은 되도록 공격자가 전진하는 방식에 따라, 그래서 군대 자체에 의해 자연스럽게 수행되어야 한다. 안전을 확보하는데 특별한 병력을 두어야 하고, 그래서 병력의 분할이 일어나야 한다면, 이는 당연히 공격의 힘 자체에 손실을 입힐 수밖에 없다. 엄청나게 많은 군대는 늘 적어도 하루의 행군 거리의 넓이로 전진하기 때문에 배후와 병참선이 정면과 수직을 이루는 방향에서 지나치게 벗어나 있지 않다면, 배후와 병참선은 대부분 군대의 정면으로도 충분히 안전하게 할 수 있다.

공격자는 이런 종류의 위험에 노출되어 있는데, 그 위험은 주로 적의 위치와 성격에 의해 판단해야 한다. 모든 것이 대규모 결전을 치른다는 분위기의 압력 아래에 있는 경우에 방어자가 이런 종류의 행동을 할 여지는 별로 없다. 그래서 공격자는 보통의 경우에 그 위험에 대해 많이 염려하지 않아도 될 것이다. 하지만 전진이 끝나고 공격자가 점차 방어의 상태로 넘어가면, 배후의 보호는 그만큼 필요해지고 중요한 일이 된다. 공격자의 배후는 문제의 본질상 방어자의 배후보다 약하기 때문에 방어자는 실제의 공격으로 넘어가기 훨씬 이전에, 그리고 심지어 나라 안으로 후퇴할 때에도 공격자의 병참선에 대한 행동을 시작했을 수 있다.

제16장

결전을 하지 않는 경우에 전쟁터의 공격

1. 대규모 결전을 하려는 의지와 힘이 충분하지 않은 경우에도 전략적인 공격을 하려는 단호한 의도는 있을 수 있고, 어느 작은 목표에 대해 공격을 할 수도 있다. 공격이 성공하면 이 목표를 획득하여 전체적으로 조용한 균형 상태에 이르게 된다. 공격하는데 어느 정도 어려움이 생기면 이미 그전에 일반적인 전진은 중지된다. 이제는 단순한 일시적인 공격이나 전략적인 기동이 그 자리를 대신하게 된다. 이것이 대부분의 원정의 성격이다.

2. 그런 일시적인 공격의 목표를 이루는 대상은 다음과 같다.

a) 어느 **지역**. 식량 조달에서 유리해지는 것, 필요한 경우에 점령 분담금도 걷는 것, 자기 나라를 보호하는 것, 평화 협상에서 배상을 얻는 것 등은 적의 어느 지역에서 나오는 유리함이다. 때로 무공의 개념도 지역과 관련을 갖는다. 이는 루이 14세 때 프랑스의 최고 지휘관들이 수행한 원정에서 끊임없이 나타났다. 이때 그 지역을 계속 유지할 수 있느냐 없느냐 하는 것은 근본적인 차이가 된다. 그 지역을 유지할 수 있는 것은 보통 그 지역이 공격자의 전쟁터에 인접해 있고, 그 전쟁터의 자연스러운 보충이 되는 경우에만 해당된다. 그런 지역만 평화 협상에서 교환 수단으로서 고려할 수 있다. 그 밖의 지역은 보통 원정을 하는 동안에만 점령하고 겨울에는 그 지역을 떠나야 한다.

b) 적의 **중요한** 창고. 이것이 중요하지 않은 창고라면, 그 창고는 분명히 전

체 원정을 결정하는 공격의 대상으로 간주할 수도 없다. 물론 창고를 빼앗는 것은 그 자체로 방어자에게 손실을 입히고 공격자에게 이익을 주는데 지나지 않는다. 하지만 공격자에게 제일 중요한 유리함은 방어자가 그 손실 때문에 전쟁터에서 약간 후퇴하지 않을 수 없고, 창고를 잃지 않았을 경우에 유지하고 있었을 지역을 포기하지 않을 수 없게 된다는 것이다. 그래서 창고의 점령은 본래의 수단 이상 되는 것이고, 여기에서는 목적으로서만 언급한다. 창고의 점령이 행동의 직접적이고 결정적인 목표가 되기 때문이다.

c) 요새의 점령. 요새의 점령에 대해서는 하나의 독립된 장에서 다루었기 때문에 그 장을 참조하기 바란다. 그 장에서 설명한 이유로 이해할 수 있는 것처럼, 요새는 어떤 공격 전쟁과 원정에서는 늘 제일 유리하고 바람직한 공격 대상이 되는데, 그런 공격 전쟁과 원정은 적을 완전히 쓰러뜨리거나 적의 영토에서 중요한 지역을 점령하는 것을 목표로 삼을 수 없는 경우를 말한다. 그러면 곧바로 알 수 있는 것처럼, 많은 요새를 갖고 있는 네덜란드에서는 모든 것이 언제나 요새를 얼마나 많이 점령하느냐에 달려 있게 된다. 더욱이 이런 경우에 어느 지방 전체를 계속 점령하는 것은 대부분 한 번도 중요한 특징으로서 드러난 적이 없고, 모든 요새는 그 자체로서 의의를 갖고 있는 개별적인 것으로 간주되었다. 요새가 갖는 장소의 가치보다 행동의 편리함과 용이함을 중요하게 보았다.

그럼에도 매우 중요한 요새에 대한 포위 공격은 언제나 중요한 행동이다. 막대한 돈이 들지 않고, 반드시 나라의 존망이 문제 되지 않는 전쟁에서는 전쟁 비용도 진지하게 고려해야 하기 때문이다. 그래서 이 경우에 그런 포위는 이미 전략적인 공격의 중요한 대상에 속한다. 요새가 중요하지 않을수록, 요새를 포위하는 것이 덜 진지할수록, 요새를 포위하는데 필요한 준비를 덜 할수록, 모든 것이 즉흥적으로(en passant) 이루어질수록, 이 전략적인 목표는 그만큼 하찮은 것이 되고, 그만큼 약한 힘과 의도를 갖고 있는 공격자에게만 알맞은 것이 된다. 때로 이 모든 것은 원정을 명예롭게 치르는데 필요한 단순한 겉치레의 전투로 떨어지는데, 이는 공격자의 체면상 무엇이든지 하려고 하기 때문이다.

d) 유리한 전투, 소규모 전투, 대규모 전투. 이런 전투는 전리품을 얻으려고, 또는 심지어 단지 무공을 얻으려고, 때로는 최고 지휘관의 단순한 명예심 때문에 일어난다. 이런 일이 일어난다는 것은 전쟁사를 전혀 알지 못하는 사람들만 의심할 수 있을 것이다. 루이 14세 시대에 프랑스 군대의 원정에서 대부분의 공격 전투는 이런 종류의 전투였다. 이런 것도 객관적인 중요성이 없는 것은 아니고, 단순한 허영심의 발동만은 아니라는 것은 반드시 언급해야 한다. 이런 것이 평화 조약을 맺는데 매우 큰 영향을 미치고, 그래서 상당히 직접적으로 목표에 이르도록 하기 때문이다. 군대와 최고 지휘관의 무공과 정신적인 우세함은 눈에 보이지 않지만 전쟁 행동 전체에 끊임없이 스며드는 것이다.

물론 이런 전투의 목표는 a) 승리를 얻을 수 있는 전망이 높고, b) 전투에서 패배할 때도 지나치게 큰 모험을 하지 않는다는 것을 전제로 한다. 제한된 상황에서 제한된 목표를 갖고 수행하는 이런 전투와 단지 정신력의 열세 때문에 승리를 이용하지 않은 상태로 두는 것을 혼동해서는 안 된다.

3. 이 대상 중에서 마지막 것을 (d) 제외하면 모든 대상은 중요한 전투 없이도 얻을 수 있고, 공격자도 그 대상을 보통 그런 전투 없이 얻으려고 노력한다. 공격자가 결정적인 전투를 하지 않고 쓸 수 있는 수단은 전쟁터에서 방어자가 갖고 있는 모든 이해 관계 속에 들어 있다. 즉 방어자의 병참선에 (창고, 풍요로운 지방, 수로 등과 같이 식량 조달과 관련되는 병참선이든, 또는 다른 부대와 연결되는 병참선이든, 또는 다리, 좁은 길 등과 같이 중요한 지점과 연결되는 병참선이든 상관없이) 대한 위협, 그리고 방어자의 강력한 진지를 (이 진지에서 방어자가 공격자를 다시 몰아낼 수 없게 하고, 그러면 이 진지는 방어자에게 불편한 지점이 되는데) 점령하는 것, 그리고 중요한 도시, 풍요로운 지방, 불안정한 지역을 (이런 지역에서는 반란이 일어날 수 있는데) 점령하는 것, 그리고 약한 동맹국을 위협하는 것 등이다. 공격자가 그 병참선을 정말로 차단하면서, 더욱이 방어자가 많은 희생을 치르지 않고는 병참선을 다시 연

결할 수 없을 정도로 차단하면서, 그리고 앞에서 말한 지점을 점령하려고 하면서 그는 방어자로 하여금 배후나 측면에 있는 다른 진지로 이동하지 않을 수 없게 한다. 방어자가 이동하면 방어자는 그 목표를 보호하게 되고, 그것을 포기한다고 해도 손실을 좀 더 줄이게 된다. 그러면 그 지역은 방어하지 못하게 되고, 창고와 요새는 공격자에게 노출된다. 그 지역은 점령의 희생물이 되고, 창고와 요새는 포위 공격의 희생물이 된다. 이때 크고 작은 전투가 일어날 수 있다. 하지만 전투를 하려는 것도 아니고 전투를 목적으로 삼는 것도 아니다. 전투를 필요악으로서 삼는 것이고, 그래서 전투는 어느 정도의 규모와 중요성을 넘을 수 없게 된다.

4. 방어자가 공격자의 병참선에 영향을 미치는 것은 대규모 결전을 하는 전쟁에서는 작전선이 매우 넓을 때만 일어날 수 있는 종류의 반격이다. 이와 반대로 대규모 결전을 하지 않는 전쟁에서는 이런 종류의 반격이 문제의 본질에 속한다. 이 경우에 공격자의 병참선이 매우 긴 경우는 드물지만, 공격자에게 그런 종류의 큰 손실을 입히는 것이 중요한 것도 아니다. 공격자의 식량 조달을 약간 괴롭히고 방해하는 것만으로도 충분한 효과를 낸다. 공격자의 병참선이 길지 않아서 이것이 효과를 내지 못하면 시간을 늘리는 것으로 어느 정도 보충할 수 있고, 그러면 공격자를 막을 수 있다. 그래서 공격자로서는 전략적인 측면을 보호하는 것이 중요한 문제가 된다. 이때 공격자와 방어자 사이에 병참선을 놓고 다투는 전투가 일어나면, 공격자는 공격 군대의 본래의 불리함을 수의 우세함으로 만회해야 한다. 공격자에게 아직 많은 힘과 결단력이 남아 있고, 그래서 적의 군단이나 주력 군대 자체에 한 번 심각한 타격을 입히려고 한다면, 공격자는 적을 위험의 불안감에 의해 흔들리게 하면서 최선의 방식으로 자기 군대를 보호할 수 있을 것이다.

5. 마지막으로 이런 종류의 전쟁에서 공격자가 방어자에 대해 갖게 되는 중요한 유리함을 생각해야 한다. 그것은 공격자가 방어자의 의도와 힘을 판단하는 것이 그 반대의 경우보다 낫다는 것이다. 공격자가 어느 정도로 모험적이고 과감하게 행동할지를 예상하는 것은 방어자가 대규모의 반격을 생각

하고 있는지 아닌지를 예상하는 것보다 훨씬 어렵다. 방어자가 방어 형태를 선택한 것을 보면, 그는 확실히 적극적인 행동을 할 생각이 없는 것이라고 할 수 있다. 더욱이 대규모 반격과 보통의 방어에 나타나는 준비의 차이는 큰 목적의 공격과 작은 목적의 공격에 나타나는 준비의 차이보다 훨씬 크다. 결국 방어자는 먼저 조치를 내리지 않을 수 없고, 공격자는 후수의 유리함을 누린다.

제17장

요새의 공격

요새의 공격에서 축성 기술의 측면은 당연히 다루지 않는다. 우리는 요새의 공격을 첫째로 요새의 공격과 관련되는 전략적인 목적에 관해, 둘째로 몇 개의 요새 중에 어느 요새를 공격 목표로 선택하느냐에 관해, 셋째로 요새에 대한 포위를 엄호하는 방식에 관해 다룰 것이다.

어느 요새의 상실은 방어자의 방어를 약하게 만든다는 것, 그 요새가 방어의 본질적인 부분을 이루고 있는 경우에는 특히 그러하다는 것, 공격자가 요새를 점령하면 매우 편하게 행동할 수 있다는 (요새를 창고와 저장고로 쓸 수 있고, 요새를 통해 그 지역과 사영을 보호할 수 있는 등) 것, 공격자의 공격이 결국 방어로 넘어가야 한다면 요새는 이 방어의 강력한 근거 지점이 된다는 것 등의 모든 측면을 요새는 전쟁을 하는 동안에 전쟁터에서 갖게 되는데, 이는 방어 편에서 요새에 대해 말한 것으로 충분히 알 수 있다. 그것을 생각하면 공격 편에도 필요한 빛이 비칠 것이다.

요새를 점령하는 데도 대규모 결전을 하는 원정과 그렇지 않은 원정 사이에는 큰 차이가 있다. 전자의 경우에 요새를 점령하는 것은 늘 필요악으로 간주해야 한다. 즉 결전을 해야 하는 경우에는 절대로 포위하지 않을 수 없는 요새만 포위한다. 승패가 완전히 결정되고, 위기와 힘의 긴장이 오래전에 끝나고, 그래서 휴식의 상태에 들어가면 요새의 점령은 그 지역의 점령을 공고하게 한다. 그러면 그 지역의 점령은 대부분 노력과 힘의 소모 없이는 할 수 없지만 위험하지 않은 상태에서 수행할 수 있다. 위기 상황에서 요새를 포위하면 위험이 증대되고, 이는 공격자에게 불리한 영향을 미친다. 분명히 요새의 포위만큼 공격자의 병력을 많이 소모하게 하는 것도 없고, 일시적으로 공격자의 우세함을 많이 빼앗는 것도 없기 때문이다. 하지만 일반적으로 공격을 계속해야 하는 경우에는 이런저런 요새를 점령하지 않을 수 없는 경우도 있다. 그리고 이런 경우의 포위는 공격을 강력하게 추진하는 것이라고 간주해야 한다. 이때 승패의 결정이 아직 이루어지지 않았다면 위기는 그만큼 높아질 것이다. 이 문제에 대해 더 살펴보아야 하는 것은 전쟁 계획 편에 속한다.

제한된 목표를 갖는 원정에서 요새의 점령은 일반적으로 수단이 아니라 목적 그 자체이다. 요새의 공격은 소규모의 독자적인 점령으로 간주되고, 그 자체로 다른 모든 유리함에 앞서 아래와 같은 유리함을 갖기 때문이다.

1. 요새의 공격은 명확히 제한된 목표를 갖는 소규모의 점령이다. 이는 많은 병력의 노력을 필요로 하지 않고, 그래서 적의 반격을 받을 염려도 없다.

2. 요새는 평화 협상에서 배상을 얻는데 유효하게 쓰일 수 있다.

3. 포위는 공격을 강력하게 추진하는 수단이거나 적어도 그러한 것으로 간주된다. 이때 다른 공격을 수행할 때 일어나는 것처럼 병력이 반드시 줄어드는 것도 아니다.

4. 포위는 파국을 수반하지 않는 행동이다.

이 모든 것이 대규모의 결전을 할 수 없는 전략적인 공격에서 보통 하나 또는 여러 개의 적의 요새를 점령하는 것을 매우 중요한 대상이 되게 한다.

포위해야 하는 요새를 선택하는데 의문이 생길 수 있는데, 이를 결정하는 이유에는 다음과 같은 것이 있다.

a) 요새를 편하게 유지할 수 있는지, 그래서 평화 협상에서 배상을 얻는데 적절한지 하는 것.

b) 점령의 수단. 작은 수단으로는 작은 요새만 점령할 수 있다. 하지만 작

은 요새를 실제로 점령하는 것이 큰 요새를 점령하는데 실패하는 것보다 낫다.

c) 축성의 견고함. 이것이 반드시 요새의 중요성과 비례 관계에 있는 것은 아니다. 별로 견고하지 않은 요새를 공격의 대상으로 삼을 수 있다면, 별로 중요하지도 않으면서 상당히 견고한 요새를 점령하는데 힘을 낭비하는 것보다 어리석은 일은 없을 것이다.

d) 무장의 정도와 수비대의 규모. 요새에 수비대가 많지 않고 허술하게 무장되어 있다면 자연히 그 요새를 점령하는 것은 쉽다. 하지만 주의할 것은 수비대의 규모와 무장의 정도는 동시에 그 요새의 **중요성**을 공동으로 결정하는 요소라고 보아야 한다는 것이다. 수비대와 무장의 정도는 직접적으로 적의 전투력에 속하지만, 축성 활동은 그렇지 않기 때문이다. 그래서 많은 수비대가 있는 요새를 점령하는데 드는 희생이 특별히 강력하게 지은 요새를 점령하는데 드는 희생보다 훨씬 가치 있는 희생이라고 할 수 있다.

e) 포위하는데 필요한 물자를 수송하는 것이 쉬운지 하는 것. 대부분의 포위는 포위 수단이 부족해서 실패하고, 이 수단은 대부분 수송의 어려움 때문에 부족해진다. 1712년 오이겐의 렁드레시 요새의 포위와[1] 1758년 프리드리히 대왕의 올로모우츠 요새의 포위는 이 점에서 제일 두드러진 사례이다.

f) 마지막으로 포위 군대를 엄호하는 용이함도 하나의 근거로서 간주할 수 있다.

포위 군대를 엄호하는 데는 근본적으로 다른 두 가지 방식이 있다. 포위 군대의 보루로, 그래서 포위 보루선으로 엄호하는 방식과 이른바 정찰선으로 엄호하는 방식이다. 전자는 유행에서 완전히 사라졌지만, 하나의 중요한 측면에서는 분명히 그 방식에 찬성할 수 있다. 즉 그 방식을 쓰면 공격자가 병력을 분할해도 힘이 전혀 약해지지 않는다는 것이다. 포위자의 힘이 약해진

---

1. 렁드레시(Landrecies), 프랑스 북부 지방의 요새. 렁드레시는 발랑시엔에서 남쪽으로 약 35 킬로미터 떨어져 있다. 스페인 왕위 계승 전쟁 중에 영국, 네덜란드, 오스트리아의 동맹 군대는 렁드레시 요새를 포위하려고 했지만(1712년 7월 17~28일) 실패했다.

다는 것은 일반적으로 크게 불리한 것이다. 물론 그 힘은 다른 방식으로도 두드러지게 약해질 수 있는데, 그 이유는 다음과 같다.

1. 요새를 둘러싸고 있는 진지가 대체로 공격하는 군대의 병력에게 지나치게 넓게 분산할 것을 요구한다.

2. 수비대의 병력은 본래 구원 부대의 병력과 합쳐야 공격자의 병력에 대항할 수 있다. 이런 상황에서 수비대의 병력만 보면 그 병력은 공격자의 야영 한복판에 있는 적군이라고 볼 수 있다. 하지만 적군은 요새의 벽으로 보호받고 있고, 아군은 적에게 손실을 입힐 수 없고 적어도 적을 힘으로 압도할 수 없다. 이 때문에 수비대의 저항 효과는 크게 높아진다.

3. 공격자에 의한 포위 보루선의 방어는 절대적인 방어가[2] 되지 않을 수 없다. 있을 수 있는 모든 배치 형태 중에 제일 불리하고 약한 형태는 병력을 원형으로 배치하여 정면을 밖으로 향하는 형태인데, 이 형태는 적에 대한 공격을 유리하게 하는 모든 방식에 전혀 맞지 않는다. 그래서 이때에는 보루에서 마지막까지 저항하는 것 외에 다른 수단이 없다. 이런 상황에서 병력은 전체의 3분의 1 이상으로 줄어들 것이 분명한데, 이는 하나의 정찰대를 편성할수 있는 병력이다. 프리드리히 대왕 이래 (반드시 본래의 공세는 아니지만) 이른바 공세, 즉 일반적으로 이동과 기동을 선호하고 보루를 혐오한 것을 고려하면, 포위 보루선이 유행에서 완전히 사라진 것도 놀라운 일은 아닐 것이다. 이처럼 전술적인 저항이 약해지는 것이 포위 보루선의 유일한 불리함은 결코 아니다. 우리는 단지 이 불리함 외에 이 불리함에 따르는 편견을 말했을 뿐인데, 이 편견이 포위 보루선의 불리함과 맨 먼저 관련되기 때문이다. 하나의 포위 보루선은 전쟁터 전체에서 근본적으로 이것에 둘러싸여 있는 공간만 보호한다. 그 밖의 모든 공간은 그 공간을 보호할 특별한 파견대를 선정하지 않으면 적에게 포기하는 것과 다름없다. 그런데 파견대를 보내려면 병력을 나누어야 하는데, 공격자는 이를 피하려고 한다. 그래서 포위자는 포위하는데 필

---

2. 절대적인 방어는 시종일관 방어만 하고 공격으로 이행하는 일이 없는 방어 방식.

요한 수단의 수송 문제 때문에 늘 불안하고 곤란한 상태에 빠질 것이다. 한편으로 군대의 병력과 포위에 필요한 수단이 상당히 늘어나고, 다른 한편으로 방어자도 전쟁터에 많은 병력을 보내는 경우에 수송대를 포위 보루선으로 엄호하는 것은 일반적으로 네덜란드와 같은 상황이 아닌 한 생각할 수 없다. 네덜란드에서는 바짝 붙어 있는 요새와 그 사이에 놓인 선이 전쟁터의 다른 부분을 엄호하고 수송의 길이를 상당한 정도로 줄인다. 루이 14세 이전 시대에는 전쟁터의 개념이 전투력의 배치와 결부되지 않았다. 특히 30년 전쟁 때에는 군대가 산발적으로 이곳저곳에 이 요새나 저 요새 앞에 (요새 근처에 마침 적의 군단이 없는 경우에) 나타났고, 갖고 간 포위 수단이 있는 동안만 그리고 적의 보충 병력이 접근할 때까지 요새를 포위했다. 이런 시대에는 포위 보루선이 문제의 본질에 속했다.

앞으로 포위 보루선이 다시 쓰이는 일은 별로 없을 것이다. 즉 이와 비슷한 종류의 상황이 생긴다면, 그것은 전쟁터에 있는 적이 매우 약할 때, 그리고 전쟁터의 개념이 포위의 개념에 비해 이를테면 사라질 만큼 작을 때일 것이다. 이런 경우에는 포위하는 병력을 집결한 상태로 유지하는 것이 자연스러울 것이다. 그러면 포위의 힘이 분명히 매우 높아지기 때문이다.

루이 14세 때 튀렌이 콩데에 대항하여 캉브레에서, 그리고 콩데가 튀렌에 대항하여 발랑시엔에서 공격했을 때[3] 친 포위 보루선은 거의 효과를 내지 못했다. 하지만 포위 보루선 때문에 방어자가 반격을 할 수 없었던 경우가 수없이 많았다는 것을 간과해서도 안 된다. 요새에서 방어자가 구원 병력을 절박하게 요구하고 있고, 방어자의 최고 지휘관이 매우 모험적인 인물인 경우에도 방어자는 포위 보루선에 반격을 할 수 없었다. 1708년에 빌라르는 릴[4] 앞

---

3. 프랑스의 귀족과 고등 법원 사이에 일어난 정치적인 투쟁, 즉 프롱드의 반란 때문에 튀렌과 콩데는 한때 적대적인 관계가 되어 양자 사이에 전투가 벌어졌다(1652년). 그때 루이 14세 (1638~1715)는 아직 어렸다.
4. 릴(Lille), 프랑스 북부의 도시. '플랑드르 지방의 수도'라는 별명을 갖고 있다. 벨기에의 투르네에서 서쪽으로 약 25킬로미터 떨어져 있다. 동서로 독일, 룩셈부르크, 벨기에, 영국과 연결되고 남북으로 스페인, 프랑스, 벨기에, 네덜란드로 연결되는 교통의 요충지이다. 그 당시에

에 포위 보루선을 친 동맹 군대를 공격하는 모험을 하지 않았다. 프리드리히 대왕도 1758년에 올로모우츠에서, 그리고 1760년에 드레스덴에서 본래의 포위 보루선은 아니었지만 본질적으로 그것과 같은 체계를 갖고 있었고 동일한 군대로 요새를 포위했고 그 포위를 엄호했다. 오스트리아 군대가 올로모우츠에서 멀리 있다는 것이 대왕으로 하여금 포위를 하도록 유혹했지만, 대왕은 돔슈타틀에서[5] 겪은 수송대의 손실 때문에 그 포위를 후회했다. 1760년에 드레스덴에서 이 수단을 쓴 이유는 대왕이 신성 로마 제국의 군대를 얕보았고, 드레스덴을 성급하게 점령하려고 했기 때문이다.

마지막으로 포위 보루선의 또 하나의 불리함은 포위에 실패했을 경우에 포위 공격에 쓰인 대포를 건지는 것이 어렵다는 것이다. 하지만 포위를 하는 지점에서 하루 또는 며칠의 행군 거리만큼 멀리 있는 곳에서 결전이 일어난다면 적이 도착하기 전에 포위를 풀 수도 있고, 대포를 대규모로 수송하여 아마 하루 정도 앞설 수도 있다.

정찰대를[6] 배치할 때는 특히 다음과 같은 문제를 고려하게 된다. 즉 포위하는 곳에서 얼마나 멀리 있어야 하는가? 이 문제는 대부분의 경우에 지형에 의해, 또는 포위하는 군대가 연락을 유지하고 있어야 하는 다른 군대나 군단의 진지에 의해 결정된다. 그런 제한이 없는 경우에는 요새와 정찰대의 거리가 넓을수록 포위에 대한 엄호도 그만큼 잘할 수 있지만, 거리가 몇 마일 이상 되지 않는 경우에도 정찰대와 공격자는 상호 간에 쉽게 도움을 줄 수 있다.

릴은 오스트리아와 영국의 동맹 군대에게 포위되어(1708년 8월 14일~10월 23일) 결국 함락되었다.

5. 돔슈타틀(Domstadtl, Domstadt), 톰슈타트로도 표기한다. 모라비아의 도시로 올로모우츠에서 북동쪽으로 약 22킬로미터 떨어져 있다. 현재 체코의 도마소프 나드 비스트지치(Domašov nad Bystřicí). 1758년 6월 30일에 돔슈타틀에서 오스트리아 군대는 프로이센 군대의 수송대를 습격하여 많은 축성 재료를 빼앗았다.

6. 이 경우에 정찰대는 적의 급습에 대해 공격자의 측면과 배후를 방어하는 임무를 맡는다.

제18장

수송대에 대한 공격

수송대에 대한 공격과 방어는 전술의 문제이다. 그래서 이 문제가 오직 전략적인 이유와 상황에 의해서만 일어날 수 있다는 것을 증명할 수 없다면, 여기에서는 결코 이 문제에 대해 언급해서는 안 될 것이다. 이미 방어 편에서 이 문제를 이런 관점에서 언급했어야 했는지 모른다. 이 문제에 관한 적지 않은 것이 당연히 공격과 방어에 모두 해당되지만, 공격에 더 중요한 문제라고 생각하여 여기에서 다루도록 한다.

300~400대 정도의 마차를 이용하는 보통 규모의 수송대는 그 마차에 짐을 실었든 안 실었든 상관없이 약 반 마일의 길이에 이른다. 그보다 많은 수송대라면 그 길이는 몇 마일에 이른다. 이런 수송대를 호송하게 되어 있는 병력은 보통 얼마 안 되는데, 어떻게 그처럼 긴 수송대를 그런 소수의 병력으로 보호할 생각을 할 수 있을까? 이와 같은 어려움에 더해 기어가듯이 느린 걸음으로만 전진하는 수송대의 굼뜬 움직임, 이때 많은 마차 때문에 언제든지 수송 자체에 혼란을 겪을 수 있다는 두려움, 끝으로 수송대의 일부분이 적의 습격을 받자마자 수송대 전체는 그 즉시 정체되고 혼란에 빠지기 때문에 수송대의 모든 부분을 보호하는 것이 중요하다는 것 등을 생각하면, 당연히 다음과 같은 의문이 생길 수 있다. 도대체 그런 수송대를 어떻게 보호하고 방어할 수 있을까? 또는 다른 말로 하면, 공격을 당하는 수송대가 모두

약탈당하지 않는 것은 무엇 때문일까? 일반적으로 보호해야 하는 수송대, 즉 적이 접근할 수 있는 수송대가 모두 공격을 받지 않는 것은 무엇 때문일까? 이에 대해 템펠호프는 수송대의 끊임없는 분할과 집결 행군을 통해 행군 시간을 줄이는 극히 비현실적인 방안을 제안했고, 샤른호스트는 수송대를 여러 종대로 분할하는 훨씬 나은 방안을 추천했지만, 이 모든 전술적인 수단이 수송의 근본적인 문제점을 해결하는데 충분하지 않은 것은 분명하다.

이것은 다음과 같이 설명할 수 있다. 대부분의 수송대는 이미 수송의 전략적인 의미 때문에 일반적으로 월등하게 높은 수준의 안전을 누리고 있고, 이는 적의 공격에 노출되어 있는 다른 어느 부대보다 앞서는 수준의 안전이고, 그래서 수송대에서는 약간의 방어 수단도 훨씬 큰 효과를 낸다. 즉 수송은 늘 어느 정도 자기 군대의 배후에서 수행되든지, 아니면 적어도 적군으로부터 멀리 있는 곳에서 수행된다. 그 결과로 적군은 수송대를 공격하는데 약간의 병력만 보낼 수 있다. 또한 이 약간의 병력도 자기 군대의 강력한 예비 병력의 보호를 받지 않을 수 없는데, 그렇지 않으면 급히 출동하는 수송대의 보호 병력 때문에 측면과 배후를 잃게 된다. 더욱이 마차가 무겁기 때문에 수송대를 공격하는 쪽에서도 마차를 운반하는 것이 매우 어렵고, 대개 마차와 말을 잇는 밧줄을 끊고 말을 데려가고 탄약 마차를 폭파하는 것 등에 만족해야 한다. 그러면 수송대는 전체적으로 정체되고 혼란에 빠지겠지만 실제로 모든 것을 잃는 것은 아니다. 이런 것을 생각하면 수송대의 안전은 호송하는 부대의 저항보다 그런 일반적인 상황에 더 많이 달려 있다는 것이 분명해진다. 호송 부대의 저항이 단호한 돌진으로 수송대를 직접 보호하지 못해도 습격자의 공격 체계를 방해할 수 있다면, 결국 수송대에 대한 공격이 쉽다든지 성공하기는커녕 도리어 상당히 곤란하고 그 결과도 불확실하게 된다.

그런데 아직 중요한 문제가 하나 남아 있다. 즉 수송대를 습격당한 쪽의 군대나 군단이 수송대를 습격한 공격자에게 보복을 하고, 그래서 이 공격자가 나중에 패배하게 되는 위험이 있다는 것이다. 이런 우려 때문에 공격자는 분명한 원인 없이 많은 행동을 하지 못하게 된다. 그런데 세상 사람들은 수송대의 안전을 단지 호송 병력 덕분이라고 생각하고, 동정을 불러일으킬 만큼 약한 호송 병력이 공격자에게 그런 두려움을 줄 수 있다는데 크게 감탄해 마지않는다. 이 설명의 진실성을 알고자 한다면 프리드리히 대왕이 1758년에 올로모우츠를 포위한 다음에 보헤미아를 지나서 수행했던 유명한 후퇴를 생각하면 될 것이다. 그때 그는 군대의 절반을 소대 규모로 해산하여 4000대의 마차로 이루어진 수송대를 보호하려고 했다. 왜 다운은 이 수송대를 공격하지 않았을까? 프리드리히 대왕이 나머지 절반의 병력으로 자기에게 접근하고, 다운으로서는 할 생각이 없는 전투에 자신을 끌어들일지 모른다는 두려움 때문이었다. 라우돈은 치스보비츠에서[1] 늘 자기의 측면에 있던 대왕의 수송대를 공격했지만, 왜 좀 더 일찍 그리고 좀 더 과감하게 공격하지 않았을까? 심한 역습을 당할지 모른다는 두려움 때문이었다. 라우돈은 주력 군대에서 10마일 정도 벗어나 있었고, 프로이센 군대 때문에 주력 군대와 전혀 연락할 수 없었는데, 이런 상황에서 다운으로부터 아무런 위협을 받지 않고 있는 대왕이 병력의 대부분을 자기에게 돌리면 지독한 패배를 당할 위험에 빠진다고 생각했다.

어느 군대의 전략적인 상황이 그 군대를 부자연스러운 상태에 빠져들지 않을 수 없게 하는 경우에만, 또는 그 군대의 수송대를 완전히 측면에 혹은 심지어 정면에 배치하게 하는 경우에만 수송대는 정말로 큰 위험에 빠질 것이다. 그 결과로 적이 수송대를 공격하는데 필요한 병력을 보낼 수 있다면, 수송대는 적에게 절호의 공격 목표가 될 것이다. 앞에 말한 1758년의 원정에서 대왕의 수송대는 돔슈타틀에서[2] 공격을 당했는데, 이는 그런 공격이 완전히 성공한 예를 보여 준다. 돔슈타틀에서 나이세로 향하는 길은 프로이센 군대가 배치된 왼편에 있었고, 대왕의 병력은 올로모우츠에 대한 포위와 다운에 대항하여 배치된 군단 때문에 그만큼 줄어들었다. 그래서 오스트리아의 돌격

---

1. 치스보비츠(Zischbowitz, Čížbovic), 체코의 마을. 프라하에서 북서쪽으로 약 50킬로미터에 있다. 현재는 치지코비체(Čížkovice),
2. 그 당시에 프로이센의 주요 보급로는 나이세에서 돔슈타틀을 지나 올로모우츠로 통했다.

대는 아무런 두려움도 갖지 않은 채 매우 느긋하게 대왕의 수송대를 공격할 수 있었다.

오이겐은 1712년에 렁드레시를 포위했을 때 이 포위에 필요한 수단을 부샹에서[3] 드냉을 넘어서, 즉 본래 전략적인 배치의 정면 앞에서 조달했다. 이런 상황에서 오이겐이 수송대를 보호하는 어려운 일을 하려고 어떤 수단을 쓰고 어떤 어려움에 빠졌는지 하는 것, 이 어려움이 그 문제의 급격한 변화를 이끌었다는 것은 잘 알려져 있다.

이상의 결과는 다음과 같다. 수송대에 대한 공격은 전술적으로 살펴볼 때는 아무리 쉬운 것처럼 보여도 전략적인 이유 때문에 성공할 확률이 그다지 높지 않다. 그것은 병참선을 포기할 수도 있는 매우 예외적인 경우에만 큰 성공을 약속한다.

---

3. 부샹(Bouchain), 프랑스 북부의 마을이자 작은 요새. 부샹은 드냉에서 남서쪽으로 약 8킬로미터 떨어져 있다.

제19장

사영에 있는 적군의 공격

우리는 방어 편에서 이 문제를 다루지 않았다. 사영선은 방어 수단으로 간주할 수 없고 군대의 단순한 상태로, 더욱이 군대의 전투 능력을 떨어뜨리는 상태로 간주할 수 있기 때문이다. 그래서 이런 종류의 전투 능력과 관련해서는 제5편 제13장에서 군대의 상태에 대해 말한 것으로 만족했다.

하지만 여기의 공격 편에서는 사영에 있는 적군을 하나의 특별한 목표로서 생각해야 한다. 그런 공격이 한편으로 매우 독특한 종류의 것이기 때문이고, 다른 한편으로 특별한 효과를 내는 전략적인 수단으로 간주할 수 있기 때문이다. 그래서 여기에서 문제로 삼고 있는 것은 적의 어느 하나의 사영이나 몇 개 마을에 분산되어 있는 소규모 부대에 대한 공격이 아니라 (그런 공격을 하는데 필요한 병력의 배치는 완전히 전술적인 성격을 갖기 때문) 어느 정도 넓은 사영지에 분산되어 있는 상당히 많은 전투력에 대한 공격이다. 이때 목표는 더 이상 하나하나의 사영 자체에 대한 습격이 아니라 적군이 사영에 집결하지 못하게 방해하는 것이다.

그래서 사영에 있는 적군의 공격은 집결되어 있지 않은 군대를 습격하는 것이다. 습격이 성공한 것으로 간주되는 경우에 적군은 예정된 집결 지점에 더 이상 도달할 수 없고, 그래서 그 지점보다 훨씬 먼 배후에 있는 다른 지점을 선택하지 않을 수 없다. 매우 급한 순간에 이처럼 배후로 이동하는 것이 하루의 행군 거리 이하인 경우는 드물고, 보통 며칠의 행군 거리에 이르기 때문에 이때 생기는 지역의 상실이 적지 않고, 이것은 공격자에게 주어지는 첫 번째 유리함이다.

그런데 사영 전체에 대한 습격도 처음에는 하나하나의 사영 몇 개에 대한 습격으로 시작하는 것이 보통이다. 확실히 한 번에 모든 사영을 습격할 수도 없고, 매우 많은 사영을 습격할 수도 없다. 많은 사영에 대한 습격은 공격자의 군대를 넓게 분산할 것을 전제로 하는데, 이는 어떤 경우에도 좋지 않기 때문이다. 그래서 전진하는 종대의 방향에서 볼 때 제일 앞에 있는 적의 사영에만 습격을 할 수 있는데, 이 또한 사영이 많은 경우에는 완전하게 성공하는 일이 드물 것이다. 많은 병력이 적의 눈에 띄지 않고 적에게 접근한다는 것은 있을 수 없기 때문이다. 하지만 이런 공격 활동을 결코 간과해서는 안 되고, 이런 활동에서 생겨나는 성과를 그런 종류의 습격이 주는 두 번째 유리함이라고 간주한다.

세 번째 유리함은 사영에 있는 적과 부분적인 전투를 벌여 적에게 큰 손실을 입히는 것이다. 적의 엄청나게 많은 병력은 중요한 집결 지점에 대대 단위로 집결하지 못한다. 보통 대대는 먼저 여단으로 집결하고, 여단은 사단이나 군단으로 집결한다. 이런 많은 병력은 신속하게 집결할 수 없고, 이런 상황에서 공격자의 종대를 만나게 되면 이 종대와 전투를 하지 않을 수 없다. 물론 이때 공격자의 종대의 병력이 충분히 많지 않으면 방어자가 그 전투에서 승리할 수 있지만, 승리해도 시간의 손실을 입게 된다. 일반적으로 쉽게 이해할 수 있는 것처럼, 방어자의 군단은 그런 상황에서 그리고 배후에 있는 지점으로 이동하는 일반적인 흐름에서 그 승리를 특별하게 이용할 수도 없다. 그런데 그 군단은 전투에서 패배할 수도 있고 패배할 개연성이 더 높은데, 이는 제대로 된 저항을 준비할 시간이 없기 때문이다. 그래서 공격자가 병력을 제대로 배치하여 습격을 수행하면 그런 부분적인 전투를 통해 엄청난 전리품을 얻게 된다고 생각할 수 있다. 그러면 그 전리품은 사영에 대한 습격의 전체적인 성공을 보여 주는 중요한 부분이 될 것이다.

마지막으로 네 번째 유리함이자 이런 공격 전체의 핵심은 적의 군대를 일종의 일시적인 분열 상태에 빠뜨리고 적의 용기를 꺾는다는 것이다. 이로 말미암아 습격을 당하는 적은 간신히 집결한 병력도 제대로 이용하지 못하고, 보통 더 많은 지역을 포기하지 않을 수 없고, 처음에 생각했던 행동에서 완전히 다른 단계를 수행하지 않을 수 없게 된다.

이것이 사영에 있는 적에 대한 습격이 성공한 경우에, 즉 적이 손실을 입지 않고는 계획한 곳에 군대를 집결할 수 없는 경우에 공격자가 얻게 되는 특별한 성과이다. 그런데 사영에 대한 공격의 성공에도 문제의 본질상 매우 많은 단계가 있다. 그 성과는 어느 경우에는 매우 클 수 있지만, 다른 경우에는 거의 언급할 만한 가치도 없을 수 있다. 성공적인 행동 덕분에 큰 성과를 낸 경우에도 이것을 주력 전투에서 얻은 승리의 성과와는 거의 비교할 수 없을 것이다. 한편으로는 전리품이 그다지 많지 않기 때문이고, 다른 한편으로는 공격자에게 주는 정신적인 인상을 그다지 높게 평가할 수 없기 때문이다.

이런 전체적인 결과를 고려한다면 그런 행동이 수행할 수 있는 것보다 많은 것을 얻으려고 해서는 안 된다. 많은 사람들은 그것을 최고의(non plus ultra) 공격 효과를 내는 것이라고 생각한다. 하지만 이상의 자세한 고찰과 전쟁사를 통해서도 알 수 있는 것처럼 결코 그렇지 않다.

제일 빛나는 습격의 하나는 로렌 공작이[1] 1643년에 투틀링엔에서[2] 란차우 장군[3] 아래에 있는 프랑스 군대의 사영에 수행한 습격이었다. 그 군단은 16,000명의 병력을 보유하고 있었는데, 군단장과 7000명의 병력을 잃었다. 그것은 완전한 패배였다. 전초 부대를 두지 않아서 공격자에게 그런 결과를 허

---

1. 로렌(Karl IV. von Lothringen, Charles IV. de Lorraine, 1604~1675), 샤를 4세로서 로렌의 공작.
2. 투틀링엔(Tuttlingen), 뷔르템베르크의 마을. 슈바벤 알프스의 동쪽에 있고, 보덴제의 콘스탄츠에서 북서쪽으로 50킬로미터 되는 곳에 있다. 30년 전쟁에서 로렌 공작은 이 마을에서 숙영 중인 프랑스 군대를 심한 눈보라를 이용하여 기습을 해서 대승을 거두었다(1643년 11월 24일).
3. 란차우(Josias Rantzau, 1609~1650), 덴마크의 최고 지휘관이자 프랑스의 원수.

락하고 말았다.

그다음으로 튀렌이 1645년에 메르겐트하임에서[4] (프랑스식 이름으로 마리엔탈에서) 당한 습격도 효과 면에서는 틀림없이 패배와 같은 것이라고 간주해야 한다. 그는 8000명의 병력 중에 3000명을 잃었고, 이는 주로 튀렌이 잘못 판단하여 때도 무르익지 않았는데 집결된 병력으로 저항을 했기 때문이다. 하지만 이것을 보고 습격이 자주 이와 비슷한 성과를 낼 수 있을 것이라고 생각해서는 안 된다. 이는 본래의 습격이라기보다 튀렌이 제대로 생각하지 않고 치른 전투에서 얻은 성과였기 때문이다. 튀렌은 그 전투를 피할 수 있었고, 멀리 있는 사영으로 보낸 부대와 다른 곳에서 집결할 수 있었기 때문이다.

세 번째로 유명한 습격은 1674년에 튀렌이 대선제후, 신성 로마 제국의 장군인 부르농빌,[5] 로렌 공작 등의 지휘 아래에서 알자스에 주둔하고 있던 동맹 군대에게 수행한 습격이다. 이때 전리품은 매우 적었고, 동맹 군대의 손실은 2000명에서 3000명을 넘지 않았다. 동맹 군대의 병력이 50,000명이었다는 것을 생각할 때 이는 결정적인 손실이라고 할 수 없다. 그런데도 동맹 군대는 알자스에서 더 이상의 저항을 할 수 없다고 생각하고 라인 강을 건너 후퇴했다. 이 전략적인 성공이 튀렌이 필요로 했던 전부였다. 하지만 이 성공의 원인을 본래의 습격에서 찾아서는 안 된다. 튀렌은 동맹 군대의 병력보다 동맹 군대의 계획을 습격했다고 보는 것이 옳다. 동맹 군대의 최고 지휘관들의 의견이 일치하지 않았고, 그 근처에 라인 강이 있었다는 것이 그 성공을 도운 그밖의 요인이었다. 이 사건에 대해서는 일반적으로 좀 더 자세히 살펴보아야 하는데, 이 사건에 대한 해석이 대체로 잘못되어 있기 때문이다.

---

4. 메르겐트하임(Bad Mergentheim), 마리엔탈(Marienthal), 프랑스 사람은 마린달(Mariendal)이라고 한다. 뷔르템베르크의 작은 마을. 뷔르츠부르크에서 남서쪽으로 35킬로미터에 있다. 30년 전쟁 중에 이곳의 전투(1645년 5월 5일)에서 프랑스 군대는 바이에른 군대에게 패배했다. 원문의 1644년은 1645년의 잘못이라서 바로잡는다.

5. 부르농빌(Alexandre II. Hippolyte Balthazar de Bournonville, 1616~1690), 프랑스의 장교로서 신성 로마 제국과 스페인 군대에서 복무했다. 30년 전쟁에 참전했다.

1741년에 나이페르크는[6] 프리드리히 대왕의 사영을 습격했다. 하지만 전체적인 성과는 대왕이 완전히 집결하지 않은 병력으로 잘못된 방향에 정면을 두고 나이페르크와 몰비츠 전투를 하지 않을 수 없었던 것뿐이다.

1745년에 프리드리히 대왕은 라우지츠에 있는 로트링엔 공작의 사영을 습격했다.[7] 중요한 성과는 제일 중요한 사영의 하나인 헨너스도르프에 대한 습격으로 생겨났고, 이를 통해 오스트리아 군대에게 2000명의 병력 손실을 입혔다는 것이다. 또한 이 습격의 전체적인 성과는 로트링엔 공작이 오버라우지츠를 지나 보헤미아로 후퇴했다는 것이지만, 공작이 엘베 강의 왼쪽을 따라 다시 작센으로 돌아가는 것은 방해하지 못했고, 그래서 이 습격은 케셀스도르프의 전투[8] 없이는 큰 성과를 내지 못했을 것이다.

1758년에 페르디난트 공작은 프랑스 군대의 사영을 습격했다. 그 직접적인 성과는 프랑스 군대가 몇천 명의 병력을 잃었다는 것과 알러 강[9] 배후로 진지를 옮겨야 했다는 것이다. 정신적인 인상은 아마 그보다 약간 더 컸을 것이고, 이는 프랑스 군대가 나중에 베스트팔렌에서 완전히 물러나는 데도 영향을 미쳤을 것이다.

이 여러 가지 사례에서 사영에 있는 적에 대한 공격의 효과에 대해 결론을 내리려고 한다면, 처음의 두 경우만 전투의 승리에 버금가는 효과를 갖는다고 간주할 수 있다. 이 경우에는 적의 병력이 매우 적었다는 것과 그 당시의 전쟁 수행에서 전초가 부족했다는 것이 공격을 매우 유리하게 만든 상황이었다. 그다음 네 가지 경우도 완전히 성공한 행동으로 간주해야 하지만, 그 성과의 정도를 볼 때 분명히 전투의 승리와 동일한 것으로 볼 수는 없다. 일반적인 성과는 적의 의지와 성격이 약한 경우에만 나타날 수 있고, 그래서 1741

---

6. 나이페르크(Wilhelm Reinhard von Neipperg, 1684~1774), 오스트리아의 원수. 나이페르크는 몰비츠 전투(1741년 4월 10일)에서 프로이센 군대에 패배했다.
7. 이 습격은 1745년 11월 23일에 일어났다.
8. 프리드리히 대왕은 이 전투(1745년 12월 15일)에서 작센 군대를 무찔렀다.
9. 알러 강(Aller), 작센의 강. 베저 강의 오른쪽 지류. 길이는 약 260킬로미터.

년의 경우에는 그 공격이 아무런 성과도 내지 못했다.

1806년에 프로이센 군대는 프랑켄에서 사영하고 있는 프랑스 군대를 이런 식으로 습격하려는 계획을 갖고 있었다. 그것은 충분한 성과를 내는데 적절한 경우였다. 보나파르트는 그곳에 없었고, 프랑스 군대는 매우 넓은 사영지에 분산되어 있었다. 이런 상황에서 프로이센 군대는 매우 단호하고 신속한 습격으로 프랑스 군대에게 어느 정도 손실을 입히고, 그들을 라인 강 너머로 몰아낼 수 있다고 생각했을 것이다. 하지만 그것이 전부였다. 프로이센 군대가 더 많은 성과를 내려고 생각했다고 해도, 예를 들어 프랑스 군대를 라인 강 너머로 추격한다든지, 혹은 정신적인 우세함을 보여서 프랑스 군대가 그 원정에서 다시는 라인 강 오른편에 나타날 생각을 하지 못하게 한다고 해도 그렇게 생각할 충분한 근거는 전혀 없었다.

1812년 8월 초에 나폴레옹이 비쳅스크 지역에서[10] 자신의 군대에게 휴식을 주려고 했을 때, 러시아 군대는 스몰렌스크에서 프랑스 군대의 사영을 습격하려고 했다. 그런데 러시아 군대는 습격을 수행할 용기를 잃었고, 이것은 그들에게 다행이었다. 프랑스 군대의 핵심 병력이 러시아 군대의 병력에 비해 두 배 이상 많았을 뿐만 아니라 프랑스 군대의 최고 지휘관도 일찍이 존재한 적 없는 제일 단호한 인물이었기 때문이다. 또한 프랑스 군대가 몇 마일의 공간을 잃었다고 해서 그것이 승패를 결정할 수 있는 것도 전혀 아니었기 때문이다. 사영 근처에 끊어진 지형이 전혀 없어서 습격으로 얻은 성과로 적을 이 지형까지 몰아낼 수도 없고, 이를 통해 어느 정도의 안전을 확보할 수도 없었기 때문이다. 이 원정도 마지막에 지쳐 쓰러질 때까지 계속되는 원정이 아니라 공격자가 적을 완전히 쓰러뜨리려고 하는 첫 번째 계획에 지나지 않았기 때문이다. 그래서 사영에 대한 습격이 보장할 수 있는 작은 유리함은 그 임무에 비하면 극히 하찮은 것일 수밖에 없었다. 또한 그 유리함은 병력과 다른

---

10. 프랑스 군대의 선두 부대는 1812년 7월 25일에 비쳅스크의 전면에 도착하여 이튿날 그곳의 러시아 군대를 공격하려고 했다. 하지만 러시아 군대는 이미 스몰렌스크로 철수하여 8월 3일에 그곳에 도착했다. 나폴레옹은 8월 13일에 비쳅스크에서 다시 전진을 시작했다.

상황에 나타나는 그 많은 불균형 상태를 보상할 수 없었다. 이 사례는 사영 공격의 수단을 막연히 생각하고 수행하면 이 수단을 완전히 잘못 쓰게 된다는 것을 보여 주고 있다.

지금까지 말한 것으로 이 문제가 전략적인 수단으로서 분명해졌다고 생각한다. 문제의 본질상 사영에 대한 공격을 수행하는 것은 전술적인 것일 뿐만 아니라 부분적으로 다시 전략 자체에 속하게 된다. 즉 그런 공격이 보통 엄청나게 넓은 지역에서 일어나고, 공격을 수행하는 군대가 집결하기 전에 상대를 공격할 수 있고 대부분 공격하게 되는 한 전략에 속하게 된다. 그래서 이 전체는 개별 전투의 집합이 된다. 이제 그런 공격을 제일 자연스럽게 준비하는 것에 대해서도 몇 마디 하도록 한다.

첫 번째 조건은 적의 사영의 정면을 광범위하게 공격하는 것이다. 그렇게 해야만 몇 개의 사영을 실제로 습격하고 다른 사영을 차단하고 적군을 전반적인 분열 상태에 빠뜨린다는 목표를 이룰 수 있기 때문이다. 공격하는 종대의 수와 거리를 어느 정도로 할 것인지는 그때그때의 상황에 따른다.

둘째, 여러 종대의 공격 방향은 집결하려는 하나의 지점으로 집중되어야 한다. 적은 결국 하나의 지점으로 집결할 것이기 때문에 아군도 그렇게 해야 한다. 아군의 집결 지점은 되도록 적의 연결 지점이나 적군의 후퇴로에 있는 것이 좋고, 이 후퇴로가 끊어진 지형을 횡단하고 있다면 제일 좋다.

셋째, 하나하나의 종대는 적의 전투력과 만났을 때 매우 단호하고 대담하고 모험적으로 적의 전투력을 공격해야 한다. 일반적인 상황이 종대에게 유리할 때는 모험을 하는 것이 당연하기 때문이다. 그 결과로 하나하나의 종대의 사령관들은 이 점에서 많은 자유와 전권을 갖고 있어야 한다.

넷째, 먼저 진지를 마련하려는 적의 군대에 대한 전술적인 공격 계획은 늘 우회를 목표로 삼아야 한다. 하여간 적을 분할하고 후퇴로를 막아야 큰 성과를 기대할 수 있기 때문이다.

다섯째, 하나하나의 종대는 모든 병과로 이루어져 있어야 하고 기병이 지나치게 적어서는 안 된다. 더욱이 모든 예비 기병대가 하나하나의 종대에 분산되어 있어도 좋을 것이다. 이런 공격에서 예비 기병대가 독립적으로 중요한 역할을 한다고 생각한다면 이는 큰 잘못이기 때문이다. 처음 만나는 최고의 마을, 매우 작은 다리, 보잘것없는 숲에 있는 적도 예비 기병대의 전진을 막을 수 있다.

여섯째, 습격의 본질에 따르면 공격자가 전위 부대를 너무 앞으로 보내서는 안 되지만 이는 적에게 접근했을 때만 해당된다. 적의 사영선에서 이미 전투를 시작했고, 그래서 본래의 습격으로 얻을 수 있는 것을 이미 얻었다면, 공격자의 종대는 모든 병과로 이루어진 전위 부대를 되도록 앞으로 보내야 한다. 전위 부대가 재빠른 이동으로 적에게 엄청난 혼란을 일으킬 수 있기 때문이다. 그렇게 해야만 공격자는 여기저기에서 수송대, 포병대, 전령, 낙오병 등의 후속 부대를 (이들은 늘 성급하게 흩어지는 주둔군을 쫓아가는데) 공격할 수 있을 것이다. 또한 이 전위 부대는 우회와 퇴로의 차단에서 중요한 수단이 되어야 한다.

일곱째, 마지막으로 공격이 실패할 경우에 대비하여 군대의 후퇴와 집결 지점을 정해 두어야 한다.

제20장

견제

관용적인 언어 용법에 따르면 견제는[1] 적의 영토에 대한 공격이지만, 이는 보통의 공격과 달리 적의 병력을 중요한 지점에서 후퇴하게 만드는 것이라고 이해할 수 있다. 이것이 중요한 목적일 때만 견제는 특별한 종류의 행동이다. 그렇지 않고 때에 따라 그 지점을 공격하고 점령하려고 한다면 그것은 보통의 공격이 된다.

그렇지만 견제도 당연히 늘 공격 목표를 갖고 있어야 한다. 그 목표에 가치가 있기 때문에 적도 그곳에 군대를 보내는 것이다. 더욱이 그 공격 행동이 견제로서 효과를 내지 못하는 경우에도 그 목표를 점령하면 그곳에 쏟은 힘을 보상받게 된다.

이 공격 목표는 요새일 수도 있고 중요한 창고나 부유한 대도시일 수도 있고 특히 수도일 수도 있고 여러 가지 종류의 점령 분담금을 걷는 것일 수도 있다. 끝으로 자기 나라에 불만을 품고 있는 적의 백성을 지원하는 것이 될 수도 있다.

견제가 공격자에게 이로울 수 있다는 것은 쉽게 이해할 수 있다. 하지만

---

1. 견제의 독일어 Diversion은 라틴어(di+vertere)에서 유래한 말로 '떼어놓다, 다른 방향으로 향하게 하다.'는 뜻을 갖고 있다. 그래서 넓은 의미에서는 양동도 여기에 포함된다.

반드시 늘 이로운 것은 아니고 때로 해로운 경우도 있다. 견제의 중요한 조건은 아군이 견제에 쓰는 병력보다 많은 적의 병력을 중요한 전쟁터에서 후퇴하게 하는 것이다. 적의 병력이 견제에 쓰인 아군의 병력만큼만 후퇴한다면 본래의 견제의 효과는 끝나고, 그 행동은 부차적인 공격이 되기 때문이다. 부차적인 공격을 하도록 (여러 가지 상황에 의해 얼마 안 되는 병력으로 엄청나게 많은 것, 예를 들어 중요한 요새를 쉽게 점령하는 것을 이룰 전망이 있기 때문에) 명령하는 경우에 이것은 더 이상 견제라고 불러서는 안 된다. 물론 어느 나라가 다른 나라에 대항하고 있는 동안에 제3국의 공격을 받으면 이것도 늘 견제라고 부른다. 하지만 그런 공격은 보통의 공격에서 방향을 잘못 잡은데 지나지 않기 때문에 그 공격에 특별한 이름을 붙일 이유는 없다. 이론에서 특별한 이름을 붙이려면 역시 고유한 특징이 있어야 하기 때문이다.

얼마 안 되는 병력으로 많은 병력을 끌어오려면 분명히 그렇게 할 수 있는 특별한 상황이 있어야 한다. 그래서 견제의 목적을 달성하는 데는 어느 전투력을 지금까지 발을 들여놓은 적이 없는 어느 지점에 보내는 것만으로는 충분하지 않다.

공격자가 중요한 전쟁터에 속하지 않는 적의 어느 지방을 1000명 정도의 소규모 병력으로 침입하여 점령 분담금 등을 걷으려고 하면, 적은 이를 그곳에 보내는 1000명의 병력으로는 막을 수 없다. 그 지방을 순찰대로부터 안전하게 하려면 그 이상의 병력을 보내야 한다. 이것은 예상할 수 있다. 이때 질문이 생긴다. 방어자가 그 지방을 안전하게 하는 대신에 그 지방에 상응하는 공격자의 어느 다른 지방에 그만큼의 파견 부대로 침입하여 균형을 회복할 수는 없을까? 그래서 견제가 공격자에게 더 유리하다면, 자기 지방보다 먼저 방어자의 지방에서 더 많은 것을 얻든지 또는 더 많은 위협을 줄 수 있다는 것이 확실해야 한다. 그러면 얼마 안 되는 병력의 견제도 그보다 많은 적의 병력을 괴롭게 하는 일이 없을 수 없다. 이와 반대로 문제의 본질상 양쪽의 병력이 많을수록 이런 유리함은 줄어들게 된다. 50,000명의 병력은 보통 규모의 지방을 적군 50,000명의 병력뿐만 아니라 그보다 약간 많은 병력에 대해서도 성공적으로 방어할 수 있기 때문이다. 그래서 견제에 이보다 많은 병력을 쓸 때는 그것이 유리한지 매우 의심스럽게 된다. 견제로 좋은 성과를 내야 한다면 견제하는 병력이 많을수록 다른 상황도 견제에 그만큼 결정적으로 유리해야 한다.

이런 유리한 상황은 다음과 같은 것일 수 있다.

a) 공격자가 중요한 공격력을 약하게 하지 않고도 견제를 하는데 마음대로 쓸 수 있는 전투력을 보유하고 있을 것.

b) 방어자에게 매우 중요하면서 공격자의 견제로 위협을 받을 수 있는 지점이 있을 것.

c) 방어자의 정부에 불만을 품고 있는 백성이 있을 것.

d) 막대한 전쟁 물자를 내놓을 수 있는 부유한 지방이 있을 것.

이런 여러 가지 고려할 점을 검토한 후에 수행하는 견제만 성공을 약속한다면 그런 기회는 자주 있는 것이 아니라는 것을 알 수 있다.

아직 중요한 점이 남아 있다. 모든 견제는 어느 지역에서 전쟁을 일으키게 되는데, 그곳은 견제를 하지 않았다면 전쟁이 일어나지 않았을 지역이다. 그래서 견제는 다른 경우라면 어느 정도 늘 휴식을 하고 있었을 적의 전투력을 일깨운다. 적이 민병대와[2] 국민 무장 투쟁의 수단으로 전쟁을 준비하고 있다면, 견제는 적의 전투력의 각성 상태를 극히 민감한 수준으로 높일 것이다. 문제의 본질상 당연하고 경험으로도 충분히 알 수 있는 것처럼, 어느 지역이 갑자기 적의 어느 부대에게 위협을 받고 있고 그 지역을 방어할 아무런 대비도 한 것이 없다면, 그 지역에 있는 유능한 관리들은 모든 것을 찾아내고 이를 재앙을 막는데 쓸 수 있는 특별한 수단으로 투입하고 운영하게 된다. 여기에서 새로운 저항력이 생기고, 이 힘은 인민 전쟁과 비슷하기 때문에 곧바로 인민 전쟁으로 발전할 수 있다.

---

2. 민병대는 전쟁이 일어난 경우에만 지방의 주민 중에서 모집된 군대로서 16세기에는 유럽의 많은 나라에 있었다.

모든 견제는 이 점에 유의해야 한다. 그렇지 않으면 공격자는 스스로 자신의 무덤을 파게 된다.

1799년의 북홀란트에[3] 대한 행동과[4] 1809년의 왈헤렌 섬에[5] 대한 행동을[6] 견제로 본다면, 이는 그때 영국 군대를 달리 쓸 수 없었다는 점에서만 정당화될 수 있다. 하지만 그 행동으로 프랑스 군대가 쓸 수 있는 저항 수단의 합이 늘어난 것은 의심할 수 없고, 다른 나라 군대도 프랑스에 상륙할 때는 이와 똑같은 상황을 겪게 될 것이다. 프랑스 해안을 위협하는 것은 틀림없이 공격자에게 크게 유리한데, 많은 수의 병력이 해안을 감시하느라고 프랑스 군대의 병력이 분산되고 약해지기 때문이다. 하지만 엄청나게 많은 병력으로 상륙을 한다는 것은 늘 자기 나라 정부에 반항하는 지방의 내부적인 협력을 예상할 수 있을 때만 정당화될 것이다.

전쟁에서 대규모의 결전이 적게 나타날수록 견제는 그만큼 많이 할 수 있지만, 견제에서 얻을 수 있는 이익도 당연히 그만큼 줄어들 것이다. 견제는 지나치게 침체되어 있는 군대를 움직이도록 하는 수단에 지나지 않는다.

1 견제의 수행

1. 견제는 실제의 공격을 포함할 수 있다. 그러면 견제를 수행하는 데는

---

3. 북홀란트, 홀란트의 북쪽 지방. 위트레흐트 동맹(1579년) 이후 북홀란트를 포함한 홀란트 전체가 일곱 개 지방의 연합 공화국의 일부가 되었다. 홀란트는 1840년에 행정적으로 북홀란트와 남홀란트로 나누어졌다. 북홀란트의 제일 큰 도시는 암스테르담이고, 남홀란트의 큰 도시는 헤이그와 로테르담이다.

4. 1799년 8~9월에 38,000명 규모의 영국과 러시아의 군대는 북홀란트에 상륙하여 홀란트와 프랑스의 군대에 맞서 처음에 성공적으로 전투를 벌였다. 하지만 10월 초에 프랑스 군대에 의해 격파되었고, 영국 군대는 북홀란트에서 물러났다.

5. 왈헤렌(Walcheren), 네덜란드 남서부의 제일란트(Zeeland) 주의 서쪽 끝에 있는 섬이었고 (1871년까지), 그 후로 댐을 지어 현재에는 반도가 되었다.

6. 프랑스 대 오스트리아의 전쟁에서 영국 군대는 1809년 여름에 왈헤렌 섬을 점령하려고(7월 31일) 했다. 하지만 프랑스 군대의 완강한 저항으로 9월 23일에 섬에서 물러났다.

대담성과 신속성 외에 다른 성격은 필요하지 않게 된다.

2. 견제에는 본래의 모습 이상이 되게 하려는 의도도 있을 수 있는데, 그러면 견제는 동시에 양동이 된다. 이때 어떤 특별한 수단을 쓸 수 있는지는 그때의 상황과 인간의 내면을 잘 아는 현명한 지성을 갖춘 사람만 말할 수 있다. 이때 늘 병력을 많이 분산해야 한다는 것은 문제의 본질에 속한다.

3. 견제를 수행하는 병력이 상당히 많고 후퇴로가 몇 개의 지점으로 제한되어 있다면, 예비 병력을 두고 모든 병력이 이 예비 병력과 연락을 유지하는 것이 중요한 조건이 된다.

침략

침략에 대해 말해야 하는 것은 이 단어를 설명하는 일밖에 없다. 이 표현이 최근의 저술가들에게 매우 자주 쓰이고 있고, 심지어 그 표현으로 어떤 특별한 의미를 담으려는 요구도 보인다. 실제로 프랑스 사람들은 늘 침략 전쟁(guerre d'invasion)이란 표현을 쓰고 있다. 프랑스 사람들은 이 말을 적의 영토에 깊숙이 침입하는 모든 공격이라는 의미로 쓰고 있고, 이 공격을 경우에 따라 방법론적인 공격, 즉 국경 부근에만 머무는 공격과 대립되는 것으로 보고 싶어 한다. 하지만 이는 용어의 비철학적인 혼란이다. 공격이 국경에 머물러야 하는지 아니면 적의 영토 깊숙이 전진해야 하는지, 공격이 무엇보다 요새의 점령에 전념해야 하는지 아니면 적의 병력의 핵심을 찾아 끊임없이 추격해야 하는지는 어느 하나의 틀에 달려 있는 것이 아니라 그때그때의 상황에 따라 결정되는 것이다. 적어도 이론은 이를 달리 받아들일 수 없다. 어느 경우에는 깊숙이 전진하는 것이 국경 부근에 머무는 것보다 방법론적이고[1] 심지어 더 신중할 수 있다. 하지만 대부분의 경우에 침략은 강력하게 수행된 공격의 성공적인 결과를 말하는데 지나지 않고, 그래서 공격과 다르지 않다.

---

1. 이 장에 나오는 방법론은 제1권 제2편 제4장의 방법론.

승리의 정점[1]

모든 전쟁에서 승리자가 적을 완전히 쓰러뜨릴 수 있는 것은 아니다. 때로 그리고 대부분의 경우에 승리의 정점이 나타난다. 수많은 경험이 이를 충분히 보여 주고 있다. 이 문제가 전쟁 이론에서 특히 중요하고 거의 모든 원정 계획의 토대를 이루고 있기 때문에, 그리고 이 문제가 (하나의 빛이 다채로운 색깔로 보이는 것처럼) 겉으로 모순처럼 보이면서 흔들리고 있기 때문에 우리는 이 문제를 좀 더 날카롭게 살펴보고 그 본질적인 이유를 밝히려고 한다.

승리는 대체로 모든 물리적인 힘과 정신적인 힘의 합이 우세하다는 데서 나온다. 그런데 승리가 이 우세함을 높이는 것도 부인할 수 없다. 그렇지 않으면 승리를 얻으려고 하지 않을 것이고, 승리를 얻는데 비싼 희생을 치르려고 하지도 않을 것이기 때문이다. 우세함이 승리 **자체**에 의해 증대되는 것은 의심할 수 없지만, 우세함은 승리의 결과에 의해서도 증대된다. 그런데 승리의 결과는 무제한의 마지막까지 나타나지 않고 대체로 어느 일정한 시점까지만 나타난다. 그 시점은 매우 가까이 있을 수 있고, 때로 너무 가까이 있기 때문에 승리한 전투의 모든 결과가 정신적인 우세함의 증대로 제한될 수도 있다. 이제 이것이 어떤 관계에 있는 것인지 살펴보려고 한다.

---

1. [저자] 제4장과 제5장 참조.

전쟁 행동이 계속되면 전투력은 전투력을 늘리고 줄이는 요소를 끊임없이 만나게 된다. 그래서 수의 우세함을 유지하는 것이 중요하다. 아군 병력의 감소는 적군 병력의 증대라고 볼 수 있기 때문에 이런 유입과 유출의 이중의 흐름은 전진할 때는 물론 후퇴할 때도 일어난다는 결론이 저절로 나온다.

전진하는 경우에 이런 변화를 일으키는 제일 중요한 원인을 살펴보는 것이 중요한데, 그러면 후퇴하는 경우의 원인도 같이 알 수 있다.

전진할 때 병력이 늘어나는 제일 중요한 원인은 다음과 같다.

1. 적의 전투력이 입는 손실. 그 손실이 대개 아군의 손실보다 큰 경우를 말한다.

2. 적이 창고, 군수품 창고, 다리 등과 같이 죽은 전투력에서[2] 입는 손실. 아군은 이런 손실을 전혀 입지 않는다.

3. 적의 지역에 침입하는 순간부터 적은 어느 지방을 잃게 되고, 그 결과로 새로운 전투력을 공급받을 원천도 잃게 되는 것.

4. 아군이 이 원천의 일부를 얻는 것, 달리 말하면 적의 비용으로 병력을 유지하는 유리함.

5. 적의 내부적인 연락이 손상되고, 적의 모든 부대가 정상적인 이동을 하지 못하게 되는 것.

6. 적의 동맹 군대가 적과 동맹을 끊고, 다른 동맹국이 아군과 동맹을 맺는 것.

7. 마지막으로 적이 용기를 잃는 것, 그래서 적이 손에서 무기를 일부 내려놓는 것.

병력이 줄어드는 원인은 아래와 같다.

1. 아군이 적의 요새를 포위, 공격, 감시해야 하는 경우, 또는 적이 승리하기 전에 같은 일을 하고 후퇴할 때 그 병력과 합치는 경우.

2. 아군이 적의 지역에 침입하는 순간부터 전쟁터는 아군에게 적대적인

---

2. 우리말 번역서 중에 '죽은 전투력'을 '부동산(不動産)'이라고 옮긴 황당한 경우도 있다.

성격을 띤다. 아군은 전쟁터를 점령해야 하는데, 전쟁터는 점령하는 동안만 아군에게 속하는 것이기 때문이다. 그것은 어디에 있든지 모든 기계를 곤경에 빠뜨리고 아군의 활동을 반드시 약하게 만든다.

3. 아군은 아군의 근거지에서 멀어지는 반면에, 적은 자신의 근거지 근처에 머물고 있다. 이 때문에 아군의 경우에 소모된 힘을 보충할 때 지체된다.

4. 침입을 당한 나라의 위험을 보고 다른 강한 나라들이 그 나라를 보호하려고 나설 수 있다.

5. 마지막으로 큰 위험 앞에서 적군은 크게 분발하는데 반해, 승리하는 나라는 긴장을 늦출 수 있다.

이 모든 유리함과 불리함은 같이 존재할 수 있다. 어느 정도는 겹칠 수도 있고 반대 방향으로 나아갈 수도 있다. 병력이 늘어나는 경우의 7과 줄어드는 경우의 5만 진정한 대립 관계로 만나고 양립할 수 없고, 그래서 상대를 배제한다. 이것만으로도 알 수 있는 것처럼, 승리의 효과는 적을 무기력하게 하느냐 더 분발하게 하느냐에 따라 끝없이 다양하게 나타날 수 있다.

이제 이상의 항목에 대해 각각의 특성을 약간씩 설명하려고 한다.

1. 패배한 후에 적의 전투력이 입는 손실은 패배하는 순간에 제일 많고, 그다음에는 아군의 손실과 균형을 이루는 점에 이를 때까지 매일 줄어들 수 있다. 하지만 손실이 매일 기하급수적으로 늘어날 수도 있다. 이런 차이는 형세와 상황에 의해 결정된다. 일반적으로 훌륭한 군대에서는 손실이 줄어드는 것이 보통이고, 나쁜 군대에서는 늘어나는 것이 보통이라고 말할 수밖에 없다. 이때 군대의 정신 다음으로 제일 중요한 것이 정부의 정신이다. 전쟁에서는 이 두 가지의 경우를 구분하는 것이 매우 중요하다. 그렇지 않으면 당연히 시작해야 할 때 중지하게 되고, 당연히 중지해야 할 때 시작하게 된다.

2. 이와 마찬가지로 죽은 전투력에서 입게 되는 적의 손실도 줄어들거나 늘어날 수 있다. 이것은 적의 보급품이 그때 마침 어디에 어떤 상태에 있는지 하는데 달려 있다. 한마디 덧붙이면 오늘날 이 문제는 지난날만큼 중요하지 않게 되었다.

3. 세 번째의 유리함은 공격자의 전진과 함께 반드시 늘게 되어 있다. 심지어 이 유리함은 일반적으로 공격자가 적의 영토에 깊숙이 침입했을 때, 즉 적의 영토의 4분의 1에서 3분의 1 정도를 점령했을 때 비로소 고려의 대상이 된다고 할 수 있다. 더욱이 이 유리함에는 그 지방이 전쟁과 관련하여 갖는 내부적인 가치도 고려된다.

4의 유리함도 이와 마찬가지로 공격자의 전진과 함께 늘어난다.

그런데 3과 4의 유리함에 대해서는 다음과 같은 것을 말해야 한다. 즉 이것이 전투를 하고 있는 전투력에 미치는 영향을 곧바로 느낄 수 있는 경우는 드물고, 그것은 매우 느리게 우회적으로 영향을 미친다. 그래서 그것을 얻으려고 활을 너무 팽팽하게 당기지 않도록 해야 한다. 즉 지나치게 위험한 상태에 빠지지 않도록 해야 한다.

5의 유리함도 공격자가 적의 영토에 이미 상당한 정도로 침입해 있을 때, 그리고 적의 나라의 지형이 몇몇 지방을 적의 영토의 중요한 부분에서 분리되도록 하는 기회를 줄 때 비로소 고려의 대상이 된다. 이런 경우에 그 지방은 끊어진 나뭇가지처럼 금방 말라 죽는 것이 보통이다.

6과 7의 유리함은 적어도 전진과 함께 늘어나는 것으로 생각할 수 있다. 이 두 가지 유리함에 대해서는 아래에서 더 말할 것이다.

이제 전투력의 감소를 일으키는 원인으로 넘어간다.

1. 적의 요새를 포위, 공격, 봉쇄하는 것은 대부분의 경우에 공격자의 전진과 함께 늘게 된다. 이로 인한 병력의 감소 하나만으로도 그 순간의 전투력의 상태에 큰 영향을 미치고, 그래서 이 불리함은 다른 모든 유리함을 금방 상쇄할 수 있다. 물론 최근에는 요새를 매우 적은 수의 군대로 공격한다든지 또는 심지어 그보다 적은 수의 군대로 감시하기 시작했고, 적도 요새에 수비대를 배치해야 한다. 그럼에도 요새는 여전히 적이 안전을 확보하는 중요한 수단이다. 수비대의 절반 정도는 보통 그전에 전투를 한 적이 없는 사람들로 구성된다. 그런데 병참선에 있는 요새에 대해 공격자는 수비대의 두 배 정도 되는 병력을 배치해야 한다. 중요한 요새를 단 하나라도 정식으로 포위하든

지 굶주리게 하려면 소규모의 군대 병력이 필요하다.

2. 두 번째 원인, 즉 적의 영토에 전쟁터를 마련하는 것도 전진과 함께 반드시 늘어난다. 이것은 그 순간의 전투력의 상태에는 그다지 영향을 미치지 않는다고 해도 전투력의 지속적인 상태에는 큰 영향을 미친다.

적의 나라에서는 아군이 점령한 부분만 아군의 전쟁터라고 간주할 수 있다. 전쟁터에는 소규모의 군단을 넓은 들판에 남겨 두든지, 때로 엄청나게 큰 도시나 병참 기지의 지역 등에 수비대를 두기도 한다. 공격자가 남겨 둔 수비대의 병력이 아무리 적다고 해도 이는 전투력을 눈에 띄게 줄어들게 한다. 그런데 이것은 제일 작은 규모의 감소에 지나지 않는다.

모든 군대에는 전략적인 측면, 즉 군대의 병참선 양쪽 방향으로 뻗어 있는 지역이 있다. 적군에게도 이와 마찬가지로 전략적인 측면이 있기 때문에 측면에서는 병력의 감소를 느낄 수 없다. 하지만 이것은 자기 나라에서만 해당되는 말이다. 적의 영토에 들어서자마자 공격자는 전략적인 측면에서 생기는 병력의 감소를 느끼게 된다. 공격자의 매우 긴 병참선이 별로 보호받고 있지 않든지 또는 전혀 보호받고 있지 않은 경우에는 적의 극히 하찮은 행동도 어느 정도 성공할 수 있고, 이런 행동은 적의 지역 어디에서든지 일어날 수 있기 때문이다.

공격자가 계속 전진할수록 전략적인 측면도 그만큼 길어지고, 여기에서 생기는 위험도 기하급수적으로 늘게 된다. 긴 측면을 보호하는 것이 어려울 뿐만 아니라 특히 안전이 확보되지 않은 긴 병참선이 적의 모험 정신을 불러 일으키기 때문이다. 그리고 공격자가 후퇴하는 경우에 병참선의 상실로 생길 수 있는 결과는 제일 걱정스러운 것이다.

이 모든 것 때문에 전진하는 군대는 한 걸음씩 앞으로 나아갈 때마다 새로운 부담을 갖게 된다. 그래서 압도적으로 우세한 병력으로 전투를 시작하지 않으면 그 군대의 계획은 점차로 더 많이 제한되고, 군대의 추진력은 더 많이 약해지고, 결국 군대의 상태는 불확실하고 불안해진다.

3. 세 번째 원인, 즉 보급 원천에서 (여기에서 끊임없이 줄어드는 전투력이

역시 끊임없이 보충되어야 하는데) 멀어진다는 것은 공격자가 전진하는 거리만큼 늘어난다. 점령하는 군대는 이 점에서 램프의 불빛과 같다. 불빛을 주는 기름이 아래로 내려갈수록 그리고 초점에서 멀어질수록, 불빛은 그만큼 작아지고 나중에는 완전히 사그라진다.

물론 점령한 지방에서 얻는 자원으로 이런 고통을 크게 줄일 수는 있지만 결코 완전히 없앨 수는 없다. 특히 전투력처럼 늘 자기 나라에서 데리고 가야 하는 대상이 많고, 적의 영토에서는 일반적인 경우에 자기 나라에서 하는 것처럼 신속하고 확실하게 행동하지 못하고, 예상치 못한 상황에서 일어난 필요에 대해 신속한 대책을 마련할 수 없고, 모든 종류의 오해와 잘못을 일찍 발견하여 바로잡을 수 없기 때문이다.

군주가 자기 나라의 군대를 직접 지휘하지 않고 (이는 최근의 전쟁에서 관례처럼 되었는데) 더 이상 군대에 가까운 곳에 있지 않으면 시간의 손실에 의해 매우 큰 새로운 불리함이 생기는데, 이는 군주와 최고 지휘관 사이에 일어나는 서신 왕래에서 비롯된다. 군대의 지도자가 아무리 강력한 전권을 갖고 있다고 해도 그 지도자가 자기의 영향권에 있는 넓은 공간을 그 전권으로 모두 채울 수는 없기 때문이다.

4. 정치적인 동맹 관계의 변화. 승리에 의해 생겨나는 이 변화가 승리자에게 불리해지는 종류의 것이라면 아마 승리자의 전진과 함께 불리해질 것이고, 이와 마찬가지로 유리한 종류의 것이라면 승리자의 전진과 함께 유리해질 것이다. 이때 이런 변화를 불러오는 것은 현존하는 정치적인 동맹 관계, 이해 관계, 관습, 성향, 영주(領主), 장관, 측근, 정부(情婦) 등이다. 이 점에 대해서는 일반적으로는 다음과 같이 말할 수 있을 뿐이다. 즉 작은 동맹국을 두고 있는 큰 나라가 패배하면 동맹국이 그 동맹 관계에서 곧바로 도망치는 것이 보통이고, 큰 나라에게 승리를 거둔 나라는 이런 관점에서 공격할수록 강력해진다. 하지만 작은 나라가 패배하여 나라의 존립이 위태롭게 되면, 많은 나라들이 그 나라의 후원자로 자처하고 나선다. 그리고 작은 나라를 흔드는 데 협력했던 다른 나라들이 이제 그것이 너무 지나치다고 생각하면 큰 나라

에게 등을 돌리게 된다.

5. 적이 일으키는 더 강력한 저항. 한편으로는 적이 아군의 공격에 놀라고 망연자실하여 손에서 무기를 내려놓을 수도 있지만, 다른 한편으로는 발작적인 격정이 방어자를 엄습하여 방어자가 성급하게 손에 무기를 들 수도 있다. 그러면 첫 번째 패배 후의 저항은 패배 이전의 저항보다 훨씬 강력해질 것이다. 이때에는 인민과 정부의 성격, 지형의 성질, 그 나라의 정치적인 동맹 관계 등이 저항의 정도를 짐작하게 하는 자료가 된다.

단지 4와 5의 두 가지 항목이 전쟁에서 이런저런 경우에 할 수 있고 해야 하는 계획을 얼마나 끝없이 여러 가지로 만드는 것인지! 어느 군대는 불안함 때문에 그리고 이른바 방법론적인 절차 때문에 최고의 행운을 놓친다. 그 반면에 다른 군대는 숨 돌릴 틈 없이 돌진하고 나중에 금방 물에서 나온 사람처럼 보이고 완전히 당황하여 놀라게 된다.

여기에 무력감도 생각해야 하는데, 이것은 위험이 멀리 있는 경우에 승리자에게 드물지 않게 찾아든다. 그 반면에 승리를 유지하려면 새롭게 긴장을 해야 할 것이다. 이 많은 대립되는 원리를 일반화하여 말하면 틀림없이 다음과 같은 결론이 나온다. 즉 승리를 이용하고 공격 전쟁에서 계속 전진하는 것은 일반적인 경우에 우세함을 (전쟁을 시작했을 때의 우세함이든 또는 승리에 의해 얻은 우세함이든) 줄인다.

이때 다음과 같은 의문이 생기지 않을 수 없다. 그렇다면 무엇이 승리자로 하여금 승리의 길을 따르고 전진하고 공격하도록 만드는 것일까? 이것을 정말 승리의 이용이라고 부를 수 있는 것일까? 지금 유지하고 있는 우세함이 전혀 줄어들지 않았을 때 공격을 중지하는 것이 낫지 않을까?

이 점에 대해서는 당연히 전투력의 우세함은 목적이 아니라 수단이라고 대답해야 한다. 목적은 적을 쓰러뜨리든지 또는 적어도 적의 영토 일부를 점령해서 그 순간에 전투력의 상황을 유리하게 만들지 못한다고 해도 전쟁과 평화 협정의 상황을 유리하게 만드는 것이다. 적을 완전히 쓰러뜨리려고 하는 경우에도 한 걸음씩 전진할 때마다 아군의 우세함이 줄어드는 것은 감수해야 한다. 하지만 그렇다고 적이 쓰러지기 전에 아군의 우세함이 반드시 영이 되어야 하는 것은 아니다. 그전에 적의 파멸이 일어날 수 있기 때문이다. 마지막에 남은 최소한의 우세함으로 적을 쓰러뜨릴 수 있다면 그 우세함을 쓰지 않는 것은 잘못이 될 것이다.

그래서 전쟁 중에 갖고 있는 우세함이나 획득한 우세함은 수단에 지나지 않고 목적이 아니다. 그것은 목적을 이루는데 투입해야 한다. 하지만 이 수단이 목적에 이르는 시점을 알아야 하고 그 시점을 넘지 않도록 해야 한다. 그 시점을 넘으면 새로운 유리함을 얻는 대신에 치욕을 당하게 된다.

전략적인 공격에서 전략적인 우세함이 소모되는 것은 이와 같은 모습을 보이는데, 이것에 대해 경험에서 특별한 예를 들 필요는 없다. 오히려 그런 현상은 무수히 많고, 이것이 그런 현상의 내부적인 이유를 찾도록 압박하고 있기 때문이다. 우리는 보나파르트의 등장 이후에만 문명 민족 사이의 원정에서 적이 몰락할 때까지 한쪽의 우세함이 끊임없이 계속된다는 것을 알게 되었다. 보나파르트 이전에는 승리하는 군대가 상대와 균형을 유지할 수 있는 지점을 얻는 것으로 모든 원정이 끝났다. 승리한 군대는 그 지점에서 모든 움직임을 멈추든지, 혹은 심지어 후퇴를 해야 하는 경우도 있었다. 이와 같은 승리의 정점은 앞으로도 적을 쓰러뜨리는 것을 전쟁의 목표로 삼을 수 없는 모든 전쟁에 나타날 것이고, 대부분의 전쟁은 늘 그렇게 수행될 것이다. 그래서 하나하나의 모든 원정 계획에서 자연스러운 목표는 공격에서 방어로 넘어가는 전환점이다.

이 목표를 넘는 것은 더 이상의 성과를 보장하지 않는 **쓸데없는** 노력일 뿐만 아니라 반격을 불러일으키는 **해로운** 노력이 되기도 한다. 그리고 이 반격은 일반적인 경험에 따르면 늘 전세에 불균형을 일으킨다. 이런 종류의 반격은 일반적인 것이고 당연한 것처럼 보이고 인간의 내면으로 이해할 수 있는 것이기 때문에 그 원인을 자세히 말할 필요는 없을 것이다. 지금 막 점령한 나라에서 겪는 전투 준비의 부족, 예상했던 새로운 성과에 반대되는 큰 손실이 병사들의 감성에 만드는 심각한 모순, 이것이 분명히 제일 중요한 원인이다.

이때 한쪽은 정신력과 용기의 북돋움을 (이것은 때로 자만심으로 높아지기도 하는데) 얻고 다른 쪽은 의기 소침을 경험하게 되는데, 이것은 보통 매우 활발하게 활동한다. 이 때문에 후퇴할 때 더 큰 손실을 입을 수도 있다. 이때 점령한 것을 돌려주는 것으로 그 나라에서 빠져나오고 자기 나라에서 손실을 입지 않으면, 사람들은 대개 하늘에 감사한다.

여기에서 표면상으로 모순처럼 보이는 현상을 해결해야 한다.

즉 사람들이 생각하는 바에 따르면 공격자의 전진이 계속되는 한 공격자의 우세함도 계속되고, 승리하는 길의 마지막에 나타나는 공격자의 방어도 방어자의 공격보다 강력한 전쟁 형태이기 때문에 승리자의 병력이 뜻하지 않게 줄어들 위험은 그만큼 적다는 것이다. 하지만 현실은 정반대이고, 역사를 돌아보면 전세의 급격한 변화가 생기는 최대 위험은 공격이 약해지고 방어로 넘어가는 순간에 나타난다는 것을 인정하지 않을 수 없다. 그 이유를 살펴보도록 한다.

방어 전쟁 형태의 우세함으로 간주되는 것에는 다음과 같은 것이 있다.

1. 지형을 이용한다는 것.

2. 미리 준비한 전쟁터를 갖고 있다는 것.

3. 인민의 협력을 얻는다는 것.

4. 기다리는 유리함을 갖고 있다는 것.

이 원리가 반드시 동일한 정도로 존재할 것이고 효과를 내는 것은 아니라는 것, 그래서 어느 방어가 반드시 다른 방어와 동일한 것은 아니라는 것, 그래서 방어도 반드시 공격에 비해 동일한 정도의 우세함을 보이는 것은 아니라는 것은 분명하다. 특히 온 힘을 쏟은 공격 후에 방어를 하는 경우에, 그리고 이때의 전쟁터가 보통 멀리 전진한 공격 삼각형의[3] 선두에 있는 경우에 방어는 매우 약해진다. 이런 경우에는 앞에 말한 네 가지의 원리에서 지형을

---

3. 공격 삼각형은 자기 나라에 있는 기지를 옆으로 된 직선의 한 변으로 하고, 적의 나라에 깊이 전진한 공격 군대의 선두를 다른 두 변의 꼭짓점으로 하는 삼각형.

이용하는 첫 번째 원리만 변함없이 유지되고, 두 번째 원리는 대부분 완전히 없어지고, 세 번째 원리는 부정적으로 되고, 네 번째 원리는 크게 약해진다. 여기에서는 네 번째 원리에 대해서만 약간 설명하도록 한다.

양쪽이 균형을 이루고 있다고 잘못 생각할 때 때로 모든 원정은 아무런 성과 없이 끝나고 만다. 이는 행동을 해야 하는 쪽이 행동하는데 필요한 결단력을 갖고 있지 않고, 이런 경우에 다른 쪽은 그런 적을 기다리는 데서 유리함을 발견하기 때문이다. 이 균형이 한쪽의 공격 행동에 의해 방해를 받고 다른 쪽의 이익을 해치고 다른 쪽으로 하여금 행동할 의지를 보이지 않을 수 없도록 하면, 다른 쪽이 계속 한가롭게 망설이고 있을 개연성은 크게 줄어든다. 점령한 지역에서 준비하는 방어는 자기 나라에서 수행하는 방어보다 훨씬 도전적인 성격을 띤다. 그 방어에는 이를테면 공격의 원리가 주입되고, 그로 말미암아 방어의 성격은 약해진다. 다운은 프리드리히 2세에게 슐레지엔과 작센에서는[4] 휴식을 베풀었지만, 보헤미아에서는 휴식을 허락하지 않았을 것이다.

공격 행동에 섞여 있는 방어는 앞에 말한 모든 중요한 원리에서 약해질 것이고, 그래서 본래 방어에 걸맞은 우세함을 더 이상 갖지 못하게 될 것이 분명하다.

방어 원정이 오로지 방어의 요소만으로 이루어져 있지 않은 것처럼, 공격 원정도 순수한 공격의 요소만으로 이루어져 있지 않다. 모든 원정에서 양쪽 군대 모두 방어의 상태에 있는 짧은 기간을 제외하면, 평화 조약에 이르지 못하는 모든 공격은 반드시 방어로 끝나야 하기 때문이다.

이렇게 볼 때 공격을 약하게 하는데 이바지하는 것은 공격의 마지막 단계에 나타나는 방어 자체이다. 이는 쓸데없는 억지가 아니고, 우리는 이것이야말로 공격에서 제일 심각한 불리함이라고 생각한다. 이것 때문에 공격이 나중에 완전히 불리한 방어의 상태에 빠져드는 것이다.

---

4. 슐레지엔과 작센은 프리드리히 대왕이 (주로) 공격한 나라이다.

이것으로 공격적인 전쟁 형태와 방어적인 전쟁 형태의 강력함에 본래부터 존재하는 차이가 어떻게 점차로 줄어들게 되는지 설명했다. 이제는 그 차이가 어떻게 완전히 사라질 수 있는지, 그리고 어떻게 짧은 시간에 역전될 수 있는지 하는 것을 보여 주려고 한다.

자연의 세계에서 도움이 되는 개념을 빌려도 된다면 이것을 좀 더 단순하게 표현할 수 있을 것이다.

물질의 세계에서는 모든 힘이 효과를 내려면 시간이 필요하다. 움직이는 물질을 멈추는데 충분한 힘도 천천히 조금씩 쓰면 시간이 부족한 경우에는 물질을 멈추게 하지 못할 것이다. 물질 세계의 이 법칙은 인간의 정신 활동에 나타나는 많은 현상에 대한 적절한 비유가 된다. 인간은 한 번 어느 일정한 방향으로 생각하도록 자극을 받으면, 그 자체로는 충분한 모든 이유도 그 생각을 변경하거나 멈추게 할 수 없다. 그렇게 하려면 시간, 마음의 평온, 의식에 미치는 지속적인 인상이 필요하다. 전쟁에서도 이와 같다. 인간은 목표를 향해 어느 특정한 방향으로 움직일 수도 있고, 목표에서 눈을 돌리고 피할 수도 있다. 어느 쪽으로든 한 번 마음을 먹으면 전자의 경우에는 전진을 멈추게 하는 이유가 있어도, 후자의 경우에는 행동을 정당화하는 이유가 있어도 그것을 온전히 느끼지 못하는 일이 일어난다. 그럼에도 전자의 경우에는 계속 전진하기 때문에 활동의 흐름에서 균형의 한계를 넘고 승리의 정점을 넘으면서도 그것을 의식하지 못한다. 특히 공격을 하고 있다는 정신력에 고무되어 있는 공격자에게는 힘이 많이 소모되었는데도 계속 전진하는 것이 멈추는 것보다 덜 힘들게 되는 일이 일어날 수도 있다. 이는 등에 무거운 짐을 싣고 산을 오르는 말과 같다. 이상의 설명으로 공격자가 공격을 멈추고 방어를 하는 순간에 성과를 내는 시점과 균형을 보장하는 시점을 어떻게 넘을 수 있는지 하는 것을 내부적인 모순 없이 보여 주었다고 생각한다. 그래서 원정 계획을 짤 때는 그 시점을 올바르게 확립하는 것이 공격자뿐만 아니라 방어자에게도 중요하다. 그러면 공격자는 자신의 능력 이상으로 모험을 하지 않고, 이를테면 부채를 짊어지지 않고, 방어자도 공격자가 그 시점을 넘어 불리함에 빠지는 경우에는 그 불리함을 알아내고 이용하게 된다.

이상으로 최고 지휘관이 승리의 정점을 밝히는데 유의해야 하는 모든 문제를 살펴보았다. 그는 제일 중요한 문제의 방향과 의의를 전쟁에 나타나는 직간접적인 많은 상황에 대한 통찰을 통해 비로소 판단해야 한다. 이를테면 **추측해야** 한다. 무엇을 추측해야 할까? 적군과 처음으로 충돌한 후에 적의 주력 군대가 더 견고해지고 적이 더 높은 응집력을 보이는지, 아니면 적이 볼로냐의 유리병처럼5 그 표면에 상처를 입자마자 산산조각으로 깨지는지 추측해야 한다. 적군의 어느 보급 원천이 고갈되고 어느 병참선이 끊어지면 적이 얼마만큼 약해지고 마비되는지 추측해야 한다. 적군이 공격을 받고 입은 상처의 격렬한 고통 때문에 의식을 잃고 쓰러지는지, 아니면 상처 입은 황소처럼 더욱 격분하는지 추측해야 한다. 다른 강대국들이 침입자의 공격에 대해 놀라고 있는지 아니면 격분하고 있는지, 또한 적과 다른 나라들의 정치적인 관계가 끊어질 것인지 아니면 맺어질 것인지, 끊어지거나 맺어진다면 그것은 어떤 정치적인 관계인지 추측해야 한다. 요컨대 그는 이 모든 것과 다른 많은 것을 사수가 목표를 맞히듯이 자신의 판단력으로 맞혀야 한다. 이 모든 문제에 눈길을 돌리면 그리고 이 많은 것을 추측해야 한다는 것을 생각하면, 인간 정신의 그런 활동이 하찮은 것이 아니라는 것을 인정해야 한다. 이리저리로 길을 잃게 하는 수많은 미로가 판단력 앞에 나타난다. 그 문제의 엄청난 양, 복잡성, 다양함이 없다고 해도 위험과 책임이 따른다.

그래서 대다수의 최고 지휘관이 목표에 크게 근접하는 경우보다 오히려 목표에 훨씬 못 미치는 일이 일어난다. 또한 멋진 용기와 높은 모험 정신 때문에 때로 목표를 지나쳐서 목적을 이루지 못하는 일도 일어난다. 작은 수단으로 큰 것을 수행하는 사람만 겨우 목표를 맞히게 된다.

---

5. 볼로냐(Bologna), 이탈리아 북부 내륙에 있는 도시. 교통의 요충지에 있다. 볼로냐의 유리병은 1716년에 아스마디(Asmadi)가 발명한 병. 약 8센티미터 길이에 플라스크 모양이고 바닥 부분이 넓다. 안으로 당기는 힘 때문에 병이 매우 작은 충격에도 작은 부분으로 깨지는데, 날카로운 작은 조각이 병의 안쪽으로 깨진다.

제8편

전쟁 계획

제1장

머리말

우리는 전쟁의 본질과 목적에 관한 장에서[1] 전쟁의 전체 개념에 대해 이를테면 초안을 잡았고, 전쟁과 전쟁을 둘러싼 문제의 관계를 넌지시 비추었다. 이는 올바른 기본 개념을 갖고 출발하려고 했기 때문이다. 그때 지성이 부딪히는 여러 가지 어려움을 보여 주었고, 그 어려움에 관한 좀 더 자세한 고찰은 남겨 둔 채 적을 쓰러뜨리는 것, 그래서 적의 전투력을 파괴하는 것이 모든 전쟁 행동에서 제일 중요한 목표라는 결론에 머물렀다. 이것을 바탕으로 그다음 장에서[2] 전쟁 행동이 쓰는 수단은 오로지 전투라는 것을 보여 주었다. 이런 식으로 우리는 잠정적으로 올바른 관점을 갖게 되었다고 생각한다.

그다음으로 전투 이외의 전쟁 행동에 나타나는 주목할 만한 상황과 형태를 하나하나 살펴보았다. 그것의 의미를 일부는 문제의 본질에 따라, 일부는 전쟁사에 나타나는 경험에 따라 좀 더 분명하게 설명하려고 했고, 그것과 늘 관련되어 있는 불분명하고 모호한 생각을 없애려고 했고, 그것에서도 전쟁 행동의 본래의 목표, 즉 적을 파괴하는 것이 늘 제일 중요하다는 것을 보

1. 제1권 제1편 제1장을 말함.
2. 제1권 제1편 제2장 참조.

여 주려고 했다. 그래서 이제는 전쟁 전체를 다루면서 전쟁 계획과 원정 계획에 대해 말하려고 한다. 그래서 다시 제1편의 개념과 관련을 맺지 않을 수 없게 되었다.

아래의 여러 개의 장은 전체 문제를 다루어야 하고, 본래의 전략이자 제일 포괄적이고 중요한 전략을 포함하고 있다. 우리는 이 영역의 제일 깊은 곳으로 발을 들여놓는데 두려움이 없지 않은데, 이곳에는 전쟁을 관통하는 다른 모든 실이 모여 있다.

이런 두려움이 생기는 것은 지극히 당연하다.

한편으로 사람들은 전쟁 행동이 지극히 단순한 것처럼 보인다고 생각한다. 훌륭한 최고 지휘관들이 전쟁에 대해 지극히 단순하고 솔직하게 표현하는 것을 듣고 읽게 된다. 그들은 수많은 부분으로 이루어진 굼뜬 기계를 조작하고 움직이는 것을 마치 자기 자신의 일에 대해 말하는 것처럼 자유롭게 이야기한다. 그래서 엄청나게 큰 규모의 전쟁 행동도 일종의 결투로 환원한다. 그들의 행동의 동기는 약간의 단순한 생각 때문이라고 말할 수도 있고, 그 어떤 감성의 흥분 때문이라고 말할 수도 있다. 그들이 전쟁을 이해하는 방식은 가볍고 확실하고 심지어 경솔하게 보이기도 한다. 다른 한편으로 수많은 상황이 전쟁을 연구하는 지성에 자극을 준다. 하나하나의 전쟁의 실이 매우 멀리 있고 때로 막연한 곳으로 흘러나간다. 수많은 경우의 수가 우리 앞에 놓여 있다. 이런 것을 체계적으로, 즉 분명하고 완전하게 이해하는 것, 그리고 전쟁 행동이 일어나는 충분하고도 필연적인 이유를 설명하는 것이 이론의 책임이라고 생각한다. 이 모든 것을 보면 저항할 수 없는 힘으로 불안이 우리에게 덮친다. 보잘것없는 일에만 신경 쓰는 선생으로 떨어지고, 어색한 개념의 수준 낮은 공간만 기어 돌아다니고, 전쟁의 전모를 곧바로 통찰하는 위대한 최고 지휘관을 결코 만나지 못할 것 같은 불안이 덮친다. 그런 것이 이론적인 노력의 산물이어야 한다면 그런 노력은 전혀 하지 않는 것이 좋고, 오히려 하지 않는 것이 나을 것이다. 그런 노력은 이론의 능력을 얕보게 하고 곧 망각의 늪으로 빠져들기 때문이다. 달리 보면 최고 지휘관의 높은 통찰력, 단순한 사고 방식, 모든 전쟁 행동의 의인화 등은 모든 훌륭한 전쟁 수행의 영혼이다. 그 래서 이런 웅장한 방식으로만 영혼의 자유를 생각할 수 있는데, 이런 자유는 영혼이 전쟁을 지배해야 하고 전쟁의 지배를 받지 않아야 할 때 필요한 것이 다.

약간의 두려움을 갖고 이 문제를 계속 살펴보도록 한다. 그런데 이 고찰 을 계속할 수 있는 것은 처음에 결정한 길을 따를 때뿐이다. 이론은 밝은 빛 으로 많은 문제를 비추어야 하고, 그러면 지성은 문제를 잘 찾게 된다. 이론 은 오류 때문에 어디에서나 자라나는 잡초를 뽑아야 한다. 이론은 문제 간의 관계를 보여 주어야 하고, 중요한 것과 중요하지 않은 것을 구분해야 한다. 온 갖 생각이 원칙이라고 불리는 진실의 핵심에 자연스럽게 모여드는 경우에, 그 리고 그런 생각이 규칙을 이루는 방향을 자연스럽게 유지하는 경우에 이론 은 그것을 말해야 한다.

그런데 정신이 문제의 기본적인 생각을 비밀스럽게 여행하여 얻는 것, 정 신에서 고무되는 불빛이 바로 이론이 정신에게 주는 유익함이다. 이론은 정 신에게 문제를 해결하는 공식을 줄 수 없다. 이론은 두 가지 방향으로 전개되 는 원칙 때문에 정신의 길을 필연성의 좁은 선으로 제한할 수도 없다. 이론은 정신에게 많은 문제와 상황을 바라보는 눈을 줄 것이고, 그다음으로 정신을 더 높은 수준의 행동 영역으로 보낼 것이다. 행동이 된 자연스러운 힘의 정도 에 따라 모든 힘은 집결된 활동으로 행동하게 되고, 진실 되고 올바른 것을 하 나의 분명한 생각처럼 의식하게 된다. 그래서 이 생각은 모든 힘의 전체적인 인상을 통해 얻는 것이지만, 생각의 산물이라기보다 위험의 산물이라고 말하 는 것이 타당한 것처럼 보인다.

제2장

절대 전쟁과 현실 전쟁

전쟁 계획은 전쟁 행동 전체를 종합하고, 이 행동은 전쟁 계획에 의해 단일한 행동이 되고, 이 단일한 행동에는 마지막의 결정적인 목적이 있어야 하고, 이 목적 안에서 모든 특별한 목적이 조정된다. 전쟁으로 무엇을 이루려고 하는지, 그리고 전쟁에서 무엇을 이루려고 하는지 분명하지 않고는 전쟁을 시작하지 않게 되고, 또는 이성적이라면 전쟁을 시작해서는 안 된다. 전쟁으로 무엇을 이루려고 하는 것은 목적이고, 전쟁에서 무엇을 이루려고 하는 것은 목표이다. 이 근본 생각에 의해 모든 방향이 주어지고, 수단의 규모와 힘의 정도도 정해진다. 이 근본 생각은 행동의 제일 작은 부분에 이르기까지 영향을 미친다.

제1장에서 말한 것처럼 적을 쓰러뜨리는 것이 전쟁 행동의 자연스러운 목표이고, 개념의 철학적인 엄밀성에 머물려고 한다면 근본적으로 다른 목표는 있을 수 없다.

전쟁을 수행하는 양쪽이 모두 이와 같은 생각을 하고 있다고 보아야 하기 때문에 전쟁 행동을 중지한다는 것은 있을 수 없고, 양쪽 중에 어느 한쪽이 정말로 쓰러질 때까지 휴식에 들어간다는 것도 있을 수 없다는 결론이 나올 것이다.

우리는 전쟁 행동의 중지에 관한 장에서[1] 단순한 적대적인 원리가 전쟁을 수행하는 인간에게, 그리고 전쟁을 이루고 있는 모든 상황에 적용될 때 기계의 내부적인 이유 때문에 어떻게 멈추고 완화되는지 보여 주었다.

하지만 이 제한도 전쟁의 본래의 개념에서 전쟁의 구체적인 형태로 (이 형태는 거의 언제나 볼 수 있는데) 넘어가는 데는 아직 충분하지 않다. 대부분의 전쟁은 상대에 대한 분노의 표현에 지나지 않는 것처럼 보인다. 이런 경우에 양쪽은 손에 무기를 드는데, 이는 자신을 보호하고 상대에게 두려움을 심어 주고 때로 한 번씩 충격을 주려고 하는 것이다. 그래서 이런 경우에는 상대를 파괴하는 두 요소가 부딪치는 것이 아니라 따로따로 있는 두 요소의 긴장이 하나하나의 작은 공격으로 폭발하는 것이다.

그러면 양쪽의 전면적인 폭발을 방해하고 있는 장벽, 그것도 중요하다고 생각되지 않는 장벽은 무엇일까? 왜 철학적인 개념에 따른 전쟁이 현실에서는 일어나지 않는 것일까? 그 장벽이란 전쟁이 한 나라의 현실에서 맞닥뜨리는 수많은 문제, 힘, 상황 등이다. 이것은 수없이 얽혀 있기 때문에 몇 개의 결론을 갖는 단순한 실처럼 논리적인 일관성을 갖고 설명할 수 없다. 이런 얽힘에서 논리적인 일관성이 헝클어지고, 인간이 크고 작은 전쟁에서 엄밀한 논리적인 결과보다 그때그때의 지배적인 생각과 감정에 따라 행동하는데 익숙하고, 인간이 복잡하게 얽혀 있는 상황에서 흐리멍덩하고 결단성이 없고 일관되지 못한 태도를 거의 의식하지 못하기 때문이다.

전쟁은 한 나라의 소수의 정치가와 군인들에 의해 계획되는데, 이들이 자기의 목표를 한순간도 잊지 않고 정말로 전쟁의 모든 상황을 파악할 수 있다고 해도 그 나라에서 중요한 일을 맡고 있는 다른 사람들이 앞의 정치가와 군인들처럼 할 수 없을 것이고, 그래서 저항이 생길 것이다. 그러면 다른 사람들 전체의 무기력을 극복할 수 있는 힘이 필요할 텐데, 그 힘은 대부분 충분하지 않을 것이다.

---

1. 제1권 제3편 제16장 참조.

이런 모순은 양쪽 군대 중에 어느 한쪽에 일어날 수도 있고 다른 쪽에 일어날 수도 있고 양쪽 모두에게 일어날 수도 있다. 이 모순이 원인이 되어 전쟁은 본래의 순수한 개념과는 완전히 다른 것이 되고, 내부적인 연관성을 갖지 않는 반쪽짜리 행동으로 전락한다.

그런 전쟁은 거의 언제나 볼 수 있다. 바로 오늘날에 현실 전쟁이 절대적인 완전함으로 일어나고 있다는 것을 보지 않았다면, 전쟁의 절대적인 본질이 어느 정도 현실성을 갖고 있다는 우리의 생각에 대해 사람들이 의심을 품을 수 있을 것이다. 프랑스 혁명이 수행한 짧은 전주곡 이후에 무자비한 보나파르트가 전쟁을 곧바로 이 수준으로 올려놓았다. 보나파르트 아래에서는 적이 쓰러질 때까지 전쟁이 끊임없이 진행되었고, 반격도 거의 끊임없이 이루어졌다. 이런 현상이 엄밀한 결론을 갖는 전쟁 본래의 개념으로 우리를 되돌아가게 하는 것은 자연스럽고 필연적인 것이 아닐까?

그런데 우리가 본래의 전쟁 개념에 머물러야 할까? 전쟁이 그 개념에서 매우 멀리 있다고 해도 모든 전쟁을 그 개념에 따라 판단해야 할까? 이론의 모든 요구를 그 개념에서 끌어내야 할까?

이제 이 문제에 대해 결정을 해야 한다. 전쟁이 오직 그런 모습이어야 하는지, 또는 다른 모습을 띨 수 있는지에 대해 우리 스스로 결정하지 않는 한 전쟁 계획에 대해 이성적으로 말할 수 없기 때문이다.

전자의 경우로 결정하면 우리의 이론은 모든 점에서 필연성에 더 접근할 것이고, 좀 더 분명하고 확실한 것이 될 것이다. 하지만 그러면 알렉산드로스 대왕과 고대 로마의 몇몇 원정 이래 보나파르트에 이르기까지 수행된 모든 전쟁에 대해 어떻게 말해야 할까? 그 많은 전쟁을 통틀어 비난해야 하지만, 부끄러움을 아는 사람이라면 아마 그런 불손한 짓은 할 수 없을 것이다. 더 나쁜 것은 우리의 이론에 반대되는 종류의 전쟁이 앞으로 아마 10년 안에 다시 일어날 수 있다는 것, 그러면 엄밀한 논리를 갖춘 우리의 이론이 상황의 힘에 굴복하여 크게 무력해질 수 있다는 것이다. 그래서 우리는 다음과 같은 것을 이해해야 할 것이다. 즉 전쟁이 어떤 모습을 띠어야 하는지는 순수한 개념에서 끌어내는 것이 아니라는 것, 전쟁에 섞여 들어오는 모든 낯선 것, 즉 전쟁을 이루는 많은 부분의 실질적인 어려움과 마찰, 인간 정신의 비일관성, 불확실함, 절망 등에 자리를 마련해야 한다는 것이다. 또한 전쟁은 그리고 인간이 전쟁에 부여하는 모습은 바로 그 전쟁에 앞선 이념, 감정, 상황에서 나온다는 것을 생각해야 할 것이다. 더욱이 진실을 말하고자 한다면 전쟁이 절대적인 모습을 갖게 된 경우에도, 즉 보나파르트 아래에서도 역시 그러했다는 것을 인정해야 한다.

이것을 인정해야 한다면, 즉 전쟁이 일어나고 일정한 모습을 띠는 것은 전쟁이 맞닥뜨리는 수많은 상황을 종합하여 얻은 평균치 때문이 아니라 그 많은 상황 중에서 바로 지금 지배적인 약간의 상황 때문이라는 것을 인정해야 한다면, 전쟁은 자연스럽게 가능성과 개연성, 행운과 불운의 도박에 뿌리박고 있다는 결론이 나오게 된다. 도박에서 엄밀하게 논리적인 결론을 내리면 때로 돈을 전부 잃게 된다. 그런 결론은 두뇌의 도구로서는 일반적으로 전혀 유익하지 않고 편하지 않은 도구이다. 그렇다면 전쟁은 때로 전쟁 같을 수도 있고, 때로 전쟁 같지 않을 수도 있다는 결론도 나오게 된다.

이론은 이 모든 것을 인정해야 한다. 하지만 전쟁의 절대적인 형태를 제일 높은 곳에 두고 그것을 일반적인 표준점으로 쓰는 것은 이론의 의무이다. 그러면 이론으로부터 무엇인가를 배우려고 하는 사람은 이론을 결코 간과하지 않게 되고, 이론을 자신의 모든 희망과 두려움을 재는 본래의 기준으로 간주하게 된다. 그래서 그는 무엇을 할 수 있는지 또는 무엇을 해야 하는지 하는 문제에서 이론에 접근하게 된다.

우리의 생각과 행동의 바탕을 이루고 있는 근본적인 생각은 그 생각과 행동을 결정하는 직접적인 이유가 완전히 다른 영역에 있을 때도 그것에 분명하게 일정한 목소리와 성격을 내게 된다. 이것은 화가가 밑그림에 칠하는 색으로 자신의 그림에 이런저런 색조를 내는 것과 같다.

오늘날에 이론이 이런 일을 효과적으로 할 수 있게 된 것은 최근의 전쟁 때문이다. 전쟁의 요소가 멍에에서 풀려났을 때 얼마나 파괴적인 힘을 내는지 최근의 사례가 경고하지 않았다면, 이론은 아무리 목이 터지도록 소리를 질러도 소용없었을 것이다. 오늘날 모두 경험하고 있는 것을 전에는 있을 수 없는 일이라고 생각했을 것이기 때문이다.

프로이센은 1798년에[2] 70,000명의 병력으로 프랑스에 침입했는데, 이 침입이 실패했을 경우에 프랑스의 반격이 매우 강력해서 그 이전의 유럽의 균형을 무너뜨릴 수 있었다는 것을 예상했다면 프로이센이 감히 그런 모험을 했을까?

프로이센은 1806년에[3] 100,000명의 병력으로 프랑스와 전쟁을 벌였는데, 첫 번째 총성이 프로이센을 날려 버릴 만한 지뢰밭의 불꽃이었다는 것을 깊이 생각했다면 프로이센이 그 전쟁을 시작했을까?

---

2. 1798년에는 프로이센이 70,000명의 병력으로 프랑스에 침입한 적이 없다. (현재까지 이 침입을 확인할 역사적인 자료를 찾지 못했다.) 그래서 1798년은 1792년의 오기로 보인다. 1792년에 프랑스 혁명 전쟁이 시작되었는데, 프로이센을 중심으로 한 동맹 군대는 프랑스에 침입했지만 패배하여 후퇴했다(이른바 발미의 포격).
3. 프로이센은 1806년 10월 8일에 프랑스에 선전 포고를 했지만, 10월 14일에 예나와 아우어슈테트 전투에서 참패했다.

제3장 A.

전쟁의 내부적인 연관성

전쟁의 절대적인 형태를 고려하느냐 또는 이것과 어느 정도 다른 현실적인 형태를 고려하느냐에 따라 전쟁의 결과에 관한 두 가지의 다른 개념이 생겨난다.

전쟁의 절대적인 형태에서는 모든 것이 필연적인 이유에 의해 일어나고 빠르게 상호 관련을 맺고, (그렇게 말해도 된다면) 실체 없고 중립적인 중지 기간은 생겨나지 않는다. 이 형태에서 전쟁은 복잡한 상호 작용을 포함하고 있고,[1] 엄밀히 말해 잇달아 일어나는 일련의 전투가 관련을 맺고 있고,[2] 모든 전투는 승리의 정점을 넘으면 손실과 패배의 영역으로 접어든다.[3] 이 모든 자연스러운 상황으로 말미암아 이 전쟁 형태에는 단 하나의 결과, 즉 마지막 결과만 존재한다고 말하게 된다. 그때까지 승패의 결정은 없다. 얻은 것도 없고 잃은 것도 없다. 여기에서 끊임없이 말해야 하는 것은 끝이 좋으면 다 좋다는 것이다. 이 생각에 따르면 전쟁은 나눌 수 없는 하나의 전체이고, 전체의 부분은 (그때그때의 결과는) 전체와 맺는 관계에서만 가치를 갖는다. 1812년에 모스크바와 러시아의 절반을 점령한 것도 보나파르트에게는 그때 목표로 삼

---

1. [저자] 제1편 제1장.
2. [저자] 제1편 제2장.
3. [저자] 제7편 제4장과 제5장(승리의 정점).

았던 평화 조약을 맺었을 때만 가치를 갖는다. 점령은 그의 원정 계획의 일부에 지나지 않았고, 그 원정 계획에는 러시아 군대를 파괴한다는 다른 부분이 없었다. 즉 다른 결과에 더해 파괴도 이루어졌다고 생각하면, 평화 조약을 맺는 일도 예상했던 대로 확실하게 이루어졌을 것이다. 보나파르트는 이 두 번째 부분을 더 이상 이룰 수 없었는데, 그전에 그 부분을 소홀히 했기 때문이다. 그래서 그에게는 첫 번째 부분 전체도 쓸모없게 되었을 뿐만 아니라 해롭게 되었다.

전쟁의 많은 결과의 연관성에 대한 이런 생각은 극단적인 생각이라고 간주할 수 있는데, 이 생각에는 또 다른 극단적인 생각이 대립하고 있다. 이 또 다른 극단에 따르면 전쟁은 그 자체로 존재하는 하나하나의 결과로 이루어져 있고, 이 결과에서는 도박의 한판 승부처럼 이전의 승리는 다음의 승리에 아무런 영향을 미치지 않는다. 그래서 이 경우에는 오로지 결과의 합계만 중요하고, 하나하나의 모든 결과는 도박의 패처럼 모을 수 있다.

첫 번째 종류의 생각이 진실이라는 것은 문제의 본질에서 찾을 수 있는데, 이와 마찬가지로 두 번째 종류의 생각이 진실이라는 것은 역사에서 찾을 수 있다. 약간의 적당한 유리함을 얻을 수 있었던 전쟁은 수없이 많은데, 이런 경우에는 전쟁을 어렵게 하는 어떤 조건도 일어나지 않았다. 전쟁의 폭력적인 요소가 줄어들수록 그런 경우는 그만큼 자주 나타난다. 하지만 하나하나의 전쟁에서 첫 번째 종류의 생각이 완전히 진실로 드러나는 전쟁이 별로 없는 것처럼, 두 번째 종류의 생각이 언제나 타당하고 첫 번째 종류의 생각은 없어도 될 것 같은 전쟁도 거의 없다.

첫 번째 종류의 생각에 따르면 우리는 반드시 모든 전쟁을 처음부터 하나의 전체로서 이해해야 하고, 모든 최고 지휘관은 이미 전진하는 첫 단계부터 모든 선이 이어지는 목표를 염두에 두고 있어야 한다.

두 번째 종류의 생각을 받아들이면 부차적인 유리함을 얻으려는 목적을 갖고 있어도 그 유리함을 추구할 수 있고, 그다음의 일은 그다음의 결과에 맡겨 둘 수 있다.

이 두 가지 종류의 생각 중에 성과를 내지 않는 것은 없기 때문에 이론에는 둘 중에 어느 하나도 없어서는 안 된다. 이론이 두 종류의 생각을 쓸 때의 차이는 첫 번째 종류의 생각은 근본 개념으로서 언제나 모든 것의 바탕으로 삼을 것을 요구하고, 두 번째 종류의 생각은 그때그때의 상황에 따라 정당화되는 제한된 의미로 쓸 것을 요구한다는 것이다.

프리드리히 대왕은 1742년, 1744년, 1757년, 1758년에 슐레지엔과 작센으로부터 오스트리아를 새로운 공격으로 몰아붙였다. 그는 이 공격이 슐레지엔과 작센에 대한 공격과 달리 오스트리아에 대한 새로운 지속적인 점령으로 이어질 수 없다는 것을 잘 알고 있었다. 그럼에도 대왕은 오스트리아를 공격했다. 그는 이 공격으로 오스트리아를 쓰러뜨리려는 것이 아니라 다만 시간을 벌고 힘을 얻는다는 부차적인 목적을 이루려고 했기 때문이다. 그는 이 부차적인 목적을 추구할 수 있었고, 이것 때문에 그의 군대 전체가 위험에 빠질 염려는 없었다.[4] 그런데 프로이센은 1806년에, 그리고 오스트리아는 1805년과 1809년에 프리드리히 대왕보다 훨씬 소극적인 목표를 설정했다. 즉 프랑스 군대를 라인 강 너머로 몰아낸다는 목표였다. 프로이센과 오스트리아는 마음속으로 그 목표와 관련된 수많은 일을 고려하지 않고는 그것을 이성적으로 수행할 수 없었다. 그 많은 일은 좋은 결과를 내든 나쁜 결과를 내든 아

---

4. [저자] 프리드리히 대왕이 콜린 전투에서 승리하고, 그래서 오스트리아의 주력 군대뿐만 아니라 프라하에 있는 두 명의 최고 지휘관을 포로로 잡았다면, 이것은 끔찍한 충격이었을 것이다. 그러면 대왕은 틀림없이 비인으로 전진하고 오스트리아를 충격에 빠뜨리고, 이를 통해 직접 평화 조약을 맺을 생각을 할 수 있었을 것이다. 이것은 그 당시로는 전대미문의 성공이고 최근의 전쟁의 성과에 필적할 수 있는 것인데, 작은 다윗과 큰 골리앗의 전투였기 때문에 최근의 전쟁의 성과보다 훨씬 놀랍고 빛나는 성과였을 것이다. 이런 전대미문의 성공을 얻을 개연성은 콜린 전투에서 승리했다면 크게 높아졌을 것이다. 하지만 이것이 앞에서 말한 주장과 모순되는 것은 아니다. 그 주장은 대왕이 본래 자신의 공격 목표로 삼은 것에 대해서만 말하고 있기 때문이다. 적의 주력 군대를 포위하고 포로로 잡는 것은 일체의 예상 밖에 있는 일이었다. 그것은 적어도 오스트리아 군대가 프라하에 형편없는 진지를 쳐서 대왕으로 하여금 프라하로 전진하도록 자극할 때까지 대왕이 생각하지 못한 일이었다. [역자 주: 대왕은 콜린 전투에서 오스트리아 군대에게 패배했다. 프라하에 있던 두 명의 최고 지휘관 중에 한 사람은 다운이었고, 다른 한 사람은 헝가리의 귀족으로 오스트리아의 원수였던 나다스디(Franz Leopold von Nádasdy, 1708~1783)였다.]

마 첫 번째 단계부터 관련을 맺고 평화 조약을 맺을 때까지 영향을 미쳤을 것이다. 이런 고려는 하지 않으면 안 되는 것이었다. 승리했을 경우에는 위험을 겪지 않고 어느 정도의 승리를 얻을 수 있는지 하는 것뿐만 아니라 실패했을 경우에는 프랑스의 승리를 어디에서 어떻게 막을 수 있을지 하는 것도 마음속으로 정리해야 했다.

두 가지 상황의 차이가 어디에 있는지는 역사를 주의 깊게 살펴보면 알수 있다. 18세기의 슐레지엔 전쟁 시대에[5] 전쟁은 아직 순전히 정부의 일이었고, 인민은 눈에 띄지 않는 도구로만 전쟁에 참여했다. 19세기 초에는 전쟁을 치르는 두 나라의 인민이 중요해졌다. 프리드리히 대왕에게 대항한 최고 지휘관들은 그 나라 군주의 위임을 받고 행동한 사람들이었고, 바로 그 때문에 그들의 지배적인 특징은 신중함이었다. 이와 달리 오스트리아와 프로이센의 적은 한마디로 전쟁의 신 그 자체였다.

이처럼 다른 두 종류의 상황에 대해서는 완전히 다르게 살펴보았어야 하지 않을까? 오스트리아와 프로이센 군대는 1805년, 1806년, 1809년에 승리의 가능성이 가깝고 심지어 개연성이 높다는 측면보다 최악의 불행한 결과를 낳을 수 있다는 것에[6] 눈길을 돌렸어야 하지 않을까? 그래서 몇 개의 요새와 그저 그런 지방을 점령의 대상으로 삼는 것과는 완전히 다른 노력과 계획이 필요했던 것이 아닐까?

프로이센과 오스트리아의 군대는 전쟁을 준비하면서 천둥과 번개를 동반한 비가 내릴 것 같은 무거운 정치적인 분위기를 충분히 느끼고 있었지만, 그들은 그런 상황에 합당한 행동을 하지 않았다. 그들은 그런 행동을 할 수 없었는데, 그런 상황이 그 당시에는 아직 역사에 분명하게 나타나지 않았기 때문이다. 앞에서 말한 1805년, 1806년, 1809년의 원정과 그 이후의 원정은

---

5. 제1차 슐레지엔 전쟁(1740~42년)과 제2차 슐레지엔 전쟁(1744~1745년).
6. 나폴레옹은 울름 전투(1805년 10월 17일)와 아우스터리츠 전투(1805년 12월 2일)에서 오스트리아 군대를 무찔렀고, 예나와 아우어슈테트 전투(1806년 10월 14일)에서 프로이센 군대를 무찔렀고, 바그람 전투(1809년 7월 5~6일)에서 오스트리아 군대를 무찔렀다.

우리들로 하여금 그 원정에서 파괴적인 힘을 갖는 최근의 절대 전쟁의 개념을 추상화하는 일을 크게 덜어주었다.

그래서 이론은 모든 전쟁에서 먼저 전쟁의 성격과 대략적인 윤곽을 개연성에 따라 이해하는 것이 필요한데, 그것은 정치적인 힘과 관계의 결과로서 생겨난다. 이 개연성에 따라 전쟁의 성격이 절대 전쟁에 접근할수록, 전쟁의 윤곽이 전쟁을 수행하는 나라를 많이 포괄할수록, 그 나라를 전쟁의 소용돌이에 많이 끌어들일수록, 전쟁 사건의 연관성은 그만큼 긴밀해지고, 전쟁의 마지막 단계를 생각하지 않고는 첫 번째 단계를 수행할 수 없게 되는 일이 그만큼 많이 필요해진다.

제3장 B.

전쟁의 목적과 노력의 정도

적을 얼마만큼 압박해야 하는지는 전쟁에 대한 아군과 적군의 정치적인 요구의 정도에 따라 달라질 것이다. 이것이 양쪽에 알려져 있는 한 그것은 양쪽의 노력의 정도를 결정하는 기준이 될 것이다. 하지만 그것이 반드시 알려져 있는 것은 아니다. 그리고 이것이 양쪽이 내놓는 수단에서 차이를 불러일으키는 첫 번째 이유라고 할 수 있다.

나라의 입장과 상황도 똑같지 않은데, 이것이 두 번째 이유라고 할 수 있다.

정부의 의지, 성격, 능력도 똑같지 않은데, 이것이 세 번째 이유이다.

이 세 가지를 고려해야 하기 때문에 적의 저항, 그래서 적이 쓰는 수단과 적이 내세우는 목표를 확실하게 예측할 수 없게 된다.

전쟁에서는 충분히 노력하지 않으면 성과를 얻을 수 없을 뿐만 아니라 상당한 손실을 입을 수도 있기 때문에 양쪽 군대는 상대보다 우세해지려고 경쟁하고, 이 때문에 상호 작용이 생겨난다.

이 상호 작용은 (양쪽의 노력에서 무제한의 목표를 정할 수 있다면) 양쪽의 노력을 무제한의 목표로 끌어올릴 수 있을 것이다. 그러면 정치적인 요구의 정도를 고려하는 일은 없어질 것이고, 수단이 목적과 갖는 모든 관계는 상실될 것이다. 하지만 대부분의 경우에 무제한의 노력을 하려는 의도는 그

의도에 반발하는 국내의 상황 때문에 실패할 것이다.

이런 식으로 전쟁을 수행하는 자는 다시 중도(中道)로 돌아가게 된다. 중도에서는 전쟁을 수행하는 자가 이를테면 직접적인 원칙에 따라 행동하고, 그래서 전쟁의 정치적인 목적을 이루는데 충분할 만큼의 힘만 쓰고, 전쟁에서 그만큼의 목표만 내세운다. 이 원칙을 실행할 수 있는 것으로 만들려면, 성과를 내야 한다는 일체의 절대적인 필연성을 버려야 하고 먼 장래에 할 수 있는 것을 계산에서 빼야 한다.

그래서 이런 경우에 지성의 활동은 논리학이나 수학과 같은 엄밀한 과학의 영역을 떠나 넓은 의미의 기술이 된다. 즉 지성의 활동은 헤아릴 수 없을 정도로 많은 문제와 상황 중에서 제일 중요하고 결정적인 것을 재능 있는 판단력으로 찾아내는 능력이 된다. 재능 있는 판단력은 의심할 바 없이 어느 정도 희미한 상태에 있는 모든 힘과 상황을 비교하는 것이다. 그러면 별로 관계 없고 중요하지 않은 상황은 더 빨리 배제되고, 직접적이고 중요한 상황은 엄밀한 추론의 길에서 발견해야 할 때보다 더 빨리 발견된다.

전쟁을 하는데 어느 정도의 수단을 투입해야 하는지 알고 싶으면, 우리 편에서 그리고 적의 편에서 볼 때 전쟁의 정치적인 목적을 고려해야 한다. 즉 적의 나라와 우리 나라의 힘과 상황을 살펴보아야 하고, 적국의 정부와 인민의 성격과 능력을 살펴보아야 하고, 이 모든 것을 다시 우리 나라의 편에서 살펴보아야 하고, 적과 다른 여러 나라 간의 정치적인 동맹 관계를 살펴보아야 하고, 전쟁이 이 동맹 관계에 미칠 수 있는 영향을 살펴보아야 한다. 이처럼 여러 가지로 얽혀 있는 다양한 문제를 고려하는 것은 중요한 임무라는 것, 여기에서 재빨리 올바른 길을 찾아내는 것은 천재의 참된 눈빛으로만 할 수 있다는 것, 그 반면에 단지 하나의 획일적인 사고 방식으로 그런 다양함을 자기 뜻대로 할 수 있다는 것은 완전히 불가능하리라는 것은 쉽게 이해할 수 있다.

이런 의미에서 보나파르트의 말은 전적으로 옳은데, 그는 이런 일이 뉴턴과 같은 수학자도 놀라서 주춤하게 할 수 있는 대수학의 문제가 될 것이라고 말했다.

상황의 다양성과 엄청난 규모, 상황을 판단하는 올바른 기준의 불확실함은 그 상황을 유리하게 해결하는데 심각한 어려움으로 작용한다. 그렇다면 그 상황의 비교할 수 없는 엄청난 **중요성**은 그 상황의 해결을 복잡하고 곤란하게 하지는 않더라도 그 상황을 해결했을 경우에 그 공적을 높인다는 것을 간과해서는 안 된다. 정신의 자유로운 활동은 보통의 인간에게는 위험과 책임에 의해 높아지는 것이 아니라 낮아진다. 하지만 위험과 책임이 판단력을 활발하고 강력하게 한다면, 그런 인간은 틀림없이 위대한 정신의 소유자라고 할 수 있다.

그래서 우리가 무엇보다 먼저 인정해야 하는 것은 곧 닥칠 전쟁, 전쟁이 지향하는 목표, 전쟁에 필요한 수단 등에 관한 판단은 모든 상황을 전체적으로 바라볼 때만 생길 수 있다는 것, 그때그때의 개별적인 특징은 이 전체적인 개관 안에 얽혀 있다는 것, 이런 판단은 전쟁 활동 중에 일어나는 모든 판단처럼 결코 순수하게 객관적인 판단이 될 수 없고 군주, 정치가, 최고 지휘관의 정신과 감성의 특성에 의해 정해진다는 것이다. 이때 한 사람이 이 세 가지 역할을 모두 갖고 있는지 아닌지 하는 것은 중요하지 않다.

옛날부터 오늘날에 이르기까지 많은 나라들의 일반적인 상황은 그 시대와 형편에 의해 유지된 것인데, 이 일반적인 상황을 보면 앞에서 말한 문제도 일반화하여 추상적으로 다룰 수 있을 것이다. 그래서 이제 역사를 대강 훑어보도록 한다.

반쯤 개화된 타타르 민족, 고대 세계의 공화국, 중세의 영주와 상업 도시, 18세기의 왕, 마지막으로 19세기의 군주와 인민은 모두 그들의 방식대로 전쟁을 수행했다. 그들은 다른 수단을 갖고 다른 목표에 따라 다르게 전쟁을 수행했다.

타타르 민족의 무리는 늘 새롭게 살 곳을 찾아다녔다. 그들의 모든 민족이 이동했고, 그들은 여자와 아이들을 데리고 다녔다. 그래서 그들은 다른 어느 군대와도 비교할 수 없을 만큼 많았다. 그들의 목표는 적을 정복하든지 추방하는 것이었다. 타타르 민족이 이런 수단에 더해 높은 수준의 문화를 갖고 있었다면, 그들은 눈앞의 모든 적을 쓰러뜨렸을 것이다.

고대의 공화국은 로마를 제외하고는 모두 소규모였다. 그들의 군대 규모는 더 작았는데, 그들이 민중의 대다수를 차지하는 천민을 군대에서 제외했기 때문이다. 고대의 공화국은 매우 많았고 근처에 나란히 있었다. 소규모의 분리되어 있는 공화국이 매우 일반적인 자연 법칙에 따라 자연스러운 균형을 이루었고, 이런 상태는 대규모의 전쟁이 일어나는 것을 막았다. 그래서 그들의 전쟁은 적의 평야 지대를 황폐하게 만들고 몇몇 도시를 점령하는 것으로 제한되었고, 그들은 이를 통해 그 도시에 장차 어느 정도의 영향력을 확보하려고 했다.

이런 공화국에서 로마만 예외였지만, 그것은 훨씬 후대의 일이었다. 로마도 오랫동안 소규모의 군대로 전리품을 얻고 이웃 나라들과 동맹을 맺으려고 일상적인 전투를 벌였다. 로마의 영토는 이웃 나라들에 대한 실질적인 정복보다 그 나라들과 맺는 동맹을 통해 확장되었다. 로마는 이 동맹으로 이웃 민족들을 점차 하나의 전체로 융합했다. 로마는 이런 식으로 남부 이탈리아 전체로 확장된 후에 비로소 실질적인 점령 전쟁을 시작했다. 카르타고는 멸망했고, 스페인과 갈리아는[1] 점령당했고, 그리스는 정복되었고, 로마의 지배는 아시아와 이집트로 넓혀졌다. 이 시대에 로마의 전투력은 엄청난 규모였지만, 군대를 유지하는 데는 노력을 들이지 않았다. 로마의 부유함으로 그 비용을 충당했기 때문이다. 이제 로마는 더 이상 고대의 공화국과 비슷하지 않았고, 과거의 로마와도 더 이상 비슷하지 않게 되었다. 로마는 유일한 존재로 우뚝 솟았다.

알렉산드로스 대왕의 전쟁 방식도 로마와 마찬가지로 유일한 것이었다. 그는 내부적인 완벽함을 갖춘 소규모의 탁월한 군대로 썩은 건물과 같은 아

---

1. 갈리아(Gallien, Gallia, Gaul), 로마인이 부른 고대 프랑스의 이름. 갈리아는 현재의 프랑스, 이탈리아 북부, 벨기에, 스위스 서쪽, 네덜란드, 라인 강 서쪽의 독일 지역을 포괄한다.

시아의 여러 나라들을 무너뜨렸다. 그는 광대한 아시아를 지나 인도로 휴식도 없이 무자비하게 전진했다. 고대의 공화국은 이런 것을 할 수 없었다. 그것은 한 사람의 대왕만 그처럼 빠르게 이룰 수 있었는데, 그는 이를테면 스스로 자신의 용병 대장이었다.

중세 시대의 크고 작은 군주국은 봉건 군대로 전쟁을 수행했다. 그 당시에는 모든 것이 짧은 시간에 제한되어 있었다. 그 시간에 이룰 수 없는 것은 실행할 수 없는 것으로 보아야 했다. 봉건 군대 자체도 봉신(封臣)들의 연결로 이루어져 있었다. 그들을 하나로 묶는 것은 절반은 법적인 의무였고 절반은 자유 의지에 의한 계약이었는데, 그 전체는 참된 의미의 연합 관계에 있었다. 무장하고 전술을 쓰는 것은 한 사람 한 사람의 격투에 바탕을 두고 있었고, 그래서 대규모의 군대에는 적합하지 않았다. 일반적으로 이때처럼 나라의 결합이 느슨하고 하나하나의 시민이 자립적이었던 시대도 없었다. 이 모든 것이 이 시대의 전쟁을 매우 독특한 방식으로 제한했다. 전쟁은 비교적 빠르게 진행되었고, 하는 일 없이 전쟁터에 그냥 머물러 있는 경우는 거의 없었다. 하지만 전쟁의 목적은 대부분 적을 응징하는데 지나지 않았고 적을 쓰러뜨리는데 있지 않았다. 적의 무리를 쫓아내고 적의 성곽에 불을 지르고 나면 사람들은 다시 고향으로 돌아갔다.

큰 상업 도시와 작은 공화국은 용병을 고용했다. 용병은 비용이 많이 들기 때문에 겉으로 보는 규모 면에서 매우 제한되어 있는 군사력이었다. 용병을 그들의 힘의 강력함에 따라 판단하는 것은 더욱 곤란했다. 즉 그들이 최고의 힘과 노력을 쏟는 것은 거의 있을 수 없는 일이었고, 그래서 그들의 전투는 대부분 흉내만 내는 전투에 지나지 않았다. 한마디로 증오와 적대감이 많은 나라들로 하여금 직접적인 행동을 하도록 자극하는 일은 더 이상 없었고, 전쟁은 상업의 문제가 되었다. 전쟁에서 대부분의 위험은 사라졌고, 전쟁의 성질은 완전히 달라졌다. 이런 성질에서 전쟁이라고 규정할 수 있는 것은 그 당시의 전쟁에는 아무것도 없었다.

봉건 제도는 점차 일정한 영토에 대한 지배로 축소되었다. 나라의 결합은 긴밀해졌고, 신분상의 의무는 물질상의 의무로 바뀌었고, 돈이 점차 대부분의 의무를 대신했고, 봉건 군대는 용병이 되었다. 중세 시대의 용병은 이런 이행 과정을 보여 주는 형태였고, 그래서 한동안 큰 나라의 전쟁 도구로도 쓰였다. 하지만 그것도 오래 계속되지 못했고, 단기간 고용되었던 군인은 **상설 용병**이 되었다. 그다음에 한 나라의 군사력은 국고에 의해 유지되는 상비군이 맡게 되었다.

상비군의 형태로 천천히 이행하는 동안에 세 가지 종류의 군사력이 복잡하게 맞물려 있었던 것은 당연한 일이었다. 앙리 4세의 시대에는 봉신, 용병, 상비군을 함께 발견하게 되었다. 용병은 30년 전쟁까지[2] 있었고, 심지어 18세기까지도 약간의 흔적을 보이면서 유지되었다.

여러 시대의 군사력이 이와 같이 독특했던 것과 마찬가지로 유럽의 많은 나라들의 다른 상황도 독특했다. 근본적으로 유럽은 수많은 작은 나라들로 분열되어 있었다. 일부는 불안한 공화국이었고, 일부는 정부의 권력을 극도로 제한한 불안정한 소규모 군주국이었다. 그런 나라는 결코 하나의 통일된 국가로서 간주할 수 없었고 느슨하게 연합된 여러 세력의 집합체라고 보아야 했다. 그래서 사람들은 그런 나라를 단순한 논리적인 법칙에 따라 행동하는 지성처럼 생각할 수도 없었다.

중세 시대의 외교 정책과 전쟁은 이런 관점에서 살펴보아야 한다. 이는 독일의 황제들이 500년 동안 이탈리아로 끊임없이 원정을 했는데도, 한 번도 이탈리아를 철저하게 점령한 적이 없고 그런 의도를 갖고 있지 않았다는 것만 생각해도 알 수 있다. 독일 황제들의 경우를 실패의 연속이고 그 시대에 바탕을 둔 잘못된 견해의 결과라고 간주하면 편하겠지만, 그것은 수많은 원인을 갖는 결과라고 보는 것이 더 이성적인 것이다. 필요하다면 그것을 우리의 문제라고 생각하고 살펴볼 수 있지만, 우리는 그 문제와 갈등을 겪었던 당사자들처럼 그 문제를 생생하게 파악할 수 없다. 이런 혼돈에서 생겨난 큰 나

---

2. 30년 전쟁(1618~1648년).

라가 국내의 통일을 완성하는데 시간을 쓰는 한, 그 나라의 힘과 노력은 주로 그 일을 하는 것으로만 집중되었다. 즉 외부의 적에 대해 전쟁을 하는 일은 별로 없었고, 그런 일이 있다고 해도 그런 전쟁은 그 나라의 내부적인 결합의 미숙함을 여실히 보여 주는 것이었다.

영국 대 프랑스의 전쟁은[3] 외부의 적에 대한 전쟁으로서 제일 먼저 나타난 것이다. 하지만 프랑스는 그 당시에 아직 진정한 군주국이라고 간주할 수 없고, 공작령과 백작령의 집합체라고 간주해야 한다. 영국은 프랑스보다 많은 통일성을 갖추었지만, 봉건 군대로 전쟁을 했고 국내 정세에 많은 불안이 있었다.

프랑스는 루이 11세[4] 시대에 국내의 통일을 향해 매우 강력한 발걸음을 옮겼고, 샤를 8세[5] 시대에 이탈리아에 점령 군대로서 등장했고, 루이 14세 시대에 나라와 상비군을 최고의 수준으로 완성했다.

스페인은 가톨릭의 페르난도 5세[6] 시대에 국내의 통일을 이루기 시작했다. 카알 5세[7] 시대에 우연한 혼인 관계로 갑자기 스페인, 부르고뉴, 독일, 이탈리아로 이루어진 대(大)스페인 군주국이 생겨났다. 이 대국에는 통일성과 내부적인 결합이 부족했는데, 대국은 이것을 돈으로 보충했다. 그리고 이 대국의 상비군은 먼저 프랑스의 상비군과 맞서게 되었다.[8] 이 스페인 대국은 카알 5세가 물러난 후에 스페인과 오스트리아의 두 부분으로 분열되었다. 오스

---

3. 영국과 프랑스 사이에 있던 100년 전쟁(1338~1453년)을 가리킨다.

4. 루이 11세(Ludwig XI., Louis XI., 1423~1483), 프랑스의 왕.

5. 샤를 8세(Karl VIII., Charles VIII., 1470~1498), 프랑스의 왕. 루이 11세의 아들. 1494년에 이탈리아에 침입했다.

6. 페르난도 5세(Ferdinand V., Fernando II. de Aragón, 1452~1516), '가톨릭의 페르난도'로 불렸다. 아라곤과 카스티야를 합쳐서 스페인 왕국을 건설했다. 카스티야 왕으로는 페르난도 5세, 아라곤 왕으로는 페르난도 2세, 나폴리 왕으로는 페르난도 3세. 『전쟁론』에는 페르난도 5세로 나오지만 일반적으로는 페르난도 2세로 더 잘 알려져 있다.

7. 카알 5세(Karl V., Charles V., 1500~1558), 신성 로마 제국의 황제. 스페인 왕으로는 카를로스 1세.

8. 대스페인과 프랑스는 이탈리아를 전쟁터로 하여 1495~1559년에 자주 전투를 벌였다.

트리아는 보헤미아와 헝가리를 합병하여 강대국으로 등장했고,[9] 독일의 영주 연합을 자신의 영향력 아래에 두었다.

17세기 말의 루이 14세 시대는 18세기에 보는 것과 같은 상비군이 역사상 최고 수준에 도달한 때라고 할 수 있다. 상비군은 모병과 용병으로 이루어졌다. 유럽의 많은 나라들이 완전한 통일을 이루었고, 정부는 백성의 현물세를 현금 납부로 바꾸면서 정부의 모든 힘을 금고를 채우는데 집중했다. 빠르게 발전하는 문화와 점점 더 완비되는 행정 부문에 의해 정부의 힘은 이전 정부의 힘과 비교할 때 매우 높아졌다. 프랑스는 두세 번 정도 100,000명의 상비군을 전쟁터에 보냈는데, 다른 나라들도 이와 비슷한 수준이 되었다.

여러 나라들의 그 밖의 상황도 달라진 모습을 보여 주었다. 그 당시의 유럽은 한 다스 미만의 왕국과 두세 개의 공화국으로 나누어져 있었다. 그중의 두 나라에 큰 전쟁이 일어난다고 해도 이제는 이전에 일어난 것과 달리 그 열 배나 되는 다른 나라들이 그 전쟁에 얽혀들지 않는 것도 생각할 수 있게 되었다. 여러 나라들의 정치적인 관계는 많은 경우의 수를 보였고 언제나 매우 다양했지만, 그 관계는 개관할 수 있었고 때로 개연성에 따라 밝혀낼 수 있게 되었다.

국내의 정치 상황은 유럽의 거의 어디에서나 간소한 군주제로 단순화되었고, 신분상의 권리와 영향력은 점차로 줄어들었고, 정부가 외국에 대해 나라를 대표하는 완전한 통일체가 되었다. 그래서 강력한 군대와 독립적인 의지를 갖고 있으면 전쟁의 개념에 상응하는 형태로 전쟁을 할 수 있게 되었다.

이 시기에 세 명의 새로운 알렉산드로스 대왕이 등장했다. 구스타브 아돌프, 카알 12세, 프리드리히 대왕이 바로 그들이었다. 그들은 병력의 수는 많지 않았지만 완벽한 수준의 군대로 작은 나라에서 큰 군주국을 일으키고 눈앞의 모든 장애물을 쓰러뜨리려고 노력했다. 그들이 오로지 아시아의 나라들과 상대했다면, 그들의 역할은 알렉산드로스 대왕의 역할과 비슷해졌을 것

---

9. 오스트리아는 1490년에 헝가리를, 1526년에 보헤미아를 획득했다.

이다. 어쨌든 그들은 (전쟁에서 모험을 해도 된다는 것을 고려할 때) 보나파르트의 선구자라고 볼 수 있다.

하지만 전쟁이 한편으로 강력함과 철저함에서 얻는 것이 있으면 다른 한편으로 다시 잃는 것도 있다.

군대는 국고에 의해 유지되었다. 군주는 국고를 이를테면 자신의 사유 재산처럼 또는 적어도 정부에 속하는 대상처럼 생각했고, 인민에 속하는 대상이 아니라고 생각했다. 다른 나라들과 맺는 관계는 (약간의 무역 상품을 제외하면) 대부분 국고나 정부의 이해와 관련되는 것뿐이었고, 인민의 이해와는 관련되지 않았다. 적어도 어느 나라에서나 개념상으로는 그렇게 생각했다. 그래서 정부는 자신을 많은 재산의 소유자이자 관리자처럼 보았고 늘 재산을 늘리려고 했지만, 백성은 정부의 재산이 늘어나는 데서 특별한 이익을 얻을 수 없었다. 그래서 타타르 민족의 원정에서는 모든 인민이 전쟁에 참여했고, 고대의 공화국과 중세에는 인민의 개념을 본래의 시민으로 적당히 제한해도 매우 많은 인민이 전쟁에 참여했지만, 18세기의 상황에서는 인민이 전쟁에서 직접적으로 할 일은 아무것도 없었고, 단지 인민으로서 갖는 일반적인 미덕이나 결점으로 전쟁에 간접적인 영향을 미치는데 지나지 않았다.

이런 식으로 전쟁은 정부가 인민과 분리되는 바로 그만큼, 그리고 정부가 자신을 나라라고 생각하는 바로 그만큼 정부만의 일이 되었다. 이 일은 금고에 있는 돈으로 자기 나라와 이웃 나라에 있는 유랑자들을 고용하여 수행되었다. 그 결과로 정부가 투입할 수 있는 수단은 상당히 제한되었고, 전쟁을 수행하는 나라는 상대가 쓰는 수단의 규모뿐만 아니라 그 수단을 쓸 수 있는 기간도 알 수 있게 되었다. 이런 것이 전쟁의 제일 위험한 측면을 전쟁에서 없앴다. 즉 무제한성을 향한 노력과 이와 결부된 적지 않은 막연함의 가능성을 없앴다.

그 당시에는 적의 화폐 보유량, 부의 정도, 신용 등을 대략 알고 있었다. 적군의 규모도 알고 있었다. 전쟁을 하는 순간에 병력을 크게 늘릴 수는 없는 일이었다. 적의 병력의 한계를 알 수 있다면 아군이 완전히 몰락하지 않을 것이라고 확신할 수 있었다. 아군 병력의 한계도 알고 있었기 때문에 아군은 적당한 목표로 물러날 수 있었다. 적의 무제한적인 공격으로부터 보호를 받으면 아군도 더 이상 무제한적인 모험을 할 필요가 없었다. 무제한의 모험을 하는 것은 더 이상 상황의 필연성 때문이 아니라 단지 용기와 명예욕 때문이었다. 하지만 그런 것은 국제 관계에서 강력한 반대에 부딪치게 되었다. 왕이 최고 지휘관일 때도 전쟁의 도구는 조심스럽게 다루어야 했다. 군대는 한 번 파괴되면 새로 만들 수 없었고, 군대 외에는 아무것도 없었다. 이런 것이 모든 행동에서 상당한 신중함을 요구했다. 결정적인 유리함을 얻을 수 있는 것처럼 보일 때만 그 값비싼 물건을 이용했다. 그 물건을 잘 쓰는 것이 최고 지휘관의 기술이었다. 그 물건을 제대로 쓰지 못하면 사람들은 이를테면 절대적인 허무에서 헤매게 되었다. 행동할 이유도 없고, 모든 힘과 동기는 잠자는 것처럼 보였다. 공격자의 본래의 동기는 조심하고 의심하는 동안에 생기를 잃고 말았다.

그래서 전쟁은 본질상으로 진정한 도박이 되었는데, 이 도박에서는 시간과 우연이 패를 섞었다. 하지만 전쟁은 의미상으로 좀 더 강력한 방식으로 협상하는 (이 협상에서는 전투와 포위로 큰 점수를 얻는데) 약간 강력한 외교에 지나지 않았다. 평화 조약을 맺을 때 쓰려고 적당한 유리함을 얻는 것이 매우 큰 명예욕을 갖고 있는 사람의 목표였다.

전쟁이 이처럼 제한되고 축소된 형태를 보이는 것은 앞에서 말한 것처럼 전쟁이 의지하고 있는 협소한 토대 때문이었다. 구스타브 아돌프, 카알 12세, 프리드리히 대왕과 같은 훌륭한 최고 지휘관이자 군주들이 역시 그들처럼 훌륭한 군대를 갖고도 그 당시의 전체적인 현상에서 더 강력하게 나타날 수 없었던 것, 그들도 패배할 수밖에 없었고 평범한 성과를 얻는 일반적인 수준에 머문 것은 유럽의 정치적인 균형 때문이었다. 이전에 작은 나라들이 많았을 때는 매우 자연스러운 직접적인 이해 관계, 접근성, 접촉, 인척 관계, 개인적인 친분이 어느 한 나라의 갑작스러운 대국화를 막았다면, 나라들이 커지고 수도가 멀리 있는 오늘날에는 국제 관계의 발전이 그 일을 하고 있다. 밀고 당기는 정치적인 이해 관계가 매우 정교한 체계로 완성되었고, 그래서 유럽에서 대포 소리를 듣게 되다면 이제 모든 정부가 그 전쟁에 관여하게 되었다.

그래서 새로운 알렉산드로스 대왕은 좋은 칼 외에 좋은 펜도 갖고 있어야 했고, 그럼에도 알렉산드로스 대왕만큼 많은 나라를 점령할 수 없게 되었다.

루이 14세는 유럽의 균형을 무너뜨리려는 의도를 품었고, 이미 17세기 말에 다른 나라들의 일반적인 적대감을 별로 걱정하지 않는 수준에 이르렀다. 그럼에도 그는 관례적인 방식에 따라 전쟁을 수행했다. 그의 군사력은 유럽 최대의 부유한 군주에 걸맞은 군사력이었지만, 본질적으로 다른 나라의 군사력과 다를 바 없었기 때문이다.

전쟁에서 적의 영토를 빼앗고 황폐하게 만드는 것은 타타르 민족, 고대 민족, 중세에도 매우 중요한 역할을 했지만, 그것은 이제 더 이상 시대 정신과 맞지 않게 되었다. 사람들은 자연스럽게 그것을 쓸데없는 난폭함이라고 보게 되었다. 그런 난폭함은 곧 보복을 당할 수 있었고, 적의 정부보다 적의 백성들에게 더 큰 피해를 주었다. 그래서 아무런 효과도 없었고 그 나라 인민의 문화 수준을 영원히 억누르는 데만 이바지했다. 그래서 전쟁은 수단뿐만 아니라 목표상으로도 점차 군대 자체로 제한되었다. 군대의 요새와 미리 준비한 약간의 진지가 나라 안의 나라를 이루었고, 그 안에서 전쟁의 격렬함은 천천히 완화되었다. 온 유럽이 이런 경향을 환영했고, 이것을 진보하고 있는 인간 정신의 필연적인 결과라고 생각했다. 하지만 이것은 잘못된 생각이었다. 진보하는 정신은 결코 모순을 받아들이지 않기 때문이고, 둘에 둘을 곱하면 결코 다섯이 될 수 없기 때문이다. 이에 대해서는 이미 말했고 아래에서도 말할 것이다. 그럼에도 이런 변화는 틀림없이 인민에게 바람직한 영향을 미쳤다. 그런 변화 때문에 전쟁도 정부만 하는 일이 되고 인민의 관심에서 더 멀어진 것만은 부인할 수 없다. 이 시대에 한 나라의 전쟁 계획은 공격자에게는 대부분 적의 어느 지방을 점령하는 것이었고 방어자에게는 그것을 막는 것이었다. 단 하나의 원정 계획이라고 하면 적의 어느 요새를 점령하는 것, 또는 아군의 요새에 대한 적의 점령을 막는 것이었다. 이것 때문에 전투를 피할 수 없는 경우에만 전투를 했고 받아들였다. 전투를 피할 수 없는 것도 아닌데 단지 승리에 대한 내면적인 욕구 때문에 전투를 하려고 하는 사람은 무모한 최고 지휘관으로 간주되었다. 원정에서는 보통 포위를 한 번 했고, 많은 경우에 두 번 했다. 겨울 사영은 대체로 필요한 것으로 보았지만, 이때 한쪽의 불리한 상태는 결코 다른 쪽의 유리함이 될 수 없었다. 겨울 사영을 하는 동안에 양쪽의 적대적인 관계는 거의 완전히 멈추었고, 원정에서 일어나야 하는 활동이 어느 정도 제한을 받게 되었다.

양쪽의 힘이 완전히 균형을 이루고 있을 때나 행동을 하는 쪽의 병력이 심각하게 열세에 있을 때는 전투와 포위도 일어나지 않았다. 이때는 모든 원정 활동에서 특정한 진지와 보급 창고를 유지하는 것, 적의 특정 지역을 규칙적으로 약탈하는 것이 중요했다.

전쟁은 일반적으로 그렇게 수행되었고, 전쟁의 폭력성은 자연스럽게 제한되었고, 이런 제한은 주변에서 늘 볼 수 있었다. 이런 상태에 있는 한 이것을 모순이라고 생각하는 사람은 아무도 없었다. 모든 것이 최고로 아름다운 질서의 상태에 있다고 보았다. 비판은 18세기에 전쟁술의 영역으로 들어오기 시작했는데, 하나하나의 현상에 관심을 기울였지만 그 현상을 수미일관되게 살펴보지 않았다. 그래서 온갖 종류의 위대함이나 완벽함이란 말이 쓰였다. 심지어 다운 원수도 위대한 최고 지휘관이라는 말을 들을 수 있었다. 그의 중요한 공적이라고는 프리드리히 대왕의 목적을 완전하게 이루게 하고, 자신이 섬기는 마리아 테레지아의[10] 목적을 완전히 실패하게 한 것뿐이었다. 비판에도 때로 상식과 같은 올바른 판단이 생겨났는데, 이에 따르면 우세한 병력으로는 적극적인 성과를 이루어야 하고 전쟁에서 요령만 쓰는 것은 전쟁을 잘못 수행하는 것이다.

---

10. 마리아 테레지아(Maria Theresia(Theresa), 1717~1780), 오스트리아의 여왕. 헝가리, 크로아티아, 보헤미아, 만토바, 밀라노 등 여러 나라와 지역의 통치자였다.

프랑스 혁명이 일어났을 때의 상황이 이러했다. 오스트리아와 프로이센은 이 상황을 외교적인 전쟁술로 해결하려고 노력했지만, 그것은 곧 불충분한 것으로 드러났다. 문제를 바라보는 보통의 방식에 따르면 이전에는 얼마 안 되는 군사력으로도 희망을 품을 수 있었던 반면에, 1793년에는 상상하지도 못했던 엄청난 군사력이 나타났다.[11] 전쟁이 느닷없이 다시 인민의 일이 되었고, 그것도 자신을 모두 시민이라고 생각하는 3000만 명의 인민의 일이 되었다. 여기에서는 이 엄청난 현상에 따른 좀 더 자세한 상황에 들어가지 않고 이런 상황에서 문제 되는 결과만 말하고자 한다. 인민이 전쟁에 참여하게 되었기 때문에 이제 정부와 군대 대신에 전체 인민이 그 자연스러운 힘으로서 전쟁의 저울판에 오르게 되었다. 이제 이용할 수 있는 수단과 투입할 수 있는 노력은 더 이상 일정한 한계를 갖지 않게 되었다. 전쟁이 그 자체로 엄청난 힘을 갖고 수행될 수 있었고, 이 힘을 막을 것은 더 이상 없었고, 그래서 적의 위험은 무한대로 높아졌다.

프랑스 혁명 전쟁이 모두 끝나기 전에는 사람들이 그 전쟁의 격렬함을 완전하고 분명하게 느끼지 못했다. 프랑스 혁명 전쟁의 장군들도 마지막 목표에 이를 때까지 끊임없이 전진하지 못했고 유럽의 군주제를 무너뜨리지도 못했다. 독일의 여러 군대가 때로 성공적으로 저항하고 프랑스 군대의 승리의 물결을 막은 때도 있었다. 상황이 그러했다면 이 모든 상황의 원인은 단지 기술적인 미숙함 때문이었고, 프랑스 군대는 이런 미숙함을 안고 전쟁을 해야 했다. 이 미숙함은 처음에는 평범한 병사들에게, 그다음에는 장군들에게, 그 후에 총재 정부 시대에는[12] 정부 자체에도 나타났다.

보나파르트의 손에서 이 모든 것이 완전한 모습을 띠게 되었고, 전체 인민의 힘에 바탕을 둔 군사력이 유럽을 확실하게 파괴하였다. 이에 대해 낡은 군사력으로만 맞서는 한, 프랑스 군대의 승리를 의심할 만한 순간은 한 번도

---

11. 1793년에 프랑스 군대의 병력은 7만 명이었지만 인민으로 이루어진 병력은 30만 명이었다.
12. 총재 정부는 1795년에서 1799년까지 있었던 프랑스의 정부.

없었다. 곧바로 이에 대한 반응이 일어났다. 스페인에서는 전쟁이 자연스럽게 인민의 일이 되었다. 오스트리아 정부는 1809년에 먼저 특별한 노력을 들여 예비대와 민병대를 조직했다. 이런 노력으로 이 군대는 목표에 접근했고, 오스트리아가 이전에 할 수 있다고 믿었던 모든 것을 넘어섰다. 러시아는 1812년에 스페인과 오스트리아의 예를 모범으로 삼았다. 이 나라는 어마어마한 면적 때문에 나중에 준비해도 충분한 효과를 낼 수 있었고, 그 넓은 면적이 다른 측면에서 더 큰 효과를 내게 했다. 그 성과는 눈부실 정도였다. 독일에서는 프로이센이 먼저 정신을 차렸고 전쟁을 인민의 문제로 만들었다. 프로이센의 군사력은 1806년에 비해[13] 인구는 절반으로 줄고 국고와 신용은 전혀 없었는데도 1806년의 병력보다 두 배 많은 병력을 갖고 등장했다. 독일의 다른 나라들도 곧 프로이센의 예를 따랐다. 오스트리아도 1809년만큼 노력하지는 않았지만 엄청난 병력을 갖고 등장했다. 그래서 1813년과 1814년에 투입되고 이 두 원정에서 소모된 모든 병력을 합산했을 때 독일과[14] 러시아는 프랑스에 맞서 대략 100만 명의[15] 병력을 갖고 대항했다.

이런 상황에서 전쟁을 수행하는 힘도 달라졌다. 그 힘이 프랑스 군대의 힘에 부분적으로만 필적했다고 해도, 그리고 다른 점에서는 아직 우유부단함이 지배했다고 해도, 원정의 흐름은 일반적으로 낡은 방식이 아니라 새로운 방식을 따르고 있었다. 전쟁터는 8개월 만에[16] 오더 강에서 센 강으로 옮겨졌고,[17] 당당했던 파리는 처음으로 머리를 숙여야 했고, 두려운 존재였던

---

13. 1813년 및 1814년의 원정을 생각하며 비교하고 있다. 이 두 해의 원정은 휴전 기간(1813년 6월 4일~8월 16일)이 끝난 직후부터 라이프치히 전투(10월 16~19일)와 이듬해 3월 31일에 동맹 군대가 파리를 점령하기까지를 가리킨다.

14. 여기에서 말하는 독일은 오스트리아와 프로이센을 포함하고 있다.

15. 앞에 말한 휴전 중에 동맹 군대가 동원한 병력은 러시아 군대 약 18만 명, 프로이센 군대 약 16만 명, 오스트리아 군대 약 13만 명, 스웨덴 군대 약 2만 명으로 대략 50만 명이다.

16. 1813년 8월 16일부터 이듬해 3월 31일까지를 약 8개월로 잡은 것이다. 이 서술에서 벨-알리앙스의 전투는 상관없다.

17. 오더 강에서 센 강까지는 (강의 상류냐 하류냐에 따라 다르지만 오더 강변의 프랑크푸르트에서 센 강변의 파리까지는) 대략 1200킬로미터이다.

보나파르트는 몸이 묶인 채 무릎을 꿇어야 했다.

그래서 보나파르트의 등장 이래 전쟁은 먼저 한쪽에서, 그다음에는 다른 쪽에서 다시 전체 인민의 일이 되었고 완전히 다른 성질을 띠게 되었다. 또는 좀 더 정확히 말하면, 전쟁이 그 본질과 절대적인 완전함에 크게 접근하게 되었다. 전쟁에 투입되는 수단에 명확한 한계가 없어졌고, 이 한계도 정부와 백성의 힘과 열정에 의해 사라졌다. 전쟁을 수행하는 힘은 엄청나게 많은 수단, 승리를 얻을 수 있는 넓은 전쟁터, 감성에 대한 강력한 자극 등에 의해 엄청나게 높아졌고, 전쟁 행동의 목표는 적을 쓰러뜨리는 것이 되었다. 적이 의식을 잃고 바닥에 쓰러져야 비로소 전쟁을 멈출 수 있고 전쟁의 목적에 대해 상대와 의견의 일치를 볼 수 있다고 생각했다.

그래서 전쟁의 폭력적인 요소는 일체의 관습적인 한계에서 벗어났고 본래의 모든 격렬한 힘으로 폭발했다. 그 원인은 인민이 나라의 중요한 문제에 참여한데 있다. 이 참여는 한편으로 프랑스 혁명이 다른 나라들의 내부에 불러일으킨 상황에서, 다른 한편으로 다른 모든 나라의 인민이 프랑스의 인민에게 위협을 느낀 데서 비롯되었다.

이런 상황이 앞으로 늘 계속될지, 즉 앞으로의 모든 전쟁이 유럽에서 늘 나라의 힘이 다하도록 수행될 것인지, 그래서 인민과 관련되는 중대한 이해관계에 의해서만 수행될 것인지, 아니면 점차로 정부와 인민이 다시 분리될 것인지를 판단하는 것은 어려울 것이고, 우리는 감히 그런 판단을 내리는 짓은 하지 않으려고 한다. 다만 우리의 다음과 같은 말은 사람들이 옳다고 말할 것이다. 즉 한계는 이를테면 할 수 있는 것을 의식하지 못할 때만 존재하고, 한계는 한 번 무너지면 다시 짓는 것이 쉽지 않다. 그리고 적어도 양쪽의 중대한 이해 관계를 문제로 삼는 경우에는 그때마다 그 적대감이 오늘날 일어나는 것과 같은 방식으로 해결될 것이다.

이제 역사를 살펴보는 일을 마치도록 한다. 우리가 역사를 살펴본 것은 전쟁 수행에 대해 모든 시대에 타당한 약간의 원칙을 말하려고 한 것이 아니라 단지 모든 시대는 그 시대의 독특한 전쟁, 제한 조건, 편견을 갖고 있다는 것을 보여 주려고 했기 때문이다. 그래서 늘 철학적인 원칙에 따라 전쟁 이론을 연구하고 싶다고 해도 모든 시대는 그 시대에 맞는 전쟁 이론을 갖고 있을 것이다. 그래서 모든 시대의 사건은 그 시대의 특성을 고려해서 판단해야 한다. 모든 하찮은 상황을 꼼꼼하게 연구하는 사람보다 각 시대의 중요한 상황을 적절한 통찰력으로 파악하는 사람만이 그 시대의 최고 지휘관을 이해하고 판단할 수 있는 것이다.

이처럼 전쟁은 그 나라와 군사력의 독특한 상황에 따라 제한된 상태에서 수행될 수 있지만, 어느 정도 일반적인 성격을 띠고 또는 오히려 완전히 일반적인 성격을 띠고 수행될 수도 있다. 이론은 무엇보다 일반적인 것을 다루어야 할 것이다.

최근의 전쟁은 절대적인 폭력성의 수준에 이르렀고 보편타당한 필연성을 제일 많이 담고 있다. 하지만 앞으로의 전쟁이 모두 이런 대규모의 성격을 띨 것 같지는 않다. 이와 마찬가지로 이전의 전쟁에 있던 많은 제한이 열렸지만, 다시 완전히 닫힐 수 있다는 것도 근거 없는 말이다. 그래서 절대 전쟁만 다루었던 이론은 이질적인 영향이 절대 전쟁의 본질을 바꾸는 경우에 그 모든 경우를 배제하든지 잘못이라고 비난해야 할 것이다. 이것은 이론의 목적이 될 수 없다. 이론은 관념적인 상황이 아니라 현실의 상황에서 일어나는 전쟁에 대한 이론이어야 한다. 그래서 이론은 문제를 검토하고 분석하고 정리하면서 전쟁이 일어날 수 있는 여러 가지 상황을 늘 고려해야 할 것이다. 또한 이론은 전쟁의 대체적인 윤곽을 설명하여 그 시대의 일반적인 요구와 그 순간의 특별한 요구를 담아야 할 것이다.

이상의 논의에 따라 우리는 다음과 같이 말할 수 있다. 즉 전쟁을 수행하는 자가 설정하는 목표와 투입하는 수단은 그의 상황에 나타나는 완전히 개별적인 특성에 따른다. 하지만 그 특성은 그 시대와 일반적인 상황의 성격을 담을 것이다. 마지막으로 그 특성은 **전쟁의 본질에서 나올 수밖에 없는 일반적인 결론**을 따르게 된다.

제4장

전쟁 목표의 자세한 정의. 적을 쓰러뜨리는 것

전쟁의 목표는 개념상으로 늘 적을 쓰러뜨리는 것이어야 한다. 이것이 논의의 출발점이 되는 근본 개념이다.

적을 쓰러뜨린다는 것은 무엇인가? 적을 쓰러뜨리려고 반드시 적의 나라 전체를 점령할 필요는 없다. 오스트리아 군대와 프로이센 군대가 1792년에 파리를 점령했다면,[1] 모든 개연성을 고려했을 때 혁명당과 치르는 전쟁은 그것으로 끝났을 것이다. 혁명당의 군대를 미리 공격할 필요조차 없었는데, 그 군대는 아직 유일하게 강력한 힘으로 간주될 수 없었기 때문이다. 이와 반대로 보나파르트가 1814년에 여전히 엄청난 규모의 군대를 통솔하고 있었다면, 동맹 군대는 파리의 점령으로도 모든 것을 이루지 못했을 것이다. 하지만 보나파르트의 군대는 대부분 섬멸되었기 때문에 1814년과 1815년에는 파리에 대한 점령으로도 모든 것이 결정되었다.[2] 보나파르트가 1805년에 오스트리아 군대를 파괴하고 1806년에 프로이센 군대를 파괴한 것처럼, 1812년에 칼루가의 도로에 머물고 있던 120,000명의 러시아 군대를 모스크바 점령 이전이나 이후에 충분히 파괴할 수 있었다면, 그는 러시아의 수도에 대한 점령으로 십

---

1. 프로이센 군대는 1792년(프랑스 혁명 전쟁이 시작된 해) 8월에, 오스트리아는 같은 해 10월에 프랑스에 침입했다.
2. 동맹 군대는 1814년 3월 31일과 1815년 7월 6일에 파리를 점령했다.

중팔구 평화 조약을 맺을 수 있었을 것이다. 점령해야 할 지역이 엄청나게 많이 남아 있다고 해도 그러했을 것이다. 1805년에는 아우스터리츠의 전투로 승패의 결정이 났다. 비인과 오스트리아 영토의 3분의 2를 점령한 것으로는 평화 조약을 맺는데 충분하지 않았다.[3] 다른 한편으로 아우스터리츠 전투 이후에는 헝가리가 침략을 받지 않은 것도 평화 조약의 체결을 막는데 충분하지 못했다. 러시아 군대의 패배가 보나파르트에게 필요했던 최후의 일격이었다. 알렉산드르 황제의 근처에 다른 군대는 없었고,[4] 그 승리의 결과로 평화 조약을 맺는 것은 의심할 수 없었기 때문이다.[5] 러시아 군대가 도나우 강에서 오스트리아 군대와 같이 있었고 오스트리아 군대의 패배에서 영향을 받았다면 아마 비인을 점령할 필요는 전혀 없었을 것이다. 평화 조약은 이미 린츠에서[6] 체결되었을 것이다.

다른 경우에는 한 나라를 완전히 점령하는 것도 충분하지 않다. 1807년에 프로이센에서 그러했는데, 이때 러시아의 구원 부대에 대한 공격은 아일라우에서[7] 확실한 승리를 얻지 못한 상태로는 승패를 결정할 만큼 충분하지 않았다. 그리고 프리트란트에서도[8] 그 1년 전에 있었던 아우스터리츠의 승리와 같은 확실한 승리를 얻어야 했다.

---

3. 나폴레옹은 1805년 11월 13일에 비인에 입성했다.
4. 러시아의 황제 알렉산드르 1세는 동맹군의 최고 지휘관으로서 나폴레옹과 치르는 전투에서 전승자의 명예를 얻으려는 허영심 때문에 카알 대공의 협력이나 프로이센의 참전을 기다리지 않고 모라비아의 비샤우(Wischau)로 전진했다.
5. 아우스터리츠 전투 후에 프랑스와 오스트리아는 보헤미아의 프레스부르크에서 평화 조약을 맺었다(1805년 12월 26일). 프레스부르크(Pressburg)는 현재 슬로바키아의 브라티슬라바(Bratislava).
6. 린츠(Linz), 오스트리아 북부의 도시. 도나우 강에 걸쳐 있다. 비인에서 서쪽으로 약 175킬로미터 떨어져 있다.
7. 아일라우(Eylau), 동프로이센의 도시. 현재 러시아의 바그라티오노브스크(Bagrationovsk)로 칼리닌그라드 주 남부에 있고, 칼리닌그라드에서 남쪽으로 약 37킬로미터에 있다. '프로이센의 아일라우'라고도 한다. 이곳에서 프랑스 군대와 오스트리아-러시아의 동맹 군대 사이에 전투가 있었다(1807년 2월 8일).
8. 프리트란트 전투(1807년 6월 14일) 후에 동프로이센의 틸지트(Tilsit)에서 평화 조약이 체결되었다(1807년 7월 7~9일).

이런 예를 보아도 전쟁의 성과는 일반적인 원인으로 결정되지 않는다는 것을 알 수 있다. 그 자리에 있었던 사람이 아니면 알 수 없는 독특한 원인, 결코 언급되지 않는 많은 정신적인 원인, 역사에 일화로만 전해지는 매우 작은 특징과 우연도 때로 결정적인 영향을 미치기 때문이다. 이론이 이런 경우에 할 수 있는 말은 다음과 같다. 즉 전쟁을 하는 양쪽 나라의 지배적인 정치 상황을 주의 깊게 살펴보는 것이 중요하다. 이 상황으로부터 일종의 중심, 즉 힘과 이동의 중심이 만들어질 것이고, 모든 것은 이 중심에 달려 있다. 또한 모든 전투력의 총공격도 적의 중심을 향해야 한다.

언제나 작은 것은 큰 것에 달려 있고, 중요하지 않은 것은 중요한 것에 달려 있고, 우연적인 것은 본질적인 것에 달려 있다. 이것이 우리의 눈길을 이끌어야 한다.

알렉산드로스 대왕, 구스타브 아돌프, 카알 12세, 프리드리히 대왕은 군대에 중심을 두었고, 그들의 군대를 파괴하면 그들의 역할도 끝났다. 내부의 당파들 때문에 분열되어 있는 나라에는 중심이 대부분 수도에 있다. 강대국에 의존하는 작은 나라의 경우에는 중심이 동맹국의 군대에 있다. 동맹 관계의 경우에는 중심이 이해 관계를 통일하는데 있다. 인민 무장 투쟁의 경우에는 중심이 지도자의 인격과 여론에 있다. 공격은 이 중심을 향해야 한다. 적이 이 공격에 의해 균형을 잃게 되면 적에게 균형을 회복할 시간을 주어서는 안 된다. 공격은 늘 그 방향으로 계속되어야 한다. 달리 말해 승리자는 늘 적의 군대 전체를 향해야 하고, 승리자의 군대 전체는 적의 군대 일부를 향해서는 안 된다. 편안한 휴식과 우세한 병력으로 적의 어느 지방을 점령하고 이 작은 점령지를 확실하게 소유하게 된 것을 큰 성과라고 좋아하지 않는다면, 늘 적의 병력의 핵심을 찾고 전체의 승리를 얻을 생각으로 모든 병력을 투입한다면, 적을 정말로 쓰러뜨리게 될 것이다.

아군의 활동이 목표로 삼아야 하는 적의 중요한 상황이 무엇이든지 상관없이 적의 전투력을 제압하고 파괴하는 것이 제일 확실한 출발점이고 모든 경우에 매우 중요한 일이다.

그래서 많은 경험에 따르면 다음과 같은 상황이 적을 쓰러뜨리는데 특히 중요한 역할을 한다고 생각한다.

1. 적의 군대에 중심이 있을 때는 그 군대를 파괴하는 것.

2. 적의 수도가 국가 권력의 중심일 뿐만 아니라 정치 단체와 정당 등의 소재지일 때는 수도를 점령하는 것.

3. 적의 제일 중요한 동맹국이 적보다 중요할 때는 그 동맹국을 효과적으로 공격하는 것.

지금까지는 전쟁에서 만나는 적을 늘 하나의 단위라고 생각했는데, 이것은 매우 일반적인 상황에서는 인정할 수 있었다. 하지만 적을 쓰러뜨리는 것이 중심에 집결되어 있는 적의 저항을 무너뜨리는 것이라고 말한 다음에는 그 전제에서 벗어나야 하고, 하나 이상의 적과 상대해야 하는 경우를 구분해야 한다.

두 나라 또는 여러 나라가 동맹을 맺은 상태에서 제3의 어느 한 나라에 대항할 때에도 이것은 정치적으로 보면 단지 하나의 전쟁에 지나지 않는다. 하지만 정치적인 통일성도 여러 가지 단계를 갖는다.

이때 문제는 모든 나라가 독자적인 이해 관계를 갖고 그것을 이룰 수 있는 독자적인 힘을 갖고 있는지, 아니면 많은 나라의 이해 관계와 힘이 그중의 어느 한 나라의 이해 관계와 힘에만 의존하고 있는지 하는 것이다. 후자의 경우를 많이 만날수록 여러 나라로 이루어진 적이 아군에게 단 하나의 적으로 간주되는 경우는 그만큼 많아지고, 아군은 중요한 행동을 하나의 중요한 공격에 그만큼 일찍 집중할 수 있게 된다. 그렇게 할 수 있는 한 그것은 승리를 얻는 결정적인 수단이 된다.

그래서 원칙을 만들게 된다. 그것은 어느 한 나라를 점령하는 것으로 다른 나라들도 점령할 수 있다면, 그 한 나라를 쓰러뜨리는 것이 전쟁의 목표이어야 한다는 것이다. 그 하나의 적에게 전체 전쟁에 공통되는 중심이 있기 때문이다.

이런 종류의 생각이 허용되지 않는 경우, 여러 개의 중심을 하나의 중심으로 환원하는 것이 현실성이 없는 경우는 별로 없다. 물론 그렇지 않은 경우에는 전쟁을 두 개의 전쟁이나 여러 개의 전쟁으로 간주하고, 각각의 전쟁이 독자적인 목표를 갖고 있다고 생각할 수밖에 없다. 이런 경우에 여러 나라의 적은 독자성을 갖고 있고, 그래서 그 모든 병력은 엄청나게 많다고 전제되어 있기 때문에 이런 전제에서 적을 쓰러뜨린다는 말은 전혀 할 수 없을 것이다.

이제 그런 목표는 언제 이룰 수 있고 언제 이룰 만한 것인지 하는 문제를 좀 더 분명하게 살펴보도록 한다.

먼저 아군의 전투력은

1. 적의 전투력에게 결정적인 승리를 얻을 수 있을 만큼 충분해야 한다.

2. 적이 더 이상 균형의 회복을 생각할 수 없을 정도의 승리를 얻는데 필요한 전투력을 소모할 수 있을 만큼 충분해야 한다.

그다음으로 아군의 정치적인 상황이 안정되어 있어야 한다. 즉 그 승리에 의해 새로운 적을 만들지 않도록 해야 한다. 그렇지 않으면 새로운 적은 아군이 첫 번째 적과 치르는 전쟁을 그만두도록 아군에게 즉시 강요할 수 있다.

프랑스는 1806년에 프로이센을 완전히 쓰러뜨릴 수 있었다.[9] 이 때문에 러시아의 모든 군사력을 불러들이게 되었다고 해도 프랑스는 프로이센에서 러시아를 막을 수 있었다.[10]

프랑스는 1808년에 스페인에서 영국에 대항하여 이와 같이 할 수 있었지만,[11] 오스트리아에 대해서는 그렇게 할 수 없었다.[12] 프랑스는 스페인에 많은 병력을 투입했기 때문에[13] 1809년에는 상당히 약한 상태에 있었다. 프랑스가

---

9. 이는 예나와 아우어슈테트 전투(1806년 10월 14일)에서 프로이센 군대의 참패를 가리킨다.

10. 지원 병력으로 오고 있던 러시아 군대는 프로이센의 참패 소식을 듣고 비스와 강 오른편에서 멈추었지만, 프랑스 군대는 러시아 군대를 물리쳤다.

11. 나폴레옹은 1808년 11월에 직접 스페인으로 원정을 하여 스페인 군대의 저항을 무찌르고 12월 4일에 마드리드를 점령하고 영국 군대를 스페인에서 몰아냈다.

12. 오스트리아는 나폴레옹이 스페인에 간 것을 기회로 삼아 1809년 4월 9일에 프랑스에 선전포고를 하였다. 아스페른 전투(1809년 5월 21~22일)에서는 오스트리아 군대가 승리하고, 바그람 전투(1809년 7월 5~6일)에서는 프랑스 군대가 승리했다.

오스트리아에 대해 물리적으로나 정신적으로 크게 우세하지 않았다면, 프랑스는 스페인을 완전히 포기해야 했을 것이다.

그래서 우리는 3심 제도에 대해 깊이 생각해야 한다. 1심과 2심에서 이겨도 마지막 3심에서 지면 재판 비용을 모두 부담해야 한다.

힘과 힘으로 이룰 수 있는 것을 고려할 때 때로 다음과 같이 생각하게 된다. 즉 역학의 유추에 따라 시간을 힘의 구성 요소라고 간주할 수 있고, 그래서 일정한 힘으로 1년에 할 수 있는 것을 2년에 끝내는 데는 절반의 노력, 절반의 힘의 합계로 충분할 것이다. 이런 생각이 어느 때는 분명하게, 어느 때는 흐릿하게 전쟁 계획의 바탕을 이루고 있다. 하지만 그것은 완전히 잘못된 생각이다.

전쟁 행동은 이 세상의 모든 일처럼 시간을 필요로 한다. 빌나에서 모스크바까지 사람의 걸음으로 8일 만에 갈 수 없는 것은 분명하다.[14] 역학에서는 시간과 힘의 상호 작용이 일정하게 진행되지만, 사람의 경우에는 시간이 지나면서 힘이 빠지기 때문에 그런 상호 작용은 흔적도 볼 수 없다.

시간은 전쟁을 수행하는 양쪽 모두에게 필요하다. 단지 문제는 양쪽 중의 어느 쪽이 현재의 입장에서 시간으로부터 제일 먼저 **특별한 유리함**을 예상할 수 있는지 하는 것이다. 그것은 이런저런 경우의 독특함을 상쇄하고 나면 분명히 패배하는 쪽이다. 물론 역학의 법칙이 아니라 심리학의 법칙에 따를 때 그러하다. 시기, 질투, 불안, 때로 아량도 패배자의 자연스러운 대변자가 된다. 그런 것은 한편으로 패배자의 동맹국을 자극할 것이고, 다른 한편으로 승리자의 동맹국으로 하여금 약해지고 분열되도록 만들 것이다. 그래서 시간이 지나면 점령을 한 쪽보다 점령을 당한 쪽이 약간 더 유리해질 것이다. 더욱이 첫 번째 승리를 이용하는 것은 다른 곳에서 보여 준 것처럼 많은 병력의 소모를 필요로 한다는 것도 생각해야 한다. 이런 소모는 한 번으로 끝나는 것이

---

13. 나폴레옹은 오스트리아의 전쟁 준비 상황을 알고 있었기 때문에 스페인에서 파리로 돌아갔다. 하지만 나폴레옹은 그때 약 240,000명의 병력을 스페인에 남겨 두지 않을 수 없었다.

14. 빌나에서 모스크바까지의 거리는 약 860킬로미터이다.

아니라 (호화로운 생활을 유지하고 있는 집안처럼) 한없이 계속될 것이다. 적의 여러 지방을 점령하여 병력을 보충한다고 해도 이것이 반드시 병력의 초과 지출을 메울 만큼 충분한 것은 아니다. 식량을 얻는 노력은 점차로 힘들어지고 결국 불충분해질 수 있다. 그래서 시간은 자연스럽게 상황의 급격한 변화를 불러올 수 있다.

보나파르트는 1812년에 러시아와 폴란드에서 많은 돈과 물자를 징발했지만, 그것으로 모스크바를 점령하려고 모스크바에 보내야 하는 10만 명의 병력에게 식량을 조달할 수 있었을까?

점령한 지방이 매우 중요하다면, 그 지방에 아직 점령되지 않은 지방에 대해 중요한 영향을 미치는 지점이 있다면, 그래서 점령의 불행이 점령을 당한 나라에게 암처럼 스스로 계속 퍼져 나간다면, 점령자에게는 이런 상황에서 아무런 일이 일어나지 않는다고 해도 손실보다 이익이 더 많을 수 있다. 점령을 당한 나라에게 외부로부터 도움이 오지 않으면, 이미 시작된 활동은 시간이 지나면서 완성될 것이다. 아직 점령되지 않은 지역은 아마 저절로 무너질 것이다. 그래서 시간은 점령한 자의 힘에도 중요한 요소가 될 수 있다. 하지만 이것은 패배한 쪽이 더 이상 반격을 할 수 없고 더 이상 형세의 역전을 생각할 수 없고, 그래서 패배자의 힘의 요소인 시간이 점령한 자에게 더 이상 아무런 의미를 갖지 못하는 경우에만 그러하다. 점령자는 중요한 임무를 수행했고 정점의 위험은 지나갔기 때문이다. 달리 말하면 적은 이미 쓰러졌다.

이상의 고찰을 통해 분명히 하려고 하는 것은 점령은 되도록 신속하게 완성해야 한다는 것, 점령 행동을 완성하는데 많은 시간을 들이는 것은 절대로 필요하지만, 이는 점령을 쉽게 만드는 것이 아니라 어렵게 만든다는 것이다. 이 주장이 옳다면 다음의 주장도 옳다. 즉 대체로 어느 지역에 대한 점령을 완수할 만큼 충분히 많은 병력이 있다면 그 지역을 중간 단계 없이 단숨에 점령해야 한다. 여기에서 병력을 모으고 이런저런 조치를 내리는데 필요한 약간의 휴식은 당연히 문제 삼지 않는다.

우리의 견해에 따르면, 공격 전쟁에서는 신속하고 끊임없는 결전의 성격이 중요하다. 우리는 이 견해를 통해 이른바 방법론적인 느린 점령이 단숨에 전진하는 점령보다 좀 더 확실하고 신중하다고 말하면서 이 두 점령을 대비하는 의견을 그 근원에서 송두리째 뒤집었다고 생각한다. 하지만 우리의 주장은 아마 자발적으로 우리의 주장을 따르는 사람들에게도 매우 역설적인 주장이라는 인상을 주고, 언뜻 보면 크게 모순되는 것처럼 보이고, 오래되고 뿌리 깊은 편견으로서 많은 책에 수없이 되풀이되어 있는 견해를 공격하고 있다. 그래서 우리의 주장이 모순처럼 보이는 표면상의 이유를 좀 더 자세히 살펴보는 것이 좋을 것이라고 생각한다.

확실히 가까운 목표에 도달하는 것은 먼 목표에 도달하는 것보다 쉽다. 하지만 가까운 목표가 우리의 의도에 맞지 않아서 먼 목표를 선택했지만, 휴식의 시기를 갖는 것이 먼 목표에 이르는 나머지 절반의 길을 더 쉽게 지날수 있도록 한다는 결론이 나오는 것은 아니다. 작은 도약은 큰 도약보다 쉽다. 하지만 그렇다고 폭이 넓은 도랑을 뛰어넘으려고 하는데, 먼저 절반만 뛰고 그다음에 나머지 절반을 뛰려고 하는 사람은 아무도 없을 것이다.

이른바 방법론적인 공격 전쟁 개념의 바탕을 이루고 있는 것을 좀 더 자세히 살펴보면 그것은 보통 다음과 같은 것이다.

1. 공격자가 전진하는 도중에 있는 적의 요새를 점령하는 것.
2. 필요한 보급품을 쌓아 두는 것.
3. 창고, 다리, 진지 등으로 쓰이는 중요한 지점에 보루를 쌓는 것.
4. 겨울과 휴식을 하는 사영에서 병사들이 휴식을 하도록 하는 것.
5. 다음 해의 증원 병력을 기다리는 것.

이 모든 목적을 이루려고 공격을 하는 도중에 공격을 정식으로 중단하고 이동을 멈추면, 사람들은 새로운 기지와 병력을 얻는다고 생각한다. 즉 군대가 전진하면 자기 나라가 군대를 따라가고, 군대가 새로운 원정을 할 때마다 새로운 활력을 얻는다고 생각한다.

이 모든 감탄스러운 목적은 공격 전쟁을 좀 더 편하게 만들겠지만 공격 전쟁의 결과를 더 확실하게 만드는 것은 아니다. 그것은 대부분 최고 지휘관의 감성이나 정부의 우유부단함을 얼마쯤 감추려고 표면상으로 붙인 이름에 지나지 않는다. 이제 이 표면상의 이유를 역순으로 살펴보도록 한다.

1. 새로운 병력을 기다리는 것은 양쪽 군대에게 똑같이 좋은 일이지만 아마 방어자에게 더 좋은 일이라고 할 수 있다. 더욱이 문제의 본질상 어느 나라든지 2년 동안에 배치하는 병력과 거의 같은 규모의 병력을 1년 동안에 배치할 수 있다. 2년째 되는 해에 정말로 늘릴 수 있는 병력은 전체 병력에 비하면 얼마 되지 않기 때문이다.

2. 아군이 휴식을 하면 이와 동시에 적도 휴식을 한다.

3. 도시에 요새를 짓고 진지에 보루를 쌓는 일은 군대의 일이 아니고, 그래서 전진을 멈추게 하는 이유가 되지 않는다.

4. 군대는 오늘날 스스로 식량을 조달하고 있기 때문에 창고는 전진하고 있을 때보다 주둔하고 있을 때 더 많이 필요하다. 전진이 순조롭게 이루어지고 있는 동안에는 언제나 적의 창고를 점령할 수 있고, 이 창고는 식량을 조달할 수 없는 지역에서 도움이 된다.

5. 적의 요새를 점령하는 것은 공격의 중단으로 간주할 수 없다. 그것은 강력한 전진이다. 그래서 점령 때문에 생겨난 외견상의 정지 상태는 본래 여기에서 문제로 삼고 있는 경우에 해당하지 않고, 힘을 억제하는 것도 아니고 줄이는 것도 아니다. 하지만 어느 요새를 정말로 포위하는 것, 단지 봉쇄만 하는 것, 심지어 단지 감시만 하는 것 중에 어느 것이 목적에 제일 적합한지는 그때그때의 특별한 상황에 의해 비로소 결정될 수 있는 문제이다. 이 질문에 대답할 때는 다른 질문에 대해서도 결정을 내려야 한다는 것만 말할 수 있다. 즉 요새를 단지 봉쇄만 하고 계속 전진하면 지나치게 큰 위험에 빠지는 것은 아닌지 하는 질문이다. 그렇지 않은 경우에는, 즉 병력을 넓게 배치할 공간이 있는 경우에는 모든 공격 활동의 마지막까지 요새에 대한 정식의 포위를 보류하는 것이 낫다. 그래서 요새를 점령하여 재빨리 확보한다는 생각에 사로잡혀서는 안 되고, 이 때문에 더 중요한 일을 소홀히 해서는 안 된다.

물론 계속 전진하면 이미 획득한 것이 곧바로 다시 위험에 빠지는 것은 아닌지 하는 생각이 들 수 있다. 하지만 공격 전쟁에서는 어떠한 중단, 휴식, 멈춤도 자연스럽지 않다고 생각한다. 그것이 불가피한 경우에도 그것은 성과를 확실하게 만드는 것이 아니라 불확실하게 만드는 필요악이라고 보아야 한다. 더욱이 일반적인 진실을 엄격하게 따르려고 한다면, 병력의 약화로 말미암아 휴식을 하지 않을 수 없을 때는 대개 목표를 향한 두 번째의 도전은 없다. 두 번째의 도전을 할 수 있다면 휴식이 필요하지 않았던 것이다. 어느 병력에게 처음부터 너무 멀리 있는 목표는 결국 언제나 너무 멀리 있는 목표로 남을 것이다.

일반적인 진실은 이와 같다. 우리는 이 진실을 통해 시간이 그 자체로 공격자에게 매우 유리하게 작용할 것이라는 생각을 걷어내려고 했을 뿐이다. 하지만 정치적인 관계는 해마다 달라질 수 있기 때문에 단지 이것만으로도 일반적인 진실에서 벗어나는 경우는 자주 나타날 것이다.

아마 우리가 일반적인 관점을 잃고 공격 전쟁만 염두에 두고 있는 것처럼 보일 수도 있다. 하지만 전혀 그렇지 않다. 확실히 적을 완전히 쓰러뜨리는 것을 목표로 삼을 수 있는 쪽이 소유한 것의 유지만을 직접적인 목표로 삼는 방어로 금방 도망치지는 않을 것이다. 일체의 적극적인 원리가 없는 방어는 전략에서든 전술에서든 내부적인 모순이라는 선언을 절대로 고수해야 한다. 모든 방어는 방어의 유리함을 누리자마자 힘닿는 대로 공격으로 넘어가려고 할 것이라는 점을 늘 되풀이해서 지적하지 않을 수 없다. 그래서 방어의 본래 목표라고 간주할 수 있는 이 공격이 지향할 수 있는 목표는 크든 작든 아마도 적을 쓰러뜨리는 것이라고 해야 한다. 또한 공격자가 매우 큰 목표를 품고 있는데도 처음에 방어 형태를 쓰는 것을 선호한 경우도 있을 수 있다는 것을 말해야 한다. 이런 생각이 현실성이 없지 않다는 것은 1812년의 원정으로 쉽게 증명할 수 있다. 알렉산드르 황제는 아마 자신이 한 전쟁에서 적을 완전히 무너뜨리려고 생각하지 않았을 것이다. 하지만 그것은 나중에 현실로 드러났다. 그런데 그런 생각이 불가능한 것이었을까? 그리고 그때에는 러시아 군대가 방어 형태로 전쟁을 시작한 것이 매우 자연스러운 일이 아니었을까?

제5장

계속. 제한된 목표

앞 장에서 말한 것처럼 적을 쓰러뜨리는 것이 전쟁 행동에서 본래의 절대적인 목표이다. 이제 그 목표를 이룰 수 있는 조건이 충족되지 않는 경우에는 무엇을 해야 하는지 살펴보도록 한다.

그와 같은 조건은 물리적으로나 정신적으로 크게 우세하다는 것, 혹은 적극적인 도전 정신을 갖고 있다는 것, 큰 모험적인 성향이 있다는 것을 전제로 한다. 이 모든 것이 없는 경우에 전쟁 행동의 목표는 다음의 두 가지 종류일 수밖에 없다. 즉 적의 영토에 있는 어느 작은 부분이나 적당한 부분을 점령하든지, 아니면 더 좋은 순간이 올 때까지 자기 나라의 영토를 유지하고 있는 것이다. 후자는 방어 전쟁에서 흔히 볼 수 있다.

이 두 가지 종류 중에 어느 것이 적절한지에 대해서는 후자의 경우에 쓴 표현을 생각하면 좋을 것이다. 더 좋은 순간이 올 때까지 기다린다는 것은 아군이 앞으로 그런 순간을 예상할 수 있어야 한다는 것을 전제로 한다. 그래서 기다린다는 것, 즉 방어 전쟁은 늘 그런 전망의 자극을 받아 수행된다. 이와 반대로 공격 전쟁은 현재의 순간을 이용하는 것인데, 이는 앞으로의 전망이 아군이 아니라 적에게 더 좋을 때 하게 된다.

아마 제3의 경우를 제일 흔하게 볼 수 있을 텐데, 이 경우는 양쪽이 장래에 확실한 결과를 예상할 수도 없고, 그래서 앞으로 행동에 나설 자극을 받을 수도 없는 경우라고 할 수 있을 것이다. 이런 경우에는 분명히 정치적으로 공격하는 입장에 있는 쪽, 그래서 적극적인 동기를 갖고 있는 쪽이 공격 전쟁을 하게 된다. 공격하는 쪽은 이 목적을 이루려고 무장한 것이고, 충분한 이유 없이 잃는 모든 시간은 **공격하는 쪽**에게 손실이 되기 때문이다.

　이상으로 공격 전쟁을 하는지 방어 전쟁을 하는지 하는 이유를 분명히 했다. 하지만 그 이유는 양쪽의 병력의 비율과 아무런 상관이 없다. 그럼에도 이것을 주로 병력의 비율에 따라 결정하는 것이 훨씬 자연스럽게 보일 수 있을 것이다. 하지만 그러면 올바른 길에서 벗어나게 될 것이라고 생각한다. 우리의 단순한 결론이 논리적으로 옳다는 것에 대해서는 아무도 부정하지 않을 것이다. 이제 그 결론이 구체적인 경우에도 불합리함으로(ad absurdum) 이끄는지 아닌지 보도록 한다.

　어느 작은 나라를 예로 들어 생각할 수 있는데, 그 나라는 (매우 우세한 병력을 갖고 있는) 다른 나라와 갈등에 빠져 있고, 그 나라의 상황은 해마다 나빠질 것이라고 예상된다. 그 나라가 전쟁을 피할 수 없다면, 그 나라의 상황이 아직 덜 나쁜 때를 이용해야 하지 않을까? 즉 그 나라는 공격을 해야 한다. 공격이 그 자체로 그 나라에게 유리함을 보장하기 때문이 아니다. 공격 때문에 양쪽 병력의 불균형이 오히려 더 벌어질 수도 있다. 공격을 하는 것은 더 나쁜 때를 만나기 전에 그 문제에 대해 완전한 결말을 내든지, 아니면 적어도 일시적인 유리함을 얻고 그 후에 얼마 동안 그것을 이용하는 것이 필요하기 때문이다. 이 이론이 불합리하다고 할 수 없다. 다만 적이 작은 나라로 전진할 것이 완전히 확실한 경우에 작은 나라는 적에 대해 방어를 하면서 첫 번째 성과를 얻을 수 있다. 그러면 그 나라는 때를 놓칠 위험에 빠지지 않을 것이다.

　더욱이 어느 작은 나라가 큰 나라와 전쟁을 치르고 있고, 앞으로 어느 쪽이 승리하게 될지 알 수 없는 경우를 생각할 수 있다. 이런 경우에 작은 나라의 입장이 정치적으로 공격하는 쪽이라면, 우리는 그 나라에게 목표를 향해 전진하도록 요구할 수도 있다.

작은 나라에게 자기 나라보다 강한 나라에 대해 적극적인 목적을 내세우는 대담함이 있다면, 작은 나라도 행동에 나서야 한다. 즉 적이 그 나라를 공격하면 그 나라도 적을 공격해야 한다. 이때 기다리는 것은 어리석음이 될 것이다. 그 나라는 전쟁을 수행하는 순간에 정치적인 결단을 바꾸어야 할지 모른다. 이런 경우는 흔히 있는 일이고, 이로 말미암아 전쟁의 성격이 모호해지는 경우도 적지 않다. 이때 이론은 무엇을 해야 하는지 알지 못하게 된다.

제한된 목표에 관한 이 고찰이 우리를 그런 목표를 갖는 공격 전쟁과 방어 전쟁으로 이끌었다. 이 둘은 다른 장에서 살펴볼 것이다. 하지만 그전에 다른 측면으로 논의의 방향을 바꾸어야 한다.

우리는 전쟁 목표의 제한을 지금까지 단지 전쟁의 내부적인 이유에서만 끌어냈다. 정치적인 의도의 성질에 대해서는 그것이 적극적인 것을 지향하는지 그렇지 않은지 하는 것만 살펴보았다. 정치적인 의도에서 이것 이외에 다른 모든 것은 근본적으로 전쟁 자체와 상관없는 것이다. 하지만 우리가 제1편 제2장에서 (전쟁의 목적과 수단) 이미 인정한 것처럼 정치적인 목적의 본질, 아군과 적군의 요구의 수준, 자기 나라의 모든 정치적인 상황은 전쟁을 수행하는데 실제로 결정적인 영향을 미친다. 그래서 다음 장에서는 특히 이 문제를 다루려고 한다.

전쟁의 목표에 미치는 정치적인 목적의 영향

다른 나라의 문제에 도움을 주는 나라들이 그 문제를 자기 나라의 문제처럼 진지하게 받아들일 것이라고는 아무도 생각하지 않을 것이다. 그 나라들은 대개 적당한 지원 병력만 보낸다. 그 병력에게 운이 따르지 않는 경우에도 그 문제는 어느 정도 일단락된 것으로 간주한다. 그리고 희생을 되도록 덜 치르고 그 문제에서 빠져나오려고 한다.

유럽의 정치에서는 많은 나라들이 공격 동맹과 방어 동맹을 맺고 상호 협력을 약속하는 것이 관례적인 일이다. 하지만 이것이 어느 나라의 적대 관계나 이해 관계가 곧바로 그 나라와 동맹을 맺고 있는 다른 나라의 적대 관계나 이해 관계와 같아야 한다는 것을 뜻하지는 않는다. 동맹은 그 나라가 전쟁의 대상과 적의 노력을 고려하지 않고 보통 얼마 안 되는 일정한 병력을 보내는 약속으로 이루어진다. 동맹 관계의 전쟁 행동에서는 동맹국이 적과 본래의 전쟁을 하는 것이라고 생각하지 않는데, 본래의 전쟁은 반드시 선전 포고로 시작되고 평화 조약으로 끝나야 할 것이다. 하지만 동맹의 개념이 어디에도 명확하게 설명되어 있지 않고, 그 개념을 쓰는 방식도 때에 따라 다르다.

미리 약속한 지원 병력 10,000명, 20,000명, 30,000명을 전쟁 중에 있는 나라에게 완전히 맡겨 두고 그 병력을 그 나라의 필요에 따라 쓸 수 있게 하면, 이것은 전쟁에 내부적으로 관련되는 종류의 문제이고 전쟁 이론을 별로 어려움에 빠뜨리지 않을 것이다. 그러면 그 병력은 임대한 군대처럼 생각할 수 있을 것이다. 하지만 빌린다는 것과 쓴다는 것은 완전히 다른 것이다. 보통 지원 병력에는 독자적인 최고 지휘관이 있고, 그 최고 지휘관은 자기의 왕실에만 복종한다. 이 왕실이 정하는 목표도 어떻게 하면 그 목표를 어중간한 의도와 제일 잘 어울리게 하느냐는 것이다.

동맹을 맺은 두 나라가 제3의 나라에 대해 정말로 전쟁을 수행하는 경우에도 그것이 반드시 아군이 이 제3의 나라를 자기 나라의 적으로 보아야 하고 파괴해야 한다는 것을 뜻하지는 않는다. 그러면 적도 우리 나라를 파괴하지 않을 것이다. 이런 문제는 때로 상거래처럼 해결된다. 이 거래에서는 각자 견뎌내야 하는 위험의 비율과 예상되는 수익에 따라 30,000명에서 40,000명의 주식을 투자하고, 이것 외에는 더 이상 손실을 볼 수 없는 것처럼 행동한다.

이런 관점은 어느 나라가 상당히 낯선 상황에서 다른 나라에게 도움을 줄 때뿐만 아니라 두 나라가 공통의 중요한 이해 관계를 갖고 있을 때도 나타난다. 이런 관점은 외교적인 고려 없이는 이루어질 수 없다. 외교적인 협상을 하는 사람들도 늘 소규모의 제한된 협력을 하는 데만 동의하고, 나머지 병력은 특별한 이유에 따라 쓰도록 협의한다. 이 특별한 이유는 아마 정치적인 상황에 의해 결정될 것이다.

이런 식으로 동맹 전쟁을 바라보는 것이 매우 일반적인 관점이었다. 그런데 극히 최근에 무제한의 위험이 사람들을 보나파르트에게 대항하는 자연스러운 수단으로 몰아넣었고, 무제한의 폭력이 사람들을 보나파르트와 같은 자연스러운 수단을 쓰게 했다. 일반적인 관점은 불완전한 비정상이 되었다. 전쟁과 평화는 본질적으로 정도의 차이로 말할 수 없는 개념이기 때문이다. 그럼에도 이 비정상은 이성이 무시할 수 있는 단순한 외교적인 관례가 아니라 인간의 타고난 우매함과 연약함에 깊이 뿌리박고 있다.

마지막으로 자기 나라의 전쟁에서도 정치적인 동기는 전쟁을 수행하는데 강력한 영향을 미친다.

적에게 약간의 희생만 요구하는 경우에는 전쟁으로 약간의 보상을 얻는 것에도 만족하게 되고, 적당한 노력으로 그것을 얻을 수 있다고 생각한다. 적도 대략 이와 같은 결론을 내린다. 이제 둘 중에 한쪽이 계산을 잘못하여 예상한 만큼 적보다 우세한 것이 아니라 열세하다는 것을 알게 되면, 그 순간에는 보통 돈도 떨어지고 다른 모든 수단도 부족해지고 더 큰 힘을 내는데 필요한 충분한 정신적인 자극도 사라진다. 그래서 그 나라는 되도록 이런 상태에서 벗어나려고 하고, 희망을 품을 일이 전혀 없어도 앞으로 유리한 상황이 일어날 것이라는 희망을 품는다. 그러는 동안에 전쟁은 허약한 사람처럼 힘없이 질질 끌면서 장기화된다.

그러면 전쟁에서 상대를 압도하려는 상호 작용이나 끊임없는 폭력성은 그렇게 할 만한 동기를 잃고 침체에 빠진다. 양쪽은 크게 축소된 범위에서 약간 안전하게 움직인다.

우리는 전쟁에 미치는 정치적인 목적의 영향을 인정해야 하는데, 이것을 한 번 인정하고 나면 그 영향의 한계는 더 이상 존재하지 않는다. 이제는 단지 **적을 위협하고 협상을 유리하게** 하려는 전쟁에서도 그 영향이 미친다는 것을 인정해야 한다.

전쟁의 이론이 철학적인 고찰이 되려고 할 때, 그리고 언제까지나 철학적인 고찰로 남으려고 할 때 여기에서 당혹스러운 상태에 빠지는 것은 분명하다. 전쟁의 개념에 들어 있는 일체의 필연적인 것이 철학적인 고찰 앞에서 도망치는 것처럼 보이고, 이론은 모든 토대를 잃을 위험에 빠진다. 하지만 곧 자연스러운 해결책도 보인다. 전쟁 행동에 온건주의적인 원리가 늘어날수록, 또는 오히려 행동을 하려는 동기가 약해질수록, 행동은 그만큼 고통스러운 것이 되고 그만큼 덜 일어나고 지도적인 원칙을 그만큼 덜 필요로 하게 된다. 모든 전쟁술은 단순한 신중함으로 변한다. 이 신중함은 불안정한 균형이 갑자기 아군에게 불리한 모습으로 변하지 않도록 하는데, 절반의 전쟁이 완전한 전쟁이 되지 않도록 하는데 특히 많은 준비를 하게 된다.

제6장 B.

전쟁은 정치의 수단이다

전쟁의 본질은 하나하나의 인간과 사회의 다른 이해 관계와 갈등에 빠져 있다. 우리는 지금까지 이 갈등에서 한 번은 이쪽을 돌아보아야 했고, 한 번은 다른 쪽을 돌아보아야 했다. 이 대립되는 요소 중에 어느 것도 소홀히 하지 않으려고 했기 때문이다. 이 갈등은 인간 자체에 뿌리박고 있고 철학적인 지성으로도 해결할 수 없는 갈등이다. 그래서 이제 현실에서 모순되는 이 요소가 부분적으로 상쇄되면서 결합될 수 있는 통일성을 찾아보려고 한다. 이 모순을 매우 분명하게 강조하는 것과 여러 가지 요소를 분리해서 살펴보는 것이 필요하지 않았다면, 우리는 이 통일성을 처음부터 언급했을 것이다. 그 통일성이란 전쟁은 정치적인 교섭의 일부분에 지나지 않고, 그래서 결코 독립적인 것이 아니라는 개념이다.

우리는 분명히 전쟁이 여러 나라의 정부와 인민의 정치적인 교섭에 의해서만 일어난다는 것을 알고 있다. 하지만 사람들은 보통 이 문제를 다음과 같이 생각하고 있다. 즉 전쟁이 일어나면 정치적인 교섭은 끝나고, 완전히 다른 상황이 일어나고, 그 상황은 그 자체의 법칙에만 따른다는 것이다.

이와 반대로 우리는 다음과 같이 주장한다. 즉 전쟁은 다른 수단의 개입으로 정치적인 교섭을 계속하는 것에 지나지 않는다. 다른 수단이 개입한다고 말했는데, 이것은 동시에 다음과 같은 것을 뜻한다. 첫째로 정치적인 교섭은 전쟁 자체 때문에 끝나지도 않고, 완전히 다른 것으로 변하지도 않고, 정치적인 교섭에 쓰이는 수단이 어떤 형태를 띤다고 해도 정치적인 교섭은 본질상 계속된다. 둘째로 전쟁에서 일어나는 사건을 잇고 묶는 중요한 선은 전쟁을 지나서 평화 조약을 맺을 때까지 계속 이어지는 정치적인 교섭의 중요한 특징에 지나지 않는다. 이것을 어떻게 달리 생각할 수 있을 것인가? 선전을 포고하는 외교 문서 때문에 여러 나라의 인민과 정부의 정치적인 관계가 단절되는가? 전쟁은 단지 여러 나라의 인민과 정부의 생각을 쓰고 말하는 다른 방식에 불과한 것이 아닐까? 분명히 전쟁에는 전쟁 자체의 문법은 있지만, 전쟁 자체의 논리는 없다.

이 주장에 따르면 전쟁은 정치적인 교섭으로부터 결코 분리될 수 없다. 전쟁을 살펴볼 때 이런 일이 한 번이라도 일어난다면, 이 둘의 관계를 잇는 실은 많든 적든 끊어지고, 의미 없고 목적 없는 어떤 것이 생겨난다.

이런 식의 생각은 전쟁에 오로지 전쟁만 있고 전쟁이 적대감을 완전히 무제한으로 드러내는 것이라고 해도 없어서는 안 될 것이다. 전쟁의 바탕에 놓여 있고 전쟁의 중요한 방향을 결정하는 모든 대상, 즉 아군의 군사력, 적의 군사력, 양쪽의 동맹국, 양쪽 나라의 인민과 정부의 성격 등이 (이런 것은 제1편 제1장에서 열거했는데) 정치적인 성격을 갖고 있지 않다는 말인가? 이 모든 대상이 모든 정치적인 교섭과 분리할 수 없을 만큼 긴밀한 관련을 맺고 있지 않다는 말인가? 이런 식의 생각은 이중의 의미에서 없어서는 안 된다. 한편으로 현실 전쟁은 개념상의 전쟁처럼 무제한적인 것을 목표로 삼아 철저하게 노력하는 것이 아니라 절반의 전쟁이고 자기 모순이라는 것을 생각할 때, 다른 한편으로 현실 전쟁은 그 자체로서 전쟁 자체의 법칙을 따를 수 없고 또 다른 전체의 일부라고 간주해야 한다는 것을 생각할 때 없어서는 안 된다. 그리고 이 전체는 정치이다.

정치는 전쟁을 수단으로 쓴다. 그래서 정치는 전쟁의 성질에서 나오는 모든 엄밀한 결론에서 벗어나고, 전쟁이 끝난 먼 장래에 일어날 수 있는 것에 대해 별로 묻지 않고, 단지 바로 다음에 일어나는 것의 개연성을 충실히 따른다. 이 때문에 모든 행동에 심한 불확실성이 생긴다. 그래서 전쟁이 일종의 도박이 되면, 모든 정부의 정치는 이 도박에서 노련함과 날카로운 통찰력으로 적보다 나을 것이라는 믿음을 갖는다.

그래서 정치는 모든 것을 제압하는 전쟁의 폭력성을 단순한 수단으로 만든다. 무섭고 날이 넓은 칼을 가볍고 다루기 편한 칼로 만든다. 전자는 양손과 온몸으로 들어 올려야 하고, 한 번 내리치고 나면 더 이상 들어 올릴 수 없고, 후자는 때로 길고 가느다란 칼이 된다. 이 칼로 정치는 상대를 찌르고 속이고 상대의 공격을 받아넘기는데[1] 번갈아 쓴다.

전쟁이 천성적으로 겁이 많은 인간을 모순에 빠뜨렸는데, 앞에 말한 것을 해결이라고 인정하려고 한다면 이제 이 모순은 해결되었다.

전쟁이 정치에 속한다면 전쟁은 정치의 성격을 받아들일 것이다. 정치가 더 대규모로 되고 더 강력해지면 전쟁도 그렇게 되고, 그것은 전쟁이 절대적인 형태에 이르는 수준까지 높아질 수 있다.

그래서 이런 식의 생각에서도 전쟁의 절대적인 형태를 무시할 필요는 없다. 오히려 끊임없이 그 모습을 배경에 어른거리도록 해야 한다.

이런 식의 생각을 통해서만 전쟁은 통일성을 되찾고, 이 통일성을 통해서만 모든 전쟁은 한 가지 종류의 문제로 간주될 수 있고, 전쟁을 한 가지 종류의 문제로 볼 때만 판단을 할 때 올바르고 정확한 입장과 관점을 갖게 되고, 이런 입장과 관점에서 대규모의 계획을 만들고 판단해야 한다.

물론 정치적인 요소가 전쟁의 하나하나의 부분에 깊이 관여하지는 않는다. 전초 기병을 배치하고 순찰대를 보내는 일을 정치적인 고려에 따라 하지는 않는다. 하지만 전체 전쟁, 원정, 때로 전투 자체에 대한 계획에서는 정치적인 요소의 영향이 그만큼 결정적인 역할을 맡게 된다.

---

1. 세 단어 모두 펜싱 용어이다. 이 중에 속이기(페인트, Finte, feint)는 공격하는 것처럼 해서 상대의 자세를 무너뜨리는 동작이고, 공격을 받아넘기기(퍼레이드, Parade, parade)는 공격을 하려고 들어오는 상대의 칼을 쳐내는 동작이다. '찌르고 속이고 공격을 받아넘기는' 것은 현실 전쟁의 여러 가지 모습을 비유적으로 표현한 것이다.

그래서 우리는 이 관점을 성급하게 처음부터 내세우지 않았다. 하나하나의 문제를 다룰 때 그 관점은 별로 소용이 없었을 것이고, 우리의 주의를 어느 정도 산만하게 했을 것이다. 하지만 전쟁 계획과 원정 계획에서는 그 관점이 없어서는 안 된다.

일반적으로 현실에서는 어떤 일을 파악하고 판단하는데 필요한 관점을 정확히 알아내는 것과 그 관점을 일관되게 유지하는 것보다 중요한 것은 없다. 그 하나의 관점에서만 수많은 현상을 통일성 있게 파악할 수 있고, 관점의 통일성만이 우리를 모순에서 안전하게 할 수 있기 때문이다.

그래서 전쟁 계획에서도 이중 삼중의 관점이 (이런 관점에 따르면 어느 문제를 이번에는 병사의 눈으로, 다음에는 행정 관리의 눈으로, 그다음에는 정치가의 눈으로 바라볼 수 있을 것인데) 허용되지 않는다면, 다른 모든 것은 반드시 정치를 따라야 하는 것이 아닌지 하는 질문이 생긴다.

이 경우에 정치는 정부의 모든 이해 관계, 인간의 존재에 관한 모든 이해 관계, 그 밖에 철학적인 지성이 화제로 삼을 수 있는 것도 통합하고 조정한다는 것이 전제되어 있다. 정치는 그 자체로는 아무것도 아니고, 다른 나라에 대해 이 모든 이해 관계를 주장하는 대변자에 지나지 않기 때문이다. 정치는 잘못된 방향을 잡을 수 있고, 특히 통치자들의 명예심, 개인적인 이해 관계, 허영심을 채우는데 쓰일 수 있지만, 그런 것은 여기에 속하는 문제가 아니다. 어떠한 경우에도 전쟁술을 정치의 스승으로 간주할 수 없고, 여기에서는 정치를 전체 사회의 모든 이해 관계의 대변자라고 볼 수밖에 없기 때문이다.

그래서 이제 전쟁 계획에서 정치적인 관점이 순전히 군사적인 관점에 (도대체 그런 것을 생각할 수 있다면) 굴복해야 하는지, 달리 말해 정치적인 관점이 완전히 사라지고 군사적인 관점에 종속되어야 하는지, 아니면 정치적인 관점이 지배적인 관점으로 남아 있고 군사적인 관점이 정치적인 관점에 종속되어야 하는지 하는 문제만 남는다.

정치적인 관점이 전쟁의 시작과 더불어 완전히 끝나야 한다는 것은 전쟁이 순전히 적대감 때문에 죽느냐 사느냐 하는 투쟁이 될 때만 생각할 수 있을 것이다. 전쟁의 현상은 앞에서 본 것처럼 정치 자체의 표현에 지나지 않는다. 정치적인 관점이 군사적인 관점에 종속되는 것은 모순이 될 것이다. 전쟁을 낳은 것은 정치이기 때문이다. 정치는 지성이고, 전쟁은 단순한 도구이다. 그 반대가 아니다. 그래서 군사적인 관점이 정치적인 관점에 종속될 수밖에 없다.

현실 전쟁의 성격을 생각하고 이 편의 제3장에서 말한 것을 기억한다면, 모든 전쟁은 무엇보다 전쟁의 성격과 중요한 윤곽의 개연성에 의해 파악해야 하는데, 이 윤곽은 그 나라의 정치적인 규모와 상황의 결과로 생겨난다. 그리고 때로, 심지어 대부분 (오늘날에는 아마 대부분이라고 주장할 수 있을 텐데) 전쟁은 하나의 유기적인 전체처럼 간주해야 하고, 하나하나의 부분은 전체에서 분리될 수 없고, 그래서 하나하나의 모든 활동은 전체로 흘러들고 이 전체의 개념에서 비롯되어야 한다. 이것을 생각하면 전쟁의 중요한 선은 전쟁을 이끄는 제일 높은 관점에서 나오고, 이 관점은 정치의 관점일 수밖에 없다는 것이 완전히 확실하고 분명해진다.

이 관점에 따를 때 전쟁 계획은 완전하게 만들어지고, 문제에 대한 이해와 판단은 더 쉽고 자연스럽게 되고, 확신은 더 강해지고, 동기는 더 만족스러워지고, 역사는 더 잘 이해할 수 있게 된다.

이와 같은 관점에서 보면 정치적인 이해 관계와 군사적인 이해 관계의 충돌은 적어도 더 이상 문제의 본질이 아니다. 그래서 그런 충돌이 일어난다고 해도 그것은 정치와 전쟁의 관계에 대한 불완전한 통찰에 지나지 않는다고 간주해야 한다. 정치가 전쟁이 수행할 수 없는 것을 전쟁에 요구한다는 것은 정치가 자신이 쓰려고 하는 도구를 알고 있다는 전제, 그래서 절대로 없어서는 안 되는 자연스러운 전제와 모순될 것이다. 정치가 전쟁 사건의 흐름을 올바르게 판단하고 있다면, 어느 사건과 그 사건의 방향이 전쟁의 목표에 합당한지 결정하는 것은 오로지 정치의 문제이고 정치의 문제일 수밖에 없다.

한마디로 말해, 전쟁술은 제일 높은 관점에서 보면 정치가 된다. 외교 문서를 작성하는 대신에 전투로 하는 정치가 된다.

이 견해에 따르면, 대규모의 전쟁이나 전쟁 계획에서 순전히 군사적인 판단만 허락해야 한다는 것은 인정할 수 없고 그 자체로 해로운 구분이다. 심지어 전쟁 계획을 만들 때 군부의 조언을 듣고, 그래서 정부가 하는 일에 대해 군부가 순전히 군사적으로 판단해야 한다면, 이것은 잘못된 방식이다. 현재 갖고 있는 전쟁 수단을 어떻게 쓸 것인지는 최고 지휘관에게 맡겨야 하고, 그 수단에 따라 전쟁이나 원정에 대해 순전히 군사적인 계획을 만들어야 한다고 이론가들이 요구하는 것은 더욱 잘못된 것이다. 일반적인 경험으로도 알 수 있는 것처럼, 오늘날과 같이 매우 복잡하고 발전된 전쟁 체계에서도 전쟁의 기본적인 골격은 늘 정부에 의해 결정된다. 즉 기술적으로 표현하면, 군사 당국이 아니라 오로지 정치 당국에 의해 결정된다.

이것이 문제의 완전한 본질이다. 전쟁을 하는데 필요한 중요한 계획 중에 어느 하나도 정치적인 상황에 대한 통찰 없이는 만들 수 없다. 전쟁 수행에 미치는 정치의 해로운 영향에 대해 말할 때 사람들은 흔히 그러하듯이 본래 말하려고 하는 것과는 완전히 다른 것을 말한다. 비난해야 하는 것은 영향이 아니라 정치 자체이다. 정치를 올바르게 하고 목표에 맞는 정치를 하면, 정치는 의미상으로도 전쟁에 유리한 영향을 미칠 수밖에 없다. 이 영향이 목표에서 벗어난다면, 그 근원은 오직 잘못된 정치에서 찾아야 한다.

정치가 어느 특정한 전쟁 수단과 조치에서 전쟁의 성질에 맞지 않는 잘못된 효과를 약속하는 경우에만 정치는 그런 결정으로 전쟁에 해로운 영향을 미칠 수 있다. 외국어에 능통하지 않은 사람이 올바른 생각을 때로 잘못 표현하는 것처럼, 정치도 때로 그 본래의 목적에 맞지 않는 것을 명령할 것이다.

이런 일은 끊임없이 일어난다. 이것을 보면 전쟁 체계에 대한 어느 정도의 통찰이 정치적인 교섭의 수행과 분리되어서는 안 된다는 것을 알 수 있다.

한마디 더 하기 전에 자칫하면 저지르게 되는 잘못된 해석을 막아야 한다. 군주가 직접 정치를 하지 않는 경우에 서류에 묻혀 있는 국방 장관, 학식 있는 기술 장교, 전쟁터의 능력 있는 병사들이 최고의 정치 지도자가 될 것이라고 생각해서는 안 된다. 다른 말로 하면 전쟁 체계에 대한 통찰을 갖추는 것이 최고의 정치 지도자의 중요한 특성이라고는 전혀 생각하고 싶지 않다. 훌륭하고 탁월한 두뇌와 성격의 힘이 중요한 특성이다. 전쟁 체계에 대한 통찰은 어떤 방식으로든지 보충할 수 있기 때문이다. 프랑스에서는 전쟁 행동과 정치 행동에서 벨-이슬 형제와[2] 슈아젤 공작의[3] 조언을 받은 때만큼 나쁜 때도 없었다. 하지만 이 세 사람은 모두 군인으로서는 훌륭했다.

전쟁이 정치의 목적과 완전히 일치해야 한다면, 그리고 정치가 전쟁의 수단과 완전히 맞아야 한다면, 정치가와 군인이 한 사람으로 통합되어 있지 않은 경우에 단 하나의 수단만 남는다. 즉 최고 지휘관을 정부의 구성원으로 만들고, 정부가 전쟁 행동에 대해 중요한 논의를 할 때 그 구성원을 참여하게 하는 것이다. 하지만 이것은 정부 자체가 전쟁터의 근처에 있을 때만 할 수 있는데, 그러면 어느 문제를 큰 시간 손실 없이 결정할 수 있다.

오스트리아의 황제가[4] 1809년에 그렇게 했고, 동맹국의 군주들도 1813년, 1814년, 1815년에 그렇게 했다. 그래서 이 제도의 완벽함이 입증되었다.

최고 지휘관 이외에 다른 군인이 정부에서 영향을 미치는 것은 극히 위험하다. 그것이 건전하고 훌륭한 행동으로 이어지는 일이 드물기 때문이다. 프랑스의 예를 들면 1793년, 1794년, 1795년에는 카르노가[5] 파리에서 전쟁 문제를 이끌었는데, 이는 철저히 비난받아야 한다. 공포 정치는 혁명 정부만 쓸 수 있기 때문이다.

이제 역사적인 고찰로 이 논의를 끝내고자 한다.

18세기의 90년대에 유럽의 전쟁술에 놀랄 만한 변혁이 일어났는데, 이 변

---

2. 벨-이슬 형제(Charles Louis Auguste Fouquet de Belle-Isle, 1684~1761과 Louis Charles Armand Fouquet de Belle-Isle, 1693~1747), 형은 프랑스의 원수. 동생은 프랑스의 장군이자 군사 평론가.
3. 슈아젤(Étienne-François de Choiseul, 1719~1785), 프랑스의 장군이자 외교관.
4. 프란츠 2세.
5. 카르노(Lazare Nicolas Marguerite Carnot, 1753~1823), 프랑스의 장군, 수학자, 정치가. 프랑스 혁명의 조직자.

혁으로 최고의 군대도 전쟁술의 일부에서 효력을 잃는 것을 보게 되었다. 그 때까지 생각하지도 못했던 엄청난 규모의 전쟁이 성과를 내는 일도 일어났다. 물론 이때 모든 잘못된 계산의 책임은 전쟁술에 있는 것처럼 보였다. 전쟁술이 좁은 범위의 개념에 관습적으로 제한되어 있었는데, 이제 어떤 새로움이 덮친 것이 분명했다. 물론 이 새로움은 좁은 범위의 밖에 있었지만, 문제의 본질의 밖에 있었던 것은 아니다.

매우 풍부한 식견을 갖고 있는 관찰자들은 이런 현상을 정치의 일반적인 영향 때문이라고 말했다. 정치가 지난 몇백 년 동안 전쟁술에 엄청나게 불리하게 작용했고, 이 때문에 전쟁술이 반쪽짜리로 전락했고 때로 진짜 속임수로 전락했다는 것이다. 이 말은 맞지만, 다만 그것을 우연히 생겨나는 피할 수 있는 상황이라고 생각한 것은 잘못이다.

다른 관찰자들은 모든 것을 오스트리아, 프로이센, 영국 등과 같은 나라의 특별한 정치에서 나온 일시적인 영향으로 설명할 수 있다고 생각했다.

그런데 지성에 심각한 충격을 준 본래의 변혁이 전쟁 수행의 내부에서는 일어나는데, 정치 자체의 내부에서는 일어나지 않는다는 것이 진실일까? 즉 우리의 언어로 말하면 이 불행이 전쟁에 미치는 정치의 영향에서 생긴 것일까, 아니면 잘못된 정치 자체에서 생긴 것일까?

프랑스 혁명이 대외적으로 엄청난 영향을 미친 것은 분명히 프랑스 혁명 전쟁을 수행하는 새로운 수단과 견해에서 찾기보다 완전히 변화된 정치, 행정 조직, 정부의 성격, 인민의 상태 등에서 찾아야 한다. 다른 나라의 정부가 이 모든 것을 잘못 보았다는 것, 보통의 수단으로 새롭게 나타난 압도적인 병력과 균형을 유지하려고 했다는 것은 정치의 잘못이다. 이 잘못을 전쟁에 관한 순전히 군사적인 이해의 관점에서 바라보고 바로잡을 수 있을까? 그럴 수 없을 것이다. 정말로 그 어떤 철학적인 전략가가 나타나서 적의 전투력의 성격만 보고 모든 결론을 끌어낸다고 해도, 그리고 이를 통해 먼 장래에 일어날 일에 대해 예언을 내린다고 해도, 그런 망상을 조금이라도 인정하는 것은 완전히 불가능할 것이기 때문이다.

정치가 프랑스에서 생겨난 힘과 유럽의 정치에 새롭게 생겨난 상황을 올바르게 판단할 정도로 발전했을 때만 정치는 여기에서 생겨나는 (전쟁의 기본적인 골격에 미치는) 영향의 결과를 예측할 수 있었다. 그리고 정치는 이런 식으로만 필요한 수단을 갖고 최선의 길을 선택한 상태에서 전쟁을 수행할 수 있었다.

그래서 프랑스 혁명의 20년 동안의[6] 승리는 무엇보다 프랑스 혁명에 맞선 여러 정부의 잘못된 정치의 결과라고 할 수 있다.

물론 이 잘못은 먼저 전쟁의 내부에서 나타났다. 전쟁의 많은 현상이 정치가 갖고 있던 기대와 완전히 어긋난 것이다. 하지만 이는 정치가 전쟁술에서 조언을 듣는 일을 소홀히 했기 때문에 일어난 것이 아니다. 어느 정치가가 믿을 수 있는 전쟁술은 현실 세계에서 생긴 것으로서 그 당시의 정치에 속하는 것이고, 그동안 정치에 의해 쓰이고 잘 알려진 도구였다. 바로 이 전쟁술이 정치의 잘못에 자연스럽게 연루된 것이고, 그래서 정치에 더 좋은 것을 가르칠 수 없었던 것이다. 전쟁 자체도 그 본질과 형태에서 중요한 변화를 겪었고, 이것이 전쟁을 절대적인 형태에 접근하게 했다는 것은 맞는 말이다. 하지만 이 변화는 프랑스 정부가 이를테면 전쟁을 해방시켰기 때문에, 즉 전쟁에서 정치에 연결되어 있던 끈을 끊었기 때문에 생긴 것이 아니다. 그것은 프랑스 혁명에 의해 프랑스뿐만 아니라 온 유럽에 일어난 정치의 변화에서 생긴 것이다. 이렇게 달라진 정치는 다른 수단과 힘을 낳았고, 이 때문에 이전에는 생각할 수 없었던 힘으로 전쟁을 수행할 수 있게 되었다.

그래서 전쟁술이 실제로 변한 것도 정치 변화의 결과이다. 전쟁술이 변한다는 것은 정치와 전쟁술이 분리될 수 있다는 것을 증명하는 것이 아니라 오히려 그 둘이 내부적으로 결합되어 있다는 것을 강력하게 증명하는 것이다.

그래서 한 번 더 말하면, 전쟁은 정치의 수단이다. 전쟁은 반드시 정치의

---

6. 프랑스 혁명 전쟁(1792~1802년)과 나폴레옹 전쟁(1800~1814년)의 기간을 합쳐서 20년이라고 했을 것이다. 이때의 전쟁은 동맹 전쟁으로도 불린다.

성격을 띠어야 하고 정치의 기준으로 측정해야 한다. 그래서 전쟁을 수행하는 것은 그 중요한 윤곽을 볼 때 정치 그 자체이다. 정치는 전쟁에서 펜 대신에 칼을 들지만, 그럼에도 정치의 고유한 법칙에 따라 생각하는 것을 그만두지 않는다.

제7장

제한된 목표. 공격 전쟁

적을 쓰러뜨리는 것을 목표로 삼을 수 없는 경우에도 직접적이고 적극적인 목표는 있을 수 있다. 이때 적극적인 목표는 적의 영토 일부를 점령하는 것일 수밖에 없다.

그런 점령의 효용은 적의 국력을 약하게 만드는데 있고, 그 결과로 적의 전투력도 약하게 만들고 아군의 전투력을 늘리는데 있다. 그래서 전쟁을 수행하는 비용의 일부를 적에게 부담하도록 하는데 있다. 더욱이 평화 조약을 맺을 때 적의 어느 지방을 점령하는 것은 순수한 이익으로서 간주할 수 있다. 아군은 그 지방을 계속 보유할 수도 있고, 그렇지 않으면 그 대신에 다른 유리함으로 교환할 수도 있기 때문이다.

적의 나라를 점령하는데 대한 이런 견해는 매우 자연스러운 것이다. 공격에 이어지는 방어 상황이 때로 아군을 불안하게 하지 않는다면, 이 견해에 반대되는 것은 아무것도 없을 것이다.

승리의 정점에 관한 장에서 그런 공격이 어떤 식으로 아군의 전투력을 약하게 만드는지 하는 것, 그리고 공격 다음에 위험한 결과를 염려해야 하는 상황이 올 수 있다는 것을 충분히 논의했다.

적의 어느 지역을 점령하면 아군의 전투력이 약해지는데, 이렇게 약해지는 데도 여러 가지 정도가 있다. 그것이 어느 정도인지는 대부분 그 지역의 지리적인 위치에 달려 있다. 그 지역이 우리 나라의 영토를 보충할수록, 즉 우리 나라 안에 있든지 우리 나라에 접해 있을수록, 그 지역이 아군의 주력 군대의 방향에 있을수록, 그 지역은 아군의 전투력을 그만큼 덜 약하게 할 것이다. 작센은 7년 전쟁에서 프로이센의 전쟁터를 자연스럽게 보충하는 위치에 있었다. 프리드리히 대왕의 전투력은 작센을 점령함으로써 줄어들지 않았을 뿐만 아니라 오히려 늘어났다. 작센이 마르크보다 슐레지엔에 가깝게 있었고, 이와 동시에 마르크를 보호하고 있었기 때문이다.

프리드리히 대왕은 1740년과 1741년에 한 번씩 슐레지엔을 점령했지만, 슐레지엔도 대왕의 전투력을 약하게 만들지 못했다. 슐레지엔의 지형, 위치, 국경의 상태에 따르면 슐레지엔은 오스트리아 군대가 작센을 완전히 지배하지 않는 한, 오스트리아 군대에게 단지 좁은 돌출부에 지나지 않았기 때문이다. 양쪽의 병력이 만나게 되는 이 좁은 지점은 어차피 양쪽이 크게 충돌할 수밖에 없는 방향에 있었다.

이와 반대로 점령한 지역이 적의 다른 지방 사이에 끼어 있든지 크게 분산되어 있든지 불리한 지형에 있는 경우에 공격자의 전투력은 눈에 띄게 줄어든다. 그러면 적은 전투에서 편하게 승리할 수 있을 뿐만 아니라 전투를 할 필요도 없어질 것이다.

오스트리아 군대는 이탈리아에서 프로방스 지방으로[1] 공격을 하려고 할 때마다 전투도 하지 못한 채 그 지방에서 후퇴해야 했다. 프랑스 군대는 1744년에 어느 전투에서도 패배하지 않고 보헤미아에서 빠져나온데 대해 신에게 감사했다.[2] 프리드리히 대왕은 1757년에 슐레지엔과 작센에서 빛나는 승리를 거두었지만, 1758년에는 그때와 같은 전투력으로도 보헤미아와 모라비아에서 버틸 수 없었다.[3] 일반적으로 점령한 지역을 (단지 어느 지역을 점령하느라고 전투력이 줄어들었기 때문에) 유지할 수 없었던 군대의 예는 흔히 볼 수

---

1. 프로방스(Provence), 현재 프랑스의 남동부 지방.
2. 이는 오스트리아 왕위 계승 전쟁(1740~1748년) 때의 일이다.
3. 이는 7년 전쟁(1756~1763년) 때 일어난 일이다.

있다. 그래서 이것에 관한 다른 예를 더 들려고 애쓸 필요도 없다.

그래서 그런 목표를 품어야 하는지 말아야 하는지 하는 문제는 아군이 점령한 지역을 계속 유지할 수 있는지, 그 지역을 일시적으로 보유하는 것이 (침략, 견제) 그렇게 하는데 쓰인 병력의 소모를 충분히 보상하는지, 특히 적의 강력한 반격에 의해 아군이 균형을 심하게 잃을 위험은 없는지 하는 것에 달려 있다. 이 문제에서 하나하나의 경우마다 얼마나 많은 것을 생각해야 하는지는 승리의 정점에 관한 장에서 말했다.

한 가지만 덧붙이도록 한다.

그런 공격이 반드시 다른 지점에서 입은 손실을 보충하는데 적절한 것은 아니다. 아군이 적의 영토 일부를 점령하고 있는 동안에 적도 다른 지점에서 똑같은 일을 하고 있을지 모른다. 아군의 행동이 적의 행동에 비해 엄청나게 중요한 것이 아니라면, 적도 그 때문에 자기 행동을 중지하도록 강요받지 않을 것이다. 그래서 한편에서 얻는 것이 있어도 다른 한편에서 더 많은 것을 잃는 것은 아닌지 깊이 생각하는 것이 중요하다.

두 나라의 어느 지방이 똑같이 중요하다고 해도 그 자체로 보면 언제나 적이 아군의 어느 지방을 점령하여 잃는 것이 아군이 적의 어느 지방을 점령하여 얻는 것보다 많다. 많은 병력이 이를테면 식은 불(feux froids)처럼 활동을 하지 못하기 때문이다. 하지만 이것은 적의 경우에도 마찬가지이기 때문에 이것이 적의 지역의 점령보다 아군의 지역의 유지를 더 많이 생각하게 하는 본래의 이유라고 할 수는 없을 것이다. 하지만 그러하다. 자기 나라를 지키는 일은 사람들이 늘 당연하게 생각한다. 자기 나라에서 겪는 자신의 고통이 적에 대한 보복을 통해 상쇄되고 어느 정도 줄어들려면, 그 보복은 높은 이자를 약속해야 한다. 즉 적에게 주는 보복이 적으로부터 받는 고통보다 훨씬 커야 한다.

이 모든 것의 결론은 다음과 같다. 즉 단지 적의 영토 일부를 침략하는 목표를 갖고 있는 전략적인 공격은 그 공격 때문에 직접 보호되지 않는 자기 나라의 다른 많은 지점의 방어를 할 수 없게 된다. 적의 영토의 중심으로 향하는 공격을 할 수 없게 되는 것은 그보다 더 심각하다. 그래서 이런 종류의 공격에서는 시간상으로나 공간상으로 병력의 집결도 결코 충분하게 할 수 없다. 적어도 시간상으로 병력을 집결할 수 있으려면 집결하는데 얼마쯤 적당한 모든 지점에서 공격적으로 전진하고, 그것도 동시에 전진할 필요성이 생긴다. 그래서 그런 공격에서는 하나하나의 지점의 방어를 통해 훨씬 적은 병력으로 지낼 수 있다는 또 다른 유리함을 놓치게 된다. 이런 식으로 적의 영토의 일부만 공격하는 중간 정도의 목표에서는 모든 것이 공격자와 방어자 사이에 같은 수준이 된다. 모든 전쟁 행동은 이제 더 이상 하나의 중요한 행동으로 집결할 수 없고, 이 행동도 중요한 관점에 따라 이끌 수 없게 된다. 전쟁 행동은 더 넓게 퍼지고, 어디에서나 마찰이 더 심해지고, 어디에서나 우연이 더 많은 자리를 차지하게 된다.

이것이 제한된 목표를 갖는 공격의 자연스러운 경향이다. 최고 지휘관은 이런 경향 때문에 안이해지고 점점 더 무력해진다. 최고 지휘관이 그것을 많이 느낄수록, 내부적인 수단과 외부적인 힘을 많이 가질수록, 그는 그런 경향에서 그만큼 많이 벗어나려고 할 것이다. 그래서 하나하나의 지점에 모든 힘을 집중하려고 할 것이다. 이것이 매우 큰 모험으로만 할 수 있는 일이라고 해도 그러할 것이다.

제8장

제한된 목표. 방어

이미 앞에서 말한 것처럼, 방어 전쟁의 마지막 목표는 결코 절대적인 수동성이 될 수 없다. 제일 약한 군대에게도 적에게 상처를 입히고 적을 위협할 수 있는 그 무엇이 있어야 한다.

물론 방어 전쟁의 목표는 적을 피로하게 하는데 있다고 말할 수 있을 것이다. 적은 적극적인 성과를 바라고 있고, 적의 계획의 모든 실패는 (그 계획에 쓰인 병력의 손실 외에 다른 손실이 없다고 해도) 기본적으로 후퇴를 의미하기 때문이다. 그 반면에 공격을 받는 쪽이 입는 손실은 헛된 것이 아니었다. 현재의 상태를 유지하는 것이 그의 목표였고, 그 목표를 이루었기 때문이다. 그래서 방어자의 적극적인 목표는 단지 현상을 유지하는데 있다고 할 수 있을 것이다. 이런 식의 생각은 공격자가 몇 번 쓸데없는 노력을 한 후에 피로해지고 약해지는 것이 틀림없다고 할 수 있을 때만 통용될 수 있을 것이다. 하지만 공격자가 반드시 그렇게 된다는 필연성은 없다. 병력이 실제로 소모된 상태를 보면, 전체적으로 비교할 때 방어자가 **불리한 상태**에 있게 된다. 공격은 전환점이 있을 수 있다는 의미에서만 약해진다. 이런 전환점을 전혀 생각할 수 없다면 분명히 방어자가 공격자보다 많이 약해진다. 한편으로는 방어자가 더 약한 쪽이고, 그래서 똑같은 손실을 입는 경우에 공격자보다 더 큰 손실을 입기 때문이다. 다른 한편으로 공격자는 보통 방어자의 영토와 자원의 일부를 차지하고 있기 때문이다.

그래서 이것으로 공격자가 약해지는 이유를 추측할 수는 없다. 그러면 늘 다음과 같은 생각만 남는다. 즉 공격자는 공격을 반복하는 반면에 방어자는 이 공격을 막는 것 외에 하는 것이 없다면, 공격자는 머지않아 승리할 수 있을 것이고, 방어자는 이 위험을 다른 대항 수단으로 상쇄할 수 없게 된다.

더 강력한 쪽의 힘이 정말로 소진되든지 또는 오히려 피로해지는 것만으로도 때로 평화 조약을 맺게 된다고 해도 이것은 대부분의 전쟁이 앞에서 말한 절반의 전쟁이기 때문이다. 이것을 철학적으로 방어의 일반적인 마지막 목표라고 생각할 수는 없다. 그러면 방어의 목표는 기다린다는 개념에서, 즉 일반적으로 방어의 본래의 특징에서 찾을 수밖에 없다. 이 개념은 상황의 변화, 즉 형세의 개선을 포함하고 있다. 그래서 이것을 전쟁의 내부적인 수단, 즉 저항 자체로 전혀 얻을 수 없는 경우에는 오직 외부에서 기대할 수밖에 없다. 그리고 외부에서 얻는 더 나은 상황은 다른 나라와 맺는 정치적인 관계일 수밖에 없다. 즉 방어자에게 새로운 동맹이 생겨나든지, 또는 방어자에게 대항하던 이전의 동맹이 무너지는 것이다.

바로 이것이 방어자가 열세이기 때문에 공격자에게 어떤 의미 있는 반격도 생각할 수 없는 경우에 방어자의 목표이다. 하지만 이미 논의한 방어의 개념에 따르면 모든 방어에서 그러한 것은 아니다. 그 개념에 따르면 방어는 더 강력한 전쟁 형태이고, 그래서 이런 강력함이 있기 때문에 다소 강력한 반격을 목표로 할 때도 쓰일 수 있다.

이 두 가지 경우는 처음부터 나누어야 한다. 이것이 방어에 미치는 영향이 다르기 때문이다.

첫 번째 경우에 방어자는 자기 나라의 영토를 되도록 오랫동안 보유하고 온전한 상태로 유지하려고 한다. 방어자는 그렇게 해서 많은 시간을 벌고, 시간을 버는 것이 목표에 이르는 유일한 길이기 때문이다. 그는 전쟁 계획에 아직 적극적인 목표를 받아들일 수 없는데, 이때 적극적인 목표는 방어자가 대부분 이룰 수 있고 평화 조약을 맺을 때 그의 목적을 관철하는 기회를 주는 목표를 말한다. 이런 전략적인 수동성에서 방어자가 하나하나의 지점에서 얻을 수 있는 유리함은 단지 여러 지역을 적의 공격으로부터 막고 있는 것뿐이다. 그는 어느 한 지점에서 얻는 우세함을 다른 지점으로 옮기게 되는데, 이런 경우에 그는 보통 곳곳에서 곤란한 상태에 빠져 있기 때문이다. 방어자가 그 우세함을 다른 지점으로 옮길 기회를 얻지 못한다면, 적이 그에게 한동안 휴식을 하도록 하는 것만이 때로 그에게 약간의 이익이 될 것이다.

소규모의 공격 행동은 자기 나라의 영토를 유지하고 있는 것보다 나중에 입을지 모르는 손실에 대비하여 일시적인 유리함을 얻는 것을 목표로 삼는데, 이런 것으로는 침략, 견제, 하나하나의 요새에 대한 행동 등이 있다. 이런 공격 행동은 방어자가 지나치게 약하지 않은 경우에 이 방어 체계에서도 할 수 있는데, 그럼에도 이 방어 체계의 목표와 본질이 달라지는 것은 아니다.

두 번째 경우에는 방어에 이미 적극적인 목적이 주입되어 있고, 방어도 적극적인 성격을 띠게 된다. 더욱이 이때의 상황이 허락하는 반격이 강력할수록 방어는 그만큼 적극적인 성격을 많이 띠게 된다. 달리 말하면, 방어자가 첫 번째의 반격을 확실하게 수행하려고 자유로운 선택에 따라 방어를 선택할수록 방어자는 적에게 그만큼 대담한 올가미를 씌울 수 있다. 제일 대담한 것, 성공하는 경우에 제일 효과적인 것은 자기 나라 안으로 후퇴하는 것이다. 그렇다면 이 수단은 동시에 첫 번째 방어 체계에서는 결코 수행될 수 없는 것이다.

프리드리히 대왕이 7년 전쟁에서 놓여 있었던 상황과 러시아가 1812년에 놓여 있었던 상황의 차이만 생각해도 이 점을 이해할 수 있을 것이다.

7년 전쟁이 시작되었을 때[1] 프리드리히 대왕은 전투 준비에서 우세한 상태에 있었다. 이것이 그에게 작센을 점령할 수 있는 유리함을 주었다. 더욱이 작센은 대왕의 전쟁터에서 매우 자연스러운 보충 지역이었고, 그래서 작센의 점령으로 대왕의 전투력은 줄어든 것이 아니라 오히려 늘어났다.

---

1. 이때는 1756년 8월.

1757년의 원정이 시작되었을 때 대왕은 전략적인 공격을 계속하려고 했다. 러시아 군대와 프랑스 군대가 슐레지엔, 마르크, 작센의 전쟁터에 아직 도착하지 않는 한, 대왕이 공격을 할 수 없는 것은 아니었다. 공격은 실패했고, 대왕은 원정이 끝날 때까지 방어를 하게 되었고, 보헤미아를 다시 포기해야 했고, 자기 나라의 전쟁터에서 적을 몰아내야 했다. 이 방어가 성공한 것은 단지 대왕이 앞의 공격에 투입한 군대와 동일한 군대로 먼저 오스트리아 군대에게 맞섰기 때문이다. 그때 상황이 유리하게 된 것은 대왕이 오로지 방어를 했기 때문이다.

　　1758년에 적이[2] 대왕에 대한 포위를 더욱 좁히고, 대왕의 전투력이 적에 비해 심한 열세에 놓이기 시작했을 때, 대왕은 여전히 모라비아에서 소규모의 공격을 하려고 했다. 적이 전투 준비를 하기 전에 올로모우츠를 점령하려고 생각한 것이다. 올로모우츠를 계속 보유하든지 또는 심지어 올로모우츠에서 계속 전진하려는 희망을 품고 있었기 때문이 아니라[3] 오스트리아 군대를 막는 외벽이나[4] 대항 접근 수단으로[5] 올로모우츠를 이용하려고 했기 때문이다. 그러면 오스트리아 군대는 이 원정의 나머지 모든 시간과 아마 두 번째 원정을 올로모우츠를 다시 찾는데 쓰지 않을 수 없을 것이라고 생각했다. 이 공격도 실패로 끝났다. 이제 프리드리히 대왕은 본래의 공격에 대한 모든 생각을 단념했다. 공격을 할수록 전투력의 불균형만 늘어난다는 것을 느꼈기 때문이다. 자기 나라의 중심, 작센, 슐레지엔에 병력을 집결하여 배치하는 것, 위협을 받는 지점에 전투력을 신속하게 보낼 수 있도록 짧은 병참선을 이용하는 것, 전투를 피할 수 없는 경우에만 전투를 하는 것, 침략의 기회가 생기면 소규모의 침략을 하는 것, 그다음에 침착하게 기다리는 것, 더 좋은 때를

---

2. 이때 프리드리히 대왕의 적은 오스트리아, 프랑스, 러시아였다.

3. 프리드리히 대왕은 올로모우츠 공격(1758년 5월 5일-7월 2일)에 실패했다.

4. 외벽은 요새의 본래 진지 밖에 있지만 비스듬한 방향으로 이루어진 둑의 안쪽에 설치한 벽.

5. 대항 접근 수단은 요새 안에 있는 방어자가 공격자에게 저항하려고 요새 안에서 나올 때 쓰는 갱도와 같은 수단.

대비하여 전투 수단을 남겨 두는 것, 이런 것이 대왕의 전체적인 전쟁 계획이 되었다. 대왕의 전쟁 수행은 점차로 더 수동적인 모습을 띠게 되었다. 승리를 얻으려면 지나치게 많은 희생을 치러야 한다는 것도 알고 있었기 때문에 대왕은 희생을 좀 더 적게 치르고 이 어려움에서 벗어나려고 했다. 그에게는 시간을 버는 것과 자신이 점령한 지역을 유지하고 있는 것만 중요했다. 그는 점령 지역을 더욱 경제적으로 유지해야 했고, 완전히 초병선 체계로 이행하는 것도 두렵게 생각하지 않았다. 작센에 있는 하인리히 왕자의 진지뿐만 아니라 슐레지엔의 산맥에 있는 대왕의 진지도 초병선이란 이름으로 불릴 만했다. 대왕이 아르장스에게[6] 보낸 몇 통의 편지를 보면, 대왕이 겨울 사영이 다가오는 것을 얼마나 간절히 기다렸는지, 그리고 큰 손실을 입지 않고 다시 겨울 사영에 들 수 있는 것을 얼마나 기뻐했는지 잘 알 수 있다.

이 점에서 프리드리히 대왕을 비난하고, 여기에서 그의 낮아진 용기만 보려고 하는 것은 매우 경솔한 판단이라고 생각한다.

분첼비츠의 보루 진지,[7] 작센에 있는 하인리히 왕자의 병력 배치, 슐레지엔의 산맥에 있는 대왕의 병력 배치는 오늘날 더 이상 마지막 희망을 품을 수 있는 대책처럼 보이지 않는다. 보나파르트와 같은 최고 지휘관이라면 그런 전술적인 거미줄을 금방 뚫을 것이기 때문이다. 그렇다면 이제 시대가 달라졌다는 것, 전쟁이 완전히 다른 모습을 띠게 되었고 다른 힘으로 활력을 얻게 되었다는 것, 그래서 이전에는 효과를 낼 수 있었던 진지도 오늘날에는 더 이상 효과를 낼 수 없다는 것, 적의 성격도 고려해야 한다는 것 등을 잊어서는 안 된다. 신성 로마 제국의 군대에 대해, 그리고 다운과 부틀린에[8] 대해 프리드리히 대왕 스스로 전혀 쓸모없을 것이라고 생각한 수단을 썼는데, 이것이

---

6. 아르장스(Jean-Baptiste Boyer, Marquis d'Argens, 1703~1771), 프랑스의 작가이자 철학자. 27년 동안 프로이센에 있었다. 프리드리히 대왕의 친구. 두 사람 사이의 『서한집』이 출간되어 있다.
7. 프리드리히 대왕은 1761년 8월 20일에서 9월 25일까지 분첼비츠에 유명한 보루 진지를 설치했다.
8. 부틀린(Alexander Borissowitsch(Borisovich) Buturlin, 1694~1767), 러시아의 원수.

대왕의 최고의 지혜라고 할 수 있었다.

대왕의 성공이 이런 견해를 정당화했다. 프리드리히 대왕은 침착하게 기다리면서 목표를 이루었고 어려움을 피했다. 그 어려움에 맞섰다면 대왕의 병력은 산산이 조각났을 것이다.

1812년의 원정이 시작되었을 때 러시아 군대가 프랑스 군대에 대항한 전투력의 비율은 7년 전쟁에서 프리드리히 대왕의 경우보다 훨씬 불리했다. 하지만 러시아 군대는 원정을 하는 동안에 병력을 상당한 정도로 늘릴 수 있다는 생각을 하고 있었다. 보나파르트에 대해서는 온 유럽이 은근히 적의를 품고 있었고, 그의 무력은 극한의 지점에 이르렀다. 그는 스페인에서 소모적인 전쟁을 치렀다. 광대한 면적의 러시아는 100마일이나 되는 긴 후퇴를 하는 동안에 프랑스의 전투력을 극단적으로 약하게 만들 수 있었다. 이런 중대한 상황에서 프랑스 군대의 행동이 성공하지 못했다면, (알렉산드르 황제가 평화 조약을 맺지 않든지 또는 러시아 백성이 황제에 대해 반란을 일으키지 않는다면, 프랑스 군대가 어떻게 성공할 수 있겠는가?) 러시아 군대의 강력한 반격을 예상해야 했을 뿐만 아니라 이 반격은 프랑스 군대의 몰락을 불러올 수도 있었다. 그래서 최고의 지혜를 지닌 사람도 그 당시에 러시아 군대가 의도하지 않은 채 따랐던 전쟁 계획보다 나은 계획을 내놓을 수 없었을 것이다.

사람들은 그 당시에 그렇게 생각하지 않았고 그런 견해를 과도한 것이라고 생각했을 테지만, 그것이 오늘날 우리에게 그 견해를 옳은 것으로 생각하지 말아야 하는 이유가 되지는 않는다. 역사에서 교훈을 배우려고 한다면 현실에서 일어난 일이 다음에도 일어날 수 있다고 생각해야 한다. 모스크바로 행군하는데 따른 일련의 큰 사건이 우연의 연속이 아니라는 것은 그런 문제에 대해 판단을 내릴 수 있다고 생각하는 사람이라면 누구나 인정할 것이다. 물론 러시아 군대가 자기 나라의 국경만 간신히 방어할 수 있었다고 해도 프랑스 군대의 힘은 쇠퇴하고, 러시아 군대에게 유리한 상황으로 역전될 개연성은 점차로 높아졌을 것이다. 하지만 그 역전은 분명히 그처럼 강력하고 결정적으로 나타나지 않았을 것이다. 러시아는 희생을 치르고 위험을 겪었지만

(물론 다른 모든 나라의 경우에는 그 희생과 위험이 훨씬 컸을 것이고, 대부분의 나라는 그만한 희생과 위험을 견딜 수 없었을 테지만) 엄청난 유리함을 얻게 되었다.

그래서 대규모의 적극적인 승리는 단순히 기다리는 것이 아니라 결전을 목표로 삼는 적극적인 수단으로만 얻게 될 것이다. 한마디로 말해, 방어에서도 많이 투자할 때만 큰 이익을 얻게 된다.

제9장

적을 쓰러뜨리는 것을 목표로 하는 전쟁 계획

이상으로 전쟁이 지닐 수 있는 여러 가지 목표의 성격을 자세히 살펴보았다. 이제는 전체 전쟁의 배치를 그 목표에 의해 생겨난 세 가지의 개별적인 단계에 따라 자세히 검토하려고 한다.

지금까지 이 문제에 대해 말한 모든 것에 따르면, 두 가지의 중요한 원칙이 전체 전쟁 계획을 포괄하고 그 밖의 모든 전쟁 계획에도 방향을 지시할 것이다.

첫 번째 원칙은 적의 군사력을 되도록 소수의 중심으로, 할 수 있다면 하나의 중심으로 줄이는 것이다. 그다음으로 이 중심에 대한 공격을 되도록 소수의 중요한 행동으로, 할 수 있다면 하나의 중요한 행동으로 줄이는 것이다. 마지막으로 이 이외의 모든 부차적인 행동을 되도록 부차적인 행동으로 간주하는 것이다. 한마디로 말해, 첫 번째 원칙은 되도록 집중적으로 행동하는 것이다.

두 번째 원칙은 되도록 신속하게 행동하는 것, 그래서 충분한 이유 없이 멈추거나 우회하지 않는 것이다.

적의 군사력을 하나의 중심으로 줄이는 것은 아래와 같은 상황에 달려 있다.

첫째로 적의 군사력의 정치적인 관계에 달려 있다. 적이 한 명의 최고 지휘관 아래에 있는 군대라면 그것은 대개 어렵지 않다. 적이 동맹 군대이고 그 중의 어느 한 나라는 단지 동맹국으로서 특별한 이해 관계 없이 행동하는 경우에도 그 어려움은 그다지 크지 않다. 적이 공동의 목적으로 맺어진 동맹 군대라면, 그것이 어느 정도로 우호적인 관계인지 하는 것이 중요하다. 이 점에 대해서는 이미 말했다.

둘째로 몇 개의 적의 군대가 출현하는 전쟁터의 위치에 달려 있다.

적의 병력이 하나의 전쟁터에 하나의 군대에 모여 있으면, 그것은 사실상 하나의 단위를 이루고 있고 다른 군대에 대해서는 물을 필요도 없다. 그 병력이 하나의 전쟁터에서 분리되어 있는 여러 개의 군대로서 여러 나라에 속해 있으면, 그 단위는 더 이상 절대적인 것이 아니다. 하지만 이 여러 개의 군대에는 충분한 연결이 이루어지고 있기 때문에 어느 하나의 군대에 대한 결정적인 타격으로 다른 군대에도 영향을 미치게 된다. 이 군대가 바로 옆에 있는 여러 개의 전쟁터에 따로따로 배치되어 있지만, 이 전쟁터가 대규모의 천연 장애물로 분리되어 있지 않은 경우에도 어느 한 군대에 대한 타격은 다른 군대에게 결정적인 영향을 미치지 않을 수 없다. 여러 개의 전쟁터가 매우 멀리 있고 그 사이에 중립 지대나 큰 산맥 등이 놓여 있으면, 전쟁터 상호 간의 영향은 매우 불확실하고 믿을 수 없게 된다. 심지어 전쟁터가 전쟁을 치르고 있는 나라에서 완전히 다른 방향에 있고, 그래서 그 방향에 대한 영향이 분산적인 선으로 흩어지는 경우에 전쟁터 사이의 연결은 거의 흔적도 없이 사라진다.

프로이센이 러시아와 프랑스로부터 동시에 공격을 받게 된다면, 그것은 전쟁을 수행한다는 점에서는 마치 두 개의 다른 전쟁을 하는 것과 같은 상황이 될 것이다. 두 나라의 통일성은 고작해야 평화 협상을 할 때 그 모습을 드러낼 것이다.

이와 달리 7년 전쟁에서 작센과 오스트리아의 군사력은 하나의 단위를 이루고 있었다고 간주해야 한다. 한쪽이 고통을 당하면 다른 쪽도 고통을 겪어야 했기 때문이다. 이것은 부분적으로 이 두 전쟁터가 프리드리히 대왕에 대해 같은 방향에 있었기 때문이고, 부분적으로 작센이 정치적인 독립성을 전혀 갖고 있지 못했기 때문이다.

보나파르트는 1813년에 많은 적과 싸우지 않으면 안 되었는데, 그 적은 모두 보나파르트에 대해 거의 같은 방향에 있었다.[1] 적의 군대의 여러 전쟁터는 긴밀하게 연결되어 있었고 강력한 영향을 주고받았다. 보나파르트가 어디에서든지 자기의 병력을 집결하여 적의 주력 군대를 제압할 수 있었다면, 그는 이를 통해 다른 모든 군대에게도 결정적인 타격을 입혔을 것이다. 보나파르트가 보헤미아의 주력 군대를 공격하고 프라하를 지나 비인으로 전진했다면, 블뤼허는 보헤미아를 도우라는 요청을 받았기 때문에 어떻게 하더라도 작센에 머물 수 없었을 것이다. 그리고 스웨덴의 황태자도 도저히 마르크에 머물지 못했을 것이다.

이와 반대로 오스트리아가 라인 강과 이탈리아에서 동시에 프랑스에 대한 전쟁을 수행한다면, 한쪽 전쟁터에서 수행한 성공적인 타격으로 다른 쪽 전쟁터의 승패도 결정하는 것은 늘 어려울 것이다. 한편으로 스위스의 많은 산이 양쪽 전쟁터를 지나치게 심하게 나누고 있기 때문이고, 다른 한편으로 양쪽으로 향하는 도로의 방향이 분산적인 모습을 띠고 있기 때문이다. 이와 달리 프랑스는 처음부터 한쪽 전쟁터에서 얻는 결정적인 승리로 다른 쪽 전쟁터의 승패도 결정할 수 있다. 두 전쟁터로 향하는 프랑스 병력의 방향은 비인과 오스트리아의 중심을 향해 집중적인 모습을 띠고 있기 때문이다. 더욱이 이탈리아에서 라인 강의 전쟁터에 영향을 미치는 것은 그 반대의 경우보다 쉽다고 할 수 있다. 이탈리아에서 하는 공격은 오스트리아 군대의 중심으로 향하지만, 라인 강에서 하는 공격은 오스트리아 군대의 측면으로 향하기 때문이다.

이상으로 다음과 같은 결론이 나온다. 즉 적의 군사력이 분리되어 있든 연결되어 있든 이 개념에는 많은 중간 단계가 있다. 그래서 어느 한 전쟁터에

---

1. 이때 나폴레옹의 적은 오스트리아, 프로이센, 독일 연방, 러시아, 스웨덴 등이었다. 거의 모두 프랑스의 동쪽에 있다.

서 일어난 일이 다른 전쟁터에 어떤 영향을 미치게 될지는 하나하나의 경우를 보아야 비로소 그 전모를 파악할 수 있다. 이것을 파악해야 비로소 적의 병력의 많은 중심을 어느 정도까지 하나의 중심으로 줄일 수 있는지도 결정할 수 있다.

모든 힘을 적의 군사력의 중심으로 향한다는 원칙에는 단 하나의 예외만 존재한다. 그것은 부차적인 행동이 **특별한 유리함**을 약속하는 경우이다. 하지만 이 경우에도 아군의 결정적인 우세함이 그런 행동 때문에 중요한 지점에서 지나친 모험을 하는 상태에 **빠져서는** 안 된다는 것이 전제되어 있다.

뷜로 장군이 1814년에 홀란트를 향해 전진했을 때, 그의 30,000명의 군단이 그만큼의 프랑스 군대의 병력을 무력하게 만들 뿐만 아니라 홀란트와 영국의 군대에게도 참전할 기회를 줄 것이라고 하는 것은 충분히 예상할 수 있었다. 뷜로의 전진이 없었다면 홀란트와 영국의 군대는 전혀 활동을 하지 못했을 것이다.

그래서 전쟁 계획을 만들 때 첫 번째의 관점은 적의 군사력의 여러 중심을 알아내고 그것을 되도록 하나의 중심으로 줄이는 것이다. 두 번째의 관점은 이 중심에 투입해야 하는 병력을 하나의 중요한 행동으로 집결하는 것이다.

이때 전투력을 나누고 분리하는데 찬성하는 다음과 같은 이유가 우리에게 반대할 수 있다.

1. 전투력의 본래의 배치, 그래서 공격을 하고 있는 여러 나라의 위치.

전투력을 집결하는데 우회와 시간 손실이 일어나고, 전투력을 분할하여 전진해도 크게 위험하지 않은 경우에는 그런 전진이 정당화될 수 있다. 필요하지 않은데도 시간의 엄청난 손실을 겪으면서 병력의 집결을 수행하는 것과 그것 때문에 첫 번째 공격에서 박력과 속력을 잃는 것은 앞에서 내세운 두 번째의 중요한 원칙에 어긋날 것이기 때문이다. 적에게 어느 정도 기습을 할 전망이 보이는 모든 경우에는 이것을 특별히 고려해야 할 것이다.

이보다 중요한 것은 공격이 동맹국에 의해 수행되는 경우에 이 동맹국이

공격을 받는 나라에 대해 하나의 선에서 앞뒤로 늘어 있지 않고 옆으로 나란
히 늘어 있는 것이다. 프로이센과 오스트리아가 프랑스에 대해 전쟁을 수행
하는데 두 나라의 병력이 하나의 지점에서 전진하려고 한다면, 이것은 시간
과 병력을 낭비하는 잘못된 수단이 될 것이다. 프랑스의 심장부로 향하는 자
연스러운 방향은 프로이센 군대에게는 라인 강 하류에서[2] 비롯되고, 오스트
리아 군대에게는 라인 강 상류에서[3] 비롯되기 때문이다. 이때 두 나라의 병력
을 집결하는 것은 희생 없이 이룰 수 없을 것이다. 그리고 이런 희생을 치르는
것이 필요한지는 그때그때의 경우에 맞게 생각해야 할 것이다.

2. 병력을 분할하여 전진하면 더 큰 성과를 얻을 수 있다.

여기에서는 하나의 중심으로 향하는 분할된 상태의 전진을 말하고 있기
때문에 그것은 **집중적인** 전진이라는 것을 전제로 한다. 평행선이나 분산된 선
을 따라 분리된 채 전진하는 것은 **부차적인 행동**의 항목에 속하는데, 그 점에
대해서는 이미 말했다.

모든 집중 공격은 전략에서든 전술에서든 더 큰 성과를 내는 경향이 있
다. 그것이 성공하면 그 결과는 단지 적의 군대를 물리치는 것이 아니라 어느
정도 차단하는 것이기 때문이다. 그래서 집중 공격은 늘 더 큰 성과를 내는
공격이지만, 병력이 분할되어 있고 전쟁터도 넓어지기 때문에 더 모험적인 공
격이 되기도 한다. 그것은 공격과 방어의 관계와 같다. 공격이 더 약한 형태인
데도 그 자체로 제일 큰 성과를 내는 것이다.

그래서 중요한 것은 공격자가 이런 큰 목표를 이루는데 충분할 만큼 많
은 병력을 갖고 있느냐 하는 것이다.

프리드리히 대왕이 1757년에 보헤미아로 침입하려고 했을 때 그는 병력
을 분할하여 작센과 슐레지엔에서 전진하게 했다. 그렇게 했던 두 가지의 중

---

2. 라인 강 하류(니더라인, Niederrhein), 본(Bonn)부터 북해로 흘러드는 약 370킬로미터 구간.
   라인 강은 현재 독일과 네덜란드의 국경 도시인 에메리히(Emmerich) 아래쪽에서 네덜란드
   로 들어간다.
3. 라인 강 상류(오버라인, Oberrhein), 바젤(Basel)에서 마인츠까지 약 360킬로미터 구간.

요한 이유는 다음과 같다. 그의 병력이 겨울에 이미 둘로 분할하여 배치되어 있었고, 그 병력을 한 지점에 모으면 공격할 때 기습의 성격이 사라졌을 것이다. 그다음으로 두 곳에서 집중적인 전진을 하면 오스트리아의 전쟁터 두 곳을 각각 측면과 배후에서 위협할 수 있었다. 이때 프리드리히 대왕은 그의 두 병력 중에 어느 하나의 병력이 적의 우세한 병력에 의해 무너지는 위험에 노출되어 있었다. 오스트리아 군대는 프리드리히 대왕이 절실하게 느끼고 있었던 이 위험을 이해하지 못했기 때문에 전투를 중심에서만 받아들이든지, 아니면 어느 측면이든지 한쪽 측면에서는 후퇴로를 완전히 막혀 파국을 맞을 위험에 빠지든지 선택해야 했다. 그리고 이것은 분할 전진이 대왕에게 약속한 빛나는 성과였다. 오스트리아 군대는 중심에서 전투를 받아들이기로 했다. 하지만 오스트리아 군대가 배치되어 있던 프라하는 포위 공격을 받는데 지나치게 좋은 위치에 있었다. 더욱이 오스트리아 군대는 완전히 수동적인 상태에 있었기 때문에 그 포위 공격에는 모든 효과를 낼 수 있을 만큼 시간이 있었다. 오스트리아 군대가 전투에서[4] 패배했을 때 그 결과는 완전한 파국이었다. 병력의 2/3와 총사령관이[5] 프라하에 포위되어 있어야 했던 것은[6] 완전한 파국이라고 할 만한 상황이었기 때문이다.

원정이 시작될 때 얻은 이 빛나는 성과는 집중 공격의 모험 덕분이었다. 프리드리히 대왕이 자기의 계획을 성공적으로 수행하는데 한편으로 자기 군대의 이동의 정확성, 장군들의 활력, 군대의 정신적인 우세함으로, 그리고 다른 한편으로 오스트리아 군대의 둔중함으로 충분하다고 생각했다면, 어떤 사람이 그를 비난할 수 있겠는가! 이런 정신적인 요소를 계산에서 제외해서는 안 되고, 승리의 원인을 오로지 공격의 단순한 기하학적인 형태로 돌려서는 안 된다. 이 점에 대해서는 프리드리히 대왕 못지않게 빛나는 보나파르트의 1796년 원정만 생각하면 될 것이다. 이때 오스트리아 군대는 이탈리아에

---

4. 이 전투는 1757년 5월 6일의 프라하 전투를 가리킨다.
5. 이 총사령관은 카알 폰 로트링엔 공작. 제2권 제6편 제30장 참조.
6. 프리드리히 대왕에 의한 프라하의 포위(5월 7일~6월 29일)는 실패로 끝났다.

서 집중적인 전진을 했지만 혹독한 손실을 입었다. 이 원정에서 프랑스의 장군이 쓴 수단은 정신적인 수단을 제외하면 1757년에 오스트리아의 최고 지휘관도[7] 쓸 수 있었을 것이다. 아니 그 이상으로 쓸 수 있었을 텐데, 그 최고 지휘관의 병력이 보나파르트의 경우와 달리 프리드리히 대왕의 병력보다 열세에 있지 않았기 때문이다. 그래서 병력을 분할하여 집중적인 전진을 할 때는 적이 내선의 도움으로 전투력의 불균형을 없앨 수 있다는 두려움이 있는 경우에는 그런 전진을 해서는 안 된다. 전투력의 위치 때문에 그런 전진을 해야 한다면 그것은 필요악이라고 보아야 한다.

이런 관점에서 1814년에 프랑스에 침입하려고 수행한 계획으로 눈길을 돌리면 우리는 그 계획에 전혀 동의할 수 없다. 러시아, 오스트리아, 프로이센의 군대는 마인 강변의 프랑크푸르트[8] 부근에 있는 한 지점에서 프랑스의 중심을 향해 매우 자연스러운 직선의 방향에 있었다. 그런데 이 군대를 분할하여 하나의 군대는 마인츠에서 프랑스로, 다른 군대는 스위스를 지나 프랑스로 침입하려고 했다. 이때 프랑스의 힘은 매우 약해서 국경의 방어를 생각할 수 없었다. 그래서 이 집중적인 전진이 성공했다면 여기에서 기대할 수 있는 유리함의 전부는 한쪽 군대로 알자스와 로렌을[9] 점령하고, 다른 쪽 군대로 프랑슈콩테를[10] 점령하는 것이었다. 이런 작은 유리함을 얻는 것이 스위스로 행군하는 고생을 할 만큼 가치 있는 일이었을까? 물론 우리는 그 밖의 다른 (역시 좋지 않은) 이유 때문에 이 행군을 하기로 결정했다는 것을 잘 알고 있다. 하지만 여기에서는 지금 다루고 있는 문제와 관련되는 요소만 말하도록 한다.

---

7. 이 최고 지휘관은 앞에서 말한 카알 폰 로트링엔 공작.
8. 프랑크푸르트(Frankfurt am Main), 독일에는 마인 강변에도 프랑크푸르트가 있고 오더 강변에도 프랑크푸르트(Frankfurt an der Oder)가 있다. 오더 강변의 프랑크푸르트는 현재 폴란드와 국경을 이루고 있는 곳에 있다. 두 지역을 구분하려고 프랑크푸르트에는 늘 강을 함께 표기한다.
9. 로렌(Lothringen, Lorraine), 현재 프랑스의 북동부 지방. 독일어로는 로트링엔.
10. 프랑슈콩테(Franche-Comté), 프랑스의 동부 지방. 스위스에 맞닿아 있다.

다른 한편으로 보나파르트는 그의 탁월한 1796년 원정이 보여 준 것처럼, 집중 공격에 대한 방어를 매우 잘 이해하고 있는 인물이었다. 보나파르트보다 많은 병력을 갖고 있던 사람들도 기회 있을 때마다 그의 놀라운 정신력을 인정했다. 그는 샬롱으로 전진하는 자신의 군대에 지나치게 늦게 도착했고,11 하여튼 적을 지나치게 얕보았다. 둘로 나뉜 병력이12 합류하기 전에 그 군대를 하나하나 쓰러뜨리지 않은 것도 아니었다. 브리엔에서 양쪽 군대의 병력은 얼마나 줄었을까? 블뤼허에게는 65,000명 중에 27,000명만 남았고, 200,000명의 프랑스의 주력 군대 중에 전투에 투입한 병력은 100,000명밖에 되지 않았다. 보나파르트에게는 이보다 유리한 승부도 없었다. 동맹 군대는 행동에 나선 순간부터 병력의 재집결이야말로 제일 긴급한 일이라는 것을 깨달았다.

이 모든 고찰을 통해 알 수 있듯이, 집중 공격이 그 자체로 매우 큰 성과를 내는 수단이라고 해도 그것은 주로 전투력이 처음부터 분할되어 있는 경우에만 수행되어야 한다. 또한 집중 공격을 하려는 생각으로 힘의 제일 짧고 단순한 방향을 벗어나는 것이 옳은 경우는 별로 없을 것이다.

3. 전쟁터가 넓다는 것도 병력을 분할하여 전진하는 이유라고 할 수 있다.

공격하는 군대가 어느 지점에서 전진하여 성공적으로 적의 나라 깊숙이 침입하는 경우에 그 군대가 지배하는 공간은 정확히 공격자가 이동하는 길에 제한되지 않을 것이고 그보다 약간 넓을 것이다. 그것은 (비유적인 표현을 쓸 수 있다면) 적의 나라의 밀도와 응집력에 의해 결정될 것이다. 적의 나라가 느슨하게 결합되어 있고 그 인민이 나약하고 전쟁에 익숙하지 않다면, 아

---

11. 나폴레옹은 마른 강변의 샬롱에 집결한 60,000명의 병력을 이끌고 1814년 1월 25일에 블뤼허의 군대를 향해 전진을 시작했다.
12. 이 병력은 블뤼허의 군대와 동맹국의 주력 군대를 가리킨다. 주력 군대는 스위스를 지나 프랑스로 침입하여 파리로 향하고, 블뤼허의 군대는 만하임에서 라인 강을 건너 파리로 향할 예정이었다.

군이 많은 행동을 하지 않아도 성공적인 침입을 한 아군의 배후에 넓은 지역이 펼쳐질 것이다. 하지만 아군이 적의 용감하고 충성스러운 인민과 상대해야 한다면, 아군이 지난 공간은 좁은 삼각형과 다름없는 모습이 될 것이다.

이런 불행을 막으려면 전진하는 군대가 병력을 일정한 넓이로 배치하여 전진할 필요가 있다. 적의 병력이 어느 한 지점에 집결해 있으면 그 병력과 접촉하지 않는 동안만 그런 넓이를 유지할 수 있고, 적의 병력이 배치된 지점에 접근할수록 아군은 그 넓이를 좁혀야 하는데, 이는 당연한 것이다.

하지만 적이 스스로 자기의 병력을 일정한 넓이로 배치했다면, 아군의 전투력을 그것과 같은 정도의 넓이로 배치하는 것은 그 자체로 모순되지 않을 것이다. 여기에서는 하나의 전쟁터 또는 여러 개의 전쟁터라고 해도 근접해 있는 전쟁터를 말하고 있는 것이다. 그래서 우리의 견해에 따르면, 이는 분명히 중요한 행동이 부차적인 지점에 대한 승패도 결정하는 경우에 해당한다.

그런데 언제나 중요한 행동을 무릅쓸 수 있는 것일까? 중요한 지점이 부차적인 지점에 미치는 영향이 충분히 크지 않은 경우에도 병력의 집결에 의하여 생기는 위험에 노출되어야 하는 것일까? 전쟁터는 일정한 넓이를 필요로 한다는 것을 특별히 고려해야 하는 것이 아닐까?

이 문제에서든 다른 문제에서든, 일어날 수 있는 경우의 수를 모두 들 수는 없다. 하지만 우리는 약간의 예외를 제외하면 중요한 지점의 승패가 부차적인 지점에도 영향을 미칠 것이라고 주장한다. 그래서 이에 명백하게 반대되는 상황이 일어나지 않는 모든 경우에는 이 원칙에 따라 행동을 준비해야 한다.

보나파르트가 러시아에 침입했을 때 그는 러시아의 주력 군대를[13] 제압하면 다우가바 강 상류에 있는 러시아의 전투력도[14] 제압할 수 있다고 생각했는데, 이는 당연한 일이었다. 보나파르트는 처음에 우디노의 군단만 다우

---

13. 이 주력 군대는 127,000명의 바클라이의 군대를 가리킨다.
14. 이 전투력은 쿠투조프가 이끄는 53,000명의 군대를 가리킨다.

가바 강의 방향으로 보냈는데, 비트겐슈타인 장군이 공격으로 전환했기 때문에 제6군단도 그곳에 보내지 않을 수 없었다.[15]

이와 반대로 그는 처음부터 전투력의 일부를 바그라티온에게 향하게 했다.[16] 하지만 바그라티온은 바클라이의 주력 군대가 후퇴 이동을 하는데 마음을 빼앗겼고, 그래서 보나파르트는 그 전투력의 일부를 다시 자신이 있는 곳으로 불러들일 수 있었다. 비트겐슈타인이 제2의 수도를[17] 보호해야 하는 임무를 띠고 있지 않았다면, 그도 바클라이의 주력 군대를 따라 후퇴했을 것이다.

보나파르트는 1805년에 울름의 승리로 이탈리아의 승리를 결정지었고, 1809년에는 레겐스부르크의 승리로 티롤의 승리도 결정지었다. 울름과 레겐스부르크의 전쟁터가 이탈리아와 티롤에서 상당히 먼 곳에 있는 독립적인 전쟁터였는데도 그러했다. 그는 1806년에는 예나와 아우어슈테트의 승리로 베스트팔렌, 헷센,[18] 그리고 프랑크푸르트의 도로에 있을지 모르는 적의 모든 저항을 동시에 막을 수 있었다.

측면 부분에서 저항하는데 영향을 미칠 수 있는 많은 상황 중에는 특히 다음의 두 가지 상황이 중요하다.

첫 번째는 러시아처럼 넓은 면적과 비교적 많은 병력을 갖고 있는 나라의 경우이다. 이런 경우에는 중요한 지점에 대한 적의 결정적인 공격을 오랫동안 늦출 수 있고, 병력을 측면 지점에 성급하게 집결할 필요도 없다.

두 번째는 1806년의 슐레지엔처럼 어느 측면 지점이 많은 요새에 의해 보호를 받고 있고 특별한 독립성을 갖고 있는 경우이다. 하지만 보나파르트

---

15. 이는 1812년 7월 초의 일이었다.
16. 나폴레옹의 막내 동생 제롬이 이끄는 80,000명의 우익 군대.
17. 제2의 수도는 모스크바. 러시아의 수도는 1712~1918년에 (1728~1732년 제외) 상트페테르부르크였다.
18. 그 당시에 대공국이었다. 헷센의 영토는 현재의 프랑크푸르트의 북쪽과 남쪽 지역에 걸쳐 있었다.

는 이런 지점을 매우 하찮게 보았다. 즉 그는 바르샤바로[19] 전진하면서[20] 그 지점을 배후로 삼아야 했는데도 그곳에 그의 동생 제롬이[21] 이끄는 20,000명의 병력만 보냈다.

지금 말한 경우에서 분명해진 것처럼, 공격자가 중요한 지점을 공격해도 측면 지점은 십중팔구 흔들리지 않을 것이고, 혹은 정말로 흔들리지 않았다면 이것은 적이 그 지점에 정말로 전투력을 배치했기 때문이다. 그러면 그 지점에 더 적당한 다른 전투력을 보내야 할 것이다. 이것은 필요악이지만, 그 지점의 병참선은 처음부터 절대로 포기할 수 없기 때문에 필요악이라고 해도 할 수 없다.

그런데 이런 조심성을 한 단계 높일 수도 있다. 그런 조심성은 중요한 지점을 향해 전진할 때 부차적인 지점에 대한 전진과 보조를 맞출 것, 그래서 적의 부차적인 지점이 굴복하지 않으려고 할 때마다 중요한 지점에 대한 행동을 멈출 것을 요구한다.

물론 이 원칙이 모든 것을 되도록 하나의 중요한 행동으로 집결한다는 우리의 원칙에 곧바로 모순되지는 않을 것이다. 하지만 이 원칙을 낳은 정신은 우리의 원칙이 생각한 정신과 완전히 대립된다. 이 원칙에 따르면, 이동은 신중해지고 추진력은 마비되고 우연이 많이 개입되고 시간의 손실이 늘어날 것이다. 그래서 이 원칙은 현실적으로 적을 쓰러뜨리는 것을 목표로 삼는 공격과 전혀 맞지 않는다.

부차적인 지점에 있는 병력이 분산적으로 후퇴할 수 있다면, 전진하는데 따른 어려움은 더 늘어난다. 그러면 공격의 통일성은 어떻게 되겠는가?

그래서 우리는 중요한 지점에 대한 공격이 부차적인 지점에 달려 있다는

---

19. 바르샤바(Warschau, Warszawa), 1596년 이래 폴란드의 수도. 동유럽의 경제와 상업의 중심지.
20. 나폴레옹은 1806년 10월 14일의 예나 전투에서 프로이센 군대를 무찌르고 11월 하순에 바르샤바로 향했다.
21. 제롬 보나파르트(Jérôme Bonaparte, 1784~1860), 나폴레옹 보나파르트의 막내 동생. 프랑스의 괴뢰 국가인 베스트팔렌의 왕(1807~1813년)을 지냈다.

원칙을 완전히 부정해야 한다. 그리고 다음과 같이 주장해야 한다. 즉 적을 쓰러뜨리는 것을 목표로 하는 공격은 적의 심장을 향해 날아가는 화살촉처럼 대담하지 않으면 목표를 이룰 수 없다.

4. 마지막으로 분할하여 전진하는 네 번째 이유는 식량 조달을 편하게 할 수 있기 때문이다.

확실히 소규모의 군대로 부유한 지방을 이동하는 것은 대규모의 군대로 가난한 지방을 이동하는 것보다 훨씬 편하다. 하지만 목적에 맞는 수단을 쓰고 결핍에 익숙한 군대에게는 후자도 불가능한 것은 아니다. 그래서 전자의 상황이 아군의 결정에 큰 영향을 미쳐서는 결코 안 되는데, 그렇지 않으면 아군은 큰 위험에 빠지게 된다.

이상으로 병력을 분할하여 하나의 중요한 행동이 여러 개의 행동으로 나뉘는 이유가 정당화되는 경우를 인정했다. 이 이유 중의 하나의 이유에 따른 병력의 분할이 목적에 대한 분명한 의식과 장단점에 대한 신중한 고려를 통해 일어난다면, 그런 분할은 감히 비난하지 않을 것이다.

하지만 오늘날 일반적으로 일어나고 있는 것처럼, 어느 현학적인 참모에 의해 그 계획이 단지 습관처럼 이루어진다면, 많은 전쟁터가 체스판의 칸처럼 배열되어 있고 말이 움직이기 전에 모든 칸을 해당 칸의 말이 미리 차지하고 있어야 한다면, 이 말이 잘못된 수읽기 때문에 복잡하게 얽힌 선과 상황에서 목표에 접근한다면, 군대를 오늘 분할해야 하고 군대의 모든 기술이 이 군대를 최악의 위험을 무릅쓴 채 14일 후에 다시 집결하는데 있는 것이라고 한다면, 그렇다면 우리는 단순하고 간단하고 반듯한 길을 버리고 병력을 분할하여 일부러 혼란에 빠지는데 대해 혐오감을 갖게 된다. 최고 지휘관이 전쟁을 이끌지 않을수록, 최고 지휘관이 제1장에서 암시한 것처럼 전쟁을 엄청난 힘으로 무장한 개체의 단순한 행동이라는 의미에서 수행하지 않을수록, 그래서 전체 계획이 실전을 경험하지 않은 참모 본부의 작전실에서 생겨나고 한 다스의 설익은 두뇌의 생각에서 나올수록, 그런 어리석음은 그만큼 자주 나타난다.

이제 우리의 첫 번째 원칙의 세 번째 부분, 즉 부차적인 행동을 되도록 부차적인 일로 여긴다는 부분을 생각해야 한다.

모든 전쟁 행동을 하나의 단순한 목표로 환원하려고 하고, 이 목표를 되도록 하나의 대규모 행동으로 이루려고 하면, 전쟁 중인 나라의 나머지 접점은 부분적으로 독립성을 잃게 된다. 즉 그 접점은 부차적인 행동이 된다. 모든 것을 무조건 단 하나의 행동으로 밀어 넣을 수 있다면, 그런 접점은 없는 것이나 다름없을 것이다. 하지만 그런 경우는 거의 일어날 수 없다. 그래서 그런 접점을 줄이고, 그런 접점이 중요한 행동에 쓸 병력을 지나치게 많이 빼앗지 않도록 하는 것이 중요하다.

이것으로 말하고 싶은 것은 전쟁 계획은 이런 경향을 띠어야 한다는 것이다. 이는 적의 모든 저항을 하나의 중심으로 줄일 수 없는 경우에도, 그래서 앞에서 한 번 말한 것처럼 거의 완전히 다른 두 개의 전쟁을 동시에 수행하는 경우에도 해당된다. 언제나 두 개의 전쟁 중에서 하나의 전쟁을 **중요한 전쟁**으로 보아야 하고, 병력과 활동은 특히 그 전쟁을 준비하는데 돌리게 된다.

이 견해에 따르면 이 하나의 중요한 측면에서만 **공격적으로** 행동하고, 다른 측면에서는 방어적인 상태를 유지하는 것이 합리적인 행동이다. 다른 측면의 특별한 상황이 공격을 하도록 초대할 때만 그 공격이 정당화될 것이다.

그 밖에 부차적인 지점에서 일어나는 방어는 되도록 소규모의 병력으로 수행하려고 할 것이고, 이 저항 형태가 보장할 수 있는 모든 유리함을 이용하려고 할 것이다.

이 견해는 여러 나라의 군대가 등장한다고 해도 이 군대를 공통의 중심에서 동시에 공격할 수 있는 모든 전쟁터에서 훨씬 적합할 것이다.

이에 따르면 중요한 충돌 대상이 되는 적을 부차적인 전쟁터에서 방어한다는 것은 더 이상 있을 수 없다. 중요한 공격 자체와 다른 이유 때문에 생긴 부차적인 공격이 중요한 충돌을 이루고 있는 것이고, 이 두 공격에 의해 직접 보호되지 않는 지점을 방어하는 것은 쓸데없는 짓이 된다. 주력 결전이 중요한 것이고, 주력 결전에서 승리하면 모든 손실은 보상된다. 그런 주력 결전을 합리적으로 수행할 만큼 병력이 충분하다면, 만일의 실패에 대비하여 다른 지점의 손실을 막는 대책을 쓸 이유는 더 이상 있을 수 없다. 그런 대책에 병력을 쓰면 주력 결전에서 패배할 개연성이 훨씬 높아지고, 그래서 아군의 행동에 모순이 생기기 때문이다.

중요한 행동이 부차적인 행동을 지배하는 것은 전체 공격을 이루는 하나하나의 부분에서도 일어나야 한다. 이 전쟁터에서는 어느 병력이, 다른 전쟁터에서는 어느 병력이 공통의 중심을 향해 전진해야 하는지는 대부분 그때마다 다른 이유에 의해 결정된다. 여기에서는 단지 중요한 행동이 존재하는 곳에서는 그런 노력을 해야 한다는 것, 중요한 행동을 많이 이룰 수 있게 될수록 모든 것은 더 단순해지고, 우연에 좌우되는 일은 더 줄어든다는 것만 말할 수 있다.

두 번째 원칙은 전투력의 신속한 이용과 관련된다.

쓸데없이 시간을 소비하고 우회하는 것은 전부 전투력의 낭비이고, 그래서 전략이 혐오하는 것이다.

하지만 더 중요한 것은 일반적으로 공격의 거의 유일한 장점은 기습에 있고, 이를 통해 무대의 막이 오를 수 있다는 생각이다. 갑작스럽게 일어나서 끊임없이 전진하는 것이 공격에서 제일 강한 충격이다. 적을 쓰러뜨리는 것이 중요한 경우에 공격에서 기습이 없는 경우는 드물다.

이것으로 이론은 목표를 향한 제일 짧은 길을 요구한다. 또한 이론은 오른쪽인지 왼쪽인지, 이쪽인지 저쪽인지에 관한 수많은 토론을 고려의 대상에서 완전히 제외한다.

전략적인 공격의 대상에 관한 장에서[22] 적의 급소에 대해 말한 것, 더욱이 이 편 제4장에서 시간의 영향에 대해 말한 것을 생각한다면, 두 번째 원칙에 요구하는 영향이 정말로 그 원칙에 합당한지 보여 주려고 설명할 필요는

---

22. 제7편 제3장을 말한다.

더 이상 없을 것이라고 생각한다.

보나파르트는 결코 이와 다르게 행동하지 않았다. 군대에서 군대로, 또는 수도에서 수도로 통하는 제일 짧은 중요한 도로는 언제나 보나파르트가 제일 좋아하는 길이었다.

우리는 모든 행동을 중요한 행동으로 줄였고, 중요한 행동을 신속하고 거리낌 없이 실행할 것을 요구했는데, 중요한 행동의 본질은 무엇인가?

일반적인 수준에서 적을 쓰러뜨리는 것이 무엇인지에 대해서는 제4장에서 말했고, 그것을 반복하는 것은 쓸데없는 일이 될 것이다. 그것이 하나하나의 경우에 어떤 결과로 끝날지라도 그것의 처음은 언제나 같다. 즉 적의 전투력을 파괴하는 것, 다시 말해 적의 전투력에 대해 큰 승리를 얻고 적의 전투력을 무찌르는 것이다. 이 승리를 일찍 얻을수록, 즉 우리 나라의 국경 근처에서 얻을수록 승리는 그만큼 작은 것이 된다. 승리를 늦게 얻을수록, 즉 적의 나라 깊숙한 곳에서 획득할수록 승리는 그만큼 결정적인 것이 된다. 이 경우에도 다른 모든 경우처럼 승리를 얻는 평이함과 승리의 크기는 균형을 유지한다.

그래서 아군이 승리를 의심할 수 없을 만큼 적의 전투력보다 우세하지 않은 경우에는 되도록 적의 주력 군대를 찾아야 한다. '되도록'이라고 말했다. 적의 주력 군대를 찾는 일이 아군에게 지나친 우회, 잘못된 방향 설정, 시간의 손실을 하게 하면 그것은 자칫 잘못이 될 수 있기 때문이다. 적의 주력 군대를 아군이 전진하는 길에서 찾지 못하는 경우에도, 적의 주력 군대를 찾는 것이 아군의 이해 관계와 맞지 않기 때문에 찾을 수 없는 경우에도, 그 군대를 나중에 만나는 것은 확실하다고 할 수 있다. 적의 주력 군대가 때를 놓치지 않고 아군에게 대항하여 아군을 쓰러뜨리려고 할 것이기 때문이다. 그러면 아군은 방금 말한 것처럼 별로 유리하지 않은 상황에서도 적을 공격할 것이고, 이것은 아군이 감당해야 하는 불행이다. 그럼에도 아군이 그 전투에서 승리한다면 그 승리는 그만큼 결정적인 것이 될 것이다.

이것으로 다음과 같은 결론이 나온다. 즉 아군의 병력이 그다지 우세하지 않은 경우에 적의 주력 군대가 이미 아군이 전진하는 길에 있는데도 일부러 그 군대 옆으로 지나가는 것은 (적어도 그것이 승리를 수월하게 얻으려는 의도에서 비롯되는 한) 잘못이 될 것이다.

이와 반대로 앞에 말한 것에 따르면, 아군이 적의 주력 군대에 대해 결정적으로 우세한 경우에는 일부러 그 군대 옆으로 지나갈 수 있고, 나중에 더 결정적인 전투를 할 수 있다는 결론이 나온다.

우리는 지금 아군의 완전한 승리와 적의 완전한 패배를 말하는 것이고, 단지 어느 한 전투에서 얻는 승리를 말하는 것이 아니다. 완전한 승리에 속하는 것은 포위 공격 또는 비스듬한 정면으로 수행하는 전투이다. 이 두 가지가 언제나 승리의 결과에 결정적인 성격을 부여하기 때문이다. 그래서 아군이 전쟁에서 필요로 하는 전투력의 규모를 정하는 것은 물론 이 전투력에게 방향을 주는 것은 전쟁 계획의 본질에 속한다. 이 점에 관해서는 원정 계획에 관한 장에서[23] 더 자세히 다루어야 한다.

물론 직선의 정면에서 이루어지는 전투에서도 적에게 완전한 패배를 입히는 것이 불가능한 것은 아니고, 전쟁사에 그런 사례가 없는 것도 아니다. 하지만 그런 경우는 매우 드물고, 양쪽 군대가 훈련과 민첩함에서 비슷할수록 그런 예는 점점 더 드물어질 것이다. 오늘날에는 블레넘의 경우처럼 한 마을에서 21개의 대대를 포로로 잡는 일은[24] 더 이상 없을 것이다.

대규모의 승리를 획득한 경우에도 휴식, 호흡 조절, 심사숙고, 전리품의 확인 등을 화제로 삼아서는 안 된다. 오로지 추격, 필요한 경우에 수행하는

---

23. 원정 계획에 관한 장은 없다.
24. 블레넘(Blenheim), 독어로는 블렌하임인데, 영국인들이 블레넘 전투라고 발음하여 부른 이후로 영국 발음에 따라 블레넘으로 더 잘 알려졌다. 도나우 강변에 있는 바이에른 선제후 국의 마을. 현재의 지명은 블린트하임(Blindheim). 울름에서 북동쪽으로 약 58킬로미터, 아 욱스부르크에서 북서쪽으로 약 42킬로미터 되는 곳에 있다. 스페인 왕위 계승 전쟁 때 영국, 신성 로마 제국, 네덜란드의 동맹군은 1704년 8월 13일의 블레넘 전투에서 프랑스와 바이에 른의 동맹군을 무찌르고, 프랑스의 27개 대대와 12개의 기병 중대를 포로로 잡았다. 본문의 21개 대대는 27개 대대의 잘못일 것이다

새로운 돌격, 적의 수도의 점령, 적의 지원 병력에 대한 공격, 그 밖에 적의 근거 지점으로 보이는 것에 대한 공격만 화제로 삼아야 한다.

아군이 승리의 물결을 타고 적의 요새에 이르렀을 때 그 요새를 포위해야 하는지 말아야 하는지는 아군 병력의 규모에 달려 있다. 병력의 수에서 월등하게 우세해도 요새를 되도록 신속하게 점령하지 않으면 이는 시간의 손실이 될 것이다. 하지만 선두 부대가 요새를 성공적으로 점령하는 것을 확신할 수 없다면, 아군은 요새 앞에 되도록 소규모의 병력만 두어야 한다. 이때는 요새를 철저하게 포위할 수 없다. 요새를 포위하려고 공격의 전진을 멈추지 않을 수 없는 순간부터 공격은 대체로 공격의 정점에 도달하게 된다. 그래서 우리는 적의 주력 군대를 향해 신속하고 끊임없이 전진하고 추격할 것을 요구한다. 우리는 앞에서 이 전진이 중요한 지점에서 성공한 후에 부차적인 지점으로 향하는 것을 비난한 적이 있다. 그래서 그 결과는 대부분의 경우에 아군의 주력 군대가 전진하고 난 배후에 좁은 지대만 남고, 이것만 아군의 지역이라고 할 수 있고 아군의 전쟁터를 이룬다는 것이다. 이것이 어떤 식으로 선두 부대의 추진력을 약하게 만들고 공격자를 위험에 빠뜨리는지에 대해서는 앞에서 말했다. 전진에 내재하고 있으면서 전진을 약하게 만드는 이런 어려움이 더 이상의 전진을 막는 지점에 이를 수 있지 않을까? 물론 이를 수 있다. 하지만 앞에서 주장한 것처럼 처음부터 이 좁은 전쟁터를 피하려고 하는 것, 이 목적 때문에 공격의 탄력을 늦추는 것은 잘못이 될 것이다. 그 주장처럼 우리는 이번에도 다음과 같이 주장한다. 즉 최고 지휘관이 적을 아직 쓰러뜨리지 않는 한, 그 목표를 이룰 수 있을 만큼 충분히 많은 병력을 갖고 있다고 믿는 한, 그는 그 목표를 추구해야 한다. 그러면 아마 위험이 늘어날 테지만 성과의 규모도 늘어날 것이다. 어느 지점에 도착하여 계속 전진하는 모험을 하지 않는다면, 또는 배후를 염려하여 병력을 오른쪽과 왼쪽으로 넓혀야 한다고 생각한다면, 아마 그곳이 십중팔구 공격의 정점이 될 것이다. 전진하는 힘은 그것으로 끝난다. 적이 쓰러지지 않으면 그런 전진으로는 십중팔구 아무것도 이루어지지 않을 것이다.

공격자가 공격을 강력하고 풍부하게 하려고 적의 요새, 고갯길, 어느 지방을 점령하는 일이 있는데, 이 모든 것은 전진을 느리게 만든다. 이런 전진은 단지 상대적인 전진이고 더 이상 절대적인 전진이 아니다. 그러면 적은 더이상 도망치지 않는다. 아마 새로운 저항을 하려고 이미 무장을 갖추었을 것이다. 그래서 공격자가 여전히 공격을 강화하면서 전진을 하는데도 방어자가이와 똑같이 하면서 날마다 공격자의 힘을 넘는 일이 일어날 수 있다. 한마디로 요약하면, 전진이 어쩔 수 없이 한 번 중단되고 나면 대개 제2의 전진은 없다.

그래서 이론이 요구하는 것은 적을 쓰러뜨리려는 생각을 하고 있다면 적을 향해 끊임없이 전진해야 한다는 것이다. 최고 지휘관이 전진하는데 지나치게 큰 위험이 따른다고 생각하기 때문에 이 목표를 포기한다면, 전진을 멈추고 병력을 넓게 배치하는 것이 옳다. 이론이 그것을 비난하는 것은 단지 그것으로 적을 더 교묘하게 쓰러뜨리려고 하는 경우뿐이다.

우리는 점차로 최악의 상태에 빠져드는 나라가 없을 것이라고 주장할 만큼 어리석지는 않다. 첫째로 우리가 내세운 명제는 하나의 예외도 있을 수 없는 절대적인 진실이 아니라 단지 개연성 있는 보통의 성과를 바탕으로 하는데 지나지 않는다. 그러면 한 나라의 멸망이 점차로 역사적으로 일어난 것인지, 혹은 곧바로 첫 번째 원정의 목표였는지 구분해야 한다. 여기에서는 두 번째 경우에 대해서만 말한다. 이 경우에만 적의 중심을 압도하든지, 혹은 적의 중심에 압도당할 위험에 놓이게 되는 힘의 긴장이 생기기 때문이다. 그런데 첫해에 적당한 유리함을 얻고 다음 해에 이 유리함에 다른 유리함을 덧붙인다면, 그래서 이런 식으로 점차로 천천히 목표를 향해 접근한다면, 심각한 위험은 어디에도 나타나지 않는다. 그 대신에 위험이 여러 곳에 분산된다. 하나의 성과를 얻은 다음에 다른 성과에 이르는 동안에 적은 새로운 전망을 갖게 된다. 즉 이전의 성과는 이후의 성과에 별로 영향을 미치지 못한다. 때로 전혀 영향을 미치지 못하고, 때로 부정적인 영향을 미치기도 한다. 이는 적이힘을 회복하든지, 심지어 더 큰 저항을 하려고 불타오르든지, 외부에서 새로운 도움을 받기 때문이다. 그 반면에 모든 것이 단숨에 일어나는 경우에는 어제의 성과가 오늘의 성과를 좌우하고, 불길은 옆의 불길로 옮겨붙는다. 점차적인 공격으로 제압된 나라가 있고, 그래서 시간이 (시간은 방어자의 수호신인데) 방어자에게 파멸적인 결과를 불러일으킨 나라가 있다. 이에 비하면 공격자의 목적이 그런 점차적인 공격 때문에 완전히 실패로 돌아간 예는 수없이 많다. 이는 7년 전쟁의 결과만 생각하면 알 수 있는데, 이때 오스트리아 군대는 매우 여유 있고 신중하고 조심스럽게 목표를 이루려고 했지만 그 목표를 완전히 놓치고 말았다.

그래서 이 견해에 따르면 전쟁터를 적절하게 준비하려는 생각 때문에 전진하려는 충동을 늘 억눌러야 하고, 이 충동에서 이를테면 균형을 유지해야 한다는 의견에는 전혀 동의할 수 없다. 공격자에게 전진에서 생겨나는 불리함은 피할 수 없는 해악이라고 생각한다. 이런 해악은 앞으로 더 이상의 희망이 남아 있지 않을 때 비로소 고려된다.

1812년의 보나파르트의 예는 우리의 주장을 부정하기는커녕 오히려 확고하게 한다.

보나파르트의 원정이 실패한 것은 보통 말하는 것처럼 그가 지나치게 빨리 그리고 지나치게 멀리 전진했기 때문이 아니라 원정이 성공하는데 필요한 단 하나의 수단이 없었기 때문이다. 러시아 제국은 정식으로 점령할 수 있는 나라, 즉 점령을 유지할 수 있는 나라가 아니다. 적어도 현재의 유럽 나라의 병력으로는, 그리고 보나파르트가 이끌었던 500,000명의 병력으로도 점령할 수 있는 나라가 아니다. 그런 나라는 그 나라 자체의 약점과 내부적인 분열의 결과로 정복할 수밖에 없다. 그리고 이 정치적인 측면의 약점을 찌르려면 그 나라의 심장부까지 흔들 만한 충격이 필요하다. 보나파르트의 강력한 공격이 모스크바에 이를 때까지 충분했을 때만 그는 러시아 정부의 용기와 인민의 충성심과 단호함에 충격을 준다는 희망을 품을 수 있었다. 그는 모스크바에서 평화 조약을 맺기를 바랐다. 그리고 그것은 보나파르트가 그 전쟁에서 품을 수 있었던 단 하나의 올바른 목표였다.

그래서 그는 자기의 주력 군대를 러시아의 주력 군대에 맞서게 했다. 러시아의 주력 군대는 그를 보고 놀란 나머지 드리사의 진지를 버리고 비틀거리며 물러섰고, 이 후퇴는 스몰렌스크에서 비로소 멈추었다. 보나파르트는 바그라티온의 군대를 잡아챘고, 주력 군대와 바그라티온의 군대를 공격했고, 모스크바를 점령했다. 그는 이때에도 늘 하던 대로 행동했다. 이 방식으로만 그는 유럽의 지배자가 되었고, 이 방식으로만 그는 유럽의 지배자가 될 수 있었다.

그래서 보나파르트의 이전의 모든 원정에서 그를 제일 위대한 최고 지휘관이라고 감탄했던 사람들은 러시아 원정을 보고 그를 얕보아서는 안 된다.

어떤 사건을 그 결과에 따라 판단할 수는 있다. 결과는 그 사건에 대한 최선의 비판이기 때문이다. (제2편 제5장 참조.) 하지만 단지 결과에서 끌어낸 판단을 인간의 지혜로 증명하려고 해서는 안 된다. 원정에서 패배한 원인을 찾는 것만으로는 그 원정에 대한 비판이 되지 않는다. 최고 지휘관이 왜 패배의 원인을 내다보지 못했는지, 왜 그것을 고려할 수 없었는지 하는 것을 증명할 때만 비판을 하게 되고, 그 최고 지휘관의 수준을 넘게 된다.

우리의 주장은 다음과 같다. 즉 어떤 사람이 1812년의 원정을 단지 엄청난 반격을 받았기 때문에 황당무계한 짓이라고 생각한다면 그는 그 원정이 성공했을 때 그 원정을 최고로 훌륭한 행동이라고 보았을 텐데, 이런 사람은 판단 능력이 전혀 없는 사람이다.

대부분의 비평가들이 바라던 것처럼 보나파르트가 리투아니아에 머물렀다면, 그래서 먼저 요새의 안전을 확보하려고 했다면, 그는 겨울 동안에 애처로운 방어 체계에 들어갔을 것이다. 보브루이스크는[25] 보잘것없는 작은 은신처에 지나지 않기 때문에 리투아니아에는 완전히 측면에 놓여 있는 리가[26]

---

25. 보브루이스크(Bobruisk, Babrujsk), 현재 벨라루스 모길료프 주의 도시로 베레지나 강과 인접한 곳에 있다. 민스크에서 남동쪽으로 약 140킬로미터에 있다.
26. 리가(Riga), 그 당시에 러시아의 지배를 받았고 현재에는 라트비아의 수도이다. 발트 해와 다우가바 강에 접해 있다.

외에 요새는 거의 하나도 없었다. 그러면 바로 그 비평가들이 제일 먼저 다음과 같이 소리쳤을 것이다. 즉 그것은 더 이상 옛날의 보나파르트가 아니다! 아우스터리츠와 프리트란트의 전투에서 승리했을 때처럼 늘 적의 마지막 장벽을 돌파하여 점령을 결정지은 보나파르트가 이때에는 왜 주력 전투를 한 번도 치르지 않았을까? 곧 함락될 것 같은 무방비의 수도에 대한 점령을 소심하게 놓치고, 그래서 새로운 저항이 그 나라의 핵심에 집결할 수 있도록 모스크바를 그대로 둔 것은 무엇 때문일까? 그는 이렇게 멀리 있는 엄청나게 큰 나라를 기습하는 전대미문의 행운을 잡았고, 이것은 이웃에 있는 어느 도시를 기습할 때와 같았든지 또는 프리드리히 대왕이 프로이센에 가까이 있는 작은 슐레지엔을 기습할 때와 같았는데, 이런 유리함을 이용하지 않고 마치 악마가 그의 발꿈치에 달라붙은 것처럼 승리의 길 중간에서 멈춘 것은 무엇 때문일까? 사람들은 그렇게 판단했을 것이다. 대부분의 비평가들이 그렇게 판단했기 때문이다.

우리의 주장은 다음과 같다. 즉 1812년의 원정이 성공하지 못한 것은 적의 정부가 확고했고 인민이 충성스럽고 단호했기 때문이고, 그래서 그 원정이 성공할 수 없었기 때문이다. 그 원정을 수행한 것은 보나파르트의 잘못이었을지 모른다. 적어도 결과는 그의 계산이 잘못되었다는 것을 보여 주었다. 하지만 그 목표를 이루어야 했다면 문제의 본질상 그 이외의 다른 길은 없었다.

보나파르트는 이미 서유럽에서 막대한 비용이 드는 끝없는 방어 전쟁을 수행해야 했기 때문에[27] 동유럽에서는 그런 전쟁을 하지 않으려고 했다. 그 대신에 그는 목적을 이룰 단 하나의 수단에 도전했다. 즉 대담한 공격으로 적을 당황하게 하여 평화 조약을 얻어내려고 했다. 그의 군대가 이 전쟁에서 파괴된 것은 그가 겪을 수밖에 없는 위험이었다. 그것은 도박의 판돈이었고, 큰 희망을 실현하는데 치르게 되는 희생이었다. 그의 전투력이 그의 잘못 때문에 필요 이상으로 많이 파괴되었지만, 이 잘못은 적의 나라 깊숙이 전진했기

---

27. 나폴레옹이 1807~1814년에 스페인과 포르투갈에 대해 치른 전쟁을 말한다.

때문에 생긴 것이 아니다. 전진은 목적이었고, 그것은 피할 수 없었기 때문이다. 그것보다는 원정을 늦게 시작한 것, 그의 전술이 인명을 낭비한 것, 군대에 식량을 조달하고 후퇴로를 마련하는데 주도면밀하지 못한 것, 마지막으로 모스크바에서 약간 늦게 철수한 것이[28] 그의 잘못이었다.

러시아 군대가 정말로 보나파르트의 후퇴를 막으려고 베레지나 강에서 그를 앞지를 수 있었다는 것은 우리의 주장에 대한 강력한 반론이 되지 않는다. 첫째로 보나파르트를 앞지를 수 없었다는 것이야말로 실제로 그의 후퇴를 막는 것이 얼마나 어려운 일인지 보여 주었기 때문이다. 후퇴로를 막히게 되면 보나파르트는 생각할 수 있는 최악의 상황에서도 결국 길을 냈다. 물론 이 모든 행동이 그의 파국을 크게 하는데 이바지했지만 파국의 본질적인 원인은 아니었다. 둘째로 매우 드물게 나타나는 지형적인 특성만 그의 후퇴를 막을 수단을 주었다. 큰 도로는 베레지나 강의 습지로 가로막혔고, 그 주변은 울창한 숲으로 이루어져서 통행할 수 없었다. 이런 습지가 없었다면 그의 후퇴를 막는 것은 더욱 어려웠을 것이다. 셋째로 이 후퇴를 막을 수 없도록 하려면 후퇴하는 병력의 정면에서 일정한 넓이로 전진하는 것 이외에 결코 다른 수단이 없는데, 이것은 우리가 이미 앞에서 비난했던 방식이다. 한 번 이 수단을 쓰면 중앙에서는 전진하고, 그보다 늦게 전진하는 좌우의 측면 부대로 중앙을 보호해야 한다. 그런데 이 측면 부대의 어느 부분이 사고를 당하는 경우에는 중앙에 있는 부대와 같이 모두 성급히 후퇴하게 되는데, 그러면 이 공격으로는 많은 것을 얻을 수 없을 것이다.

보나파르트가 측면을 소홀히 했다고는 결코 말할 수 없다. 비트겐슈타인에 대해서는 그보다 많은 병력을 보냈다. 리가 앞에는 적당한 포위 군단을 두었는데, 이는 심지어 불필요할 정도로 많은 병력이었다. 남쪽에는 슈바르첸베르크에게 50,000명의 병력이 있었는데, 이는 토르마소프의 병력보다 많았고 심지어 치차고프의 병력과 거의 비슷한 수준이었다. 더욱이 빅토르의[29]

30,000명의 병력이 배후의 중심에 있었다. 11월에도, 즉 러시아 군대의 전투력이 늘어나고 프랑스 군대의 전투력이 이미 많이 줄어든 중요한 순간에도 모스크바 군대의 배후에 있던 러시아 군대의 우세함은 아직 대단한 것이 아니었다. 비트겐슈타인, 치차고프, 사켄은[30] 모두 110,000명의 병력을 보유하고 있었다. 슈바르첸베르크, 레니에,[31] 빅토르, 우디노, 생시르는[32] 여전히 80,000명의 병력을 보유하고 있었다. 아무리 신중한 장군도 전진할 때 측면에 이보다 많은 병력을 둔 적은 거의 없을 것이다.

1812년에 네만 강을 건넌[33] 보나파르트의 600,000명의 병력 중에 슈바르첸베르크, 레니에, 막도날이 이끈 50,000명의 병력만 다시 이 강을 건너[34] 후퇴했다. 보나파르트가 50,000명이 아니라 250,000명을 도로 데리고 왔다고 해도 (앞에서 그의 잘못을 비난했는데, 그 잘못을 피했다면 그렇게 할 수 있었을 테지만) 그것은 패배한 원정이었다. 하지만 이론은 그 원정에 아무런 이의도 달 수 없을 것이다. 군대의 절반 이상을 잃는 것은 그런 경우에는 이상한 일이 아니고, 단지 그 엄청난 규모 때문에 우리에게 그렇게 보이는데 지나지 않기 때문이다.

이상으로 중요한 행동, 그 행동의 필연적인 경향, 그 행동에 따르는 피할 수 없는 위험에 대한 논의를 마친다. 부차적인 행동에 대해서는 무엇보다 다음과 같이 말할 수 있다. 즉 모든 부차적인 행동에는 하나의 공통의 목표가 있어야 하고, 이 목표는 하나하나의 군대의 활동을 마비시키지 않도록 해야 한다. 예를 들어 라인 강 상류, 라인 강 중류,[35] 홀란트에서 프랑스를 향해 전진하여 파리 부근에서 랑데부를 하려고 한다면, 그리고 하나하나의 군대는

---

29. 빅토르(Claude-Victor Perrin, 1764~1841), 프랑스의 장군.
30. 사켄(Fabian Gottlieb von der Osten-Sacken, 1752~1837), 러시아의 원수.
31. 레니에(Jean Louis Ébénézer Reynier, 1771~1814), 프랑스의 장군.
32. 생시르(Laurent de Gouvion Saint-Cyr, 1764~1830), 프랑스의 원수.
33. 1812년 6월 24일.
34. 1812년 12월 14일.
35. 라인 강 중류(미텔라인, Mittelrhein), 마인츠에서 본까지 약 120킬로미터 구간.

이 집결이 이루어지기 전에 모험을 해서는 안 되고 그 병력을 되도록 온전한 상태로 유지해야 한다면, 우리는 이것을 타락한 계획이라고 부른다. 이런 삼중의 이동에서는 반드시 고려해야 하는 것이 생기는데, 그런 이동은 하나하나의 군대가 전진할 때 망설임, 우유부단함, 소심함을 일으키기 때문이다. 이런 경우에는 하나하나의 군대에게 독립된 임무를 주고, 이 군대의 여러 가지 활동이 저절로 통일되도록 하는 것이 낫다.

병력을 분할하고 며칠 행군한 다음에 그 병력을 다시 합치는 일은 거의 모든 전쟁에서 일어나는데, 이것은 기본적으로 완전히 무의미하다. 병력을 나눈다면 왜 나누는지 알아야 하고, 그 이유가 이해할 수 있는 것이어야 한다. 카드리유 춤을[36] 출 때처럼 나중에 합치는 것이 이유가 될 수는 없다.

그래서 군사력이 공격을 하려고 (분리되어 있는) 전쟁터를 향해 전진하는 경우에는 하나하나의 군대에게 독립된 임무를 주어야 한다. 그러면 각 군대는 그 임무를 완수하는데 모든 추진력을 쏟아 부을 수 있다. 이때는 **공격**이 모든 방향에서 일어나는 것이 중요하고, 모든 공격이 상당한 정도의 유리함을 얻는 것은 중요하지 않다.

어느 군대에게 임무를 수행하는 것이 지나치게 어렵다고 (적이 아군의 생각과 다른 식으로 방어했기 때문에) 해도, 그리고 그 군대가 불행을 경험한다고 해도, 이것이 다른 군대의 활동에 영향을 미쳐서는 안 된다. 그렇지 않으면 처음부터 일반적인 성과를 얻을 개연성은 없을 것이다. 대부분의 군대 또는 중요한 군대가 불행을 경험하는 경우에만, 이것이 다른 군대에 영향을 미쳐도 되고 영향을 미치지 않을 수 없다. 그러면 이것은 전쟁 계획이 잘못된 것이다.

이 규칙은 본래 방어를 임무로 삼으면서 이것이 좋은 결과를 낼 때 공격으로 넘어갈 수 있는 군대와 부대에게 타당하다. 이런 경우에는 불필요한 전

---

36. 카드리유(Quadrille), 남녀 4쌍이 한 조가 되어 사방에서 서로 마주 보며 추는 프랑스 춤 또는 그 춤곡.

투력을 중요한 공격 지점에 보내는 것을 선호하지 않는데, 이것은 주로 전쟁터의 지리적인 위치에 달려 있다.

그런데 이런 상황에서 전체 공격의 기하학적인 형태와 통일성은 어떻게 될까? 공격을 받은 군대의 옆에 있는 부대의 측면과 배후는 어떻게 되는 것일까?

이것이 바로 우리가 특히 타파하려고 하는 것이다. 대규모의 공격을 기하학적인 사각형 안에 집어넣는 것은 잘못된 사고 체계 안으로 탈선하는 것이다.

제3편 제15장에서 보여 준 것처럼, 기하학적인 요소는 전략에서는 전술에서 내는 만큼 효과를 내지 못한다. 그래서 여기에서는 그 결과만 반복하려고 한다. 다시 말해, 특히 공격을 할 때는 하나하나의 지점에서 얻는 실질적인 성과를 (공격에서 여러 가지의 성과를 통해 점차로 생길 수 있는) 기하학적인 형태보다 무조건 더 많이 고려한다.

어쨌든 다음과 같은 것은 확실하다. 즉 넓은 공간을 다루는 전략에서 여러 군대의 기하학적인 위치를 고려하고 결정하는 것은 당연히 최고 지휘관에게 맡길 수 있다는 것, 그래서 최고 지휘관 아래에 있는 지휘관들은 이웃에 있는 군대가 무엇을 하는지 또는 하지 않는지 물을 권리가 없다는 것, 이들은 무조건 자기의 목표를 추구하라는 명령을 받을 수 있다는 것이다. 이때 각 군대에 정말로 심한 불균형이 생기면 최고 지휘관은 늘 적절한 때에 도움을 줄 수 있다. 그러면 이를 통해 각 군대가 따로따로 행동하는 데서 생기는 심각한 해악은 없어진다. 이런 해악으로는 사건이 진행되는 과정에서 실질적인 문제 대신에 많은 근심과 전제가 섞이는 것, 우연이 그 우연과 관련되는 군대뿐만 아니라 공동으로 전체 군대를 약하게 만드는 것, 각 군대의 지휘관들의 개인적인 약점과 상호 간의 개인적인 반감이 폭넓게 나타나는 것 등이 있다.

이런 견해에서 역설을 발견하는 것은 전쟁사를 아직 충분히 오랫동안 진지하게 관찰하지 않은 사람들, 중요한 것을 중요하지 않은 것과 나누지 않은 사람들, 인간의 약점이 미치는 많은 영향을 인정하지 않는 사람들뿐이라고 생각한다.

전체를 몇 개의 종대로 나누어서 공격하는 경우에 이 모든 종대의 정확한 연결을 유지하면서 승리를 얻는 것은 전술에서도 어렵다. 이는 전쟁 경험이 있는 모든 사람들이 인정하고 있다. 이것은 전략에서 훨씬 어렵고 또는 심지어 완전히 불가능하게 되는데, 전략에서는 군대의 거리가 훨씬 넓기 때문이다. 그래서 모든 군대의 끊임없는 연결을 유지하는 것이 성공에 필요한 조건이라면, 그런 전략적인 공격은 무조건 거부해야 할 것이다. 하지만 한편으로 그것을 완전히 거부하는 것이 우리의 자의에 달려 있지 않은 경우도 있는데, 이는 아군이 전혀 지배할 수 없는 상황이 그렇게 하도록 결정할 수 있기 때문이다. 다른 한편으로 전술에서도 모든 군대의 끊임없는 연결을 유지하는 것이 전투 흐름의 모든 순간에 필요한 것도 아니고, 이미 말한 것처럼 전략에서는 더욱 필요하지 않다. 그래서 전략에서는 연결을 그만큼 더 무시해야 하고, 각 군대에게 독립된 임무를 주는 일을 그만큼 더 중시해야 한다.

여기에서 하나의 중요한 설명을 덧붙여야 하는데, 그것은 역할을 적절하게 나누는 문제와 관련된다.

1793년과 1794년에[37] 오스트리아의 주력 군대는 네덜란드에 있었고, 프로이센의 주력 군대는 라인 강 상류에 있었다. 오스트리아의 여러 군대는 비인에서 콩데와[38] 발랑시엔으로 행군했는데, 베를린에서 란다우로[39] 행군해야 했던 프로이센 군대와 만났다. 물론 오스트리아 군대는 그곳에서 벨기에의 여러 지방을 방어해야 했고, 프랑스의 플랑드르 지방에서 점령을 수행했다면 그 점령은 벨기에의 여러 지방을 방어하는데 매우 적절한 것이었다. 하지만

---

37. 이 서술은 프랑스 혁명 전쟁 때 일어난 일과 관련된다.
38. 콩데(Condé-sur-l'Escaut), 프랑스 북부의 마을. 비인에서 콩데까지의 거리는 약 1100킬로미터이다.
39. 란다우(Landau), 현재 독일 라인란트-팔츠 지방에 있는 도시. 베를린에서 란다우까지의 거리는 약 600킬로미터이다. 베스트팔렌 평화 조약 이후 알자스에 속했다. 이후 스페인 왕위계승 전쟁으로 18세기 초에 도시의 지배자가 여러 번 바뀌었다.

점령의 이익은 크지 않았다. 카우니츠 후작이[40] 죽은 후에 오스트리아의 외무 장관 투구트는[41] 네덜란드를 전부 포기하고 자기의 병력을 더욱 집중하는 수단을 관철했다. 사실 오스트리아 군대에게 플랑드르까지 가는 길은 알자스까지 가는 길의 거의 두 배에 이른다.[42] 전투력의 수는 엄격하게 제한되어 있었고 모든 것이 현금으로 조달되어야 했던 시대에 그것은 작은 일이 아니었다. 하지만 투구트 외무 장관의 의도는 명백히 다른 곳에 있었다. 즉 그는 네덜란드와 라인 강 하류의 방어에 관심을 갖고 있던 홀란트, 영국, 프로이센에게 위험의 절박함을 느끼도록 하고, 이 나라들로 하여금 더 많이 노력하도록 하려고 했다. 그의 계산은 빗나갔다. 프로이센 정부가 그 당시에 그의 계략에 말려들지 않았기 때문이다. 하지만 이 과정은 전쟁의 흐름에 미치는 정치적인 이해 관계의 영향을 잘 보여 준다.

프로이센은 알자스에 방어해야 할 것도 없었고 점령해야 할 것도 없었다. 프로이센은 1792년에 로렌을 지나 샹파뉴로[43] 전진했지만, 이는 기사도 정신 때문이었다. 이 전진이 상황의 절박함을 더 이상 견디지 못하게 되었을 때 프로이센은 단지 절반의 이해 관계만 갖고 전쟁을 계속했다. 프로이센 군대가 네덜란드에 있었다면 홀란트와 직접 손을 잡았을 것이다. 프로이센은 홀란트를 절반쯤 자기 나라로 볼 수 있었는데, 프로이센 군대가 1787년에 홀란트를 점령한 적이 있었기 때문이다. 그래서 프로이센 군대는 라인 강 하류를 보호했고, 그 결과로 전쟁터의 근처에 있던 프로이센의 일부분을 보호했다. 프로이센은 영국과도 보조금 때문에 매우 긴밀한 동맹 관계에 있었다. 이런 상황에서 두 나라와 이어져 있는 동맹 관계를 쉽게 배반할 수 없었는데, 프로이센 정부는 그 당시에 이 동맹을 배반했다.

---

40. 카우니츠(Wenzel Anton von Kaunitz-Rietberg, 1711~1794), 오스트리아의 정치가이자 외교관.
41. 투구트(Johann Amadeus Franz de Paula von Thugut, 1736~1818), 오스트리아의 정치가.
42. 비인에서 플랑드르까지는 약 1200킬로미터이고, 알자스까지는 약 750킬로미터이다.
43. 샹파뉴(Champagne), 프랑스의 북동부 지방.

그래서 오스트리아의 주력 군대가 라인 강 상류에 나타나고, 프로이센의 모든 병력이 네덜란드에 나타나고, 오스트리아 군대가 네덜란드에 적당한 규모의 군단 하나만 남겨 두었다면 훨씬 나은 효과를 예상할 수 있었을 것이다.

1814년에 모험적인 블뤼허 대신에 바클라이 장군을 슐레지엔 군대의 최고 지휘관으로 임명했다면, 그리고 블뤼허를 슈바르첸베르크[44] 아래의 주력 군대에 두었다면, 그 원정은 아마 완전히 패배했을 것이다.

모험적인 라우돈이[45] 그의 전쟁터를 프로이센에서 제일 강력한 지점, 즉 슐레지엔에 두고 프리드리히 대왕과 전쟁을 하는 대신에 신성 로마 제국의 군대에서[46] 최고 지휘관의 자리에 있었다면, 7년 전쟁 전체는 아마 다른 변화를 보여 주었을 것이다. 이런 문제를 좀 더 자세하게 살펴보려면 많은 사례에 나타나는 중요한 차이를 살펴보아야 한다.

첫째로 아군이 다른 나라들과 공동으로 전쟁을 수행하는 경우인데, 이때 이 나라들은 우리 나라의 동맹국일 뿐만 아니라 이 전쟁에 대해 독자적인 이해 관계도 갖고 있다.

둘째로 어느 한 동맹국의 군대가 우리 나라를 도우려고 오는 경우.

셋째로 장군의 개인적인 특성만 문제 되는 경우.

앞의 두 경우에 대해서는 다음과 같은 질문을 던질 수 있다. 즉 여러 나라의 군대를 완전히 혼합해서 하나하나의 군대가 여러 나라의 군단으로 이

---

44. 블뤼허는 프로이센의 원수, 바클라이는 러시아의 원수, 슈바르첸베르크는 오스트리아의 원수이다.

45. 라우돈은 처음에 러시아 군대에서 복무했고, 그 후에 프리드리히 대왕의 군대에 들어가려고 했지만 거부당하여 오스트리아 군대에서 복무했다. 그는 슐레지엔에서 프로이센과 치르는 전투에 자주 참전했고, 란데스훗 전투에서는 프로이센 군대를 무찔렀다.

46. 신성 로마 제국의 군대는 그 당시 신성 로마 제국에 속하는 여러 나라와 영지에 병력을 할당하여 편성된 군대이다. 의회에서 임명된 원수를 두었고 병력의 수는 많지 않았고(처음에 40,000명) 장비는 통일되지 않았고 지휘나 훈련이 불량했다. 전형적인 오합지졸로서 그 연약함은 유럽 여러 나라의 경멸 대상이었다.

루어지는 것이 (1813년과 1814년에[47] 일어난 것처럼) 나은지, 아니면 여러 나라의 군대가 독자적으로 행동하도록 그 군대를 되도록 분리해야 하는지 하는 것이다.

분명히 전자가 제일 큰 효과를 낸다. 하지만 그것은 어느 정도의 우호 관계와 공통의 이해 관계를 전제로 하기 때문에 그런 경우는 드물 것이다. 전투력이 이처럼 긴밀하게 결합되어 있으면, 여러 나라 정부의 이해 관계를 전체에서 분리하는 것이 훨씬 곤란해진다. 각 군대의 지도자들에게 나타나는 이기적인 생각에서 생기는 해로운 영향에 대해 말하면, 이 영향은 이런 상황에서는 최고 지휘관 아래에 있는 지휘관들에게만, 그래서 전술의 영역에서만 나타날 수 있다. 그리고 여기에서도 여러 나라의 군대가 완전히 분리되어 있는 경우만큼 노골적으로 나타날 수는 없다. 군대가 완전히 분리되어 있으면 해로운 영향은 전략으로 넘어가고, 그래서 결정적인 영향을 미친다. 이것을 막으려면 이미 말한 것처럼 정부 측의 흔치 않은 희생이 요구된다. 1813년에는 어쩔 수 없이 모든 나라가 이 방향을 따랐다. 그중에 러시아는 아무리 많이 칭찬해도 지나치지 않은데, 러시아의 황제는[48] 제일 많은 병력을 이끌고 나났고[49] 상황의 급격한 변화를[50] 불러오는데 제일 많이 이바지했는데도 자기 군대를 프로이센과 오스트리아의 최고 지휘관 아래에 두었고[51] 독자적인 러시아 군대로 나타나려는 야심을 갖지 않았다.

전투력을 계속 결합할 수 없다면 이처럼 병력을 완전히 나누는 것이 어중간하게 나누는 것보다 당연히 낫다. 최악의 상황은 늘 각각 다른 나라의 두 명의 독립된 최고 지휘관이 하나의 동일한 전쟁터에 있을 때 나타난다. 이

---

47. 이는 나폴레옹에 맞선 동맹 군대의 해방 전쟁을 가리킨다.
48. 알렉산드르 1세.
49. 프로이센 군대의 병력은 약 160,000명, 오스트리아 군대의 병력은 약 130,000명인데 반해, 러시아 군대의 병력은 약 180,000명이었다.
50. 라이프치히 전투.
51. 러시아 군대는 처음에 블뤼허의 군대에 속해 있었지만, 나중에 그중의 130,000명이 슈바르첸베르크의 지휘 아래에 놓였다.

런 일은 7년 전쟁 때 러시아 군대, 오스트리아 군대, 신성 로마 제국 군대의 경우에 자주 나타났다. 병력이 완전히 분리되어 있으면 극복해야 하는 부담도 나뉘고, 그러면 각각의 군대는 자기에게 부과된 부담의 압력을 받고, 그래서 상황의 압력 때문에 더 많은 활동을 하도록 압박을 받게 된다. 하지만 이 병력이 근접해 있든지 또는 심지어 하나의 전쟁터에 있을 때는 그런 일이 일어나지 않는다. 더욱이 한쪽이 전쟁에 대한 의지를 잃으면, 이것이 다른 쪽의 힘의 마비를 일으키는 경우도 있다.

앞에 말한 세 가지 경우 중에 첫 번째 경우에는 병력을 완전히 나누는데 어려움이 없을 것이다. 모든 나라의 자연스러운 이해 관계에 의해 보통 각 나라의 병력에게 이미 다른 방향이 할당되기 때문이다. 두 번째 경우에는 병력을 나누지 못할 수 있다. 이때 지원 병력을 어느 정도 완전히 종속적인 위치에 두는 것이 적절하다면 대체로 그것 외에 다른 수단이 없다. 오스트리아 군대가 1815년 원정의 마지막에 그렇게 했고,[52] 프로이센 군대가 1807년의 원정에서 그렇게 했다.[53]

장군의 개인적인 특성에 대해 말하면 모든 것은 개인적인 문제로 넘어간다. 하지만 일반적으로 말할 수 있는 다음과 같은 측면은 간과해서는 안 된다. 즉 늘 하던 것처럼 하급 군대의 지휘관으로는 조심성 있고 신중한 장군을 임명해서는 안 되고, 제일 모험적인 장군을 임명해야 한다. 다시 말하지만, 분리되어 있는 병력의 전략적인 효과에서는 각 군대가 용감하게 행동하고 힘의 활동을 완전하게 드러내는 것보다 중요한 것이 없기 때문이다. 이때 어느 한 장소에서 저지를 수 있는 잘못은 다른 장소에서 보이는 기량으로 상쇄된다. 확실히 모든 군대는 이런 활동을 충분히 할 수 있는데, 이는 하급 군대의 지휘관들이 민첩하고 모험적인 인간이고, 이들이 내면의 충동과 특별한 용기를

---

52. 1815년 6월의 벨-알리앙스의 전투에서 오스트리아의 빌로의 군대는 블뤼허의 군대에게 종속되어 있었다.

53. 러시아는 프로이센 군대를 도우려고 러시아 총사령관으로 하여금 동프로이센으로 전진하여 아일라우에서 프랑스 군대에 맞서 싸우도록 했다(1807년 2월 8일).

갖고 앞으로 나아갈 때만 그러하다. 단지 행동의 필요성을 객관적으로 냉정하게 생각하는 것이 충분한 경우는 드물기 때문이다.

마지막으로 한마디 덧붙이도록 한다. 즉 다른 상황이 허락하는 한, 군대와 최고 지휘관을 선택할 때는 그들의 임무와 지형의 성질을 고려하여 그런 성질에 맞는 군대와 최고 지휘관을 이용해야 한다.

상비군, 우수한 군대, 다수의 기병대, 신중하고 분별력 있는 노련한 최고 지휘관에게는 탁 트인 지형이 적당하다. 민병대, 무장 인민군, 긁어모은 천민, 모험심에 찬 젊은 지휘관에게는 숲, 산, 고갯길이 적당하다. 다른 나라에서 온 지원 병력은 부유한 지방에 두는 것이 좋다.

지금까지 전쟁 계획 일반에 대해 말했고, 이 장에서는 특히 적을 쓰러뜨리는 것을 목표로 할 때의 전쟁 계획에 대해 말했다. 이렇게 한 의도는 무엇보다 먼저 전쟁 계획을 강조하려고 했고, 바로 그다음에 수단을 준비할 때 지도적인 역할을 맡아야 하는 몇 가지 원칙을 말하려고 했기 때문이다. 우리는 이를 통해 그런 전쟁에서 무엇을 하려고 하는지, 그리고 무엇을 해야 하는지에 대해 분명한 의식을 얻으려고 했다. 필연적인 것과 일반적인 것을 강조하려고 했고, 개별적인 것과 우연적인 것에는 그 여지를 남겨 두려고 했다. 하지만 자의적인 것, 근거 없는 것, 장난 같은 것, 공상적인 것, 궤변적인 것은 배제하려고 했다. 이 목적을 이루었다면 우리의 과제는 해결된 것이라고 생각한다.

여기에서 강을 우회하는 것, 아래를 내려다보는 지점에 있으면서 산을 지배하는 것, 요새 진지와 나라의 관문을 피하는 것에 대해 아무것도 발견하지 못했다고 매우 당황한 사람들은 우리를 이해하지 못한 것이다. 또한 그런 사람들은 아직 전쟁의 일반적인 관점도 이해하지 못한 것이라고 생각한다는 것을 고백한다.

앞의 여러 편에서 그런 문제의 일반적인 특징을 말했고, 그런 문제는 대부분 세상의 평판에 따라 생각해야 하는 것보다 훨씬 보잘것없는 성질을 갖고 있다는 것을 알게 되었다. 적을 쓰러뜨리는 것을 목표로 삼는 전쟁에서 그런 문제는 큰 역할, 즉 전체 전쟁 계획에 영향을 미치는 역할을 그만큼 덜 맡을 수밖에 없고 그만큼 덜 맡아야 한다.

최고 지휘부를 설치하는 문제에 대해서는 이 편의 끝에 하나의 독립된 장을 둘 것이다.[54]

하나의 예를 드는 것으로 이 장을 마치고자 한다.

오스트리아, 프로이센, 독일 연방,[55] 네덜란드, 영국이 프랑스에 대해 전쟁을 하기로 결정하고, 러시아가 중립적인 입장에 머물러 있는 경우는 이미 150년 전부터 여러 번 있었다. 그러면 이 여러 나라는 적을 쓰러뜨리는 것을 목표로 하는 공격 전쟁을 수행할 수 있다. 이 경우에는 프랑스가 아무리 크고 강력하다고 해도 다음과 같은 일이 일어날 수 있다. 즉 영토의 절반은 적의 군대로 넘쳐나고, 수도는 그들에게 점령당하고, 지원 병력도 충분하지 않고, 러시아 이외에는 프랑스를 효과적으로 지지할 수 있는 나라도 없는 경우이다. 스페인은 지나치게 멀고 불리한 곳에 있고, 이탈리아는 처음부터 지나치게 약하고 무력하다.

앞에 말한 나라의 인구는 유럽 이외의 영토에 있는 인구를 제외하고도 75,000,000명을 넘는 반면에, 프랑스의 인구는 30,000,000명에 지나지 않는다.[56] 그 여러 나라가 프랑스에 대한 중대한 의미를 갖는 전쟁에 동원할 수 있는 군대는 과장하지 않고 다음과 같을 것이다.

---

54. 그런 장은 없다.

55. 독일 연방(Deutscher Bund), 1806년에 붕괴한 신성 로마 제국의 국가들로 성립된 연방. 나폴레옹 전쟁의 전후 처리를 하려고 체결된 1815년의 비인 회의의 결정에 따라 독일의 35개 군주국과 (프로이센과 오스트리아의 영토 일부 포함) 4개의 자유 도시가 일종의 동맹을 맺고 독일 연방을 이루었다. 본문에서는 오스트리아와 프로이센을 따로 다루고 있다.

56. 이 부분은 아마 1828년에 쓴 것으로 보인다.

오스트리아	250,000명
프로이센	200,000명
나머지 독일 연방	150,000명
네덜란드	75,000명
영국	50,000명
합계	725,000명

　이 정도의 병력이 정말로 나타나면, 그것은 프랑스에 대항할 수 있는 병력이고 십중팔구 훨씬 많은 병력이다. 프랑스는 보나파르트의 시대에도 이와 비슷한 수의 전투력을 보유한 적이 없다. 요새의 방어, 창고의 수비, 해안의 감시 등에 필요한 병력이 제외된다는 것을 생각하면, 동맹 군대가 중요한 전쟁터에서 결정적인 우세에 놓일 개연성은 의심할 수 없을 것이다. 그리고 적을 쓰러뜨린다는 목적은 주로 이런 우세함을 바탕으로 하게 된다.

　프랑스의 중심은 프랑스의 군사력과 파리에 있다. 이 군사력을 한 번 또는 몇 번의 주력 전투로 무찌르는 것, 파리를 점령하는 것, 프랑스의 나머지 군대를 루아르 강[57] 너머로 물러나게 하는 것이 동맹 군대의 목표이어야 한다. 프랑스의 급소는 파리와 브뤼셀의 중간에 있고, 파리에서 벨기에의 국경에 이르는 길은 30마일밖에 안 된다. 동맹 군대의 일부, 즉 영국, 네덜란드, 프로이센, 북부 독일의 군대는 자연스럽게 그곳에 병력을 배치하게 된다. 이 나라 중에 일부는 그 근처에 있고, 일부는 바로 그 배후에 있다. 오스트리아와 남부 독일의 군대는 편하게 라인 강 상류로부터 전쟁을 수행할 수 있다. 자연스러운 방향은 트루아와 파리로 향하든지 혹은 오를레앙으로[58] 향하게 된다. 그래서 네덜란드와 라인 강 상류의 두 곳에서 하는 공격이 매우 직접적이고 자연스럽고 간결하고 강력하다. 두 방향 모두 적의 중심을 향하고 있다. 그

---

57. 루아르 강(Loire), 프랑스 남부에서 발원하여 대서양의 비스케 만으로 흐르는 강. 길이는 약 1020킬로미터로 프랑스에서 제일 긴 강이다.
58. 오를레앙(Orléans), 파리 남쪽 약 130킬로미터의 지점에 있는 도시. 센 강변에 있다.

래서 동맹 군대는 이 두 지점에 모든 병력을 배치해야 한다.

이 단순한 전쟁 계획을 수행하려면 두 가지 측면만 고려하면 된다.

오스트리아 군대는 이탈리아에서 벗어나지 않으려고 하고, 어쨌든 그곳에 머물러 지배권을 확보하려고 할 것이다. 그래서 프랑스의 심장부에 대한 공격 때문에 이탈리아를 간접적으로 보호하는 일에 모든 것을 걸지 않을 것이다. 이탈리아의 정치적인 상황을 보면 이런 부차적인 의도를 비난해서는 안 된다. 하지만 이것이 이미 매우 자주 했던 오래된 생각, 즉 이탈리아에서 남부 프랑스를 공격한다는 생각과 결부되면, 그리고 이런 이유 때문에 이탈리아에 있는 오스트리아 군대가 첫 번째 원정에서 최악의 경우에 대비하여 단지 안전을 확보하는데 필요한 것 이상의 많은 병력을 두게 되면, 그것은 중대한 잘못이라고 해야 할 것이다. **계획의 통일성과 병력의 통합**이라는 근본 생각에 충실하려면 이탈리아에는 최소한의 병력만 머물러야 하고, 중요한 행동을 할 때도 최소한의 병력만 빼내야 한다. 프랑스를 론 강에서[59] 점령하려고 한다면, 이는 총검의 뾰족한 부분을 잡고 소총을 들어 올리려고 하는 것과 같다. 하지만 부차적인 행동이라고 해도 남부 프랑스에 대한 공격은 비난받을 수 있다. 그 공격은 아군에 대항하는 새로운 힘만 일깨우기 때문이다. 전쟁터에서 멀리 있는 지방을 공격할 때마다 그곳을 공격하지 않았으면 잠들어 있었을 적의 이해 관계와 활동을 건드리게 된다. 이탈리아에 남아 있는 병력이 단지 그 나라의 안전을 확보하는데 필요한 인원보다 훨씬 많고, 그래서 하는 일 없이 지내야 할 때만 이탈리아에서 남부 프랑스를 공격하는 것이 정당화된다.

반복해서 말하면 다음과 같다. 즉 이탈리아에 있는 오스트리아 군대의 병력은 상황이 허락하는 한 소규모를 유지해야 한다. 그리고 이 병력은 오스트리아 군대가 한 번의 원정에서 이탈리아 전체를 잃지 않을 정도면 충분하

---

59. 론 강(Rhône), 스위스에서 시작하여 제네바와 리옹을 지나 남쪽의 지중해로 흐르는 강. 길이는 812킬로미터.

다. 우리의 예에서는 이 병력을 50,000명으로 잡는다.

프랑스에는 해안이 있다는 것을 고려해야 한다. 영국이 바다에서 우위를 차지하고 있기 때문에 프랑스는 대서양의 전체 해안을 따라 매우 민감하게 반응하고, 그래서 해안에 어느 정도 많은 수비대를 배치하지 않을 수 없다. 이 병력을 아무리 적게 잡는다고 해도 이 때문에 프랑스의 국경은 세 배로 늘어나고, 그래서 전쟁터에 있는 프랑스 군대에서 많은 병력을 빼내지 않을 수 없게 된다. 영국 군대가 20,000~30,000명의 상륙 군대를 이용하여 프랑스를 위협한다면, 이에 맞서 프랑스는 아마 그 2배나 3배의 병력을 필요로 할 것이다. 여기에 군대뿐만 아니라 함대와 해안 포병 중대에 필요한 돈이나 대포 등도 생각해야 한다. 영국 군대가 프랑스의 해안에 상륙하는데 들이는 병력은 25,000명으로 잡는다.

그래서 우리의 전쟁 계획은 매우 간단하게 다음과 같이 될 것이다.

첫째로 네덜란드에

> 200,000명의 프로이센 군대
>
> 75,000명의 네덜란드 군대
>
> 25,000명의 영국 군대
>
> 50,000명의 북부 독일 연방 군대

합계　　　　　350,000명

그중에서 약 50,000명은 국경의 요새를 수비하는데 투입되고, 나머지 300,000명이 파리로 전진하여 프랑스 군대와 주력 전투를 치르게 된다.

둘째로 200,000명의 오스트리아 군대와 100,000명의 남부 독일의 군대는 라인 강 상류에 집결하여 네덜란드에 집결한 군대와 동시에 전진한다. 이들은 센 강 상류로 향하고, 그곳에서 루아르 강으로 계속 전진하여 역시 적의 군대와 주력 전투를 치른다. 이 두 공격은 아마 루아르 강에서 하나의 공격으로 합쳐질 것이다.

이상으로 중요한 문제는 결정되었다. 아래에 말하는 것은 주로 잘못된 견해를 멀리하려는 생각과 관련된다.

첫째, 명령받은 주력 전투를 하려고 애쓰는 것, 결정적인 승리를 약속하는 병력의 비율과 상황에서 주력 전투를 하는 것이 최고 지휘관의 목적이어야 한다. 그는 이 목적에 모든 것을 바쳐야 하고 그 밖에 포위, 봉쇄, 수비 등에는 되도록 적은 병력을 들여야 한다. 최고 지휘관이 1814년의 슈바르첸베르크처럼 적의 영토에 들어서자마자 분산적인 반지름으로 흩어지면[60] 모든 것을 잃게 된다. 실제로 동맹 군대가 1814년에 처음 2주일 동안에 모든 것을 잃지 않은 것은 단지 프랑스의 무능함 때문이었다. 공격은 힘껏 당긴 화살과 같아야 하고, 터질 때까지 팽창하는 비눗방울과 같아서는 안 된다.

둘째, 스위스는 스위스 자체의 병력에 맡겨야 한다. 스위스가 중립을 지키면[61] 라인 강 상류는 좋은 근거 지점이 된다. 스위스는 프랑스의 공격을 받으면 죽을힘을 다해 저항할 것이고, 그렇게 하는데 여러 가지 측면에서 매우 적절하다. 스위스는 유럽에서 제일 높은 곳에 있는 나라이기 때문에 전쟁의 많은 사건에 지리적으로 지배적인 영향을 미친다고 생각한다면, 이처럼 어리석은 생각도 없을 것이다. 그 영향은 매우 제한된 일정한 조건에서만 나타나는데, 스위스에는 그런 조건이 전혀 없다. 그 반면에 프랑스 군대는 자기 나라의 심장부에서 공격을 당하면, 스위스에서 이탈리아로도 슈바벤으로도 강력한 공격을 감행할 수 없다. 이때 스위스의 높은 위치는 결정적인 상황으로서 최소한으로만 고려될 수 있다. 전략적인 고지의 유리함은 주로 방어에서 중요하고, 공격할 때 고지의 중요성은 하나하나의 공격마다 다르게 나타날 수 있다. 이것을 알지 못하는 사람은 그 문제에 대해 분명해질 때까지 철저하게 생각하지 않은 것이다. 권력자와 최고 지휘관이 앞으로 하게 될 회의에서 현학적인 참모장이 근심스러운 표정으로 그런 지혜를 늘어놓는다면, 우리는 미리

---

60. 이는 1814년 초에 프랑스에서 했던 슈바르첸베르크의 행동을 가리킨다.
61. 스위스의 영세 중립은 1815년의 비인 회의에서 결정되었다.

그것을 쓸데없는 어리석음이라고 선언한다. 그리고 바로 그 회의에서 상식을 지닌 유능한 무사(武士)가 나타나서 참모장의 입을 막아 주기 바란다.

셋째, 우리는 두 공격 사이에 있는 공간을 거의 무시한 것이나 다름없다. 600,000명의 병력이 파리에서 30~40마일 되는 곳에 집결하여 프랑스의 심장부로 전진하는 동안에 라인 강 중류의 지역, 즉 베를린, 드레스덴, 비인, 뮌헨의 보호를 생각해야 할까? 그것은 상식에서 벗어날 것이다. 그러면 병참선을 보호해야 할까? 그것은 중요할 것이다. 하지만 그러면 논리적으로 볼 때 공격하는데 필요한 만큼의 병력과 중요성을 곧바로 병참선을 보호하는데 할당해야 하는 일이 일어날 수 있다. 그래서 동맹국의 위치 때문에 반드시 필요한 두 개의 선을[62] 따라 전진하는 대신에 필요하지도 않은 3개의 선을 따라 전진하게 된다. 그리고 이 3개의 선은 아마 5개가 되고 심지어 7개의 선이 될 것이고, 그래서 그 모든 진부한 소리가 다시 다반사로 일어날 것이다.

두 방향의 공격은 각각의 목표를 갖고 있다. 그 목표를 이루는데 쓰이는 병력은 틀림없이 적의 병력에 비해 눈에 띄게 많을 것이다. 각각의 공격이 강력한 발걸음으로 전진하면, 두 공격은 각각 다른 쪽 방향의 공격에 유리한 영향을 미치지 않을 수 없다. 프랑스의 병력이 한쪽에 지나치게 많이 배치되어 있기 때문에 두 공격 중에 어느 한쪽의 공격이 실패한다고 해도 다른 쪽 공격의 성공이 이 실패를 보상할 것이라고 확실하게 예상할 수 있다. 그리고 이것이 이 두 공격의 참된 관계이다. 두 공격이 멀리 있기 때문에 그날그날의 사건에 대해서는 그런 관계를 맺을 수 없을 것이고 또 그럴 필요도 없다. 그래서 직접적인 관련 또는 직선적인 관련이 큰 가치를 갖는 것은 아니다.

프랑스는 나라의 제일 깊숙한 곳에서 공격을 받기 때문에 어차피 그런 연결을 끊는데 막대한 전투력을 쓸 수 없을 것이다. 오히려 동맹 군대가 염려해야 하는 것은 이런 차단이 순찰대의 지원을 받는 주민들의 협력만으로 효과를 내고, 그래서 그 목적을 이루는데 적의 본래의 전투력에 아무

---

62. 이 두 개의 선은 라인 강 상류에서 전진하는 선과 브뤼셀에서 전진하는 선을 가리킨다.

런 손실이 생기지 않는 것이다. 이에 대항하는 데는 주로 기병으로 이루어진 10,000~15,000명 규모의 군단을 트리어에서[63] 랭스[64] 방향에 두는 것으로 충분하다. 순찰대의 병력을 몰아내고, 동맹국의 주력 군대의 병력 수준을 유지하는 것으로 충분할 것이다. 그 군단은 요새를 포위할 필요도 없고 감시할 필요도 없다. 여러 요새 사이를 통과해야 한다. 견고한 기지를 보유할 필요도 없고, 우세한 적을 만나면 어느 방향으로든 피해야 한다. 그 군단이 큰 불행을 겪는 일은 없을 것이고, 그런 일을 겪는다고 해도 그것이 전체 군대에 큰 불행이 되지는 않을 것이다. 이런 상황에서 그 군단은 아마 두 공격의 중간 지점을 이루는 것으로 충분할 것이다.

넷째, 두 가지의 부차적인 행동, 즉 이탈리아에 있는 오스트리아 군대와 영국의 상륙 군대의 행동은 각각의 목적을 각자에게 제일 알맞은 방식으로 추구할 수 있다. 그 행동으로 하는 일 없이 시간을 보내지 않는다면 그 목적에서 중요한 것은 달성된 것이다. 이 두 군대의 행동이 프랑스에 대한 대규모의 두 공격에 어떤 식으로든 불리한 영향을 미쳐서는 결코 안 된다.

유럽을 150년 동안[65] 억누른 프랑스의 오만함이 다시 나타나는데 대해 해결책을 찾는다면, 우리는 이런 식으로 프랑스를 매번 쓰러뜨리고 응징할 수 있다고 확신한다. 프랑스가 파리 저편의 루아르 강변에 있을 때만 유럽의 안정에 필요한 조건을 얻을 수 있다. 그래야만 30,000,000명 대 75,000,000명의 자연스러운 비율이 대번에 드러날 것이다. 하지만 지난 150년 동안 일어난 것처럼 프랑스를 덩케르크에서[66] 제노바까지[67] 하나의 띠로 이루어진 군대로

---

63. 트리어(Trier, Trèves), 모젤 강변의 독일 도시. 프랑스의 국경에 가깝다. 카알 마르크스의 출생지로 유명하다.

64. 랭스(Reims, Rheims), 파리의 북동부 샹파뉴아르덴 지방의 마른 주에 있는 도시. 파리에서 북동쪽으로 약 140킬로미터에 있다. 트리어에서 랭스를 지나 파리에 이르는 길은 서쪽으로 (약간 남서쪽으로) 있고, 트리어에서 랭스까지는 약 220킬로미터이다.

65. 이 150년은 프랑스의 루이 14세가 수행한 제1차 침략 전쟁, 즉 네덜란드에 대해 수행한 전쟁 (1667~1668년)에서 나폴레옹 전쟁의 종결(1815년)까지 약 150년을 말한다.

66. 덩케르크(Dünkirchen, Dunkerque, Dunkirk), 도버 해협에 있는 프랑스 북부의 항구 도시. 브뤼셀에서 서쪽으로 (약간 북서쪽으로) 약 150킬로미터에 있다.

조여야 한다면, 이 군대에 50개나 되는 여러 가지의 작은 목적을 준다면, 그중에 어느 것도 강력하지 않기 때문에 무기력, 마찰, 외부의 영향을 이겨내지 못한다면, 이런 일이 언제든지 생겨난다면, 특히 동맹 군대에게 생겨나고 영원히 재생된다면, 그 자연스러운 비율은 드러나지 않을 것이다.

그런 배치를 하는데 독일 연방 군대의 잠정적인 배치가 얼마나 맞지 않는지는 독자들의 머리에도 자연스럽게 떠오를 것이다. 현재와 같은 배치를 준비하는데 독일 연방을 이루는 나라들이[68] 독일 군대의 핵심을 이루고 있고, 프로이센과 오스트리아는 독일 연방 때문에 약해지고 자연스러운 중요성을 잃게 된다. 하지만 연방 국가는 전쟁에서 매우 약한 핵심에 지나지 않는다. 연방에서는 통일성, 힘과 최고 지휘관의 합리적인 선택, 권위, 책임을 생각할 수 없기 때문이다.

오스트리아와 프로이센이 독일 제국에서[69] 공격의 자연스러운 두 중심이다. 두 나라는 활동의 출발점과 날카로운 칼날을 이룬다. 군주 국가이고 전쟁에 익숙하고 분명한 이해 관계와 독자적인 군사력을 갖고 있고 다른 연방 국가들보다 앞서 있다. 이런 자연스러운 골격에 따라 전쟁을 준비해야 하고, 잘못된 통일성의 생각에 따라 전쟁을 준비해서는 안 된다. 그런 통일성은 이 경우에 완전히 불가능하다. 그리고 불가능한 것 때문에 가능한 것을 놓치는 사람은 바보이다.

---

67. 제노바(Genua, Genova, Genoa), 이탈리아 북서부의 항구 도시. 현재 리구리아 주의 주도. 덩케르크에서 제노바까지는 약 1080킬로미터이다.
68. 저자는 오스트리아와 프로이센을 제외한 독일 연방을 생각하고 있다.
69. 여기에서는 프로이센과 오스트리아의 두 나라를 포함하는 독일 연방의 총칭으로서 독일 제국이라는 말을 쓰고 있다.

[그림 17] 모스크바에서 후퇴하는 나폴레옹

화가 Adolph Northen(1828~1876)
표현 수단 유화
원본 크기 120×95센티미터
출처(사진 작가) [1]
업로드 Hispa 2005. 8. 29
업데이트 Hohum 2015. 4. 24

이 그림에는 말을 타고 가는 나폴레옹의 표정, 나폴레옹을 힐끗 돌아보는 병사, 눈 덮인 땅에 쓰러져 죽은 병사들, 바닥에 쓰러져서 손을 내밀며 도움을 요청하는 병사, 이 병사를 무심히 바라보는 병사, 부서진 마차 등 한겨울 혹한에서 후퇴하고 있는 프랑스 군대의 비참한 모습이 잘 드러난다. 이때 병사들은 죽은 병사들의 옷과 신발을 벗겨서 자신이 신고, 말이 죽으면 그 말을 먹으면서 목숨을 유지한 것으로 전해진다.

[그림 18] 베레지나 강을 건너 후퇴하는 프랑스 군대

화가 January Suchodolski(1797~1875)
제목 The Grande Armée Crossing the Berezina
그린 때 1866년
표현 수단 유화
현재 소장 National Museum in Poznań
출처 www.pinakoteka.zascianek.pl
업로드 Shalom Alechem 2006. 12. 22
업데이트 MarcusBritish 2012. 1. 16

　　러시아 군대는 프랑스 군대가 모스크바로 전진할 때는 (의도하지 않게) 나라 안으로 후퇴했고, 프랑스 군대가 모스크바에서 후퇴할 때는 추격을 했다. 비참하게 후퇴하는 프랑스 군대에게 배후에서 포격을 하였고, 프랑스 군대는 궤멸되었다.

[지도 35] 독일 연방(1815~1866년)

작가 ziegelbrenner
출처 Putzger, *Historischer Weltatlas*, 89. Auflage, 1965를 바탕으로 직접 그림.
업로드 Ziegelbrenner 2008. 1. 18
업데이트 Ras67 2013. 9. 24

    지도상으로 큰 나라들만 들면 오스트리아 제국, 프로이센 왕국, 바이에른 왕국, 하노버 왕국, 작센 왕국, 뷔르템베르크 왕국, 메클렌부르크-슈베린 대공국, 헷센 대공국, 바덴 대공국, 올덴부르크 대공국, 나사우 공국 등이 보인다. 그 외에 크고 작은 공국, 대공국, 제후국, 선제후국, 한자 도시 등이 보인다. 독일 연방의 큰 강으로 동쪽에서 서쪽으로 오더 강, 엘베 강, 라인 강이 있고 남쪽에 도나우 강이 있다.

[지도 36] 1796년의 이탈리아

1796년의 이탈리아 지도
날짜 2012. 7. 19
출처 Italy 1796.svg
작가 Shadowxfox
현재 버전으로 수정 Furfur
업데이트 2013. 4. 13

　　이 지도에서 알 수 있듯이, 프랑스 혁명 전쟁과 나폴레옹 전쟁 시기에 이
탈리아는 여러 나라로 나뉘어 있었다. 큰 나라들만 보면 사보나-피에몬테, 사

르디니아 왕국, 제노바 공화국, 베네치아 공화국, 토스카나 대공국, 교회 국가, 나폴리 왕국, 시칠리아 왕국 등이 있고, 그 외에 북쪽에 작은 영토들도 보인다. 이탈리아 북쪽에 공화국이 많고, 남쪽에 왕국이 많은 것도 이탈리아 정치 발전의 수준을 간접적으로 보여 준다.

[지도 37] 루아르 강

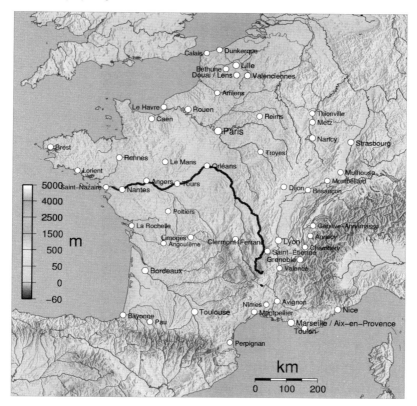

루아르 강을 강조하여 표시한 프랑스 지도
업로드 MatthiasKabel 2006. 1. 7
업데이트 Speck-Made 2007. 6. 23

진한 색으로 굵게 표시된 선이 루아르 강이다. 클라우제비츠, "프랑스가
파리 저편의 루아르 강변에 있을 때만 유럽이 안정될 것이다."

[지도 38] 론 강

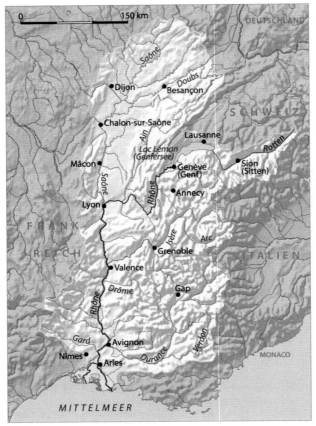

론 강과 그 지류
출처 GTOPO-30 Elevation Data by USGS를 이용하여 직접 작성.
작가 NordNordWest
업로드 NordNordWest 2008. 3. 24
업데이트 NordNordWest 2015. 8. 19

　　론 강은 스위스의 베른 지역의 알프스에서 발원하여 레만 호수를 지나 프랑스로 흐르는 강이다. 리옹에서 남쪽으로 흘러 프랑스 남부를 관통하여 지중해의 리옹 만으로 흐른다. 그래서 이탈리아에서 프랑스를 공격하면 론 강 유역의 남부 프랑스에 침입하게 된다.

찾아보기

1. 인명

2. 지명

3. 용어

4. 전쟁

5. 연도

일러두기

  이 찾아보기는 『전쟁론』의 '텍스트'에 대한 찾아보기를 지향한다. 그래서 역자의 '개입'은 찾아보기에서 모두 배제한다. 이 원칙에 따라 역자의 각주에 있는 모든 인명, 지명, 용어, 전쟁, 연도 등은 찾아보기에 싣지 않는다. 또한 역자의 머리말, 그림과 지도, 일러두기, 후기도 제외한다. (저자의 각주에 있는 내용은 『전쟁론』의 '텍스트'에 해당하므로 당연히 찾아보기에 포함된다.)

  찾아보기는 5개의 부분으로 만든다. '인명'에는 『전쟁론』에 나오는 인물의 이름을 싣는다. 여기에는 인명이 아닌 인물도 (왕자, 황제 등) 포함된다. 인명에서 카알 폰 클라우제비츠와 그의 부인 마리 폰 클라우제비츠는 싣지 않는다. '지명'에는 나라, 지역, 지방, 도시, 마을, 강, 산, 대륙, 대양 등의 이름을 싣는다. '용어'에는 『전쟁론』에 나오는 중요한 용어[1] 외에 민족, 책 제목, 약간

---

1. 어느 단어가 인명인지 용어인지, 지명인지 용어인지 애매한 경우가 있다. 이런 경우에는 주변

의 고유 명사뿐만 아니라 (『전쟁론』의 특성상) 군대의 이름도 싣는다. '전쟁'에는 『전쟁론』에 나오는 전쟁, 원정, 전투 등을 싣는다. '연도'에는 『전쟁론』에 나오는 모든 연도를 싣는다. 이 연도 목록은 찾아보기이기도 하고, 『전쟁론』에 어느 연도가 얼마나 많이 언급되어 있는지 알려 주는 통계이기도 하다.

용어 항목이 매우 많은데, 용어에서는 『전쟁론』에 나오는 용어를 그대로 싣지 않고 해당 항목의 내용을 아는데 도움이 되도록 용어를 설정하고 변경한 (예를 들면 '전쟁과 무역') 경우도 있다. 쌍으로 나타나는 단어(예를 들면 절대 전쟁과 현실 전쟁)나 함께 나타나는 단어(예를 들면 보병, 기병, 포병) 등은 그 단어를 표제어로 삼는다. 그리고 『전쟁론』에서 중요하다고 생각되는 문학적, 수사학적, 비유적인 표현도 싣는다.

1은 136개,[2] 2는 292개, 3은 744개, 4는 168개, 5는 56개로 찾아보기는 총 1396개의 항목을 포함하고 있다.[3] 이 찾아보기는 『전쟁론』에 관한 일종의 '소규모 용어집'으로서 앞으로 『전쟁론』을 연구하고 『전쟁론』에 관한 사전을 만드는데 토대가 될 것이다.

1, 2, 3은 가나다순으로 배열하고 4, 5는 연도순으로 배열한다. 3에서 용어가 여러 단어로 이루어져 있을 때는 제일 앞에 있는 단어의 가나다순으로 배열한다. 하지만 각 용어 안에서는 가나다순이 아니라 용어의 위계에 따라 또는 용어의 중요성과 유사성에 따라 배열한 부분도 있다.

의 친구와 지인의 의견을 듣고 참고했다. 그럼에도 찾아보기의 범주를 5개로 정했기 때문에 어느 단어를 5개 중에 어느 하나의 범주에 반드시 넣어야 하는 경우도 있었다.

2. 클라우제비츠는 『전쟁론』에서 하나의 인물을 두 가지로 (또는 세 가지로) 표기한 경우가 있는데, 이런 경우에는 각각의 표기를 찾아보기 항목에 넣는다. 예를 들면 프리드리히 2세와 프리드리히 대왕이 그러하다. 그리고 1에서는 두 인물(예를 들면 다윗과 골리앗)을 한 항목에 넣은 경우도 있다. 그래서 1의 항목 136개는 정확히 136명(의 인물)을 뜻하지 않는다.

3. 찾아보기에서 1, 2, 4의 596개 항목을 (때로 3의 항목 일부를 포함하여) 그림, 사진, 지도, 자료 등으로 보완하려고 했는데, 분량이 너무 늘어나서 그만두었다. 위키피디아나 다른 (인터넷)백과사전에서 해당 항목을 검색하면 더 많은 자료를 볼 수 있다.

1. 인명

가우디 860
구스타브 아돌프 261, 969, 971, 980
그나이제나우 38
그라베르트 190, 746, 832

나이페르크 925
나폴레옹 보나파르트 125, 188, 196~207, 209~212, 225, 229, 246, 261, 274~275, 278, 284~286, 299~300, 313, 319, 351, 353, 358, 372, 384~386, 395~396, 399~400, 402, 405~406, 426, 436, 439~440, 461~462, 473, 492, 497~498, 505, 507, 512~513, 515, 522, 524, 526, 578, 607, 612, 617~618, 646, 660~661, 680~681, 714~715, 744, 760~762, 774, 778~779, 808~811, 819, 846, 852~854, 890, 926, 942, 954~955, 957~958, 963, 970, 974, 976, 978~979, 984, 992, 1012~1013, 1017, 1020~1024, 1029, 1033~1037, 1047
남동생(프리드리히 폰 브륄) 39~40
네 462
뉴턴 125, 177, 963

다나이데스 552
다부 352, 497
다운 229, 240, 242, 278, 357, 379, 461, 600, 607, 646, 660, 750, 757, 825, 837~838, 842, 849, 853, 896, 919, 944, 973, 1012
다윗과 골리앗 959

대선제후(프리드리히 빌헬름 폰 브란덴부르크) 285, 924

도나 812

라시(페터 라시) 744

라시(프란츠 라시) 242, 284, 492, 853

라우돈 283, 285, 357, 838, 896, 919, 1042

란차우 923

러시아 황제(알렉산드르 황제) 1043

레니에 1037

로렌 공작 923~924

로이드 405, 745

로트링엔 공작(카알 폰 로트링엔) 925

루이 11세 968

루이 14세 202, 437, 509~510, 730~731, 829, 906, 908, 915, 968~969, 972

루이 왕자 189

루트비히 폰 바덴 892

뤼헬 190, 351, 853

뤽상부르 121, 450~451, 729, 731, 898

리히텐베르크 53

마르몽 354, 358, 405

마리아 테레지아 973

마세나 604, 785

마센바흐 276, 746, 809

막도날 462, 466, 715, 1037

말버러 260, 394

멜라스 681, 852, 890

모로 197, 363, 680

몽탈랑베르 276

몽테스키외 50

몽테쿠콜리 846, 896

묄렌도르프 832

뮈라 469, 497

바그라티온 497, 762, 783, 1024, 1034

바클라이 762, 783, 1024, 1042

베델 705, 812

베버른 827~828, 886

벨레가르드 882

벨-이슬 형제 1000

보동쿠르 395

부르농빌 924

부름서 201~202

부툴린 1012

뷔르템베르크 황태자 205

뷜로(디트리히 뷜로) 405, 567, 848

뷜로(프리드리히 뷜로) 506~507, 854, 1018

브라운슈바이크 공작 661, 730, 785, 809~810, 832, 898

브레데 761

브륄 백작(카알 폰 브륄) 41

블뤼허 203~206, 284~285, 358, 395, 401, 406, 421, 466, 492, 499, 506~507, 854, 1017, 1022, 1042

비트겐슈타인 205, 750, 1024, 1036~1037

빅토르 1036~1037

빈친게로데 715

빌라르 892, 915

빌럼 반 오라니에 731

빌헬름 황태자비(아우구스타) 41

사켄 1037

생시르 1037

샤른호스트 36, 224, 469, 918

샤를 8세 968

샹브레 395, 497

세귀르 395

슈바르첸베르크 203~206, 278, 406, 646, 1036~1037, 1042, 1050

슈베린 485

슈아젤 1000

스웨덴 황태자(카알 14세) 394, 854, 1017

아르장스 1012

알렉산드로스 대왕 241, 261, 268, 954, 965, 969, 972, 980

알렉산드르 황제 211~212, 979, 987, 1013

알빈치 681

앙리 4세 124, 967

어린 왕자(프리드리히 3세) 40

에첼 39, 859

오라니에 왕자(빌럼 반 오라니에) 730

오슈 197

오스터만-톨스토이 497

오스트리아 황제(프란츠 황제) 1000

오이겐 260, 394, 892, 913, 920

오이겐 폰 뷔르템베르크 왕자 305

오일러 125, 177

왕실의 황태자(프리드리히 빌헬름 4세) 36~37, 860

요크 354, 499

우디노 462, 1023, 1037

웰링턴 421, 507, 604

위트 형제 730

작센 원수(모리츠 폰 작센) 829

제롬 보나파르트 1025

조미니 848

체르니소프 720

치이텐 473~474, 506~507

치차고프 750, 1036~1037

카르노 1000

카알 5세 968

카알 12세 91, 124, 241, 261, 274, 394, 969, 971, 980

카알 대공 196~199, 363, 676

카알 왕자(카알 폰 로트링엔) 655

카알 폰 로트링엔 828, 851

카우니츠 1041

카이사르 261

칼크로이트 352

콩데 177, 729, 731, 898, 915

타우엔치엔 189

템펠호프 276, 283, 481, 840, 886, 918

토르마소프 783, 1036

투구트 1041

튀렌 731, 846, 896, 915, 924

틸만 507

파르네세 261

파비우스 361, 604, 825

페르난도 5세 968

페르디난트 공작 662, 925

푸케 663, 838

풀 762, 783

퓌세귀르 121

퓨퀴에레 229, 233

퓨토 618

프란츠 황제 211

프리드리히 2세 256, 480, 639, 944

프리드리히 대왕(프리드리히 2세) 91, 177, 188, 190, 209~210, 240~242, 261,
    267~268, 274~275, 278, 283~286, 316, 343, 356~357, 363, 379, 386, 394,
    405, 409, 411~412, 427, 436, 439~441, 461~462, 483, 486, 492~493, 505,
    512, 558, 600, 604, 612, 655, 693, 721, 741, 750, 756, 760, 785, 812~813,
    815, 825, 827, 837~838, 840~843, 849, 851, 886~887, 896, 913~914, 916,
    919, 925, 959~960, 969, 971, 973, 980, 1005, 1010~1013, 1016, 1019~1021,
    1035, 1042

피콜로미니 851

핑크 363, 838

하인리히 왕자 720, 741, 1012

한니발 232, 361, 825

호엔로헤 190, 351, 626, 809~810

황태자 부부(빌헬름 1세와 아우구스타) 40

2. 지명

가르다 호수 201

가톨릭-헨너스도르프 343

갈리아 965

골트베르크 499

그로스-괴르셴 394, 440

그로스베렌 394

그리스 273, 290, 965

글라츠 284

글로가우 827

나르덴 729

나르바 274

나무르 507

나이세 283, 827, 837, 919

남부 독일 635~637, 1047, 1049

남프로이센 305

네덜란드 468, 522, 739, 852, 907, 915, 1040~1042, 1046~1047, 1049

네레스하임 363

네르빈덴 451

네만 강 395, 422, 493, 497~498, 569, 762, 1037

네이메헌 714~ 715

노센 283

뉘른베르크 635~636

니더슐레지엔 833

다우가바 강 750, 1023
대서양 1049
덩케르크 1052
덴네비츠 394
도나우 강 515, 704, 746~747, 979
도른베르게 190
도른부르크 661
독일 228, 273, 437, 573, 710, 727, 746~747, 788, 967~969, 974~975
독일 연방 1046~1047, 1053
독일 제국 1053
돔슈타틀 916, 919
동유럽 1035
동프로이센 305, 469
드냉 892, 920
드레스덴 274, 284, 426, 617~618, 761, 827, 837, 885, 916, 1051
드리사 652~653, 659, 760, 762, 783, 854, 1034

라우지츠 343, 492, 925
라이프치히 275, 402, 426, 499, 612, 617, 715, 761, 808, 810, 854
라인 강 196~197, 204~206, 401, 515, 522, 635, 649, 679, 683, 704, 714~715,
    730, 739, 746~747, 851, 883, 896, 924, 926, 959, 1017, 1019, 1037,
    1040~1042, 1047, 1049~1051
란다우 1040
란데스훗 662~663, 693, 838, 842, 851
랑 206, 354, 394, 426, 854

랑그르 744, 746

랭스 1052

랴잔 780

러시아 274, 286, 299, 319, 395~396, 439, 511, 521, 535, 558, 570, 573,
　　　586~587, 640, 750, 756, 762, 774, 781, 784~785, 788, 853, 872, 899, 957,
　　　975, 978~979, 982, 984, 1010, 1013, 1016, 1021, 1023~1024, 1033~1034,
　　　1043, 1046

러시아 제국 396, 1033

렁드레시 913, 920

레겐스부르크 402, 1024

레오벤 198

로디 852

로렌 1021, 1041

로마 104, 232, 954, 965

로보지츠 814

로스바흐 274, 278, 363, 597

로이텐 274, 278, 379, 387, 393, 486

론 강 1048

롬바르디아 683, 881

뢰벤베르크 499

루뱅 528

루아르 강 1047, 1049, 1052

리가 1034, 1036

리그니츠 243, 285, 357

리니 473~474, 506~507

리볼리 228

리에주 506, 528

리젠게비르게 산맥 695

리투아니아 762, 783, 1034

린츠 979

릴 915

마라타 273

마라톤 274

마렝고 878

마르크(마르크 브란덴부르크) 286, 305, 462, 721, 761, 1005, 1011, 1017

마른 강 206, 285, 406

마리엔탈 924

마스 강 714~715

마이센 890

마인 강 761, 1021

마인츠 761, 1021

막데부르크 626

막센 363, 382, 838, 842, 851

만토바 201~202, 207

만하임 400, 714

말로야로슬라베츠 774

말슈 679

메르겐트하임 924

모라비아 558, 756, 785, 1005, 1011

모르망 203, 205

모스크바 211, 300, 316, 396, 423, 497~498, 528, 535, 569, 604, 756, 760, 762, 774~775, 778~781, 819, 957, 978, 983~984, 1013, 1033~1036

모젤 강 710, 715

몬테노테 852

몰비츠 438, 597, 925

몽미라이 203, 278, 358

몽스 528

몽트로 203, 205, 278

뫼커른 499

뮌헨 635~636, 1051

미국 260

민덴 813

민치오 강 201, 882

바그람 211~212, 228, 878, 885

바르샤바 1025

바르텐부르크 499

바알 강 729

바우첸 284, 394, 396

바이에른 635, 638

발랑시엔 528, 915, 1040

발미 323

방데 259

베레지나 강 750, 780, 1036

베를린 37~38, 46, 492, 808, 860, 1040, 1051

베스트팔렌 439, 788, 853, 925, 1024

베저 강 662, 851

베흐트 강 729

벨기에 852, 1040, 1047

벨-알리앙스(워털루) 343, 372, 393, 401~402, 405, 426, 854

보로디노 343, 395~396, 425, 497, 569, 644, 774, 778~779, 819

보브루이스크 1034

보주 산맥 276, 649, 695, 742, 746, 890

보헤미아 284, 558, 655, 756, 760~761, 785, 810, 815, 838, 841, 919, 925, 944, 969, 1005, 1011, 1017, 1019

볼로냐 946

볼리니아 762, 783

부르고뉴 231, 779, 968

부샹 920

부탕허 723

북부 독일 684, 723, 1047

북부 독일 연방 1049

북홀란트 932

분첼비츠 227, 597, 612, 652~653, 659, 815, 1012

뷔르츠부르크 635~636

브란다이스 485

브란덴부르크(마르크 브란덴부르크) 730

브레슬라우 38~39, 505, 640, 720, 827~828, 886

브뤼셀 528, 1047

브리엔 405, 426, 715, 1022

블라디미르 780

블레넘 1030

비스보스 만 729

비스와 강 515~516, 586

비인 198, 636, 680, 959, 979, 1017, 1040, 1051

비쳅스크 498, 505, 774, 776, 926

비트리 206

빌나 498, 528, 819, 853, 983

샤를루아 473, 506

샬롱 316, 1022

샹파뉴 1041

샹포베르 203

서유럽 1035

센 강 406, 975, 1049

송브레프 506~507

수데텐 산맥 639, 693

슈모트자이펜 662, 693, 890

슈바벤 638, 680, 1050

슈바벤 알프 363

슈바이드니츠 492, 693, 827~828

슈타이어마르크 197~198

슈톨호펜 892

슐레지엔 240, 242~243, 283, 286, 343, 462, 466, 492, 499, 522, 604, 639, 721, 750, 757, 761, 851, 944, 959, 1005, 1011~1012, 1019, 1024, 1035, 1042

스몰렌스크 497, 535, 774, 778~780, 926, 1034

스웨덴 285, 558, 570, 587

스위스 636, 694, 746, 1017, 1021, 1050

스텐케르케 451

스페인 232, 260, 319, 524, 546, 582, 611, 683~684, 872, 965, 968, 975, 982~983, 1013, 1046

스헬더 강 649

시네 506~507

신성 로마 제국 558, 916, 924, 1012, 1042

실버베르크 639

아디제 강 515

아르시 206

아스페른 710

아시아 738~739, 965~966, 969

아우스터리츠 211~212, 878, 979, 1035

아우어슈테트 352, 626, 810, 1024

아욱스부르크 635~636

아일라우 979

아프리카 232

알러 강 925

알자스 649, 924, 1021, 1041

알프스 197, 229, 286, 681, 683~684, 693~695, 890

암스테르담 733, 899

암스텔벤 899

에브로 강 684

에어푸르트 808~809

에토주 203

엘베 강 242, 423, 466, 720~721, 761, 925

엘스터 강 612

연합 공화국(네덜란드) 731

영국 273, 468, 611, 968, 982, 1001, 1018, 1041, 1046~1047, 1049, 1052

예나 189, 343, 351, 402, 405, 661, 810, 878, 1024

오더 강 720~721, 761, 975

오를레앙 1047

오버라우지츠 284, 925

오버슐레지엔 283, 833

오브 강 406

오세르 779

오스트리아 91, 197~200, 202, 207, 231, 316, 439, 558, 586, 635, 655, 683, 742, 785, 852, 872, 919, 959~960, 968, 974~975, 979, 982~983, 1001, 1016~1017, 1019~1021, 1040~1043, 1046~1047, 1053

올로모우츠 493, 639, 750, 913, 916, 919, 1011

왈헤렌 932

울름 385, 635, 852, 1024

위트레흐트 732

유럽 86, 142, 170, 173, 256, 274~275, 570, 583, 585~587, 706, 724, 727, 738~739, 774, 786, 788, 803, 956, 967, 969, 971~972, 974, 976, 991, 1000, 1002, 1013, 1033~1034, 1046, 1050, 1052

이집트 965

이탈리아 228, 232, 437, 522, 636, 683, 890, 965, 967~968, 1005, 1017, 1020, 1024, 1046, 1048, 1050, 1052

인도 966

자위더르 해 729~730

작센 286, 405, 492, 499, 522, 721, 757, 761, 838, 925, 944, 959, 1005, 1010~1012, 1016~1017, 1019

잘레 강 305, 660~661, 809~811

잘펠트 189

제노바 1052

제벤 (수도원) 851

조르 342~343, 363, 597

중부 유럽 482

차슬라프 597

치스보비츠 919

칠리히아우 705, 812

카르타고 232, 965

카츠바흐 강 499, 618, 878

카펠렌도르프 190

칼루가 498, 535, 760, 778~780, 978

캄포포르미오 199~200

캉브레 528, 915

케셀스도르프 343, 925

코블렌츠 37, 401

콜린 275, 379, 405, 600, 959

콜베르크 652~653, 659

콩데 1040

쾰른 528

쿠너스도르프 323, 356

쿨름 304

크림 반도 586~587, 743~744

키예프 780~781

타루티노 469

타호 강 493

탈리아멘토 강 196~197

터키 266, 587, 738

토레스베드라스 602, 604, 652~654

토르가우 885~886

토리노 684

투르네 649

투틀링엔 923

튀링엔 808

트루아 406, 1047

트리어 1052

티롤 636, 680, 1024

파르테 강 612

파리 204, 206, 211, 246, 401, 528, 715, 744, 779, 975, 978, 1000, 1037, 1047,
    1049, 1051~1052

파사게 강 469

페레코프 643, 743~744

페르시아 273

펠트키르히 693, 890

포랄베르크 693

포르투갈 611, 785

포즈난 38

포츠담 41

폴란드 521, 525, 585~587, 640, 841, 899, 984

폼머른 286

프라이베르크 324

프라하 405, 486, 655, 815, 878, 959, 1017, 1020

프랑슈콩테 1021

프랑스 104, 199, 207, 231, 246, 266, 273, 379, 395, 437, 462, 490, 522, 573,
    587, 618, 635~637, 648, 727, 730, 739, 744, 762, 783, 785, 852~853, 872,
    886, 906, 932, 934, 956, 960, 968~969, 975~976, 982~983, 1000, 1002,

1013, 1016~1017, 1019, 1021~1022, 1037, 1040, 1046~1052

프랑켄 285, 324, 635, 808, 841, 926

프랑크푸르트 1021, 1024

프레겔 강 286

프로방스 1005

프로이센 189, 241, 276, 305, 320, 352, 379, 439, 473, 492, 507, 556, 580, 660, 742, 852~853, 872, 956, 959~960, 974~975, 979, 982, 1001, 1005, 1016, 1019, 1021, 1035, 1040~1043, 1046~1047, 1053

프리트란트 211~212, 979, 1035

플라이세 강 612

플랑드르 525, 543, 649, 1040~1041

플뢰뤼스 451

피레네 산맥 683~684

피르나 652~653, 655, 814~815, 887, 890

필라흐 198

필립스부르크 638

하나우 400~401

하를러머메어 730, 899

헝가리 511, 684, 969, 979

헨너스도르프(가톨릭-헨너스도르프) 925

헷센 1024

호린험 729

호에오일레 산 693

호엔린덴 878

호엔프리데베르크 549, 597, 604, 612

호크키르히 323, 409, 411, 461, 837, 842

호프 660~661, 808~809

홀란트 468, 727, 729~731, 898, 1018, 1037, 1041

홀슈타인 543

흐로닝언 730

흑해 586

3. 용어

가능성의 전투와 현실성의 전투 95, 244~245, 475, 605~608, 801

가능성과 개연성 77, 87, 207, 955, 960~961, 969, 987, 998

가능성과 불가능성 810~811, 987, 1053

가능성과 필연성 77, 315, 955

각개 전투 429~430, 433

감성의 균형 110, 113~115

감성의(마음의) 힘 113~116, 266, 268, 290~291

감성에 따른 인간의 유형 114~118

감성과 성격 118, 125

감정 61~62, 80~81, 92, 105, 108, 112~117, 125, 164, 571, 813

갑옷을 입지 않은 몸 624

강이 나라의 방어에 미치는 영향 719~721

강철 같은 용기 257, 262, 378

강철과 철 452

강행군 489, 491~492

개연성의 법칙(계산) 68~69, 76, 86~87, 124, 134, 267, 827

개연성과 우연의 도박 76, 82, 165

거짓 도하 706, 709, 711

거짓 저항 713

건축술과 의술(건축가와 의사) 161, 179, 270

겨울 사영 468, 476~477, 510, 973, 1012

격정 61, 82, 87, 113~114, 116, 165, 941

견제 841, 929~933

결과를 통한 판단과 결과에 따른 판단 208~213

결단력 107~109, 129, 266~268, 507

결전 65~68, 74, 96, 322, 383, 450, 500, 600~603, 641, 772, 801, 805, 816~819, 824, 826, 844~845, 878

결전을 치르는 전쟁과 결전을 치르지 않는 전쟁 817, 821, 834, 840, 848, 883, 909

결전과 기다림 99, 800~801

결투 59, 360, 451, 950

경기장 361, 793

경험 52~53, 140~141, 162, 172, 187, 207, 225~226, 334, 489, 848

계획과 실행 사이의 간극 135~136

고대의 공화국 965~966, 970

고대의 군대 509

고지 548~552, 745, 747, 1050

고집 118~119, 371

공격 (행동) 48~49, 287, 577, 865, 867

공격의 목적 591, 601, 873

공격의 목표 824~825, 901

공격의 원죄 866

공격의 유리함과 불리함 578, 944

공격의 정점 602, 873~874, 1031

공격의 중심 1053

공격의 규칙과 방어의 규칙 591

공격의 집중성과 방어의 분산성 572~576

공격적인 전투와 방어적인 전투 347~348, 555~556, 600, 811

공격하는 시간과 기다리는 시간 597

공격 수단의 범위 867~868

공격 전투 614~615, 811~813, 877~879, 908

공격과 방어 48, 73~74, 435, 555~559, 575, 578, 869, 1019

공격과 방어의 관계 — 전략에서 566~571

공격과 방어의 관계 — 전술에서 560~563

공격과 방어의 본질 367, 556, 577

공격과 방어의 상호 작용 591~593, 869

공격과 방어의 차이 578~579, 843

공격과 방어의 차이의 기원 90~91, 98~99

공격 군대와 방어 군대 569, 624, 643, 654, 681, 719~720, 774, 793, 871, 889, 909, 1022

공격 기계와 방어 기계 610

공격 동맹과 방어 동맹 991

공격 원정과 방어 원정 608~610, 944

공격 전쟁과 방어 전쟁 556, 580, 647, 943, 984~989, 1008, 1046

공격 전투와 방어 전투 611, 615~619, 878~879

공격력 320, 475, 598, 760

공격력의 감소 871~872

공격자의 박약한 의지 608

공격자와 방어자 287, 312, 329, 362, 382~384, 408~410, 436, 527, 550~551, 556, 561~563, 567~570, 572~573, 575, 578, 587, 592, 598~599, 602, 606, 608~609, 616~618, 643~644, 653~654, 669, 672, 674, 707, 709, 711, 736, 753~754, 770, 781~782, 801, 803~804, 806~808, 823~824, 830, 836~837, 843, 866~867, 882~883, 889~890, 895, 901~904, 908~910, 930, 943, 945, 972, 1008~1009, 1032~1033

공동 공격 453, 458, 515~516

공명심과 명예욕 37, 112~113, 115, 128, 320, 971

공포(감) 200, 206, 259, 377~378, 539, 627

공포와 불안 163~164, 538

공포와 용기 163~164

공포 정치 1000

과학(적이라는 것)의 개념과 형식 52, 216~217, 239, 309, 743

과학과 경험 120

관념의 놀이 64, 86, 431, 433, 523, 533, 552

관념적인 상황과 현실의 상황 977

관념적인(개념적인) 전쟁과 현실의 전쟁 80, 129, 138, 953, 977, 995

광산의 금과 은 496

광석과 금속 261

광선의 굴절 작용 685

국민 무장 투쟁 319, 931

국민군 779

국제 정세에 대한 이해 124

국지적인 방어 614, 651, 724

군단, 사단, 여단 446~447, 484, 490, 517, 835, 922

군대 93, 104, 111, 225, 256, 259, 261, 265, 267, 274, 297, 299, 312, 337, 358,
    367, 399, 402, 405, 421~422, 443, 451, 454, 459~463, 467, 476~477,
    482, 485, 497, 503, 511, 520, 535~536, 538~539, 557, 668, 683, 702, 712,
    737, 749, 769~771, 776~777, 798, 813, 835, 915, 941, 962, 970~971, 985,
    1037~1038

군대의 눈 459

군대의 무덕 78, 243, 256, 258~263, 267, 274, 334, 377, 392, 512, 545

군대의 민족 정신 256~257

군대의 일반적인 배치 156, 450~458, 503, 701

군대의 전투 대형 442~449

군대의 정신과 분위기 162, 262~263, 937

군대의 정신력 243, 298, 398, 400~401, 806

군대의 중심 435

군대, 전쟁터, 원정 420~423

군사적인 관점과 정치적인 관점 786, 997~998, 1001

군사 당국과 정치 당국 999

군사력 330, 379, 385, 796~797, 865, 966~967, 972, 974~975, 982, 1015~1018, 1047, 1053

군인 93, 122, 141~142, 165, 1000

군인 정신(과 시민 정신) 259, 512

군주 238, 940, 960, 970, 972, 999

군주국 966~969, 1053

군주제 969, 974

궤변(논리적인 궤변) 64~65, 162, 200, 570

규칙과 천재성 160~161, 254

균형 67, 72, 241, 243, 321, 337, 368~369, 372, 375, 377~378, 425, 525, 575, 583~585, 598, 607, 843~844, 846, 848, 872, 894, 906, 930, 937, 942, 944, 956, 965, 972, 993, 1001

금속(순수한 금속) 54, 254, 452

금화와 그로셴(잔돈) 315, 359, 434

기계(군사 기계, 자동 기계) 111, 138, 156, 187, 449, 668, 789, 937, 950, 953

기계의 마찰 138, 243, 282, 953

기계적인 충돌과 현실적인 충돌 294

기계 기술(과 관념 예술) 155, 181~182

기다리는 것 555, 594~596, 823, 825, 990, 1011, 1014

기다리는 것과 행동하는 것 595~596

기다림 99, 594~596, 800

기다림의 유리함 599, 602, 605

기동 844~847, 894~897

기술 (이론) 179~180, 306, 333, 425, 845, 963

기술과 과학 60, 179~181, 963

기습 194, 281~287, 303, 355~356, 408, 560~561, 567, 578, 629, 852, 1028, 1035

기지 159, 206, 537, 539, 848

기하학적인 요소 308~310, 442, 754, 1039

긴장과 휴식 321~324

길드 259

끝이 좋으면 다 좋다 957

나라 68~70, 72, 85~86, 173, 241, 319~320, 436, 439, 520, 523~524, 532, 538, 582~587, 610, 713, 788, 792~793, 795~796, 869, 937, 940, 963, 965~972, 976, 980~981, 989~992, 995, 1006, 1033, 1043

나라의 관문 743~748

나라 안으로 하는 후퇴 598, 769~785, 819

나라, 인민, 영토 95

나라, 전쟁터, 진지 594~596

나무와 땅 535~536

나뭇가지에 앉은 새 867

"나에게 식량에 대해 말하지 말라!" 526

날카로운 칼날과 장식용 대검 101, 384~385, 1053

내선과 외선 159~160, 568, 575~576, 760, 848, 895

내전 852

네 가지 식량 조달 방식 513~523

네덜란드 군대 1049

『노련한 프리드리히 대왕』 283

농민군 435, 758, 786, 789~792

단결심 259, 262

단순한 공격과 복합적인 공격 333~334

단호함과 완강함 113

닭장 앞의 개 656

대가(大家) 209~210, 284

대담성 264~269, 319, 428

대담성과 모험심 356, 379

대담성과 신속성 933

대담성과 자신감 902

대담성과 필요성 266~268

대법원의 소송 100

대장장이의 기술과 검술 155

더하기와 빼기 552

'도망쳐라' 263

도박 76~77, 315, 526, 844, 955, 958, 971, 996

도박의 판돈 1035

도하 698~699, 702~703, 705, 708, 712, 715, 880~883

도하 수단 702~704, 706~707, 723~724

독일 군대 1053

동맹 군대 203, 205~206, 246, 274, 363, 394, 406, 440, 468, 469, 521, 617~
    618, 621, 655, 714~715, 761, 779, 797, 848, 852, 854, 871~872, 916, 924,
    936, 978, 1016, 1022, 1047~1048, 1050~1051, 1053

동맹국 67, 85, 88, 91~92, 204, 510, 582~583, 585, 610~611, 868, 908, 936,
    940, 980~981, 983, 991, 995, 1000, 1016, 1018, 1042, 1051~1052

두 가지 종류의 전쟁 44, 817, 957~959

두려움과 망설임 108, 135, 264~265, 313, 383, 395, 399, 507, 520, 532, 919

라인 군대 197~198
랑데부 451, 1037
램프의 불빛 940
러시아 군대 283, 300, 356, 386, 395~396, 422, 425, 492, 498, 535, 570, 720~721, 743, 760, 762, 774, 776, 778~781, 783~784, 812, 819, 827, 842, 854, 926, 958, 978~979, 987, 1011, 1013, 1036~1037, 1043~1044
로마 군단 261

마모어 궁전 41
마찰 130, 132, 137~140, 187, 322, 569, 770, 1007
마케도니아 군대 261
막는 것 555, 591, 594, 596, 703, 835, 865, 972, 1036
만리장성 738
멀리 있는 목표 987
명성과 명예 40, 51, 104, 112, 122~123, 259~260, 271, 291, 323, 393, 618, 825, 836, 847, 908
모라비아 군대 655
모스크바 군대 1037
목욕물 버리다가 아이마저 버려서는 안 된다 669
몰다비아 군대 750, 762
무력 결전과 결전의 지연 96~100
무모함 265
무성한 잡초 265
무장 인민군 540, 569, 631, 678, 790
물리적인 손실과 정신적인 손실 336~337, 341

물리적인 전투력과 정신적인 전투력 49, 97, 321, 336~338, 341

미뉴에트 434

민병대 320, 435~436, 580~581, 786, 931

밀알과 이삭 52

밑그림과 색조 955

바리케이드 675, 680~681, 690, 697~698, 728, 883

바이마르 군단 853

반격 287, 556~558, 577, 596, 600~601, 614, 617, 673, 732, 865, 909~910, 942,
    1009, 1013, 1034

반격의 유형 603, 606

반대 행군 485~486

반응과 상호 작용 160, 166, 962

반쪽짜리 전쟁(술) 314~316, 608, 954, 1001

방데의 군대 422

방법론 183~190, 449, 457

방법론적인 공격(전투, 행동) 426, 435, 667, 934, 941, 985

방어의 개념 555~556, 594, 596, 794

방어의 단계 597~603, 611

방어의 목적 556, 591, 597

방어의 우세함 74~75, 314, 571, 578, 866

방어의 유리함 556~559, 823

방어의 특징 555, 594, 1009

방어의 정신과 공격의 정신 902

방어 수단(의 범위) 580~588, 650, 727, 791, 817, 841, 864

방어 전투 597~598, 614~619, 672~673, 791, 806, 878, 890

방어 진지 641~647

방어 진지의 공격 884~885

방어와 갖는 관계에서 본 공격 863~864

방어적인 형태와 공격적인 형태 557

방어자의 칼 603~604, 606

방패 556, 627, 677, 703

범람지 727~733

법률 관계 (평소의 전쟁) 556, 823

법칙, 원칙, 규칙, 규정, 방법 157, 183~186, 194, 258, 613, 848~849, 897

병과의 결합 350, 354, 391~393, 444, 446, 448~449, 480, 813

병과의 비율 429~441

병력의 공간적인 집결 293

병력의 균형 713, 844~846, 873

병력의 낭비 284, 296, 306, 525~526, 783, 797, 878, 904, 1019, 1028, 1036

병력의 비율 424~428, 599, 612~613, 761, 772, 989

병력의 시간적인 집결 294~301

병력의 절약 300, 306~307, 353, 427, 493

병력의 지속적인 투입(효과)과 동시적인 투입(효과) 294~296, 300~301, 304

병력의(전투력의) 불균형 426~427, 471, 507, 612, 772, 813~814, 989, 1011,
    1021

병참선 455, 527~528, 537~541, 568~569, 625~626, 681, 712, 748, 750~758,
    781~782, 805, 839~841, 895, 904~905, 908~909, 939, 1051

병참선과 후퇴로 49, 522, 537, 540, 642, 660, 750, 758~763, 806

보루 진지의 공격 886~887

보루선 650~651, 914~916

보병, 기병, 포병 231, 429~441, 451, 493, 528, 546~547, 671, 927~928

보복의 칼날 578

복수와 보복 132, 163, 358, 596, 1006

본래의 전쟁 수행 146~148, 156~157, 186

본래의 전투력, 나라, 동맹국 66~67

본질과 역사 958

봉건 군대 510, 966~968

북방 군대 421

분명한 의식과 확고한 의지 711

분별력 134

분산 공격 194

분할 405, 442~448, 456~457, 466~467, 479~482, 484, 487, 544, 585~587, 695~696, 760, 835, 882, 1018~1026

분할(과) 배치 442, 449, 455~456, 458

불꽃과 불덩이 92, 114~116, 787, 792

브라만 384

비밀의 유지와 신속성 282

비바크 409, 491, 500

비판 46, 189, 191~217, 238~239, 608, 743, 849, 890, 973, 1034

비판적인 고찰 192~193, 200~201, 214~215, 268, 276

비판적인 서술 191~192, 215

비판적인 연구 191~192, 194~195

비판적인 활동 191~192

빈곤한(잘못된) 철학 253~254, 393, 584~585, 846, 934

빚을(부채를) 지는 것 383, 400, 601, 945

빨치산 679

뼈와 피 681~682

사례 95~96, 166, 193, 216, 224~233, 246, 312, 388, 402, 440, 462, 506, 785, 831

사막의 오아시스 626~627

사선형 전투 대형(공격) 188, 190, 256, 812

사업과 전쟁 247

사영(의 종류와 형태) 500~508, 514~515, 517

사영에 있는 적군의 공격 921~928

산 전투력(전투 수단)과 죽은 전투력(전투 수단) 793, 936~937

산막 151, 476, 478

산막 야영 409, 500

산악 공격(과 산악 행군) 665~666, 685, 888~891

산악 방어 − 산악 전투의 전략적인 이용 675~685

산악 방어 − 산악 전투의 전술적인 성질 665~674, 745~746

산악 방어의 형태와 배치 690~696

산악 지형 361, 473, 482, 489, 544, 665, 668~670, 673, 675~679, 683~685

살아있는 힘과 죽은 집단 63, 78

살육(과 주력 전투) 383

삼림 방어 736~737

3심 제도 983

삼중성(전쟁의 삼중성) 82~83

상거래 528, 992

상대적인 저항과 절대적인 저항 670~673, 677, 697~698, 716, 739, 805,
    829~830, 834

상비군 261, 320, 790~791, 967~969

상상력(과 기억력) 120~121, 175, 874

상처 입은 사자 404

상처 입은 황소 946

상호 작용과 계획성 113, 166

상황 파악의 불완전함 75~76

생각의 빛 129

생각의 저울판 521

생각의 마술과 행동의 마술 290

생각과 기술 180

선수와 후수 802, 894, 910

성격(의 힘) 115~119, 165, 239, 1000

소극적인 목적과 적극적인 목적 48, 98~99, 312, 383, 557, 575

소극적인 의도(행동)와 적극적인 의도(행동) 74, 90~91, 605, 833~834

'소유한 자는 행복할지니.' 556, 823~824

수단의 검토 191~193, 195~196, 201, 214

수비대 539, 622~623, 627, 631, 656~657, 886~887, 913~914, 938~939

수송대 477, 491~493, 496~497, 521, 525, 625, 839

수송대에 대한 공격 917~920

수영 선수(선생) 77, 139

수의 균형 425~426, 774

수의 불균형 470, 507

수의 우세 158, 272~279, 281, 424

수의 절대적인 우세와 상대적인 우세 277~278

수직 행군과 평행 행군 399, 483~485

『수첩』 224

순수한 개념 64, 68~69, 86, 429, 954

순수한 저항 90~91, 98~99

순수한 지성 82, 107, 845

슐레지엔 군대 421, 1042

스웨덴 군대 261

스위스 군대 231

스파이 409, 454

스페인 군대 546, 684

스페인 보병 261

습격 921~928

습지 방어 723~725

습지 방어와 하천 방어 724~725

습지, 범람지, 숲의 공격 898~900

승리의 정점 935~946, 957

승리를 이용하는 전략적인 수단 389~402

승리자와 패배자 336~338, 349, 374~375, 387, 390, 392, 396, 398, 399~402, 983

시간의 낭비 71, 404, 601, 760, 1019

시간과 공간 107, 277~278, 282, 297, 303, 309, 383, 865, 983~987

시간, 공간, 인간(병력) 264, 273, 297, 420, 476, 574, 698, 709

식량 조달 152, 158, 509~528, 839, 841

식량 조달과 (보충) 물자 조달 532~536

식량 조달과 전쟁 수행 방식 523

식량과 사료 512~515, 519, 528

식물의 줄기와 이론의 잎 52

식은 불 1006

신성 로마 제국 군대 386, 1044

신중함 141, 435, 902, 904, 960, 971, 993

실증적인 이론(규범) 157~158, 166~167, 185, 194

십자군 437

싸움 61, 90~91, 93, 145~146, 148~149, 153, 163, 273, 297, 302, 330, 844

싸움의 주체와 객체 93

씨앗(과 수확) 50, 112, 255, 556, 745

야간 전투 372, 392, 408~413

야영 151, 242, 450~452, 476~478

양극성 73~75

양동 48~49, 347, 677, 715~716, 732, 763, 933

양전기와 음전기의 긴장 713

어음 96, 528, 838

에네르기 112~113, 229, 247, 282, 399, 425, 427

에네르기, 단호함, 완강함, 감성, 성격 110, 125

여러 방향에서 하는 공격 411, 560~561, 574

역사적인 증명 227~228

역사 연구 126, 191~192

역학의 중심 797

연구와 관찰 52

연방 국가 1053

연속적인 움직임과 단속적인 움직임 316

영국 군대 932, 1049

영웅 110, 267, 388, 394

영혼 103, 112~113, 124, 255, 264, 278, 324, 792~793, 951

예술의(상상력의) 여신 120~121

'예외 없는 규칙은 없다.' 184, 387

오늘날의 군대 361, 363, 412, 425, 489, 509

오늘날의 전쟁(술) 163, 231, 330, 409, 430, 487, 562, 578

오늘날의 전쟁의 성격 319~320

오늘날의 전투의 성격 328~329, 371, 425

오벨리스크 138

오스트리아 군대 197~199, 202, 206, 228, 274~275, 283, 316, 409, 412, 462,
    486, 558, 604, 640, 655, 693~694, 721, 760, 783, 814~815, 827~828,

833, 840, 851~852, 882~883, 916, 925, 959, 978~979, 1005, 1011, 1017, 1019~1020, 1033, 1040~1042, 1044, 1048~1049, 1052

온건주의 61, 993

외교 (문서) 971, 974, 992, 995, 998

요새 581, 598, 620, 730, 815~817, 907, 938, 986, 1031

요새의 공격 911~916

요새의 목적과 조건 620~632

요새의 방어(보호) 308, 825~829

요새의 위치 633~640

요새의 보호 아래에 있는 보루 진지 656~657

요새 진지 646, 648, 651~656, 659

요새 진지와 보루 진지 648~657

용감성(용감함) 122, 258

용기 77, 82, 105, 107, 162~164, 571

용기와 자신감 78

용기와 지혜 334

용기와 통찰력 108, 369, 372, 388

용병 180, 232, 259, 437, 510, 621, 730, 966~967, 969

우연 76, 106, 138~139, 844~845

우연과 행운(의 세계) 76~77, 376~377, 844

우회 122, 238, 625, 891

운명(과 행운) 135, 212~213, 375, 792

운명의 신 212

원인의 연구 193, 195~196, 313~314, 899, 980, 1034

원인과 결과 191~192, 194~196, 241, 538, 578, 967

원정 124, 229, 240, 422~423, 500, 526, 604~605, 801, 823, 847, 1033~1035

원정 계획 188, 935, 942, 945, 958

위기 147, 295, 324

위기와 균형 322~324

위험 128~130, 162~164, 295, 943

위험과 용기 77, 105, 162~163, 334

위험, 육체적인 고통, 불확실성, 우연 110

위험, 육체적인 고통, 정보, 마찰 141

위협적인 구름과 강력한 번갯불 790

유대인 744

유럽의 군대 225, 274

유입과 유출 936

육박전 296~297, 429

육체적인 고통 131~133, 142, 243, 259, 400, 490, 500, 776

육체적인 긴장과 고통 105

육체적인 눈과 정신적인 눈 107, 120

의지 59~60, 62~63, 65, 84, 113, 118, 181, 253, 822

의지력 63, 65, 76, 110~111, 271, 322, 579, 624, 738

이동의 원리 430, 433~434, 480, 575, 740

이동할 수 있는 전투력과 이동할 수 없는 전투력 67, 818~820

이동성 232, 424, 492, 668~669, 896

이론 48, 53, 77~78, 83, 146, 148, 153~154, 161~163, 166, 168~169, 172~173,
    193, 216~217, 226, 238, 324, 388, 610, 746, 950~951, 955, 977

이론의 법정 254

이론적인 진실 191, 193, 214, 230

이론과 경험 52, 168, 226

이론과 실천 157, 169, 216

이론과 정신 161, 254, 949~951

이론과 현실 167, 146, 572, 801

이론가 107, 139, 158, 315, 384, 743, 999

이성 188, 848

이성의 눈 313

이성과 경험 886

"2인자로서 빛나던 사람도 1인자가 되면 빛을 잃는다." 266

'이제 전쟁하러 나간다.' 452

이탈리아 군대 196~199, 684

인간의 감정에 호소하는 길 92

인내심 270~271

인도주의(자) 60, 385, 524

인민 269, 511, 581~582, 960, 970, 974~976

인민의 협력 569, 582, 868, 943

인민 무장 투쟁 261, 436, 545~546, 582, 631, 678, 737, 786~793, 980

인민 전쟁 435, 582, 631, 786~792, 931

인민과 군대 773

인식과 의지 125, 183

인식과 판단 180

일반 군사 학교 36~38

일반적인 마찰 141~142

일화와 역사 584, 980

자연 법칙 169, 313, 341, 965

자제력 113, 116, 241

작센 군대 655, 814~815, 887

작은 도약과 큰 도약 985

작전 기지 251~252, 531~536

작전선 251~252, 762, 909

장님(과 눈뜬 사람) 736, 752, 770, 866

재치 110, 140, 290

『저작집』 35~39, 859~860

저항의 유형 594~613, 811~817

저항력 482, 931

적 (또는 적국) 330, 795~796

적의 중심 616, 802, 980, 1032, 1047

적의 전투력의 파괴 84~85, 88~89, 94~100, 245, 331~332, 334~335, 346~347,
    381~382, 393, 673, 794, 796, 869, 875~876, 1029

적의 전투력, 영토, 의지 84~85

적을 쓰러뜨리는 것을 목표로 하는 전쟁 계획 1015~1053

적대감 164, 382, 528, 608, 972, 976, 995, 997

적대적인 감정과 적대적인 의도 61, 162~163

전략 (일반) 272~273, 291, 293, 820

전략(과 천재) 237~247

전략의 눈 454

전략의 다섯 가지 요소 251~252

전략의 목적과 수단 149, 171~173, 301

전략적인 공격의 대상 602, 653~654, 869~870, 902

전략적인 공격의 성질 865~868

전략적인 방어의 성격 577~579, 865~866

전략적인 예비 병력 302~305, 368, 371

전술의 목적과 수단 170~171

전술과 전략 146~147, 150, 154, 178, 239~240, 296~298, 450, 453

전술적인 배치와 전략적인 배치 358~359, 445, 449, 452, 454, 459, 606, 761

전위 부대 471, 928

전위와 전초 459~469

전위와 후위 398, 404, 460, 463, 465

전쟁(의 정의) 45, 59~60, 62~63, 67, 78~79, 81, 84~85, 160, 181, 200, 258, 294, 314, 320, 346, 380, 426, 578, 596, 953, 991

전쟁의 (본래) 개념 62, 86, 93, 384, 555, 557, 577, 591~592, 953~954, 993

전쟁의 내부적인 연관성 957~961

전쟁의 동기(와 긴장) 69~70, 78~80, 86~87, 89, 992

전쟁의 드라마 165

전쟁의 먹구름 620

전쟁의 목적과 노력의 정도 962~977

전쟁의 목표와 수단 84~101

전쟁의 목표와 정치적인 목적 991~993

전쟁의 목적, 목표, 수단 59~60, 62~63, 70, 78~80, 84, 96, 237, 272, 331~332, 393, 510, 869, 952, 963, 1000

전쟁의 문법과 논리 995

전쟁의 변증법 610

전쟁의 본질과 목적 59~83, 93, 145, 366, 556, 977, 994

전쟁의 분위기 110, 141

전쟁의 불꽃 85, 313, 956

전쟁의 살림 306, 359, 577

전쟁의 신 101, 960

전쟁의 실 77, 126, 148, 950

전쟁의 에네르기 478, 500, 512

전쟁의 역학 법칙 321~324

전쟁의 요소 59, 80, 500, 525, 591, 955

전쟁의 원칙과 정치의 원칙 64

전쟁의 자세한 목표 — 적을 쓰러뜨리는 것 978~987

전쟁의 장자(長子) 100

전쟁의 저울(판) 275, 316, 351, 378, 386, 425, 556, 581, 624, 974

전쟁의 절대적인 형태와 현실적인 형태 823, 955, 957~958, 996, 1002

전쟁의 정치적인 목적 69~70, 79~80, 84~87, 963

전쟁의 제한된 목표 912, 988~990

전쟁의 준비와 전쟁 자체 145, 153, 158

전쟁의 지식 137, 175~176, 224~225, 311

전쟁의 행운과 도박의 행운 213

전쟁의 홍수 621

전쟁의 힘 76, 382, 478

전쟁의(상황의) 불확실성 105~106, 166

전쟁의(원정의) 중심 366, 382, 386

전쟁의(폭력의) 맥박 79, 128, 140

전쟁 같은 전쟁과 전쟁 같지 않은 전쟁 955

전쟁으로 이루려는 것과 전쟁에서 이루려는 것 952

전쟁은 정치의 수단이다 82, 994~1003

전쟁, 원정, 전투 594~595, 996

전쟁과 무역 181, 820

전쟁과 식량 조달 523

전쟁과 정치 78~81, 87, 124, 181, 994~1000, 1002~1003

전쟁과 평화 578, 941, 992

전쟁 수행 63, 173, 175, 177, 185, 534, 577, 812, 839

전쟁 수행의 에네르기 313, 334, 394, 521

전쟁 수행의 영혼 950~951

전쟁 수행 이론 153, 162, 169, 178, 185~186, 214

전쟁 이론 53, 155~178, 935, 977

전쟁 이론의 혁명 46

전쟁 준비 이론 153, 186

전쟁(실전) 경험 54, 141~142, 233, 425, 1026

전쟁 정신 104, 259~260, 313, 378, 386, 730, 755

전쟁 천재 103~126

전쟁 행동의 연속성 66, 72~73, 118

전쟁 행동의 중지 70~76, 311~317, 321, 510, 952

전쟁 활동의 세 가지 특성 162~166

전쟁 활동의 실과 옷감 94, 96

『전쟁론』 859~860

전쟁사 81, 172~173, 208, 231~232, 276, 312, 890

전쟁술의 분류 145~154

전쟁술과 전쟁학 155, 179~182

전쟁술과 정치 998, 1000~1002

전쟁술과 펜싱술 315~316

전쟁터 342, 420~422, 796, 798~799, 937, 939, 1016~1018

전쟁터의 공격 ─ 결전을 하는 경우 901~905

전쟁터의 공격 ─ 결전을 하지 않는 경우 906~910

전쟁터의 방어 ─ 결전을 하는 경우 800~817

전쟁터의 방어 ─ 결전을 하지 않는 경우 822~854

전쟁터의 방어 ─ 전쟁터의 형성 794~799

전쟁터의 방어 ─ 점차적인 저항 818~821

전쟁터에서 얻는 도움 566, 569

전진(과 제2의 전진) 311, 592, 769, 771~772, 818, 1031~1032

전진 부대의 행동 방식 470~475

전진 행군과 후퇴 행군 485, 682

전투(의 개념) 93~96, 153, 273, 330, 337, 352, 360, 429, 444, 801, 875, 957

전투 일반 ─ 적과 아군의 손실 335~344

전투 일반 ─ 적의 전투력의 파괴 330~334

전투의 균형 372, 770

전투의 단위 93, 147, 331

전투의 불 458

전투의 승패의 결정 351~359

전투의 영혼 837

전투의 의의 346~348

전투의 지속 시간 349~350, 358, 427, 472

전투의 직접적인 효과와 간접적인 효과 245

전투에 대한 양쪽의 합의 360~364, 451

전투에서 패배한 후의 후퇴 403~406

전투 중의 손실과 전투 후의 손실 338, 497

전투 대형 194, 361, 368, 371, 442~444, 449, 480, 483~484, 486, 502, 616, 666

전투력의 사용과 준비 93~94, 148~150, 155, 433

전투력의 생산, 유지, 사용 93, 148~149, 151~152

전투력의 창출, 훈련, 유지 148, 153

전투력을 쓰는 것과 전투를 쓰는 것 147~148

전투력 사용 이론 153

전투력과 영토 85, 795~796, 798, 801, 869

절대성(과 개연성) 64, 76

절대 전쟁과 현실 전쟁 86, 801, 817, 952~956, 961, 977, 995, 998

절대적인 방어와 상대적인 방어 348~349, 555, 557, 575, 674, 697~698, 914

절대적인 수동성 90, 557, 1008

절반의 전쟁과 완전한 전쟁 993, 995, 1009

점령 172, 246~247, 552, 744, 795~796, 798, 801, 875, 907, 911~912, 958, 983~985, 1004~1005

정보 134~136, 209, 582

정부 82, 277, 320, 511, 793, 969~970, 999~1000, 1002

정부와 군대 238, 511

정부와 인민 378, 511, 960, 972, 974~976, 994~995, 1035

정신의 눈(눈빛, 눈길) 107, 124, 162, 213~214, 217, 238, 247

정신의 불빛(불꽃) 111, 255

정신의 힘(과 육체의 힘) 145, 160~163, 213, 265

정신적인 요소 97, 161~162, 164, 239, 251, 253~255, 787, 1020

정신적인 용기 107

정신 활동(자유로운 정신 활동) 82, 118, 122, 132, 156, 176, 316, 945

정신과 물질 92, 114, 155~158, 160~161, 167, 239, 244, 315, 945

정신 세계의 질서 792

정치적인 균형 583, 585, 971

정치와 무역 181

제한된 목표를 갖는 공격 전쟁 1004~1007

제한된 목표를 갖는 방어 1008~1014

좁은(본래) 의미의 전쟁술과 넓은 의미의 전쟁술 145~154, 433

주력 결전 304~305, 385~386, 1027~1028

주력 군대 682~683, 740~741, 1029~1031, 1034

주력 전투 366, 375, 382~383, 769, 802

주력 전투 ― 승리의 효과 374~380

주력 전투 ― 승패 결정의 순간 366~373

주력 전투 ― 승패 결정의 요소 381~388

주먹으로 하는 공격과 손가락으로 하는 공격 835

주먹 싸움 93, 157, 315

주민 514, 520, 538~539, 581~582

주식 992

죽은 힘 867

중력의 중심 797

중세의 군대 436~438, 509

중심 797~798, 800~801, 980~981, 1015, 1018, 1047, 1053

중심에 대한 공격(충격) 797~798, 1015

중앙에서 하는 행군 486~487

중요한 공격과 부차적인 공격 1027~1028

중요한 정신력 256~257, 261

증오와 적대감 61, 82, 93, 163, 382, 966

지뢰(의 효과) 78, 322

지성 64, 105~109, 113, 117~118, 120, 122~123, 142, 164~165, 175~176,
      191~192, 290, 388, 425, 545, 844~845, 951, 963, 998, 1001

지성의 힘 104~105, 113, 119~122, 126

지성의 힘과 감성의 힘 104, 110~119, 237

지성과 감성 61~62, 103, 106~108, 118~119, 266

지성과 감성의 합금 125

지성과 용기 106~108

지성과 정신 77, 123

지속 시간 71, 87, 90, 99, 113, 115, 297, 300, 473, 500, 755

지식의 단순함 173~174, 176

지식과 기술 152~153, 155, 179~180

지식과 능력 125, 168, 176~180, 181

지형(과 전투력) 119~120, 170, 361, 451, 468, 542~547, 644~647, 831

지형의 유리함 560~563, 567

지형 감각 120~121

진실 106, 118, 177, 183~185, 214~215, 227, 233, 377, 849, 958, 987

진지의 우회와 통과 642~645, 669

집중적인 행동과 분산적인 행동 575, 782

집중 공격 1019~1022

집중과 분산(분할) 546, 618, 797~798

참모 본부 831~832, 835, 1026

책략 290~292

책략과 기습 291

책략과 속임수 290

책략과 재치 290

책략과 전략 290~291

책임을 지는 용기 105, 107~108

천막 476~478

천재 103, 123~124, 175, 963

천재성 48, 104, 123, 160, 167, 201, 238, 260

천체의 역학 584

철학적인 고찰(지성) 953, 977, 993~994, 997

철학적인 진실 207, 584

철학과 경험 52, 207

첫 번째 결전과 두 번째 결전 66~68, 386, 820, 871

첫 번째 전투와 두 번째 전투 356~358

첫 번째 추격과 계속되는 추격 391~399

체계 50~51, 52~53, 134, 157~158, 166~167, 186, 214~216, 332, 534, 610, 745, 849, 950

체력과 정신력 105, 337

체스판(체스 경기) 292, 729, 894, 1026

초병선 460, 468, 695, 701, 711, 738~742, 886, 1012

초병선의 공격 892~893

초병선 전쟁 650, 676, 682, 741, 832, 834

최고 지휘관 48, 104, 113, 122, 140, 174, 176~178, 189, 209, 240~243, 260~263, 266~268, 277~278, 313, 369~372, 378, 384~385, 390~391, 401, 404, 426, 445, 452, 461~462, 526, 609~610, 612, 676, 696, 729, 756, 845~847, 890, 950, 971, 973, 1034, 1045

최고 지휘관과(군인과) 정치가 81, 124, 1000

최고 지휘권 421

추격 162, 389~391, 770~771

추상(개념) 세계와 현실 세계 64~66, 68~69, 252, 850

추상 세계의 전쟁과 현실 세계의 전쟁 60~68, 79

측면 공격과 배후 공격 355, 568~569, 636, 642, 661, 732, 809, 878

측면 진지 659~663, 760, 810

측면 행동 540, 749~763

『7년 전쟁의 역사』 276, 481, 840

침략 89, 578, 934

침략 전쟁 934

침착성 109~110, 271

카드리유 1038

카멜레온 82

칼에 대한 두려움 602~603, 606, 610, 773

칼과 고통 603~605, 769, 819

칼과 펜 972, 1003

칼날과 칼등 452

칼날과 칼자루 254~255

코사크 225, 715

크로아티아 225

큰 낫과 작은 낫 433

타타르 민족 225, 439, 586~587, 738, 964~965, 970, 972

태만(정신력의 태만) 496, 826

태엽을 감아 놓은 시계 312

터키 친위병 266~267

통찰력 107, 118, 188, 241, 266~268, 292, 368, 372, 545, 977, 996

통찰력과 결단력 107~109, 267~268

통치술 239

파괴의 원리 430, 433~434, 436, 441

판단력 106, 125, 135, 168, 267, 313, 683, 756, 849~850, 874, 946, 963~964

패배한 전투와 승리한 전투 131, 228~229, 245, 303~304, 374, 552, 562, 676, 772, 935

패배감 377, 402

편견의 구름 388

평소의 훈련 141~142

평화 조약 72, 85~86, 199~200, 211~212, 246, 300, 343, 396, 558, 772, 793, 795, 873, 958, 979, 1009

평화 협정 44, 72, 75, 85~88, 100, 211, 524

『포병술』 224

포위 (기술) 156, 617, 895, 912~913

포위 공격 194~195, 1020

포위 보루선 913~916

포탄(의 효과) 128~129, 225, 380

폭력 59~60, 78, 80, 163, 528, 582, 846, 976

폭력의 무제한성과 상호 작용 60~64

폭력을 무제한으로 쓰는 것(무제한의 폭력) 60~62, 313, 992

폭력 행동 60~62, 84

폭력성 68, 72, 82, 114, 478, 797, 973, 977, 993, 996

풀밭과 큰 나무 187

풍차 305, 746

프랑스 군대 198~199, 228, 261, 353, 394~395, 399, 422~423, 425, 451, 492, 497~498, 507, 515, 521, 524, 535, 546, 569~570, 604, 640, 660~661, 683, 693, 715, 730, 750, 762, 774, 778, 780~781, 783, 785, 808~810, 851, 853~854, 872, 882, 898~899, 908, 923, 925~926, 932, 959, 974~975, 1005, 1011, 1013, 1018, 1037, 1049~1050

프랑스 법전 233

프랑스 총재 정부 197~199, 974

프랑스 혁명 188, 316, 476, 513, 520, 954, 974, 976, 1001~1002

프로이센 군대 261, 305, 438, 469, 473, 490~492, 507, 607, 626, 660~661, 720, 730, 746, 808~811, 813~814, 832, 851, 853, 898~899, 919, 926, 960, 978, 1019, 1040~1041, 1044, 1049

『플랑드르 전쟁의 역사』 450

피로하게 만드는 것 90~91

피로, 고통, 결핍 131, 297~299, 390, 512, 526~527, 1006, 1016

피의 보복 773

피를 흘리는 방식(결전)과 피를 흘리지 않는 방식(결전) 95, 99~100, 604~608

하나의 동일한 전투와 두 개의 분리된 전투 358~359

하천 방어의 의미와 종류 697~716

함대와 해군 320

행군 149~150, 443, 452, 479~480, 483, 490, 495~496, 789

행군의 거리와 시간 489~493

행군의 조건과 종류 479~488

행군의 파괴적인 영향 495~499

행군 야영 641

행군, 야영, 사영 149~151, 153~154, 452~453, 480, 490~492

행운과 불운의 도박 77, 995

혁명의 수단 786

혁명의 황제 853

혁명 정부 1000

혁명당 978

현금 지불(과 어음 거래) 96, 518, 873, 969, 1041

현실의 전쟁과 문서로 하는 전쟁 138

현실 세계의 개연성과 개념의 절대성 68

혈관 537

형식과 내용의 혼동 618~619

홀란트 군대 730, 732, 898~899

화력에 의한 파괴 원리 429~430, 433

화성과 목성 606

화약 62, 114, 173, 225, 322, 328, 626

『회고록』 229~230

횡대 행군 484

후퇴 211~212, 403~404, 423, 598, 773, 779, 784

훌륭한 정신력 123, 412, 570~571

휴식 390~391, 398, 480, 495, 865~866, 985~987

희생 86~87, 199, 655, 773, 909, 913, 1012~1014

힘껏 당긴 화살 1050

힘의 균형 60, 67, 72, 403, 501, 973

힘의 낭비 64, 479, 797, 913

힘의 반도 작용 278

힘의 불균형 95, 200, 660~661

힘의 역학 체계(관계) 264, 557, 983

힘의 절약 91, 185, 820

힘을 무제한으로 쏟는 것 63~64

4. 전쟁

1. 일반적으로 언급된 전쟁과 원정

고대 민족의 전쟁 360~361

알렉산드로스 대왕의 전쟁 954, 965

고대의 공화국의 전쟁 965

로마의 원정과 전쟁 954, 965

제2차 포에니 전쟁 232

타타르 민족의 전쟁 964~965

중세의 전쟁 436~438, 966~967

독일 황제들의 로마 및 이탈리아 원정 437, 967

영국 대 프랑스의 전쟁(100년 전쟁) 968

스위스 대 오스트리아, 부르고뉴, 프랑스의 전쟁 231~232

용병 시대의 전쟁 180, 232, 966~967

30년 전쟁 437, 562, 915, 967

루이 14세 시대의 전쟁과 원정 437, 510, 906, 908

17세기와 18세기의 전쟁 282, 442, 510, 521~522, 746, 960, 969~970, 972,
    1000

프리드리히 대왕의 전쟁 427

슐레지엔 전쟁 452, 461~462, 510, 513, 960

다운의 원정 229

이전의 전쟁(1792년 이전) 315, 323, 393~394, 452, 476, 509

프랑스 혁명 전쟁 189, 312, 332, 422, 477~478, 515, 521, 526, 669, 692, 846,
    890, 974, 1001

나폴레옹의 전쟁과 원정 313, 384, 402, 498, 1033

오늘날의(최근의) 전쟁(1792년 이후) 231, 312, 315, 319~320, 330, 393, 422,
      500, 509, 940, 955, 959, 977

19세기의 전쟁 786, 801

스페인 해방 전쟁(인민 전쟁) 319, 582, 975

2. 개별적으로 언급된 전쟁, 원정, 전투, 평화 조약, 휴전 협정 등

제2차 페르시아 원정(기원전 490)

      마라톤 전투(기원전 490. 9) 274

30년 전쟁(1618~1648)

      투틀링엔 기습(1643. 11. 24) 923

      메르겐트하임 전투(1645. 5. 5) 924

      베스트팔렌 평화 조약(1648) 509

홀란트 전쟁(1672~1679)

      1672년의 네덜란드 원정 727, 729~731, 898

      1673년 원정 896

      1674년 원정 924

      1675년 원정 896

      대선제후의 스웨덴 원정 285

9년 전쟁(1688~1697)

      플뢰뤼스 전투(1690. 7. 1) 451

      스텐케르케 전투(1692. 8. 3) 451

네르빈덴 전투(1693. 7. 29) 451

스페인 왕위 계승 전쟁(1701~1714) 231, 562
　　슈톨호펜 선의 방어(1703. 4. 19~25) 892
　　블레넘 전투(1704. 8. 13) 1030
　　릴의 포위(1708. 8. 14~10. 23) 915~916
　　드냉 전투(1712. 7. 24) 892
　　렁드레시의 포위(1712. 7. 17~28) 913, 920

북방 전쟁(1700~1721)
　　나르바 전투(1700. 11. 30) 274

터키 대 러시아, 오스트리아의 전쟁(1736~1739) 743~744

오스트리아 왕위 계승 전쟁(1740~1748) 231, 438, 692
　　오스트리아와 보헤미아에 대한 프랑스의 원정(1743) 785

제1차 슐레지엔 전쟁(1740~1742) 361, 756
　　1740~1741년 원정
　　　　몰비츠 전투(1741. 4. 10) 438, 597, 925
　　1742년 원정 785
　　　　차슬라프 전투(1742. 5. 17) 597

제2차 슐레지엔 전쟁(1744~1745)
　　1744년 원정 785, 959, 1005
　　1745년 원정
　　　　호엔프리데베르크 전투(1745. 6. 4) 549, 597, 604, 612

조르 전투(1745. 9. 30) 342~343, 363, 597

가톨릭-헨너스도르프 전투(1745. 11. 23) 343, 925

케셀스도르프 전투(1745. 12. 15) 343, 925

7년 전쟁(1756~1763) 91, 361, 439, 483, 491, 556, 558, 562, 607, 692~693, 720~721, 741, 757, 833, 842, 848, 1005, 1010, 1013, 1016, 1033, 1042, 1044

1756년 원정 267

로보지츠 전투(1756. 10. 1) 814

피르나의 진지(1756. 9. 10~10. 16) 652~653, 655, 814~815, 887, 890

1757년 원정 286, 851, 1011

프라하 전투(1757. 5. 6) 486, 655, 878, 1020

프라하의 포위(1757. 5. 7~6. 29) 405, 1020

콜린 전투(1757. 6. 18) 275, 379, 405, 600, 959

제벤 수도원 협약(1757. 9. 8) 851

로스바흐 전투(1757. 11. 5) 274, 278, 363, 597

슈바이드니츠의 점령(1757. 1. 12) 827~828

브레슬라우 전투(1757. 11. 22) 827~828, 886

로이텐 전투(1757. 12. 5) 274, 278, 379, 387, 393, 486

1758년 원정 919, 1011

올로모우츠의 포위(1758. 5. 5~7. 2) 493, 639, 913, 916, 919

돔슈타틀의 기습(1758. 6. 30) 916, 919

호크키르히 전투(1758. 10. 14) 323, 409, 411, 461, 837, 842

1759년 원정 812, 841

슈모트자이펜의 진지(1759. 7. 10) 662, 693, 890

칠리히아우 전투(1759. 7. 23) 705, 812

민덴 전투(1759. 8. 1) 813

　　　쿠너스도르프 전투(1759. 8. 12) 323, 356

　　　막센 전투(1759. 11. 20) 363, 382, 851

　　　막센의 항복(1759. 11. 21) 838, 842

　　1760년 원정(슐레지엔 원정) 240~241, 284, 757, 842

　　　란데스훗 전투(1760. 6. 23) 662~663, 693, 838, 842, 851

　　　드레스덴의 포위(1760. 7. 16~28) 284, 916

　　　리그니츠 전투(1760. 8. 15) 243, 285, 357

　　　토르가우 전투(1760. 11. 3) 885~886

　　1761년 원정 283

　　　콜베르크 진지(1761. 6. 4~12. 16) 652~653, 659

　　　분첼비츠 진지(1761. 8. 20~9. 25) 227, 597, 612, 652~653, 659, 815,
　　　　1012

　　1762년 원정 757

　　　슈바이드니츠의 포위와 점령(1762. 8. 7~10. 9) 693

　　　프라이베르크 전투(1762. 10. 20) 324

프로이센의 홀란트 원정(1787) 727, 729~732, 898

제1차 동맹 전쟁(1792~1797) 1022, 1041

　　　발미의 포격(1792. 9. 20) 323

　　　몬테노테 전투(1796. 4. 12) 852

　　　말슈 전투(1796. 7. 9) 679

　　　네레스하임 전투(1796. 8. 11) 363

　　　만토바의 포위와 포위 해제(1796~1797) 201~202, 207

　　　리볼리 전투(1797. 1. 14~15) 228

　　　레오벤 휴전 협정(1797. 4. 18) 198

　　　캄포포르미오 평화 조약(1797. 10. 18) 199~200

제2차 동맹 전쟁(1799~1800) 693

      펠트키르히 전투(1799. 3. 7과 3. 23) 693

      영국 군대의 북홀란트 상륙(1799) 932

      마렝고 전투(1800. 6. 14) 878

      호엔린덴 전투(1800. 12. 3) 878

제3차 동맹 전쟁(1805) 211~212, 960

      울름의 항복(1805. 10. 17) 385, 852, 1024

      아우스터리츠 전투(1805. 12. 2) 211~212, 878, 979, 1035

프랑스 대 프로이센, 러시아의 전쟁(1806~1807) 211~212, 324, 1044

  1806년 원정 324, 960

      잘펠트 전투(1806. 10. 10) 189

      예나 전투(1806. 10. 14) 189, 343, 351, 402, 405, 661, 810, 878, 1024

      아우어슈테트 전투(1806. 10. 14) 352, 810, 1024

      막데부르크 이양(1806. 11. 8) 626

  1807년 원정 1044

      아일라우 전투 (1807. 2. 8) 979

      프리트란트 전투(1807. 6. 14) 211~212, 979, 1035

프랑스 대 포르투갈, 스페인, 영국의 전쟁(1807~1814) 611

  마세나의 포르투갈 겨울 원정(1810~1811) 785

  토레스베드라스 선의 방어(1810~1811) 602, 652~654

프랑스, 러시아, 라인 동맹 대 오스트리아의 전쟁 및 원정(1809) 211~212, 960

  레겐스부르크 전투와 점령(1809. 4. 19~23) 402, 1024

  아스페른 전투(1809. 5. 21~22) 710

바그람 전투(1809. 7. 5~6) 211~212, 228, 878, 885

프랑스 대 러시아의 전쟁(러시아 원정, 1812년 원정) 200, 212, 319, 399,
　　422, 436, 498, 500, 521, 526, 535, 569, 604, 750, 784, 853, 987, 1013,
　　1034~1035
　　드리사의 야영(1812년 여름) 652~653, 760, 762, 854, 1034
　　비쳅스크 전투(1812. 7. 25~27) 505, 774, 776, 926
　　스몰렌스크 전투(1812. 8. 17~18) 497, 535, 774, 1034
　　보로디노 전투(1812. 9. 7) 343, 395~396, 425, 497, 569, 644, 774,
　　　　778~779, 819
　　타루티노 전투와 기습(1812. 10. 18) 469
　　말로야로슬라베츠 전투(1812. 10. 24) 774
　　베레지나 전투(1812. 11. 26~28) 1036

해방 전쟁(1813~1815)
　　1813년 원정 423, 499, 714, 761, 975
　　　　그로스-괴르셴 전투(1813. 5. 2) 394, 440
　　　　바우첸 전투(1813. 5. 20~21) 394, 396
　　　　골트베르크 전투(1813. 5. 27) 499
　　　　1813년의 휴전(1813. 6. 4) 854
　　　　뢰벤베르크 전투(1813. 8. 21) 499
　　　　그로스베렌 전투(1813. 8. 23) 394
　　　　카츠바흐 전투(1813. 8. 26) 499, 618, 878
　　　　드레스덴 전투(1813. 8. 26~27) 274, 284, 426, 617~618, 761, 885
　　　　쿨름 전투(1813. 8. 29~30) 304
　　　　덴네비츠 전투(1813. 9. 6) 394
　　　　바르텐부르크 전투(1813. 10. 3) 499

라이프치히 전투(1813. 10. 16~19) 275, 402, 426, 499, 612, 617, 715, 761, 854

뫼커른(라이프치히) 전투(1813. 10. 16) 499

하나우 전투(1813. 10. 30~31) 400~401

1814년 원정 746, 975, 1018

브리엔 전투(1814. 1. 29) 405, 426, 715, 1022

민치오 전투(1814. 2. 8) 882

샹포베르 전투(1814. 2. 10) 203

몽미라이 전투(1814. 2. 11) 203, 278, 358

에토주 전투(1814. 2. 13~14) 203

모르망 전투(1814. 2. 17) 203, 205

몽트로 전투(1814. 2. 18) 203, 205, 278

랑 전투(1814. 3. 9~10) 206, 354, 394, 426, 854

아르시 전투(1814. 3. 20~21) 206

1815년 원정 506, 1044

리니 전투(1815. 6. 16) 473~474, 506~507

벨-알리앙스(워털루) 전투(1815. 6. 18) 343, 372, 393, 401~402, 405, 426, 854

5. 연도

1643년 923

1645년 924

1672년 727, 729~731, 898

1673년 896

1674년 924

1675년 896

1703년 892

1708년 915

1712년 892, 913, 920

1737년 744

1738년 744

1740년 1005

1741년 925, 1005

1742년 785, 959

1743년 785

1744년 785, 959, 1005

1745년 604, 925

1756년 267, 286, 655

1757년 286, 485, 655, 760, 851, 959, 1005, 1011, 1019, 1021

1758년 493, 639, 750, 851, 913, 916, 919, 925, 959, 1005, 1011

1759년 276, 705, 812~813, 841, 851, 896

1760년 240~241, 284~285, 357, 492, 663, 720, 757, 842, 851, 896, 916

1761년 283, 896

1762년 505, 693, 757

1787년 727, 729~732, 898, 1041

1792년 785, 851, 978, 1041

1793년 276, 742, 746, 832, 890, 974, 1000, 1040

1794년 276, 468, 742, 746, 832, 852, 890, 899, 1000, 1040

1795년 468, 890, 899, 1000

1796년 201, 206, 228, 363, 676, 679~681, 852, 859, 883, 890, 1020, 1022

1797년 196, 200, 229, 676, 890

1798년 956

1799년 693, 932

1800년 286, 681, 693, 852, 890

1805년 211~212, 680, 852, 959~960, 978~979, 1024

1806년 189, 305, 324, 351, 490, 492, 626, 660, 662, 808, 853, 926, 956,
  959~960, 975, 978, 982, 1024

1807년 211~212, 469, 979, 1044

1808년 982

1809년 211~212, 680, 932, 959~960, 975, 982, 1000, 1024

1810년 36, 611, 785, 860

1811년 785, 860

1812년 37, 200, 211~212, 229, 286, 299~300, 319, 399, 422, 436, 497,
  500, 505, 521~522, 535, 569, 604, 644, 750, 756, 760, 762, 774, 776,
  778, 783~784, 819, 853, 860, 926, 957, 975, 978, 984, 987, 1010, 1013,
  1033~1035, 1037

1813년 284, 304, 320, 400, 421~423, 426, 466, 499, 580, 612, 714, 761, 779,
  854, 975, 1000, 1017, 1043

1814년 203, 246, 285, 354, 358, 580, 746, 882, 975, 978, 1000, 1018, 1021,
  1042~1043, 1050

1815년 421, 473, 492, 506, 580, 978, 1000, 1044

1816년 37

1818년 37

1827년 39, 46

1830년 38

1831년 38

1832년 41

1833년 860

17세기 522, 969, 972

18세기 276, 443, 480, 521~522, 666, 744, 746~747, 960, 964, 967, 969~970,
      973, 1000

19세기 747, 786, 801, 960, 964

17세기와 18세기 282, 442, 510

후기

1. 외국어와 외래어의 표기에 대해

클라우제비츠는 프로이센 태생으로서 인명, 지명 등을 독일어로 표기했다. 그래서 예를 들어 루이 14세를 루트비히(Ludwig) 14세로, 프랑스를 프랑크라이히(Frankreich)로 표기했다. 전쟁과 전투도 독일식으로 표기했다. 『전쟁론』에서는 (『전쟁론 강의』에서도) 원칙적으로 클라우제비츠가 쓴 표기를 따랐다.

그래서 우리 나라에서 원음과 영어식 발음이 공존하는 경우, 예를 들어 도나우 강과 다뉴브 강, 비인과 비엔나, 에스파냐와 스페인의 표기에서도 클라우제비츠가 쓴 표기에 따라 도나우 강, 비인, 스페인으로 표기했다. 프로이센도 영어식으로는 프러시아로 표기하는데, 이것도 클라우제비츠가 쓴 표기에 따라 프로이센으로 적었다.

하지만 우리는 루이 14세를 루트비히 14세로, 프랑스를 프랑크라이히로 표기할 수 없고, 이런 경우에는 모두 원어와 원음에 가깝게 적는 원칙에 따라 표기했다. 그래서 루트비히 14세가 아니라 루이 14세로, 프랑크라이히가 아니라 프랑스로 표기했다. 카알, 찰스, 샤를 등도 클라우제비츠가 쓴 표기가 아니라 원음에 따라 표기했다.

그런데 우리 나라에서 독일을 '도이칠란트'라고 적지 않는 것에서도 알 수 있듯이, 원음에 따를 수 없고 따르지 않는 경우도 있다. 이런 경우에는 관례를 따랐다. 또한 원음의 원칙에 따라 예를 들어 핀란드를 '수오미'라고 하면, 우리 나라 대부분의 독자들이 알지 못하기 때문에 이런 경우에도 우리 나라에서 많이 쓰이는 표현으로 표기했다.

또 다른 예를 들면 모라비아(Moravia)는 모라바(Morava), 모라비엔(Morawien), 메렌(Mähren) 등 여러 가지로 표기되는데, 이런 경우에는 우리 나라에 제일 잘 알려진 표현으로 표기했고, 각주에서 괄호 안에 여러 알파벳을 보여 주고 설명했다. 유럽의 여러 나라를 흐르는 강은 그 강을 흐르는 나라와 문화에 따라 여러 가지의 다른 알파벳으로 표기되고 다르게 발음된다. 이런 경우에도 우리 나라에 제일 잘 알려진 표현으로 표기했다. 그런데 이것이 명확하지 않은 경우에는 우리 나라 대부분의 (인터넷)백과사전이 표기하는 대로 적었다.

괄호 안의 알파벳 표기에서는 먼저 클라우제비츠가 쓴 독어를 적고, 해당 문화의 알파벳을 적은 다음에 불어, 영어 등을 병기했다.

러시아의 인명이나 지명은 키릴 문자로 표기하지 않고 로마자로 표기했다.

클라우제비츠가 『전쟁론』을 쓸 당시의 지명이 현재에 달라진 경우에는 지명을 그 당시의 지명으로 쓰고 오늘날의 지명을 병기했다. 하지만 오늘날의 지명이 더 잘 알려져 있는 경우에는 오늘날의 지명으로 표기했다.

요약하면 인명과 지명에서는 클라우제비츠가 쓴 표기에 따라, 원음에 따라, 우리 나라에 잘 알려진 표현에 (즉 하나의 원칙으로 통합되지 않는 여러 원칙에) 따라 표기했다.

2. 각주의 설명에 대해

먼저 독일, 프랑스, 벨기에, 네덜란드, 폴란드 등 유럽 여러 나라의 경우에 이 나라가 200년 전에 갖고 있던 영토나 국경이 현재의 그것과 (전혀) 같지 않다는 것을 생각해야 한다. 극명한 예로 프로이센이라는 이름의 나라는 현재 존재하지 않는다. 전쟁 중에 영토가 바뀌거나 분할된 경우도 있고, 영토의 지배자가 바뀐 경우도 있다. 그래서 예를 들어 드레스덴을 현재의 기준으로 '독일의 도시'라고 하든지 '독일 작센 주의 도시'라고 설명하는 것은 문제가 있다. 클라우제비츠가 『전쟁론』을 쓸 당시에 작센은 독립 국가였고, 드레스덴은 작센 국가의 도시였다. (작센은 한때 프랑스의 괴뢰 국가였던 적도 있다.) 그 당시의 작센의 영토와 오늘날의 작센 주의 경계가 정확히 일치하는 것도 아니다. (오늘날의 독일에는 니더작센과 작센안할트라는 이름의 주도 있다.) 이런 이유로 모든 도시와 마을을 되도록 그 당시의 기준으로 설명했다. 하지만 전쟁 중에 영토의 지배자가 바뀌는 경우에는 이 설명에도 한계가 있다. 그래서 몇몇 경우에는 오늘날을 기준으로 설명하고 각주에도 그렇게 언급했다.

오늘날에는 대부분의 나라들이 공화국의 형태를 띠고 있지만 이때의 유럽에는 제국, 왕국, 제후국, 선제후국, 공국, 대공국 등 매우 다양했고, 이 통치 형태가 어느 나라의 경우에 영토의 확장과 더불어 공국에서 대공국으로, 선제후국에서 왕국으로 바뀐 경우도 많다. 이런 요소도 지명과 나라의 설명을 어렵게 한다.

이런 식으로 각주의 설명 문제는 단순한 설명을 넘어 그 당시의 역사에 대한 이해의 문제로 넘어간다. 이런 문제를 철저하게 규명하는 일은 거의 끝없는 역사 연구로 이어진다. 예를 들어 어느 인물의 정확한 이름과 생몰연도를 알려고 인터넷에서 유럽 귀족의 족보를 뒤지다가 몇 날을 보내는 경우도 많고, 현재 존재하지 않는 지명이 어느 곳에 있는지 찾다가 또 며칠을 보내는 경우도 많다. 이런 문제의 연구는 『전쟁론』 번역의 본래 영역을 (그리고 나의 지식, 전공, 능력의 범위를) 크게 벗어난다. 그래서 우리 나라의 대부분의 독자들이 이해할 만한 수준에서 설명하는 것으로 '역사 연구'를 제한할 수밖에 없게 된다.

이 외에 병력의 수에 관한 문제가 있다. 즉 병력의 수에 관한 기록이 문헌에 따라 약간씩 다른 것이다. 그래서 각주에서 제시한 병력의 수가 클라우제비츠가 제시한 병력의 수와 다른 경우가 있다. 또한 클라우제비츠가 제시한 병력의 수도 일관되지 않다. 즉 『전쟁론』의 앞에서 제시한 병력의 수와 나중에 제시한 병력의 수가 다른 것이다. 이 개정판에서는 병력의 수를 클라우제비츠가 제시한 대로 두었다. 또한 각주에서 제시한 병력의 수가 클라우제비츠가 제시한 병력의 수와 다른 경우도 그대로 두었다. (거리를 나타낸 수치도 『전쟁론』의 앞부분과 뒷부분에서 다른 경우가 몇 번 있는데, 이것도 클라우제비츠가 제시한 수치를 그대로 두었다.)

3. 인용의 출처와 방식에 대해

『전쟁론』에 (그리고 『전쟁론 강의』에) 있는 그림과 지도, 그리고 이것을 찍은 사진 등의 모든 파일은 전부 위키피디아(주로 독어판, 불어판, 영어판)에서 인용했다. 그래서 파일마다 일일이 어디에서 인용했는지 밝히지 않았다. 위키피디아가 아니라 다른 곳에서 인용했을 때만 해당 작품 아래에 어디에서 인용했는지 밝혔다. (설명을 해야 하는 몇몇 경우에는 위키피디아에서 인용했어도 위키피디아임을 밝혔다.)

모든 파일은 해당 파일 아래에 자세한 내용과 출처를 밝혔다. 화가, (사진)작가, 날짜, 참고 문헌, 파일의 업로드와 업데이트 내용을 밝혔다. 경우에 따라 그림과 초상화의 현재 '소장'을 밝힌 것도 있다. 이 내용과 출처에서는 (독자들이 확인하고 찾을 수 있도록) 위키피디아에 있는 외국어를 되도록 알파벳 그대로 표기했다.